泰州文獻

第四輯

鳳凰出版社

ISBN 978-7-5506-2203-6

9 787550 622036 >

圖書在版編目（ＣＩＰ）數據

庚甲雜集、瑞芍堂諸著、説文研究法等 / 陳啓彤等撰. -- 南京 : 鳳凰出版社, 2015.10
（泰州文獻）
ISBN 978-7-5506-2203-6

Ⅰ. ①庚… Ⅱ. ①陳… Ⅲ. ①古籍－彙編－泰州市－近代 Ⅳ. ①Z425

中國版本圖書館CIP數據核字(2015)第246916號

責任編輯　王愛榮
裝幀設計　姜　嵩
出版發行　鳳凰出版傳媒股份有限公司
鳳凰出版社(原江蘇古籍出版社)
發行部電話025－83223462
出版社地址　南京市中央路165號　郵編:210009
出版社網址　http://www.fhcbs.com
印　　刷　揚州文津閣古籍印務有限公司
揚州市開發區鴻揚路22-2號(6幢)　郵編:225009
開　　本　889毫米×1194毫米　1/16
印　　張　43
版　　次　2015年10月第1版　2015年10月第1次印刷
標準書號　ISBN 978-7-5506-2203-6
定　　價　630.00圓
(本書凡印裝錯誤可向承印廠調換,電話:0514－87969255)

《泰州文獻》工作委員會

主　任

藍紹敏　陸志鵬

常務副主任

盧佩民

副主任

戴勝利　王學鋒　張培成　佘江涛

委　員（按姓氏筆畫为序）

丁少華　方標軍　成愛君　季春芳　周興安

查學斌　姜小青　奚愛國　陳士宏　黄林華

曹茂良　曹學賦　許大才　張國祥　萬永良

程榮穩　鄒祥龍　費振鐘　劉　玲　劉仁前

劉宏鳴　潘時常　薛金林　顧維中

《泰州文獻》編纂委員會

主　編

盧佩民

副主編

黄林華　姜小青

執行主編

成愛君　費振鐘

編　委（按姓氏筆畫为序）

王　飛　王　劍　王正奎　卞惠興　朱長順　全　勤

李文華　李明官　吴　迪　吴小晴　吴雙林　汪　政

沈　俊　林世田　莫其康　倪培翔　徐一清　徐同華

高　峰　陳　立　黄　靖　曹學林　常　康　張　定

張永龍　劉仁前　劉春龍　潘浩泉　薛　飛　謝冬榮

竇立成　顧寄南

《泰州文獻》學術指導委員會

（按姓氏筆畫为序）

江慶柏　金良年　茅家琦　華學誠　徐　雁　畢飛宇

程章燦　楊九俊　魯國堯　劉玉才　顧　農

總序

泰州古稱海陵，漢初（公元前一一七年）置縣，晋末（公元四一一年）設郡，南唐（公元九三七年）建州，始稱泰州。

泰州濱江近海，物阜民豐。漢唐以來，糧鹽並舉，商貿繁榮，爲溝通南北的重要港口城市。泰州素爲文教昌明之邦。唐初立州學，北宋建貢院，明清開學政試院，産出大批科舉優秀人才。泰州自古人文薈萃。走進泰州的，從范仲淹、富弼、陸佃，到孔尚任、吴讓之、蔣春霖，都留下深遠影響。走出泰州的，從張懷瓘、胡瑗、施耐庵、王艮，到李清、吴嘉紀、柳敬亭、黄龍士、李鱓、鄭燮、劉熙載、李詳、梅蘭芳、高二適，都在各自領域爲中國文化作出巨大貢獻。

泰州遺存的文獻也很豐富。僅據《江蘇藝文志》所載，便有二千七百餘種，涵蓋經、史、子、集的方方面面。其中，尤以明清時期爲夥，占到百分之九十九以上。這當中不排除由於種種原因，致使元以前的一些著述湮没無聞，但明清兩代，確是泰州文化的繁盛期。在這些文獻中，如《書斷》（張懷瓘）、《水滸傳》（施耐庵）、《王心齋先生遺集》（王艮）、《宗子相集》（宗臣）、《陋軒詩集》（吴嘉紀）、《板橋全集》（鄭燮）、《藝概》（劉熙載）、《李審言文集》（李詳）、《黄龍士先生棋譜》等，在中國文化史上都有重要地位和深遠影響。

與此同時，對鄉邦文獻進行整理的也代不乏人。自宋至清，周氏（周麟之等）、宫氏（宫偉鏐等）、陳

氏（陳應芳等）、徐氏（徐鳴柯等）等都曾致力其事，爲泰州留下了許多寶貴的文化財富。清嘉道間，鄉人夏荃編輯《海陵文徵》二十卷、附録十二卷，《海陵詩徵》十卷。民國初年，曾任江蘇省省長的鄉人韓國鈞歷經十餘年編成《海陵叢刻》計二十三種六十六册。

二〇一一年九月召開的中共泰州市第四次代表大會，提出了建設文化名城的任務。爲此，中共泰州市委、泰州市人民政府决定編纂《泰州文獻》。這是泰州有史以來對本土文獻最大規模的整理和彙編。它對於保存、利用、研究和開發泰州的歷史文化，尋繹泰州獨特的地方文化價值，爲泰州文化建設提供歷史人文資源，意義重大。

爲了保證編纂工作的順利進行，市委、市政府專門成立了工作委員會、編纂委員會和學術指導委員會。工作委員會由市委、市政府領導和相關部門負責同志組成，負責對編纂工作的領導和協調。編纂委員會由相關專家、學者組成，具體負責《泰州文獻》的編纂出版工作。學術指導委員會由江慶柏、魯國堯、程章燦、茅家琦、華學誠、徐雁、金良年等國内知名文史專家組成，負責對編纂工作的指導和把關。

編纂工作按如下幾個步驟進行：（一）進行文獻調查，建立文獻檔案；（二）精選有代表性、有學術價值的作品影印出版，選目由編纂委員會和學術指導委員會共同審議確定；（三）編輯出版《泰州文獻總目》。

《泰州文獻》分爲四輯：

第一輯『官修舊志』，收録泰州地區現存所有官修地方志。

第二輯『地方史料文獻』，收録泰州地區歷代重要的筆記和史料。按内容又可分爲史地類：收録有關泰

州歷史地理方面的著作，包括小志、專志、雜志等；政情類：收録有關泰州政治、經濟等方面的著作；文教類：收録有關文化、教育、圖書館等方面的著作。

第三輯『家族文獻』，收録泰州地區重要的家譜、家傳、家集與名人年譜。按内容又可分爲家乘傳記類：擇要收録泰州家族譜牒中的譜序、家規、家訓、箴言、族約、族記、祠田記、塋田記、雜記、著述等資料；家族總集類：以家族姓氏筆畫爲序。

第四輯『泰州文存』，收録泰州地區作者的詩文著作及其他代表性著作。按内容又可分爲學術論著類：收録泰州作者的經史雜著；文集類：收録泰州作者的詩文集；地方總集類：收録泰州作者的詩文合集。

考慮到《水滸傳》、《封神演義》（《辭海》云『一説陸西星作』）、《檮杌閑評》（學界多謂李清所作）等小説流傳甚廣，版本豐富，故不再收録。其他如堪輿、術數類著作，泰州人撰泰州地區以外的地方志、地理志類著作，一般性的彙編、摘鈔類著作，亦不予收録。

《泰州文獻》原則上收録現轄區内的作家作品。但從尊重歷史出發，泰州學派創派人物、明代思想家、哲學家王艮，平民詩人吴嘉紀等人，歷史上均屬於泰州地區，對泰州地區具有深遠的文化影響，他們的作品亦予收録。

前人給我們留下了豐厚的文化遺産，我們既要加以珍視和傳承，更要在前人的基礎上，創造出無愧於今天這個偉大時代的新篇章。這是我們更重要的使命，讓我們爲之努力。

《泰州文獻》編纂委員會

二〇一三年十月十八日

凡例

一、《泰州文獻》（以下簡稱《文獻》）分爲《官修舊志》、《地方史料文獻》、《家族文獻》和《泰州文存》四輯。

二、《文獻》收録範圍原則上爲現行政轄區内作者的著述和與泰州有關的重要著述，但考慮到歷史上曾屬於泰州地區的人物，如泰州學派的代表人物王艮、平民詩人吴嘉紀等對泰州文化深具影響，對他們的作品亦予收録。

三、所收著作成書年代限於一九四九年以前。

四、《文獻》所收著作，以學術價值、使用價值較高爲原則，適當兼顧版本價值。

五、《文獻》以影印方式出版。如有蠹損、殘缺、漫漶不清處，原則上以相同版本予以補配，以保證完整、清晰。

六、《文獻》對所收每種著作均撰寫提要，置於該著作前面，以方便讀者瞭解作者生平、主要内容、學術價值等。

七、《文獻》除保留所收著作原有頁碼外，均新編頁碼，每册頁碼自爲起訖。

八、《文獻》最後一册編有書名索引和作者索引，以方便讀者使用。

目録

易通例　易通釋

陳啓彤　撰

《易通例》一卷《易通釋》二卷，陳啓彤撰，據北京大學圖書館藏民國十三年（一九二四）江蘇泰縣陳氏鉛印本影印。

陳啓彤（一八七八—一九二六），字管侯。民國泰縣人。海平次子。研究許學，貫通群經諸子，多所發明，著作等身。創設地方圖書館，後任財政部編纂處主任，中國大學哲學教授。

此書含陳啓彤易學著作兩種，《易通例》一卷，分爲七篇：《説道》《説象數》《説引申》《説卦》《説彖象》《説爻》《彖言作於周公説》，分門别類對《周易》加以解説。《易通釋》二卷，則對《周易》全部經文加以解釋。《易通例》即執例演經之義。《易通釋》與焦循著作同名而不嫌，以其名實乎。一九二二年袁鑣序，認爲其易學著作『以《説文》爲根據，無支離附會之弊，并無武斷改經之習，行文亦簡潔』。陳啓彤精於易學，有名於時，此書爲其代表作。

（周　忠）

陳莞矦學易序

易義海也漢宋諸說雖不盡善而各有心得未可偏重亦未可偏廢也在學者自擇之耳吾邑前修通易學者代有名賢漢呂岱勇於聞過有周易禮言恭德言盛之美唐張懷瓘謂庖犧氏畫卦以立象軒轅氏制字以設教宋胡安定有周易十卷口義一卷繫辭十卷完書罕見吾兄子文潛心研求據羅舊說而手錄之用力至勤亦未成書同學顧瑞夫孝廉述及東關外鮑壩有丁半村老人壽祺精于易林有前知之術於六十年後事瞭

如指掌卒無著述故友陳芷塘學博傳其嗣祖小鶴先生之學工於尚辭而芷塘于潛龍獨有說刊諸年譜中今其姪孫啟彤莞侯復講求易學以說文為根據無支離坿會之弊並無武斷改經之習行文亦簡潔年力甚富所至正未可量故其見獨超越時議芷塘為不死矣昔賢王弼說易多格言宋儒取之獨於乾卦兩其惟聖人乎改前聖人為愚人則識陋而妄矣兩聖人各有所指一為力征經營之聖人一為推位讓國之聖人皆以天下為心者或至死不變或成功不居雖為肥遯嘉遯

視天下之存亡得失漠然而不顧若無與於已者之道也中華民國十一年壬戌冬袁鏞序於尋樂堂

海陵陳氏寓齋叢書之二

易通例

昔者尼父有言曰加我數年五十以學易可以無大過矣史稱其韋編三絶易之爲書奧衍難讀可知已四聖繼軌漢宋循途亦無理不達而習者展卷猶有望洋漫涂之憂其故又安在邪此如鑿礦金之卝蒴哲雖茀路犂開穴道洞闢而脈防匕藏隱顯斷續俟者又焉能抉盡乎吾揚前輩焦理堂先生具尋阞之志作易通釋頗概括䚡理而未能無肺義引申之說未曲竟也繫曰引而申之觸類而長之天下之能事畢矣陳子知夫此也又以爲既食舊德當拾其遺於是發明引申之理本繫辭故說而提以爲綱挈以爲領如近世治科學者然說泛例有六皆脈防也立特例三曰質曰德曰用則抉測之方也而其樞機則在引申故前哲之未能會通者執茲爲串乃如庖丁解牛其張皇幽渺盡洩秘藏之功何如偉哉書名曰易通例執例演經又述二冊曰通釋陳子謂不嫌同於理堂以名實爭也吾嘗謂易之爲書哲理之寶藏也豈獨冠冕中夏諸經哉大莫能載小莫能

破盡在此已陳子獨能譔然而離蘇之使礦金輝煌蓋二千年來未發此潛德之光也尼父而後漢宋諸儒說茲大易匪偏於象則重于數不偏不倚者其唯此三冊子邪

民國十二年冬月同里夌文淵序於京師簡廬

易通例目次

易通例

說道

泰州陳啟彤甫管侯箸

易明道之書也故繫云易與天地準故能彌綸天地之道故曰仰以觀於天文俯以察於地理是故知幽明之故原始反終故知生死之說精氣爲物游魂爲變是故知鬼神之形狀與天地相似故不違知周乎萬物而道濟天下故不過旁行而不流範圍天地之化而不過曲成萬物而不遺通乎晝夜之道而知故神无方而易无體

此上自體言也自下則言用

一陰一陽之謂道故曰繼之者善也自形名言善訓吉也从誩羊此與義美同意从誩誩訓競言則善有生動義故釋名釋言語云善演也演盡物理也此謂善取演義文言云元者善之長也謂善之所從長也故楚語王子善字子元此不謂演而曰善者從生德言也生德亦從善言故云德孟子曰天下之言性者則故而已矣故者以利爲本亦此意也其實天之生物不可以善惡名故下文云仁者見之謂之仁又曰顯諸仁仁者見之謂之仁知者見之謂之知百姓日用而不知故君子之道鮮矣顯諸仁藏諸用鼓萬物而不與聖人同憂此可知無善惡可言盛德大業至矣哉

此上自用言也

道者玄名歸納一切之事理演繹一切之事理者也

故繫曰子曰夫易何爲者也夫易開物成務冒天下之道如斯而已者也

曰開物成務演繹之謂也曰冒天下之道歸納之謂也此自道體言可歸納可演繹也

是故聖人以通天下之志此自用言可歸納也以定天下之業以斷天下之疑此自用言可演繹也

是故易有太極是生兩儀兩儀生四象四象生八卦八

卦定吉凶吉凶生大業曰太極歸納演繹之宗也曰兩儀四象八卦吉凶歸納演繹之方也

是以法象莫大乎天地變通莫大乎四時懸象著明莫大乎日月崇高莫大乎富貴備物致用立成器以爲天下利莫大乎聖人探賾索隱鉤深致遠以定天下之吉凶成天下之亹亹者莫大乎蓍龜循此可演繹萬耑歸納萬耑故云莫大

自玄而言道道不可言也故云神无方而易无體故老子云道可道非常道而子貢亦言夫子之性與天道不可得而聞

乾鑿度云夫有形生於無形乾坤安從生故曰有太易有太初有太始有太素也太易未見气也太初者气之始也太始者形之始也太素者質之始也炁形質具未離故曰渾淪渾淪者言萬物相成而未離視之不見聽之不聞循之不得故曰易也无形无畔是其究固不落形名也

自象數而言則起於一終於十所謂一以貫之終於十數至十而一收束也非盡也故序卦終未濟是知道循

環而螺進者也一貫也循環也螺進也故明道之書曰易故易有三名

說象數

以易明道理當有所稽徵可稽徵者莫大乎象數故繫云生生之謂易成象之謂乾效法之謂坤極數知來謂之占變通之謂事陰陽不測之謂神

自形言之象形跡也數物事也自勢言之（形之演謂勢）象想象也數厤數也

故繫云古者包犧氏之王天下仰則觀象於天俯則觀

法於地觀鳥獸之文與地之宜近取諸身遠取諸物於是始作八卦以通神明之德以類萬物之情

自體言之象數彰往也

自用言之象數所以察未來也

象立陰陽數立奇耦歸納演繹之方也

故曰天一地二天三地四天五地六天七地八天九地十天數五地數五五位相得而各有合天數二十有五地數三十凡天地之數五十有五此所以成變化而行鬼神也其用四十有九分而爲二以象兩掛一以象三

揲之以四以象四時歸奇於扐以象閏五歲再閏故再扐而後掛乾之策二百一十有六坤之策百四十有四凡三百有六十當期之日二篇之策萬有一千五百二十當萬物之數也是故四營而成易十有八變而成卦八卦而小成引而伸之觸類而長之天下之能事畢矣

此歸納演繹之方也

自道言之陰陽奇耦所以演繹萬耑也自事言之陰陽奇耦所以歸納萬耑也故歸納與演繹同舉焉

以象數彰往伏犧氏盡之已以象數察未來文王周公孔子盡之已

雖然文王周公重演繹孔子重歸納也此分言歸納演繹非偏舉也示重輕也

曰象立陰陽數立奇耦此分言象數也於理當合言之合言之曰納象於數納數於象（漢儒知納數於象不知納象於數此其闕也）

納象於數納數於象歸納演繹之宗也

宗者中也中則不執一不偏倚中庸也不執一也不偏倚也乃可以演道乃可以爲易

自象言之曰中曰不執一不偏倚自數言之數之理極

於三故必五納焉故卦以三畫而成故易有三名

斯理繫辭未及言也今以形名言證之文字形名也形名亦象數也

一說文訓惟初太極道立於一造分天地化成萬物

二訓天地也

三訓天地人之道也

四訓陰數也象四分之形

五訓五行也从二陰陽在天地間交午也

六訓易之數陰變於六正於八从入八

七訓陽之正也从一微陰从中衺出也

八訓別象分別相背形

九訓陽之變也象其屈曲究盡之形

十訓數之具也一爲東西丨爲南北則四方中央備矣

自訓詁言納象於數也

自本字而觀察其形之所生則數以象生是納數於象也

八訓不言天地陰陽泛訓也一十之訓示原始要終之理所以明道也十干十二支與此互相明皆所以明象

數之理也

說引申

道之量大不可口小不可盡道之體實不可名虛不可形可以歸納一切之事理演繹一切之事理者也從何而象數形名之

象數形名其大則失其小象數形名其小則失其大理不可全也

可歸納也可演繹也是可引申也可引申故可象數形名也

故繫云引而申之觸類而長之天下之能事畢已說易之理重在引申於斯可見

引申者其極變之方演象數釋形名之要道乎以引申之理釋易名故一名三義乾鑿度孔子曰易者易也變易也不易也管三成爲道德苞籥易者以言其德也變易者其氣也不易者其位也

其弟一義自德言弟二義自質言弟三義自用言也

此三義也自象數之理引申非自形名引申也既以形名說象數之理已則形名之引申又胡可闕而不言乎

象數理微形名義著形名理微象數不著故易經四聖引申而其旨常晦專暢厥意再徵於形名

說文易訓蜥易蝘蜓守宮也象形秘書說日月爲易陰陽也从日从勿是易爲蟲無簡易變易不易義也然易之爲物十二時變色演繹而引申之是有變易義也變色有時是有定而不變義也變而有定是有簡易義也

此自形名言引申也

形名之引申其理與象數之引申同盍泛言之象數亦形名也形名亦象數也

道自玄言不可以象數形名也不可以象數形名而象數形名之其分之質量必互延大不可象數形名而象數形名之則轉小小不可象數形名而象數形名之則轉大用是之故大中現小小中現大實不可象數形名而象數形名之則轉虛虛不可象數形名而象數形名之則轉實用是之故實中有虛虛中有實

道路之道得假爲玄名玄名之一得假爲數名以此假易之名以明道假彖象之名以說卦以此

此引申之所由起也此引申之原理也玄以箸釋所以

微實也著以釋玄以著可引申也

象數比於易易虛而象數實象數方於形名形名實而象數虛蓋有易乃有象數有象數乃有形名也此順演繹言也

象數之引申猶形名之引也自其內含外延之一耑小者引而大之大者引而小之歸納演繹斯爲其方歸納者內含也演繹者外延也

引申之法二曰歸納曰演繹引申之例三曰正引亦曰直引曰轉引亦曰旁引曰反引亦曰對引象數形名其例同

易爲變易正引也易爲簡易轉引也易爲不易反引也

歸納演繹之術在易謂之類聚羣分繫云立天之道曰陰與陽立地之道曰柔與剛立人之道曰仁與義此類聚羣分也

類聚歸納也羣分演繹也總象數形名之內含有德質用一象數一形名不逾此三類也

繫曰乾道成男謂其質也

乾知太始謂其用也

乾以易知謂其德也

乾自象數言陽類也以引申義故凡陽類之物事固可以乾表之陰類之有陽亦可也

乾爲天自其質引申也以天體陽類也此正引也

爲圜自其質引申也以天形圜渾也此轉引也爲君爲父自其質引申也以於人爲陽體也此轉引也

爲玉爲金自其德引申也以其質剛堅也此轉引也

爲寒爲冰自其用引申也乾位西北故爲寒爲冰此轉引也自德言乾陽暖則反引也

爲大赤自其質引申也以乾色陽赤也此轉引也
爲良馬爲老馬爲瘠馬爲駁馬自其德引申也以乾之
德强健也此轉引也
爲木果自其質引申也乾於質堅實而形圜也此轉引
也
歸納演繹爲引申之涂術引申爲歸納演繹之總綱於
斯可見已象數之引而申之觸類而長之其說亦於斯
可見已
引申之理明而後簡易不易變易之趣彰而後文王周
公孔子之言乃可識

說卦

繫曰聖人設卦觀象
曰極天下之賾者存乎卦
曰八卦成立象在其中矣
曰觀變於陰陽而立卦
易明道之書也道之理不知其幾千萬耑也準象數而
言可以陰陽之大別歸納而演繹之焉此納數於象也
可以奇耦之大分歸納而演繹之焉此納象於數也

陰陽奇耦之用八卦盡之重爲六十四卦極之矣
八卦之成原於象而觀變於陰陽以擬議者所以備歸
納與演繹也故八卦可以歸納一是焉演繹一是焉
道有體用伏羲畫八卦以明體重之以達用純乎擬象
以指事以縣擬故名卦焉以惟有奇耦之畫故名卦焉
繫曰天地定位山澤通氣雷風相薄水火不相射八卦
相錯
曰雷以動之風以散之雨以潤之日以晅之艮以止之
兌以說之乾以君之坤以藏之是伏羲八卦達用義也

文王繫象專爲達用故文王卦位與伏羲不同焉
帝出乎震齊乎巽相見乎離致役乎坤說言乎兌戰乎
乾勞乎坎成言乎艮則純以達用爲趣旨也
卦以歸納演繹爲用故☰不曰天而曰乾☷不曰地而
曰坤☳不曰雷而曰震☴不曰風而曰巽☵不曰水而
曰坎☲不曰火而曰離☶不曰山而曰艮☱不曰澤而
曰兌
故乾不取上出義而云乾健也坤不取地義而云坤順
也震不取劈歷振物義而云震動也巽不取巺義而云

巽入也坎云陷以訓義合於歸納演繹也離不取倉庚義而云離麗也艮不取佷義而云艮止也兌云說以訓義合於歸納演繹也

是取義也泛廣取義泛廣者以便於類聚羣分也

自象數形名而類聚之乾陽也

故乾爲天爲君爲父爲大赤陽者必堅故爲金爲玉陽者必健故爲良馬爲老馬爲瘠馬爲駁馬陽者必實故爲木果天形圜故爲圜乾位西北故爲寒爲冰

乾爲天正引而類聚之也

爲君爲父爲大赤爲玉爲金爲良馬爲老馬爲瘠馬爲駁馬爲木果爲圜轉引而類聚之也

爲寒爲冰反引而類聚之也

自象數形名而羣分之乾有德質用

乾爲天自其質正引而羣分之也

爲君爲父爲大赤爲木果爲圜自其質轉引而羣分之也

爲金爲玉爲良馬爲老馬爲瘠馬爲駁馬自其德轉引而羣分之也

爲寒爲冰自其用轉引而羣分之也亦自其德反引而羣分之也

自象數形名而類聚之坤陰也

故坤爲地爲母爲子母牛爲黑陰必斂受故爲釜爲吝嗇陰必耦故爲文地形廣博故爲布爲均爲大輿爲衆地勢著故爲柄

坤爲地正引而類聚之也

爲母爲子母牛爲黑爲釜爲吝嗇爲文爲布爲均爲大輿爲衆爲柄轉引而類聚之也

自象數形名而羣分之坤有德質用

坤爲地自其質正引而羣分之也

爲母爲子母牛爲黑自其質轉引而羣分之也母與子母牛其體陰也陰色黑也

爲釜爲吝嗇爲文爲布爲均爲大輿爲衆爲柄自其德轉引而羣分之也

自象數形名而類聚之震爲陽爲動

故爲雷爲龍爲長子爲決躁於馬爲健爲善鳴爲作足雷之象隱故爲玄黃或上下往故爲馵足爲的顙於稼

為反生亦虛亦實故為蒼筤竹為萑葦雷之聲盛大故為旉為大塗為蕃鮮

震為雷正引而類聚之也卦重陰陽尤重擬象故震為雷為正引

為龍為長子為決躁於馬為健為善鳴為作足為馵足為的顙於稼為反生為蒼筤竹為萑葦為旉為大塗為蕃鮮轉引而類聚之也

自象數形名而羣分之震有德質用

震為雷自其質正引而羣分之也

為長子自其質轉引而羣分之也

為龍為決躁於馬為健為善鳴為作足為馵足為的顙於稼為反生為蒼筤竹為萑葦為旉為大塗為蕃鮮自其德轉引而羣分之也

自象數形名而類聚之巽為陰為入

陰巽陽動故為風陰巽陽為順故為長女為近利市三倍陽多而陰少故為寡髮為廣顙為白為多白眼風之勢亦柔曲亦剛直亦上下亦大小故為大為繩直為工為長為高為進退為不果風之質為乞故為臭風以動生故其究為躁卦巽為風正引而類聚之也巽為風句當另行[illegible]

為長女為近利市三倍為寡髮為廣顙為白為多白眼為大為繩直為工為長為高為進退為不果為臭為躁卦轉引而類聚之也

自象數形名而羣分之巽有德質用

巽為風自其質正引而羣分之也

為長女自其質轉引而羣分之也

為近利市三倍自其用轉引而羣分之也

為寡髮為廣顙為白為多白眼為大為繩直為工為長為高為進退為不果為臭為躁自其德轉引而羣分之也

自象數形名而類聚之坎為陽為陷

陽陷陰中故為血卦為心病為耳痛為亟心為加憂於木為堅多心為盜陽浮陰外故為赤為水為月於馬為美脊坎陷也故為溝瀆為隱伏為曳為下首於輿為多眚陽陷於陰其勢局促故為矯輮為弓輪為薄蹄水性四達故為通

坎為水正引而類聚之也

為血卦為心病為耳痛為亟心為加憂於木為堅多心

爲盜爲赤爲月於馬爲美脊爲溝瀆爲隱伏爲曳爲下首於輿爲多眚爲矯輮爲弓輪爲薄蹄爲通轉引而類聚之也

自象數形名而羣分之坎有德質用

坎爲水自其質正引而羣分之也

爲赤爲月自其質轉引而羣分之也

爲心病爲耳痛爲亟心爲加憂於木爲堅多心爲盜於馬爲美脊爲溝瀆爲隱伏爲曳爲下首於輿爲多眚自其德轉引而羣分之也

爲矯輮爲弓輪爲薄蹄自其用轉引而羣分之也

爲通自其德反引而羣分之也亦自其德轉引而羣分之也

自象數形名而類聚之離爲陰爲麗

故爲中女陽浮於陰故爲火爲日爲電爲乾外盛而內虛故爲大腹健箸於外故爲甲胄爲戈兵內柔而外健故爲鼈爲蟹爲蠃爲蚌爲龜內陰無陽故於木爲科上槁（與坎爲堅多心相反）

離爲火正引而類聚之也

爲中女爲日爲電爲乾爲大腹爲甲胄爲戈兵爲鼈爲蟹爲蠃爲蚌爲龜於木爲科上槁轉引而類聚之也

自象數形名而羣分之離有德質用

離爲火自其質正引而羣分之也亦自其質反引也爲日爲電爲乾自其質轉引而羣分之也

爲大腹爲甲胄爲戈兵爲鼈爲蟹爲蠃爲蚌爲龜於木爲科上槁自其德轉引而羣分之也

自象數形名而類聚之艮爲陽爲止

陽浮於陰上故爲山浮於外故於木爲堅多節爲指爲黔喙之屬陽少而陰多故爲小石山之勢高上畐猛故

爲門闕爲徑路艮止也陽覆於重陰故爲果蓏爲閽寺爲狗爲鼠

艮爲山正引而類聚之也

於木爲堅多節爲指爲黔喙之屬爲小石爲門闕爲徑路爲果蓏爲閽寺爲狗爲鼠轉引而類聚之也

自象數形名而羣分之艮有德質用

艮爲山自其質正引而羣分之也

於木爲堅多節爲指爲黔喙之屬爲小石自其德轉引

而羣分之也
爲門闕爲徑路爲果蓏爲閽寺爲狗爲鼠自其用轉引
而羣分之也
自象數形名而類聚之兌爲陰爲說
故爲澤爲少女爲妾一柔浮於二剛之上柔不敵剛故
爲坿決爲毀折澤下斥故爲剛鹵兌說也故爲巫爲口
舌爲羊
兌爲澤自其質正引而類聚之也
爲少女爲妾爲坿決爲毀折爲剛鹵爲巫爲口舌爲羊
轉引而類聚之也
自象數形名而羣分之兌有德質用
兌爲澤自其質正引而羣分之也
爲少女自其質轉引而羣分之也
爲毀折爲坿決於地爲斥鹵自其德轉引也
爲巫爲口舌爲羊自其用轉引也
類聚者引申而歸納之也羣分者引申而演繹之也歸
納所以演繹也演繹所以歸納也此篇之歸納循象數
形名而歸納也演繹循象數形名而演繹也

說彖第[illegible]

卦者純乎擬象以指事
故繫云聖人有以見天下之賾而擬諸其形象其物宜
是故謂之象
順言之納數於象到言之納象於數
自形言之以畫指事納數於象也畫有奇耦則納象於
數也
卦具象數之理故能歸納一是演繹一是雖然卦者擬
定之形也象之形定數之理動定象以擬動數何從演
數以見理乎何從演數以達用乎於是文王繫辭以演
繹而歸納之
乾下繫云元亨利貞於卦爲演繹也於達用乃歸納也
元亨利貞者數之動也故用公釋之名曰彖彖自形名
言謂豕走豕走彖動也
故繫云彖者言乎象者也曰象者材也材自形名言有
生動義有條理結構義
故曰知者觀其彖辭則思過半矣明象數之理罙彖象
之微易其可概識乎

象定（象謂卦畫）而彖動動固循象而生然要天行者半人事者半象能生數數亦能生象也吉凶趨避道固在人

故曰八卦以象告爻彖以情言剛柔雜居吉凶可見矣

故既濟言初吉終凶未濟言亨豈徒示循環之理乎亦所以示人事也

彖之釋象偏於動動則變故重陰陽消息之義雖徵之以人事固純以數理爲歸重演繹也此周公之意也與爻辭息息相貫通故繫並舉云爻彖以情言

孔子大象則異是其引申卦義也不言陰陽而言事理

不言動而言定不言體而言勢不言變化而言運行

故乾下云天行健君子以自強不息坤下云地勢坤君子以厚德載福雖以象爲言固純以人事爲歸重歸納也六十四卦之大象固未有一言關消息之理也數理之演文王周公已盡其致孔子乃徵實達用以示於人故不及數理惟循象而引申示宜重引申其德用不重引申其質也故大象所云或不與六爻相應此彖象之別也

文王周公釋象以彖孔子釋象以象演繹歸納以彖納數於象也演繹歸納以象納象於數也彖象明易非偏舉也

自形名言象有想像義韓非曰人希見生象而案其圖以想其生故諸人之所以意想者皆謂之象大象取想象義彖取動義此又彖象之同也

說爻

彖釋象數之理偏重陰陽以象釋數也爻釋象數之理亦偏於陰陽則以數釋象也

故繫曰爻者言乎變者也

故曰六爻之動三極之道也

故曰爻者效天下之動者也

故曰聖人有以見天下之動而觀其會通以行其典禮繫辭焉以斷其吉凶是故謂之爻

是故命爻之陽在數爲九命爻之陰在數爲六

自形名言六九爲陰陽之變

自象數言六九亦陰陽之變

以變明變變而無節不可方物於是乎爻有等循是而歸納循是而演繹物有則矣

等例曷以生生於道歸納演繹於象數類聚羣分以德質用

陰陽其質也

剛柔其德也

消息其用也

自用言之陰陽示尊卑貴賤也剛柔示動靜也消息示吉凶也

陰陽有象數故畫有奇耦

剛柔有象數故以代陰陽生消息

消息有象數故以微陰陽剛柔之變

消息所以徵實象數也故言時物時者消息之機會也物者消息之稽徵也

大象不言消息而言行勢行者消息之運也勢者消息之象也故大象或與六爻相應

故曰易之爲書也原始要終以爲質也六爻相雜唯其時物也

陰陽之運也循環而螺進故云原始要終剛柔以對待見故云相雜消息不䇲故云時物

故曰其初難知其上易知本末也初辭擬之卒成之終若夫雜物撰德則非其中爻不備

故曰二與四同功而異位其善不同二多譽四多懼近也柔之爲道不利遠者其要无咎其用柔中也

三與五同功而異位三多凶五多功貴賤之等也其柔危其剛勝邪

故曰道有變動故曰爻爻有等故曰物物相雜故曰文文不當故吉凶生焉

自消息言時物莫大焉時莫大焉故重敵應物莫大焉故重位

是則爻之吉凶以陰陽剛柔消息爲適變之歸納以時以物爲適變之演繹旁行不流此其所以神乎

爻之用納象於數其等則納數於象也

自消息而類聚羣分之

物其質也

時其德也

等其用也

知夫此其可以明爻明彖象明卦明引申明象數而達

道平

彖言作於周公說

孔氏穎達曰彖象傳等十翼之辭以爲孔子所作先儒更無異論然文言繫辭有子曰似門人記錄體繫又云知者觀其彖辭則思過半矣循斯以斷則文言繫辭謂爲孔聖所作乃屬疑問且說卦序卦雜卦文言繫辭諸篇亦循易演繹未見闡發而繫辭章節又倫紀雜錯比方大象之旁張道義溥博淵深有條不紊則懸問不類以云翼贊唯大象乎大象所言不及陰陽剛柔與彖異流竊謂周公承家學而繫爻辭以達用因文王繫言簡約故爲彖言上演文王之意下貫爻辭以明消息是以彖言所述與六爻息息相通而大象不爾也由此而論定彖爲周公作大象爲孔子作其它則子夏與傳易諸賢所繫記耳諸篇所言僅云解釋茲編通例取以爲宗而綱目之焉易之篇弟自漢已亂諸家錄次紛無善本宜彖言爲首次彖傳次爻辭次大象小象文言繫辭諸篇當別爲經釋不宷學者云何

中國二千年來治易諸家無慮仟伯孰不崇尚漢儒擯斥餘子推其弊也則學之半鄭左道無復挽救而晝之晏衍灝瀚亦靡測其涯即漢儒本身言之雖精如鄭荀博如虞陸畧可勝王肅之坿託與王弼之空疏亦未能已斯病也迨夫宋儒輩出臆說朋興其弊尤不可勝道至清朝中葉東南二惠一張闡表漢易昭然發矇爲最近治易學者之大殿其嘉惠後進者特衆所惜亦不能超乎漢儒範圍以外更張大之而于易之道里獲其全耳此書之作者吾鄉陳先生晚出于惠張者近百年遂精小學因而治經所箸易學二種是不啻囊用六書與九數之方式而大闢前賢之所未發與近世諸家守譔文孤證穿鑿傅會之習迥乎不相侔者也夫易之爲書其卦體統屬本與六書相合而卦象變化亦與九數相衡蓋卦有專屬于一卦者猶字之分別部居也有兼屬于他卦者猶音之合均通用也卦有錯綜而不雜者猶算之句股弦矢合一定之法也有參伍而不亂者猶數之正負和較合無窮之用也此就其大者言之也是故緐諸聲而有譜別音均而有表此談六書之方式也推

之爲演叚縡之爲細草此談九數之方式也循論理而讀書定界說而求道此今先生談大易之方式也則與前二者豈有異哉若乃此書之精蘊則在所謂易不可以象數形名之也與大中見小小中見大實中有虛虛中有實之一義夫易之爲書其在東方本名玄學桓譚新論曰揚雄作玄書以爲玄者天也道也又曰宓犧氏謂之易老子謂之道孔子謂之元揚雄謂之玄是則此數字也皆同出而異名者也說文訓玄爲幽遠象幽而入覆之其實大鈞茫茫大塊摶摶易與天與道與元竝生即欲追溯天道之元始者而天道之元始其象又渺不可見僅能以不可思議之玅理顯不可思議之玅用而已故古人特以幽遠及象幽爲定義而稱之曰玄學謂非象境所能臆測者也夫易之言元曰乾而有乾元曰坤而有坤元說文訓元从一兀即兼从一兀得音而一兀寔爲絪緼之轉絪緼者伊字之轉而伊字則又天地之元音也故易言天地絪緼者此泰古之民渾渾噩噩不能得天道元始之象境而以此二字爲天道元始之該括者也于是元字之義或訓一訓首訓气之始也

又訓原訓端訓天地之始也訓萬物之本也其在易中之微言則曰潛曰隱曰幾曰微曰精曰神曰深曰遠皆謂非象境所能臆測者也綜此數者豈非易之爲道本不可以象境求之乎又易緯曰易始于一夫易何爲而始于一也公羊元年春王正月元年者何何休注曰變一爲元元者气也董仲舒曰唯聖能屬萬物于一而繫之元故不及本所從來而承之不能遂其功是以春秋變一謂之元元猶原也其義以隨天地終始也察董氏之言是不齊解釋易始于一即易始于元之變詞蓋易

易通例跋　三

談天道之元始而一紀天道之元始者也故一不得謂之數謂之數之始由一生二二生三三生十百千萬其後乃得謂之數也于是一字之義或訓數之始物之極也訓少之極也訓道者天地之始一其紀也訓道者神明之源一其化端也其在易中之微言則恒六五象傳曰婦人貞吉从一而終也又曰天下之動貞夫一者也又曰天下同歸而殊途一致而百慮又曰三人行則損一人一人行則得其友言致一也綜此數者豈非易之爲道亦不可以數理求之乎又前引公羊何休注曰元

者气也無形以起有形以分造起天地天地之始也春秋說曰元者端也气無形以起有形以分窺之不見聽之不聞又曰天渾沌無形體此皆言有形生于無形者也皆言無形先于有形者也說文訓无爲奇字無也通于元者虛無道也蓋天道元始之時物未逞形可以謂之無形不可以謂之無物故無形二字本通于元始之義焉綜此數者豈非易之爲道且不可以形位求之乎又呂氏春秋大樂篇曰道者至精也不可以形不可以名彊爲之謂之太一尹文子曰形也者物此者也名也

易通例跋　四

者命此者也故形以定名名以驗事此皆言物之可以形者方可以名之也今天道元始之時並象數形而亦無之則又何從而訂名歟大抵物有象數形三者有界域有起訖皆可從而得名道無象數形三者無界域無起訖皆無可從而得名漢儒談易有太易太初太始太素之名宋儒談易有無極至極先天後天之名皆所謂彊也綜此數者豈非易之爲道尤不可以名類求之乎是則此書之精蘊義也顧亦有說者昔羲農之畫卦固未嘗不言象數姬孔之繫詞亦未嘗不言形名甯有不

言象數與形名而可以謂之言易者乎要知不爾葢羲農姬孔所言之象數與形名皆爲無得已之事籍有他法可以範圍大易則必不用此象數與形名之法致令其不可以由大中見小小中見大及實中有虛虛中有實之道而使易之精蘊終不可以盡其廣大與精微之體用也而況後儒承羲農姬孔言象數形名之后遂無不泥于象數形名之中因是言易亦何有于易亦何可求易不已陋乎今先生可不泥于象數形名之中而求易故就于羲農姬孔之言以發明其學乃分質德用之三方面與正轉反之三引申法以求之其書信可謂卓絕矣且可自立一言榦雖前人有枝葉扶疏垂蔭蔽畝叩其條而振之亦無不阿那隨風若弓之受檄田之有畔此先生推理力之精舉其膏馥誠足以沾溉後進者衆矣吾束髮受書卽稍聞易教研理漢詁亦經過六七寒暑然求諸易教中潔淨精微之旨則終未嘗有所心獲庸庸碌碌生且二十有九年矣誠恐斯學之不振殊爲研理國詁學者之深羞茲得先生之二書乃聞京師中人業爲其傳于劂氏壽之棗木竊喜得沾溉于後進

而爲吾道之先河也故尋繹此書最精之語而又徵引如是焉民十二初秋從遊古揚州程習跋

序

中夏舊藉明道達用推理致備者蓋莫逾於易已四聖繼作乃集大成斯豈徒為卜筮而已哉孔聖而後傳學近二千載漢宋兩派雖解循途序次條貫未克昭明然既多方為博則返約自徵既食舊德當拾其遺彤乙卯病愈誓研經補過勉成訓詁微以為讀經之助知聖道在易有政有民斯為不廢理之所在不嫌大象云王乃就諸家解說玩味鑽索時逾二稔略窺旨趣因述通例一卷次為通釋二卷科程是重率於修辭竊謂一二世

後學者當復衆也敢竭吾才留為導引深愧薄於畜德俟閱衆甫大象所示內聖外王之道尤多未諳其有闕譌正求明賢焉

海陵陳氏寓齋叢書之三

易通釋

序

中國哲學主一元衍以象數則極於三故易有三名亦猶佛經三藏爾準茲以通諸理无不釋也厥誼匪敉獲而巳囟不暢學者重博忽約過耳陳子通例發其覆故余譬為盭丱用以稽徵因有通釋二卷注解約略而如囊之括得其主也卦一元也而彖象二三之是以二元釋一元極而三之猶一也以三為釋以一為通故耑緒

有統開闢可續適變有方諸家之解不啻轉為其注腳匪泛覽諸解弗覩此書之諦匪玩繹此書亦弗克審諸家之盡用故名通釋一貫三之理既得則先聖擬以之主定而陰陽剛柔時位應敵定而吉凶悔吝亦定此橐鑰用也余聞楞嚴說三藏真詮其後解結從根著者於道深致力焉將以通釋中西哲理大一元之學其以此書為借根而解脫自伏羲至今之吉凶悔吝歟則盡先聖憂患作易之心巳

民國十三年歲在甲子同里淩文淵述於京師簡廬

易通釋卷一

上經　　泰縣陳啟彤甫管候著

乾䷀乾上乾下

自象數形名而釋之類聚羣分而言之乾有德質用說詳易通例六畫以象數表德質用也曰乾以形名表德質用也此自歸納言也自演繹言六畫表質也曰乾表德用也〈餘卦同〉

象數之理三爲陽爲奇倍之者所以極其量而適變演德用也太極生兩儀此義也

卦有德質用文王周公孔子所繫言皆演此三者也顧三聖之引申雖同爲演易然各有所輕重詳畧焉文王重演德周公重演質孔子重演用此其大別也

乾元亨利貞演德

此卦辭文王所繫演德也所以達用也假以爲道元

故唯演四德而不言用示歸納也

卦可類聚羣分以德質用四德亦可類聚羣分以德質用元謂質也亨謂德也利貞謂用也參觀易通例

此上演德達用

彖曰大哉乾元萬物資始乃統天釋元自象數言假以天爲乾元雲行雨施品物流行釋亨大明終始六位時成時乘六龍以御天釋利乾道變化各正性命保合太和乃利貞釋貞正性命合太和貞之至也首出庶物萬國咸寧引申其宜

彖周公所作所以釋文王卦辭也周公釋卦辭曰彖後人因謂卦辭爲彖周公之彖曰爲彖傳謂係孔子作今不从此說

爻辭亦周公作所以演質達用也用莫大於時故彖之釋利云大明終始六位時成時乘六龍以御天爻所以徵消息故曰大明終始爻以時分故曰六位時

成以時定位以位行道故曰時乘六龍以御天曰乘龍自象數擬言也

是故定爻之吉凶首重時次重位重時者重天行也重位者重人事也是故有當位而凶有不當位而吉者

時莫勝於中時中吉位中亦吉易之爲道中庸之道也是故莫勝於中

自下釋爻皆準時以中爲經而以位與應爲緯中時中也位與應時宜也故曰自下釋爻皆準時

此上演質釋德自下演質達用

此卦自質言純陽初上二爻示始終之理二五二爻示中德之勝三四二爻示時宜曰宜从勝言也

初九潛龍勿用 自時言初陽始生未可言用

九二見龍在田利見大人 自時言得中故不當位而云利見大人二陰位故擬田象

九三君子終日乾乾夕惕若厲无咎 自時言重剛不中雖當位不能无咎

王輔嗣云凡言无咎者本皆有咎也防得其道故得无咎也

九四或躍在淵无咎 時位皆不當或躍在淵防得其道也以退爲進也四陰位故擬淵象

九五飛龍在天利見大人 槩時得位二五有中正之德故皆云利見大人下仿此

上九亢龍有悔 自時言則過初則未及也位以時成故初上不言位故小象釋云貴而无位需上云不當位以時過也

用九見羣龍无首吉 用九示消息也陽動而進變七之九爻適時變故用九易之爲道中庸之道也陽用九示不偏於陽也所以中庸也

自下達用演德

象曰天行健君子以自强不息 達用演德取健運象示法天爲行明禮體義

象孔子所作也所以明德達用也所以示聖功王道盡人事之修能也溥博淵深淪精無間大哉孔子之贊易也

易演理之書也理之用在禮故曰禮理也理演於象數故曰禮起於大一

禮體也履也統之於心曰體踐而行之曰履周禮儀禮禮記體履之典也

孔子贊易愚以爲示體禮之大綱自謙卦以下則致曲也修齊治平道在斯已

文周之演易重天行孔子之演易重人事文周之演易也納人事於象數孔子之演易則納象數於人事

文周之演易納數於象 數理也詳釋見易通例漢儒納甲原此 孔子之演易納象於數此大別也

坤

䷁ 坤上坤下

自象數形名而釋之類聚羣分而言之坤有德質用六耦畫以象數表德質用也曰坤以形名表德質用也此自歸納言也自演繹言六耦畫表質也曰坤表德用也

象數之理耦爲陰自奇而耦自陽而陰變化見矣又倍之者兩儀生四象之義也

坤元亨 演德 利牝馬之貞君子有攸往先迷後得主西南

得朋東北喪朋達用安貞吉示宜

自歸納言道唯太極一元而已乾假爲元坤不得再假爲元自演繹言道兩儀兩元（按一元之理以二元顯演理求理須立二元此如算術求不知數以方程正負對待演之自得也）坤亦一元故曰元亨乾下演德而不演用示歸納也坤下演德達用而示宜示演繹也示宜亦達用也

彖曰至哉坤元自兩儀言故云元演繹也是以宅卦亦或云元萬物資生乃順承天釋元乾元統天坤元承天自太極一元言也坤厚載德含宏光大品物

咸亨釋亨牝馬地類行地无疆柔順利貞君子攸行先迷失道後順得常西南得朋乃與類行東北喪朋乃終有慶安貞之吉應地无疆釋用宜坤陰故擬牝馬象

此上演質釋德自下演質達用

此卦自質言純陰初上二爻示始終之理二五二爻示中德之勝三四二爻示時宜爻象與乾大同者自兩儀言坤亦一元也

初六履霜堅冰至自時言初陰始生

六二直方大不習无不利椉時得位

六三含章可貞或從王事无成有終自時言不中然以陰居陽位得剛柔雜錯之益雖不中不當可有含章之美終成之慶亦猶乾九四之可或躍在淵以勝言也

六四括囊无咎自時言重陰无陽雖當位不能无咎陰氣收斂故擬囊括象示慎處其位與乾三爻同

六五黃裳元吉自時言得中又得剛柔雜錯之益故雖不當位亦元吉五爻陰故云黃

上六龍戰於野其血玄黃自時言陰至其極有傷陽之象故云龍戰六陰爻故擬野

用六利永貞用六亦示消息也陰動而退變八之六與乾之用九同所以中庸也

此下達用演德宅卦同注从略

彖曰地勢坤君子以厚德載福達用演德取順載象示法地爲德明禮履義

屯䷂坎上震下

自爻言自上二純卦陽以陽爲主陰以陰爲主自下卦體不純自演繹言合二陽卦成者陽卦也合二陰卦成者陰卦也合一陰一陽成者雜卦也自歸納言皆雜卦也雜則主从之分變或取陽爻爲主或取陰爻爲主或陰卦取其陽或陽卦取其陰或取諸內卦或取諸外卦或上下同取循演繹言至無定也自歸納言則視取象取數爲變視用爲變不以德質爲定

也故自德質言卦則以陽爲主陰爲从自用言卦則陰陽以時迭爲主从

取象取數明則用明時明用明時明則六爻之理趣明理趣明則吉凶悔亡无不明故自下釋爻標質用揭主主主其德也此自歸納言也自演繹言有主象者有主數者是故主陽者或尚陰德主陰者或尚陽德故主下揭時或陰陽並主者則畧用言時〈如賁卦〉時定則中定位定應敵定定而不明未之有也

屯元亨〈演德〉利貞〈以德達用〉勿用有攸往利建侯〈示宜〉

彖曰屯剛柔始交而難生動乎險中大亨貞〈以象數釋德用卦名从畧者以釋德而名屯之義自見德用與名合可省畧也下同此〉

自下不純之卦大都釋之或从象數釋之或自象數形名兩釋之所以明質而徵德用也間有不釋者則以其名實顯著而釋德又足補之也

雷雨之動滿盈天造草昧宜建侯而不寧〈因象數釋宜自下但云釋德釋用釋宜不云象數从畧也〉

此重卦自質言陰多陽少合兩陽卦成質以陽爲主時示陽德首出能任大難之美亦示陰當从陽初上

假始終示宜二五示中德三示无應之不宜四示有應之宜

初九磐桓利居貞利建侯〈因時示宜以屯難故擬磐桓象〉

六二屯如邅如乘馬班如匪寇婚媾女子貞不字十年乃字〈自時言得中得位有應而云然者不獨因時處屯難也以陰求陽應不順也四爻之應順故雖班如而无不利以得中德故終字〉

六三即鹿无虞惟入於林中君子幾不如舍往吝〈自時言不中不當幸以陰居陽耳以陰居陽故云即鹿陽實陰虛故以相擬位不當故云无虞惟入云云示宜〉

六四乘馬班如求婚媾往吉无不利〈自時言下有初陽相應求〉

九五屯其膏小貞吉大貞凶〈得中當位故小貞吉大貞凶者時當屯難也〉

上六乘馬班如泣血漣如〈以陰柔而處屯難之極違時甚已〉

象曰雲雷屯君子以經綸〈達用演德取四布象示治道之宜首在立大綱明禮體在治典〉

彖象演卦取象多不同達用之方異也自下細繹之自見

自下六陽卦明禮之體自小畜至大有六陰卦明禮之履

蒙☶☵〈艮上坎下〉

蒙亨演德匪我求童蒙童蒙求我初筮告再三瀆瀆則不
告達用利貞以德示宜
象曰蒙山下有險險而止蒙以象數釋卦名此卦名不从畧者以德用之演取象
取數與命名之取象取數有不同也蓋卦之命義廣命
名之表德用與演德用皆所以演釋之也顧其趣不必
同各有其當此取象取數
之所以多不同也下準此蒙亨以亨行時中也釋德處蒙之時
以亨行為時中之德也屯蒙之有亨德非自質演自用
演也此類演引轉引也參觀需小畜兩卦亨德之釋自
明匪我求童蒙童蒙求我志應也初筮告以剛中也再
三瀆瀆則不告瀆蒙也釋用蒙以養正聖功也示宜
此重卦自質言陰多陽少合兩陽卦成質以陽為主
時示陽德當剛而不暴所謂利貞也初上示始終之
宜二五示中德三四示時之不宜
初六發蒙利用刑人用說桎梏以往吝自時言陰居下蒙發蒙者當主嚴自尊
九二包蒙吉納婦吉子克家自時言得中爻以陽為發蒙者以陽居陰有包庇象故云包蒙納婦五相應故云子克家
六三勿用取女見金夫不有躬无攸利自時言不中故云勿用取女陰不當位論應則有以陰求陽之嫌故云見金夫不有躬坤三爻以陰居陽有含章之美者坤卦以陰為主也
六四困蒙吝自時言無應雖當位无沐亨德之機

六五童蒙吉以中德勝以二應之吉
上九擊蒙不利為寇利禦寇自時言剛居上位有過剛之象不利為寇戒剛暴也利禦寇示用剛之道在利貞也（參觀漸卦三爻）
象曰山下出泉蒙君子以果行育德達用演德取艮剛水潤象示禮體在教典
需䷄坎上乾下
需有孚光亨貞吉達用演德利涉大川示宜
象曰需須也以形名釋卦名險在前也剛健而不陷其義不困以象數釋卦名以須釋需取相時而窮矣進義以象數有剛健不陷義也有孚光亨貞
吉位乎天位以中正也釋用德利涉大川往有功也釋示宜
此重卦自質言陰少陽多合兩陽卦成質以陽為主
時示陽健之德亦示陰當从陽初上二爻假始終示
宜二五示中德三四示時之不宜
初九需於郊利用恒无咎示宜恒自時言初需險地故云需於郊
九二需於沙小有言終吉漸進於險以中德吉
九三需於沙致寇至已逼於險以不中故有致寇之象
六四需於血出自穴已入於險以當位故（不陷陽入陰中為血需以陽為主故云需於血
九五需於飲食貞吉乘時當位需非幹濟之時故云需於飲食示安其陽實之美也（參

觀未濟六爻）

上六入於穴有不速之客三人來敬之終吉示健陽不陷陰當敬之

象曰雲上於天需君子以飲食宴樂達用演德取合需象示飲食爲大承上明禮體在禮典

訟☰☵乾上坎下

訟有孚窒惕中吉以用演德終凶利見大人不利涉大川示宜

象曰訟上剛下險險而健訟以象數釋卦名訟有孚窒惕中吉剛來而得中也釋用德終凶訟不可成也利見大人尚中正也不利涉大川入於淵也釋宜

此重卦自質言陽多陰少合兩陽卦成質以陽爲主象與需反需之時利剛德訟之時戒險健故爻以居陰爲宜初上二爻假始終示宜二五示中德三四示時宜

初六不永所事小有言終吉因初陰示吉

九二不克訟歸而逋其邑人三百戶无眚得中德又以陽居陰故云不克訟歸而逋云云示宜

六三食舊德貞厲終吉或從王事无成時戒陽健三位陽故云食舊德

貞厲得陰爻故終吉非陰盛之時與坤三爻反故从王事无成

九四不克訟復卽命渝安貞吉以居陰故云不克訟與二爻同復卽命示宜安位渝安貞示變其剛健之態也故云吉與三爻云終吉同（此二爻不取諸家解說）

九五訟元吉乘時得位

上九或錫之鞶帶終朝三褫之因上剛示陽極之凶

象曰天與水違行訟君子以作事謀始達用演德（象云違行由需反觀也）取西運東流象因終思始示政教之施當正本清源明禮體在政典

師☷☵坤上坎下

師貞丈人吉无咎演德達用

象曰師衆也以形名釋卦名貞正也以形名釋德能以衆正可以王矣因形名釋用剛中而應行險而順釋德以此毒天下而民從之吉又何咎矣釋用

此重卦自質言陽少陰多合一陰一陽成用以陽爲主時尚陰德所以濟剛中之美也故居陰利師德貞故重位初上二爻示始終之宜二五示中德三四示重位

初六師出以律否臧凶因初陰示始師之道

九二在師中吉无咎王三錫命主爻得中德故云

六三師或輿尸凶不當位

六四師左次无咎以守位无咎

六五田有禽利執言无咎長子帥師弟子輿尸貞凶時不爲主爻又陰來居陽不利用武之象也以得中德无咎田有禽示來侵也利執言示宜一時以二象丈人五象長子三四象弟子衆以二爲主亦以五爲子以陰柔擬稚弱一不知因時爲戚失律矣故云貞凶

上六大君有命開國承家小人勿用因陰順之終示宜小人勿用戒陰盛也

象曰地中有水師君子以容民畜衆達用演德取坤含坎積象示大德之愜宏明禮體在刑典

比☵☷坎上坤下

比吉原筮元永貞无咎示宜此以宜演德也不繫德名者以宜爲德徵也不寧

方來後夫凶達用

彖曰比吉也以宜釋卦名比輔也以形釋卦名下順從也以象數釋卦名

原筮元永貞无咎以剛中也釋宜示德不寧方來上下應也

後夫凶其道窮也釋用

此重卦自質言陰多陽少合一陽一陰成用以陽爲主象數與師反故師言臣道而此言君道亦重當位時示陽有孚比之德陰有順比之宜初上二爻示時宜二五示中德三四示位之宜

初六有孚比之无咎有孚盈缶終來有宅吉自時言初以陰順居下上有孚比之五陽故无咎上五以一陽居五陰之中有有孚盈缶象初陰既有順德五當終來故有宅吉象（不取諸家解說）

六二比之自內貞吉得中得位自內謂比得中也

六三比之匪人不當位違時而比于无中德之陽位故云匪人

六四外比之貞吉當位之故是以不失其所比

九五顯比王用三驅失前禽邑人不誡吉棄時得位

上六比之无首凶過時之患

象曰地上有水比先王以建萬國親諸侯達用演德取地水依坿象示仁親之道明禮體在事典（以上六卦演陽德自下六卦演陰德）

小畜☴☰巽上乾下

小畜亨演德密雲不雨自我西郊達用參觀小過五爻彖曰小畜柔得位而上下應之曰小畜以象數釋卦名健而巽剛中而志行乃亨釋德密雲不雨尚往也自我西郊施未行也釋用尚往與施未行小畜之用象也

此重卦自質言陰少陽多合一陰一陽成卦用以陰爲主非以陰爲陽之主謂以其德爲主也時示陰有

含宏之德參觀坤卦彖辭故云小畜陽大陰小故爻利陽居陰參觀中孚卦初上二爻示時宜二五示中德三四示時宜

初九復自道何其咎吉此卦示時尚陰德初爻陽故云復反也　參觀訟四爻復即命注」

九二牽復吉得中得時故吉

九三輿脫輻夫妻反目以陽居陽重剛不中大違時宜

六四有孚血去惕出无咎柔得位而上下諸陽應之故以陰爻云有孚自位言當舍下合上故云血去惕出无咎

九五有孚攣如富以其鄰以陽居陽違時宜幸以中德而鄰於主德陰爻故云云

上九既雨既處尚德載婦貞厲月幾望君子征凶自時言陰德之用已極嫌於陰盛故云〔參觀歸妹四爻中孚四爻〕

象曰風行天上君子以懿文德達用演德明取風被坤文〔八坤為文此卦尚陰德故取坤文象」象示禮履重儀

履☰☱上乾下兌

履虎尾不咥人亨達用演德

彖曰履柔履剛也以彖歎釋卦名說而應乎乾是以履虎尾不咥人亨釋用德剛中正履帝位而不疚光明也此卦亦尚陰德示柔能履剛六爻明用則轉示陽履陰為吉扶陽抑陰也故此復申剛之德用

此重卦自質言陰少陽多合一陽一陰成卦用以陰為主主其德也故爻皆陽履陰之象初上假始終示宜二五示中德見處陰之宜三明示陰處陽之不宜四明示陽處陰之宜

初九素履往无咎因初陰示履道之當

九二履道坦坦幽人貞吉得中德而處陰

六三眇能視跛能履履虎尾咥人凶武人為于大君以陰處陽違於卦時故有咥人之凶時不抑陽故云武人為于大君陽掩于陰故云眇云跛能視能履者時不抑陽也〔參觀歸妹〕

九四履虎尾愬愬終吉以陽處陰故終吉

九五夬履貞厲以陽處陽違於卦時以中德當位免咎故云貞厲

上九視履考祥其旋元吉示履當于道則吉旋周也周于履道也

象曰上天下澤履君子以辨上下定民志達用演德取乾上澤下象示陽尊陰卑為禮之大綱承上示禮履重法

泰☷☰坤上乾下

泰小往大來吉亨達用演德

彖曰泰小往大來吉亨則是天地交而萬物通天下交而其志同也釋用德內陽而外陰內健而外順內君子而

外小人君子道長小人道消也引申德宜

此重卦自質言陰陽相等合一陰一陽成卦用以陽爲主時明陰德之足以輔陽特不可過可往而不可來初上假始終示宜二五明中德三四示陰陽交泰宜孚實

初九拔茅茹以其彙征吉因初陽示大來之宜

九二包荒用馮河不遐遺朋亡得尚於中行得中德而以陽居陰故云云

九三无平不陂无往不復艱貞无咎勿恤其孚于食有福自時言大來至極故艱貞无咎勿恤云云示宜勿恤勿喪也保其陽孚之實故于食有福（參觀需五爻未濟六爻）

六四翩翩不富以其鄰不戒以孚示小往之宜亦示陰德不富不戒以孚得時得位也

六五帝乙歸妹以祉元吉得中德以陰居陽又得中也故元吉

上六城復于隍勿用師自邑告命貞吝小往至極泰時已過故貞吝

象曰天地交泰后以財成天地之道輔相天地之宜以左右民蒞用演德取陰陽相需象示爲政之大綱在從宜承上示禮履重財

否䷋乾上坤下

否之匪人不利君子貞大往小來以用宜演德此自劣演德（參觀剝卦）

象曰否之匪人不利君子貞大往小來則是天地不交而萬物不通也上下不交而天下无邦也釋用宜德內陰而外陽內柔而外剛內小人而外君子小人道長君子道消也引申德宜

此重卦自質言陰陽相等合一陰一陽成卦用以陰爲主時明陰德之足以虧陽初上二爻示始終之宜二五示中德亦明陰陽之各當三四示時宜

初六拔茅茹以其彙貞吉亨自時言拔茅以彙示小來貞吉亨示戒陰德也故泰云征吉此云貞吉亨

六二包承小人吉大人否亨陰得中德而當位故云包承故上五云其亡其亡繫於苞桑

六三包羞陰至極盛又不中不當惟知來逐於陽故云包羞

九四有命无咎疇離祉自時言陰已消陽來居之有命則无咎有命謂正其性命也兼以示戒諸陽故云疇離祉

九五休否大人吉其亡其亡繫於苞桑得中得位惟下有包承之二故以其亡示戒爲居否之方

上九傾否先否後喜否時已過

象曰天地不交否君子以儉德避難不可榮以祿（達用演德取象與泰反否之无德自生德言也自不生言則否有儉德易以太極爲元假立陰陽二元以闡一元之理於此卦取象顯見夫子立象贊易多發文周之未逮實循陰陽二元之理因否以明儉德示在下者處時違之道承上明禮履重節）

同人䷌（乾上離下）

同人于野亨（達用演德）利涉大川利君子貞（示宜）

彖曰同人柔得位得中而應乎乾曰同人（以象數釋卦名）同人于野亨利涉大川乾行也文明以健中正而應君子正也唯君子唯能通天下之志（釋用德宜）

此重卦自質言陽多陰少合一陰一陽成卦用以陰爲主時明陰有耦德故曰同人以陰居二位尚卑是以不克大同（參觀大有）時利陽居陰初上二爻假始終示宜二五示中德三四示時宜

初九同人于門无咎（示同人之始）

六二同人于宗吝（雖得中得位自時言不能大同失望者多吝道也）

九三伏戎于莽升其高陵三歲不興（自時言雖當位不可得同和之德以二當應五也故有伏戎象然當位而居同人之卦故云三歲不興）

九四乘其墉弗克攻吉（與三爻同無應以居陰位故吉三四於時不宜故不云同人）

九五同人先號咷而後笑大師克相遇（自時言有三四之不和故先號咷二五究爲正應合同人之道故後笑故云大師克相遇）

上九同人於郊无悔（示同人之終終于郊猶終于野示不廣被也）

象曰天與火同人君子以類族辨物（達用演德取陽明象明即同見異之理示禮履重等）

大有䷍（離上乾下）

大有元亨（演德）

彖曰大有柔得尊位大中而上下應之曰大有（以象數釋卦名）其德剛健而文明應乎天而時行是以元亨（釋德）

此重卦自質言陽多陰少合一陰一陽成卦用以陰爲主時示陰有孚陽之德初上二爻示始終之宜二五示中德三四示當位之宜

初九无交害匪咎艱則无咎（自時言去尊位之遠未及大有）

九二大車以載有攸往无咎（得中得應）

九三公用亨于天子小人弗克（示當位之宜）

九四匪其彭无咎（以不當位故須補過彭大也大謂陽居不當故云）

六五厥孚交如威如吉（得中得應）

上九自天祐之吉无不利（自時言近五之尊）

象曰火在天上大有君子以遏惡揚善順天休命達用演德取離顯陽揚之象明即異見同之理示刑賞忠厚之宜承上明禮履賁和〈自上六卦演陰德〉

謙☷☶坤上艮下

謙亨演德君子有終達用

彖曰謙亨天道下濟而光明地道卑而上行釋德天道虧盈而益謙地道變盈而流謙鬼神害盈而福謙人道惡盈而好謙謙尊而光卑而不可踰君子之終也釋用

此重卦自質言陰多陽少合一陰一陽成卦用以陽爲主時以謙爲德陰陽皆然天道下濟而光明地道卑而上行陰陽之用得其中庸矣故六爻皆吉初上假始終示謙德之宜明謙非柔弱二五示中德三四示時宜

屯蒙需訟師比六卦演陽德也小畜履泰否同人大有六卦演陰德也謙示陰陽之所同尚也示德之宗也示中庸也故大象云平施

初六謙謙君子用涉大川吉始謙之吉

六二鳴謙貞吉得中二多譽故鳴謙以陰居陰故云貞

九三勞謙君子有終吉不中三多凶故勞

六四无不利撝謙不中四多懼故撝

六五不富以其鄰利用侵伐无不利得中五多功故利用侵伐

上六鳴謙利用行師征邑國終謙之利始涉大川終行師謙德非柔退之行可徵故彖曰謙尊而光卑而不可踰

象曰地中有山謙君子以裒多益寡稱物平施達用演德取高而下之象示中庸之道中庸者禮之德也

豫☳☷震上坤下

豫利建侯行師以用宜演德不繫德名者以用爲德徵也

彖曰豫剛應而志行順以動豫以象數釋卦名豫順以動故天地如之而況建侯行師乎釋用德天地以順動故日月不過而四時不忒聖人以順動則刑罰清而民服豫之時義大矣哉引申德宜此引申而贊時者以豫之爲德以順時爲中庸也時之義爲任運時無定任運爲定豫爲人事時爲天行豫重時義示不順人欲以爲中庸也〈下贊時同此〉

此重卦自質言陰多陽少合一陰一陽成卦用以陽爲主時尚陰德動以順也初上假始終以示宜二五示中德三四示時宜

初六鳴豫凶自時言處方順之境即自鳴得意焉得不致凶

六二介于石不終日貞吉以陰居陰得時得位故云貞吉

六三盱豫悔遲有悔不中不當盱之耽豫雖未至鳴豫形於容矣豫之德可順而已不可喜悅盱則入慾蒙悔之道也遲猶耽也故亦悔

九四由豫大有得勿疑朋盍簪得卦之時順而不鳴不盱不遲故云由由者順之當也大有得勿疑朋盍簪順則有从也

六五貞疾恆不死自時言陰居陽不順故貞疾以中德免於凶

上六冥豫成有渝无咎自時言已過故云冥成有渝示宜謙卦六爻三吉三利自勝言也以謙之德勝之流弊少也豫惟二貞吉四有得餘皆不當於豫自劣言也以豫从勝言則流弊滋多也爻之達用而示吉凶固以卦象爲趣歸然因時因事而示宜則不凶者可云凶凶者可云无咎豫之初準象數之理而觀之應於四雖有求陽之嫌然時爲豫非屯難之會也不利吉耳豈有凶象哉以鳴凶也象數之豫初云何鳴此理不可演也上六處豫之終自象數言有凶象已乃云无咎斯非因時因事而示宜乎讀易明此其可通乎

易通釋卷一　五三

象曰雷出地奮豫先王以作樂崇德殷薦之上帝以配祖考達用演德取發揚象示豫之大在禮樂政之本在孝

隨䷐兌上震下

隨元亨演德利貞以德達用无咎示宜

彖曰隨剛來而下柔動而說隨以象數釋卦名大亨貞无咎而天下隨時隨之時義大矣哉王肅本時字在之字下从之總釋德用示宜豫隨大時義示時處之難也（下仿此）

此重卦自質言陰陽相等合一陰一陽成卦用以陽爲主時尚陰德動而說也初上假始終示宜二五示中德三四示時宜

初九官有渝貞吉出門交有功示隨之道陽尚陰德故云官有渝不失貞德故吉而有功

六二係小子失丈夫隨之時以爻相从二以陰居陰故云以得中故不云貞凶

六三係丈夫失小子隨有求得利居貞以陰居陽故云係丈夫失小子陽爲卦主故云隨有求得以不中故云利居貞

九四隨有獲貞凶有孚在道以明何咎以陽居陰故有獲貞凶以不中也陽居陰故云有孚以當時故云何咎

易通釋卷一　五四

九五孚于嘉吉得中得位示大得隨道

上六拘係之乃從維之王用亨于西山自時言不順隨道有犧牲象

象曰澤中有雷隨君子以嚮晦入宴息達用演德取潛伏象示君子之動不違時明禮從宜從俗

蠱䷑艮上巽下

蠱元亨演德利涉大川達用先甲三日後甲三日示宜按䷑之象數具有勝劣二義自劣言艮巽有陰剝之象自勝言有說而止象从勝言故演元亨德蠱之形名亦得具勝劣二義以蠱爲事猶亂訓爲治也是以卦名蠱而演德言元亨

彖曰蠱剛上而柔下巽而止蠱以象數釋卦名蠱元亨而天下治也釋德利涉大川往有事也釋用先甲三日後甲三日終則有始天行也釋宜此以形名之象數示宜也形名之象數亦徵消息也故釋云終則有始天行也形名之象數假於干支甲十干之首故舉甲數之理極於三（說詳通例）故舉三

此重卦自質言陰陽相等合一陰一陽成卦用以陽爲德主時尚巽陰之德故爻利陰居陽初上假始終示宜二五示中德三四明時宜

初六幹父之蠱有子考无咎示巽陰之宜

九二幹母之蠱不可貞得中居陰故云幹母之蠱陽居陰違時故云不可貞

九三幹父之蠱小有悔无大咎當位故云幹父之蠱无大咎違時宜故小有悔

六四裕父之蠱往見吝雖當位然違於時宜故裕蠱見吝

六五幹父之蠱用譽得中德得時宜雖不當位而用譽

上九不事王侯高尚其事蠱治已終巽陰已奏其功此居上之一陽正宜如此

象曰山下有風蠱君子以振民育德達用演德因巽止象示德化長民之宜明禮以修身爲本

臨䷒坤上兌下

臨元亨演德利貞以德達用至於八月有凶示宜

彖曰臨剛浸而長說而順剛中而應以象數徵德與名合大亨以正天之道也釋用至於八月有凶消不久也釋宜

此重卦自質言陰多陽少合二陰卦成用以陽爲主故言剛浸長消不久時示臨陰之道以正南面之道也循陽之主觀而名曰臨初上假始終示宜二五示中德三四重位臨道在正故重位

初九咸臨貞吉假初陽示宜貞

九二咸臨吉无不利得中德故无不利咸皆也悉也卦以二陽爻爲主故云咸

六三甘臨无攸利既憂之无咎不當位故无攸利故云甘甘願欲也既憂之示宜也憂陰長也

六四至臨无咎以當位故云至至當也

六五知臨大君之宜吉得中德陰居陽剛柔雜錯有文明象故云知

上六敦臨吉无咎臨得正道處極陰亦无咎（參觀艮卦六爻）

象曰澤上有地臨君子以教思无窮容保民无疆達用演德取澤說坤含象示德澤厚生之宜明修齊之禮在孝在仁慎終追遠民德歸厚矣

觀䷓巽上坤下

觀盥而不薦有孚顒若以用演德不繫德名者以用爲德徵也可觀莫大於禮莫誠於盥而不薦之時

彖曰大觀在上順而巽中正以觀天下以象數徵德德與名合觀

盥而不薦有孚顒若下觀而化也 釋用 觀天之神道而四時不忒聖人以神道設教而天下服矣 引申德宜

此重卦自質言陰多陽少合二陰卦成用以陽爲主彖與臨反曰臨自陽主示南面之宜曰觀自陰从示南面之宜也是以初二三四示陰从之宜五六示陽主之宜自時言初上假始終示宜二五示中德三四示時宜

初六童觀小人无咎君子吝 初陰擬童自時言去在上之大觀甚遠觀道未成故君子吝

六二闚觀利女貞 陰得中德故利女貞擬女故云闚觀利女貞則不利君子貞可知

六三觀我生進退 漸近大觀之上故云進退惟自時言不中故當自省

六四觀國之光利用賓于王 自陰从言已近在上之大觀自陽主言觀道已將成

九五觀我生君子无咎 當位得中示當自省

上九觀其生君子无咎 示終觀之道曰其者以上無位也

象曰風行地上觀君子以省方觀民設教 達用演德取風行地上之象示上觀之道在省方設教明禮以正己爲治

噬嗑☲☳ 離上震下

噬嗑亨 演德 利用獄 達用示宜

彖曰頤中有物曰噬嗑 以象釋卦名以象數之象擬人象也頤卦亦然故彖不釋頤 噬嗑而亨剛柔分動而明雷電合而章 釋德 柔得中而上行雖不當位利用獄也 釋用

此重卦自質言陰陽相等合一陰一陽卦成用以陽爲主時尚陰德戒陽剛之過也等而有過象者以陽爲火雷之陽也是以初上有滅趾滅耳象二橥剛則滅鼻三居陽位則遇毒四居陰得金矢五以陰得黃金此自象言自時言初上假始終示宜二五示中德三四示時宜

初九屨校滅趾无咎 陽居初剛猶未盛故云利用獄故无咎

六二噬膚滅鼻无咎 以中德无咎以近初陽故噬膚滅鼻

六三噬腊肉遇毒小吝无咎 位不當且居陽故遇毒云噬腊肉小吝无咎以陰爻故

九四噬乾胏得金矢利艱貞吉 以陽居陰得時宜故吉利艱貞以不中也

六五噬乾肉得黃金貞厲无咎 得中德以居陽故貞厲猶三之遇毒

上九何校滅耳凶 時勢皆過故凶

象曰雷電噬嗑先王以明罰勅法 達用演德取雷威電明象示刑法之宜明禮治當教而後誅

賁䷕艮上離下

賁亨演德小利有攸往達用示宜

彖曰賁亨亨字衍柔來而文剛故亨釋德德與名合分剛上而文柔故小利有攸往天文也釋用先儒說天文上當有剛柔交錯四字按此處定有脫文文明以止人文也觀乎天文以察時變觀乎人文以化成天下中宜

此重卦自質言陰陽相等合一陽一陰成卦時示陰陽交錯之益初上假始終示宜二五示中德三四示當位之宜重位戒文盛也故六爻云白賁

易通釋卷一　兲

初九賁其趾舍車而徒因初陽示分剛文柔之象以尊就卑所謂小利故云舍車而徒

六二賁其須陰得中德故有柔來文剛之象

九三賁如濡如永貞吉柔來文二不及三故濡如永貞吉示守位之宜也

六四賁如皤如白馬翰如匪寇婚媾當位得應故云婚媾擬剛來文柔之盛也以圓陰故擬皤如白馬翰如之象

六五賁于丘園束帛戔戔吝終吉終吉以得中利小也吝以陰故也陰居陽不稱剛來文柔之象故云束帛戔戔

上九白賁无咎自時言已過示反樸之道

象曰山下有火賁君子以明庶政无敢折獄達用演德取艮止離明象示人文之道在教不在刑明禮洽重文化

剝䷖艮上坤下

剝不利有攸往以用演德此自劣演德也與否卦同

彖曰剝剝也以形名釋卦名柔變剛也以象數釋卦名不利有攸往小人長也釋用德順而止之觀象也君子尚消息盈虛天行也中宜此自勝演德也參觀否卦大象下注語

此重卦自質言陰多陽少合一陰一陽成卦用以陽爲主時示陰德足以剝陽故陰居陽位則无咎无不利陰居陰位則凶自時言初上示始終之道二五示

易通釋卷一　丰

中德三四示時宜

初六剝牀以足蔑貞凶自時言去陽尚遠思上行剝陽徒蔑其貞而已擬足況初擬牀況居

六二剝牀以辨蔑貞凶以陰居陰大違時宜雖得中亦凶

六三剝之无咎雖不得中居陽應陽當剝之時故无咎

六四剝牀以膚凶既不得中又以陰居陰无當剝道故凶

六五貫魚以宮人寵无不利自時言得中居陽正得剝道之會故无不利

上九碩果不食君子得輿小人剝廬陰剝之道已盡復之機已蒙故云

象曰山附於地剝上以厚下安宅達用演德取艮止坤載象示仁民之道明

禮治在克已

復䷗坤上震下

復亨演德出入无疾朋來无咎反復其道七日來復利有攸往達用示宜

彖曰復亨名與德合德於用徵故不釋名德剛反動而以順行是以出入无疾明來无咎反復其道七日來復天行也利有攸往剛長也復其見天地之心乎總釋德用宜

此重卦自質言陰多陽少合一陰一陽成卦用以陽爲主時尙陰德初上示始終之宜二三四五示時宜

初九不遠復无祇悔元吉自時言當復之始

六二休復吉得中得位又時尙陰德

六三頻復厲无咎自時言剛長之卦居陽則厲

六四中行獨復雖不中得位得應獨復謂得應也

六五敦復无悔自時言不利居陽敦復示宜也

上六迷復凶有災眚用行師終有大敗以其國君凶至于十年不克征時當剛長之極復道已終

象曰雷在地中復先王以至日閉關商旅不行后不省方達用演德取靜象示養民之政承上明復禮

无妄䷘乾上震下

无妄元亨演德利貞以德達用其匪正有眚不利有攸往示宜

彖曰无妄剛自外來而爲主於內動而健剛中而應大亨以正天之命也以象數釋德用德與名合无妄自勝言眞實也所謂誠也自劣言无爲也自然也示无容心故云剛自外來而爲主於內其匪正有眚不利有攸往无妄之往何之矣天命不佑行矣哉總釋宜

此重卦自質言陰少陽多合兩陽卦成質以陽爲主時尙陰德尙淸靜也故爻利居陰位初上假始終示宜二五示中德三四示時宜

初九无妄往吉无妄之始妄无从蒙故云往吉所謂爲无爲也

六二不耕穫不菑畬則利有攸往得中德故示宜亦所以釋无妄之爲无爲也

六三无妄之災或繫之牛行人得之邑人之災自時言不中不當陰來居陽與時反牛剛而柔故云

九四可貞无咎不中不當而云然者以居陰也

九五无妄之疾勿藥有喜以居陽位疾以中德勿藥

上九无妄行有眚无攸利自時言已過不當於无妄又以陽居上故行有眚无攸利

象曰天下雷行物與无妄先王以茂對時育萬物達用演德

取陽生雷動象示生德自然之道承上明復禮歸仁

大畜䷙艮上乾下

大畜利貞演德達用不家食吉利涉大川示宜

象曰大畜剛健篤實輝光日新其德剛上而尚賢能止健大正也釋德用德與名合彖言卦德多自下而上此自上而下猶臨之反爲觀也循彖言德德有終始此取終始此取不家食吉養賢也利涉大川應乎天也釋宜

此重卦自質言陽多陰少合二陽卦成質以陽爲主時以止爲德承无妄而示陽靜之宜故陰爻皆吉无妄示靜而后動之理大畜則示動而能靜之宜初上假始終示宜二五示中德三四示時位之宜

初九有厲利已大畜之道本戒陽健初陽未當道故以有厲利已示宜

九二輿說輹得中居陰故有止象

九三良馬逐利艱貞日閑輿衛利有攸往當位與主畜之艮陽相應近畜道矣故云良馬逐以陽居陽非時之宜故云利艱貞日閑輿衛利有攸往

六四童牛之牿元吉自時言已入於畜道居陰當位故元吉

六五豶豕之牙吉以陰居陽故云豶豕之牙得中德近主畜之艮陽故吉

上九何天之衢亨大畜之道自彖言成於卦終故云亦示宜也

象曰天在山中大畜君子以多識前言往行以畜其德

達用演德艮取止畜象乾取廣大象示畜德之方明修身在博學以止於善

頤䷚艮上震下

頤貞演德吉示宜觀頤自求口實達用

象曰頤貞吉養正則吉也釋德宜不釋卦名者名義見噬嗑大畜也大畜示畜德之當外得於人頤示畜德當內得於已此頤之所以承大畜也觀頤觀其所養也自求口實觀其自養也釋用天地養萬物聖人養賢以及萬民頤之時大矣哉引申德宜

此重卦自質言陰多陽少合二陽卦成質以陽爲主時以貞爲德陰陽皆然陽實陰虛故陰有求陽象初上假始終示二五示中德三四示時宜

初九舍爾靈龜觀我朶頤凶自時言初示不貞之背於頤道初九之所以自舍靈龜者以六四之應也

六二顛頤拂經於丘頤征凶陰虛無頤德近初陽欲求之故有顛頤象然非正應又欲求上六故有拂經于丘頤象又非正應不能守其中德故云征凶

六三拂頤貞凶十年勿用无攸利上求上九故云拂頤日拂頤已違時尚之貞德已又不中不當故云云

六四顛頤吉虎視眈眈其欲逐逐无咎應於初爲正故云顛頤吉上九雖虎視无咎以四當於位與初爲正應也〈此爻不取諸家解說〉

六五拂經居貞吉不可涉大川居貞之吉以中德也不可涉大川位不當也

上九由頤厲吉利涉大川自時言當頤之德故云由頤厲示守正也

象曰山下有雷頤君子以愼言語節飲食達用演德取艮止震戒象示涉事養身之道明止善之方在訒言克欲

大過䷛兌上弜下

大過棟橈利有攸往亨達用演德

彖曰大過大者過也以象數釋卦名棟橈本末弱也剛過而中弜而說行利有攸往乃亨總釋用德大過之時大矣哉引申其宜

此重卦自質言陽多陰少合二陰卦成用以陽爲主

時尚陰德故爻利居陰初上假始終示宜二五示中德三四示時宜

初六藉用白茅无咎示尚陰柔自時言宜也

九二枯楊生稊老夫得其女妻无不利得中德以陽居陰

九三棟橈凶以陽居陽當陽過之時焉得不凶

九四棟隆吉有宅吝以陽居陰過而不過矣若係應於初居陰應陰則又過而失中故云有宅吝

九五枯楊生華老婦得其士夫无咎无譽以中德勝然以陽居陽有過象故云生華老婦得其士夫過象也

上六過涉滅頂凶无咎自時言極大過之際故凶以陰爻故无咎

象曰澤滅木大過君子以獨立不懼遯世无悶達用演德取木直澤藏象示君子隱居獨立之精神明止善之德

坎䷜坎上坎下

習坎有孚維心亨達用演德行有尚示宜

彖曰習坎重險也以象數釋卦名水流而不盈行險而不失其信維心亨乃以剛中也釋用德行有尚往有功也釋宜天險不可升也地險山川丘陵也王公設險以守其國險之時用大矣哉引申德宜

此重卦自質言陰多陽少合兩陽卦成質以陽爲主

時示陽德之宜亦戒陰險承大過故示陽德之宜初上示始終之象二五示中德三四示時宜

初六習坎入于坎窞凶示始坎之象卦主陽故云入

九二坎有險求小得示陽實得中德之宜

六三來之坎坎險且枕入于坎窞勿用不當位故云來之前後皆坎故云坎坎云險且枕入于坎窞云勿用不云凶以爻位陽也

六四樽酒簋句貳用缶句讀依朱子納約自牖終无咎以陰居陰而云然者近九五之主陽也樽酒簋貳用缶納約自牖示通誠欵之方所以化險爲平夷達心亨之德也

九五坎不盈祇既平无咎示剛德中德之宜爲居險之道

上六係用徽纆寘于叢棘三歲不得凶自時言已過非主陽剛中之德所可及初尙有待於二五之宜故不至有三歲不得之凶

象曰水洊至習坎君子以常德行習教事達用演德取積漸象示積學不怠推己及人之道明篤行之功

離☲☲離上離下

離利貞亨以德演德畜牝牛吉達用示宜

彖曰離麗也以形名釋卦名日月麗乎天百穀草木麗乎地重明以麗乎正乃化成天下柔麗乎中正故亨是以畜牝牛吉也釋德宜牝牛剛而柔中

此重卦自質言陽多陰少合兩陰卦成質以陰爲主與坎反時尙陰德之宜故陽爻多不吉初上无咎示宜也二五示中德三四示時宜

初九履錯然敬之无咎示陽居下之宜離之象陰陽相錯故此示宜云履錯然

六二黃離元吉得中德

九三日昃之離不鼓缶而歌則大耋之嗟凶剛而不中有過象

九四突如其來如焚如死如棄如剛而不中爻位雖陰無中德適以助其燥暴故云

六五出涕沱若戚嗟若吉以中德吉以位陽故示戒懼

上九王用出征有嘉折首獲匪其醜无咎示離德之終宜

象曰明兩作離大人以繼明照于四方達用演德取離照象示廣被明德爲南面之道明止於明德親民

易通釋卷二

下經

泰縣陳啟彤甫管侯著

咸䷞兌上艮下

咸亨演德利貞以德達用取女吉示宜

彖曰咸感也以形名釋卦名柔上而剛下二氣感應以相與止而說男下女是以亨利貞取女吉也總釋德用宜天地感而萬物化生聖人感人心而天下和平觀其所感而天地萬物之情可見矣引申德宜

此重卦自質言陰陽相等合一陰一陽成卦用以陽爲主時示感合之道陰陽皆利貞艮三爻尚止兌三爻尚說止而說咸道也故諸爻尚靜不尚動感心感也故咸而見形者皆不吉初上假始終示宜以象表始終二五示中德三四示時宜

初六咸其拇自時言心感之時尚未及初在下故云拇咸尚心感今云咸其拇其不利可知

六二咸其腓凶居吉示動之凶以中德故云居吉

九三咸其股執其隨往吝示動之不宜以當位故云吝而不云凶

九四貞吉悔亡憧憧往來朋從爾思當兌說之初居止之上故有心感之象然不中不當故云貞吉

九五咸其脢无悔以中德故无悔

上六咸其輔頰舌自時言心感之時已過以居上故云輔頰舌

象曰山上有澤咸君子以虛受人達用演德兌取說通象艮取畜藏象（大畜同）示謙沖之道明存養之功所謂淵淵其淵也

恆䷟震上巽下

恆亨演德无咎示宜利貞利有攸往以德達用

彖曰恆久也以形名釋卦名剛上而柔下雷風相與巽而動剛柔皆應恆以象數釋卦名恆亨无咎利貞久于其道也天地之道恆久而不已也利有攸往終則有始也釋德宜用日月得天而能久照四時變化而能久成聖人久於其道而天下化成觀其所恆而天地萬物之情可見矣引申德宜

此重卦自質言陰陽相等合一陰一陽卦成用以陽爲主時尚恆德陰陽皆然恆之方宜中過猶不及也

初上示始終之過二五示中德三四示時宜

初六浚恆貞凶无攸利初當下位而浚過下矣故云

九二悔亡得中德

九三不恆其德或承之羞貞吝剛而不中

九四田无禽不當位

六五恆其德貞婦人吉夫子凶得中德故云恆其德貞以陰爻故云婦人吉夫子凶以陽居陽有過象故三爻當而云貞吝四爻不當但云田无禽

上六振恆凶陰居上位而振過上矣故凶

象曰雷風恆君子以立不易方達用演德取不變象示致誠之道明知止而後定

遯䷠乾上艮下

遯亨演德小利貞以德示宜

彖曰遯亨遯而亨也剛當位而應與時行也釋德小利貞浸而長也釋宜遯之時義大矣哉引申其宜

此重卦自質言陰少陽多合二陽卦成質以陽爲主陰浸而長時以遯爲用示陰利貞亦示陽利貞遯非示消息也示處消息之宜也初上假始終示宜二五示中德三四示時宜

初六遯尾厲勿用有攸往自時言有剝象當始遯之會也尾示後值遯而後違時故厲

六二執之用黃牛之革莫之勝說得中德故以陰居陰而能貞此明小利貞非示遯象也（參觀革卦初爻）

九三係遯有疾厲畜臣妾吉時有不得遂遯之象以近陰也以位不中也故云係故云畜臣妾吉

九四好遯君子吉小人否去陰已遠爻當乾初得遂其志故云好遯君子道長小人道消故云小人否

九五嘉遯貞吉得中德故云嘉遯曰貞吉示宜也貞美德也小利貞大亦利貞也

上九肥遯无不利終示遯能與時偕行之美

象曰天下有山遯君子以遠小人不惡而嚴達用演德取乾剛艮高象示自重之道明端重則靜安

大壯䷡震上乾下

大壯利貞以德示宜

彖曰大壯大者壯也剛以動故壯以象數釋卦名大壯利貞大者正也釋德宜正大而天地之情可見矣引申其宜

此重卦自質言陰少陽多合二陽卦成質以陽爲主陽浸強象數與遯反示陽利貞亦示陰利貞大壯非示消息也示處消息之宜也初上假始終示宜二五示中德三四示時宜

初九壯于趾征凶有孚示戒強陽之不利以當初故擬趾象

九二貞吉得中德

九三小人用壯君子用罔貞厲羝羊觸藩羸其角重剛不中

用壯用罔貞厲示時宜羝羊云示時之不宜也

九四貞吉悔亡藩決不羸壯于大輿之輹時利以陽居陰故反於三爻之以陽居陽

六五喪羊于易釋文易作埸无悔得中德故无悔以陰來居陽位故云喪羊喪羊喪陽也埸擬陰

上六羝羊觸藩不能退不能遂无攸利艱則吉自時言已至大壯之終爻以陰爻故无羸角之象究爲陽盛之卦故云无攸利艱則吉示宜也

象曰雷在天上大壯君子以非禮弗履達用演德取正大象示閑邪之道明慮而后能得

晉☷☲離上坤下

晉康侯用錫馬蕃庶晝日三接達用演德不繫德名以用爲德徵也

彖曰晉進也以形名釋卦名明出地上順而麗乎大明柔進而上行是以康侯用錫馬蕃庶晝日三接也中德釋用

此重卦自質言陰多陽少合二陰卦成質以陰爲主時示陰德之宜也故陰爻貞吉陽爻貞厲初上示始終之宜二五示中德三四示時宜

初六晉如摧如貞吉罔孚裕无咎示始晉之宜

六二晉如愁如貞吉受茲介福于其王母以中德受福愁如以時向未及也五乃棄時

六三衆允悔亡不中不當幸居陽故有衆允象

九四晉如鼫鼠貞厲以陽居陰不當位亦背時故貞厲居陰故擬鼠象

六五悔亡失得勿恤往吉无不利棄時得中失得勿恤有明德也

上九晉其角維用伐邑厲吉无咎貞吝晉已至極以陽當之故厲則吉无咎貞則吝

象曰明出地上晉君子以自昭明德達用演德取日月象示譬明德之徵明日新之功

明夷☲☷坤上離下

明夷利艱貞以達用演德示宜

彖曰明入地中明夷以象數釋卦名內文明而外柔順以蒙大難文王以之利艱貞晦其明也內難而能正其志箕子以之釋德用宜

此重卦自質言陰多陽少合二陰卦成象數與晉反用以陽爲主時示以貞爲德初上示始終之宜二五示中德三四示時宜

初九明夷于飛垂其翼君子于行三日不食有攸往主人有言初當明夷示君子見幾

六二明夷夷于左股用拯馬壯吉得中德故有用拯馬壯吉之宜有夷股之象者以居陰也

九三明夷南狩得其大首不可疾貞雖不中幸以陽居陽故云得大首以不中故云不可疾貞

六四入于左腹獲明夷之心于出門庭二云左股四云左腹二之艱尚淺四之艱已深也能因入腹而獲心得于出門庭之象者以當位也

六五箕子之明夷利貞值大艱而得中德故以擬箕子

上六不明晦初登于天後入于地明夷至極故云不明晦登天入地示戒負惡之終敗也

象曰明入地中明夷君子以蒞衆用晦而明達用演德取明藏之象示簡默之宜明自誠而明

家人䷤巽上離下

家人利女貞以達用演德示宜

彖曰家人女正位乎內男正位乎外男女正天地之大義也以象數釋德用宜家人有嚴君焉父母之謂也父父子子兄兄弟弟夫夫婦婦而家道正正家而天下定矣引申其宜

此重卦自質言陰少陽多合二陰卦成質以陰爲主用以陽爲主時示貞德陰陽同尚故爻重當位初上

示始終之宜二五示位示中德三四示位示時宜

初九閑有家悔亡示始宜在禮法

六二无攸遂在中饋貞吉得中得位故云陰位陰爻故云中饋

九三家人嗃嗃悔厲吉婦子嘻嘻終吝得位故吉以陽居陽剛而不中故云悔厲終吝示不宜也

六四富家大吉雖以陰居陰然得位得時則微陰利之美故云富

九五王假格有家勿恤吉得位得中

上九有孚威如終吉示終宜在誠實

象曰風自火出家人君子以言有物而行有恆達用演德取自內而外象示存誠之方明自明而誠

睽䷥離上兌下

睽小事吉以示宜演德用

彖曰睽火動而上澤動而下二女同居其志不同行以象數釋卦名說而麗乎明柔進而上行得中而應乎剛是以小事吉申德釋宜天地睽而其事同也男女睽而其志通也萬物睽而其事類也睽之時用大矣哉引申德用宜

此重卦自質言陰少陽多合二陰卦成質以陰爲主時示乖合之理承家人而言者以象數之中位與家

人反也初上示始終之理謂始乖而終合也每爻亦具始終大終始之別則无咎與吉也亦示應敵之宜二五示中德亦示應敵之宜三四示時宜亦示應敵之宜

初九悔亡喪馬勿逐自復見惡人无咎初當睽時乖異之心未深故云悔亡喪馬云云示宜也見惡人无咎四有敵應之同德也（以陽故擬馬）

九二遇主于巷无咎遇主无咎得中得應之宜遇主于巷以位不當也

六三見輿曳其牛掣其人天且劓无初有終不當不中故有種種乖象以有上九之應故有終（以陰爻故擬輿牛象）

九四睽孤遇元夫交孚厲无咎不當不中无正應値睽象已深之際故云睽孤雖有敵應之孚厲乃无咎

六五悔亡厥宗噬膚往何咎得中故悔亡有應故往何咎

上九睽孤見豕負塗載鬼一車先張之弧後說之弧匪寇婚媾往遇雨則吉處睽之極故云睽孤來應爲陰爻故擬豕鬼象兌爲澤故擬雨象始孤而終吉睽時已過也

象曰上火下澤睽君子以同而異達用演德因相違之象示和光同塵和而不流之德明其次致曲

蹇䷦坎上艮下

蹇利西南不利東北利見大人貞吉以達用演德宜

彖曰蹇難也以形名釋卦名險在前也見險而能止知矣哉以象數釋卦名蹇利西南往得中也不利東北其道窮也利見大人往有功也當位貞吉以正邦也釋德用宜蹇之時用大矣哉引申用宜

此重卦自質言陰多陽少合二陽卦成質以陽爲主時示處蹇之方蹇與需不同需表陽健蹇示以退爲進陰動而退故云利西南初上示始終之宜二五示中德三四示時宜

初六往蹇來譽以陰處往蹇之初下艮之下无躁進之患故來譽謂來復則有譽也復復自道也（參觀下卦解繫辭）

六二王臣蹇蹇匪躬之故當位得中

九三往蹇來反以艮陽之止而當位知退止之宜故云來反

六四往蹇來連當位故知止知止則退而與三連故云來連

九五大蹇朋來値大難之時然得中得位且二三四皆當位有利見大人象故五有來朋之美

上六往蹇來碩吉利見大人終蹇而知止之宜

象曰山上有水蹇君子以反身修德達用演德因險止象示退省爲進德之方所謂約之以禮也

解䷧震上坎下

解利西南无所往其來復吉有攸往夙吉達用演德

彖曰解險以動動而免乎險解以象數釋卦名解利西南往得衆也其來復吉乃得中也有攸往夙吉往有功也釋用德天地解而雷雨作雷雨作而百果草木皆甲拆解之時大矣哉引申德宜

此重卦自質言陰多陽少合二陽卦成質以陽爲主時示處解之方承蹇而言者象數比蹇勢方解也故亦云利西南初上示始終之宜二五示中德三四示時宜

初六无咎以陰爻處解初无陽躁之患故无咎合利西南之德也

九二田獲三狐得黃矢貞吉得中以陽居陰爻得時宜故貞吉擬狐象黃象以居陰也

六三負且乘致寇至貞吝不中不當以陰居陽尤違時故云

九四解而拇朋至斯孚象數四爲解主位雖不中不當得以陽居陰之宜拇擬坎初初與四陽有相應之宜故云朋至斯孚

六五君子維有解吉有孚于小人得中德故吉得中位故云君子維有解以陰居陽故云有孚于小人

上六公用射隼于高墉之上獲之无不利自時言至解之極故无不利以居上故擬公擬高墉以陰爻故擬隼隼陰鷙之鳥也

象曰雷雨作解君子以赦過宥罪達用演德取蘇生象以示與民更新之道明體仁

損䷨艮上兌下

損有孚元吉无咎可貞利有攸往曷之用二簋可用亨以用宜演德

彖曰損損下益上其道上行以象數釋卦名曰損下益上自象釋也曰其道上行以數釋也謂兌之澤上說艮之山也卦之象數對待名曰損自下言也卦示下奉上受之道名偏舉也偏舉名損戒上受之損民也損而有孚元吉无咎可貞利有攸往曷之用二簋可用亨二簋應有時損剛益柔有時損益盈虛與時偕行釋德用引申示宜

此重卦自質言陰陽相等合一陰一陽成卦用以陽爲主時示下奉上受之道初上示始終之宜二五示中德三四示時宜

初九已事遄往无咎酌損之无咎示得宜酌損之示重時

九二利貞征凶弗損益之已得中德宜守其正故云征凶弗損益之

六三三人行則損一人一人行則得其友示損道此爲宜自時言三

陽至極故可損

六四損其疾使遄有喜无咎時已當受益

六五或益之十朋之龜弗克違元吉以中德受益

上九弗損益之无咎貞吉利有攸往得臣无家示受益之宜

象曰山下有澤損君子以懲忿窒欲達用演德因損下之象轉示自損之道明克已在正心

益☴☳巽上震下

益利有攸往利涉大川示宜演德

象曰益損上益下民說无疆自上下下其道大光以象數釋卦名利有攸往中正有慶利涉大川木道乃行釋德宜帝出乎震震屬木故云木道益動而巽日進无疆天施地生其益无方凡益之道與時偕行引申德宜

此重卦自質言陰陽相等合一陰一陽成卦用以陽爲主時示上施下受之道初上示始終之宜二五示中德三四示時宜亦示二三四五皆重位

初九利用爲大作元吉无咎初示施道利用爲大作施道也元吉无咎示宜也

六二或益之十朋之龜弗克違永貞吉王用享于帝吉得中德永貞吉云云示宜二多譽故云王用

六三益之用凶事无咎有孚中行告公用圭不中不當三多凶雖當受益之位故云用凶事无咎有孚云云示安位之方也三陽位故云有孚

六四中行告公從利用爲依遷國雖不中當位也故云中行處施之地而當臣位故云

九五有孚惠心勿問元吉有孚惠我德乘時而得中位

上九莫益之或擊之立心勿恆凶益時已過以陽居上逆上施下受之象故云莫益之或擊之日立心勿恆凶示戒也

象曰風雷益君子以見善則遷有過則改達用演德因益人之象轉示自益之道明復禮在修身

夬☱☰兌上乾下

夬揚于王庭孚號有厲告自邑不利即戎利有攸往以用宜演德

彖曰夬決也以形名釋卦名剛決柔也健而說決而和以象數釋卦名揚于王庭柔乘五剛也孚號有厲其危乃光也告自邑不利即戎所尚乃窮也利有攸往剛長乃終也釋用宜

此重卦自質言陰少陽多合一陰一陽成卦用以陽爲主時示決陰之宜亦戒陽盛明陰險故陽爻居陰有冦傷之象居陽有過躁之憂初上示始終之宜二

五示中德三四示時宜

初九壯于前趾往不勝爲咎一陽始生欲決上陰豈得勝故往有咎

九二惕號莫夜有戎勿恤得中德故云惕號莫夜得孚厲之道是以有戎勿恤決陽處陰故擬戎象

九三壯于頄有凶君子夬夬獨行遇雨若濡有慍无咎處下卦之上故擬頄象陽居陽重剛不中故有凶陽德當位亦當夬時故云君子夬夬獨行遇雨兌爲澤卦居上故擬雨（參觀睽卦六爻）五陽同夬一陰三獨當之故有若濡有慍之嫌然君子夬夬故終无咎

九四臀无膚其行次且牽牛悔亡聞言不信重剛不中不當以夬陽處陰與二同故有傷夷象位在六爻之中故擬臀象姤三爻故亦擬臀壯陽遇陰有喪羊象見上大壯此云牽恐喪也故云牽牛悔亡顧其時不信此言也

易通釋卷二　十五

九五莧陸夬夬中行无咎以陽處陽莧陸生於盛陽之時其色赤故以擬陽躁幸得中德故无咎

上六无號終有凶自時言一陰處五陽之上當終夬之位故終有凶陽云孚號故陰云无號

象曰澤上于天夬君子以施祿及下居德則忌達用演德因柔不可凌剛象轉示剛凌柔之戒明示謙退之德明克讓

姤䷫乾上巽下

姤女壯勿用取女以用宜演德

彖曰姤遇也以形名釋卦名柔遇剛也以象數釋卦名勿用取女不可與長也天地相遇品物咸章也剛遇中正天下大行也釋用宜德姤之時義大矣哉引申德宜

此重卦自賁言陽多陰少合一陰一陽成卦用以陽爲主時示陰陽姤遇之道初上假始終以示各當二五示中德三四示時宜

初六繫于金柅貞吉有攸往見凶羸豕孚蹢躅示陰姤之宜金柅擬二爻之陽陰柔下伏故擬豕

九二包有魚无咎不利賓得中德值時宜故无咎魚擬初陰初陰既繫之二以中德時宜得包之三四之賓義不得利矣

易通釋卷二　十六

九三臀无膚其行次且厲无大咎以陽處陽又不能棄陰而棄陽故臀无膚无大咎以當位也

九四包无魚起凶不中不當與初爲應以時變爲凶

九五以杞包瓜含章有隕自天得中得位故有含章象五位最高故擬杞象五之位能包二不嫌包初故云包瓜有隕自天示无咎也

上九姤其角吝无咎示非當姤之時位居上故擬角自時言无違時强姤之勢故无咎

象曰天下有風姤后以施命誥四方達用演德取乾天巽說象示布政之宜重教典

萃䷬兌上坤下

萃亨演德王假格有廟利見大人亨利貞以德達用用大牲吉
利有攸往示宜
彖曰萃聚也以形名釋卦名順以說剛中而應故聚也以象數釋卦名
王假有廟致孝亨也利見大人亨聚以正也釋德用用大
牲吉利有攸往順天命也釋宜觀其所聚而天地萬物之
情可見矣引申其宜
此重卦自賁言陰多陽少合二陰卦成用以陽爲主
時示萃之道在利貞陰陽同尚故初二五言孚以示
萃聚之道故重應又以利見大人之故是以初陰有

志亂之象初上假始終示宜二五示中德三四示時
宜
初六有孚不終乃亂乃萃若號一握爲笑勿恤往无咎有應當萃時故无咎孚之不終以亂也亂於所當萃也積孚則正終得四應之宜故得一握爲笑
六二引吉无咎孚乃利用禴得中得位故有引吉之象引謂五陽應之孚乃利用禴示宜也
六三萃如嗟如无攸利往无咎小吝不中无應故无攸利小吝以時當萃故往无咎
九四大吉无咎不中不當須大吉（此以宜示德）乃无咎

九五萃有位无咎匪孚元永貞悔亡以得中得位无咎匪孚云云示宜也
上六齎咨涕洟无咎萃時已過故齎咨涕洟乃免咎
象曰澤上于地萃君子以除戎器戒不虞達用演德取下侵上象因示居安思危之道明重政典
升䷭坤上巽下
升元亨演德用見大人勿恤達用南征吉示宜相見乎離故云南征吉
彖曰柔以時升以象數釋卦名巽而順剛中而應是以大亨釋德
用見大人勿恤有慶也釋用南征吉志行也釋宜
此重卦自賁言陰多陽少合二陰卦成用以陽爲主
故彖云剛中而應時示陰德之利初上示始終之宜二五示

中德三四示時宜當位
初六允升大吉示宜
九二孚乃利用禴无咎得中德故不當而无咎孚示宜也
九三升虛邑剛而不中以當位故云升虛邑虛北也有凌厲象以時利升未示咎
六四王用亨享于岐山吉无咎以當位吉无咎
六五貞吉升階得中德故貞吉升階示宜
上六冥升利于不息之貞時已至極故云冥升利于云云示戒
象曰地中生木升君子以順德積小以高大達用演德取生長象

示進德修業之方明禮循序

困䷮兌上坎下

困亨演德貞大人吉達用无咎有言不信示宜也亦示兌不取通說義也示

彖曰困剛揜也以象數釋卦名險以說困而不失其所亨德取兌說義用不取兌說義其惟君子乎貞大人吉以剛中也釋德用有言不信尙口乃窮也釋宜是以爻言利用亨祀利用祭祀取兌說之誠不取兌說之聲也

此重卦自質言陰陽相等合一陰一陽成卦用以陽爲主時示處困之道惟陽剛惟能濟困故二四五无終凶象初上示始終之象二五示中德三四示時宜

初六臀困于株木入于幽谷三歲不覿因初陰示困之象以居不安示象故擬臀象

九二困于酒食朱紱方來利用亨享祀征凶无咎无咎以中德也征凶示宜也以陽實故擬酒食陽色揚故擬朱紱利用亨祀示用德之方也

六三困于石據于蒺蔾入于其宮不見其妻凶不中不當以陽位故擬蒺蔾以陰爻故擬石石坤剛之凝也

九四來徐徐困于金車吝有終雖不當位以爻爲陽故有終來徐徐困于金車之象也擬金車以爻陽也故姤擬金柅

九五劓刖困于赤紱乃徐有說利用祭祀時當困至之際上下不安故云劓刖以陽處陽故云赤紱乃徐有說示消息也利用祭祀示宜也

上六困于葛藟于鯢卼曰動悔有悔征吉葛藟擬陰象動悔不知處困也有悔示宜征吉示消息也

象曰澤无水困君子以致命遂志達用演德坎取空涸象澤取卑下象以爲困困以示處困之方在守分達德明禮節所以成仁

井䷯坎上巺下

井改邑不改井无喪无得達用演德往來井井汔至亦未繘井羸其瓶凶示宜

彖曰巺乎水而上水井以象數釋卦名巺乎水水坎也此自質釋而上水水水也此自用釋井養而不窮也中其德巺乎坎擬井其象不顯故再以德用釋改邑不改井乃以剛中也汔至亦未繘井未有功也羸其瓶是以凶也釋德用宜

此重卦自質言陰陽相等合一陰一陽成卦用以陽爲主時示巺升之常德戒急功之敗事初上假始終示時用二五示中德三四示時宜

初六井泥不食舊井无禽因初示井時且水以陽生天一生水初陰爻故云井泥不食

九二井谷射睪鮒甕敝漏以中德无凶咎象象示未至可用之時雖陽有生水之宜

亦惟可射鮒耳

九三井渫不食爲我心惻可用汲王明並受其福當位弜升之時已至故有可用受福之宜有不食之憂者未至上水之時也

六四井甃无咎自時言弜升之功已盡其道故云井甃示可用也當位故无咎

九五井冽寒泉食得中得位時值上水故云

上六井收勿幕有孚元吉示用之不窮時宜也

象曰木上有水井君子以勞民勸相達用演德因坎勞弜齊之義示生聚之政明禮典所宜

革 ䷰ 兌上離下

革已日乃孚元亨達用演德利貞悔亡演德示宜

象曰革水火相息二女同居其志不相得曰革以象數釋卦名

已日乃孚革而信之文明以說大亨以正革而當其悔乃亡釋用德宜天地革而四時成湯武革命順乎天而應乎人革之時大矣哉引申用宜

此重卦自質言陽多陰少合二陰卦成用以陽爲主

時尚陰德示處革之道戒陽躁也故陰爻陰位吉初

上示始終之宜二五示中德三四示時宜

初九鞏用黃牛之革示陽處初革之宜尚陰柔故擬黃牛象（參觀遯卦二爻）

六二已日乃革之征吉无咎得中得位得時

九三征凶貞厲革言三就有孚剛而不中以陽處陽違於時尚故云征凶貞厲革言三就示宜也

九四悔亡有孚改命吉以時尚陰故不當位而吉

九五大人虎變未占有孚得中得位當革之時故云未占有孚陽剛而威下應離中之陰故擬虎變

上六君子豹變小人革面征凶居貞吉以陰爻處革之終故有豹變革面之宜然時已至極故云征凶居貞吉五以陽以大人擬虎六以陰以君子擬豹實以對待相生因下離以示文明之革

象曰澤中有火革君子以治歷明時達用演德因相息之變象示爲政之宜重承天明治典之大

鼎 ䷱ 離上弜下

鼎元吉亨達用演德

象曰鼎象也以象釋卦名以木弜火亨飪也以數釋卦名聖人亨以享上帝而大亨以養聖賢申卦名之宜弜而耳目聰明柔進而上行得中而應乎剛是以元亨釋德用

此重卦自質言陽多陰少合二陰卦成質以陰爲主

時示陰德之虛在无幹濟之能須濟以陽實之美乃

可以正位也初上假始終示宜二五示中德三四示時宜亦示位

初六鼎顛趾利出否得妾以其子无咎以陰當鼎下弱不勝重任故顛而不正自時言弜初之陰有上進之宜應四有相濟之美故云利出否故无咎故擬象云得妾以其子

九二鼎有實我仇有疾不我能即吉陽爻故云有實得中德得時宜故云吉與五爲正應爲仇之初陰往應四故云能不我即「此自劣解自勝言須能使之不我即乃吉」

九三鼎耳革其行塞雉膏不食方雨虧悔終吉剛而不中剛復自用不能得弜有耳通之德「離明擬目弜通擬耳見彖言」故云鼎耳革其行塞雉膏不食然以當位之故體弜德之升時宜上進與五陰有相濟之望故云方雨虧悔終吉

易通釋卷二　卅三

九四鼎折足覆公餗其形渥凶不中不當違時下應自覆其實故凶

六五鼎黃耳金鉉利貞爻陰故色黃以居陽故云金鉉此稱鼎之象以得中也「彖云得中而應乎剛指此」不當位故云利貞示宜

上九鼎玉鉉大吉无不利自時言五陰不足以當鼎盛之道故上以陽剛得宜

象曰木上有火鼎君子以正位凝命違用演德取弜上離明之象示南面之道明允執其中

震☳☳震上震下

震亨嶺德震來虩虩笑言啞厄啞震驚百里不喪七比鬯違用示宜

彖曰震亨不釋卦名卦德以義顯也震來虩虩恐致福也笑言啞啞後有則也震驚百里驚遠而懼邇也出可以守宗廟社稷以爲祭主也程子以爲邇也下脫不喪匕鬯四字當从之釋用宜

此重卦自質言陰多陽少合二陽卦成質以陽爲主時示處動之方在敬慎陰陽同尚初上假始終示宜二五示中德三四示時宜

初九震來虩虩後笑言啞啞因初陽爲動主以示宜

六二震來厲億喪貝躋于九陵勿逐七日得得中德故有來復之象震來厲以褻震主爻以震厲故示躋陵相避

易通釋卷二　卅四

六三震蘇蘇震行无眚以去主震之爻遠故云无眚以不當位故云震蘇蘇

九四震遂泥不中不當處上下皆陰之際故无奮象

六五震往來厲億无喪有事得中德故億无喪有事往來厲時不可動也二爻可躋上有五尊也五往則失位來則遇剛

上六震索索視矍矍征凶震不于其躬于其鄰无咎婚媾有言索索示象矍矍示宜去震已遠處卦之終征何所之故凶于其鄰示遠也故无咎此卦无正應故婚媾有言

象曰洊雷震君子以恐懼修省違用演德取震驚象示慎戒爲進德之方明慎獨

艮☶☶

艮其背不獲其身行其庭不見其人達用演德无咎示宜

彖曰艮止也以形名釋卦名時止則止時行則行動靜不失其時其道光明引申止義艮其止晁氏曰當依卦辭作背止其所也上下敵應不相與也是以不獲其身行其庭不見其人无咎也釋用德宜

此重卦自質言陰多陽少合二陽卦成質以陽爲主時示處靜之方象數與震反時當止故陰爻无不利

彖初上假始終示宜二五示中德三四示時宜

初六艮其趾无咎利永貞陰居初下故无咎利永貞示宜

六二艮其腓不拯其隨其心不快得中得位得時艮止之德有餘故思拯其从隨之三顧三之象乃以陽居陽背于止道故云其心不快

九三艮其限列其夤厲熏心剛而不中止非自止故云艮其限而不云腰故有列其夤厲熏心象

六四艮其身无咎雖不中然當位當時

六五艮其輔言有序悔亡得中得時

上九敦艮吉陽動㳄不宜艮止以位居卦終故示宜云敦艮吉〈參觀臨卦六爻〉

象曰兼山艮君子以思不出其位達用演德因艮止象示守分之道明禮法

漸䷴巽上艮下

漸女歸吉達用利貞以德示宜

彖曰漸之進也女歸吉也進得位往有功也進以正可以正邦也其位剛得中也止而巽動不窮也以象數釋用德宜

此重卦自質言陰陽相等合一陰一陽成卦用以陰爲主時示進當以漸曰漸表進行之德當有序也艮示靜德此示動德也初上示始終之宜二五示中德三四示宜爻取象與艮大同

初六鴻漸于干小子厲有言无咎以陰處漸初无躁進之象故云鴻漸于干鴻行有序故擬其象然少年務躁進故厲有言終能无咎以陰德宜也

六二鴻漸于磐飲食衎衎吉得中得時上應五陽之實故有飲食衎衎象

九三鴻漸于陸夫征不復婦孕不育凶利禦寇剛而不中違時之宜故凶不復躁進之患也婦孕不育陽實過也利禦寇示宜也〈參觀蒙六爻〉

六四鴻漸于木或得其桷无咎得時得位故云巽爲木故擬木擬桷

九五鴻漸于陵婦三歲不孕終莫之勝吉得中得位故吉卦辭云女歸歸于陽也故三五皆云婦二五正應隔于三四故云三歲不孕終莫之勝進以漸故須三歲

上九鴻漸于陸其羽可爲儀吉時至漸之極故不嫌陽躁足爲表率故云其羽可爲儀

象曰山上有木漸君子以居賢德善俗達用演德取艮止巽說象示教

化之方〈王肅本作善風俗〉明已立立人已達達人

歸妹☳☱震上兌下

歸妹征凶无攸利以不宜演德卦象男上女卦爻柔乘剛二三四五不當位故云征凶无攸利此卦取不德示德故卦辭以不宜示宜

彖曰歸妹天地之大義也天地不交而萬物不興歸妹人之終始也中名義說以動所歸妹也以象數釋卦名征凶位不當也无攸利柔乘剛也釋不宜

此重卦自質言陰陽相等合一陰一陽成卦用以陰為主時尚陽德示歸止之道在剛正也初上假始終示宜二五示中德三四示重位

初九歸妹以娣跛能履征吉初无位不當于所歸之妹故云以娣顧有剛正之德合于時宜故跛能履征吉卦自德言故云征凶爻自用言故云征吉〈參觀履卦六爻〉

九二眇能視利幽人之貞不當位處于陰故云眇以陽以應故云眇能視以中德故云利幽人之貞

六三歸妹以須反歸以娣不當位

九四歸妹愆期遲歸有時不當位以具剛德位視三少貴故云愆期不云娣

六五帝乙歸妹其君之袂不如其娣之袂良月幾望吉得時得中故吉月幾望歸妹之時至也擬陰盛五位尊故云帝乙其君云云示下嫁之得正應也〈參觀中孚四爻〉

上六女承筐无實士刲羊无血无攸利歸妹之時已過又陰柔无正德故无攸利无實无血无陽實之用也

象曰澤上有雷歸妹君子以永終知敝達用演德因說動之象示夫婦之道明禮儀

豐☳☲震上離下

豐亨演德王假之達用勿憂宜日中示宜

彖曰豐大也以形名釋卦名明以動故豐以象數釋卦名王假之尚大也釋用不釋德以義顯也勿憂宜日中宜照天下也釋宜日中則昃

月盈則食天地盈虛與時消息而況於人乎況於鬼神乎引申日中消息

此重卦自質言陰陽相等合一陰一陽成卦用以陽為主時示處盈之宜初上示始終之宜二五示中德三四示時宜

初九遇其配主雖旬无咎往有尚處豐之初得明動相資之宜故云遇其配主故云往有尚時當豐初故云雖旬无咎

六二豐其蔀日中見斗往得疑疾有孚發若吉得中得位故示有孚之吉以陰居陰故有豐其蔀日中見斗象以陰應陰故云疑疾疑其不實也

九三豐其沛日中見沬折其右肱无咎以當位无咎以陽居陽而不中故有豐沛見沬折肱象

九四豐其蔀日中見斗遇其夷主吉以不當位故有豐其蔀日中見斗象以與初應之時宜故吉

六五來章有慶譽吉得中德有二爻以離明之德而應故云時位當豐盈以陰居陽是不自滿故有譽

上六豐其屋蔀其家闚其戶闃其无人三歲不覿凶自時言豐已至極又以陰爻當之陽盛則消之象已著

象曰雷電皆至豐君子以折獄致刑達用演德取剛明象示理刑獄之方在果斷明刑典之宜

旅䷷離上艮下

旅小亨旅貞吉以用宜演德

彖曰旅小亨柔得中乎外而順乎剛止而麗乎明是以小亨旅貞吉也釋用演德旅之時義大矣哉引申其宜

此重卦自質言陰陽相等合一陰一陽成卦時尚陰德示旅道也初上假始終示宜二五示中德三四示時宜

初六旅瑣瑣斯其所取災因初陰示旅道之不宜陰居初有小象故云瑣瑣

六二旅即次懷其資得童僕貞得中得位陰有含蓄之德故云懷其資童僕亦陰象

九三旅焚其次喪其童僕貞厲剛而不中以陽居陽故云

九四旅于處得其資斧我心不快不中不當以居陰不違時耳資斧擬剛實象

六五射雉一矢亡終以譽命得中得時遇文明之主故終以譽命〔參觀豐五爻〕

上九鳥焚其巢旅人先笑後號咷喪羊于易凶旅之遭時已過又以剛處終大違時宜故凶无柔順之德故云喪羊

象曰山上有火旅君子以明慎用刑而不留獄達用演德取高明重大象示慎重民事之宜明刑典體仁

巽䷸巽上巽下

巽小亨以用演德利有攸往利見大人示宜

彖曰重巽以申命以用釋卦名剛巽乎中正而志行陰柔无果決之德故假剛德爲用以盡申命之道柔皆順乎剛是以小亨利有攸往利見大人總釋德宜

此重卦自質言陰少陽多合二陰卦成質以陰爲主用以陽爲主時示剛正之宜陰順之利初上假始終示宜二五示中德三四示時宜

初六進退利武人之貞初陰在下无果決之德故云進退利武人之貞示宜也有剛正之德始足以申命故小象云志治

九二巽在牀下用史巫紛若吉无咎剛得中德故吉无咎此巽指初陰非申命之巽（此取巽象與蠱巽畧同）

九三頻巽吝剛而不中此巽謂陽指申命

六四悔亡田獲三品雖陰而不中以得位故悔亡以得利見大人柔順乎剛之時宜故云田獲三品

九五貞吉悔亡无不利无初有終先庚三日後庚三日吉得中得位故无初有終先庚云云示宜合重巽之道蠱重消息故云甲此重一再申命故云庚庚賡續也

上九巽在牀下喪其資斧貞凶陽巽之時已過乃以剛居上故凶喪其資斧謂喪其剛實也此巽指陰巽故仍云巽在牀下

象曰隨風巽君子以申命行事達用演德取風行草偃象示設教當先于施政明教典重讀法

兌䷹兌上兌下

兌亨演德利貞以德達用

彖曰兌說也以形名釋卦名剛中而柔外說以利貞釋用是以順乎天而應乎人說乎先民民忘其勞說以犯難民忘其死說之大民勸矣哉引申達用

此重卦自賁言陽多陰少合二陰卦成賁以陰為主時尚陽德利剛正故利陰位陽爻初上假始終示宜陽不宜陰二五示中德三四示時宜

初九和兌吉示兌尚陽德

九二孚兌吉悔亡得中德故吉陰得陽居故悔亡

六三來兌凶失位不中違時宜故凶

九四商兌未寧介疾有喜雖不中不當以陰位得陽來居合時故有喜以不當故云未寧不中不當故云介疾

九五孚于剝有厲五為兌主得中得位而云然者以違於時宜也以兌陰爻取剝象（故尚陽德猶巽陰取蠱象）取其劣不取其勝也

上六引兌示陰无剛正之德故云引引誘惑也

象曰麗澤兌君子以朋友講習達用演德取滋益象示朋友為進德之方明教典之倫

渙䷺巽上坎下

渙亨演德王假有廟利涉大川達用利貞示宜以德示宜也自形名言渙有釋懌義故演德云亨

彖曰渙亨剛來而不窮柔得位乎外而上同釋德渙取釋懌義于此可證講者多就渙散義解故委曲難通王假有廟王乃在中也利涉大川

乘木有功也釋用

此重卦自質言陰陽相等合一陰一陽成卦用以陽爲主時示剛有釋險之才險當于時亦有懌和之德盡陰順之宜故次兌初上假始終示陰順陽達二五示中德三四示時宜

初六用拯馬壯吉示陰順之宜馬謂二

九二渙奔其机悔亡剛得中德有釋險之才爲陰所憑依

六三渙其躬无悔雖不中不當與上相應近渙羣之四故无悔

六四渙其羣元吉渙有丘匪夷所思當時當位

九五渙汗其大號渙王居无咎得中得位故无咎

上九渙其血去逖出无咎以剛居極不當于時故云渙其血此渙取散失義去逖達示宜

象曰風行水上渙先王以享于帝立廟達用演德取巽說水濟象因下和示上誠之道明禮典之大

節䷻坎上兌下

節亨演德苦節不可貞達用

彖曰節亨剛柔分而得中釋德苦節不可貞其道窮也釋用

說以行險當位以節中正以通天地節而四時成節以

制度不傷財不害民引申德用

此重卦自質言陰陽相等合一陰一陽成卦時示陽動之宜陰順之利各有其當次渙以節示和之禮也行險而當節故爻重位初上假始終示宜二五示中德三示時宜

初九不出戶庭无咎未至行險之時故不動无咎

九二不出門庭凶陽得中德當行險之時以失位不稱其德故云不出門庭凶故小象云失時極也

六三不節若則嗟若无咎不當不中故云不節若然三爲巽之主爻有說德故擬嗟若无咎象

六四安節亨得位近五又得時宜（與渙四爻畧似）

九五甘節吉往有尚得位故甘節得中故往有尚

上六苦節貞凶悔亡陰順之時已過顰于坎極故云苦節以陰居坎極故云貞凶然未失本德故云悔亡

象曰澤上有水節君子以制數度議德行達用演德因坎限兌說之宜示禮貴尚賢明禮重等差法度

中孚䷼巽上兌下

中孚豚魚吉利涉大川示宜利貞以用演德

彖曰中孚柔在內而剛得中說而巽孚乃化邦也中象數之德豚魚吉信及豚魚也利涉大川乘木虛舟也中孚以利貞乃應乎天也釋宜

此重卦自質言陰少陽多合二陰卦成質以陰爲主時尙陽德自象言陰得陽乃能孚自數言惟虛乃能含實也故爻利陽居陰不利陰居陽若陽居陽陰居陰參觀二三四五四爻則僅无咎初上假始終示陽德之宜二五示中德三四示時宜

初九虞吉有他不燕假初示利貞

九二鳴鶴在陰其子和之我有好爵吾與爾靡之得中德以陽居陰得時宜鶴陽鳥故擬之

六三得敵或鼓或罷或歌或泣時宜以陽居陰此乃以陰居陽故云得敵以陰陽相孚言此則似是而非故云云

六四月幾望馬匹亡无咎以當位无咎四之位陰已盛故云月幾望居當位有可孚之道已然无陽實之應以初守虞吉之貞也故云馬匹亡〈參觀歸妹四爻〉

九五有孚攣如无咎得中當位故无咎故云有孚以近四陰故云攣如〈參觀小畜〉

上九翰音登于天貞凶示揚譽不貞之害

象曰澤上有風中孚君子以議獄緩死達用演德取澤惠風風象示仁

民之政明禮以體仁爲和

小過䷽震上艮下

小過亨演德利貞以德達用可小事不可大事飛鳥遺之音不宜上宜下大吉示宜

彖曰小過小者過而亨也釋德過以利貞與時行也釋用柔得中是以小事吉也剛失位而不中是以不可大事也有飛鳥之象焉飛鳥遺之音不宜上宜下大吉上逆而下順也釋宜飛鳥句程子以爲不類彖體蓋解者之辭誤入彖中當从之

此重卦自質言陰多陽少合二陽卦成時以陰爲主示戒陰盛故利貞初上示始終之宜二五示中德三四示時宜

初六飛鳥以凶未至可過之時乃有哭飛之象故凶

六二過其祖遇其妣不及其君遇其臣无咎得中得位故无咎象擬宜小

九三弗過防之從或戕之凶時宜以陰居中三乃以陽居陽而不中故凶弗過示不可過也防之防陰過也從或戕之示戒

九四无咎弗過遇之往厲必戒勿用永貞以居陰故无咎弗過示宜遇之謂居陰動則危厲必有戒心乃宜勿用永貞亦示宜

六五密雲不雨自我西郊公弋取彼在穴陰居陽位故云密雲不雨自我西郊取彼在穴示宜下位陽故云公弋三四五爻皆示陽衰陰盛之戒〈參觀小畜〉

上六弗過過之飛鳥離之凶是謂災眚小過之時已過以陰居上故云弗過弗過而過之故有離羅之凶

象曰山上有雷小過君子以行過乎恭喪過乎哀用過乎儉達用演德因剛過之象示事過之宜明禮之變

既濟䷾坎上離下

既濟亨小以宜演德利貞以德達用初吉終亂示宜

彖曰既濟亨小者亨也釋德利用剛柔正而位當也釋用初

吉柔得中也終止則亂其道窮也釋宜

此重卦自質言陰陽相等合一陰一陽成卦時示消息示息則消也故以陽爲主戒陰盛初上示始終二五示中德三四示時

初九曳其輪濡其尾无咎既濟之始義可无咎陽剛動而任載故云曳其輪既濟之時已有消象故云故云濡以初故云尾

六二婦喪其茀勿逐七日乃得以陰故擬婦濟時已過故有喪茀象以得中得位故終可得

九三高宗伐鬼方三年克之小人勿用既濟功成故云克之小人勿用

戒陽濟之時已過陰將盛也

六四繻有衣袽終日戒離明已過因坎象示戒

九五東鄰殺牛不如西鄰之禴祭實受其福文盛則質衰譬時盛則勢衰因陽爻故示誠實足以處過時利貞之道也

上六濡其首厲以陰柔處濟過之時誡象大徵故擬濡首象

象曰水在火上既濟君子以思患而豫防之達用演德因利思害示防微之道明禮宜慎終

未濟䷿離上坎下

未濟亨演德小狐汔濟達用濡其尾无攸利示宜

彖曰未濟亨柔得中也釋德小狐汔濟未出中也釋用濡其尾无攸利不續終也雖不當位剛柔應也釋宜申消息之理以陰得中故擬狐象

此重卦自質言陰陽相等合一陽一陰成卦時示消息也示消則息也故以陰爲主尙陽德初上示始終之宜二五示中德三四示時

初六濡其尾吝因初陰示未濟之象

九二曳其輪貞吉得中得時宜

六三未濟征凶利涉大川陰柔不當无任幹濟故云征凶以居陽位故云利涉大川

以時又值坎終也

九四貞吉悔亡震用伐鬼方三年有賞于大國以居陰故云貞吉悔亡以時尙陽德未濟之時已過得施幹濟之才故云震用伐鬼方三年有賞于大國（參觀既濟三四二爻）

六五貞吉无悔君子之光有孚吉得中故无悔時不利陰故云貞吉以居陽故云君子之光有孚吉陰得陽濟故云孚（參觀中孚卦）

上九有孚于飲酒无咎濡其首有孚失是幹濟之時已過守其陽實以飲酒宴樂則无咎（此如需九五之需于酒食貞吉同）若下應三陰之求而思違時幹濟則有濡首之憂而失有孚之是轉與既濟六爻同消息之理循環无已細繹二卦自見

象曰水上有火未濟君子以愼辨物居方達用演德因不宜之象而思安宜之道明禮宜愼始

訓詁微

陳啓彤 撰

《訓詁微》，陳啓彤撰，據國家圖書館藏民國鈔本影印。

陳啓彤有《易通例》《易通釋》，已著録。

此書無序跋，首頁署作『訓詁微卷壹』，内容分爲三部分。要言一：説訓詁、訓詁之界例。要言二：説引申、引申圖説、引申旁貫圖、引申之界例。要言三：説音義、形聲會意界例。陳啓彤精於小學，有多種專著。此書説訓詁之義頗爲簡捷，要言不煩，如將訓詁之例總結爲六種，以事訓事（考訓老），以物訓物（稻訓稌），以事訓物（馬訓武），以物訓事（倫訓輩），以廣義訓狹義（稌訓稻），以狹義訓廣義（老訓考）。引申亦總結爲六義：一義，大義，正直義，通達義，理義，行義。爲配合内容説解，作者又繪圖多幅，如引申圖説就有小中現大圖，大中現小圖，方便讀者領會掌握。

（周　忠）

訓詁微卷壹

要言一

泰縣陳啓彤甫管庚著

說訓詁

訓詁者文字之微辭也明其爲微辭則須徵明文字之所起字生於文文生於名名生於形形生於見見生於業習孫卿道後王之成名刑名從商爵名從周文名從禮散名之加於萬物者則從諸夏成俗之曲期名之和生始於散名成俗之曲期則所謂業習也刑名爵名散名命事物也曰物業習所謂有定形者也曰事業習所謂無形定者也

說文解字形者文名者也形之所限者爲名之所稽者理爲形書故無形之事亦假借以明之如予孔物也作予形乙孔物文作乙形厂孔物也作厂形是名之所稽者理故予作予形而申墨之難意固之可推乙作乙形而匿之意固之可見厂作厂形而拙之意固之可明是

訓詁者鄭君名之曰說解之者依形名循業習而起者也業習以爲形可以限予故狹義之文字不妨以廣義訓詁之廣義之文字不妨以狹義訓詁之如徐訓稱老訓考是名可以稽理故命物之文字不妨以事訓詁之命事之文字不妨以物訓詁之如馬訓武倫訓輩是

形可以限予名可以稽理則予理具於文字固當觀文字而見予理又何取乎訓詁雖然形名之予理隱微非說解不見也蓋形名固所以限稽予理而予理實非形名所可限稽也道可道非常道名可名非常名循成俗之曲期故予理可以形名限稽散名之數遂萬而勒之以六書亦各有其當德之以實從業亦予鄭不屑

章氏太炎國故論衡辯性篇云世間論師波臧居之言義諸名言自體皆非能詮也之之處于束為東處于赤為赤處于蠻為蠻處于吾為吾彼物以自心相予為主而不執所呼者為有體斯不亦悠然則名言之鄭予實從業使不相越以實從業為眾同予約定俗成故不可淩亂物實詞號依詞色雖業為詞事實依之鄭者所爲形物名業之鄭者所爲形事名

準道而言惟和太極道立於一造分天地化成萬物人以業習予別事物假於形名限稽同異顧事物之量大者不可口小者不可盡事物之質實者不可名虛者不可形例如立名之道極大之量矣從何形之而如其量是大不可同之數名之一極量之小矣從何形之而如其實是小不可盡也例如道路之

道因於人川副於土地从何形之而出其實名氾实有之
道是实不可名之又为數名之一因於計量副於物形从形何
形之而出其虚形氾虚副之一是虚不可形之
大不可口而必欲口之实不可名而必欲名之則不得不段借
〻〻則不能無遺義然不可盡而必欲盡之虚不可形而必
欲形之則不得不段借〻〻則不能無溢義形名所已限穡
分理限穡之而或有所遺或有所溢則限穡分理之闲亾
矣闲亾之故訓詁尚焉訓詁者所已彰形名之賾微而 三
補其闕也

例如道路之道因於人川副於土地不可已異名之迺段
从辵首已名之〻〻有遺義矣雖其段从辵首已名之
之故訓曰一達謂之道从辵首道人所行之遺義仍而实
可知已惟其訓曰一達謂之道从辵首道人所行之故又
得因其量而文申之為廣義段借為立名之道爲立名
之道大不可口故段借於無名〻〻之道其实又大不可
口之故段从辵首已名之道無訓詁从何達其変

數名之一因於計量副於物形不可以形之迺段一以形之
〻〻有溢義矣故一之訓曰惟初太極道立於一造分天地化成萬
物則溢義是而虚可知已雖其訓曰惟初太極道立於一
造分天地化成萬物故又得因其量而文申之為猶義
段借為數名爲數名之一小不可盡故段借於立名〻〻
之一又大不可口之故段借於計數之一畫（畫）已形之爲無
訓詁从何見其通

故鄦君自敘偁其說解曰次列微辭知此者稀 是識
小学者所不及見已其彰微闡賾之旨皆一循成法之曲
期據形而文申說解之故水訓準備訓輔夫水之实何
与於度之準車之物何与於人之事顧業習已水為平
之準備已車輔之相資之能訓然后但訓稱（依段氏）夫能
然后非別之偁稱非無衣顧業習已言后而別立其
中之言稱而但義不済之（稱訓稱老訓考同）蓋訓詁固所已解
說形名然形名氾所形所名之实之段託於筆畫〻〻
不足已盡之之又段依於指事爲象形爲形声爲会

意爲據注爲段借爲〔道〕則段合意以成名一則段指事以成名此段以真理言已屬段中之段亦为段借則大段蓋三段〔已〕形名之成既段借以作之故訓詁不得不段借以明之顧以業習而言形可以得分名可以稽理據文字而言質量不相涉故先圖試而說解之

質——〔稌〕

曰質指稌从禾从余聲之形言就形言故曰質

量——〔稻也〕

曰量指訓詁稻也之義言就義言故曰量口區別其不相涉也

稌訓曰稻也是以廣義訓狹義也然稌雖為別名稻雖為共名稌字之形不得以稻也之訓涵涉而更變其形也反之如稻訓稌理亦同

質——〔馬〕

同上

量——〔武也 怒也〕

馬訓曰武也怒也是命物之名以命事之名訓之也然馬雖為物名武怒雖為事名馬字之形不得以武怒之訓涵涉而更變其形也反之亦倫訓當其理亦然（以事訓物亦以廣訓寔）

故曰形可以得分狹義之文字不妨以廣義訓詁之廣義之文字不妨以狹義訓詁之名可以稽理命物文字不妨以事訓詁之命事之文字不妨以物訓詁之準此定其界例如左

訓詁之界例

訓詁之界

訓詁以據文字之形說解諸義成假之曲期為界

易為文以據文字之形解詁義成假之曲期為界以說解者為文字之之成之於詁義成假之曲期也

訓詁之例

（一）以事訓事（如考訓老也是）

（二）以物訓物（如稻訓稌之是）

此二者常例也

（三）以事訓物（如馬訓武之是）

（四）以物訓事（如倫訓輩之是）

此二者變例之

（五）以廣義訓狹義（如稌訓稻之是）

（六）以狹義訓廣義（如老訓考之是）

此二者以義之量言，約常變之總例之

以事訓事，如考訓老，則以廣義訓狹義之（以老之義足以包考義，考義不足以包老義也）

如老訓考，則以狹義訓廣義之

以物訓物，如稻訓稌，則以狹義訓廣義之（稻共名，稌別名）

如稌訓稻，則以廣義訓狹義之

以事訓物，則皆屬以廣義訓狹義之（以事之義廣於物，故如以武訓怒，怒雖武然者不盡爲怒之義也）

以物訓事，則皆屬以狹義訓廣義也（以物之義狹於事，故倫固有輩義，然輩之義不足以盡倫之義也）

茲表明之如左

義量攝例表

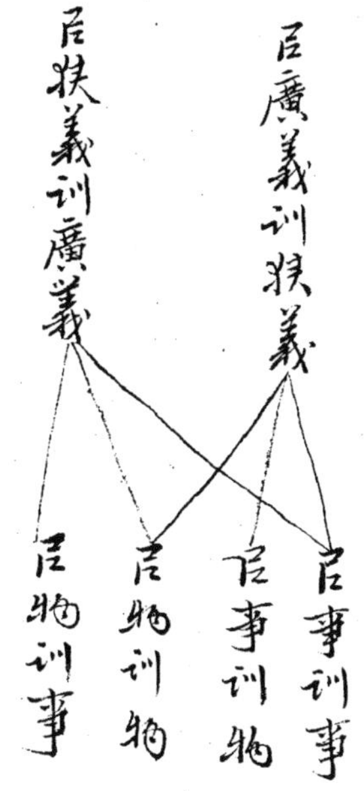

訓詁之界例既明，則其用彰矣。鄭君所謂微辭之誼亦可見矣。顧演繹訓詁而衡其質量，乃不外乎廣狹互明，事物相叚，求一量以其質而不遺不溢者，不可得焉。則訓詁又有所闕已甚。訓詁之所以爲微辭者，有二故焉：其一則所以補形名之微也；其二則彰微而微隨之生，不能量以其質，仍有遺溢是也。今茲微明其爲微辭者，將以彰微辭之微也，故茲編名之曰訓詁微。

要言二

說引申

事物之量大不可口小不可盡也事物之質實不可虛名不可形也大不可口而口之則必小小不可盡而盡之則必大用是之故大中現小小中現大實不可名而名之則必虛虛不可形而形之則必實用是之故虛中有實實中有虛小中現大實中有虛故道路之道乃段借為玄名之道大中現小虛中有實故玄名之一乃段借為數名之一樸虛實而能相段無得和小大而能相容互明其則引申之說也是則引申者所以極變之理而盡量名質者也

六書不足以名事物質量之內含故訓詁生焉嚴事物質量之內含如一二謂所以盡故訓詁又不能無闕焉不明訓詁固不足以識形名不明引申又不足以知訓詁試徵明引申而詳說之

例如道路之道以量言小名也以實言則大名段从辵首以形之者道川之而成也循業習而引申之德之有六義

(一)一義　故訓云一達謂之道

(二)大義　一達之道形必廣大也

(三)正直義　廣大之道形必正直也

(四)通達義　廣大之道勢必通達也故訓云一達謂之道

(五)理義　以形直勢通順而無塞也

(六)行義　故訓云人之所行也

據訓詁而言惟具一義達也由从之三義皆依業習而盡道義之內含總之則有上列之六義此六義故皆合於往故之言更就六義之內含引申而盡其內含之義異則可極於量之至大反而由至大之量就其內含之一端引申而用其所歸依之同其則可極於至小之量焉是量之小者不引申不見其小中有大量之大者不引申不見其大中有小狀為圖說以明之

引申圖說

小中現大圖

即狀義引申為廣義亦即為形引申為無形　圖中引申皆作係以明之虛係則訓詁中未明之引申處引者亦作虛係

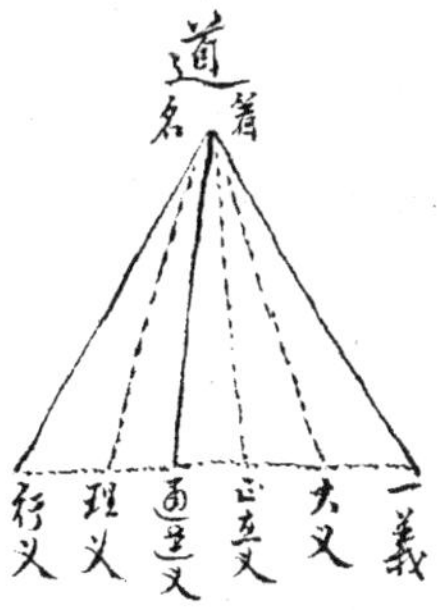

按一訓舉道而言未著一物以不勝舉之故圖全依歷線中从田分

大中現小圖

於一义又申為狭义亦可有形 又申自有形

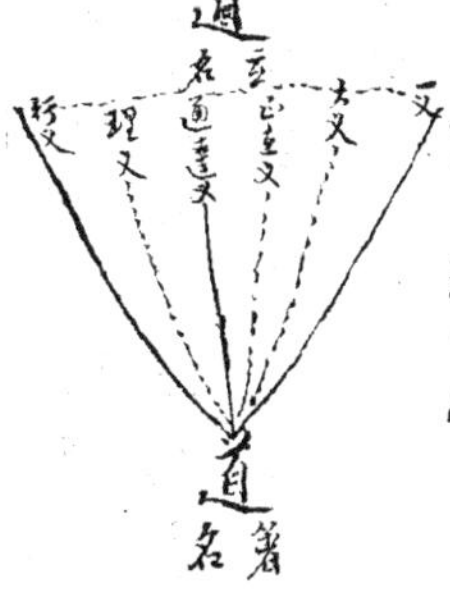

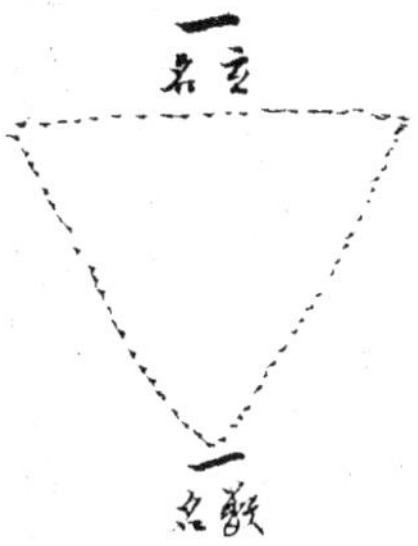

説曰著名之道又申而廣之總有六義極六義之四含而展轉又申之則終不可數矣然極理之量已極理之量故以圖又申依六書而段借為立名

數名之一又申而廣之凡單獨之事物皆能用以計數而不闔矣然極物之數已故以圖又申依指事而定為立名

立名之道又申而狭之(歸納於著名)通一義亦無道

立名之一又申而狭之以為一事物之一義亦不道

十一

若再以圖圓明之由內而外由小中現大由外而內為大中現小

右列之圖表量能大中現小之中現大以見又申之所起也量圖遍於横豎觀於右列圓圖足以畧見然旁又之意猶未盡彰復圖説如左

十二

引申旁觀圖

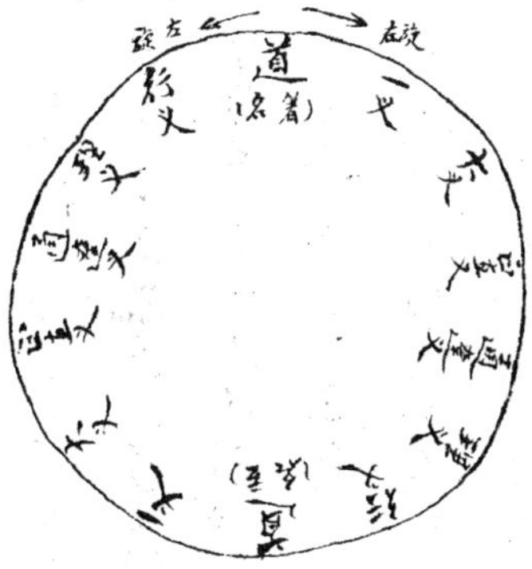

右旋而旁资其説曰道一達謂之道也一達則大之則失形正直其勢通達通達則当於理当於理則可行人之所行皆不旋其所之道無所之道於量為一(旁視一下訓詁)一則大之則正直之則通達之則当理之則可行道路人之所行也

左旋而旁貫。其說曰：道，人之所行也。人之所行必當於理，當於理則通達，通達則正直，正直則所見者大，所見者遠大則一。語道之量，一即道。乃其畢達，行不息；其必畢達，行不息；其正當於理，必當理，故通達，通達故正直，正直故大，大故一，一達，達人所行之道必準此。以定引申之界例如左。

引申之界例

引申之界

由廣義引申為狹義，由狹義引申為一義；由有形引申為無形，由無形引申為有形。

自量言之，則為廣狹互；自質言之，則為有無相段。

引申之例

（一）近義（亦曰旁義）

（二）轉義（亦曰次旁義）

（三）反義（亦曰對義）

曷為近義？近義者，就本字之義而引申之，如等名之道引申為一，為大，為正直，為通達，為理，為行也。

曷為轉義？轉義者，就義之義而引申之義也，如由理引申為治（論語道千乘之國，包注：道，治也），由通義引申為開，為說，為言也（楚語為之詩而為之道，注：開也。廣雅釋詁二：道，說也。禮記大學道學也，注：言也）。

曷為反義？反義者，義之極至，用其與本義相反之義也，如由有形之道引申為無形之道，無形之一引申為有形之一也。

觀於上之所述，固足徵引申之所起與其界例，亦足徵訓詁之缺陷與引申之用已。其用如何？則能盡量而極發其之訓詁，所以盡量之能盡量而極發其在引申。故曰不明引申，不足以知訓詁；不明引申，固不足以知訓詁，亦不知段借也。以段借者必有引申之段借，固原於引申已然，而引申者又不必皆可段借也。蓋引申而段借之者，必限於音同而又有無其字之需，此而段借之界限，而引申之用見。

要言三

說音義

未有文字之時先有聲音以出言語矣言語之聲音所以表意之具後準言語聲音之意以制文字是聲音之意所寄在形（字或文字）故文字之聲音亦不越於言語之聲音然則文字之義即聲音之意也（原於人曰意屬於文字則曰義）準此則名之內含惟音與義合音與義蓋託於形圖以明之

十五

名之內含圖

聲音之意寄於形則為義音義寄於形是形足以攝音義之形足以攝音義故形字居中音義居兩旁（以示形言形足以攝音義以真理言形不足以攝音義）

準言語而言音足以攝意準文字而言形足以攝音義音足以攝義則文字之音亦當足以攝意義文字之音足以攝義則音義之量當相等相等者謂音之量攝義之之量必音之音之義之量相等故如上圖音與義同居圖內不加區別

音之量攝義之量如音是以音有流變義有叉申其量相等依章氏太炎文始所定成均圖以相况

陽聲可對轉為陰聲則配於反叉（故反叉亦名對叉曰反叉就義言之名也）

自旁轉而成對轉亦會易對轉以至配於反叉

同列相比之近旁轉則配於近轉

比言其例大致不逾而音之可轉者其義亦相叉申

夫

證以文始所說若合符節（參看文始可以繁不具叉）

準音之量如義故則說解文字不當徒據其形夫文字之形即言語聲音之所寄形足以攝音義是說解字形即說解音義矣何以又云不當徒據其形曰以文字言形固足以攝聲故象形之文字不繫以聲而聲不昧然聲不足以攝形故形聲之文字不繫以所屬之形則形不顯以是之故曰說解文字不能徒具形以攝形而說且當兼說其形中之音也

準文之量如音故則六书之形声文字其形声當必具
義然文字之形只足以攝音義而已不足以盡音義
也故音有流變義有變申形不足以攝（畫）音必流變
焉其量適足形不足以盡義必變申焉其量過足
如文始所說盡声音之流變矣未盡意義之變申也
且訓詁音之義不可以形為諭抑知淵本窮源
音寄於形茍不執形則漫無崖岸故形說字章
背之事將訓形声之義猶於会意恐蹈之事（支）務而
为五之識是又不然
蓋会意之文字義以会見故曰比類合誼以見指撝
形声之文字義以声形故曰以事为名取譬相成
是形声之文字必不言屬从而义指其会意之文字必
合言屬从而义乃彰截然分別又何得不務而为云
猶之獻自來言形声有義者不能神明之事之义誼
通達變申之條貫致有閫於会意之疑或兆破
形之敝不能補苴訓詁反以昧爸聖之精微亦斯學之厄已

惟形声之字有義也是以訓詁不猶其旁之义明狀義
之之限于义且不猶其同如懵悽恫怨悃懵懟懟
同訓为痛是蓋形声有別焉懵者痛之深入於懷者痛
其不齊之恫者痛之直上之怨者痛其相違之悃者痛
其不安之懵者痛其緜之懟者痛之甚之懟者痛之
隱而甚之不然有痛之名則懵悽恫怨悃懵懟懟誼
名可廢置之
形声之文有義矣鄭君說解輒以文有亦声之（大）
例鄭君於諸亦声諸形声並会意耶抑会意
並形声耶曰證以此說當羅列而徵定之試
依說文解字列其不省者为左
吏治人事也从一从史史亦声
禮履也所以事神致福也从示从豊豊亦声
　　此上二字說解同
祏宗廟主也周禮有郊宗石室一曰大夫以石為
主从示石石亦声

此与上列二字不同少一从字

祫 大合祭先祖親疏遠近也从示合

此与上列者均不同然周明之从合声也乃不云声

明之合声且有意（義）也又不云亦声（段注云会意不云从合亦声 其省文重会意）

準上列而演繹之鄭更所云亦声迺示会意而適

兼声之意会意字不重声叵会意之字形呈叵攝

声例如武信是段说解不言声段氏所谓重会意

是所省文則形或有適省声其亦不言声如閏皇

（朱氏说閏从二門省声皇从王声）是此由正例或有言声者是由變

例叵言声閏於形声之例故加亦字叵别之如上列

諸字下云亦声是

会意字其義明显易见或说解已明说之者則但云

从某之例如閏皇武信祟兔等字是其不同显

者則云从某从某例如上列之吏禮是（有用三从字者如徽下云从彳从攴从三肖）

凡说解云从某之声皆形声字而非会意字段氏不知

此谊其彖注論如穫欂说解形声字之迺段注云

此等字皆形声兼会意夫形声由形声会意

為会意其量无異不相兼兼之会意之量較廣

所或兼声不能兼形之何則如所兼形声則

会意字当無不兼形声既不能盡不兼形声則

不能謂兼形声之取義其量較狭更不得兼会

意且不得適兼会意焉段氏不知此谊且不識鄭

訓會福祭之意遇此等字無从注釋迺漫云形

声兼会意謬哉鄭曰会福祭者謂期福集福之祭

也此从勝訓善从弟訓則当本周禮訓除疾殃祭之

（朱氏如此訓）此从會之意不同祫不得叵訓有会字遂謂

之为会意字兼果由会意字試問此字与祫又何所

别乎

惟其不同形声会意之别故於碧字下又注云白

声者叵形声兼会意於壻下叵为無声字注云諝

本有声误不知壻为形声之取义非会意之取義

嗟夫形声会意其界雖别邪 蘇準上亦言之界（解）说

（本以比類合誼以譬相況云云）定其界別之說如左

形聲會意界別

其一 會意乃合兩體生一義以明一事一物也

其二 形聲乃分兩體由一義以明一事一物也

合者而有分之之則與所明相背例如吏以形聲言則訓道在於史或訓史在於道然吏非其訓也

分者又而有合之之則與所明相違例如埼以會意言則如通人之義然埼非通士之稱也

廿一

斯義既明則亦聲由會意字而通並形聲乃釐然可別而形聲字之取義不同於會意之取義亦畫然可分蓋亦聲字由形聲之取義並而兼會意則如瑞下既訓云發兵瑞玉由帝文又何以鄦不云亦聲瓏下訓云禱旱玉由龍文又何又不云亦聲據此不徒知亦聲由會意而通並形聲且足徵形聲之有義矣不但此也又足徵形聲之取義與會意之取義不相同矣若騢下云从馬段聲訓色似鰕魚之赤下云从包于聲于所以赤之稼下云从禾家聲一曰稼家事一曰在野曰稼則鄦君明說形聲之有义也顧多略而不詳蓋詳之則貫辭故略表其端耳此訓詁中之微辭也余以闡通理識形名遂取其微者述之於形聲者則表訓詁之星焉所以說微辭也其不知者闕焉儻由鄦君所允諾乎其次略依定聲於宗分部文讀者毋忽之

廿二

庚甲雜集

陳啓彤 撰

《庚甲雜集》四卷，陳啓彤撰，據國家圖書館藏民國鈔本影印。

陳啓彤有《易通例》《易通釋》，已著録。

陳啓彤自庚戌（一九一〇）至甲寅（一九一四）成書多種，其它零篇雜著不忍割棄，匯爲此集。書成於辛卯（一九一五），分四卷，二十五篇論文。其對自己的著作頗爲看重，『比於并世之諸儒之言，博贍雖不及，精深未必愧也，差可不遺後人之羞』。此集論文涉及較爲廣泛，《國學鈎沈論》爲研討中國學術史之作，詳述道與術。《黄老》則述道家之學旨意。陳啓彤精於小學，此類論文較多，如《論轉注》《説文疑義》等，《論中國文字之義理與學科之關係》論述中國文字義理與哲學、社會學的關係。除傳統學術外，論文亦涉及新的領域，如《中國社會之研究》，論述中國社會之優點、劣點，施政設教之標準。《歐亞真相論》，以中國代表亞洲，英俄諸國爲歐洲，從人類生活之要素：文化和物産兩方面進行比較。有關時事政治的則有《内訌平議》，涉及辛亥革命後久拖不决的南北之争。有關教育問題亦有多篇，如《今後教育之計劃》《教育感言》等，《對於全國教育聯合會之意見書》提出兩條建議，今後教育之方針當認定國民教育，組織團體研究改良國文教育之方法及改良文字以謀進化。陳啓彤民國初期勤於撰作，著述頗豐，此集所收祇是其零篇雜著，亦可看出陳氏治學涉獵之廣，用功之深。

（周　忠）

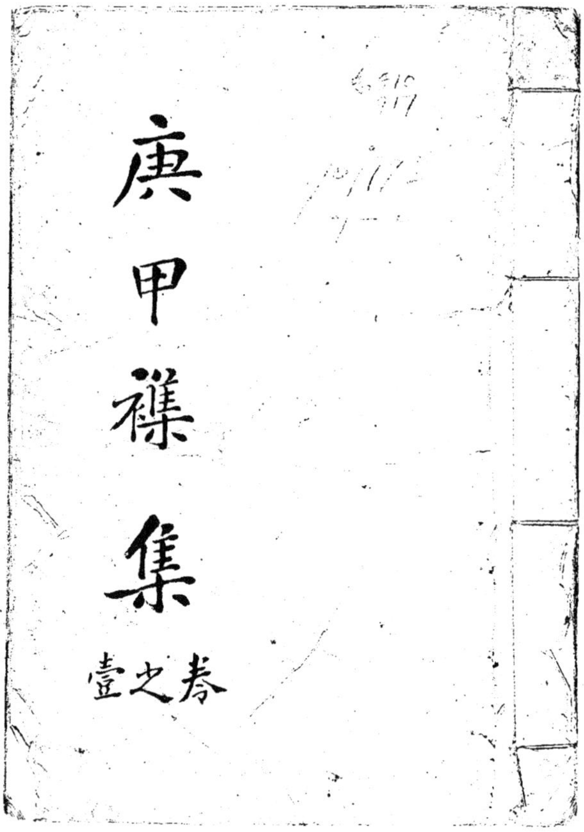

庚甲襍集卷之壹

目錄

國學鉤沈論一

國學鉤沈論二

黃老

論六書指事之原

論轉注

釋干支

說文疑義

論中國文字之義理與學科之關系

一哲學

二社會學

庚甲稡集

自敘

余於學業無所師承，率困勉自求，有所通解，皆得之於苦。年近三十，迺得心化，悟(自)道理。學業之進，原此故耳。但拙於用文，每操筆成篇，都不偭意，遣詞造句，未能免俗也。顧獨能說理，尚不蹈事盡於形情、急於藻之敝。邇歲以來，貫文為治，有所論述，或逮世故，然言不離宗，意皆獨到，可自信也。自戊(庚)申甲寅，著書若干卷。[羣道解科屬稿䋲畢而輟其尤]其未成者，亦尚多零篇，稡箸集之，亦可成帙。但多崇本之言，遠於時人之旨趣，不忍割棄，因彙為庚甲(稡)集焉。余今歲甫三十三，何汲汲為此？誠以年來骨肉凋喪，世自顧煢煢，欸然滋憾，不能已耳。兼之神气躁煩，沈思便惱痛，亦懇難為繼續，即此稡箸，述比於並世諸儒(之言)博贍，雖不及之精深，未必愧也。差可不遺(後人之)羞末，或有檄佚，亦良足惜，故集而存之，并自敘以為誌。於虖！苟天命未盡，余誓以身殉道，努力論贊，俾茲勿替先聖之元意，百家之不齊，得以董理，是所願焉。乙卯秋扶病書敘。

庚甲稡集卷之壹

國學鉤沉論一

泰縣陳啟彤甫管侯著

泰州圖書館藏

齊州之學，蘊育數千禩，浸淫流演，浩如淵海。後生涉獵，每苦汪洋，又溷於名實，罔知究竟；或有所悟，亦一得之見，一家之言，匙能觀其會通，洞其旨趣？此道之所以不明，學術之所以日衰也。夫斯固後學者之不能精進，亦先覺者畛域自封，有以肇之耳。竊嘗以為吾國學子，對於學術，秖知乎外籀，而不知內籀。周季諸子，實為其導，此莊周之所以深悲夫道術之裂，而有天下篇之作也。迺自春秋而降，名益不正，道術之淪，遂日以荒矣。逮及於今，不徒道隱，術亦晦矣。學者之言，紛封萬狀，是非眞偽，不可記(紀)極。故書雖在，讀者又習焉不察，達道術之誼者，幾無其人。蓋名實未喻而欲言學，是猶操舟蕩海而無柁楫也，庸可濟乎？諸子之學，皆言道也，然道非可道，必假塗於術。儳者或遂以為(術)道，緣其所見，又各有其方，學者之之趣，勢迺純偏於外籀，此所以有九流之異也。條理日繁，而本原日遠，其敝也，遂執其條理以為本原。莊周知其然也，固(因)作天下篇以喻學者焉。其所言，非徒評敘諸

家之學已也。蓋所以明術之為術。不可以方。能(痛)學者循涂。祇知乎外籓。而不知內籓也。讀者茍尋繹其說。而求道術之指歸。可以弗畔矣。淵海汪洋。庶得其津逮乎。故撮其要而釋之。

道者。理之第一義。術者。達道之方。其向不限於一隅。然學者於術。每各有其見。各有其見。故各有其方。局於一隅。而自以為全。故天下篇首句曰。天下之為方術者多矣。皆以其有為不可加矣。方者。一隅之向也。術為達道之涂。隨處皆道。不局於方也。曰方術。謂其見之狹也。故又曰。古之所謂道術者。果惡乎在。曰無乎不在。此以道術二名並舉者。以術猶乎道。不可方也。然多方以為術。是有術亦等於無術也。（其下文曰惠施多方其書五車其道舛駁其言也不中）故曰。神何由降。明何由出。聖有所生。王有所存(成)。皆原於一。（是以敍關尹老聃云建之以常無主之以太一其自敍云寂寞無形變化無常死與生與天地並與神明往與芒乎何之忽乎何適萬物畢羅莫足以歸）一以為術之符。則其術能體道矣。（此一非一方）故曰。古之人其備乎。配神明。醇天地。育萬物。和天下。澤及百姓。明於本數。係於末度。六通四闢。小大精粗。其運無乎不在。

備者。不局於一方。原道以為術也。用是以配神明。醇天地。育萬物。和天下。澤及百姓。本數。道之體也。末度。術之用也。本數既明。則末度知所係。用以六六通四闢。小大精粗。其運無乎不在。數度之理。傳於史。册散見放(於)六經。故曰。其明而在數度者。舊法世傳之史尚多有之。其在於詩書禮樂者。鄒魯之士。搢紳先生。多能明之。詩以道志。書以道事。禮以道行。樂以道和。易以道陰陽。春秋以道名分。其(數)散於天下而設於國中者。百家之學時或稱而道之。

諸家之學出於史官。於此可知也。儒者之獨明大體。於此亦可知也。是以周禮謂儒以道得民。而說文訓儒為術士。術。邑中(道)也。其義猶道。有四通之意。與道並舉。則謂其用。達其用之全體者。古謂之儒。達其用之一隅者謂之師。其後習六藝者皆冒其名。濫矣。若漢王充論衡。道虛儒增談天說日是應(諸)篇。舉儒書所稱者有魯班刻鳶。由基中楊。李廣射石沒羽。荊軻以匕首擿秦王。中銅柱入尺。女媧銷石。共工觸柱。觟鯱治獄。屈軼指倭(佞)。黃帝騎龍。淮南王犬吠天上。雞鳴雲中。

日中有三足烏。月中有兎蟾蜍。是諸名籍道墨刑法陰陽神仙之倫。旁有雜家所記。列傳所錄。一謂之儒。則尤汜矣。蓋儒訓術士。術之義引申日廣。儒之名迺因以汜濫。百家眾技。皆竊取之矣。不徒術之義原此晦。道之義迺益不可明矣。後之學者。涵於其名。歧涂易入。一往不返。可喟也哉。故曰。天下大亂。聖賢不明。道德不一。天下多得一察焉以自好。譬如耳目鼻口。皆有所明。不能相通。猶百家眾技也。皆有所長。時有所用。雖然不該不徧。一曲之士也。判天地之美。析萬物之理。察古人之全。寡能備於天地之美。稱神明之容。是故以內聖外王之道。闇而不明。鬱而不發。天下之人。各為其所欲焉以自為方。悲夫。百家往而不反。必不合矣。後世之學者。不幸不見天地之純。古之人大體。道術將為天下裂。

學術有方。道因之隱。莊子知之矣。技冒儒名。術原之晦。此又莊子之所未及知也。道之義隱。可因術以明也。術之義晦焉。若之何。此則學者祇知夫外籀之敝也。正其名實。遵內籀之方。道術其庶幾可明乎。

國學鉤沉論二

諸子十家。皆所以明道術也。其質不殊。其量大異。顧知道之全體者。惟道家而已。知術之全體者。惟儒家而已。迺自春秋以降。門戶之見。深中於學者之心。師弟相受。各秉所宗。其途日狹。本同原之流。因其趣向各殊。迺相水火。視為異端。忘本逐末。道術之途。故愈趨愈晦。蓋其為學。祇知外籀以明其理。不知內籀以窺其全也。

秦漢以來。知道術之大體者。厥惟史家。史家之中。厥惟遷固。然而有軒輊焉。遷。知道之全體者也。固。知術之大用者也。知道者能不昧於術。故遷於術無不達。知術者或昧於道也。故固於道有不通。

史家曷以能獨知道術之大體乎。上溯其原。以諸家之學皆出於史也。龔定盦曰、儒者言六經、六經之名、周之東有之、夫六經者、周史之宗子也、易也者、卜筮之史也、書也者、記言之史也、春秋也者、記動之史也、風也者、史所采於民、而編之竹帛、付之司樂者也、雅頌也者、史所采於士大夫也、禮也者、一代之律令、史職藏之故府、而時以詔王者也、小學也者、外史達之四方、瞽史論之賓客之所為也、今夫宗伯雖掌禮、禮不可以口舌存、儒者謂得之史、非得之宗伯、樂雖司樂掌之、樂不可以口耳存、儒者得之史、非得之司樂、故曰、五經者、周史之大宗也、孔子

殁七十子之徒不見用衰世著書之徒蠭出泉流劉氏校錄為諸子最諸子者周史之小宗也故夫道家者流言稱辛甲老聃墨家者流言稱尹佚辛甲尹佚官皆史聃實為周柱下史若道家若農家若雜家陰陽家若兵若術數所若方技其言皆稱神農黃帝神農黃帝之書又周史職藏所謂三墳五帝之書是也下溯其流。以道家又史之嫡傳也。龔氏尊上尊之之史篇云（略）所歸宿如何乃又有所大出入焉何者大出入曰出乎史入乎道欲知大道必先為史此非我所聞乃劉向班固之所聞向固有徵乎曰古有柱下史老聃卒為道家大宗我無徵也歟哉史者。所以載道也。故史為之為業。必有所師承。孔子就學老聃。得百二十國寶書。春秋以作。春秋之作。愍道術之將絕。思以繼承其統緒也。故曰。我欲載之空言。不如見之行事之深切著明也。司馬氏之先。世典周史。遷秉受家學。達乎道術。愍其將絕。思以繼承其統緒也。迺作史記。繼孔子之志也。故自叙云。先人有言自周公卒。五百歲而有孔子。孔子卒後。至於今五百歲。有能紹明世。正易傳。繼春秋。本詩書禮樂之際。意在斯乎。意在斯乎。小子何敢讓焉。

史既所以載道術矣。故不明道術。不可以作史。然史非論道術之書也。欲存之而不論。故以筆削具微言旨之旨。遷之微言。實表示於自叙之中。顯於春秋之指矣。而讀者猶多不悟。甚哉道術之未易明也。此遷之所以謂其書藏之名山。副在秉京師。以俟後世聖人君子。叙曰。談受易業於楊何。習道論於黃子。徐廣曰儒林傳曰好黃老之術此明其家學之知道也。又載其六家要旨之論。則表示其微言之旨趣也。曰講業齊魯之都。觀孔子之遺風。鄉射鄒嶧。則明其習術也。儒訓術士是以其書首記黃帝。首記黃帝者。重道之所起也。道家淵原黃帝見拙著黃老篇孔子傳道而明術。故列於世家焉。此足徵其明道術矣。惟遷能知夫道術。故儒家道家無所偏倚。而酷吏傳以孔子老氏之言同稱焉。曰孔子曰導之以政齊之以刑民免而無恥導之以德齊之以禮有恥且格老氏稱上德不德是以有德下德不失德是以無德法令滋章盜賊多有太史公曰信哉是言也法令者治之具而非制治清濁之源也昔天下之網嘗密矣然姦偽萌起其極也上下相遁至於不振當是之時吏治若救火揚沸非武健嚴酷孰能勝其任而愉快乎言道德者溺其職矣故曰聽訟吾猶人也必也使無訟乎下士聞道大笑之非虛言也漢興破觚而為圜斲雕而為朴網漏於吞舟之魚而吏治烝烝不至於姦黎民乂安由此觀之在彼不在此 叙儒林傳。則推揚儒術。述貨殖傳。則重引老氏之言。可謂尊崇二氏矣。曰至治之極。鄰國相望。雞犬之聲相聞民各安其食美其服安其俗樂其業至老死不相往來老氏此言乃寡民小國富致強之要旨謂以食服俗業來集人物使鄰國之致

人物雜至而輻湊，故云鄰國相望，鷄犬之聲相聞，望出亡在外，望其還也；曰老死不相往來，謂不它徙也。是以太史公引此言冠貨殖傳之首，而接曰必用此為務，曰輓近世塗民耳目，則幾於無行者。慨近人之不知此意也。然其叙游俠也，則又云儒以文亂法，俠以武犯禁，是又不慊於儒也；非不慊於儒也，蓋明乎道，則見無所執，其於術苟無韋於道，皆其（為）所取，不以其量有淺狹而忽之也。故滑稽列傳云：孔子曰六藝於治一也，禮以節人，樂以發和，書以道事，詩以達意，易以神化，春秋以道義。太史公曰：天道恢恢，豈不大哉！談言微中，亦可以解紛。其明道達術，於此可徵矣。固作漢書，叙遷之傳，乃謂其是非頗謬於衆（聖）人，論大道則先黃老而後六經，序游俠則退處士而進奸雄，述貨殖則崇勢利而羞貧賤，為其所蔽，而不知此正其見道達術之特識，不可厚非也。

夫黃帝為開創吾族文明之鼻祖，史家為諸學之傳人，老聃為周柱下史，其以道名家也，實與名孚，豈原神秘？六經之名，周之東有之，固出於史家也。遷之論道，先黃老而後六經，可謂蔽乎？游俠之疇，其私為（義）廉潔，退讓有足稱焉，揆之於道，亦德之一端也，又烏可不彰之哉。倉廩實而後之（知）禮節，衣服（食）足而後知榮辱。天下熙熙，皆為利來；天下攘攘，皆為利往。準乎斯民之情欲、社會之趣勢，貨殖之事豈不重哉？遷曰本富為上，末富次之，姦富最下。無巖處奇士之行而長貧賤，好語仁義，亦足羞也。可謂揭盡鄙儒之病矣。羞貧賤乎？羞偽儒耳。

固家非世為史官，雖學有淵源，實偏於儒。其自叙云：稺生彪，彪字叔皮，幼與從兄嗣共游學，家有賜書，內足於財，好古之士至（自）遠方至，父黨揚子雲以下，莫不造門。嗣雖修儒學，然貴嚴老之術。師古曰：老，老子也；嚴，莊子也。按：莊字漢諱，故以嚴字代之。（中略）叔皮唯衆（聖）人之道，然後盡心焉。觀其所言，可以知矣。惟其重儒而輕道，故藝文志諸子略列儒家於首而次道家。惟其重儒，故能明術之大用焉。術者，道之用也。儒明道之用，故儒訓術士之稱。道名與術一體用之別，故周禮太宰職又云儒以道得民。蓋儒之所以名儒者，以其明術之全體也。曷以見儒者之能明術之全體乎？觀於班志諸子略之敘言可知也。其敘名家也，引孔子必也正名之論；敘縱橫家也，引孔子誦詩三百，使於四方，不能專對

之言。敘農家也。引孔子所重民食之語。敘小說家也。引雖小道必有可觀之文。敘兵家。則引足食足兵之說。固引孔子之言以論諸家者。非以證諸子之學不悖於孔子。實以證孔子之學兼包諸子也。於儒可謂見其大矣。然而猶未充其量也。孔子讚易以明陰陽。是孔子通陰陽家之學也。言殊塗同歸。是明雜家之學也。言審法度。是明法家之學也。言汎愛衆。是不廢墨氏兼愛之說也。由此觀之。儒於諸子實無不包。於術可謂盡其方矣。盡其方。則同於道矣。故冒以儒明（名）而周禮謂其名以道得。餘子之於術。皆得其一端。惟其量亦有廣狹之不同。然儒家之於術。其量不能溢於道家。術為道之用也。故諸子之次列。當以道為首。不徒歷史之先後為然也。諸子之於術。不能溢於儒。儒又不可與諸家同論也。班氏既重儒矣。且不（亦）知儒之大矣。顧乃以儒與諸子等量相觀。此不可解也。敘曰。諸子十家。其可觀者。九家而已。皆起於王道既微。諸侯力政。時君王（世）主。好惡殊方。是以九家之術。蠭出並作。各引一端。崇其所善。以此馳說。取合諸侯。夫儒家道家。其於道術。充其量矣。豈可謂各引一端乎。儒者之盡術。前已述其大要。茲請言道。

道家言道不言術。非不言術也。其言術也。曰無為。無為者。無不為也。無不為者。不拘拘於術之一方也。故司馬談曰。其為術也。因陰陽之大順。采儒墨之善。撮名法之要。與時遷移。（應物變化）立俗施事。無所不宜。又曰。道家無為。又曰。無不為。其實易行。其辭難知。其術以虛無為本。以因循為用。無成勢。無常形。故能究萬物之情。不為物先。不為物後。故能為萬物主。有法無法。因時為業。有度然（無）度。因物與合。故曰。聖人不朽。時變是守。由此觀之。可謂無術哉。不言術耳。不言術者。恐言術而拘於一端。則方於術而削小。夫大道也。言術而得其全。此儒之所以大於諸子也。自言術而諸家以出。自諸家出而術之量乃日狹。其說理也。重於外籀。信各極其一端之理。竟其一方面之術矣。由茲以降。學者之見。不徒執一端以概術。且執一端以概道矣。此儒家之所以下於道家也。夫今準其量。表次圖比如左。

士

次第表

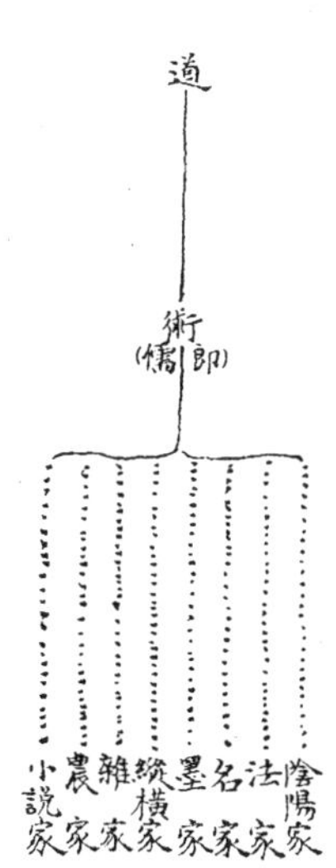

比量圖

（二）

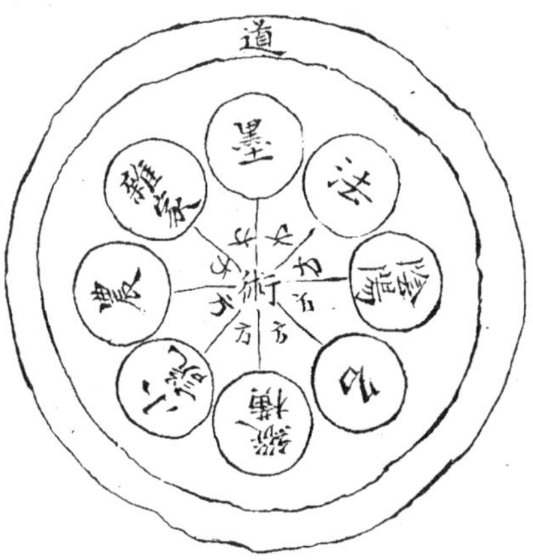

次言之。道先術。術先諸子。比言之。道之量同於術。術之量等於陰陽家、法家、名家、墨家、縱横家、雜家、農家、小說家。合言之。八家之量不出於術。術之量不出於道。故曰諸子之學。皆所以明道術也。其質不殊。其量大異。

八家固與道術（儒即）異量矣。以八家互較。則其量又有大小之別。不相等也。（右圖合八家以與道術比量未就八家分等量也）班氏等量而觀之。可不謂之蔽乎。然則固乃不明術之大體者乎。雖然。觀其諸子畧之叙言。多引儒家之說。則固又明明知術之大體者也。深原其故。蓋不知道之蔽也。知術而不知道。故於術不能確定其範圍。故不能確定其範圍。迺出此囫圇之漫言。其所議論。故或是或否。叙言又曰。其言雖殊。辟猶水火。相滅亦相生也。仁之與義。敬之與和。相反而皆相成也。易曰。天下同歸而殊塗。一致而百慮。今異家者各推其所長。窮知究慮。以明其指。雖有蔽短。合其要歸。亦六經之支與流裔。使其人遭明王聖主。得其所見折磨（衷）。皆股肱之材已。仲尼有言。禮失而求諸野。方今去聖久遠。道術缺廢。無所更索。彼九家者。不猶瘉於野乎。若能修六藝之文（術）。而觀此九家之言。舍短取長。則可以通

萬方之畧矣。茲之所言。不謂之知道不可也。若固者。要亦可謂三代而後。史家之賢者。於道術能有所見者矣。特末之精審耳。自固而後。作史者豈徒不明於道。蓋於術亦不可企見矣。道云乎哉。術云乎哉。直文章章事云乎爾。

老氏曰。道可道。非常道。名可名。非常明名。余誦其言。反覆其意。未嘗不廢書而歎也。嗟夫。道果不可道。名果不可名哉。自耆老聃論道而後。儒家以名。自儒家名而後。諸子迺名。所謂陰陽家、法家、墨家、名家、縱橫家、雜家、農家、小說家、紛然以名。明道者愈多。而道愈晦焉。自諸子而後。以逮於今。千數百載。其間以明道自任者曰益衆矣。迺明者益衆。而道益不明。其何故邪。蓋老子孔子而後。八家揚其流。學者承而不返。執一端以窺大道。局守門戶之見。不肯就諸家之說。一一內籀。以觀其會通也。

黃老

不佞草此篇。先有一言敬告閱者焉。曰。吾人研求學術。不可存門戶之見。入主出奴。要以理論為攸歸是也。夫學術所系。在於文書。古昔掌文書者。其職為史。是以諸子十家。皆出於史。（漢書藝文志謂道家出於史官、儒家出於司徒之官、陰陽家出於羲和之官、法家出於理官、名家出於禮官、墨家出於清廟之守、縱橫家出於行人之官、雜家者流出於議官、農家出於農稷之官、小說家出於稗官。然周史六弢以及周制周法皆入儒家、是儒家出於史官也。羲和為司馬氏、作史於周、則陰陽家出於史官也。德刑禮義、史之所記、則名法兩家亦出於史官也。周官之制、太史掌祭祀、小史辨昭穆、有事於廟、非史卽巫、是墨家出於史官也。會同朝覲、以書協禮事、為太史之職、是縱橫家出於史官也。孔甲盤盂、列於雜家、安國史冊列於農家、虞初周說、列小說家、是可知三家之淵源於史矣。）自儒術盛行。諸子晦矣。道家本為學術之正傳。乃轉湮沒不彰。亦可慨矣。辟儒罔知原本。信口呰毀。

小視老子。抑知老子為儒宗。宣聖之師乎。孔學之精誠系於禮。而孔子於禮。則授自於老子。是以孔子無菲薄老氏之言。（史記孔子世家。魯南宮敬叔言魯君曰。請與孔子適周。魯君與之一乘車。兩馬。一豎子。俱適周。問禮。蓋見老子云。辭去。而老子送之曰。吾聞富貴者送人以財。仁者送人以言。吾不能富貴。竊仁義之説。送子以言。曰。聰明深察而近於死者。好議人者也。博辯廣大危其身者。發人之惡者也。為人子者毋以有己。為人臣者毋以有已。孔子自周返魯。弟子稍益進焉。（略）老莊申韓列傳。孔子適周。將問禮於老子。老子曰。子所言者。其人與骨皆已朽矣。獨其言在耳。且君子得其時則駕。不得其時。蓬累而行。吾聞之。良賈深藏若虛。君子盛德。容貌若愚。去子之驕氣與多欲。態色與淫志。是皆無益於子之身。吾所以告子。若是而已。孔子去。謂弟子曰。鳥。吾知其能飛。魚。吾知其能游。獸。吾知其能走。走者可以為罔。游者可以為綸。飛者可以為矰。至於龍。吾不能知其乘風雲而上天。吾今日見老子。其猶龍耶。）道家者流。淵源黃帝

故世偁黃老。黃老之學術。在吾國為最古。其論道亦最為精審。顧自儒術行盛而後。吾人言及道家。心理上之概念有一大障焉。則以道之名為神仙之名。含有虛無漂渺之意。非道德之道。非中庸之道。一若斯道也。非讀書求學者所當研究。厚誣古人。有如此乎。迷誤不喻。豈不悖哉。其蔽也。與今世之人視孔子之學為主張專制之心理蓋相似。亦可哂矣。班氏藝文志。首列儒家而次道家。已有門户之見。然其評語尚能折中。明其長短。非不學淺士所能道也。曰。儒家者流。蓋出於司徒之官。助人君順陰陽明教化者也。游文於六經〔藝〕之中。留意於仁義之際。祖述堯舜。憲章文武。宗師仲尼。以重其言。於道最為高。孔子曰。如有所譽。其有所試。唐虞之隆。殷周之盛。仲尼之業。試之效者也。然惑者既失其精微。而辟者又隨時抑揚。違離道本。苟以譁衆取寵。後進循之。是以吾〔五〕經乖析。儒學寖衰。此辟儒之患。曰。道家者流。蓋出於史官。歷記成敗存亡禍福古今之道。然後知秉要執本。清虛以自守。卑弱以自持。此君人南面之術也。合於堯之克讓。

易之嗛嗛。一謙而四益。此其所長也。及放者為之。則欲絕去禮學。兼棄仁義。曰獨任清虛可以為治。觀其所言。可知道家之說。非無至理。非無可研究之價值矣。老氏有傳書。黃帝無傳書。（黃帝內經。實為假託。）史遷。宗黃老者也。黃老之名。始見於其書。黃帝之學術。遷亦記之獨詳。今世學者。每忽視之。知黃學者尟矣。因取而述之。以彰其隱。且黃老之學術。固不僅為吾國最古之學術已也。極而極論之。實為一種至當之治術。非徒有謙讓之美也。其為術也。因陰陽之大順。采儒墨之美。撮名法之要。與時遷移。應物變化。立俗施事。無所不宜。指約而易操。事少而功多。據理論而細加省察。實治術之最上。而吾國今後行政者所當奉為規臬者也。因撮敘其大略。以為研究之章本。

司馬遷謂百家言黃帝。其文不雅馴。薦紳先生難言之。孔子所傳（文）宰予問五帝德及帝繫姓。儒者或不傳。又曰。其（所）表見皆不虛。書缺有間矣。其軼乃時時見於他說。非好學深思。心知其意。固難為淺見寡聞者道也。余并論次。擇其言尤雅馴者。故著為本紀書首。是遷於黃帝本紀。固以精心深加考察。而後敘述也。其所記實為不虛。曰順天地之紀。幽明之占。死生之說。存亡之難。時播百穀草木。淳化鳥獸蟲蛾。旁羅（大戴禮作歷離。）日月星辰水波土石金玉。勞勤心力耳目。節用水火材物。此言其學術之大略也。析言之。曰順天地之紀。幽明之占。死生之說。存亡之難。此言其學術之體也。明自然之理也。曰時播百穀草木。淳化鳥獸蟲蛾。旁羅日月星辰水波土石金玉。此言其術之用也。謂正明名百物也。勞勤心力耳目。節用水火材物。此尚儉嗇也。其學與老子所云息息相通。老子道德五千言。不啻皆其法（注）釋。斯黃老之名所由起與。

史遷所述。雖寥寥數語。而其學術之大凡已皆備具。斯非素宗黃老者不能言矣。曰非好學深思。心知其意。固難為淺見寡聞者道。豈虛語哉。黃帝之言論在周時尚有傳書。故春秋秦漢諸子時徵引其說焉。列子天瑞篇云。黃帝書曰。谷神不死。是謂玄牝。（玄牝）之門。

是謂天地之根。綿綿若存。用之不勤。

又黃帝書曰。形動不生形而生影。聲動不生聲而生響。無動不生無而生有。

又黃帝書曰。精神入其門。骨骸反其根。我尚何存。

力命篇云。黃帝之書云。至人居若死。動若械。

韓非子揚權云黃帝有言曰。上下一日百戰。

呂氏春秋應同云黃帝曰。芒芒昧昧。因天之威。與元同氣。

上之所云。皆所以明道體與治術也。皆所以明自然無為之旨也。若列子黃帝篇謂黃帝齋心服形。夢遊華胥氏之國。其國無帥長。自然而已。既寤悟然自得。召天老力牧太山稽告之曰。朕閒居三月。齋心服形。思有以養身治物之道。弗獲其術。疲而睡。所夢若此。今知至道不可以情求矣。朕知之矣。朕得之矣。而不能以告若矣。雖其言近誕。要皆所以明黃帝養身治物之道。為宗自然無為之旨耳。其託意與莊子同耳。（莊子天地篇知北遊篇皆引黃帝言从略。）呂氏春秋序意曰。嘗得黃帝之所以誨顓頊矣。爰有大圜在上。大矩在下。汝能法之。為民父母。又曰。蓋聞古之清世。是法天地。凡十二紀者。所以紀治亂存亡也。所以知壽夭凶吉也。上揆之天。下驗之地。中審之人。若此則是非可不可無所遁矣。天曰順。順維生。地曰固。固維寧。人曰信。信維聽。三者咸當。無為而行。（略）呂氏所云。可與史遷所云順天地之紀。幽明之占。死生之說。存亡之難。相契無間矣。故竊疑黃帝之學。有周之代。必有傳書。其後始佚耳。此列子之所以數稱黃帝書曰。谷神不死數語。與老子書同。亦足徵老子之學淵源黃帝也。

黃帝之學。徵其主旨。則老氏所謂人法地。地法天。天法道。道法自然。其治術。則老氏所謂始制有名。名亦既有。夫亦將知止。知止所以不殆。蓋抱樸而已。善哉。司馬談之言曰。道家無為。又曰無不為。其實易行。其辭難知。其術以虛無為本。以因循為用。無成勢。無常形。故能究萬物之情。不為物先。不為物後。故能為萬物之主。有法無法。因時為業。有度無度。因與物合。故曰。聖人不朽。時變是守。虛者道之常也。因者君之綱

也羣臣並至使各自明也其實中其聲明之端（者謂）實不中（其聲）者謂之竊竊言不聽姦乃不生賢不肖自分白黑乃形在所欲用耳何事不成乃合大道混混冥冥光耀天下復反無名

或者曰今者吾國政體為共和黃老之治術專制之治術也君主之治術也其用與共和之政體相抵牾非今人之所當宗尚又何須研究之乎斯言也實皮視之見不知名實之談也共和之國固無君臣之別偁然未嘗無行政之機關也其機關又未嘗無統屬之分也有行政之統屬矣則運用此行政統屬不能不假於治術黃老治術之一種也自處以謙讓為主接物以名實為斷與共和之政體又何所抵牾乎是黃老之治術乃為事上（實）所當研究之治術不得以其可名為君術而嫌之也夫君者通名也其本訓云尊也从尹口口以發號引申為（凡）反尊敬之偁如有德可尊之人偁君子近人偁某君是消除專制之惡政不得並專制之字而消除之也君固有虐（虐）民者矣然不得並君之名而消滅之也君之本義謂發號施令之人然不得以發號施令之人有家天下者而遂謂凡為發號施令之人皆為君且不得謂凡稱以君遂即為家天下者也共和之國固無家天下之君實有發號施令之官吏此以名理言之固不得以可名為君術而嫌之也甚哉世人之惑也自共和建設以來舉凡一切之行事莫不以嫌名而廢弛敗盭舊有綱維原以解散舊有學術原以隱晦數千載浸潤磨礲而得之立國精誠亦原以淪喪是可憂懼亦可痛悼矣吾人討（論）學術以眞理為趣舍顧可盲附流俗昧眞理而不事研求乎司馬氏之言以眞理較之其果偏乎哉其果偏乎哉班氏謂司馬氏論道先黃老而後六經其是非頗謬於金（聖）人撰諸學術之原流眞理其班氏有門戶之見乎抑司馬氏有門戶之見乎此亦學者之所當討論者也遷承家學宗黃老者也故於樂毅傳述其學術之起原曰樂臣公學黃帝老子其師號曰河上大人不知其所出河上大人教安期生安期生教毛翕公毛翕公教樂瑕公樂瑕公教樂臣公樂臣公教蓋公蓋（公）教於齊高密（膠西）為曹相國師此明學

術之原流也。自漢而後。黃老之學術。世疑習者。降及魏晉清談放誕。漸失其本。神仙之思想。遂從此漫衍。唐宋而後。益失其真。知者寡矣。降逮及今。黃老之學術。在誠實之學子視之。乃幾無真理之可言。是以標其大略。以為緒引焉。

論六書指事之原

世之治小學者。罔不明六書。顧轉注段借。異說坌起。指事象形。先後依違。不佞曾有六書徵之作。次弟界說。根原許氏。期與時賢商榷。馬君叙倫來書。謂指事象形之次序。當宗班而屈許。不佞曾覆書辨論。「見獨立週報」（附錄六書徵後）一偏之見。未審當否。今假定余說。宗依許氏。六書以指事為首。然此指事之例。又何所淵原。何所胎胚乎。斯亦一問題也。此問題苟得塙實之解決。則指事象形先後之次序可因以明釋。海內治小學者。恆未有研求及此者。亦一缺也。竊不揣弇陋。刺而論之。以為嵩弘明達之士。有如馬君之賜我針砭乎。幸甚幸甚。」今欲釋此難題。有前提焉。不可不首先決定其前提如何。則指事之界說是也。試假定六書徵所定之界說列於左。

指事界說　視而可識。察而竟〔意〕見。

舉例　二工是也。

界釋

(一)指事一體。為象形之單簡符號。

㈢形無一定。以一定之點畫代其形。

㈢字雖兩體會合。指事之一體不可謂之文。

準此。其最要之義。學者所當認明牢記者。則指事一體不成文是也。何謂文。文錯畫也。象交形。不成文言指事一體。其點畫皆不交錯也。苟其交錯。非指事也。

㈡許氏曰。惟初太極。道立於一。造分天地。化成萬物。凡一之屬皆從一。弌古文一。段氏注曰。一之形於六書為指事。（按古文弌乃記數字）

㈢許氏曰。地之數也。從耦一。凡二之屬皆從二。弍古文二。朱氏駿聲以為指事字。

㈢許氏曰。天地人之道也。從三數。弎古文三。從弋。朱氏以為指事字。

按許訓一二三字。皆含有玄元之指理。不以記數為本義也。古文一二三皆從弋。則其意純為表識之用。顯而易見。戴氏侗六書故。謂弋不能古於一。欲以弋為小篆。一為古文。非無所見也。然欲以一為古文。弋為小篆。則拘泥矣。一二三實為最古之文。如古文奇字之類。李斯作小篆。襲用之耳。竊謂一二三字實淵原於伏羲之八卦。皆不成文。故一二三之義。與易理相通。三下曰從三數。三數謂乾數也。是以訓為天地人之道。

以形而言。八卦之形。實純乎指事。故止於有橫畫而不交錯成文。以義而言。八卦之文。亦純乎為指事。故說卦曰。乾為天。為圜。為君。為父。為玉。為金。為寒。為冰。為大赤。為良馬。為老馬。為瘠馬。為駁馬。為木果。形無一定。而以一定之點化畫代其形。此聖人疏釋其義。所以但名之曰象。曰象而不曰形乎。

是故一在一上則為天。一在一下則為地。一含於口。則為食物。（謂口含一為甘）一在匸上。則為外障之物。（匸訓衺徯有所夾藏也。從匸上有一覆。段氏以為會意非）一在冂下。則為重覆之具。（冂重覆也。從冂一。段氏以為會意非）一巛則為壅塞之物。（𡿧害也。從一雝巛。段氏以為會意非）一毋於女。則為止姦之具。（毋止之詞也。從女一。女有姦之者。一禁止之令勿奸也。依段氏說）一畫於止之中。則為止止之礙。（也作止。從亡止一。詞有所礙也。依段氏說）一為天。為地。為食物。為外障之物。為為重覆之具。為壅塞之物。為止姦之具。為止止之礙。與乾之為天為

圜為君為父為王為金為寒為冰為大赤為良馬為老馬為瘠馬為駮馬為木果。理雖有異。而其以畫指事以一定之形代無定之形。其用則同也。六書之指事實淵源於八卦。信可證矣。

昔人因以八卦為文字之先。何然未有明徵其溝通之津逮者。許君說文解字自敘。亦渾而不明。曰古者庖犧之王天下也。仰則觀象於天。俯則法於地。視鳥獸之文。與地之宜。近取諸身。遠取諸物。於是始作八卦。以垂憲象。及神農氏結繩為治而統其事。庶業其繁。飾偽萌生。黄帝之史倉頡見鳥蹄獸迹之邇。知分理之可相別異也。初造書契。百工以乂。萬品以察。略

許氏之意。固以八卦為文字之起原。故歷敘原流。首言八卦。然未明其禪脫。顯其指撝。斯故事形先後。於今有異論爭。然許氏所引。實本繫傳。繫傳曰。古者包犧氏之王天下也。仰則觀象於天。荀爽曰震巽為雷風 俯則觀法於地。九家易艮兌為山澤 觀鳥獸之文。荀爽曰乾為馬坤為牛震為龍巽為雞之屬也 與地之宜。九家易謂四方四維八卦之位山澤高卑五十之宜也 近取諸身。荀爽曰乾為首坤為腹震為足巽為股也 遠取諸物。荀爽曰乾為金玉坤為布釜之屬也 始作八卦。以通神明之德。以類萬物之情。

指事以一為天。為地。為食物。為外障之物。為重覆之具。為壅食塞之物。為止姦之具。為止亡之礙。繫傳所謂通其德也。德謂用也 而天地合食物與夫外障之物。重覆之具。壅塞之物。止姦之具。止亡之礙。皆以一為之者。繫傳所謂類其情也。情謂形狀也 指事之淵源於八卦。茲可見矣。若乾鑿度謂☰為古之天字。☷為地字。☵為水字。☲為火字。循此以謂八卦為文字之淵源。不亦淺乎。

論轉注

轉注之說。釋者紛如。余曾有六書微之作。明定其界義。顧猶有未詳者焉。茲之所云。所以廣前說也。

鄦君敘曰。轉注者。建類一首。同意相受。考老是也。段氏注云。建類一首。謂分立其義之類而一其首。如爾雅釋詁第一條說始是也。同意相受。謂無慮諸字意恉畧同。義可互相灌注而歸於一首。如初哉首基肇祖元胎俶落權輿。其於義或近或遠。皆可互相訓釋而同謂之始是也。畧老下注云。戴先生曰。老下云考也。考下云老也。此鄦氏之恉。為異字同義舉例也。一其義類。所謂建(類)一首。互其訓詁。所謂同意相受也。考老適於鄦書同部。凡鄦書異部而彼此二篆互相釋者視此。如寡窒也。窒寡也。但裼也。裼但也之類。老考以疊韵為訓。

其所以以互訓釋轉注者。戴氏段氏以轉注為用字之例。非造字之例也。其所以以為非造字之例者。則謂解鄦說也。夫建類者。謂立其類也。建類一首。謂同類者一其形以為首也。如老下云凡老之屬皆從老是也。同意。謂同有老意也。相受。謂相附也。(相訓省視也。段注云。接物曰相。故凡彼此交接皆曰相。其交接而扶助者。則為相瞽之相。古無平去之別也。旱麓桑柔毛傳云。相質也。質謂物之質與物相接者也。亦引申之義。受訓相付也。段注云。受者自此言。受者自彼言。其為相付也。)同意相受。謂事物之同有老意者。可因它文合以老字以名之也。相受有合附之意。則轉注為造字例可知。相受無互訓意。則轉注不可以互訓為解耳(可)見。耋𦒷耆耇耈壽考(考)均同有老意焉。故相受以老。合為名而見其統有其別焉。故異以至蒿旨句占勿壽丂予以各為名而見其分老也。考也。以其別而言之。各自為名。則各為一義。故謂父考。不得云父老。考从老从丂聲。丂訓气欲舒出。勹上礙於一也。引申之。有延長意。朱氏駿聲云。接(按)考者。有子孫為後之偁。鄭注為成。失之。以从丂言之。其言甚是。而考與孝相次。(孝訓善事父母者。从老省从子。子承老也。)亦足證朱說之不妄。夫使考老而果無別也。既製老字矣。又何須重造一考字乎。準建類一首同意相受之意。則轉注固塙為造字之一例。進而揆乎名義之不同。則可知互訓為解說(文)字之一簡法。段氏所謂渾然言之則不別也。戴段惑於

爾雅釋詁。又未深究鄦說。遂以轉注為非造字之例。謬謠乃原此生矣。述於考老之互訓。即以轉注為用字之例。硬以爾雅釋詁之例比附鄦說。初哉首基肇祖元胎。俶落權輿。始也。明明為建類一訓。而非建類一首。明明為同意一訓。而非同意相授。又明明為一訓而非互訓。乃曰一其義類。所謂建類一首。互其訓詁。所謂同意相受。不亦疏乎。曰建類一首。謂分立其義之類而一其首。如爾雅釋詁第一條說始是也。同意相受。謂無慮諸字。意恉略同。義可互相灌注而歸於一首。如初哉首基肇祖元胎俶落權輿。其於義或近或遠。皆可互相訓釋而同謂之始是也。不亦謬乎。須知鄦說建類一首。同意相受。明明為造字。造字之例。與訓詁不同。訓詁乃解說文字之義理。造字為一事。訓詁為一事。不可相渾。戴段乃渾之。此其所以無當乎。互訓者。訓詁之一例也。訓詁之例。有析言之者。有渾言之者。渾言之。則有互有同。互者。說解互用也。同者。說解相同也。夫訓詁本所以疏釋分理之別異。何取乎互同之乎。曰。鄦君說解文字。詳畧並見。無傷乎分理之別異也。例如老訓考。考訓老矣。然老下不徒解說以考也二字焉。又繼之曰。七十曰老。从人毛匕。言須髮變白也。凡老之屬皆从老。考下說解曰老也。又繼曰从老省丂聲。曰从老省丂聲者。示別於老也。既有別矣。故曰父考。不得曰父老。渾之也。但从人旦聲。裼从衣易聲。然但謂免衣肉袒。裼謂免上衣。析言之。謂但者不可云裼。謂裼者不可云但。蓋解說有从人旦聲與从衣易聲之不同也。

又如憯悽悁悲惻憯愍慇同訓為痛。然析言之。則憯者痛之深者也。悽者痛之慘者也。悁者痛之專者也。悲者痛之上騰者也。惻者痛之傷也。憯者痛其殘也。愍者痛之甚也。慇者痛之隱甚也。其別也。以朁聲妻聲肙聲非聲則聲朁聲敃聲殷聲之不同。有朁妻肙非則朁敃殷聲之異。故同訓為痛而不傷其相異。此同部同訓也。異部同訓。尤不相渾。所从異也。若朱氏駿聲謂就本字本訓。而因以展轉引申為他訓者。曰轉注。無展轉引申。而別有本字本訓可指名曰叚借。是以用字之叚借為造字之叚借。以造字之叚借為

轉注。亦譌也。其所以譌者與戴段同。彼亦以轉注為訓詁之事也。然審攷鄦君之說。轉注一例。固明明謂造字。而非謂訓詁。戴氏段氏朱氏之說烏可從。

轉注者。依形衍字之法也。形聲者。依聲衍字之法也。鄦說形聲曰。以事為名。取譬相成。相成。謂江河取譬於工可之事名。合水之文以為字也。轉注。亦謂合體為字也。故鄦曰建類一首。同意相受。相受。謂考有老意。故从丂聲。而相受以建類一首之老字以為名也。朱氏駿聲以為凡形聲之字。皆即轉注之字。六書何以條分。言似近是。而實不然。蓋指事象形形聲會意為造字之經。而轉注乃為造字之緯。其為用也。即異見同。乃指事象(形)形聲會意之統系。其統系之用。固不得以形聲代之也。既不能以形聲之例代之。則轉注之為造字之一例。自不渾於形聲。此例之生。實後於指事象形形聲會意諸例。蓋以騐(經)驗而得以演繹而得者也。

王氏筠說轉注曰。鄦君云。建類者。建。立也。類。猶人之族類也。如老部中耋耄耆壽。皆老之類。故立老字為首。是曰一首。乃諸字皆以老為意。而耆字直說之曰老也。與考下云老也同詞。顧不云老者。而云考老者。則以同意而非相受也。老下云考也。考下云老也。始為相受矣。何為其相受也。老即耆。耆即老。故不能相受。若老者考也。父為考。尊其老也。然考有成意。謂老而德業成也。永錫難老。考槃在澗。則不可在(互)用。是知以老注考。以考注老。其意相成。故轉相為注。遂為轉注之律令矣。(畧)

王氏知建類一首之意矣。而譌解同意相受。亦以同意相受為互訓也。曰以老注考。以考注老。其意相成。故相轉(轉為)注。夫抑知以注為註解。其說固起於後世。而相成之解。亦不可當以互訓。蓋鄦云相成。謂水合工可之名以成江河也。謂合右旁形聲之一體而為字也。故說轉注則別曰相受。相受。謂合左旁轉注之一體而為字也。王氏以相成為相受。抑知相成為指合體為字之言。而非謂互訓乎。王氏精研鄦書。而乃忽此。其何故乎。無它。惑於互訓之說也。互訓之說最足為轉注界義之障碍。余故詳說之。

釋干支

案干支本作幹支。月令章句。大撓探五行之情，占斗綱所建於是始作甲乙以名日。謂之幹。作子丑以名月。謂之枝。枝幹相配。以成六旬。廣雅云。甲乙為幹。幹者日之神也。寅卯為枝。枝者月之靈也。

鄦君說文解字。惟干支諸字。支離貴解。竊按干支諸字。皆假借也。鄦書諸所釋。雖未免支離。要尚近是。蓋諸字久為借義所專。本義晦佚。鄦君聞疑載疑。故其說解迂曲。然準諸形義。尚可攷見其為假借。史偁黃帝時蒼頡制六書。大撓作甲子。甲子之作。所以明五行之情。示斗柄所建也。然亦文字也。既為文字。則不得背於六書之誼。蓋大撓與蒼頡同時。蒼頡之職為制文字。大撓不得因明曆而別造文字。不同於蒼頡也。明矣。按諸字之形義。所謂作甲子者。實因已造之文字。取其音義相近者。假借之。以明曆理耳。黃帝之時。文明突起。為曆史上之疑問。今人謂黃帝為西方種族。遷徙東來。本有文化。至東方而益進。其說誠非無理。即如干支本有閼逢甲謂困敦子謂之偁。其始閼逢困敦當有本字。與今名不同。東西文化同源與否。此為樞紐矣。而閼逢困敦之音義。與甲子之義頗相脗合。斯亦足徵大撓作甲子原非開闢鴻蒙。亦本固有之文明而革新其名號耳。今茲須攷訂干支諸字之本義。并明其與閼逢困敦音義之相同。形聲諸字取意之引申。度亦留心國故者所樂聞也。

甲。鄦訓曰。東方之孟。昜气萌動。从木戴孚甲之象。大乙經曰。人頭空為甲。凡甲之屬皆从甲。命。古文甲。始於一。見於十。歲成於木之象。竊謂當云甲。孚甲也。从木戴孚甲之象。東方之孟。昜气萌動。因以為甲乙之甲。凡甲之屬皆从甲。命。古文甲。若大一經與古文甲下所云。乃迂曲之說。因假義字形而附會之與。語古偁甲為閼逢。按閼訓遮攔。逢訓為遇。逢有出逢之意。出逢而有所遮攔。與孚甲意同。引而申之。甲有開閉之意。故閘从甲聲。訓開閉門也。呷从之。訓吸呷。吸呷者必開閉其口也。匣从之。訓匱。亦取可開合之意。若[illegible]从之訓入脈刺穴謂之[illegible]。則取開意也。柙从之。訓檻。

則取閉意。狎从之。訓犬可狎。則由閉意而轉引為合
意也。
乙。象春艸木寃曲而出。会气尚彊。其出乙乙也。與丨
同意。乙承甲。象人頸。凡乙之屬皆从乙。按當訓乇屮
也。象春艸木有（寃）曲而出。会气尚彊。其出乙乙也。與丨
同意。因以為甲乙之乙。凡乙之屬皆从乙。古偁乙為
旃蒙。旃訓旗曲柄。蒙訓王女。（蒙有大意）曰旃蒙。則取蒙
芽之意。屈曲蒙茅。與乇屮意同。尼从乙聲。（俗字亦作厄）訓臨。
此由乇意引申也。失从之。訓縱。此由屮意引申也。軋

未

从之。訓輾。意取引動。亦从屮意引申也。
丙。位南方。萬物成炳然。会气初起。昜气將虧。从一入
冂。一者昜也。丙承乙。象人肩。凡丙之屬皆从丙。按當
訓裁也。火炎上。从古文上省。與帝旁同意。从古文宊
省。位南方。萬物成炳然。因以為丙丁之丙。凡丙之屬
皆从丙。𠘧。古文丙。（从火燒冖會意。說文以為裁之或體，誤。採朱氏駿聲說。）古偁
柔兆。柔訓木曲直也。兆灼龜坼也。柔乃火炎上之象。
（其形曲直也。）兆則謂火之也。與裁意同。引申之。丙有盛意。
故病从之。訓疾加。炳从之。訓明。怲从之。訓憂。皆取盛

意。更从之。訓改。者謂燒田也。古者農植培養之術未
精。地力易盡。穀殖不蕃。則菑烈原野。再闢新田。（更從攴取
耕治之意）倏舊植之田。地力復蘇。艸萊茲茂。則又焚而治
之。是謂輮田之制。故菑訓不耕田。𤱓訓燒種。焚訓燒
田。（輮田制詳社會通詮）
丁。夏時萬物皆丁實。象形。丁承丙。象人心。凡丁之屬
皆从丁。按當訓鐕也。象形。（依朱氏駿聲說）夏時萬物皆丁實。
因以為丙丁之丁。凡丁之屬皆从丁。（丁堅實之物也。故引申有丁實
意。）古偁疆圉。疆訓為界。从土畺聲。有彊大意。圉訓囹

九

圄。所以拘辠人。从幸从囗。囗所以防禦之也。有固意
焉。彊固之意。與丁實相近。丁。堅實之物也。引申之。有
定意。故亭从丁聲。訓民所安定。訂从之。訓平議。汀从
之。訓平。釘从之。訓鍊餅黃金。皆取定意也。若玎从之
訓玉聲。則謂其聲堅實也。成从之。訓就。則取實意。頂
从之。訓顛。則取意實大。葥从之。訓補履下。則取鐕之
本義。鐕之用可琢箸。故朾从之。轉引訓為撞。町从之。
轉引而訓田踐處曰町。（町、田區也、有箸分意。）
戊。中宮也。象六甲五龍相拘絞也。戊承丁。象人脅。凡

戊之屬皆从戊。按當訓夷矛也。從古文矛省。朱氏謂戊從古文矛省，此說塙。是古文矛作𢦏，戊篆去左旁之拘紋，即大甲五龍也。六甲五龍，亞矛上之飾。六甲，周天之數也。五龍，取四方中央具備之意。用兵之用當法天地也。矛篆作𠂕，實由左旁拘紋之形而變省。篆去拘紋之形。中宮之位。通達四方。故因以為戊巳之戊。凡戊之屬皆从戊。古名箸（雍）者。明別之也。夬也。雍實為邕字。古作𨙻。今字作雍。邕訓四方有水自邕成池者是也。从川邑。讀若𨙻。有障蔽之意。曰箸雍。有夬其障蔽之意。與去拘紋之意合。箸亦有居處之意。邕為四面有水之邑。合箸雍而言。與位居中宮之意亦相合。戊訓夷矛。引申之。有長大意。故茂从戊聲。訓艸豐盛。

卌

巳。中宮也。象萬物辟藏詘形也。巳承戊。象人腹。凡巳之屬皆從巳。𢀒古文巳。按當云古文紀字。紀別絲也。依朱氏說。象詰詘之形。中宮之位。綱紀四方。故因以為戊巳之巳。凡巳之屬皆从巳。古名屠維。屠訓為刳。刳判別也。維訓車蓋維也。有統緒之意。屠維謂別其統緒也。緒與別絲意合。引申之。有別異之意。詰詘之意。引長之意。杞从巳聲。訓枸杞。則取意詰詘。起从之。訓能立。則意取引長。芑从之。訓白苗嘉穀。記从之。訓疏。屺从之。訓山無艸木。巹从之。訓別。則均取別異之意。若圮从之訓毀。則由別異之意轉引而意取解坼。忌从之訓憎惡。則由別異之意轉引而意取背韋。

庚。位西方。象秋時萬物庚庚有實也。庚承巳。象人齎。凡庚之屬皆从庚。按當訓絡絲柎也。从干。象柎形ㄐ又絡之。會意。古文續字賡从此。依朱氏說。位西方。秋時萬物庚庚實也。故因以為庚辛之庚。凡庚之屬皆从庚。古名上章。章訓樂竟為一章。上章與賡續之意相成。庚形空虛。故引申有空虛意。是以康从庚聲而訓穀皮。唐从之。訓大言。大與空虛一意相轉引。

卌二

辛。秋時萬物成而孰。金剛味辛。辛痛即泣出。从一辛。辛。辠也。辛承庚。象人股。凡辛之屬皆從辛。按當訓大辠也。从干上。會意。干為辛辠小者，䇂擬也，擬刺也。干為辛辠之大者。朱氏說。秋時萬物成而大孰。因以為庚辛之辛。凡辛之屬皆从辛。古名重光。重光有極盛之意。與辛意近。業从辛聲。亦意取辛盛。是以親从業而訓至。

壬。位北方也。会極易生。故易曰龍戰於野。戰者接也。

象人裹妊之形。承亥壬以子生之叙也。壬與巫同意。壬承辛。象人脛。脛任體也。凡壬之屬皆从壬。按當訓物包也。象隱伏之形。故中畫大，位北方，会極易生。因以為壬癸之壬。凡壬之屬皆从壬。古名玄黓。玄訓幽遠。黓有黑暗不明之意。與隱伏之義近。妊从壬聲，訓孕。此取本義。衽从之，訓衣衽，則意取隱伏。（衽為衣之兩旁掩裳際處）任从之，訓保，則意取伏育。飪从之，訓大熟，則由物包之意轉引而取意實盛。

癸。（籀作𤼽，籀文，隸作癸）冬時水土平，可揆度也。象水從四方流入地中之形。癸承壬。象人足。凡癸之屬皆从癸。𤼽，籀文，从癶从矢。按當訓兵也。（依朱氏說）象兵鋒茊背之形。因以為壬癸之癸。凡癸之屬皆从癸。𤼽，籀文从癶从矢。故古名昭陽。昭陽者，陽所昭也。（謂日光所照）也。蓋癸有茊背之象。故因有北方之意。北之作背，亦取乎茊背之義也。癸有茊背意，故睽从癸聲，而訓目不相視。睽从之而訓耳不相聽。傒从之而訓左右兩視。若葵之从癸，則意取向日。揆从之訓度，則意取比量，乃由背意轉引。闋从之訓事已閉門，則由背別之轉引。湀从之訓湀辟深水處，則意取背僻。騤从之訓馬行威儀，則由兵意引申而意取壯嚴。

子。十一月昜气動，萬物滋。人呂為偁。象形。凡子之屬皆从子。𢀈，古文子，从巛，象髮也。𢀇，籀文子，囟有髮臂脛在几上也。按當訓人初生也。象形。十一月昜气動，萬物滋。因以為子丑之子。凡子之屬皆从子。（古文之二略下）放此。子為人初生之通偁。故引以為丈夫之通偁。（白虎通號）子者丈夫之通偁也。段氏注謂子本昜气動萬物滋之偁。萬物莫靈於人，故因以為人之偁。可謂倒果為因矣。如段氏之說，何以解於古文籀文子。鄦君本聞疑載疑之例。說解亦時有未當。故又出古文子，訓云古文子从巛，象髮也。又出籀文子，訓曰籀文子囟有髮臂脛在几上也。觀於此可知子非本訓十一月昜气動萬物滋矣。形不合於義也。子古名困敦。困有惓曲之意。敦有生發之意。（敦訓怒也，詆也，一曰誰何也）惓曲而生發，與子之形義皆合。子須乳。故字从子聲而訓乳子，須㬥育而保護之。故孜从子而訓汲汲。秄从之而訓雝禾本。李多子。故李果之李从子。此皆由本意引申也。仔从子而

訓兂。則以子為丈夫之通偁。轉引而意取肩伍。芓从之而訓麻母者。此則由子意反引。猶夲从大而訓小羊。乃相反相成之理。拙箸名理微一書專釋此理。

丑。紐也。十二月萬物動用事。象手之形。日加丑。亦舉手時也。凡丑之屬皆从丑。按當訓紐也。从又而縶之。與豖同意。說朱氏十二月萬物動用事。日加丑。亦舉手時也。因以為子丑之丑。凡丑之屬皆从丑。古名赤奮若。赤奮有奪飛之意。若為擇菜。有去除之意。赤奮若有欲脫械縶之意。與丑意合。鈕从丑聲。訓印鼻。謂可縶繫也。狃从之。訓犬性驕。謂須縶繫也。皆取本義。紐意轉引則有集合之意。故𩚵从之。訓雜飯。若羞从之訓進獻。䏔从之訓食肉。則反引之而意取手持。鄭於羞云亦聲。段氏謂从丑者謂手持以進也。夫手縶則不能持。而羞䏔从之意取手持者。與上文芓从子而訓麻母例同。沑从之訓水吏。此亦反引。手縶則不可動。而沑从之。則取動意也。若衄从之訓鼻出血。則意取紐結。謂脈絡紐結而不通。故血自鼻出也。紐从之訓系。則取本義也。

寅。髕也。正月昜气動。去黃泉欲上出。侌尚強也。象宀不達。髕寅於下也。凡寅之屬皆从寅。□古文寅。按當訓演也。依段說。正月昜气動。去黃泉欲上出。侌气尚彊。象宀不達。演寅於下也。因以為寅卯之寅。凡寅之屬皆从寅。古名攝提格。攝提格。攝提有抽引之意。格扞格也。攝提格者。出達而有阻撓也。與寅形義相合。演訓水脈行地中演演然。故演从寅聲。訓長流。按演古文从土从□即□複體也。臾訓束縛捽抴為臾从申从乙。古文寅有長意。戭从之。訓槍。若瞚从之訓開闔目數搖動。則意取流動。夤从之。訓敬惕。螾从之訓側行蟲。則意取潛藏而不能縱行。黃从之。訓兔瓜。則意取手長。兔瓜即王瓜其形長。

卯。冒也。二月萬物冒地而出。象開門之形。故二為月為天門。因以為寅卯之卯。凡卯之屬皆从卯。古名單閼。單有推意。閼訓遮攔。單閼有推其攔塞意。與卯意合。朱氏駿聲謂單从吅華省聲。又云淮南天文單閼注陽氣推萬物而起高謂字从華故以推為訓。卯有萬物冒地而出之訓。故有茂意。白虎通云卯者茂也。茆訓鳧葵。而从卯聲者。謂生之茂也。昴訓白虎星宿。而从卯者。謂其叢聚也。此實由茂意轉引。按昴西方宿六星其形促聚吾蘇農人謂之七簇星。卯有通義。故貿从之而訓易財。聊从之而

訓耳鳴。意亦取通意也。窌从之。而訓窖。則反引而意取閉藏。窌从之訓大。則由開張之意轉引也。

辰。震也。三月昜气動。雷電振。民農時也。物皆生。从乙匕。匕象芒達。厂聲。辰。房星。天時也。从二。二古文上字。凡辰之屬皆从辰。按當訓有身也。从𠂆从丙省。𠂆象人之形。與后厄同意。說朱氏三月昜气動。雷電振。物皆生。民農時也。因以為辰巳之辰。凡辰之屬皆从辰。古名執徐。執有蟄意。徐有野舒意。蟄舒之意與辰意近。辰有伏蔽之象。故宸从辰聲。訓屋宇。㕟从之。訓伏貌。陙从之。訓水阜。有身則蠢動。故娠从之。訓女妊身動。[足辰]从之。訓動。蜃从之。訓驚。𣢈从之。訓指而笑。震从之。訓辟歷振物者。皆取動意也。脣从之。則取動與邑蔽之意。脣之用在動、亦所以邑蔽齒牙。蜃之从辰。與脣同意。若振訓舉救。則意取生動。麎从之。訓牝麋。則意取辰孕。𦥯農从之。則意取手時。有身則體大。賑从之。訓富。取大意也。裖从之者。以社肉盛之以蜃也。

巳。巳也。四月昜气巳出。侌气巳藏。萬物見。成彣彰。故巳為蛇。象形。凡巳之屬皆从巳。按當訓實出也。从包

省。象形。四月昜气巳出。侌气巳藏。萬物見。成彣彰。因以為辰巳之巳。凡巳之屬皆从巳。古名大荒落。荒訓蕪。有豐盛意。落。洛也。大荒落。謂豐盛四布也。與實出意相合。巳有生機畢達之意。故引申為止。攺从巳聲。訓毅攺大剛卯以逐鬼魅也。則取止意。由生機畢達而轉引之。則有長意。祀从之。訓祭無巳。汜从之。訓水別復入水。圯从之。訓東楚謂橋為圯。皆取長意也。配从之。訓廣臣。則又由長意轉引也。配亦有長意。故方言十二云。配長也。

㠯。从反巳。謂方實也。故訓用。是以賈侍中說巳意巳實也。象形。實則有象。故似从之。訓象。實則可用。故梠异攺从之焉。

午。啎也。五月侌气啎屰昜。冒地而出也。象形。此與矢同意。凡午之屬皆从午。按當訓毌也。从丁毌一。一其物也。指事。說朱氏五月侌气牾屰昜。冒地而出。因以為午未之午。凡午之屬皆从午。古名敦牂。敦有生發之意。牂訓牝羊。引申之。有生意。與毌意相近。許从午聲。訓聽。則取毌通之意也。杵从之。訓舂杵。則取丁毌之意。汻从之。訓水涯。卸从之。訓解車舍馬。則由午毌之

意而轉引為止。
未。味也。六月滋味也。五行木老於未。象木重枝葉也。
凡未之屬皆从未。按當訓木老枝葉重也。从木重屮
象形。六月滋味。五行木老於未。因以為午未之未。凡
未之屬皆从未。古名恊洽。恊洽有舒暢之意。與未意
相合。未有已老之意。而引申為將來者。此由尾末之
意轉引也。未有滋意。有冡冐之象。味从未聲。訓滋味。
𩏂从之。訓茅蒐染韋。沬从之。訓洒面。此皆取滋意也。
眛从之。訓目不明。昧从之。訓昧爽旦明。寐从之。訓卧。
皆取冡冐之意也。妹从之。訓女弟。則意取尾末也
申。神也。七月会气成體。自申束。从臼自持也。吏自餔
時聽事。申旦政也。凡申之屬皆从申。𢁧。古文申。虹陳篆下
此𦣻。籀文申。按當訓束身也。从臼从丨亦聲。謂讀七凡申之屬當从𦣻
月昜气成體。自申束。因以為申酉之申。古名涒灘。涒
訓食已而復吐之。灘訓水濡而乾。與申束意近。紳从
申聲。訓大帶。胂从之。訓夾脊肉。均取本意。伸从之。訓
不屈。呻从之。訓吟。魁从之。訓神。坤从之。訓地。電从之。
訓陰陽激耀。神从之。訓天神引出萬物者也。則均取
申出之意。若𨋲从之。訓擊小鼓引樂聲。𣫬从之。訓引。
則由申出之意轉而為引。陳从之。訓宛丘。則由申引
之意而轉引為宛轉。陳籀文从𢁧。故有宛轉意。
酉。就也。八月黍成。可為酎酒。象古文酉之形也。凡酉
之屬皆从酉。丣。古文酉。从丣。丣為春門。萬物已出。丣
為秋門。萬物已入。一。閉門象也。按酉丣截然兩字。酉
即酒字。朱氏說當以丣為申酉之酉。正篆而訓為𩰪也。
八月萬物𩰪地而入。丣為春門。萬物已出。丣為秋門。
萬物已入。一。閉門象也。因以為申丣之丣。凡丣之屬
皆从丣。古名作噩。噩作噩。謂復於渾沌也。與丣意合。丣
有斂藏之意。珋从丣聲。訓石之有光璧珋也。出西胡
中。乃由斂藏之意轉引。而意取㒵蘊內含。丣為春門
有上出之象。丣為秋門。故引申有不下𠨗之意。而栁字
从之。
戌。威也。九月昜气微。萬物畢成。昜下入地也。五行土生
於戊。盛於戌。从戊一。一亦聲。凡戌之屬皆从戌。按當
訓威也。从戊一。一亦聲。九月昜气微。萬物畢成。復歸
於一。五行土生戊。盛於戌。因以為戌亥之戌。凡戌之

屬皆从戌。古名闡茂。闡有閉藏之意。茂有畢成之意。與咸意近。故咸从戌聲。訓滅。歲从之。訓木星也。越歷二十八宿宣徧陰陽。十二月一次。皆取盡終之意也。

亥。荄也。十月微昜起。接盛会。从二。二古文上字也。一人男。一人女也。从乙。象褢子咳咳之形也。春秋傳曰。亥有二首六身。凡亥之屬皆从亥。而古文亥。亥為豕與豕同。亥而生子。復从一起。按當訓荄也。从二。古文上。从从。耦合也。从乚。隱匿也。十月微昜起。接盛会。會合荄生。因以為戌亥之亥。凡亥之屬皆从亥。古名大淵獻。大淵有隱匿之意。獻有上逢之家。與亥意合。亥有生動之意。故荄从亥聲。訓艸根。咳从之。訓小兒笑。欬从之。訓屰气。有隱匿斂藏之意。故核从之。訓蠻夷以木皮為篋。狀如斂尊。閡从之。訓外閉。若該从之。訓中軍約也。垓从之。訓兼該八極地也。則由斂藏轉弘而取約束與兼備之意。晐从之。訓兼日。痎从之。訓二日一發瘧。則意取乎耜物。荄生則解坼而之分。故刻从之。訓鏤。劾从之。訓法有辠。陔从之。訓階次。皆意取分別也。亥本與豕同。豕豪醜而可畏。故頦从之。訓醜。駭从之。訓驚。𣪠从之。訓毅改大剛卯也。以逐精鬼。若骸从之。訓脛骨。賅从之。訓足。大指

辛

毛。則取豎立之意。取譬於文荄之家也。

余釋干支。而兼及其形聲之義者。外篇繹即演其義也。外篇其引申之義者。所以彰其本義也。彰其本義者。所以明其假借也。解說或有異於古人。然皆依形立訓。外篇其旁義。以内篇而審定者也。作竟又誌。

壬

說文疑義

告

鄦曰。告。牛觸人。角箸橫木。所以告人也。从口从牛。易曰。僮牛之告。段曰。鄦因童牛之告而曲為解。誠然。按玉篇訓語也。近是。从口。所以語也。从牛。牛。事也。理也。告下當訓云語事之理曰告。

哭

鄦曰。哭。哀聲也。从吅从獄省聲。按哭笑均从犬。此疑義之不可解者。若狻猶等字从犬。義尚可繹。哭笑惟人為然。何可牽引。段云本謂犬嗥而移言人。亦殊附會。近人張氏乳伯謂笑為芺之誤。芺為芺本字。其說甚塙。竊謂哭亦从夭之譌。吅哭音相近。斂侈不同耳。當从夭从吅。吅亦聲。吅訓驚嘑。夭訓屈。屈身而嘑。哭之形也。

器

鄦曰。器。皿也。象器之口。犬所以守之。朱氏云。此說費解。周伯琦謂从吅从缶。亦異說。不足據。闕疑可也。字或作器。从工。頗有意理。凡有所盛曰器。無所盛曰械。老子。天下神器。王注。器。合成也。按器字从工。塙當。㗊。讀若戢。戢。藏兵也。周頌。載戢干戈。傳曰。戢。聚也。戢與輯音同。輯。車輿也。可聚諸物。故毛訓戢為聚。戢有聚集之意。許曰讀若。非僅明其音也。明㗊有聚集眾之義也。器从㗊从工會意。謂器集眾工而始成也。

羌　閩蠻　狄　貉　僰　夷

鄦曰。羌。西戎。羊種也。从羊儿。羊亦聲。南方閩蠻从虫。北方狄从犬。東方貉从豸。西方羌从羊。此六種也。按此句當移大人也句下。西南僰人焦僥从人。蓋在坤地。頗有順理之性。唯東夷从大。大。人也。夷俗仁。仁者壽。有君子不死之國。孔子曰。道不行。欲之九夷。乘桴浮於海。有以也。觀其所言。具徵種族之見。實深。惟其訓釋準諸事理。未免無稽。羌从羊从人。史記索隱。作牧羊人也。其言甚是。蓋其地多羊。人民游牧以為俗。故得羌名。而羌字因从羊从人。虫部。蠻。南蠻。它種。从虫。䜌聲。閩。東南越。它種。从虫門聲。按从虫者。原南方卑溼而气暖。虫類蕃殖。其民每蓄虫以毒人。所謂蠱也。至今苗人尚有此俗。从䜌者。謂其言語之不可解也。詩曰。緜蠻

黃鳥。緜蠻。狀其聲音連續不可解也。故古人曰。南蠻鴃舌。閩从門。取不可通之意。與悶字从門同。以音言。閩為輕唇。重讀之則為苗。苗蠻雙聲。古無輕唇音。故謂苗為蠻。再轉為閩。後人就南方之族而別異之曰苗曰蠻曰閩。尋其語根。實由一音而轉。苗訓艸生於田。然按之經書。則以為嘉穀之偁。意者發明穀食。始自其種乎。然苗字亦有連續之意。故引申偁苗裔焉。犬部狄。北狄也。本犬種。狄之為言淫辟也。从犬从亦省聲。按亦。人之臂亦也。當訓為使犬人也。今蒙古尚有使犬之俗。此其證也。豸部貉。北方貉。从豸各聲。孔子曰。貉之為言貉貉惡也。按豸訓獸長脊行豸豸然。欲有所司殺形。貉蓋豸類之獸。其形長壯可思〔惡〕。故孔子曰。貉之為言貉貉惡也。後漢書列女傳注云。貉大如驢。狀頗似態〔熊〕。北方多產貉。因名其人種亦曰貉。蓋東亞文明。我族實先進於農業。比於其他種人。文化已顯然不同。故偁他種人。每以其習俗物產為名。示別於我也。人部僰。犍為蠻夷也。从人棘聲。僥下云。南方有焦僥人。長三尺。短之至也。按棘訓小棗叢生者。

此頁与下頁倒

形。其色黃。腹部若褐色。尾有長羽二。以圖譜之形及其注說。參之鄦言。今之風鳥。實卽吾國所謂鳳也。一古文極似圖形之側面。二產地相近。三羣居與朋从合。四風鳥與鳳名義相近。鳳風皆从凡聲也。意者古時風鳥曾〔會〕至吾國北部。古人以此鳥不常見。其形狀又異。故遂謂之神鳥。而因形以製字焉。又按笙字下云。十三簧。象鳳之身也。攷笙形搞似風鳥之形。風鳥尾有二羽獨長。笙亦有二簧獨長也。簫字下云。參差管樂。象鳳尾之排。攷簫大者二十三管。小者十六管。其管相對。亦極似風鳥之翼也。

麥 來

鄦曰。麥。芒穀。秋種厚薶。故謂之麥。麥。金也。金王而生。火王而死。从來。有穗者也。从夊。按麥从來从夊。夊。行遲皃也。於義殊不可解。攷中國古代祭祀皆以黍稷。意者發明麥為穀食。在黍稷之後乎。不然。何以从來从夊。徵之於詩。惟周地有麥。殷實無之。武王克殷。以麥具來。惠及下民。故有貽我來牟。於皇來牟之頌。詩人附會。以為周有天下之瑞。箋所謂火流為烏。以五

是僰从棘。迺謂其人種之矮也。大部夷。訓東方之人也。（依段本，上所引字詁亦同）从大从弓。段注云。从弓者。肅慎氏貢楛矢石砮之類也。竊謂東方種人。習射獵。善作弓矢。故名之曰夷。而字迺从大从弓。鄦曰坤地有順理之性。夷俗仁云云。皮傅之說也。

鳳

鄦曰。鳳。神鳥也。天老曰。鳳之像也。麐前鹿後。蛇頸魚尾。龍文龜背。燕頷雞喙。五色備舉。出於東方君子之國。翱翔四海之外。過崑崙。飲砥柱。濯羽弱水。莫宿風穴。見則天下大安寧。从鳥凡聲。𠁈。古文鳳。象形。鳳飛。羣鳥从以萬數。故以為朋黨字。按鳳古以為神鳥。不常見。鄦引天老說以明其形。惟不常見。後世迺無从攷證。今畫家所繪之形。以意為之耳。近時博物圖譜繪有霧鳥一種。又名風鳥。一名天樂園。注云。有數種。曰大雀皇。王雀皇。金色胸雀皇等是也。產於亞細亞諸島及亞非利加。好羣棲。體長六七寸。而羽毛長大。不能順風飛行。常逆風翔行。泰西婦人採此翠毛為頭飾。價甚貴云。據所繪之形。翅羽長大。極肖古文鳳之

穀具來也。鄦君本詩訓來。故云周所受瑞麥來麰也。二麥一夆。象其芒朿之形。天所來也。故為行來之來。詩曰。詒我來麰。是鄦意以周受瑞後。乃立來麰之名。造來麰之字也。然書放勳曰。勞之來之。是周以前即有來字也。蓋來本為大麥。麥穗下垂。其狀冉冉。故叚為行來之來。武王克殷。以小麥之種遺殷。此麥之所以从來从夂也。來為周以前之字。而麥則周有天下後所製字也。故思文麰作牟。牟叚借字。麥為特製字。是以牟麥為雙聲。麥讀若牟也。麰則麥之後起或體耳。故鄦訓麰曰來麰麥也。由此觀之。其為一字也明矣。來下當訓云。芒穀。象形。穗叒冉冉。狀如行來。故叚為行來之來。麥下當訓云。周所受來麥也。麥為小麥。故麱从之。訓小麥屑。麩从之。訓小麥屑皮。麥之用廣。是以从麥字多。惟其用之廣也。故周人歌頌之。

禾

鄦曰。禾。嘉穀也。以二月始生。八月而孰。得之中和。故謂之禾。禾。木也。木王而生。金王而死。从木。象其穗。段云。各本作从木从𠂹省。象其穗。九字。淺人增四字。不

通。今正。下从木。上筆來者象其穗。是為从木而象其穗。按木訓冒。冒地而生。東方之行。从屮。下象其根。則（王）金生而死句下。當云从木上象其穗。方為明顯。

庢　家

广。因广（厂）為屋也。从厂。象對剌高屋之形。讀如儼然之儼。厂。山石之厓巖人可凥。象形。蓋古代洚水為患。民多凥。（山）於高自。故广厂之訓如此。家之本義為豕凥。叚借為人凥之偁也。竊疑其本字當為庢。庢从广且聲。且訓所以薦也。其本義為所凥之物。而古文以且為且。又以為几。几下云凥几也。庢之本意實為因广為屋而凥。其為家之本字無疑。庢下訓云人相依庢也。當云人所依凥也。从广且亦聲。古無麻韻也。

六八

咸

鄦曰。咸皆也。悉也。从口从戌。戌（戌）悉也。朱氏駿聲云此字鄦意戌為悉。謂造字之叚借。愚按造字有省文之叚借無聲近之叚借。如會之曾即增。艮之匕即比。望之壬即廷。制之未即味。辭辟之辛即辠。皆省文也。造字不得有聲近之叚借。竊謂咸者即鹹之古文。鹽也。从口戌會意。戌。傷也。戊戌皆為干支借義所專。遂昧本訓。而咸又為僉同義所奪。遂莫識何从。當深思而釐正之矣。（以上朱氏說）按朱氏以咸為鹹之古文。其說不為無見。惟云有省文之叚借無聲近之叚借。則其說不無剩義。攷說文形聲諸字。其聲旁實皆聲近之叚借也。果謂無聲近之叚借。何以解形聲諸字乎。又學者每以為形聲之字有聲無義。然鄦說形聲云以事為名。取譬相成。江河是也。據此則形聲之字。非泛取其聲。亦有義焉。竊謂以事為名。則引申之謂也。取譬相成。則叚借之謂也。渾言之。引申亦即叚借。學者所謂有聲無義之形聲字。若原叚借之界義。（叚借形聲之界義詳拙箸六書微一書）引申推闡其聲旁。則十之八九有義可詮。近余从事此業。完年有成。當訂為專書。與好學者商兌焉。

六九

論中國文字之理(義)理與學科之關係

今世學者曰。世間文字有二大派別。一演聲。一演形。西歐之文字。演聲之文字也。東亞之文字。演形之文字也。演聲之文字。標舉數十音母。拼合一切之聲。法簡而易通。可隨時孳乳新字。足供時代之要需。演形之文字。部首數百。法繁而義奧。孳乳匪易。故至今時。東亞之文字。幾成固體。譯述書籍。則相形見絀。演聲之文字實優於演形之文字也。故或思廢置演形之文字。而推行演聲之文字。國之士人。抱此思想者。蓋不乏其人矣。信其是乎。其實皆稍習西書。而未嘗深求文字原理之盲言。東方文字。非徒演形也。其特長之處。在聲形同演。而聲形之演。且兼能表意。理義精深。益人知識。西方文字。祇於演聲而已。苟欲明其本義。則索解殊難。非習羅馬希臘之文而治其學者。不能洞其指歸。其優於(方)茲(可)見矣。茲篇所論。乃以明其合理之微。蓄義之奧也。若其聲形同演。與其優於西文之處。當別為篇以詳之。

繫辭傳云下當另行抄寫方合

一 哲學

哲學之範圍。至為宏博。簡言之。哲學者。研求一切學術原理之學也。哲學二字譯自英文之Philosophy。其語原出於西臘。蓋有愛智識之義焉。畢達哥拉士所下之定義。以為哲學者因愛知智識而求智識之學也。亞里士多德亦以為求智識之學。而斯多噶學派以為窮道德之學。伊壁鳩魯以為求幸福之學。吾國古昔聖賢學子。其論哲理也。實主一元之說。統謂其理曰道。故道之理兼包萬有。而其樞要則在乎性命。蓋欲明事物之真理。探萬有之大原。非先激(徹)知性命之理無以推其究境。性命者。道之本數也。本數之原。一而已矣。故說文一訓曰。惟初太極。鍇本極作始。道立於一。造分天地。化成萬物。是一字非徒為記數之標識也。試以古籍之言徵之。以見其合意之微奧(奧)焉。繫辭傳云。天下之動。貞夫一者也。虞注。一謂乾元。萬物之動。各資天一。陽氣以生。故貞夫一。

老子。道生一。一生二。二生三。三生萬物。又曰。昔之得一者。天得一以清。地得一以寧。神得一以靈。谷得一以盈。侯王得一以為天下貞。

論語。吾道一以貫之。

鬼谷子外篇。道者。天地之始。一其紀也。物之所造。天

觀于此以下另行抄

之所生。包宏無形化氣。先天地而成。

莊子天地篇。泰初有無。無有無名。一之所起。有一而未形。物得以生謂之德。

鶡冠子環流篇。有一而有氣。有氣而有意。有意而有圖。有圖而有名。有名而有形。有形而有事。有事而有約。又云。一之法立。而萬物皆來屬。

太平經。一者。數之始也。生之道也。元氣所起也。天之大綱也。

子華子大道篇。一之所成。萬紀以生。一之所綱。萬有以藏。故曰。通於一。萬事畢。

淮南天文訓。道曰規。始於一。一而不生。故分而為陰陽。陰陽合和而萬物生。故曰。一生二。二生三。三生萬物。原道訓。道者。一立而萬物生矣。是故一之理。施四海。一之解。際天地。觀於此。可以知吾國先覺。其論哲理實主一元矣。質言之。一者。道之體也。試言道字之義。說文。道。訓所行道也。一達謂之道。䆃。古文从寸。段注云。行部。偁四達謂之衢。九部。偁九達謂之馗。按。酈三偁當是一。例當作一達謂之道。从辵首。道人之所行也。故从辵。此猶上文。䢅人所登。故从辵。朱氏駿聲云。䆃从首寸。當為導之古文。其說均是。據其本訓。道之名。固形下之名也。曷以用為萬有原理之偁乎。蓋製造文字之原理。有六書之例。六書之中。有段借之例。依託其聲義。可以由狹義而引申為廣義。形下之道字。含有一義。一達謂之道。有大意。一達之道，寬廣之道也。有直意。道从首，首之象正直，而寬廣之道，其形亦正直也。有通意。道之用本取乎通行，且其字亦从首，首之用亦通靈也。有理意。道之用通順，道之形直達，故因有理意。有由從意。道，人之所行也，因有由從意。萬有之原理雖繁。總其指歸。實不外乎一也。大也。直也。通也。由从也。諸要義。由諸義而展轉引申之。則其義愈廣。故樂記。君子樂得其道。注。謂仁義。左定五傳。吾未知吾道。注。猶法術。吳語。道將不行。注。術也。漢書董仲舒傳。道者。所繇適於治之路也。詩匪風。顧瞻周道。箋。周之政令也。此則由理意以展轉引申也。原上述之理。故得以形而下之名。而段為形而上之名。且也。形而上之道。其理至玄。不可思議。不可名言。故老子曰。道可道。非常道。名可名。非常名。又曰。有物混成。先天地生。寂兮寥兮。獨立而不改。周行而

不殆。可以為天下母。吾不知其名。字之曰道。強名之曰大。然此不可思議不可名言之道。其理又彌綸於宇宙之間。人生宇宙之間。則不可須臾與之離。故古人依託於有形可名之道。以徵其理。為人事之所不可須臾離。庶不致偏於空虛玄妙。為人事之所不必研求。蓋人事之進化。與萬有之原理息息相關。苟不明乎萬有之原理。則必昧其所當。而妄縱私欲。萬有之原理。雖至高深。實為人事之所不可不講。而欲推求此至高至深之萬有原理。又非先究識夫性命之理。無所階梯。無所徵實。按東方聖賢其說哲理之特長在徵於人事而不蹈空西方學士惟康德之說與東方近似西方學者皆以哲學與道學劃然為二不返諸吾人良知之自由而惟籍推理之力以欲求所謂庶物原理者及康德出乃以為此空行之法不足以建立真學術必以道學為之本然後哲學有所附麗故康氏謂吾人一生之行為皆我道德上之性質所表見也故欲知吾性之是否自由非徒可以軀殼之現象論而當以本性之道德論夫道德上之性質則誰能謂其有絲毫之不自由哉道德之性質不生不滅而非被限被縛於空劫之間者也無過去無未來而常現在者也人各憑藉此超越空劫之自由以自造其道德之性質云云康氏蓋謂道德之本原與軀殼之現象劃然為二物而超越空劫之真我即道德之本原所由出一切道心由真我自造也性命者。萬有之共同生理也。萬有共同之生理一切平等。知萬有共同

按下云云應作大字加括弧

六四

之生理一切平等。則妄念消除。而道之精誠乃見。道之精誠。一而已矣。見道之精誠。則於世間事理。六通四闢。洞究其真矣。故康氏曰物之現象其變者也物之本質其不變者也其變者固託生於虛空永劫之間有生而不能無滅是以老子至其不變者則與時間空間了無交涉云云獨立不倚周行不殆凡物皆然。而吾儕之類亦其一也。人之生命蓋有二種。其一則五官肉體之性命。被畫於一方面一時代。而與空間時間相倚者也。其有所動作。亦不過一現象。與凡百庶物之現象同。皆有不可避之理。而不能自肆。雖然。吾儕於此下等生命之外。復有其高等生命者存。高等生命者。即本質也。即真我也。此真我者。常超然立於時間空間之外。為自由活潑之一物。而非他之所能牽縛。故曰自由之理。與不可避之理。常並存而不悖者。此也。按康氏所謂真我即所謂道之精誠也苟不能洞究性命之理。則真理不可明。而囿於當前之見。執著於我之身體。我之思想。不能超見真理。而窺乎萬有之本原。是可知性命之理與道之關係也。大矣。試釋其字義以以明其理。

說文性訓人之陽气性善者也。从心生聲。按性有生

故康氏云云應作大字加括弧

六五

質之意。生質非人之所獨具也。凡物皆有焉。故謂凡物之生質亦曰性。竊疑許氏之訓。實本當時之學說。非故訓也。莊子庚桑楚曰。性者。生之質也。乃為故訓。性為生質。秉道而生。萬物皆具。而不見其形。物之精也。故莊子天地篇云。形體保神。各有儀則。謂之性。斯言也。誠案當矣。明性在乎心。故字从心。明性固在乎心。然必心明而後可見性。欲明心而見性。當先知性為生質。知性為生質之意。則物我之理覩矣。

說文命訓使也。从口令。按人之生。天使然也。故引申段借而為性命之命。命有曆數之意。故莊子天地篇云。且然無間者謂之命。蓋命者。彌綸萬物。於穆不已。此其廣義也。德充符。生死存亡。窮通貧富。賢與不肖。毀譽飢渴。寒暑日夜。相代乎前。而不能規乎其始。此就人而言。狹義也。論語。五十而知天命。不幸短命死矣。道之將行也與。命也。道之將廢也與。命也。公伯寮其如命何。皆曆數之意也。曆數之運行也。因果不爽。而其理甚繁複。此君子三畏之所以首畏天命。而孔氏至五十始深明其理也。(八)康德氏之學說有可與性命之理相印證、迻錄如下、康氏曰、物之現象、其變者也、物之本質、其不變者也、其變焉者、固託生於虛空與永劫之間、有生而不能無滅、至其不變者、則與時間空間了無交涉、凡物皆然、而吾儕之類亦其一也、人之生命、蓋有二種、其一則五官肉體之生命、被畫於一方域、一時代、而與空間時間相倚者也、其有所動作、亦不過一現象、與凡百庶物之現象同、皆有不可避之理、而不能自肆、雖然、吾人於此下等生命之外、復有其高等生命者存、高等生命者、即本質也、即真我也、此真我者、常超立於時間空間之外、為自由活潑之一物、而非他之所能牽縛、老氏所謂獨立不倚周行不殆故曰自由之理、與不可避之理、常並存而不悖者、此也、又曰、吾儕肉體之生命、既與他現象同被束縛於彼所謂不可避之理、則吾之凡有所為也、必其受一公例所驅遣、而不能自肆者也、苟有人焉、為精密之調查、舉古人之持論、吾人之情念、一切比較實驗之、尋出其所循之公例、則於吾人之將來、欲發何言、欲為何事、必可以豫知、秦不爽毫髮、如天文家之豫測

彗星豫測日月蝕者然）生質者本也。曆數者數也。知生質曆數之意。則知夫本數矣。知本數。則知一之理。知一之理。則知道矣。知道。則近世所謂哲學之理道矣。知一之義無所不冒。實哲學之統系。萬理之所攸歸。西毆哲學之士。惟黑格兒深知夫一之理。其所言不啻為許氏所謂道立於一之注釋。今畧摭其學說於下。以明吾國先覺舉一言道之故焉。

黑氏者。西方哲學界多元論者之泰斗也。氏以為主觀與客觀無差別。故心思與事物亦無差別。究而論之。心之與物。一而已。內界外界。皆真實。皆非真實。自相等。

六八

曰。如我思無物。無物則固無物也。然無物一語。在我思中則已明明成為一物矣。無物本無物。而既在人之思想中。則明明一物。然此固明明一思也。故思之與物無所差別。故黑格兒有言曰。物即非物。二者為一。黑氏為此言。非無根之空論也。彼亦有所徵實焉。

曰「相反者相同。」

夫相反者何能相同乎。「有」之與「無」。既迴然相反。則迴然不能相同也。黑氏曰。相反者乃物質上之事實。而相同即在相反之中。萬物不能自有。俗人之思想而後有。夫思想中之有與無何異。故有即無也。即以光論。苟世間徒有光而無色或影。則人亦不能見物。故絕對之光與絕對之暗無以異。光與暗不能獨存。二者常相雜合焉。

黑氏者持絕對唯心論者也。按泰西哲學之士或以客觀之界為重、主觀之界為輕、以物質為根本、而謂精神由是而生者、為唯物論、以主觀之界為輕重、客觀之界為輕、謂精神為根本之實、而物質為其所統者、是謂唯心論、是皆一元論也、心物兩者並存立論、名二元論。彼以為一切物質本相連合。而無所差異。此世界者。惟一連合物而已。斯賓挪莎之原質論。未免太粗。原質者。只此連合世界之一名詞耳。世界者。意想中之連合物也。主觀客觀皆後起之事。自連合上言之。二者雖相反。而實相同也。

六九

黑氏又謂物有反面。乃成為物。然物之反面。常可還移。而不固定。以「彼」「此」言之。如人立一樹下。遠見一屋。則必謂樹為此。謂屋為彼。苟即還移去之屋中。而遠見樹。則又必謂屋為此。謂樹為彼。世間一切萬物。

莫不在皆有反面。或者為此。或者為彼。其位不定。皆為如屋樹。準此以推。可知世間萬物。莫不相同。惟有連合而無反異。之黑氏此說。在西方哲學界中。實為創論。而吾國先覺。實久知此理。々蓋天下之理。總絜之不外兩端。兩端相反而相成。故相反者得相同。此吾國聖賢哲士所以謂道立於一也。一則相反者相同矣。相反者相同。此哲理之樞要也。其理見於書者多矣。而亦時見於文字之內。不佞嘗作名理微一書。專釋此理。茲擇錄一二則如左。竊以為此理關於哲學為至巨。學者幸留意焉。則哲學之堂奧可窺矣。

廿

說文。羍。小羊也。从羊大聲。讀若達同。

按形聲之字。無不兼意。謂小而从大得聲者。以大有始意。故謂始初曰大古。（太為泰之古文泰訓滑當作大）羍者初生之小羊也。有始意焉。凡物之始。其形皆小。此大之所以有小意也。

說文。⿰鼻系。大鼻也。从鼻鯀聲。

按鯀。鯀魚也。從系省聲。（从朱氏駿聲說）即爾雅之鯤字。魚子也。（鯤為魚子、昆有大意、此亦猶羍从大訓小羊、）鯀意引申。實有小意。然鯀雖有小意。而日漸長大。此鯀之所以有大意也。更進而言之。量無窮。分無常。因其所大而大之。則萬物莫不大。因其所小而小之。則萬物莫不小。天地可稊米也。毫末可邱山也。差數豈有定哉。讀莊生秋水之篇。可以悟矣。畧

說文。韙。是也。从是韋聲。籀文從心。

按韋訓相背。與是意反。然背雖戾合。迺屬相連。故韋从舛口。若不相連。則不見背。此猶旁以正見。若無有正。何以有旁。是與非之理。猶旁正相待而生。無是則無非。無非則無是。合是非之意而為是。正以見是非本不可判。是中有非。非中有是。此道樞也。此太極之用也。莊生齊物。言之詳矣。於虖。古人造字之精。有如此哉。

廿一

說文。虛。大丘也。昆侖丘謂之昆侖虛。古者九夫為井。四井為邑。四邑為丘。丘謂之虛。从北从虍聲。

按丘訓土之高也。非人所為也。从北从一。一地也。人凥在丘南。故从北。中邦之居在昆侖東南。一曰四方高中央下為丘。象形。虍。虎文也。象形。虎為大獸。其文亦

大。引申之。虍有大意。虛从之。取大意也。據此。則虛本謂大丘。固至實之物也。曷以有空虛之意乎。蓋物大則空廓。而丘亦有四方高中央下之說。引申之。有空虛之意焉。故假為空虛之虛。且也世間物質虛實之分。原吾人之心理造成。非本有虛實也。例如視清靜之庭宇。吾人以為空虛無物。而日光一日透。則野馬紛陳。窺以顯微之鏡。其實愈大。日光不能透視之實。而愛克斯光綫乃能通之。愛克斯光綫所不能透視者。當又有能透視者存焉。特吾人未審耳。可見吾人所謂實者。本不可謂實。所謂虛者。本不可謂虛。此造化之玄也。觀於眞字。尤可見虛中有實實中有虛之精義。玩而味之。諸理具備矣。

圭

說文。眞。僊人變形而登天也。从匕从目从乚。乚。隱也。八。所乘載也。古文从匕丌。依朱氏駿聲說

按从眞之字。如瑱嗔膹稹瘨愼闐塡鎭。皆有充實之意。然字从匕从乚。含有空虛之意焉。故訓僊人變形而登天。而莊子大宗師。而已反其眞。而我猶為人猗。列子天瑞篇。歸其眞宅。故皆注云。大虛之域。眞字實兼虛實二意焉。古文作𡗜。其意含蓄尤為宏深。从匕。謂變化也。从𠀠。則謂渾然欲判而未判。一。謂𠀠中之一。實也。𠀠。虛也。可分可合也。按𠀠之音當為渾今轉若側鄰切證以卵丱邪邪卯方悉其玄。卵。卵卽渾然一物子也。實物也。方諸𠀠形已判𠀠中之一。丱。古文礦銅鐵朴石也。攻取銅鐵朴石。必毁其勹。故丱之形。方諸𠀠形。固已判而如卵。而方諸卵形。已去其外勹。現其實已。段氏謂丱為卵之古文。不可从。卵卽卯。冒也。二月萬物冒地而出。象開門之形。故二月為天門。因以為寅卯之卯。參觀拙著釋干支篇既已冒出。其實已上。其實亦分。謂𠀠中之一故方諸𠀠形已八而上別。按八。別也。有分舒之意。故分从八而訓別。兆从八訓分。曾从八訓詞之舒。余从八訓語之舒。古文兆之形。亦取其勹已去其實分舒之象。耶。許氏以為酉之古文。云。酉。就也。八月黍成。可為酎酒。象古文酉之形也。耶。古文酉从耶。耶為春門。萬物已生。耶為秋門。萬物已入。一。閉門象也。朱氏駿聲謂酉耶截然兩字。別為正篆。其說信然。朱氏訓耶云。門兩扇開也。从二戶。象開闢之形。門从二戶相向。耶从二戶相

圭

背古文象柴門桑戶形。卯下云。闢戶為卯。闔戶為戼。从卯而闔其上。指事。坐此字从此會意。朱氏泥門戶之形。段借之說。干支皆段借字不知門戶之形。亦本於𠦒卯北外之遺脫。倒果為因矣。竊謂卯之為形。方諸卯形。其實復連。蓋卯舒實為蘗之意。之一謂𠦒中而卯則由蘗而復實。有反本復入之象。卯當訓覆也。八月萬物覆地而入。卯為春門。萬物已出。卯為秋門。萬物已入。一。閉門象也。因以為申卯之卯。準上所云𠦒之一字。其旨深矣。象具渾形。廣畜儲能。聯其分判。此實意也。上有

卌四

變匕。廣其功用。此虛意也。綜其意象。極其所變。同於太極之圖。合於天演之界說。𠦒之本形。具翕以聚質之意。匕而為卯。闢以散力也。由純而之雜。由渾而知之畫也。演而為卯。由流而之凝也。而質力雜糅。相劑為變。則可觀其从匕而知焉。且卯之覆入。其實雖復然方諸其本（謂𠦒其形已更。此則可徵天運雖周而復始。而今茲所見。與古已不同。於虖文字之精玄𠦒為最已。

觀於此。可徵大小是非虛實之理。相反而相同矣。惟理之相反者可相同。故古人謂道立於一焉。斯亦可知吾人欲研求哲學。不可不先修吾國之文字矣。

二 社會學

古之人有言曰。不知來。視諸往。又曰。執古之道。以御今之有。蓋往故不詳。而欲言治者。未見其可也。史家執習舊聞。此其所以洞明治術與。惟是中邦載籍。記述雖備。而於政教之原起。匙能鉤沈索隱。舉社會已陳之事跡。類猶其進演之階。彙為簡賅之條目。箸其大綱。使得以親督其程級。為治制之衡。得失之判。而成為專科之學者。則未之有也。斯則不得不推歐土為精矣。西人之治此學也。其稽徵惟恃見聞與古代之器物。攷證或蹈空虛。獨中土文字。形聲同衍。合義廣博。苟悉心察審。先民生活之事跡。進演之現象。罔不鑿鑿可見。斑斑可攷。數千年之陳跡隱微難稽者。適能按文字之形義而溯其原委。斯固可以斠證西土之說。而為吾國士人探研茲學之途術矣。因臚舉大略。以為學者之趣。引

說文姓訓人所生也。古之神聖。母感天而生子。故稱

卌五

天子从女生。生亦聲。春秋傳曰。天子因生以賜姓。

按社會學者謂初民之羣制。無所謂夫婦之倫。男於所昏圖騰之女子。同妻行者皆其妻也。女於所嫁圖騰之男子。同夫行者皆其夫也。人道幾無親親之可言。強為言之。亦矯揉而難定。何則。彼特以意為之。而非事實可指故也。所謂血胤傳世。皆以女而不以男。其言親也。以母。不若宗法之言親以父。母統之興。實先於父統焉。觀於姓字从女从生。斯可確証初民之非以男為統而以女為統矣。夫人民至有姓之時。固已入出宗法時代。而以男統為重。然溯厥源流。實濫觴於女統。是以姓字从女生。而最初所得之姓。如神農之以姜為姓。黃帝之以姬為姓。少皞之以嬴為姓。虞舜之以姚為姓。皆从女。若姓下感生之說。則附會之言。亦足徵古人之迷信神權。而天子因生賜姓之說。則可見宗法社會之所演也。

奴訓奴婢。皆古之辠人。周禮曰。其奴。男子入於辠隸。女子入於舂稿。从女从又。𠇍。古文奴从人。

妻訓婦與夫齊者也。从女从中从又。又。持事。妻職也。𡚸。古文妻。从肖女。肖。古文貴字。汗簡引作𡚸

民訓衆萌也。从古文之象。凡民之屬皆从民。𢒑。古文民。

按姻籀文从㛰作婣。故桂氏馥謂女下當有古文作𡚱。民古文作𢒑。實从古文女而象其緐生之形。社會學者曰。奴虜之制。由於種人戰勝之餘。所不殺而係纍之俘獲。或種人有辠。無力自贖。則亦沒之為奴婢。蓋其時由畋獵之衆。進演而為游牧種人。而產業最初之意見。然其所私為產業者。不僅牲畜已也。妻子奴婢。亦產業也。其畜之也。非緣於親愛。實為其力役而寄豭易內。其時男子所不屑較也。所僅守者。此婦一身之服勞而已。乃至誰眞厥考。亦不問也。其所必收者。諸子力作而已。不謂奪婦買妻之俗。亦原於此。晞曰。歐俗嫁娶。為夫婿儐相者稱良士。此古助人奪婦者也。為新婦保介者曰扶娘。此古助人扞賊者也。既合巹。婿與婦相將外遊。踰旬始返。謂之蜜月。此所以避女氏之鋒。而相與逃匿者也。其

事跡之可言如此。若夫買妻，所謂得婦以賄，夷虜之道。女子之身，如貨物然，市有定價，則量羊豕鸞雁，計數相值，以酬失女之家。此亦自其身之力役而起者，故至今為俗，尚有加聘納采之事，特向之畀其家，今以遺其人而已。觀於妻職為特事之說，與奴之从女，又可證種人之時，女子之重在力役。實為男子之產業，而妻奴字皆从女，又亦可見妻奴不別，皆取其力役已。古文妻从肖女，肖，古文貴字，貴物不賤也。此則可證買妻之為古俗。女子之身如貨物，而其值亦倍於羊豕矣。奴婢於遊牧之世，則司牧致，於耕稼之世，則執田功，或以供給屋廬下之執事。許所言則耕稼時代之事實也。耕稼之時代，已為宗法之社會，當是時也，最嚴於等級，故攷之吾國之往事，所謂民者，實下級之種人，是以堯典言放勳之次，而民居其末，曰克明俊德，以親九族，九族既睦，平章百姓，百姓昭明，協和萬邦，黎民於變時雍。蓋宗法之制，天子建德，因生以賜姓，胙之土而命之氏。族者，氏之別名也。氏所以別

六八

尸 コ

夷 弟

子孫所自出，姓所以統系百世使不別也。故堯典首言族姓，而次及萬邦，而黎民則居於其末，其卑可見矣。蓋民者，實奴之所孳生也，故民古文从ㄓ而盍以緐生之形，蓋游牧之時代，奴虜之男，如通稱為ㄓ。故春秋說題辭曰：汝之為言女也。後世迺因以為呼人之通稱。ㄓ古文ㄓ之形，實象人从コ而繫，繫之，故籀文人作儿，古文奇字人作亻，韋之古文作㝁，弟之古文作𢀿，臣之訓牽而象屈服之形，實亦由ㄓ而轉變。古人稱人，固含有卑視之意，而自稱則含有夸大雄武之意，觀於我字可知也。我下訓云：施身自謂也，或說我頃頓也，從戈從手。手，或說古垂字，一曰古殺字。按頃頓之說，實為旁義，揆諸施身之訓，手戈之形，實有雄武自逞之象，捨身不畏之義，夸大之意，顯然可見。此我種人之所以征服苗族，乎武德雄風可歆慕矣。原我有施捨之意，故後世又假予賜之予為我稱。凵入於宗法社會，文明日啟，分別日繁，於是以ㄓ為婦人之專稱，加人於左為奴，後又去左傍之人，文其左右為毋，而以又盍於右。

六九

增飾其上下則為民。

貴。物不賤也。從貝臾聲。

賤。賈少也。從貝戔聲。

賢。多財也。（從段本）從貝臤聲。

社會學者謂種之貴賤所由起。實緣貧富以為分。觀於貴賤之從貝。是可證矣。而賢訓多財。又可証古者以富為貴也。後世謂仁人智士為賢。習用日久。引申之義行而本義幾廢。亦可見社會進演之程也。古代圜法未興。易中之品用蝸貝。歐土亦然。

今世非洲、猶有用貝之俗。其形如出水新荷、捲而未舒、黃白色、背穹窿、作斑、腹中分、函齒聯百、貝為一串。說文貝字篆作，訓海介蟲也、居陸名猋、在水名蜬。古者貨貝而寶龜、周而有泉、至秦廢貝行泉、而周父已鼎作，周方彝作，其形尤酷肖。

賦。斂也。從貝武聲。

社會學者謂賦稅之起。原於戰勝者責降之所貢納也。觀於賦字從武得聲。可為實証。至於耕稼之時代。則又責其納禾。故稅字從禾從兌。與從武同意。兌取敓意也。（敓訓彊取）賦稅皆原於武力。故謂斂取賦稅曰征。

畯。燒種也。从田夋聲。漢律曰。畯田茠艸。

焚。燒田也。从火林。依段本

菑。不耕田也。从艸田。巛聲。易曰。不菑畬。菑或省艸。依段本

此可證古代農術也。社會學者謂凡治新田。未有不始於烈山澤伐林木者。蓋其地之宜田。以膏腴故。膏腴則未田之始。林木生之。且甚蔚也。使其民為游牧之眾。則其國固有既闢之坰。雖然。農事方始。謂蠻人棄其所習見之畜牧。而取所未可知之稼穡。所必不為者也。故欲耕者必親闢艸萊。而後有可田之野。其闢地之術。常法以火燔之。即取其灰燼以為其田之糞。播種其中。故畯訓燒種。燒種。謂焚殺其艸木而下種也。（周禮、水火處之、可以美土疆、月令季夏土潤溽暑、大雨時行、乃燒薙行水、利殺艸、可以糞田疇、可以美土疆、漢武帝詔、江湖之地、火耕水耨、蓋漢時尚行燒種之法、故許訓亦引漢律云云）而焚訓燒田。菑訓不耕。（詩小雅於此菑田、疏、菑者、災也、始災殺其艸木也）尤與燒種之說相發明。是可證社會學者之所言矣。觀於叜字。則可明知古代有轅田之制。叜字从丙从攴。丙。朱氏駿聲訓栽也。

𢦏。篆文災。文災籀據此。則叓字之作。其始蓋謂轅田。故叓訓改而有繼續之意。至井田之制大定。乃作耕字。以為種田之偁。而以叓表繼續之意。社會學者。謂轅田之制。因於暢耕休田而生。暢耕者何。田不生穀。更田闢新地為菑畬也。蓋烈澤起田之後。秋收春播。歲而為之。若將墾於無窮也者。顧同畝不糞。而所播之種又同。不數歲地力竭矣。此蠻夷始田之所不意也。始則見其收之益薄。浸乃至於不償勞。終乃絕意舊疇。叓墾新地。移徙彌遠。是謂暢

全

耕。休田謂廢置之田也。有休田。則有轅田。事相因而至者。田經休息。地力稍蘇。轉而耕之。則為轅田。蓋地力復蘇。則艸萊茲茂。薉而闢之。古謂之叓。故从丙从攴。丙。薉而殺之也。攴。闢而治之也。由此觀之。瞭也。焚也。菑也。皆所叓也。

我。施身自謂也。或說。我。頃頓也。从戈从𠦃。𠦃或說古𠂹字。一曰古殺字。

有。不宜有也。春秋傳曰。日有食之。从月又聲。

產。生也。从生彥聲。

此可證產業歷史之興革也。社會學者云。攷論產業之始起。往者法學之家。常言太古產業之始。謂其事由於弋獲。逐獸而得。斯為主人。不知此猶後起之義。蠻夷與禽獸。初不相遠。無彼此之分也。相聚而畋。特為食故。其有獲。則眾之所共享者也。惟其既饜腹腸而有餘禽。乃畀捕者以為畜玩。畜玩既久而愛戀深。愛戀深而後彼我別。彼我別而後人有其私。此產業之義所由始也。曷觀之穉子乎。夫穉子之用心。與蠻夷類也。穉子之於物而分彼

全

我也。不問其所由來。而重其所習用。竹馬蠟人。惟我之常以是戲也。故謂之我有。太古蠻夷。其視牛羊。亦如是而已。不問誰獲也。又云。總之產業之意。由物之有主。物之有主。起於各私。各私定於常用。是故蠻夷所捕得之禽獸。為同類所可分。而器所常操。則必分其彼我。此蠻夷一己所保用之產業也。乃若一眾之所共用者。則有若宗教鬼神所用之禮器。冠帶羽旄。俎豆祭玉。皆其品矣。雖然。是之為別。不若一己所私者。故產業之濫觴。終在兵器

也。其説證以吾國文字可稱確實。我字从戈。不獨見產業之濫觴為兵器。且可徵彼我別而後人乃有所私。有字从手持肉。謂分臠所弋獲之禽獸也。固可謂產業最初之所起。然有訓不宜有。推其得義。可見蠻夷之始。其弋獲之禽獸。實共同而無私。而產業最初之所起。實首兵器。而次乃及食物。至食物有彼我之别。則游牧之制具。而產業之意稍著矣。至宗法之時代。其意洒益彰。周禮以天產作陰德。以地產作陽德。法注天產者動物。謂六牲之屬。地產者植物。謂九穀之屬。游牧之世。惟有天產而已。至宗法之世。則備有矣。產字之作。實已入於宗法。故从生从彥省聲。生物者。天地之彩彰也。是以从彥省聲。觀於此。則產業之所起。與其進演之階。可攷徵已。

禁。吉凶之忌也。从示林聲。

此可證古代刑禮之所起。其觀念有負而無正也。社會學者。謂蠻夷之法律觀念。皆負而無正。一切皆禁而不得為者。夫然為之咎。布咎布所由起。多可笑者。而其意皆本於捍患。設有人焉。行蹊間而為斷梗墮枝之所擊。彼於此不以物理解也。而云維樹有神。惡人之出其道者。則从此為咎布之蹊。為禁路。雖有勇者。莫敢出也。是以中國文字禁字从示林聲。示訓天垂象。見吉凶。所以示人也。林訓平土有叢木曰林。揆禁之義而原其所从。咎布之意也。蓋林木叢生之地。固猛獸之所依。亦榛莽難行。墮枝之擊。蟲蛇之毒。固時有也。是以从林得聲。而訓吉凶之忌。忌之觀念。純乎負而無正也。惟刑禮之觀念。皆基於禁也。故禮記曲禮。入竟而問禁。注云。政教。夫至後世。行政立教之觀念。固有正有負矣。仍視政教為禁者。以刑禮之起。其觀念有負而無正也。

族。矢鋒也。束之族族也。从㫃从矢。

物。萬物也。牛為大物。天地之數。起於牽牛。故从牛勿聲。

此可證圖騰之制也。社會學者。謂蠻夷之所以自別也。不以族姓。不以國種。亦不以部落。而以圖騰。

聚數千數百之衆謂之曰一圖騰其制乃建蟲魚鳥獸百物之形揭櫫之為徽幟族字从㫃㫃為旌旗之游足徵古代表示種族之不同以旗故後世原此引申而為姓氏之偁逮及游牧其區分種類亦仍以圖騰故今蒙滿猶存此制然吾族自發明耕稼而後實製有特別之圖騰以示異焉觀於物字从牛从勿可想見也勿訓州里所建旗象其柄有三游雜帛幅半異所以趣民故遽偁勿勿（依段氏本）竊謂物乃牛旗實吾人發明耕稼所特製蓋以表彰文明示異於它族且以趣勉同族以耕稼為務也物字本為旗故从勿建牛故从牛許氏說解有未盡焉萬物之訓實乃後起引申之義本訓當為牛旗以其關係於吾族者甚大故因有萬物之訓焉

尖

右之所舉者其犖犖大耑而已亦管見之所及與近時學者所發明之說有同異者也若或之訓邦可見國之初建實為行國𡢃从畜訓媚可證豢養禽獸起於畜為玩好之說重（金）有禁制之意可見金屬發明其

始蓋為武器如此類者固皆足以為研究社會學之佐也今姑从略

卷一

頁數	行數	字數	原字	恐係在更字
一	十六	三	固	固字
三	十一	十六	氐	名 非
五	十六	九格	頌下	恐脫一世字
六	三	十四格左	黃	皇
七	三	七	業	擬史記作勛
九	十六	十三	貨下	恐脫一殖字 殖傳二字
十一	九	八	至	恐係自字
十三	六	九	立上	擬史記有在物從邑字
十三	八	十四	深	恐係推字 非
十四	十六	五	文	漢書作術
十九	九	十二	墨下	恐脫宗字
二十一	十	一	其下	恐脫學字
二十二	五	七	爲	恐係維字
二十三	十二	十五	聲	中下 艦者 其字
二十五	八	七	蓋下	恐脫公字
二十六	十六	四	二	一
二十七	十三	九	管	含
二十八	十八	九	聲	龔
	十三	十九格	同	門
	六	三	還	恐誤 非
	十	十七	遠道	遠
	十一	十四 六	義民	從來作知品
三十二	十四	二	祐	論
三十三	十七	十七	名下	恐脫者字
三十五	六	十七 八	知 在用	恐有誤字
三十七	三	七	甲下	恐脫子字
三十九	九	十二	贖	僵
四十	十四	十一	記	紀
四十二	六	二十	土	任
	十三	二	故	恐係古字
四十五	十五	十八格右	五	亡
四十七	八	五	匠	匠
四十八	十四	十五	東下	恐脫曰申字 甫留第
四十九	十六	六	生下	恐脫於字 又与閱倒
五十三	七	十六	賢	竊
五十四	二	三	門	閱
	十四	六	態	態
五十六	十三	十六 九	久下均全	均係久
五十七	十七	二	生	均係王
	十八	十三	四	四
六十一	七	十八	敍	恐係徵字 原文謂校未之說
六十三	二	十二	均	牆
六十五	四	十三	辭	出
六十八	五	一格右	普	傍
七十	一	二	烏	北
七十一	十七	二十	北下	恐脫南字
七十三	五	三	邪	那
七十四	十五	四	古下	恐脫之字
七十七	二	[illegible]	此	字
七十八	十	十三	姓	性
八十	十七	十二	宗以	以宗 無以字
	九	七八	易中	恐有誤
	十一	二十	秦下	恐脫一癈字
八十二	十七	十七格左	疆	疆
八十三	八	九	意	恐誤 非
	三	五 五	戈	弋

頁數	行數	字數	原字	恐係在更字
二	四	一	邈	恐誤 非
五	十一	十一	味	時
	十七	一格左	知	大
	十八	二十	指	面 非
六	十三	二格左	至下	恐脫一於字
七	一	十	之	擬史記作才
九	九	二十	明	名
十	十	五	然	史記作無
十一	十五	十六	廣	漢書作帝
十三	六	十六	明	老子作知
十四	一	九	式	漢書作之
十六	十六	十八	牝下	恐脫玄牝二字
十九	十七	十七 八	與物	物與
二十一	十二	八	金	今
二十三	十五	十一	竟	竟
二十五	七	十三	既	既
二十六	十五	三	意	易
二十七	十	十六	舍 下小字全	舍
二十八	十三 四	七 三	毋	母
三十	九	八	代	代
	十	十	冰	水
	十一	六	遠下	新 恐脫下聲字
三十三	七	二十四	祖	恐係但字
三十四	十二	七	象	恐係形字
三十六	七	二十	諸下	恐脫字字
三十七	十二	六	皆下	恐脫从字
三十九	十六	一	木	相
四十一	十	二	古下	恐脫名字
四十二	八	二	水	入日
四十五	十四	十七 八	暢懷	暢懶
四十八	十四	二	易	恐係舍字 原稿作易
四十七	十五	十六	以	四
四十九	十七	二	咸下	恐脫一也字
五十二	十一	一	改	斛
五十三	十二		欲之與乘務二句	恐顛倒 非
五十四	十二	十六	思	恐爲疑
五十五	十四	九	朋	朋
五十六	十七	二	兜	兜
五十七	三	十	王	王
五十八	十一	二	生	生
六十一	十六	十二	粵	奧
	二	二	殺	殺
六十四	十六 八	十	遙下	恐脫黑字
六十八	七	十一格	離	恐誤 非
六十九	十	四	則	抑
七十二	十八	十六	日	日
七十三	二	一	開	門
七十七	十三	五	以	从
七十八	十八	十七	尚下全	尚
	十一	六八	所下	恐脫謂字 訓
八十	十四	七	士	均
	十一	四	象下	脫一形字
八十一	十四	四格左	降下	恐脫服字 非
	十一	十七	之	恐應作
八十三	十五	四 十六	手下	脫一手字

庚甲襍集卷之二

目錄

庚甲襍集卷之二

中國社會之研究

泰縣陳啓彤甫管侯著

近者熱忱眷國之士。瞻世界之潮流。慼宗邦之孱弱。罔不思扶掖吾羣。冀其崛起。與歐西之羣爭雄長。奮其威靈。以免削亡之患。故對於政教之設施。莫不竭其才識。疏其利弊。指陳得失。以警吾民而告執政。顧羣理艱深。苟於現勢之社會不加研究。其所擬設施之政教。雖持之有故。言之成理。然於事實每相背馳。當局或視為輿論。趨民所好。强制執行。其實無補於吾羣也。教育之途。已見其朕兆矣。吾人苟斯實利邦國。於政教之更張。欲下斷案。則對於現世之社會。當先細細研究。暴其生活之程。庶於政教之設施得其體合乎。獨是研究社會。甚匪易易。不徒於羣學須得其涂術。蓋非有聖哲之明。具融通理事之識。契心源。喻道用者。實難以語竟其竇。對於斷案無有謬誤。以斯賓塞爾之賢。倡明羣學。其於治羣之涂術。可謂詳明無遺矣。迺亦於述神篇失於偏斷。其難於斯可見。雖然。吾人亦有天賦之心靈。不可妄自菲薄。竭誠而求。或可勉中乎。即或不達。然

據此以為施政立教之依歸。亦適於鄉擿瞑求也。此篇之作。直是之故。首言吾國社會上之優點。俾國人知所保持也。次須陳述其劣點。冀國人知所改免也。末言政教運用之方。俾國人知所標準。且以證斯氏之偏失。循此涂術。以籌政教之設施。於現世之中國社會。庶可求其體合。而不相扞格。得其扶掖之術乎。故揭此為題。系曰研究者。未敢云所言之盡是也。蓋作者淺學。而所言之理則甚深也。國之顯學。其有教我乎。管侯誌。

中國社會之優點

斯賓氏曰。羣之治進也。各奮於義務。各得其民直而已。顧衍此二例之行。實恃夫其羣治。羣治於民品。有交相進之功。羣制待民品之美而後隆。而民品亦待羣制之隆而後美。羣制者。社會之精神作用。發演於個人之心性者也。故斯氏以為不知人性。不可以言羣。又曰。人性者。生學之玉振。而羣學之金聲也。今循此理以論吾羣之優劣。首言其優。次言其劣。其所詳論之端。皆衍於吾羣心性者也。

羣制行於心性。總絜之端。又在於學術。直言之。一羣之學術。逎其羣制之根本也。吾羣之學術何如乎。以世界之眼光觀之。亦大有優點可數焉。

泰東之學術。以體言。於立理能得其圓滿之解說。以用言。則修身齊家治國平天下能一貫。有平等自由之精神。有自利利人之實用。原史官之久有專職。顯禍福之相倚。使成敗利鈍灼然可見。故於立理能得其圓滿之解說。而老莊一派之學術生。有堯舜之揖攘。尚德尚賢。匹夫可為天子。天子兼君師之職。治國

三

平天下由於修身齊家。故孔孟一派之學術起。吾羣之所以日滋龐大。聚四百兆之人民。包容漢滿蒙回苗藏多數之種族。以為一羣而立一國者。受此學術之煦育涵養也。老莊之學術。合於滋生羣數（黎）。以無為為治術。無為者。非不為也。為無為也。斯氏蓋得其說矣。故曰。誠本生理以為羣。則無為之說有時而貴。雖然。是有其（真）髓。其為分蓋微。使為羣者收物競天擇自然之利。俾民之善者自食其所祈之福。而不肖者毋逭其自召之殃。因任自然。依乎天理。而無或間以其私。斯天演常進於寂宜。而無為之義貴矣。若夫守清靜之說。而契約之不責。姦欺之不鋤。民之受禍也。孽不由於己作。奔走號愬。彼昏不知。抑需甚重之賦。而後為之理。民出賦稅之謂何。此之謂曠其天職。而非無為之義也。夫不知生學之理者。其於羣也。方其有為。則以有為生害。及其無為。又以無為召災。凡此皆阻其民之為體合。而天下之所以治時少而亂國多也。

觀於此。無為之真義可顯然矣。老氏亦以羣為官品

四

之大物。故曰。天下神器。以為無為為治羣之術。歷代致治。每陰襲其術而冒以儒名。其顯著（者）。惟漢代耳。自漢自（至）今。休養生息。以有今日之緜育。受其庇蔭而不覺。斯固其學術之優點矣。然而其自處也。則又等倫齊物。和光同塵。不屑屑於富貴。不斤斤於功名。其平等自由之精神。實為鑄造高尚優美民品之型範。自春秋以至今。數千年來。賢人君子。秉其精神。以矯正流俗。為社會立砥柱。為濁世厲廉恥。匡儒術（者）譁眾取寵之失者。其功蓋匪細矣。世人以門戶之見。昧心源。

蔽道體。以為此遠引高蹈出世之風。無救治社會之用。其功一以歸之儒者。斯可謂偏矣。孔孟之學術。合於牢籠羣庶。以禮教為宗。春秋以降吾羣不致長演於分裂之局。而倏歸統一。漫衍綿延。以成今日之局者。要不得不歸功於儒者。故其間或以一時之原因。勢成分割。而人心以浸潤磨礱於儒之故。每以統一之局為太平。或以種族之見。或無種族之見。而統一之計。則無不同。此種想象。豈偶然哉。其有益於吾羣。豈細小哉。誠以孔子生當擾攘之世。

五

目擊此機將為人道之禍患。故力倡尊王統一之說。上循宗法之制。而神明其用。重興禮教。昭示來茲。夫豈徒效忠於周室哉。秦始皇原其為統一之術。實行其說。禮教迺從此大行於吾羣。以暨今日而未艾。吾人讀孔氏之書。習於其提倡禮教之說。每以為今不逮古。禮教盛行於隆古。而春秋以降。下及當今。皆衰微而不振。其實按諸事實。禮教之行。古不逮今。觀於周禮之文。與夫始皇紀功勒石之言。可比見也。周禮媒氏掌萬民之判。中春之月。令會男女。於是時也。奔

者不禁。若無故而不用令者罰之。以禮教言。其從權也。可謂至矣。史記本紀二十八年泰山刻石。稱男女順禮。三十七年會稽刻石。稱有子而嫁。倍死不貞。防隔內外。禁止淫佚。男女絜誠。夫為寄豭。殺之無罪。男秉義程。妻為逃嫁。子不得母。而貨殖傳謂巴寡婦清能以財自衛。不遭侵暴。始皇帝以為貞婦而客之。為築女懷清臺。蓋自此而女貞男潔。禮教之用。始精進也。若夫春秋之淫亂。與夫習俗之鄙野。尤為更僕難數。斯可想見矣。而禮教之用。則以宗法之制。而神宗

六

法之制。其化俗統一之功。蓋偉大矣。顧西方學者。以為社會之進演。略有三種階級。始於圖騰。繼以宗法。進於軍國。彼已臻於軍國。我方滯於宗法。自詡為文明。斯則蔽於一方之談也。自不佞觀之。此種進演之階級。能概論一切民羣與否。尚未可為定論。何則。以歷史言。吾國之歷史最為延長。而吾國夏商周之時。其制度要不得不謂之宗法之社會。按春秋七國之制。尤不得不謂之軍國。傳稱禹會諸侯於塗山。執玉帛者萬國。成湯受命。其存者三千餘

國武王觀兵千八百國東遷之初尚存千二百國國如此之多者蓋純乎宗制也迄獲麟之末二百四十二年諸侯更相吞滅其見於春秋經傳者凡百有餘國而會盟征伐彰彰可紀者約十四君有魯衛齊晉宋鄭陳蔡曹許秦楚吳越此蓋駸駸入於軍國矣而時至七國軍國之制迺至其極挾乎軍制軍額蓋可知也考周制萬二千五百人為軍天子六軍大國三軍次國二軍小國一軍至於春秋五伯迭興此制遂破齊桓公作內政以寄軍政軍制軍額多所變更此

七

其顯然者也時至戰國則軍備尤見其盛燕則帶甲數十萬車六百乘騎六千匹趙則帶甲數十萬車千乘騎萬匹韓則帶甲數十萬魏則武士二十萬蒼頭二十萬奮擊二十萬廝徒十萬車六百乘騎五百匹齊則帶甲數十萬楚則帶甲百萬車千乘騎萬匹其數十倍於春秋此不謂之軍國要不可也或者以此迺鋪張之語其言雖見於書記未可盡信則試更證之秦制秦孝公用商鞅之策定變法之令令民為什五而相司連坐不告姦者腰斬告姦者與斬敵首同賞匿姦者與降敵者同罰民有二男已上不分異者倍其賦有軍功者各以率受上爵為私鬥者各以輕重受刑大小僇力本業耕織致帛業（粟）多者復其身事末利及怠而貧者舉以收為孥宗室非有軍功論不得屬籍明尊卑爵秩等級各以差次名田宅臣妾衣服以家次有功者榮顯無功者雖富無所芬華蓋秦使其民所以要利於上者非鬥無由也五甲首而隸五家此極端之軍國主義也迺自秦成統一而後吾羣又轉入於宗法謂吾羣為退化乎自人道上言之

八

則又轉可謂為進化也故竊謂此種進演之階級以言歐西之社會則可以言吾國之社會則固未當也何以故吾羣所處之地勢與歐西不同故歐西久演於列國爭雄之局而吾羣則以歷史與地勢之種種原因以轉久演於統一制度之中也

久演於列國爭雄之局其勢不得不取軍國之制以勉趣生存免他人之兼并久演於統一制度之中則其其勢又不得不轉籍於宗法人道和平之趨勢不得不爾也宗法之制所以與吾羣相演最深者蓋天然

之體合也。吾羣自七國而後。以種種之原因。局成統一。四封之界。無可敵體之大國。軍國之制。天然的歸於淘汰。自社會生存之理上言之。此等制度。實不相體合。其體合者。適為維持此龐大民羣之和平政策。和平之政策。而其力足以維持此龐大社會者。厥惟宗法之制。孔子之禮教。最完全之宗法政制也。故自秦而後。孔氏之學術得流行於吾羣。而吾羣之受其學術。迺如飢者得食。渴者甘飲焉。其勢與歐西進演於軍國之制同。自此以降。雖歷二千年之長久。而吾羣外緣之局勢無大變異。此孔子之說之所以至今不敝。羣以為天維地義者。職此之由。其間雖有創異說者。要皆不敵。蓋儒家之學。本博採兼收。持一說不能出其封域也。出其右者。惟老莊之說。惟其於道重實輕權。立言太深。難入世人之心理。而羣又以先入之敝故。不能通喻其旨。即或用行其術。然亦歸宗於儒。至近日而儒術始有抨擊搖動之勢者。變通便而對外之局勢異也。時至今日。蓋隱隱然合全球而為列國爭雄之局矣。

九

然則繼今以往。宗法之制。殆將遞嬗而轉入於軍國乎。揆於內因。則又有所不能。日者世人固大倡此說矣。而外緣之逼敀。則又有促使致趣之勢。而獨謂其不能。斯又何說乎。曰。其不能之故。不獨在民情風俗財政種種之內因為之阻抑。而外緣之勢蓋亦與有焉。夫以方今之局勢。厲行軍國之制。內因實有所不可。有所不可。而必欲勉強行之。則必至有名無實。苟無敵人以窺伺吾側。則有名無實。亦無大傷於國。奈非孤立之局勢何。果行此有名無實之政策。亦徒深敵人之忌。示敵人以預備耳。此不佞之所以決其不能也。不佞豈不知以吾羣之龐大。苟厲行軍國之制。可以執地球之牛耳。其光榮為何若。其威武為何若。顧內因外緣。在在不可。實不敢效書生之談兵。徒有氣概。逞理想而忘事實也。蓋吾羣方今之趨勢。內憂甚於外患。軍備當以精實為着手之計畫。宗法之制。尤當因仍以為內治之根本。蓋家族主義。不徒適合為龐大民羣之單位。藉此以維持平和之秩序。而此主義實又為進增民品之佽助。能使人各奮於義務。

十

各得其民直也。
軍國之制。以個人為單位。重公共之教育。其流弊與
民品之關係何如乎。於斯賓氏所言公共教(育)之害可
見也。畧上曰。民之僅(謹)於嫁娶。力不能辨飲食教誨之事。
則不敢苟合者。知育子関斯。其責無(所)旁貸也。迺今之
言教育者又取而代其責焉。則民又何為而不苟合。
國何為而不過庶乎。畧彼方謂養家課幼。迺通國之
公事。而與為父母者無與也。此其教慈教孝之道居
何等乎。畧或又謂欲民品之日上。不獨智育。即其體

十一

育。亦不可不圖。是故衣披哺乳。亦將為一羣之公職。
其見諸施行者。則有蒙學養孩之政。第一說既立。則
充類至義。其(必)終於此。雖欲中輟。不可得矣。由是沿流
忘返。而至奇之說生焉。曰。男女之合。隨其所育(欲)。至其
生子。自有他人為之教也。畧毋見下品羣生。至於育
子之時。則其精神大奮。畧故凡諸蟲之靈性。皆於為
母之時為最高。而在他時不能。至於人。何獨不然。游
蕩之夫。往往以諸兒之待哺。而篤於生業。妖冶任情
之女子。至於為母。而至性遂深。其始雖日誡之。不能

得也。是故激發民良之功。莫捷於為父母。其克己。其
敏事。其圖將來。皆緣其愛子之情。而遂摯其摩鍊德
性也。蓋時伏之棄當前之可欣。以為其所生謀久遠。
然則滅其自利之私。而趨於利他之仁者。必自慈幼
始矣。由此觀之。宗法之制。其利於民品之用。蓋可覩。
故彼土深識之士。近亦提倡宗法之說。雖不可謂其
必效吾羣之轉滀。而自人道上言之。實有勢將必循
之理。此與將來之西歐必演為統一之理同。惟政體
有專制共和之別耳。吾輩不當以一方面之見解。徹

十二

疑此制。而忘(妄)生(主)更張。
蓋禮教之設。純乎入世之主旨。揆之與道。雖有重權
輕寶之倚(畸)。然其拯世之功則甚大。不徒以宗法見其
優異。而修齊治平之說。則尤具利人自利之精神。二
千秊(年)來。社會之心理受其益者。又豈淺尠哉。若是則
孔孟之禮教。與夫老莊之為無為。雖同為導羣之至
術哉。不謂之為吾國社會上之優點。要不可也。
此優點固足為吾羣學術豪矣。而傳此學術之文字。
迺尤可寶貴。匪它羣之所可企及。故以吾羣之户口

滋多。疆域廣大。而文字言語能稱統一。雖藏蒙藏諸邊。猶有相異。要固不能為害於我之統一。而將來亦必終於同化也。歐西之羣。人口疆域之比較。皆不能超過吾國。而通行之文字言語。其別異乃以十數。彼方人士。亦鑒其狹。遂有所謂世界語之提倡。冀收同文之效。此種成績。吾羣於二千年前已經演過。彼尚遑遑於此中而未收實效也。適後言世界無識之士。至有附和日人之妄言。而為廢棄漢文之說。夫日人本無文字。妄為此說。猶有可原。我國人亦拾其唾。可

謂有異味之嗜矣。聞者以不佞之言為誇大乎。為阿所好乎。則試統計世界之人口比較而觀。漢文漢語使用之人數居於何等。蓋可見吾說之不誣矣。

此以事實言也。而自理論上言之。則歐西之文字。其運用實不逮漢文之靈活。簡論之。歐西之文字衍聲。聲中無義。吾羣之文字。聲形同衍。聲中形中。具含義理。聲形單簡。歐西之文字。聲形冗長。其運用也。又有種種繁屑之規則。吾羣之文字。運用衍生。不出六書之公例。以簡御繁。其為科也。條理不多。而用達神怡。其為形也。筆畫不多。而含義至深。（關於此理、不佞曾有中國文字關係於學科之作、已見前報、惟尚未竟緒、暇時當賡續此篇也、）其為音也。雖廣。轉之以雙聲疊韻而能賅。（此理可取章太炎先生成韻圖細繹之）具此特長。則吾羣之文字。不徒有應用之功。且有化育社會啟發心靈之實用。溯吾羣進演趨勢。學術之涂。雖有先盛後衰之缺點。然吾羣進演滋大。要不可謂非文化之功。質言之。吾羣之歷史。蓋純乎一部文化之歷史也。

故許慎敘其說文解字敘曰。古者庖犧氏之王天下也。仰則觀象於天。俯則觀法於地。視鳥獸之文。與地之宜。近取諸身。遠取諸物。於是始作八卦。以垂憲象及神農氏。結繩為治而統其事。庶業其繁。飾偽萌生。黃帝之史倉頡。見獸蹏鳥跡迒之迹。知分理之可相別異也。初造書契。百工以乂。萬品以察。略以迄五帝三王之世。改易殊體。封禪於泰山者。七十二代。靡有同焉。（略）周禮。八歲入小學。保氏教國子。先以六書。（略）及宣王太史籀。著大篆十五篇。與古文或異。至孔子書六經。

左丘民述春秋皆以古文。厥意可得而說。其後諸侯力政。不統於王。惡禮樂之害已。而皆去其典籍。分為七國。田疇異畝。車涂異軌。律令異法。衣冠異制。言語異聲。文字異形。秦始皇帝初兼天下。丞相李斯迺奏同之。罷其不與秦文合者。斯作倉頡篇。中車府令趙高作爰歷篇。太史令胡毋敬作博學篇。皆取史籀大篆或頗省改。所謂小篆者是也。是時秦燒滅經書。滌除舊典。大發吏卒。興戍役。官獄職務繁。初有隸書。以趨約易。而古文由此絕矣。略漢興始有草書。尉律學

十五

僮十七以上始試。諷籀書九千字。乃得為史。又以八體試之。郡移太史并課。最者以為尚書史。書或不正。輒舉劾之。今雖有尉律不課。小學不修。莫達其說久矣。略

審其所言。而細覈乎吾羣上古之進化。固純系乎文字之昌明矣。而其後種種興衰之消息。亦莫不與文字一一相關。讀周姬以後之歷史。觀許氏所言。七國秦漢之變更。迺得其故矣。於虖。文字之功亦神矣哉。民羣之智識。準進化之公例。非愈演愈進乎。民羣之由野蠻而開化。由開化而至昌明也。匪系諸文字乎。獨是吾羣上古之歷史。其演進也。固循此理。而中古以降。迺大背此例。居今日而觀已往之陳迹。有周自七國人民之智識。最為開明。學術亦最為蔚盛。迺自此而後。不但不能逾越前蹤。且不能繼踵前迹。斯又何故乎。不佞細繹許氏之言。迺怳然焉。蓋周人之習文字也。以六書為教程。循於條理。故能得其大用。下逮七國。不但教程紊亂。并文字迺亦異形。始皇雖有統一之功。教程亦原七國之用心。而更苟簡其滌除

十六

舊典之謀也。其教程當與漢時所課之尉律相似。重在識其書體。不求六書之理解也。其後迺并尉律而不課。第聽閭里書師習之。試則取其通經。逮漢而後。則惟取文章。吾羣智識之所以轉趨卑下。蓋文字之義理作用日就沈淪也。顧自秦而後。文字之用其範圍雖削小。然對於漢族。能以其優美性質之緒餘。以書體詞藻為化育。對於異族。能消蝕其文字。使其自然同化。故異族入主中夏。莫不鎔合於漢人。靜觀以往之陳迹。漢族苟一度失敗其政權。則中夏文字一

度擴張其版圖。一度增加其戶口。及今乃團成此龐大之民羣。其可寶貴也有如此。此不佞所以謂吾羣進演滋大之歷史。為純乎一部文化之歷史也。東方文字。有如此之用。蓋非西方學者所及見也。故斯氏之言教育。以為文字之用。不過一種之簡號。吾羣文字之優點。於、茲可定矣。

不佞書至於此。不佞之心。乃油然而生情感之觀念。嘆美吾羣之詞。不得不脫余口而出焉。曰。美哉大哉。優優乎。休休乎。吾羣之丰度也。獨是情感萌生。則物蘩湊至。物蘩湊至。則觀察不明。觀察不明。則利害不辨。利害不辨。又非所以警世覺人之道也。乃回我靜心。依於道理。參消息之迭代。禍福相倚之微機。則又見夫因緣此美哉大哉優優乎休休乎之丰度而生所謂孱弱闇愚難期振興之敗象。轉見物競天擇強者生存之理為至平。蓋天賦吾羣以種種之機緣。得收種種之美果矣。而種種之惡果乃亦隨之而生也。更進而言之。人事雖不越於天行。人事之用。又烏容已哉。惟其然也。不佞故又述吾羣之劣點。以告國人。

七

中國社會之劣點

邇者世界交通。羣與羣相爭競。所謂國家主義。方如東昇之日。其勢正蒸蒸騰進。殺敵之術。日求其精。擾擾焉徇其主義。日給不遑。人道和平公理之說。實為一種裝飾行為之空言。羣苟圖存。不能無國界。國苟圖存。不能無禦外之武力。與夫却敵之智能。國之羣民。苟於所謂孱弱闇愚之病占有其一。則其羣將不國。而見滅亡於強智之鄰邦。矧所謂孱弱闇愚兼具之邦。乃不幸觀於吾國之羣。則所謂孱弱闇愚之病者均兼而有之。直觀社會之現象。隱察吾民之心理。顧瞻環球之大勢。動我情感。又不禁殷憂如美。惴惴以懼。涓涓而深悲也。自表象觀之。其所現之劣點。則幾於滿目。不佞茍一一寫之。以告國人。則書不勝書。而聽者將亦鄙為大慢。乃就演繹之方。歸納而舉其大統。恐猶未足以動我國人之觀聽。而促其勉奮之心。啟其懍危之念也。故又就所謂優點之上。暴其相因而生之害。明善因尚可轉為惡果。俾我國人深自惕厲。善護其長。痛除其短。且以明至理之攸歸。顯社會

六

變動之性質。為施政立教下斷決之根本。此沈沈之理解。隱伏之因果。今以淺明之辭揭而釋之。我國人其可豁然悟乎。

吾羣之由野蠻習俗。進演而至有周之文盛也。郁郁彬彬。光輝史乘。推原其因。雖由於文字乎。陳迹昭然。不可殁也。繼周而後。化育吾羣。使其蕃盛。至成今日之龐大社會。冠絕地球者。推其原因。雖由於文字乎。事實彰明。非虛語也。故竊謂吾羣進演滋大之歷史。為一部文化之歷史。吾人深情褱古。對於文字。惟有

九

推崇致敬之心。从何而見其相因而生之流漱。顧自其進演之趣勢而觀之。則周代而後。吾羣之戶口版圖。固日臻於滋大。而知識則日趨於闇愚。其闇愚之因。則由於文字之優良。致周末文化政策達於極盛。不便於諸侯之私圖。迺得此反響。夫七國之君。所以有去典籍之謀者。以禮樂之害已也。若禮若樂。非所謂文化之精神乎。文化之術。其體在於正名。其用則表之以禮樂。蓋禮樂者。敷布文化政策之一方術也。故孔子曰。名不正則言不順。言不順則事不成。事不成。

則禮樂不興。禮樂不興。則刑罰不中。刑罰不中。則民無所措手足。又曰。禮云禮云。玉帛云乎哉。樂云樂云。鍾鼓云乎哉。是禮樂之用。原於正名。正名之基。又本文字。周姬之於文字。蓋至深考究。書缺有閒耳。然觀於周禮保氏教國子以六書之制。則可想見也。故宣王中興。太史籀有大篆十五篇之著。而荀子言正名。亦曰。後王之成名。刑名從商。爵名從周。文名從禮。七國之君。惡禮樂之害已者。惡禮樂之用為正名也。以故七國之君。思推翻此文化之政策。不但田疇異畮。車

十

涂異軌。律令異法。衣冠異制已也。迺并言語異其聲焉。文字異其形焉。蓋冀對於文化政治之根本。下摧除之手段也。顧以天演之理。羣制之更張。可以漸而不可驟。不得拔除根本。亦幸以其時代之未能延久。故其遺傷於我蒼聖之制為猶淺。果天假以歲月。則吾羣今日之言語之聲音。文字之形體。與現時之所存。蓋必不相牟矣。秦之變也亦然。且轉以坐文字統一之基。自文字上言之。極七國之謀。始皇之能。其所傷者。則晦其本義。紊亂文字教授之程而已。然即此六書

之不明。其遺禍於吾羣者已可痛而可泣矣。夫以吾國學術之盛隆。循進化之公例而論。於今又二千年。則吾羣近今之學術。其進程當為何若乎。以時間比例而論。固當倍之。日者吾羣之學術何如乎。不徒不能倍之。并且不能等之。不徒不能等之。且并其書而不能讀之。其智愚之相關可案矣。於虖噫嘻。進化之例。又果如此哉。一般之士夫。以為此文字者。其理解之用。唯在於詞。其習西書者。觀於其字母生音之術。則以為吾國文字。於音讀全無條理。純乎衍形。難於

丰

記識。此種文字。實未脫中昧之程。且又不能孳乳應用。事理事物。日新月異。吾羣文字。迺如老死。此等見解。舉國幾滔皆是。不佞欲不謂之闇愚。揆之於理。殆不可也。其所以有如此之心理者。坐於不能讀古人之書。不佞謂其不能讀古人之書。聞者或多不信。且或自恃以為能讀古人之書也。且若曰高深至聖經。吾儕固亦能讀之矣。然自聖經上言之。所謂能讀。實則當謂之曰曾讀。蓋聖經上之真實理解。固未能領悟。即所諷讀之文字。其音義本訓。蓋亦未能明瞭也。不

佞如此說。然而聞者必仍以不佞之說為護言也。蓋其曾讀之時。固亦嘗秉受於師。且親承乎其師之講授也。先入在心。加以自是。豈片言之可奪。奈其所受之師。所謂能讀。亦曾讀何。於虖噫嘻。此實吾國社會心理上之一大劣點。其關係至巨至大。故不佞不避絮語之嫌。傷時之誚。而形容之。以為針砭社會。見不得不尒也。聞者其諒之乎。此種心理。雖不欲謂之闇愚。揆之於理。又不可得也。是闇愚之心理。又何从因緣而生乎。由於文字之教程不以六書也。雖然。此闇

圭

愚之心理。其患害猶淺。而坐此習偏於美術之文字化。因消亡其本能。流於孱弱無獨立之智能。此其為患害於吾羣。迺至深酷毒。斯可以以已往之曆史與當今之事實證之也。

自秦漢以降。吾羣習偏於彣彰。漢族遂因以孱弱。對於外族。每不能施其撻伐。步武祖先。與它族交綏。迺敗多而勝寡。漢唐去古稍近。猶迭相勝負。高祖之辱。見雪於武帝。江左之恥。復申於有唐。論其興衰。差堪自慰。迺自五代而後。漢族與它族之戰。則幾於有負

貧而無勝。有宋一代。割地求和。終於墟其社稷。明代崛起。勢若稍申。版圖亦狹。不數百年。見覆於滿族。凡此彰彰。夫豈粉飾。或者猶疑其末矯乎。則請更進而言之。以明其是。蓋即其勝負之勢而觀。固足見吾族之日趨於孱弱。而循此反觀文字。應用範圍。亦愈趨於削小也。宋於此。蓋可知習偏於美術文化之流。微矣。漢人去古未遠。其識文字。用以明經。吾族猶有俠武之風。故有班傳之疇。立功異域。自此而後。則用以作彣彰。故有六朝五代有宋之不振。自明而後。彣彰之範圍。又局於八股。故有清之入主中夏。其勢易於有元。直如唾手。是文字應用之範圍日削。與吾輩之武德消亡。其因果之相循。殆如指上螺紋。清晰可見。英雄入彀之謀。誠愈演愈工。吾族之心靈。亦愈演愈溷。本能消滅。溷氣乘之。轉為天性。幾於任人宰割。一度政權之失敗。文字之版圖戶口。因見其擴張增加。而吾族之孱弱闇愚。亦愈甚。不徒漢族然也。異族之受我文化者。亦習染其病焉。清襲明政。其初未嘗不振也。乾嘉而後。則又見侮於哲人。習偏於美術之文

三三

化。其流弊之酷毒。於吾輩有如此焉。

自吾輩與哲種交涉以來。屢受挫衄。蠢然自是之心。始稍稍激動。迺思所以步武西鄰。效顰哲種。固亦有發憤為雄嘗胆卧薪之意。顧心理上受病甚深。靈光久掩。其所謂開明之士。較之庸人。其心胸固為傑出。而似有意識。然究其所向。則由於誦讀西書。習覽哲種之行事。原此之故。遂不免以哲種人之心思。為吾人之心思。哲種人之耳目。為吾人之耳目。中下之材。固執著於此病矣。即所謂上智。亦蹈此轍者為多。蓋其本心之靈。未能啓瀹也。於是施政立教。一以效法為能。可效法者效法之矣。不可效法者迺亦效法之。效法而無效。或迺強迫之。頭痛治頭。視為良醫。削足適履。以為巧匠。海內之喁喁望治者。方且鼓舞歡迎。俯首聽命。不佞述至於此。因亦知天地不仁。芻狗萬物之理。此種因果。皆吾輩所自造。積數千年。合如千事。成此不可避之惡果。然而惻然之隱念。則又以感情之作用引之孛起。悲气沈沈。來襲余心。脾肺酸辛慷慨。淚下數行。執筆躊躇。徬徨無計。迺不得不正言

三四

吕告我國人曰。哀莫大於心死。吾國人今正罹此絕症也。吕故吾羣力求自振。業已經營幾多之歲月。終不能比肩於它國。依然見侮於鄰邦。徒擁此大好山河與京億之人。朝朝暮暮。仰鼻息於它人。苟吕求鄰為較。能毋慚悉無地乎。或者自懈曰。通者建國為共和。要不得謂非吾羣心〔知〕識之進步。故靜觀其所成立之因由緣。與夫所謂共和之實際。則又不足為吾羣知識之進步之實證。蓋其成也。實非吾民皆具共和之智識。迺緣於學術種族時會種種之因緣。而幸戴其名。其存立也。亦非施行真實共和之政教。有吕懈服吾民之心。厭飫吾民之望。迺因之而不仆。積數千年之進演。數十年之自振。迺成此四顧蒼茫〔茫〕莽莽前途之局勢。茲之所言。固非不佞好為抨擊。故作危言。徒為聳動聽觀之偏論。彰彰事實。蓋非誣也。

三五

試舉一事吕證其實。頃見某日報時評。題曰清朝復辟論。與孫夏。評云。清朝復辟論傳播後。夏壽康則呈請〔下令〕嚴禁。孫毓筠則建議維持國體。時論快之。記者殊未敢吕為然也。紊亂國體。刑律箸有專條。今夏欲吕總統明令。增法律之效力。是法律為空文。必籍總統之威嚴。乃得吕全其用。共和時代。安有此不祥之言。此夏之故〔過也〕。國體之形式。今尚赫然。如何忽發維持之思想。而吕維持國體建議政府。尤為古今所未聞。夫政府見地未周。而思有吕補其偏。於是乎有建議。今建議迺見及於維持國體。是明明謂政府遺亡國體也。與政府一德一心之參政院。而乃謂政府遺亡國體。天下其謂政府何矣。此孫之過也。夏孫既過矣。若不吕為過。則亦當再接再厲。對於英文北京日報加吕嚴重之宲查〔該〕報有滿人復辟則不可。漢人稱帝則可相機為之之說。如吾昨評之所述。不然。則常〔人〕逆臆之心何所不至。吾恐更不能為諸君諒矣。

三六

閱者諸君。蓋可深然吾說之非誣矣。此隱微之病患。不佞揭顯之。實非有所疑於當局。不徒不致疑度於當局。且信孫夏之舉。足吕證政府之天真爛漫。顧不佞之所痛者。正此爛漫之天真出於政府。而政府且不得不出此爛漫之天真也。至政府不得不出此爛漫之天真。不避嫌疑〔於〕觸忌。吾國體蓋〔愈〕可危矣。揆之事

實。吾羣之智識。其果有進步而有自立之能哉。共和
共和。又果名副其實耶。方今之世。共和共和。又果可
以名副其實而存立於吾羣耶。此隱微之病患。不佞
固不欲揭顯以示天下。蓋恐拘腐下士。誤會吾旨。因
緣片語。或起迷障也。今迺顯而揭之者。為吾民心死
之證。期我上士。究心死之病根。一德一心。共求靈藥
也。此心死之病根。又果何自起乎。即果求因。自懈者
可爽然而自知矣。蓋原於習偏於美術之文化。忘失
其良知良能。中心蒙蔽。以感情之好惡。為真理之是

三七

非也。其作始也簡。其將畢也巨。星火燎原。不可救濟。
而為之動演之機者。則所謂專制政策有以使然也。
我觀於復辟之論。固哀吾民之心死矣。我觀於孫夏
之請。我哀吾民之心死蓋尤深也。
吾羣之生殖日庶。致有今日之龐大也。宗法之制。又
非其一因乎。是宗法也。固人道和平之政體。且有趣
生民盡其義務民直之用者也。近人欲廢除此制。不
佞方且以為不可而救護之。又何害於吾羣乎。夫宗
法之制。固為人道和平之佳政治制。且有趣民盡其

義務民直之功。然不能免緣人道和平與其趣盡義
務民直而生之流獘。流獘生矣。則不得不轉為孱弱
闇愚之果增其分乎。何則。宗法之羣民。非冣重嗣續乎。重
嗣續。則於血統相傳之觀念極深。西河之痛。伯道之
悲。雖曠達高懷之上智。不能不引為大戚。而中下之
民。尤為執著。上顧祖先。固以延宗為天職。下顧身世。
亦以育子為慶餘幸螽斯之衍。則為流俗所歆羨。而推
為幸福。原此之故。常人對於子女。迺生溺愛之偏。早
婚失教之流獘。遂因之而起。士庶之家。衣食贍足。往

三八

往於甫及冠笄之子女。即當婚嫁。身體固未丁壯實。
教育亦未竟其程。因之而戕其生理。荒怠其課程。比
比皆是。其景響不徒有害於子女之一身。且延及其
後嗣。愚羣弱種。莫此為甚。然而老夫抱孫之情切。則
不暇計此也。又有素封之家。深於愛子之情。竺於守
財之念。其期望子孫也。每不求其上達。為宗族交遊
光寵。惟希其樂守田園。蕃我族姓。因之遂不重教育。
而任其佚居。然而人之生也。具有情欲。佚居無教。則
必至縱情逸欲焉。是又不可遂其保守之望也。於是有

順其情欲之一端。轉而利之以為防閑之計者。吾鄉東鄙。邑之腴壤也。櫛比而居之士。篤多饒裕之家。為父母者。對於其子孫。每用此為法。若雅片。則其唯一之妙方也。染嗜之矣。則一身精力。盡足消磨。此其事實。又不獨吾鄉有之。按之他處。多不謀而合。昔者斯氏論箇人主義之流獘。謂其流獘。至有男女之合。隨其所欲。生子自有他人為之教育之說。合宗法之制又如此。於此可覘事變之理。施政設教之輕重焉矣。夫早婚失教之流獘。苟止限於一人一家。於群於國。固無大損。迺蔓延為一種之風俗。則其為患也深。矣今其習則幾普及於國內。知吾群之孱弱闇愚。此風俗實為一因。是亦心理上之一劣點也。是亦不佞所深望我國人痛自革除者也。

廿九

老莊孔孟之學術。又非大有造於吾群者邪。吾群之受其造福也。又非以吾群之受其調護受其範圍邪。其學術又非所謂合於大道邪。其用雖有權實輕重之別。又非所謂胥利吾群邪。不佞又何從而議其當。然而老莊孔孟之學術雖無可議。而習之不窺其權實。一往偏倚。循此執著之心。遂生流獘。故昔者班氏評曰。儒家者流。蓋出於師（司）徒之官。助人君順陰陽明教化者也。游文於中藝（六經）之中。留意於仁義之際。祖述堯舜。憲章文武。宗師仲尼。以重其言。於道最為高。孔子曰。如（有所譽。其）有所試。唐虞之際。殷周之盛。仲尼之業。已試之效者也。然惑者既失其精微。而辟者又隨時抑揚。違離道本。苟以譁眾取寵。後進循之。是以五經乖析。儒學浸衰。此辟儒之患。其所評言。實中癥瘕。曰於道最高。此則門戶之見也。蓋儒者純以入世為方針。於道實輕體而重用。故昔者子貢曰。夫子之文章。可得而聞也。夫子之（言）性與天道。不可得而聞也。評之曰於道為最高。是用（道）之達於天下也。有用而無體。惟其然也。故學者每緣此而流於卑下。苟非洞契心源。默喻道體。真有大悲之襄抱。則不得不流（逐）於榮寵。故昔者子夏云。出見紛華盛麗而悅。入聞夫子之道而樂。二者心戰。未能自決。一逐於紛華盛麗榮寵。則其見迺純乎紛華盛麗。純乎紛華盛麗之觀念。則以身殉道之心。迺轉而為以身（道）殉身之念。故不惜隨時抑

卅

揚。苟且於進退。雖然。此猶非微、其之至也。微之至者。迺并其隨時抑揚之能而無之。不能苟㠯譁眾取寵、而苟㠯諂眾取榮。今日選舉之運動。其下者蓋如此矣。習焉不察。迺倡言禮教之迂拘無用。孔孟之說不適於競爭時代。信口呰毀。毫無顧靦。或㠯為此風由於外鑠。然而吾羣非深演於禮教者乎。此輩時流。又非身受禮教者乎。自心理上言之。斯氏教辟篇之所謂反辟也。此種迷謬。在求眾取寵之个人。方且㠯其術而偁強幹於吾羣。號黠慧於吾羣。顧自吾羣而觀其謂、所強幹。所謂黠慧。實則所㠯致吾羣於孱弱。所㠯致吾羣於闇愚也。利一身而害一國。斯豈孔氏脩齊治平之旨乎。孔子抱其禮教之主義。思㠯展布於當世。棲遑列國。干謁時君。然固未屑枉道也。是㠯靈公問陳。則直言未學。孟氏亦然也。故梁惠王請利國。而孟氏直揭仁義。日者時流。大都口崇孔孟。而其干謁之情狀。迺下於游說之蟜。清夜自問於良知。此卑下之態。寧堪一息受乎。迺竟恬然安之。欲不謂反辟可乎。或有為之辭曰。吾人抱救世之主義。於政教上

卅一

有真知灼見。處當今之社會。非此不足㠯展所褱抱。此所謂我不入地獄誰入地獄也。㠯故歐美時流。不恥運動。正所㠯㠯身殉道也。其言果信然邪。吾人多未出國門。今欲辨明其是非。歐美之實情。姑置不論。卽㠯吾國之現勢而言。辭者自問於良知。能為一般之時流。指心而誓。指事而徵乎。蓋具有真知灼見者固難其人。卽或有之。要亦一知半解。故多風靡於世故。轉而㠯道殉身。何則。吾固未見有脫穎而出。如毛先生其人者為我國增其聲價。解其難紛也。迺自其進身社會之情狀而言。則形行似毛先生者。幾於滿國。毛先生又何其多也。不侫㠯此相譬。實非㠯感情之好惡。肆其譏訕。方今事實。正如茲也。吾國人之心理受蔽。迺至反辟而不覺。欺人自欺。舉國薾然。方且㠯此為去愚轉弱之方。斯又不得不直擿其病㠯相警告也。孔孟救世之志為何如。而學者迺至於此。立教者之施權。可不慎哉。可不慎哉。是老莊之譏儒者多方為儈囊人世。又豈無因而徒為鄙斥哉。

老莊之學術。非純乎出世之理想也。彼其入世之方術。

卅二

以出世為針指。然以其高也。學者亦因緣而生流敝。故班氏評曰。道家者流。蓋出於史官。歷記成敗存亡禍福古今之道。然後知秉要執本。清虛以自守。卑弱以自持。此君人南面之術也。合於堯之克讓。易之嗛嗛。一謙而四益。此其所長也。及放者為之。則欲絕去禮學。兼棄仁義。曰獨任清虛。可以為治。夫曰秉要執本。此其治術也。清虛卑弱。是其克己之功也。故老子曰。將欲取天下而為之。吾見其不得已。天下神器。不可為也。為者敗之。執者失之。故物或行或隨。或呴或吹。或強或羸。或載或隳。是以聖人去甚去奢去泰。使其術果獨任清虛。曷又曰將欲取天下而為之。惟社會之為至大官品也。故譬為神器。惟官品之生發。具有生理也。故曰或行或隨。或呴或吹。或強或羸。或載或隳。惟乎體合之道也。故曰聖人去甚去奢去泰。其治術誠可謂秉要而執本矣。又曰。我有三寶。持而寶之。一曰慈。二曰儉。三曰不敢為天下先。慈故能勇。儉故能廣。不敢為天下先。故能成器。是可見其清虛卑弱之說。本為克己之功。迺所以欲其克盡勇也廣也成器也。三

三三

達德也。勇則非以柔自立。廣則非以介自封。成器則以入世為勉。老子之道。何嘗純乎出世乎。莊生亦然。故天道篇云。是故古之明大道者。先明天。而道德次之。道德已明。而仁義次之。仁義已明。分而守次之。分守已明。而形名次之。形名已明。而因任次之。因任已明。而原省次之。原省已明。而是非次之。是非已明。而賞罰次之。賞罰已明。而智愚處宜。貴賤履位。仁賢不肖襲情。必分其能。必由其名。以此事上。以此畜下。以此治物。以此終身。知謀不用。必歸其天。此之謂太平。治之至也。由此觀之。老莊之出世。純乎為入世計也。迺學者不悟。亦可喟矣。不佞欲表明其流敝。迺又修陳其理論之圓滿。且漫引其說。度為讀者所不許可。然而不佞作至於此。有不能已於此重言之中明者。則以顯流敝之轉生。其因為可懼。亦至圓滿之理論。亦不能無流敝也。嗟乎。至靈至明者。其唯人類乎。大愚不靈者。亦其唯世世人乎。清虛卑弱。明明為老莊克己之功。而世人迺以為其治人之術。不其傎乎。老莊欲為至理大道。顯其究竟。故多从原頭立論。所以矯流敝

三四

也。而流敝乃緣其所矯正之言而生。原頭且因之而愈晦。清虛卑弱。所以入世也。乃轉為出世之資焉。不亦悖乎。今欲極其流敝之所至。請先言其變遷之因由。明其變遷之因由。若亦敝之所從生也。

老莊之學本不專在於克己。其克己固原於入世。其出世乃也。恥干求。蓋以時世勢之關系。政見不同於流俗也。儒者純乎入世。故風靡於後世。而大用秦於焉。詳見上文老莊之學。幾幾中絕。然其至理精識。不可磨滅。故傳之者尚有其人。司馬遷於樂毅傳。明其源流。至

三五

曹相國而其道乃大昌。實施其術於政治。至於東漢。學者始稍衰。入世之主旨乃為出世。其時黃老之名。始轉偁老莊。故班氏敘傳云。（上畧）嗣雖修儒學。然貴老嚴（莊字避漢諱故以嚴字代）之術。桓生欲借其書。嗣報曰。若夫嚴子者。絕聖棄智。修身保真。清虛澹泊。歸之自然。獨師友造化。而不為世俗所役者也。漁釣於一壑。則萬物不奸其志。栖遲於一丘。則天下不易其樂。不絓聖人之罔。不齅驕君之餌。蕩然肆志。談者不得而名焉。故可貴也。（畧）自茲而後。學老莊者乃一以遠引高蹈

為宗。其失也。矜名。悖於和光同塵之旨矣。豈得與黃老之真傳如曹參蓋公者。并其行事可比論乎。然自消極之方面而觀之。其矜名之失。猶足以匡儒者譁眾取寵之西。其流敝猶小也。顧自此以來。清虛卑弱之說。蒙其學術。秉要執本之政術。不明於世。而神仙符籙之異說。原此乃興。爰逮魏晉。玄風大昌。葛洪承流。神仙傳因而作焉。老莊之學。自茲遂大變為怪誕不經支離迷罔之異說。習其學者。志於遠引高蹈。一丘一壑。獨抱天真。斯為上矣。其下者。苟妄以（邪僻）惑眾耳。

三六

拾莊子喻道之言以為事實。御風乘雲之想象幻境。印於下民之頭腦。極其邪妄。至於清際季之拳匪。幾肇瓜分之慘。而上智之民。習誦其說者。亦鮮窺其秉要執本之理。汨於清虛卑弱之談。遠引高蹈之風。轉為厭世之心理。甚或放佚縱樂。我觀於當今之社會。揆其孱弱闇愚之大因。又不得不謂然於老莊之說。有以致之矣。此當今之世。學者對於老莊之說。所以幾無一顧念而重之者乎。又孰知其以慈、勇為以儉為廣富順時民豐之旨哉。

以孔孟老莊之優美學說。因時間之遷移。遂沿流忘返。轉為社會之病。因果之展轉。又孰可量哉。歸辠於孔孟老莊。孔孟老莊不受也。歸辠於學者。又不服也。嗟乎。吾聞人類之演也。其文化（指廣義不專文字）當愈趨而愈進。固未聞愈趨而愈退也。吾羣之現象。曷以反是乎。孔孟老莊之學術。蒼聖所造之文字。是皆吾羣之優點。大有造於吾羣者也。吾羣之民。迺不獨不能發揚光大先民之遺惠。使其涯衍沛滂被於人類。且斬其統緒。亂其本原。慢其法度。自趣於孱弱闇愚之涂而弗悟。心理之蒙蔽。蓋莫此為甚。矣吾嘗沈沈而思其故矣。凡茲吾民之心理。其劣根之所種。原因固甚雜複。要其歸納。則所謂專制政策有以致之也。慨自秦政而後。教育之精誠消滅。課程悖亂。崇尚華章。厤代君主。沿其愚民之策。教以利祿。育以彣彰。吾民之心情迺大蒙掘習於彣彰。理想因以浮淺。渾於利祿。嗜欲因以賁張。以致徒擁（具）此大國多民之佳果。而孱弱闇愚。迺不啻小國寡民之猶可倔雄於一世。言念及此。有不心焉滋痛者乎。於虖噫嘻。吾國民其知所

三七

改勉邪。雖改勉之趣。固當責吾民之興起矣。而改勉之機。則系諸政教。當今政教之設施。欲其體合於目前之趨勢。其方執又當何如乎。化度吾民之心理。使拔塞其劣點之根原。請於下章詳言之。

施政設教之標準

羣制者。所以使羣民之奮於義務。各得其民直也。其事千端萬緒。然可總名之曰政教。政教並言。則教為經而政為權。分而言之。則又各有經權之別異。準律循法。政之經也。徇世酌俗。政之權也。啓牖知識。教之經也。崇尚儀文。教之權也。要之權不逾經。情理兼盡。充其量。亦兩不相越。經權之趣雖不同。終之其用相等。皆所以使羣民之奮於義務。得其民直也。情理同重。此體合之方也。斯民日。體合者。能勉為存。以不能而漸及於能者也。蓋物生而有所當之外境。其甚睽者。不可驟而拊從。設強為之。則體合之效亡。而反得以死。魚之去水。獸之去山。中衡赤帶之民。驅以處之極北之窮髮。延其天年已難。況繁育乎。彼所以具於身者不足。其對外也。是故善調羣者。其設境也。必以

三八

漸。先為中之論。而後受其極。則所蛻者與所漸加之外力相副。此和理之所㠯日濟也。身形如此。心德亦然。

顧此所謂漸也。調羣者果从何道而使之適中也邪。善哉斯氏之言曰。不知人性。不可㠯言羣。雖然。性之理固極精微。非數言所可解釋。茲姑就其淺近而泛言之。(不佞言性、與先儒頗有異同、箸前羣道解科一書、有性命篇、具言大概、余近讀釋典、始悉余向之言性、迺屬七識阿羅耶、一般之人。其心所咸具者情與

三九

理而已。情甚者或逐偏於榮寵之紛議。又其甚者或偏於欲惡。要固不能謂其心中無天理也。尋常之人。固每偏於情欲之執著。然豈遂天理之存留多數之羣民心性之封域。夫豈外此二念哉。多數之羣民心性之封域既不能外此。則政教有所標準矣。

原夫天理之不可泯殁於人心性也。故政教之方重守經。原夫榮寵之見好於情欲也。故政教之方亦重用權。用權所㠯養其情也。經所㠯導其理也。僿野之衆。不可㠯驟與之議憲典。暴戾之民。不可㠯驟與之談道德。此政教之所㠯有經亦有權。雖然。僿野之衆。既固不可驟與之議憲典矣。然非終古不進於文明也。暴戾之民。固不可驟與之談道德矣。然非終身不現其良知也。是故獉狉之俗可漸革。暴戾之行可漸除。觀於已往之歷史。總其大概而論。固若是矣。此政教之方所㠯首經也。經之用。樹之㠯道德。權之用。表之以寵榮。政教之設施。苟經權同重乎。則合乎所謂漸之方術。而適合於調羣之道矣。蓋本乎人之心性雖有不同。要舉大概。不出乎情與理之兩涂也。斯氏言羣。知本

四十

乎人心。立其大例矣。顧偏於情。斯亦其蔽哉。斯氏㠯為政令之道。㠯興奮民行為歸。謂徒知不足㠯起行。其足㠯起行者必知矣。而所知者轉為欲惡之情。甚且熾然於中。若無異於當前之感覺。夫而後行从之起。其行之奮急乎厲。亦即㠯感情之濃淡鉅細為程。為政作民者。不在使其知之益明。而在使其感之益至。此其說固不得不謂之偏矣。何則。㠯心性之中不純乎情也。惟其㠯人之心性純乎情欲也。故㠯為民德民智釐然為兩事。夫自世俗之表相而觀之。民德

民智固誠爲兩事。然淵論心性之理。循名責實。則智
與德又不相岐。蓋大德者必智。而大智者亦必有德。
真正之德。非智者不能。真正之智。非有德者不及也。
直言之。則德者迺真正智識也。吾嘗泛言之矣。多數
之羣民。其心性之不同。可總之以情理。施政設教。當
循此以判決。彼謂徒事民智。而民德自然日淳。蓄於
理固優。於勢則絀。然一依乎興奮感情之方。以爲政
令之道。於勢固優。於理又絀矣。斯民知識人之偏。而
不知己之偏。可謂千慮之一失矣。

四十一

或者曰。經與權其道相反。理與情其趣不同。當今之
世。吾羣之心理。方汩於情欲。期一返積習。歐之於至
正之道乎。是莊生所謂宋人資章甫而適諸越也。果
經權兼施。道德與寵榮同幟乎。換今人之心理。亦曰
寵榮已耳。何可企於道德。即並幟此二者以爲標準
矣。道德之說。又果爲世人所珍重乎。且也政教之方
針貴專一。專一。示人以嚮從也。經權同重。則世其道
不齊矣。以不齊之術調羣。而欲使民之奮於義務。得
其民直也。雖南轅而北其轍乎。斯民感情之說固有
未嘗以論方今民品之程。固適合矣。日者吾民方蒙
於感情。病根深種。與之言理。格格不入。夫施政設教。
固當循理立方。然亦不可不因民品以爲衡。民品之
美。固待乎羣制之隆。而羣制之隆。亦必待民品之美
而後行也。若夫民德民智。淵論心性之理。固非兩事。
然民之達德。每動於感情。竺於習行。故智而才者不
必有德。愚而戇者每能中庸。斯民之說。誠施政設教
標準之言哉。
此其所謂似是而實非也。夫民之達德。動於感情。固

四十二

竺於習行。固也。雖然。苟其心中無善惡之理節。則其
動也。又寧能中節乎。智而才者。固不必有德矣。使愚
而戇者其生也不受善惡之告戒。又烏能中庸乎。羣
制之隆。固必待乎民品之美。而民品之美。又必待乎羣制之
隆也。二者交相進。惟其交相進也。故迭相依。互相待。
不可偏執也。方今之民品。善惡不等。非執情理二途
以爲範。無以調其蒙塞。而消其不應。施政設教。果經
權並重。則合情理而順乎心性之本原。批卻導窾。得
其肯綮矣。此其方。所謂合一爐而鎔鑄之也。斯民之

偏。其激於當世之風尚乎。觀其學說之言。彼固知異趣同用之道也。曰。公等知世所實行奉行者。有兩宗教乎。是兩者。其旨趣大異。幾於相滅。而皆深入於人心。方羣演之始也。其所行者惟以一教。逮羣演之終也。其所行也。亦將以一教。獨當中天之運。羣演方將是兩者常並存而不可廢。斯亦宇宙之奇也。且是二者其於人羣。非無因而立也。考其旨趣。要皆為羣演之所必需。故方其始也。非行其一。則羣無由存。及其終也。非行其一。則羣無由大。而際其嬗蛻變進之時。

四三

非斯二者雜然並用。世重世輕。則無由進。(畧)其一曰為己之教。其一曰為人之教。

為己。情也。為人。理也。夫人心豈逾此兩大別哉。是以二教之旨趣雖大異。而皆深入於人心焉。日者羣演之級。其運又方將也。政教之不可偏於感情。又可證矣。其進演行之執。固當衡二者之中而推致之矣。果然。則世運之隆。可計日而待也。獨是調羣者施政設教。以所見之不同。時會上種種因緣。其推致之方。每有所偏倚。一治一亂之局。於此開矣。知調羣矣。蓋未知調其調羣之方也。術是以治亂無常。百數十年而一更革。亦有知夫此者矣。或以世濁而偏於緩。或以急於用世也。又重於權。鑒觀以往之歷史。自非值大聖賢執政教之柄。蓋鮮能中道。等而下之。蓋未有不偏於權。又其下者。惟計其家天下之私。政教之方。惟在卑民之志。愚民之智而已。寵榮之說。又非所求也。吾羣之進演。自周而後。文化退縮者。中此因也。此二千年中。關於文化之種種。雖不無一二之進步。然乘除而計籌之。比於虞夏商周之局勢。則滯緩而不進矣。

四四

此偏之敝也。昔者專制。有不得不取偏之利焉。今者吾羣既奔脫離此厄。又寧可復踵其轍耶。不佞亦知數千年專制流毒。深種於吾民之心性。滌除而抹擻之。非旦夕所可奏功。政教之方。多可因而不可革。然值此國體既更。則政教之方。不能不有所變易。而祈其體合。此不佞之所以斤斤於此問題。而欲下（加實之）討論者也。

斯氏推言為己為人一偏之敝。終之又言二教舉不可廢。故結語曰。吾書非言德行之書也。所不厭往復

者。以明二教之用。苟不折其中。則無以為羣學之精義。疇人之言八緯也之執也。必此心力與切線之力合而言之。而後執之真形見。而躔次可知也。故治羣學者欲知羣執之所趨。其么匿之愛力抵力二者之用。亦未可偏忘。由是觀之。一以情感為政令之道。其偏可觀矣。政與教其勢不同。而其致用之理則一。皆所以使羣氏之奮於義務。得其民直也。教之用當情理兼盡。以折其中矣。政又何獨不然乎。揆之於人心。決之以理論。教之方不可偏。政之方亦不可偏也。斯

卌五

氐知且也。斯氏言政令之道。其終迺歸結於教育。誠以教育者政之大端。所以化民成俗也。不倭於此。雯有不能解焉。豈以教育為化民成俗之一道。而宗教不爾邪。斯氏知折中二教為羣學之精義。且又曰治羣學者欲知羣執之所趨。其么匿之愛力抵力二者之用不可偏忘矣。是明明亦謂羣者當循羣執之所趨而推致也。迺言教則爾。言政則非。豈教為調羣之術。而政不然邪。又不爾矣。蓋激於當世之風。不自知其言之偏也。雖然。著書立說。豈僅為一時一世之用。此不倭之所以揭其偏而匡其失也。

或者曰。理論固如此矣。然激，以於風尚。或急於投時。雖聖賢不能無所偏倚。何則。臨河取魚。當景投火。十不得一。必離其景。然後可得也。故孔孟偏於入世。老莊偏於出世。夫老莊固偏於出世矣。然其學術之標題。則曰為無為也。孔孟固偏於入世矣。然其禮樂之用。固以正名為歸也。是其實方固未嘗一偏也。惟有重道重術之別耳。道術之說詳諸國學鈞沈論箸惟其然也。於世固有濟矣。而不能免緣此而生之流敝。然則施政設教

卌六

之方。可不祈其中庸乎。宗法之制。循情盡理之制也。其流迺盡任情而忘理。其斁文極也。豈所以敘人倫和天道哉。徇嗜欲而已。六書之文字。循理盡情之文字也。其流亦任情而無理。斯其用也。豈所以導知啟慧也哉。解釋學理也哉。衒彰而已。觀其流敝。可以極知羣事之變化矣。河魚之景。緣塵光之折。視差有度。心理之變。緣外物而遷流。則未可媒量也。非依其本原。折中而范之。何以定其程律。嗟乎。吾有感於當今調羣者矣。其於重，政權。國會自治也。可緩之矣。熱章也。可

濫假之矣。賦稅也，可聚斂之矣。其於教也亦然。政權也，可削小之矣。經費也，可節省之矣。校舍也，可廢置之矣。是當局者之於權也，可謂盡矣。不佞亦原當局之苦心。非謂權不可動，特以為不當久假不歸，權越於經耳。豈所謂祀天也、敘官也，可謂政之經邪？讀經也、義務教育也，可謂教之經邪？果然，則與不佞之心相左也。不佞以為經者，則國會自治之妖孽也；名爵之宜案慎也，理財之宜開原也，而於教之一塗，其希望則尤奢焉。蓋政教並論，教又政之本也，固不獨望其擴

罡

政權籌經費，興學校已也，且冀以根本解決，改良國文教授之方，以藥我國人心死之症，其庶幾孱弱闇愚之病，脫離於吾羣乎。夫祀天敘官者，亦循世酌俗之道耳。其用不出於寵榮之觀念，於今日之政體豈雜律循法哉。若讀經之用，與義務教育之規畫，雖與崇尚文儀有不同，然又豈啓牖智識之根本方法乎。方今之世，政教之途，其有待於規正者蓋多矣。況又國基初定，永世之圖，富強之機，於斯是賴焉。苟政教之方，不循正軌，則有覆轍之憂。果期其循於正軌乎，

不徒執政、調羣者有其心也，且須有其見。又不徒執政調者當具此心此見也。必也其羣有多數之秀者具此心此見焉，然後能循其正軌而不知。顧此正軌，人各一方，見不同也。欲明其是否，蓋非研究吾國之社會，就心性所演之種種，舉其大端，討論其流弊，無以資斷定。不佞此篇之作，蓋斯意也。

治道商搉書

閱秋桐君毀黨造黨之言。幸羣君任法之論。悵觸中懷。余喉余舌。有不能已於言者。其言之當否。余所不暇討也。竊謂今日時局討論法政。固屬一大問題。所謂治之具也。而討論所以範圍人心。亦屬一大問題。所謂所以治也。蓋雖有良善之法度。而無誠樸之精神。正大之心術。以運用之。無補於民國也。雖然。民羣之演進。皆有所因。無有突起。今日之現象。近因亦在數十百年之間。遠因乃在數千載之上。居今日而論所以治之方。外非以內籀（依嚴譯語）之法。準天演之軌。徵之歷史。釋明今日之病根。無從擇術而施。亦無從悉何術之當否。不佞學疏識淺。願以一得之愚。與海内時賢留心治道者一商搉焉。

旡

人心之衰敝

吾國自堯舜而後。神權之說斯微。逮周之時。宗法大昌。孔子生於周季。承其末流。鑒於時勢。扶衰救敝。標仁言義。表率斯民。綱常之說。賴以維持。始皇崛起。推行其綱常之教。以維專制。於是吾羣遂深演於宗法社會之中。而難於蛻禪。惟此宗法之觀念既深。故對于外族。有天然之排斥性。雖武德衰微。歷受外族之厄。而此天經地義之攘夷論。不可磨滅也。是以有明末季。一般遺老。莫不以驅除滿清為天職。力雖不逮。而此一種之思想。深潛隱伏於民彝之中。雖經梟雄獨夫一再摧除。終不能芟薙使盡。故武昌起義。不一載而民國告成焉。此宗法之佳果也。革命固以種族為前提。然摧殘專制。又不能不以民權自由平等諸說為根據。而民權自由平等諸義。實與宗法綱常之說大相反背。夫吾民久羈屈於專制政體之下。本無道德之可言。惟有畏威服教。悚權慕勢之心理耳。「專制政體無道德之說。詳見嚴譯法意」今驟得此民權自由平等之名號。豈暇探其精意之所在。惟思假此名號。為我欲為耳。篤古之士。鄉僻良民。不習新法。蒙於政治。溷於名理。不敢然公道是非。而黠者乃愈張其燄。咄咄逼人。世故周旋。枉談道學。攘利營私之民蠹。乃曰可佩。乃曰可師。乃曰英雄。乃曰豪傑。乃曰人物。曩則風行於城市。今則逮及

幸

於窮鄉僻壤之中矣。此惡果也。乃隨民國之鼎新而偕至。

範羣之軌則

往者吾羣僻於宗法綱常之教。循循不越。今則反僻矣。正猶久縶狙猿。一旦脫羈解紲。安得不跳騰狂攫。遂其積慾。狙猿可復執。人羣神器。不可縶也。有心世道者仍思以孔教羈縻之。標孝弟忠信禮義廉恥之大經。思以一紙空文挽茲厄運。此所謂審乎禁過。而不知過之所由生。思代大匠斲耳。此其道可用於天

垂

下。不可以用天下也。民權自由平等之說未興以前。民羣演於畏威服教悚權慕勢之時。此技猶可一試。懸以為榮寵之標榜。為補綴張羅之計。然觀於滿清之叔季。禮教之不振。其效亦可覩矣。

夫民有秉彝。道德之性。固與生具生。率行而已。既有法度為之軌則。以宥之藏之矣。不必標仁揭義。以攖其固有之良能。而謂為高貴。以澆其純樸也。本為固有之直。一經標揭。則人以仁義之道為須培養。乃轉視為人為。若非天直焉。轉視為高貴。若難企焉。蓋自仁義之說興。而民德遷矣。民性淫矣。此老莊之所以以無為立論。而甚斥乎標仁揭義之說之足以亂天下也。老子為周室守藏之吏。故深洞乎歷史盛衰之因果。民羣演進之機宜。觀其所言。準以天演羣學之精理。無不脗合。其書具在。可徵印也。莊子所言與老子同。以天地為宗。以道德為主。以無為為常。以循名責實為用。故曰無為為治。則無不治。而言之最明晰者。則為莊子天道一篇。孔子此意。則寄託於易於春秋。易明道體之書也。故有无思无為之說。春秋。達用

垂

之書也。故莊子曰春秋經世先王之志。聖人議而不辯。老莊箸書歸隱。殆亦深知其時民羣經三王之標仁揭義。深演於宗法。習於畏威服教悚權慕勢之治。雖不軌於道。而未盡其極。斯治與民羣之體合方殷。不可更革。故不求見用於當世。儒墨起而治。治於仁義。乃求見用於一時。莊子曰。道隱於小成。此之謂也。政之所尚。俗以為非。俗之所善。政以為蠹。標仁揭義之道。準以政俗。時相舉（乖）牾。惟名實之說。既無往不順。分隨其名。各有所宜。名止於實。分守斯安。今日之敝。敝

在名亂民權自由平等之讞。執今日之醉心斯名者而叩其實。吾恐喻其本義者十不得一也。鄉曲之夫。更無論矣。惟其然也。故大奸巨猾僉壬佞士鼠竊狗偷之流。乃得盜其名以欺世。使喻實者寡。彼亦何敢公然恣橫。而執法者亦何敢盜名亂法以容奸。故竊謂民德民知犁為二事。演成今日之現象。者坐名不喻實之故耳。

夫一羣之內。民之材品。愚者為多。中材次之。上智又次之。上智之民。固有範圍羣品之勢力。然其資助端

在中材下愚之民。則視上智與中材為轉移耳。羣內中材苟不受上智之範圍。品德變偏。則其羣治必亂。今日之病。在中材之士具有一偏不全之權利平等自由之思想。其行動出乎範圍之外耳。不佞嘗謂目前之時局。幸下愚之民。宗教之思想。尚未擺脫。設皆有中民之智。本其私欲。逞其居心。吾國之禍。其寧有紀極哉。蓋不至於滅種不止矣。中材之士。盜名逞欲者。其類亦有三。上者具大野心。思作驚人之業。中則為宮室之美。妻妾之奉。思炫燿於邦國。下則為衣食車馬之煇煌。思以稱道於戚鄙友朋。上者倡之。中國者翼之。下者和之。上者之所以敢盜名者。其心理以為有可欺之方耳。清夜自怵。何嘗不自知其偽。特以為其所張之幟。乃時賢之所視為地義天經。即或不順而上吏有投鼠忌器之嫌。未必我罰。且也蒙虎皮而驅。固足以驚市人而飽吾餒腹矣。不佞作此言。固非欲窮社會黑闇之現象。彈諸時士之隱衷。嘻笑謾罵之也。乃欲解剖現世社會之心理。明其發生有所濫觴。雖為人心之敝。固亦有所因由。以證夫施政立教

之利敝。人羣進演之波流。揆其起點。以御方將。或有見者以所言不謬。抒其天德。不作波流。為被動者。斯則不佞之所祈禱。而蒼生之所百拜也。

時人之心理如斯。範以禮教。則扞格不入。以禮教條則與民權自由平等之義。實有背馳之處。範以宗教。則又視為迷信。彼豈知禮教可為社會之經法。自明而誠。有由躬行而得大道之妙用。神道之教。亦為社會鍵鑰。自誠而明。有由信仰而得眞理之功能。信如茲也。其心理上之蔽障。在浮淺。在不明。苟能從茲着

乎摘去病根。其疾庶有瘳乎。推已往之歷史。則如彼也。察時人之心理。則如此也。吾羣進演之要需已畢呈。已正名喻覺。豈有他哉。

推行之軌道

夫均調人羣。當循其緒。順其序。導其郤窾。而期之以漸。不可代庖也。要惟因其體合而宥之藏之而已。宥之之法奈何。曰造輿論。輿論者。民羣之大則也。人民之率身行事。受法律之限制者。其範圍甚隘。固不啻受制於輿論者為多也。一舉一動。稍與法律相出

五五

入。法律不能隨之而施罰也。惟輿論則隨其舉動而加之褒貶焉。苟其人非大奸巨猾。斷不敢忽視輿論而一意孤行。中材以下之民。輿論實為其教育。奉命唯謹。罔敢越逾。鄉邑之間。風尚之純樸與浮夸。基於中材之輿論。是以先覺賢哲。不克得位乘時。則必提倡道學。鑄造輿論。默化斯民。而助羣治之演進。今者亟宜以循名責實之說。鑄造輿論。力戒囂張。懲其惡薛。導其先路。斯亦報章記者政黨領袖所當引以為責而提倡鼓吹之也。

藏之若何〔之法奈〕曰在正文字。文字與言語。同為人羣進演之要軌。不可須臾離者也。而百凡學術。亦咸系於斯。迺者吾國講文。多昧本義。不考六書。不明訓詁。知其當然。而不知其所以然。噫。怪哉。斯道也。乃亦民可使由之。不可使知之乎。推其流弊。不但昧於文字。為教育上之困難。而界義不清。為學術人心之大蔽。其流毒實無窮。今茲愚者之渾蒙不化。黠者之侜張為幻。陷吾國於垂危者。胥由此文字之不求甚解胎之也。時乎時乎。賢者其起而圖之乎。亟宜昌明六書。彰其

五六

統系。定名詭宜。融合歐文。審定音韻。改良教授。俾學者循名而責實。喻革兆惑愚昧之弊。更浮狂詐偽之行。民德民智。其庶幾漸趨一軌。同演日進歟。

茲篇所述。未盡欲言。聊為嚆題而已。有以為斯問題有討論之價值者。尚希賜言匡正。不佞當竭下懷之積念。與諸君子追隨商榷也。

歐亞眞相論

此題範圍至大、含蘊至深、欲得明確之定論、實匪易易、而客氣未除、心源不淨者、亦不足以語此、倘荷海內外識遠思沈之士、惠賜商榷、尤所企盼、作者誌、

嗚虖。天地不仁。以萬物為芻狗。聖人不仁。以百姓為芻狗。此固人類進演不可避逃之境。無可如何之事哉。日者歐洲戰雲横起。腥風血雨。濡染半洲。演亘古未有之大戰。吾人以恬靜之心理。精明之眼光。認人類生活之必要。推已往。察將來。迺為歐洲懼。為亞洲危。

五五

夫歐洲與亞洲。以文化土地而言。本無共同之利害。特亞洲以物產之富饒。動歐人之涎羨。歐人亦以生活之要需。不得不以亞洲為市場。聯此因緣。故歐洲之利害與亞洲有直接之關係。我國者亞洲市場之主人也。譬為共逐之鹿。宜如何未雨綢繆。免將來之見禽縛於人乎。迺起視吾民。或則醉生夢死。以為痛癢無關。或則慘抱悲觀。懼沈淪之必至。而野心勃勃之流。或又思乘釁蹈隙。逞其竊據之私願。禍已伏於蕭牆。猶復稱戈同室。其喪心病狂。可謂至其極矣。此篇之作。根據人類生活之必要事實之至理。以暴歐亞兩大社會之眞相。

對於醉生夢死之國民。則希其警覺。知日者歐禍之與吾國將有切膚之患。

對於慘抱悲觀之國民。則覬其回復熱忱。知吾國具有可為之實力。

對於野心勃勃之國民。則冀其烱燭利害。動其良心。而稍思顧忌。對於物質文明自恃之西方民族。則望其趣於和平之解決。而勿矜武力。

五六

作者之志願。如斯宏大焉。其蘊蓄於胸臆也。已非一日。今以時會。迺擇此一掬之熱忱。藉紙筆之用。以申情愫。而敬告我同胞。同胞果以不佞之評論。為公平得實。而有可信之價值乎。則中國幸甚。世界幸甚。抑或視為偏見。為淺言。為迂談。亦聽之而已。蓋我之天職已盡也。今次請言說明歐亞眞相之理論。

(一) 理論之依據

本論所指之亞洲。實指單獨之中華民國（以中國而負以亞洲之名。不徒因遠東市場以中國為主。而文化土物之實際。我中國者。要固可以代表亞洲也。）所言之歐洲。實指列籍歐土。界別政異之英俄諸國。今欲明此兩大社會之眞相。果從何道可以收縮其範圍而下斷定乎。自事實之至理方面著想。要當取兩方統同。不可脫離所謂人類生活之範圍而下理論。獨是人類生活之範圍。亦非狹小。其緣因雜複其現象繁多。形形色色。不可詳究。難以科律程品。雖

然。有其物則有其質。人類生活之事實。雖雜複繁多。難以科律程品。而總其必要。要可以文化物產二者概之。文化物產。社會成立之主因也。無文化。則人類不能團結為社會。無物產。則社會不能得繼續之生存。以此理由。故可定文化物產二者為人類生活之要素。表明如左。

人類生活之要素 ─ 文化 / 物產

文化物產。既為社會進演之要需。則文化之深淺。物產之多寡。實為社會高下之程品。其文化優美。物產給足者。則社會之程品為上。反之則其社會之程品為下。準此觀歐亞。

(二) 歐亞之文化

歐洲之文化。愈於亞洲乎。抑亞洲之文化。愈於歐洲乎。此問題亦殊難斷定。兩方學者。亦未有切實之論詁公認之定案。言者紛紛。莫衷一是。或崇歐土。或尊亞洲。要其評語。皆屬渾言。茍非對於所謂文化之說

精細科學。實不足以資解決其是非。

夫所謂文化者。表彰社會之形容詞也。按其所指。實含有歷史道德學術政治文字言語風俗器物種種有形無形之人類生活而言。表其量如左。

文化之大概 ─ 歷史 道德 / 學術 政治 / 文字 言語 / 風俗 器物

果欲定歐亞兩大社會文化之高下。必統舉文化內

包之歷史。道德學術政治文字言語風俗器物種種主要比較。而求其量之多寡。且須量其主要之關係。與人類生活之輕重。而均計之。方可得其確定。今不暇為此繁詞之説明。且就以上所舉之主要者而比較之。則歐西之優於東亞者。惟實質之學術與工巧之器物而已。渾言之。所謂物質之文明而已。夫論文化之淺深。依人類生活關系之輕重而言。則歷史之長久。與道德文之高下。文言之優劣。最為重要。而器物之工巧為次焉。蓋歷史為時間之演進。若道德。若文言。逈為組織之經緯。工巧之器物。則其光耀而已。亞洲之歷史。有四千餘載延長。若歐洲得其數之半耳。差可與我比肩之古邦文化。今皆消滅。惟我獨存。非謂歷史之延長。即足為亞洲文化優美之斷定。然歷史四千餘載而不敝。要亦足徵我社會組織之經緯堅牢矣。故自歷史上之陳迹而言。亞洲自千餘年前。即入於書同文之局勢。而免於列國之分立。今者亞洲有龐大社會之中華民國者。要非進演四千餘年之時間。不克至此也。緣其進演之時間長久。故道德之説。入人之深。亦較歐西為進。此可於風俗之制見之也。其制之最足以固結社會。使人類之生活有和平進化之理趣者。則宗法之制是也。蓋宗法之制。以尊祖宗樂天親重子孫為大要。尊祖宗。則對於過去生報恩之美德。樂天親。則對於現在得生人之幸福。重子孫。則對於未來具無窮之希望。此三者皆所以產出眞正之社會也。歐洲之風俗何如乎。社會以箇人為單位。國民之生也。育於保育之場。長於公共之學校。所以養其獨立自由之性者至矣。然所謂重本之觀念。家庭之幸福。慮後之思想。幾不知領會。其認社會之進步也。每偏於物質之方面。故人人以發明新事業為義務。冒險競爭。物質技術之精進。固緣以促成。而道德之天性。亦因以斲喪焉。欲惡所趨。角逐搏噬之殺機。胥因此伏矣。就人類生活之趣味與眞際而評之。歐西之社會。實缺天然道德之風度。內幕之中。實無和平持久之情態也。故自吾人觀之。歐洲社會之文化。其程度實較亞洲為遜也。進言物產。

(三) 物產之多寡

曰物產。渾言也。其所包者亦至廣。歐亞物產。苟欲得確實之比較。則又非從兩方面一一調查。涉為成書而總計之不可。其調查也。又須精覈而無浮冒。方得確實之解決。然而此難事也。近者世人固公認我國為無盡藏之寶窟。隱力之富。冠於全球矣。然吾人實不欲以此漫言。為亞洲物產富於歐洲之證也。信如斯言。則吾人判決此問題。當以何者為標準乎。曰吾人亦惟循歸納之理。從人類生活上著眼觀之。以顯其實在耳。夫人類之生活物產。適為其長養之要素。

窒

據事實而言。一社會之物產。果足以給其消費。供求相劑。則無仰給他社會之必要。國外之通商。必非其所重。此我國人士之所以多抱閉關自守之思想也。此種思想。其原因雖盡由於忌嫉外人。亦物產足以自供其消費生活之必需。不必求給於人耳。歐西之人則反是。其營求商場也。不惜以生命相爭。交通貿易。每以武力。豈其天性使然乎。蓋其社會之生活。有迫之使不得不然者。則生活必需之物產。供求不相劑也。其社會之消費物不能自產。而自產出之物又不能自消費焉。故不得不竭死力以營求市場。消費其所產製之物。易其所需。以濟生活之急需。歐人每自詡其商業之發展。為其經濟之富足。惟吾人從事實上著眼細觀。適以見其物產之寡薄。生活之不給。惟恃轉輸之贏羨。以扶持其社會之生存。設一旦無商場以資其轉輸。則歐洲之社會。其枯涸適立見。此其所以不恤傾國力以求商場乎。顧我則不然。歐亞物產之厚薄。蓋於茲可判矣。

文化物產之程品既定。則歐亞社會之真像。不啻逞其實覿。實質逞矣。進言形勢。

富

(四) 歐洲之隱禍

歐洲以人類生活之故。既迫之以不得不汲汲營求貿易矣。又以互相各〔角〕逐之故。迫之以不得不汲汲焉擴充軍備。欲軍〔備〕之強大。又不得不虛糜幾多之財力。以虛糜幾多財力之故。又不得不汲汲焉求挹注於通商。展轉互為因果。如繭絲自縛。如膏火自焚。終必至力竭精消。以不能擔負之故。起一度之大戰。使歐土成統一之局。然後軍備可稍減。而漸趨於和平。此

一度之戰爭。其血肉相搏之浩劫。當不知如何之慘酷。溯因窮果。此其趨勢。要不可避逃。今日之戰。猶小見其耑題也。蓋列國之疆域。互相接觸。地狹人稠。固為戰爭之媒介矣。其政體又有專制立憲共和總總之不同。邦國不同。則利害異趣。政體不同。則其利害之異趣尤深。有異趣甚深之利害。則猜忌搏噬之機心。云何可滅。有共同生活之要需。以促其相競矣。又益以私心之猜忌。深種其因。未來之大劫。寧可免乎。日者歐洲之大戰。與連帶而及之青島惡潮。其大因

窒

猶為營求市場握商業之霸權而起。已不幸現如此慘痛之象。未來大劫。可想象耶。彼歐人者。方且矜其殺敵之術。日精焉。旋渦自轉。愈陷愈深。恐不至下其人民以盡入於沈沈之九淵不止也。我豈故為此恫喝之言乎。形勢之所必至。理趣之所必然也。嗟乎。此宄人之隱禍也。我則何如。

（五） 亞洲之危機

辛亥革命。幸食文化稍深之賜。易干戈為揖讓。共和之基以奠。亦幸歐西列國。以分立之故。取均勢之政策。故我雖演內訌之劇。竟免外迫之憂。得安然以維持內治。以至今日。方期藉此時會。休養生聚。勵精圖治。十年而後。以備與世界列洲相周旋。迺風雲孛變。歐禍倏興。潮流所播。逮於東亞。無論其勝負之誰屬。均勢之局。雖不至完全破裂。要其局勢必有變動。我國以市場之關係。受其影響。其接觸之機。從此則愈迫愈緊。我國休養生聚之時會。蓋難可期矣。此後之局勢。豈容我以優游自保乎。歐洲隱禍。日種日深。則我國之危機。亦日深一日。適者青島之爭。蓋不啻吾

宊

國宄日先事之寫影。我社會雖有不可磨滅之優美文化。與無盡藏之物產。足以自給。得和平競爭之優勝。然歐人以生活之故。挾其武力。群焉瞰視。我則有多藏厚亡之憂。吾民又以文化之深。物產之厚。故而愛慕和平。弱於武備。其未來之危機。寧堪設想乎。就歐亞真相而觀形勢之趨向。我國雖無可亡之實。要有可亡之緣。我國人其悟省所處地位之危機。已隱伏而不可逃。與歐洲有共同之利害。而去蒙蔽除客感。捐私心。發揮其愛國之熱誠。以一心一德。赴此巨

艱。而保障此四千餘載相傳不絕之優美文化。數萬里寶藏無京之中國。以垂於萬世乎。余之所希望也。

（六）余之所希望

吾國社會之眞相。團結之穩固。固受物產給足之惠賜。然亦以物產給足之故。不思奮發。而國多醉生夢死之民。國多醉生夢死之民。是國有致亡之道也。是不得不轉而希望於少數識時之士熱心愛國之流矣。迺起視所謂少數識時之士。熱心愛國之流。則又妄抱悲觀。以夙聞溢譽過實之言。而灰心國事。蓋自甲午

窆

見敗於日本。庚子受創於聯軍。吾民對外之心理。已日趨於卑弱。而當時一二憂深之士。痛國民之懵懂。當局之苟安。迺極力宣揚歐西之文明及其強盛。每不惜以溢譽之言。過實之論。以警激國民之奮發。而收逐滿之用。果也。振臂一呼。四方響應。聲（激）昂慷慨。天下風靡。新國氣象。於斯一見焉。不徒際生南北。同室操戈。演鬩牆之活劇。吾民想象中之所謂文明燦爛莊嚴可慕之民國幻境。未可如願以償。而風雨漂搖。孤舟橫流之險境。繼續不渡。剝膚之痛。流離失業之

苦。迺相逼而來。於是吾民之具樂觀（都）迺轉而返於悲觀之域。彼其心目之中。有一種誤入之想象焉。彼以為歐美列邦都莫不郅治盛隆。其社會之現象。文明燦爛。艷於春華。宮室莊嚴。耀成七寶。雖下至一草一木。皆含挹和平自由之甘露。其武裝之精強。器械之鋒利。又非吾國所能彷彿。重以甲午庚子之敗衂。其信仰之忱乃益堅。遂不覺自形縮瑟。而生望塵莫及之嘆。辛亥之變。神經激起。生氣稍蘇矣。內訌忽起。隱恐暴露。事實想像。大相背馳。銳起之神經。受此反擊。

突

又嗒然若傷。而心灰望絕。此感情之蒙蔽。其極迺同於醉生夢死之蠢然無識。無補於國家。其有聞余言而恍然者乎。此余之所希望也。

歐西之大勢。方且以列國爭雄。不能統一之故。而伏將來之大禍。而吾國野心偏激之徒。迺以意見之私。時冀暴動。隱思分割。夫此統一之局。何幸以歷史之進演。得此佳果。迺不思擁護愛惜。而摧殘之。不亦傎乎。或更引援外力。以為資助。不惜割地以酬。喪心病狂。有愈於此者乎。斯亦以私欲蒙其知覺。揆其病根。

蓋未能灼見歐亞之眞相。兩方面社會進演之程品。關系之利害。與其計畫之得失耳。倘果明此。問於良心。度不出此。嗚嘑噫嘻。其可以平意氣而納余之忠告乎。此又余之所希望也。

人類之進演。固有自然之趨勢。不可避逃。然人力亦可以勝天。歐西之社會。既以文化物產之自然趨勢。伏有未來之浩劫。苟先事預防。則人力未始無調劑之能。果拯其傾向物質文明之毅力。而移植於道德之迹。則未來之慘酷。當視其實行之程而為滅。西方

究

人士。素以活潑自詡。其有見機而幡然變計者乎。此又余之所希望也。

(七) 結論

余之所言。余自信以為於人類生活。洞見其要素。素於歐亞之眞相。灼見其形勢。且自信於此論之間。未有一毫客氣存於余心。而有所軒輊。故希望之忱。亦不偏於我國。蓋求人類和平之幸福也。聽者果亦捐除客氣。以公平之良心。換余言論。則必如飢者之得食。渴者之受飲。惟然。則吾國民所想像之文明燦爛。艷於春華。宮室莊嚴。耀成七寶。下至一草一木。皆合抱和平自由之甘露惠風休暢。攘攘熙熙之樂境。迺眞現形於地球之上。此無疆之休也。亦惟我同胞自圖之。

卷二

頁數 一 二 四 六 九 十 十一 十二 十三 十四 十五 十六 十七 二十二 二十四 二十五 二十六 二十八 三十 三十四 三十五 三十六 三十九 四十二 四十四 四十四 四十六 五十 五十一 五十二 五十五 六十 六十 六十八

行數 九 十二 七 十二 十六 十二 三 三 十 十三 五 九 一 三 十七 十五 八 十六 十三 三 十二 三 十一 八 六 十一 十 四 一 三 十七 八 六 十七 十一 二 三 一

字數 十七 三 十九 二 五 七 七 十七 五 十 十三 十三 九 二十 九 十 九 二十 十八 四 五 十九 七 二十 十一 五 六 十一 一 十一 五 十一 九 九 十三 二十 十二 十四

原字 斯 祈 國 自 澤 維 皈 敎下 忘 合 圖 者 故 自 趣 代 耳下 言 泊 故 量 中藝 之下 足下 世 陰 其下 品 調 見 從 權 執 舉 滑 文 洲 觀下

恐係應更字 思期字 析非 時非 至 執 經 迫 故 恐脫有字 效 治 流 昔知 面 至 日非 伐 恐脫目字 恐重 恐誤非 過也 讀為影 六經 脫言字 恐脫此字 恐係勢字 李 恐脫者字 恐係制字 恐重非 已非 恐誤非 權 執指未聚已執指已聚非 恐誤和 獅 產 恐誤非 恐脫者字

頁數 二 三 四 八 九 十一 十二 十四 十五 十七 二十一 二十三 二十四 二十五 二十八 三十 三十三 三十四 三十六 三十九 四十二 四十四 四十五 四十九 五十 五十一 五十四 五十九 六十一 六十七

行數 一 十六 十一 十六 三 十六 十一 五 十二 三 八 十七 十一 十二 十二 三 七 六 十二 七 二 五 三 十七 一 十一 二 十七 二 十五 十 十五 十五 一 十五 七 十四

字數 十七 九 一 二 十四 十七 十五 二十 四 二 二十 八 十五 五 十七 九 十 十六 十五 十 五 一 十六 十六 十三 九 十三 二十 六 十六 二十 二十 一 六 十六

原字 [illegible] 溼 致 寵之 業 變 第 覩下 倚 雙下 可下 民 子 倚下 涵下 淅師 方 心 評 流下 師 所下 福下 工 得 和 格 數 濁下 所下 外 然 櫻 國 要下 文 擊

恐係應更字 恐誤 [illegible] 擇 政非 此句書所寫得下者字補之恐有誤字 果 交 恐誤 恐脫馬字非 偏 略 恐脫聲字 恐脫謂字 政 並 恐脫之一字 恐仍脫一涵字 恐有誤字非 恐誤和 知 揣 恐脫俗字 同 脫譽其所有字擬漢書有古今之道 功 能非 恐誤 格格非 家非 恐脫也字非 恐有脫字趣 恐誤 恐係言字非 櫻 者 恐脫素字 之 激

庚甲襍集卷之三

目錄

庚甲雜集卷之三　　秦縣陳啟彤甫管侯著

危言

述意

蜷居桑梓昧聞世故放棄天職無聲無臭懼利害相摩我之大和僨然而盡也家居負郭晨興盥已翹首東望顧彼旭旦蒼蒼涼涼余懷坦白旋庭花小艸欣欣有生意油然棄孛挹合朝露胸無塵俗犁犁神化無言自得日方亭午報章郵至余固不欲寓目以攖攪清明之氣也顧又不忍一世之傷思欲藉以稍窺天下之大勢而驚萬世之患匪宴也亦匪無略弗及

一

也至誠之良知不可已耳展紙舒目清明之氣迺隨時逐漼然殆盡心目之中滔滔濁流辟江河而無極矣管侯迺釋報而嘆曰嗟乎浮雲蒼狗浮雲之變化幻哉大氣之壹壹使然哉天地萬化枉不有待而然哉斯人傖囊有待而然哉余之心目又有待而然哉感而不能自已又有待而然哉象有其因變有其果名有其實理有其真流而徹之庶昭然大白暴諸旭旦齊州景象其可大寧

寓言以諷世乎固足以避是非郄嫌疑言者無罪聞者可警立言之一道也然名者諷焉而自惕利者諷焉則枉聞狡者黠者窖者密者且將以寓言為憑藉而亂是非寓言可乎哉時非上古道德久湮忠厚之美質幾無更索君子小人且無等差之說定幾諫之所可進人以德乎

重言以規世乎舉耆艾之微言精意詳其經緯本末固可立人道而綱維羣品以補救於一時斯亦立言之一道也然生質良厚性情平善者固可使之一步趨不失常度而狡者黠者窖者蠹者則又援其不完

二

全之學說陽相菲薄重言可乎哉時非中古本性澆漓生機錮蔽良知良能若淪若亡氣乖心厲難可喻矣習非勝是詖詞淫說惑者眾矣美成在久惡成不及孜奈之何哉非危言日出和以倪孰得其久而使而人心不敢躐立定天下之定乎危言者庸言也道言也德言也執中之言也日出者時變之意也道與時化故曰日出天倪者道理也若斯則曼衍有宗此言無言未嘗言終身不言未嘗不言之旨也於乎天地本自清明人心本自清白亂於小夫之知耳不材

迺竊取莊生立言之意記論世故意期乎誠辭求其達而已儻可謂不背古人希世之意乎爰書此為題
按説文卮者圜器也一名觛所以節飲食象人卩在其下也易曰君子節飲食庸訓用也從用從庚庚更事也易曰先庚三日庚者絡絲附也朱氏説其用圜轉而朱氏謂其先人以庸為鏞之古文庚象拘虡用象鍾鍾懸用亦聲理亦通也竊謂庸言卮言皆取圜適不偏之意是以莊子寓言篇云卮言日出和以天倪孰得其久萬物皆種也以不同形相禪始卒若環莫得其倫是謂天均天均者天倪也莊子自釋天倪為天均倆卮言而曰和以天倪其取圜適不偏之意也明矣故齊物論繼為是不用而寓諸庸之下推闡庸意有休乎天均之説蓋道無不在流行萬象循環無耑此儒家所以以庸言明道莊子之所以以卮言明道也庸言卮言實皆含有隨在環中不偏不倚之意故則陽篇云湯得其司御門尹登恒為之傅之從師而不囿得其隨成為之司其名之名贏法得其兩見仲尼之盡慮為之傅之容成氏

三

除曰無歲無内無外按贏嬴之假字嬴有圜意應上文環中隨成之意兩見猶云兩端卽論語我叩其兩端而竭之意兩端者終始之意也故云仲尼之盡慮為之傅之曰除日無歲無内無外者卽執兩端而用其中之意且卮之為物也滿則傾空則仰（用郭注）有適中之意焉斯故莊子用以名其言與若以支離無首尾為解淺誣周子矣莊子賢達明道自任不得已而立言顧乃以支離無首尾之言以惑天下後世乎庸言之解作平常尚稱近是卮言之解知者尠矣此種名理所關匪細迺相沿謬莫知其眞此道理之所以將喪而斯人之所以多昧乎余故不憚繁冗而詳註釋之海内達者以

四

良知篇（危言之一）為何知

良知者天理也道理也心理也不假外求夫人而有者也充其善能為聖賢為豪傑馨香百世俎豆千秋背其善能小之則致譏彈於一時大之則遺臭於萬年今之人乎曷以背之豈無良知惑乎政令𣲖於情

欲耳富與貴情欲之所希也中民之智枉不志之焉準良知以達所希乎顧瞻當世之輝煌一時者數其所致以光明磊落之志行而得者十之四五耳以攘而得者十之六七焉竊鈎者誅竊國者侯侯之門仁義存豈徒富與貴足以輝煌一時方且政自我施號自我令若而民者且須歌功焉頌德焉於乎我觀於海龍會邢匪（蕪湖部首領）之供言竊嘆夫情欲之汩沒良知蓋有其故而亦足徵良知之尚未盡絕於盜賊之心也一則曰一念之差再則曰一念之差吁

五

此非良知之言至誠之語乎然而彼何以致於差志富願貴之情欲耳方其初也中心自度寧不知犯肙不韙一朝失敗有傷身之禍負盜賊之名彼見夫竊國者侯侯之門仁義存焉苟可徼幸可盜賊其實而英雄其名也原此也遂不憚背良知犯大難犧牲社會以逐其私隶路盡途窮徼鈚受絀未嘗不悔其行為之謬悖愧對天下且禍其身也哀哉衆生愚何至此其徼幸之心豈徒情欲為厲哉亦刑賞之濫名實不核有以波之耳

鄉有患盜賊者舉盜賊以治盜賊四境晏然上吏嘉其功晉其爵鄉人隆其禮揚其德鄰封乃不堪其徒黨之擾焉鄰封無已又效之徒黨黠者見夫此也乃曰斯其致富致貴之捷徑乎市井無賴莫不歆羡羣焉和之於焉下等社會心理上生莫大之病根英雄盜賊視為一談無有區別夫英雄者常人之所景仰而欽慕者也盜賊者常人之所鄙薄而羞惡者也英雄盜賊迥然不同人有良知莫不知其大別也自此以盜賊治盜賊之政策行其鄉人之良知乃惑惑乎

六

盜賊而英雄也競起而自命為英雄其鄉乃終成盜賊之淵藪

國家政令固有經有權當夫泯棼倣擾之時稍遏跳梁之亂蘖收一時指臂之效權宜之計固不必硜硜乎名實雖然不可濫也濫則名亂名亂而求夫斯民之不昧乎良知蓋解可矣情欲之者人心之大患也所以能中乎規矩者恃乎方寸之良知有隨時制戒之耳恃乎政令有以齋迫之耳光復以來思以擾亂社會而求富貴若邢匪者蓋數數見矣禍機隱伏漫布國

中岌岌之勢不可朝夕執果求因溯源追始固匪斯人之良知惑乎情欲亦政令不綱刑賞之不稱乎名實有以階之厲也

夫人而至於下為盜賊自其名義而論之可謂無良知矣而至於路盡途窮徼緝受絏俯首就刑之時亦自案其非曰一念之差言之有餘痛矣等而至於刦奪閭里之小盜小賊白刃加頸義不呼譽自其悍頑而言之可謂無良知矣然此乃其丈夫生而何榮死而何辱之良知顧未明乎邪正之説耳正其誼而用

七

之固浩然之氣也天理道理存乎人心之中聖賢豪傑豈有異於衆生哉好亂不軌之民政敝教敝有以致之耳嗟乎先賢論治窮其所極謂舉賢任智之末流且有相軌相盜之禍民有良知不可攖其心也人心憤驕攖且不可顧乃以政令斷其修能乎兩間之中有精神焉民得以產民因以生而與天地得為三才之稱者此幾微之良知耳培而植之犀事遂矣謂余不信試觀邢匪之供言政教不齊乃謂斯民好亂不軌於道者殆不可與言治術哉

語云往者不可諫來者猶可追政者正也受國民之託而執政柄者其案諸此義而自問其良知毋長此養癰以禍天下也苟不然則衆生良知將斷喪殆盡臠卷槍囊翹足而待

良知篇二

（危言之二）

良知者光明磊落而不可欺之物也性命之微識之者寡此其津梁也與吾人鶩於情欲背本而馳天涯日暮罙入窮林幾豺虎為緣矣乃猶不知返駕良可

八

哀哉甚矣情欲之瞀人也嘗聞之矣道德者忠厚無能之代名詞也斯説也殆為今日時流社會交際上議論臧否之常語涉身處世之戒言入市而徵士夫之輿論街談巷議枉不知斯有心人曷不痛惡其聲而嘆夫世變之不可綱紀斯民有淪胥之禍矣人心之偷薄有逾是哉良知之汨喪有逾是哉此立法行政司法諸機關之所以盡國中而皆具渾沌之景象與二三良知不泯之士顧名思義規行矩步濯然不汚迴異儕俗麟鳳也夫

生民性命之中固莫不具有光明磊落而不可欺之良知豈逮今而不然乎情欲有以賊之詖詞有以助之耳習俗澆漓世喪之矣聲華好尚道喪之矣刑賞乖違政傷之矣清夜寂寂靈魂來復此良知也未嘗不躍躍於胸中與情欲相戰當斯時也乃得此忠厚無能之詖詞不徒自解且以見解於人此其所以弱喪而不知歸與噫自古迄今先聖先哲所叛示之典章篇冊昭昭具在若者亦嘗稍讀之矣有斯說乎有斯解乎此詖詞也胡為乎而來哉

九

良知者與生具生之天理不可泯滅者也人類之中等而下之至於盜賊猶具之焉卑汙下垢恣睢暴厲之行為揆諸良知枉不忸怩而不安不得不假此詖詞聊以責塞自欺其良知自蒙其性命豈不知夫卑汙下垢恣睢暴厲非道德之所許而忠厚無能之說為梟雄語乎故每曰匪吾人之無良也時勢適然於乎時勢天下幾多之罪惡乃藉汝名而行之

吾聞其語矣曰英雄造時勢請勉之說者又以為匪所敢期且曰此矇於治理之談也天下神器豈一人之所可造乎而欲思代大匠斲乎代大匠斲希有不傷其手而可已矣辯哉其言與然而猶有未達夫時勢者社會現象之謂也社會者集吾人而成者也自其分而言之吾人而不昧其良知則時勢又寧得與良知相左英雄之名匪所敢期豈吾人之名亦匪所敢期邪可以興矣於乎吾人天下幾多之國家乃藉汝名而成之天下幾多之大業乃藉汝而為之英雄不能造汝汝乃造英雄時勢乎時勢乎亦惟汝造之惟汝有良知汝其自問於汝之良知也可

十

名理之不辨也與夫良知之自欺也吾欲正名以喻之矣正名以喻自外而求之道也自外獲者中無主自內省者心不猶良知者自內而求之大道也吾人瞀於情欲假詖詞以自欺其良知矣雖然良知果可欺乎請發其覆吾人當自省矣夫良知而果可欺也有卑汙下垢恣睢暴厲之實矣則吾人當坦然受其名而必假曰道德者忠厚無能之代名詞也果何為乎又必假曰匪吾人之無良也時勢適然果何為乎蓋良知者光明磊落之物也豈受此卑汙下垢恣睢暴

厲之惡名惟其不可欺故必假言以自飾良知之與情欲其不相掩藏也殆知赤日之與陰霾乎吾人乃欲假詖詞以自飾不啻自暴矣良知果可欺乎哉而必欲至顛沛之際津梁之絶乃始興嗟射虎自殺方知悔悟不亦晩乎

美哉良知之為德乎明誠不辟率之循之則從心而動不違自然遂其性命之情矣梟雄者流曰丈夫死名耳不能流芳百世亦當遺臭萬年乃若其身樵其心汲汲焉而求逞其情欲抑知百年之壽大齊孩抱

十一

老昏夜眠晝覺痛疾哀若亡失憂懼居其太半矣量十數年之中適（適）然自得無介焉之慮者亦亡一時之中爾宣快情欲哉直若其情欲耳又曷若從心而動不違自然遂我良知天君泰然之為逾乎且也下不失為豪傑上可企乎聖賢

毋意篇

危言第三

人世間之現象至夥賾哉演繹之一社會也色相不知其幾千萬焉一國家也色相不知其幾千萬焉一都會也色相不知其幾千萬焉下而至於一縣一市一鄉一村色相亦不知其幾千萬焉歸而納之現於色之相人情也現於象之相人意也覩其色可以知其情督其相可以察其意一村一鄉一市一縣一都會一國家一社會皆集人而成而情者又人意之發於

十二

外者也然則世間之現象雖夥賾人意而已矣人意者其人世間治亂興衰之機緘也乎君子覘國家亦觀於其國人之情意而已其情舒以晏其意沈以靜治之徵與其情怒以躁其意浮以動亂之徵與其情誠以實其意堅以眞興之徵與其情哀以怒其意慘以戚衰之徵與

今者吾國仆專制而張共和之幟建設伊始國基未固邊患又日警其勢如高崖轉巨石稍一不愼則有隕越之憂千尋峭壁墜不可留落則虀矣當斯時也

舉國之民同以沈靜果毅之心努力鎮持其庶幾克此巨難以殿邦基乎迺者怒躁其情浮動其意舍相將之重任逞無謂之客氣其作始也簡其將畢也巨倏忽萬狀如飄風焉飄風則揚塵眯目而四方易位首涂莫辨矣若茲也幾何而不傾陷其國家與此則不佞之所以以毋意之說聒我國人也

吾國民之怒躁浮動也其病根非在無意乎敎育不振無完全之概念若曰惟新奇可以號召當世某也之說獨異於衆人吾從之故有極無可稱之言論極

十三

無可道之行事而亦雷動風起震驚一時國民仰望當道張皇可笑亦可嘆矣論者謂國民無意識其禍國者深矣其速敎之此治本之語也十年而後益今所不隶也然而自我觀之附和者也不足以禍國當今之禍蓋在有意此則不佞之所以以毋意聒我國人也

毋意者毋執已見也天下之事固至難言矣利害相倚伏因時而變遷為君臣故天下之理無常是事無常非治世不一道便國不必法古不矜於同而矜於治執一定之說而不知察時度勢豈通論哉迺者吾國人士多昧斯意昔也偏於規撫古代今也偏於摹郊西鄰他人典冊奉若神龜其導國論政也重外緣而輕內因削足適履非所恤焉其錮也與冕旒其冠蓋而黼黻其衣常者又何以異乎一二深心之士立異討論固期得其眞理以福國利民豈有他哉而昧者固執已見有起有辨者則相詈詬氣息茀然夫歷史不同則事情懸絕因果大異典章法度迺欲強以相同而不事研求能無效顰之譏乎且也同一種族

十四

同一國家時勢變遷猶有損益矧大異邪迺固履之所出然迺豈履哉典章法度應時而轉移者也執一端以相概寧有當乎師金語顏淵曰夫芻狗之未陳也盛以篋衍巾以文繡尸祝齋戒以將之及其已陳也行者踐其首脊蘇者取而爨之而已將復取而盛以篋衍巾以文繡遊居寢臥其下彼不得夢必且數眯焉論治者其三復斯言也可雖然爭論學理固執詬詈不足為禍當今之禍蓋在億度此則不佞之所以以毋意聒我國人者矣

毋意者毋億度也陳言辨難標文相磋學者所應爾庸何傷於國家乎獨是軼越理論之範圍億度他人為奸宄忿設無由巧言偏辭斯為流毒耳夫自學理言之固無損益而自時會言之則播種惡因而已共和告成矣南與北固同屬一國家也迺標聯邦之說導其割裂之機在洞知天下大勢之疇懷抱光明之士聆其言論固無所動其客氣而有容心蓋帝制復興之說在我國已無容立之餘地非下民之不可愚也中材之士咸知夫天下可力征也一人倡之豈百年無窮日哉是非心同豺虎者殆不敢出此下策以與天下萬世為敵而逞其一時之狂暴而高懷之士亦豈羨為此萬世不名譽之開國功臣然而黠者闇之撓其私念動其野心足以傷其義闇者聞之啟其攀龍附鳳之謬想足以傷其廉莊周曰春雨時日艸木怒生銚鎒於是乎始修艸木之到植者過半而不知其然其斯之謂與天下無無因之果其慎之乎矧茲風雨漂搖之日哉此則不佞之所以以毋意貽我國人者也

十五

毋意者不事前識之謂也不事前識非無意也事徵乎實理度於稽耳知此者其可與縱論天下之事討論導國之方乎今日之時局吾滋懼焉懼夫人情怒躁人意浮動飄風際起揚塵眯目我不辨其方位舉足而有傾跌之憂耳或者曰人情險於山川人意湛於深淵子未能九徵夫安得其肖嗟乎此則剖心之言也夫

風俗篇

危言第四

集羣品而國於員輿之上固恃乎法律有以齊之典章有以範之然而儕民之衆能案法律而讀典章者十無二三也而乃循循規矩不越常度者何以因緣乎有所謂風俗者為之陰驅而潛束之也方者吾國教育未興儕民之衆能案法律而讀典章者百無二三焉民國成立傖囊不定有思帝制而自為者此數千載遺留禪脫之風俗有以胎胚之也然而猶未至於土崩瓦解者亦此數千載遺留禪脫之風俗有以綱維之也蓋吾國深演於專制敝政之中實無道德

十六

之可言上民慕榮寵下民畏威勢而已推其有慕榮寵之風俗故黠者有帝制自為之志念惟其有畏威勢之風俗故愚者服命唯謹求安其衣食而不敢有非分之行此革政以來所以未至於土崩瓦解而得有今日者也於乎一國之所以治豈法律而已哉法律者治之具非所以治也所以治者係乎風俗之間而已風俗者其治制精神哉

風者動也謂其行也俗者欲也謂其習也（說文風訓八風也東方曰明庶風東南曰清明風南方曰景風西南曰涼風西方曰閶闔風西北曰不周風北方曰廣莫風東北曰融風風動蟲生故蟲八日而化從虫凡聲引而申之有動氾意故假為風俗之風俗訓習也從人谷聲周禮大司徒以俗教安注俗謂土地所生習也一川一谷之間民之所圍各有其宜尚故俗從谷得聲）推其濫觴原於生事因於迷信託於神權蓋至自理所在初民難喻且喻而不盡警惕為難故先覺作始利其愚而教之焉所謂自誠而明之道也（淮南氾論曰夫見不可布於海内聞不可明於

五

百姓是故因鬼神機祥而為之立禁總形推類而為之變象何以知其然也世俗言曰饗大高者而彘為上牲葬死者裘不可相藏相戲以刃者太祖軵其肘枕户橉而臥者鬼神蹠其首此皆不著法令而聖人之所以不傳也夫饗大高而彘為上牲者非能賢於野獸麋鹿也而神明獨饗之者何也以為彘者家人所常畜而易得之物也故因其便以尊之裘不可以藏者非能具綈綿曼帛温暖於身也世以為裘者難得貴賈之物也而不可傳於後世無益於死者而足以養生故因其資以讋之相戲以刃太祖軵其肘者夫以刃相戲必為過失過失相傷其患必大無涉血之仇爭忿鬥而以小事自内於刑戮愚者所不知忌也故因太祖以累其心枕户橉而臥鬼神履其首者使鬼神能玄化則不待户牖之行若循虛而入亦無履也夫户牖者風氣之所從往來而風氣者陰陽相捔者也離者必病故託鬼神以伸誡之也凡此之屬不可勝著於書策竹帛而藏於官府者也故以機祥明之為愚者之不知其害乃借鬼神以威之以讋其

六

敎所由來者遠矣而愚者以爲禨祥而狠者以爲非
唯有道者能通其志今世之祭井竈門戶萁帚臼杵
者非以其神爲能饗之也恃賴其德煩苦之無已也
是故以時見其德所以不忘其功也觸石而出膚寸、
而合不崇朝而雨天下者唯大山赤地三年而不絕
流澤及百里而潤艸木者唯江河也是以天子秩而
祭之故馬免人於難者其死也葬之牛其死也葬以
大車爲薦牛馬有功猶不可忘又況人乎此聖人所
以重仁襲恩故炎帝於火而死爲竈禹勞天下而死

九

爲社后稷作稼穡死而爲稷羿除天下之害死而爲
宗布此鬼神之所以立）進而至於[以]禮化俗文明日
啟矣（荀子禮論曰禮起於何也曰人生而有欲欲
而不得則不能無求求而無度量分界則不能不爭
爭則亂亂則窮先王惡其亂也故制禮義以分之以
養人之欲給人之求使欲必不窮乎物物必不屈於
欲兩者相持而長是禮之所起也）而意之所託仍
屬神權故禮訓履而釋曰事神致福禮有五而經莫
重於祭天者天垂象見吉凶所以示人也豊者行禮

之器也字從示從豊其意可想見矣禮以天地先祖
君師爲三本（荀子禮論禮有三本天地者生之本
也先祖者類之本也君師者治之本也無天地惡生
無先祖惡出無君師惡治三者偏忘焉無安人故禮
上事天下事地尊先祖而隆君師是禮之三本也故
王者天太祖諸侯不敢壞大夫士有常宗所以別貴
始貴始得之本也）三綱五常爲條自財物爲用貴
賤爲文多少爲別異隆殺爲要夫民智未開政敎爲
重君師尚已而王者天太祖則神權之說迂曲之談

卆

耳作始者匪不知也於是乃以宗法爲其後盾焉權
宜之道小成之制豈萬世不易之常經乎故曰禮之
用和爲貴亦曰與時變通耳是以禮運著大同之說
焉噫此共和之說所以爲政局最終軌迹與[蓋]則當民
智未開之時不定一尊則又不足以號令羣品息其
爭攘天下之事無有不利害相因者準時而用之可
耳或者曰夫一世之所不足者名理也所有餘者苟
妄也顧乃以神權迷信誘之乎然民智未開時會未
逮之際有不可以名理相喻而不得不利用神權迷

信者亦天演之勢無可如何耳嗟乎此名理之所以不足於斯世而苟妄之所以有餘乎亦可喟矣天下之事不能有利而無害斯可見矣已自其害而言之固有碍於民智之發達自其利而言之固足以扶持一世之安寧因其神權迷信之用以禮義廉恥孝弟忠信（忠之名義甚廣非專指事君而言）諸名之概念深印於下民之心目使不學者流亦能明其大意浸成風俗斯其為功固萬世不易也今者田夫走卒輿台皂隸固因受教育也典章法律非其所案而

丰

獨能於禮義廉恥孝弟忠信之說瞭然於心目之中者此風俗為之陶融薰育也苟妄之念賴之而消於未萌者正自多矣然而方今之世政局大變前此專制所利賴之風俗其精神與共和政體實相韋背不思所以禪脫其精神與時而推移之我莊嚴之齊州其有寧日乎燦爛之共和其可長存乎風俗之為物也敦龐而不可輕掉其性濡緩而平用顧又不可撓激撓激之則掀天揭地而不可抑遏禪脫之道惟潛移之默化之而已是以操切而變之固不可隨之而漫演又不能操切則有擾攘之患漫演則有忘本之憂焉

準乎已往撿其數千載遺留禪蛻之特性求其體合不相撓激足以滌其舊染之汙者其惟實行道德之說乎去其神權迷信之昧者其惟倡明名理之眞乎風俗之於羣品也積歲而成磨礱浸潤其由來也甚遠而久移之易之利乎因道德者共和政體之精神也（孟德斯鳩法意論治制精神曰君主之治無論為憲政專制其所恃以立者不必有至德要道之可

丰

稱也憲政之君主其道齊而奠定之以法專制之君主其讋服而彈壓之也以威威伸法行足以制矣獨至民主之國非有一大物為之大命則不行道德是已（荀子彊國曰威有三有道德之威有暴察之威有狂妄之威夫曰道德豈有威可言荀子深明儒術者也其言如是則儒術之所謂道德可見已孟氏直曰專制之君其讋服而彈壓之也以威且謂道德於君主之朝無所可用痛哉其言與）先民之舊說也禮義廉恥孝弟忠信舊風舊俗之特質也舉道德為

之綱不相背而適相明矣專制之敝也臣下不能以禮義事君而君亦不能以禮義待臣殆無榮寵之可言奴隸而已故晚清之季廉恥蕩然逮及於今未有艾也以道德厚風俗不徒榮寵末焉刑落聲華吾民廉恥之良知其庶幾來復乎廉恥之良知來復我國民其庶幾有公德私德之可言有公德私德之可言我國民其庶幾長享此共和之徽號乎蓋往者吾民深演於專制毒政之下秉賦之常德殆為獨夫梟雄摧殘殆盡矣私德且不可保存遑言公德乎此近日風俗之所以不良也於乎我觀於當今之世我欲與斯人共勉焉

卅三

名理者智慧之先導也先民之學識系之焉吾人之特質文化又系之焉以名理正風俗乎則分際明而等威秩矣實義明而苟妄消矣專制政策利於愚民吾人深演於其下者數千百年故名理之真幾盡人而不識誠哉其為倥侗顓蒙也乎甚矣哉專制之毒與人民心理之中怵權慕勢而外不徒廉恥失喪且昧乎禮義之真焉天下多士矣神明乎政教之原者有幾人不失之固舊則失之圖新其舊者則昧乎禮本乎神權得以因時損益其新者則昧於遺傳習慣隱系斯民其効力且雄於法律一舉而棄之無以善其後則天下事將不可收拾橫流四溢瀆蕩神州夫豈傖囊而已哉惟因名理而導之於固有之風俗不相逆與共和之政體適相迎名理苟深入於人心乎則神權迷信不禁自除而天誕之聰亦用以啟瀹乎民政治其臻實行乎於乎我觀於當今之世我欲與賢者商兌焉

卅四

政革以來下民覩此亘古未有之時勢茫然翁然道途偶語謬譌百出加以一知半解者流之簧鼓是非其影響於人心風俗者大矣乖厲相搏太和日失隱憂瀰伏禍亂相尋雖時會之有致亦人事之不臧耳於乎我觀於當今之世司教育之不察我欲與賢者商兌焉

正疑篇

危言第五

昔者國民激於專制之敝政感於民族之大義凜於兵凶戰危之恐懼故義旗一舉不數月而民國告成誠中西未有之盛事亦歷史未有之光榮哉破壞之迅速者國民望治之情因也若曰天此下其從此大寧乎吾儕出水火而登衽席矣逮夫共和之幟已建時閱一週脊脊不安倍於曩昔事實上未遂其利生計上轉受其災希望之情乃變而為疑懼何所疑疑

三五

夫共和之政不適於東亞也何所懼懼夫南北之猜忌惴惴於身家性命之莫測也於是非王者起國事殆難底定之盲言乃出甚矣哉人情之昏而不察事理也吾聞之矣一公司之籌設也其為期尚需計月矧建立泱泱之大國乎日者之阢隉固意中事耳下民眛眛枉知治道其疑懼也固不足怪顧有讀書論治之士亦若此者爰歐美日人皮視之談謂中國不適於共和其說有三曰地大民多為不宜也曰民習於專制太久而不能驟改也曰倫理太深而不可驟棄也此似是實非之論詢苟神奸巨蠹利而用之共和之禍也人民之封也是烏可不正之

揆諸已往之歷史西歐共和固皆小國美法以大國而為共和固有其特因美間於洋海無強鄰之逼處也法為霸國丁其時諸歐皆弱也說者曰此其所以得為共和不傾於內亂與是誠然矣雖然羣治之因果至為複雜此執一之論似是而實非也夫邦國之演進也莫不由小而至大人民演進也莫不由少而至多惟昔者有小共和國故今者有大共和國地大

三六

民多不宜於共和之說準乎歷史發達之局勢而不盡然者也蓋以外因言之今古不同則局勢大易是不可執往昔西歐之情勢相比例者一天下無無因之果列邦歷代其變局其開創各有緣因故美法以血戰而得共和中國以禪讓而得共和此地大民多不宜於共和之說準乎列邦歷史開國之因果而不盡然者也蓋以內因言之歷史不同則因果大異是不可執歐西之情勢相比例者二案乎此則第一說可無庸置其疑

習慣者其社會上不可驟移之大物耶地球列邦人民之普通性質莫不有保守之觀念故一事之更張枉不迂回曲折而始達固未有朝興一事而暮則天下靡然從風者然此乃就其性之静而言之一方面之論不可以概人民普通之性質也人民普通之性質有保守之觀念亦有進取之觀念故斯世無百年不易之俗千載不變之風此厭故喜新之説所以為一般人所常道也二者不同相濟為用而文明日起焉此古今風俗之所以不同而變遷遞禪之無已乎

今日之中國惟其習於專制也久故其易為共和也速專制政局之長久地球列邦無過於中國而為其命運之維系者其内因雖不一而大端則為宗法其外緣則東亞無相與匹敵之異邦也海運大開外緣乃異天下一家之勢變而為列國爭雄之局外來之學説固有撼於内因而有清一代以不同族而入主中夏與宗法背戾實為蘊育今日時局之導機武昌舉義以迄清亡未聞有漢臣為之死守人民為之悍禦者正坐此耳蓋我國之所以為共和半為時會之

卅七

轉移半為復古之心理準乎已往察乎將來有不得不然之勢焉滿清不德加以異族之嫌有不得不推翻之勢既推翻矣仍定一尊耶則風氣已大開天子之説實不足以迷信中民狡者崛起其勢將成分裂而大局必至於糜爛外患乘之覆亡立見斯皆誕降共和之大因此其所以習於專制也雖久而更之也獨驟與據内因外緣而言之則今者政局之變更實不得謂其驟而宗法之習慣實為其導機寀乎此則第二説可無庸置其疑

五論之論說固為宗法之大經然而準社會進演之事實五倫之説實緣宗法而作始君臣之倫藉宗法而成立宗法非緣君臣而始生也惟其然也不得不隆其禮儀以文之惟其文也故中於人心者惟威勢而無親愛之情其倫理雖存於吾民之心中而與父子夫婦昆弟朋友固大有親疏之判焉諺曰天高皇帝遠食君之禄者忠其事斯誠足以代表專制之君主與人民之感情矣人民之所不忘皇帝之名詞者禮儀等差之威勢耳父子夫婦昆弟朋友以親而尊去

卅八

人情不遠君倫之重託於神權假於禮儀去人情遠矣今者下民間無君之說有懇摯不忍之情乎曰倫理太深而不可驟之說徵於民隱有不然矣共和之制社會之相維非無倫理也畸輕畸重之別耳不得謂無君臣遂無父子夫婦昆弟朋友之倫常也宗法雖以五倫為經宗法非以君權而成立按諸事實固不得以去君臣之倫而遂逮及其四也父子夫婦昆弟朋友情理之演也君臣之倫以禮儀而演者也以羣治而演者也禮儀可因時而損益羣治原民智而

廿九

不同而情理則亘百世而偷此近者歐美人士之所以轉而提倡家族主義乎當今之世其所以傖囊不定者以羣治盛衰之因果果而言實緣乎專制之流毒文敝質衰墮落吾民之道德耳固不得歸咎於共和之名有以亂之人心大敝亂乎名實耳敝不極不變今日之敝亦為數千年未有之敝今日之變亦為數千年未有之大變否而復泰此運會也因而道之此人事矣或者曰共和政治以國民為國家之單位與宗法之以家族為單位其倫理實相背韋此知法

而不知道之言也夫政法之與俗習用各有當其趨每不同而其鵠則一皆所以致於道也其相濟為用之理與吾人之性具有保守進取之觀念實相同（政俗相異而不背之理當別為篇詳論之）且也羣治之進演其制度固因時而轉移或又曰可遞禪也不可驟更斯又不察事實而昧於內因之言也宗法社會有種人之時代有族人之時代有家人之時代吾國事實近數十年實為家人之時代都邑之人民惟歲時臘祭存族人之規矩而已一家之事實統於

卅

其家長且亦有以個人之義而獨立者強健之流每軼於家法之外舊制之藩籬拔扶傾頹匪一日矣或又曰所謂不可驟棄者非社會之習慣格不相入也誠以舊制之藩籬本已拔扶傾頹芟夷殆盡不足以維持社會之秩序今再進以國民之主義助流揚波不知其伊於胡底耳斯說也又所謂因咽廢食而不察乎治理之談也夫父子夫婦昆弟朋友之倫理固匪由君權而成立國民之主義固重然不得因之而廢置社會相系相維之倫理其極端之國民主義吾

人國不必法之而效之也且也共和之說有與宗法不相背者焉則共和之制以道德爲精神是也以道德爲精神則治世有綱而倫理可定矣昔者之敝吾將以道德爲綱而整飭之焉庸何傷準乎內因非道德之說不足以救其敝而稽於外緣亦非厲行道德不足以圖　案乎此則第三說又何庸置其疑

吾民懼南北之紛爭乎南北之紛爭非吾民眞意耶以事實而論無分崩之理吾民有右讜論直言以證之其事息矣又何懼惟吾民之疑懼吾因之有感矣

感乎吾民之疑懼而黠者酷者乃利用之以伸張其勢力盜名逞欲以遂其私於乎痛哉名乎實乎於乎痛哉實乎名乎

政教篇（危言第六）

羣之演也必有政無政不可以立國羣之演也又必有教無教不可以導民政之用重利國權勢尚焉教之用重利民道德尚焉自其同而言之國集民而成國之利即民之利也國之害即民之害也自其異而言之利害有相反者焉苟欲益於國乎則不得不損及於民賦稅之供納此其顯然者也公與私其利害不相容而不計公則又不能遂其私此羣之所以立國政之所以異於教而教之所以又有仁義之說也

以尋常之理論之吾人心理固絕不能受兩不相容之說而兼是之然此實淺嘗之論而未深察乎吾人之心理與夫社會之習慣也蓋常人之心理於是非之判別實純恃乎習慣以爲概念而無推理之能力其所謂是者準之於理未必爲是其所謂非者準之於理未必爲非惟習慣以爲是者即以爲是習慣以爲非者即以爲非豈有眞理於其間哉故雖有至不相容之事而習之成俗則以爲常者此固非惟吾民之心理然也古今中外莫不皆然

往者斯賓氏之論羣理也謂歐土所奉行之教含名而以實言有為己為人二教為人相親之教取於猶太之新約為己相勝之教沿夫希臘體諾史傳於詩歌是二者旨趣大異幾於相滅而皆深入於人心自其常理言之一國之民一民之身持相滅之二教能終身不覺齟齬者殆妄言矣顧吾民兼收之能獨異甚知其必不用並用也則二者間取而雜出之夫自三百載歐學中興以還新學與舊教不相能久矣某公者格致之魁宿也而最信教其親知言曰使道而莫不誠也則某公之教與學必廢其一而後可顧某公則兩利而俱存之其術無他終於其身學自學教自教必不以二者之教連類而並觀之故為之喻者曰某公之居二一曰講堂所以宣教也一曰驗室所以格物也某公登講堂則閉其驗室之戶入驗室則掩其講堂之門此其教義與學術所並行而不相害之道也民之於二教也大類此故雖其理於民學為抵牾為衝突為不可以並存終身由之若行其所無事徇齊之稚子聞牧師救世自度之談退而不得其說屢屢發難稽疑長者不能對也則怒而目之曰非所宜言稍久則置之以為不可思議雖求通無益也年加長其所受於講堂與受教於驗室者又枘鑿也復百思而莫得其解以質問之無從始之所驚者繼乃習焉習則行所無事矣是故雖有甚詭至不可合之義使其人之方長也從其所與接者一彼一此間取雜施惟意所宜因而成習他日既長雖至謬可以不謬至難可以無難蓋二教咸為羣事之所相需而不可偏廢勢相反而實相劑學者苟明此故則寀乎政教不憚其背馳聖人立教之所以仁義並舉矣仁者人也義者我也仁之教所以維羣義之教所以為己譬猶水火相反相滅而皆有濟於人惟政與教背馳焉故教有仁義之說

今者共和之政與吾國之舊教有相背馳者焉則所謂個人主義與家族主義是也憂時之士罔不慮其衝突意謂提倡家族主義乎不適於政與軍國之主義相背馳矣又與民權之說相窒礙重視個人主義乎國民之道德方墮落囂然於民權平等之名詞舉

倫常而毀裂之禍國之媒亂世之孽象已大箸寧可以助其流揚其波乎如斯理想縈盪於胸懷深箸於頭腦不可解決對於共和抱極端之悲觀者吾國之士殆不乏其人抑知政教背馳自昔已然不足慮乎固不徒歐西為然也往者吾國非所謂君主之政體乎君主之政體固以忠為臣民之天職孝為人子之大經忠孝之義非先民與國人所謂不相背馳者乎然自忠君一方面觀之以論孝親之道有不相容者焉故韓非子曰楚之有直躬其父竊羊而謁之吏令

三五

尹曰殺之以為直於君而曲於父報而罪之以是觀之君之直臣父之暴子也魯人從軍三戰而三北仲尼問其故對曰吾有老父身死莫之養也仲尼以為孝舉而上之以是觀之父之孝子君之背臣也故令尹誅而楚姦不上聞仲尼賞而魯民易降北上下之利若是其異也而人主兼之也舉匹夫之行而求致社稷之福必不幾矣韓非所云自政以觀之又豈無理邪雖然君臣之誼原於宗法宗法之理演於天性斷其本而欲培其末於理背矣於人情韋矣韓非以為重法適所以輕法也蓋忠君之義比附於孝親之意而生者也語曰求忠臣必於孝子之門斯言也得令尹仲尼之用意矣此忠孝之說所以與帝政之制並行而不悖與韓非祇知有政不知有教故昧於其相反同利之義乃又曰古者蒼頡之作書也自環者謂之私背私者謂之公公私之相背也乃蒼頡固以知之矣今以為同利者不察之患也然則為匹夫計者莫如修行義而習文學修行義則見信見信則受事文學習則為明師為明師則顯榮此匹夫之美也

三六

然則無功而受事無爵而顯榮為政者如此則國必亂主必危矣故不相容之事不兩立也斬敵者受賞而高慈惠之行拔城者受爵祿而信廉愛之說堅甲厲兵以備難而美薦紳之飾富國以農距敵恃卒而貴文學之士廢敬上畏法之民而養游俠私劍之屬舉行如此治強不可得也

夫君主為政一法責功斯固尚也標名矜高不斬實際固睽於政而循名責實不事浮誇慈惠廉愛薦紳文學之士遊俠私劍之屬固又所以維繫政綱勵民

禮教問題之研究

理至其極是非不齊神明變化無可無不可故老莊言治云無為無不為（此理當別為論詳之）儒者言理純乎入世之方針順流之旨趣故示是非以為界別倫等以為法以禮為教齊州人民之浸潤於此說蓋數千年矣溯果窮因今日之中國種種色因不根原於此自頃以來政革之變士人之言論歧出禮教之說頗受蕩抉深識世故之士惴惴懼焉張其理以相詰而染受於西方之說者則又視為迂腐之陳言此後之競爭其機方盛蓋東西政教之不同其接觸有以使然也余故取禮教問題而研究之

原起與進演　禮履也所以事神致福也从示从豐豐亦聲示天垂象見吉凶所以示人也从二（古文上）三垂日月星也觀乎天文以察時變示神事也豐行禮之器也从豆象形故禮有五經莫重於祭是禮教之原起蓋純乎尊敬神權之思想聖人繼起推而演之迺原神權之思想進而體天地法四時則陰陽順人情以制儀則代有因革至周而備逮儒而彰乃

三六

操節者也故數千年來帝制之政不廢榮寵之政策意者春秋之末承文盛之敝有名無實韓非鑒其害故力主形名而發為此言乎其敝也知有君而不知有民專制梟雄襲其意而行鞭扑之政遂至道德銷沈其末流乃并廉恥而喪失未始非韓子有以啟之也韓子固主形名者君斯也背形名之趣矣豈善學老氏者與教與政異聖人之微意也有所以張君權亦有所以制君權而維民德者非乃舉而廓之知所以張君權矣抑知有所以動搖其根本乎此後世專制梟雄之所以名尚榮寵而實施其鞭扑之政策與痛矣哉其流毒也

鑒觀以往之歷史專制之帝政忠孝並重可悟乎個人主義與家族主義之不憚其背馳矣政所以利國教所以養民利國不同而實相調劑其軌不同其趨則一斯其所謂道並行而不悖也與

三七

由事神之狹義而引申一切儀文典則之稱觀於故言可知也左傳云夫禮天之經地之義也民之行也又曰禮國之幹也禮者政輿也晉語夫禮國之紀也荀子大畧禮者政之輓也韓非解老禮者義之文也淮南齊俗禮者實之文也大戴禮本命禮者恩之主也而仲尼燕居直云禮者理也樂記又曰禮也者理之不可易也蓋其制日繁其義迺引申而日廣由事神之思想進演而為治人之思想此禮之所以與理同義也

卅九

綱領與條目　禮自進演其義繁博迺成為一種之學術儒者專之統系益明橫被九州浸流千禩豈偶然哉先賢論禮得其大要者厥惟荀子用取所言以助余說荀子禮論曰禮有三本天地者生之本也先祖者類之本也君師者治之本也無天地惡生無先祖惡出無君師惡治三者偏亡焉無安人故禮上事天下事地尊先祖而隆君師是禮之三本也

所謂三本者禮之綱領也三本之說又何所起乎蓋原乎自然之理天人合一之說（天人者天地人之簡言也古者之學貴乎通天地人之道故孔子曰一貫三為王）天人之說者吾國一切學術之中樞六千年來思想之淵海也何以言之包犧者文明之鼻祖也其作八卦實效法自然而通天人之理者也故易曰古者包犧之王天也仰則觀象於天俯則觀法於地觀鳥獸之文與地之宜近取諸身遠取諸物於是始作八卦以通神明之德以類萬物之情黃帝大昌文明之先聖也是故史稱其順天地之紀幽明之占生死之說存亡之難老子者學術之祖師也是故

卌

曰人法地地法天天法道道法自然原乎此故禮之為教立天地先祖君師為三本

禮論云禮者謹於治生死者也生人之始也死人之終也終始具善人道畢矣故君子敬始而慎終終始如一是君子之道禮義之文也（畧）故事生不忠厚不敬文謂之野送死不忠厚不敬文謂之瘠

事生送死禮之條目也禮之事經緯萬端故稱禮經三百威儀三千然要其所示人道而已人道大耑始終而已始終者人道倫紀之所託也是以禮依之以

為條目

旨趣之入俗　禮之作用既純乎入世順流之意矣則其儀節必適合乎民俗之心理而足以安其所欲故禮論曰禮起於何也曰人生而有欲欲而不得則不能無求求而無度量分界則不能不爭爭則亂亂則窮先王惡其亂也故制禮義以分之以養人之欲給人之求使欲必不窮乎物物必不屈於欲兩者相持而長是禮之所起也故禮者養也（畧）君子既得其養又好其別曷謂別曰貴賤有等長幼有差貧富輕重皆有稱者也

故又曰禮者以財為用以貴賤為文以多少為異以隆殺為要

自社會上着眼觀之世人之心理大都沈箸於積習被服於成俗悚權慕勢之心習幾為天性惟威儀之莊嚴可以養而制之存其倫等之觀念此自有史以來禮之所以演於社會而不可廢置儒者之所以斤斤於此也

範民之得失　吾國之習俗實純然由禮教所演成

四二

以世界之眼光細審而比論之其習俗有優異之點為歐美所弗逮者焉其一宗族之主義也其二守分之主義也其三漸進之主義也此三大主義皆原於倫等之觀念而生實吾國社會之楨幹立國之基礎演至今日五千餘載而能不失其故步者此物此志也惟是倫等之別資用在名名苟不正則禮教衰而淫侈雕敝蓋一般社會之心理欲望實深於德性昔者子夏門人之高弟也猶云出見紛華盛麗而說入聞夫子之道而樂二者心戰未能自決斯可證乎常人矣忘本逐末奢溢僭差禮教之末流其惡蓋不可免也雖然吾嘗言之矣是非本不可齊此又何傷於禮乎

正名之宜急　自現世之社會心理而言之人者一逐欲之裸虫而已非禮實無以養其欲以故當今之世具閱歷而深明世故者無不以禮教為救世之大經蓋逐欲之人民固非禮無以存其倫等之觀念而吾國人亦以深演於禮教之故非禮實無以平其爭日者禮教之淫侈雕敝失其本矣今後之趨勢非正

四三

名無以善其後而振其溺是則當今之世思以禮敎救國者不可以正為名為前提而徒期期於一枝一節之間也禮者養也養而不敎之以名則倫等之觀念漫滅倫等之觀念漫滅則社會之楨幹亡有人欲而無天理秩序毀矣果能正名以維禮乎禮之運方興未艾已

今後之興廢　歐美人士侈言先進以為個人主義善於家族主義此實衊言蓋持個人主義則人無尊祖之心而忘其本無嗣續之心而忘其後人道實大

四三

受其影響社會上之滋生發育必受其摧折此其勢於歐美已大見其機而法與美尤甚彼土深明世故之士慮人口產率之減縮方思以家族主義振其橫流我苟可淬厲渙發禮教之精誠以強吾國行見歐美且與同化蓋吾國之禮敎實一種極有研究價值之社會學術也

顧當今重禮之士夫其上者不知正名其下者則又汨舊於俗惡所爭者乃徇欲之私心斯亦禮之不幸矣夫

尚樸救國論

今者憂時之士莫不倡言救國矣且莫不舉道德之說以規箴告戒激厲國民矣揆乎時代之要需聲演之現象不可不然也顧空言提倡實效何期蓋道德之說義至宏大舉國之人對於此說自其淺近而言之固莫不略明大概而自其精微而論之即宿學積德之士洞之者亦寡焉故殷勤救國之忱雖至深切而發為言論實漫如珠璣之紛陳每蹈博而寡要勞而少功之譏行政方面或視為迂闊即或以為重矣

四四

亦謾言寡要鋪張於宣言書而已實未聞有一貫政敎約舉道德致用之方術發為有統系之言論綱領其條目總挈其端緒俾諸方並進有所依歸節次實行得其條理而無雜越蹈空之敝患故議論雖多不能實行即或毅然行之一枝一節收效難期此道德之說時人之所由目為迂闊乎於乎酷矣竊嘗深惟政事之所稽宗敎化之所淵源矣無宅曰樸而已尚樸乎則於政能循名而責實於敎能明其本根斯故老氏尚言道德治天下其術乃以樸為宗

以道德治天下之說乃為吾國特有之學術西方士人之所不喻者也原政教之用徵稽於名法而法之立又因乎名名之要歸又原於道德道德之施行亦以名為耑緒故老氏曰有名萬物之母治之初基於名矣然非尚樸無以正名故又曰始制有名名亦既有夫亦將知止知止所以不殆（老氏此言乃申論尚樸之理故上文云道無常名樸雖小天下不敢臣）老氏之言道德亦治術也彼以儒者之言為太謾（莊子天道篇云孔子西藏書於周室子路謀曰由

卌五

聞周之徵藏史有老聃者免而歸居夫子欲藏書則試往因焉孔子曰善往見老聃而老聃不許於是繙十二經以說老聃中其說曰太謾願聞其要）於是本其學識經驗徵諸吾國歷史之習慣遵內籀之理崇樸以為統準外籀之理標名以為系名者樸之散也樸者名之宗也故老氏言治術又獨舉曰樸樸者道德致用之方也世人未覩道德之真諦罔知政教之條貫怪為不經亦可喟矣

日者時人競言政教慕西來之學說科條悉備秩然井然信可謂得其分理矣夫政教之施行匪徒頒布其科條而已必也運用精誠以實行其科條然科條衆博千耑萬緒不可勝記又必也得其統系夫然後其動有所統而不煩其進行有所系而不越科條之悉備西方之說尚已而所以導齊之術則宗邦舊言允為精當本於經驗循乎名理（謂論理學）以研求治術之方舍乎尚樸又何尚乎乃者得新棄舊古昔聖賢所謂導齊之方一若無可討論之價值柄政教者徒習新章不習舊籍或稍稍習之矣而不悉科

卌六

條枝枝節節而為之此民國政教之所由不振與

吾見夫今日政治之現象矣百事叢脞渙然紊亂揆其所由一言可蔽曰名不副實而已夫法令非所以規行事乎乃法令為法令行事為行事不相謀合苟名實合則其弊去矣尚樸所以副名實也又見夫教育之現象矣言振興則僅具其名稱以虛榮為務言學理則釋語涵胡界義不析而其風習尤足為邦國生民之病者則學術與品德不相附麗有才者不必修德也是非正名實曷以去其非尚樸所以正名實

也

有病愈者欲頤養其身焉聞温淳甘脆之可口也乃屏棄穀食雜進其可口之味層積於胃不可消化身乃日羸今日之中國何以異此知所以整頓政治備其科條矣而不崇樸術曷以實行知所以振興教育修言建設矣而不崇樸學曷以導源雜越不治蹈空無效勢必然矣惟循老氏之治術其庶乎政教之設施科目有所綱領端緒有所總挈進行有所依歸實行得其條理而阽危之國勢得以圖救乎不佞之論治術推宗老氏非偏執也以為道德治天下之説惟老氏之言要約不煩有統有系耳當世君子思以道德之説救國者羣奉討論之

罣

論治術

治術非治灋也灋治之刑典科條也治之具也術治之精神也治之用也蓋治術者政核也法言云或問政核曰真偽真偽則政核如真不真偽不偽則政不核刑典立矣科條序矣真偽不分政何可正治術者所以實行刑典科條而真偽之者也其効力能神明刑典科條刑典科條不能神明治術也刑典科條其效見於施行而施行刑典科條則在於治術刑典科條譬猶車駕而治術則猶御者之使能也説者謂有

哭

治灋無治人則政不可以舉余則謂有治灋而無治術則政實不可以行蓋術者治之要也可以正灋可以正人灋正則政核人正則灋措而治清

徒灋豈可以為政哉故孔子曰導之以政齊之以刑民免而無恥導之以德齊之以禮有恥且格老子曰上德不德是以有德下德不失德是以無德灋令滋章盜賊多有孔氏老氏所云其意蓋謂國之治也灋為輕而術為重術者循道適德之方也故淮南子曰見本而知末觀指而覩歸執一而應萬謂之術（按

說文術訓邑中之道也叚借為治術灋之偁者蓋術為邑中之道有通達能行之意故叚為治術灋術之偁此與玄名之道叚道路之道為之同術意引申亦無譌詭不正之意故古之學者每以道與術同偁道謂學之體術謂學之用是以莊子天下篇云古之所謂道術惡乎在賈子以道術名篇而曰道者其本謂之虛其末謂之術）太史公蓋深知治術者矣故曰灋令者治之具而〔非〕制治清濁之源也

然而古今之治術亦多方矣要而言之諸子之可觀

四九

者九家而已其最者儒墨名法與夫道家而已儒之敝偏於文墨之敝野名法之竇〔失〕也苛刻惟道家能兼包儒墨名法之長（司馬談謂道家采儒墨之善撮名法之要此說當別為論詳之）此其所以以道名乎（道之含義至為宏博令人視道家之道字幾純以神仙為解是大謬也）道者治術之精賾也故古人每以道術同舉焉術者循道適患之方也故言治者尚之

式觀往古國之治也固非徒具刑典科條而官事遂因以畢舉民事遂因以敘安也蓋固不擇一定之方以為術而示行政之所宗夏殷周漢之盛也豈徒以刑典科條為治乎蓋夏尚忠殷尚敬周尚文漢崇黃老焉是皆其治術也是皆其治之所以盛也觀於太史公之言可審矣曰夏之政忠忠之敝小人以野故殷人承之以敬敬之敝小人以鬼故周人承之以文文之敝小人以僿故救僿莫若以忠三王之道若循環終而復始周秦之間可謂文敝矣秦政不改反酷刑灋豈不謬乎故漢興承敝易變使人不倦得天統

五十

矣斯則可知擇術之方而亦可知術之為用為治之所不可無秉政施灋者所不可不審矣今者中國之所以百政叢脞擾攘不寧者其病根蓋在知灋而不知術夫行灋而無術則灋足以亂灋灋亂矣國其寧可治乎惟其不知術故其行灋也內不鑑衡乎國情深惟乎民習徒效歐美之成法削足適履并其不可行者而亦行之焉抑知從政善舉之道當知體合乎故善治國者其制灋也必副於民習其更革進行也以漸而不以驟漸則不擾而理乃合從政之流（官

吏政客）咸味此理逞其臆斷重其理想之談而欲施之於實際以國事為其試驗之場兩年以來固試之而顯其荒蠱矣棼亂不戢百事廢弛眷然內顧其自省邪

今者國政不正其病固原於無術矣是誠宜擇術而從之矣民國之興乃承清季文化之術其敝已至極專制之甚灋網之密等於有秦則治術之從亦宜破觚而為圜斲雕而為朴寧網漏於吞舟之魚而不可失之嚴覈更張之制宜簡而易於實行庶使人不倦

垩

而樂言改革乎此則按諸世變升降之機會量度吾羣之體合而治宜重術術宜黃老者也吾嘗聞羣學家之言矣曰善調羣者其設境也必以漸先為之中塗而後更其極則所脫者與所漸加之外力相副此和理之所以日濟也又曰今夫文明之國其民之思理感情皆不可猝跂也取儓野狉榛之眾徒恃有法令焉遂可使自由而不相侵欺吾見其體合之不固能徒拂其天而以底於亂其所言實深切中乎我國當今之情事自民國成立以來改革政事皆偏於極端越於常度實大背乎羣理舉一切之陳灋而盡去之其意固期乎百事與新而不知宇宙萬化其進也皆以漸而無頓舊綱既廢而所謂新灋又多以不適於體合而不能收其効力益以承文敝之後習尚澆薄遂並其可以體合之新灋而亦有名無實甚或緣以作奸於庠可以痛矣是以歐美所謂良善之制度一經移殖我國莫不變為秕政轉而為舞敝營私之利器若官吏若政客若地方之劣紳鄉曲之莠民乃假以大權遂其盜謀而廉潔自好之疇幾轉為新灋所掃

垩

除屏逐用是舉國擾攘有如闤市喧囂浮動不可執則而多數循規蹈矩忠厚良善之國民則望治若渴急思休養而不得灋令事實兩不相孚亦可概矣此則按諸現象之趨勢量度吾羣之體合而治宜重術術宜黃老者也

乃靜觀當局眼光所注僅及乎灋而忽視所謂術是猶治亂絲者祇知解其糾繚分其綜錯而不知尋其耑緒以為分解之抽引之也庸可紀別乎夫灋固所以戢國之亂而術實所以總法之分直言之術者法之

統系也治之方針也為政而無術則漫無統系亂無方針此當今之世所以吏韋瀘守民多擬懼置棋业不定國本動搖者也果期國之治乎政之核乎措手之初當以簡定為主旨簡則易行定則不擾然後以瀘為分以名為表以操為驗以稽為決以事為常以衣食為主蕃息蓄藏老弱孤寡為意則國其庶幾興乎是皆黄老之術也

五三

拯救人心風俗之問題

神州自有史以來歷數千年矣歷數十年世事嘗一小變歷數百年則一大變其間治亂盛衰之跡不可殫述究其濫觴歸宿轉逡流演之勢則人心風俗之隆汙實為其主幹此非獨中國為然世界各國亦罔不如此故直言之一國之政教實為一國之人心風俗所鑄造然此迺就天然之理而立論者也茍自人事上言之則一國之政教又實有左右人心風俗之潛力直言之一國之人心風俗又實為一國政教所範模今者吾國世變至劇其局勢為有史以來所未有其時機與有史以來亦不同而人心風俗亦至為詭詐而卑下言辯而譎其心溺也深矣行僞而驕其質滅也久矣所謂中華民國之名詞尚希从此而永其稱謂邪則宜如何而拯救之是亦一問題也吾人為中華民國之國民對於此問題實不答不下切實之討論惟欲討論此問題有要義焉不可不審其義維何曰政教不同其用各别是也夫正人心厚風俗固恃乎政教然政者實其標而教迺為其本政

五四

教之用雖皆具有拯救風俗人心之能力顧其道不同苟不明乎此則不能權衡其相維之系而無所偏倚焉有所主張非不言之有理述之動聽然非渾政為教則渾教為政渾政為教者以政之用可以賅教也渾教為政者以教之用可以賅政也二者咸偏倚於一端而背治制之軌焉循其主意以拯救人心風俗乎則收效寡而流弊多政教之界義不明而欲審擇其至當之方蓋未可也故特舉而明之以為討論之準則

五十五

夫政者正也文之使正也其服人也以威力其勉人也以爵賞其用在禁制與激厲極其作用未嘗不可以左右社會之波流而奔走天下之人士然其運用也以權勢權勢苟消失則其能力亦隨之而淪亡故治制不能有政而無教教者斆也覺悟之也所以啟發人民之秉彝迪引人民之良能其感人也以誠其化人也以學其為用也精實不磨歷世不渝此政教之別也蓋政者治制之形式而教者治制之精神也形式精神各得其條理無所偏倚斯民羣長治矣顧

自來社會之趨嚮常偏倚於政而教之用每為政所淩此世變之所以相循無已乎專制之時代不必有真實之教以陶養人民也惟以政範圍牢籠之而已其政體對於人民不利其有真實之智識真實之道德也其所謂拯救人心風俗亦治其標而已矣使之入我彀中而已矣歷代撥亂之君主罔不如此此今者人心風俗之所以敝至其極乎幸政體已更則當此之時急宜實行拯救遵治制之正轍以圖長久治安之計揆乎人民之程度時局之趨勢蓋非標本兼

五十六

施不可以奏效而延民國之運命焉迺者政府固亦思所以正人心厚風俗以鞏固國基矣於是議祀天祀孔之制人民亦知世道之交喪思所拯救之矣於是有立國教復讀經之說

其果是耶中華民國之人心風俗其由此可拯救耶自不佞觀之此其為方皆所謂治標也皆所謂偏倚於一端也是以消極之方法為積極之要圖也政府之主張迺渾政為教人民之主張迺渾教為政也政府之所以渾政為教者誤於政治之思想也人民之

所以渾敎為政者蔽於宗敎之思想也（經文非尋常學子所可解迺欲令小學誦之提倡此說者實純乎宗敎家之用意蓋欲以重其信仰也與欲以孔敎為國敎主用正同）誤於政治之思想則以為道德觀念可以興章制度而起其效慕之忱蔽於宗敎之思想則以為道德之觀念可以迷信而導其嚮往之志然而當今之世以政體言之果可以仍效專制之往轍有政而無敎乎以斯民之狡黠又可以宗敎羈縻而馴伏之乎自敎育上言之又果可以宗敎涵養道德之方乎

垚

仍效專制時代之以政為敎而不思陶冶吾民真實之道德乎以威權利祿為導美驅策之方浸淫所至則政體將迴循於故軌夫以共和為名殺奪儋囊之機猶不可弭矧乎帝政莊生曰舉賢則民相軋仍智則民相盜以政為敎寧可逃其流毒耶此甚不可也自政革以來神權之說藩籬破抉斯民心目之中有赫監觀之情拔濯殆盡因果之真理又非彼所喻真性摧亂是以並潰漏發不擇所出瘭疽疥癬內熱溲膏苟不解其裏而惟治其表詎可瘳乎匪真此也毒將內蘊而敗其臟腑焉以宗敎羈縻今日之人心風俗乎是治其表而不解其裏此又甚不可也敎育之主旨以覺悟為用其涵養道德也不得以怵權力畏神明為陶淑秉彝之助威權利祿之鼓舞天神地祇之迷喻固為淺演之羣所不能廢置然自敎育上觀之則所謂消極之方法耳蓋道德之觀念非由於本心之覺悟則惡孽之萌必隨時而怒生今者人心風俗之所以敝至其極者正原於前此專制之時代其

兲

涵養道德也無主觀之覺悟惟恃乎威權利祿之鼓舞耳故一但天神地祇之迷喻為學說所斥駁則人心風俗遂至於不可收拾以宗敎為涵養道德之方乎此又甚不可也按諸吾羣人心風俗之所由敝當今政體之所宜與夫治制之正軌則拯救之法當以治標為消極之方策而以治本為積極之要圖消極之方策具有其事而已積極之要圖則當淬厲進行其庶幾乎得政敎相副之平而挈其中以躋斯民於道德之塗乎跂予望之已

內訌平議

數月以來國內之現象風雲傚擾驚吾民之心魄者非所謂南北之紛爭乎茲問題也苟不解決則國事難企進行吾民顛頓於此虐政之下殆無解縣之日於乎毒矣茲問題之內幕吾人以良心為準道德為衡置感情於度外着眼觀之實不可名為南北之交訌為私人之權利競爭耳就其病根上而言之余不欲責爭私利者之亡國家而爭客氣乃欲先責吾民之尚感情而昧眞理無自判決之能力獨立之精神

使爭權者利而用之藉他人之酒杯澆自己之塊壘邪騷然傍徨不可終日其心理之薄弱亦可太息矣所謂南北之交訌者果盡南人而痛惡北人邪盡北人而痛惡南人邪爭（徵）同意於吾民實不能得萬分之一個人之私訌視為全體之憤爭斯不得不謂之情瞀矣顧此情瞀之世界國民既無能力判決其理苟不就其現狀而處理之勢有不可余欲以道德為標準解決此事焉不可得也嗟夫報章之言論其評論此問題也入主出奴綜兩方面之說對於此問題之解決大別有二甲派曰調和乙派曰決裂生民雕敝國基未固元氣未蘇寧堪再削此主張調和者所執之理由也養癰遺患不忍斯須之痛則敗癰潰血曼丈全體終致不可救藥此主張決裂者所執之理由也甲乙之說皆以利害為衡福國利民為準甲重利民乙重利國其所主張皆持之有故言之成理也顧皆含有感情之意味於其間邇者實際之所趨決裂之機已漸亭頓蓋兩方面實力不相等也調和之說幾於充耳此其故歟將來之時局度不能越此說矣

雖然處理國事可長此敷衍邪一波未平一波又起矣故余之意見對於此問題之解決不欲為表面上之利國利民論亦不欲責兩方面之爭擾以道德之言相繩余欲就事論事探其內訌之原因明其非政治活動軌則忠告其手段之不正當剖視其過往之誤冀消除其病源以弭內訌之本良心之言也未審當代之少數英雄以為何若

辛亥之議和也南以理勝北以勢勝其結果遂以政權相讓而南北之暗潮亦於是隱伏建都之爭乃為

導緣此內訌之遠因也袁氏盡力交歡孫黃北上又覺風消雲散平靜昭舒而今日之大難又萌蘗於茲際孫氏宅心寶業示以正式總統推許袁氏黃氏亦未標明其政見出堂堂正正之旗鼓以與袁逐鹿國人遂大都注目於袁黎黎氏又明示推讓表面之現勢乃趨重於袁氏此內訌之近因也變幻橫生演剌宋之慘劇內脉隱動之運行乃一齊暴裂驚心動魄之波瀾從此大作矣政府內迫於財政之枯窘外迫於惡聲之責讓乃促大借款成功以為操縱之地步

空

國民黨以剛強之態度對政府乃釀成三黨之集合本其維持和平之意而與政府接近民黨有處於孤立之地此內訌之現象也

國民黨之失計先事不注總統之位置是也謙於前而傲於後乃其大誤夫共和國之總統枉不由競爭而出而吾國之具有總統之資格者乃相率謙讓鳴高而不與取競爭之說是以政治上之活動乃演為內訌成為意見越政黨之軌則矣殆亦經驗之不足乎致軍人啟干涉政治之機尤非共和國之佳事斯豈政治競爭之一手段乎國民黨當思所以改進進步黨當思所以杜漸矣

奎

淺演之世民智未開天下大事由來皆係於少數英雄之手此少數英雄對於時事而有謬誤則蚩蚩之氓其視聽動作亦謬誤先覺覺後覺此少數英雄之責任也夫人而能修行至儕於少數英雄之列既已立大功享大名矣必有其不可磨滅之精誠豈徼幸而然哉更當顧功名而自重以正大光明之言行風示天下俾蚩蚩之氓毋矇瞽以蹈禍則馨香萬禩已苟不然席其勢力逞私圖冐不韙固未嘗不可愚民於一時縱橫於一世天下萬世豈胥可欺耶其奈之何內焚不戢敵國之資也均誰時局吾深希當代之少數英雄毋目憤而令傍觀者收漁人之利使生民受無涯之痛阸也人材不世出國家之寶也以世界之眼光靜觀時局條理種種之方面種種之現象權衡利害之輕重亦不欲以道德之說上責難於少數之英雄惟希顧功名而自重毋為奸雄已耳吾民現時之心理大抵皆然矣

今日之時局癖之病者氣滯湫底鬱爲癥瘕非癰非疽其病在腹消其積痞則復其太和矣故余對於解決内訌之問題惟述其受病之源以針砭之言爲療治之方法布當代之少數之英雄自詡於良心運其曠達之襟懷詳案其方策張其如炬之目光覩（親）督其行動是否合於政治競爭之軌轍是否謀所謂大多數之幸福是否得吾民大多數之贊成是否對於敵我者得大多數之勝利公私幸甚吾民亦幸甚於乎天下有心人聆余之言其毋責余之立言背叛於道德法律不能以利國利民爲依歸

室

卷三

頁數	行數	字數	原字	恐係應更字
一	十二	十六、七	浮雲	恐重文
二	一	十七	惕	惕
	六	二十	未	末
	十四	一	而	恐重文
三	七	二、三	拘虜	枸虜
		七	懸	縣
六	三	三	優	擾
	十五	七	解	鮮
八	十二	三	藏	臧
九	十二	四、五	責塞	塞責
十一	十一	二十	量千數	三字恐有誤
	十二	十五	適	愈
十四	三	一	郊	效
	六	一	異	議
十六	十六	九	庶 無存偏旁	據下文應作履
十九	四	五	見	薦
	七	十五	自	目
二十二	十六	十五	用	庸
	九	三	政下	恐脫爲字
二十五	六	十	因	般
二十七	十二	十六	運	禁
二十九	六	十二	權	恐誤
	十二	十一	果	恐重文
三十三	十五	十四	所下	恐脫以字
三十五	十二	七	子	之
三十七	十四	五	民下	恐有脫字
三十八	十六	六	色下	恐脫色字
三十九	三	九	政下	恐脫之字
四十	五	九	天下	恐脫下字
四十九	十	十五	法下	脫術字
	十四	十	令	今
五十	十二	十五	瀿	瀿
五十六	八	十五	轍	軌
五十八	一	十七	眞	直
五十九	八	五	亭	停
六十二	十	十二	諱	踶
	十二	十	傍	旁

頁數	行數	字數	原字	恐係應更字
一	十三	十五	枉	凋
二	二	三	柱	固
	十三	十三	以下	恐脫天字
三	五	十六	附	析
	七	六	鍾	恐重文
	十	二十	傀	傀
六	十二	十六	之下	恐有脫字
八	三	六	斷	斷
九	六	二十	弱	恐誤
	十四	一	汗	污
十一	十二	一	中	恐誤
十三	五	二十	市下	恐脫一字
十四	五	七	常	恐誤
十五	三	五	設	濺
十六	六	九	聲	恐誤
十九	四	十四	忘	荀子作亡
二十一	十二	二	縈	萌
二十二	四	十三	未	末
	六	十二	言下	恐脫乎字
二十五	八	五、六	脊脊	恐誤
二十九	三	七	騾下	恐脫棄字
	十	十	而下	恐脫不字
三十一	六	五	原空	恐係存字
三十三	十七	二	牿	牾
三十六	六	二十	以	已
三十八	十二、十三	二十一	豈	豈
三十九	一	十九	故	恐誤
	十五	八	惡 應删	恐重文
四十二	二	五	可下	恐脫不字
四十九	十四	四	舍	含
	六	一	式	恐係試字
五十四	十五	十六	答	得
五十七	十二	十二	美下	恐誤
五十八	十一	五	但	旦
六十一	十二	十	注下	恐有脫字
六十二	十二	六	日	自

庚甲襍集卷之四

目錄

庚甲襍集卷之四　泰縣陳啟彤甫管侯著

永宋圖書館藏

對於全國教育聯合會之意見書

議案二則

甲今後教育之方針當認定國民教育

乙組織團體研究改良國文教授之方法及改良文字以謀進化

甲則之理由

射者無侯虛彀其弓趨者無鵠徒蹈其足个人之舉動尚不可無方針以為的矧乎教育矧乎全國之教育以故創立學校於茲數載效果如何難言其實以

一

不佞之眼光觀察所及成效實鮮是皆無方針之所致也然茲事體大所關宏巨匪可漫言案定必求合於時勢事實期以數年方有效果之可言今欲案定方針必據種種方面究其實際以確當之學理解釋而求其適合焉不可是故欲定教育之方針有三問題焉其第一問題則中國立國之原理也其第二問題則世界競爭之要素也其第三問題則中國國民之心理也此三問題相應而生三問題決則教育之方針定請先決第一問題

中國立國之原理

泛覽列國之歷史諦視其真當今之際其天演之轍迹群勢之趨向有純然離宗法而入於軍國國家者乎英吉者吾人所謂程度最高之軍國國家也然英人於蓋格魯同胞之意見猶深印於腦筋之中故其諺曰血之為物必黏於水其意則同種之人較外人為親也而宗教之間差別尤甚焉由其其外而觀之集合之要樞為保護權利因為軍國國家也覈其內而眂之宗教之法力猶彌綸於社會之間而未能離間也籀夫吾國之歷史求其真實自堯舜湯武以來即入於宗法之階級深演於其中幾數千年按諸社會今茲所演未能禪奪於宗法此人人所深信也夫宗法之治法國主政策以榮寵為極則庶民道德以守身為大訓質言之宗法社會之教育則愛家之教育也愛功名之教育也今者愛家愛功名之教育足以圖彊與否盡人知之矣是不可不重定教育之方針而欲定方針又不可不先察列國競爭之勢要素素請釋第二問題

二

世界競爭之要素

世界競爭之要素則國民之智識是也列國執政深知夫此故擴充教育不遺餘力以國民教育為獨一無二之彊國法普及教育恐難行焉則繼以強迫強迫焉而猶恐不及則輔以單級兩部種種之方國民受普通教育者多故具有保護利益之思想因保護利益而生國家之觀念故能組合軍國國家而以彊盛焉推其彊盛之原因其第一步則民智也其第二步方為武力武力者民智之產兒也蓋民智於競爭

三

世界愛家不足以保家愛國始足以保家耳其愛國也飛（非）愛國也愛家耳愛其權利已耳吾國民非無愛國之公德也不知夫愛國即所以愛家愛權利耳此中國之所以地大民眾而痿痺不振列國之所以地小民寡而奐然崛興也稽之列國則如彼考之吾國則如此則欲定教育之方針非注重於解釋吾國民之心理不為功請言第三問題

中國國民之心理

中國國民之心理一愛家的也一榮寵的也其所以

具此觀念而牢不可拔者以深演於宗法社會之中經先覺聖賢所磅礴而浸潤者非一日也故習為當然不知其它祖先具此觀念遺傳子孫幾成特質此特質與吾國之關係至為切要蓋一國之成立莫不有其要素以綱維其團體之秩序無要素則不能張其國維而國亟滅亡中國之不即亡者以此中國之積弱也亦以此今欲頓進於軍國國家於羣學上理有不可於心理上勢有不能夫歐西列彊盛言軍國非一日矣方且得其表面之大端而按之實際宗教

四

之力與民羣之心尚未判爲絅中國我教育幼穉識字之民百不得一爲識字之民具有國家之觀念者十不得一爲具有國家之觀念而思組合軍國國家者又十不得一爲據學部近時之統計國民之受教育者不及千分之七閉塞如斯民識萌矣然所以尚國於地球之上者則以數千年來巽演未奪之宗法有以維繫之也田夫野老與台皂隸雖目不識丁而宗法之概念彼獨能完全具於心目之中也上爲者雖不能有權利之思想而榮寵之觀則未嘗無也今茲所急者在遂其愛家之觀念為愛國之觀念耳遂其愛榮寵之觀為愛權利之觀念耳遂其宗法之觀念為法律之觀念耳苟洞知夫方今之世愛家不足以保家愛國始足以保家愛權利即所以愛榮寵守法律即所以守宗法為公即所以為私合羣而謀斯為可矣此理雖淺然以語於未受教育者彼弗信也蓋天演浸巽非客觀的片語所能悟其心理必也有主觀之者悟始足以拔其塞而啟其新國民教育主觀之不二法門法也故竊謂今後教育之方針當以造

五

就國民為的方針定矣請言進行之手續

乙案之理由

單學級也兩部也是皆輔助國民教育之手續也然此迺治標之法而非治本之方今者教育上第一重困難為難於多識國文其其次為難於通曉文法以故書僮肄業已經數載而識字不逾千數學習十年文理欠順比比然矣識字不多國文欠順而欲其領悟普通之學是射者無弓趣者無足也有能釋此困難者創為簡易識字之說以救之其說是矣請究其詳

據報章所載近資政院提出速頒行簡字議案提議者演說之大旨有六其第一條云簡字自四年爲即經奏准而自今未頒今須由資政院議決施行（二）中國人多應雄視全球而中國適以人多而敗（三）國民不識字即為政治法律之種種設施之阻力（四）中國文字向無一定統系故除文詞外無文字而識字愈難（五）籌備憲政請單國民識字按年遞增進若不急行簡字萬難做到（六）此事似小關係極重請諸君贊成作為上奏案可先請付法典股案查（後付特任

六

股衆贊成）其第二三五條理論搞當其第四條所云則為大謬此條既謬則其提議為不可行其所編行之課本無論若何為不完善何以言之蓋欲識字欲求簡易非洞明文字之原理與音韵之學得其會通之公例不可得真實簡易之方彼於第一步根本問題既謬認矣則其所謂簡易者可知本示人以捷徑恐轉入於歧途矣試正其謬如左

一中國文字向無一定統系之謬

夫統系者有綱領能聯合其分歧之謂也理有統系則能成為科學今世所謂科學皆有統系故皆有一定公例以為標準例如算術則有乘除加減之公例無論何題求其數目皆必循此四例此四例算術之統系也彼謂中國文字向無一定之統系則必謂中國文字向無會通之公例也夫中國說文五百四十部首雖據形系聯以為公例未免繇襍而六書則其以簡御繇之公例也不可以為一定之統系乎自倉頡造字之初即有指事象形二例其後形聲會意轉注叚借相繼而生迄於今中國一切文字推其原理

七

有出此六大公例者乎一切文字之原理既不能越乎六書則六書即可為文字之公例公例即統系也不知彼何所據而悍然斷定曰中國文字而無一定之統系其謬尤非名學上所謂晉詞可比

二除文詞外無文字而識字愈難之謬

欲知其謬請先正名何謂文文錯畫也象交形何謂字字乳也引申為文字言孳乳而浸多也何謂詞詞者意內而言外也此別名也曰文詞曰文字皆可謂曰文文者類名也文詞與文字別之則界說不同二

者不容惲為一物不可謂文字即文詞也曰文詞者指文字之集合成句讀者而言曰文字指不成句讀者而言之也說文字與表譜算艸以及會計之簿與圖之地名皆文字也非文詞也彼謂除文詞外無文字而識字愈難又不知據何理由夫文詞乃文字所生出文字為文詞之祖先曰除文詞外無文字是以文字為从文詞而生也謬孰甚焉其於文字根本之原理謬誤如此即使教授有方庸有當乎竊謂欲去識字上之困難非研究六書昌明音紐之學不足以

八

得其方說文本為有統系之學科惟廢置不講故覺難知中國文字本聲形同衍學者苟明六書之例雙聲紐韻之法自事半而功倍或謂茲學精冥非書僮可領畧不知按其學理苟欲習其普通知其當然固不難於習普通算術也良以湮沒不彰師承寡尟故習者綦難若絜其領要循其公例詳其講解則習者自不難會通在文字通順者究其原理亦非難事吾國舊有之學能有統系者甚鮮惟文字之學自姬周之世即為完全之科周禮八歲入小學保氏教國子先以六書豈古者書僮聰穎八歲獨能領悟六書之趣旨哉今茲碩士迺曰難知此誠不可解也無他習俗之見口頭語耳書僮諷字全無教法僅口授其音不講得義得聲之理是以易於遺忘難於領悟不足以引其興會導其性靈死守成法不思變通不知文字之得聲泰半由於先生之言語故推其原始言語文字本屬同途古者矢於口則為言語筆之書則為文字既通言語則識字不難明以六書自易撰求國民識字因此易於進步周以六書教國子故逮其末

九

際學術極為可觀而人材亦衆為曆史上放一異彩焉自六書之教廢置而民智遂由此塗矣嗚虖痛哉此中國之所以冥演於宗法社會之中湛湛千載長埋而不能超奪也夫匪特此也而言語文字亦由此分途而背馳民智之不開識字通文之困難胥由此生矣愚昧之士見古者學術精冥文明爛奐輒曰今人不逮古人此種不求甚解之言造為一般之輿論一倡百和莫知其然嗚虖痛哉今宜組織團體討論文字聲音紐之學本六書以定課本本音紐以為教授

之方使學者會通文字之公例聲音之所由然明文字之學有統系之可尋免去暗中摸索之弊得識字通文案之捷徑此入手之第一辦法也文言不能統一民智難於進步言語不能統一文字因以歧異不但民智難開即於國羣亦有所不利中國民心散渙其原因（固）甚襍複而方言之各別亦其一端也且近者世界大勢之趨向文化競爭之問題已兆端矣中國文字言語自周法廢置而後言語則雅言散佚文字則原理隱晦識字者祇知衍形之說不知衍聲之義

十

文字遂成為固體不能孳乳以應用歐化東來譯事大興益覺相形見絀西人遇有新事物新思想循其衍聲之旨用羅馬臘丁之文會合成字特製名偁以表彰之而中國則不能於為叚借代用界恍惚淆名實不偁於學理上殊多乖盭故有西文優於中文之說於是廢置中文代用西文之說興不知西文衍聲而不衍形驟視之國（固）易得其音而欲明其本義則索解殊難非識羅馬臘丁之文且曾治其學者不能究其指歸也中國文字形聲相益視而可識察而意見

即不明六書者雖不識其音亦能畧知其義苟洞悉夫六書其有難於索解者幾希矣明其公例則可孳乳而浸多事物名偁非不可隨時造字以表彰之也特無人注意於此不事研求任意叚借流弊日奚文人濫用意義歧分本真隱殉今者若不事改良吾恐中國文字雖有特長亦將歸淘汰矣誠宜合力而謀嚴別文字之界義折中南北之方音定為官書以備文言之說（統）一倡明六書之條例修其統系造作新字正名定物以備世界文化之競爭此第二辦法也管

十一

窺之見未識是否尚祈 布告同會會員指正匡定俾開聯合會之時提議討論則幸甚焉

討論教育部長對於教育方針之意見

閱报讀教育部長對於新教育之意見文及上海實君豐臻之討論振觸中懷謹以管見所及姑妄言之尚希教育大家賡續討論指正一是焉

教育與教育方針之分別

竊謂討論事實首當申明界義然後始有分別有標準而資辨辯今者部長之意非曰定教育之方針乎請先揭明教育與教育方針之界義而後以定教育之方針為辨辯之標準

圭

教育者導養生民啓發其具有良能以遂生存也教育二字所包括者有軍國民主義實利主義公民道德主義世界觀主意美育主義種種之不同（仍部長之說段定為五大）教育方針云者因教育有種種主義之別而各國之社會情形與內因外緣又各有其異因茲教育之途不能循此五方面而一力並進乃審時度勢注重於一方以先其所急而以其他之主義為附屬之進行例如武德不振則以軍國民為教育之方針然其他若實利若公民道德若世界觀若美育諸主義非廢置而不講也不若軍國民之義主義為重耳若曰五者皆為今日教育所不可偏廢斯言也以論教育之體用則可也論定教育之方針則非也何則緣所謂方針云者擇教育中之五主義而重視其一之謂也

宷定教育之方針當依何者而判定

務強國者謂宷時度勢宜以軍國民教育主義為方針也務富國者須富而後可強宜以實利義為教育之方針也斯皆據時勢而判定者其信然乎竊謂教

圭

育為立國根本之計畫判定方針不可依於外緣之現象而不宷夫內因之若何也夫政之所重與教之所尚道有不同政治之主義因外緣而定方針可也教育之主義實因外緣而定方針不可也國之成國恃有特質以相維繫內因為重而外緣次之教育為內因展發之根本不可以外緣為衡政策為治標之方教育乃培本之道政策之效果收於目前教育之效果得於數十百年而後苟不宷乎內因而惟外緣是顧是效顰之教育也日本生蹈此轍昧於主觀徒

見夫外緣之現象而不察內因之若何故教育方針屢更屢易朝秦暮楚而枉所適从焉今者欲定教育之方針請循內因之若何以資判定

民國成立之原因

今者中國非合五大族而為新民國乎此如火如塗之光榮歷史未有之盛事从何致哉執果求因曰種族思想也此種族之思想何緣而生乎根源於歷史上之宗法教育也使吾種人不受先覺賢哲所發明之種族主義深印於腦筋之中推倒滿清有如斯之

十四

速乎吾敢斷言曰此如火如塗之光榮歷史未有之盛舉於今尚非其時也前之所以不得為滿清贈送此大好山河於他人者此物此志也今之所以能合五大民族而為共和之國者亦此物此志也

共和民國之精神

共和民國之精神伊何曰道德是也孟德斯鳩曰治制有形質有精神所謂形質乃其物之所由立所謂精神乃其物之所由行形質以其休〔體〕言精神以其作用言體立而後治度形用明而後人情著其所謂形質者指法典而言也又曰君主之治無論為憲政為專制其所恃以立者不必有至德要道之可偁也憲政之君主其道齊而奠定之也以得專制之君主其讋服而彈壓之也以威威伸法行足以治矣獨至民主之國非有一大物為之大命則不行道德是已蓋民主之國人自由也人平等也苟無一種高尚之精神調劑於其間則權利思想之決發必訌潰而不治今試〔按〕中國之內情合五大族而統計之而平衡之其程度若何其道德又若何

十五

今日國民之程度

據庚戌年滿清學部之調查統計國民之受教育者不及千分之七若合滿蒙回藏而計之吾不知得千分之幾（滿清學部統計雖不足為的實之據要可謂得其大概又此度革命學界受影響而輟學者為數姑〔湛〕不具論）夫受教育而能具國家之思想履行道德者吾不知得千分之幾也具國家之思想履行道德而又有超軼政治之知識者吾又不知得千分之幾也其他若滿若蒙若回若藏人民之程度其與

漢人之比例又為若何居今日而言教育合五族而
計之普及之未遑又遑言夫超軼政治哉教育之方
針為造就少數之哲學而定乎一抑為造就多數之
國民而定乎此又不待智而知者也
　超軼政治之教育不適於多數國民之程度
現象世界與實體世界適有相乏此天演之轍不得
不然也然實無礙於人類之進行若曰教育者立於
現象世界而有事於實體世界者也故以實體世界
為其究竟之大目的而以現象世界之幸福若為其達

廿六

到實体觀念之作用以大美感之教育進為行之塗術姑
不論其能為方針與否（世界觀及美感二主義皆
屬哲學問題能為教育方針與否又一問題賈君討
論曾言及之）然試問今日現象世界中之中國國
民其程度為如何果以斯主義教育之人民能領悟
而悉化也則以此為方針度盡衆生吾之願也奈其
不能何請畢之
　今日教育之方針當擇定公民道德
教育者立國根本之計畫也故判定方針當視乎內

因三之若何而不可依於外緣現象案乎吾在國之內因
若是其種種一也則教育之方針有所定嚮矣定嚮
伊何曰公民道德是也苟能循此方針而實行普及
教育之宗旨名稱其實則我新民國之基其庶幾固
乎若滿清時代有所謂欽定教育之宗旨云云者然
非滿清教育之方針也滿清之教育自其外而視之
無方針也自其內而言之有特別之方針焉曰利祿
是也今茲國民利祿思想滌除也否此則鄙人之所
不敢斷言也教育之方針當擇定公民道德者以此

廿七

一孔之見是否有當幸洞明國是者其有以教之

今後教育之計劃

自辛亥革命民國肇興吾國教育上之設施緣兵事之影響大受挫頓據清季學部之調查國民之受教育者不能及百分之一逮及於今數又減焉統而計之其比例當更下矣自辛亥至今年餘來教育界之現象如何乎曰裝定書面增書四字之標題曰中華民國再書賈因茲碌碌教育部亦為此勞勞哉於乎不佞豈欲厚責於人謾罵當世蓋鑑觀實際徵其所事搞止於裝訂書面且不獨教育政治為然其它政

六

治之進行亦如此也於乎不佞豈不知此裝訂書面之政策為時會所驅使為國民所自鑄任何識刺不能更革於乎不佞正以此裝訂書面之政策為時會所驅使為國民所自鑄任何識識刺不能更革而有所欲言而不能已於言曰者新內閣教育總長汪君頗思振興教育為立國上根本之計劃據報章所載擬厲行強迫教育規定全國當設十萬義務小學其事之是否未可必要之總長之志當以推廣小學為心也其志願則誠是矣其志願亦可謂宏矣準時流之學說承西方之餘徽吾人當歡迎其計劃贊成鼓吹俾其政策見諸施行其庶幾追蹤歐美啟發文明挽回國勢乎顧自不佞觀之此種教育之計劃揆諸現世之實情亦仍為裝訂書面而已蓋吾國教育之不振自實際上言之乃行政方面漫無方針教授方面朦無條理有以致之固不徒施行不之不力有以叢脞之也憶自政革以來百度維新啟西之良法美制罔不踵行亦宜乎福國利民矣乃大相背馳斯何故乎吾嘗沈沈而思其所以厥故有三其一則精神上無

九

道德之觀念也其二則學理之方面無解釋之智識也其三則施行之方面躐等而淩亂也斯三者為吾國民心性上之病原今欲藥其病原固非教育不克然實非厲行強迫教育所可奏功夫強迫教育者乃行政上督促進行之一手續豈所以教育期收實驗之方乎吾國民心性上之病原其胎胚實緣於教育方法之無當自行政之方面觀之則無方針以風示天下也自學校之方面言之則無條理以啟牖吾民也惟無方針故教育無精神而吾民之道德觀念因

以薄弱惟無條理故教授是以無程智識因以缺乏竊謂當今之際教育問題其所當急籌實施者為所以教育之方而非督促進行之手續教育之方針與夫教授國文之次序是皆所以教育之方而當急籌審定者也不籌所以教育之方為正本清源之計徒重乎行政之手續其猶工欲善其事而不思利其器乎雖有大匠其事又曷能善乎請揭吾國教育界之事實以箸其蔽

日者吾國一縣之間計市鄉之小學固亦可數十也

卄

辛亥革政之後通都大邑之學校每因以減少（法政不計）而內地偏僻之處小學乃緣以驟增其內容大都十數生徒而已其所驟增之原因乃一般學子欲假此名以斷割地方之公款表彰其置身社會之門面也學識稍優之士舉不屑為之吾國教授之法固未盡善此輩乃或舉此未盡善之法而放棄之是以社會之間對於學校之信仰日趨於墮落斯豈教育之發達乎添設幾許某某學校之名額耳教育普及不佞之所嚮慕者也果強迫而有效豈非幸甚

語曰未知來鑑諸往今者果實行強迫之政令即使行政者盡其督促之責中央與地方出其財力有能踰於已往之陳迹乎其效等於裝訂書面耳假曰實際發達矣而精神上無道德之觀念教授上無條理之方法則其養成之國民無品行無智識又庸足以致國勢於富強乎其效亦仍為裝訂書面而已

國勢之盛衰固係乎民智民智之進退固恃乎教育教育與國勢之關係自積極言之非普不為功而自消極言之國家有多數之庸材實不若有少數之上

圭

士此則當今之世教育之施行不必斤斤於普及者也教育為立國上根本之計劃籌措施行當期實效匪美觀瞻匪壯聞聽匪外表足以誇示遂可以鞏固國基者也不佞之言教育不希普及豈誠不希普及乎內鑑國情不可逮耳汪君而果以教育為己任且抱宏大之志願乎其先籌措所以實施教育之法為正本清源之方毋徒震於教育已興之國一意以督促進行為事視亞洲如歐美奮翮高翔不審能力而自取踣躓也規度邦國之大事思以極濟社會非細

耑也當以詳審之考察而出之不可漫言整頓財固
不可以虛靡時尤不可再忽有所措施以實行為依
歸不期徒有其名而期能得其實清季之世在行政
方面對於教育以利祿為方針風示天下以養成卑
下之官吏為主旨學校教授之方面一二深心之士
則以種植破壞灌輸革命思想為目的要而言之舉
國上下實未有真正教育之方針也無真正之方針
則無真正之教育清以無真正教育而亡民國亦以
無真正教育而邦基阽隉種族之界説固亡清之大
壬
因而上於下無懇摯之教育亦為其啟導無限制之
自由平權諸説因為民國擾攘之大因而四民未受
真正之教育實為其階厲式觀已往即果求因即因
證果當知所趣舍矣蓋往者教育方針實非正軌精
神駁雜背於常行不可為幸也故居今日而言教育
思所以殿邦基於磐石實以培養其正大之精為第
一要義欲培養其正大之精神非自行政之方面首
先立定一正大之方針以風示天下不可此正大之
方針以不佞所見厥惟道德注重道德者所以造成

真正之國民也
吾國民智學術自春秋而後日趨於簡陋國學失其
精誠教授失其條理也自國學失其精誠偽儒遂緣
經術以干祿雄主遂飾儒術以尊君其馭民之術歷
世彌精取士之方亦歷世而彌狹降而至於八股可
謂極其愚民之能事矣惟其取士也不以學術故不
求教授之方惟其教授也非欲其真求學術故廢棄
六書於乎自秦漢以既今神州學術之遂殘盡為專
制政策所蔽障矣而於此風雨如晦之際能遺有一
壬
綫之延者則賴乎許校長之説文解字耳諸科之學
無論如何莫不以國文為其導引而小學蒙養尤以
國文為重祈其用矣顧可以不明六書不知訓詁乎
談教育者日籌所以瀹民智濬民識矣乃瞑擿以為
導當途何往而能可通達也耶斯吾族品德學術之
所以銷沈殆盡也乎撫今追昔緬周代之文明感今
茲之萎落道學淩穉能不喟然以嗟嘆也乎自周而
後吾國其真有教育哉自學校建設以來教育之方
其果有條理哉故居今日而言教育思所以啟牖國

民之智識實以改良小學之國文教授為先欲改良小學之國文教授非自行政之方面決計以正名為務不克

依據以上所述之理由計劃當今之教育欲免手裝訂書面之誚不事敷衍力求實效則其著手得兩大問題焉

其一則審定方針以立教育之精神

其二則當改良小學之國文教法以立教育之根本

第一問題之研究

或者曰邦國之施行教育宜有方針以一致其精神斯誠然矣顧横覽大局旴衡時勢吾國之病病在貧耳財政支絀入不敷出行政經費近亦仰給於外債強鄰藉此以操縱苛刻條件隱奪政權埃及之禍近在眉睫夫以吾國内藏之富力甲於大地而乃不知啟闢無法經營坐視他人入室侵我利源攘我政柄是皆國民無實業之智識有以致之也苟使國民富於實業之智識經營有法商務興盛賦税充盈亦何

致府庫空虛經濟竭蹶受扼制於強鄰低首乞憐於外債以為生活乎然而亡羊補牢猶未晚也自今以往誠能以實業為教育之方針喚醒吾民之愚昧增其商業上之智識其庶幾於此商戰之世界使我中華民國得以獨立於東亞與

鑑於弱者曰廿世紀之時代武裝和平之時代也日者英之於西藏俄之於外蒙大肆其封豕長蛇之志外交之失敗已斑斑可見列強持均勢之局法於雲南德於山東日於奉吉將起而效尤瓜分之機已兆其朕者察世界之風雲驚濤駭浪正衝激於神州四岸我國人苟欲保存此四千年神聖文明之歷史長亘行於東亞擁護此莊嚴燦爛寶藏無京之大地思與白種人競爭未來之大勢非經一度之大戰不足以振我聲靈措此危局以堅固我中華民國之大基通者之兵力平内亂雖有餘禦外侮則不足也外債條件之苛刻困欺吾國之貧實要吾國之弱日本以貧乏之國而獨受列強之青目者以武力勝也即此弱息猶存之際臥薪嘗膽生聚教訓其足以立足於

強權之時代而不致劣敗也乎揆時度勢非以軍國民為教育之方針實不足以圖存

二者之說持之有故言之成理以視持超軼政治之教育為方針者殆近事實矣然此實頭痛治頭足痛治足之議論非審度病源洞悉經絡診其數要之方法也今者吾國之病其為痛之處實多蓋幾於全體教育者醫藥之方也施之以頭痛治頭足痛治足之劑則病消於頭者或轉中於心腹除於足者將趨於手臂可斷其終年無瘳日也不徒無效元氣且日以

三六

凋敝焉是以衰世雖有更張弊泯於此者必發於彼害消於甲者將長於乙合一國而數之弊政害端常自若也蓋當局者審理不深惟知補罅彌隙不得其致弊致害之原故無從求其提綱振領之方法夫世之盛衰實與民質之良否同其升降民質者國事家現象之總因衰世之民其質不良故弊害可以易端而無由禁止此則辟之病者元氣大傷手足官能胥失其用非培其元氣弗克運用自如也乃曰厥足不良於行治其足厥目不良於視治其目庸有濟乎試就事實上而討論之以申余說

吾國之財政曷以支絀乎自收入之方面觀之固病其短絀而自支出一方面言之則病在浮濫日者各省之預算皆倍於往昔按其消耗則半為有名無實之軍隊半為堆床疊架之官僚故往昔協解中央鄰省而有餘者今乃自給之不足此固由於行政統系之紊亂實亦經理財政者不廉無恥有以致之耳經常之費固多浪擲矣又益之以偉人貪吏之囊括地方無賴之侵吞公家之款隱失於無形者多矣通都

三七

大邑之間直接受兵事之影響者其損失以百萬計偏僻之地亦以十萬計此則吾人所目覩耳熟者也綜計之一省之數何下千萬乃胥入一般偉人貪吏地方無賴之私槖致庫藏如洗乞憐外債以為生活他日者再竭吾忠厚國民之脂膏以相償誠可痛矣總目前窮困之因由於經理者不廉無恥為多而由於實業不興理財無術者實轉少廉恥之風尚苟不復振雖實業大興國課日豐亦利於公者少而利於私者為多耳且也邇歲以來吾國人對於實業亦稍

稍知所注重矣例鐵路若川漢也粵漢也公私司之設固不乏其名也國人對於公司投資之信仰為何如無它道德墮落不足以信仰也

列強伺隙其封豕長蛇之志態是誠然也然既取均勢則轉如連鷄外交之上非無縱橫捭闔之地蒙藏之警固可憂懼苟舉國一心議院與國務員存心為國豈無餘地可以圖存觀於已往之庫事使議院與國務員同心輔助一德為國不牽延不阻撓中俄之交涉蓋久已完結豈逮於今乎自和平解決之方面

兲

觀之國勢之所以動搖由於外交之失敗外交之失敗由於延宕國務員之所以延宕由於議院之掣肘遂顧全名譽上之私德而不惜背於公德議員顧全一黨之私議遂不惜拾公德而徇私情於乎稽徵乎往事疏比其因由固莫非道德之墮落有以致之也

深按吾民之品質觀年來戰事不佞對於吾國之軍隊實心寒而股慄不佞非憂懼其無戰鬥之實力乃憂懼其所以有戰鬥之實力蓋其所以有戰鬥之實力者純為富與貴之目的附亂之軍隊固純為金錢之運動其平亂之軍隊亦純為金錢與升官而拾身金陵之戰蓋彰明較著矣而北京之軍警亦屢以其威力干預議會其行動如此揆於軍紀實為無律以言道德則觀念全無不佞實不遑慮其不足以禦外侮實首慮其足以遺內憂處強權之世界固不必以道德為前提然此乃對於國際競爭之議論非對於內治之言也國之所以成國而得立於競爭之世界者恃有內治內治者所以結聚民羣而為國也其所以能秩然而不紊者則純恃道德之作用天下有結聚無道德之民為羣為國而能不自亂者乎此則吾國之施行教育不能不以道德為方針者也

卅九

方針云者畸輕畸重之指示語也教育者通名也一切科學與夫實業軍事種種之講習皆所謂教育也以道德為教育之方針非謂教育之方獨取道德悉屏棄其他諸科學與夫實業軍事種種於不修也謂講習諸科之學與夫實業軍事種種之教育求其實用皆以道德為攸歸耳

就事實上以討論教育之方針固當以道德為斷定

而據國體上以討論則更當以道德為宜昔者孟德斯鳩云君主之制無論為憲政為專制其所恃以立者不必有至德要道之可傅也憲政之君主其道齊而奠定之以法專制之君主其讋服而彈壓之也以咸威伸令行足以治已獨至民主之國非有一物為之大命則不行道德是已蓋民主之國其法律以擁護民權為重顧奸邪敗亂之行乃因緣其擁護而生無道德之思想以為心理上之監督則因權而爭利爭利忘義則其為患害也茲烈矣年來之事實可為殷鑑於乎不佞舉道德以為教育之方針豈老弱之言哉

三十

第二問題之研究

或者曰吾國小學教授之方本效法於東西先進之國而東西先進之國其教授實本諸百數十年之經驗千百萬人之腦筋心靈而成以國文一科而言始也講釋繼也連字綴句終也集句成章其條理固井然有序也以視舊日塾師之訓蒙其迂遲實相懸遠其收效亦確鑿可稽往古姬周之世其教國子也固首示之以六書然自春秋以降厥緒即湮蓋其為方近於迂闊斯故受天然之淘汰為學者所不修是以降迄漢唐經術文章亦彪炳可誦華實可觀六書之用其在今日殆同疆石以供考古者之摩挱則可耳而欲視為教科之必要夫人而習之毋乃迂闊泥舊箸於一偏不審教育之方而為好奇立異之談乎此吾國小學國文之教授不必更張者其因一也

且也六書之義微奧精深成人講習尚慮難通喻矧乎腦筋未足心理薄弱思想單純之僮子乎教育之方貴順乎心理始足以啟牖靈明得其效驗苟徒務高尚不惟實際徒重理想不惟事情庸詎可乎固不獨學生之方面難於領悟已也而教師之方面則尤有其困難焉六書之學許氏之書求於小學教師之中習之者殆十不得其一一旦令其教授學生勢所不能也國中之小學衆矣而欲養成此類之師資其措施又匪易易也六書之理廢棄已久直不啻邱墓宿艸零落無趣揆於時人之心理則又非所娛悅也此又難於更張之故也

三十一

二者之說似亦持之有故言之成理自表面觀之其所謂非不違於學務洞於人情也其言其信然邪謂以學理其果無譌邪然其所言實足以代表一般學子之議論於乎不佞欲辨正其非不佞之中懷來無窮之感焉何感乎感乎自秦而後幾數千年中國無真正之教育而吾國之學子其目迺如水母其體則同蝸牛徒有其表不能自具眼孔自豎乘脊耳噫可痛哉不能自豎乘脊故其行動皆須有所依傍不能自具眼孔故其察眎弗克窺乎真理是以士民之坐

圭

舊者則囿於所習不知更張亦不敢有所更張喜新者則震於外貌學步邯鄲盡棄其固有不辭匍匐之譏在今日而與一般士人言教育無異於聚聾瞽而評聲色集尪尢而講奔麤豈有真見真知之可言乎昏聵疲苶之習慣已成第二之天性乃欲與之論明析之理評康健之趣味寧有當邪此不佞之所以不能已於浩嘆者也然事實之理有其真際兇其塞抉其障顯其腮理彰其錮蔽習慣上之迷罔亦亦當可少恬也夫試就事實而剖論真理以正其非焉

夫文字之演生有其原理焉教育之用系於文字文字之用系於原理是則欲布教育之有用不可不明文學之原理其斷定為無疑矣西方之文字衍於聲故其教授也始於合音之法焉吾國文字之原起實聲形同衍形中有義聲中有理而文字聲形之原起則宗核於六書知所以效慕他人矣胡又靳於此知所以講繹矣綴句連字以次成章而求愈於往者塾師之教授矣而置六書於不講亦五十步笑百步耳不明原理而求其用有此理乎惟其原理不明故學

圭

者蒙昧詭說詖辭橫行於一世效驗之說何所徵憑試覽史乘唐代彣彰其詞雖斐然可誦實空疏而無具漢雖隆盛亦降於春秋此則去周未遠猶其餘烈耳推紬吾國文明之邇學術之途實前隆與而後萎落演繹其因由固不得不以六書之興廢為其斷定矣而其所以演廢之故則兆因於七國而成於嬴秦其始也諸侯力政不統於王惡禮樂之害已故皆去其典籍異其文字以符其以名亂實之謀其去典籍異文字者乃所以愚民而杜異已也故六書教國子

之成法乃遂以淪亡以故嬴秦囊括天下而後襲諸侯去典籍之謀而有焚書坑儒之舉此不佞之所以痛悼而言有周而後中國無真正之教育也以學理論則如彼以事實論則如此六書之學為士人所廢置而不修也豈誠以其不適於用而淘汰之邪今者專制已謝實求教育固可以因仍弊政而不求更革邪

六書之義固微奧而精深矣然博而能約旨例不繁猶乎科學之公式審之則有左右逢源之樂聞一知

三四

十之用說者謂成人習之尚難通喻腦筋未思想單純心理薄弱之書僮更非非所能習此則昧於習慣不審真理之言耳以事實言之往昔姬用之世用六書以教國子而人材蔚起固已得其徵效矣豈古者書僮聰穎腦筋也思想也心理也有以愈於今之僮子且有以愈於今日之成人乎吾知其必不然矣以事理言乎博學之士或見絀於駔驗明達之匹或受惑於僉壬是故算數專家詢以經濟理財之術則茫然而口呿也文學鉅子詰以政治法律之條文則悵然而目眙也豈難易深淺之不同乎習與不習耳故天下至難之事習之則毎不覺其難天下至易之事不習之則毎以為不易以六書之理為高尚而違乎心理者蓋為先成乎心之習慣所蒙耳以為邱墓宿艸零落無趣者則不徒蒙於已成之心習而又有好惡之見存焉彼以心理為言乃自昧乎心理嗟乎茫茫大宇莽莽衆生安得幾許神清氣爽襟懷雪亮澈無識塵之人物以與之判別真理乎習非勝是於今為烈苟不圖所以更張豈徒學術之不昌而已哉

三五

居今日而言教育要在去蔽其所當急籌實施者為所以教育之方而非督促進行之手續而顧瞻當局對於教育每忽其根本而重其枝葉實敷衍而名整頓事實方面不加深察學理方面不屑研究溺職與不學與余不得而定評之曰裝訂書面信其似矣不佞憾於天職扶教育上二大問題據事實學理一一論列信可決矣請次論兩大問題之實行

實行之當務

一曰篤行　社會之安寧也原於百事之有序百事

實行之當務

一曰篤行　社會之安寧也原於百事之有序百事之施行有序也原於人民之篤行苟不然則為子者不能盡其孝為弟者不能勉其悌為吏者不能竭其忠交際者不能踐其信明教者不能述其禮負職者不能守其義處貧者不能見其廉受辱者不能興其恥則社會之紀綱蕩佚而禍亂至矣年來之變亂胥茲故耳墨子曰君子戰雖有陣而勇為本喪雖有禮而哀為本士雖有學而行為本中庸謂擇善固執之

三六

功舉學問思辨而終之以篤行今者民德之淩夷實由於教育之不振教育之所以不振者精神上無篤行之觀念耳惟精神上無篤行之觀念故學識與品行迺分途而歧異時人之觀念大都才為重而德為輕學者以其便於私也羣焉和之乃成風尚卑垢下士或濫司教育之權尸居師表之位孝弟忠信禮義廉恥之大防乃為之蕩抉幾盡流波所逮浸漫神州夫師之施教也在說凡說者兑之也非說之也今世之師多弗能兑而反說之夫弗兑而反說之是拯溺而硾之以石也是救病而飲之以堇也可鄙亦可慨矣深憂之士徒懷悲憫之忱狂瀾之嘆而已今者既覩教育之振興進吾民之品德亟宜以篤行之義律為選士之條

一曰尊師　政之治也在有教以輔之教之行也在有師以導之師之道所系者大矣故記曰凡學之道師為難師嚴然後道尊道尊然後民知敬學是故君之所不臣於其臣者二當其為尸則弗臣也當其為師則弗臣也大學之禮雖詔於天子無北面所以尊

三七

師也夫以專制之君主具至高無上之尊其於師也猶若此者不立師道不足以為善也故曰師道立則善人多今日者教育界其對於師之觀念為何如乎等於駔儈之視傭工而已學風不振厥此之由北京大學為全國之冠冕而學生對於師長亦演資迫之風潮中小學之如斯者則不勝枚舉焉是誠可喟矣大學為成德之所系小學為蒙養之所基乃胥不知尊師為何事惟其不知尊師故自小學以至大學其當師位者實少端人君子之疇亦有之矣鳳毛麟角而

已而小學之中為尤甚束備之菲既不足以羈縻上士禮節之不重尤不足以動端人君子之誠於乎我觀於當今教育之途我不禁悠然而長嘆矣今者其誠希教育之振興乎亟宜以尊師之誠定為向學之科篤行也尊師也二者同為教育之要旨乃真正教育之精神相倚為用而不可少偏重篤行而不重尊師不足以廣師道重尊師而輕篤行不足以正師資篤行也尊師也教育之途其得以澄叙振興也與

一曰改編科本　小學國文之課本坊間之所輯者

三八

亦夥矣其解釋則缺於音義之本其排列則淩亂無程部首不具點畫多訛師之授弟名曰講解實則循誦而已以訛傳訛而已有能剖言聲形之義者乎此不獨為師之咎亦課本有以使之也今宜準六書之義以釋聲形首標明其本義本音次詮明其所以引申而相假借庶音義可解依六書之次第貫列說文所有諸字（說文所無而為俗用不可闕者亦酌定而收之）正明俗譌以作教材首指事字次象形字次形聲會意轉注假借字並列大篆以資徵攷事形之可繪聲意之可詮轉注（並見形聲部內）假借之可表明者圖以示之如此則教授之師剖釋字義有所依歸而明其原委指示字音得其所根本而因以究其轉變受學之弟識義記音亦得有所歸納不致漫傷腦力稍進則益以連字之法綴句之方次第成章循條而貫吾國文字記憶之綦難成文之匪易每為言教育者所詬病曰是無統系也斯亦淺矣其實記憶之所以艱難成文之所以匪易者其原因皆由於不明六書不知本義本音之故耳不明六書則

三九

文字之原理無所歸納不知本義則不悉其用之當否不明本音故不審其轉變茫茫然文字為文字思想為思想不可印合此其所以記憶之綦難成文之匪易也吾國文字統系條貫秩然精析斑斑可攷乃曰無之不亦傎乎不知教授之方乃曰記憶之綦難成文之匪易不亦薄乎苟明六書則得其捷逕矣

一曰教練師範　小學國文之課本改編矣然而今日任小學之選者於六書之理固未研究也是非教練師範不克行昔者篤辦單級教授之方是可師也

其始也徵集各縣之人首開講習於通都大邑習成者歸而傳學費簡用廣推行以漸順序而不擾期以三年亦可以遍全國其所當習者為小學之課本為六書界義習課本者俾其轉教也六書界義為文字之統系習之者俾其進求詳書供研究也其為功可一年而畢或者曰一年之功毋乃太迅乎吾見夫習小學者矣大都窮年莫究其緒累歲不盡其源一年之期信其能乎夫習小學而無師承不得其統系綱領之所在實窮年累歲而莫殫然苟得所指示提綱

四十

挈領標明統系研究音義有所演繹歸納則可事半而功倍猶習算焉得其公式則此類難題迎之而可演不慮題目之繁多實慮公式之不諳六書者說解吾國文家字之公式也學者苟於此豁然而貫通則迎刃而解矣期以一年期其於六書之例得其大義耳斯舉也譬猶治稼者之播藝種子耳匪遽欲其收卣之實也六書之義沈霾千載須大體精備統系文字而文字之遺闕闇而不彰與夫淩亂雜譌而待校正者亦至多矣斯千年之大計需詳審以圖大定不

為一事然亦教育部之責也

上之所條述皆準事實理論而斷定者也實為振興教育必要之計劃若夫強迫也推廣也則所謂督促進行之手續耳以精細之眼光而策事以縝密之心思詳究學理計劃吾國今日之教育果曰期實益也則不當先事督促進行之手續蓋吾國久承專制愚民之術實無真正教育之可言其所謂教育者豕兆之教育耳若不規度根本籌措改革以揭其障翳曷有光明之日乎當局者果非持裝訂書面之政策乎

四五

幸其圖之

「編者按管侯是篇中有至理絕非夸言無當者比不識司教育諸公稍有動於中者否」

評論湯總長對於中學教育之方針

湯總長之始任教育也注意於小學擬施强迫之教育不佞以為此種政策按諸事實不可推行徒為空言而已汪伯棠君任教育時竊嘗發表言論明其是非述所張主張盡我忠告顧當局漠然視之也湯君蒞任追踵前軌不佞以為教育行政應當爾也故亦不復再申前議以相強聒迺今觀於湯君之言論殷殷於教育靄然一學者氣度也故又不惜費筆墨以剖論社會之真相學校與學術之統系社會與教育之相需定根本治療之計畫以為評論之依歸度亦湯君所嘉許熱心教育者所樂聞乎不佞評論湯君對於中學教育之方針而必欲如上舉條目一一剖論者不欲據片面之理由以析湯君也且以示對於教育欲為根本之治療不可據片面之理由而蹈頭痛治頭足痛治足之陋見也於厚教育之病也亦已久矣國人固亦知其病而遑遑然求醫之方藥矣顧皆不究其病原之所在眼光所及僅於其表蓋對教育之理事不能有具體之見融會貫通之解釋也揚

四二

湯止沸庸有濟乎不自揣度竊欲反之然而方今之世所謂教育家者其意識每宥於感想直觀之域對於教育行政之主義多泛言之比論以歐美之現勢為斷對於教授之方法僅有表相之推察局於已定之章程不悟内因外緣在在不同則趣塗當互異迺以其見為來自先進文明之強國遂席為醫治我國教育之靈方聖藥視不佞之主張將以為遠於事理是不佞固可已於言矣而又刺刺不休者則以世間之事業功不虛故且今者湯君又以學人之氣度言教育使不佞惓惓之忱動不可已因藉湯君之言以申吾說

(一)社會之真相　湯君之對於教育立方針也原因於一種社會之觀念彼以為現世之社會有三種階級而中等社會之人民最為墮落其故原因於主管行政之人以科舉之眼光辦學校社會之對於學校教育也亦以科舉之眼光察之其病則在於中等教育蓋中等教育者迺中等人民之製造場也欲為根本之治療故對中學而立方針

四三

是以其言曰今就中學設立之旨趣而言一為高等專門學校之預備一以養成各社會之中堅二者雖屬並立就教育之本體而言尤以養成社會之中堅為中學之要旨（略）日本澁澤男爵之中國察視談其言曰中國有上流社會下流社會而無中流社會最為可危云云予閱其言觸為數種之感想（一）吾國何以無中流社會（二）彼所謂中流社會者若何（三）無中流社會何以最為可危此數種感想一一推求因以斷其所謂中流社會者亦必其為各種社會之中堅而其智識能力又能獨立於各種社會之中而自為活動者也此種社會必非天然生產其所恃以為造成之具者將必惟教育是賴因以斷其所云吾國無中流社會者質而言之直謂吾國但有上等官吏與下等遊民之教育而絕無中等國民教育而已

對於教育而欲定方針从社會上觀察而下判定是也蓋不以社會為前提無以顯其病症之狀況為探原之依據雖然要不可以泛視而不加深覈苟泛視而不加深覈則必蔽於一方面之現勢於病症之狀

況不能得其眞相而蹈含渾不析是似而非之敝循此探原以定方藥所謂差之毫釐失之千里也今請詳言之夫社會之為物其實際果何如乎从其本質而言之無等可區也从其現勢而言則有等可區也曷為無等同為人也自教育上言之所謂下等人民果受中等教育則即可為中等受上等之教育則即可為上等若以道德而言學術可為上等品以道德又未必為上等也是則社會之真相等不等也而中國之社會其等不等之相尤為渾亂所謂上等之官吏以權勢而言實居上等以道德而言或居下等而下等之人民在道德上或為上等且也學術上上等之人在權勢道德上又或為下等焉故曰中國社會其等不等之相尤為渾亂也

澁澤氏之中國察視談謂中國無中流社會以理繹之當為就道德學術兩方面而下之判語何則就權勢而言吾國之社會固上有官吏中有學界商界下有凡民不得謂之無中流社會也然就此三等社會之中而細加審察則此三等社會之中實匙有以尋

常之道德普通之學識實施應用以助此等等社會之展發而此等等之社會實渾亂而不循條理故社會日趨卑汚萎朒不振自相蠹蝕精氣日銷信哉澁澤氏以為危險也不佞不能謂澁澤氏評論之原意必如此然以理解此為當也彼蓋觀於中國社會之現勢無論上中下三等之中無道德無學術之可言故為此渾語耳

準此則所謂吾國但有上等官吏與下等人民之教育而絕無中等社會教育之說迺為从社會之一方

四六

面以評論教育斯言也果為泛泛之言論則亦可不辨惟其為推求教育病原之依據且準此以定方針則不可不辨也蓋就社會之真相而論吾國之社會真無教育之可言而已非真無教育也徒有其形體骸而已曷以謂徒具形骸也精神之方面無道德可言心之所志惟有情欲也實質之方面無學術可言惟僅具器械之智識也觀於社會之真相求得其病症之狀況迺如此

(二)學校與學術之統系　欲定教育之方針固不可以不明社會之真相以求其病症之狀況然尤不可以不審學校與學術之統系俾以分別其病狀之所因蓋知其狀況矣而不知分別其症之所起末可以言根本治療之方藥也故必又辨其統系學校與學術非一事也雖互相為用而其統系實不同學校有學校之統系焉學術有學術之統系焉不可渾也學校之統系基於小學所謂中學高等大學須有種種之不同要皆起程於此學術之統系基於文字所謂種種之科學要皆用文字以達意也日者中國學校

四七

之設由小至大無缺間也教科之設科學國文皆備具也二者固不得謂之無統系也有統系矣然則此僅形骸不能活動於社會之病症又何所起乎枝葉撥而根本見水流窮而淵源現其病症之所因緣亦於斯可覩矣蓋因於國文失統系科學理解之用緣於行政上之設施雖有具形之統系然無正大之精神以提挈此統系而使學術能應用也上者為起病之因下者為致病之緣先述因如左

此因何自起乎起於國文一科自小學起即未能為

理解之教授也夫國文之用本為理解各科之具學者對於國文既無理解之能力安望其總會諸科之學溝通新舊之理想以實施應用乎敝之所致不徒不能溝通新舊迺并舊者亦不能真悟焉如是則實質之上不得不成器械智識之病一般學校其國文之程度何如乎思想理解則局於唐宋策論一部分之下而已以唐宋策論之智識而欲其溝通現世界之學理固已不能矧又出其下耶蓋今日之國文教授實純為一種器械之集合作用上焉者能摹擬腔

四八

調聯合文字為章句而已夫對於文字止知有器械集合之作用則思想理解不能深入非思想理解之不可深入也欲深入而無憑藉也思想理解不能深入又安望其溝通新舊以實施應用乎以故取學校生徒之學術成績而觀之大都國文之思想理解為一域科學之思想理解又為一域不相統系其所以致此之由蓋由於小學教授之初講解函胡不明六書不解訓詁惟取生硬填塞之方不令其融化也夫文字非理解科學之機能乎食而不化則失理解之用無理解之機能而受以科學是又所謂生硬填塞也生硬填塞之智識已不可以消化運用矣迺又責此生硬填塞之智識以為消化之機能其寧可乎此實今日教育上致病之因也

湯君對於教育上之病症蓋亦思求其所因矣顧不明學術之統系故其言曰「中學校為普通學術之展發時期其教程應注重科學而科學應注重實用然而如現勢之中學終不免空疏腐敗之結習何以故現時所云實用科學全無統系故也吾人欲將中

四九

學校生徒造成一種有統系之學術社會在法首當認定中學校設立之要旨實為養成社會之中堅人物起見凡關於生徒品行智識能力當在在促起其注意令其陶冶變化日趨於中堅之地位復次則在刷新生徒之腦部令其常有世界學術之之興味然後容納科學教科之際綽有條理部署之地復次則凡關於世界社會之趨勢與吾國社會之現狀均為之斠其所以然之故因以促進生徒對於社會之責任心而養其充實不可已之覺悟力然後現世社會

教育上之所容納者授之未來社會若政治事業經濟事業均無格格不入之虞審此數者而中學教育之統系秩然具矣』湯君謂現時實用科學全無統系指單獨之科學而言之乎則一科有一科之統系也就學校諸科之學術而言乎則諸科之統系在文字也然而湯君意非謂此解也蓋謂實用科學之統系在認定中學設立之要旨實為養成社會之中堅人物也其使之成統系之方法則在教授之際在在促起其注意刷新生徒之腦部俾能容受且使之知世界大勢令其覺悟湯君如此解不佞不欲為此解也所見不同也然而湯君似亦與不佞有同見焉故其下文又總言曰『各科教育大致完備其中應最注意者當求各科之聯絡使生徒觸類旁通易為理解至於國文教法應從科學實用及敘事文著手不可泛泛教以論說等文尤不可令其讀作不可思議及滑稽玄妙之論說如某校以中立而不倚命題作論文又如某校所讀錢神論之類均屬無益總之現時國文之敝在於蹈空駕虛但有空論而無實質此

卒

事影響於學術者甚大不可不戒也』湯君知國文之病矣而不知其所因抑知現時國文之所以空虛之故實由於教授國文之教員當日所受本亦虛空故今日教人不得不爾若責其教授生徒從科學實用著手則事屬難能惟尋常之敘事差可勉力耳求其有真正之實質能為理解之教授而貫通科學焉蓋未可也是欲免此蹈空駕虛之敝非預儲此類之師資不可預儲此類之師資欲為根本治療之計畫依據學校與學術之統系而言之非由改良小學國文之教授不可若湯君之主張則所謂頭痛治頭足痛治足之方藥也

(三)社會與教育之相需　上已述因次再述緣自理解之一方面而言之富於真正之智識者必富於道德之觀念直言之道德者本為一種之正大智識也惟道德與智識為一故社會得產生教育此天賦之理性也社會具理性以生教育教育具理性以導社會是社會與教育其相需固甚殷也故自人羣進演脫野蠻之粗俗以來教育與社會即不相離蓋社會

垚

無一日不需此以為展發滋生之要素而多數之人民亦公認此為人類生活之必需也是則自然之趨勢教育固當發達亦當應用於社會學人與社會當無隔閡之虞此以理論也顧人之生也靈明之性與渾濁之情相與而具社會集人而成理性欲情幾各得其半理固有克欲之功情亦有汩性之力理有克欲之功故教育得生產於社會而未嘗一日與社會相離情有汩性之力故社會之蠕動或以一時之緣因墮於渾濁之境欲情賁熾掩蔽靈明然要有澄清之時無一往不返盡失其理性不受教育之導化者此常例也獨是吾國之社會近世以來局勢逾越此例大有一往不返之勢社會雖未脫離教育教育實不能見用於社會此何故乎推以往之歷史深求其故蓋原於專制政術進演以來梟雄君主席其權勢運其英雄入彀之謀對於教育之設施拔鋤理性灌注欲情其灌注欲情之手段則以利名為教育之前提號召天下以空洞無實之文章為歸束陶鎔日久欲情幾轉為理性此今人之所以對於學校心存一

垩

與科舉比較之心也此種觀念自理性上言之固不得不謂之欲情而自習俗上言之要不得不許為欲情中之理性也今日之中國社會天然之理性須未盡沈倫然亦止存此欲情之理性而已迺者行政之方面高不以道德為風卑不以利祿為勸無標示以容納人民之希望之心以故普通之人民無不知教育為人生之必要而教育終不見其發達且無不知教育當應用於社會而社會迺不受教育之應用此中國之現勢所以社會為社會教育為教育社會與教育成為兩橛也本屬相需迺轉而相斥皆此欲情為敝之故

圭

普通人民之於弟子有不欲其入學者乎然而入私塾者多於入學校者也社會上之職業有不需學識而能入學者乎然無學識而得職業者多於有學術之人也是非顛倒審是則社會非不信賴教育特不信賴當今之教育教育非不可應用於社會特不能見用於當今之社會蓋方今之教育對於學子無導引理性之實力而對於社會則又無以飫其欲情上

之希望也觀於此誠不能不唱然以歎而對於教育之根本治療爲開權實二門以消導兼施爲方藥矣消者消其欲情也導者導其理性也

上此所述與第一二節竟相連貫一節所言譬猶治病迺就現勢以辨症二節所言迺就身體以辨其病症之所根此節第三節迺就生理以明其隱伏之形也湯君於此節要之處多未深加按覈故其言曰「政府不注重教育不足憂社會不信賴教育迺可慮社會不信賴教育不在一時亦不在一事由今思昔辦

五四

學二十餘年設學數千萬所而無成效我輩已不可自解而以教育上不良之影響致使學校與社會成爲對待尚互相扞格尚何信賴之可言是我輩今日最大之責任在於盡瘁教育以至誠之力收最後之效引起社會上對於教育之信賴不可使學者得罪於社會尤在開發社會積其信賴之力使社會根本上有一種非學校不足以自存之感想教育自然發達云」語意含渾於病症隱伏之形未顯揭以云施之治療其方藥能無謬誤乎能毋蹈頭痛治頭足痛治足之見乎

（四）根本治療之方藥　觀於以上三節之所述對於教育期其應用於社會固不能不立方針以去其致病之緣然以理而言對於教育立方針固不可偏於中學之一級今姑讓步言之對於中學教育當另立一方針然如湯君之所云準以學術之統系其方針亦非振興中學之根本治療也夫方針者行政上之標尚所以表示教育精神之所宗一方面雖與教授有連帶之關系而要非能釋學理之方法所謂治標

五五

之策非治療根本之藥石也自學校上而言中學固非教育之本而自學術上言之方針實無理會科學之用而湯君迺欲以方針之宗尚起教授上之注意養其正大之精神爲理會科學之用不亦難乎其獻之所由生迺在渾視學校與學術之統系故其言曰「中學教育有亟應注意者二事其一則生徒之自動力是也中學生徒大抵富智力體力同時發育之期（略）吸收教育常事半而功倍而他日投之社會亦即無在不具有獨立進取之精神與真實彌滿

之力量是故引起生徒之自動力令其不依器械的作用以為生活此為現世教育之要素亦即他日解決吾國社會問題之一大關鍵不可不注意也又其一則養成生徒之共同生活之習慣是也中學生徒畢業之後半投身於社會事業予見青年子弟脫離學生時代中無明主皇皇然無立足之地因學校所得不足供社會職業之取給甚且無用也乃棄所見而同化於時流社會職是之故學生與社會人物截然為二而不良之中學教育其所造成之生徒不能

轉移社會適為社會所轉移其關係有如此者欲救此敝法當於學校時期內注意生徒之公同作用善為導引加以訓練使之常有人羣社會之觀念與共同生活之必要而於共同道德共同秩序尤為不可忽凡吾國現時在社會所有淩亂浮動縱放疲敝不耐久不規則之種種習染得由各生徒入於普通社會時一一矯正而滌蕩之以故學校教育必先有以養成生徒共同生活之習慣此亦應注意者也乙養成生徒之道德以期改良社會是也而活潑生徒之

智識令其不依器械之作用實非僅注意自動力之所以為功不佚以為就教育上言之養其道德之精神為一種之教授開其智識為一種之教授法不可同雖互相聯貫然實有精神與實質之分蓋自事實上言之富於道德之觀念者未必即富於智識也而自教授上言之養其道德重在提示開示智識重在理解也日者學生與社會人物截然為二者社會與教育不相需也調和其病立方針以提示是矣然不可獨委之學校之教授而行政之方面則徒立於督

責之地位且此方針亦不得局於中學蓋自小學以至大學無不當有方針也斯則所謂立教育之精神也進而言之所謂根本治療之方法也精神立矣尤必培其實質準上述第二章之理斯則欲求學術之會通去器械智識之病症非自小學之國文改良其教授不可此則所謂培教育之實質進而言之則所謂根本治療之藥石也由此得兩大斷案

一曰立教育之方針以道德為準

二曰改良國文之教授以小學為先

此二斷案對於方今之教育為根本治療之方藥亦即上文所謂消導兼施也第一斷案為消除學生之欲情亦即所以消除社會之欲情用重行政之提倡教授之提示故曰權第二斷案為導引學生之理性亦即所以導引社會之理性用重教法之循本教授之政良故曰實此二斷案之推行不佞昔者嘗言其次第之手續茲不復述

噫湯君抱盡瘁教育之熱誠論定中學教育之方針不佞有同心故為湯君進一解擴其方針之範圍明其根本治療之方藥湯君或聞或不聞或聞而以為然不然不佞之所不計也然而不佞則有所希望焉希望乎所謂教育家者對於教育之計畫毋據感想意識之一域以為盡於理解得見教育之根本視不佞之說為孤僻而賜商榷之玉音則幸甚已

卅八

論統一語音之舉不當先於正名

夫邦國文明之展發也非繫乎教育歟教育之展發也非繫乎識字通文歟歐西之民識字通文者衆故其邦國富且強焉東亞之民識字通文者寡故邦國貧且弱焉比較而觀之富貧強弱之原因雖不止於此然教育亦其大端也憂時之士無不知急謀教育之普及矣而語言與文字音讀參差教者既不明六書之旨趣又盲於本義焉書僮諷習艱於記憶難於領悟中人之資識字通文困苦實甚心靈不起如受梏械是固教授之不得其道而亦失於口之言語與筆於書之文字音讀不同有以障碍之也昔者姬周之盛世也大行人屬瞽史諭書名聽聲音律言語文字為一致故里巷歌謠上為王朝之風雅矢於口為言語筆於書為文字也言語文字既能一致教授書僮又益以六書此周代文明之所以冠乎禹域絕後而空前也輿其後諸侯力政不統於王厥制遂廢言語迺從此異聲六書之誼亦遂不講幸賴許氏得以不墮湮至於今方言龐雜矢諸口者類不能筆之於書

卅九

即或本為正音本有其字合於故訓原諸雅言亦復習焉而不察深可慨矣今者教育部開語音統一會於北京其猶古者聽聲音之制乎意甚善也茲會之濫觴也固原乎中央教育會之提議顧下懷之心理有所不解焉則諸君子亟亟於正音而不亟亟於正名是也後先到置緩其所當急而急其所當緩斯則不佞之所以不能已於言而欲為諸君一言者也諸君豈非以文字與言語不能一致為教育之大碍且為民國團結力之阻障與民國之統一有妨而為此

卆

正本清源之舉乎（提議者主張統一之理由余固未見然以理而論度不外乎此且深信此理由為充足故假定此數言為主張統一語音者之前提）不佞亦夙持此論者也然顧瞻時勢鑒衡學理欲救諸君所陳之敝求其適當第一着當正名第二着為正音此說理由則準乎主張統一語音之前提分繹為教育心理時局三方面其（求）其眞象究其病根數其現狀要諸學理而得者也請次第陳之

教育之方言（而）

今者究時勢之所趨吾國而副共和之美名思圖存於此武裝和平之世界以與列強相角逐為根本之計畫非從教育著手厚培民智標普及之宗旨不為功而吾國各方之語音與讀音又多不相符合記憶實非惱（費）力是以習之綦難欲求教育之普及固不但財政與習慣之種種為梗而教授與練習之上又具有此大困難焉是非從統一語音着手討定音母修正切音之法殆難去此大厄而實行普及之宗旨以增我國民之智識也然徵之於實際語音與讀音其

空

不同者不過十之二三耳而教授之法不準六書不究聲形同衍之義硬授死教凌躐無程斯為大敝不徒識字為難而通文尤甚姑不論正音之事非計日計月可告成即或數日計月而可待焉識字之困難誠可免矣而通文之難仍是也欲圖開通民智使國人而具有國民之智識徵之於實際不徒識字也必也粗通文理稍知名義始符其實不通文理不知名義而欲教育之有功效於國政斯其可乎不通文理不知名義而欲國人去其無意識之舉動斯其可乎

正音一事實為展發教育上之一方法而非展發教育之根本計畫也直言之則宋音者正名家之一方法耳展發教育之根本計畫為正名正名之手續第一步則以六書為教授之規程第二步則為修正名詞之界義名正矣然後宋音俾教授之法臻完善焉斯為當耳

以六書為教授之規程者準乎學理因乎心理也始乎簡易而終乎繁難也課本之排列依六書之次第分列而配置益以大篆以備對較首以指事象形之

奎

文為主名物之實字則繪其形若指事之無物可繪者則擬摹其狀次列形聲會意之字凡有可繪狀之字仍圖明之復次則列轉注假借之字如斯編輯由淺入深教者引證指講剖切詳言述其衍聲之趣（如某字從某得聲）明其音轉之由（如某從某得聲而有區別）書僮雖不能十分領悟以視夫硬授死數（欸）之功效吾可斷云其不可同日而語也此教授初學之方法也高等小學課本仍依此例但附以綴句連字之方逐年遞進則文法自易於通順蓋以六書為教則別於名理悉文字之本義不同前此之暗中摸索混沌猜迷也且也本有其字之方言亦可由茲而得以孜見焉矣於口筆於書之盛軌其庶可躋乎

生民之智識繫何所繫乎繫乎名理耳淺之若言語行事苟於名理之界義不清則必錯亂而不當太（大）之至於秉政施令苟於名理不明則必措置非宜極之至於深研學術苟於明（名）理之界義不析則明必昧其指歸邇者吾國風尚之不德法律之不彰學術之不

奎

興其大因實緣於此欲正本而清原扶衰去（而）敝非正名其何從乎吾嘗聞乎號稱識字通文者之言矣其宅心正直者則曰今日所行新政百無一可遠不若專制之時為愈江河日下不有聖者應運而生以撥亂反正吾恐終不可收拾也言之際若深有慨焉此固非無病之呻吟也彼固鑒於當前之現象因於身受而發為此論者也蓋彼以目前之事實為名理彼固未暇深求乎新政之名義與今日之事實果相等合也否其原因未受正名之教育耳又嘗聞乎少年

新進之倫習舊更新之士號稱識字通文者之言矣曰今者當組織團體以謀公益也當張自由平等之旗幟也於焉謀作代議士也辦自治也奔走不暇頭銜既耀囊橐亦充偶值一二世外故舊放言高論何嘗不作消極之語謂不解夫新政何以如斯之飾偽以己之心度人之心又未嘗不歎服乎當道偉人之梟雄一世也不佞敢自詡固稍習名理者也而酒酣耳熱之際與時晤士晤談聆其言覺亦無從解釋焉於乎沈沈天壤如何如何名理之不喻其敝有如此

六十四

哉蓋吾國之大敝在新政為一事人心為一事人心之向背與新政迴不相謀而人心之所以不與新政適合者則以國人未受名理之教育深染於專制敝政者年湮而代遠蒙昧庸懸殆成第二天性也所以藥此大敝者固在乎學說之精良教育之有道迺者吾國教育巨子博學方家咸忽視乎名之界義承其大敝不思改圖言教授則硬授死教講學說則術語亟胡日言教育日言智民信可已矣乎標名無論矣若諸科之目固大別名也迺亦譌焉例如動物學之名稱而按諸植物亦有能動者焉斯則別名而不別也可乎哉（按動字當易為蚰字名斯正矣蛾說文訓蟲之總名也而或行或飛或毛或蠃或介或鱗皆以虫為象推其原始皆演於微虫）此則準乎教育之方面求其真象窠其病根覈其皆現要諸學理為正本清源之計不當以統一語音為救時救國之急謀而緩置乎正名之舉也

執政者分權集權之紛爭也一般人民之權利自由熱也野心擾攘動搖國本其所以致此種種之惡現象者一言以概之曰人心兆敝耳

六十五

一兆敝於真解也國家統治之權夫豈可分可集權利夫豈營私自由夫豈越乎法律而舉國之人皆盲騰乎口舌爭馳於其中奉無理之爛言以為行動之規臬恬不為怪其故何哉誠以多數之國民不知民名理不省其所謂耳原斯故也狡者遂造作不根之談影附新民名詞之理解陰施其不軌之謀謂余不信則試觀於中央與地方之爭辯國會歡迎團之匈幻象與夫上都下邑閭社會之舉動類如此也亦可

悲而可泣矣非不知值此亘古蜕新之際此倉囊之景象因緣時局不克可覓倏以時期自可消弭觀達之論亦匪不經然舊染之污固難盡禪新機之孳殖又須俟乎厚培其效不可期諸旦夕此日之隱隱憂曷以為濟乎

一兆敝於道德也道德之與人類也須臾不可間人類之生存繫諸此邦國之存立繫諸此此固無間乎東亞西歐聖賢先哲推闡事理莫不云然也迺者國人之行事有大可駭焉矢口不談道德視為迂腐無

卅六

用之詞不適於生存競爭之旨夫道德豈以庸懦為本義競爭豈僅指乎同族國語〔與〕國交涉固以權力為衡國人與國人相處固以道德為臬國人而遵行道德也迺所以適其生存禦侮外族亦有良知明此原理也顧立足不穩中材之士大都為現世風潮所撼不知不覺遂隨波逐流順此旋渦而去愈趨愈下終致汩沒其良知而後已莊生曰哀莫大於心死此則不佞之所欲執我國人而強聒者也此其敝從社會上而觀察原因〔固〕甚雜複而根本之謬譌則心理上道

德之概念薄弱而不真私利之誘鼓也光榮之可歆可羨也威武之可驚可震也皆其末耳苟其道德之概念完全真確準乎良知顧肯背馳道德自傷其心乎夫社會之間其事固繁多矣而所恃以納衆民於一軌井井有條不相紊亂者固由於法律而法律之所以能束衆民衆民之所以安受乎法律則固繫乎道德之心市井小民有以偷盜為善者乎無有也有以偽詐為良者乎無有也豈亦知夫偷盜也偽詐也為道德上之所不許乎其心目之中具有一明白之

卅七

概念焉曰偷盜也偽詐也迺不善不良之名足以為羞耳斯則先賢所謂良知文明之社會夫人而有者也不見夫酷暑逼人閭左小民藉茅簷之傍瓜圃荳棚之隙蔭高唱彈詞聚三五婦孺頃耳靜聽悠然神往聞某某圖私而陷人某某顧利而亡義某某正直而大公又莫不同聲評責同聲感歎也無他亦心目之中具有私利正直諸名之完全概念當此之際表發其良知事以知斯耳此蠢蠢衆民之所以能共同生息於一社會之中而得以安寧無亂者乎今者野

心擾攘之徒夫豈無此良知良能乎有感乎新名有惑乎舊名耳以心理而論則時局之敝敝在譌於名實故竊謂欲圖教育之有徵收其實效非從事正名不克果也於新名之本義舊名之隱義灌輸於一般國民之腦中深其印象全其概念則野心擾攘之徒其亦有所憬悟有所戒畏乎而無拳無勇安乎本分之良民其亦庶幾其受共和美名之實惠歟斯則準乎心理之方面求其眞象審其病根覈其現狀要諸學理爲正本清源之計不當以統一語音爲救時救

卅六

國之急謀而緩置乎正名之舉也

時局之方面

江河南北之意見不同也省與省爾疆我界之秦越也感情不洽方言之歧異亦其一因是誠然也雖然吾又見夫縣與縣固鄰封也而亦有畛域之見焉因乎言語乎相去固不甚懸殊也斯又何故乎然猶可曰究有間也又見夫一鄉一邑之中矣市與鄉爭鄉與市別某事也利乎市市之人不可不爭也某事也利乎鄉鄉之人不可不別也津津乎有餘味焉以因乎言語乎固大同也斯又何故乎其以吾國之方音精而析之鄉市之間亦究有不同乎又見夫市之內團體與團體之水火矣甚而至於同一團體分子而有彼此意見之不同矣斯又何故乎私心不化見理不眞枉知道德耳使無自私自利之成見於一事之原理洞其眞象因緣之關繫究其輕重循乎道德兩利爲宜則種種無意識之妄動不禁而自除不佞爲此言固非謂統一語音無聯合感情之功用而視爲不必圖謀之事蓋就夫事理上深加按察以爲當先

卅七

正名而後正音耳本乎時局之現象徵諸事理固宜斯矣而攷之事實則統一語音尤難實行而普及焉吾國民族生聚於大陸之上性質平緩一事更張難手足之勞且難驟易其常度此數千年遺傳之習慣而欲其改調言之則易行之則難矣鄉音好聽之一語實足以代表土箸士民之輿論蓋鄉土可愛之心理殆爲天性此又其難易者也社會之間一事之施行遂嬗也半由乎人力半由乎天行純任乎人力而不假天行之演進者大都有名而無實此一定之例

不可外也以現勢而論準乎天行必也俟二十萬里之鐵路告成枝路漸興之後交通大便其有實行統一之機乎夫語音之不同也固由於天然之喉舌半由於習慣之遺傳是以一縣之間十里八里之修阻而語音則小異風尚有不同此則純由乎生事上之差別而然者也惟交通焉調和其習慣與風尚耳濡目染庶可自然然後以統一語音為公令加以教授其可實行乎此就夫言語上之事實而言者也假曰今者統一語音無此困難國人受命如置郵一國之語音齊於一縣之大同矣而不見夫市鄉之爭別等於江河南北之意見乎團體與團體之水火等乎省與省爾疆我界之秦越乎盍今日時局之患患在乎人心之不同耳苟同乎心何憂乖背苟明大局曷憚分崩同聲相應高不必均也同氣相求體質不必齊也投戈楸地六親不能相保同舟相濟胡越又何患異言乎斯又準乎時局之方面求其眞象冢其病根覈其現狀要諸學理為正本清源之計畫不當以統一語音為救時救國之急謀而緩置乎正名之舉也

丰

且也從政策上着眼觀之統一語音之計畫收效固遲而其亦因只於交融客氣上之聯合藉以引其同心然而心理上之障蔽固非可藉客觀之方法可以警悟之者也從學理上着眼觀之統一語音之計畫不過便宜學者認識文字之一方法而非講求小學先我文明開通民智之主體緣斯諸理故不佞謂不先正名而先正音為後先倒置緩其當急而急其所當緩焉所言而果謬乎願諸君有以轉教所言而果不謬乎願教育部其有以圖之廣發我齊州固有之文明展發我種人之智識展發我民國之教育其在斯乎

「附記茲篇屬稿甫就閱日報專電云新某派吳某主張廢漢字云云不衆其持何種理由引領靜聽之情實甚殷也不佞先以一言敬送贈曰可謂好奇已俟其理由宣示後當再與吳君討論也」

圭

以名亂實之謬妄

讀音統一會會員之不通

方者教育界第一至要之問題為正名茲問題苟不解決曰言教育曰言智民不可得也教育部與中央學會見不及此乃急急於正音有讀音統一會之設焉不佞嘗作文論列其是非然猶不失為補助教育之一方法其進行程序雖不無可議要無大背謬近者該會會員王君照等有主張國語統一之提議顧君實有國語進行之商兌與夫鐵僧（未審是否為該會會員惟其所言則與王照同一宗旨）之論不

圭

當以近文之雅言為國語觀其所言謬妄殊甚三人之同意則主張國語統一也其謬妄之所由起則欲改國文之名為國語其通病則欲以國語教科書代國文教科書不審名理又挾其一己之私此其所以育兆而言之所由謬妄與據學理而言其所言實無與較之價值惟其恐公布天下故特標其謬妄之大端為文闢而正之顧氏與鐵僧之言要旨與王君同徵引從略焉

主張國語統一之提議第一條曰學堂教科之國文科當然改正曰國語科理由云（上略）當夫一種人之方興創造文字原為傳播言語之機關文字即言語語言即文字

正曰既云文字為傳播言語之機關則不可謂文字即言語語言即文字何則矢於口之言語與筆於書之文字其為傳達人意之用雖同而其實則一為無形之聲音一為有形之筆畫不相同也是烏可曰文字即言語語言即文字

圭

（略）政局盛衰又復無常或本族之桀黠者出而竊據神器或他族之強硬者入而宰制死命於是利用文字與語言之不一致右文舊古粉飾太平務使億兆臣民咸作啞口無言瞠目而視（略）優秀者甘作奴隸識字而賤語凡庸者奪其本能并不識字亦不解語

正曰專制之毒在尚彩彰而不尚文學自春秋以降廢置行人之官教授文字又不本於六書致國民雖識字而不能諳字言語文字由此歧異矣諸口者遂

不能筆之於書斯其大敝然固未嘗禁民間習文字言語也曰使億兆臣民咸作啞口無言瞠目而視曰凡庸者奪其本能並不識字亦不解語竊所不解（略）今也由專制一變而為共和由野蠻一躍而欲文明自宜還我人權復我用文字傳播語言之權國文之名當然改正曰國語藉曰不能猶是專制野蠻之立國有國文而無國語也則所謂共和文明者安在

正曰原乎文字之不克修明故言語亦因之多異而文字乃有不能傳播言語之患今欲復我文字能傳

十四

播語言之舊制舍正定文字統齊方言俾同趨於一軌無他策也改國文之名曰國語與此何與迺曰復我文字傳播語言之權國文之名當然改正曰國語藉曰不能猶是專制野蠻之立國竊所不解詳繹其意所據以為當然改正之例案者則曰文字即言語語言即文字二語與夫我國人在專制時代皆啞口無言且無言語權諸意所謂認題既差遂至著筆無一是也

第二條云國語可包該國文當然由國語科內劃分文言口語二大層級普通專門兩孫利便理由云（略）文字本言語之符號文字從言語中來非言語從文字中來故定曰國語不曰國文而由國語分文言口語之二大別

正曰文字為言語之符號是也惟其為符號故不可名之曰言語而名曰文字言語與言語之符號非一物也二物也曰言語指傳達人意無形之聲音而言也曰文字指傳達人意有形之符號而言也言語之起也純乎天籟文字之起也純乎思想文字原為表

十五

識言語而設實從思想而生安能渾曰文字從言語中來今假曰文字從言語中然然亦不可因從其中來遂以其名冒之也例如金銀銅鐵從礦中來不可謂金銀銅鐵曰礦也器皿什物從工作而來不可謂器皿什物為工作也吾國之名固有當正者然而此非其類且也學校之所教授生徒之所肄業者為無形之言語乎抑有形之文字乎開通民智系於識文字乎抑系於不識文字乎使學校之所教授生徒之所肄業為無形之言語而非有形之文字則名曰國

語可也苟為有形之文字則不當以國語名此一定之理也或者曰然則國語之名不成立乎（王君理由有不許有國語之句即此意詳下文顧實君所謂國語成立不成立問題亦此意）曰非也國語之名自有其義不可以冒國文耳提議者之意非鑒於文字與語言有岐異之敝而思救濟之乎思救濟之則當先着手於正定文字次着手於統齊方言使漸趨於一軌復我失諸口為言語筆於書為文字之陳規不當有文言口語之別文言口語之所以別正專制之流毒奈何效之文之所形皆口語也口之所語皆可文也今日之敝坐可文之口語而人不知文之耳若欲於國語科中分文言口語不知其所謂口語為可文與為不可文與窮所不解

（略）今者中國共和而政界學界猶是用文言吸收新文化之方法專制野蠻乎良善之國家乎明眼人自能辨之吾人欲改造良善國家之意見以為普通用口語專門用文言自不待言即如邊地國民與夫關於文科之學術亦不妨主用口語由是而進有餘力

者雖文言可也藉曰不能仍舊文言口語不許分析即不許有國語此是專制餘孽之所主張吾國民不可不用最後之手段對付之

正曰以白話體書籍開通民智亦教育上補助之一方法然白話書籍仍以文字為符號不可謂白話書籍為非文且不可因而白話體之一種文字遂改國文曰國語乃曰仍舊文言口語不許分析即不許有國語窮所不解夫曰文言非尋常所謂高聲〔深〕文字耶曰口語非尋常所謂淺近文字耶明明所言為淺近文字迺欲因此強名國文曰國語甚矣其惑也不可強名也乃以不許有國語責人甚矣其惑也其所據以改國文曰國語由國語而劃分文言口語之例案則曰文字本言語之符號文字從言語中來與夫不許分析即不許有國語數言其不通孰甚至謂不可不用最後之手段對付之不佞昏庸亟欲一聞其對付之方法仍出於辨難耶則無所謂最後之方法也若曰用他種激烈之方法所謂流血殺人之屬耶討論是非發摘誤謬本論學者之常行豈以意見相韋

遂致白刃尋仇烏乎吾觀諸君固亦自命講學之士也上下古今環視萬邦有此等論態耶嚚人曰專制此等聲調其共和乎斯亦可以已矣

第三條云中國官話早立中華國語之基礎當然由不文之口語進而為成文之國語理由（上略）吾國五方異語五族通問向來恃一種官話藉為交通意思之機關無如祇憑口中傳習未有一定之教本是曰不文之國語

正曰曩閱第一二條理由吾每疑其所謂口語為非

卌八

指淺近之文字閒仍舊文言口語不許分析即不許有國語之句又倘恍乎國語之界義遠讀此條始確信所其謂口語也國語也迺仍尋常所備淺近之文耳夫吾國國語雖多方言之不同要不可以不文概之鄉僻之土音多本有文字吾人鄙陋不習之耳能眞解文字之本義者類知其大略故子雲而後紹述者尚有其人也曰官話者亦一種普通之口語是世所謂近文之雅言也亦不可概之曰不成文惟需待正定耳（略）今後化官為國音及為教語曰為高必因邱陵為下必因川澤因乎歷史上固有不成文之國語還我文字為傳播語言之利器之天賦人權發達完美不出五稔國語之成績必楚楚可觀已藉曰不能舍官話而另有國語則中華民國何不舍却本有之土地人民而建設共和文明之國家於無何有之鄉其有以語我來

正曰官話者一種普通之口語而世所謂近文之雅言也然實我國國語中之一別名不可以官話概國語尤不可謂除官話而外之方言為非國語國語之

卌九

名可概官話方言官話之名不可以概方言與國語國語之廣義則謂國人一切之言語其狹義則謂國人通行之言語也自其同而言之其義甚廣自其異而言之其義則狹官話狹義也不可以官話概國語而抹殺一切之方言提議者之意則欲以官話概國語抹殺一切之方言其第一條理由中云使億兆臣民咸作啞口無言瞠目而視又曰凡庸者奪其本能並不識字亦不解語吾始讀之不解其所謂至茲方悉焉官話之名起於清世宜其云然亦可哂已然而

彼之用意則欲因不成文之國語而發現出成文之國語意主於成文而欲改國文曰國語不知是何用意

第四條之尊重讀音統一會多數公決之讀音作為口語上之字音字音統一而語音統一語音統一而國語統一之初步成理由云教育政府刊布讀音統一會進行程序明言之曰讀音統一為國語統一之初步然而細察其内容全書數十葉始終未道出國語教科書隻字而祇反覆言國文教科書專主文言

仐

抹殺口語證據分明可知教育政府之用意猶紹書述前清野蠻專制政府之遺策保守人的獸類教育之墜緒陽揭櫫讀音統一之假面具陰取消國語統一之眞事實（略）

正曰吾閱其提議吾頭腦為之混沌支離爛漫不采其用意之所在至此迺釋然若之所云當然改國文曰國語當然由國語科劃分文言口語二大層級盤其理由中種種無理取鬧之大議論皆有所謂而發生其意云何欲通行其所謂國語教科書而已顧勢有不可迺就讀音統一會多數公決之讀音作為口語上之字音以求達其希望故不承認多數公決之字音為文言上之字音而承認其為口語相之字音何以言之夫多數公決之讀音苟準於學理與言語上不上乖戾而得其大同則為文言上之字音與為口語上之字音何所不可苟不然不可為文言上之字音又寧可為口語上之字音乎不可為文言上之字音而獨可為口語上之字音非斯意也又何説今日讀音與口語有歧異已為教育之病迺復用公決

仝

之讀音參入口語而又不改讀音是又加厲也其意何居乎

且夫今日非文字上字音統一之至急而實為口語上字音統一之至急日本朝鮮安南諸邦人士之通漢文者文字同而字音亦略同與之對晤終祇能筆談不能通語則文言上之字音統一而謂是國語統一之初步全陷欺飾蓋文言好處祇在觀文知義默會於心字音即不統一亦無大害今也舍其至急而圖其次急本是國語問題而變成國文問題顛倒謬

亂已極故吾人亟宜主張尊重多數公決之讀音為口語上之字音確立國語統一之基礎此機不可失必以死爭得之將來以官話之語調即成國語

正曰日本朝鮮安南漢文讀音與吾國相去甚遠不得以例吾國各省字音之不同讀音統一與國語之統一實有維系之用蓋言語之傳播必恃乎文字此國語問題之所以變成國文問題也其知此乎亦可已矣

（第五條無關要旨從略）

全

綜觀其受病在於不知文字是為何物以為文字即彣彰而又滿紙填寫共和貴族專制等字故讀者不知其意指所在不佞雖能闢之猶懼其未能盡解再正言告之曰茍眞能以研究統一國語為心者試一治中國之文字（非彣彰）三年伏案或可豁然若猶是亡而為有虛而為盈也自暴而已於人何尤求再如不佞之不避怨怒為讜言以告者不可得也於乎不佞艸此篇已不佞之衷懷來無窮之感盍嘆夫名理之不彰其病民者深矣

教育感言

有國家之教育焉有社會之教育焉（本文所云之社會教育與時人所稱之社會教育其義廣狹不同）國家之教育以政權勉人於學者也社會之教育以道德勉人於學者也質言之國家之教育形式之教育也社會之教育精神之教育也國家之教育消極之教育也社會之教育積極之教育也國家之教育時或不振實未足為一國之深憂獨至社會教育銷沈之際則大可懼矣蓋社會教育者立國之根本也

全

倡於其社會之賢人君子以自立人格為主旨以精求學術為歸墟眞正之教育也當今之世社會之教育何如乎所謂國家之教育又何如乎自國家之方面而觀教育之前途吾滋感矣何所感感乎執政者對於教育無誠心也自社會之方面而觀教育之前途吾滋懼矣何所懼懼乎在野之士對於教育無特識也雖殷殷提倡吾不敢茍同

總統之對於教育非不曰此立國之大計表示維持之態度者乎諄諄申令告誡有司其意固非虛也適

外省官制之改革於地方教育行政獨立之制取而消之以言財政誠可謂稍稍節省矣以言教育則其勢削小矣宣言維持而實行削小可謂有誠心乎夫行政之用繫於權勢權勢減縮曷以維持總統苟具維持教育之意何以降司而為科削小其權勢而不顧雖曰不欺吾不敢信抑又聞教育總長具竭力維持之意矣責令地方官吏之推廣小學也通令學校之鄭重悳育也然而揆於情事小學果可以推廣乎期悳育之進增果可以循誦孔子之言而收實效乎

八十四

在昔地方教育行政獨立之時推廣小學猶非易易矧今日乎以社會之程度而言果期道悳之進增則品端學粹之士規行矩步之疇亟宜隆以名位旌其里廬而教授之際尤宜力求啟迪理性之方（理性教育之方當別為篇詳之）豈徒責其循誦孔子之言而已哉不惟世情不求實際此又官樣文章之表示也故於其所屬之行政機關範圍削小迺視若未見焉可謂有誠心乎雖曰不欺吾不敢信也執政者對於教育其心理迺如斯固可感矣然而在野之士果不失其社會教育之責任則教育之精神不泯猶未足以為憂也

憶吾國自姬周而降官失其守國家之教育迺轉而在野社會教育於焉以興由茲而後專制大興國家之教育迺純乎行之用心不必以道悳為本旨幸自杏壇設教以來承統講學者代有大師伏處山林不求名位以道悳自勵以學術自勉以移風易俗為任巍然為社會之砥柱故我種人雖幾經異族之憑陵深演於專制政體之下而終不失其本性卒能驅除

八十五

異族推倒帝政以建立今日之中華民國無它精神不泯有社會教育以維繫之也就教育上而言之國家教育固為消極之方而共和政體尤貴有社會教育以作其楨幹焉吾曹在野之士負有社會教育之責要當以道悳學術相勉勵發揮吾民天賦之理性鍼其求名重位之俗習對於教育求根本之培植鼓舞精神以喚醒學者自覺之心為務不當以國家之教育為天職而棄置社會教育於不譚也自消極之方面觀之冀復地方教育行政獨立之制其行則是

矣然自積極之方面言之其行則非也

邇者官制改革教育司降而為科教育部不思所以維持而爭復其舊在野之士迺請願於中央而不聞提倡社會教育勉吾民以自立是知有國家之教育而不知有社會教育也夫社會教育者立國之根本也盛則其俗敦龐而國勢隆起衰則其風澆瘠而國勢陵遲今執政者流既不知重視國家之教育矣而在野之士又失其社會教育之觀念形式不具精神又亡前途之黑闇於斯為極矣可不懼乎此則吾之

八六

所以不欲苟同也吾之為此言也非矯同立異之心亦非過責於人之意特以為當今之世一般在野之士罔知社會教育之綦重其心目中祇有國家教育之觀念而歷世以來所恃以為立國精誠之社會教育其流風將沒而在野之士亡本逐末不知所逮耳嗟夫執政者失其厥職在野之士代謀之矣在野之士失其厥職又誰其代謀之噫世有起而謀社會之教育者乎吾將執鞭以從

鑄造理性之教育

理性者條理觀念之謂也個人有理性則無悖亂之行社會有理性則無擾亂之象人民之理性蓋治安之契約文明之要素也其系綦重矣方當國勢擾攘民智民德日見其敝固風尚之趨向社會之潮流有以迫激要亦吾民之心失其理性耳理性之失演繹其總因實基於教育之無方此不佞之所以對於當今之教育行政方面不主張積極之擴充而教授方面期期於改革者也(見本報二三期今後教育之

八七

計畫篇)理性失矣欲回復其條理之觀念進增其智識與道德非以教育鑄造之不為功欲以教育鑄造其理性非以古者所謂小學之程教育之不可人之生也含靈秉气固具有理性苟教育之方順其總理而訓導之則如水之就下旁無潰溢是以教育之程貴契乎心理日者教育背此誼焉夫天下之理系於文字學者明理對於文字苟不求甚解自心理上言之必不能得完全之概念概念不完全此其所以一般之人民大都汩沒其理性斯試詳言心理發

育之程以證小學之指歸有鑄造理性之用焉

心理之發育有内因外因之别内因者不俟外感者自然内發遺傳與腦髓之自然發育是也外因者由天然之經驗與人為之閲歷而生此謂自然經驗人為經驗及人為發育是也最後二者純乎為教育之事表列如左

- 心理之發育
  - 内因
    - 自然發育
    - 遺傳
  - 外因
    - 自然經驗
    - 人為經驗　教授
    - 人為發育　練習
      - （教授、練習）教育

八十八

自然之經驗其現象每無一定之規則故不得不依於理論而齊其秩序以定經驗之程故人為之經驗一準於理心理發育之次第由簡易而漸進於雜複

- (一)由特别而進於普通
- (二)由具象而漸進虚象
- (三)由不限定而漸進於限定

由簡易而漸進於雜複

- (四)由事實而進於理法
- (五)由小部分而進於結合由小結合而進於大結合
- (六)由概畧而進於細密
- (七)由形而下進於形而上

小學教授之程則與之適合焉先部首而次及其屬从則由特别而進於普通也首本訓而次及其引申則由具象而漸進於虚象也由概略而進於細密也文字無限定要必歸於六書則由不限定而進於限定也首字形而次本訓義由形生則由事實而進於理法也由形下而進於形上也首部首而後屬从次第相蒙始一而終亥則由部分而進於結合由小結合而進於大結合也順斯教育自心理上言之學者必富於注意力感覺力知覺力記憶力想像力而得正確之概念蓋條理上之興味有以誘啟之也概念正確則理性復矣

八十九

心理學者謂概念之成經觀察比較抽象概括諸級而歸於命名是概念之修正迺純乎小學之事也

一文　有形象足以引起觀察之心

(二)文　各異其形足以引起比較之心

(三)文　各有部屬足以引起抽象(拾象)之心

抽象者取其同者統之也同統而異者自别故言抽象而捨象在其中此廼概念中之必要如圖驪騳騩駆駸騅爲六同類之物比較之則馬爲六字相同之點麗昌鬼邪叚隹爲相異之點於是抽六馬而成一概念

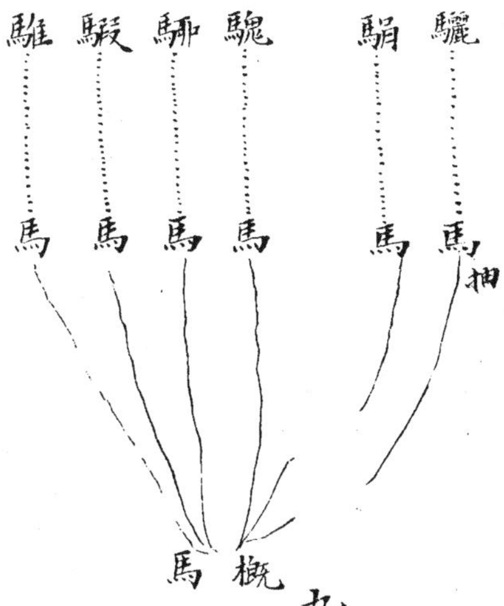

卆

(四)文字有部首足以引起其概括之心

概念作用歸於命名命名之用系於界義界義之審別則系於訓詁小學又以訓詁爲重也訓詁不達六書不明則命名未可精當也然則欲心理上具完全正確之概念非以小學鑄造之曷爲功概念完全固

足以進增知識且亦可以進增其道德之心焉蓋概念完全則心中具有條理之興味心中具有條理之興味則情意誠笁情意誠笁則道德之觀念自油然而生浮薄淺躁之習自不期然而去故清儒龔自珍以爲小學之事與仁愛孝弟之行一以貫之且證言曰自珍謹求之本朝則有金壇段公七十喪親如孺子哀八十祭先未嘗不哭八十時讀書未嘗不危坐坐臥有尺寸未嘗失之平生著書以小學名高郵王尚書六十五喪親如孺子哀平生著書以小學名是既然矣自珍又求之古史萬石君以孝謹偁其言曰書馬四足與尾而五顏之推仁孝好學其言形聲訓詁著在家訓是又然矣而漢臣班固作藝文志介疋小介疋古今字隸孝經家固先我窺見此者志則然顧今世士人其舊者則罙溺於俗習其新者則沈醉於歐風故日謀所以瀹民之智識厚民之道德矣而斯民之理性迺日見其汩喪蓋其教育之方謬悖於心理也常人之心固具有理性然非有具象以感印於其腦則無以引起其條理之觀念無條理之感念

則對於智識無以促其求進之意對於道德無以啟其履行之心而天賦之理性昧矣此今日之敝也準於理論小學之程實為鑄造理性之教育迺今者有其名而無其實此不佞之所以期於國文教授之方執復古之說强聒而不舍也

北京圖書館藏

九三

續新方言

陳啓彤 撰

《續新方言》，陳啓彤撰，據國家圖書館藏民國鈔本影印。

陳啓彤有《易通例》《易通釋》，已著録。

此書爲《廣新方言》的底本，全部内容見於《廣新方言》。二書自序相同。民國十七年（一九二八）以此書爲基礎，内容略加增訂，增加淩文淵序和康率群跋，更改書名爲《廣新方言》，出版鉛印本。

（周　忠）

匆匆讀較一過如有謬誤務希
糾正不必客氣
章君有道覽之後便付郵時祺
民國二年三月十九 弟 寅

75457
續新方言
冊

敘言

水土有剛柔燥溼之不同聲音有輕濁斂侈之別異中國員輿廣博地勢區分風尚各異方言龐雜甚至同省之人覿面相語句格不通感情因以不洽界限亦由此而分各各自營於國事之進行窒碍實多焉是皆言語不能統一之故也在答姬周之世設大行人屬象胥諭言語協辭命屬瞽史諭書名聽聲音皆所以謀文言之統一也迺古制銷沈雅言楸佚各執其方俗之土音鄉黨之口號歧離百出不可究竅子雲而下知者實尟續者杭氏而已嘅中國書同文字雖音讀參差而原流一貫學者苟悟徵變聲之理則異方殊語不難貫通土俗之音亦多與疋記相合特讀書者忽而未察耳近餘杭章氏有新方言之作讀之感焉思為其續課餘之暇讀古人書有所觸見爰筆記之通俗之言明其出處鄉僻之語述意加詳是箋箋者亦聊裨將來統一文言之助云尒辛亥仲春自誌於鳩茲之皖南學舍

續新方言

泰州陳啟彤管侯甫著

珏極

說文珏極巧視之也知衍切段注云工為巧故四工為極巧極巧視之者謂如離婁之明公輸子之巧既竭目力也故蕪湖謂物之精巧技藝出奇者曰珏極巧之極則過於中有不及之意焉因謂人之狡儇者亦曰珏極或但云珏

萹地

說文萹平也毋官切蕪湖謂以磚鋪地曰萹地語甚當也

夆　⿱髟並

蕪湖謂路行相遇曰碰俗或作掽按當作夆說文夆啎也夆从夂丰聲讀若縫古無輕脣音讀若碰也午部啎屰也屰迎也行路相逆故曰夆新方言曰說文⿱髟並鬃也鬃鬃忽見也⿱髟並音蒲浪切今人謂忽見為⿱髟並著俗作碰然⿱髟並乃叚字非本字也⿱髟並謂婦人頭飾今俗猶謂婦人兩鬢曰⿱髟並頭此其證也所以名⿱髟並者因兩鬢之髮髮髻相竝也夆古或作旁漢書霍光傳使者旁午旁午者夆啎也引申之聚首曰夆頭抵啎曰夆丁子

一涿　簹厚

蕪湖謂流質之厚者曰篤謂大於一滴之流質亦曰一篤江蘇則云一沰按一篤之篤當作涿說文涿流下滴也段注云周禮有壺涿氏注壺瓦鼓也涿擊之也謂擊瓦之聲如滴然故曰壺涿今俗謂一滴曰一涿音如篤即此字也又作沰音當洛反按涿本竹角切讀如篤是為雙聲故集韵作徒谷切音牘沰廣雅訓磓也玉篇訓落也不可為涿本字篤厚字當作簹說文簹厚也

撚

說文撚執也一曰蹂也執者捕罪人也蹂者獸足蹂地也淮南兵略訓歬後不相撚左右不相干用蹂意也引申之則有从續意汲冢周書後動撚之注訓為从揚子方言嬛蟬䌳撚未續也今俗謂引棉作線曰撚紾物使糾亦曰撚此由續意引申也

淖泥塗

蕪湖謂爛泥曰開泥或曰開泥巴巴讀如姆按開當作淖說文淖泥也泥訓水名不箸泥塗之辭左傳成十七年有淖於前乃皆左右相違於淖字林云濡甚曰淖儀禮士虞嘉薦普淖注普大淖和也蓋淖者土之有水而濡甚者也巴者謂其稠黏於物體不易脫落也按巴當作塗塗㙛涂古今異體塗者飾也牆杇也淖泥塗言土之須者可以杇也塗廣韵宅加切集韵直加切訓沮洳也一曰飾也詩曰如塗塗坿亦飾義也塗本在模韵讀巴則轉入麻韵古韵魚模今多

三

轉入麻韵

冋哦吅

蕪湖每於䰠魅救火奔馳之際高呼狂喊曰冋哦讙所以示驚駭而助勇往哦讙其呼喊之音也按讙當作吅說文吅驚嘑也从二口讀若讙哦字音須合口呼吅字音爲開口呼單呼此字不能延長其音气不聚也必先呼合口之哦音以舒展其音故曰冋哦吅冋者謂呼哦吅之音必合口而冋气也斯語頗精當有趣

䰠魅

蕪湖於人死回煞之夜其家中必燃爆竹冋哦讙追逐至通衢而止曰變煞按當作䰠魅說文䰠見鬼驚詞謂見鬼而驚其詞曰䰠也䰠乃奈何之合聲古書多作那如左傳棄甲則那是也玉篇䰠字訓驚敺疫癘之鬼見鬼驚駭則有欲敺之使去意玉篇之訓本義顯然或謂當作儺按說文儺行有節也許引詩佩玉之儺爲證儺字實社字之轉音鄉人儺即鄉人賽社也賽社則行必有節不同於逐煞之奔馳故許本

四

詩而訓行有節不可謂變煞本字說文魅厲鬼也从鬼失聲丑利切重讀之則爲煞煞廣韵曰俗殺字此字見於白虎通亦無鬼義魅爲厲鬼故必䰠之蕪俗謂敺逐人畜亦曰變按當作闖說文闖妄入宮掖也引申之逐妄入者使出亦曰闖此猶苦訓爲快亂訓爲治靠訓相韋而合訓爲依謂分爲離而謂合亦爲離之例 拙箸名理微專釋此理

夾

說文夾持也从大夾二人古狎切泰州謂臂脇裹物

曰夾此本義也蕪湖謂手與臂曰夾此引申之義也

⿰酉冡

說文⿰酉冡⿱⺮穪生衣也莫江切蕪湖謂物體生有白色黴生物曰⿰酉冡音讀如孟泰州則讀如莫胞切按黴生物之青黑者曰黴武悲切與⿰酉冡為雙聲

毚

蕪湖謂疾趨而前讀若蒲說文毚疾也玉篇廣韵皆曰疾也今作⿺走毚少儀曰毋拔來毋報往注云報讀為赴疾之赴拔赴皆疾也按赴⿺走毚皆即今毚字今毚⿺走毚

五

皆廢置不用讀若蒲者赴⿺走毚之轉音也

⿴衣火

說文⿴衣火炮炙也以火微昷肉烏痕切段注云以微火昷肉所謂無也今俗語曰烏或曰煨或曰燜皆此字之雙聲叠韵按⿴衣火集韵同鏖爊亦作秋於刀切音鏖說文鏖昷器也一曰金器从金麀讀如奧蕪湖泰州有鏖湯之語蓋引申義也故後世作从火之爊以別之

⿰火曹

說文⿰火曹⿰火焦也从火曹聲作曹切段注云今俗謂燒壞曰⿰火曹凡物壞亦曰⿰火曹按今俗謂事不順遂亦曰⿰火曹蓋由壞意引申也

慲兜

說文慲忘也慲兜也段注云疑當作慲兜忘也慲兜蓋古語忘之皃也猶今言糊塗不省事按蕪湖謂不省事者曰兜家泰州謂不省者曰兜首斯猶古語之遺也謂多言者亦曰兜按當作吺說文吺讘吺多言也

克

說文克肩也肩者任也任事以肩故任謂之肩亦謂之克引申之凡物壓於上亦謂之克蕪湖蘇常俗語如此泰州則讀如角活切與克為雙聲又謂克曰仔著仔者克也

六

攓（當作攐）

說文攓拔取也南楚語从手蹇聲楚辭曰朝攓阰之木蘭揚子方言曰攓取也南楚曰攓又曰楚謂之攓今蕪湖謂拾取物件曰攓蓋蕪湖古吴頭楚尾地也

萌

說文翤翌也翌者異之叚借别於今日之偁也故尚書五言翌日皆訓明日按翤之古音為謨郎切今蕪湖謂明日曰毛兒泰州謂明日曰門朝皆古今音之轉也

猲獚狗

今俗謂短喙短脛獅毛小狗曰哈巴狗按當作猲獚狗說文猲獢短喙犬也从犬曷聲詩曰載獫猲獢爾雅曰短喙犬謂之猲獢又許謁切又獚下訓短脛狗从犬𢌿聲薄蟹切獚之言卑也言矲猎也廣韵獚短頭狗也䆛音𡽀義當作猲獚無疑

齋火飯

今俗謂飯之冟而不飪者曰急火飯按急當作齋說文齋炊餔疾也餔者申時食也晚飯恐遲炊之疾速故字从火

炗著燒

爨者執薪𣏟甑小火而燃以節娟薪柴泰州曰炗著燒按說文炗小熱也从火干聲詩曰憂心如炗直廉切類篇著𣏟也

燩

說文燩然火也从火敫子寸切又蒼𠷎切周禮曰遂籥其燩燩乎火在前以熣焯龜泰州謂以火灼物曰燩以火籥而灼曰亦曰燩讀如蒼𠷎切

爢

說文爢爛也古多叚糜為之糜訓糝爢訓爛義不同也泰州謂煮物使爛曰爢爢

𡭔

揚子方言𡭔杪小也說文𡭔少也从小乀聲讀若輟

子結切泰州謂小曰𡭔讀如子結切

咣

說文咣秦晉謂兒泣不止曰咣揚子方言自關而西秦晉之間凡大人少兒泣而不止謂之咣哭極音絶亦謂之咣平原謂啼極無聲謂之咣㖽泰州謂哭音絶亦曰咣讀若姜

噭咷

說文噭侅叚訓曰口也从口敫聲一曰噭呼也徐廣苦弔反小顏江弔口釣二反唐韵古弔切咷下曰楚

謂兒泣不止曰噭咷泰州謂兒泣不止亦曰噭咷按昭二十五年公羊傳曰公於是噭然而哭注噭然哭聲皃曰噭咷者疊韻形容詞也又喑下云宋齊謂兒泣不止曰喑泰州則音轉為啍

嗢著

說文嗢咽也从口昷聲烏沒切段注云咽當作噎欠部歄下曰咽中息不利也與嗢音義同泰州謂咽中息不利曰嗢著著讀如初蓋謂氣滯湫底不能宣洩也

九

啇

說文啇言語相訶歫也从口辛辛惡聲也讀若櫱五葛切今俗謂言語相爭時輒曰啇字亦作啐或作囋嚱譌作啐作哘

唊嗑

說文唊妄語也从口夾聲讀若莢今俗讀多語妄言瞎唊按瞎當作嗑嗑多言也从口盍聲候榼切讀若甲今轉若瞎

噧 夻

說文噧高气多言也訶介切夻高气巨鳩切按高气者謂促音於喉放聲出之也今俗急迫之時訶叱他人則曰噧泰州人互相詈罵必以夻字為發聲詞揚鎮人讀若就

迅适

說文迅急疾也适疾也适讀與括同揚鎮人謂疾快曰迅适迅讀如刷雙聲也

柵迾子

新方言云今人謂遮為迾讀如刺謂柵為柵迾子亦讀如刺按泰州讀柵為沙迾為肉雙聲韻轉也

十

齕飯

說文齕齧也戶骨切泰州謂食物曰齕讀如戶骨切新方言云閩廣謂食亦云齕飯近俗多作吃吃訓言蹇難也非是

蹲

說文蹲居也徂尊切泰州謂居處音讀若登州之鄉人則讀若神皆蹲之轉也

西

說文西舌皃从谷省象形他念切按西指事字也从一象脣从口象舌从公指舌之數延於外也蛇之舌每數延於外其申縮迅遬故江蘇俗謂蛇舌曰西又俗謂啟鎖不用鑰匙而以他物開之者亦曰西蓋其引申義也

蝦事

說文蝦大遠也釋詁小雅大雅傳少牢禮注皆曰蝦大也泰州俗偁物大曰蝦事

十一

密甚甚

說文甚訓甚甚盛也从十甚聲汝南名蠶盛曰甚按詩曰宜爾子孫蟄蟄兮蟄乃甚之叚字今江蘇俗語謂物之密盛曰密甚甚音讀如蟄泰州則讀如集

諼

新方言云今保定真定河間天津皆謂大言不可任信曰諼讀去聲按漢書藝文志班固云及邪人為之則上詐諼而棄其信古師曰諼詐言也許遠切今江蘇揚鎮謂詐言亦曰諼讀如許遠切與保定等處相同也

謻

說文謻離別也人氏切泰州謂俗同住同行之人去而之他曰謻班輩謻讀抽假切與人氏切為雙聲輩讀若板亦雙聲也與人相語不相投洽亦曰謻揚鎮人讀若昌者切

謎諧

說文謎語訓謎諧相及也諧謎諧也今俗謂無事閒談曰刮謎曰攀談刮謎者謎諧之轉也

訮

今俗與人諍語時每以訮為發聲詞說文訮諍語訮訮也段注云劉詳言事蒙遜曰汝聞劉裕入關敢訮訮然也斮之魏書作姸姸皆訮訮之同音也蓋訮爲者訶止他人之發聲詞也

十二

譌

說文譌疾言也今俗謂好言論者曰嘴譌譌

訑尉

今俗謂以甘言勸慰人曰安慰說文安竫也竫者停安也當以訑為本字言部訑訓尉也尉者上案下也訑

者以言案其心也泰州謂以甘言勸慰曰詉尉音讀不論

誒詒

今俗謂以言語譏恥人曰誒落說文誒詒恥也詒誒詒也今人讀詒曰落雙聲也

丵

說文丵叢生草（艸）也象丵嶽相並出也讀若浞泰州謂叢物齊等無參差者曰齊丵丵

䰝䰛

十二

說文䰝秦名土鬴曰䰝讀按䰝俗作鍋土釜謂出於匋也䰛鬺也式羊切泰州謂土竈曰䰝䰛䰛亦作鷊作鬺毛詩叚湘為之

䰞

說文䰞炊釜沸溢也蒲沒切今江蘇俗謂火盛水溢曰鋪出轉為雙聲也

𠭴雞

說文𠭴叉卑也叉卑者用手自高取下也揚子方言抯𠭴取也南楚之間凡取物溝泥中謂之抯或謂摣

按今俗謂竊雞者為𠭴雞誠塙當不易蓋竊雞必卑而叉之也

敆 敹 𢿱

說文敆會合也敹擇也𢿱系連也泰州謂合衣夾之縫曰敆合角衣之縫曰敹曰𢿱

旻

說文旻舉目使人也讀若䬊火劣切泰州舉目使人曰擠眼擠與䬊為雙聲謂舉嘴使人曰旻嘴讀與䬊同

十三

𥄉眙

今俗謂佇立閒眺曰站眙或曰看眙或曰望眙相眙泰州曰𥄉眙說文𥄉目冥遠視也一曰久視也一曰明旦也莫佩切

張瞀

今俗與未解語之小兒相戲輒曰瞀說文瞀氏目視也蓋小兒知覺甫有目有所視則眙而不盤相戲者欲其轉視也故呼曰瞀或曰眙以引之張弓部張施也弓弦也有引動之意焉

災眚

今俗謂人有患難曰災星按當作眚說文眚目生病也段注引申為過誤如眚災肆赦不以一眚掩大德是也又為災眚李奇曰內妖曰眚外妖曰祥是也

丫丫

說文丫羊角也象形讀若乖按詩總角丱兮之丱當係丫字故毛傳訓為幼穉朱子集傳云兩角皃則丱為丫字甚明蓋丫為小兒髮飾之形故引申為贊偁撫愛(悉)之詞或作乖又為獃之對偁丫乖為古今字故許君訓(於)丫下曰讀若乖說文讀若強半為後世通行之字不但明其音亦兼明其字義也

十四

芇

說文芇相當也讀若宀母官切廣韻今人賭物相折謂之芇廣雅芇當也今泰州俗謂以相當之物互易曰芇

奇衺

揚州謂姦思不正之人其形容詞曰邪衺邪讀如瑯邪按說文衺褢也褢衺今作回邪毛詩傳曰回邪也廣韻衺不正也玉篇姦思也周禮天官宮正去其淫思與其奇衺之民蓋古謂姦邪之徒曰奇衺二字本為雙聲今揚俗轉為疊韻耳

苜衺

說文苜目不正也模結切泰州(謂)目視不莊曰苜衺苜讀如末鴉切(雙聲也)衺讀如敲鴉切雙聲音轉也又謂欲欲目欲睡者亦曰苜衺

𥄎

說文𥄎捾目也烏括切段注云捾搯也吳語吳世家皆云子胥以手抉目是也泰州謂抉亦曰𥄎

十五

胻脛

說文胻脛耑也戶更切脛胻也胡定切按厀下踝上曰脛俗謂脛骨曰小腿骨或謂迎面骨泰州則曰胻脛骨語鴣正

胝繭

今俗謂足踵摩擦所生之繭肉曰雞眼象其形也亦繭之切語也按說文胝腄也竹尼切腄跟胝也戰國策墨子聞之百舍重繭高注重繭象胝也蓋胝者皮

之堅厚成繭者也今俗云雞眼卽胝繭之轉或作蹦作厥非是

膊脃

江蘇安徽謂乾脃之物曰啈脃泰州謂乾脃之茶食曰膊脃按說文膊薄脯膊之屋上匹各切釋名膊迫椓肉迫著物使燥也方言膊暴也燕之外郊朝鮮洌水之閒凡暴肉發人之私披牛羊之五藏謂之膊膊之本義為乾燥故用為乾脃之偁啈則膊之雙聲也

十六

擘　隋

說文擘撝也段氏改作斬取也博雅次也截取也隋裂肉也今俗謂截物或曰擘或曰隋

[illegible]

今俗謂殘餘之物曰剩按說文[illegible]食所餘也阻史切讀若剩雙聲也泰州讀則如阻史切

粵亏乃

唐詩欸乃一聲山水綠欸乃耕作負重之呼聲也按說文粵亏也宷慎之詞也亏於也象气之舒於古文烏也烏下孔子曰烏亏呼也取其助气故以為嗚呼竊謂欸當作粵粵為王伐切讀欸為雙聲粵為吸气時呼聲乃為曳气之聲故乃訓曳詞之難耕作重任者順息而發音則其聲為粵乃天籟也莊子前者唱于後者唱喁于卽乃喁卽粵也皆屬雙聲段偺今人相與言論有所省宷慎識別輒曰粵音讀在粵哦之閒俗或作哦非是當作粵粵訓宷慎之詞是其證也又言語應答之閒亦曰粵古書亦段喁字為之如史記日者傳公等喁喁者也何知長者之道司馬相如傳延頸舉踵喁喁然皆爭歸皆唯唯聽命之意也

十七

郭出

說文鼓郭也春分之音萬物郭皮甲而出之故曰鼓段注云城𩫏字俗作郭凡外障內曰郭自內盛滿外出亦曰郭郭廓正俗字泰按州謂自內（盛滿）搖動而波出音與廓近

蒱蓋

泰州謂苫曰蒱盍按說文蓋苫也从艸盍聲段注云古太切十五部盍在八部此合音也集韵曰青徐人謂蒱席曰蒱蓋讀若盍竊謂蓋讀若盍古音也

饐　餲

說文饐飯傷溼也乙冀切餲飯餲也乙例切玉篇餲飯臭也正韻阿葛切泰州謂飯傷熱而氣曰饐謂饐飯之味曰餲日部暍訓傷暑也今俗謂暑气鬱蒸亦曰暍

𩫖

說文𩫖用也从高从自自知臭香所食也讀若庸泰州謂齕每曰𩫖

𤼷德來

六

說文𤼷斂足也雝雞醜其飛也𤼷德外也段注云外當作登走部曰𨒁登也此當同之德訓登者公羊傳公曷為遠而觀魚登來之也何曰登讀言得得來之者齊人語齊人名求得為得來作登來者言其大而急由口授也登得雙聲又云今俗謂用力前從曰德古語也按今泰州謂極力奔至曰𤼷德來謂聳身斂足而跳亦曰𤼷謂雞中啄啄食曰德

乘豆

說文乘覆也泰州謂種豆曰乘豆蓋種豆必以土覆之故曰乘

門椳

說文椳門樞謂之椳烏恢切釋宮謂樞所渠謂之椳椳猶淵也宛中為樞所居今泰州讀椳為烏雙聲也

朾

說文朾撞也宅耕切通俗文曰撞出曰朾俗作打音有德冷都挺二切近代讀如德下切泰州謂以足撞人音如宅耕切以拳擊人音如都挺切以手擊人音如德下切又謂朾曰㱿按口部㱿歐皃手部㩁敲擊也音義同

九

温㬉熱

說文㬉安㬉温也奴案切安㬉者猶温存也今江蘇俗謂不寒不冷曰温暾又曰暍或泰州曰燗湯皆熱安㬉之轉也

𡗝𡗝

說文𡗝大也古田切泰州謂驚物大每曰𡗝𡗝讀若忙

笏

說文篅以竹判圜以盛穀者市緣切今多以蘆柴編之蕪湖猶謂曰篅泰州曰積積聚也聚禾穀為積然非篅也

舀

說文舀抒臼也段注云會意以沼切今語也古讀如由釋文引說文弋沼切生民詩曰或舂或揄或簸或蹂毛云揄抒臼也然則揄者舀之段借也字抒者挹也既舂之乃於臼中挹出之今人凡酌彼注此皆曰舀其引申之語也據此則俗云到茶到水當作舀讀如稻以勺挹彼而注此當讀以沼切

卆

朩開

說文朩分枲莖皮也讀若髕蕪湖謂分析曰痦開泰州曰伯開皆髕之雙聲也

㝩㝗

說文㝩屋㝩㝗也㝗㝩㝗也㝩㝗與空落之音義相近泰州謂屋角之空處及曰格那㝩㝗之轉也

撍工

說文寁凥之速也子感切段注云止部疌疾也疌為凡速之詞从宀則為凥之速也鄭風不寁故也毛曰寁速也用寁以言凡速耳周易朋盍簪晁氏說曰京本蜀才作撍陰弘道案張揖古今字詁疌作撍埤蒼云撍疾也撍與簪同王元叔謂即詩不寁字祖感切玉裁案疌即寁古宀广通用蓋古今字今字作寁古字作撍也泰州謂工人作物加速曰撍工

寣

說文寣驚臥也一曰小兒號寣寣一曰河內相詩也今泰州相詩每曰影頤快讀之則為寣謂睡一覺亦曰睡一寣讀如忽

圭

乚喅⿸疒殹

說文乚反丂也讀如呵喅音聲喅喅然也余六切⿸疒殹劇聲也於賣切劇者病甚也今人病劇呻吟輒曰乚喅⿸疒殹

雉翥

本艸雉下宗奭注云雉飛若矢一往墮故字从矢翥說文訓飛舉也故今俗狀鳥之迅飛曰雉翥

遮⿰亻冊

今俗謂𪋷𪋷蔽曰遮蕪湖謂遮曰㑌與遮爲雙聲按說文遮遏也古音止余反不在麻韵遏者微止也其本義爲要攔人部㑌𪋷蔽也詩曰誰㑌予美謂𪋷蔽曰㑌音義塙正㑌張之㑌乃譸之叚借非㑌之本義也

趪

泰州謂鼠行速迅曰㪣讀桑何切按說文趪行趪趪也从走叒聲

趠遠

說文趠遠也从走卓聲敕角切李善作吐教切按水部淖从水卓聲亦作奴教切今泰州謂遠每曰趠遠讀如吐教切

圭

造速[逆]

俗謂行動率爾曰造次論語曰造次必於是馬云急遽也鄭云蒼卒也按說文造就也走部趚蒼卒也𧼯此則次當作趚

輕𧾷

今俗謂步行無聲曰輕巧按說文𧾷行輕皃[一曰舉足也]𧾷讀若遥切巧當作𧾷也

襾

說文襾覆也从冂上下覆之讀若晋从一者指事也按晋大徐衣駕切覈下訓曰實攷事襾笮邀遮其辭得實曰覈襾與笮連舉蓋有迫壓之意實爲今俗礦砑之本字有覆而萬合之意新方言今俗謂壓碎物什曰襾引而申之覆而有爲物所梗不能萬合亦曰襾讀如衣駕切新方言覆而未萬合者爲襾義有未當揚州謂覆而不萬合者讀如牙按當作齬齒部齬

圭

齬齒不相値也古音牙吾同音均在九魚故金部鋙下云鉏鋙也鋙或作鋙周禮注作鉏牙前漢地理志金城郡允吾應劭曰允注允吾音鈆牙此其證也齬本謂齒不相値引而申之與覆而未萬合之意適相符也[爲]齬今字亦作齖

褄縫

泰州謂裁衣判布之中爲袑縫曰褄裁按說文褄衣袑縫讀若督莊子曰緣督以爲經褄之叚借字也

衹衣

說文衹衹裯短衣也都衣切今泰州謂喪殮之服其短者曰衹衣

秀頂

今俗謂無髮曰秃謂頂秃又曰秀頂說文秃無髮也从儿上象禾粟之形取其聲段注云粟當作秀以避諱改之也采下云禾成秀也然則秀采爲轉注象禾秀之形者謂禾秀之穎屈曲下𠂹莖屈處圓轉光潤如折釵股秃者全無髮首光潤似之故曰象禾秀之形秀與秃古音皆在三部故云秃取秀之聲爲聲也

二四

許書兩言取其聲世下曰从𠀤而曳長之亦取其聲謂取曳聲也此云象禾秀之形取其聲謂取秀聲也蓋會意兼形聲也秀與秃古無二字殆小篆始分之今人秃頂亦曰秀頂是古遺語凡物老而椎鈍皆曰秀如鐵生衣曰銹捼采下云禾成秀人所收也从爪象采之形也爪下云丮也覆手曰爪謂禾成秀時下𠂹如覆爪也秀从禾人人者穀也實故俗謂桃李之實曰仁仁人也禾實粒上有穎秀則指其穎穡內之仁而言謂實也段氏謂秃秀古無二字其說甚是而解秃義謂如折釵股則未盡善也秃（秀）爲（謂）無穎穡之禾仁故小篆變其形而訓爲無髮義（意）相近也後世音讀雖分而古音猶存故有秀頂之語

歔歔

說文歔心有所惡若吐也哀都切歔歔歔也方六切今俗謂心有所惡而欲吐曰歔讀如哀郭切謂污穢不潔亦（心甚惡之）曰歔歔

𪏗干

說文𪏗𪏗干不可知也古渾切此古語也曰渾敦𪏗干之轉也今俗曰渾蛋亦𪏗干之轉也

二五

𪏗唾沫

說文𪏗且唾也一曰小笑許璧切段注云且唾者聊唾也今俗謂迫口吻而激唾出之曰𪏗唾沫又謂小笑曰笑𪏗𪏗或曰笑嘻嘻

欥（删）

說文欥笑不壞顏曰欥呼來切此形聲字也今俗謂小笑曰欥據段氏注欥各本作欸

𣢺次

說文歵飢虛也苦岡切段注云飢者餓也濂者水之虛康者屋之虛歵其者餓腹之虛也故今謂飢不得食曰歵皮皮殼也亦空虛意

𣄼

說文𣄼事有不善言𣄼也爾雅𣄼薄也力讓切段注謂爾雅二字淺人所增玉篇訓悲也酸楚也呂張切竊謂事有不善言𣄼者謂事有不善則人相弔愍其詞曰𣄼故其字从旡許以訓詞未盡故又云薄也薄者菲薄其事之不美也今俗謂事有不善歎曰難讀如患難之難與𣄼為雙聲

顉頭

說文趛低頭疾行也牛錦切頁部顉低頭也春秋傳迎於門顉之而已按左傳襄二十年六衛獻公反國大夫逆於竟者執手而與之言道逆者車揖之逆於門者顉之而已釋文顉又作頷杜注為搖頭殊非搖者執手車揖後者乃搖頭答之有是禮乎亦可哂已釋文本作頷正是本作顉之譌列子湯問曰顉其頭則歌合律郭璞遊仙詩洪崖頷其頤注引列子亦作頷皆顉之譌故有五感之切今泰州謂低頭為顉讀如牛錦切古遺語也

庽頭舍

說文庽屋迫也言卑矮氏而局促也今泰州謂卑氏局促之屋曰庽頭舍

廌直

說文廌解廌獸也似牛一角古者決訟令觸不直者宅買切今泰州謂人之戇正不阿者曰者直當是廌字此亦古遺語也俗謂殺亦曰宰如宰羊宰牛之類按宰訓辠人在屋下執事者其宰殺之字用廌為當也

戇正

說文戇愚也陟絳切師古張陳王周傳曰舊音讀下紺切今音讀竹巷切泰州謂公直不撓之人曰戇正讀如竹嚮切

黶

說文黶中黑也於琰切段注謂黑在中也大學注厭讀為黶黶者閉藏皃也其引申之義也按中當為中

傷之中中黑者謂物之點污於黑也大學之厭其義當訓為晦飾皃泰州謂物之點污於黑而不䰍明者曰黶讀如眼與止韵乙減切音同又俗謂不漂亮之人曰黶子音與於如厭掩

㡇

說文㡇瞋大也大戒切瞋者張目也瞋大目皆若裂也泰州謂瞋大目怒視曰㡇音如偕

了

泰州謂拋棄物件曰了讀如奴蕭切或曰了佻按說文了訓尥也尥訓行脛相交揚子方言佻縣也郭了佻縣物皃丁小反他書引皆作了𠃊即說文了尥也了尥本義實為糾結縣物必有所糾結故曰了尥今俗謂究結（解微）曰了謂拋棄曰了此猶亂（龕笑而）訓為治苦（小半 聲从龍而門）訓為快（無間）也理詳余所著名理微

廿六

尲尬

說文尲（尷）尬行不正也尲咸古切尬古八切又古拜切段注云今蘇州謂事乖剌者（曰）尲尬

乖剌

說文乖戾也古懷切剌戾也盧達切楚詞怨世吾獨乖剌而無當兮故今俗謂作事謬誤而無當者曰乖剌剌（泰州）讀如達

矮矲

說文矲短人立矲矲也傍下切泰州謂人短小曰矮矲矲讀如傍巴切

挭汽

說文挭染也而泉切汽水涸也許訖反挭之有需濡意汽有消耗意泰州謂需濡曰挭讀如乃管切謂消耗曰汽謂打擾人曰挭汽按水部渜湯也从水耎聲乃管切是耎聲亦讀乃管切也

廿七

涸

說文涸渴也讀如狐貈之貈下各切渴盡也盡近也泰州（謂）乾縮曰涸謂相近亦曰涸謂妥貼亦曰涸貼此皆引申之義也

涫湆

說文涫灊也周禮注曰今燕俗名湯熱為觀觀即涫今江蘇謂灊水曰滚水滚涫之轉音也湆下云溢也

今河朔方言謂湍溢為沓徒合切按泰州湍溢亦曰沓

汏

說文汏淅𣿬也徒蓋切段注云今蘇州謂搖曳洒之曰汏音如俗語之大在禡韻雙聲也泰州謂洗（再）濯曰汏讀平聲

半饟

說文饟晝食也書兩切段注曰饟者猶朝曰饔夕曰飧也今俗謂日西為晌午頃刻曰半晌皆本於饟也

三十

豆腐灝

說文灝豆汁也乎老切顥白也豆之汁白故曰灝泰州謂豆腐之極嫩者曰豆腐灝灝讀若老音之轉也

浼

說文浼污也泰州污辱人與曰浼音讀若挽孟子曰爾焉能浼我哉此義（也）又俗謂毆擊人亦曰浼

灒

說文灒污灑也則旰切釋玄應曰江南言灒子旦切山東言湔子見切史記廉藺傳作濺楊泉物理論作㖗皆音子旦切泰州謂灒亦讀如子旦切

顰水

說文顰（頻）水厓人所賓附也顰戚不前而止顰涉水顰戚也符真切泰州常州謂涉水讀如符頻切雙聲也涉水曰顰者謂將涉者不知深淺有顰眉蹙額欲止之意

零雨

說文零雨零也盧各切今俗謂降雨曰下雨曰落雨零落當作零

三十一

濛𩃎雨

說文𩃎小雨也職戎切今俗謂小雨曰濛𩃎雨

耳朵耽

說文朵樹木𠂹朵朵也人之耳𠂹朵於頭側故俗曰耳朵耳部耽耳大𠂹也丁含切泰州謂耳朵下𠂹之肉曰耳朵耽讀丁含切或亦曰墜

聉貨

說文聉無知也意五滑切泰州謂無知識不能任事之人曰聉貨貨物也言人之知識如物也

一橛

俗謂一段曰一卒按說文橜杙也一曰相[illegible]月切爾雅釋宮樴謂之杙注橜也蓋直一段之木[illegible]鈎者謂之亅讀若橜此讀若音義亦俱相近今人謂終亦曰卒卒之本義訓為隸人給事者此以音同相假倅也氏部氒下云木本也讀若厥居月切終之義倅用卒為是

註

說文註誤也古賣切今四川人謂作事乖剌曰註

讓

說文讓相責讓人漾切小爾雅廣義詰責以辭謂之讓廣雅釋詁讓責也左昭二十五傳且讓之周語讓不貢史記齊世家魯人以為讓漢書項籍傳二世使人讓章邯此皆讓之本義也人漾切經傳以為謙攘字本義遂晦泰州謂訶責小兒曰讓古遺語也

圭

挐

說文巩部巩裒也巩或加手手部挐下曰攤也居竦切段氏謂後人妄增今俗謂斮攤曰挐

牂養

說文牂扶也七良切古詩好事相扶牂，將，即字之段借也凡云將順其美亦當作牂詩曰百兩將之傳曰將送也天不我將箋云將猶養也皆於牂義為近泰州謂攝身體曰牂養

勒抷乾

說文抷給也章刃切給者相足也士喪禮曰乃沐櫛抷用巾又曰浴用巾抷用浴衣注曰給抷晞也清也晞者乾之也浴用巾既以巾拭之而復以浴衣抷之謂抑按之使乾此乾彼可互相給足故曰給也泰州謂吞嗇者曰孚抷孚五指持也持財不捨故曰孚抷俗又謂溼物將乾而未盡乾者曰孚給抷乾言孚之而猶溼給也孚作勒亦曰可勒亦訓抑也

圭

揞

說文揞撫也武巾切泰州謂擗合其縫曰揞又婦人鬑髮欲其妥貼以綫揗撫之亦曰揞俗作㨉拉

撬揹　揹袋帶

說文揹自關而西凡取物之上者為撟揹撟揹者謂

取物之顛也捎梢也故今俗謂帶之頭有口受物曰捎帶泰州謂人之行事無收頭結果曰不得梢捎

挼或作捼从叏說作挼

說文挼摧也一曰兩手相摩切奴禾切摧下云擠也一曰捆也一曰斷也今惟斷之一義通行餘俱廢置謂兩手摩切音如磋挼之摧意義亦廢置

攪

說文攪亂也詩曰祇攪我心泰州謂小兒相鬥丮曰攪謂心(中滿)亂不安亦曰攪謂捏亂什物亦曰攪此皆本義也

畫

撝

說文撝裂也曲禮為國君削瓜者華之注曰華中裂華音如花撝古音讀如呵今蕪(湖)俗謂撝開猶有讀如呵者亦古音之僅存者通俗謂畫而裂之曰撝

捇

說文捇裂也呼麥切泰州謂刺而裂曰捇開俗或作剨正韵乎虢切砉轟入聲破聲也今俗謂破聲曰剨剌

摡

說文摡滌也古代切周禮天官世婦帥女官而濯摡為齍盛注摡拭也今本作溉者非釋文作摡不譌今俗謂拭亦曰摡或作揩後世字也

撽

說文撽旁擊也苦弔切公羊傳曰公怒以斗撽而殺之注撽猶擊也撽謂頭旁擊頭項莊子撽以馬捶今俗謂旁擊曰撽與敲音義近多作敲如云敲竹杠敲丁錘是也

畫

扟

今俗謂以口進(納)气引物曰吸以手上下引之亦曰吸說文扟从上挹取也當作扟歙縮鼻也此謂以鼻納气也

搵

說文搵沒也烏困切泰州謂消滅事物曰搵

顆

泰州謂内勺於水而挹取之曰舀讀如杳亦讀如烏沒切謂内頭於水亦曰顆說文顆下云内頭水中也

按水部湨訓湛也烏勃切凡貪湨乾湨可用之又部叟入水有所取也義各有當今世皆作湨顯叟皆廢置矣

奻

說文三女為奻奻美也蒼案切按此字經傳多作粲唐風今夕何夕見此粲者周語有三女奔密康公其母曰夫獸三為羣人三為女三為粲夫粲美之物也衆以美物歸汝而何德以堪之今泰州俗謂美好曰粲亦古遺語也

嫼

說文嫼怒皃呼北切泰州謂怒者欲得而甘心其形容詞曰嫼嫼讀若國謂盛怒亦曰熇熇按熇火熱也大屋切以喻盛怒則引申之義也又焅訓旱气也苦沃切音義亦近今人多段赫為之赫訓大赤皃雙聲義近

镻 擢

說文镻⿰镸蜀也徒結切廣韻陟栗切訓手拔物也此以音近而釋之也似未妥手部擢引也从手翟聲直角切然翟之本音為徒歷切音如狄今翟姓音澤乃相沿之譌說文徐曰姓本音狄後人乃音澤也今江南猶作狄音周禮內司服揄狄闕狄鄭玄謂狄當為翟又引書羽畎夏翟作夏狄顧命狄設黼扆綴衣禮記祭統作翟喪大記作狄春秋盟於于狄泉穀梁作翟長狄僑如史記作翟漢書匈奴傳戎狄皆作秋翟惟天子居於狄泉史記一作澤由此觀之翟本音為狄也周公世家厲公擢世本作翟擢本音亦狄也蓋古者从某聲即讀某聲也謂手拔物當用擢字

瓦瓪

說文瓪敗瓦也布綰切玉篇廣韻皆曰瓪牝瓦也非是广部㢊屋牝瓦也从广閱省讀若環段氏謂牝瓦即今俗所謂之⿰瓦同瓦屋上覆之瓦其形似筒也作牝瓦者誤字其言塙是今泰州謂屋上覆環長之瓦曰⿰瓦同瓦謂敗⿰瓦辟之瓦曰瓦瓪

紞

說文紞冕冠塞耳者都感切葢儀禮士喪禮緇衾赬裏無紞注紞被識也此引申之義也今俗謂曰當頭

故偁被亦曰被紞袯後起字晉書鄧攸傳紞如打五鼓謂當鼓面有聲也抌當作抌手部抌訓罙擊竹甚切唐韻集韻都感切泰州謂以物測罙淺得所底止曰抌此本義也謂拂拭塵亦曰抌當作幟巾部幟拭也精簾切今音轉讀如膽與古相合禮內則桃曰膽之此其証也又讀如彈屈原漁父新浴者必彈冠是也

緄　縺　組

說文緄織成帶也古本切古本切今俗謂以帶為衣緣之飾曰緄邊俗作衮又緁緶衣也七接切衣部曰

乘

𧝓者緶也儀禮喪服傳斬者何不緝也齊者何緝也齊即𧝓緝即緁之叚借也緁者緶其緣也泰州謂緁衣之緣曰緝邊組下云補縫也丈莧切補者完衣也縫也衣縫解裂曰袒完其袒曰組泰州亦曰組縫俗或作綻

河蝸

說文蝸蝸蠃蒲盧細腰土蠭也从虫咼聲古火切按蝸蠃蒲盧謂圓而長之物形也今音如胡蘆蠭之腰細圓而長故以名之蒲蘆見大戴禮山海經小正曰雉入淮為蜃蜃者蒲蘆也蜃蚌類也其形橢圓泰州謂蚌類曰河蝸

螕　蝨

說文虫部螕齧牛虫也邊兮切按今謂齧犬虫曰螕通俗文曰狗蝨曰螕牛當犬字之譌蝨訓齧人飛虫武庚切段氏玉裁云人當作牛古音在十部讀如茫泰州讀如武公切

土墼

說文云墼令適也一曰未燒者古歷切墼者謂土和

尭

水入模范中成形而未燒者也今俗謂未燒之泥磚曰土墼

勩

說文勩勞也余制切正韻以至切玆音異段氏云注凡物久用而勞敝曰勩明楊慎答中官問四謂牙牌摩損當用鋊字今按非當用勩今人謂物消磨曰勩是蘇州謂衣久著曰勩著泰州讀如醫

勃

說文勃排也排者擠也今俗謂擁擠曰勃論語色勃

如也字之叚借

銚

說文銚温器也从金兆聲一曰田器以招切今俗謂煮茶之壺曰温按温訓器也止遥切亦曰銚錢下云銚也古者田器从金戔聲周頌庤乃錢鎛一曰貨也按古者田器曰錢今俗謂田器曰銚臿而以錢為泉貨之名釋器方言銚皆作斛釋器曰斛謂之疀郭云即古鍫字方言曰臿燕之東北朝鮮洌水之間謂之斛趙魏之間謂之喿銚斛喿三字同即鍫字也七遥反亦湯料反今俗多讀湯料反七遥

罕

款窾

說文款意有所欲也从欠窾省聲徐鍇曰窾塞意有所欲而猶未塞款款然也泰州謂意有奢欲者曰款塞此本義也謂用物奢侈而良美者亦曰款此引申義也欲訓欲得也音義同

齾匈

說文齾缺齒也五轄切引申凡缺曰齾左傳兩軍之士皆未慭也杜曰慭缺也釋文慭魚覲反又魚轄反慭者齾之叚字也泰州謂物事小有缺點曰齾匈匈象物缺形也言事則取抵近意也

𡀔齒

說文𡀔噍兒補各切按釋玄應三引說文皆曰𡀔喋噍兒廣韻亦云𡀔喋噍兒當是奪譌噍者齧也齧時口輔動曰𡀔曰喋今俗謂口輔動曰𡀔齒或曰喋齒

𢏚

說文𢏚不成遂急戾也从弦省曷聲讀如若瘞於罽切泰州謂事不成而急戾曰𢏚讀如碣

罜

米糂飯

說文粒糂也糂以米和羹也从米甚聲桑感切今泰州謂以羹煮飯曰猶糂飯音讀若酸

瀎泧

說文瀎瀎泧飾滅兒莫達切泧瀎泧讀若椒椴之椴飾滅者謂拭去其痕迹也今北京讀如麻沙釋名摩娑猶末殺也泰州謂瀎泧曰揃

滰

說文滰浚乾也乾漬也米其兩切泰州謂浚乾曰漬

米曰滰蕪湖曰漉

奘

說文奘駔大也徂朗切駔壯馬也揚子方言秦晉閒人大爲奘或曰壯今蕪湖泰州謂物粗肥曰奘

甹一刻

說文甹定息也讀若亭今俗謂稍待曰甹一刻此引申之義也

咅

說文咅相與語唾而不受也天口切今音轉爲蒲歐切俗作呸

罡

掕

說文掕止馬也里甑切掕馬猶勒馬也泰州謂提持曰掕此引申義也

不諳行

說文諳悉也烏含切泰州謂不審其事曰不諳行行讀若杭

袑

說文袑袴上也市沼切蓋股所居之處也今人通謂褲當或謂袑當讀如吊段僭爲袑字袑短衣也今俗謂短尾曰袑尾此引申義也俗作䂏

摕

說文摕撮取也从手帶聲讀如螮蝀在東或从折示兩手急持人也今蕪湖泰州讀謂急持曰摕音轉如歹

趉

說文趉走也从走出聲讀如無尾之屈瞿勿切玉篇訓卒起走也泰州謂卒起而走亦曰趉又趌下云趌趨怒走也去吉切趨下云趌趨也居謁切趨下云狂走也余律切音義皆相近

㞷

趨

說文趨行也香仲切泰州訶責無事行走之人曰趨按趨本从臭聲集韵嗅香仲切音趨俗謂辛臭之味刺鼻而不可嗅者讀香仲切嗅與齅同說文訓齅以鼻就臭也本義爲以鼻就臭引而申之不可就臭亦曰齅此亦亂訓爲治之例又易說卦巽爲臭故俗又臭曰巽

彖豙

說文彖訓豕走也孔子贊卦之辭曰彖贊爻之辭曰象是段為形容辭也彖刻木彖彖也有空虛之意故今人謂事物虛假曰彖貨或謂無用之人亦曰彖貨按當作彖彖隨从也所謂公等彖彖因人成事也者泰州謂作事虛假曰彖豙蓋虛象之意言其不[可儆]搞實也

打𥄉

說文𥄉宀宀不見也𥄉𥄉𥄉不見也𥄉目旁薄緻宀宀皆武延切三字音義相近泰州謂欲睡者眼瞼數數翕合曰𥄉或曰打𥄉讀如邊蓋眼瞼下敘則目不能見故𥄉訓宀宀不見瞼即𥄉之後起字

覘

說文覘暫見也失再切公羊哀六年傳覘然公子陽生泰州謂暫見音讀如瞻覘之轉也

䁶

說文䁶小視也莫佳切大元旌旗絓羅干戈蛾蛾師孕啱之哭丈且䁶注䁶音麻竊視之稱泰州謂竊視音讀若馬䁶之轉也

覼

說文覼目有察省見也方小切謂意有所察視而得見也今俗謂存心察視亦曰覼目部瞟下云察也與此字義似近而實不同蓋瞟為察而覼則為有察省見也今蘇俗謂以目伺察曰瞟

欲

說文欲歠也从欠合聲今俗云欲茶多作嗑非本字也

諮

說文諮大聲也从言㫚聲讀若笮今俗謂大聲震耳亦曰諮亦讀若笮

羊

俗語形容構[精]之字作脅於義無當按說文羊訓撖也从干入一為干入二為羊讀若飪言稍甚也段注云飪甚同音入二甚於入一讀若飪即讀若甚也以音訓之甚者尤安樂也从甘匹匹耦也壬善也从人士士事也从壬之字有巠巠近求也从巠之字有婬婬

厶逸也說文壬干支之壬訓多坿會壬下云位北方
也侌極昜生故易曰龍戰於野戰者接也象人褢妊之
形承亥壬以子生之敘也壬與巫意，同壬承辛象人
脛脛任體也然其大意與人事之義不甚相背从壬
之字有妊妊孕也以形言之从入二二地之數也从
糂一有胖合之義焉今俗謂󠄀㕣音各不同若廬州府則
讀如甚之入聲泰州則讀如飪之侌平長江流域多
讀如飪之入聲

靪

罴

說文靪補履下也从革丁聲當經切今俗謂以麻繩
穿箸履底皆曰靪謂綴曰補靪

穰

說文穰黍梨已治者从禾襄聲汝羊切段注云已治
者謂治去其箬皮謂之穰者莖在皮中如瓜瓤之在
瓜皮中也蓋有柔弱之意壤訓柔土而俗亦謂不強(彊)
硬為穰泰州謂稻草曰穰草

糳𥽀

糳，說文，𥽀糳敹之也桑割切𥽀粉也去阮切泰州謂
(敹)細碎之粉曰糳𥽀音如(敹)雪

櫱𥽀

說文巘伐木餘也五葛切或从木辥聲或作枿商頌
傳曰櫱餘也張衡東京賦山無槎枿注斜曰槎斬而
復生曰枿泰州(謂)室內灰塵與狼藉之垢滓曰櫱𥽀室
中塵垢發而復生故曰櫱屑末如粉故曰𥽀𥽀讀如
說

㲋

說文㲋治稼㲋㲋進也初力切段注云周頌毛詩傳

罡

曰㲋㲋猶測測也按㲋㲋古語測測今語毛以今語
釋古語故曰猶泰州謂作事從容不迫曰測測測與
㲋雙聲也

憸

憸，說文，𢖲善自用之意也古活切(商書曰今女憸憸)泰州謂作事不待
人指示而自逞者能，曰憸憸此本義也衛包改經文
憸作聒開成石經从之後人乃訓聒聒為譊譊多言
者故俗謂善辯而自誇者曰憸憸叫

惕

說文愓放也从心易聲一曰平也徒朗切方言媱愓遊也江沅之閒謂戲為媱或謂之愓愓音羊今泰州謂不事生産而嬉遊曰羊亦愓曰子

悜

說文悜恨也胡頂切今俗謂可恨之事曰悜壞人

俇

說文俇遠行也居況切楚詞懬俇俇而南征注俇俇遑遽皃今俗謂無事閒遊曰俇引申義也

袟

說文袟襲也甫無切襲左衽袍衽衣裣也今俗謂裣自左而右襲者□大裣自右而左曰小裣泰州或曰大袟小袟

罘

褺

說文褺重衣也徒叶切段注云凡古者衣一襲者皆一褺之叚借褺讀如重疊之疊文選王命論思有短褐之襲李引說文襲重衣也王命論本作褺李注時不誤淺人妄改文選耳漢書叙傳作短褐之褻師古釋以親身之衣不知為褺之誤也古書之難讀如此

按今俗謂一褺為一套褺則為疊襵之偁

衦

說文衦摩展也古案切摩展者摩其襵縐而展平之也今俗謂作麪曰衦麪此引申之義也泰州讀如管他處多讀若敢

次裹

說文褔編枲衣一曰次裹衣次慕口欲液也叙連切俗作涎郭注爾雅作唌今音轉如叙蘭切泰州讀次裹之裹如高加切雙聲也今俗多謂次裹曰圍嘴

罘

佶壯

說文佶正也巨乙切小雅六月傳佶正也箋云佶壯健之皃今俗謂壯健曰佶壯

槍

說文槍歫也歫止也一曰槍也許書無拒字歫即拒也此與彼相抵為拒相抵則止矣故歫訓止槍謂逆而抵拒也今俗謂人不遜順為槍人鬅鬘者逆而鬀之亦曰槍皆引申之義也

蓬

說文达行不相遇也段注云此與水部滑泰音義皆同讀如撻今俗說不相遇尚有此語乃古言也按今俗謂不相值曰滑亦曰达兩不相值曰一頭达一頭

滑

譶

說文譶疾言也讀若沓沓訓多語沓沓也音義相近文選琴賦分纚譶以流漫注纚譶聲多也徒合切泰州謂人言嘈囃曰譶

𨂂 蹨

說文𨂂足所履也乎加切段氏以為段乃段之誤此言甚寉又蹨訓踐處也與𨂂音義相同今俗足有所履踐曰通𨂂玉篇有踹字丁貫切今音讀丁也切與泰俗同

率

晵

說文晵雨而晝姓也康禮切今蘇州俗語云晵晝不是好晴正此音此字也

蓈

說文蓈禾粟之采生而不成者謂之童蓈蓋謂禾采之秕而無實也莠下云禾粟下揚生莠也按莠今之狗尾艸也禾采下放莠采上揚惟其形與禾采相似故惡莠亂苗而詩亦刺刺其翹翹桀桀泰州謂遊愓無業者曰不蓈不莠言既非蓈之不實又非莠之非種也

嬻

說文嬻白好也則旰切通曰文服飾鱻盛謂之嫸嬻泰州謂事物美好曰嬻

錭鈍

說文錭鈍也徒刀切段注云今俗謂挫抑人曰為錭鈍讀如刀泰州謂人作事不爽快曰錭鈍多重疊其詞亦讀如刀鈍讀入聲

垂

隶 及

說文隶及也从又从尾省又持尾从後及之也朱氏注云隶者手相及按今俗謂以手傳遞物件曰隶此本義也泰州謂隶曰及

挻

說文挻長也从手从延會意延亦聲字林挻柔也今

字作揉朱氏注云凡柔和之物引之使長持之使短可析可合可方可圓謂之挻今泰州謂揉物音如欠挻之轉也

篿

說文篿圜竹器也度官切泰州謂小兒食飯之竹椀曰篿篿博雅𥂕杯也揚子方言齊右平原以東或謂𥂕集韵正韵眉波切廣韵莫婆切聲義相近

笿

說文笿桮笿也从竹各聲今俗謂笿之大者曰夯笿垂謂繫繩而擔荷之籃亦曰笿析而言之籃編製細斟斟者謂籃粗疏者謂之笿

卣

說文卣驚聲也今蕪湖謂驚嘷曰卣讀如西此字也

闟闋按闟下云賓有聲則當作闠

說文闟闟闟闋門連結繽紛相牽也从門賓有讀若繽闟闋闟闋也从門㸚聲段云此下當有讀若紛三字撫文切今俗謂相鬥曰闟闋讀若夫中切由疊韵轉為雙聲也

竇

說文竇空也空竅也蕪湖謂虛言誑人曰竇空子引申之義也

𧶠

說文𧶠衒也从貝𠷎𠷎古文睦讀如育衒行且賣也从言行衒或从玄黃絢切今衒字也𧶠訓衒有欺誑義故今俗欺誑人或曰矇受人欺誑曰為人所賣𧶠即𧶠蓋字隸變𧶠作賣𧶠亦作賣𧶠賣不分𧶠之本意由此遂不可知而賣𧶠之音讀亦遂同周禮胥師察垂其詐偽飾行儥慝者而誅罰之此儥字當係𧶠字當讀若竇竇以𧶠得聲是其証也故今俗謂𧶠者徵人買其物曰竇交易

儥

說文儥見也大徐改見為賣段氏以為今之覿字今音徒歷切古音徒谷切近人沈氏云此字當以玉篇為準玉篇云儥餘祝切周禮司市以度量成賈而徵儥儥買也徵人來買故知儥之非賣也蓋儥字从人从𧶠𧶠即鬻字賣之本字其義為求售加以人傍則其

義為買當與贖字同讀今方俗尚併買藥為贖藥買書為贖書惟亦可與覿字同讀蓋後世併和買為和糴其字當為儥也按見字當是說甚當見訓當為買字之奪誤

甬峭

說文甬石閒見讀如敫段注謂閒讀去聲閒見謂突兀忽見甬史段適為之魏書北史温子昇傳云〻皆子昇詣梁客館不脩容止謂人曰詩章易作逋峭難為字林云𡾰峭好形皃𡾰即甬之隸變凡字因時而作故說甬〻文字林作𡾰說文祇有殷字林有黓近世波俏之語又音字之遷移也按甬峭本謂山石之高出尋常者故引申為贊美出衆之詞

虓

說文虓虎皃魚廢切今俗謂可懼之詞輒曰畏音在即虓字也虓為虎皃虎皃可懼故引申為凡可懼之詞

𩍦

說文𩍦收束也讀如酋𩍦或从要或从揫即由切今俗謂收束讀揫〻如

𥍯

說文𥍯矛屬力當切今俗無賴刺人凶器曰小𥍯讀如朗

覹

說文覹司也無非切段注司者今之伺字許書無伺字司下當有視字泰州謂追隨其後而闚伺之曰委覹之轉音也

料量

說文料量也讀如遼泰州謂懸𢵧有方寸曰料料量料讀如遼猶古音也

𣂡張

說文𣂡量旁溢也普郎切今人謂旁溢增大曰澎漲泰州俗語曰𣂡張此亦古音猶足徵今字之無意味也

靸靸鞋

說文靸小兒履也从革及聲桂氏說文增讀若沓三字注云小兒履也者履之無跟者也輟耕錄西浙之

人艸為履而無跟名曰靸鞋鞻婦女非纏足者通曳之泰州謂倒履之跟而曳之曰靸靸鞻讀如苔

媿

說文媿不說也於避切按說即今悅字今泰俗謂詬詈曰媿謂人不開罪辠於人曰見媿讀如恠

斢

說文斢相易物具等為斢段注云今江南有此語篇韵皆丁豆切江蘇人讀如彀引而申之謂滿足亦曰彀

趄

說文趄留意也讀若小兒咳今泰俗謂留意伺㗛曰趄

矱過

說文矱規矱商也一曰視遽皃一曰矱度矱或从尋尋亦度也段注云規矱二字蓋古語釋之曰商也蓋手持崔則恐其奪去圖所以處之是曰規矱乙虢切泰州謂行過其處度曰矱過規度事物不能適當曰矱把訓曰商者商量也矱有度量義故俗謂過量過度曰矱

籔箕

說文籔炊箕也穌后切段注云即今之溲箕也泰州讀溲如箱

寇

揚子方言凡物盛多謂之寇注今江東有小凫其多無數謂之寇說文寇暴也段注云暴當是夲部之暴暴疾之字引申為暴亂也由暴亂之意引申之則有甚盛之義泰州亦屬江東舊地故謂人之有膂力者曰寇

婼子

說文婼不肖也从女否聲匹才切篇韵布美切今俗謂鄉曲不肖曰地痞按痞訓痛無不肖意作婼為當

殖

說文殖脂膏久殖也段注云久下當有曰字考工記故書昵或作樴注云樴讀為脂膏脏敗之脏按脏即殖字字林云脏膏敗也亦作膱廣雅云膱臭也玉篇廣韵皆云膱油敗也常職切亦音職今俗謂膏油久

不可用正讀職之平聲也

戍

朱氏說文云戍恤也人被殺傷可矜恤也从戍古文矛字一指事識其殺傷處也與刃同意泰州謂布帛裁剪後其緯楸失曰戍此引申義也

⿰言𥄎

𥄎說文舉目驚𥄎然也九遇切書多叚瞿為之⿰言𥄎相誤也古罵切朱氏本从言𥄎今俗驚愕相誤之發聲詞正讀如古罵切

𡗗

訇

說文訇駭言也虎橫切叚訂駭為駭非方言癡駭也駭者語音多不清析其聲訇訇然泰俗今尚有此語

啟舄頭

泰州俗謂藉端生事曰啟舄頭說文舄雒也象形經典多叚為履舄字古今注以木置履下乾腊不畏泥故曰舄是叚為藉也故謂藉端生事曰啟舄頭耑物生之題也與耑有同義近

書館藏

兩漢地方自治制度考

夏兆麐 撰

《兩漢地方自治制度考》，夏兆麐撰，據泰州圖書館藏《耐庵从著》本影印。

夏兆麐（一八八五—一九四八），字紹侯，號耐庵，江蘇泰州人。清宣統三年（一九一一）畢業於兩淮師範本科。民國十六年（一九二七）入國立中山大學社教講習會學習，卒業後供職於泰縣圖書館，并擔任泰縣教育行政委員會委員、縣政府文獻會委員、修志局委員。日軍侵占泰州時期，堅持民族氣節。抗戰勝利後任泰縣圖書館館長。著有自傳《夢痕録》。

本書中地方自治意爲以一地之人在一地之内，處理一地公共事務，與官治殊。此書考察漢代地方自治制度，分爲八個部分：緒言，一漢代地方自治組織及區域，二人員及職掌，三人員之産生，四人員之待遇，五人員之懲戒，六人員姓氏及事略，結論。夏氏以爲地方自治起源於周代，見於《周禮》記載，此後管仲霸齊，商鞅相秦，直至宋王安石行保甲之制，均有地方自治之義。尤以兩漢鄉亭之制具備地方自治精神，故藉諸史傳而考其制度。其所徵引的典籍有《史記》《漢書》《後漢書》《漢官儀》《西漢會要》《風俗通》《通志》等及顧炎武、錢大昕等人之説。此書依據相關史籍，對漢代地方自治制度各個方面作了有益的探索。夏氏贊賞漢代地方自治制度，認爲其對漢代政治發揮積極作用，對民國時期的政治制度建設亦具有借鑒意義。他將其時的保甲制度與漢代鄉亭之制相比，認爲是實行地方自治的途徑，亦可看出作者關心現實政治，服務鄉梓的熱忱之心。

（周　忠）

耐庵叢著第一集之四

兩漢地方自治制度考

耐庵

兩漢地方自治制度考目次

（甲）三老姓氏及事畧
（乙）嗇夫姓氏及事畧
（丙）亭長姓氏及事畧
結論

兩漢地方自治制度考

緒言

以一地方之人、在一地方之區域內、處理一地方公共之事務、是為地方自治、自治之義、與官治殊、中國古有官治而無自治、是以地方自治之名詞、不詳於經史、於此而欲於數千百年下、研究夫古昔之地方自治制度、殆不可得、雖然、地方自治、惟其實不惟其名、粤稽古昔、雖未有地方自治之名詞、而地方自治之精神、隱寓乎當時之制度中者、細意尋索、未嘗不可探得其陳迹也、

我國地方自治之起源、當始於周代、按周禮司徒篇云「令五家為比、五比為閭、四閭為族、五族為黨、五黨為州、五州為鄉、」其組織系統、抑何秩然、又云「比有比長、閭有閭胥、族有族師、黨有黨正、鄉有鄉大夫」、人員之規定、又至當矣、至於事務方面、則所云「令各掌本區內之政令、受教於司徒、退而頒之於人民、考其德行道藝而勸之、糾其過惡而戒之」、此即其職掌之所在、以一區域之人、理一區內之事、此雖不以地方自治名、而地方自治之精神、固已隱含於其內、自是厥後、管仲霸齊、行連軌之制、商鞅相秦、行什伍之制、隋行保閭族黨之制、唐行保鄰鄉里之制、宋王安石變法、行保甲之制、均含有自治意義、而要皆不若兩漢鄉亭之制、於地方自治之

精神，尤為具備，聞嘗稽諸史傳而考其制度，未嘗不歎兩漢治蹟之隆有由來也。

一　漢代地方自治組織及區域

漢代地方制度，大概因仍秦舊，鄉亭之制亦然。考漢書百官表云：「十里一亭，亭有長，十亭一鄉，鄉有三老、有秩、嗇夫、游徼，縣大率方百里，其民稠則減，稀則曠，鄉亭亦如之，皆秦制也」可見漢代地方自治組織系統，由縣以上為官治，而鄉以下則有亭有里，斯為自治。

由里而更下推之，則後漢書百官志有云：「里有里魁，民有什伍」本注曰：「里魁掌一里百家，什主十家，伍主五家」又漢官儀云：「十里一亭，五里一郵，郵間相去二里半」按廣雅釋詁，「閭，驛也」，是閭亦郵之類，觀此則漢代地方自治組織系統以家為基礎，而家與里之中，別有什伍，里與亭之中，別有亭郵閭，茲合鄉亭而綜列為表，以明其系統：

鄉 —十亭— 亭 —十里— 里 —百家— 家
亭：郵（五里）、閭（二里半）
里：什（十家）、伍（五家）

觀上表，則漢代地方自治組織系統可以瞭然，而所謂十亭者，即鄉屬之區域，十里即亭屬之區域，百家即里屬之區域。

二　漢代地方自治人員及職掌

漢代地方自治人員，當分鄉與亭及鄉亭以下言之，職掌亦然。

(甲)鄉自治人員及職掌　漢書百官表云：「鄉有三老、有秩、嗇夫、游徼」又後漢書百官志云：「鄉置三老、有秩、游徼」本注曰：「有秩，郡所置，其鄉小者，縣置秩嗇夫」據此則三老、有秩、嗇夫、游徼，皆當時之鄉自治人員，至其職掌，百官表載：「三老掌教化，嗇夫職獄訟、收賦稅，游徼巡禁盜賊」又清人龔景瀚請設鄉官奏議云：「漢有三老掌教化，有嗇夫以主稼穡，有游徼又有求盜，以求盜賊」，各有其職，斯即各有其所掌，然此乃合數職而略言其職掌也。若一一詳言之，則可考者如下：

三老之職掌　百官志云：「鄉置三老，掌教化，凡有孝子順孫、貞女義婦、讓財救患，及學士為民式者，皆扁表其門，以興善行」又明帝紀賜爵三老注云：「三老，高帝置，所以勸導鄉里，助成風俗」此三老之職掌有可考者也。

有秩或嗇夫之職掌　百官志本注曰：「有秩，掌一鄉人，鄉小者，縣置嗇夫一人，皆主知民善惡，為役先後，知民貧富，為賦多少，平其差等」又應劭風俗通義云：「嗇者，省也，夫，賦也，言消息百姓，均其賦役」此有秩及嗇夫之職掌有可考者也。

有秩與嗇夫職掌相同，所異者大鄉為有秩，小鄉為嗇夫。有秩為郡所置，嗇夫為縣所置，斯為有別。又漢官儀云：「鄉戶五千則置有秩。」是知嗇夫之屬地必在五千戶以下。又風俗通云：「秩則田閒大夫，言其官才有秩耳。」是又可知嗇之秩必不逮夫有秩。凡此皆其相異之點也。

游徼之職掌，百官志云：「游徼掌徼循，司姦盜。」又漢官儀云：「游徼、亭長皆習設備五兵。五兵：弓弩、戟、楯、刀劍、甲鎧。」習兵蓋以為治盜之預備。此游徼之職掌有可考者也。

綜觀以上所述，鄉自治人員如三老、有秩、嗇夫、游徼，均以其地方之人理區內之事，人情洞悉，民隱周知，宜乎政無不舉而效無不著。其職掌所在，更列表以明之。

鄉自治人員之職掌
- (一)三老——興教化、勵風俗、
- (二)有秩及嗇夫——聽獄訟、收賦稅、均力役、
- (三)游徼——掌徼循、司姦盜、

(乙)亭自治人員及職掌　百官志云：「亭有亭長，以禁盜賊。」本注曰：「亭長主求捕盜賊，承望都尉。」又漢官儀云：「游徼、亭長皆習設備五兵……亭長、亭候司姦盜。亭長持二尺板以劾賊，索繩以收執賊。」又風俗通云：「漢家因秦制，十里一亭。亭，留也。蓋行旅宿會之所。亭中民有爭訟，吏留辨處，勿失其政也。」又云：「亭吏舊名負弩，今改為亭長；陳楚宋魏謂之亭父。」又漢書注亦云：「舊時亭有兩卒，一為亭父，掌開閉掃除；一為求盜，掌捕逐盜賊。」觀此則亭長實為亭自治人員。其職掌所在最要在禁盜賊、習兵與負弩，無非用以捕盜；持板與索繩，無非用以治盜，而辨處爭訟及開閉掃除殆亦其職掌之所及。茲列表以明之。

亭自治人員之職掌——亭長——司禁盜賊、辦處爭訟、掌開閉掃除、

至於鄉亭自治人員有類於三老者，則有孝弟力田；有屬於嗇夫者，則有鄉佐；有屬於亭長者，則更有亭候及求盜，而其職不屬於此數員之下者，則更有外史、閭師。茲考證如下。

孝弟力田　通志云：「高后元年，初置孝弟力田二千石者一人。」注：「特置孝弟力田以尊其秩，欲勸勵天下，敦行務本。」漢書文帝紀云：「十二年，以戶口率置三老及孝弟力田常員。」蓋自高后設孝弟力田，未久即廢，至是時而復置也。西漢會要亦云：「武帝元狩六年，遣博士大等循行天下，諭三老孝弟以為民師。」又後漢書明帝紀：「元和二年，帝耕於定陶，詔曰：三老，尊年也；孝弟，淑行也；力田，勤勞也。國家甚休之……」觀此則孝弟力田之職，固類於

三老、而同以興教於鄉為事者、鄉佐、百官志云「鄉又有鄉佐、屬鄉、主民、收賦稅」嗇夫之職掌、在收賦稅、而鄉佐既屬於鄉、且亦以收賦為職、則所謂佐者、當然為嗇夫之佐、故知屬於嗇夫者、別有鄉佐也、亭候及求盜　據漢官儀「亭長亭候、司姦盜」此為亭長而下、更有亭候之證、又漢書注「舊時亭有兩卒、一為亭父……一為求盜……」亭父即亭長、此為亭長而下、更有求盜之證、外史閭師、通志鄉官云「平帝又置外史閭師」此鄉自治人員、又有外史閭師之證、

（丙）鄉亭以下自治人員及職掌　鄉亭而下、為里與什伍、其自治人員及職掌、亦有可考者、

里、百官志「里有里魁……善惡以告、本注曰、里魁掌一里百家……」風俗通云「周禮、四鄰為里、里有司、司五十家」觀此則里自治人員、在漢代當然為里魁、而漢之里魁、與周禮之所謂里有司者殆類、特此所掌為百家、彼所司祇其半數、為五十家耳、至善惡以告、俾官知人民之善否、即其職掌之所在、

什伍　百官志「……民有什伍……本注曰……什主十家、伍主五家、以相檢察、民有善事惡事、以告監官」什伍之制、自秦商鞅已行之、漢殆因秦舊制、惟什伍既云相檢、則此十家或五家之中、當然彼此互檢、似不必別有專司其事之人、然漢書有「置正五長」之語、注云「正、謂鄉正里正之類、五長謂伍之中置一人為長」若是則當時伍固有長、又後漢書仲長統傳損益篇云「井田之變、豪人貨殖、館舍布於州郡、田畝連於方國……不為編戶一伍之長、而有千室名邑之役」伍中有長、於此益可證明、夫什伍本屬遞而下、伍既有長、什亦可知、至其所掌、在檢察所屬之善惡、以報告於監官、如是則民情得以上達、自無隱蔽之憂、吏亦不致㤈誣民、吏無敲詐之事、其有裨於政治、固非淺尠、

三　漢代地方自治人員之產生

漢代地方自治人員產生之方法、有由於民選者、有由官任命者、茲分述如下、

（甲）民選之自治人員　自治人員、如三老、如亭長、皆由民選、據漢書高帝紀云「二年二月、令舉民年五十以上、有修行、能率眾為善者、置以為三老、鄉一人……」是知三老之產生、由於選舉、而其被選之資格、則有年齡之限制、有行誼之限制、條件固極謹嚴、又漢官儀云「民年二十三為正、一歲以為衛士、二歲為材官騎士、習射御騎馳戰陣……年五十六老衰、乃得免為民就

田廬合選為亭長……」是亭長之產生亦由民選、而其被選之資格則以衰老退伍之兵士、能習戰射者為合、其條件亦極謹嚴而不濫、

（乙）官命之自治人員 百官志「本注曰、有秩、郡所置……其鄉小者、縣置嗇夫……」曰郡置者、謂由郡守任命之、曰縣置者、謂由縣令任命之、此皆不由民選、而為半官式之自治人員也、惟有秩與嗇夫雖不由民選、未純乎民治、而皆以本鄉之人理本鄉之事、固仍不失自治之正義、至於游徼產生之法、於傳無徵、然觀漢書趙廣漢傳「奏請令長安游徼獄吏秩百石……」以游徼與獄吏同秩、則游徼殆亦受命於官者、

四 漢代地方自治人員之待遇

漢代地方自治人員待遇極為優渥、而尤以鄉三老為最、茲次第言之於後

（甲）三老之待遇 高帝紀「高祖二年、置鄉三老、擇一人為縣三老、復勿繇戍、以十月賜酒肉」鄉三老而得擇為縣三老、既有進升之路、而復勿繇戍、賜酒肉、尤足表示其恩榮、在設置之初、待遇之優厚固已如此、其後賜三老帛、如西漢會要所載「文帝十二年、遣謁者勞賜三老帛人五匹、令各率其意以導民」「武帝元狩元年、遣謁者賜縣三老、鄉三老人五匹」乃至宣帝、元帝、成帝、皆常賜帛、又賜三老爵、如東漢會要所載「明帝即位、賜三老孝弟力田爵人五級」「永平二年、立皇太子、賜三老孝弟力田爵人三級」乃至章和安順桓獻諸帝、皆常賜爵、則其待遇之厚、概可想見、然此猶朝廷之待遇三老則然也、至長吏之於三老、亦復能仰承朝廷意旨、對於三老優加待遇、黃霸傳云「霸守潁川、吏民興於行誼、賜三老爵及帛」、為長吏者優待三老、即此可證、昔顧亭林論漢三老有云「當日為三老者、多忠信老成之士也、上之人所以禮之者優、是以人知自好、而賢才亦往往出於其間、新城三老董公、遮說漢王為義帝發喪、而遂以收天下、壺關三老茂上書明戾太子之冤、史冊炳然、為萬世所稱道」然則漢之優待三老、未嘗不收其效矣、

（乙）嗇夫之待遇 嗇夫位次於有秩、有秩之秩不過百石、則嗇夫之秩自必在百石以下、其俸甚微、似不足表示優待之意、然爰延以鄉嗇夫而累官至大鴻臚、朱邑以鄉嗇夫而累官至大司農、鄭弘以鄉嗇夫而累官太尉、第五倫以鄉嗇夫而累官司空、寬其出身之路、即所以示待遇之隆、清儒錢大昕曰「漢之嗇

夫其治行尤著者、可擢至大官、故賢才悉出其中、今雖欲重其選、而若輩本無出身之路、地方官又數凌辱之、其願充者、不過奸猾無恥之徒而已、安能佐縣令之治哉、然則宏其出路、俾賢才得以自奮、但屬優待之一法、秩雖微、庸何傷、

（丙）亭長之待遇　亭長之職、位益下矣、秩益微矣、然陳寔為西門亭長、而其後受業太學、且得辟為大將軍掾屬、仇覽為蒲亭長、而其後亦入太學、且得以方正見徵、以亭長之微、既獲與儒林之選、更得邀徵辟之榮、則漢代之於亭長、固未嘗輕視、非若後世之待約保鄉丁者、直皂隸遇之、而下賤視之也、此其中所以亦有賢才歟、

五　漢代地方自治人員之懲戒

漢於鄉亭自治人員、待遇雖優、要亦未嘗不嚴其責備、而懲戒其失職、

（甲）鄉自治人員之懲戒　據司馬相如傳、「武帝遣司馬相如曉諭巴蜀、責三老以不教誨之過」、又韓延壽傳、「延壽守馮翊、有昆弟訟田、延壽曰、咎在馮翊、移病不聽事、令丞嗇夫三老亦皆自繫待罪」、又光武帝紀亦云、「持節北度、所到郡縣、輒見二千石長吏三老官屬、下至佐吏、考察黜陟、如州牧行部事」、是三老嗇夫既以興教或聽訟為任、而民有不率教者、或由長吏考察而認為失職者、即不能不受相當之處分、或予以黜退、鄉自治人員之得付懲戒、法此其明證

（乙）亭自治人員之懲戒　據史記建元以來侯者年表、「張章父為長安亭長、失官」、史雖不詳其失官之由、然不獲罪、何至失官、又漢書載「蒼梧女子蘇娥行宿鵲巢亭、亭長龔壽殺之、並其婢、致富取其財物、埋置樓下、交趾刺史行部宿亭、覺壽姦罪、奏之、殺壽」、亭長本為治盜之人、乃不治盜而為盜、是直與盜同化、殺人越貨、罪在不赦、此固應受之處分、刺史奏殺之、誠為得當、亭自治人員之得付懲戒、此又其明證、

六　漢代地方自治人員姓氏及事略

漢行鄉亭之制、歷有年所、其自治人員、如三老、如嗇夫、如亭長、其姓氏及事實、雜見於史傳者、頗為不少、茲就可考見者、分別述之如後、

（甲）三老姓氏及事略

新城三老董公　史記高帝紀、「新城三老董公遮說漢王曰、項羽無道、放弒義帝、天下之賊也、夫仁不以勇、義不以力、宜率三軍之眾、為之素服、以告諸侯、為之東發、此三王之舉也、漢王曰、

善非夫子無所聞」於是漢王為義帝發喪」(按楚漢春秋、董公八十二歲、秦世隱士、名不詳

壺關三老茂、　戾太子傳、「戾太子發兵誅江充、長安中擾亂、言太子反、上怒甚、壺關三老茂上書曰子盜父兵、以救難自免耳、臣竊以為無邪心、書奏天子感悟」

湖三老公乘興、　王尊傳「尊為京兆尹、坐免、湖三老公乘興等上書訟尊治京兆功效日著、書奏天子復以尊為徐州刺史」

白馬三老、　王尊傳又云「尊為東郡太守、河水盛溢、尊躬率吏民投沈白馬、請以身填金堤、水波稍卻、白馬三老奏其狀、制詔秩尊中二千石」(姓氏不詳

觀上述三老之事略、以一鄉之自治人員、而能上書於天子、議論國家大計、或直陳長吏之治績、而天子竟曲予優容、納其言論、此誠如顧亭林所謂禮之者優、則人皆自好、而賢才亦往往出於其間也、

乙　嗇夫姓氏及事略、

圍廐嗇夫江德、　史記建元以來侯者年表「江德以圍廐嗇夫、共捕淮陽反者公孫勇等侯」

虎圈嗇夫、　張釋之傳「上問上林尉諸禽獸簿、尉不能對、虎圈嗇夫從旁代尉對、響應無窮者、文帝曰、吏不當如是耶」(姓氏不詳

舒桐鄉嗇夫朱邑、　漢書朱邑傳「邑為桐鄉嗇夫、廉平不苛、以愛利為行、未嘗笞辱人」

外黃鄉嗇夫爰延、　後漢書「爰延、字季平、外黃人、為鄉嗇夫、仁化大行、民但聞嗇夫、不聞郡縣也」

鄉嗇夫鄭玄、　後漢書「鄭玄為鄉嗇夫、得休歸、嘗詣學宮、不樂為吏、遂造太學、師事京兆第五元先、通京氏易、公羊春秋、三統九章算術」

鄉嗇夫第五倫、　後漢書「第五倫為鄉嗇夫、平徭賦、理怨結、得民之歡心」

鄉嗇夫鄭弘、　會稽典錄云「鄭弘為鄉嗇夫、太守第五倫見弘閔民之得失、深異之」

兩漢嗇夫之姓氏及事略可考者、大概如此、此外如殷氏世傳載「殷勤少為鄉嗇夫、省徭賦、賑貧乏、矜孤寡、不為苛擾、民皆德之」又裘淵南海記載、龍川傳羅為鄉嗇夫、有龍潛於川、後負嗇夫昇天、因以龍川名其地」因嗇夫之職、不惟漢有、晉亦因仍其制、殷勤與傳羅、是否為漢人、不可考、故不列入、

丙　亭長姓氏或事略、

長安亭長張章父　詳前「亭自治人員之懲戒」、

南昌亭長　漢書「韓信從南昌亭長食、亭長妻苦之、乃晨炊蓐食、食時信往、不為具食、信亦知其意、自絕去」（亭長姓氏不詳）

湖都亭長　漢書「趙廣漢嘗記召湖都亭長、湖都亭長西至界上、界上亭長戲曰、至府為我多謝問趙君、既至、廣漢與語問事畢、謂曰、界上亭長寄聲謝我、何以不為致問、亭長叩頭服實有之、廣漢因曰、還為我謝界上亭長、勉思職事、有以自效、京兆不忘卿厚意」

界上亭長　詳前湖都亭長、

亭長任安　史記「任安為亭長、邑人俱出獵、任安常為分禽獸、皆喜曰、任少卿分別平也」

西門亭長陳寔　後漢書「陳寔字仲弓、為西門亭長」（餘詳前地方自治人員之待遇）

蒲亭長仇覽　後漢書「仇覽為蒲亭長、有陳元者、母告其子不孝、覽為陳慈孝之道、卒成孝子、考成令王渙政尚嚴猛、聞覽以德化人、署為主簿」（參看自治人員之懲戒）（參看地方自治人員之待遇）

亭長逢萌　先賢傳「逢萌字子康、為亭長時、尉行過亭、萌候迎拜謁、既而擲楯歎曰、大丈夫安能為人役哉、遂去」、

兩漢亭長之姓氏及事實可考證者、大略如此、此外如烏江亭長、艤舟以待項王、劉邦以泗上亭長崛起而為天子、皆人所盡曉、不贅錄焉、

結論

綜觀前述各節、吾人可得如下之結論、

（甲）　兩漢地方行政制度、未嘗有自治之名、而備有自治之實、其自治之精神、隱含於鄉亭制度之內、成周而後、殆無與匹、是知行政之道、惟其實不惟其名、

（乙）　漢自治人員由人民選出者、資格極嚴、未聞以利誘威脅、異於後世之賄選、於此可見世道之今不如古、

（丙）　三老教善行、勵風化、重在教民、嗇夫均賦役、主稼穡、重在養民、游徼與亭長則主求盜賊、重在保民、保養教三大職、能具備、故其政治成績卓異、

（丁）　漢待遇鄉亭自治人員甚厚、未嘗輕視、且宏其出路、此其中所以多賢才、而惟賢才能成就、故治行多卓然可見、自治職員、人選問題、亦關至要、

（戊）　漢於自治人員雖優其待遇、而亦嚴其懲戒之法、使人咸

兢兢惕勵，不敢為非，視後之人藉自治職員名義，以為作惡之護符者有異。

夫一國制度之美惡，與一國政治之盛衰，關係至為密切。兩漢地方自治，由其制度之美備，因而政治之成績亦良。是知吾人生乎今世，正得行地方自治之際，實施保甲制度，以趨於自治之途徑，其制度既完備而健全，則他日保甲制之成效，自不在兩漢鄉亭制之下也。考漢之鄉亭制，吾不能不深有望於今之保甲制矣。

泰州市圖書館藏書

族譜學概要

夏兆麐　撰

《族譜學概要》，夏兆麐撰，據泰州圖書館藏《耐庵从著》本影印。

夏兆麐有《兩漢地方自治制度考》，已著録。

夏氏以爲纂修族譜具有重要價值，而牒譜之學五代後失傳，今乏人問津，故利用餘閑，撰成此書。書成於民國二十八年（一九三九）。全書共十四章，涉及族譜的起源、含義、特點及作用，族譜學與族譜的關係、與其他學科的關係、史學價值、盛衰得失，歐陽修與蘇洵的族譜纂修，纂修族譜的方法途徑、未來發展等。此書較爲系統地探討了與族譜學相關的各類問題，所據史料來自歷代典籍及前人舊説，對族譜學的深入研究具有重要的借鑒作用。此書對歐陽修與蘇洵族譜纂修的探討較爲細緻，内容包含徵引圖序、譜圖、譜例、譜法等，對歐蘇譜學的評價等，十三章《作譜有三術》是本書記載最爲詳盡的一章，篇幅占全書三分之一以上，涉及族譜纂修中面臨的各種問題及解决的具體方法，實用性較强，可爲族譜纂修者所取法。

（周　忠）

耐庵从著第一集之一

族譜學概要

耐庵初稿

自序

民國二十八年國曆九月十四日

陸士衡曰、「雖杼柚於予懷、怵他人之我先、苟傷廉而愆義、亦雖愛而必捐」、此謂立言之士、有所著述、苟與古人相同、即屬傷廉愆義、雖甚可愛、必割棄之也、今世科學昌明、任何學術、皆已有先我而研究者、於此而欲闢一人所未經之徑、獨往獨來、殊覺戛乎其難矣、因思近人盛倡民族主義、民族之團結、基於家族、必家族有團結、而後發揚光大、其精神乃可團結乎民族、夫家族之範圍、驟視之似甚狹隘、然族之大者、一族或數十家、迺至數百家、或聚居於一地、或散佈於四方、範圍未可云小、不有以團結之、則其勢渙其情疏、不將如蘇老泉氏之所謂視若塗人乎、團結之道、莫如修譜、

一族有一族譜、以聯族誼、誠為善法、雖然、譜非易修也、唐以前譜牒為專門之學、五代以還、其學失傳、而所謂譜者、大抵記帳式之表簿而已、今世之族譜、稍有進展、然亦未有視為專門學而研究之者、不佞有鑒於此、以為此失傳已久之族譜學、今尚未有人問徑、而遍尋書肆、亦絕少專書、傭餘有暇、正不妨從事於此、藉寫予懷之所欲言、者倘亦不致傷廉而愆義乎、爰述其顛末以為序云、

泰州市圖

族譜學概要目錄

耐菴夏紹侯編

族譜學概要

耐庵夏紹侯編 民國[illegible]年

[illegible]書館藏書

一　族譜之起源

族譜之源起於世本世本一書以帝系世家氏姓敘述王侯及貴族之系牒史記據世本抄錄夏殷周秦世次皆可考見故桓君山有云太史公三代世表旁行斜上並効周譜即世本也其職掌於小史其用在奠繫世而宗法亦賴以明自小史失職宗法不行私家之譜牒始因時而作焉謂予不信請徵諸古

劉知幾史通表歷編云「譜之建名起於周代」(亦引桓君山周譜之說)

朱彝尊序商邱宋氏家乘云「譜系之學源於世本」

又朱彝尊序李氏族譜云「古者睦族之道必先修譜以明之是以有小史以奠繫世」

姚姬傳包氏譜序云「周時天子重神明之姓使小史奠繫世載以世本之紀諷以瞽矇之詩延及春秋黃農虞夏商周之裔散在列國者可考而知也……政教衰賞罰亂所命族氏不加於賢者則得氏不足以為重上無奠繫之職而私譜亦興」

蘇伯衡譚氏家譜序云古者有大宗小宗之法……由漢以下宗法廢而門地盛於是族譜之學興焉

觀諸家所述世本為族譜之源固無疑義惟章學誠文史通義引杜子春「奠繫世為帝系諸侯卿大夫世本之屬」語謂比伍小民其

世系之牒不隸小史」余意當日小民譜牒雖或不隸小史而族譜之源實起於其時則無可疑也故溯族譜之源者必推世本

二　釋譜

能言吾祖郟子見師於孔公不識其先籍談取誚於姬后子孫於先代世系誠不可不詳而詳述世系之書取名曰譜其意何居是固研究族譜學者所當曉矣

錢大昕周氏族譜序「夫譜之言布也布列其世次行事俾後人以時續之毋忘其先焉爾」

方正學族譜序云「譜者普也普載祖宗遠近姓名諱字年月又云譜者布也敷布遠近百世之綱紀萬代之宗派源流序述姓名謂之譜系條錄昏姻謂之簿狀天子書之謂之紀諸侯書之謂之史大夫書之謂之傳總而言之謂之譜譜者補也遺亡者治而補之譜故曰序得姓之根源記世數之遠近父昭子穆百世代在於目前」

前人解釋譜之意義可謂詳矣而猶未盡也按釋名釋典藝云「譜布也布列見其事也亦曰緒也主緒人世類（數）相繼如統緒也」因世數之繼續見統緒之綿延因名之曰譜其義不尤顯然乎

三　族譜與官譜不同

族譜敘一家之世次及行事耳官譜除帝王譜外關於列姓之譜如王僧儒百家譜三十卷裴揚休百氏譜一卷丁維皋百族譜三卷皆集羣姓之譜而統（成）其有取材於一地方者如洪州諸姓譜九卷（韋皋撰）吉州諸姓譜八卷（不詳撰者姓名）冀州姓族譜七卷（或曰二卷）皆是取亦有取材於一時代者如後魏辨宗譜二卷（元暉業撰）大唐姓族系錄二百卷（柳冲撰）開元譜二十卷（韋述撰）皆是更有取材於一時特殊階級者則歐陽修新唐書宰相世系表實為最著要之此皆官譜而非族譜也

四　譜與乘之別

族譜或曰世譜亦曰家譜詞雖有異要皆名之為譜顧亦有不以譜名而名為乘者

鶴林玉露云「山谷晚年作日錄題曰家乘取孟子晉之乘之義說者謂今人名譜為家乘本此」而考其內容亦自有別

龔自珍序懷甯王氏族譜云「……家訓以訓子孫之賢而智者家法以齊子孫之愚不肖者由是臚而為家譜則史表之遺也廣而為家乘則史傳之遺也」

譜之體本於史表乘之體本於史傳證以今人譜乘其世系表為史表之遺斯謂之譜而某某公家傳為史傳之遺則謂之乘性質當然有別惟一書之中既有表復有傳是合譜與乘而兼之矣故或名為譜或名為乘舉一端以概括之無不可也

五　譜名之歧異

譜名之歧異考諸典籍至為繁夥不僅家譜而外更有家乘也茲

各以其類分別舉例藉資考證（以見於正史藝文志經籍志者為斷）

稱譜者　韋氏譜十卷韋鼎等撰　謝氏譜十卷

稱譜而冠以地望者　京兆韋氏譜二卷　北地傅氏譜一卷

東萊呂氏譜一卷

稱族譜者　蘇氏族譜一卷蘇洵撰

稱世譜者　毛氏世譜七卷毛漸撰

稱家譜者　謝氏家譜　顏氏家譜　劉晏家譜一卷

李用休家譜二卷

稱簡譜者　向文簡譜一卷

稱血脉譜者　楊氏血脉譜二卷　周氏大宗血脉譜一卷

趙氏大宗血脉譜一卷

稱慶系譜者　錢氏慶系譜一卷錢維演撰

稱宗系譜者　吳郡陸氏宗系譜一卷陸景献撰

稱房從譜者　李氏房從譜一卷李匡文撰

稱枝分譜者　楊氏枝分譜一卷

稱譜書者　沈氏譜書一卷

稱譜記者　孫氏譜記十五卷

稱譜畧者　唐氏譜畧一卷唐邴撰

稱諸房畧者　韋氏諸房畧一卷

稱家乘者　李韓公家乘一卷

稱家牒者　裴氏家牒二十卷裴守真撰　王氏家牒王方慶撰

稱家志者　范陽家志盧藏用撰

稱家紀者　紀氏家紀一卷紀友撰

稱家記者　虞氏家記五卷虞覽撰　裴氏家記三卷裴松之撰

稱家卷者　劉與家卷

稱史者　陸史十五卷陸煦撰

稱家史者　劉氏家史十五卷

稱傳者　河南劉氏傳

稱家傳者　褚氏家傳一卷褚結撰褚陶注　江氏家傳七卷江統撰

稱世傳者　范氏世傳范汪撰　桂氏世傳七卷桂顏撰

稱世錄者　明氏世錄六卷梁武帝記室明粲撰

稱著錄者　王氏著錄一卷

稱集錄者　錢氏集錄三卷

稱世系錄者　中山徐氏世系錄一卷

稱衣冠集者　沈氏衣冠集一卷

譜之名稱見於正史藝文志經籍志者其不同已如是他如宗譜支譜譜圖之類未見於史者尚不知凡幾甚矣譜名之歧異可謂繁夥矣然其名雖繁而其內容無非詳一家之世次或行事固無不同也

六　族譜之功用

族譜之功用甚多，而揆厥大要則可分兩方面言之：一在家族方面，初以敬宗收族，維宗法之窮，繼則華胄名流誇門第之盛，而世德之醇疵亦於以判焉。二在社會與國家方面，選格確定，士庶賴以品衡；種姓昭明，華夷賴以甄別，而時代之盛衰亦於此覘焉。謂請徵諸古以實予言。

(甲)從家族方面言譜之功用

蘇洵蘇氏譜例云「自秦漢以來仕者不世，然其賢人君子猶能識其先人，或至百世而不絶，無廟無宗而祖宗不亡，宗族不散，其勢宜亡而獨存，則由有譜之力也」

惲敬誦芬錄序云「古者譜牒之學以明世系定昭穆為宗，後世稍衰，集嘉言善行以附益之，於以章前功訓後世」

蘇伯衡蔡氏重修族譜序云「嗟夫種族蕃而分，世遠而疎，地殊而忘，此其勢有所必至者……三代以上維持以宗法，秦漢以來維持以譜法，譜法之行猶宗法之行也」

盧文弨東盧氏族譜序「記曰尊祖故敬宗，敬宗故收族。夫親止於五世，自袒免而外即為途人，疎矣，然繫之以姓而弗別，雖子孫繁衍或散處於四方，苟知其為同祖，久離而乍合，必藹然動水源木本之思焉……甚矣哉族譜之為重也，有譜然後子孫皆能識其祖，辨其宗，而支分派別，凡為我之同族亦不至混淆而難辨」

汪琬代序洪氏族譜云「自大宗小宗亡而世譜與焉，學士大夫之為譜也，所以維宗法之窮也」

章學誠和州志氏族表序例云「譜系之法不掌於官，則家自為書，人自為說……其清門華胄則門閥相矜，私立名字，若王謝諸家，但有官勳即標列傳，史臣含毫莫能裁斷，以至李必隴西，劉必沛國，但求資望，不問從來」

姚姬傳族譜序云「晉宋因魏制以九品官人，重門戶，辨族地，而後譜學復興」

章太炎序種姓上「……及漢魏世守其牒，則時以門資勳閥援駙，要其大體未嘗凌雜也」

(乙)從社會與國家方面言譜之功用

方正學范氏族譜序「修譜者非特以著世次紀官位而誇於人，蓋將以使後世覩之而考世德之醇疵，明流澤之廣狹，而益思所以自立云爾」

錢大昕吳興閔氏家乘序云「魏晉六朝取士專尚門第，由是百家之譜皆上吏部」

劉知幾史通書志篇「……逮乎晚葉，譜學尤煩，用之於官可以品藻士庶，施之於國可以甄別華夷」

章太炎序種姓上「……帝系世本掌之史官，所以辨章氏族，旁羅爵里，且使椎髻鳥言之族無敢干紀以亂大從」

又序種姓下「……大人不悲故姓之彫而悲夫戎部代起以滑吾宗室者明太祖革虜姓令就漢族漢族文二者削其一自是譜牒凌雜不可斠理」

吳匏翁重慶劉氏族譜序云「族之有譜非特觀其族之盛亦繫乎世之盛而後作也……蓋人處亂世父子兄弟且不相保況宗族乎及世已定始得全其生保其家久之族人益蕃而又得其有文者出譜之有作固族之盛而然亦世之盛然也」

歐陽玄廬陵中州劉氏族譜序「冠蓋之族遭遇明時涵濡深仁往往治其家譜不知者以為一家之私事知者則以昇平之氣象可觀於此」

七　族譜與族譜學

族譜紀載一族世次及行事之書耳世俗恆謂讀書之士能握管為文者皆優為之而不知此種紀載固為專門之學也

姚姬傳代州道後馮氏世譜序「三代重姓族而繫世詳其後晉宋六朝尚門第而譜牒之學亦貴」族之有譜與夫譜之有學其由來固皆趍矣

歐陽玄白石周氏族譜序「六朝以來家有譜系之學又有譜系之書別譜系之書與譜系之學而分言之」是知紀載一族世次及行事之書為族譜而研究此世次及行事應如何紀述斯為族譜學

洪亮吉沙氏族譜序云「三代之時姓氏判而為二男子稱氏女子稱姓……後世合姓與氏為一而言氏族者惟用地望以相夸詡此圖譜一局所以成為專門之學也」夫圖譜之學既屬專門則豈凡為文人者所優為之哉

八　族譜學與其他科學之關係

族譜固為專門之學而與其他科學有關係者正復不少茲撮舉其最要者言之

(甲)族譜學與姓氏學之關係

族譜學與姓氏學如輔車之相依關係至為密切

張亮采中國風俗史「自五胡雲擾種族殆不可辨識於是衣冠之族不能不自標異乃假中正以重其門閥有司選舉必稽譜籍而考其真偽」憑譜籍以考姓氏之真偽此族譜學之有關於姓氏學也

續通志氏族略總序「五季至宋譜牒之學略而不講鄭樵通志帝王以來迄至於五季約書志之文而為略其有功於氏族非淺鮮也」以氏族之專書濟譜學之闕略此姓氏學之有關於族譜學也

至於姓氏學必詳賜姓命氏之源而一姓族譜欲詳所出於得姓之由來亦必溯源而追始又其關係之淺焉者矣

(乙)族譜學與戶籍學之關係

續通典鄉黨版籍編云「明太祖洪武十四年詔天下編戶役黃冊……其後黃冊祇具文有司徵稅編徭則自為一冊曰白冊凡戶

泉沖王氏歷次修譜時期人口比較表

民國三十六年六月廿日抄於卅年國學圖書館（古物陳列所）[illegible]第十四年刊

修別	修譜年代	距離年代	性別	人數 恩房	人數 憩房	人數 感房	總計	每修增加人數
初修	乾隆十一年（一七四六）	●	男	八六	一一二	三八	三五二	
			女	四四	五一	二一		
二修	嘉慶九年（一八〇四）	距初修五十九年	男	一四九	一五八	五三	五三〇	一七八
			女	七七	七五	一八		
三修	咸豐三年（一八五三）	距二修四十九年	男	二六〇	一九七	三六	七四五	二一五
			女	一一二	一〇二	二八		
四修	光緒十八年（一八九二）	距三修四十年	男	三三〇	一五八	二八	八六一	一一六
			女	二四八	九一	一六		
五修	民國二十三年（一九三四）	距四修四十二年	男	五五二	一四二	二五	一二七七	四一六
			女	四二八	一〇八	二二		

就上表觀之，恩房男女均有增加，而憩房則有增有減，感房則有減無增，如能將各族人口均詳細統計之，查其增減之原因，當可得極有興趣之結果，於社會問題之研究不無小補，惟中國人之出生率、死亡率、平均年齡等問題，均可得一解矣。

三等曰民曰軍曰匠以其業著籍人口以籍為斷……其人口避徭役者曰逃戶或避兵他徙者曰流民有故而僑於外者曰附籍朝廷所移民曰移徙凡逃戶明初督還本籍復業」又戶口丁中云……瀕海有鹽灶寺有僧觀有道士畢以其業著於籍」

〔按江蘇省立國學圖書館第四年刊柳詒徵族譜研究舉例於人口問題曾就太倉王氏譜武進莊氏譜加以統計王氏自元季至民國初年凡二十二世莊氏自元季至光緒元年凡二十世其人口數柳氏列表之，復加結論曰以兩譜相較，莊之生殖率强于王，莊氏自十世以後增至十二世以降漸衰，王氏數雖無有增進然以估計而兩族之間前則十五六世後生殖率皆銳減，設令後譜可存，[illegible]無前譜從統核其人口無研究其增減由盛衰之迹以[illegible]人口問題亦多[illegible]豈僅此[illegible]而已哉〕

又有附籍之所在與或本籍亦

三等曰民曰軍曰匠以其業著籍人口以籍為斷……其人口避傜役者曰逃户或避兵他徙者曰流民有故而僑於外者曰附籍朝廷所移民曰移徙凡逃户明初督還本籍復業」又户口丁中云「……瀕海有鹽灶寺有僧觀有道士畢以其業著於籍」籍以業別則有軍民匠灶與夫僧道之分籍以地別則又有附籍與本籍之異作譜者詳其先世所自來固必考其本籍之所在與附籍之時代而研究户籍學者欲稔悉各族之為附籍或本籍亦必徵之於各姓族譜其中固自有相互之關係也

(丙)族譜學與民俗學之關係

章學誠永清志士族表序例云「大河以北風俗簡樸其人亦多椎魯無文譜牒之學闕焉不備往往不誌高曾名字間有所錄荒畧難稽其失則陋今大江以南人文稱盛習尚或近浮華私門譜牒往往附會名賢其失則誣」民俗之得失即族譜之優劣而偵知反言之族譜之優劣亦可即民俗之得失而判定是兩者固互有關係矣

(丁)族譜學與方志學之關係

言族譜學與方志學之關係以章學誠永清縣志士族表序例及和州志氏族表序例為最詳悉

永清縣志士族表序例云「州縣之書苟能部次世族因以達於司府部院則倫叙有所聯而治化有所屬矣今修志者往往留連故牘附會桑梓而譜牒之輯闕然是則所謂重喬木而輕世家矣」又云「譜牒掌之於官則事有統會人有著錄而天下大勢可以平均也」又云「州縣之志書勒譜牒矣……私門不經之紀載可勘正也官府譜牒之訛誤(譜牒之在官者)可借雠也(借私家之譜較官譜借他縣之譜較本縣皆可也)

和州志氏族表序例則謂方志表氏族其便有十而關於族譜方面者有如下述「……一則譜法畫一私譜凡例未純可以參考其便二也……一則祖系分明或自他邦遷至或後遷他邦世表編於州志其他州縣或有譜牒散亡可以借此證彼其便六也一則改姓易氏其時世前後及其所改之故明著於書庶幾婚姻有辨且修明譜學者得以考厥由來其便七也一則世系蟬聯修明門望族或科甲仕宦系譜有書而德行道藝列傳無錄沒世不稱志士……」於族譜學與方志學之關係矣

(戊)族譜學與[illegible]學之關係

[illegible]科學之關係亦復甚密矣[illegible]值為何如也茲歷舉夫名言以估計其價值

府部院則倫叙有所聯而治化有所屬矣今修志者往往留連故牘附會桑梓而譜牒之輯闕然是則所謂重喬木而輕世家矣」又云「譜牒掌之於官則事有統會人有著錄而天下大勢可以平均也」又云「州縣之志書勒譜牒矣……私門不經之紀載可勘正也官府譜牒之訛誤（譜牒之在官者）可借雠也（借私家之譜較官譜借他縣之譜較本縣皆可也）」

和州志氏族表序例則謂方志表氏族其便有十而關於族譜方面者有如下述「……一則譜法畫一私譜凡例未純可以參考其便二也……一則祖系分明或自他邦遷至或後遷他邦世表編於州志其他州縣或有譜牒散亡可以借此證彼其便六也一則改姓易氏其時世前後及其所改之故明著於書庶幾婚姻有辨且修明譜學者得以考厥由來其便七也一則世系蟬聯修明門望族或科甲仕宦系譜有書而德行道藝列傳無錄沒世不稱志士所耻是文無增損義兼勸懲其便八也……」

兩序例雖為方志當有士族表而言而於族譜學與方志學之關係實已闡發詳明不必吾人更有所贅矣、[illegible]

九　族譜學在史學上之價值

族譜學之功用至為廣大族譜學與他科學之關係亦復甚深吾既言之矣然猶未言其在史學上之價值為何如也茲歷舉夫名言以估計其價值

錢牧齋雙鳳顧氏族譜序「譜猶史也信傳信疑傳疑」錢大昕鉅野姚氏族譜序「予唯譜系之學史學也……歐陽公修唐書立宰相世系表固史家之創例亦由其時製譜者皆通達古今明習掌故之彥直而不汙信而有徵故一家之書與國史相表裏焉」阮元諸城劉氏族譜序「……是譜之修非止世家之乘且裨國史之表」朱彝尊商邱宋氏家乘序「譜系之學源於世本由晉以降或撰家傳或撰家紀……斯則孝子慈孫之用心補邦國之志所未備」

牧齋謂譜之作猶夫史錢大昕以譜學為史學且言與國史相表裏阮朱兩氏則謂譜乘裨補國史是可知譜學與史學之同異及關係矣然猶未直接以譜為史也唐劉知幾氏清章學誠氏皆大史家學矣自兩氏直接以譜為史於是譜學在史學上之價值可以估定（[illegible]）

劉氏之言曰「高門華胄奕世載德才子承家思顯父母由是紀其先烈貽厥將來若楊雄家牒殷敬世傳孫氏譜記陸氏宗歷此之謂家史也」（見史通雜述篇）章氏之言曰「有一代之史有一國之史有一家之史有一人之史……譜牒不受史官成法而一家之史鮮有知之者」（文史通義說林）兩氏皆直接以譜為史家史國史相對並稱雖所紀載之範圍大

錢牧齋雙鳳顧氏族譜序「譜猶史也信傳信疑傳疑」

錢大昕鉅野姚氏族譜序「予唯譜系之學史學也……歐陽公修唐書立宰相世系表固史家之創例亦由其時製譜者皆通達古今明習掌故之彥直而不汙信而有徵故一家之書與國史相表裏焉」

阮元諸城劉氏族譜序「……是譜之修非止世家之乘且裨國史之表」

朱彝尊商邱宋氏家乘序「譜系之學源於世本由晉以降或撰家傳或撰家紀……斯則孝子慈孫之用心補邦國之志所未備」

牧齋謂譜之作猶夫史錢大昕以譜學為史學且言與國史相表裏阮朱兩氏則謂譜乘裨補國史是可知譜學與史學之同異及關係矣然猶未直接以譜為史也唐劉知幾氏清章學誠氏皆大史家學又自兩氏直接以譜為史於是譜學在史學上之價值可

劉氏之言曰「高門華胄奕世載德才子承家思顯父母由是紀其先烈貽厥將來若揚雄家牒殷敬世傳孫氏譜記陸氏宗歷此之謂家史也」（見史通雜述篇）

章氏之言曰「有一代之史有一國之史有一家之史有一人之史……譜牒不受史官成法而一家之史鮮有知之者」（文史通義說林）

兩氏皆直接以譜為史家史國史相對並稱雖所紀載之範圍大小攸殊而其為史則一譜學在史學上之價值亦云大矣而洪亮吉氏則且有更進之估值

洪於後蕭陶氏重修族譜序中嘗鄭重言之曰「作史者不可以不明譜系不明譜系勢必據各族之單詞以上亂歷朝之舊牒矜門第則有餘徵信史則不足」欲為信史必明譜系是譜學不獨直接為史學且為作史者所必修之學矣譜學之價值至是乃益見其大

十　歷代譜學之盛衰得失

歷代譜學之盛衰得失頗難於短篇幅中一一詳述然撮其大要亦有可得而言者大概三代以上重族姓而詳繫世朝廷特設專官以司其事故黃農虞夏支裔流別千歲之紀可得而知秦漢之世王侯將相崛起者草野不能紀其先世譜牒不可得詳譜學亦以不著魏晉六朝朝廷以門第相尚百家之譜悉上吏部譜學因以見重於當世製譜者皆適古達今之士故能直而不汙信而有徵與國史相表裏不僅支分派別有源有委而已也然當時通譜之風特盛依託謬附所在有之益以賜姓紛雜遂致譜莫能考延至隋唐其學則極盛而其譜則極濫歐陽公修唐書作宰相世系表用心良苦而以承用六朝譜系之故亦多誤謬自五季迄元明屢遭兵燹故家殘滅其譜散佚其學失傳縉紳家論及先世不能遠溯於古僅譜其近而可稽者已為難得（當時歐蘇譜學最著另節

詳之」其不善者支離附會紛紜駁踳甚或私造官階倒置年代明人族譜誕之甚者乃至八十世婚姻必書漢郡譜學之得失盛衰即此可見其大概矣今更歷舉前人名論以資佐證

姚姬傳族譜序「昔三代帝王及士大夫巫醫祝卜之職莫不出於世族當時姓氏之分端緒著備而朝廷又專設之官故黄農虞夏支裔流别千歲之紀可得而知也自漢以降王者興於草澤將相出於屠牧皆不能紀其先世而譜牒寖以不詳及晉宋因魏制以九品官人重門户辨族地而後譜學復興以至於唐然考唐以前諸家世譜皆始於魏晉魏晉而上或依託謬妄……自五季至宋故家殘滅及元明屢遭兵燹今昊下日天下無復有千年相傳之譜矣」

錢大昕周氏族譜序「魏晉至唐朝廷以門第相尚譜牒之類著於國史或同姓而異望或同望而異房支分派别有源有委五季以降譜牒散亡士大夫之家不能遠溯於古則譜具近而可稽者」

章太炎序種姓下「自江左及唐既有販鬻圖譜自附中族者北人尤嗜進不恥腥𦢊」

張亮采中國風俗史「自五胡相擾種族殆不可辨於是衣冠之族不得不自標異乃假中正以正其門閥有司選舉必稽譜籍而考其真僞然當時同姓通譜之風最甚(通譜之事晉以前未有)……庶族因界限之嚴藉通譜冒姓以僥倖仕進士族因通譜冒姓既多則亦有難完全其為士族者」

文獻通考姓源韻譜序「自五胡亂華百宗蕩析夷夏之裔與夫冠冕輿台之子混為一區不可遽知此周齊以來譜牒之學所以貴於世歟」

錢大昕鉅野姚氏族譜序「魏晉六朝之世仕宦尚門閥百家之譜悉上吏部故譜學尤重歐公修唐書立宰相世系表固史家之創例亦由其時製譜者皆通達古今明習掌故之彦直而不汙信而有徵故一家之書與國史相表裏宋元以後私家之譜不登於朝於是支離附會紛紜踳駁私造官階倒置年代遥遥華胄徒為有識者噴飯之助矣」

錢大昕棠樾鮑氏忠堂支譜序「唐時氏族志皆奉敕修定歐陽公采宰相家世系以入正史世莫有以為非者」

洪适容齋隨筆云「新唐書宰相世系表皆承用各家譜牒故多誤謬」

全祖望經史問答曰「宰相世系表之誤甚多如劉氏則失去幽求之世系而韓氏不應有愈之世系官爵名字皆出六朝譜系之造作蓋不可以縷陳也」

盧文弨三峯盧氏家志序「……若夫歷官而至宰相位不為不崇族不為不大矣乃觀唐書宰相世系表所載往往皆鑿空附會兩姓也而合為一姓一人也而分為兩人父子顛錯燕粤混

同蓋不可勝詰也

曾國藩衡陽譜彭氏譜序「歐陽公譜牒之學號稱精審然其所著唐宰相世系表於巨族既推其本原出於某帝某王又歷叙漢世名賢…… 相承不絕如屈伸指而數庭樹畧無參稽猶豫之辭公嘗譏司馬遷不能闕疑後人又譏歐陽氏不善闕疑所謂目能見千里而不能自見其睫也」

通志氏族序「隋唐而上官有簿狀家有譜系歷代並有圖譜局置……撰譜事……所以人尚譜……士不問家世婚姻不問閥

清乾隆間修四庫全書於史部削譜牒門其總序有曰舊有譜牒一門然自唐以後譜學殆絕玉牒既不頒於外家乘亦不上於官……徒存虛目故從刪焉」

袁桷書張子仁少監族譜後「族譜散佚皆由兵戎之遷徙晉世故家南北隔絕各立譜系元魏以來賜姓紛雜譜莫能考」

蘇洵蘇氏譜例「蓋自唐衰譜牒廢絕士大夫不講而世人不載於是乎由賤而貴者耻言其先由貧而富者不錄其祖而譜遂大廢」

宋學士陶氏家乘序「五季以來學失其傳雖嘗號稱縉紳者議論非不宏博文辭非不富麗問其所自出則曰我無所於考也問其所承傳則曰曾祖以上則莫能詳也」

續通考經籍序「譜牒一門馬端臨通考所載已屬無幾自宋以下譜學久廢傳本尤屬寥寥」

龔自珍懷甯王氏族譜序「譜何起起江左濫於唐誕於明賢有祿

同蓋不可勝詰也

曾國藩衡陽譜彭氏譜序「歐陽公譜牒之學號稱精審然其所著唐宰相世系表於巨族既推其本原出於某帝某王又歷叙漢世名賢…… 相承不絕如屈伸指而數庭樹畧無參稽猶豫之辭公嘗譏司馬遷不能闕疑後人又譏歐陽氏不善闕疑所謂目能見千里而不能自見其睫也」

通志氏族序「隋唐而上官有簿狀家有譜系歷代並有圖譜局置郎令史以掌之仍用博古通今之儒知撰譜事……所以人尚譜系之學家藏譜系之書自五季以來取士不問家世婚姻不問閥閱故其書散佚而其學不傳」

袁桷書張子仁少監族譜後「族譜散佚皆由兵戎之遷徙晉世故家南北隔絕各立譜系元魏以來賜姓紛雜譜莫能考」

蘇洵蘇氏譜例「蓋自唐衰譜牒廢絕士大夫不講而世人不載於是乎由賤而貴者耻言其先由貧而富者不錄其祖而譜遂大廢」

宋學士陶氏家乘序「五季以來學失其傳雖嘗號稱縉紳者議論非不宏博文辭非不富麗問其所自出則曰我無所於考也問其所承傳則曰曾祖以上則莫能詳也」

續通考經籍序「譜牒一門馬端臨通考所載已屬無幾自宋以下譜學久廢傳本尤屬寥寥」

龔自珍懷甯王氏族譜序「譜何起起江左濫於唐誕於明賢有祿

於朝則引史書貴官閭人以為祖江左諸帝倡之又品差之明之文士述家譜誕者至八十世婚姻必書漢郡李必隴西陳必潁川周必汝南王必太原是也

備觀前人言論於歷代譜學之盛衰得失當可瞭然矣茲更列表以明之

歷代譜學盛衰得失表

時代	盛	衰	得	失
三代以上	重族姓詳繫世朝廷特設專官掌其事		黄農虞夏支裔流派千歲之紀可得而知	
秦漢		王侯將相崛起草野不能紀其先世譜牒學闕如也		譜牒不詳
晉唐至宋	朝廷以門第相尚百家之譜悉上吏部故譜學特見貴於世		制譜者皆通達之士故能直而不汙信而有徵至於支分派別有源有委其餘事也 宰相世系表實開史家創例	當時通譜風行往往依託謬附並以賜姓紛雜遂致譜莫能考隋唐愈益濫雜 宰相世系表承用六朝譜系頗多謬誤
五季迄明		屢遭兵燹故家殘滅其譜散佚其学失傳	不能遠溯於古惟譜其近而可稽者已為難得	支離附會紛紜殽踳私造官階倒置年月明譜誕者至八十世婚姻必書漢郡

十一 宋代兩大譜學家之族譜

(甲)歐譜概要

歐陽氏譜圖序

歐陽氏之先本出於夏禹之苗裔自帝少康封其子庶子於會稽使守禹祀歷夏商周以世相傳至於允常子曰句踐是為越王越王句踐傳五世至王無疆為楚威王所滅其諸族子分散爭立皆受封於楚而無疆之子蹄封於烏程歐餘山之陽為歐陽亭侯其後子孫遂以為氏……自通三世生琮為吉州刺史子孫因家於吉州……其後世或居安福或居廬陵或居吉水而脩之皇祖始居沙溪至和二年分吉水至永豐縣而沙溪分屬永豐今譜雖著廬陵而實為吉州永豐人也蓋自亭侯蹄因封命氏自別於越其後子孫散亡不可悉紀……至於安福府君又八世而始見其後遂不絕安福府君之九世孫曰脩當皇祐至和之間以其家之舊譜問於族人各得其所藏諸本以考正其同異列其世次為譜圖一篇自景達以後始得其次叙

歐陽氏譜圖

景達生一子	僧寶生三子	頠生二子	紇生四子	詢 亮 德 器 胤
詢生四子	長卿闕 肅生一子	盛闕 邃闕	約生一子	

倫 闕　通 生二子　幼明 生一子　昶 生二子　璟 琮

自琮以下譜亡至其八世孫曰萬始復見於譜

萬 生二子 名亡　某 生一子　雅 生二子　效 生三子　譔

幼讓 闕

楚 生三子 二名亡　託 遠 某 某 戌

託 生三子　鄭 闕　郴 生八子　俊 生一子　翱 生一子　葛

仲 生一子　宏 生二子　至

儀 生四子　猛 生二子　起 麗

谷 生二子　綬 煥

寬 生五子　炳 曦 暐 晃 曉 昫

任 生一子　載 生一子　素 生三子　鑒 霈 曉 藹

信 生一子　端 無子　昞

偃 生三子　覲 生二子　脩 宗古

旦 生二子　宗道 宗顏

曄 生三子　宗閔 宗孟

佺 生二子　翦 生三子　暹 凱 勳

倣 生三子　羽 無子　頫 生二子　景

顗 生一子 名亡　項 生一子 名亡　昱

邪 闕

惟歐陽氏自得姓以來子孫衆多而譜隨親疎宜有詳畧其上世遠而支分疎者事或具於史或各見其家譜自今吉州府君而下具列如左

吉州府君諱琮葬袁州之萍鄉而子孫始家於吉州當唐之末黄巢攻陷州縣府君率州人捍賊鄉里賴以保全至今人稱其德

安福府君諱萬事闕迹闕

處士諱雅字正言高年不仕德行稱於鄉里夫人龍氏

韶陽府君諱效字德用爲韶州韶陽主簿夫人周氏

處士諱託……

令公府君諱郴……享年九十有四葬歐桂里横溪保之鵞湖夫人劉氏府君累贈金紫光禄大夫太師中書令夫人累封楚國太夫人

屯田府君諱俊……

處士諱仲……

屯田府君諱儀……

處士諱任……

静江府君諱信……

令公府君諱偃……

處士諱佺……

工部府君諱倣……

處士諱翱……

處士諱宏……

處士諱猛……

水部府君諱谷……

封州府君諱寬……

工部府君諱載字則之淳化三年進士及第歐陽氏自江南歸朝以進士登科者

自府君始……

處士諱素……

處士諱端……

崇公諱觀字仲賓事具隴岡阡表……
處士諱旦……
兵部府君諱暉……
處士諱翦……
處士諱羽……
職方府君諱頎……
奉職府君諱顗……
殿直府君諱項……

歐氏譜例

譜例曰姓氏之出其來也遠故其上世多亡不見譜圖之法斷自可見之世即為高祖下至五世玄孫而別自為世如此世久子孫多則官爵功行載於譜者不勝其繁宜以遠近親疏為別凡遠者疏者畧之近者親者詳之此人情之常也玄孫既別自為世則各詳其親各繫其所出是詳者不繁而畧者不遺也凡諸房子孫各紀其當紀者使譜牒互見親疏有倫宜視此例而審求之諸房譜皆以此圖為首

（乙）蘇譜概要

蘇氏譜例

古者諸侯世國卿大夫世家死者有廟生者以相次也是以百世而不相忘此非獨賢士大夫尊祖而貴宗蓋其昭穆存乎其廟遷毁之主存乎其太祖之室其族人相與為服死喪嫁娶相告而不絶則其勢將自至於不忘也自秦漢以來仕者不世然其賢人君子猶能識其先人或至百世而不絶無廟無宗而祖宗不忘宗族不散其勢宜亡而獨存則由有譜之力也蓋自唐衰譜牒廢絶士大夫不講而世人不載於是乎由賤而貴者恥言其先由貧而富者不録其祖而譜遂大廢昔者洵嘗自先子之日而資考焉由今而上得五世由五世而上得一世一世之上失其世次而其本出於趙郡蘇氏以為蘇氏族譜他日歐陽公見而嘆曰吾嘗為之矣出而觀之有異法焉曰是不可使獨吾二人為之將天下舉不可無也洵於是又為大宗譜法以盡譜之變而並載歐陽氏之譜以為譜例附以歐陽公題劉氏碑後之文以告當世之君子蓋將有從焉者

蘇氏族譜

蘇氏族譜譜蘇氏之族也蘇氏出於高陽而蔓延於天下唐神龍初長史味道刺眉州卒於官一子留於眉眉之有蘇氏自是始而譜不及焉者親盡也親盡則曷為不及譜為親作也凡子得書而孫不得書何也以著代也自吾之父以至吾之高祖仕不仕娶某氏之子年幾某日卒皆書而他不書何也詳吾之所自出也自吾之父以至吾之高祖皆曰諱某而他則遂名之何也尊吾之所自出也譜為蘇氏作而獨吾之所自出得詳與尊何也譜吾作也嗚呼觀吾之譜者孝弟之心可以油然而生矣情見於親親見於服服始於衰而至於緦麻而至於無服則親盡親盡則情盡情盡則喜不慶憂不弔喜不慶憂不弔則塗人也吾之所與相視如塗人

者其初兄弟也兄弟其初一人之身也悲夫一人之身分而至於塗人此吾譜之所以作也其意曰分而至於塗人者勢也勢吾無如之何也已幸其未至於塗人也使之無至於忽忘焉可也嗚呼觀吾之譜者孝弟之心可以油然而生矣系之以詩曰

吾父之子今為吾兄吾疾在身兄呻不寧數世之後不知何人彼死而生不為戚欣兄弟之親如足於手其能幾何彼不相能彼獨何心

蘇氏諱釿 不仕娶黃氏享年若干七月二十六日卒

子祈 子福 子禮

無嗣 子宗夐 子宗藝 子宗瓊 子晫 子晙 子暕

子昭鳳 子昭慶 子昭文 無嗣 無嗣 子昭翰 子昭遇 子昭達 子昭逸 子昭建 無嗣

子惟讚 子惟善 子惟德 子渭 子沈 子浩 子漸 子洙 子文質 子文圭 無嗣 無嗣 無嗣 無嗣

子垂象 子垂正 子垂範 子垂則 子瑤 子瑗 子士元 子士能 子士良 子士寧 子士嘉 子士宗

子祜 子諱祜 不仕娶李氏享年五十四七月三十日卒

子宗靄 子宗著 子宗善 子宗晏 子宗昪 子諱杲 不仕娶朱氏享年卒一六月分卒 子宗晁 子德

子昭玘 子昭現 子德謙 子昭圖 子昭越 子昭 子德榮 子德升 子德元 子諱序 仕至大理評娶史氏享年七十五五月十一日卒 無嗣 子子勲

子文賓 子文寶 子文采 子永 子惟益 子惟吉 無嗣 無嗣 子哲 子淳 子汶 子濬 子渙 子洵 子慎言 子澄

子惟忠 子惟恭 無嗣 子士祥 子允元 子允滋 無嗣 子理 子瑜 子舟 子位 子佾 子慶昌 子復圭

大宗譜法

蘇氏族譜小宗之法也凡天下之人皆得而用之而未及大宗也大宗之法冠以別子由別子而列之至於百世而至無窮皆世自為處別其父子而合其兄弟父子者無窮者也兄弟者有窮者也無窮者相與處則害於無窮其勢不得不別然而某之子某某之子某則是猶不別也是為大宗之法云爾故為大宗之法三世自三世而推之無不及也人設二子而廣之無不載也蓋立法以為

譜學者之事也由譜而知其先以及其旁子弟以傳於後世是古君子之所重而士大夫之所當知也以學者之事不立而古君子之所重與大夫之所當知者隨廢是學者之罪也於是存之蘇氏族譜之末以俟後世君子有采焉

別子

一世　別子之適子甲
　　　庶子乙

二世　甲之適子丙
　　　庶子丁
　　　乙之適子戊
　　　庶子己

三世　丙之適子庚
　　　庶子辛
　　　丁之適子壬
　　　庶子癸
　　　戊之適子子
　　　庶子丑
　　　己之適子寅
　　　庶子卯

(丙)關於歐蘇譜學之研究

蘇伯衡譚氏家譜序云「近代言族譜者二家為法厥各不同世經人緯取法史氏之年表則歐陽氏也糸聯派屬若禮家所為宗圖者則蘇氏也其為使人重其本之所自出而尊尊之義明詳其親之所自分而親親之道立則未嘗不同尊尊親親而譜法盡矣」歐蘇兩譜均負盛名顧其中亦有異同可見吾讀蘇伯衡譚譜序其中寥寥一小節文字雖著語不多而於歐蘇兩譜之異同言之已極明顯不必吾人多所剖晰矣

盧文弨吳興閔氏家乘序「自宋以後私家之譜不登於朝而詐冒譌舛幾於不可究詰獨歐陽蘇二家之譜義例謹嚴為後世矜式蓋譜以義法重尤以人重世重二家之譜亦以其道德文章足為譜增重耳先生(謂閔氏修譜者)今代之歐蘇也而譜尤得繁簡之中嘗取而讀之竊謂蘇氏出於味道其子留眉者是為始遷之祖乃以親盡而不及可乎茲譜(閔譜)溯源於始遷將仕府君是義例勝於蘇也歐譜有存其世而忘其名者茲則始遷再傳而下其名具在是詳備勝於歐陽也」

歐蘇兩譜皆為世範顧其中亦有得失可論吾讀盧文弨閔乘序覺其所言雖就閔乘立論而歐蘇兩譜之得失亦自可見又不必吾人多所批評矣

剡源戴表元秣陵翁氏譜序云「余嘗見歐陽公孩提之歲而喪其

所天流離艱苦寄食他氏稍長大發憤問學即痛念宗緒之凋疏而爲之訪求纂輯定次爲歐陽氏譜一編他日至謂人曰人而不知族姓所自出者無以别於禽獸蓋深切齒於此矣一時游從諸賢相與激發故眉山之譜祖味道……然亦臆度倚傍而言之爾」戴序之末於歐蘇兩譜雖有微詞而言兩氏作譜之緣起則甚詳悉更不待吾人多所考究矣

金華黄先生滑族譜圖序云「凡爲圖譜之法親者宜詳疏者宜略爲子孫者各詳其親則其所略者自可互見今不以親疏爲間而有所或遺者恐諸房子孫不必人人能有其圖譜而於親各致其詳也」歐蘇之譜主張詳親略疏而黄先生主張不以親疏爲間足以補充歐蘇兩譜未備之義是亦足資參考者故附録其語於此

十二　作譜之難

族譜爲專門學前言之矣夫學既以專門稱則作譜者自必於此學夙有研究方克勝任而愉快鄉曲陋儒固難語此即號稱文學之士長於吟咏工於記述而於譜學未窺門徑亦未必即能勝任彼率爾操觚以爲無大困難者實身當其難而心未知其難耳

袁桷書張子仁少監族譜後云「歐陽子作宰相表用志良苦而私爲渤海譜猶有缺文則爲譜者誠不易矣」

朱彝尊雲氏族譜序「嗚呼世族之紊久矣以唐之盛撰衣冠房從齒序者不下數十家而國姓迄無定論元和姓纂作自林寶而不知已姓所由來蓋若是其難也」

洪亮吉休寧張氏世譜序「……予固不能伸史以詘譜亦不能伸譜以詘史也蓋譜家之學從古難之矣」

袁朱洪三氏皆先代大儒而其言作譜之難也如是則今人謂作譜非難事者可以知所返矣

十三　作譜有三術

劉知幾言作史應有三長而吾則謂作譜應有三術三術云何一心術二學術三藝術是也譜家之學術當夫三長之史學譜家之藝術當夫三長之史才而三長之史識在譜家則易以心術

或問三長有史識而予於作譜獨不言識若是則無識者可作譜乎曰否否國史之範圍廣且大譜乃家史才惟三族言止一門不必如國史家須有特殊之識而始可爲之也且識之卓者由於博學有學斯有識吾既以學術爲三術之一則不言識而識自在其中矣孰謂無識可作譜乎

或又問作譜何以首重心術曰子欲明乎此義請觀章學誠之言史德章氏之言曰「德者何謂著書者之心術也」作史必先正心術如魏書羣稱穢史即因魏收之心術不正也又如左氏春秋劉歆謂其是非不謬於聖人即因左氏之心術正也歷代史家莫不重視正心術而吾謂譜爲家史其應先正心術亦當如是請即三術而分言之

(甲)心術

作譜之心術自其誠於中者言之曰孝弟之心而已自其形於外者言之則可一言以蔽之曰慎而已矣

(子)自其誠於中者言之

蘇洵族譜云「嗚呼觀吾之譜者孝弟之心可以油然而生矣」吾謂必作譜者具有孝弟之心而後所作之譜乃足動人使讀者亦油然生孝弟之心也

偈奚斯孔氏譜序「凡有尊祖敬宗之心未有不知重其譜牒者也然徒知重其譜牒而不知求乎尊祖敬宗之實猶無譜牒也猶非其子孫也」吾謂有尊祖敬宗之心者其心術無不正彼徒重譜牒而不求其實者則其心術必不正也

戴良章氏家乘序「善乎魏國韓公之言曰謹家牒而不忘乎其先者孝之大也……孝之大者蓋以先世之心為心而不已以一已之心為心也」以先世之心為心者斯其心術正以一已之心為心者斯其心術不正

前所謂油然孝弟之心尊祖敬宗之心與夫以先世之心為心皆作譜者應有之心而吾所謂作譜者之心術亦即此心必先有此心而後可以作譜也

(丑)自其形於外者言之

蘇伯衡譚氏家譜序「余以為宋豫章黃文節之為譜也七世以上遠不可知疑不能明者皆畧而弗書蓋慎之也」

吳匏翁越溪盧氏族譜序「……其譜自其身溯而上之特五世曰青州通判吉始自青州而上有為臨安令者雖見於家乘以其父早孤不知世次遂不敢載其慎重如此」

盧文弨三峯盧氏家志序「……故凡舊所無者不敢妄有增加蓋其慎也」

洪亮吉禮社薛氏宗譜序「今序薛氏之譜不敢定其為出於何姓與析於何房蓋其慎也」

全祖望董氏重修族譜序「……北郊亦有董氏……碩學高行蔚為人師是皆嘗與西湖諸董敘凡弟之歡者而譜中弗敢收焉其慎也」

惲敬得姓述「……況至後世中外遞更貴賤互易而譜之者必欲強為之說不至自誣其祖幾何後之事吾譜者庶幾其慎之也」

歷觀前哲所言握管而作族譜者靡不持之以慎而其所為持之以慎者由其有孝弟之心有尊祖敬宗之心不以一已之心為心而以先世之心為心其心術一歸於正也所謂誠於中者然後形於外也

(寅)心術不正不可作譜

王文成公竹江劉氏族譜跋「王道不明人偽滋而風俗壞上下

相罔以詐人無實行家無信譜……」人偽何以滋滋於心術不正也風俗何以壞壞於心術不正也而罔也詐也皆心術不正之表現也夫心術不正既已如是於此而猶欲其有信譜焉烏可得哉

汪琬族譜後序「吾仲揩九有言曰譜牒之廢也廢於貧且賤者什之三而廢於富且貴者什之七或恥其家之衰落則振援大族而强附之貴者或傲焉忘其先世之遺澤而過慮族人之貧者覬覦其錙銖則惟恐遠之不速也夫富者既强附人之宗而貴者又思急遠其宗於是譜牒雖存而實亡矣」家衰落而引為恥族人貧而過為慮此一念之恥與過分之慮皆不正之心術也於大族而思强附之於貧族而思速遠之此强附之心與速遠之心又皆心術之不正者也以如是之人本如是之心而作譜何悟（怪）夫譜雖存而若亡歟

（按蘇洵亦嘗謂「由賤而貴者恥言其先由貧而富者不錄其祖而譜遂大廢」此亦作譜不可不端心術之證）

(乙)學術

作譜為專門學（見前族譜與族譜學）則其學術當然非專精不能洞明透澈而與此專門之學有關係者亦非涉獵不能觸類旁通古人言專精與涉獵兩不可少不過專精之功當屬十之七八而涉獵之功則居十之二三耳

(子)專精

錢大昕姚氏族譜序云「譜牒雖史之緒餘然非讀全史者不能作」若是則全史為作譜者所必讀固無疑義雖然古人有言「一部十七史何從說起」十七史已難讀遍何况今已由十七史而二十二史而二十四史以一人而欲讀遍全史實為難事余意錢氏所謂讀全史非讀全史之死文字也當精研全史之義例深究全史之書法熟審全史之體裁取其足為家史之楷模以資則倣此讀全史而得其精神者也至於質料方面如全史之本紀世家表志（如魏書官氏志唐書宰相世系表漢書唐書宋史明史經籍志藝文志之譜牒類是）足供譜學應用者皆不可不深思熟讀以備取材夫如是乃謂之善讀史夫如是乃能以讀史所得而作譜

通志氏族略「自隋唐而上……官之選舉必由簿狀家之婚姻必由譜系……所以人尚譜系之學家藏譜系之書自五季以來取士不問家世婚姻不問閥閱故其書散佚而其學失傳」欲研究譜系學則譜系之書當然不可不讀惟其書已佚欲讀而苦無從耳余謂是當取歷代譜牒之尚存者與夫今世世家之族譜廣事搜羅深加考索而又搜輯前人文集中族譜序跋與夫討論作譜方法之書牘取其有裨譜學者讀之以資應用庶於譜學有所得耳

前言譜學家當讀全史與譜牒之書大意已盡茲更為譜家説明研求學術應下之苦功

(1)勤抄錄　無論讀全史讀譜牒凡有所取擇必手自抄錄彙聚成編藉便研究昔顧亭日知錄由平時陸續抄錄而成陳蘭甫東塾讀書記亦由逐條抄錄譔就梁任公併引以為研究歷史者用功之法吾謂專攻譜學者亦必下此苦功也

(2)善鉤沈　族譜之學既少專書從全史中已沈没之義例及事實善為鉤出是謂鉤沈法而舊時尚有存之譜牒與夫名人集中之譜序類皆人所不經意如寶物之沈大海鉤而取之以資吾用是亦鉤沈法果其善於鉤沈則譜牒之書于今雖佚而以吾所鉤得者自足供吾所需要也

(丑)涉獵

蘇洵大宗譜法云「立法以為譜學者之事也」是知非博於學者不能為譜

洪亮吉諸氏族譜序「今按其譜系……元明以來則世次秩然瞭如指掌非子孫之賢而有學世世克承先志而能如此」乎作譜而能世次秩然不惟其賢且必有學學之不可以已也明甚夫學豈易言有哉必其博覽旁搜多所涉獵如前所言姓氏學戶籍學民俗學方志學各書乃至其他應讀之典籍皆經吾瀏覽而有所得乃可謂有學茲説明涉獵時當下之苦功於後

(1)苦追尋　縱覽羣書因此及彼尋蹤追索不可憚煩如讀劍餘本國文學史至「世本創族譜之體一語即追尋世本一書雖世本自宋已佚然其書為史記」之所本司馬遷固嘗自言之而今所存者孫馮翼輯世本一卷雷學校輯世本二卷秦嘉謨輯補世本十卷雖未必盡復舊觀然大端可見因一語而即努力追尋或由簡單語句或由某書註解見其出於他書輾轉尋繹此即苦追尋之功也久用此功自可取得充分之材料

(2)精綜核　追尋既久材料之蓄積必多不有精密之綜核則零落散亂有如滿屋散錢難於携取故必精心綜合核其有用與否無裨於吾所學者汰之有益於吾所學者留之而即此所留者又核其異同分類排列以備應用時可以依類求得所謂精綜核者此也

(丙)藝術

作譜之心術正矣學術深矣而無作譜之藝術未必即能成完美之族譜欲所作之譜完備而精美自非有特殊藝術不可此特殊藝術關係全譜之良否詎一言所可盡請分述如下

(子)作譜先決問題

凡為族譜有兩大問題於未握管之時應先解決者二曰義例

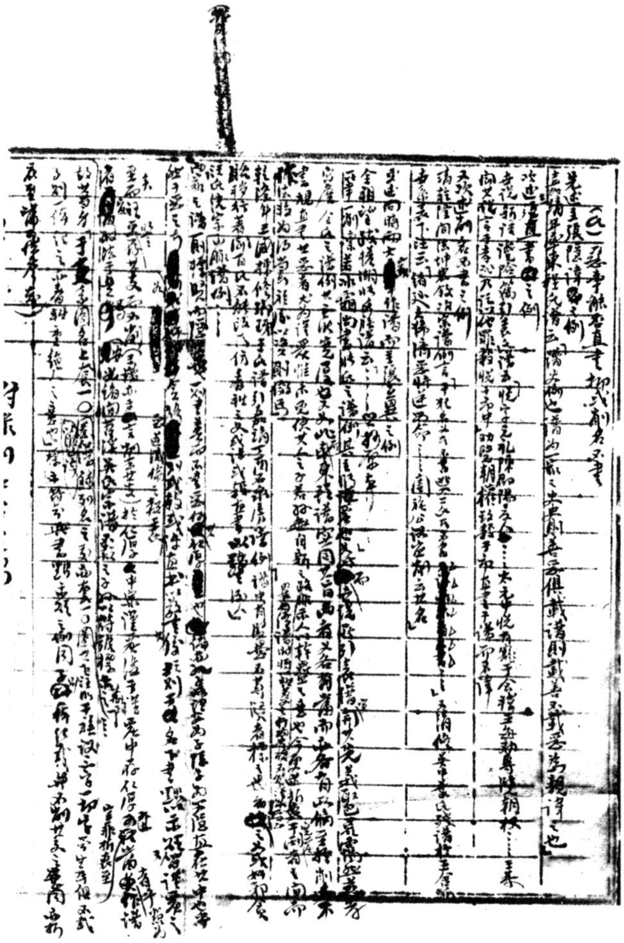

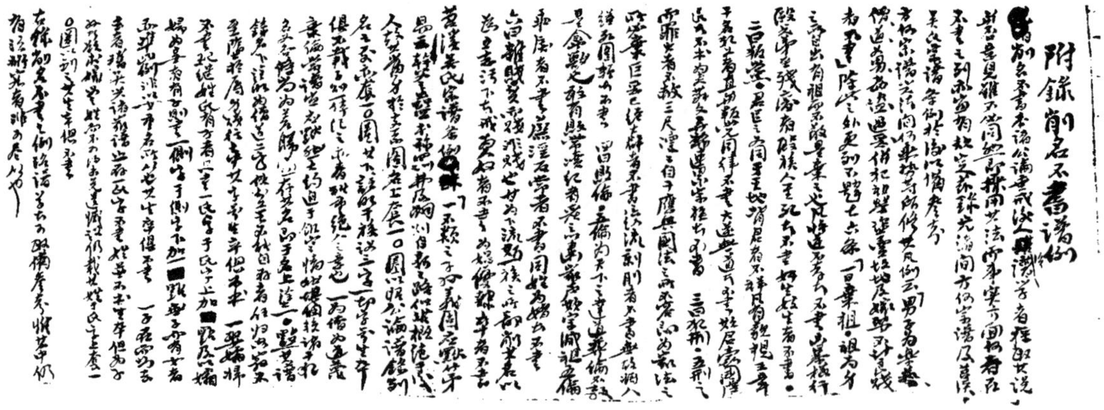

附錄前名不書諸例

曰斷限

(1)義例

義例云何義即開宗明義之義例即發凡起例之例質言之即全譜之主義體例是也譬之人身譜中所有之世次與世次(事實)為其骨骸述此世次與事實之表傳屬於文字方面者為其膚而所以作此譜及如何作此譜之義例則全譜之精神所在也義例不嚴即精神不振尚能成為譜哉故作譜必先嚴義例

錢大昕吳興閔氏家乘序「歐陽蘇氏二家之譜義例謹嚴為後世矜式」

又鉅野姚氏族譜序「其所述雖因(舊)前人之舊而正其譌補其闕不虛美不詞費洵得古史之義法」

又平江袁氏家譜序「平江之袁相傳自宋南渡始遷……至今稱為甲族而宋(宗)譜向未刊行上舍又愷始與其族之長者商榷增輯厘為十卷支分派别秩然不紊…… 而義例謹嚴不蹈傅會粉飾之失則又深得著(述)之法者」

讀前人譜序當深知義例之謹嚴為作譜者應先解決之問題矣而關於此義例問題有應解決者二事此二事最要故為解決非謂(豈)此二事外更無他事待解決也

(2)惡事能否直書

汪氏統宗正脉譜例「譜書與史無異史錄一國之事善惡俱

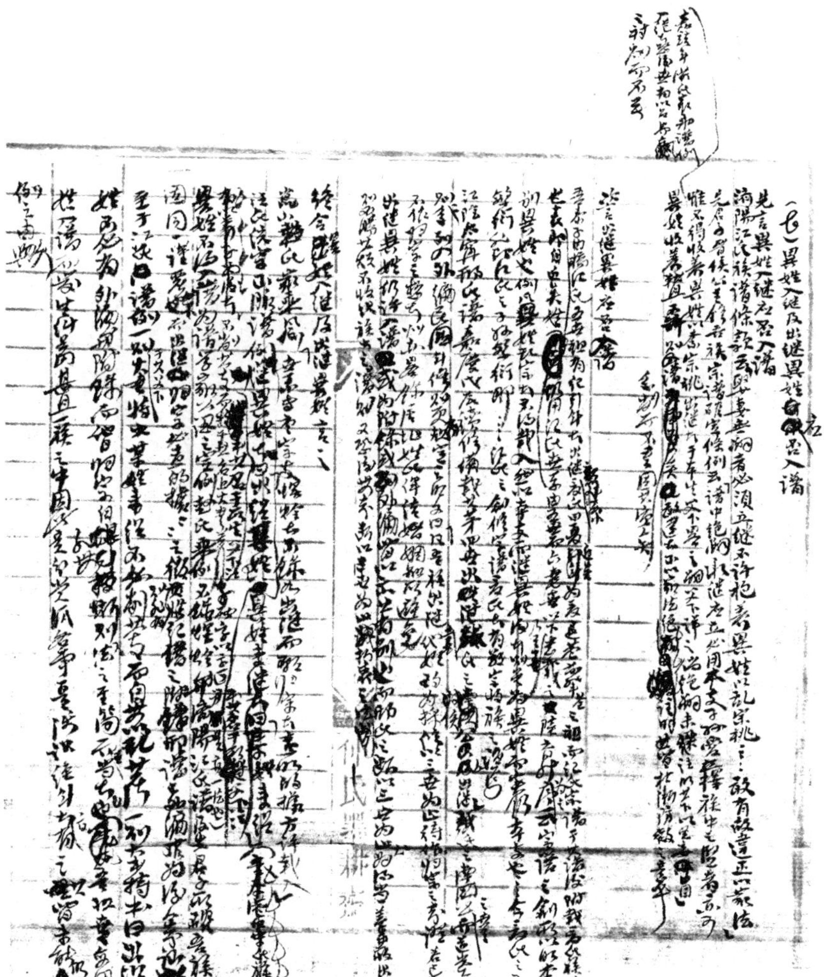
(七)異姓入繼及出繼異姓應否入譜

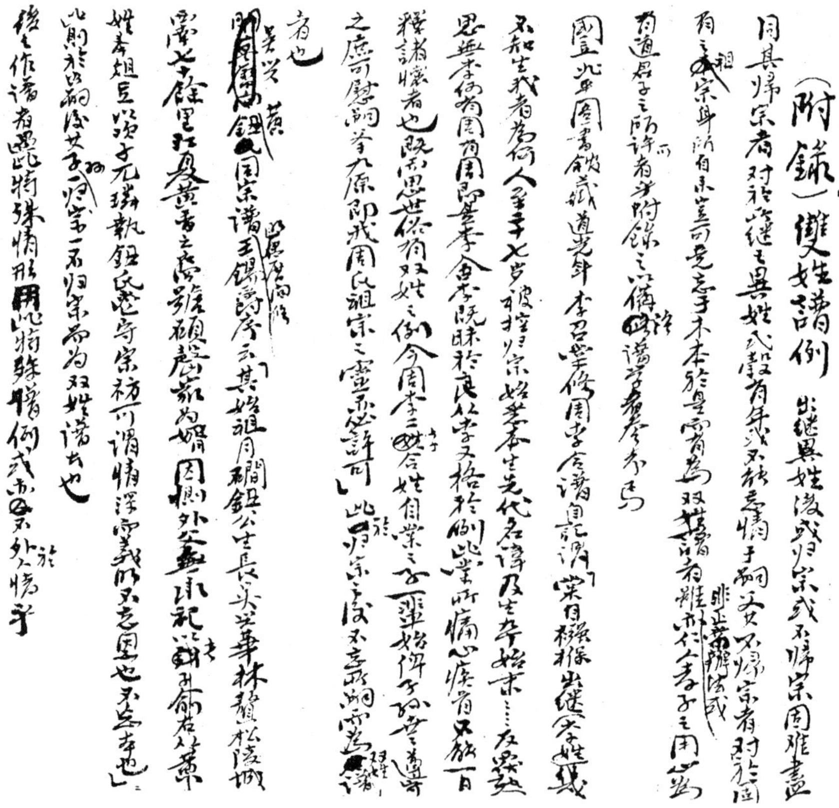

見譜錄一宗之事書善而不書惡爲親者諱也若惡逆滅倫棄責祖墓者法當黜之今但於其名下書黜而不削其支罰弗及嗣之意」

全祖望跋槎湖張氏族譜云「張氏之譜修於東沙尚書有善有惡區別森然蓋譜系中所未見先宮詹修全氏譜族祖見山先生實秉筆欲用其例宮詹難之而止或問予曰兩家所見若何予曰皆是也尚書志在春秋一筆一削雖家乘乎而霜松雪柏讀之凜然知懼宮詹則爲孝子慈孫念有包取於包荒之旨非僅懷府怨之恐也及見戴帥初集序富春孫氏譜乃知尚書之例出於孫氏」

一筆一削凜若冰霜此尚書張氏之譜例也義取包荒靄然慈孝此宮詹全氏之譜例也其義各有所當而亦各有所偏至汪氏譜例本爲「親者諱之義書善而不書惡何其厚也然於惡之大者雖不書其事而必黜其名以示貶且存其支而不削於仁厚之中寓謹嚴復於謹嚴之中存仁厚可謂當矣作譜者不當取法於是乎

（五）異姓能否入譜

崑山趙氏家乘凡例「世系專重宗支螟蛉者不録如出繼而願歸宗者查明的據方許載入」

汪氏統宗正脉譜例「繼子書其名於所生父下注曰紹某列

圖於所繼父下注曰某人第幾子繼異姓者曰出紹異姓異姓來繼者曰某姓來紹」

異姓不得入譜為譜學家公認之定例此趙氏乘例螟蛉所以不錄也吾觀世人每因異姓入譜而發生糾葛甚且一族之中因此竟分黨派各爭一是涉訟經年者亦有之矣今汪氏譜例異姓來繼者亦得入譜而於其父下則大書特書曰「某姓來紹」不必削其支而自無以亂其緒倘亦為萬不得已聊解糾紛之一法歟然而究非正例也（吾泰港口宋氏族譜中有以養子為後者不削其支而特於其名上大書養子兩字以示區別與汪譜例殆同）

（2）斷限

斷限云何即叙述世次起於何代始祖伊誰如何斷定不可不確定其界域尼父之定虞書以舜為始邱明邱明之傳魯史以隱為先（劉知幾史通斷限篇成語）書史有斷限由來久矣而余謂族譜之作亦當如是

歐陽氏譜例「姓氏之出其來也遠故其上世多亡不見譜圖之作斷自可見之世」

蘇氏族譜云「蘇氏出於高陽而蔓延於天下唐神龍初長史味道刺眉州卒於官一子留於眉眉山之有蘇氏自是始而譜不及焉者親盡也」

蘇伯衡譚氏家譜序「余以為豫章黃文節之為譜也七世以上遠不可知疑不能明者皆畧而弗著……今取法於斯……斷自所知為本房圖」

歸有光華亭蔡氏新譜序「華亭蔡用卿始為其族之新譜……絕不肯有所附會曰自吾所知者而已矣」

錢大昕周氏族譜序「……復撰次家譜自始遷之祖為始其遼遠無可考者則闕之」

袁枚代陶氏宗譜序「……然則尊祖何始曰以始遷某郡者為始收族何始曰以始遷某郡祖之子孫為始此陶氏族譜所由立也」

曾國藩衡陽彭氏譜序「衡陽彭雪琴侍郎……與其宗長老修訂彭氏家譜彭氏本貫江西之泰和至明世有曰聲揚者始遷於衡……彭氏日益光大矣其系表斷自聲揚公凡前世達人暨同姓異望之顯者別為一編不與本宗相淆」

汪琬沙氏族譜序「……加以遷徙之靡常貧富窮達之不一故雖大家巨室往往不詳其所自出或以始遷者為始祖或以仕宦於朝者為始祖如吾吳沙氏其一也」

戴東源族支譜序「……凡十四傳至外公是為三門支系所起又十四傳至弁而謹述是譜繫次斷自護公始信則傳信也」

惲敬得姓述「自子冬至方直凡四十四世然皆一人耳……此

皆事之不可信者故敬竊意惲姓世次自子冬至方直當別爲一表於表序詳辨之而表直方府君爲世次之首」

前人作譜於斷限方面極爲注重或斷自可見之世或斷自所知之世或斷自可信之世或斷自始遷之祖義各有當而余謂當以可信者爲依歸至「親盡弗及」之說尚得研究而以仕宦於朝者爲斷則殊非善法也此外關於斷限問題有應解決者二事

(九)支譜之派別應如何劃分

錢大昕棠樾鮑氏宣忠堂支譜序「五季譜牒散亡而宗譜遂爲私家撰述於是有合族之譜有分支之譜然而世遠則或嫌於附會人繁則或慮其混淆唯支譜之體猶不失唐人遺法何也唐之裴李崔盧韋陸其族亦大矣而裴有東眷中眷西眷又別爲洗馬爲南來矣李之出隴西者有武陽房姑臧房燉煌房丹陽房出趙郡者有南祖東祖西祖崔之出清河者有東祖西祖南祖大房小房鄭州房烏水房青州房出博陵者有安平房大房第二房第三房盧有大房第二房第三房陸有潁川枝荊州枝丹徒枝樂安枝諫議枝魚圻枝太尉枝侍郎枝韋有平齊公房閬公房彭城公房逍遙公房鄖公房南皮公房駙馬房龍門公房小逍遙公房分別部居不相雜廁豈非後代支譜之模範乎」此言支譜之分派當以唐遺法爲準也

汪琬休寧張氏世譜序「……其先蓋由吳江徙著者屢矣至三十三世榮則遷休甯之嶺南三十五世遷漁灘三十八世蕩再遷山斗最後四十六世五九然後遷於青山其地皆不越休甯於是以榮公爲始遷嶺南之祖閑公爲始遷漁灘之祖蕩公爲始遷山斗之祖而五九公則爲青山之祖所謂四大支者皆娶卒葬必書有子無子必書而青山其本支也則尤加詳惟謹」此言支譜之分派當以始遷祖爲定也(族譜詳世次有以始遷祖爲斷者支譜分派別亦得以始遷祖爲斷其斷以始遷之祖方法相同而一爲詳世次一爲分派別其作用則不同也)

(十)舊譜之紀載應如何存置

蘇氏族譜後錄「凡嫡子而後得爲譜爲譜者皆存其高祖而遷其高祖之父世世存其先人之譜其廢也而其不及高祖者自其得爲譜者之父始而存其所宗之譜皆以吾譜冠焉」此言以舊譜之冠首也

蘇伯衡林氏族譜序「吾於其有徵者既不敢忽而不錄於其無徵者亦不敢旁求曲證故以舊譜置於前而斷自可知者爲嶺門譜」此言以舊譜之置前也

全祖望董氏重修族譜序「今董氏之載筆者能嚴之於一二十世之中而忽之於一二十世之上是何以故乃爲書一通

抉摘其誤者以告之而嵩愚兄弟曰善是皆出吾慈水舊譜之所載者先人亦嘗疑之而弗敢遽刪也今得吾子之言既明且清請講而出之仍歸之慈水之舊譜而今世弗令雜焉」此言舊譜之仍舊也

古之譜學家皆主張以舊譜置新譜前而不敢擅爲刪削按章學誠答甄秀才論修志書「僕以謂修志者當續前人之紀載不當毀前人之成書即前志義例不明文辭乖舛我別爲創制更改成書亦當聽其並行新新相續不得擅毀」志爲一邑之史譜爲一家之史舊志不可擅毀則舊譜亦當留存其原文固未可輕滅也

(丑)作譜必要之件

作譜先決問題前言之矣其次請言作譜必要之件

(甲)訪求要確

一譜之成非可以掉以輕心貿然下筆也關於譜中所載如先世受姓之源入籍之始與夫旁支後裔名諱職位功行著作生卒年月葬地山向之類由今而溯古則數十年數百年乃至數千年以上由近而及遠則數十里數百里乃至數千里之遙或訪諸故老或求諸典籍皆須鄭重其事躬親其役以徵實爲歸非可僅憑廣告之力傳說之詞以畢乃公事也

盧文弨甬東盧氏族譜序「……有名登科字武成者慨然亟起而圖之闕其渺茫不可知者不以增於舊譜之外而於當代則鄭重訪求覈實而詳紀之」

吳𩓡翁南安傅氏族譜序「……如侍禁公六世孫倘之後吾既訪而得之若連江長泰不相通者已久今幸以公事得便道過之而躬訪焉他日又將合諸派以爲譜而吾之願始畢矣」

崑山趙氏家乘凡例「吾族隨駕南渡後有住居金華秀水杭州等處遷居崑山後有分居太倉者其旁支後裔當從容訪查確據始能入譜」

歐陽玄防里歐陽氏族譜序「……無已則用吾文忠公之法姑叙防里之近者焉則庶乎其可訪求也」

(乙)同異要辨

姓氏之紊由來已久漢賜婁敬項伯姓劉與漢宗室劉名同而實異唐賜契丹首領姓李與唐宗室李名同而實異他如宋賜西夏李賜捧姓趙明賜沐英何文輝姓朱則趙與朱各有其同而異者矣莊氏避漢明帝諱改爲嚴氏嚴與莊名異而實同矣慶氏避漢安帝父諱改爲賀氏賀與慶名異而實同矣他如鄭之爲章郟之爲來章與來又各有異而同者矣此皆作譜者所不可不辨也

歐陽氏譜圖序「安福府君之九世孫曰脩當皇祐至和之間以其家之舊譜問於族人各得其所藏諸本以正其同異」

蘇伯衡林氏族譜序「嗚呼君子重乎譜者非以誇門第也所以慎同異辨親疎也」

盧文弨三峯盧氏家志序「夫譜之爲法不在乎合異以爲同而在乎審同以辨異」

(3)詳略要當

族譜之詳略就遠近言之當詳近而略遠就親疎言之當詳親而略疎但亦有不盡然者須各視其情形而施之始得當也

歐陽氏譜例「……如此世久子孫多載於譜者不勝其繁宜以遠近親疎爲別凡遠者疎者略之近者親者詳之此人情之常也」

歐陽氏譜圖序「歐陽氏自得姓以來子孫眾多而譜隨親疎宜有詳略」

盧文弨江寧王墅孫氏族譜序「……數遭兵革不恤厥居其譜牒之不墜失者亦鮮矣顧其遠者不可追而近者尚可溯失今不爲何以示後是以昔之君子敬宗而收族必爲譜以明之爲譜之道在乎詳近而略遠此不易之至論也」

汪氏統宗正脈譜例「譜各本其所自如前人東春西春南祖北祖某枝某房之比詳於近而略於遠譜之善法也」

按黃溍族譜圖序於詳略之間主張不以親疎爲間其意恐諸房子孫不必人人能於親各致其詳(見前歐蘇譜學之研究節)是詳親略疎之說不可泥守矣又蘇伯衡林氏族譜序云「遠者難稽近者易考易考者當詳難稽者當略今吾世譜顧詳於遠而難稽者略於近而易考者無他焉年代綿邈卷帙浩繁兵火之荐更存於散佚之後得於毀裂之餘由唐而上全而有徵由唐而下不全而無徵也」據是則詳近略遠之說又不可拘執矣斟酌情形以求至當未可執一偏之見也

(4)爲文要簡

上節言詳略當略者不可詳當詳者不可略也顧前所謂詳略者就事實言之非就筆法言之也事實雖略而不善用筆仍或失之繁事實至詳而善用其筆自不妨於簡譜家之筆法固以簡爲貴也

姚姬傳族譜序「譜自先雲南參政及先職方府君及叔祖瀛州太守嘗三修之逮今孫子益眾爲文益繁故少變其法依古世表之法率橫列而注歷職生卒妻子於其下欲其文簡而易檢也……自是以往子孫之榮替不可知而譜之存亡不可必也然而差冀其經歷久遠者惟文簡冊輕簡易挾而藏則傳久之道歟」

又代州道後馮氏世譜序「余與右書汝咨論近世人作譜繁而非法夫譜欲簡要而卷冊少俾子孫百世流轉海內易攜以行其體當略如古世表之法因略與分別所宜載與否者右書汝

咨以為善

(5)有疑要闕

孔子曰「多聞闕疑慎言其餘」聞欲其多而疑存其闕慎之至也作譜者不當如是耶

洪亮吉後蕭陶氏重修族譜序「夫家之有譜所以信今而傳後今既無傳信之書義當在闕疑之例是又亮吉之欲與名宗賢士大夫共商之矣」

盧文弨桐鄉沈氏家乘序「夫沈氏族望盛推吳興而此譜不載此在近世尚闕所疑設秉筆而為國史其肯遠託華冑兼承二宗以自蹈誣祖之罪而取議譏於後世哉」

姚姬傳族譜序「……故居餘姚以前祖不得而知之則闕以為愈於誣託者之愚也」

宋學士溧水端氏家牒序「……至於字某娶某氏壽幾何葬於某地亦以所聞附注其下其無由知者則闕之」

有疑當闕前人作譜靡不如是雖然疑可闕而不可滅也若滅其所疑則非善闕者矣章學誠和州志闕訪列傳序例云「自史學失傳中才史官不得闕文之義……多聞之旨不遵慎言之訓誤解若以形涉傳疑事通附會含毫莫斷故牒難徵謂當削去篇章方合闕文之說是乃所謂疑者滅之而已更復何闕之有」族譜與方志同屬史學修志者但當闕所疑不可滅所疑作譜者觀於此亦可知所取法矣

(寅)作譜當去之弊

作譜易犯之弊有四曰冒濫曰混淆曰浮夸曰徇俗善作譜者當掃去其弊也

(1)冒濫

冒濫者何明知非其祖先而徒以欲假名人華族之虛榮自引重於當世遂不惜棄厥真源妄冒他族此當首去之大弊也

史通敍傳云「近古人倫喜稱閥閱其華門寒族百代無聞而騂角挺生一朝暴貴無不追述本系妄承先哲」

姚姬傳族譜序「當世族之存非特其子孫能詳其世族之傳凡天下學士博於聞見者歷舉各姓世系如循庭木之枝如舉其室之庋物迨世族亡則子系有不[illegible]

新安休寧古城程氏宗譜[illegible]

[illegible]之[illegible]祖源遠則支易紛族繁則勢難合於九族則忽之於所不可知者强附而親之惑矣」

盧文弨三峯盧氏家志序「……正夫之言曰忘祖非孝也冒祖亦非孝也世人往往棄厥真源妄冒他族以飾世德之美又何以免於君子之嗤誚乎」

王文成公竹江劉氏族譜跋「士夫不務誠身修德而徒誇詡其

譜者觀於此亦可知所取法矣

（寅）作譜當去之弊

作譜易犯之弊有四曰冒濫曰混淆曰浮夸曰徇俗善作譜者當掃去其弊也

（丁）冒濫

冒濫者何明知非其祖先而徒以欲假名人華族之虛榮自引重於當世遂不惜棄厥真源妄冒他族此當首去之大弊也

史通敘傳云「近古人倫喜稱閥閱其華門寒族百代無聞而騂角挺生一朝暴貴無不追述本系妄承先哲」

姚姬傳族譜序「當世族之存非特其子孫能詳其世族之傳凡天下學士博於聞見者歷舉各姓世系如循庭木之枝如舉其室之庋物迄世族亡則子孫有不能推明其祖者而始誣託名人以自重是亦可謂愚也歟」

朱彝尊劉氏族譜序「隋唐以前所重者門望大學率皆遠引往牒尊之為祖源遠則支易紛族繁則勢難合於九族則忽之於所不可知者強附而親之惑矣」

盧文弨三峯盧氏家志序「……正夫之言曰忘祖非孝也冒祖亦非孝也世人往往棄厥真源妄冒他族以飾世德之美又何以免於君子之嗤詆乎」

王文成公竹江劉氏族譜跋「士夫不務誠身修德而徒誇詡其先世以為重冒昧攀緣適以絕其鱗類亂其宗不知桀紂幽厲之出於禹湯文武而顏閔曾孟之先未始有顯者也」

古人於冒濫皆痛加詆斥是知不去冒濫之大弊斷難為完美之譜書也

先君子曾侯公主修族譜嘗引先正格言十則以為家訓重宗譜條云「譜牒所載皆祖宗名諱目可得觀口不可得言收藏貴密保守貴久如有鬻譜賣宗或謄寫原本瞞眾覓利致使以贋亂真紊亂支派者不惟得罪族人抑且得罪祖宗眾共黜之不許入祠仍會族眾呈官追譜治罪」果使有譜者皆慎重其事如此則冒濫之風亦可稍減謹錄之以備有譜者考焉 多

袁桷書張子仁少監族譜後「元魏以來賜姓紛雜譜莫能考」

惲敬得姓述「夫氏族之學自秦漢之世多所淆譌如以國以邑以氏以官為姓於諸姓中最為可據然古之民居是國則從其君之姓居是邑則從其大夫之姓所在已不可問況至後世中外遞更貴賤互易而譜之者必欲強為之說不至自誣其祖幾何」

朱彝尊雲氏族譜序「自薄狀既廢附勢者以異派為同宗而亡國之裔詭姓氏以遠禍每擇其最著者彼夫張王劉李趙氏族半天下豈果其枝葉獨蕃歟蓋混而合之者眾矣此其譜系之傳多不可信」

顧亭林日知錄云「北人重同姓多通譜系」又云「近日同姓通譜最為濫雜其實皆植黨營私為蠹國害民之事宜嚴為之禁」

賜姓改姓與夫同姓通譜皆混淆之所由來作譜者固宜有以

先世以為重冒昧攀緣適以絕其類亂其宗不知桀紂幽厲之出於禹湯文武而顏閔曾孟之先未始有顯者也」古人於冒濫皆痛加詆斥是知不去冒濫之大弊斷難為完美之譜書也

(2)混淆

混淆之弊由於後世賜姓紛雜或因事改姓或同姓通譜者多積久而真偽莫分作譜者不可不於此深考也

袁桷書張子仁少監族譜後「元魏以來賜姓紛雜譜莫能考」惲敬得姓述「夫氏族之學自秦漢之世多所淆譌如以國以邑以氏以官為姓於諸姓中最為可據然古之民居是國則從其君之姓居是邑則從其大夫之姓所在已不可問況至後世中外遞更貴賤互易而譜之者必欲強為之說不至自誣其祖幾何」

朱彝尊雲氏族譜序「自薄狀既廢附勢者以異派為同宗而亡國之裔詭姓氏以遠禍每擇其最著者彼夫張王劉李趙氏族半天下豈果其枝葉獨蕃歟蓋混而合之者衆矣此其譜系之傳多不可信」

顧亭林日知錄云「北人重同姓多通譜系」又云「近日同姓通譜最為濫雜其實皆植黨營私為蠹國害民之事宜嚴為之禁」

賜姓改姓與夫同姓通譜皆混淆之所由來作譜者固宜有以考定而去其弊至於昭穆顛倒世次錯亂其為混淆弊實尤甚去之猶不容或緩也

(3)浮夸

昔人譏左氏浮夸今之作譜者才不必及左氏而浮夸之弊則恆過於左氏劉知幾有言「父官令長子秩丞郎聲不著於一鄉行無聞於十里而乃敍其名位一一無遺此實家牒非關國史」知幾之為是語所以譏國史之煩而族譜為門胄先烈之書比諸國史為炫亦可即此以見然而過炫則失之夸矣

龔自珍懷甯王氏族譜序「明之文士述家譜誕者至八十世婚姻必書漢郡李必隴西陳必潁川周必汝南王必太原是也」

章學誠和州志氏族表序例「譜系之法不掌於官則家自為書人自為說子孫或過譽其祖父是非或頗謬於國史」又文史通義黠陋篇「其親無所稱述歟闕之可也其親僅有小善歟如其量而錄之不可畧而為陋溢而為誣也」述家譜而流於誕譽祖父而至於過稱親善而失於誣皆夸之弊耳此亦譜學家所宜速去者也

(4)徇俗

世俗之見人所難免而作譜者則必不可徇俗

章學誠古學弊之二云「春秋書內不諱小惡歲寒知松柏之後凋然則欲表松柏之貞必明霜雪之厲理勢之必然也自世多

作譜內容之研究

族譜內容所應紀載之項如世系（名諱行次生卒年月日時妻氏子女葬從之及節孝傳記凡治譜者都能知其無待）
至於研究四類數類均類其價值（且有普遍性）所異而有言之約有數項

（一）遺像　（二）墳圖　（三）榮哀錄　（四）徵信錄　（五）藝文錄　（六）其他

附錄　湘潭泉沖王氏（及雲陽涂氏）譜目錄

前述各項爲比較族譜中有價值有普遍性者故再分別言其概要惟人事日繁譜學亦因之日進譜中所載每項即不得不有所增益茲以湘潭泉沖王氏及雲陽涂氏兩譜目次以供治是學者之參考

（甲）湘潭泉沖王氏譜目（是譜爲第五次修輯凡二十世分編四十三卷）

志十六　（一）本原志　（二）舊章志　（三）世德志　（四）塋域志　（五）祠廟志　（六）戒規志　（七）禮器志　（八）教育志　（九）著述志　（十）尚志　（十一）契約志　（十二）義舉志　（十三）忠澤志　（十四）鄉約志　（十五）藝文志　（十六）稽查志

表九　（一）字名卷頁年歲派系檢查及男子統計表　（二）婦女出身之所適姓氏之一覽表　（三）親屬總數比較表　（四）同名表　（五）年代生死族事紀要表　（六）職業統計比較表　（七）歷修人口比較表　（八）各房自年號比較表　（九）陰陽曆對照表

錄八　（一）派系錄　（二）世系年齒錄　（三）節孝錄　（四）武職錄　（五）孫錄　（六）詩徵錄（世系祖塋）　（七）遺著（祖先著作之）　（七）裕後錄　（八）全歸錄

記一　（一）修譜始末記

（乙）雲陽涂氏譜目（涂鳳書修）

涂氏受姓紀第一　涂氏遷徙紀第二　涂氏晉以來舊譜要紀第三　世派圖第四　錦世圖第五　本保公世系表第六　雲陽四支分表第七　夔州支第八　族範志第九　祠祀志第十　塋墓志第十一　安居志第十二　仕學志第十三　藝文志第十四　耆壽志第十五　流徙志第十六　不朽志第十七　列傳第十八　丁口統計表第十九　捐輸錄第二十

前列王涂兩氏譜目紀載門類極詳惟兩氏皆巨族有悠久之歷史故有關此譜目者通於族嘗視其所需要之事項（是否適用）分別採取其目不必徒事鋪張而流於虛廓也

嫌忌將表松柏而又恐霜雪懷慚則觸手皆荊棘矣但大惡諱小惡不諱春秋之書內事自有其權衡也江南舊家輯有宗譜有舉從先世爲子聘某氏女後以道遠家貧力不能婚恐失婚時僞報子喪俾女別聘其女遂不食死不知其子故在是於守貞殉烈兩無所處而女之行事實不愧於貞烈不忍泯也據事直書於翁誠不能無歉然矣第周官媒氏禁嫁殤是女本無死法也曾子問娶女有日而其父母死使人致命女氏注謂恐失人嘉會之時是古有辭昏之禮也今制婿遠遊三年無聞聽婦告官別嫁是律有遠絕離昏之条也是則翁詭託子殤比例原情尚不足爲大惡而必須諱也而其族人動色相戒必不容於直書則匿其辭曰書報幼子之殤而女家誤聞以爲壻也夫千萬里外無故報幼子殤而又不道及男女昏期明者知其無是理也則文章病矣

章氏之言雖在救文之弊而作譜者未能免俗其弊亦往往如此此今世所以鮮完美之譜歟

（卯）作譜附帶問題

作譜應有別錄別錄事項之較有價值者凡五一遺像二墳圖三榮哀錄四徵信錄五藝文錄此五者不必俱備而以徵實爲要斷不可僞託虛造徒佔全譜之篇幅也茲附帶述之

（1）遺像

族中始祖遺像首所當存而其間有傑出之人或以名節著或以文學稱或以事功顯皆當繪其遺像登諸譜首俾後世子孫瞻仰儀容者咸肅然致敬想見其先人當年之行誼如聞其聲音如聆其謦欬不惟深追遠之思亦且動思齊之意庶乎有以自勵惟遺像已亡無從追繪者則闕之不可憑空揑造也

崑山趙氏家乘凡例「遺像俾子孫隨時瞻仰因摹繪不易刻資過鉅未能盡刻為憾」

吳鉋翁新安吳氏累世遺像序「自有家以來譜牒具存若自宋運幹府君而下至吾先人斯榮處士凡九世則世數不遠畫像亦存常之凡弟恐其久而或失也裝為巨冊藏之又恐後人閱之者徒得其形似無以知其事行之畧復各為小傳於後……夫畫像之作記禮者所不及昔之大儒所不取然予竊以為孝子之情無所不至故其親没而祭之也無所不思與其思之孰若取其像閱之宛然如見之乎夫此亦生而識其父者耳世固有幼失怙恃而不識者必問其形似於所識之人又孰若取其像閱之宛然如見之乎故此雖不出於禮不取於人而無害於忠孝亦可以為思成追遠之一助也」

(2)墳圖

墳墓為祖宗埋骨之所子孫當世世祭掃以致其誠不有墳圖年荒日久埋没於荒烟蔓草間無從辨識斜陽古碣且難為憑弔之資矣祭掃云乎哉若圖其墳墓且詳其山向有祭田者更詳其畝數租數如是則展卷瞭然不必有墓誌銘神道碑而其遺址所在自可按圖而索也

阮元錢塘嚴氏京邸祖墓圖記「錢塘嚴氏厚民之四世五世兩代祖墓在今京城永定門外當明嘉靖時有宦於京者葬於此也……嘉靖辛未壬申間厚民從余在京師每朔望必展其墓親以土崇其封復恐後人迷失之乃畫圖多幀肖其地形分藏族人之家且囑元以小記記之其用心追遠亦云厚矣」繪祖墓圖以免迷失誠為良法然繪散幀以分藏族人之家何如繪於譜以備同族瞻仰之為愈哉

崑山趙氏家乘凡例「冢墓先壟所依春秋祭掃必敬必誠今詳繪成圖俾後世有所稽考」墳圖之不可少此其例也

(3)榮哀錄

族中有奇節異行忠烈孝義貞節之人生前或身後曾受國家旌典卹典或地方官府之褒榮者首當以其褒詞獎狀列於譜上其次如曾受誥勅封贈者亦可錄其誥命勅文以示榮異惟必本貴德黜爵之義以忠孝節義之褒語居先而封勅之虛榮則居於後耳

吳鉋翁慈谿姚氏家乘序「……若近世所受累朝誥勅尤有光於家世者則謹錄其文以冠於集之首」吳氏僅言誥勅之文當

錄譜首而於孝子節婦之褒詞未之言及者僅就姚譜所載言之耳姚譜所無故弗之及非謂孝子節婦之褒詞可不錄也

袁桷張氏宗譜序「惟貴與賢不偕同也誠貴矣非賢不能傳使果賢耶雖弗貴焉可也」此雖非言榮哀錄各文之位置先後而本此二事賢與貴之義分別其輕重則忠孝節義之褒詞與鋪飾虛榮之誥勅紀載孰先可以定矣

(4)徵信錄

同族之人其事蹟或曾編入國史或曾載於志書或有列傳見於某學士集或有墓銘見於某金石編或有軼事遺聞見於某筆記某說部皆應搜羅而纂輯之以資徵信

吳匏翁南安傅氏家譜序「……若其行實見於家傳著於墓銘修於郡志者亦皆附後」吳氏僅言家傳墓銘郡志而未言及國史及其他者就傅氏譜所有言之耳若為一般作譜者言固當並廣其義推而至於國史及其他紀載矣

(5)藝文錄

藝文為先人心血之結晶足以表現其精神窺覘其意志允宜收集成編垂諸久遠其有專門著作者尤應收錄而保存之至於普通紀述雖不錄其全文亦必登其目錄俾先人之文藝不致湮沒無聞也

剡源戴表元臧氏家集序「……既而廷瑞出其世譜載其著者爵位名字……」又附繫遺文人為一編嗚呼富哉昔太史公既廣覽奇書軼傳作成史記其辭偉矣而自敍家世舊文如劍論等類亦不遺棄王仲淹稱其先人銅川府君以上人人有述作人孝子之於其宗固如是乎」

汪氏統宗正脈譜例「先代人物著有詩文者姑錄一二以表其精神意志若垂訓格言雖繁必附圖後」

汪湘汪氏統宗正脈譜序明初左春坊蓉峯公鼇博羅而搜采之其遺文有可錄者亦無不載諸統宗譜

崑山趙氏家乘凡例「先人事傳畧傳贊詩文等除已刻入清芳錄外概行收入總題曰藝文不復分門類仍仲宣公輯譜例也」

(6)其他

五者之外如族多耄耋可作壽考表族多科第可作科名表族多顯宦可作職官表視全族事實如何而定其有名言雋語與夫嘉話流傳者更可輯作叢談附於譜末各族之譜各載其所有不必強飾其所無是可以一言概括之曰力求徵實而已矣

十四 今後之族譜

族譜譜一族者也自宗法不行而族譜以興譜法為家族制度下之產物固與宗法相同方今舉國人民提倡民族主義而吾猶於此偏重家族主義之族譜譁然以談其學毋乃大悖時宜乎曰否否民族者積無數家族而成而一家族乃全民族之細胞也對於

家族不能團結其精神恢復其道德鞏固其地位而欲此無數細胞積成之民族能立足於今日之世界實爲難事錢大昕序周氏族譜謂「非作譜之難知所以作譜者之難」吾人居今日而言作譜且言作譜之學其所以然者固非徒以收一族之衆尊一族之祖而使此一家族有以存在乃欲使各家族皆能本此尊祖收族之心發揚而光大之以成一健全之民族使吾遠祖黃帝之子孫四萬萬同胞靡不聯爲一體而恢復吾遠祖黃帝赫赫之威靈巍巍之盛業也然則今後之族譜其範圍雖在家族而其目的固在復興我中國之民族此正適合夫時宜者而何悖之有

泰州市圖書館藏書

論語政要

夏兆麐 撰

《論語政要》，夏兆麐撰，據泰州圖書館藏《耐庵从著》本影印。

夏兆麐有《兩漢地方自治制度考》，已著録。

夏兆麐認爲孔子爲大政治家，《論語》一書關於政理闡發至爲詳盡，正如古人所言『半部論語治天下』。故作此書，探討《論語》一書所含的政治思想學説及其現實意義。此書原名《論語大義》，作于民國二十六年（一九三七）。全書五章：《緒言》《孔子之政治學説》《政治思想》《政治生活》《結論》。體例爲先引一句《論語》原文，其後作者展開論述。孫中山倡導的三民主義思想重視吸取儒家傳統思想中的有益成分，民國政府時期亦注重研究儒家學説爲現實政治服務。夏氏此作亦注重其現實意義，其所總結論述的孔子政治學説就包括國家論、政學論、德治論、正己論、行政法論、雜論。孔子政治思想包括政治革命、民治思想、天下爲公、大同主義。此書完成後，呈送考試院考選委員會審查，審查合格，認定爲專門著述。

（周　忠）

耐庵丛著 第一集之二

耐庵

論語政要

論語政要編輯大意說明書

作者六七年來對於黨義及政治之學極樂研究，嘗讀總理三民主義，謂大學一書爲吾國政治哲學中精微之理論，因聯想及孔子爲大政治家，論語一書關於政理闡發至爲詳盡。昔以宋趙普有半部論語治天下之言，乃於精研政學之際，時以論語所記互校對勘窮搜簡適之，始知孔子之政治學說、政治思想及其政治生活，實無在不表現超時代之精神，而爲研究政治哲學者所不可忽視。遂於去冬決意計劃著論語政要，迄今五月始克告成，計得四萬餘字，方因而摘錄隨錄爲一冊，呈請審查，未知有當否也。篇中除引用之書已載原註外，所有關於參考書籍，謹遵章詳列於後。

參考書目

總理三民主義

何晏 皇侃論語集解義疏

朱熹論語集註

劉寶楠論語正義 商務書館萬有文庫本

資豐興選註論語節本 商務書館萬有文庫本

姚寅恪著 孔運說 國學叢刊二卷二期 商務書館民國十三年出版

樊穆蔭著 大學述義 同上

陳彬龢譯本 宇野哲人著 孔子 商務書館萬有文庫本

梁任公著 孔子 中華書局民國二十五年出版

徐蘊軒著 孔子生活 商務書局民國十八年十一月出版

江瀚著 孔子發微 國學專刊一卷四期 學術圖書公司民國十七年十月出版

楊大膺著 孔子哲學研究 中華書局民國二十年再版

胡適著 中國古代哲學史 商務書館萬有文庫本

姚璋著 八大派人生哲學 中華書局民國二十年再版

蔣維喬編 中國近三百年哲學史 中華書局民國二十一年一月出版

刘麟生著 中國政治理想 商務書館万有文庫本

葉楚傖主編 高級中学公民 政治概要 正中書局民國二十三年十月廿六版

張慰慈著 政治學 商務書館万有文庫本

趙琛著 行政法總論 法学編譯社民國二十四年五月六版

壽景偉著 財政學 商務書館民國十五年二月再版

中華民國刑法 法学編譯社民國二十四年七月四版

論語政要目次（政治學第一）

泰州市圖書館藏書

甲 法論
乙 例證
四 正己論
甲 法論
乙 例證
五 行政法論
甲 行政人之權限
乙 行政人之責任
丙 行政人之義務
丁 行政人之權利
戊 職官之任免
六 雜論

第二 孔子之政治思想

一 政治革命

二 民治思想

三 天下為公

四 大同主義

第三 孔子之政治生活

一 熱心政治

二 考察政治

三 施行政治

四 與聞政治

五 絕意政治

結論

論語大義（政治之部）

吳陵耐叟編

緒言

中國有兩大政治家、於今曰總理、於古曰孔子、總理之政治學說及其思想、莫備於三民主義、孔子之政治學說及其思想、莫詳於論語一書、總理致力國民革命、凡四十年、而其任臨時大總統也、閱時殊淺、孔子欲行其道、周游列國垂數十年、而其爲魯司寇攝行相事也、亦僅三月、政治生活、適極相類、非所謂先聖後聖、其揆一也乎、三民主義爲救國主義、窮其最終目的、在促進世界大同、故亦稱救世界主義、論語一書、其言政治、原有兩義、一爲小康、一爲大同、小康以尊君權爲主義、大同以尊民權爲主義、蓋孔子生當時代、與當時君相及弟子論政、爲救一時計、爲救一國計、自不得不尊君權、故小康主義亦即救國主義、惟孔子行道之最後目的、在欲現實其大同主義、禮運所記大道之行、天下爲公一節、固顯然揭示其大同主義於天下、而論語二十篇中亦往往於論政言志之餘、流露其大同主義之思想、天下有道、某不與易、苟或用我、三年有成、其宗旨固不在一時、而在萬世、不在一國而在世界、故大同主義、亦即救世界主義者、總理嘗自言其思想爲中國正統思想

泰州市圖書館藏書

直接繼承孔子之思想而發揚光大者，然則吾人奉行　總理三民主義之旨，其可不熟讀孔子之書，而精研其主義哉。

論語一書，記述孔子言行甚詳，不盡屬政治方面，而其關於政治者，要自不少。余嘗擷取其要義，而分為三類：一孔子之政治學說，凡與當時君相及弟子論政，取以為主義者屬之；二孔子之政治思想，凡平日與人論政或言志，取為主義者屬之；三孔子之政治生活，則取其有關於實際之政治情形者屬之。以類相從，尋繹其義，非敢謂能通孔子之精微，而擷其大要，以與今世政治家之學說及思想相印證，或亦足為研究政治之一助歟？作論語政要。

第一　孔子之政治學說

一　國家論

子曰：道千乘之國，敬事而信，節用而愛人，使民以時。

總論　論語二十篇，以學而居首，開宗明義，示人以為學之道，而於堯曰章言治道。其列於學而篇者何歟？曰：孔子之道，千經萬緯，而撮厥大要，可從二方面言之：一曰修己，即倫理學是；一曰治人，即政治學是。言倫理莫要於孝弟忠信，故學而篇後即繼以有子論為仁之本，曾子論省身之功；至言政治，則國家實為政治學之中心問題，故學而篇論以道

千乘之國，即平列於其前也，則千乘一章，其即孔子政治學之精義乎。國家為政治學之中心問題，此近世言政治學者所公認，而論國家之要素，則不外夫土地、人民、政府、主權四項。土地者，國家所賴以域民，使有寄托之所也。千乘之國，其土地之大小何如乎？依馬融說，「井十為通，通十為成，成出革車一乘」，千乘之國，其地千成，居地方三百一十六里[有奇]，則其面積當為三百里有奇。依包氏說，「古者井田，方里為井，井[十]為乘，百里之國，適得千乘也」，則其地面積僅為一百里。兩氏所言大小各異，顧其面積之大小雖殊，要其有一定之土地，則固無疑也。積人民以成國家，國家不能脫離人民而存在。千乘一章雖未言其人民之數若何，然既曰節用而愛人，則所愛之人非即國人乎？又曰使民以時，則所使之民非即國民乎？愛之而不窮其用，使之而又不違其時，[illegible]其時，則人得以安居樂業，滋善生息於其間，而國家自有一定之人民矣。政府者，管理公共事務之機關也。千乘章言敬事而信，事為何事？即公共之事是。總理有言：「政即眾人之事，治即管理，管理眾人之事是為政治。」孔子言道國而首敬事，蓋以為公共之事，亦即總理所謂眾人之事也。敬其事則於管理之時，心常存夫畏慎，志常戒夫怠忽，一日萬幾，無虞叢脞，政府之事，無不舉矣。國家必有主權，乃能行使其權力。惟主權或在君，或在民，其中殊有區別。千乘章於主權所在雖未明言，然道千乘之國句，朱子訓道為治，則其意固謂國家祇能治其事，而有治權；治權在上，而政權則在民也。其曰

敬事而信，即謂有國者為人民治事，必行之以敬，始不負人民之信托，而得人民之信任，主權在民，於此可見古時已
用而愛人，使民以時，兩言已明揭重民之旨哉
國家之根本法，在近代各國政治家，莫不首推憲法，孔子之時，無所謂憲法，治國者之所奉守，惟先代之心法，而心法
繼承，即允執厥中一語，是執中之心法，堯以授舜，舜亦以命禹，此心法，即先代之憲法，心法憲法，殊其名不殊其義焉，
孔子祖述堯舜，言道千乘之國，敬事數語，亦本乎執中之心法，事宜敬而不宜慢，亦節而不流於奢，信於民為歸，斯執
厥中矣，用寬猛不宜濫，而節而安之，禮以愛其人，為保斯執厥中矣，至於民用無為侵侮，務在使民而不擾，
能不奪其時，斯執厥中矣，三者合言之，曰敬而信，曰節而愛，曰使以時，合言之，則此曰中也，此先代之心法，亦即先代之憲法也，
先代之心法在執中，中也者，天下之大本，亦天下之至德，故孔子曰，中庸之德，其至矣乎，夫中庸之德，蘊於心曰仁，著於外曰禮，禮之
体在敬，敬則無慢無慢，氣象在於畏謹，所以禮記首曲禮，曲禮一篇所為首云，毋不敬也，孔子言道國而首敬事，其亦所謂禮之
体乎，仁之端在愛，愛之推在力，則不患寡，愛惜財力，則不忍傷財，其用心固自如是也，孔子言節用而愛人，其亦所謂仁
之端乎，仁也禮也，蘊於心，著於外，此皆中庸之至德，亦天下之大本，此根本大法，於今為憲法，於古為心法，道國者
不當於此三致意哉（憲法守下亦從心法，知憲法原本於心法）

國家之職能，最重要者有二：曰養、曰保。世之善謀食、保謀自衛者，人類維持生存之大計，亦即國家重要之職能。故千乘章言使民以時，實含有保與養兩義。(一)以養之職能言：三之日于耜，四之日舉趾，使民以時而耕種；九月築場圃，十月納禾稼，使民以時而刈穫，則民有穀可食矣。季春之月，命野虞無伐桑柘，省婦使以勸蠶事，使民以時而養蠶，則民有帛可衣矣。晝爾于茅，宵爾索綯，使民以時而乘屋，則民住有其地矣。十月徒杠成，十二月輿梁成，使民以時而營繕，則民行得其途矣。衣食住行，皆為其所民生問題，解決國家養民之職能盡矣。使民以時之第一義如此。(二)以保之職能言：其為又分知端：(甲)對於他人之壓迫而謀自衛者，春蒐、夏苗、秋獮、冬狩，於農隙講武，養成折衝禦侮之材，然以時而使民受訓練，始不致受他人之壓迫；(乙)對於自己之墮落而謀自衛者，壯者以暇日修其孝弟忠信，養成其道德，增進其人格，始以時而使民受教育，始免於自己之墮落。若是，則對人對己，皆有相當之自衛力，國家保民之職能盡矣。使民以時之第二義如此。嗟！使民以時一語，驟視之，其意若甚簡單，而細玩之，乃含有此重要之養與保兩義，道國者不當於此深加之意哉！

國家之經費，恒取給於民人，或以田賦，或以力役，苟節其用，則取於民者自寡，關譏而不稅，市廛而不稅，民之財不虞其竭矣。使以時，則勞其民者不煩，豐年旬用三日，中年旬用二日，無年旬用一日，民之力不苦其疲矣。民財不竭，民力不疲，富源藏於民，國家之經費，自無慮其匱乏。凡此皆與近世財政學上培養稅源之原則相合，而節用尤合

於其紛紜之際，則此書道固有所宜深致意焉也。

千乘一章，蓋數語實括國家之要素、國家之根本法、國家之所以成、國家之經其諸大端皆言之甚備，而且舉國大政治家之國家論所統括，其精義或數此學所猶所以於當有所知以及之倫理學說，殆即以千乘一章而政治學說之源也。

分論一

國家之根本法

子曰：中庸之為德也，其至矣乎！民鮮久矣。

此孔子欲恢復民族固有道德，以執中之心法為政治上之根本法也。按論語全書所言，無在非中庸之道。如孔子最注重者莫如學，因學能變化氣質，所以云「好仁不好學，其蔽也愚；好知不好學，其蔽也蕩」。此即中之意義。孔子所講次者莫如禮，因禮能調和心身，所以云「恭而無禮則勞，慎而無禮則葸」。此亦中之意義。他若文質彬彬，然後君子，中之意義也。以直報怨，以德報德，中之意義也。由求之一進一退，師商之過猶不及，狂簡之斐然成章不知所裁，知、廉、勇、藝，文之以禮樂，無非中之意義。（採賈眺之錄《論語緒言》）中庸之為德，可以持躬，可以涉世，可以成己，可以成物，而尤莫適於政治。夫論政治之隆盛，莫若堯舜；而堯舜所以隆盛之由，初無他道，在允執厥中而已。執中為堯舜相傳之心法，誠吾國民族固有之道德。惟其德自堯舜以來，至禹湯文武，而至春秋之世，失傳已久，雖孔子祖述堯舜，憲章文武，心法以成時中之聖，而當時人民能之者殊鮮。孔子起憂之，故既許為德之至，又復嘆其鮮之久，蓋深望當時政治家恢復此固有之道德，而以允執中之心法為政治上之根本法也。

子曰：雍也可使南面。仲弓問子桑伯子。子曰：可也，簡。仲弓曰：居敬而行簡，以臨其民，不亦可乎？居簡而行簡，無乃大簡乎？子曰：雍之言然。

此言雍能得執中之心法，所以可使治國政也。范氏曰：可使南面，謂可使治國政也。夫治國貴不擾民，故均以簡為尚，然居簡而行簡，失之太簡，非中道也。居敬而行簡，則不偏於簡，始得夫中。此與允執厥中之意合，乃深得堯舜相傳之心法者也。孔子祖述堯舜，而又知雍之能得心傳，故既許其可使南面，而又深然其言也。

子桑伯子，胡氏以為即莊周所稱子桑戶。按桑戶或作桑雩，亦作桑扈。《楚辭》「桑扈臝行」，注謂桑扈隱士，去衣裸裎，效夷狄也之說，尤孔言可也簡，簡之甚野也。子桑伯子不衣冠而處，是簡而野，無文，同人道於牛馬，故仲弓以為太簡，蓋譏其不敬也。要仲弓所云居敬而行簡以臨其民，居敬即大舜之恭己南面，行簡即大舜之無為而治也。觀此則仲弓能得堯舜之心傳，益可證明矣。

堯曰：咨，爾舜，天之曆數在爾躬，允執其中，四海困窮，天祿永終。舜亦以命禹。

此言執中為國家之根本，法而其謀深有自也。夫允執厥中一語，堯授舜之心法也。及舜命禹，則曰人心惟危，道心惟微，惟精惟一，允執厥中。是舜授禹之心法，亦在執中也。其後湯雖以征誅得天下，然仲虺之誥亦曰建中於民，建中之旨義，非即本於執中之心法乎？文武周公之心法雖未明言執中，然孔子《雜記》云：張而不弛，文武弗能也；弛而不張，文武弗為也；一張一弛，文武之道也。

斟酌於時地之間，非必得其中乎。豈周公作相，創周官之法度，於大司徒以禮防民之偽而教之中，治國之根本大法，固仍不外執中之義。孔子祖述堯舜，憲章文武，而又躋以孝見周公為能繼文武之志，承堯舜禹湯文武周公之心法，而為執中之聖人千古之統緒。得其心法者，厥惟顏回，有王佐之才，其為人也能擇乎中庸，見稱於孔子；而曾子、子思淵源則皆傳執中之心法，故論語一書，學而篇論政治學者，首於本章之言，語信諸緒後，當附以政者知守執中之法，而終以堯曰篇殿全書之末，更使天下後世之政治學家知執中之心法，淵源有自也。

分論（二）

國家之職能

子貢問政。子曰：足食，足兵，民信之矣。

此孔子示子貢以國家之職能，在養與保兩端也。養以足民食為先，劝稼劝耕，農事不容或緩。上地菜五十畝，中地菜一百畝，下地菜二百畝。謀民食者，使之相其土宜，時其種植，收穫豐之以樂歲終身飽矣，要水旱凶荒，又不可不防。一穀不熟謂之歉，二穀不熟謂之饑，三穀不熟謂之饉。謀民食者，使之耕三餘一，耕九餘三，儲藏備荒，雖凶年無饑饉矣。此足食之要義，亦即養民之職能也。

保以謀自衛為先，對他人之壓迫而謀自衛，莫要於足兵。以言其制，兵寓於民，有兵之實，無兵之名，比閭族黨州鄉，平居則隸大司徒，伍兩卒旅師軍，征行則屬大司馬，無兵而非民，即無民而非兵，兵之無虞其不足矣。以言其用，衛禦強鄰之侵侮，以維護國家之安全也；整飭國防，固有兵斯可以攘外；防遏賊之猖狂，以穩定社會之秩序，雖轉閭里亦然，有兵斯可以

安內，兵又能足，而必無得其用矣。此對於人之壓迫而謀自衛也；至防自己之墮落而謀自衛，則莫要於民信之一方面，其義則以修己方面言，則所謂信者，與朋友交言而有信之是；以治人方面言，則所謂信者，與國人交止於信是。子貢所問者為政，孔子語以民信，蓋指與國人交止於信言；然而上下相孚，觀摩有自，上之與國人交者無不信，斯下之與朋友交者亦無不信，民信之矣。夫惟民信，則無詐無虞，為人君者不惟可行於世界，雖之夷狄亦然矣，如大車之有輗，小車之有軏，行於而不能行，其道德之增進，人格之健全，國自可救，此防自己之墮落而謀自衛也。夫國能為民謀自衛，既足其兵，更信其民，所以保民者不已至乎？而善也。保也兩者之職能已盡，為政之道，尚有要於此者乎？故孔子為子貢列舉之。

子適衛，冉有僕。子曰：庶矣哉！冉有曰：既庶矣，又何加焉？曰：富之。曰：既富矣，又何加焉？曰：教之。

此孔子為衛謀政治進展，而欲其盡保養之職能也。夫衛民多矣，攘往熙來，允稱繁庶，然窮鄉僻壤之衆，當無衣無食，無以遂其生，終無以卹其死，又作奸犯科，以滿囹圄，嗷嗷嗟嘆，而號饑寒，洪水災祲，難免無食貧之嘆，此門而逆旅矣。思窮鄉窶之屋，衣被以民謀生之術，豈非為國者之大患哉？於是時為衛謀進展者，民其首務也。孔子因冉有庶又何加之問，而為設計曰富之，蓋其倉廩足，負衣食，使之蘇後，人足事畜，有資，倘有人焉，而更過於都，觀其民俗，則雨春野稅，十畝之桑陰影，息其郊，有三千之豚犯，閭閻康樂，無復從前窮困之民，生間題解決，衛民雖多，無他慮矣。雖然

未已也。解決民生問題，僅內政之進展，可封疆未固，雖有人民，莫能保護，民力未充，雖饒富源，徒啟窺覬，以受列強之壓迫。若外患之難侵，雖有堅甲利兵，亦危。諸況民生無富，民欲易淫，蕩佚驕奢流為邪僻，盜源隱伏，內患叢生，深知於是時為衛謀進底保民其要務也。孔子固未有以兵事加之，聞所為設計曰教之，其意教以五常，使有以教之，即所謂保之也。蓋教含兩義，一教之以孝弟忠信，善成國民道德，此所謂以民教育也。一教之以有勇知方，善戰軍人之資格，此所謂軍事教育。國家無事則為良民，不致為遊民，苟教有成，姦淫而邪辟致墮落其人格。一旦有事則為兵，不難以教民之知方即戎，免受他人之壓迫也。如是則人民自衛之力量以充，而國家保民之職能亦盡。當此教與衛，民雖多，復何虞歟。

子曰：善人教民七年，亦可以即戎矣。

此言國家當以教民者保民也。夫善人教民七年之教，與越王勾踐生聚教訓之教，其義相同。夫兵凶戰危，先哲垂為明訓，人而既以善稱，固當教以善行，為之教民即戎，不知國家可百年不用兵，不可一日不練兵。雖於無事之時，多方訓練，其民使人盡知兵，就當閒暇以養成其自衛之力。且國家有事，與彼野心勃勃之強鄰以兵戎相見，何以挫其鋒銳，何以免其壓迫，茫茫之兵，向恐將受其宰割矣。堂堂之神胄，恐將為其魚肉矣。民有業，將不得而自保矣。民有室，將不得而自居矣。民雖有祖宗，將不保其隴墓矣。民雖有子孫，將不保其血胤矣。民其何恃以自衛乎？惟教之者有其方，期用之者得其力，經幾年之訓練，與敵奪於

平時、待其有勇知方、而後為國効力、雖不能以此制敵、何能不權以此攻城、攻城不克、而本夫民族固有之精神、與其兵[illegible]戰之毅力、堅定信念、到底之決心、精誠團結、一致與敵人相周旋、身臨疆場之上、出入行陣之間、亦不致以前臨陣而時為後備矣、其不斷敵之新兵、亦不畏敵之旗與、亦不即戎矣、然則善人之教民、必先使其保民也、豈願使民輕於即戎者哉、

或曰、善人教民、既以即戎為目的、則其所教者、當然為用兵之道、若是、則何不直曰練兵、而乃謂之教民者何歟、蓋古者兵寓於民、無民非兵、無兵非民、教民即所以練兵、有兵之實而無兵之名、故不曰練兵而曰教民也、近日保甲制、凡居壯丁、均受訓練軍事、教有期於當乃祇期其以定以相信、亦未嘗不之為兵、此與古之以教民為保民、其意無隱合歟、

至於善人教民、必以七年為期、亦自有說、古者三載考績、經三考而後有所黜陟、其中皆間一年、三年初考、六年再考、七年則三考、三年為初、七年為終、注以經證正義、故善人教民必七年為度、未至七年、其所教者未甚精、未可以即戎、亦未可以保民、古人行事、其慎重也如此、

子曰、以不教民戰、是謂棄之、

此承上章而來、上章言教民者、即不足以保民也、若未經訓練之民、使與敵人作戰、技藝未嫻、舉動不合度、奔馳不循調、發難以期、而鼙鼓一鳴、執將渙散、入重圍而身陷其境、是猶以乾脆之魚飼饑虎、是猶以羣羊而投諸猛虎

也。非用其民也，直棄其民也。吾嘗見乎將兵者矣，未諳佈方而遽與人較藝，不數着而大受包圍，終於其子棄諸局外矣。不教民戰者，其棄之也。竊嘗於此又嘗見乎角力者矣，未諳操縱而遽與人爭衡，不數合而抱頭鼠竄，衣履於狗，棄而不顧矣。以未教民戰者，其棄之也，為禍將更甚於此。棄其頭顱，或將血野；棄其骨肉，或且路印；棄其膏血，或作狂流。以民於事而棄之如此，是安得有善人者出，以教民者保民乎？不誠可令人心悲惻矣。

分論（三）

國家之經費

哀公問於有若曰：「年饑，用不足，如之何？」有若對曰：「盍徹乎？」曰：「二，吾猶不足，如之何其徹也？」對曰：「百姓足，君孰與不足？百姓不足，君孰與足？」

此有若本乎其所用窮人之旨，而告哀公以財政學上國家經費之原則也。夫國用不足，首當節其用，以求有餘。凡經費之用途，不在謀其安富者，加用其事務，非首要者，亦量減少其不必要者，如此則用自不匱。當哀公時，稅十取一，已極苛法，然猶謂不足，至欲加賦，是未知國家經費之原則，以有若之旨為盍徹之對，並力求撙節以紓民困。本論可令用度人之旨而深合乎國家制定經費之原則，蓋國家制定經費，務須注意國民負擔之輕重，度其年內所得之多寡，權衡其一年所需之額，勿使負擔過重，以期與稅源方可免致竭蹶也。若夫制經費者，但知有君而不知有百姓，且不知此三者應與相合，是誠羞為國家計者，而不知君之不能用也。

雖然，今於此有須申論者，國家制定經費，務須培養稅源，未可輕於加賦。此誠為君方面言之也；若在人民方面，則當知納稅為人民應盡之義務。蓋政事萬端，非財莫辦，不有賦稅，政費奚從？國家既為人民管理其事，則人民自應各出其力以共出經費，以應國家之需要。

可羞孰甚，蓋存規避，希圖取巧，陷國家於窮困，致使同異有所屢之嘆，政府有停頓之象也。有子曰：百姓足，君孰與不足；與之與之爭，安用帝哉。後繼續曰：亦共戒救國有正供，人民納其常稅以用之國者，有需人民納特別稅以與之，則臨時其民如是而猶慮其不足也，不孰甚也，不亦宜哉。

更有言者，當表公用不足而思加賦，雖在此年亦未嘗為民惜力，但慮君之不足，而未念民之苦饑。此由當時井田之法已壞，而人民納稅又別無法律規定以為人民之保障。自若在近世國家，課稅要人民納稅之數額，無不規定於憲法，一賦之一稅之至安定，為法律所取決於國民代表之會議，雖在平時猶難增改，而何況於年饑乎？於此嘆專制時代人民生計之艱，無有能解除其痛苦者也。

晉人為長府，閔子騫曰：仍舊貫，如之何？何必改作。子曰：夫人不言，言必有中。

此國家之財政資等常制，不容妄事更張也。魯人為長府。長府，藏名，國家所藉以藏貨財者。長府蓋為注疏家以為改作之意，余謂非也。明之云為何？改言政為之三種，乃別為府以斂民財，而不久所謂改作，乃指舊貫一言，非指長府言。帑乃注疏事也。貫作串解，其說不確。說文：貫，錢貝之貫也。六書故：千錢為一貫。就錯言之，一串十也。其意猶無錯周。漢書武帝紀：初算緡錢。注：緡，絲也，以貫錢也。其說甚諳，但當令往緡錢者之謂。為國用不足，故稅民田宅船乘畜產奴婢等，皆平作錢數，每千錢一貫，出算二十，即一貫百二十文也。魯之國法其舊貫又何以計耶？雖無可考，惟既曰改作，則其新更之貫法，自必視舊時有異，亦增益於國家之收入者，自必較多，故另別為長府以備藏其贏餘。此蓋當時魯君

泛論

因國用不足，速其蓄資以鉤民財，未試弟也。因國用不足而籌措錢，但求肥己，不惜殃民，至於國家之財政紊亂，更所不計矣。宜乎孔子聞其事而不以為然，大聲疾呼曰：「仍舊貫如之何？何必改作？」此誠有見於民力之不可過殫，稅源之不可或竭也。孔子稱之曰：「言必有中。」則孔子亦主張仍其舊貫也，不可知乎？按王夫之四書稗疏：府字亦作錢貨解。

二　政學論

子曰：「不患無位，患所以立；不患莫己知，求為可知也。」

此孔子欲出而仕者，先研究夫政治學也。不患無位，位即政治上地位，不得其位，由於莫己知，求為可知，所以立乎其位，在學。學何學？學政治學是也。蓋指當時諸講肄侍坐。孔子有「居則曰：不吾知也；如或知爾，則何以哉」之問。不吾知，即莫己知之意，能左右之曰以「則何以哉」之問，即患所以立之，以「何以哉」一問，正孔子屢講肄於政治之學，未能相信，無以立乎其位，而欲其求為可知也。與本章諸語可以互證。然則今之欲得政治上地位，能不先求政治學哉。

近日我國政府對於行政人員分類考試，使擅長於政治學者，各出其平日之所學，及鋒而試，以歷考，或經選考，為用其所學。既充，則巍選主試者之知遇，而不患莫己知矣。豈遂夫考試及格，分發機關任用，取得政治上之地位，或居勝任而愉快，亦不患無以立矣哉。猶惜其未能大漢。總理五權憲法以考試為登進人材之路，使人人自屬於學問，深得孔子求為可知之意也。

子夏曰：仕而優則學，學而優則仕。

此子夏言政治學之重要，當時之進修也。蓋學無止境，應與時而俱新。彼從政有年者，尚其未學問，還涉於社稷人民，固宜於自以退食之餘，補習政治學。記習政治之學者，亦宜以餘力要求進修之計。此子言所謂仕而優則學也。抑學以致用，尚政治之學，所知之未精，而遽思出仕，則操刀自割，其虞殊未可輕於一試。若造詣已臻純粹，則學養有素，自不妨參於一時。此子夏所以言學而優則仕也。仕而學歟，非學無以竟其功；學而仕，非學無以致其用。政治學之重要，不於此可見哉。

近日我國政府對於行政人員，無設訓練所以資訓練，又有考訓練所之訓練、法官訓練、警官訓練之類，不惟初入仕途者必參相當之訓練，始許其入仕，即在任官已久者，亦不妨抽調入所訓練，俾得進修之機會，即仕而優則學之意也。朱集注云：仕與學理所須其事者蓋深。行政人員一經訓練，則其資歷益深，自無待論。聖賢立言，真是萬世法也，有如此。

子張學干祿。子曰：多聞闕疑，慎言其餘，則寡尤；多見闕殆，慎行其餘，則寡悔。言寡尤，行寡悔，祿在其中矣。

此孔子以子張留意政治，而進以春秋之學也。干祿即從政之謂。鑑於事於政治，因此從政治之學，故論語特書曰：子張學干祿。孔子以其干祿志切，因語以多聞多見，闕疑闕殆，慎言慎行，寡尤寡悔，而謂祿在其中。蓋以其留意政治，遂進以春秋之學也。春秋採百二十國寶書，而魯有二百國之政鑑。闕疑，即史闕文，信以傳信，疑以傳疑，慎之至矣。闕殆，又定哀

例證

多徵辟，上之待其隆遇，下之避其容身，又慨之至矣。讀其書以考各國政治之得失，而於不能不死者，慨言慨行以寓其悲憤。此孔門之政之遺規，亦即孔子政治學之要義也。

或曰：子禽，仲尼弟子列傳作陳亢。蓋詩有子禽，無弟子禽，有福之說。子禽問子貢此詩之意，是子禽固以詩學為請也，何孔子不與言詩學，而與言春秋之學哉？曰：子禽即以政之謂，孔子以其留心政治，由詩學而進以春秋之學也。此猶子夏以素絢為問，孔子由詩學而進以繪畫之學，同一循循善誘也。吾人於此又何疑焉。

子使漆雕開仕，對曰："吾斯之未能信。"子說。

此孔子喜開之篤於政治學而不輕於從政也。子使漆雕開仕，仕即以政之謂。吾斯之未能信，斯即指以政之道，所謂政治學是也。未能信者，對於政治學研究未精，不敢自信，且恐無以取信於人也。不敢自信，則思所以進之之意切；恐無以取信於人，則求為有知之意切。開之志學何其篤歟！吾嘗見世之躁進者矣，朝而書於政，暮而欲試於政，入甚謂其屬，冀取政治之權位，當其慷慨陳詞，未嘗不動人聽聞，在不知者鮮不以之為國大政治家，乃其學養殆有未至者，而何為不用於世哉。及至一旦授之以職，則行其所言，無所表見者有之，隨試以職而無成者有之，甚且貪污溺職為人民害者亦有之。此則學識未精，遽於自信太深者乎！未能信者，則未嘗輕信其人者乎。開乃以未之能信，不欲輕仕，豈熱中於政治者所可及哉！孔子說之，固有以也。

按韓非子顯學篇：「自孔子之死也……有漆雕氏之儒……」漆雕於孔門弟子中，特自成一派，是子路與其志於學，有以異於人非顯者焉，聞者者也。又顯學篇謂：「漆雕學派，不色撓，不目逃，行曲則違於臧獲，行直則怒於諸侯。」其張儒而近於俠者乎？惟近於俠，故意極爽直。孔子雖使之仕，而自言未之能信，直之至矣。惜其學說不傳於今耳。

子路使子羔為費宰。子曰：「賊夫人之子。」子路曰：「有民人焉，有社稷焉，何必讀書，然後為學？」子曰：「是故惡夫佞者。」

此孔子欲子羔學而後從政，毋以從政為學也。蓋學為治道，有從學問方面得者，有從經驗方面得者。從學問得者注重在知，知而後行，則然學優而仕；以經驗得者注重在行，以致其知，則然仕優而學。唯是知難行易，與其行以致知，不若知而後行之為愈。子路使子羔為費宰，孔子以其學未熟，恐使之從政，不免於戕賊，猶未能操刀而使之割，蓋傷其事者鮮矣。故曰賊夫人之子，蓋欲子羔從學問方面求治道也。子路以有人民社稷為言，社稷謂土地，有土地有人民，正可藉習政事，何必讀書然後為學？書當然須讀，政治學亦當然須讀，政治學力辯之曰何必，蓋不欲子羔從學問方面求治道，而欲其從經驗得之也。然吾未嘗無相當理由，與孔子之意未合，故孔子雖不斥其非，而終惡其佞也。或據論衡藝增篇，謂子路使子羔為宰，乃為郈宰。蓋是時適墮三都，費郈皆墮，然墮費之後，子路方為季氏宰，自可有權統治。郈為叔孫墮郈之後，尤須擇堪為郈之良宰，以資治理，故欲任子羔治之。是子路使子羔為宰，在事實上有所不得已也。

蓋亦非漫無斟酌，亦可以為不學也。不知所謂陷矣，亦存動堪虞。羔之徒，未必不效尤，寧不遑此，尤非佞學者有意為不足以維繫學藝消長倒之忍，令路之以所學未學之子，蓋雁夜封之雅固，恐端之易啟非賊之所，亦甚矣。陸郡之災邑寧堪勝任與民社，其責甚大。子路之所由使子羔為宰者，此而孔子所由不許子羔為宰者，亦正此。各有相當理由，所見無相左，故終所云之諉也。

推古人於不學而為政者，皆不許可。韓詩外傳載：哀公問於子夏曰：必學然後可以安國保民乎？子夏曰：不學而能安國保民者，未之有也。此即孔子不許子羔為宰之旨。又左傳：子皮欲使尹何為邑，子產不可，曰：僑聞學而後入政，未聞以政學者也。若果行此，必有所害。尤與孔子賊人之子之說同。然則世之欲出而從政者，其可不先努力於學哉。

政事：冉有、季路。

此記孔門政治學科之高才也。蓋孔門分四科，各擅專門之學，而冉有、季路則同為政事學科之選。吾觀論語一書以兩賢相提並論者，不止一處，如兩賢問聞斯行諸，則以由求進退所答之言互異，此無關於政治者且不論，其言由求之擅長於政治學者，如孟武伯問仁，孔子則以由也可使治賦，求也可使為宰並言矣。季康子問從政，而孔子則以由也果於從政乎何有，求也藝，於從政乎何有並言矣。冉有侍坐言志，而由可使民勇，求可使民足，兩賢亦並記矣。是皆足見兩賢

確為政治學科之事也。雖季子然問大臣之選，而孔子以由與求可謂具臣，並謂季氏將伐顓臾，而孔子則由與求不能來遠人並責之，蓋由於政治學尚有未能深造之處。要知此皆孔子深抑強臣之意，藉以隱發揮其義，非真由求之於政治方面猶有造行也。時治詩、孝(?)修行，何令知賢之行其言，知權達變，劍佩儲(?)之干城，多藝多材，自是學官之上選矣。而國以強(?)，賦之以民，以當政治上之成績，當無卑躬可現(?)，視俗之擬，兵自重而不能為民族爭光榮，加賦稅，民而不能為閭閻謀生計者，相去自甚遠。惜乎原於季孫之亂，不克大伸其志，政所學者未能盡量發展之。吾人讀書至此，有宜注意者，孔門弟子雖僅由有季路列於政事一科，而其他諸賢，具有政治學識，不愧為政治人才之選者，非僅此四人也。試四科諸賢言之，顏淵為聖門之徵(?)王佐之才，甚(?)顏淵亦優于政治學也。仲弓之南面可為風(?)具君人之度，是仲弓亦優於政治學也。魯人為長府，閔子言仍舊貫，尤為政治見言，而談上(?)道，且其辭費宰而不就，是閔子騫亦優於政治學也。冉伯牛雖於政治方面無可考見，然亦當能有聞於從(?)，惜其(?)事跡未知，伯牛之不能從政也歟。此就德行科言之也。宰我言三代立社之意(微)，時君其言雖不無偏激，要亦留心社稷之徵，是宰我亦諳政治學也。子貢周(?)旋達於政何有，嘗見許於孔(?)子，是子貢亦諳政治學也。此就言語科言之也。子游作宰武城，化治絃歌，具見學道愛人之旨，而人未偃室，無不因公，尤見得人之美，是子游亦擅長政治學也。子夏作莒(?)父宰，無欲速

昔見山梁之雉，而政以成，是子夏亦擅長政治學也。此就其學科言之，又安能然，然則孔門弟子之具有政治學識者，固不惟冉有季路。〔九〕此兩賢以政事為最擅，以政事為其專攻之學，故以之另列於一科耳。程子謂四科乃從夫子於陳蔡者，門人之賢固不止此。然則以政治學言，亦安知雖不擅具有長才，而不在四科之列，具有政治學識者，當亦不在少也。夫豈僅冉有季路兩賢已哉。

三 德治論

或謂孔子曰：子奚不為政？子曰：書云孝乎惟孝，友于兄弟，施於有政，是亦為政，奚其為為政。

此孔子言德治主義之本也。夫國之本在家，欲治其國者，必先齊其家。大學釋齊家治國，曰其家不可教而能教人者無之。故君子不出家而成教於國。孝者所以事君也，弟者所以事長也，慈者所以使眾也。不出家而成教於國，與書云施於有政，是亦為政，奚其為為政之義同。大學兼言孝弟慈，而論語但言孝友，詳略不同而義則無殊。施孝友於家，家齊也，而國政亦基於此。此其中兼含有二義：一曰由此而推也，一曰因此而化也。在上者施孝友於家，推己及人，以擴充其孝友之量於天下，老吾老以及人之老，幼吾幼以及人之幼，此由家推之之義也。抑在上者施孝友於家，化民成俗，在下者無不因觀感而油然生孝弟之心，上老老而民興孝，上長長而民興弟，此因此而化之之義也。而要其皆以施教於家為先，而成教於國為後。孔子為政所謂知務本矣，且孝弟乃為仁之本，有家而先孝友則得

齊家之本，治國必先者在，則治國之本，是亦非務本者不歟？故曰此孔子言德治主義之本也。獨是孔子之為政以德治主義為本，其中亦有故矣。中國政治思想自昔皆偏於道德，所謂政理大半基於倫理，推原其所以然，則以漢族當上古時期，係由自存，以家族宗法社會組織精密，國家也，社會也，皆一大家庭，所能以道德維持家庭與社會，則國家自然舉國政治隨以修明（見劉師培《中國政治思想》）。孔子知其然也，故論政一以德治主義為本，家國一理，說有由來，其亦若或人之語[illegible]。

子曰：能以禮讓為國乎，何有？不能以禮讓為國，如禮何？

此孔子言德治之必要也。蓋德之蘊於心者為仁，尤乃為仁之本，前言禮者存於家，即所以為政，禮之著於外者為禮。以禮讓為國，則民不爭而亂不作，國以大治。昔者虞芮爭田，連年不決，質成於西伯，入其境，則耕者讓畔，行者讓路，入其朝，則士讓為大夫，大夫讓為卿。虞芮之君感而讓其田以退（見家語）。君子讀書至此，未嘗不嘆西伯之禮感人者深，而其國之所以興盛者非無自也。至德衰世，讓其不能讓，以貴凌賤，同僚讓之為好，然則用以治國之何難治？故曰能以禮讓為國乎何有。若則不能以禮讓為國，則下亦多所競爭，遂雖刀之末者，挾有機心，爭錙銖之微者，偏思染指，無事不爭，何復知有禮？故曰不能以禮讓為國，如禮何。今之世負政治責任者，提倡新生活而熙熙於崇尚禮讓，入室必須脫帽，舉步力戒爭先，事無巨細，亦莫不以禮讓為標語，豈非諄諄乎？蓋誠以禮讓為治國之要務，非禮讓無以為國耳。

雖然，余於此有須申論者，讓為美德，為國而以讓，是滅亡之法。固然禮以讓為用，而讓尤應以禮為歸，使讓而不當於禮，不當讓而亦讓，人有毆吾婦者，亦莫之禁，此讓德也；人有盜吾錢者，亦莫之拒，此讓德也；人有掘吾先人隴墓者，亦莫之阻，曰此讓德也。甚且容外人之壓迫，無抵抗之精神，彼割吾國土，亦容獻圖以贈之，曰此以讓為國也；彼奪吾國權，亦容奉鑰以付之，曰此以讓為國也；彼虜吾國民，亦容持戶籍以遣之，曰此以讓為國也。為國而果如是，是則相忍為國也，非以讓為國也。極其流弊，甚則至於亡國，不甚亦將亂國，恐非孔子之所取。故孔子首言以讓為國，而旋以禮讓為國，讓固不能違乎禮，合乎禮而後始可言讓也。然孔子猶恐人不明此旨，更反言之曰：不能以禮讓為國，如禮何？謂讓而不合乎禮，雖欲為國，亦必無如禮何。然則世之言讓者，敢不一守夫禮哉。

子曰：善人為邦百年，亦可以勝殘去殺矣。

此孔子言德治主義之效也。蓋德之蘊於心者為仁，仁者無不愛，殘暴之徒，惟仁人有以化其性；刑殺之慘，惟仁人有以弭其機。而且德之著於外者為禮，禮以讓為用，讓則不爭，不爭則無犯上作亂之事，殘暴之徒自無由起，刑殺之慘更無所施矣。蓋化民以仁，教民以禮，積百年之久，浸淫漸漬，入人者深，則民皆敦仁而崇禮，則善良成俗，人無梟獍之行，親愛不遑，安事廝鬪之亟，勝殘去殺，天下易也，亦甚盛事哉。

論語凡言善人之績，皆謂其能善保民之職能也。一教民七年，亦可以即戎；一為邦百年，亦可以勝殘去殺。者亦可即戎，則其民[illegible]

壓迫，而以自衛，而又難於兵戎相見矣。否亦勝殘去殺，則且於對自己之墮落，猶以自衛，而不慮乎刑戮相加矣。兵也、刑也，皆殺機也。以戎則猶餘殺氣，數之七年而後用之，非善人之所難也。故即戎而曰亦可者，亦善人之為，既非得已也。勝殘去殺，則殺氣已消，為之百年亦始殺之，非善人不能，君子是也。故勝殘去殺而曰亦可者，明善人之為，此非偉致也，漸遠漸深，匪但朝夕。善人之德澤，不其深長矣哉。

子曰：道之以政，齊之以刑，民免而無恥；道之以德，齊之以禮，有恥且格。

此言德治主義與法治主義之比較也。道之以政之謂政令，齊之以刑之謂刑律，以律令為法，是為法治。道之以德之德，中庸之德；齊之以禮之禮，所以別中庸之德之著於外者。蓋中庸之德之道以德，齊以禮，是為德治。法治注重於外部之行為，德治注重於內心之生活。德治注重於感發之順，德治注重於自然之尊嚴乎？其主義不同，斯其成效亦異，一則民免而無恥，一則有恥且格。從政者於此，當知所取舍哉。

或謂：有三，禮者法之大分（荀子勸學篇）。以禮齊民，即以法齊民，禮治非即法治乎？而又稱之乎德治。不知禮者禁於將然之前，而法者禁於已然之後（大戴禮記禮察篇）。一為事前之積極裁制，一僅為事後之消極裁制，其直接之效果固（殊）異，而禮之裁制力為自動，法之裁制力僅為被動，其間接之效果亦異（說本梁任公著孔子也）。禮治固終殊於法治，而應稱為德治也。

或曰：法治既不如德治矣，君子是則刑其可廢乎？則又不然。有虞皋陶作士，明刑弼教，周官司寇之刑詰民，雖在盛世未嘗無法。夫無法而說治者，猶無繩墨而取直也。刑其可遽廢乎？是以孔子論政，雖極主張德治，而亦非絕對否認法治者，特以

法治之效力，遜於德治，不欲人純任乎法，所以尚書大傳引孔子言：古之刑者省之，今之刑者繁之。古者有禮然後有刑，是以刑省也；今也反是，無禮而齊以刑，是以繁也。即此可知孔子之於法治，亦非絕對否認，特不欲純任夫法者無禮而驟具刑耳。近日我國之法學家對於刑律之規定，不取應報主義，而取感化主義，不重事後救濟，而重事前預防，蓋亦深明刑之不可專恃，而思所以豫逆化之也。

子曰：聽訟，吾猶人也。必也使無訟乎。

此言法治之所用，實不逮乎德治之精神也。蓋人民不循常理，守模範之積習者，每逞私智，以相嘗其險健之餘風者，好赴訟庭，以求勝。不推尋其致訟之由，而有以杜其將訟之漸，則其情未得，其心難平。雖善聽訟，亦謂莫能已。且或因善聽訟，而訟乃滋多。子曰：聽訟吾猶人也，必也使無訟乎。謂善聽訟，不過見法治之作用，能斷曲直於已事之後，而使無訟，乃以見德治之精神，其必能於未事之先化之，如所謂道之以德，齊之以禮，使民以涉訟於公庭為莫大之恥，自格其非心，斯鈞金不施，花落庭閒，訟不待聽而自無矣。君子讀詩至行露之章，而嘆亂世雀角之無常者，實由於德治主義之化人者深，而徒治之以聽訟為能者，烏足語此。

雖然，聽訟猶人，未為上理，然使無訟，乃私至善，此孔子政法學上之意也。其實以聽訟言，正自不易，當夫兩造相爭，而不秉公訊辦，其貪夫財者，則賄賂公行，往往視金錢之多寡為衡，以判其曲直；其畏夫勢者，仰承意旨，往往視勢力之大小以定其是非，即

例證

使吞食者肆，而畏其勢而或撓以輕，必於事理必多玩忽，皆足使人而聽訟輕重失得其平，又或挾成見於先，害情每易偏陂，以是人而聽訟，誤謬尤不免，惟其人之喜怒愛憎以為斷，則寬嚴將屬出而不窮，視兩造之辭，若辯詰以為翻覆，則懦夫雖有理而必敗，而況人情多險詐，非盡誠諦也，故則其偽，雖皆民俗有異，同非閱歷之深，則迂拘難免，而律與案為精深，尤非細繹條文，不能為之定讞，訟不易聽如是，之尚非善斷，且難猶人，又何云乎無訟哉，是歷世之司理者，恆法當上因簡無訟為期，而能無忝其職，能則先於聽訟之猶人，亦可理思何其平矣。

子之武城，聞弦歌之聲，夫子莞爾而笑曰：割雞焉用牛刀。子游對曰：昔者偃也聞諸夫子曰：君子學道則愛人，小人學道則易使也。子曰：二三子，偃之言是也，前言戲之耳。

此言子游之實行德治主義也。夫武城小邑耳，顧其民之淳簡，亦易治在他人者，必鮮有不敷衍因循以為政者，而何云乎德治。況城以武名，則民情尚武，其賢者雖有勇往直前之概，而其不賢者必多好勇鬬狠之風，尤不易以德治，而子游於此，既不因陋以就簡，更不畏難而苟安，本諸君子學道愛人、小人學道易使之旨，而化之以弦歌，風雨於揚悦聽歷朝之語，頑悔明肄習，如親上國之衣冠，雖一籌莫展，然而中矩中規，足以尊和平之氣，雖一時喁喁之未肅，不揚不抑，足以申其屈之情。竊意律調和之用化人民，武健之風，子游之化民以弦歌，即子游尊武城之民而盡學道也，是誠能實行德治主義者，故孔子

始聞之而莞爾，繼則笑其言而以牛刀之辟為戲也。

吾人讀書至此，對於子游之崇高德治主義固極欽佩，而子游之擅長音樂以及樂理與人之心理、國之治理，尤在有康，惟子游能明其義而於此可見也。夫移風易俗，莫善於樂。樂記云："樂者……之生，其本在人心之感於物也。是故其哀心感者，其聲噍以殺；其喜心感者，其聲發以散；其怒心感者，其聲粗以厲；其敬心感者，其聲直以廉；其愛心感者，其聲和以柔。六者非性也，感於物而後動。"此言音樂由心理之受感而產生也。記又云："夫民有血氣心知之性，而無哀樂喜怒之常，應感起物而動，然後心術形焉。是故志微噍殺之音作，而民思憂；嘽諧慢易繁文簡節之音作，而民康樂；粗厲猛起奮末廣賁之音作，而民剛毅；廉直勁正莊誠之音作，而民肅敬；寬裕肉好順成和動之音作，而民慈愛；流辟邪散狄成滌濫之音作，而民淫亂。"此言音樂之流行，足以轉移夫人之心理也。而前者言音樂與人心理之關係，而惟子游能明其義焉。樂記又云："凡音者，生人心者也……治世之音安以樂，其政和；亂世之音怨以怒，其政乖；亡國之音哀以思，其民困。聲音之道，與政通矣。"此則言音樂關係於治理，而國家之治亂、民族之興亡，於此有關係，而亦惟子游能明其義。蓋子游追隨於孔子之後者甚久，孔子在齊聞韶，而知因民歸齊正樂，雅頌各得其所。孔子固如是音樂家，子游耳濡目染，其於樂理自然有得。所謂"君子學道則愛人"者，當平居討論樂理時所聞也。然則子游之擅長音樂於此可見，而樂理與心理及治理在之前，亦惟子游能明其義者，於此可見矣。

李子明摘梁任公 菊 孔子六[illegible]

哀公問社於宰我，宰我對曰：夏后氏以松，殷人以柏，周人以栗，曰使民戰栗。子聞之曰：成事不說，遂事不諫，既往不咎。

此言宰我之答問社，不尊君以德治主義，極其弊，將使之流於任法也。夫夏殷周三代立社，其木不同，乃各因其土之所宜。宰我之讒宰不知此，而其所以有使民戰栗之語者，蓋見哀公失德，民不畏服，無戰栗怵惧之心，今欲從諛哀公使之修德以行德政，於答之代社木之餘，而穩飾其義，以為周社用栗，使民戰栗，君為周人，而社既種栗，民何以不知戰栗。在宰我用心未必非希望其君之自反，然而以戰栗恐嚇哀公，會恨非畏法之意，非以德化民之道也，極其弊，將使公誤解其說，一以法治主義為政，不尚德而尚刑，終必流於慘酷。此孔子聞其說而所以咎之歟。

子曰：片言可以折獄者，其由也歟。子路無宿諾。

此言法治之主嚴，仍本之於德治主義也。在昔行政司法權不分立，折獄之事，每屬行政官署，當問精通則民有失業耗財之苦，拘係太濫則民有無辜受累之虞。子路折獄，以定之準情度理，判決如神，不必待訊多人而後判決，可謂善於折獄者矣。然而非其威信素著，使人不敢有狡詐之情、作虛誣之訴，不克臻此。故記者於孔子許由之後，而繫之以言子路無宿諾，惟無宿諾，則平日取信於人者，由來已久，將未折獄之先，已使受讞者私心折服，其無敢誣構，故雖片言而可折獄也。然則法治之主嚴，非仍本之於德治主義哉。

吾人讀書至此，須注意者，本章所謂片言折獄，朱注片言半言，謂言甫出而人信服之，不待其辭之畢也，以片言指聽訟者言，其實不然。孔注片猶偏也，聽訟必須得兩造之辭，以定是非，然亦有偏聽一方之言以判曲直者，則明清於單辭。孔疏單辭謂一人獨言，未有與對之人。本章之片言，即呂刑之單辭也。訟者多直己以曲彼，構辭以誣人，單辭特為難聽，得其單辭而可以折獄者，惟子路而後可。故孔子稱之，然亦其誠信素著，使人不敢誣構所致也。今日法律上有所謂缺席判決者，一方依法起訴，而他方延不到庭，雖無對質之人，亦經過相當手續，即可缺席判決。子路之片言折獄，殆亦猶是，否則子路雖生於春秋之世，而其折獄之方法，固已與近世司法之精神相合矣，不亦足多也乎。

孟氏使陽膚為士師，問於曾子。曾子曰：上失其道，民散久矣。如得其情，則哀矜而勿喜。

此言以法治民者，仍當存德治之心也。堯舜之民，比屋可封；桀紂之民，比屋可誅。夫可封者是民也，可誅者亦是民也，而其所以可封或可誅者，則其故不在民而在上。上以德治，則民之守法者多，而民悉可封矣；上不以德治，則民之犯法者多，而民盡可誅矣。故司法者於定讞之時，當深知夫德治之不彰，其咎在上而不在民，雖已得夫民情，當哀矜而勿喜。且夫民之犯法，其情之可哀矜者多矣。以今世之新刑律言之，或過失而非故意，法許從寬；或善意而不知情，例應酌減；或病久而精神喪失，則無知而可憫；避難所以保身；或年幼而發育未全，則從善而易感化，宜施教育；或執於共黨而不遑告夫經，則或依例

乃爲科以解除其困難、或憫恤有資援、則仍釋仍放、或自首赴公從、則免刑責、凡此皆所以寬哀痛之情、而推存全之意、固仍然爲德治之也、當今之時、刑律雖殊於今日、要其節相陽儒以德治爲忠而不以刑之爲明、其意固自敬著司法者甚明、曾子之言所以深之、

樊遲請學稼、子曰吾不如老農、請學爲圃、曰吾不如老圃、樊遲出、子曰小人哉樊須也、上好禮則民莫敢不敬、上好義則民莫敢不服、上好信則民莫敢不用情、夫如是則四方之民襁負其子而至矣、焉用稼、

此孔子以樊遲思倡並耕主義而抹之以德治主義也、戰國時有爲神農之言者許行、主張與民並耕而食、饔飧而治、與樊遲之主義大致相似、其說不足以治天下、雖其主義之發明不始於戰國之許行、在春秋時已啟其漸、樊遲稼圃之請即其一例、夫學稼學圃、遲之意豈僅在於一身爲躬耕農圃之事而已哉、蓋欲人人皆從事稼圃爲事、而倡其主義於天下、如許行並耕之說、孟子詰責許行之大人之事爲別、孔子於樊遲、則謝之曰吾不如老農、再則謝之曰吾不如老圃、既深拒之於前、更於其出也而斥之爲小人、小人云者、謂學稼圃爲小人之事也、繼進言好禮好義好信、好之云者、謂居民上者爲大人之事也、在上而好禮義信、則上之以德治民者爲意至深、亦民莫敢不敬不服用情、斯民之受德治者感應亦速、四方之民襁負其子而至、德治主義之神效於斯可見、豈倡並耕之說者所能企及哉。

子曰：無為而治者，其舜也與！夫何為哉？恭己正南面而已矣。

此孔子以明人倡虛無主義而折之以德治主義也。孔子之時，道家者流如老子者，倡虛靜無為之說，甘於不治也。曰為無為，則無不治。又曰我無為而民自化，頗類似無為而治之義，然其所謂無為，蓋欲愚民，使人棄聖絕智，以歸於嬰兒，以無為而化為至治之世，豈與虞舜之恭己，因德化而無為者異矣。孔子慮其真似之言足以亂真，將如莠之亂苗，紫之奪朱，乃表出之為治者務於其一以虛靜無為為學者歸，用以求治，而卒不治，且極其流弊，或師其愚而流為術數，或偏於靜而逃入禪寂，甚且無得於其所往慕其高，直欲振濁斯世，無益於六合之外，而以神仙之說蕩搖全之修心，流患正不知伊胡底止，不能不為之析之，於是著聖人之以德治民，見虞舜之恭己而天下治者，正執無為而治者，其舜也與，要謂以德化民，則足以言無為而治也。又繫之以辭曰夫何為哉，恭己正南面而已矣。恭己正南面，是以見敬德之容，聖人德盛而民化，不待有所作為，自是德治之神致，以視為無為則無不治之說，純乎無為者，固自有異。孔子之詞婉而嚴，孔子之旨微而顯，不從事闢道家之無為，而但表彰先聖之無為，使人知先聖無為之正軌，自不至於道家無為之歧途矣。故曰此孔子以明人倡虛無主義而折之以德治主義也。

上章「子曰由知德者鮮矣」，與本章意實相連，本章恭己正南面，言敬德之容，夫舜之德，中庸之德也，故一則曰恭，再則曰正，以視為道家者流，語道德而雜權詐，欲以天下之至柔馳騁天下之至堅者之偏者，固自不侔，然其萬德一證

語論

在當時之人，咸奉為寶典，而不知其大背夫中庸之德，故孔子大聲疾呼，謂由而行之，而知德者鮮矣，德即中庸之至德，知者鮮矣，即民鮮久矣之意，彼言鮮能，此言鮮知，義固無異，惟上章但言知德者鮮，而德者為何，尚未明示，故本章則上章而暢言之。世人不察，以上章為偏見而獲誤矣。

四 正己論

子曰：苟正其身矣，於從政乎何有？不能正其身，如正人何？

此言政治家當先修養自身之道德也。蓋從政治上言道德，其義有二：施於人者，為政治道德；修於己者，為政治家之道德。其道德雖非有異，然政治家之道德，先表現於自身，而後政治道德始可施之於人。即人之方面始可表現其政治道德。子曰：苟正其身矣，於從政乎何有，言政治家之道德備，則從政不難也。不能正其身，如正人何，反言之，無以見政治家之道德，非先修養之有素，無以施政治道德於人也。然則吾之負政治責任者，當努力於政治工作，而不思治人民，當先言如何治自身，必其人於自身之道德具備，足為人民之模範，使人民有所遵從，使社會環境日趨完善，則其對政治上之任務，固已完成矣，而又何難之有哉。

子曰：其身正，不令而行；其身不正，雖令不從。

此章言政治家當先修善自身之道德也，示其要較前尤進。前章言苟正其身，於從政何有，然言其不難，此言其不難之故；前章則曰不令而行，於此則始見其難之實矣。前章言不能正身，如正人何，但言人難正，未明言其難正之故；此章則曰雖令不從，始知雖見其難正之實矣。且夫命令者，行政作用之所重，而服從者，官吏義務之所先，然命令有時概或形式之要件不備，或公布之方法不符，即不生效力，而命令之違法與無易辨，或不在官吏職務範圍內者，官吏得陳述其意見，或竟拒絕執行，在上者不能強使服從，此固今世行政界所公認。孔子之時，法令雖不同於今日，且所謂令所謂從雖亦不必指夫官吏，然時有其理無二致，官吏且不從其令，況不務於夫人民，然則負政治責任者，苟欲正人，其必先修善自身之道德乎。

子曰：上好禮，則民易使也。

此言政治家先自修養道德之神效也。禮坊記云：禮者因人之情緣義理而為之節文，以為民坊者也。坊、防義同，禮之節文，即使人際遇合之處，其莫大事物，各有其分寸，而各有其安排，其萬方民各有其地位，即各有其義務，防其踰分而以禮節之，則上之所以使民者，自然各其義務之所當盡，而無不情之要求，無非禮之為，使其所當使，而非使其所不當使，故民之所以奉使者，知其地位上應盡之義務，然欲遂其情，有所不可為者，於理有所不容，自然踊躍以赴之，通力合作為之，而將如子弟之趨父兄也。上好禮則民易使，然善道德之神效，不於斯可見乎。

君子篤於親，則民興於仁；故舊不遺，則民不偷。

此亦言為政治家先自修善道德之神妙也。君子謂行政首長，親謂首長之親屬，篤於親者，盡孝弟慈之道也。孝弟慈三者，君子修養自身之道德，莫先於此。上畢民志，是含為擁戴之迎。有弟孔收感勤，蔽篤其之脱，君子自身於親厚焉厚，則民化之，而亦敦親睦，故曰興於仁矣。故舊，為行政首長之舊，或幼共嬉戲，或老同患難；不遺，謂不忘之也。作鈞台以燕故人，雖忘顯貴，不渡江即非厥也。再召用倘。君子不以富貴而忘故舊，則民亦化之，而無薄行者矣。凡此皆君子克自修善道德之能也。

子夏曰：君子信而後勞其民，未信則以為厲己也；信而後諫，未信則以為謗己也。

此子夏欲為政治家先自修善道德，非徒之藉辭者信以卸責也。夫防洪識而安荒，宜為民間之大利，雖其發生無害，而嘗往襄則居上之非，人誰樣若以未信而不勞不諫，在其責任心者，何不藉辭以卸責？故子夏所謂信而後勞其民，非其民必不可勞，特須勞於既信之後耳。子夏之言，乃欲勞其民、諫其君，而求取信於君與民者，速自修養其道德以取信於人也。果其信用既著，則無論民必不以為厲，君必不以為謗，即令當時以為厲、為謗，久後亦必見其初心。為謗積久而終見諒。君子固不必因其疑為厲而生畏葸，亦不必懼其疑於謗而輕於犯也。否則讒之不修，而以未信為

猶曰君未信於民，不敢勞之；君未信於君，不敢諫之。此則猶擇以邀責，失子夏立言之本意，直子夏之罪人而已。

政治家不可不知之。

御選

季康子問政於孔子。孔子對曰：政者正也。子帥以正，孰敢不正。

此孔子語康子以正己者正人，使先修其自身之道德也。又觀夫三軍之帥乎，爲三軍大責所在，擁重兵，號令嚴明，紀綱整肅，其師旅所至，閭閻之秩序晏如，雖大之相關之敵，雖強壯靡當，敢犯者？其萬千士卒之中，竟無一不肯者乎？無他，其爲帥者自身先正，則士卒自不敢不正也。康子爲魯上卿，猶諸臣之帥也，使康子爲政而先修其自身之道德，則其正矣。他民之莫正，然而士卒之從帥，然雖欲不正，其誰敢乎？故孔子告之曰：子帥以正，孰敢不正。

季康子患盜，問於孔子。孔子對曰：苟子之不欲，雖賞之不竊。

此孔子語康子以正己者弭盜，亦使先修其自身之道德也。夫國有盜，是誠可患。然盜有二：穿窬成群，入人私室，偷竊倒篋探囊，或殺人於道路，掠奪其財，皆以其有形之盜也；竊據要津，爪牙遍佈，潛移盜國，思有以遂其野心，此則盜之尤者，所謂無形之盜也。有形之盜爲患小，無形之盜爲患大，不先弭無形之盜，終難止有形之盜。康子患盜，問於孔子，孔子對以苟子之不欲，雖賞之不竊，語康子以不欲，此弭無形之盜也；雖賞之不竊，則有形之盜亦隨之而自弭，[illegible]

此謂者固不從術，惟先修養自身之道德以正己者，能從斯可矣。

季康子問政於孔子曰：如殺無道以就有道，何如？孔子對曰：子為政，焉用殺？子欲善而民善矣。君子之德風，小人之德草，草上之風必偃。

此孔子謂康子以正己者止殺，而使先修養自身之道德也。夫為政而使民善，此固政治上應有之事，惟以殺民者欲民善也，恐殺戮一啟，愈殺而愈不善，而為民上者以民之愈不善也，而愈殺之，愈殺之，愈不善，愈不善者愈殺，殺者愈多，其將盡民而殺之乎？孰知其必前也。故孔子因康子之問而對曰：子為政，焉用殺？子欲善而民善矣。民之善不善，在乎子之欲不欲，而不係乎殺不殺。彼以用殺為能者，其亦知所返乎？雖然，所謂欲民善者，非僅朝下一令而宣令（功）牌示耕課宣讀其名，為名為良民者不論，曰子而善者，在上者不善者，實使斯世其善聽從以從言者乎？示上之欲民善而已也。使上亦欲民善，雖不殺，固仍其善也，為政者先修養自身之道德以正於己，則民之感化而為善者，自必如草之隨風而偃仆矣。故又曰：君子之德風，小人之德草，草上之風必偃。

吾人讀孔氏書，至季康子問政數章，有應注意者，孔子之論政，以德治主義為本，而以正己主義為歸，欲其所主張之正己主義，實即人治主義，又即感應主義也。何以言之？孔子對季康子之言曰：子帥以正，孰敢不正？又曰：苟子之不欲，雖

貴之名節」。又曰「子欲善而民善矣」，此非正己主義乎？惟執政者之為人，能自正己，雖不令而行。然果其人而能以身作則，道德具備，人格健全，政治自無不善。否則執政者之人格，尚待進修，道德或多虧損，政治何由而舉？政治之得失，每視乎執政者之為人如何。是正己主義，實即人治主義也。又要知在下者之言行，下之正與不正，視乎上之能師以正與否；在下之窮與不窮，視乎上之不好；在下之善與不善，視乎上之欲善與否。上有好者，下必甚焉。一受感化，即生反應，此反應之效果，實由於感化而來。是正己主義，又可曰感應主義也。德治也，人治也，感應也，其言雖殊，而其意則一也。

季康子問：「使民敬、忠以勸，如之何？」子曰：「臨之以莊，則敬；孝慈，則忠；舉善而教不能，則勸。」

此語康子以修養自身之道德，而條舉其事項也。夫正人之道，識不在乎法令，雖遠而在乎正己於先，俾知所感化。嘗觀夫無之政者，為治不以其身，而惟從事於紙片文件，煌煌諾諭，三令五申，諄其未行，無非教者諄諄，莫不一情一理，或鳴鼓而聚之聲，亦而呼之切切然，無識於眾曰：若者宜致敬，若者宜盡忠，若者宜奮勉為善，若者宜發展孝慈。聆其語，似一派化民成俗之諄諄然，而言之者雖甚諄諄，而聽之者乃偏藐藐，何哉？即此則不修養自身之道德以化民，而惟恐以法令使民之故耳。

昔康子問使民敬忠以勸，在康子之意，自必以為民之不敬不忠不勸，由於使之無法耳，必有法以使之，則芸芸之民，將必無知之事敬也，一任我之驅使，而莫不隨以相從。故其問孔子也，不曰教民，不曰化民，而曰使民，意孔子必有使之之法，孰知孔子固重感化

而非所以法使者乎。孔子因其問而對之，而臨之以莊則敬，孝慈則忠，舉善而教不能則勸，以起精者寧柳斯民難俱使而自化，此正己之效所由著也，豈康子所及知者哉。

曾子有疾，孟敬子問之。曾子言曰：……君子所貴乎道者三：動容貌，斯遠暴慢矣；正顏色，斯近信矣；出辭氣，斯遠鄙倍矣。籩豆之事，則有司存。

此曾子語孟敬子以修身之道，蓋在於持其大體也。大體有三：一動容貌，以遠暴慢，容貌謂威儀、舉止，君子坐則儼然，行則蹌蹌，人望之儼然而生畏，不敢有暴慢之者，故曰斯遠暴慢矣。二正顏色，以近信，顏色莊嚴而發衷不輕妄動，則人不敢存欺詐之心，故曰斯近信矣。三出辭氣，以遠鄙倍，辭氣謂言語聲音，出言有章，溫文而雅，則人無鄙戾之言入於其耳，故曰斯遠鄙倍矣。凡此所講，大體也。至於器用事物之細，則有司之所守，固不必親任其勞矣。否則舉止輕浮，容貌猥褻之度，目光流盼，類少年輕薄之態，語言鄙俚俗而粗疏，無異鄉村之野夫，雖以末務是親，津津然自詡於人曰：吾能服其役，吾能勝其任，吾能耐其勞，而不知其所見者甚小，隱以貽人，而本居於上位，政治上設何有良好之成績哉。故曾子為孟敬子詳言之。

本章朱註云：君子所重者，在此三事而已，是皆修身之要，為政之本。又尹氏曰：養於中則見於外，曾子蓋以修身為之政

之本。是知管子論政，寔以正己主義為歸，與孔子之政論相同，此其所以能得要之信歟。

子路問君子。子曰：「脩己以敬。」曰：「如斯而已乎？」曰：「脩己以安人。」曰：「如斯而已乎？」曰：「脩己以安百姓。脩己以安百姓，堯舜其猶病諸。」

此言君子以脩身為自身之道德，為安人安百姓之初基，安人安百姓則所以完自脩之要也。子路問君子，子以當然指在位者言。君子化民以德，而必正其本於脩己。脩己之功，莫先於敬。敬為立身之大德，故脩己者當先[脩]以敬。吾觀《尚書》於《堯典》，其言堯之為君也，以欽明文思，曰克明峻德。欽者敬也，而敬德[指]即峻德。峻德者，大人之德。峻德明矣，則[脩]己之功夫初基已固。由是而親九族，則九族睦，睦則各安其所，此明德以睦九族，猶之脩己以安人也。更由是而平章百姓，則百姓昭明，昭明則蒙其所，此猶脩己以安百姓者，孔門猶是義也。自是而後，莫不協和，黎民於變，是以進世界於大同，實堯舜之聖所祈附。雖有是難，然堯之聖，堯之德足以致之，而當其始，堯實未敢必之，故曰堯舜其猶病諸。病者，憂其難也，非病其有所缺也。《書》曰：「其難其慎。」孔子以堯舜猶病語子路，欲子路知其難而慎所難，無復如躐之一則曰如斯而已乎，再則曰如斯而已乎，躐學然在輕忽之也。

許注：此言堯舜猶病也。君子直言仁者之脩，而為子路言君子之脩己，脩己安人之事功，上言之，脩己從德業，上言之，脩己為中。

人安百姓之初基，稱仁者之立人達人，以己立己達為始基也。而人與百姓之未安者，俾道以使之安，則曰立之達之，以勝以安之，
受安其量而施之濟之，尤即所以安之也。且施而日博，則所施者廣；濟而日眾，則所濟者多。其德量之宏，與事功之盛，與
甚曰仁，毋寧曰聖。其德未易臻，其功亦未易造，而寧義實彼此相通，故孔子於此於其皆曰堯舜猶病也。

五 行政法論

行政人之權限

一曰不在其位，不謀其政。

此明行政人之權限也。蓋於行政組織，任何事務，必有一定之範圍，而此範圍即為其權限。權限之或依事務之性質，或依土地之區域。昔陶唐之世，契作司徒，明刑教，其性質異；且如周召治其地，陝判東西，其區域異。然此之權限，彼此不得互相侵越。當其不在其位，不謀其政，位者政治上地位也，各有地位，即各有政事，而此事務之範圍，即其權限之所在也。人不得越俎而代謀，己亦不得越俎而為他人謀也。且所謂不謀者，匪特與其權限內之事務種類既相異者，不能代謀，即稍越權限內之事務，而務其權度未能踰越範圍者，亦不得代為之謀。猶是政也，而出納者之地位，下於審聽者，即不得代為之謀；猶是財政也，而審覈之地侯下於審覈者，即不得代為之謀。故曰不在其位，不謀其政。

雖然，余於此有不能不申論者，孔子言不在其位，不謀其政，就行政事務言耳，若關於公益事務，則凡身於社會者，皆

得行謀之例，如造路建橋，本政也，而亦必兼焉。疏經塞事，務為剪當途之棘，與郡縣侯兵者為道路人之冊，此固不得務辭推諉曰此在位者之事，吾不在其位，不謀其政也。然害於小民政也，而亦必兼焉。婦孺孤其依存為集，如壅之金孫兒失所者為籌保者之方，此又不得務辭推諉曰此在位者之事，吾不在其位，不謀其政也。由是而推之，如水利，如救災，以至防患禦敵，諸大端雖屬政務，而亦必兼，非僅在位者所宜為，正不得以「不在其位，不謀其政」之言而卸責也。

曾子曰：君子思不出其位。

此章明任政人之權限也。君子指在位者而言，所思不出其位，即所謀之政不越其範圍。故曾子之言，與孔子所謂「不在其位，不謀其政」章義實同。

又按曾子此言本諸易之艮卦。艮卦象辭，艮之卦義附於止，故彖曰：「艮，止也。」又曰：「艮其止，止其所也。」所者何？即其所當止之所也。蓋人各有其所止，於不當止之所，不免侵權越位之譏；止於當止之所，自無越俎代謀之弊。孔子云：「於止，知其所止。」君子深知乎各人所當止之所，即深明乎各人應守之權限，故所思不出其位。然則君子能亦知其所止者乎。

子曰：為政以德，譬如北辰居其所而眾星共之。

此為行政首長言，即中央集權之義也。為政以德之德，即中國之德，允執厥中，為歷代之心法，亦即歷代之憲法。德，宋儒以為謂

事事當守其憲法，猶今世之行政首長，如事事遵奉守憲法也。北辰，北極星之所在。居其所者，譬喻於中央也；眾星向之以環繞於事，周備無有擬議中央之意，故北辰之譬，雖於今時進步之天子未合，而藉之以為臨之喻，國是且主持中央政務者，長於其頃守其法，於今語守憲法也。為政以德，其義如此。

子曰：天下有道，則禮樂征伐自天子出；天下無道，則禮樂征伐自諸侯出。

此言中央之能否集其權，視乎統治之能否得其道也。蓋謂行政上之統治權，其事務僅屬於一地方者，應採分權制，而其事務屬於全國之所共同者，則必集其權於中央。禮樂者，中央之所以為治也；征伐者，中央之所以誅亂也。其事務固屬於全國之所共同者。禮為何？制樂以為作，征伐則以為調？豈道為無集權於中央，否則禮樂其未殊甚，殊其禮征伐不出其於全國，其何以為國哉？以禮言，猶是教禮之宗旨，此詳乎彼簡略，儀節不一致矣；猶是表禮也，宗此衣冠，彼纓紱，服制不一致矣。一國而禮服各殊，不且貽譏為蠢耶？禮如是，樂亦如是；征伐更莫不如是。是則為不容不集權中央者，雖無權亦不易言集矣。中央之舉措，當威信於是為統治之有道。有道則禮樂征伐，中央可以集其權，否則中央之舉措非所威信，失是為統治之無道。無道則禮樂征伐，中央莫能集其權。孔子曰：天下有道，則禮樂征伐自天子出；天下無道，則禮樂征伐自諸侯出。古之天子猶今之中央行政首長，古之諸侯猶今之一省或一特別區域之行政長官。有道無道，即有無統治能力之意也。時有古今，理無二致。孔子之言，為當時之天子

殺，豈不啻為後世之中央行政者言之，欲集權於中央者，安可不熟細其言而思所以統治之道哉。

行政之責任

定公問一言而可以興邦，有諸？孔子對曰：言不可以若是其幾也。人之言曰：為君難，為臣不易。如知為君之難也，不幾乎一言而興邦乎？

此言行政者尤當明瞭政治責任之難負也。夫君與臣地位不同，其所理之事務範圍亦有廣狹之別，定於其政治地位上，因當在應行事務之範圍內，負相當之責任。而君為行政者之首，其事務範圍較廣，即其應負之責任亦愈重而愈難（今之責任內閣制下之總統則當別論也）。孔子對定公言興邦之問，而引人言曰：為君難，為臣不易。語雖平列，但既為定公而發，當然側重為君難也。使為君者識知其責任難負，努力於政治設施，於政治上表現積極之成績，完成所負擔之任務，則政治前途自有進展，國家前途亦可於此卜之。若伊尹告於太甲，有責任艱哉之詞，又曰：無輕民事，惟艱；又曰：其難其慎。太甲因是知責任之難負，而悟於所事，卒復君位。故孔子既對人言，而又申論之，而又知為君之難也，不幾乎一言而興邦乎。

季氏旅於泰山。子謂冉有曰：女弗能救與？對曰：不能。子曰：嗚呼！曾謂泰山不如林放乎？

此明權臣僭竊之罪，以責冉有者，責季氏也。夫為國以禮，三大夫僭非禮者，不得祭封內之山川。泰山在魯封域中，季氏以大夫僭祭之，是為非禮。以今世之行政法言，季氏實為越職，應負刑事法上之責任。冉有仕於季氏，應盡忠實之義務，

本於一己之判斷，力直陳其是非，忠告季氏，以救其失，乃冉有竟不能救，是亦違反義務，應負責任，而當割去矣。顧孔子之時，既無所謂科學法，而孔子亦無一貫權且進諸君子居於不非大夫之義，孔子又烏能責季氏，故惟以冉有弗救，請責冉有，而即以罪冉有，尚非季氏僭竊之權，迂闊而不知所戒，甚斯已甚，謂泰山不如林放之嘆，辭雖婉而義固嚴矣。

雖然，余於此有異疑焉：冉有固孔門賢士，而又為政事之才，未必不陳其是非以忠告季氏，特季氏猶尚不聽，然而又何而又不敢明言季氏之枉謬，故其對孔子也，不曰不救，而但混言之曰不能，意謂救之而不能從之，然則孔子責冉有，宜責冉有，乃深責季氏耳，是可見孔門師弟用心之苦矣。

季氏富於周公，而求也為之聚斂而附益之。子曰：非吾徒也，小子鳴鼓而攻之可也。

此正權臣苛稅虐民之罪，而以責求者，責季氏也。夫制定賦稅，固有常經，理財者固不得過為聚斂，而致使人民負擔過重，負擔為過量之供給，致瘠其力而竭其財也。季氏為魯大夫，即不當富於周公，亦豈能非法聚斂？況周公為天子之臣，地廣祿大，是職宜富。季氏為諸侯之臣，地狹祿小，何能及周公之富，更何能富於周公，蓋季氏之奢僭，已富於周公矣，其罪已不可勝誅矣。而求也為之宰，是宜盡忠實之義務，勸其減賦稅以惜民力，乃求也反是，不勸其減賦，而轉為之聚

歟，用以附益季氏之富，是不達於義務矣。孔子聲討其罪曰：非吾徒也，小子鳴鼓而攻之可也。曰非吾徒，絕之是也。曰鳴鼓而攻之，使國人共知其罪者是也。孔子之責求也，是固無異付諸懲戒矣。孔子責之而求也受之，是求亦肆諸循任於懲戒之下，應負懲戒法上之責任矣。雖然，求固賢士，豈肯為季氏聚斂者，豈甘附益季氏之富者，殆諫而不聽，無奈之何，故孔子雖罪求，有以罪季氏，求亦不顧受。孔子之責，藉以儆季氏，俾知苛稅之非法也，其用心之苦。

殆與旅泰山同章義同。

季氏將伐顓臾。冉有、季路見於孔子曰：季氏將有事於顓臾。孔子曰：求，無乃爾是過與……冉有曰：夫子欲之，吾二臣者皆不欲也。孔子曰：求，周任有言曰：陳力就列，不能者止。危而不持，顛而不扶，則將焉用彼相矣。且爾言過矣。虎兕出於柙，龜玉毀於櫝中，是誰之過與……

此明權臣專征擅伐之罪，以責冉有季路也。夫顓臾為魯之社稷臣，季氏固無權擅伐，而季氏竟欲伐之，是欲破壞國之統治權，其罪固可勝誅。是時冉有同為季氏宰，固應盡其忠實之義務，有以匡救其失，勸止其違法之行為，而冉有竟俱不能諫，故孔子引周任之言，以危不持顛不扶責之，而斥之曰焉用彼相。又設虎兕龜玉之喻，以出於柙毀於櫝責之，而詰之曰是誰之過。夫以今世之行政法論，持危扶顛為相者應盡之忠實義務也。

不持不扶，是為違反義務，定其責，是則懲戒法上應負之責任。焉用彼相一語，實含有此意。至於虎兕之出柙、龜玉之毀，雖為譬喻之辭，亦不容泥視，而就事論事，則虎兕出於柙而或傷人，典守者應負損害賠償之責任；龜玉毀於櫝中，亦其典守者應負賠償損失之責任，均不得藉辭以推諉。是誰之過一語，即斷定其應負此責任。故朱注於此亦申明其義曰：典守者不得辭其過。然則孔子之時，雖無所謂行政法，而孔子之言，固已深得今時行政法之精義矣。此孔子之所以為千古大政治家歟。

雖然，余於此有欲申論者：由求均以政事著，處彼相之任，寧得不諫季氏，而坐視以成其惡？所以然者，量已揆勢，不能制其悖心，於是外順其意，以告孔子，冀能致聖人之言以樫難。是以孔子必明大義以達其意，苦心孤詣，以救時艱。引喻虎兕，以為之相者非其言，雖若責由求，而其旨則在季氏，既示為相之理，又抑權臣之勢，二者兼善，斯乃孔門師弟相為表裏之旨也。善讀書者當察乎此。

季子然問：仲由、冉求可謂大臣與？子曰：……所謂大臣者，以道事君，不可則止。今由與求也，可謂具臣矣。曰：然則從之者與？子曰：弒父與君，亦不從也。

此明大臣應負之責任，亦以責由求有責者也。夫大臣事君，非徒以阿容取悅，居相位者，遇事當痛陳其得失以

諫之，三諫不從則棄職而去，始為克盡其道。由求皆孔門賢者，且又皆政事之才，豈有見季氏而甘作備位之具臣者哉？無惡由求之仕季氏，遇事自當進言，將季氏雖責由求之為人，祇備為籠絡人才之計，並以示其氣概得人之盛，又從而驕其言，而諫之不從，由求所以不即去者，要必有所待也。知季氏亦若是君，所孔子於由求之若非不能由禮，特以季子然之問，意存自誇其氣勢，因以責由求者，抑季氏於特斷之曰：具臣而不許之曰大臣。大臣以道事君，不可則止。夫不能盡在由求，而可不可責在於君，責由求之不止，即以責其君之不能，則孔子之責由求，其果責由求乎？亦以責季氏耳。鑒季子然有從之者與一問，君由求將以君所欲而莫敢違者，其恃氣焰而逞野心已顯然，害於家國，孔子至是更不得不嚴加折之曰：弒父與君，亦不從也。其辭嚴，其旨微，又惟有以抑其氣焰之勢，且足以誅不軌之心矣。故曰此明大臣具臣之責任，故以責由求者責季氏也。

行政人之義務

定公問：君使臣，臣事君，如之何？孔子對曰：君使臣以禮，臣事君以忠。

此言行政首長當先於行政人員而盡相當之義務也。夫君與臣地位雖殊，所司者為行政人員，君為行政首長，相互間乃主從之關係，非主僕之關係，臣之事君，殆猶屬員之於經理，固異夫奴隸之於蓄主也。君能盡禮遇臣下之義務，臣自盡忠以事上之義務者自也？有明哉，股肱良哉，元首興，股肱其必位雖分上下，而關係同為一體，惟元首明察作首，成之大綱以倡於先，斯股肱因率作之勞，期剋有成也。至奉職其無不良者，若君不責己之未能盡禮而遽怨望人之不盡其忠，天下寧有是理乎？

孔子對定公之問曰：君使臣以禮，臣事君以忠。蓋爲定公發，而欲其先盡禮臣之義務也。

孟子告齊宣王論君臣間相互之關係，謂：君之視臣如手足，則臣視君如腹心；君之視臣如犬馬，則臣視君如國人；君之視臣如土芥，則臣視君如寇讎。孟子學孔子者也，故其說亦與孔子君使臣以禮，臣事君以忠之義同。特孔子僅言其積極者，而孟子則引而伸之，并言其消極者，所以孟子之言，或以爲過激，明太祖於此且深致不快；而孔子之言，則不種其大甚，然其於君臣相互之精神關係，譯意固無不同也。

齊景公問政於孔子，孔子對曰：君君，臣臣，父父，子子。公曰：善哉！信如君不君，臣不臣，父不父，子不子，雖有粟，吾得而食諸？此言行政首長當與一般人各盡其相當之義務也。夫景公所存之君，孔子因答君之問，而對以君君臣臣父父子子。君之云何，爲君者應盡爲君之義務也；臣之云何，爲臣者應盡爲臣之義務也；父之云何，爲父者應盡爲父之義務也；子之云何，爲子者應盡爲子之義務也。君臣父子各有其地位，即各有其義務，所在爲人君止於仁，爲人臣止於敬，爲人父止於慈，爲人子止於孝，是君臣父子斯倫理上之道德修身，亦政治上之義務亦盡矣。夫惟君爲行政首長，往往不自盡其義務，而但望人之克盡其義務，是以當於其地位上之觀念錯誤所致。其實君與臣，父與子，兩兩對待，君之不能備責乎臣，猶父之不能備責乎子也。故孔子爲齊君並舉之，使知與一般人當各盡其義務，否則君不君，臣不臣，父不父，子不子，不獨倫理上之道德淪喪，即政治上之義務未盡，紀綱紊亂，秩序無以維持，

政不成为政，国尚成为国乎？此为君问孔子之所忧，有不食其粟之虑也。

今人读书至此，当知孔子于君臣间之关系行为，并不主张片面伦理，但知有君而不知有臣者。故其对鲁定公言，则曰「君使臣以礼，臣事君以忠」，与齐景公言，则曰「君君、臣臣……」又曰「君不君、臣不臣……」，皆以君臣对举，以礼以忠，俨然双方合作之行为，不君不臣，俨然彼此对待之形势也。孔子所主，至周极有理性。后世儒者不明圣人立言之旨，祇知一味尽忠于君，而不问其君是否能尽君道，是否以礼待人，于是创为君虽不君、臣不可以不臣之谬说，几使为臣者无在而不为君之奴隶，无在而不为君之牛马，一任其驱遣鞭笞，亦莫之敢抗，甚至君抑臣极无理性。吾以为此乃孔子之罪人，非孔子所谓夫君臣间相互之义务者也。

事君能致其身

此言人臣对于国家负有特别忠实之义务也。盖在今日之行政法上，凡行政人员皆应正确其职官之观念。职官之为国家劳务，非如寻常佣仆之受雇于主人，彼为经济关系，当服劳务，在佣仆但供给单纯之义务，即为尽职；而在职官，则含有伦理之要素，须负特别忠实之义务，乃为尽职。特别忠实之义务若何？如子夏所谓「事君能致其身」者是。秉牺牲之精神，守忠贞之节操，为国谋福利，不为一身策安全，为国虑倾危，不为一身图福，竟以此身抛去，则将为国

倡之惡懼流亡，武鄉侯之鞠躬盡瘁，以孤身守孤城，則將如顏常山之罵賊而死，張睢陽之嚼齒偷存，以孤身抗異族，則將如岳少保之精忠報國，文文山之取義成仁，既以身而許國，不降志以辱身，是誠能盡特別忠實之義務者矣。吾不知今之從政者，應以子夏之何言乎。

或曰：子夏之言事君能致其身，在君主時代則然，今民主時代，已無君主，是固無所謂致身，子夏之言，殆不適用於今日。不知君主者一國代表，事君而致其身，非為君一姓致其身，非為君私人致其身，乃為一國之代表致其身，是實即為國致身。今君主之名雖已不能存在，而國固猶是國也。三民主義中，力言忠君當改為忠國，忠國即愛國之義。據子夏生於君主之時代，不得不守為君之旨，而為人臣言曰：事君能致其身。若子夏而生於今日，自當因時立論，而易其辭曰：事國能致其身也。況君為國之代表，今則有委員長或總統以代表國家，吾人對於勝任愉快之委員長或總統，奉照領袖之意旨，盡特別忠實之義務，是國與子夏致身之說初無異致矣，而於子夏之言又何疑焉。

子曰：事君盡禮，人以為諂也。

此言人臣應盡相當之義務，非可藉口以為諂也。在今日之行政法上，凡職官對於國家，皆須負相當之義務，[illegible]之間，雖無所謂行政法，然為臣者應盡相當之義務，其理則無或異。孔子所謂事君盡禮，即盡其相當之義

務所，古的謬，孔註、朱註皆謂時人事君多不盡禮，轉以盡禮為謟，其說非也。人以為謟者，蓋謂事君有相當之禮，但盡其禮斯得之矣，而時人乃指盡禮之君子行其謟，是則君子不辯也。且夫世之人所謂謟者不當矣。阿容順從，唯唯而自託，叩其頭，屈其膝，大者也，而非僅係人態臣之謟也。附其尊，攜其尾，衣冠之有余，實行臣之謟也。朝臣排斥相之瑣，與非同類門下為押客之流，皆此不知為事權奸而附勢焰，事閹豎而謟陰已子等，豈得謂之盡禮乎？亦謟而已矣。謟與盡禮，其實質固自不同，而世無禮之君行其謟于實，此又惟於吏治有害，於官箴有玷，亦且為世道人心之患，故孔子特為辨之。至於今日行政人員，亦須盡相當之義務，則以行政法為依據，守夫今之法，即不啻古人之盡乎禮也。而謟則斷乎不可為也。

子游曰：事君數，斯辱矣。

此言人臣應盡相當之義務，而不可踰分以遭辱也。按子游此言，對於數之字義，向分兩說：一以數為煩數也，朱註引胡氏曰：事君諫不行，則當去，至於煩瀆，則欲求榮而反辱。據此則人臣事君，固應盡相當之義務，君有過舉，臣當諫止，君有失德，臣必諫諍，惟一諫不從則再諫，再諫不從則三諫，三諫不從則當挂冠遠去，以保其身而免謟為言者，君不納其言則去也。否則屢諫不從，猶然煩瀆，君有厭惡之心，則臣且有辱身之禍矣。吾人試繙閱二十四朝之歷史，古之人因屢諫而遭廷杖遠謫者，不知幾許，因屢諫而致殺身者，不知幾許，此皆第知一味愚忠而不得

明於保身之旨者也。閔子騫之訓，可以愕然悟矣。以數爲狎昵也邪？抑此之人臣者，以視鄉黨與人處而爲君父之交從如此，以今之事君，事上之禮，事君居安危禍患是數者，昵之至密焉者也。惟恐其辱，乃所以召辱，故此則人臣事君，固當盡相當之義務，將君恩過盛，闊如親密之誠，其所以已非親之而或流於狎愛之，而或失於昵，則君且視我爲佞倖之徒，而以其臣爲諂佞之人視之矣。不其辱之甚者乎？蓋人識明君者，固佞倖而讒之，鮮有不卻畫其人者，使其人而聞子游之訓，應知然愧矣。然則子游之所謂事君數者，無訴數之義哉？訓爲煩瀆，或訓爲狎昵，其義雖殊，而其言人臣但在盡相當之義務，不可有踰分之嫌，致遭侮辱也。則一願爲臣者熟思之。

子路問事君。子曰：勿欺也，而犯之。

此言人臣有特別忠實之義務，負有犯顏以諫諍之人。夫忠實之範圍甚廣，而以不欺爲先，用人如以朝廷不及察而有所私，進一言而以朝廷爲不及辭而有所隱者，凡此皆犯之之所謂勿欺也。既不欺矣，而又須犯之。云爲犯上諫諍之職，及犯顏諫諍之謂。朝廷又有過舉，當直言極諫，使之力改其非，勿因寵辱禍福之心，以成其惡。若胡寅諫諍身死而不忘其主，鐵衛拳拳諫諍，不敢陷而不避其嫌，折朱雲之檻，不爲諛君上，鄭俠之書，寧辭罪戮，以胆畏者，韓休以峭直聞，而安世有殿上虎之名，胥參政有魚頭之號，凡此皆善於犯之者也。至於今世，臺諫設官，以彈

動有特權、依法以達其言、於衆以陳其事、吾知盡特別忠實之義務、而不拘泥於諫諍者、自然大有人在、

請拭目以俟之、

子曰、愛之能勿勞乎、忠焉能勿誨乎、

此言在位者對下對上皆相當之義務也、本章忠焉能勿誨乎、指在位者對於君上而言、歷來治經家皆主此說、余亦不以為非、至愛之能勿勞乎句、一般學者皆以為父對於子而言、余意不然、按此兩句、本為對待之辭、以父之愛其子與臣之忠於君相對、其意似不聯屬、余意此兩句、皆言在位者所應盡之義務、一對下言、一對上言、愛謂愛民、忠謂忠君、語意相為聯貫、蓋古君主與於其上以致君、下以澤民、愛而勿勞、則非所以澤民也、忠而勿誨、則非所以致君也、請詳而申論之、在位者既以愛民為本、自必推恩施惠、澤遍群生、一般愛民所以愛然、君子愛人以德、小人愛人以姑息、愛而勿勞、是姑息之愛也、姑息太深、而不擇可勞而勞之、則人民將恩其惰、甚或流為社會之游民矣、積久而敝、寧非傷與、所以為、及陷乎罪、則又從而刑之、是愛之適以害之也、況國多游民、國必至弱、是亦在位者所宜慮及、孔子言愛之能勿勞乎、吾知曰勞之適所以為愛也、男必使之耕、自手耒耜、以日暮止、不勞則不得食、女必使之織、蠶繅而繡、蠶織而纏、不勞則不得衣、工用商賈之技能、群萃州處、勞其力於技藝、商賈通四方之珍異、牽牛服賈、勞其力於貿遷、其若

之也。即其所以為當也。昔子產治鄭，孔子稱其養民也惠，養民所以惠，是當之也；又稱其使民也義，使民所以為義，又即所以勞之也。然則在位者之當民，其首以勞之，次乃下第一。在位者既以忠君為主，自然竭其所任，以俾君心無纖毫違，無負其意。然阿容悅世，亦違道。居者有失德，亦莫進一言；居者有過，亦莫陳一疏，是誠朱子所謂婦寺之忠也。孔子曰：「忠焉，能勿誨乎？」忠之餘意，有自然誨之念；如誨之，實即所以為忠。吾觀古之義僕，忠於其主，雖主人之過矣，而進念往昔之恩情，不忍坐視東人之陷於不義，猶且痛哭流涕，犯顏陳忠告，況在位者之於君王，能不以誨之者盡其忠乎？雖然，忠而能誨，古有幾人哉？孔子以前惟伊尹、周公，孔子以後惟諸葛亮相一人而已。伊尹相太甲，垂三風十愆之戒，以訓於王；讀《伊訓》一篇者，處不嘆其忠而能誨矣。周公相成王，極言稼穡之艱難，使王毋淫于觀、于逸、于遊、于田；讀《無逸》一篇者，又庸不嘆其忠而能誨矣。諸葛亮相後主，訓言以親賢臣、遠小人為告；讀《出師表》一則曰先帝，再則曰先帝，使不忘其先人遺訓。此之忠誠，盡流露於臨表涕泣之中。然則在位者之忠於其君，其必如伊尹、周公、諸葛亮之相誠誨其君而後可乎？皆此乃云在位者對下對上，均有相當之義務也。

子張問政。子曰：居之無倦，行之以忠。

此言為政者須負服勤與忠實之義務也。夫論職官之義務，原不僅服勤與忠實兩端，而此兩

端實為最要。子張問政，孔子告以居之無倦，行之以忠。居謂身居其位，無稍倦，盡服勤之義務，而無倦也。行謂行其政事，以忠即盡忠實義務之謂。倘居其位而有倦心，則苟且塞責而難圖振作，情性或非詳精勤，徒係舊於事功，恐完成之無期；徒理夫案牘，恐積壓之必多。惟無倦則無廢弛，行其事而無怠心，則誠意少而必將苟簡，處情甚而必害數詐，以之興利，利之未興而弊已叢；以之除害，害之未除而機早洩。惟以忠則無其弊矣。無倦也，以忠也，皆為政者應盡之義務也。孔子為子張言之，不啻與今之行政法隱相合乎。

子路問政。子曰：先之勞之。請益。曰：無倦。

此言為政者對於國家須服無定量之勤務也。蓋職官既受任用，對於國家不惟應負服勤之義務，而在職務範圍內並無預定其事務之數量，當持之以恆，竭盡其力，服無定量之義務也。子路問政，孔子先之勞之。勞即服勤之謂。先為躬踐身先之意，謂先於他人而盡服勤之義務也。奉令即行，毋徘徊而規避，以身作則，勿推諉而遲疑。先之勞之，其義如是，然子路以為未足而請益，孔子復告以無倦。無倦謂有事須服事之勤，而並計及他事之有連帶關係者，有須服百之勤，而並計及後之政之利害焉，此則所謂服無定量之勤務，而不容有倦心也。

行政之解釋 子曰：事君敬其事而後其食。

此言人臣當正確其職官之觀念，勿以權利為先也。夫國家任用職官，無非以俸祿；自職官方面言，其食俸也，當然為應享之權利；惟自國家方面言，此俸祿乃以充足相當於職官地位之生活費用，使得安心為國服勤務。至於職官之盡忠責義務，實為任官之要素，而權利則為俸給之結果。孔子曰事君敬其事而後其食，敬其事者，知其義務為國家任官之要素，不敢忽荒也；後其食者，知俸祿為俸給之結果，當然在後也。雖然，今之世紀，明乎此義者有幾人哉？每視行政界中，奔競要津者之捷徑，終日營營，以謀位置，不問其能也，即問某差之善否，計較懷然，而儼之行為，而於其事之識務勝任，則未嘗慮及；甚既得之矣，則不稽其經費多所計算，某款某項，歲應領幾何，某季某月，歲收幾哉，何出納是否，又儼然合計之，行從而擔其事之保進行，則非所計及，此則由於職官之觀念未能正確所致。而孔子所謂敬其事而後其食者，殆不啻斯人之當頭棒也，時所慨矣。

原思為之宰，與之粟九百，辭。子曰：毋，以與爾鄰里鄉黨乎。

此言俸給為官吏正當之利益，不必辭謝也。夫以今世之行政法言，俸給為國家對於職官勤務之反對給付（故俸給），以充足相當於職官地位之生活費用為主旨，在職官關係繼續之間，由國家於一定時期，按以俸給給為職官應

民之權利，並屬正當之權利。況其俸給之給與，其非徒保職官個人之利益，並以顧國家之公益。倘職官不敢維持其相當生活，而徒惟於民之是課，則雖欲竭力服勤，自有所推諉，致使國家之公益上最受損失矣。故此俸給尤爲職官應得之權利。孔子之時，雖無行政法之名，實其理則無異。故原思辭爲宰之粟，雖足表示其清廉，而孔子必止之曰：毋者，豈以九百之粟爲彼所應得之權利乎？蓋爲之設計曰：以與爾鄰里鄉黨乎！其以此粟既爲思應得之權利，則思雖不欲務以維持其生活，當無不任其自由使用、自由支配，以贍其於他人，猶亦與有依官潤澤州鄉之義歟？今之居官者，其亦深明此義乎。

職官之選

子曰：視其所以，觀其所由，察其所安。人焉廋哉？人焉廋哉？

此言官吏之任用當詳加觀察也。按視其所以、觀其所由、察其所安三語，本諸文王官人之術，記見大戴記，孔子引之，殆以爲用人者當所視其所以之爲也。文王官人篇作考其所爲，朱注亦訓以爲爲，所爲者善，若無爲君子所爲者，要當無爲以人有以視之，則善惡不致混淆矣。觀其所由之以也，皇疏以爲從來所經歷之事，而朱注以爲意之所從來，余以朱注爲較當。蓋意所從來，即所謂動機者是也。爲善之動機，或由於好名，或由於勉強，而非由於天心之所好，則非其善；爲惡之動機，或爲飢寒所迫，或爲環境所誘，而非由於本心之所好，則非其惡。孔子曰：觀過斯知仁矣。

於中之過，不得為過。此即以其動機之良，實由於甚。至察其所安，較上兩語更為深切，朱註甚詳。
所安也。所由雖善，而所樂不在是，則亦偽耳，豈能久而不變者？孔子曰：知之者不如好之者，好之者不如樂之
者。彼為善者，必先知其為善，故視其所以，即視其所行也；觀其所由，即觀其所以行之也；察其所安，即察其
所樂也。知也、好也、樂也，其善惡之程度深淺不同。視也、觀也、察也，其甄審之方法詳略亦異。用人者識誠
者，文王官人之法以甄審人材，則所用之人，自無不當，善也惡也，又焉能匿其情哉？孔子重言之曰：人焉廋哉！人
焉廋哉！蓋深言甄審之法，果知其所用之自當也。

子曰：君子不可以知而可大受也，小人不可大受而可以知也。
此言官長之任用，宜適當其才也。君子於細事未必盡觀，而材德足以任重；小人器量淺狹，而未必無一長可取。
宜有當先觀其才德，為衡度之，以相當之位置。位置當有材德宏中，足以任重而致遠，使之任宰輔、治天下，不
難勝任而愉快；而屈以下邑，偏隅為長，令料理簿書之事，無所施其技，或反不及優於庸眾者。此無他，不可以知受而大
受也。不觀乎龐士元乎？擢鳳雛之姿，而不勝百里之寄，則其人固未可屈以下僚也。若夫偏才之任一官，求其
之人，非一無可取，或謹愿為良材，謹難為大器，而處遇以重任，宏謀瑰猷，規模見肘，其有由因咸為困難，而覆餗

賂寡於國，而有所不利。此無他，不可大受而可小知也。昔孔子謂孟公綽為趙魏老則優，不可以為滕薛大夫，其即此意乎。蓋言吏之任用宜適當其才也。

哀公問曰：何為則民服？孔子對曰：舉直錯諸枉，則民服；舉枉錯諸直，則民不服。

此為魯君言職官之任免當順於民意也。蓋為政在人，政治之得失，視乎得人與否，而材之黜陟，在民主政治之下，選舉罷免，其權操諸人民，固民治之常[?]。而所以舊選在君主時代，用人之權雖操於上，而亦必洽乎民情。用人必為輿論所推許，鄉閭所共仰；舍人如為羣情所厭棄，輿論所不容，如是則民心自然翕服。否則賢愚不辨，用舍失宜，甚至曲為徇私，違反公論，人民怏怏之不服，其和平者咨嗟太息，歎[?]附和之非，其激烈者，或以上書爭議朝廷之得失，舉國將譁然而不靖矣。孔子為魯君言民之服否，視乎舉錯之得當與否，即以職官之任免，當以民意為歸乎。

樊遲問仁。子曰：愛人。問知。子曰：知人。樊遲未達。子曰：舉直錯諸枉，能使枉者直。……子夏曰：富哉言乎！舜有天下，選於衆，舉皋陶，不仁者遠矣。湯有天下，選於衆，舉伊尹，不仁者遠矣。

此言職官之任免得道，足以感化民心也。論語一書，記孔子言舉直錯枉者凡二，一時哀公之問[?]，一時樊遲，對哀

皆。「舉直錯諸枉，則民服」，言職官任免之當否，民心之向背係之也。「舉直錯諸枉，能使枉者直」，言職官任免之當否，民心之嚮背係之也。樊遲未達孔子之意，而子夏引兩事以發之，曰：「舜有天下，選於眾，舉皋陶，不仁者遠矣。湯有天下，選於眾，舉伊尹，不仁者遠矣。」夫舜舉皋陶，直者而非枉者也，亦即仁者而非不仁者也。伊尹亦舜之舉皋陶矣，則總之直，不必舉者皆勉而為伊皋之直矣，亦即仁，不必伊皋者皆勉而為伊皋之仁矣。又仁者遠矣，此所謂遠，非遠而異處之遠，乃性正習善之遠，謂不仁者知所感化，改其不善而習於善，即非昔之所謂遠矣，而投其異也。

孔子立言之義如此，子夏言之，則樊遲之未達者，至是而達其意矣。後之任用人材者，其亦知所法哉。

子游為武城宰，子曰：「女得人焉爾乎？」曰：「有澹臺滅明者，行不由徑，非公事未嘗至於偃之室也。」

此言為宰者之用人，當有所識也。子游宰武城，孔子以得人為問。夫武城雖小，固一邑也，以一邑之眾，而子游獨以澹臺滅明對，亦知其必有所識矣。識之之法，非如今日之筆試口試，試之以文字語言，而實識之於行誼。澹臺滅明行不由徑，其行方矣；非公事不至偃室，其行公矣。既方且公，故子游答孔子得人之問而推舉之以對也。且夫今之長邑者，其於邑宰之行於後，如何哉？平日無纖諸己，往往是趨，循俗苟且，其私室情邑宰為作惡一旦，時困之以武斷橫曲，而邑宰亦利用其人為爪牙，而倚為心腹，因以敲剝人民之膏髓，吸取人民之脂膏，有詢得人

於邑宰者，則曰：無之曰某紳，彼某紳，抑某紳，某紳阻，鄉約之某紳，有志或有伸之於宰也，當時上坐侍之坎，樹德政之碑，擬（行）民則猶具小民，禁者而即於道，互相標榜，以為高，而又熟知其秘密之術，事此其人自滅，則視之固以為常，無足道。自子游視之，若此者，如揭乎其紀，則有宰民之責者，其用人也，不可不慎，以試之哉。

仲弓為季氏宰，問政。子曰：「先有司，赦小過，舉賢才。」曰：「焉知賢才而舉之？」曰：「舉爾所知。爾所不知，人其舍諸？」

此篇仲弓言任用職官之法也。蓋有一職即有一職之事務，擇任其事務，自必有相當之能力，而後可以勝任，非盡人而可為之也。吾觀世之用人者，閡於任用職官之法，未能確定於先，遂令進退任其喜怒，以愛憎為歸，甚至寵權大柄，恣所欲為，又植黨以營私，即畫官而擇寄，其較善者，亦不過藉破格用人之說，以自示異於人，而稍一不慎，則濫用倖進之門開，奔競賄賂之習啟，而有為之士，不致懷才莫展，徒扼腕咨嗟於廊下，此誠可痛之事也。仲弓問政，孔子語以先有司，赦小過，舉賢才三端，此任用職官之要法也。先有司，謂先就有為職官之一定經歷者用之，良以經歷既深，則於事盤輕自無虞。舉賢越此，即今世任用職官法上之所謂經歷任用也。赦小過，謂有司之中宦歷深而能任事者，雖或嘗因公受過，而其情節輕微，有可原恕者，可以用其長而恕其短也。故之亦如其有過而非小過者，又今世任用職官法上所謂因職務革職，而案情尚輕，又得官或複職，以觀後效，尚未開復，仍曾受

二年以上之徒刑或拘役者，無論具有消極之資格，自所輕微細故不同，不得輕於赦免。此蓋過所為舛以懲者為戒也。舉賢才，謂才未嘗為官者，其德其能足以任用者，舉而用之。惟賢才之舉，正自不易。在當時考試之法未行，無所謂試驗任用，欲舉其人而用之，謀一人之耳目未周，所舉未必盡當。且舉而失之嚴，豪傑或無由脫穎；舉而失之寬，庸材或得以濫竽。舉之而過於輕，則使士盈庭聲，亦將倖進；舉之而惟於門第，則寒門無上品，難得真才。此仲弓所為有焉知賢才之慮也。孔子語以舉爾所知，蓋知之有素，則舉之自無不當矣。是誠任用職官之要法也。

公叔文子之臣大夫僎，與文子同升諸公。子聞之曰：可以為文矣。

此孔子稱公叔文子之能用賢，為有任用官吏之權者勸也。夫國家任用官吏，首在推舉賢能為要。苟也賢而以有位職者，以其嫉賢妒能之故，不以任所官，遂宜舉之。為國得人，已為難得；況所薦者為其家臣，所舉者為其僚屬，不推其位之殊，而使之與己並列於朝，此其器量之宏，胸襟之廣，尤為難及哉。衛大夫公叔文子，平日既能鑒舉能得矢義，然後見稱於儕輩，則其人之賢可知；而與其大夫僎同升諸公，知賢而能薦賢，文子之為人，賢於他人遠遠矣。孔子稱之曰可以為文，許文子乎，亦以勸世之任用官吏者耳。

子曰：臧文仲其竊位者與！知柳下惠之賢而不與立也。

此孔子責臧文仲之蔽賢，為有任用官吏之權者戒也。夫古今用人之法，雖不盡同，而身居上位者，對於賢能，固不得自由任用。臧文仲，魯之大夫也。考左傳，宣公十八年，臧宣叔怒曰：子欲去之，許請去之。注：宣叔，文仲子，武仲父，許其名也。時為司寇，主行刑。襄二十一年傳，季孫謂臧武仲曰：子為司寇，將盜是務去。此兩世皆為司寇，文仲當日所居何職，雖無可考，然本古者仕有世官之義，則文仲自當居司寇，而可斷固之也。又文公十年傳，僕因國人以弒紀公，以其寶玉來奔，季文子使司寇出諸境。公問其故，季文子使太史克對曰：先大夫臧文仲教行父事君之禮，曰：見有禮於其君者，事之如孝子之養父母也；見無禮於其君者，誅之如鷹鸇之逐鳥雀也。是文仲教文子，皆本其職言之。所云無禮則誅，司寇事也。文仲當居是官，於此可見。柳下惠為士師（典獄官），與其居同朝，相與共事，未必無不悉，孔子探其實而鄙下惠之賢，如文仲不得推諉於不知，以知之矣。既知其賢，而使之屢遭三黜，終以直道事人之又不舉，是文仲無以逃蔽賢之罪矣。孔子以竊位責之，彼文仲者，雖有百喙，其何以辭？然則凡有任用官吏之責者，對於賢能之士，能不盡自由任用之道哉。

六　雜論

葉公問政。子曰：近者說，遠者來。

此為葉公言來遠人之意，因以戒楚人之氣強也。楚當春秋之時，最稱強悍，自昭王奔隨，後又復楚之蹙，視闔

寔久矣。葉公治今尹之官，僭稱公爵，其嘉猶之氣固非無然。孔子因其問政而語之曰：近者說，遠者來。謂近者悅服所
識服，遠者當聞風而歸附也。春秋時代，齊桓晉文先後稱霸，而楚亦思以並圖爲强，召子語近者說矣，楚僻居南服之南因
較遠，其黨不喜，而問兼有心，是遠人不能來也。此雖因室文德未修之故，而楚之嘉猶，實難辭不臣之罪，孔子因
葉公問政，語以近說遠來，蓋恐有以啟楚人嘉猶之氣也。聖人立言用人而發，其言漫而為之誡。
論語一書，葉公凡竟見一問，孔子於子路以荊楚之嘉尹，因雖語聖學之高深，而孔子謂子路何不告以其為人也，蓋欲以申
易其人之語誡其嘉也。二葉直躬之語，又據以自詡翊，孔子告以父子相隱，正人子不為子隱之失，亦所以誡其嘉也。三葉
問政，孔子告以近說遠來，正遠人不來之失，則又所以誡其嘉也。孔子因人而立言，此其所以為聖人歟。
子夏為莒父宰，問政。子曰：無欲速，無見小利。欲速則不達，見小利則大事不成。
此言為宰者當具遠大之識，為地方謀久大之業也。蓋為政不在於欲速，而以能達為歸，不在圖小利，而以成
為要。然而欲事之能達，非經營而無以達焉；欲事之大成，非謀慮遠則無以成焉。如地方興辦之事，民力痛其不能
圖後蓋，惟持之以操切，有償其事速而已，然之而成者，遂病民之秋，民生困矣，不力圖其本計，而惟末務之是求，往形
其小陋而已。寔則於大成且見使民力未逮，而求治太急，則將朝令夕更，而政治無所就，煩刑峻法，而民無所措，以此

為速，恐反遲，所未見其能達也。即使民生未困，而所見者小，欲速急圖求效，雖諸遠功大偉未明，徒為小就。以此小利，恐轉害也。此在先大成也。孔子因子夏之問政，而告之曰：欲速則不達，見小利則大事不成。欲速也，見小利也，皆為邑宰者恆有之弊，亦尤為宰莒父之小邑者所易有之弊。蓋以一己之考成，冀暫附之福利，使上峰諸其辦事了甚敏捷，而見之有能，而不知事業之遠猶大者已無形遲為其所誤。決此實未能得其實義，辨者一己之判斷，方為地方作久大之謀也。是以孔子於此言之，所謂切戒也，且以戒之曰：無欲速，無見小利。此二語雖為宰莒父之言，亦可為官箴，而實負地方行政責任者，皆當書一通以銘座右也。

子張問於孔子曰：何如斯可以從政矣？子曰：尊五美，屏四惡，斯可以從政矣。子張曰：何謂五美？子曰：君子惠而不費，勞而不怨，欲而不貪，泰而不驕，威而不猛。子張曰：何謂惠而不費？子曰：因民之所利而利之，斯不亦惠而不費乎？擇可勞而勞之，又誰怨？欲仁而得仁，又焉貪？君子無眾寡，無小大，無敢慢，斯不亦泰而不驕乎？君子正其衣冠，尊其瞻視，儼然人望而畏之，斯不亦威而不猛乎？子張曰：何謂四惡？子曰：不教而殺謂之虐；不戒視成謂之暴；慢令致期謂之賊；猶之與人也，出納之吝，謂之有司。

此為孔子詳述為政之道，所最要者，端在重民也。蓋民為邦本，在民主時代固以民為貴，即在君主時代亦以民為重。

子張問孔子以何如斯可以從政一章，緊承上章所重民食喪祭而類記之，重民以其為國之本也。重民食，追民之生也；重喪祭，順民之情也。寬則得眾，敏則有功，公則說，三語亦皆以民為重，得眾即得民心，有功理民之事，說則謂人民心悅而誠服，其意皆在重民。此章承上兩節而來，為子張言從政之道，使之尊五美屏四惡。五美云何？一曰惠而不費，因民之所利而利之，政在養民也；二曰勞而不怨，勞而勞之，政不厲民也；三曰欲而不貪，欲在仁，不徒私欲以斂民財也；四曰泰而不驕，無眾寡，無小大，無敢慢，人不得恃位以欺民弱也；五曰威而不猛，儼然人望而畏，正衣冠，尊瞻視，以失民望也。凡此五端，皆事之美者，方可行之，所以重民也。四惡云何？曰不教而殺，不教於先而即用殺，則民不堪其虐矣；不戒於先而遽視成，則民不勝其暴矣；不慢令於先而遽為之限期，則民尤受其賊害矣；不惜慨與人，而於吝其出納，則民議其刻吝矣。凡此四端，皆事之惡者，屏而去之，亦所以重民也。五美是尊，尤必四惡咸屏。尊五美而不屏四惡，非所以重民；屏四惡而不尊五美，亦非所以重民。甚且五美而美其四，缺其一，則美中不足；四惡而屏其三，有其一，則除惡未盡，皆非所以重民。孔子因子張之問，而特鄭重語之曰：尊五美，屏四惡，斯可以從政矣。要惟進而為之一釋其義焉，豈不以民為國之本，雖在昔之時代，而亦以民為貴，亦未嘗有忽視之心哉。子張問仁於孔子，孔子語以恭寬信敏惠五德，與本章之上節寬則得眾，敏則有功數語大同小異，余意上節或亦即子張之所問者也（孔壁古文）。論語二十篇分見齊魯古論，子張問仁為一篇，齊論與魯論不同，則此處有錯簡或脫文，亦未可知。而問仁章之恭寬信敏惠，與本章五美意亦相通，惠而不費。

如其善良也。惠則民利賴之，自然易使，故曰惠則足以使人。勞而不怨，如庶民來之，不日而成其功矣，故曰敏則有功。敏而不倦，民信之矣，故曰信則人任焉。而又賴如其行己也恭，知不侮之，與無驕慢相應，所謂敬人者人恒敬之。威而不猛，寬以濟猛，猛以濟寬也。寬則得眾，殆由於人望而畏之，正應其美。其義固兩兩相通，惟五美曰因利而利，曰擇可勞而勞，曰欲仁得仁，曰無驕慢，曰正衣冠、尊瞻視，此就功夫上言之；實於恭寬信敏惠者，則曰不侮，曰得眾，曰有功，曰人任，曰足以使人，則自其成效上言之。蓋平日之功夫既著，則其成效自彰，兩章之意義固可互相印證也。

論語一書，於首篇特記學而章於前，以開研究政治學之端也；於末篇特記從政章於後，以結研究政治學之終也。學者讀論語，與政治有終始，於此可見矣。

第二　孔子之政治思想

一　政治革命

子曰：如有王者，必世而後仁。

此孔子政治革命之思想也。夫當孔子之世，周固有王，而孔子屢作如有王者之想，則此王者當然為代周而有天下者。夫既代周而有天下，安得謂非政治革命之思想。讀春秋一書，筆則筆，削則削，一字之褒，榮於

華袞一字之褒，嚴於斧鉞，僭如天子賞罰之權。孔子以布衣而作春秋，寓賞罰之權於此，是以代周而為天下者，其隱然一為素王乎？然其所以仁世，即所見世、所聞世、所傳聞之世，由亂而升平，由升平而太平，推澤大治，高起流行，人民遊讌之囿，躋於仁壽之域，使為素王者而果有其位，則此太平之景象不難實見。露其位不果，屬終於素王，徒抱此空言以俟後人之興起歟。

或曰：孔子作春秋，開宗明義，大書春王正月，顯揭素王之義，以寓其革命思想。不知春王正月之王，謂素王，非謂周王，蓋王者之稱，初非周之私號，況以魯為周者，且正月書王，果為尊周而發，則春秋不託始於平王而託始於魯隱乎？托始於魯隱者，寓素王之號，若託於魯而寓其革命之思想於此蓋歟。

子張問十世可知也，子曰：殷因於夏禮，所損益可知也；周因於殷禮，所損益可知也；其或繼周者，雖百世可知也。

此亦孔子政治革命之思想也。世人以孔子言殷因夏禮，周因殷禮，但言因而不言革，遂謂革命非孔子所服，豈知孔子之所謂因者，禮也；所謂革者，命也。改正朔，易服色，前代之遺，豈無不可遷轉？易姓改命之周，有不革者在矣。殷周之因禮，說見於前。然湯武之革命，說詳於周易，皆孔子之言也，孰謂孔子於政治上無革命之思想哉？且春秋之時，周命固猶在也，而孔子忽有繼周之說，不革命其何以繼周乎？特聖言微婉，人未之深察耳。

子路曰，衛君待子而為政，子將奚先？子曰，必也正名乎。

此是孔子政治革命之思想也。正名之說，初不專為衛發，而其義有三：一正名分，從朱注。衛君禰祖，人倫大變，正其名實，父宗之爭，濮議、明之爭大禮，則禮有議矣。一正物名，此從馬注。朔不告而禮亡，羊猶存餼，角盡圜而形異，觚不成觚，正之則制度彰矣。一正書名，此從鄭注。文武之道，布在方策，衍文錯簡，或所不免，正之則書可考矣。夫議禮制度考文，天子之事也，而孔子為政必先正此，革命之思想不昭然若揭乎。

顏淵問為邦。子曰，行夏之時，乘殷之輅，服周之冕，樂則韶舞。

此孔子本政治革命思想，合四代之禮樂以定新朝之制度也。顏淵德行為孔門諸賢之冠，諸賢皆問為政，而顏淵獨問為邦，可見其抱負之大。孔子因其問而語以新朝之制度，行夏時，乘殷輅，服周冕，而樂則韶舞，帝治以為經，王以為緯，禮詳其始，樂詳其終，一朝之治法以隆，而革命之精神亦見。大哉孔子，吾無間然矣。

二　民治思想

子曰，民可，句 使由之，句 不可，句 使知之。

此孔子思行民主政治，而言訓政之必要也。夫民主之國，政權在民，人民必須有政治知識，乃能行使其政權，惟當

孔子之時，人民多處專制政體之下，思想為君權所束縛，不免缺乏政治知識，一旦與以政權，則非放棄不用，即軌行以塞責，不然，亦將為少數狡黠者所利用，以謀其私利。孔子曰：民可，句，使由之，句，不可，句，使知之。民可云者，謂人民有政治知識，可以參政，此可字與中人以上可以語上之可字義同。使由之，謂使行政由其行也。不可云者，謂人民缺乏政治知識，不可以參政，此不可字與中人以下不可語上之不可字義同。夫既不可以參政，則當以先知覺後知，多方訓練，開發其政治知識，故曰使知之也。千有載下，深明孔子此旨者，厥惟　總理。其所定建國大綱，認訓政為必要，確定訓政時期，以養成人民政治知識，即孔子所謂不可使知之也。故曰此孔子思行民主政治，而言訓政之意也。或據此章，議孔子為愚民，此由句讀未明，於孔子之真意適相反也。

三　天下為公

子曰：泰伯其可謂至德也已矣。三以天下讓，民無得而稱焉。

此孔子稱泰伯之以天下為公也。三讓之義，諸家所言，為鄭氏、朱子、以路史、論衡及讀書記，其解釋雖各不同，然皆謂其能以天下讓人，不視為己應得之私產、應歸之私業，非具有天下為公之思者不克臻此。孔子稱之曰至德，是可見孔子平日之思想亦以天下為公也。

子曰巍巍乎舜禹之有天下也而不與焉子曰大哉堯之為君也巍巍乎唯天為大唯堯則之蕩蕩乎民無能名焉巍巍乎其有成功也煥乎其有文章

此孔子稱堯舜禹之聖以天下為公也舜禹有天下而不與者以天下為公有不視為私產也公天下之意也堯為君而有則天之德不私其子而傳位於賢猶天道之無私也公天下之意也三聖皆以天下為公故孔子並稱其巍巍之德量云

或曰堯舜傳賢是誠公天下者禹之傳子豈亦公天下乎曰然蓋禹嘗傳位於伯益矣禹崩天下訟獄者不之益而之啟謳歌者不謳歌益而謳歌啟是啟之有天下天下之與之非禹傳之也故禹亦公天下者

三分天下有其二以服事殷周之德其可謂至德也已矣

此孔子稱文王之以天下為公也夫天下者天下人之天下非一朝一姓之私產尤非一人一身之私物文王時三分天下有二此三分有二之天下其初固亦殷之天下而文王可有則有之知天下非殷之私產也公天下也故雖三分天下有二而猶服事殷者以其三分之一之天下猶為殷有不欲代殷而據為私有也公天下也惟以天下為公故三分之二之天下可為周有則有之三分之一之天下猶為殷有則殷有之初無私意於其間此所以為德之至也

論語一書，孔子以美德稱人者凡二，其中但一美王，僅以天下為公者，是知孔子之思想，固極主以天下為公之義也。

四 大同主義

顏淵季路侍，子曰，盍各言爾志，子路曰，願車馬衣輕裘，與朋友共，敝之而無憾，顏淵曰，願無伐善，無施勞，子路曰，願聞子之志，子曰，老者安之，朋友信之，少者懷之。

此孔門師弟當表其大同主義也，按禮運載孔子之言曰，大道之行也，天下為公，選賢與能，講信修睦，故人不獨親其親，不獨子其子，使老有所終，壯有所用，幼有所長，……貨惡其棄於地也，不必藏於己，力惡其不出於身也，不必為己，……是謂大同，大同主義固孔子平日所主張，大同世界固孔子平日所希望也，今子路之車馬輕裘，願與朋友共，雖敝之而無憾，推其意以為車馬惡其不足於用也，不必私諸己，而後憾之，有輕裘惡其不適於衣也，不必私諸己，而後憾之，有此非即大同主義之貨惡其棄於地，不必藏諸己之義乎，顏淵之願無伐善，無施勞，推其意以為善惡其不能盡也，不必為己而後伐之，有勞惡其不能著也，不必為己而後施之，有此非即大同主義之力惡其不出於身，不必為己之義乎，孔子之安老，使高年者咸有以樂其餘年，老景愉然而享樂，若是則人不獨親其親，而老有所終矣，孔子之懷少，使嬰孩者咸有以遂其天

機，生氣蓬然，而勃發者甚，則人不獨子其子，而動有所長矣。朋友信之，朋友當然指壯者言，所謂信，當然爲講信修睦之信，又即信用之信，友信而壯有所用之義，蓋同老安少懷友信，不已見大同治化之盛哉！門而弟子，數者一堂，風雨晨昏，胸懷暢叙，令人悠然遐想夫羲皇之世矣，令人默然神遊夫渾穆之天矣。當日當者以告弟子於其業志，大展經綸，則大同之治，至草寂現於身世之世哉，而惜乎其有志未逮也。

點，爾何如。鼓瑟希，鏗爾，舍瑟而作，對曰：異乎三子者之撰。子曰：何傷乎，亦各言其志也。曰：莫春者，春服既成，冠者五六人，童子六七人，浴乎沂，風乎舞雩，詠而歸。夫子喟然嘆曰：吾與點也。

此備擬發表其大同主義，蓋孔子許之也。詢賢何坐，各言其志，由使民勇則有恥，求使民足則國富，赤爲小相則禮樂興，保無小康之世矣。而曾皙獨以春風沂水，童冠偕遊為言，吾人試一遐想其情形，春風與沂水悠然自得，又儼然在堯天舜日之中乎，童冠歡詠，歸歟渾然，相安不悅然，觀彼擊壤鼓腹之盛乎，此其景象為何等景氣，此其世界爲何等世界，殆異乎小康之世，而獨成爲大同之治歟，故曰異乎三子者之撰也。孔子固具大同思想以行之者，與之隱相契合，故不禁爲之許之，而喟然嘆曰：吾與點也。俗人不明此旨，乃謂曾皙所言合於孔子浮海居夷之意，以之解視曾皙矣。

第三 孔子之政治生活

一 熱心政治

子曰：苟有用我者，期月而已可也，三年有成。

此言孔子之熱心於政治，而望當世之用己也。蓋孔子固以得行其道為懷，木鐸于為，頗以推擴其政教者，栖栖役役，急思展其抱負，故雖無莫己知，匏瓜空繫，而猶還待價，尚不甘為美玉之藏，周流列國，遍至衛邦，乃慨無作用其之想，曰苟有用我者，期月而已可也，三年有成。蓋有不為者，具抱負之雄，其事未能實現，亦深冀其實現也。夫孔子之思見用，其熱心如此，豈如世之熱中於富貴者，自炫其美，自詡其能，將以獵取夫高官厚祿者，宗族安游之觀為衣食宮室妻妾之奉而已哉。蓋將本其政治之深識，施其治平之要道也。曰期月已可者，布其綱紀，秩序井然，所謂小用之而小效也。曰三年有成者，治功卓著，成績斐然，所謂大用之而大效也。或疑三月期年為時短促，安得政治之行，如是其速，不知聖人之德，過化存神，非常人所能及。況夫所以期已可也、有成也，固如大略之耳，推矣聖人之言，豈虛語哉。

夫子憮然曰：鳥獸不可與同羣，吾非斯人之徒與而誰與？天下有道，丘不與易也。

此言孔子之熱心於政治，正以天下之無道也。夫天下所賴夫有聖人者，為其能建設政治也，為其能挽救天下也。民生困憊，孰能為籌救濟之方；國是蜩螗，孰能決維持之策？此惟聖人是賴。使當其泰，以民無所苦，固不待聖人者出為之設法解除；使當其泰運之國有其方也，固不待聖人者出為之詳加計劃。無他，天下有道，聖人固無事焉也。夫惟天下無道，非得聖人出而治之，不足以降舊，不足以更新，於是聖人用世之心愈熱，而不容超然忘之矣。孔子因沮溺之言，憮然而嘆曰：鳥獸不可與同羣，吾非斯人之徒與而誰與？鳥獸非人也，吾為人，吾誠不可與鳥獸羣；斯人非鳥獸也，吾既為人，吾又何容不與之羣哉？其曰天下有道，某不與易，具見其平日所以熱心於政治者，固自有故，非世之熱中於富貴者比也。

或疑孔子嘗言天下有道則見，無道則隱矣。今天下無道，而孔子猶欲有所易焉，豈不與其平日所言相刺謬乎？不知有道則見之說，為篤信之士言之，非為大而化之之聖人言也。聖人者無可無不可，天下有道，丘不與易，正以見孔子器量之恢宏，胸懷之遠大，有異夫篤信之士以硜硜自守為能事矣。或人於此又何疑焉。更有進者，吾人觀於天下有道丘不與易之言，不但見孔子之胸懷之寬宏，為有志於行道，而其不能超然於斯人之熱心情感，亦於此可見。然則孔子者，其天下最能富於熱情緒者哉。

是知其不可而為之者與

此言孔子熱心於政治，不以時不可為而不為也。晨門與孔子固不同道，其曰「是知其不可而為之者與」，在晨門雖以此譏孔子，然而孔子對於政治之熱心，實能曲曲傳出。夫當時隱士如晨門、沮溺、接輿、荷蓧諸人，皆潔身自好，而其為人並無忘情於當世，不能為社會而振奮鬥之精神，使天下盡人而皆如是也，則天下艱危之際，孰為實擔救之任哉？孔子知其不可而猶欲為之，其為之也，正以人謂為不可為而不忍不為之也。此即天下有道丘不與易之意，非常人所能見。如漢諸葛亮相後主，出師上表，自謂鞠躬盡瘁，死而後已，此不計成敗利鈍而惟鞠躬盡瘁之心，與孔子知其不可而為之之意，實合。惜乎出師未捷而身先死，不然，則漢業之可為與否固尚難遽定也。近者 總理致力國民革命，歷四十年之久，而不息為社會而奮鬥，卒以成功，此亦見孔子知其不可而為之之精神，未必不能使無可為之社會而終有可以為之之時也。吾讀孔子之書至晨門之譏，吾不能不嘆孔子對於政治之熱心為不可及矣。

二 考察政治

子禽問於子貢曰：夫子至於是邦也，必聞其政，求之與，抑與之與？子貢曰：夫子溫良恭儉讓以得之。夫

夫子之求之也，其諸異乎人之求之與。

此言孔子考察政治之方法也。孔子周流列國，因志在行道，而亦藉此以考察政治。其考察之方法，子禽不能深悉，而以求之抑與之爲疑，問於子貢。子貢謂夫子溫良恭儉讓以得之，可謂深知夫子者矣。蓋孔子入一國境，觀其民俗如何，即知其國之政教如何。其民溫良，則可知其政教溫良也；其民恭儉讓，則可知其政教恭儉讓也。反是，則其民不溫不良不恭不儉不讓者，亦可知其政教之有闕矣。聽楚俗之歌者，民俗美而爲政之善可知；觀晉中之行，衛民淫矣，而衛政之亂可知。孔子但見其民俗，即知其國政皆溫良恭儉讓以得之。子貢此言，與見其禮而知其政，聞其樂而知其德，意甚相同。考察政治者於此，其亦知所則傚乎。

子曰：齊一變，至於魯；魯一變，至於道。

此孔子考察齊魯政治而思有以變之也。齊俗急功利，喜夸詐，乃霸政之餘習；魯則重禮教，崇信義，猶有先王之遺風，惟人亡政息，不無廢墜。故思有以變之。齊之變之，以道之以政，齊之以刑，必變而至於魯；魯道之以德，齊之以禮，則變魯而至於道矣。注謂非謂其政教不同，其風俗並異，而其所以變之之法，自亦不能無別。此殆孔子考察齊魯政治後之所言乎。

子曰：魯衛之政，兄弟也。

此孔子考察魯衛政治而為之比較也。魯周公後，衛康叔後，譜世系於宗枝，固同是天潢貴胄。當其初，洙泗之風規，無異宗邦之文物；淇澳之詩謠，無媿洙泗之斷斷。乃其後，魯之上闕難，而衛之君昏瞶；魯之下寡桶，而衛之匡諸君；魯之三桓熾，而衛之七穆強。在其情形相似，又惟胄懸門而魯敗，鳥喪林而衛亡，其國勢之不振，亦又兄弟也。故孔子於考察兩國政治後，為之比較，而有是語。適衛一章，與冉有商量政治，既庶則加以富，既富則加以教，以富教為進展之方，尤足見孔子僕僕道途，轍環天下，周遊行道，而於各國之政治，孰治孰失，無在不寄以考察也。

三 施行政治

子曰：祿之去公室五世矣，政逮於大夫四世矣，故夫三桓之子孫微矣。

此孔子隳三都之政策所由起也。魯自宣成以後，公室徒擁虛名，而實權莫屬。孔子為政，觀公室浸衰，乃為集權之計，以強公室。然欲揚公室之權，必須抑三桓之勢；而制三桓之策，在乎直探其根據。當時三桓之強，其所居之城，皆為陪臣所據，如季氏家臣陽虎專政，是其例。職此跋扈之陪臣，雖三桓亦受其害，而

莫奈何，故孔子欲抑三桓之勢，須先決墮都之策，而三桓之所以贊同此策者，亦以自己勢力已微，若陪臣之專橫，則孔子深知其此，並決墮三都之計，甚得，叔孫墮郈，季孫墮費，故策行矣。而孟孫以公斂處父之讒，竟不墮成，致墮都之策功虧一簣，此魯公室之不幸也。然孔子之意志勇敢而果決，不已甚存人敢作哉。

齊人歸女樂，季桓子受之，三日不朝，孔子行。

此可見孔子會夾谷之成績，為齊所畏忌也。蓋是齊景公欲弱桓公之霸業，並抗晉結衛以臨魯，魯之不堪其壓迫，因有夾谷之會，事在定公十年，時孔子相魯，齊人以為孔子雖知禮而無勇，將以兵劫魯公，孔子以為有文事者必有武備，早已備之，即正辭斥之，而齊之兵劫政策遂破。既而將盟，齊將以載書壓魯，孔子亦以正言挫之，而齊之載書政策亦破。迨齊侯將享魯公，其意叵測，孔子以禮排之，而齊之饗食政策又破。齊因是不能有加於魯。當時魯君讓齊一步，則必至屈服於齊，孔子以弱魯之相，對大齊而齊鎮然不動，竟能挫強齊之威，以全魯之國權，其成績之卓著，尤足為常政治家所能企及乎。然而齊因是畏魯矣，齊因是忌魯矣，安得不設計以阻撓之，而女樂於是來歸焉。孔子于是去魯，孔子去魯，魯其衰矣，非誰之責哉。孔子為魯司寇，道不拾遺，商賈不豫賈，田漁皆讓長，而班白不負戴，因已化行而俗美矣。又說苑載，孔子為魯司寇，聽訟必師斷，又從如今之陪審制度，是足為當時之榮。其攝相七日，誅少正卯，益可見其為政之卓

歷屆發然、猶未若這三部分來者之要政績、尤足鑑人聞聽、亦令人心傾也。

四 與聞政治

冉子退朝。子曰：何晏也？對曰：有政。子曰：其事也。如有政，雖不吾以，吾其與聞之。

此言孔子返魯之後，以國老資格，猶有與聞政治之機會也。與聞政治與施行政治不同，施行政治必實際上有執行之權，與聞政治則但有以討論政治之得失、有發言權而無執行權。孔子自衛返魯之、雖不能用孔子、然猶尊崇禮遇待以國老、位蓋次大夫（見孔子生活）。國家遇有要政、往往與之諮商或訪詢其意見以資參考。觀於冉子退朝之晏，以有政對，孔子語之曰：其事也。如有政，雖不吾以，吾其與聞之。則孔子之國老猶有與聞政治之機會，藉此可以證明乎。

陳成子弒簡公。孔子沐浴而朝，告於哀公曰：陳恆弒其君，請討之。公曰：告夫三子。孔子曰：以吾從大夫之後，不敢不告也。君曰：告夫三子者。之三子告，不可。孔子曰：以吾從大夫之後，不敢不告也。

此言孔子返魯之後，以國老資格，盡其與聞政治之責任也。夫孔子返魯，雖以國老之優待，不得與聞政治，但實際上孔子已絕意政治，而專心著述，不願於政治上有所參預。惟陳恆弒君，關係於政教之大，國老有聞，不能不向其本國之君盡忠

告之義，是以沐浴而朝，慎重將事，以告於哀公，請伸討伐之義。其曰「以吾從大夫之後，不敢不告」者，即謂國之位次大夫，對於其政，既以身聞，不容不盡其責也。而要之其責亦僅至告而止，至伸討與否，則非其權之所及，故胡氏言以先發後聞，為未知國之所受之地位者何耳。

五　絕意政治

子曰：「道不行，乘桴浮於海。」

此孔子絕意於政治之表示也。懷遠大之謀期，而終鮮實行之機會，畏於匡，厄於宋，阨於陳蔡，困衛，有道之難容，而尼谿見阻，書社不封，而所如不合，此孔子所為絕意於政治，而有乘桴浮海之思歟。

子欲居九夷。

此亦孔子絕意於政治之表示也，其意與乘桴浮海同。九夷，馬融謂東方之夷有九種也。元菟、樂浪之鄉，雖東屠、倭、天鄙，東傳之國，且如鬱陵，自今日時勢觀之，夷固不可以居，即孔子時，東夷尚無此進化，而風氣要亦無塞陋，而非可以居者。然孔子於當其欲棄宗邦之國籍，而為海外之僑民，即亦以道不能行，而姑為憤語以寄慨焉耳。

子曰：甚矣吾衰也，久矣吾不復夢見周公。

此孔子嘆其志慮之甚衰，而絕意於政治也。夫孔子祖述堯舜，孔子之道，即堯舜之道也。允執厥中，垂為心法，豈以其假之舜、以其假之於禹、湯、文、武，而存周公之以其道輔周，致治太平，開萬代以來之制。孔子亦欲以其道行於世，故精思鑿明慌，然見周公於夢寐之間，精誠所感，神志遥與相通也。呂氏春秋博志篇云：孔子晝日諷誦習業，夜親見文王、周公旦而問焉，用志如此其精也。何事而不達？何為而不成？故曰：精而熟之，鬼將告之，非鬼告之也，精而熟之也。是則孔子之夢見周公，固其求與之時，欲行周公之道所致；及其已老，自知其志慮衰而不可以有為，遂慨然嘆，用是其絕意政治之由。孔子之身老，孔子之志衰，孔子之意固是以絕，孔子之感固是以無窮矣。

子曰：鳳鳥不至，河不出圖，吾已矣夫。

此孔子嘆夫聖瑞之不彰，而絕意於政治也。朱注：鳳，靈鳥，舜時來儀，文王時鳴於岐山；河圖，河中龍馬負圖，伏羲時出。伏羲也，舜也，文王也，皆古聖也。惟聖人在位，則靈瑞以彰。孔子有聖人之德，而無其位，周流列國，而莫我知，乎無奈柄鑿仲壯志，然其心固猶希冀其或能用世之一日也。豈道大而將難，歲知吾道之終窮，嘆斯夫聖將喪，天心莫屬，無可奈何，遂因當時之難，鬱而遂悲。夫伏羲之河圖，舜、文之鳳鳥，以為慨曰：鳳鳥不至，河

不如周公之美矣。吾人讀書至此，已矣夫之語，隱然見孔聖人之神采，仿佛覺孔聖人之氣沮，而生無窮之感。

喟、夫有天地悠悠之情，無涕下之慨矣，悲夫。

公山弗擾以費畔，召，子欲往。子路不說……子曰：夫召我者，而豈徒哉？如有用我者，吾其為東周乎。

此孔子絕意於仕路，有激而為之言，非其真也。蓋弗擾之據費，以周室為號，於是孔子感於諸侯之無意周
不激而亦欲往之意，固猶是浮海居夷之慨，而非必往之詞，故欲往者理為東周，實終不往者，意同

子路也。 孔子生活 採錄蔡遂軒

佛肸召，子欲往。

此亦孔子有激而為之言，非其真也。其意與欲往公山同，故雖有不磷不淄之語，其實究未嘗往。讀者宜匏瓜一語，知孔子之心黯然傷矣。雖然，匏瓜空繫，經綸莫展於當時，而木鐸子為教化且垂於後世，千載而下，讀孔氏之遺書者，孰不敬仰其為人，而推崇其政治哉。

論語一書，紀孔子絕意於政治之語甚多，因其不甚關於政要，故不備也。

結論

吾輩論語政學竟，不禁喟然嘆曰：孔子之政治哲學，精深博大，瞻矚卓傑，千載下能繼承其統者，惟我 總理一人而已。夫 總理之於政治，不惟大同思想，直接上承孔子，即其三民主義，實亦淵源於孔子之三無主義。何謂三無？曰均無貧，和無寡，安無傾是。均無貧，民生主義之所淵源也；和無寡，民族主義之所淵源也；安無傾，民權主義之所淵源也。將孔子之三無主義，為門弟子言，其人皆賢者，曾親炙孔子之教，是以能悟聖意，故孔子之言三無主義也，語殊簡括。總理之三民主義，為一般民眾言，處世雖其傳論，後世讀其遺書者，不啻曾為聞教言之太簡，欲悟為難故。總理之講三民主義也，語極詳贍，而學之三民主義，實淵源於三民主義也，固自無疑。不特此也，論語二十篇，以堯曰殿全書之末，其所言興滅國，繼絕世，非扶助弱小民族之意乎？修廢官，舉逸民，非實行選舉制度之意乎？所重民食喪祭，非解決民生問題之意乎？公則說一言，則更顯然揭示天下為公之義。果因不惟萬方有罪，罪在朕躬，述湯告天之文；百姓有過，在予一人，述周武誓民之語。總理倡行憲政，就職之典禮所由來也。然則堯曰一章，統孔子政治哲學之總，其即所以開 總理政治哲學之始乎？大哉 總理，大哉孔子。

獻哉曰：總理講民族固有道德，稱許大學格致誠正修齊治平之功夫，為吾國政治哲學中精微之理

論語之所以推重於世者，即因此，無他。總理謂民族固有道德為一般民眾所當注，以大學所言較有系統，而有易解，非若論語言為政之道也。蓋總綜其精粹班頒條，故於大學而不稱論語，獨大學而孔氏之遺書於大學之精微，即所以稱論語也，而亦無不可疑者。夫論語、孟書述至此者，又能不容欣我。總理之意以為論語曰如此精微開展之理論，任何國之政治哲學家皆未嘗見，且皆未嘗道及，若論語者，其我國政治哲學之智識中所獨有之至寶哉。

此稿為某生作，於民國二十六年國曆六月二十兩日呈送考試院考選委員會審查，歷十數月之久，由川來信，審查合格，認為專門著作，並於二十八年　月發給證書。今後是書著作權乃已允讓於某生矣。

二六九二五　耐冰

論語政要　完結

泰州市圖書館藏書

新生活解證

夏兆麐 撰

《新生活解證》，夏兆麐撰，據泰州圖書館藏《耐庵从著》本影印。

夏兆麐有《兩漢地方自治制度考》，已著録。

新生活運動是國民政府於二十世紀三四十年代推行的一場國民教育運動，新生活運動的核心思想是倡導禮義廉恥，把禮義廉恥結合到日常生活的食衣住行各方面。以生活藝術化、生産化、軍事化作爲實踐，目的是從人民的基本生活開始，改善其道德與行爲，進而達到復興國家民族的目標。新生活運動的綱領性文件是《新生活運動綱要》和《新生活須知》。本書是爲協助推廣『新生活運動』而編纂，首頁有新生活運動標幟和《新生活運動歌》，主要依據《新生活須知》分十節叙述，即新生活之準則，新生活與禮，新生活與義，新生活與廉，新生活與恥，新生活之食，新生活之衣，新生活之住，新生活之行，新生活之推行。内容分爲三類：新生活繹義，新生活集證，新民法戒録。體例是先列《新生活須知》原文，以下依次爲繹義、集證、法戒録。繹義依據《新生活須知》逐一尋繹其義，詳爲解釋。集證取聖經賢傳、先哲格言等爲新生活印證。法戒録選可爲新生活運動取法的古人懿行或可引以爲戒者摘要采録。新生活運動受到抗日戰争和國共内戰的嚴重影響，但此運動仍有一定的積極意義，如吸取傳統思想中有益的成分爲社會發展提供借鑒，仍值得當下人們重視，此書的集證與法戒録即具有此類價值。

（周　忠）

第一集之二

夏耐庵編

泰縣縣立圖書館

新生活解證

新生活運動標幟

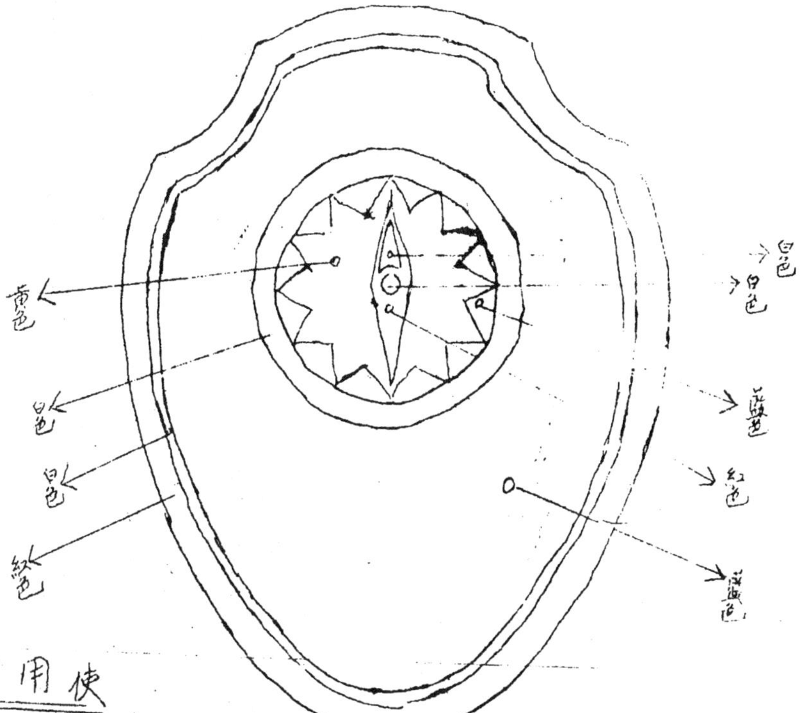

使用方法

(1)個人方面

凡參加新生活運動者均得佩帶此項標幟之徽章

(2)團體方面

一、机關團体學校禮堂及大門首均刊或油漆此項標幟

二、公函及郵電印蓋此項標幟圖識

三、各種商店採用為商標時須呈請新生活運動促進總會准許

四、娛樂場所公園火車輪船車站碼頭及熱鬧街區酒館茶樓浴室懸掛或粉刷此項標幟

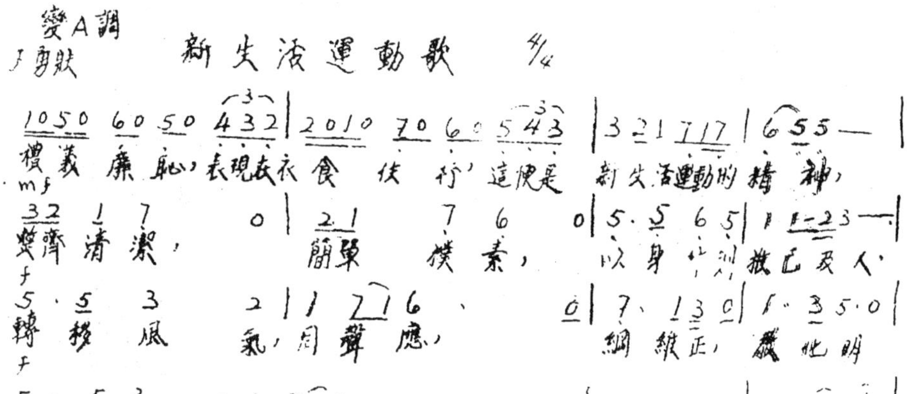

圖樣說明

一、上圖以盾為背景以指南針為中心

二、「盾」表示自衛「指南針」表示生活有一定的之準則

三、紅色表示奮鬥熱烈勇敢進取之精神

四、黃色表示光明大公無私之態度

五、藍白色代表青天白日之意

新生活解證

耐庵夏紹侯編　一

【編輯大意】

△一、本編以協助新生活運動爲主旨

△一、本編依據「新生活須知」分十節敍述

△一、本編內容分三類

△甲、新生活釋義依據「新生活須知」逐節或分數段「註」釋其義詳爲解釋是爲新生活釋義

△乙、新生活集證　取聚經賢傳及先哲格言家訓與夫名人言論足爲新生活印證者集於一編是爲新生活集證

△丙、新民法戒錄　取古人懿行與新生活適合足爲新民取法或言行不合新生活足引爲新民警戒者摘要錄之並略述編者意見如下冠以「編者曰」（「曰」字）是爲新民法戒錄

△一、新生活從規矩與清潔兩事行起其條目共九十有六本編於「釋義」內將各條目一一敍入以期一貫

△一、本編敍述之處知多未當敬乞　有道指正

第一　新生活之準則　【耐庵夏兆麐編】

森縣縣立圖書館

新生活解證

耐庵夏紹侯編　二

「新生活須知」原文禮義廉恥整齊清潔簡單樸素迅速確實共同一致食衣住行依此爲據既適衛生又合規矩民族復興但看此舉

〔釋義〕生活，即人生一切活動之總稱，故凡舊有生活之趨向，而企求其與時代及環境適合者，是爲新生活，實行新生活，所必當知悉者，曰禮，曰義，曰廉，曰恥，此四者中華民族固有之道德，而爲今時新生活之基本也，新生活以禮義廉恥爲基準，非可虛言已也，在在當求實踐，實踐之要項，如整齊如清潔，及簡單樸素迅速確實諸大端，凡爲中華民族之人民，當共同實踐，一致躬行，庶乎其有效焉，實行禮義廉恥，非必有奇異之行爲，特殊之舉動，於日常生活而外，別謂所有禮義廉恥，實即以禮義廉恥之素行，習於日常生活之中耳，衣也，食也，住也，行也，在在皆以禮義廉恥爲規律，依之據之，須與而不離焉，服膺而勿失焉，無一事不適於衛生，無一事不合乎規矩

，斯即禮義廉恥之實現也，重禮義，明廉恥，此我中華民族固有之道德也，自末俗澆漓、人心詭變，置禮義廉恥于不顧，固有之道德淪夷，社會遂日趨混亂，國遂日即於亡，而民族之地位，遂亦因之低落，時至今日，欲謀挽救，則恢復固有之道德，以求生活之更新，實居首務，嗟我民族，能否復興，不必於他事覘之，惟視此舉之實行與否耳。

（集證）

新生活解證　耐庵夏紹侯編　三

總理曰，「我們現在要恢復民族地位，就要把固有的道德，先恢復起來」，今蔣委員以禮義廉恥為國民生活之規律，即以總理恢復舊道德之微旨，而民族之復興，其基即肇於是，管子曰，「禮義廉恥，國之四維，四維不張，國乃滅亡」，今蔣委員長提倡禮義廉恥的規律生活，誠當今救國之要務也；

第二　新生活與禮

新生活須知原文，何者為禮，敬恭是主，守法循理，戒慎將事，和氣為容，善與人處，孝親敬長，克敦倫記，

（釋義）此節首二句釋禮之要義也，禮之用至廣而禮之體則至約，其體維何，曰，毋敬而已，禮以齊物，而所以齊之者敬，禮以肅物，而所謂肅之者敬，敬者禮之與，不敬則禮不行，敬與恭何別，敬誠於內，恭形於外，足恭之恭，似恭而非恭，以其不本乎敬也，敬恭是主，主恭實即主敬，主之云者，如僕於主，極其崇奉

新生活解證　耐庵夏紹侯編　四

，如賓於主，以為依歸，敬恭是主其義如此，守法循理，敬慎將事，此以禮自律之道也，法何法，國法也，從道德上言，約束人者為禮，從政治上言，種束人者為法，禮以束人之心，法法以束人之身，一國之人，當守一國之法，例如賦稅，國法也，國課早輸，即為守法，兵役，國法也，踴躍應徵，即為守法，保甲，自治法，亦國法也，連環互保，勉為好人，即為守法禮者，理也，有物理，有事理，接物循物

處於循事理，常存戒慎恐懼之心，不以幽閒中隨其意，不以急遽間略其文，戒慎將事，氣逾於此，

和氣肅容　善與人處，此以禮處世之道也，人與人相處，氣宜和，容宜肅，氣有語氣與色氣之分，語氣出於口，言辭慢褻，與人難堪，是語言之不和也，色氣衒於面，語不傷人，而色則厲，是態度之不和也，不和則忿，忿則失禮，不和則爭，爭愈失禮，故實行新生活，「說話態度要和氣」，惟於此有待說明者，態度，說話析言之，各各要和氣合言之，即此態度即說話之態度，其和氣實於同一時間見之也，容謂儀容，氣不可不和，而容不可不肅，正其衣冠，尊其瞻視，儼然望而畏之，卽肅容之義也，氣不和人將遠之，容不肅人將狎之，氣和而容肅，既以見學養之和平，亦以見豐裁之難犯，與人相處，其道莫善於此

新生活解證（五）

耐庵夏紹侯編

孝親敬長，克敦倫紀，此以禮睦族之道也，孝親之道，千經萬緯，撮厥大要，養體，孝也，養志，亦孝也，而養志為大，敬長之道，亦復甚多，侍坐有禮，侍食有禮，應對進退，亦莫不有禮，由孝親敬長而推之，則當友愛兄弟姊妹，盡手足之情，篤友于之誼，不以語言氣故而紛爭，不以析產多寡而涉訟，惟倫紀之克敦，自家之雍睦，晚近之世，非孝倡其謬說，父子且或爭權，見尊長而不遜，視兄弟而如仇，何惑乎風俗之日漸乎，實行新生活「見了長輩要敬禮」──「要孝順父母友愛兄弟姊妹」，末俗庶可挽救，民族庶可復興也。

新生活解證（六）

耐庵夏紹侯編

（集證）

曲禮曰，「毋不敬」，左傳「敬禮之輿也，不敬則禮不行」，禮以敬爲主，此其明證，

中庸，「戒愼乎其所不睹，恐懼乎其所不聞」，於不睹不聞之地，猶然傾惕，斯爲敬之至也，

論語，「君子所貴乎道者三，動容貌，斯遠暴慢矣，正顏色，斯近信矣，出辭氣，斯遠鄙倍

矣，一和氣嚴容，其爲君子之道乎，
曾文正公家訓，「養親以得歡心爲本，」白秋鄉家訓，「事親總在順字上用心，親言當始終遵守，一得歡心，養志也，體諒體貼親心，亦養志也，此皆養志之說，與古相合者，
朱柏廬治家格言，「兄弟叔姪，須分潤寡，長幼內外，宜法肅辭嚴，聽婦言，乖骨肉，豈是丈夫，重資財，薄父母，不成人子，」治家者能遵此訓，自能孝親，自能敬長，自能友愛

，一家能紀，未有不敦者矣。

（法戒錄）

夏原吉爲少保尚書，嘗與同列飲，夜歸値雪，過禁門，有不欲下馬者，原吉曰，君子不以冥冥墮行，（編者曰，過禁門下馬，法也，亦理也，雪夜何時，而不墮冥行如此，原吉之愼，其卽原吉之敬乎是可爲處事者法矣，）
劉寬性寬和，雖在倉猝，未嘗疾言遽色，（編者曰言何爲疾，色何爲遽，氣不和也，或疑遽色與嚴容近似，是殊不然，色遽者躁，容肅者靜，色遽者暴，容肅者嚴，其間固自不同，寬雖無在倉猝，未嘗疾言遽色，果何修而至此乎，噫難矣，）
曾子養曾晳，必有酒肉，將徹，必請所與，問有餘，必曰，有，（編者曰，古今孝子之多矣，而予獨舉曾子者何，以其能養志也，惟以養志，斯無所不孝，舉曾子可概其餘矣。）

第三　新生活與義

「新生活須知」原文，何者爲義，一心濟世，厚人薄己，不爭權利，急公忘私，，弗辭勞瘁，扶善除惡，以彰公理，
（釋義）此節首二句，釋義之要義也，夫博愛之謂仁，行而宜之之謂義，義固本乎仁也，惟本乎仁，故其一心所縈縈於中而不能釋者，厥惟濟世，禹思天下有溺者，由己溺之也，稷思天下有饑者，猶己饑之也，己饑己溺之心，卽濟世之心也，所謂仁也，本此仁心而行之得宜，

斯謂之義，故曰義者，一心濟世之謂也，厚人薄己，不爭權利，此重義而輕財也，夫義者利之反，尚義者輕利，非不知有利也，不爭利也，利爲人之利，固非所爭，利爲己之利而人奪之，亦不與較，待人者厚，待己者薄，利人得利己也，况且愈於利也，夫如是又何爭利之，利與權何別，權爲勢力所集，利爲財力所歸，析言之，權與利不同，然權所操卽利所在，爭權實卽爭利，不爭利自不爭權也，惟於此

新生活解證　九

耐庵夏紹侯編

有待說明者，不爭權利，爲一般人言之耳，若國家之權利所在，而爲外人所奪，則不容不爭，此不可不知也，

急公忘私，弗辭勞瘁，此見義而勇爲也，公謂公事，凡關於社會國家之事，皆公也，私謂私事一己之事也，急於公者，不顧其私，非無私事也，不以私事亂其急公之心，不以私事分其急公之力也，對於公事，行之惟恐不及，如救兵然，銜枚疾走，弗敢稍延，如救火然，聞訊趨赴，不敢稍緩，是謂急公，對於私事，則置之度外，淡然若忘矣，當其急公之際，惟知有公，不知有他，苟利於公，雖毀家不顧也，雖捐軀不惜也，惟義所在，不計利害，鞠躬盡瘁，死而後已，曷敢以勞瘁辭乎，

扶善除惡以彰公理，此仗義以執言也，善人則親近之，惡人則遠避之，此義所當然，然親善未必能扶善，親善處其常，扶善處其變，正人君子，被謗遭讒，甚且獲罪，親善者雖愛之而

新生活解證　十

耐庵夏紹侯編

莫敢過問，扶善者則抗言救之矣，避惡者未必能除惡，避惡在保身，除惡在去害，奸臣賊子，氣燄方張，勢不可遏，避惡者但遠之而悄然引去，除惡者則聲罪討之矣，其扶善也，非以戚族而偏私，非以友朋而阿好，知其爲善人而已，亦所謂公理也，其除惡也，亦不以戚族而枉法，亦不以友朋而徇情，知其爲惡人而已，亦所謂公理也，公之所在，卽大義之所存，仗義執言，公理彰而大義亦伸矣．

（集證）

張栻曰「學莫先於義，利之辨，凡有所為而為者；皆利也，非義也，吾人盡己其所為不必為已，故於權利一無所爭，」

董仲舒曰，「正其誼不謀其利，明其道不計其功」誼與道，公也，正其誼，明其道，急於公也，利與功私也，不謀利，不計功，忘其私也，急公忘私者當如此，不爭權利者亦當如此，

賈誼曰，「為人臣者，主爾忘身，國爾忘家，

新生活解釋

耐庵夏銘侯編　十

公爾忘私，利不苟就，害不苟去惟意所在」，古人所以能急公忘私者，惟尚義故耳

左儒曰，「古之義士，不枉義以從邪，不易言以求生，故臣能明君之過，以正杜伯之無罪」左儒以杜伯罪而王將殺之，仗義執言，不撓不屈，是真能扶持善類者。

（法戒錄）

許遜與寡嫂共田桑，推讓好者，自取其荒（編者曰，家庭間爭財啓隙者，今比比然矣，遜讓好取荒，何厚於人，而薄於己乎，毋亦義氣三激發使然耳，）

陳蕃既被害，友人朱震，棄官，哭之，收葬蕃屍，匿其子逸於甘陵界中，事覺，繫獄，合門桎梏，震受拷掠，誓而不言，故逸得免，（編者曰，哭葬屍骸，冒死以存其後，此俠義之行，殷墜變亂而後，有幾人哉，）

衛公子州吁，有寵而好兵，石碏子厚與州吁遊，州吁既弒衛公，碏遂殺州吁及厚，春秋美之

新生活解釋

耐庵夏紹侯編　十二

，以為大義滅親，（編者曰，石碏不私其子，視之猶手弟為害者，相去遠矣，凜然大義，不徇私親宜乎春秋，嘉其事而美之也。）

第四　新生活與廉

「新生活須知原文」何者為廉，既清且潔，嚴慎守有，操守有節辨別是非力排謬說，崇尚節約，以惜物力，

（釋義）此節首二句，釋廉之要義也，廉之義云何，明也，又潔也，廉者能定取舍，何者可以

取，何者可以無取，知之甚審，察之甚悉，有如懸鏡，不蔽於塵，何其明也，廉者以不貪爲寶，非分之財，不以玷其行，苞苴之路，不以沔其節，有以素絲，不染於色，何其潔也，既明且潔 廉之至矣，嚴慎取舍，操守有節，此廉潔之行也，取舍之間，人所易忽，不當取而取，陷己於不廉，不當與而與，陷人於不廉，夫廉者非必一無所取，以自己勞力換得以正當名義取得，斯可以取

新生活解證

十三

耐庵夏紹侯編

，反是則肆強暴以奪得之財，或倚賴人而坐享之利，固所不可，即人之施讓贈予，亦所不屑，推之「做買賣須要公平」，斗秤出入不均，價值增減隨意，或以欺物詐取入財，皆不可爲，是宜嚴慎其取舍，勿毀其操守也，操守云何，如操物然，拳拳服膺，而勿之失，如守扃然，嚴密關防，謹其出入，是謂操守有節，節之義何取，譬諸使臣，仗漢節而不降臥起操持可也，譬諸寡婦，守貞節以終身，誓死靡他可也

夫如是謂之潔，夫如是謂之廉。辨別是非力排謬說，此廉明之智也，凡是皆有是非，何者爲是，何者爲非，違乎禮義爲非，合乎禮義爲是，取予時，知其是而取之，知其非而舍之，辨別極嚴，此之謂明，故曰廉者明也，明於是非，則取予不苟，亦惟明於是非，聞正論始知其事而信仰之，聞謬說始知其非而力排之，夫謬說流傳，最足淆人聽聞，惑人心志，例如共匪，以共產之謬說，煽動愚民，愚

新生活解證

十四

耐庵夏紹侯編

民無知，一聞其說，心蕩神移，如飲狂藥，中其毒而莫救，如中瘋魔，受其害而不知，故非排之不可，且非竭其力以排之不可，排之以筆力，則痛駁其非，排之以武力，則聲討其罪，剷其除株，清其餘孽，謬說庶不復存在乎，然而非有廉明之智不及此也。崇尚節約，以惜物力，此養廉之本也，語有之，儉以養廉，節約，即儉也，用之不儉，則其心蕩，其行縱，揮霍之資，難乎爲繼，勢不得

保甲與新生活

曾勞苦

行新生活，提倡禮義廉恥，使民知守法循理，以民自為[illegible]民知擇善除惡，則民自不縱恣；使民知辨別是非[illegible]，則民自不惑于匪；使民知不因窮存[illegible]衛係，以民自不屈於匪，而且崇[illegible]戒除嗜好，以經濟寬裕，不[illegible]啟迪心，斯在匪之源塞與正衣履，端視聽，尚禮貌，則人格高尚，不墮異行，斯為匪類之漸杜其間。保一甲之中，人人實行新生活，安得有所謂匪類[illegible]有原身於其間，以為民害乎？自衛之目的，豈乎達矣。以言自治，[illegible]有個人自治、團體自治之分。甲內居民，衣食不治，騰衣不時，[illegible]而惟清係整齊之，是禮甲內居民舉止[illegible]讓，武整齊而[illegible]個規越之人。之是[illegible]個人[illegible]自治，所[illegible]鄰里和睦，同謀公益，以同保同甲之人，漢六為同之幸福，公共場所，遵守紀律，以同保同甲之人共同之方。斯為團體自治，各個人能自治，各團體能自治之大[illegible]。自治之基，而保甲法之目的，保持一切，結其目的，不可[illegible]。之期待矣，而且保甲法之目的，保持一切，[illegible]使人[illegible]為良善，不重禮樣，違其幸情，人民之行為，以為[illegible]為良善，[illegible]合乎禮義，加有為良善，不合乎禮義，廉加有為[illegible]善，新。

生活一方以正當之趨向，引入[illegible]正當之途徑，以保甲法又以藉新生活，以達其目的之願也者也。

綜上所述，保甲與新生活二者，實有相互為用之[illegible]，保國為我國固有之行政組織，廣新生活，提倡禮義，以廉[illegible]，係以救國[illegible]。

固有之民族美德，提倡而出新保甲重下層組織，以示別大上下相維，新生活重日常生活由淺入深，先後不紊，皆示實際而不贊高遠，其理多息息相通，余特提出保甲與新生活問題，以明其關係之所在云。

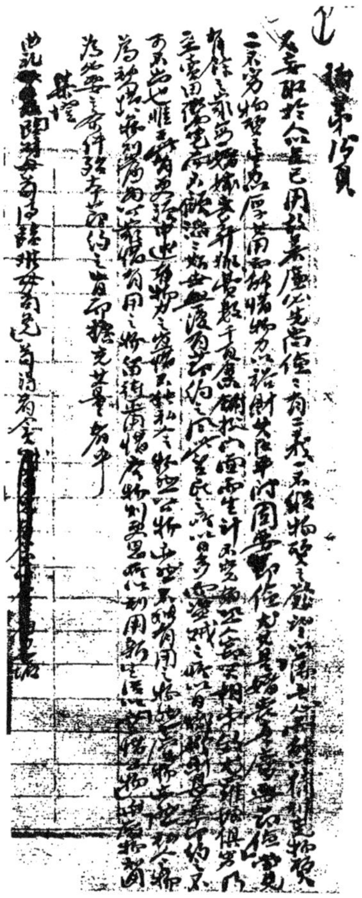

財，苟免者貪生，舍者忍垢，污辱極矣，何潔之有，

孟子，「可以取，可以無取，取傷廉，可以與，可以無與，與傷惠，」斟酌乎可與不可之分，際及界限，而適得其宜，非慎不可，尤非明不可，否則鮮有不傷廉，或傷惠者，

論語，「禮與其奢也，寧儉，」此孔子答林放之問也，矯正末俗，儉其要務乎，

馬融曰，「嫁娶之禮儉，則婚者以時矣，喪祭

新生活解證 十六 蔚庵夏紹侯編

之禮儉，則終者掩埋矣，」儉則各事節約，所費無多，故能如此，

顏氏家訓，「儉者，省約為禮之謂也，吝者，窮急不恤之謂也，如施而不奢，儉而不吝，可矣，」儉易流之吝，讀顏氏訓，更可去儉之弊，

許恆曰，「地方之生物有大數，人力之成物有大限，取之有度，用之有節，則常足，取之無度，用之無節，則常不足，」此惜物力以足用

之說也；於一國然，於一家亦然。

（法戒選）

楊震爲東萊守，王密夜懷十金奉公，公不受，密曰，無知莫若夜，震曰，天知，神知，我知，汝知，何謂無知。（編者曰，不欺幽闇，震之取於人者，愼且嚴矣，操守有節，其震之謂乎。）

吳隱之有淸操，雖曰晏歛菽，不饗非其粟，擔石無儲，不取非其道。（編者曰，非其粟不饗，則必是其粟乃饗，非其道不素，則志是其道乃取，是歟非歟，辨之必辨之明矣。）

那軒輗官浙江按察使，寒暑一青布袍，補綴殆遍，居常蔬食，妻子親操井臼，與僚屬約，三日出俸錢，肆市肉，不得過一觔，故舊至，食惟一豆，或具雞黍，則人驚以爲異。（編者曰，末世官僚，節儉者寡，故貪污者多，軒輗以身作則，率家人及僚屬皆儉，其儉德不可及矣，而其廉也，吾更敢於其儉斷之。）

新生活解證　十七　耐庵夏紹侯編

陶侃造船，木屑及竹頭，悉令舉掌之，咸不解所以，後元會，積雪始晴，廳事猶濕，於是以屑布地，及桓溫伐蜀，又以所貯竹頭，作釘裝船。（編者曰，竹頭木屑，廢物也，然造船爲公家事，則此廢物亦公物也，侃惜之，卒否有用；利用廢物莫侃若，愛惜公物亦莫侃若，侃之行誼不可及矣。）

第五　新生活與恥

「新生活須知」原文何者爲恥亦存羞惡不屑卑污尊事自處不甘暴棄力求進步不圖苟存甯死御侮

（釋義）此節首二句，釋恥之要義也，恥之義云何，恥，知也，知有羞惡之心，即恥也，羞與惡何別，已之爲行不當，而覺其可恥者，謂之羞，人之行爲不當，而覺其可恥者，謂之惡，羞惡之心，人皆有之，惟此心雖人所固有，而操則存，舍則亡，或存或亡，不必盡同，此心常存，是謂有恥，此心不存，是謂無恥，故

新生活解證　十八　耐庵夏紹侯編

曰恥者，心存羞惡之謂也。不屑卑污，尊重自總，此行已有恥也，夫人之行為，究以何事為可恥乎，有如乞憐巨室，雖奴顏婢膝而不辭，其卑甚矣，奔走豪門，雖舐痔吮癰而不惜，其污甚矣，不覺其卑污而泰然為之，是為無恥，如覺其卑污，而不屑為之，則為有恥，其不屑也，如以衣冠坐於塗炭，有望望然去之而已，雖然，此其人所以不屑卑污者何，無他，由其能尊重自總也，故自身之地

新生活解證　十九　耐庵夏紹侯編

位雖下，而天爵是崇，則布衣可傲卿相，自身之職業雖微，而人格不損，則縫工可為總統，我自尊我，我不自賤，我自重我，我不自輕，其自處也如是，當屑降至辱身而為卑污之事乎。

不甘暴棄，力求進步，此恥不若人也，昔人有言，舜何人，予何人，有為者亦若是，舜與予同是人也，予不若舜，以予無為也，予而有為，豈必不舜若哉，彼自謂不若舜者，直自暴自棄，不以不若人為恥耳，非有為者所甘也，有為者雖不若人，而必求與人相若，黽勉前進，有急起直追，道德不若人，則求道德進步，學問不如人，則求學問進步，其在國家，政治不若人，則求政治進步，文化不若人，則求文化進步，如登高然，進一級又進一級，如行遠然，進一程又進一程，繼續努力，以求貫澈，不輟於半途也，此之謂力求進步，不圖苟存，寧死禦侮，此知恥近勇也，外侮憑陵，逼人咄咄，

新生活解證　二十　耐庵夏紹侯編

肆其武力，以相壓迫，知恥者當具大無畏之精神，犧牲性命一切於不顧，以與抵抗，即如婦女，將為強暴所污，白刃相加，不從則死，惟置死生於度外，以與之拒，又如戰將，不幸為強敵所困，危城岌岌，不降則死，惟置生死於度外，以與之抗，尤其是國恥未復，屈處於強鄰鐵蹄之下，迫於無理之要求，困於不平之條約處此時期，權衡進退，別無他道，惟有抱寧死不屈之心以禦之耳，奮民族之精神，拒強鄰

鄰之武力，寧爲玉碎，不爲瓦全，毅然決然，無所瞻顧，此知恥所以近乎勇也。

(集證)

論語「巧言，令色，足恭左邱明恥之，丘亦恥之。」「巧令足恭，卑污之行也，故聖人引以爲恥。

孟子「不恥不若人，何若人有。」又「自暴者不可與有言也，自棄者，不可與有爲也。」一事事自甘於不若人，即爲自暴自棄，自甘暴棄，

新生活解證 二十

耐庵夏紹侯編

則無進步之可言，故力圖進步者，必不自甘暴棄也。

南史「寧爲袁粲死，不作褚淵生。」人惟具有寧死不屈之精神，始可以禦外侮，然非知恥者，無此寧死不屈之精神也。

(法戒錄)

南陽樊陵，求爲李膺門徒，膺謝不受，後以阿附宦官，致位太尉，爲志節者所羞。

唐賈肅子嘉問，謁時相，見一朱衣象笏，爲典

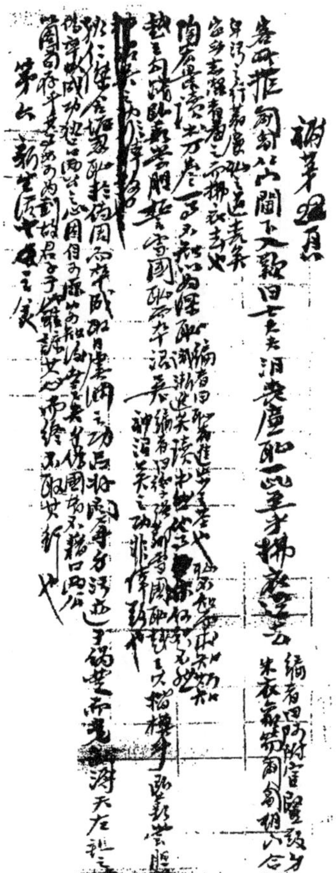

「新生活須知」原文，飲食養生，人之大欲，食貴定時，莫恣口腹，（原文条節甚長，今略分段釋之，下仿此）

（釋義）人非飲食不生，飢而欲食，渴而欲飲者，其天之性則，不飲不食，何以養生，雖然，飲食之所以養生者，特胃臟有消化力耳，若食無定時，或先時而食，或後時而食，胃臟之工作，勞逸不常，其組織必易於破壞，此實飲食上之最大錯誤也，是以一日三餐，宜有定時

新生活解證

尉遲夏紹侯編

二十三

．清晨七時早餐，中午十二時午餐，下午六時晚餐，最為適宜，雖近人有廢止朝食，或適午不食者，其所主張，未必無理，究不若一日三餐為當，若夫饕餮之徒，恣其口腹，喜吃零食，不顧衛生，而隨地隨時，欲食則食，多所耗費，在生計上固不經濟，在道德上更不規矩，實行新生活，「吃飯要規矩。」即其一端，而「不要吃零食。」其事雖微，所關甚大，未可以其近而忽之也。

禮記內則：「饘酏酒醴芼羹菽麥稻黍粱秫」，王船山注云：「饘酏五者，晨小食也，菽麥以下，朝夕食也。」淮南子云：「臨於曾泉，是為蚤食，次於桑野，是謂晏食，至於悲泉，是謂餔時。」此皆古人食有定時之證。

論語鄉黨，「不時不食」鄭注「不時，非朝夕日中時。」疏云：「一日之中三時食。」此又一日三餐各有定時之明證。

（法眼錄）

新生活解證

尉遲夏紹侯編

二十四

張夫人教女有法，長適呂希哲，一日，夫人往視之，見房後有釜鬲之屬，心甚不悅，曰，飲食必有定時，兒女子豈可私作飲食，壞家法耶。（編者曰：張夫人賢矣哉，私作飲食，事近平常，而夫人以為壞家法，恣口腹者觀此，當知所自飭矣。）

食具須淨，食物須潔，要用土產，利勿外溢。

（釋義）污穢之食物，腐敗之食物，其中易有黴菌，偶或不慎，誤入腹內，皆足致病而殺生，

實行新生，「物不潔不食。」「水不沸不喝。」推而至饐養濕熱之物，皆不以爲食，「桌椅要乾淨。」「碗筷要乾淨。」推而至鍋釜鏟刀之屬，亦無不乾淨，庶有合於衛生也。平常用品，要用土產，食具則杯盤碗盞，吾華不少名磁，可無須洋式，食物則魚肉菜蔬，各地儘多妙品，又何取西餐，用土產以保利源，亦新生活中之要務也。

（樂群）

新生活解證

二十五

耐庵夏紹侯編

鄉黨「食饐而餲，魚餒而肉敗，不食，色惡不食，臭惡不食，失飪不食，不時不食。」又沽酒市脯不食，不撤薑食，孔子於飲食必求其潔，蓋深知衛生之重要也。

禮記「豶其犬豕牛羊，實其簠簋籩豆刑羹」「犬豕之膳，土產也，簠簋籩豆，以竹木爲之，亦土產也，祭祀用土產，何論日常生活之食具與食物哉，朱柏廬治家格言：「器具質而潔，瓦缶勝金玉，飲食約而精，園蔬愈珍羞，瓦缶土器，極爲樸素，如其清潔，遠勝金玉，彼愛用舶來品爲食具者何爲乎，摘蔬剪韭，亦甚簡單，如善烹調，愈於珍錯，彼愛用外國菜爲食品者何爲乎。

（法眼錄）

魏收訪盧叔武，留收良久，食至，但有粟餐葵菜，木碗盛之，片脯而已。（編者曰，粟餐木碗，不尚奢華，土產潔清，益臻古雅矣。）

遇酒毋酗，食量有節，飲啗無聲，坐必正席，飯屑背稱

新生活解證

二十六

耐庵夏紹侯編

毋使狼藉。

（釋義）酒以合歡，非不可飲，惟不曰飲而曰酗，則飲之無節，不醉不休，其始也，或飲酒賦詩以爲雅，繼則由雅而失之濫，或舉杯邀月以示豪，繼則由豪而流於放，日醒時所不敢言，不敢爲者，醉則無所不敢，毀威儀，損身體，敗道德，與夫誤事結仇諸害，皆由此作，實行新生活，要「不酗酒。」不善飲者勿強之使飲，能飲者則各如其量，將滿即止，斯不爲酒困矣，

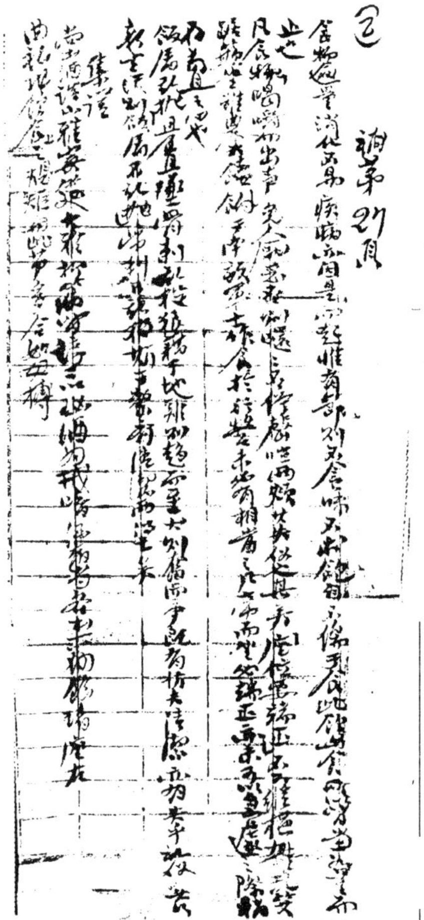

飯，（以手摶飯使易多食）毋放飯，（且食且墜）「毋流歠」，（大嚥大喝）「毋咤食」，（口舐脣舌作聲）「毋嚙骨」，（嚙骨惡其有聲）「毋反魚肉」，（復反於俎）「毋固獲」，（以箸撈取必得食而後已）「毋投與狗骨」，（免致狼藉引起犬爭）「毋揚飯」，（撥去熱氣因欲急食）「飯黍毋以箸」，（黍圓滑易狼藉）「毋嚃羹」，（用口吸食有聲）「毋刺齒」，（纖取餘食吐地）「毋嘬炙」，（一舉盡臠）皆足見古人食時規矩之嚴，而摶飯

新生活解證

二十八

蔚庵夏紹侯編

揚飯固獲嘬炙皆忌 期其食量有節也，咤食流歠嚙骨嚃羹皆禁，欲其飲嚼無聲也，毋放飯，飯黍無以箸，則飯屑不狼藉，毋刺齒，毋投與狗骨，則骨刺不狼藉，是皆可取證者。

鄉黨記孔子飲食上之生活，亦多可取証，「惟酒無量，不及亂，」此遇酒毋酗也，「肉雖多，不使勝食氣，」「不多食，」此食時有節也，「席不正不坐，」此坐必正席也。

朱子童蒙須知云：「飲食必節，毋求飽，毋貪

味，食必以時，非節假及尊長命，不得飲酒，飲不過三爵，勿至醉，」又云：「凡飲食必輕嚼緩咽，不可聞飲食之聲」，古人於飲食之規矩，自童子時，即一再致意如此，所以養其正也。

（法戒錄）

帝女令儀狄進旨酒，禹飲而甘之，遂疏儀狄，絕旨酒，（編者曰，飲旨酒而甘不為所困，且疏其人，絕其物，制欲有道，此禹之所以為大

新生活解證

二十九

耐庵夏紹侯編

聖乎。）

胡安國子弟，或出宴集，雖夜深不寢，以俟其歸，驗其醉否，以是為常，（編者曰，宴會流連，不醉無歸者，比比然矣，行安國之法，雖夜歸必驗其醉否，為子弟者，其知所謹乎。）

朱子退燕書齋，凡案必正，羹食行列有定位，匕箸有定所，（編者曰，退燕時自謹如是，則稠人廣坐中，必循循於規矩也，可想矣，後學宜取以為法。）

宴客聚餐，相讓舉箸，注意微菌，生冷宜戒。

（釋意）宴客之時，「碗箸要擺好，」勿縱橫錯雜而舉箸時，尤需講禮讓，每一菜進，必先奉客曰：「請」「請」不可爭先下箸，遇有嘉肴，或稔知客所深好者，愈當儘客舉箸，若狼吞虎咽，急於染指，斯失禮讓之道矣。

疾病之生，多由微菌，食品腐壞，其間易有微菌，固不可食，即未腐壞者，而烹調未諳其功，亦恐難滅微菌，故生冷食物，涼拌菜宜少食

新生活解證

三十

耐庵夏紹侯編

，水果如桃梨之類，飯後略食少許，或可助消化之力，收清潤之功，而多食則冷積肺腸，亦與衛生有礙，其皮上及核中，藏有微菌，尤宜注意，削之剔之，毋或稍忽，至夏日食瓜，人所同好，但非大暑酷熱，究以勿食為是。

（集證）

屠提學童子禮云：「凡飲食從容舉箸，以次著於盤中，毋致急遽，將肴蔬亂撥，安放碗箸，俱當加意照顧，毋使失誤墮地，」一舉箸間而

規矩如此，可以爲循循忽之乎，而以次著錄，毋致紊遝，則相讓之道，自寓其間矣。內則，「八年，出入門戶，卽席，飲食，必後長者，始教之讓，」飲食必讓，聚食時應盡之禮也，故當時卽教之。內則又云：「棗曰新之，栗曰撰之，桃曰膽之，柤梨曰攢之，」鄭注：「棗曰新之者，棗易有塵埃，恆治拭之使新，栗曰撰之者，栗蟲好食，數數布揀，撰，省視也，桃曰膽之者，桃多毛，拭去之，令色青滑如膽也，柤梨曰攢之者，恐有蟲，故一一攢視其蟲孔也，」棗栗桃梨，皆生冷食物，古未有微菌名詞，而拭毛去蟲，卽注意微菌之證。

新生活解證　三十一

耐庵夏紹侯編

（法戒錄）

鄭靈公食大夫黿，召子公而弗與之，子公怒，染指於鼎，嘗之而出，其後遂有弒君之禍。（編者曰，召食弗與，染指嘗鼎，兩不相讓，而卒有弒君之禍，孰謂飲食之微而遂可忽之乎。）

崔瞻在御史，獨登別室，備辦珍羞，裴御史往造，瞻不與交言，又不命匕箸，裴坐觀瞻食罷而退，明日，自攜匕箸，恣情飲食，（編者曰，主不命箸，客乃自斷，此名流之行徑，非禮讓之正軌也，有是主，有是客乃可，否則鮮有不因以啓釁者，豈惟失禮已哉，故君子不取焉。）

新生活解證　三十二

耐庵夏紹侯編

鴉片屏絕紙烟勿吸恥饕於人自食其力

（釋義）世人嗜好品甚多，而鴉片獨爲毒物，自此物輸入吾國，吾國頹惰之人益多，染其癖者，幽燈孤枕，朝夕相依，身不自由，百端俱廢，俾晝作夜，人具鬼形，國中多一煙鬼，卽少一壯夫，民族之精神，因是而衰，國家之勢力，亦因之而弱，近國府明令禁絕鴉片，無照私吸者嚴罰，有照者分期傳戒，務於最近四年中除之使盡，是誠民族復興之好機會，抑亦烟民自新之好生路，其可不遵御屏絕耶，至爲害有甚於鴉片者爲毒丸，毒丸之禍，不啻洪水猛獸

其應屏絕，更不待言，故本節但言鴉片而不及毒丸者，乃以鴉片概括之，非略也，至於鴉片者有紙烟，吸紙烟雖未定罪，但每人每年因吸紙烟所受之損失，較二十年前，每人吸鴉片之費，殆不相下，於個人生計，不無暗受影響，而全國人民吸紙烟者，不知幾千百萬，今試入都市而細意觀之，生活稍寬者且勿論，窮如小販子，亦吸紙烟，苦如搬運夫，亦吸紙烟，甚至街頭乞丐，亦無一不吸紙烟，成人且不言，

新生活解證

耐庵夏紹侯編　三十三

彼八九齡之童子，生育尚未發達，而無教育之家庭，或亦任其吸紙煙而不問，統計全國之損失，何可勝計，且紙烟味亦辛苦，中所含之少許毒質，足以刺激神經，在初時雖能鼓舞精神，而激之成癮，無異鴉片，非有含毒質之物刺激，則精神不振，身體以是衰頹，其他疾病，由是而起，事業因以無成，推其極將來吸紙烟者，人如更多，癮如更大，則鴉片之害雖除，而紙烟之流毒，或將繼武，故實行新生活一不

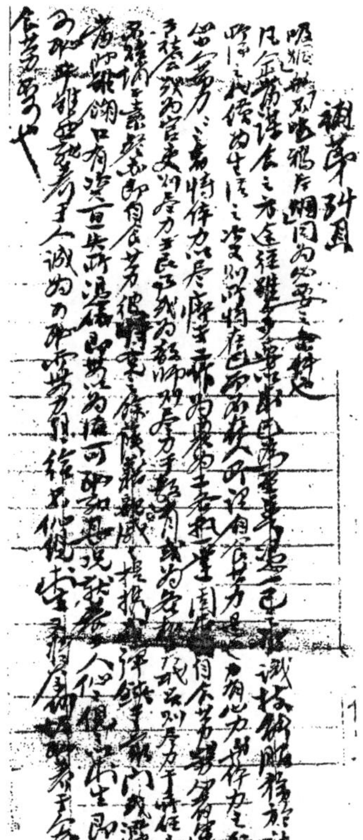

（集證）

彭剛直公云：「鴉片本屬毒人之物，吸食之人，荒時廢業，毀去傷財，是誠可憐可痛，」張文襄公云：「吸烟之癖，人人徂膩，家家晏起，怠惰頹靡，毫無朝氣，在官者不修其職，食力者不勤其業，循此不已，貧者益貧，弱者益弱」，兩公於鴉片之害，言之盡矣。

林文忠公勸戒鴉片云：「溺而知戒，不過困於一時，溺而不戒，必直徇以身命，」為人勸戒，當時鴉片雖未能禁絕，而公之精誠，自令人銘感不置。

新生活解證　二十五　耐庵夏紹侯編

（法戒錄）

齊大饑，黔敖為食於路，以待餓者而食之，有餓者蒙袂輯屨，貿貿然來，黔敖左奉食，右執飲，曰，嗟來食，揚其目而視之，曰，予唯不食嗟來之食，以至於斯也，從而謝焉，終不食而死。（編者曰，蒙袂輯屨不食嗟來，如斯餓者，能知恥養於人矣，而惜其未能自食其力，終以不食死也。）

漢周燮有先人草廬，結於岡畔，下有陂田，常肆勤以自給，非所耕漁則不食。（編者曰，亦耕亦漁，肆勤自給，是能自食其力者，即稱先人田廬，吾知燮亦必不以槁餓終也。）

第七　新生活中之衣

「新生活須知」原文衣服章身體貌所寄莫趨時髦樸素勿恥

新生活解證　二十六　耐庵夏紹侯編

（釋義）上古之民，未知衣服，取羽皮樹葉，障蔽其身，藉以禦風寒而已，固無所謂禮貌，自文化日進，人民以衣服為章身之具，儀容所繫，力尚雅觀，不僅蔽風寒已也，故實行新生活，「衣服要整齊」，與「衣服要乾淨」，皆必要條件，苟不整潔，人皆議於事後，或竟厭棄於當前矣，惟整潔與時髦有異，時髦者尚新奇，競關綺，或失之輕佻，或失之侈靡，整潔者但以整齊清潔為歸，布衣韋滑，樸素可風，有識者且稱其敦本務實矣，正無須恥不合時也。

（集證）

左傳，「衣，身之章也，」又「服之不衷，身之災也，」「詩云，「彼其之子，不稱其服，」衣服所以章身，惟趨時髦而不求稱，則災且隨之矣。

論語，「衣敝緼袍，與衣狐貉者立而不恥者，其由也與，」緼袍雖不若狐裘之美，然樸素可觀，吾行吾素，又何恥焉。

華貞尚先生家渤，「牀帳衣衾等物，苟完而已

新生活解證　三十七　耐庵夏紹侯編

，勿為多製，必尚樸素，以圖堅久，」衣服樸素者，較能堅久，趨時髦何為乎。

（法服錄）

梁武帝雖儉，而左右衣必須潔，嘗有侍臣衣帶卷摺，帝怒曰，卿衣帶如繩，欲何所縛，（編者曰，衣帶如繩，不整潔極矣，朝廷之上，觀瞻所繫，而無禮貌如是，無怪見怒於帝也。）

崔棍夫人治家整肅，貴賤皆不許時世妝，（編者曰，婦女趨尚時妝，甚於男子，而崔夫人不許家屬非時世妝，且貴賤皆然，最可為治家之主婦法矣。）

「新生活須知」原文衣服要簡便料選國貨注意經用主婦自做洗滌宜勤縫補殘破

（釋義）衣服式樣，隨時代而不同，寬袍大袖，與夫窄帶輕裘，在昔以為儒雅雍容，而不適宜於今日．居今之世，服式以簡便為要，而最適用者，莫若中山裝，製之合體，裁之得宜，態度既不龍鍾，工作尤為便利，乃今時最通行之

新生活解證　三十八　耐庵夏紹侯編

服式也，非軍人學生，尤以著制服為是，蠶絲之縊，紡織之功，吾國早已發明，衣服之原料，足供應用，自通商而後，製衣者多，購用舶來品，全國上下，惟鄉下老農，衣大布之衣，間有選用國貨者，通都大邑，男女衣著，其質料無非洋貨也．且有登台演講，勸用國貨之人，而試觀其身，亦在在皆舶來之品者，利源外溢，所損失多矣。

衣服經用耐久，不輕損壞，於經濟上至有裨益

製衣者注意於此，與若選用國貨，國貨樸素，雖不如洋貨之美觀，而經用則有過之，至若衣之製造，雖有縫工，可供驅遣，究不若賢之主婦，較爲經濟，每見富室巨紳，其主婦朝夕閒居，頤指氣使，不知縫紉爲何事，即尋常百姓之家，主婦懶惰，視針線爲賤務而不屑爲者，亦比比皆是，詎知縫紉紡績，本女子固有之技能，亦應盡之義務，主婦自做衣服，既可習勞，又可省費，其責不當旁貸也。

新生活解證

三十九

耐庵夏紹俊編

勝製新衣，既如前述，更有破舊之衣，苟不整理，而輕於遺棄，在經濟上則多損失，苟不遺棄，而仍著於身，則又失整潔之旨，實行新生活，舊衣要勤洗滌，「衣服破綻要補好，」一洗再洗，不少偷閒，其洗滌勤斯污穢去，衣雖路舊而自清潔，人不厭其舊矣，既縫又補，不路裂綻，其縫補勤斯破綻掩，衣雖已補而不散亂，人不厭其破矣，雖然，此洗與補之責，當屬何人耶，則亦曰，惟主婦之責耳，我欲主婦應注意者，尚有一事，則「小孩要乾淨」是也，衣服最易污穢，亦最易破裂，主婦有育兒之義務，對於小孩衣服之整潔亦當注意，故因洗補衣服連類及之。

（疏證）

論語子罕，「麻冕，禮也，今也純，儉，吾從衆，」惟簡乃儉，夫子從衆，取其簡也，又鄉黨云：「褻裘長，短右袂，」袂何故短，爲便作事，夫子短袂，取其便也，此爲衣要簡便之證。

新生活解證

四十

耐庵夏紹俊編

內則，「女子十年不出，姆教婉娩聽從，執麻枲，治絲繭，織紝組紃，學女事以供衣服，」織紝組紃，女子分內事，自做衣服，固所當然，又「冠帶垢，和灰請漱，衣裳垢，和灰請澣，衣裳綻裂，紉針請補綴，」澣濯縫補，亦女子應爲之事，即此可證。

朱子童蒙須知云：「著衣既久，不免垢膩，須要勤勤洗澣，破綻則補綴之，儘補綴無害，只

要完潔」古人於衣服之整潔，自當時即端其數如此。

（法戒錄）

趙武靈王胡服騎射而國以强，（編者曰胡服簡便，趙以之强，一服式之微，而與國有關，乃如此乎，是爲可不簡且便。）

公甫文伯退朝，朝其母，方績，文伯曰：以吾之家而主猶績，懼干季孫之怒也其母嘆曰，男女效績，愆則有辟，今我寡也，爾又在下位，朝夕處事，猶恐忘先人之業，況有怠惰，其何以避辟，（編者曰，主婦怠業，何以處辟，文伯之母，賢哉此懼，而勤於紡績，可謂賢主婦矣，

新生活解證

樹屏夏紹侯編　四十一

王思遠立身簡潔，諸客詣之，覘知衣服垢穢，方便不前，（編者曰，以客衣汚穢，遂不之見，思遠器重，殊失之隘，然衣垢不洗，有破不補者，觀此當知自返矣，

（新生活須知原文）拔上鞋跟扣齊鈕顆穿戴勿歪體勿赤裸集會入室冠帽即脫

（釋義）實行新生活，「鞋子要穿好，」「鈕扣要扣好」一部慢之徒，形骸放浪，往往跣其足而見客，亦或拖鞋曳履，不拔其跟，既非倒屣以迎賓，何必如斯之急遽，若下等勞工，衣雖有鈕而不扣，每致心胸外露，左右衣襟，紛披不潔，更何儀容之可言，此一般人所當引以自儆者也，

衣冠不正，穿戴歪斜，望之不覺可畏，就之愈覺可憎，所謂君子不重則不威者，此即不自重之一端也，故實行新生活，「帽子要戴好，」（裸體爲極野蠻之舉動，既未牽鄭伯之羊，何須肉袒，更未入東床之選，坦腹何爲，雖炎炎夏日，若浹背之汗流，亦應着汗衫以蔽體，甚至幽閨獨居，人所不睹不聞之地，亦必戒慎之謹，不可稍肆其心而遽裸其體，斯爲整潔之至，「在公場所要脫帽，」「進了房屋不戴帽，」其近日通行之規矩，此雖與古人不冠不見客，以戴

新生活解證

樹屏夏紹侯編　四十二

帽爲敬者精其，然古今異禮，損益可知，從俗從宜，不容拘滯。此郁郁乎文，孔子所從周也，帽之脫，其禮如是，

（集証）

朱子曰，「我先人常訓子弟云，男子有三緊謂頭緊，腰緊，脚緊，頭謂頭巾未冠者總髻，謂以條或帶束腰，脚謂鞋襪，此三者要緊束，不可寬緩；寬緩則身體皆爲人所輕賤矣，」一穿戴莫歪，則冠正者而頭緊，相齊鞋襪，則禁正而腰緊，拔上鞋跟，則鞋正而脚緊，深合男子三緊之義，

程董學則云，「衣冠必整，毋爲脆異華美，毋致垢敝簡率，如燕居，不得裸袒露頂，雖盛暑不得輒去鞋襪，」一裸謂赤足，關於衣冠簡率同爲禁忌露頂，今人重戴帽，時代不同，體俗各異，未可滯覩耳，

伯夷見冠不正，望望然去之，然何不教之使正柳下惠見袒裼裸裎，而油油與偕，何不教之使

衣，此矩範之言也，亦可爲本節佐證。

（法戒錄）

仇香有至行，雖宴居必整其衣冠，李道雖闇室，必整襟危坐，肅如也，（編者曰，仇李至行，不欺闇獨，是可爲善自飭勵者法矣），

呂希哲母教子事事規矩，希哲，甫十歲，日必冠帶以見長者，平居雖甚熱，不得去巾襪，（編者曰，見長者必冠帶，則穿戴不苟，雖甚熱不去鞋襪，則裸體必禁，呂母之家教肅然，是可爲教子弟者法矣），

胡安定弟子，隨材高下，善自修飭，容止往往相類，人見之須不辨，皆知爲安定弟子，（編者曰，材有高下，而皆教以修飭，容止遂多相類，是又可爲師儒之教生徒者取法矣），

「新生活須知」原文，被褥常曬，行李輕單，解衣附友，經帥衣褻，

（釋義）被古謂之寢衣，覆於上者爲被，寢於下者爲褥，名異而用同也，衣服求潔淨，洗濯必勤

被褥亦復如是，雖被褥之汚穢較難，次數較少，苟非時以日光，則汚穢將以久積而生黴菌，其酸臭之味，亦將刺激其皮膚而覺癢，惟晴日或隔二三日，即曝於日中，自免其弊，斯則「被褥要常洗常曬，」與衣服之勤洗，同爲需要者，行李爲旅行時攜帶之物，而以被褥衣服爲大宗，過於繁重，則舟車上下，極感其不便，運費增加，亦不經濟，而行篋纍纍，尤易啓盜匪覬覦之漸，古人慢藏之害，且亦當從輕裝爲上法

新生活解證　四十五

顧曉夏超侯編

，朋友爲倫理門，如之何可輕忽其行乎，「對朋友要講義氣，」尤其是對朋友，要善予周旋，或遇災害而周其急，或遭疾病而救死，或已死亡而托妻子，不以境遇之易其心，不以死生之隔忘其誼，貧寒者解衣相贈，便慷慨贈，不過對友之一端耳，然能解衣贈友者，在余已不多見，對寒暄之語，結交伊始，親熱如熾，酒肉朋友，稱兄道弟，且相徵逐，習以爲常，迨境遇既殊，則反顏若不相識，偶言借貸，其爲難之色，且將拒之於千里之外，而何論乎解衣，實行新生活，當力矯其弊，恤貧寒即以全友誼也，且由解衣而推之，則推食與友，凡可濟友之難者，皆當盡力爲之，更由解衣附友而推充其量，則衣被蒼生，以天下爲己任，亦新生活前途所應有事也，

（集證）

論語「子路曰，願車馬，衣輕裘，與朋友共敝之而無憾，」其義氣殊不可及，久爲傳誦云，

新生活解證　四十六

顧曉夏超侯編

「朋友之饋，雖車馬不拜，朋友死，無所歸，曰於我殯，」饋車馬且不拜，而友死我殯，以爲己任，一衣之贈，又何足云，史稱韓信饑餓，「王孫一飯，報以千金，」至今世知有漂母而不知姓氏者，因母施時無報望之心也，若望報而後施，是一味圖利而非仁人君子之心矣，」此可爲解衣附友者更進一解，

（汰戒錄）

魏人須賈使秦，范雎自微服詣先生，往謁賈，賈見其寒，取一綈袍贈之，（編者曰，憐范叔之寒，作綈袍之贈，賈其善全友誼者乎，）范堯夫取麥姑蘇，遇石曼卿，曼卿喪未葬，留滯丹陽，乃以取麥五百斛，悉與之。（編者曰，三喪未葬，困難極矣，麥五百斛，數不少矣，我贈以麥，彼葬其喪，堯夫之行誼至高矣，豈僅贈衣比哉，）晉荀巨伯，潁川人，遠視友疾，值胡賊攻郡，友

新生活解證

謝電夏紹侯編

四十七

趣巨伯遠避寇，巨伯曰吾遠來視疾，義所當然，子令吾去，是敗義以求生也，豈荀巨伯所爲耶，賊既至，問何獨不去，曰，友有疾，不忍委，寧以我身代友人命，賊相謂曰，我輩無義之人，而入有義之國，遂退，（編者曰，巨伯不忍棄友，甯以身代，卒能感格巨寇，義氣之爲用大矣哉，）楊憑得罪，朋友無敢從者，獨徐晦送至藍田，權德輿謂徐曰，君送楊憑，無乃爲累乎，徐曰

，晦布衣時，楊憑知我厚，今忽遠棄，甯忍無言而別，藏之嘆爲益厚，（編者曰世態炎涼，友獲罪，每趨避不遑矣，晦知己於布衣，謹贈言於臨別者，其辭，其厚如晦，一言之贈，不甚勝千金之拜乎，）漢朱暉與張堪善，堪託以妻子，暉以張爲先達，不敢對，自後不復見，堪歿，暉聞其妻子貧困，厚賑之，其子怪問曰，父平日未嘗與堪友，何忽如此，暉曰，堪嘗有知己之言，吾以信

新生活解證

謝電夏紹侯編

四十八

感心也，故踐之耳，（編者曰，予錄古人友誼多矣，其行徑各殊，爾一言知己，深許於心，不以生死忘其情，如朱暉者，高義爲尤足多也）

第八　新生活之住

（新生活須知原文）住居有定創業成家天倫樂聚敦睦比鄰

（釋義）人無居室，何以爲家，顧居室非易有也，必幾經辛苦經營，始克成家而立業，任創始

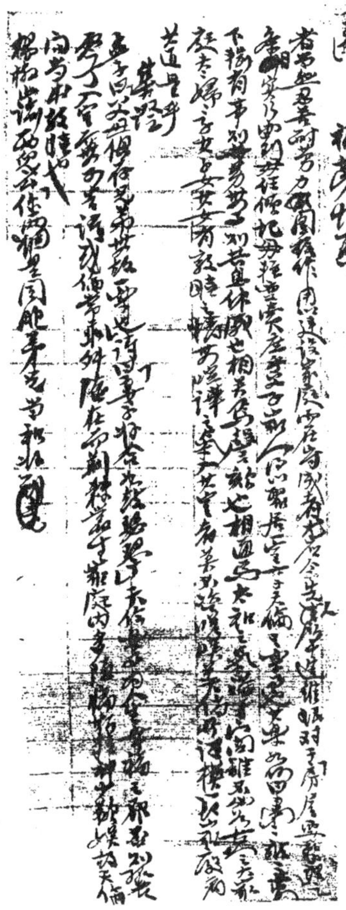

到老，不可各積私財，致啓爭端，不可因言語差錯，小事差池，便耳紅面赤，」此敦睦家庭之至語也，凡人能不以私財或語言細故而爭，兄弟間自無不敦睦者，

袁氏世範，「骨肉之失歡，有本於至微，而終至不可解者，止由失歡之後，各自負氣，不肯先下氣耳，朝夕群居，不能無相失，相失之後，有一人能先下氣，與之言語，則彼此關復，遂如平時矣，」此於失歡後，復求敦睦之道，

新生活解證

五十

耐庵夏紹侯編

言之甚詳，亦處家庭者所應知也，故併及之，

張楊園訓子語，「父子，兄弟，夫婦人倫之大，一家之中，惟此三親而已，不可稍有乖戾，父子尤其本也，」又云，「骨肉構難，同室操戈，天必兩棄，」家庭失歡，雖有袁氏之下氣，可以[illegible]，然究非上策，故終之以楊園語，俾人知家庭不可不睦，及不睦之害，

（治家錄）

唐張公藝九世同居，高宗臨幸其家，問能同居

之依，公藝書百忍字以進，（編者曰，九世同居，敦睦之誼，誠足風勵薄俗，然事實上手足繁衍，互有賢愚，強以同居，或生倚賴之心而不能自立，或啓乖離之漸，而時起齟齬，合而反，不如分而和，小家庭制度，或較大家庭為勝，吾人羨張氏之能忍，正不必效張氏之同居也。）

（新生活須知原文）黎明即起漱口刷牙剪甲理髮沐浴勤加

新生活解證

五十一

耐庵夏紹侯編

（釋義）一家之人，黎明即起，以理家務，晚亦早眠以資休息，是為「早起早睡」古人觀起之早晏，知家之興衰，誠以起早則神清，事事從容有條不紊，起遲則神乏疲，事必惝恍，貽誤滋多，而在家長，尤為不可，倘東窗日上，猶作睡鄉，視明相候而未不知，僮僕為奸而主不覺，少年子弟相率效尤，家政之衰，有斷然者，既起之後「要吸新鮮空氣，」庭前小立，娛快精神，「手臉要洗乾淨，」洗面與手，去其舊污，「要漱口，」「並要刷牙，」口不漱則酸臭之氣味，充滿口中，咽之入胃，有礙衛生，且一啟而臭氣觸人，易遭厭惡，牙不刷則食物微屑，久匿牙縫，足以腐蝕牙齒，齒時發不除，人亦惡其不潔，惟漱以已涼之沸水，則口臭除，刷以精細之牙粉或食鹽，則牙穢去，於衛生與儀容兩得焉，

指甲太長，易積污垢，微菌亦易雜入，以手取食物，微菌隨之入口，足以致病，作事不便，

新生活解證

五十二

耐庵夏紹侯編

尤其次也，故「指甲要常剪，」頭髮不理，蒼蒼者盈顛，茸茸者滿鬢，殊妨儀容之謂何，故「頭髮要梳理，」何謂沐，洗頭是，何謂浴，洗澡是，實行新生活，「要洗頭，」「常常要洗澡，」且須勤勤為之，否則於儀容與衛生，均不合也，

惟吾於此有須贅言者，儀容固以整潔為要，但亦必樸雅可觀，不得薰衣剃面，傅粉施朱，為市井兒，浮蕩之態，作紈袴子浪漫之形，轉招

諸也，
（集証）內則，「凡內外雞初鳴，咸盥漱，衣服，斂枕簟，灑掃室堂及庭，布席，各從其事，」又云，「凡子事父母，五日則燂湯請浴，三日具沐，其間面垢請靧，足垢請洗，」古人早起，清潔其身，於此可証。
蔣文端公聰訓齋語，「居家最宜早起，倘日高客至，僮則垢面，婢則蓬頭，庭除未掃，灶突猶寒，大非雅事，」是可爲晏起者戒，曾文正

新生活解證　五十三

耐庵夏紹侯編

公家訓，「治家以不晏起爲本，」又云「欲去惰字，總以不晏起爲第一義」又云，早晨要早起，覺曾高祖考以來相傳之家風，吾父吾叔，皆黎明即起，」曾公於早起再三諄囑如此，其重要可知
顏氏家訓，「貴遊子弟，無不熏衣剃面，傅粉飾朱，駕長簷車，跟高齒屐」屠提學童子禮，梳髮必使光整，勿散亂，但須敦尚樸雅，不得爲市井浮薄之態；古人分絜潔之中復防流弊如此，此亦吾人所當注意者，

法戒錄

周宣王嘗晏起，姜后脫簪珥，待罪於永巷，宣王遂勤政，成中興之業，（編者曰，早起勤政，天下中興，治家何獨不然，是在賢主婦之能覺悟耳。）晉祖逖劉琨同宿，中夜聞荒雞鳴，蹴琨覺曰，此非惡聲也，因起舞，（編者曰，聞雞起舞，古人勵志，必自早起始，今革命尚未成功，凡吾同志，努力於建設事業者，當

新生活解證　五十四

耐庵夏紹侯編

振作精神，聞雞鳴即起也）
何文端公居京師，同年詣之，日晏未起，久之乃出，客曰，尊夫人亦未起耶，答曰，然，客曰，日高如此，內外家人未起，一家奴僕，其爲奸盜詐偽，何所不爲耶，公瞿然，自此至老不晏起，（編者曰，晏起之弊，賢者不免，何論常人，然公一聞同年之語，即終身不復晏起，勇於改過，正自不可及也）
（新生活原文須知）走路取材必擇國產，牆壁勿汚

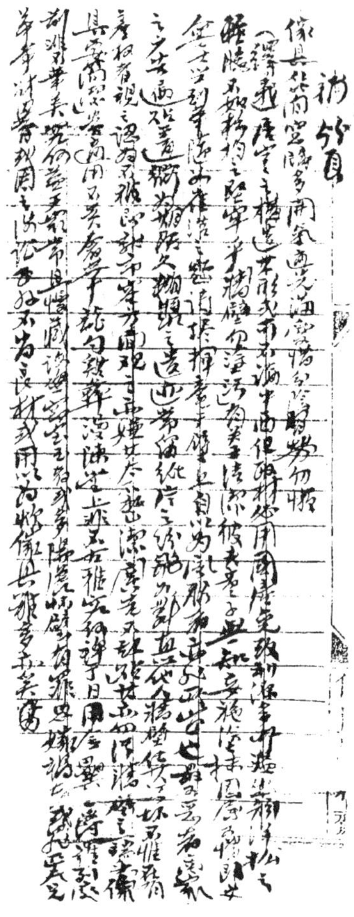

新生活解證

九十六

爾竈夏紹侯編

以爲，是不如擇必需之品，略購之以供用，較爲妥善也。

昔人居室，以幽邃爲主，鮮注意於透日光，通空氣者，尤其是鄉村人家，居室作悶葫蘆式，但求謹愼，不開窗牖，縱有小窗，亦甚狹隘，俗謂之馬眼窗，窗名馬眼，其小可知。故一入其室，黝然黑暗，如入囹圄，終年不見日光，空氣閉塞而不流動，居其中者，無愉快之精神，遑乏高尚之思致，實背新生活，「居家要清靜、」「窗戶要多開，」一空氣流通，日光充滿，有益於衞生者不少，惟居家之際，心神上當要求清靜，而身體則未可過閒，過閒則筋骨鬆懈，肢體疏懶，一旦置身社會，恐不堪任大事，況人生不過數十寒暑，朝夕勤勞，猶懼無可成之學問，無可就之事功，無可傳之名譽，有限光陰，豈容等閒虛度，空白少年之頭。古人愛惜分陰，恆習勞以鍛鍊身體，斯吾人所當則效者也，

（集說）墨子，「聖人作爲宮室，高足以避潤濕，中足以御風寒，上足以待霜雪，」古人營屋之用意至深，獨於空氣日光，尚未之及，豈古人拙而今人巧耶，文化之遞進，其發達應如是也。古諺：「一寸光陰一寸金，寸金難買寸光陰，」光陰之寶貴，乃轉於黃金，其可不愛惜乎。華佗謂吳普曰，「人體當勞動，則食物易消，血脈流動，戶樞，蠹，流水不腐，以其動也，」

新生活解證

五十七

耐庵夏紹侯編

勞動之有益於人，如是如是。

（法戒錄）陶侃在廣州，朝運百甓於齋外，暮運於齋內，人問其故，曰，吾方致力中原，過爾優逸，恐不堪事，又嘗語人曰，大禹聖者，乃惜寸陰，至於衆人，當惜分陰。（編者曰，陶侃惜陰，習勞運甓，以是卒爲名臣，今國府令公務人員，公餘運動，殆亦恐其過逸，而不堪任事乎，）

（新生活原文須知）當心火燭謹慎門戶莫積垃圾莫留塵土廚房廁所尤須淨掃捕鼠滅蠅通溝清道

（釋義）治家之道，在消極方面，火燭最爲緊要，星星之火，可以燎原，倘灶下遺薪，燃燒未盡，不幸發焚如之禍，居廬什物，一炬成灰，雖悔亦復何及，餘若兒童戲火，爆竹催年，冬夜圍爐，薰籠如熾，以及紙煙之尾，隨手輕拋，皆爲起火之媒介，家長宜時勤檢點，以絕禍根，門戶不慎，宵小乘人不備，入室竊物，或

新生活解證

五十八

耐庵夏紹侯編

昏暮進門，潛藏僻處，以待夜深，施其妙手，其在富室，狡黠之僕輩，不肖之兒孫，往往乘夜啓扃，潛圖私事，商家則小夥不良，乃藉便溺之名，清晨啓戶，竊其貨物以出，亦所恆有，是宜每日黃昏，躬自攜燈，內外巡視，屋宇多者內嚴宜關，外重官鑰，深宵人在睡鄉，一聞聲響，宜即起而巡邏，清早人俱未醒，不許擅自開門，斯爲謹慎之至，平居之時，「房屋要常常打掃，」若垃圾不除，塵土不去，蕪穢雜

陳，家庭不潔，無論客至皺眉，卽自視亦嫌觸目，且垃圾塵土，積於宅內，易藏病菌，故非打掃不可。打掃之時，先洒清水，免其飛揚，旣掃之後，當用畚斗撮起，將「垃圾倒在垃圾桶內，」俟其滿而去之。至家具上之塵埃，宜時時用濕布抹之，忌用鷄毛帚及乾布拂拭拍打，此居家者，所宜注意也。

廚房爲作食之所，廚房不潔，食物亦難由而潔，故「廚房要乾淨，」灶上之湯汁，固須勤抹，

新生活解證　五十九

耐庵夏紹侯編

灶下之煤灰，尤須勤掃，殘炙餘羹，不可隨意棄地，以致蚊蠅飛集，廁所爲積污之地，尤易傳疾病，故「廁所要乾淨，」糞坑須加木蓋，常以煤屑或石灰及他種消毒藥水傾入，減少臭味與疾病傳染之危險，

此外預防疾病之事，有宜注意者，曰，「老鼠要捕殺，」曰，「蒼蠅要撲滅，」鼠身跳蚤，能傳染鼠疫，厥症甚危，當用捕鼠器以捕鼠，牆壁下時洒火油，以滅跳蚤之源，蠅喜附糞逐臭其脚及身上之毛，粘帶病菌，飛停食物之上，每易傳染霍亂等症，當用蠅拍以拍之，使不爲害，蠅之外有蚊，傳染疾病，亦甚爲害，實行新生活，旣捕鼠而滅蠅，則「蚊子要撲殺，」更不待言，本節但言鼠與蠅而不及蚊者，非略也，言蠅而蚊可知也。若夫陰溝不通，道路不潔，則污穢之水，潮濕之氣，醞生微菌，中於人身，亦必致病，實行新生活，「溝渠要常常疏通，」「家家要打掃門前街道。」諺有之，各人

新生活解證　六十

耐庵夏紹侯編

自掃門前雪，不管他人屋上霜，從片面說，自掃門前，於他人則不之管，其量似未寬宏，從全部言，各人有各自應掃之門，卽各門有各自應掃之人，誠能各人各自掃門，則無一家之門前不掃，正無復須他人代掃，且人自掃門前，將來擴充其量，未必不能爲人代掃，則以各掃門前爲起點，於義至當，今國府淸潔運動，以「各掃門前」爲第一淸潔週，豈無故哉，

（集證）

典禮，「凡爲長者糞之禮，必加帚於箕上，以袂拘而退，其塵不及長者，箕自鄉而扱之，」少儀，「汜掃曰掃，掃席前曰拚，拚席不以鬣，執箕膺擖，」古人重視洒掃如此，其重視清潔可知，管子弟子職，「凡拚之道，實水於盤，攘臂袂及肘，堂上則播洒，室中握手，執箕膺擖，厥中有帚，入戶而立，其儀不忒，執帚下箕，倚於戶側，」以洒掃爲弟子必修之業，故嚴其矩度如此。

新生活解譯　六十一

耐庵夏紹侯編

朱柏廬治家格言，「黎明即起，洒掃庭除，要內外整潔，既昏便息，關鎖門戶，必自檢點，」此勤洒掃並慎門戶之證，而當心火燭，亦即在檢點門戶之中，無待煩言矣，釋名，引說文云，「廁，清也，至穢之處，宜常修治使清潔也，」廁所之宜掃除，自古然矣，國語，「雨畢而除道，」古人於雨後，排陳積水，即清道之義，惜此行於雨後，不若今日之清道者，至爲周密耳，

（法戒錄）

陳蕃家貧，屋宅蕪穢，人或譏之，曰，大丈夫當掃除天下，安事一室，（編者曰，蕃，賢德君子也，大丈夫當掃除天下之語，吾未嘗不壯其志，然必謂室可不掃，似未足爲訓也，）永某氏以生歲值子，鼠爲子神，因愛鼠，不畜貓，倉廩庖廚，悉以恣鼠不問，由是室無完器，椸無完衣，晝纍纍與人兼行，夜則竊齧鬭暴

新生活解譯　六十二

耐庵夏紹侯編

愈甚，（編者曰，永某氏愛鼠不殺，人知其恣，食齧衣，與人兼行之爲害，而烏知傳染疾疫，爲害且甚，是烏可以不殺，）郭原平居宅下濕，遶宅爲溝，以通淤水，（編者曰，原平通溝去汚，深合清潔之義，孰謂古人之衛生，不逮今人哉，）

（新生活須知原文）和洽鄰里同謀公益互救災難阻症防疫

（釋文）鄰里與身家關係至爲切近，平時之境遇

如何，個人之性情如何，彼此均深知悉，倘和治而無間言，則有無可以相共，緩急可以相需，雖有周親，而遠處他方，不若居鄰之較近，非無契友，而會晤苦少，不如同里之相依，而且保甲制行，十戶結連環之保，可互勉爲良民，守望盡相助之情，亦可深資得力，遇有公益，則共策進行，同謀發展，卽如前所述通溝瀆道之類，獨行或有礙而難成，合辦則衆擎而易舉，遇有災難，則互相幫助，互相救卹，卽如

新生活解證

六十三

耐庵夏紹侯編

前所述門戶火燭諸事，偶然失愼，鄰人努力消防，有賊窺探，鄰近聞聲趨走，推之鄰舍猝罹急症，手足更無所措，延醫求藥，在在皆可相幫，此急難時之相助也，至於疾疫未作，先事預防，則又不可不共謀良法，卽如天花傳染，爲禍甚烈，每見閭里小兒，偶因未種牛痘而出天花，左右近鄰，小兒女以常相往還之故，此傳彼染，遂無一能免者，實行新生活，大家「要種痘防疫，」以免傳染，有不種者，在右鄰人，語以利害，無力者則勸令人施醫所種之，俾疾疫無由而作，是亦在居鄰者所宜曉也，

（集證）

論語「子曰，里仁爲美，擇不處仁，焉得知，」又「德不孤，必有鄰，」左傳，「非宅是卜，惟鄰是卜，」詩，「洽比其鄰，」德鄰仁里，情洽意和，固古人之所貴也，

孟子，「出入相友，守望相助，疾病相扶持，」

周禮，「五家爲比，十家爲聯，五人爲伍，十

新生活解證

六十四

耐庵夏紹侯編

人爲聯，四閭爲族，八閭爲聯，使之相保相受，刑罰慶賞，相及相共，以受邦職，以役國事，以相葬埋，」所謂國事，非公益乎，所謂葬埋，非救難乎，古人處鄉里間，遇公益則同謀，遇災難則互救，卽此可証，又周禮，大札移民，亦防傳染，重民命之意，

（法戒錄）

管中書何琦尚節，豐約鄰里共之，（編者曰，和鄰里何難，雖在環境不同，斯情難契合耳，

豊約於共，斯難者不難矣。）

范叔孫同里范式先，父母兄弟七人，同時疫死，惟餘式先，病又危篤，喪尸經月不收，叔孫悉爲殯埋，（編者曰，一家疫死七人，存者病且危篤，誰則爲之過問者，叔孫悉殯其喪，死者感其恩矣，式先雖病，無復以喪尸繫念，存者拜其惠矣，尸久不收，疫氣愈結，埋之則尸居餘氣，不復害人，同里受其賜矣，叔孫一舉而備數善，行誼自足千秋，而惜夫未得預防之道耳），

新生活解證

六十五

耐庵夏紹侯編

（新生活原文須知）國有紀念家揚國旗敬旗敬國升降循規

（釋義）人有恆言，國家國家，不有國，何有家，國家紀念，機關團體，固應行規定之儀節，居家者亦當懸掛國旗，以資紀念，國旗爲一國之標幟，敬旗卽所以敬國，遇國有喜慶事，則旗上升以誌賀，如國民政府成立紀念，總理誕辰紀念之類是，遇國恥國難日，則下半旗以誌哀，如總理逝世紀念及國恥紀念皆是，國旗之或升或降，定有成規，凡爲國民，皆當致敬，新生活條件，所謂「升降國旗要敬禮，」是也，

（集証）

周禮，「司常掌九旗之物名，各有屬以待國事，」旗各有用，國旗用爲一國之標幟，故敬之，

鄉黨，「入公尺鞠躬如也，」禮記「下公門，式路馬，」古以君主爲一國代表，故人於君主處器，悉行敬禮，公門君所在，路馬君所乘，以是敬之，民國以國旗爲一國標幟，故對國旗，宜深致敬，

新生活解證

六十六

耐庵夏紹侯

（法戒錄）

蘧伯玉敬於事君，至闕，輒下車，衛靈公夫人，聞車聲而知伯玉至焉

漢張湛能竭翊歸平陵，望寺門者下步，或勸勿下，湛曰，禮，下公門，式路馬，父母之國，

，所當敬禮，唐苗晉卿入壺關，望縣門輒步行，或問，曰，公門當下，況父母之邦乎，（編者曰，三君子者，其知禮乎，禮主敬，三君子敬公門如敬其上，焉得謂非知禮，敬旗即敬國，亦即此意，）蘇武使匈奴，匈奴欲降之，武不屈，仗漢節牧羊，臥起操持者凡十九年，（編者曰，漢節，漢之標幟也，仗漢節不屈，臥起操持，武敬漢

新生活解證

耐庵夏紹侯

六十七

節，實武之敬國也，然則旗爲一國之標幟，對國旗者當致敬禮，夫何疑，）

第九　新生活中之行

（新生活須知原文）行是走動，行亦作爲，舉止穩重，步武整齊，

（釋義）行有兩義，走動謂之行，作爲亦謂之行，先執走動，言舉止不穩重，則輕浮氣習，溢於蛙步之間，人望之，將譏其躁矣，步武不整齊，或趦趄而不進或迅疾而如飛，皆不合於規矩，古人周旋中規，折旋中矩，於行動間見禮儀，今雖不必彷彿古人，而步武之整齊，則在所必要，其餘關於舉止與步武上，所不可不注意者，如「走路不要爭先」以崇禮讓，「走路不吃東西，」以肅儀容，「走路不要大喊，」「免惑人而淆聽，」「走路誤碰他人，說聲對不起，」免觸怒而相競，此皆實行新生活必要之條件也，

（集稿）

新生活解證

耐庵夏紹侯

六十八

典禮「坐如尸，立如齋，」「立必正方，」「室中不翔，」「堂上接武，堂下步武，」「遊毋倨，立毋跛，坐毋箕，寢毋伏，」「登高不指，城上不呼，」一篇之中，於舉止行動間，不憚再三言之如此，其重視也可知，玉藻，「足容重，手容恭，目容端，口容止，聲容靜，頭容直，氣容肅，立容德，色容莊，」坐如尸，此皆言容止之宜端重也，賈子，「若夫立而跛，坐而蹁，體怠惰，志驕

傲，叄視數顧，容色不正，動靜不以度，妄吐唾，疾言噍氣不順，皆禁也，」此又言容止不端重之宜禁也，

曾文正公家書，諭紀澤云，「余嘗細觀星岡公儀表絕人，全在一重字，余行路，容止，亦頗重厚，蓋取法於星岡公，爾容止甚輕，亦最大弊病，以後宜時時留心，行坐均須重厚，」又諭紀澤紀鴻云，「舉止要重，發言要訒，須終身牢記此語，」曾公訓子，拳拳以重厚兩字如

新生活解證 六十九

耐庵夏紹侯

此，輕率者，宜熟識之，

（法戒錄）楚屈瑕伐羅，鬥伯比送之還，謂其御曰，「莫敖必敗，舉趾高，心不固矣，」後果大敗，（編者曰，「舉趾之微，而足覘成敗焉，舉趾其可不重乎，」）

（新生活原文須知）乘車搭船上落莫擠先讓婦孺老弱扶持

（釋義）旅行之時，「車站買票，要一個一個順着走，」「上下碼頭，上下車船，要一個一個順着走，」不可爭先擁擠，每見舟車抵埠，嘈雜紛紜，上者爭上，下者爭下，上與下交爭，甚且舟車停頓未妥，而因一時擁擠，車客則猛躍而折肢，船客則失足而墮水，危險往往發生，竊賊更乘機胠篋，婦孺老弱，以體質或年齡之關係，行動較難，故旅客「對於婦孺的禮讓，」「上下車船，要幫助婦孺老弱，」恐其顛蹶，宜速扶持，座位缺乏之時，當即起而讓坐，此出

新生活解證 七十

耐庵夏紹侯編

外旅行之規矩也，

（集証）周禮，「修閭氏禁以兵革趨行者，與馳騁行於道中者，」「銜枚氏，禁囂嘆鳴於國中者，行歌哭於國中者，」「司虣禁出入相陵犯者，」囂呼擁擠馳騁疾行，與夫陵犯爭先，古人從消極方面，以禁令制之，今從積極方面，以禮讓化導之，其方法殊而收效同也，

紀大奎曰，「子弟須從小約束，長幼必示之有

序，不可任其先後踰越，」卜落貫辦，惟不踰序者能之，故從小宜教子弟有序，

椒山遺囑，「與人相處之道，間行走勿擇好路，當讓人不使人讓我，」孝友先生朱從執背誦弟子曰，「終日讓路，不逾百步，終身讓畔，不失一段，」此兩賢皆以讓路誨人，能守其訓，自無爭辯之事，

（法戒錄）

鄭簡公使大夫聘於荆，於狹路有婦人來車，與

新生活解證　七十一

耐嚕夏紹侯編

大夫遇，擊折車軸，大夫怒，將執而鞭之，女曰，妾聞君子不遷怒，不貳過，今狹路之中，妾之避也亟矣，而子大夫之僕，不肯少伺，是以廢大夫之車，而反執妾，豈非遷怒哉，不怒僕而怒妾，豈非貳過哉，（編者曰，鄭大夫不避婦人來車，致擊折車軸，此不知禮讓之所致也，而猶遷怒貳過，無感乎為婦人所責也，」

「新生活須知原文」走路靠左，胸部挺起，兩目平看，端能聽視。

（釋義）道路之間，行人雜遝，照常擁往，頗易相撞，尤其是馬路上汽車飛駛，電掣風馳，偶不留心，即發生危險，故「走路要靠左邊走，」至行路姿勢，胸部當挺然直起，毋彎其腰，毋曲其背，否則傴僂而前，無抖擻之精神，現龍鍾之老態，委靡不振，固有損於儀容，胸部不寬，亦有妨於健康，不但行時不宜，即坐時亦不宜也，故「行坐要正直，」

存乎人者莫良於眸子，胸中之正與不正，恆流

新生活解證　七十二

耐嚕夏紹侯編

露於眸子之中，兩眼惟向前平看，則視聽自然端正，若左顧右盼，流動無常，則人議其輕佻矣，瞻後瞻前，多所顧忌，則人知其畏葸矣，鄉村之子，入城會癡獃，穿窬之賊，視物則目灼灼，於視聽間可以覘人格，關係至非淺鮮，實行新生活，「眼要向前正視」者此也，至聽之不正，或側耳而傾聽，或隔垣而竊聽，均非正道，亦宜禁之，

（集証）

禮記，「道路，男子由右，婦人由左，」古者男女之別嚴，故男右女左，今時男女平等，而交通之情形，較繁於昔，故以靠左邊走爲要，

禮記又云，「國君綏視，大夫衡視，士視五步：「視上於面則傲，下於帶則憂，傾則姦，」兩目平看，實爲一般人之定則，論語，「非禮勿視，非禮勿聽，」戒非禮所以端聽視也，

（法戒錄）

新生活解證　七十三

——耐庵夏紹侯編

單子會韓子於戚，視下而言徐，叔向曰，單子其死乎，後果如其言，鄭悼公如晉，授玉於東楹之東，士貞伯曰，鄭伯其死乎，視流而行速，不安其位，後亦驗，（編者曰，單子視下，鄭伯視流，而有識者斷其必死，視之關係於人也大矣哉，）

金日磾見漢武帝，美人滿側，日磾不竊視，呂大防自少持重，無嗜好，過市不左右遊目，孫奇雖獨處幽闇之中，容止瞻望，未嘗傾邪，（編者曰，金日磾不竊視於帝側，難矣，然猶或懍畏天顏也，呂大防不遊目於市中，無君威之可畏，而自飭如此，較難得矣，然猶在稠人廣衆中，恐茲物議也，孫奇於幽闇中容止瞻望，亦未嘗傾邪，不欺幽獨，則難之又難矣，蓋視聽者其必以是爲極則乎，）

新生活解證　七十四

——耐庵夏紹侯編

「新生活須知」有文「拾物還主，相識見禮，遇喪知哀，觀火勿擠，」

（釋義）物如有主，非我有者而取之爲盜，不必其穿窬而入人室，執刃而刼於途也，人失物而我拾得，當思此物如爲人所必需，而一旦遺失，或與生命有關，若僕奉主命將事而失其物，勢必受主人之嚴責，於生活上亦大有妨礙，故「拾到東西，交還原人，」方爲正辦，交還之時，或急起而追予之，或佇立，以靜待其尋覓，皆無不可，平日相識之人，如鄰室，如親朋，「早晨相見，要說你早，」由此而類推，則「相別」時，要說再見，」雖「你早，」或「再見，」僅寥寥兩字，爲語平常，而情意殷殷，與人有

禮，即可於此，平常言語間見之，否則默默無言，熟視而若無睹，人將議其不知禮矣，「人有喪事勿嬉笑，」當靜默以表哀思，嘗見世俗弔喪，於喪家劇談大笑，縱論是非，若忘其爲弔喪來者，更有喪主留弔，不過盡其主誼，而弔客乃舉杯暢飲，竟賭酒以示豪，其爲失禮，更不待言，至若「隣人失火要幫救，」亦新生活中必要之條件，救火時，有一分力，盡一分力，勿謂杯水車薪，無濟於事，勿謂匪我宅甚

新生活解證

七十五

耐庵夏紹侯編

遠，於我無妨，遂拱手勿顧，作隔岸觀火之態，尤忌幸災樂禍，從而說短論長，議失火者之不是，以爲當受其災，平日有私仇者，或竟引爲快事，斯則喪心病狂之行爲，不僅僅無禮己也，柳宗元賀王參元失火書，乃有激而發，未可以爲訓，其他類此之事，如見人「打架要解勸，」「不可壁觀成敗，尤不可從旁激動，冷語挑唆，使相打者益增其怒，而親作調排，暗存偏袒，如俗所謂拉硬勸者，則尤不可，在途次

見人跌倒要扶救，」尤其是負載於途，或推車致遠者，偶爾失足，尤當急往扶持，彼夫澆薄之子，見人傾跌而不之救，輕而嘲笑於旁，甚以戲謔之語，皆新生活中所不許也，曲禮，「適墓不登壟，助葬必執紼，臨喪不笑，望柩不歌，入臨不翔，」又「隣有喪，舂不相，里不殯，不巷歌，適墓不歌，哭日不歌，」此遇喪當哀之證，論語，「子食於有喪者之側，未嘗飽也，子於

新生活解證

七十六

耐庵夏紹侯編

是日哭則不歌，」不飽不歌哀可知矣，史搢臣願體集，「隣有喪，不可快飲高歌，至新喪之家，不可戲談大笑，對新喪人，不可狎褻戲謔，」弔喪如是，盡禮盡哀之至矣，呂氏鄉約，患難相恤條，水火項下云，「小則遣人救之，甚則親往多率人弔之，」又死喪項下云，「闕人則助其幹辦，乏財則賻贈借貸，」此種條約，今可於保甲制度下行之，

（法戒錄）

樂羊子嘗行路，得遺金一餅，還以與妻，妻曰，妾聞志士不飲盜泉之水，廉者不受嗟來之食，況拾遺求利乎，樂羊子大慚，乃捐其金於野，（編者曰，樂羊子之識，何不其妻若也，然聞諫而即捐金，其勇於遷善，固亦有足多者矣，）

新生活解證　七十七

耐庵夏紹侯編

漢王烈居鄉，感化一盜牛者，後拾白布一疋，堅守路旁，交還原人，（編者曰，以盜牛之人，而一旦化感，即不拾遺，視常人爲尤難矣，而坐守交還視捐金於野者，用意尤善，）武進章可繼，經行白鶴溪，有客策馬而前，墮一囊，中有金二百，可繼拾之，追還不及，待於途，或勸其歸，可繼曰，人失此金，性命不保，吾豈利其有，未幾，客覺而返覓，可繼知爲遺金者，叩其數，俱驗，竟還之，客曰，我以此辦公事，非公我且斃矣，因酬以金，可繼不受而去，（編者曰，可繼不拾遺，恐傷人命，其居心也仁，人勸不從，立志堅守，其堅決也勇，返金叩數，以免誤，其周密也智，一舉而智仁勇兼備，豈僅僅廉而已哉，）王純詣京師，一書生疾甚，以後事相託，未及姓名而斃，純鬻其腰下金營葬，以餘金置棺下，後悉訪還其子，（編者曰，書生死矣，鬻金營葬，已盡人情，而猶置餘金於棺之下，待其子訪還，純之節不尤足多乎，故錄之爲行新生活者法，）

新生活解證　七十八

耐庵夏紹侯編

南朝賈恩居喪未葬，爲鄰火所逼，恩及其妻柏氏號哭奔救，鄰近互助，棺櫬得免，（編者曰，居喪遇火困難極矣，不有鄰近互助，棺櫬其何以免，則甚矣救火之不可不力也，）「新生活須知原文，」噴嚏對人，吐痰在地，任意便溺，皆所禁忌，（釋義）對人噴嚏，唾花飛濺，人既惡其不潔，已尤嫌其不恭，是宜於將噴嚏時，取巾掩護，更附首內傾，不使人見之生厭，痰涕與便溺遍滿於地，當時固汚穢難堪，而受日光之曝晒，

釋風氣之播揚，微菌與塵土齊飛，惡臭與飯香競勝，人於一呼一吸之間，無形傳染疾疫，於衛生上殊多妨礙，實行新生活者，「不要到處吐痰，不要隨地小便，」應與整潔之道有合也，

（集釋）

內則「子婦在父母舅姑之所，不敢唾洟，爲不敬也，」又「父母唾洟不見，」謂拭除之也，

（法戒錄）

新生活解證

七十九

耐庵夏紹侯編

昔有中國公使，於美國船中，隨意唾洟，並吐痰於貴重之地氈上，船主惡其不潔，以自用之絲巾，拭氈去痰，遂疑中國人之不潔，大都如此，（編者曰，此總理民族主義第六講所敘之事實也，以一人之不潔，而使全中國人蒙羞，吾人能不引以爲戒乎，）

「新生活須知原文，」公共場所，遵守紀律，就位退席，魚貫出入，莫作吵鬧，莫先搶說，聞黨國歌，肅然起立，

（釋義）公共場所，非私宅比，不可任一己之意，處置其間，關於一定之紀律，當然護守，就位時魚貫而入，退席時魚貫而出，當順序進行，所謂「公共場所，出出進進，一個一個順着走，」是也，其餘遵守紀律尚多，以言乎規矩，則「開會看戲要靜肅，」「坐船坐車，不要高聲談笑，」「飯館茶館，不可大聲喊叫，」恐妨公共之安寧，不敢喧嘩而放肆也，以言乎清潔，則「字紙不丟在馬路上，」「果皮不隨地亂拋，」

新生活解證

八十

耐庵夏紹侯編

「脫衣服不掛在椅上，」皆是，其公共場所，應注意清潔之處，如「車站碼頭要清潔，」「公園戲院要清潔，」「飯館旅館茶館要乾淨，」「洗澡堂理髮室要乾淨，」因與公衆衛生有關，故必清潔其場所，且此等地方果能清潔，則顧客遙臨，招徠較易，於營業上亦有裨益，雖然，欲求公衆衛生，當先自各個人能衛生，始人人時時要講究個人的清潔，」而後對公衆地方，始能清潔，即如公共場所，管理者誠當注意清潔

亦必顧客人人注意清潔，不使公共之地，成爲垃圾之堆，則公共場所，自然清潔矣，

至於公共場所，人雜言龐，有時因意見不合，發生爭執，可各述其理由，聽衆公決，「不要開口罵人，動手打人」，「凡事要講道理，不要吵鬧」，「開會之時，發表意見，」「說話態度要和氣，尤須依次陳說，人甫發言，當「等人家說完再說」，「不可搶先」，又開會之時，「唱黨國歌，要肅立，」以致敬意，不可作簡慢之態度，

新生活解說 八十一

耐庵夏紹侯編

此與敬黨國旗，同一意也，

（集證）

典禮「禮不妄說人，不辭費，不踰節，不侵侮，不好狎，」能循禮節，守紀律，自無所用其吵鬧矣，

古諺「孔子家兒不知罵，曾子家兒不知鬭，」不罵不鬥，何吵鬧之有，胡達源弟子箴言，「傳舍者，天下之舍也，而或破壞之，驛馬者，天下之馬也，而或鞭箠之不顧其後，唯君子知有之公，當惜天下之物，「往來公共場所，能知此有公德心，自無有不遵守紀律者矣，

（法戒錄）

叔孫若所館，雖一日必葺屋，去之如始至，

郭林宗行宿逆旅，輒躬洒掃，及明去，後人至，見之曰，此必郭有道昨宿處也，（編者曰，叔孫若葺館屋，郭林宗躬洒掃，潔治旅舍如此，是皆守公共紀律者，）

第五倫客河東，更姓名，稱王伯齊，載鹽往來

新生活解說 八十二

耐庵夏紹侯編

太原王黨，所過輒糞除而去（編者曰，斯過糞除，是能清潔公共道路者，孰謂吾國人無公德心哉，）

「新生活須知原文，」約會守時，做事踏實，應酬戒繁，嫖賭絕跡，

（釋義）往來交際之間，「約會要守時刻，」若逾時後至，或竟失信而不來，在已則爲無信，在人則久坐靜待，使之悵望不歡，且使誤工作時間，更受無形損失，今人犯此病極多，更有假

作時髦，姍姍來遲，以爲宴會多而難於遲至者，甚尤妄誕之至，至於做事當審慎於先，腳踏實地而後進行，若立足點不穩，其事即不可爲，今人每喜作投機事業，思獲益於例外，此其人行險僥倖，雖未必無成功於萬一者，而究非做事之正軌，此實行新生活者所不取也，交際應酬，置身社會者，原不可免，惟無謂壽酬上所慣有事也，而普一稱觴，普九稱觴，則近濫矣，賀生子，亦應酬上所慣有事也，而

新生活解證　耐庵夏紹侯編　八十三

彌月有酒，週年有酒，則太繁矣，納妾非正婚，而亦分投喜柬，幼殤無異禮，而亦妄發訃聞，在當事者不免藉端斂費之嫌，在酬贈者不無過分趨承之誚，故無謂之應酬，必須減少也，嫖賭爲不良之惡習，其始多因交際而起，客有登徒子癖，則不能不與之選色征歌，客好牧豬奴戲，則不能不與之呼盧喝雉，藉嫖賭之場，爲結交之所，祇求博得人之歡心，而不問其事之當爲與否，積久成爲習慣，則自身陷溺於情場賭窟之間，舍此別無所事，更非此無以爲歡，因是而毀名譽　誤事業，敗道德，乃至傾家而蕩其產，或且傷其體而戕其身，是亦大憐矣，實行新生活「不要去嫖賭，」於情場賭窟，絕跡不涉，庶乎其有合焉，

（集證）

論語，子曰，人而無信，不知其可也，「約會不守時刻，亦無信之一端也．

許相卿曰，「姻親饋遺，歲只一往，還來亦只

新生活解證　耐庵夏紹侯編　八十四

一受，而必却，」一往一受，若却許多無謂應酬，總訓齋語，「在京師，席之費，動逾數十金，徒有應酬之勞，而無酬適之趣，不若以其費濟困賑急，爲人我利溥也，」「一應酬所省之費，如此用去，最爲正當，陸桴亭思辨錄云，「人能常知此身之貴，則念此身之重，則自能不淫於色，」又云，「見利思義，見色亦當思義，若能思義，則男有室，女

有家，自不得一毫亂動，」嗜嫖者當三復斯言，

唐翼修云，「由鬭鶡弔之類，染習既久心志蕩佚，奸人誘之必流賭博，父母宜婉轉啟諭，子弟宜深思猛省，」（父訓兄勉，責任家庭，蓋嘗論博弈也，「當其臨局交爭，勝負未決，專精銳意，心勞體倦，人事曠而不修，賓旅闕而不接，甚或賭及衣服，辱身易行，廉恥之意弛，而忿戾之氣張，妨時廢業，終無補益，「

新生活解說　八十五

耐庵夏紹侯編

博弈之弊且如此，矧其他賭博之事，害有甚於弈者乎，（淡成錄）

陳太邱與友期日中行，過中不至，太邱舍去之，後友至；太邱子元方，年七歲，戲於門，友問元方，尊君在否？答曰，久待不至，已去矣，友怒曰，非人哉，與人期行，相委而去，元方曰，君與家君，期日中不至，則是失信，對子罵父，則是無禮，（編者曰，約期不至，失信在己，而猶責人見委，由捐在友，聞元方之言，安得不慚而謝乎，）

范式，山陽人，少游太學，與河南張劭友，並告歸里，式謂劭曰，後二年，當過拜尊親，乃共刻期，及期，劭白母殺雞炊黍候守，母曰，二年之別，千里結言，何相信之審耶，劭曰，巨卿信士，必不失期，及期果至，（編者曰，約會守時，難矣，二年之別，千里之遙而能不爽其約，則尤難，式之賢不足多乎，而殺雞炊

新生活解說　八十六

耐庵夏紹侯編

黍，敬待故人，深信其必至，是則劭之為人，亦必能守信者矣，）

鄭綺簡家法甚嚴，遺訓，倡優不許入門，違者以不孝論，屏諸家譜之外，（編者曰，娼優入門，淫之徵也，閨門淫蕩，婦女或且不貞，子弟荒淫，更何待論，禁其入門以絕淫行，鄭公之識遠矣，）

陶侃在官，諸參佐或以談戲廢事者，取其酒器蒱博之具，悉投之江，吏將則加鞭朴，（編者

日，賭博誤事，爲害至大，投其身於孖，著惡之甚也，吏將加以鞭扑，警效尤也，近國府嚴禁公務人員賭博，殆亦恐其廢職耳，」

第十新生活之推行

「新生活須知原文，」生活革新，乃除惡習，最先着手，規矩清潔，由簡入繁，由淺入深，先公後私，推己及人，由近而遠，由小而大，逐漸感化，力行勿懈，公務人員，在校學子，以身作則，率先做起，示人模範，彼此督勉，則

新生活解證　八十七　耐庵夏紹侯編

歸家庭，次爲宵境，父訓其子，兄教其弟，夫婦相勸，朋友互勵，不費金錢，不耗時日，運動完成，風氣移易，爰告國人，一致努力，

「繹義」統上數節觀之，生活之革新，初無他道，乃於日常生活，除其舊有之惡習，以期適合時代與環境而已，此其中事項雖多，而最先着手進行者，今惟兩事，即規矩與清潔是，新生活推行之程序，有先有後，簡也，緊也，淺也，深也，別其度，私也，公也，已也，人也，異其序，近也，遠也，小也，大也，分其程，逐漸推進，感而化之，實力素行，勿稍懈怠，久之而其效自著矣，新生活推行之方式，一在團體，一在家庭，要各盡其職，團體方面，如公務人員，在校學子，常以身作則，先於衆而實行，藉爲模範之資，更盡督勉之道，家庭方面，則父子兄弟夫婦之間互相訓勉，至於朋友亦互相勸勵，不須消耗金錢，利用休閒之時日，完成新生活運動

新生活解證　八十八　耐庵夏紹侯編

，將來風易俗移，道淳化洽，固有之道德以振，斯民族之復興有望，但在今日進行伊始，非共同一致，努力前進不可也，爰爲兩語，以告國人曰，生活需待革新，民衆務須努力，

（集證）

禮運，「孔子曰，大道之行也，天下爲公，選賢與能，講信修睦，故人不獨親其親，不獨子其子，」「貨惡其棄於地也，不必藏於己，力惡其不出於身也，不必爲己，是故謀閉而不興，

竊亂賊而不作，故外戶而不閉，是謂大同，」盜竊亂賊之不作，由於大道之行也，講信修睦，道德俱失，極其功效，可致大同，是則蔣委員長提倡禮義廉恥之規律生活，用以復興民族，固不難剋期而見效矣，

總理曰：「大學中所說格物致知誠意正心修身齊家治國平天下那一段話，把一個人從內發揚到外，由一個人的內部做起，推到平天下止，像這樣精微開展理論，無論外國甚麼政治哲學家

新生活解證 八十九

——耐庵夏紹侯編

都沒有見到，都沒有說出，這就是我們政治哲學的智識中獨有的寶貝，是應該要保存的，」按大學格致誠正與夫修齊治平之功，重在「知所先後，」故總理推崇如此，今蔣委員長，提倡新生活，以禮義廉恥之素行，習[illegible]行之常事，淺深繁簡，先後之程序，致[illegible]功效，足以易俗移風，而民族之復興，亦[illegible]基於此，蔣委員長[illegible]大學之真[illegible]而[illegible]承總理之遺教者哉，（[illegible]）

泰縣縣立[illegible]館

瑞芍堂讃著

夏兆麐 撰

《瑞芍堂諧著》五卷，夏兆麐撰，據泰州圖書館藏《耐庵从著》本影印。

夏兆麐有《兩漢地方自治制度考》，已著録。

此書收録夏兆麐作品，以雜文爲主，有少數詩詞歌賦。按創作年代分爲丙辰、丁巳、戊午、己未、庚申、辛酉、壬戌至丙寅，共七集，作於民國五年（一九一六）至十五年間。每集都有目録，與正文不盡相同。諧著即諧趣之作，收入的作品嘲諷社會中的奇聞怪事，揭露現實生活中諸多不合理的現象，特别是與時事政治相關的作品，如《戲擬督軍反對廢督宣言書》《戲擬直皖調停團宣言書》《半截的統一》《搗蛋議員》《包辦選舉公司通告》等。文章尖酸辛辣，幽默風趣，如《天津大水之利用法》，方法爲練水兵、建水族館、設水牢。《米荒救濟法》，方法爲提倡肉食主義、提倡減食主義、提倡細腰法、提倡長眠法。《蘇督之决定法》，方法爲求籤法、投標法、捐官法。《發財新術》，新術爲當兵、作賊、做鬼。《拔毛藥保證書》，適用於軍人，適用於官吏，適用於富翁。此類作品通俗易懂，富有时效，當爲夏兆麐爲報紙雜志專欄等所寫的雜文。

（周　忠）

瑞芍堂諧著目錄 丙辰

擬董猷子供詞

供得荊州座上、許王粲以長吟、明道門前、容楊時之小立、既虛心而下拜、斯聚首以高談、是以列門牆者咸慶登龍、瞻山斗者彌殷附驥、某識字酸丁、著名猷子、遥遥華胄、誇直筆於先人、卓卓家聲、理下帷之舊業、人笑參乎之魯、倒老痴頑、我如回也之愚、生平好學、披大中華雜誌、三復之心已傾葵、讀飲冰室叢編、百拜分頭如搗蒜、摸範久欽北海、瓣香敬祝南豐、志切景行、非關拍馬、情殷晉謁、用效趨蹌、不遠千里而來、長辭鄂渚、忍作孤行之客、小住申江、坐我室中、冀被春風之煦、立人門外、曾禁暮雪之深、幾度造廬、連番拜寓、不辭勞瘁、竭盡愚誠、乃慕蘭雖殷而識荊無自、閉門羹飽受、記我面紅、逐客令下來、恨他眼白、一函介紹、復貽誤於洪喬、八字無緣、不見憐於梁父、漢上覓五家之保、辜負痴心、階前無尺地之容、如何立足、而且曹邱不作、難窺宛委之奇、因之阮籍窮途、不禁猖狂之哭、無從位置、難作局中人、未遂瞻依、常為門外漢、因念生無一面、既難親睹丰儀、而死不二心、或得魂馳左右、用尋短見、不願長生、遺金盟金石之

心、一誠上達、留別訴別離之恨、寸柬曾投、了我殘生、留他紀念
乃吞金自盡、方燒催命之符、而持戟人來、偏賜返魂之藥、欲死
不得、抱恨奚如、謹供蕪辭、無非說夢、乞批花判、有犯何條、

新達生編

自參議員改選以來、患難產者多矣、聖母無靈、莫贈催生之藥、張仙不作、疇為送子之人、僕心焉憫之、爰作斯編、藉資濟世、凡有志當選者、不可不人手一編也、玆摘錄要義如左、以供衆覽、

(一)產前之運動　產婦得喜信後、珠胎暗結、當常常運動、以活潑其精神、疏通其血脈、融和其意見、擴充其勢力、庶臨盆時不致難產、運動方法頗多、如有孔必鑽、為頭之運動、卑躬屈節、為腰之運動、馬屁競拍、為手之運動、牛皮橫吹、為口之運動、奔走聯絡、為兩足之運動、運動功深、胎兒安適、自易產出也、

(二)湯藥之儲備　達生藥品、舊時產科醫生、咸以白芍當歸逍遙散歸化湯等為必要、但施諸目前、殊不合用、今日產科良藥、以金銀花榆錢自然銅為主要、有此數種良藥、無論橫生倒死、配服一帖、均可解脫苦難、而產兒先下手者、用之尤見神效、屢試屢驗、百發百中、誠產科必不可少之仙品也、

(三)靈符之預備　自來婦女生兒有難產之患者、得催生符一帋、或黏貼門上、或隱藏枕席間、或燒灰煎服、均可收效、日前張

天師在滬上拍賣靈符、每張價僅一元、一般運動參議員而患難產者、宜向天師多購催生符、以防不測焉（獨鶴按、此項催生符、即選舉票也、宜向省議員購取、張天師何益哉）

（四）產婆之聘選、　產兒之安危、悉係於產婆之手、不得良產婆為之施展手術腳、最易成難產之患、故欲免難產者、端宜首選聘慣於收生、素有經驗之產婆、或畢業於產婆專門學校、具有收生之學識及手術者、斡旋於其間、庶倉猝之際、臨時變症、可以相機行事、使產兒安然受生、若因釀成難產、而藉詞逃脫、致令產兒不得下者、皆非良產婆也、

（五）忍痛之必要、　臨盆忍痛、世有名言、患難產者、於臨盆危險之時、或服良藥、或佩靈符、或添聘助理之產婆、或亟謀臨時之運動、總宜忍耐痛苦、積極進行、期必達到出產之目的、不可因小有挫折、遂爾喪氣也、

辮髮冤狀

具冤狀人辮髮、為無端被割事、謹頭頂香花、搔首摸耳、哭告於含齒被髮之君子曰、竊以將軍蠻橫、曾編辮子之兵、太史風流、亦結紅絨之綰、報深恩於父母、不敢毀膚、惟元配之夫妻、總稱結髮、垂來鼬尾、不是滑頭、掛到駝腰、是真曲辮、雖再申禁令、曾垂剪髮之明文、而一般頑民、不少垂髫之怪象、由來久矣、人民本可自由、淡漠置之、官長何勞干涉、乃者國慶聲中、汕頭鎮上、集羣僚而大讌、鎮守延賓、縱百姓以參觀、金吾放夜、空中燄火大放光明、座上笙歌、無非紀念、聯翩而至、來者方接踵摩肩、倉猝之間、去時竟掉頭失色、如入一人巷裏、有腳難逃、疑來百萬軍前、當頭痛擊、左支右絀、畏如縮頸之鼬、東突西奔、竄若抱頭之鼠、惡作劇雖云有趣、煞風景未免無情、夫流連風月、嫖客誇照鏡之光、大發雷霆、霸王作衝冠之怒、戴笠蓬而服務、有益農民、襯翎頂而生輝、尚多遺老、未嘗留學、問剪髮兮何因、不是出家、偏削髮兮何忍、而況披來剛鬣、馬不齊髦、現出原形、狐猶有尾、上下本為一體、胡竟為下體之遺、男女均是生人、胡不截

女人之髮、黃髮與白眉並重、既剪髮何不倒眉、龍鬚與鶴髮相因、不割鬚何偏斷髮、削就牛山濯濯、嗚呼痛哉、可憐豚尾垂垂、而今已矣、藏頭不露尾、讖語偏符、剪草要除根、斯言允合、從此毫光不放、笑他鬅鬆之頭、好將耳朵揪來、防彼老婆之手、打架作盤旋之勢、頂不須盤、出恭防惡臭之來、鼻難常掩、還防錯認新娘、摩頂難分、何以居喪、孝子披蔴無着、失去從前妙用、萬事都休、釀成此後難題、諸多不便、縱青絲割下、堪為打馬之鞭、黑綰編成、可作牽牛之索、斗量車載、十四籮儘可儲藏、刮垢磨光

五石齋

千百人皆除煩惱、然而得不償失、毫毛之功用已微、禍出無端、身體之毀傷實甚、髮雖不敏、情何以堪、為此對髮長號、因切膚而愬苦、抱頭痛哭、謹叩首以鳴冤、問何年狗尾續成、重拖大辮、痛此日驢頭露出、喪盡窮形、此狀、

瑞芍堂諧著目錄 丁巳

五石齋

五石齋

烟鬼賀辭

蓋聞上帝有好生之德、生路常開、仁人以慈善為懷、善心特具、拔昇仙界、漫云呂祖無靈、渡到慈航、爭說觀音出世、是以窮途遇救、不少神仙、絕處逢生、偏多造化、烟鬼等生成懶惰、常居下流、性耽罌粟之英、喜吸芙蓉之液、彎腰曲背、甘作廢人、吐霧吞雲、居然隱者、援之以手、不尚武也、自攜鎗、錫乃嘉名、未棄世、已先稱鬼、脂膏耗盡、吸得面黃、烟火燒來、料知心黑、緣成不解、倒頭伴長明之燈、樂也奚如、信口弄無腔之笛、迨夫約章締定、烟禁綦嚴、雷厲風行、官長偏來干涉、心驚胆怯、同人大起恐慌、為驗看而拘留、恨我黃霉透頂、被捕拿而鎗斃、憐他黑煞當頭、論到身家、黑籍之名曾列、談來價值、黃金與土相同、飲林公之膏、偏難斷癮、效阮生之哭、已是窮途、是雖三省暢銷、善聚斂者非無、督辦百箱販運、做買賣者亦有、議員然而公論不容、人言可畏、花鎗試舞、還怕官瘟、竹榻橫陳、未容酣卧、一朝失足、將為羅網之鴻、到處小心、自是驚弓之鳥、況三月告終、限期已滿、幾番申戒、禁令彌嚴、既屆禁絕之期、安有轉圜之地、徒深浩嘆、無計

五石齋

遷延、乃嘆末運之將窮、方深扼腕、而聽佳音之遥寄、不禁揚眉、以二千五十萬之公債之資、銷二千五百箱餘存之土、名為政府理財、實為烟民救命、聚九州之鐵、願將大錯鑄成、留一綫之傳、不許禍根剗盡、問誰是萬家生佛、積此陰功、要無非五路瘟神、留茲毒燄、解成湯之網、古人無此仁慈、繡平原之絲、我輩實深感荷、不料死期逼近、烟霞之疾未除、居然生路重逢、天日之光又暗、從此烟湯灌飽、應呼為續命之湯、倘將洋藥買來、好當作返魂之藥、生機頓闢、難關又逃、幸狗命之未終、得延時日、擬駢詞以致頌、具道賀忱、全國烟鬼公啟、

五石齋

洋藥之暢銷法

聚九州之鐵、竟將大錯鑄成、留一綫之傳、不許禍根剗盡、二千五百箱餘存之土、已由政府買作藥品矣、雖然、尊貨已經收入、尤應籌賣出之方、經營洋藥業者、固不可不設法銷售也、罪我不敏、願代謀之、謹述其暢銷法如左、

一官俸應搭發洋藥也、 政府收買之洋藥甚多、一時難以銷售、宜訂定章程、凡發給職員月俸、自若干元以上、每百元須搭發洋藥二十元或三十元、此項章程、如交議院、訂入憲法、尤妙

五石齋

蓋洋藥之收入、本以公債票購得、按從前政府發給官俸、曾有搭配公債票之舉、今準前例、搭發洋藥、自無不可、且中國官場、向喜吸食洋烟、竹榻横陳、居然臥治、花鎗慣舞、不怕官瘟、凡膺民社、據要津者、無一不有烟霞之癖、今烟禁綦嚴、難於購買、致令大老官無烟可吸、此精神所以不振也、若多發洋藥、俾得恣情吸食、恢復舊官僚之態度、其亦整頓吏治之一道乎、

一軍餉應搭發洋藥也、 吾國從前綠營兵弁、幾無一人不吸洋烟、吐霧吞雲、怡然自得、今之當兵者苦矣、烟霞之癖、偶爾涉

足輒鬼鬼祟祟、懼犯刑章、當此軍人世界、曾區區者而不予畀、殊非所以優待軍人也、若於發餉之際、搭發洋藥、俾於金戈鐵馬之中、得少佳趣、弄竹槍而卧倒、居然演習排槍、燃燈火而長明、且慢驚心烽火、則將帥歡騰、三軍鼓舞、可以作士氣而揚我武矣、

(一)獎品宜參用洋藥也、 專制時代、君主之於功臣、時有恩賜品物、其偶有疾病者、則賜人參若干、以示榮寵、民國成立以來總統之於大僚、亦曾有贈送人參之舉、蓋以人參為藥中之貴

品也、吾意自今伊始、凡任要職者、如總長、如將軍、如省長、如參謀秘書顧問等、倘患疾病、皆可贈以洋藥、以示慰獎之至意、其因服洋藥而病愈者、且可使知出自某公之賜、好奉長生祿位牌以報之也、

以上三則、如能舉行、洋藥銷場、當然暢旺、此外更由政府於各大埠、設洋藥公司、按期拍賣、開公立烟館、供人吸食、不患不生意興隆、財源茂盛也、抑更有進者、中國積弱已久、向有東亞病夫之稱、氏之病委靡者多矣、此後大可特辦一官醫局、專以洋藥治病、使四萬萬人病、其病愈劇、早早送終、吾方將為收買洋藥者、鑄一土像、以示不忘也、

新絕交論集文選句

昔在有德、世資戰力、競尚奢慾、有席捲天下、包舉宇內、囊括四海、并吞八荒之心、雷動風驅、虐亦深矣、況乎弘軻連軸、潛底震動、含龙隱鯤、驚波飛薄、覯者為之寒心、裹足不入、當是時也、有美一人、浮舟江海、輪為之摧、捐棄楫櫂、至於溺而不可復援、美人氣交憤於胸臆、請息交以絕遊、中國意氣自負、以之發憤、馳一介之使、加咫尺之書、論列是非、深言直諫、雖書疏往返、未能解其勞結、乃下明詔、絕交遊、昌言而示絕、當此之時、六國之士、來相勸勉、同盟戮力、相與為一、會盟而謀弱秦、夫勗自強而不息、欲自効於明時、連交合衆、征討暴亂、未可以為不然矣、雖然、茲事體大、談何容易、古人有言曰、拔深根者難為功、摧枯朽者易為力、若德帝者、稜威奮發、陳虎旅于飛廉、遠算深圖、比天下於逐鹿、有謀臣武將、如雲如雨、皆能攫戾執猛、破堅摧剛、戎政輯睦、兵強士勇、五軍六師、千列百重、桴鼓一震、所向風靡、中國衆疲玉之兵、展割裂之用、使三軍之士、贏糧而景從、嗟我人斯、何以當之、今乃憑妄自比六國、合從締交、欲以螳螂之斧、禦車之隊、斯不亦遠乎、若恃水戰、彼有精甲數萬、臨江塞要、以自固、巨艦接艫、守要害之處、託闇潛形、有重淵之深、習御長風、隨波轉薄、行軍用兵之道、中區華域、高工檝師、非所克堪、比權量力、不可同年而語矣、必若欲所為、乘累卵之危、走上天之難、多見其不知量也、況乎幸人之災、君子不為、俟時而動、智者之慮、語曰、為不可為於不可為之時則凶、今也外不量力、雷同相從、相與磨牙而爭之、可乎哉、自此之後、德人轉相攻伐、乘危蹈險、恐百姓被其尤也、故曰談何容易、

玉石齋

玉石齋

今年端陽之新五毒

天中令節、家懸辟惡之符、地臘良辰、人飲雄黃之酒、俗傳五月五日為毒日、人家張貼五毒靈符、謂可鎮攝邪魔、消除災疫、積習相沿、由來已久、顧昔之所謂五毒者、指蜘蛛壁虎等類而言、今之毒物、則竟有甚於此者、作端陽新五毒、

(一)蚌殼精、　軒然大舉、原來珠結禍胎、率爾稱强、說甚川含媚氣、居今之世、固無人不知有蚌殼精也、蚌殼精為蚌埠特產、毒氣瀰漫、為害最烈、本為水族、亦稱生浪之鰍、不作將軍也稱學

五石齋

橫行之蟹、近更興妖作怪、率領蝦兵蟹將、大逞威風、其毒氣不可遏也、茲值端陽節屆、當書靈符以驅除之、庶蚌毒潛消、有如海市蜃樓、霎時間消滅於烏有、

(二)豚尾精、　豚尾精盤踞要津、由來已久、偶爾觸怒、便現原形、不為乞憐、偏能搖尾、國民之受其毒也多矣、此次蚌精煽亂、豚尾精更操縱自如、得握無上威權、安得一道靈符、使多年孽障從此消除乎、

(三)雷獸　山海經載東海中有流波山、其上有獸、聲如雷、故名雷獸、今遼瀋間有毒獸、異常猛烈、鳴聲隆隆、絕似春雷之震、其即所謂雷獸乎、驚起蟄蟲、竊得雷公之號、勾聯老蚌、漫施風伯之威、瞻望京津、毒氛四塞、應於端陽節、書符以退之、其庶乎不為民害也、

(四)梁燕、　自去自來、常依黑幕、為尋故主、又倡復辟之先聲、本是罪魁、未脫籌安之故態、此梁燕也、梁燕故多財、脂肪頗富、有財神之號、蚌精作亂、梁燕竭力贊助、願以生平造孽之錢、為作祟興妖之費、其毒固不在蚌精下也、若須除毒、先去此獠、

五石齋

(五)古鼈、　古鼈產於西蜀、長自東瀛、善造條文、常周旋於介族、榮膺使命、慣出入乎龍宮、名雖列乎四靈、罪實浮于八怪、此次蚌精作亂、古鼈又在黑幕中推波助瀾、屆茲端陽節、宜退以赤靈符、請君入甕、莫使漏網、古鼈古鼈、會見汝之殼子碎矣、

游戲文章序集自由談人名

蓋聞雞一鳴而天白、塵夢都回、天鐸振而韻清、梅魂常覺、是以鈍民守拙、有心人當存警衆之心、痴兒若愚、先知者應盡覺迷之職、醉生夢死、聾小夢夢、悲世憫人、孤衷耿耿、非我輩化誠以正俗、問何人振亞而醒華乎、然使助我起予、足勵吾民之志、而矯情嫉俗、悉憑愚見之私、或以仁義律身、則希程而學孟、或以道德警世、則務實而逃虛、其迂謬也似呆人、其坦率也如莽漢、更或多言為虐、劉四未免罵人、竊恐辯論太雄、尼父還虞罪我、

是孰若以文章為游戲、衍臣朔之宗風、較為雅馴乎、爾乃孤客室閑談、自由客到、蘧廬小住、無心人來、濁酒澆心、儘許東園之醉、寓言樂志、說明南董之孤、名言克紹虞初、旁觀欽佩、善謔不須曼倩、是我滑稽、如舌戰之敵羣儒、以會文而友三益、或學阿顛之顛語、或談半仙之仙機、或作情僧之情言、或說醉翁之醉話、或聽龍湖漁隱閒唱漁歌、或與天台山農改良農話、或栩園有夢、莊生於以幻空、或寄庵悟禪、蓮生如窺佛影、一士諤諤、小草不為、如我閑閑、孤梅自賞、賦成天問、靈均偶寄塵寰、曲譜琴薰、

安石閒來東埜、藉諧論以援時局、孤星之影沉沉、端趨走以正人心、破曉之鐘振振、而且碧波蕩漾、吟叟詠蓮、白雲往還、詩癯讓竹、聯紅樹黃華之句、厥有冷香、返瘦鵑小蝶之魂、料知非夢、則詩隱之詩、殊覺音韻天然而可愛也、擲地當作金聲、蓋鳴氐缶、入耳如聞野鶴、盡撲塵氛、休笑抽絲、似春蠶之作繭、又欽妙緒、如秋蕉之剝心、則文俊之文、更覺秋實春華之可貴也、夫惟天虛我生、人似閒雲野鶴、具栩栩風蝶之致、負翩翩鴻影之姿、有書癖者爭附門牆、談自由者咸仰山斗、羨汪洋之德量、人盡

拜鷗、誇獨一之詞華、吾非拍馬、辭成瘦碧、編輯於花萼樓前、錢自選青、評文於芙蓉軒下、冰心在抱、月旦素公、僕也不才、未嘗力學、浪游千里、恨人事之靡常、萍寄十年、悔初心之莫遂、一知半解、未脫鈍根、啟悟覺迷、疇轉心石、偶撰駢詞以補白、無非胡謅成篇、歷荷蝶仙之垂青、竊自汗顏生愧、茲以納涼淺沼、閑披俊逸名銜、聊同集序、蘭亭依舊、文章游戲、

擬投稿家上編輯部長書

竊維窮漢賣文、笑相如之落拓、國門懸賞、作呂氏之春秋、富莫炫乎千言、怕加紅勒、酬許邀夫五等、幸荷青埀、藉筆墨作生涯、以文章為游戲、閱投稿帋、自是常情、然而材料宜取清新、體例不容煩複、秉董狐之直筆、論必誅心、衍臣朔之宗風、言皆譎諫、則談言微中、不妨隱刺朝綱也、反七巧而作文、寗為笨伯、放中元之燄口、嘆到孤魂、則撫景傷懷、大可因時寄慨也、他如栩栩傳神、如臨道子之畫、則物體儘許描摹、非非入想、如參老衲之

禪、則哲理足供研究、文章有價、體例殊多、乃自某君作俑以來、爭以投稿人名為戲、鈎心鬬角、有孔必鑽、炫異矜奇、無美不備、編輯部長聯擬就、具見精心、消夏會小啟投來、是真老手、或創為酒令、不妨暢飲開懷、或巧作詩鐘、自是名流韻事、或集唐詩之成句、無非墨客騷人、或射文虎於春燈、盡是啞謎隱語、更或對葩經之句、頗覺自然、投藥石之言、尤多流利、名儕仙子、諸君儘許長生、配到美人、艷福居然不淺、紅樓夢好、合偶芳名、綠窗人閒、靜披聊目、讀司空之詩品、巧思誰如、抽白傅之詞牌、用心

良苦、多多益善、源源而來、在作者原各抒獨得之奇、而閱者已難為百回之讀矣、茲遵大命、禁用人名、是宜獨具匠心、不復唱壽星之調、從此別開生面、毋得為印板之文、庶幾得閱者之歡迎、而重文章之價值也、肅函奉答、表示贊成、即頌撰安不一、

投稿家請任瘦蝶君為遠征軍司令書

蓋聞武庫胸羅、對壘皆成勁旅、文壇角勝、爭奇各鬬新篇、談紙上之兵、不持寸鐵、仗筆尖之力、橫掃千軍、我輩投稿家白戰之餘、固莫不英鋒無敵也、方今中德絕交、已經宣戰、陸軍部派遣遠征軍案、亦已提交閣議、奮螳螂之臂、（宛散）碎易千人、排鵜鶘之行、儘許指揮十面、而投稿家讀瘦蝶君遠征軍商榷書、(見陽曆九月七日快活林諧著)知賣文窮漢、識字酸丁、亦有入隊之資格、尤不勝欣幸、若使拔山貫勇、志氣秋橫、倘教背水屯軍、詞源峽瀉、談飛燧燧、起萬丈之光芒、紙落雲烟、新一番之壁壘、以此制敵、何敵不摧、以此圖功、何功不克、投稿家可從此出風頭矣、惟是遠征軍隊、關係匪輕、必須將領得人、乃能制勝、除非仁貴方許征東、不有羅通、誰能掃北、瘦蝶君為投稿家所欽仰、是真健者、有如北斗之瞻、壯不如人、甘作下風之拜、茲且承其介紹、而得入隊之資格、當然任命為遠征軍司令、以資統率、輕裘緩帶、唱曉風殘月之章、羽扇綸巾、戢紫電青霜之庫、掛淮陰之將印、從此登壇、向獨逸而遄征、剋期報捷、伏愳快活林總理獨鶴、(此頭銜亦見瘦蝶君前年諧著)俯從眾意、發布命令、任瘦蝶君為遠征軍司令、不勝笑話之至、

玉石齋

玉石齋

孔門祝壽記集四書句

子之燕居、召門弟子曰、丘也聞人之生也(生謂生日)宗族鄉黨、必有酒肉、致敬以有禮、明日丘也壽、從我者七十人、不可不知也、其有酒食黍稻者、既來之、則受之、其不善者、出納之吝、非吾徒也、以為為無禮也、

明日蚤起、顏淵欣欣然有喜色而來、聖人之徒、未能或之先也、其饋也一簞食一瓢飲、疏食菜羹、再拜而送之曰、回也窮斯濫矣、今日之事、以是為不恭、請無以辭、夫子哂之、

季路行行如也、沽酒市脯而來、率爾而對曰、昔者由也聞諸夫子曰、三月不知肉味、惟酒無量、今也既醉以酒、可以食肉矣、子曰、賢哉由也、受之受之、

冉子退朝、遲遲吾行也、悠然而來、其饋也、與之粟五秉、子曰、何晏也、冉有曰、予今日病矣、力不足也、姑徐徐云爾、夫子不悅、

公西華乘肥馬、洋洋焉而來、亟餽鼎肉、曰、非敢後也、馬不進也、

其餘冉伯牛仲弓宰我子貢子游子夏數十人、自西自東自南北、源源而來、有肥肉、有酒食、恭而有禮矣、子曰、郁之郁之、為不恭、斯受之而已矣、

當是時也、子游子路曾晳五六人、取瑟而歌、聞絃歌之聲、洋洋乎盈耳哉、子樂曰、不圖為樂之至於斯也、

賓退、鯉趨而過庭、子謂伯魚曰、來予與爾言、今日之事、自行束脩以上、取千焉、取百焉、不為不多矣、而今而後、口之於味、有同嗜焉、惟我與爾有是夫、

玉石齋

玉石齋

天津大水之利用法

洪濤澎湃、人疑逸馬之奔、駭浪掀騰、民有其魚之嘆、天津大水之為害也甚矣、尚何利用之足云、惟自鄙人觀之、自有利用之之法在、

一曰練水兵、　中德宣戰、事已實行、派兵赴歐、不容遲緩、惟德人以潛艇相攻、水戰十分利害、不有精練之水兵、詎易稱雄於海上、茲可利用天津大水、為操練水兵之計、軍威聿著、下王濬之樓船、神勇莫名、比楊公之水戰、將來兵刄既接、何患不操勝券耶、

二曰建水族館、　萬牲園之設、所以搜羅奇物也、惟萬牲園內、鳥獸多而水族少、茲可利用天津大水、建水族館一所、如孽龍如巨蚌、如横行將軍老蟹等、咸驅而納之水館、俾涵淹卵育於其中、庶不致出而害民也、

三曰設水牢、　吾國之所謂罪魁多矣、洪憲時代、既有帝制罪魁、今則又有復辟罪魁、後先繼起、地方監獄、實不能容、茲可利用天津大水、為水牢以羈囚罪犯、從此七十二津沽之間、化作十九層地獄、罪犯雖多、無患不能容納矣、

凡此三者、皆利用大水之法也、順水推舟、事至易舉、質之當世君子、以為何如、

送餐宜園議員歸里序

緊夫馮驩彈鋏門前之食客歸來、王播闍鐘堂上之闍黎已了、可憐吃飯如此其難、漫道加餐、還須努力、既飯緣之已滿、只好還鄉、嘆飯碗之難挨、是真倒灶、夫惟餐議諸君、飯桶才高、斗筲量窄、徒哺啜也、無非飲食之人、彼君子兮、難免素餐之誚、不是烹割宰相、漫論調和、聊同伴食中書、但求溫飽、個個都稱善飯精神、不讓老將軍、人人各自垂涎、佳話偏傳饞太守、倘膺爵賞定封羹頡之侯、若話生平、都是糠肥之客、一飯再飯、飲之食之、竊得大官餐、方冀終年如此、送來行客飯、何期盛會不常、累厭猪肝、味慳雞肋、啖飯地可憐送斷、餐宜園從此常關、不復傳餐、早尋個席闌人散、大家輟食、說什麼酒有肴無、撫飯鉢以自憐、莫果小人之腹、罄瓶罍而避席、難為代表之情、老饞無賴、久之謀饕餮有終窮之慨、贏得頭銜大好、餐議名留、料知齒頰流芳、茶餘香剩、嘆曇花之一現、真個臨時、憐小草之無依、不如歸來去、行不得也、徒喚奈何、我將去之、誰能遣此、酒囊飯袋、一時收拾而無餘、適館授餐、幾輩追隨以相送、哭煞十八尊羅漢、何處覓留、作成四六體文章、聊當餞別、是為序、

年度 戊午年　篇數 十四篇

闕疑表

篇數	頁數	行數	疑句	疑字
二	一	九	塾原兩字	原
三	一	三	覓畫錦之堂	畫丨畫
九	一	五	如坷傳柝敲	河丨桴
十二	二	七	祝我協樂國千秋歲	樂丨約
十四	二	四	不如紙捲香烟	香烟
同上	同上	十	准其免職	其丨予

瑞芍堂諸著目錄　戊午

泰州市圖書館藏書

五石齋

瑞芍堂諸著

泰縣耐庵夏紹侯著

元夜觀燈記

金吾弛禁、上都之熱鬧非常、金勒停鞭、勝地之繁華可數、恰似燈張隋苑、絳燭高燒、問誰燈買漢京、青蚨笑納、元宵節屆、人海聲喧、偶扶竹杖閒游、瞥見花燈大放、爭先恐後、幾多綠女紅男、炫異矜奇、都是鈎心鬬角、交通路上、兔子燈到處牽來、花菓山前、猴子燈居然演劇、看光芒之灼灼、照徹江流、則老蚌也、望毒燄之騰騰、映來海島、則孽龍也、西瓜燈送到、只怕瓜分、大頭燈迎來、還防頭破、而其中人影憧憧、恆往來而莫定、燈光隱隱、偏變化而無常、足以令人生感者、則惟走馬燈也、夫今之國體、離離奇奇、俄而君主明聖、大施專制之威、俄而總統尊嚴、特啟共和之局、俄而八旬短命、洪憲紀元、俄而七日還魂、清廷復辟、非走馬燈之類乎、今之政局、閃閃灼灼、俄而兩面磋商、特建調和之議、俄而雙方爭執、又來宣戰之文、俄而大家停戰、條件儘許通融、俄而下令進兵、意見終難統合、非走馬燈之類乎、今之内閣總理屢更、時或仙蹤飄忽、採芝翁歸去復來、時或野渡橫舟、浮邱伯頹唐老病、時或曇花倏現、李九登台、時或錢運亨通、王三出閣、一進一退、如輪之旋轉而不已者、非走馬燈之類乎、今之國會興滅無常、時或竹椅聲喧、選到千尊之佛、時或梨花院冷、關其兩扇之門、時或召集於臨時、名留參議、時或力謀夫恢復、會啟非常、倏往倏來、如磨之盤旋而莫定者、非走馬燈之類乎、其餘偉人獨立、有時風馳雷掣、有時霧滅烟消、一走馬燈之變相也、武人干政、有時擁護共和、有時推翻政府、一走馬燈之變形也、嗚呼、牽線何人、恨不揭開黑幕、機關暗鬬、恰如大鬧元宵、孰意中華民國之人材、竟作走馬燈中之小影哉、余觀於此、不禁感慨係之、乃歸而作元夜觀燈記、

玉石齋

玉石齋

擬彭翼仲弔屈原文

彭先生、豪傑之士也、頃因瞻顧國難、奮身投海、雖幸遇救得免、然當端陽節屆、弔屈人來、先生其亦不能無所感於心乎、爰為之擬弔屈原文、

嗚呼、地老天荒、途幾窮矣、山崩川竭、國有人焉、倘教寸土猶乾、豈若匹夫之諒、是以逃名吳市、梅翁猶自黃冠、避地遼陽、管叟依然皂帽、唱家山於破後、老杜猶存、灑涕淚於江南、子山無恙、情非無奈、心豈容灰、其如滄海橫流、風潮太惡、強鄰咄咄、六百里地竟淪秦、宗社綿綿、數十傳天教亡楚、銅駝欲淚、鐵甕將摧、家國事已無可言、傷心人別有懷抱、風雞寒柘、歎一息之徒存、病馬枯葵、甯隻身而長逝、胥潮怒鼓、伍大夫惟有沈江、巨浪掀騰、魯連子於焉蹈海、赴清流而不返、欲潔其身、棄濁世而不居、竟行其志、此我三閭大夫所以投江而逝也、嗚呼、是真男子、無以為家、不復神州、有如此水、東去浪英雄淘盡、身世萍蓬、北來雁今古依然、江山破碎、慷慨灑一腔熱血、雙淚難乾、淒涼聽五夜寒潮、千秋如泣、邇者、中原板蕩、牢相餘歇、後之才、大局沈淪、英雄無用武之地、金甌撞壞、地若瓜分、玉局凋殘、國如枰戲、痛若輩盡皆犬子、爭起相牙、恨諸君徒事蜂狂、苦難助臂、況復東鄰乘隙、利害切於肌膚、問誰上將、知成敗歸於掌握、魯陽不作、戈也誰揮、賊檜聯和、約還守密、國之破已同於釜、恥之深應抱維繫、俗、必蒼生、都是禁中之鬻、堂堂黃胄、將為刀下之魂、心傷北去、河山恐非晉有、指數西來豪傑、莫謂秦無僕也、無諸葛之才、偏顛鞠躬盡瘁、繼靈均之志、敢云取義成仁、我正聳身浮鷗、爭逐人偏援手、遺蛻還留、不其愧乎、彌增恨矣、茲以時逢端午節屆良辰、懸虎家家、除毒務盡、飛鳧個個、競渡爭先、悵江水之悠悠、黍誰投角、望湘潭之汩汩、草就招魂、乃作楚歌、以招魂曰、

魂兮歸來、東方不可為家兮、扶桑日出、礫石揚沙兮、魂兮歸來、東方不可為家兮、戰雲千里、鬬龍蛇兮、魂兮歸來、西方不可泛槎些、川阨流迅、禍水靡涯些、魂兮歸來、北方不可乘艤些、燕京骯髒、亂如麻兮、歸來歸來、返閶闔些、嗚呼、英靈終古、敬獻奠一瓣之香、遺恨無窮、痛哭灑兩行之淚、迢迢湘水、忠骨常埋、魂兮有靈、尚其來格、

今年端陽節之改良事物

節屆中天、風光大好、一般社會、或虎懸艾綠、或劍舞蒲青、或角黍相遺、總教益智、或紉蘭共浴、聊以除氛、爭作種種之經營、以為端陽之點綴、第事傳自古、義不通今、當茲中日聯盟、惡氛漸逼、端陽事務、宜速改良、僕也不才、曾加研究、茲分述於左、以告閱者、

雄黃塗額、應改為斷指血書、 何物張生、慷慨灑滿腔之血、可兒許予淒涼作斷指之書、救國有心、是真男子、俗稱五月五日為毒日、小兒女例以雄黃釀酒、書王字於額、以示避惡驅邪之意、余謂今者東鄰逼處、密約已簽、大好男兒、應具深感、向以雄黃塗額者、今宜改作斷指血書、大書恥字於額上、俾應（印）入兒童腦海、不忘國恥、其亦愛國之微意也乎、

龍舟競渡、應改為負石投江、 大江滾滾、淘盡英雄、湘水悠悠、常埋忠骨、世人以屈子投江、其情可憫、為作龍舟而競渡、以留紀念于來茲、甚盛事也、鄙意今者國事蜩螗、外交荊棘、回頭東望、惡浪滔天、有志拒秦、魯連子能無蹈海、問誰覆楚、伍大夫惟有沈江、與濁世而長辭、赴清流而不返、此彭仲子（巽仲）所以繼屈平子而投江也、有同志者、盍興乎來、

鍾馗捉鬼圖、應改繪魯陽揮戈像、 社會舊例、於端陽日畫鍾進士捉鬼圖、以驅邪氛、碧睥星射、烏帽風斜、身挂破袍、宛作朝天之勢、腰垂故劍、獨標鎮宅之威、積習相沿、由來久矣、余謂今歲事勢不同、中東交涉、嚴酷如斯、咄咄扶桑、逼人太甚、魯陽不作、戈也誰揮、是宜改繪魯陽揮戈像以表意、千門萬戶懸像示威、庶彼日光避吾三舍也、

以上三端、皆今歲端陽節所宜改良者也、尤有進者、中朝慣例、端陽節咸賜百官品物、按隋書大業二年五月五日、賜百官玳瑁釵、又唐書明皇於五月五日、賜李元紘紫服金魚袋、賞賜恩物、自古然矣、余謂近來中日交涉、秘密異常、政府于端陽賞賚百官、宜各給悶葫蘆一具、而同僚餽贈、則適用東洋黑漆小瓶、俾人人知守口如瓶之義、袞袞諸公、其亦不以鄙言為謬乎、

五石齋

不嗜殺人者能一之八股文

一天下有道、嗜殺者當自反矣、夫嗜殺、人所惡也、奈何今之一天下者、竟以格殺為能耶、且自劊子軍大戰湘江、生人陷塗炭之艱、豺狼抗爪牙之毒、殺人已不少矣、然前之殺人、雖極裂身碎首之慘、猶未明目張胆、以殺人為標題、而今則大聲疾呼、宣示其旨、直以殺人為統一之上策、三星期時日無多、好施辣手、數百萬生靈何罪、會見斷頭、吁慘矣、抑又誤矣、試以殺人論作漂匯而受娘姨之罵、少爺蹩腳、祇贏得三字官銜、曰殺千刀而已、聽聲聲之詬詈、恨他薄倖、不為刀下之魂、遇刺客而嘆行旅之難、元老驚心、竊聽得一聲劈拍、曰、暗殺黨來矣、嗟悵悵兮何之、無地逃生、難豎朝天之腳、甚矣、殺之可怕人也、而要非所論於一天下、且夫一天下者、何嘗不可用殺哉、洪憲紀元一輩子封侯掛印、清廷復辟、許多人拜表稱臣、其破壞共和、罪無可逭、有可殺之道矣、然而當局之所欲殺者、不在此也、望三湘而進發、龍蛇再鬬、暗無天日之光、狂奴賣國、結密約而斷送河山、政客挑唆、肆陰謀而往來京漢、其摧殘家國、罪不容誅、固可殺之

五石齋

材矣、然而當局之所欲殺者、又不在此也、劃百粤以胥平、雞犬不留、說甚南風之競、蓋今之當局、欲以格殺勿論、為統一天下之道也、吾於是遥想格殺之時矣、當夫兩陣交鋒、相持勢急、驀聽東南角上、一標人馬、轉出林中、殺氣騰騰、喊聲震地、料得敵軍慌亂、定教大敗而回、況夫持狹巷之短兵、非常利害、放轟天之大砲、好不威風、抖擻精神、虎威大振、吾知大將軍必翹其拇指曰、快哉此殺也、吾之氣其稍出乎、吾於是默揣格殺之後矣、當夫三軍旣罷、弔古人來、一望平沙無垠、剩有屍骸、填於溝壑、陰雲冪冪、怨氣沖天、可憐深夜淒涼、怕聽鬼魂之哭、縱令驚弓鳥走也、當體折肢殘、漏網魚遊、已是妻離子散、顧瞻閭里、鶴訊頻驚、吾知小百姓必蹙其愁眉曰、慘哉、此殺也、某之肉其足食乎、嗟乎、兵鋒屢用、已傷天地之和、民怨沸騰、安望人心之順、吾願今之一天下者、勿以格殺為能也、

五石齋

世界和平頌有序　集文選

蓋聞事以頌宣、遭千載之嘉會、不宣者鄙也、在昔有德、世資戰力、競尚奢欲、有席捲天下、包舉宇內、囊括四海、並吞八荒之心、雷動風驅、鷂視狼顧、虐亦深矣、當斯時也、六國之士、(指協約國)義形於色、憤發於詞、同盟戮力、相與為一、合縱締交、征討暴亂、乃總熊羆之士、讚帷幄之謀、相與磨牙而爭之鋒鏑爭先、礮石雷駭、火烈具舉、飛爛浮烟、羽檄交馳、命旅致屯雲之應、肝腦塗地、生人陷塗炭之艱、戰無交鋒之虜、摧堅則脆、攻無堅城之將、淩險必夷、龍戰虎爭、用相陵駕、比年以來、曾無寧歲、若德帝者、憑恃其衆、負固不恭、包藏禍心、簡習水戰、爾乃弘舸連軸、巨艦接艫、託闇潛形、守要害之處、(指潛水艇)乘危蹈險、有重淵之深、三軍之士、浮舟江海、輪為之摧、捐棄楫櫂、至於溺而不可援、豺虎肆虐、無以逾茲、鵰悍狼戾、方斯蔑矣、當此之時、中國意氣自負、欲自效於明時、以之發憤、遣一介之使、加咫尺之書、請息交以絕遊、勗自強而不息、自比六國、結黨連羣、謀解時紛、不敢自棄、其為道也、可謂宏廣矣、今者六國之士、稜威可厲、飭法修師、翼翼矜矜、是討是震、疲兵再戰、一以當千、德人守之不能固、師徒小衂、草偃風從、文武桓桓、追奔逐北、敗軍之將、納款通和、斯時也、六國以黔首為憂、非欲人窮武極戰、是以含聽改容、嘔喻受之、於茲乎邊境又清、功均柱地、封山紀石、以偃甲兵、免羣生於湯火、濟蒸人於塗炭、銷金罷刃、以致太平、洋洋搢紳、華夷士女、歡欣踴躍、忭舞乎康衢、鴻生鉅儒、飛辯摛藻、以揄揚宏美、然則默而息乎、其於義固未可也、是用綴輯遺文、潤色鴻業、敷宅厥旨、用埀頌聲、遂作頌曰、

在昔有德、不義而強、窮武極戰、夷羿震蕩、六國之士、結儔附黨、爰該六師、以先啟行、決命爭先、裹萬里糧、芸氣彌銳、志厲秋霜、數年之間、烽鼓相望、茫茫宇宙、化為戰場、方今天下、風與聲翔、若德帝者、稽首來王、納其包匭、簞食壺漿、屈膝請和、豈直受降、元功速致、策出無方、偃革辭軒、國靖民康、四宇和平、備致嘉祥、遐邇悅豫、如熙春陽、普天率土、雍容揄揚、爍乎隱隱、卓哉惶惶、盛哉斯世、前暉後光、

賀太平集詞曲牌名

滿庭霜冷、金菊香飄、一剪梅開、沁園春小、時則歐西消息傳來、共慶宣和停戰、從今後太平令下、好事近薄海騰歡、想當年醜奴兒德意志、率領御林軍、分兵四犯、如起刮地風、欲將花掃地、更有潛艇在海天濶處、翻川撥棹、顛倒拖船、有如混江龍作祟、滾遍江天、一般夜行船、相率退避、悵望大江東去、不敢浪裏來遊、其觸之者、輒有陷溺之虞、美人亦嘗受其害、倘任令横暴如此、江山不盡為德有乎、於是協約國召集賢賓、訴衷情而會議、

五石齋

徵招諸將、燒夜香以同盟、一齊出隊子、齊歌上馬嬌、誓與醜奴兒決勝、爾乃雄兵渡江、雲屯霧塞、好孩兒各具好精神、齊破陣爭談大勝樂、望江潮之洶湧、願定風波、奪錦標以爭先、快如魚水一日十二時中、開放連番槍子、纍纍然好似玉連環、陣陣來還如珠絡索、直令醜奴兒遇之、不啻玉山頹倒、流血滿江紅、疑作榴花泣、更放急三槍、使醜奴兒退倒、隨滴溜子遠逃、醜奴兒明知不是路、倒捲彩旗兒、乃使拙魯速持一封書、謁金門而請和、誓從今不敢再犯江兒水、四邊静伏、天淨沙明、斯時我好孩兒摇得勝令、作思歸引、由歐西地錦旋故國、一聲聲慢唱歸自遥、駐馬聽他誇戰績、大功爭道定西番、昔患混江龍今乃降黄龍、不亦大稱人心乎、所以我協約國人民相見、歡欣之意、不盡欲言、普天下樂享太平、令斯民同登衽席、是雖不必如賀聖朝者、感皇恩而慶春澤、不必如賀新郎者、念奴嬌而鬧洞房、也當沽美酒、醉花陰、奏一曲太平樂、譜一曲醉太平、頌我好孩兒功勞大、願他前程節節高、祝我協約國千秋歲、快快活年年國本牢、

五石齋

擬竈君上玉帝辭職書

為瀝陳下情、請予免職事、竊小神坐擁東廚、為全家之司命、久居下界、作上帝之聰明、目所見、耳所聞、都是奇奇怪怪、張家長李家短、許多是是非非、論人情之勢利、冷竈誰燒、憐家主之清貧、倒煤可嘆、小姐挖竈心之土、慣討仙方、老公扒竈內之灰、垂憐嬌媳、磚頭內予、來竈前而送抱推襟、壁角姑娘、從簾外而傳眉弄眼、夫妻反目、一拳打破釜頭、老子聽經、兩腳跨踞觚角、孩子之風寒偶感、輒來竈下招魂、家人之肚痛難熬、也向竈君埋

怨、雙門口頻來烘火、小婢之腳臭難聞、燒火攪驚地翻身、老媽渴睡驚醒、百無禁忌、小丫頭撒尿水缸中、一塌糊塗、泥菩薩跌湯罐裏、小媳婦常來偷嘴、滴滴垂涎、老虔婆慣念竈經、喃喃自語、新聞不少、笑話偏多、其甚者、雞窩鋪來竈口、居然孵卵、貓兒捉到竈前、先要記名、如是情形、抑何褻瀆、小神居此、殊覺難堪、然或歲供較豐、祀神有禮、惟王孫之媚竈、猶有誠心、亦羅隱之吟詩、還知送竈、則小神受惠、可以解嘲、且任為佳、亦何不可、無如新婦羹湯、我難染指、丈人雞黍、我未沾唇、黨相烹羊、我空惹

一身腥臭、陳平宰肉、我空垂幾滴饞涎、平時難快朵頤、歲供僅餘例菜、一個糖元寶、好將嘴舌牢封、四個粉磁團、險喉嚨塞住、芝麻插上幾根、無非草草、豆腐劈開兩片、依舊飄飄、半盞清茶、那比咖啡有味、一爐烟火、不如紙捲香烟、贏得頭銜、醉司命何嘗醉飽、是何腳色、竈下養空作中郎、此尤小神心所難安者也、而況終年枯坐、冷板櫈爭似先生、歲暮升天、小扇子人還詈我、竈疏上奏、無非討好之辭、竈馬騎來、還遜飛車之快、上下億萬里、來往僅一週、既不如總理巡遊、百廿萬開支甚易、更不及議

員清貴、三數圓旅費增加、枉為五祀之尊、說甚一家之主、如斯苦缺、未可久當、伏乞天恩、准予免職、若荷帝心簡在、更能別委優差、或作財神、致富當如梁大、或改武職、索餉不讓翳公、則感激之私衷、匪一言所可盡矣、小神竈君直言謹上、

瑞芍堂諸著目錄 巳未

孔門送窮記 集四書句

南北和 集戲名

所得稅之推廣法

宣布密約之種種

梅母生日記 集戲名百齣

送梅郎東渡序 集詞曲牌名

浴佛八股文

玉石齋

救國十人團賦 以抵制日貨堅持到底為韻

除三害

擬小扇子怨大扇子辭 集詞曲牌名一百則

乞巧文 集詞曲牌名

新七筆勾

新測字

人月圓 集詞曲牌名

戲擬孟嘉託滬上友人購帽書

爭座位賦 以閣員運動一時忙為韻

五星聯珠說

閩江潮新聞篇

擬學生斷指誓辭

玉石齋

瑞芍堂諧著

泰縣耐庵夏紹侯著

孔門送窮記集四書句

子在陳顏淵季路侍坐子曰丘也聞富人之所欲當今之世喻於利而務財用者天下皆是也丘也素貧賤一簞食一豆羹餟粥飲水非飲食如窮人于橐于囊空空如也無財不可以為悅今也在陳絕糧殆有甚焉朝不食夕不食空乏其身餓其體膚飢餓不能出門戶耳無聞目無見也如之何則可雖然吾聞之窮人之所惡也昔者有人焉窮斯濫矣祭神出諸大門之外再拜而送之望望然去之於是始興發以身發財放於利而行源源而來則不窮信斯言也如窮人欲富乎則必為之祭神而送之斯可矣吾之于人也好貨財有同嗜焉何為獨不然由也曰也盍為我而送之

子路聞之喜請禱曰由也衣敝緼袍所識窮乏者久矣及是時祭神往送之門願夫子從而祭齋明盛服致敬以有禮而送之於千里之外其庶乎可以興子曰賢哉由也丘之禱至誠無息祭神如神在知我者其由與

顏淵喟然歎曰回也竊聞之君子固窮窮不失義斯謂之君子天下之窮民而無告者命也非人之所能為也無所禱也祭神而送之可得乎子路請禱可以行則行吾弗為之矣子曰回也非吾徒也雖窮居不能移果哉末之難矣

明日由也齋戒沐浴歸潔其身坐以待旦雞鳴而起孔子行子路從而後祭神往送之門子路拱而立僕僕爾亟拜也至於孔子北面稽首再拜禱曰吾少也貧且賤焉四十五十而無聞焉欲富乎病無能焉窮斯濫又何加焉厄於陳殆有甚焉從者病不得免焉莫能興不用力焉如不祭將終身焉吾甚恐有戚戚焉而今而後善為我辭焉往送之門可以能行焉神之格思必祭焉明日遂行而避焉丘也不受命而貨殖焉其未得之也不失望焉既得之則洋洋焉萬取千焉千取百焉富而可求也樂莫大焉從我者則不窮若由也有同美焉子路聞之欣欣然有喜色詠而歸

五石齋

南北和集戲名

慨自鬩牆起釁、「河間府」無計調停、同室操戈、「南北斗」翅然對峙、「將軍主戰」、「取長沙」以爭功、總理親征、「下江南」而定計、人爭出計、如上「火燄山」、湯賣迷魂、如入「迷人館」、國事等「游龍戲鳳」、時局顛危、中原若豆剖瓜分、「查潘鬪勝」、豈是「三雄絕義」、鬧成一塌糊塗、有如「二美爭風」、演出幾場笑話、「三打曾頭市」、無此威風、「大戰界牌關」、同斯武烈、「漫罵曹瞞」、多詐、經畧才高、笑他「徐策跑城」、挑唆計妙、「祈山得勝」、「勳章查荷殊榮」、「相府算糧」、索餉動逾千萬、經濟之艱難特甚、理財空羨「大財神」、民生之憔悴堪憐、新政空誇「新世界」、趁茲時會、祇贏得「文武陞官」、而不必「好心發財」、自易、是以堅持到底、主戰派爭欲破「南天門」也、雖「白門樓」上、「李月仙」曾作調人、「牛塘峪」前、王將軍亦持和議、而「鐵膀子張三」從中作梗、「逍遥津」漢之間、直欲學「曹操逼宮」之法、「反五侯」而「獻地圖」、作「六飛南遊」之謀、「戰四將」而「取帥印」、況復一般政客、「辭楚歸魯」、為之搬弄是非、大起「官海風潮」、不使中原之地、變成「鼎足三分」而不已焉、所幸歐西戰局敉平、小霸王德意志皇「被困天堂」、已「別皇宮而遠竄」、「哭祖廟」而長辭、不復「大鬧天宮」、發「宇宙瘋狂」之病、而中原「豪傑」居恆盱覽潮流、因知「恢復共和」、統一南北、均當於此時圖之、於是「羣英會議」、大「下江南」、代表紛來、端在「古城相會」、感情融洽、聯同「俠義結交」、無「探親相罵」之議、無「誰敢拿我」之見、隨機應變、如「上滑油山」、開誠布公、不作「連環套」語、言如「兩鐗三鞭」、當機立斷、情誼如「賜袍贈馬」、兩地聯歡、從今「南北和平」、「普天同慶」、「一團和氣」、「義旗令」不復高飄、「五族共和」、「黃花國」於焉鞏固、羌修文而偃武、「小放牛」於桃林、不獨一般社會賀「太平」者為之「三擊掌」、就是我輩酸丁、亦得「安安閒閒」、擷「一枝蘭」管、「大賣藝文」於快活林中、得邀五等酬金、藉作「搖錢樹子」也、

宣布密約之種種

密約者何、秘密訂立之條約也、夫約而曰密、必不可以告人也無疑矣、尚肯公然宣布耶、乃今則宣布密約之聲、喧傳報紙、一若密之於先者、不妨布之於後也、密約歟、宣布歟、絕對不相聯屬之四字、今竟混合組織而成一最新之名詞矣、余即其義而推之、得宣布密約之種種、亟錄之、以博閱者一哂

月上柳梢、許作隔牆之和、露零蔓草、莫狩辭行路之難、有情人約訂三生、鷗盟好締、不速客來從半夜、尨吠無驚、有時拆白黨

來敲竹槓而還須倒貼、只盼小紅娘至遞花箋而聊以傳情、秘密往還、匪伊朝夕、此中人語、不足與外人道矣、然或一朝揭破不妨吐出真情、此蕩婦之宣布密約也

季子囊空、時有途窮之慨、孟嘗券署、借來磬响之錢、任他子母相權、但求挹注、倘藉家奴作證、儘加佣金、笑他揮霍之金、盡是借來之欵、任令田園所有、不妨典質俱空、故雖合族宗祠、亦有催租之吏、甚至先人遺墓、也為拍賣之資、當其秘密進行、暗中盜賣、固自以為得計矣、迨至家庭窮究、黑幕揭穿、則不得不供其實在焉、此敗子之宣布密約也

往來公六場中、人儕收豕徵逐、摴蒱隊裏、癖號盤龍、恨他出色之難、聲聲呼喝、任彼抽頭而去、處處歡迎、有時竹槓頻敲、美人入局、更或花轎抬起、浪子遭瘟、當夫三五朋儕、相約聚賭、未嘗不興高采烈也、迨至警廳偵悉、捉賭人來、欲狡賴而無從、遂直承而不諱、而真相於以悉露焉、此賭徒之宣布密約也

由來大盜分贓、有坐地之人、幾許嘍囉、聽信憑穿雲之箭、乘黑夜銜枚疾走、驀地而來、作內應導線、暗埋開門而揖、一聲呼喝、

好逞蜂狂、幾輩奸奴、私通馬賊、當其始暗中結合、相與磋商、允作內援、引其入室、未嘗不自以為得計也、及夫因案牽連、鬧官嚴訊、則不得不一一招供焉、此盜匪之宣布密約也

以上種種、皆宣布密約之類也、今之宣布密約者、固不能與以上諸端相提並論、然其情況竟復何如、亦大堪研索也

送梅郎東渡序集詞曲牌名

陌上花嬌陂塘柳綠上林春慢南浦人來當春風嫋娜之時覓少年遊行之樂庶不負三春令節也夫惟梅郎生當梅子黃時雨關中好折紅梅花每當一剪梅開輒唱梅花引子聲聲慢詠有如水龍吟高頌曲盡宛轉玲瓏玉潤珠圓之妙前在祝英台上偶爾排歌演劇唱羽仙歌洞仙歌漁父曲金縷曲等果然五韻美百般宜如散天花如散餘霞歌喉清越聲聲令人心醉一時風流子耍孩兒如安公子二郎神十二郎等輩愛梅成癖意似癡迷當

玉石齋

其握手相見歡慰平生則似魚遊春水有時不見梅郎則密探芳信心意難忘大有望梅止渴之概於是梅郎之聲價節節高而其位置亦在霓裳中序第一矣邇者梅郎無愁可解有志壯遊東望海潮浪淘沙盡淨思乘明月棹孤舟深夜行船從海天濶處翩然而東遂乳燕飛來瀛海喜遷鶯直到扶桑一半兒閒遊一半兒賣藝不是尋芳草偏向湖邊聊作掃花遊卻當春霽料得台城路上龍華會中羅敷艷歌定使東鄰小哥兒醉心迷神引起趣味不少高山流水蓬萊當遇知音白雪陽春海國還

愁寡和三台劇演大稱人心是因逍遙樂意之行不必傷愁情怨別也然而離亭燕去鳥惜紛飛南浦月明淒涼犯病苟非薄倖郎能無腸九轉所以愛梅郎者羣於芳草渡頭沽美酒以餞行惜餘歡而相送玉樓春醉鄉春無非佳釀荷葉杯尉遲杯傾杯令醉而梅郎感激其意不盡遂亦傾杯樂飲唱醉翁操草醉粧詞稱醉公子不惜沈醉東風如玉山頹倒迨至山亭宴罷月上海棠玉漏遲敲五更轉折於是川撥棹月中行唱一曲古陽關隨大江東去矣留客住而未能解佩環而暫別看換巢鸞鳳而

玉石齋

今飛向東枝剩燭影搖紅難訴衷情脈脈一般愛梅郎者傷春怨別空哭相思憑欄人愁倚欄悵望江東雲樹低頭追憶舊遊一日十二時中其能拋此闌干萬里心乎所願梅郎去後振作大好精神獻技高陽台上一封書寄消息傳來尚憶故人勿忘舊好更願梅郎早旋歸櫂歌歸國遙唱思歸引賦歸去來勿久滯關河令人長相思也吁楊柳枝垂撫疏影而依依惜別鷓鴣天暮望遠行兮悵悵何之芳草迷離沿河傳送梅花去矣莫怨三三笑個儂錦上花添也來餞別待小子六么序作摘得新詞

浴佛八股文

活佛獨立、猶妓女之泡浴也、夫四月八日、向有浴佛之説、而今之活佛獨立、適當其時、不可謂之泡浴乎、嘗聞泥菩薩跌落湯罐裏、一塌糊塗、若是則佛之不可浴也明矣、顧因跌落而糊塗者、泥菩薩原如傀儡、而以脱離為獨立者、老佛爺難受羈縻、越藩籬而忽自主張、與妓女之忽焉泡浴者、將毋同、夫不有佛乎、漢皇求佛、固嘗夜夢金人、唐僧取經、亦許山登火燄、誠其心正其意、作佛子而皈依、曾不惜香花之供、是非好佛者乎、自昔昌黎痛諫而焚佛骨、何來傳奕上書而詆浮圖、火其書、廬其居、掃異端之毒燄、更有如蔓草之除、是非闢佛者乎、而奈之何其有浴佛之説也、考禮記一書、浴德是為儒行、佛之浴也、其亦與儒者同乎、滌垢去污、正不必童冠偕遊、浴來沂水、讀集仙小傳、乾浴自是仙人、佛之浴也、其亦與仙家類乎、手摩指擦、亦不必裸身而入、浴到華池、其或佛頭着糞、惡臭難堪、惟浴之而可去、差池之味乎、是則薰來香水、當似醍醐灌頂、悟到三摩、然而今之浴佛、不如是也、抑或佛法有緣、清涼是愛、惟浴之而得成乾淨之身乎、是宜沐以芳湯、漫同冷水澆頭、忽來一句、然而今之浴佛、又異是也、蓋今之所謂浴佛者、乃活佛獨立、猶妓女之泡浴也、吾不知泡浴以前、人之慫恿活佛者、果何如也、激烈派暗中煽動、居然漫衍其潮流、宗社黨人、或且為之助臂、復辟巨子、於焉逞厥私圖、在慫恿活佛者、不大可利用其時耶、不必問也、第知獨立幟樹、已離人而自作主張矣、吾不知泡浴以後又何如（本書對待活佛者）也、宣慰使遠道奔馳、不過承宣夫意旨、鸞章空賁、尉佗豈受牢籠、虎穴未探、定遠難言招撫、在對待活佛者、不亦難處置其事耶、不必論也、第知獨立聲喧、已與我而脱離關係矣、活佛乎、活佛乎、奈之何其泡浴乎、

五石齋

除三害

蓋自義旗令舉、大中華恢復共和、雙揺會開、南北和共謀統一、凡我黄花國民、男女君子、莫不殷殷望治、高唱普天同慶矣、乃者游龍戲鳳、國事既極顛危、而歐和席上、俠義結交、木屐兒眼快手快、更及時謀取滎陽為其所有、彼歐洲豪傑、居然允其要求、不真正急死人耶、所以愛國之士、痛失街亭、力謀抵制、恨不度摩天嶺、過界牌關、跨海征東、藉資洩憤、而推原禍始、連環計妙、念一條密約訂來、鎖雲囊開、拾萬金同佣儘賺得、送河山令人看勿出、献地圖却好似張松、殊不能不痛恨于賣國求榮之國賊也、爾乃羣英會聚、打鼓罵曹、黄鶴樓前、火燒赤壁、演火棍無數、鬧火燄山、同此風光、捉放曹瞞、人爭殺賊、討其罪者、幾如探親相罵、不少留情、真令奸瞞割髮棄鬚、抱頭竄去、而拷紅痛打、老太爺反作替身、紫金鎖無端帶起、雌雄鞭儘許揮來、不是白羅衫偏演打嚴嵩、能不恨其和尚兒之不肖乎、時則章金剛訪覓投靠、坐白虎堂中、與小曹瞞商量賣古董、以舊山河而換金斗柄、適值火燒曹營、司馬師洮宮之禍、遽爾受五毒鎚之苦、

兩鐧三鞭、痛遭打擊、頭之破有如骷髏、頭開血之流、還比鄂州血赤、割其耳不聞、燒骨計、截其指難再拾黄金、于是被困天堂、深居醫院、常發宇宙瘋焉、至若陸登盡忠于小鬼、潞安州上、顧作洋奴、欺主人而盜伐中原、存賣國之好心、發財千萬、逍遥津漢、作大財神、雖未入五雷陣、遭鐵槍手、受打金剛之苦、而牡丹亭裏、人人鬧學、莫不指為賣國奴、而爭欲斬浪子也、于時宦海風波、掀然大起、總理金錢豹、固摸頭不着、就是我大總統、亦無可如何、良以罵相之言、却非寃枉、孽障難逭、實自取之、遂不得不使三進士、齊下聚仙台、逐出梵王宮、奪取黄金印、以求大快人心也、嗚呼、軒轅鏡照、掃去妖魔、從今新世界中、又除三害哉、同胞能不笑笑笑、而為之三擊掌歟、

五石齋

擬小扇子怨大扇子辭集詞曲牌名一百則

摺扇之作、由來已久、花樣翻新、變遷莫定、自大扇作、而昔之小扇子、乃被棄矣、爰戲擬此、以博閱者一粲

一爐香爇、南浦風薰、雙瑞蓮開、芰荷新放、斯時何時、非個儂與薄倖郎攜手之時耶、想當年儂上小樓、倚青玉案、前鎮日與好姐姐、好女兒、作逍遥樂、未嘗醉思凡、而願入世也、自郎在水晶簾下、見儂秋波媚、羡儂綺羅香、常作調笑令、儂為之花心動、遂訴衷情、而願成雙矣、郎本風流子、絶似粉孩兒、常披雲襟、轉輕裾、曳珠佩、掛玉連環、與好孩兒、耍孩兒、青哥兒、小哥兒、諸少年游、儂亦效雙雙燕、而攜手同行、有時阮郎歸來、汗如珠落、索索一滴滴盡濕羅衣、儂乃為之解連環、翻雲袖、寬繡帶兒、以揮扇汗、微風動而暑氣清、郎于是高歌快活三矣、有時後庭花放、郎在花下、游于賞花時、沽美酒、酣葫蘆、沈醉東風、花陰以自樂、儂亦金步摇、虛飄飄然、似舞春風、藉增郎興、有時深院月明、郎上祝英台、憑小欄杆、以避暑、弄碧玉簫、以怡情、一聲聲慢唱玉如意、儂手中好拍案以和之、有時玉山枕畔、高唐夢回、儂斜倚水

晶簾、曲盡羅敷媚、清風來、徐暗香入抱、郎未嘗不連呼聲聲好也、是郎之于儂、可謂快如水魚、極稱人心矣、孰知一生好事近來偏受折磨、自大夫人渡江雲鬟霧鬢大賣風騷、郎相見歡、然遽作換巢鸞鳳、棄奴如花掃地、與彼作玉交枝、謂其風範端正、好似虞美人、香柳娘無其大方、美娘兒無其大雅、遂兩兩同心、雙雙攜手、不復憶秦娥、不復念奴嬌、使儂哭相思、空作榴花泣、不能灑脫自如、儂能無悶損、而懷怨手、十八拍、谿聲哀動、痛昭君怨、到胡天、七條絲風中彈琴、痛湘妃怨、沈湘水、怨他醋意兒逼人、似滴溜子、酸怨儂是薄命女、命薄似秋羅、怨他宮中調笑、自揮灑、怨儂坐誤佳期、莫奈何、怨他頻摇疏影、風頭足、怨儂細緣腰肢損折多、吁嗟乎、空閨怨盡意纏綿、深鎖陽台、兀自憐待到秣陵秋、意逼問誰霜裏鬭嬋娟、儂思及此、知秋雲飛到、桂枝香飄時、若人將與儂一例捐也、不禁歎紅情綠意、總是虛無、轉不如閒倚八寶粧台、獨看疏簾淡月之為愈、又奚為與若人爭一絲風哉、

乞巧文集詞曲牌名

碧雲深處鵲鵲填河、金步摇空、鵲橋仙渡、西地錦偶然停織、薄命女來青絲騎、郤羨牽牛、小哥兒至、傷情怨別、細訴衷腸相見歡欣快如魚水、一年一度、莫誤佳期、斯非銀河傳恨、暗渡雙星之夕耶、

時則東家好姐姐、西家好女兒、整華裾翻羅袖、倚青玉案、憑八寶粧、献冰盤菓、燒百和香、向階前盈盈拜星月、乞巧思遥憶仙姿、乞巧意爭迎仙客、一斛珠巧穿七孔、一片雲巧鬬七襄、旋錦

玉石齋

棉巧成女字、贈香囊巧繡鴛鴦、解連環巧佩珊瑚、墜拋繡球巧中繡衣郎、秋波媚巧笑誇多、麗惜春容、人人羨巧娘

更有那三學士伏案功深、七弟兄攻書心苦、亦於巧夕步玉砌階前、燒夜香暗把天仙禱、願一日十二時中讀罷一封書、竟滴溜子也似的爛熟、願巧思綺發、心竅玲瓏、玉朗冰清、如浪淘沙淨、願摘得新詞、如高山流水、如白雪陽春、其綺麗如陌上花、嬌其激昂如水龍吟、遠五韻美、百般宜、好句穿來、珠落索、文章許奪錦標回、

他若三台位重、巧宦官高、工運動相與、慶成功、善夤緣官封極品令、奏明庭巧邀寵誥、歸朝歡巧錫恩榮、今夕更巧步瑶階、向天仙子乞巧、願從此巧遇機緣、風雲際會、變龍拜命、湛湛恩新、大綬勳章、金鑾落、榮華不羨、大紅袍於中、好攫取馬蹄金巧巧飽我、瓚雲囊巧使機關、至如意、巧膺五福降中天、

子夜靜兮五更轉矣、玉階曉漸、玉漏遲遲、五色雲微風吹散、望星斗銀漢空移、為問乞巧年年、千秋歲巧誰乞得、況復巧遭天忌、難稱人心、巧妻常伴拙夫眠、能無悶煞、巧婦難炊無米飯、莫

玉石齋

慶年豐、金鸚鵡巧語動人、玉瓏璁雕籠、偏鎖獼猴兒巧排歌劇、一落索繰纏偏多、笑蜘蛛巧結羅網、而不免耍孩兒之捕、嘆春蠶巧於作繭、而不免燎金爐之災、由是觀之、巧姐兒難集百祥、誠不若拙魯連人人歡樂也、尚何乞巧為耶、爰掇拾餘文而為之說、

新測字

予攏測字攤方畢、有憂時子緩步而來、面目黧黑、若有隱憂、揖予而言曰、僕有所疑、願就教決焉、言次拈一紙捲授予、予問其所疑、憂時子曰、吾國自南北分裂以來、一再議和、迄無成效、今開第三次和會、其結果究當何若、予展捲視之、則一唐字也、乃應之曰、此次和會、恐仍無成功之希望、頃拈一字、與南北兩總代表姓名巧合、南總代表唐其姓、唐紹儀、北總代表唐其名、王揖唐、唐與唐勢均力敵、不能相下、正是棋逢對手、和議如何得成、且唐字之左、若加以米、則為糖、糖有和中之用、和衷共濟、似可希望成功、然口蜜如糖、而腹毒如劍、恐仍無和平之誠意也、唐益以蟲為螗、物腐蟲生、有人挑剔於其間、殆仍不免蜩螗鼎沸耳、唐益以才為搪、則又有搪塞之意、和平會議、豈搪塞敷衍者所能畢事、諺語有之、荒唐荒唐、南北兩方面之言和、無非是唐其姓與唐其名者、彼此荒唐耳、又唐之上從庚、為康字之首、康樂和親、似乎太平有望、然其結筆不同、不能康樂、到底則三次和議之結局可知、唐之下從口、有口無心、是以和不成、其為和也、就字理言、此次和會殆無成意、予語既畢、憂時子勃然色變、若甚不豫者然、予曰、子無然、唐棣花名也、唐棣花開、鬩牆釁泯、今南北兩總代表、或唐其姓、或唐其名、未嘗無花萼爭輝之意、則和局未必終無希望、試截唐字上半之庚、而附以撇點、則為庚、截唐字下半之口、而貫之以十、則為申、明年太歲在庚申、和平會議之成、其在明年乎、特今年尚無望耳、憂時子聞予言、色稍霽、悠然而去、予為是言、隨機而答、初無成見、其中與否、不敢自信、姑留作他年考證耳、

八月圓集詞曲牌名

秣陵秋到梧葉兒凋滿庭芳送桂枝香飄時則一片雲飛千家月朗一般風流子虞美人趁今宵月上海棠登高樓共倚小闌干在青玉案前雙雙携手拜星月待到子夜靜時沽美酒酣葫蘆金樽滿酌曲訴衷情更復月底修簫譜一曲八月圓共祝千秋歲然後玉山枕畔相與綢繆夢作巫山一段雲斯亦快如魚水矣然而悲歡無定豈能悉稱人心桂折仙枝未必能至如意或絲意紅情纏綿盡致或傷情怨別痛哭相思或魚水同歡儘

玉石齋

許逍遥樂意或翠樓吟妝怕從雲後歸來同是一輪秋夜月幾人歡樂幾人愁是安可一概論耶爾乃薄命女郎可憐新寡聽秋砧而魂斷獨上西樓捲珠簾而淚零怕聞新雁憶當年與郎倚八寶粧作調笑令以為多麗情深應天長地久同享萬年歡矣迄今郎上鬼三台釵頭鳳折儂抱昭君怨命犯孤鸞看疏簾淡月悵空誤佳期夢斷瑣陽台不能不淚濕羅衫袖矣更有花嬌女子妙齡十八香艷動人眼兒媚兀自可憐絲腰瘦偏增嫵媚花心動而情鬧願成雙而未得空羨那東家好姐姐西家好

女兒轉眼彩鸞歸團圓好事近趁深院月明閑步瑶階望月翻恨嫦娥繾綣儘闗嬋娟自憐獨守空閨怨儂命薄愁倚闌干情脉脉拚將心事問蒼天恨不向月下老人一探消息問何年得展芳茵也又有秦樓月冷名妓色衰醉落魄空自倒金罍擲纏頭曾無金鑿落耍孩兒偏多薄倖雙紅豆難寄相思趁今宵明月當窗斜倚玉鈎闌靜言思佳客深望可人兒念奴嬌慣趁明月掉孤舟泛扁舟尋舊約深夜過秦樓來與個儂賞月倘能相見歡欣迎仙客到定許攬箏琵而低唱一聲聲慢唱月中歸也

玉石齋

至若客中憶舊涼夜孤鸞任一院香風吹到蕎抬頭月上瓜洲偶爾思歸引起許多感慨望江南兀自憶多嬌祝團圓幾成如夢令阮郎歸不得辜負少年遊恐看西江月淒涼上小樓縱令一封書寄孤雁兒繫帛傳來而長相思無從寫起意不盡難訴衷腸終難遣這闌干萬里心也又若步虛詞客大有才名於中秋夜登百尺樓頭望海天濶處趁滿天月色看如此江山覺有玉樓寒高處不勝之感於是作水調歌頭夜遊樂甚唱大江東去摘得新詞更復舉玉瑶杯以酬江月弄紫玉簫以宴嘉賓一

聲聲好相應和、其一林下風人之韻事乎、其餘如三台令、倒謫宮頻仍、最淒涼犯、作楚囚、恐聽霜天曉角、或台城路遠、榆塞淒清、問何年征戍、回來人歸塞北、同於今夜看沙頭月、朗疏影蕭條、能無悶煞人耶、嗟乎、秋雲飛到兮秋氣清、紫桂叢開兮秋月明、嘆幾輩英雄、如浪淘沙、盡有許多恨事、付望海潮流、不能不羨彼有情眷屬、對湘月、而慶佳節、雙雙向羅帳裏坐、赴高陽台、而夢遊月宮也、

戲擬孟嘉託滬上友人購帽書

登高有興、攜來竹杖芒鞋、送別懷人、賴有萸囊菊酒、黃花影裏、一夕寒迎、紅葉叢中、幾番霜逼、芳辰未歇、漉餘陶令之巾、舊事重提、吹落參軍之帽、撫頭顱而摸索、醉客醒來、驚物候之轉移、重陽作過、蓋自龍山遊後、迄今烏帽不還、馳馬爭窺、奚有獨孤之帽、簪花重壓、何來梁緒之冠、髮之潤幾潤於油、露出光滑之相、頂之尖還尖於筆、曾無鑽洞之能、倘教大辮拖來、疑是將軍客到、或作紅絨小結、還誇太史風流、官場恨少、與攘大帽子無從索得、傲骨幾曾換却、高帽子不慣戴來、既非勝代遺民、紅纓帽奚能再用、更未榮膺學位、博士帽何敢輕加、露頂難堪、寒晨奚禦、風頭出足、趣語徒留、倘或升遷、冠欲彈而不得、偶然行禮、帽欲脫而無從、此嘉之所以急於買帽也、惟是遠方買帽、付託需人、嘉既僻處偏隅、敝地更無良物、欲買遼東之帽、而宗兄恩遠已去吉林、欲尋章甫之冠、而賤族子輿遠居鄒嶧、惟道途之多阻、斯寄遞之艱難、況夫物貴因時、人宜從俗、溯自學生潮起、大家來抵制之聲、販賣團成、到處燬東洋之貨、問誰熱血、攜紙傘

爭説時髦、若論消閒、吃香烟也誇國貨、最是東洋草帽、鬧來笑話偏多、或醉如泥、偏作落花之墮、或焚於火、化為劫後之灰、有時親自拋來、文明人原當如是、偶被兒童揭去、惡作劇難以為情、往事昭彰、前車可鑒、故者番之買帽、宜斟酌於其間、縱不用自織之冠、亦不用蝕本之貨、近聞海上、呢帽風行、偶入城闉、舉目皆是、價無嫌其太貴、平生多揮霍之資、物但取其新、年少具風流之致、翩然自得、聊同白角宜人、渾脱自如、不必烏紗舊樣、冠與履原當相稱、故靴應換嗶嘰鞋、衣與冠亦自相因、便服還拖大袖子、應酬場裏最重趨時、倘承一手置成、尤令寸心銘感、頭顱大好、漫教久觸風寒、頭腦冬烘、得此聊增和煖、西風多便、望速寄來、不勝引領盼望之至、

五石齋

五星聯珠説

繄夫閫牆釁起、如南北斗之相持、送禮人來、似參商星之不見、神洲黑黯、恨少明星、大局垂危、急於星火、有識者於此、方恨無移星換斗之能、以補此鐵甕金甌之缺矣、而孰意吉祥止止、佳話傳來、乃竟有五星聯珠之吉兆哉、或者曰、新華門外、代表滿流、南望蒼梧、湘妃淚洒、此點點者、其盡為哭星歟、軍人時代、大帥威尊、艷羨武人、又來組閣、此赫赫者、其盡為將星歟、幾輩大僚、後先祝壽、倪家公子、也鬧生辰、此朗朗者、其為壽星歟、法官繞了、又是文官、領事多才、同時考試、此耿耿者、其盡為官星歟、何方矮鬼、故作猖狂、咄咄妖星、逼人太甚、此纍纍者、其天文志中所謂輿鬼星歟、議論紛紜、莫衷一是、而自余觀之、則為新發現之金木水火土五星無疑也、黃金時代、金錢萬能、使鬼推磨、神通絶大、莫笑議員俸薄、為加薪而拚命相爭、請看總長私通、為賣國而宦囊已滿、魚行有客、飽老板之腰纏、蠹米何人、恨奸商之心險、推其究竟、皆金錢之為祟、正不得以金價低廉、詆為賤貨也、夫如是、故金星見、枯柴一段、依舊槎枒、干木森森、無非

五石齋

庚氣、而錚錚鐵樹、惡蔭偏濃、歷歷山巒、醜枝多礙、良材不得、惡木偏生、無怪前途之橫生枝節也、夫如是故木星見、潮流激盪、莫挽狂瀾、學生潮洶洶而來、洒盡滿腔熱血、請願潮滔滔而至、聽來一片哀音、宦海興波、政潮險惡、風潮遍地、禍水浸淫、不獨湘水迢迢、民有其魚之嘆、乃足見水之為患也、夫如是故水星見、火燒蚌埠、小兒也應心驚、火起曹營、老賊偏教身竄、非因火星之高照乎、而最烈者、許多劣貨、望去如山、焚燬連番、飛灰片片、雖未能拔盡根株、要已掃除害毒矣、夫如是故火星見、至若土星之見、則更不待深言、販土生涯、由來不惡、土頭土腦、儘許經營、雖燬土有人、而換日偷天、土裏罪人已大顯其神技、他如手眼使來、賣土地者、幾多國賊、脂膏吸盡、括土皮者、厥有縣官、有土有財、故無人不以染土味為得也、此又何怪土星之發現歟、綜上所述、五星相聚、適應時宜、是以先後爭輝、纍纍有如珠落索、循環相映、層層不啻玉連環、此蓋因運而生、何事少見多怪、彼以東井識漢高之起、聚奎誇宋祖之興、妄事鋪張、紛紛献頌者、其殆未知今之時代為如何時代歟、噫、

擬學生斷指誓辭

報載北京某學斷指、其事甚壯、因為代擬誓辭、

蓋聞截指立誓、南八之所以為男兒、拔舌不撓、平原所以為義士、王諒斷臂、生氣常存、嚴顏斷頭、英風不滅、自古英雄豪傑、不恤捐軀、由來志士仁人、每甘蹈刃、斯誠足為歷史之光、而壯儒林之氣矣、邇者東鄰乘釁、利害切於肌膚、南闕孤懸、禍患迫於眉睫、斬手蘇足、蹂躪一場、毒手尊拳、相交數武、痛幾輩青年殉難、義憤填膺、看者番碧血沉冤、英雄扼腕、數侏儒之罪、怒欲衝冠、報勾踐之仇、苦逾嘗膽、苟非媚外、豈容袖手旁觀、同是國民、允宜奮臂相助、羨魯陽之勇、直欲揮戈、具夸父之能、應知逐影、況為學生者、具有熱腸、都非冷血、天下溺矣、豈無援手之思、於汝安乎、忍受屈膝之辱、勿謂瘠肥無與、要知唇齒皆寒、漫疑痛癢無關、當如首尾相應、握拳透爪、露三生技癢心煩、嚼齒穿齦、盡一片忠肝義膽、欲肘腋之無害、須指臂之能聯、倘同仇之義不明、情或忘乎手足、恐祖國之危益甚、患且中於腹心、莽莽神州、將作禁中之臠、堂堂黃胄、且為刀下之魂、料知家國不完、金

甌欲碎、等是棋枰無定、玉局將殘、任爾呼號、托足無乾淨之土、受人宰割、束手有待斃之虞、僕也有鑒於此、心焉憂之、所以不忘國恥、願揮力士之拳、怕作人奴、願奮將軍之臂、只恨請纓無路、孫掌難鳴、縱教赴難有心、空拳何補、椎持大俠、恨未收晉鄙之軍、首頓包胥、直欲效秦廷之泣、捫寸心以為誓、留一指以明誠、操丹何之戈、不虞傷指、拔王郎之劍、莫漫驚心、骨斷蹲鴟、虹白吐雁翎之氣、血流鈎戟、猩紅凝虎掌之紋、指其斷乎、心殉瘞矣、嗚呼、是真男子、何以為家、不復神州、有如此指、好頭項誰當斫得、還將擲幾許之頭、熱心腸未許冷來、夫何惜無名之指、濺侍中之血、料諸公也應斷魂、濕襟上之痕、問四座能無流涕、拔刀起助、大家當表同情、擲地有聲、救國是其宗旨、共襄大局、力挽狂瀾、倘運策於蕭何、指揮許定、或濟舟於桓子、掬指爭先、斷決勝於指顧之間、許投鞭於斷流之地、指數一時豪傑、誰道秦無眼、看大好河山、終歸漢有、是在我父老兄弟相與勉之耳、此誓

泰州市圖書館藏書

玉石齋

瑞芍堂諧著目錄 庚申

泰州市圖書館藏書

玉石齋

新論下

五右齋

五右齋

瑞芍堂諸著

迎窮文

泰縣耐庵夏紹侯

泰州市圖書館藏書

民國九年舊曆庚申窮九日、窮措大窮極無聊、乃具香燭紙馬、迎窮神於窮途、客有過而詰之者曰、子何為者也、吾觀夫韓子為文、厥有送窮之作、巢人得于、亦多迎富之方、世之工於送迎者、莫不奔走於財神之門、泥首默禱以乞其惠臨、若夫窮愁潦倒之窮神、窮氣逼人、人且送之不遑、而子乃迎之以禮、不亦傎乎、措大曰、唯唯否否、夫送與迎、對待之名詞也、送舊者必迎新、

玉石齋

送往者亦迎來、惟有送斯有迎、人於窮神、但送而不迎、窮神得毋有悵悵何之之慨乎、若謂不迎則窮神不來、彼送窮者、初未迎窮、窮神何由而至、若謂迎之則窮神趨至、則我窮而人乃不窮、彼送窮者、不深賴我迎窮耶、且人之所以送窮者、為乎窮境之難堪也、寒而窮無短褐、空泣牛衣、飢而窮乏宿糧、難爭雞食、遠不逮達官貴人、囊橐纍纍、得享富貴繁華之福耳、詎知濁富不如清貧、銅臭味濃、逼人咄咄、逼人孰若清風兩袖、允為堅白之躬、明月遠懷、不染囂俗之氣耶、吾觀夫今之富貴中人、其所以不窮者、或借外債而取佣金、許得雙分回扣、或賣國土而充掮客、賺來百萬贏餘、或剋扣軍糧、大飽將軍之欲、或侵吞學款、致來輟學之潮、其次則售黑飯以取贏、犯科條而不避、販白糧以求獲、惟慾壑之是填、或分鶴俸於當途、冀沾餘潤、或作狗官於下縣、妄剝民財、既竹槓之頻敲、亦地皮兮善刮、由他笑罵自汝貪婪、雖非盜賊之徒、亦見財而起義、絕似鼯奴之輩、為愛錢而垂涎、於是剖其心則黑、於老鬼之烟鎗、故能毒辣、按其頭則銳於最新之湖筆、故善鑽營、厚其面則比鐵而尤堅、儘許後先

玉石齋

抨擊、鼓其舌則如泉而狂湧、儘堪播弄是非、手之敏也、快於傳電、故善攫財、足之捷也、疾於跳丸、故能趨利、笑之諂也、爭似河之清、肩之脅也、還如山之聳、奴顏婢膝、極相窮形、曾不惜以畏窮之故、而失其身體之自由、故雖宦橐豐盈、腰纏不少、要不若我之心安體胖、俯仰自如、其窮樂為無量也、況以最近之某公證之、坐北海而賣魚、家私富有、居南京而賣土、大錯鑄成、其貲財之富、甲於一時、不可謂之窮矣、然而身死之後、小婢無知、且捲逃其寶物、乾兒不孝、偏吞沒其厚貲、甚且武庫所存、悉充公

用、以當年造孽之錢、一旦而任人攫去、雖兩手伸從棺裡、曾不能帶去一文、則較之予以著述自娛、徜徉於快活林中、具有自得之樂者、更孰得而孰失耶、而又何責乎予之迎窮也、客聞言、無以應、唯唯而退、予亦迎窮神以歸、

玉石齋

哭

自阮步兵而後、空山久無哭音矣、朝野人民、泄泄沓沓、酣歌恆舞、方且談笑自如、極歡愉之意、安有淚下沾襟者乎、不意勢位隆重如某公者、乃竟以伏地痛哭聞也、夫某公果何為而哭耶、昔申包胥乞師秦庭、痛哭七晝夜、卒能復國、某公之哭、豈亦有救國之心乎、越王欲復吳仇、苦慮焦思、中夜抱柱而哭、卒以沼吳、某公之哭、豈亦有復仇之意乎、賈生獻策、敷陳時事、為之痛哭而涕流涕、某公之哭、豈亦有治安之策乎、果如是、則某公之哭、當哭於新華門學生請願之時、與學生同聲一哭、當哭於天安門學生被拘之地、與學生相嚮而哭、其哭也誠不可少、然而某公之哭、豈為是耶、吾以為某公之哭、猶之嬰孩耳、嬰孩之哭也、呱呱而泣、嚶嚶而啼、望阿母而淚流、與鄰兒兮聲應、有以哺乳之、則不哭矣、而某公之哭、亦求人保抱也、吾以為某公之哭、猶之閨娃耳、閨娃之哭也、鮫珠一串、玉線千條、常昵郎以沾襟、頻避人而掩袖、有以慰藉之、則不哭矣、而某公之哭、亦乞人愛憐也、吾以為某公之哭、猶之窮人耳、窮人之哭也、其聲嗚嗚、其

玉石齋

情哀哀嘆阮籍之窮途洒唐衢之老淚有以拯救之則不哭矣而某公之哭亦望人垂救也故其哭也當放聲長號如喪考妣其叩頭也應接二連三若崩厥角其據地不起也當匍匐階前如牛之眠如鴟之蹲不敢仰天而視且鞠躬而盡瘁莫昂首而長鳴若鑄以禹之鼎則其相頗奇若照以秦之鏡則其形殊怪若繪以吳道子之筆則其態極妍淚下如泉哭聲不絕此一哭也非同小可不且如小說中所謂驚動上界之神仙乎採芝翁救世為心聞其哭泣之哀當必臨凡而超度之也然則某公之哭固自有作用矣特吾不知其哭之先曾飲薑汁乎哭之時曾執哭杖乎哭之後曾濕羅巾乎哭乎哭乎大哭特哭不一哭哭史中不從此增一新材料乎

張大帝之壽話

柳綠桃紅正金谷繁華之候風饕雪虐上玉堂富貴之辭四女偕來千春共祝此非張大帝華誕之期耶時則仙官鞠䐋醬斟芍藥以紅傾壽客稱觴酒酌荼蘼而黃瀉而雪風雨水四女郎亦承歡膝下進頌長生不老壽翁大帝飲延年酒吃凍狗肉拈鬚微笑亦甚自得飲酒方酣壽客乃起而言曰大帝誕辰壽桃壽麪妙品良多而帝乃大啖凍狗肉不置歲歲以狗為餞不將殺盡狗輩耶大帝笑曰當今之世做狗者不少矣痛恨官僚盡狗茍蠅營之輩許多食客半雞鳴狗盜之流刮地皮者不少狗官弄是非者放來狗屁狐羣狗黨相濟為奸狗肺狼心害人不淺一對狗男女到處宣淫幾輩狗軍師頻施毒計且乞人憐者則搖狗尾矣討人喜者則賣狗腿矣與人交好者則發狗頭瘋矣若而人者殆狗類之不如也其心則冷其血則涼較狗肉之凍結冰凝者初無少異吾愛食狗肉吾恨不盡人而類於狗者悉其數殺而食之也又何患狗肉之不足應吾需要耶壽客聞言為帝各浮一大白且更端而問曰大帝愛食凍狗肉既得聞

玉石齋

命矣、顧大帝誕辰、祇有雪風雨水四姑娘稱觴上壽、而不聞有賢子孫承菽絲之歡者何耶、大帝曰否否不然、吾之子孫至不少也、徒以藐躬德薄、不足以佑啟後昆、故子孫多不肖耳、南望蒼梧、湘妃淚洒、將軍橫暴、民怨沸騰、話戰績於當年、空飛火艉、弔生靈於今日、莫不痛心、非我之不肖子孫耶、北瞻關外、人怕髯公滿面騷鬚、腥風陣陣、勾聯馬賊輩、比匪為奸、逼走虎將軍、冤家不少、非我之不肖子孫耶、至若橫行將軍、浪談復辟、荷蘭水湧、浸倒壺瓶、辮子軍前、賸有垂豚之尾、紫禁城裏、難誇騎馬

玉石斋

之榮、非我之不肖子孫耶、又如出氣將軍、胸膛脹破、當年主戰、破壞和平、七十萬官帑拋丟、蚨飛不返、數百里地盤失去、兔窟難營、非我之不肖子孫耶、他如鬼鬼祟祟、為帝制之功臣、堂堂皇皇、作販土之營業、或營私而取利、或誤國而殃民、昧良喪德、背道而馳、非皆我之不肖子孫耶、我於生日、非不欲效郭子儀、集牙笏於滿床、領兒孫之上壽、第以若輩行為不當、有玷家聲、故不認為我之子孫、不許其戴張冠而來謁也、世人於余誕日、輒以風雨之故、呼為大帝暴、其實余何嘗如若輩之暴耶、倘復

令若輩不肖子孫、同時畢集、興風作浪、逞一時之威、不將牽動頭皮、益令我受人唾罵乎、此余所以力阻其來、而壽堂之前、遂亦無若輩足跡也、壽客唯唯稱是、乃相將為大帝稱觴、盡歡而散、

玉石斋

觀音誕感言

二月十九日、相傳為觀音大士誕、善男信女、燃燭焚香、向觀音膜拜者踵相接也、吾於是有感焉、當今之世、擾擾紛紛、無乾淨地、有何音之可觀耶、雲娘痛哭、哀音慘慘、不可聞矣、而烏可觀、軍人助鬬、鼓音鼕鼕、不敢聞矣、而烏可觀、學潮屢起、輟業頻仍、絃歌之音不作矣、到處哀鴻、嗷嗷待哺、太平之音久歇矣、大士於此、方且不忍聞、不願聞、而何取乎觀耶、然而大士既以觀音稱、吾知其觀於斯世、必將如觀舞台之戲、極變幻離奇之妙、而不至如觀西洋鏡者之拆穿鏡也、子又何為乎多言、第念觀音大士、化身千萬、而敬奉觀音者亦不下千萬、千萬人之心理不同、千萬人之慾望不同、斯其所敬奉之觀音、亦必不不同也、有如北洋領袖、政局要人、擁護東海者、則宜敬東海觀音、護法軍人、革命軍巨子、稱雄南方者、則宜敬南海觀音、私囊賺飽、手伸背後之三貪官污吏、宜敬千手觀音、臨陣脫逃、脚豎朝天之四、怕死將軍、宜敬赤脚觀音、又若候補總統、希望當選、怕有難產之虞、國會議員、新舊攸分、恐有孿生之象、從事於選舉者、宜敬送子觀音、操芝翁作在山之泉水、濁而不清、小徐娘傾中原之禍水、潑而難收、操縱夫時局者、宜敬水月觀音、男拆白、女躺白、施絕大之神通、而妙能得法者、宜敬白衣觀音、打竹牌、敲竹槓、顯平生之本領、而可以發財者、宜敬紫竹觀音、他如非公治之罪、學生偏到法庭、作鍾儀之囚、主筆或膺縲絏、受意外之痛苦、遭不測之刑威者、當敬救苦觀音、出風頭的姨太太、普渡慈航、當燒觀音香、怕老婆的都元帥、拜倒榴裙、當抽觀音籤、蛀蟲為患、窮百姓無米難炊、儘吃觀音粉、土販成羣、老烟鬼有糧可吃、應煮觀音膚、厚臉次長、座位堅牢、穩於觀音之蓮台、不可不拜觀音也、賣國金剛、肥水分潤、如灑觀音之甘露、不可不拜觀音也、安福行東、恨魚兒之難摸、當借用觀音之魚籃、不可不拜觀音也、王大娘子、痛壺瓶之難補、當乞取觀音之荷瓶、不可不拜觀音也、即如我輩酸丁、化名投稿、令人揣測不定、有如觀音大士之化身千萬、亦不可不拜觀音也、更有進者、昔人有言、家家堂上有一活觀音、此活觀音、老乃生我之觀音老母也、今人則以敷脂抹粉之牀頭婆子、稱為活觀音、吾究不知斯世斯民敬

玉石齋

堂上之活觀音者有幾而敬牀頭之活觀音者又有幾也是則不能無慨然矣

女子剪髮說

女子剪髮吁聲日高北京大學女生且有實行其事者矣夫女子之剪髮固不自今始也昔陶侃少孤且貧范逵詣侃其母截髮以易酒肴今之女子不必皆憂貧也何亦有截髮留賓之意乎李白中山孺子妾歌戚姬髡髮入舂市萬古共悲辛今之女子不必皆棄婦也何亦有髡髮待罪之思乎曹爽之妻斷髮以堅其信張彪之婦割髮以明其心人競稱為烈節今之女子正當解放時期固不必拘守貞操問題也何亦有斷髮割髮之懿行乎噫嘻吾知之矣其殆以女權發達不欲以個人之身體髮膚供男人之玩弄而故為是狡獪以斷男人之希望乎漢同宮女誇蟬影之翩翩却似秃奴笑牛山之濯濯此亦改造之深意也彼夫脚不須纏怕作潘妃之蓮步粉無須抹不為公主之梅妝掃去從前女子之陋習者殆與此意相同乎雖然孰是說也女子之體膚應改造者多矣白居易詩芙蓉如面柳如眉此以眉為玩物也而張敞為京兆太守且有畫眉之趣事矣今之女子髮可剪眉何不可燒乎盧思道詩媚眼臨歌扇此以眼為玩物

也、而張生怨鶯鶯、且有臨去秋波之恨矣、今之女子、髮可剪、眼詎不可抉乎、郭舍人詩、嚼妃女脣甘如飴、此以脣為玩物也、而賈寶玉且有吃胭脂之癖矣、今之女子、髮可剪、脣豈不可裂乎、古詩、纖纖出素手、此以手為玩物也、而裴如海且就袖子裏捏潘巧雲之手矣、今之女子、髮可剪、手獨不可斷乎、李洞詩、半胸酥嫩白雲饒、此以乳為玩物也、而唐明皇於貴妃出浴時、且戲弄雞頭肉矣、今之女子、髮可剪、則乳亦可去、宋濂云、南國佳人玉作腰、此以腰為玩物也、而白樂天且以柳腰炫小蠻之美矣、今之女子、髮可剪、則腰亦可毀、而如之何僅僅以剪髮為改造耶、豈改造之事、自頭至脚、須次第舉行、姑以剪髮為頂上事業、從頭做起耶、玆且勿論、第念凡我女子、自剪髮而後、則小尼姑下山、不應笑其禿頂矣、鬎鬁頭發現、不必再放毫光矣、又豈獨老滑頭小滑頭而外、更有女滑頭出現、足為今之世界放一新彩哉、獨惜自有此剪、而揚州之桂花油不復銷行、武進之棗木梳失其作用、未免有毫髮之遺憾耳、剪髮之女子、其亦顧慮及之乎、

玉石齋

戲擬督軍反對廢督宣言書

近日盛倡廢督之議、惟自盧督軍外、其他督軍、未聞有起而和之者、殆猶有反對之意歟、戲擬此文、以博閱者一粲、

自盧督有廢督之請、海內人士、莫不贊成、一若督軍為附骨之疽、非急去其毒、無以為生、噫誤矣、夫督軍之於民國、關係殊大、豈旦夕可廢者乎、溯自辛亥革命、搖旗吶喊、武人之功居多、不有武人、奚有民國、今國本粗定、乃並督軍之位而去之、鳥盡弓藏、豈是酬庸之典、此以賞功言、不可廢督者一也、內而治盜平民亦可誣哉、外而防邊軍械且能刦奪、不有武人、其誰禦侮、此以衛國言、不可廢督者二也、拍萬急之電、聯八省之盟、內政革興、有勞干涉、不有督軍、則監督政府者誰歟、此不可廢督者三也、索百萬之餉、養無數之兵、浪蕩閑游、不虞匱乏、不有督軍、則贍養游民者誰歟、此不可廢督者四也、銅山未採、鐵礦空存、待善價而沽、諸化無用為有用、不有督軍、則拍賣土地者誰歟、此不可廢督者五也、選舉場中、問誰當選、得長官之指定、儘投票而贊同、不有督軍、則督造民意者誰歟、此不可廢督者六也、而

玉石齋

且有督軍、則鴉片種來、烟鬼之生機不斷、閻奸隨意、有情之眷屬都成約束、與論主筆不敢狂談、斯黑幕無揭參之慮、壓服學生、外人為之心喜、斯交鄰得親善之方、凡此種種、皆我督軍之成績也、夫亦安可廢督哉、且他人而議廢督、猶可說也、盧督而議廢督、豈非以督廢督乎、以閣倒閣、閣且未倒、以督廢督、督烏可廢、吾觀浪子之敗家也、受懲戒者有之矣、要未有自請懲戒者也、奴才之賣主也、被驅遣者有之矣、要未有自請驅遣者也、和尚不守清規、未嘗自請逐出山門、地痞不安本分、未嘗自請

驅逐出境、婦女不盡婦女不盡婦道、未嘗自請休棄下堂、盜賊雖殃民、何曾自請捕盜、娼寮雖害俗、何曾自請逐娼、盧督身為督軍、而乃倡議廢督、豈非狐有皮而自剝之乎、豈非象有牙而自焚之乎、豈非虎有翼而自翦之乎、豈非雀有角而自拔之乎、豈非蜻蜓有尾巴而自吃之乎、以如是之行為、而斷之以一語、殆所謂囘子吃豬肉、自壞教門也、亦所謂不有家鬼難拘家人也、揆厥情形、大有破壞督軍團之意、凡我督軍、豈能任其破壞也耶、雖然、開刀未許縮頭、苟從隗始、入甕莫嫌醉骨、應請君來、

彼既自請廢督、即請獨自下台可也、凡我同人各行其是

米荒救濟法

邇者、米糧價漲、民困異常、窮人無吹簫之路、黎庶有懸磬之憂、呼巧婦而為炊、問糧何在、笑癡兒之無禮、索飯頻號、米荒之為患大矣、若不有以救濟之、竊恐民心不靖、紛擾滋多、殊非地方之福也、爰戲擬救濟法如左、

(一)提倡肉食主義　米糧價貴、吃飯且難、今乃倡肉食主義、得毋襲晉惠帝何不食肉糜之故智乎、曰非也、吾聞楚人圍宋、宋軍糧絕、有易子而食、析骸而爨者矣、今吾民所有之米、既已輸作鬼糧、吾民惟有易子而食耳、人肉饅頭、何嘗不可充饑、或曰、易子而食、似近於殘、不如取貴國奸人而殛之、食其肉而寢其皮也、蓋若輩既以吾人之米、運送他人、則吾民食其肉以充饑、亦公平之交易也、

玉石齋

(二)提倡減食主義　年來衛生家極倡減食主義、甚有廢止朝食者、吾以為當此米貴時期、正可藉衛生之名、倡減食之議、每人每日、所食俱有限制、定可享長生之幸福、其能絕粒不食者、更許早登仙籍、且吾聞人之不得食者、有喝西北風之說、今倡減食主義、彼腹中飢餓者、可令至曠場之上、飽吸新鮮空氣、不較喝西北風為尤愈耶、

(三)提倡細腰法　傳曰、楚王好細腰、宮中多餓死、是知腰之細者、其食必少、吾觀近日文明女子、提倡剪髮、誠不如提倡細腰、可以省無數之糧也、量來腰帶、應同楚女之纖、減到腰圍、莫笑宓妃之細、倘亦米荒時代節省民食之一法乎、

(四)提倡長眠法　人當睡眠之際、腹中消化不靈、可以不食、故夜間進食者絕少、方今米價奇昂、為省米計、宜倡長眠之法、昏迷不醒、糊塗蟲正好安眠、大夢方酣、渴睡漢儘堪穩睡、既能安適、又省米糧、一舉兩得、其法至善、如有一睡千年、永遠不食者、則尤佳妙矣、

玉石齋

鍾進士宣告薙鬚文

為宣告薙鬚事、竊老判本終南之進士、具啖鬼之奇能、每屆端陽、辱承萬戶歡迎、繪老判之肖像、以壓邪魔、烏帽傾斜、故作驚人之態、蠻靴穿破、依然措大之形、描寫極工、神情畢肖、而長鬚一縷、冉冉迎風、更足為壯觀之助、惟是事貴因時、不容守舊、老判年華如許、也學時髦、方今男子薙鬚、提倡不遺餘力、快活林中、秋夢君既說明理由於前、耐庵君復陳述理由於後、具見鬚之為物、在今日已無保存之必要、老判受新潮之激盪、應時勢之要求、不惜薙去鬍鬚、以為改造容顏者之倡率、根株剷盡、如刮地皮、口齒分清、便俾聲浪精神一振、幾疑返老為童、不復有老態龍鍾之可厭、一般新人物見之、固應許老判為新青年、而翦髮之女子、亦當引老判為同調、相與握手也、老判於此發厭老騷、倘得以光滑滑之油嘴、與新解放之女子、行一接吻禮、不亦快活也乎、正不獨鬍子薙清、啖鬼儘堪大嚼、不復有拖湯滴水之嫌、為足自豪也、且近來南北交鬨、戰端又起、關外之紅鬍子、鬧已乘間入關、老判及時薙去鬍鬚、免為榴火映紅、致與關外紅鬍、爭其嬌艷、更屬妙想、或有勸老判薙去鬍鬚之半、而留其餘以作八字鬚者、老判惡其與仁丹鬍子相仿、既非金剛、何庸效其裝束、誠不如薙盡之為愈也、非關撒謊、偏教嘴上無毛、不是財奴、敢道一毛不拔、本屆端陽佳節、其有繪老判之像者乎、幸勿再添頰上之毫也、特此預告、尚祈注意

五石齋

戲擬直皖調停團宣言書

蓋聞夫妻打架不用勸、誠以牀笫之間、交情自在、雖偶然淘氣、或擲碗而碎鍋、而隔宿無仇、自無待旁人之勸解、苟非然者、兩造相爭、誓不兩立、則不能無人排解於其間、試觀親家母與親家翁相罵、一方面婊子堂客詬厲申申、一方面浮屍殺千刀、啜啜不已、非有橋頭阿三爺出而調和、必至親情斷絕、又如蘇州人打架、一方面繞辮、一方面伸拳、聲勢洶洶、鬧得好像油甑裡泡的死老鼠、沒頭沒腦、放油光、非有和事老出而排解、如何罷手、況乎直皖兩系、拚命相爭、禍結兵連、兩不退讓、你見了他、好像老鷹見兔子、他見了你、好像貓狸遇耗子、嘴兒尖、眼兒紅、不經排解、怎肯干休、此本調停團之所由設也、夫調停云者、謂調停其事而停止其爭也、調為一事、停又一事、兩造之爭、既不能不調而停、又不能調而不停、誠使兩造因調和而停其爭焉、則本團之調人、當說好話、講人情、以求兩面光、請吃和合酒、分送消氣丸、以求了事、開明條件、利害相當、比請舅太爺分家、還要公氣、斷不為踏沉船、打落水狗之舉動、若使有一方面不甘退

五石齋

讓、有意為難、是則調而不停、大失本團調停之宗旨、本團當不惜打冷拳、扯硬勸、以使之屈服、斷不容兩造之爭、糾纏不已、本團團頭、以調人自任、皆為强有力之分子、不是南北議和代表王老板、瘟將軍輩、徒享閉門羹、而不能調和時局者比也、今當組織伊始、努力進行、合亟宣言、公諸有衆、此佈、

五石齋

新七筆勾

嗚呼、百年一瞥、原為易盡之期、四大皆空、誰覺難回之夢、塵寰擾擾、孽海茫茫、嘆世間不少勞人、脫不卻名韁利鎖、痛幾輩淪為禍首、倒不如辭富居貧、法綱昭然、莫測前途之禍、凡情怎割、空嗟後悔之遲、昔者蓮池大師、以慈悲為懷、曾作七筆勾以勸世、邇居中元令節、會啟盂蘭、為拯救夫人心、應宣佛旨、欲挽回夫薄俗、合作良言、爰本蓮池之意、以作勸世之文、七筆勾、偶然撰就、無非寓勸於懲、五百字儘許刊來、未敢以多為貴、遊快活

玉石齋

林者見之、其亦有感否耶、其文曰、

遺臭千秋、禍首原來是福頭、安置湯山後、且飲寬心酒、偶爾小狗留、無形看守、參戰功高、事怕重提舊、不如把剛愎私心一筆勾、

小扇權收、報到西風瑟瑟秋、印摘雙獅紐、威權今在否、一旦作階囚、纍纍似狗、縱有飛機、未許輕身走、不如把詭計陰謀一筆勾、

大出風頭、湘督新銜空自留、人羨園河舅、你是吞天口、到任苦無由、官星未透、勢倒冰山、印擲黃金斗、不如把富貴功名一筆勾、

曲辮如囚、屈志投降亦可羞、兵力雖雄厚、怕與紅鬍鬬、銀樣蠟槍頭、原來無後、黑漆小瓶、為問還存否、不如把赫赫軍威一筆勾、

安福魚遊、老板今為階下囚、鮒轍如何守、速自尋門走、蓬島可句留、魚如網漏、富士箱根、空氣還佳否、不如把黨見偏心一筆勾、

玉石齋

湘水毒流、淚洒湘妃到處愁、兵敗長沙後、捷足爭先走、腳滑儘揩油、地盤誰守、兩字慌張、貽盡千年臭、不如把毒惡心腸一筆勾、

債積如邱、一抹糊塗賬怎收、賣國多回扣、背後偏伸手、任爾賺纏頭、家私肥厚、一旦無常、往事難回首、不如把搜括貪心一筆勾、

新卜居

督辦失敗一刻不能自安、搖頭蹙腦而無可如何、心煩意亂莫知所之、乃往見太卜子虛先生曰、予有所疑、願因先生決之、子虛乃端筴拂龜曰、君將何以教之、督辦曰、吾甯腳底抹油以潛逃乎、將仍居圜河以逍遙乎、甯乘飛機以凌空乎、將浸倒於太陽啤酒中乎、甯自投羅網以來湯山乎、將攜囊橐一去而不返乎、甯困守於安福魚行乎、將避難於東交民巷乎、甯求援於東方侏儒乎、將乞憐於觀音大士乎、甯舉手鎗以自裁乎、將靜候國民大會之公判乎、甯挾小徐娘以同行乎、將訪王老板於東京乎、甯與姨太太出走乎、將與階下囚為偶乎、此孰凶孰吉、何去何從、道無往而不復、咄咄老僤、哀哀蝙蝠、若輩鬚紅者邊頭縮、失路誰悲、窮途欲哭、吁嗟鬱鬱兮、誰憐予之窮蹙、子虛乃釋筴而謝曰、夫道在人為、禍由自召、理有所不端、機有所不召、神有所不通、數有所不告、用君之心、行君之意、龜筴誠不能決此事、

君瑞怨集六才

一燈孤影搖書幌、乍孤眠睡不着、如翻掌、君瑞先生、長吁兩三聲、手抵着牙兒慢慢地想、想當初驀然見五百年風流孽冤、小梅香、性氣剛、可人憐、其實強、他不怕惦斤播兩、巧語花言、將沒作有、鶻伶淥老不尋常、非誇獎、這般可喜娘罕曾見、我從來心硬、獨見了那人兒的便親、任憑人說短說長、我定要手掌兒上奇擎、心坎兒上溫存、眼皮兒上供養、小梅香服侍得勤、憑着他向東牆通個殷勤、成就了幽期密約、不由人不口兒作念心兒杵印、有限姻緣方纔寧貼、怨天公、不做周方、那一個把河橋飛虎將軍、走將來氣沖沖、到京師、提刀仗劍、吶一聲喊、便遂殺人心、嚇得人來怕恐、口裡嚼蛆、只待覓別人破綻、你道飛虎聲名賽虎般仗勢欺人、沒來由把我摧殘、又將侍妾來逼凌、撲刺刺做盜拿、小梅香先嚇破膽、疾忙去、倒躲躲倒躲、我魂離殼、這禍滅身、可憐喒命在逡巡、一時去住無因、進退無門、怎生軟廝禁、悄聲兒窺視、把俺來取次看、拘繫得緊、但去處行監坐守、他不令許放、倒教俺線腳兒般殷勤不離了針、不信俺、到如今折了氣

分、鎮日價恁般提備人、凄凉情緒誰曾慣、這些時坐又不安立又不穩、多少傷心事、待賜下教人怎颺、憂則憂我的公案、若到官司詳察不知他那答兒發付我、不信呵、大恩人慈悲為本方便為門、他是一尊救苦觀世音、若能㲉湯他一湯將言詞說上、早與人消災障、許我夜去明來、腳根無線如蓬轉、我便要浮槎到日月邊、疾忙去入東洋、若不是大恩人費了一番心救了俺全家禍、俺那邊、安排着害、準備着掐、怕不滅門絕户了一家兒苦、我骨肉摧殘、呀、我從來斬釘截鐵常居一、到而今一時紕繆、

半世羞慚、沒顛沒倒、誠何以堪、大恩人、你為人真為徹、你只道可憐見小子隻身獨自、做情態休再提我的公案、從今後知情的犯由、一筆勾、教小生留得形骸、在嘆鰥生不才、知恩報恩、合當欽敬合跪拜、

擬地藏王緝拿惡鬼令

蓋聞地獄門前、半是殃民之輩、黃泉路上、許多賣國之徒、大限到來、疇能強項、陰差勾去、莫不低頭、鐵索瑯璫、難枉我森羅之法、神號鬼哭、怕聞他慘戚之聲、任教凶惡萬分、固未許潛逃一個矣、乃游魂幾輩、犯十惡不赦之條、禍首兩抵、皆五路瘟神之類、數其罪惡、各有不同、或守鬼門關、謬任籌邊之職、或守（掌）曹官庫、慣偷意外之財、或因借債而充家、謬台累累、或徇（為）私而枉法、黑幕重重、或遇事生風、頻來糾葛、或有心向日、偏效傾葵、如許

披猖、鬼放火逼人太甚、時常搬弄、鬼推磨旋轉不停、鬼畫符絕妙神通、從中作祟、鬼放箭是何作用、暗裏傷人、如斯鬼類、具有鬼胎、似此鬼魂、久登鬼籙、痛若輩牢應羈犴、豈許私逃、到而今網竟漏魚、偏教遠遁、魂旛雖在、難招已去之魂、孽鏡空懸、怎照許多之孽、縱有吳道子畫、恐難圖魍魎之形、雖有張天師符、還怕來鬼迷之詭、從今後游魂縹緲、有似飄蓬、這其間矮鬼猖狂、許多作梗、逍遙自在、得毋更肆其鬼謀、懲創惟嚴、或可稍斂其鬼胆、是應多差鬼卒、到處搜尋、遣去鬼探、限期緝捕、勾魂攝魄、

標來使者之籤、捉影捕風、送到閻羅之案、莫令聞風而去、鶴竟不還、休教望月而奔、兔偏狡脫、何處是逋逃藪、只在東鄰、若輩皆亡國奴、原應下獄、限期在邇、法網難寬、其有緝拿惡鬼者、每名賞冥鏹十萬元、有知風報信因而緝獲者、賞三萬元、儲款以待、決不食言、此令

巡閱使

倒段督中、巡閱使大出其風頭、於是東三省巡閱使、兩湖巡閱使直魯豫巡閱使及其他規劃中之五巡閱使、將相繼而握軍國重權矣、說者謂吾國有此若干巡閱使、其聲名之赫奕、將如八大王、兵力之雄厚、將如八字軍、而威風之遠播、則且為八面鋒、非若督軍之勢力範圍、僅及於一省、此其稱為巡閱使歟、雖然、自吾觀之、今之中國、應改稱巡閱使者、不僅此數而已也、聲聲呼喝、恨他出色之難、處處歡迎、任我抽頭而去、撲克歟、麻雀歟、牌九歟、每一場中、固各有其頭家也、今當擴張其範圍、而改稱之曰、摴蒱巡閱使、花箋飛去、挾神女以開懷、竹槓敲來、笑瘟生之晦氣、長三歟、么二歟、野雞歟、每一窰中、固各有其龜奴也、今當擴張其範圍、而改稱之曰、楊梅巡閱使、倒頭伴長明之燈、緣成不解、信口吹無腔之笛、樂到無涯、但知拚命狂抽、不怕拘留示罰、每一窟中、固各有其烟鬼也、今當擴張其範圍而改稱之曰、烟霞巡閱使、他如燒火老婢、今應稱東廚巡閱使、管家老僕、今應稱內堂巡閱使、巡夜更夫、視察前門後戶、今應稱兩戶

巡閱使更由是推之毒蛇當道非無螫手之威今應稱常山巡閱使猛虎害人大有磨牙之勢今應稱南山巡閱使即下至猖獗鼠子憑社而居亦應稱東社巡閱使噫鼠輩也而亦稱巡閱使天下事大可知矣或問巡閱使之名於義何取按巡者行也其權操諸腿今之督軍能臨陣而脫逃不愧為飛毛腿故稱巡閱者觀也其權操諸眼今之督軍能見錢而眼開不愧為小眼睛故稱閱然則巡閱使之名可不謂之名實相符耶嗚呼巡閱使

團圓節

安福安福固一大好名詞也而今日之安福黨人則安不安福不福矣團圓團圓又一大好名詞也而今年之團圓佳節則團不團圓不圓矣安福失敗論其阢隉之情形則危於累卵何安之有撲厥顛連之狀況則禍且傾家何福之有故曰安不安福不福也若夫團不團圓不圓者其說安在豈以南北糾紛難期統一滇黔粵桂戰事方酣現出分崩決裂之象故謂之團不團圓不圓乎其說似矣而實非也蓋吾之所謂團不團圓不圓者即謂安不安福不福之人也試觀夫團河失敗勢倒冰山難遂其圓滿之大慾望矣團扇被捐秋風怕聽不復為圓房之小媳婦矣團魚則悠然逝去老板心傷難用其圓滑之手段矣團體則瓦解堪憐大家渙散無復有圓轉之機會矣雖銀圓萬萬造孽錢多而團圓可作富翁而奔者奔逃者逃已打斷一團高興拘者拘押者押更鬧得團頭團腦功夫莫誇圓到湯團還笑空心似此一團糟如何圓好夢回首當年花團錦簇之機關而今安在團團顧影不大有團不團圓不圓之感想乎故曰今年之

佳節團不團圓不圓也而且圓通員、圓河督辦等、固皆排場極濶之大員也今則為廢員、為革員、為逃員、心如磨房驢日夜團團轉博來禍首之頭銜已失大員之資格、謂為團不團圓不圓也尤為確當或曰團从口从專、圓从口从員、猶囚字之从口从人也就字義釋之口圍也有被拘之義人在口中為囚、以大員而在口中為圓以剛愎自專之大員而在口中、則為團圓、藉此團圓二字、以表示其被拘之現狀如囚人之在囹圄、於義甚合、則今年之佳節、不仍可謂之團圓節乎、是說也雖非正當之解釋而確能自圓其說予無以難之故並存其說於此

五石齋

中秋嘆五更

玉宇秋澄竟是淒涼之景、瓊樓月照、引來離索之情、可憐淚洒楚囚、懺除夙孽、況復身為逋客遠隔蓬萊、對此秋光能無悵悵縱有錢買命、富家翁無慮途窮、故友多情、大好老不愁飯吃、似無取乎因時寄慨望月而悲者、然而風景不殊感深今昔、興亡成敗遐想悠然苟非木石無情怎不欷歔飲泣鄉關何處回首應憐夜月如斯傷心無限飛遥天之破鏡怕歌歸去來兮訴末路之羈愁未免慨其嘆矣爰仿嘆五更之調作嘆月之篇為若而人破寂寥焉

一更一點月東昇、可嘆的團河一老翁湯山怕去哭途窮、呀呀得噲、湯山怕去哭途窮、定國休誇百點鐘靈芝失水枯木驚風、哀哀老翁、餐戰為誰雄、老翁（呀呀得噲）老翁、餐戰為誰雄、

二更二點月光涼、可嘆的失寵小徐娘、飛機逃走太慌張呀呀得噲、飛機逃走太慌張、抛却邊防只自防、扇頭麈短刀背獅長、哀哀徐娘、風送到扶桑、徐娘（呀呀得噲）徐娘、風送到扶桑、

三更三點月當窗、可嘆的安福賣魚郎、更名易姓向東洋、呀呀

五石齋

得噲更名易姓向東洋、八蛋而今不姓王、縮頭似鼈、頳尾似魴、
哀哀魚郎、怎不到魚行、呀呀得噲、魚郎魚郎怎不到魚行、
四更四點月朦朧、可嘆的曲辮曲先鋒、陣前出醜算頭功、呀呀
得噲、陣前出醜算頭功、怕見鬍兵照眼紅、刀曾獻寶、瓶剩漆銅、
哀哀先鋒、旗儘倒歪風、呀呀得噲、先鋒先鋒、旗儘倒歪風、
五更五點月光微、可嘆的湘江舊虎威、將軍逃去腿如飛、呀呀
得噲、將軍逃去腿如飛、腿底揩油更外肥、乾兒不幸、阿弟倒霉、
哀哀虎威、没臉怎能歸、呀呀得噲、虎威虎威、没臉怎能歸、

玉石齋

哀鴻淚新開篇

秋風瑟瑟雨瀟瀟、黄葉飄零草木凋、多少哀鴻齊下淚、
可憐待哺總嗷嗷、平原千里人烟少、一片荒涼地不毛、
只為三時多苦旱、因之損害好田苗、可憐那農民耕種多
辛苦、只落得吉兆占魚夢想勞、五穀不登愁未了、三餐
莫給腹頻枵、飢腸轆轆如輪轉、束帶爭憐瘦沈腰、粒米
如珠何處買、炊烟斷火幾曾燒、鳩形鵠面人人怕、滿目
荒蕪不忍瞧、有的是典衣質褲聊餬口、疑是相如裘換貂

玉石齋

、有的是賣兒鬻女掉頭去、哭喚爺娘不忍拋、有的是樹
皮競食權當飯、豆屑同餐勝酒餚、有的是狗彘殘魚如玉
液、麥麩餅子當花糕、流離轉徙他鄉去、個個爭先把命
逃、露宿風餐天黯黯、山程水驛路迢迢、夢魂爭逐飛鴻
去、不怕孤雲出塞遥、嗚咽聲淒蛩對泣、枝棲莫定似鷦
鷯、最苦是蕭蕭白髮年華老、雙袖龍鍾傴僂搔、可嘆病
軀消瘦盡、問誰湯藥手親調、老來不慣風霜苦、斷送無
辜命一條、白骨填溝魂也冷、風風雨雨任飄摇、屍身朽

腐腥風送、狐兔相爭白骨散、深夜空山人語寂、陰風慘慘鬼長號、一丸冷月當空照、景象凄涼太寂寥、似此難民圖一幅、縱教鄭俠也難描、這其間仁人君子垂憐憫、慨助仁漿氣義高、百萬災黎沾潤澤、爭先恐後雁同嗷、祇怕那災深好似車薪火、杯水如何把火澆、望則望鴻恩廣溥源源繼、滾滾而來似浙潮、自古救人須救徹、大家合力拯同胞、莫學那財虜囊慳不拔毛、、

五石齋

送蚌將軍序

嗚呼、將軍去矣、將軍其竟去矣、吾聞百足之蟲、雖死未嘗僵仆、春蠶作繭、到死猶且吐絲、此其意在迂腐酸丁咬文嚼字、即所謂一息尚存、此志不容少懈也、將軍年紀活到一大把、一副老骨頭、比龜板鼈甲還硬、爬到這個好地盤、不知三萬六千毛孔中、出了多少臭汗、一顆黑油油的七竅玲瓏心、搬了幾回家纔得稱意、為將軍計、縱不作子孫萬世之想、而金友玉昆凡終弟及、固自有例可援、即不然、亦必眼兒閉、肚兒凸、小腿兒挺直喉嚨管裏打補釘、夫然後去、亦未為晚、而何為亟亟焉去耶、況論將軍之政績、凡乾兒義子、家奴走狗、莫不歌功頌德、論將軍之武功、赫赫炎威、足使小百姓望而生畏、敢怒而不敢言、論將軍之兵士、橫眉豎眼、披一件老虎皮、打家刦舍、本領特強、尤足見將軍之善用兵也、最難者、民國以民為本、不有民、何有國、而麾下之兵、與民間婦女、都成眷屬、鑄造國民無數、不惟無祀孤魂感其存亡繼絕之恩、即國家亦當獎其製造國民之勞績、而非將軍之訓練有方、則不克臻此、然則論將軍之功業、當然長有

五石齋

此地盤矣故雖卧病經年吃豆腐者伸長頸子望得眼花扛棺材者立得脚麻手冷而閻王之請帖未來即將軍之職務未可遽卸也而何為不待其考終正寢而遂去耶然而將軍去矣吾知去之日小百姓必贈冥鏹設路筵放爆竹送萬民紙傘而歡送將軍也嗚呼以是言去將軍之去思不大可知乎故為之序如此

五石齋

擋駕八股文

擋擋連聲尊駕苦矣夫駕固不可擋也不可擋而擋尊駕其何以為情乎且夫新官到任善貪緣者倒屣而迎有不爭先恐後者乎今乃不表示歡迎之意而偏來反對之聲雨守傳來直令一交跌倒笑盡眉之京兆依然為曲辮之瘟孫矣試以駕論迎尊神而賽會熙來攘往莫不謂請駕回宫矣夫駕而曰請則其語出至誠自必小心從事怕貴客之不來三請四邀則申言恕不速駕矣夫駕而曰速蓋恐歌成來暮令人望眼為穿而奈之何其擋駕乎擋之左从手拍馬之拍亦从手駕之義固通乎馬也今乃不拍馬而擋駕先生之手段其未免太辣乎擋之右為當當當家之當亦為當駕之音固近於家也今畏其當家而擋駕小子之家聲其不克復振乎趣矣哉此擋也電語傳來竟距人於千里惟太上老君之令或有此尊嚴毒矣哉此擋也風潮掀起偏作對於一時雖天師退鬼之符亦無其利害吾不知擋駕之時被擋者之心理為何如也逐客令下來遭人眼白閉門羹飽受記我面紅受十分委屈之冤無從哭訴則駕因擋而不發

五石齋

殊令人難以為情、吾不知擋駕之後、被擋者之應付為何如也、倔强似我、不妨硬着頭皮、笑駡由他、儘可老其面孔、具一往直前之氣、不恤人言、則駕雖擋而仍來、應許爾自誇能忍、噫、尊駕被擋、計無復之矣、

玉石斋

秋夜宴逋逃藪序 仿春夜宴桃李園序

夫縮頭者、畏罪之恆情、滑脚者、逃生之上計、而保險有費、莫奈我何、諺謂錢能買命、良有以也、況故人送我以飛機、矮子偏我疙瘩、會逋逃之淵藪、亦窮途之樂事、要求引渡、交涉頻連、吾人酣歌、依然快樂、叫局吃酒、管絃聲清、對玉人以評花、倚瓊樓而賞月、不唱小調、難遣愁懷、倘索纏頭、飛擲金錢無數、

玉石斋

北方災民嘆十聲仿烟花女子嘆十聲調

北方災民望東郊、嘆一聲、自從那三時來旱象顯然呈、老天呀無情、春陰偏不雨、望雲霓殷殷呀、何日霈甘霖、田苗枯槁、好似火曾燒、說什麽、香風送、吹遍稻香村、

北方災民禱天公、嘆二聲、對着那龍牌兒、逐日把香焚、三跪呀九叩、磕頭如搗蒜、率妻孥兒女呀、個個謁神靈、恭恭敬敬、許下猪頭願、那知道、蒼蒼充耳竟無聞、

北方災民哭荒年、嘆三聲、可憐那老農夫、心力空費盡、從早呀起來、苦到黃昏後、指望着到頭呀、五穀慶豐登、怎奈今年、結局偏如是、只落得、占魚兆夢想到三更、

五石斋

北方災民淚紛紛、嘆四聲、你看那街坊上、米價貴如金、斗米呀千錢、還要糠粃雜、一天天增價呀、不肯少分文、無錢買米、轆轆飢腸轉、七件事、俱無着、怎好去開門、

北方災民當衣裳、嘆五聲、苦壞那兒和女、飢餓真難忍、三餐呀莫給、索飯儘呼號、妙手空空兒呀、如何能活命、典衣質褲、當得精又光、換幾文、來買米、剛剛量半升、

北方災民賣兒女、嘆六聲、只為那母子們、無錢難度命、賣兒呀鬻女、聊且資餬口、哭喚着親娘呀、難捨又難分、牽衣扯袖、景象淒涼甚、問何年、親骨肉、團聚到家庭、

北方災民避飢荒、嘆七聲、離別那家鄉地、各自去逃生、山村呀水郭、千里迢迢遠、逐飛鴻出塞呀、真個似孤雲、露宿風餐、說甚辛和苦、夢魂兒、顛倒着、空返故鄉程、

北方災民最傷心、嘆一聲、怕見那老年人、病態支離甚、蕭蕭呀白髮、不慣風霜苦、半途間不幸呀、一病作亡魂、白骨縱橫、落得填溝壑、痛屍骸、久暴露、埋葬屬何人、

五石斋

北方災民怪可憐、嘆九聲、吃盡那千般苦、轉徙到關門、樹皮呀草根、一齊都喫盡、縱然是籌賑呀、杯水救車薪、麥麩豆屑、聊把飢腸塞、一滴滴、殘餘瀋、和着淚兒吞、

北方災民希望殷、嘆十聲、繪着那流民圖、一幅哀鴻影、嗷嗷呀待哺、將伯問誰呼、望則望善士呀、慷慨解囊金、源源不絕、快把仁漿助、說不盡、衆災黎、世世感鴻恩、

為財政部代擬金融討論會開會詞

此本屆文官考試題也、僕怕人笑罵、作官未具熱心、任我譏評、閱世好為冷眼、無彈冠之希望、做甚文章、向夾帶而乞靈、空挖心血、其亦不可以已乎、然而官星偶透、或許高升、正不妨先事揣摩、以為預備、爰作此文、藉資練習、主筆先生見之、幸勿詫為糞坑臭、而不登諸快活林也、一笑、

夫盜賊見財而心黑、棹花鎗且待商量、龜奴愛鈔而眼紅、敲竹槓非無計劃、生財有道、厥賴人謀、致富有方、應資羣策、若不集

玉石齋

思而廣益、詎能益寡而裒多、本部為儲財之內府、有聚斂之特權、論肥己以瘠人、曾誇妙算、即損下以益上、亦具奇才、夫固無事於討論矣、其奈誅求無厭、索餉者手掌頻伸、搜括俱空、捲逃者心腸太辣、官吏之宦囊難滿、個個揩油、國家之飯桶多才、人人分利、是以脂膏有限、不敷蚊蚋之求、血液雖多、難供螞蝗之吸、財政因是而現恐慌之象、金融因是而無活動之機、可憐送寶無人、真個點金乏術、欲向東鄰借債、而河山賣盡、苦無抵押之資、欲教大老捐輸、而牛馬做來、還作子孫之計、欲減幾分之

鶴俸、偏礙人情、欲裁一單之狗官、怕聞鬼哭、欲遮頭而蓋脚、甚費躊躇、即割肉而補瘡、亦非容易討、惟有提倡紙幣、大財神政見重施、抑或是括盡地皮、小百姓餘脂儘吸、無孔不入、仿利而行、幾千元幾萬元、不必交通兌換、所得稅所失稅、何妨名目繁多、川許常流、澤儘堪竭、其間之規則、必熟籌而後無遺、以後之情形、惟預算乃能持久、此本部金融討論會之所由設也、今當開會伊始、理合有詞、凡我會員、不乏搜括之專家、敲詐之老手、尚其悉心討論、共策進行、以副本部之慾望焉、

玉石齋

蘇督之決定法

悵年來病榻銷磨、險把英名斷送、趁今夜遺書留別、拚將老命丟拋、哀哀蘇督、鬱鬱李公、已不幸而自殺矣、蘇人於此或主張乘機廢督、或主張蘇人督蘇、而一般濶老、或且捧麾幾輩軍人、於焉逐鹿、政府當局、靡所適從、大有左右做人難之勢、殊不知論仙誰是奪錦標、自得真才、快婿何來拋綵球、非無妙法、天下固無不可決之事、亦在善用其法而已、僕不敏、敢為當局擬蘇督之決定法如左、

一用求籤法、　三陽開泰、快求上吉之籤一片、至誠許下尊神之願、社會習慣、遇有疑難之事、莫不乞靈於籤筒矣、今為蘇督擇人計、應由當局特製名籤、將合格之人、依次記錄、然後向李上將軍靈前默禱、求得上吉者、即令走馬上任、想彼逐鹿之人、雖甚熱中、斷不能向九泉運動、而當局政府用人之難題、亦可以解決矣、

一用投標法、　興工建造、利用投標、此固人所共曉也、今為蘇督擇人、可應用此法、先設一確定之標準、凡有志斯職者、必如何而興利、如何而除弊、如何而不用私人、如何而不干民政、如何而為吾民捍患、令其自出心裁、各抒所見、其有合於原定之標準者、即使之繼任、憑若輩之主張、以為去取、創官人之妙法、倒也新奇、一般有督軍熱者、其亦不以予言為謬乎、

一用捐官法、　笑翎頂之輝煌、金錢買得、羨頭銜之大好、銅臭流芳、捐官之法、莫盛於清、迨民國告成、始毅然而禁止、方今北地飢民、嗷嗷待哺、育才興學、籌款維艱、是以李督遺書、殷殷以私產歸公、賑荒辦學為囑、今之繼李督之後者、體李督之志、任督軍捐款若干、任巡閱捐款若干、任議和總代表捐款若干、事雖特創、尚屬可行、想有官癮者、作本大利寬之想、或不難先解破慳囊、然後取償於民也、

十不全

論中國之大局者、不曰病夫、即曰老大、元氣凌夷、奄奄待斃、此病夫之名、所由來歟、暮氣深入、精力衰疲、此老大之稱、所由至歟、其說非不當也、然而吾謂今之中國、不第老且病焉、直一十不全耳、嗚呼、肢殘體缺、與廢物而何殊、扶顛持危、惟國醫之是賴、吾且以十不全之狀、況分述如下、

縈縈債負、不易撐持、積累愈多、現狀已成曲臂、償還無自、何年方許直躬、是直駝腰而已矣、

好官我做、莫恤人言、笑罵由他、知良心之已壞、是非不問、若充耳兮無聞、是直病聾而已矣、

任何號令、能說難行、如跛脚之老僧、空談佛法、似蹇步之魯使、不出國門、是亦跛子而已矣、

小小幡前、幾人蜷伏、低心下氣、與矮子以聯歡、匿影潛形、乞矮人之庇護、是亦侏儒而已矣、

有目無珠也、居高位、判賢愚於屬下、識別無從、問疾苦於民間、熟視無睹、是猶盲瞽而已矣、

五石齋

一事之行、難清手續、却恨從旁掣肘、臂不能伸、為存曲護之心、手偏難直、是猶左躄而已矣、

一隅缺陷、可惜唇亡、恨門戶之洞開、口難再塞、恨屏藩之不固、齒應驚寒、是殆缺嘴而已矣、

十分軟弱、振作難期、苦無出力之方、如何作勢、縱有壯陽之劑、依舊垂頭、是殆天閹而已矣、

百孔千瘡、無從醫治、抓遍身之痛癢、應倩麻姑、嗟滿目之瘡痍、誰憐赤子、是蓋惡癩而已矣、

下情難達、啞啞連聲、堪憐大老官黑幕影遮、問誰敢道、小百姓黃連苦吃、恨我難言、是蓋啞口而已矣、

五石齋

發財新術

人未有不欲富者、而不得發財之術、則不足以致富、勤、富之源也、儉、富之本也、此人所共知者也、而要非所論於今日、居今日而欲以勤儉致富、直書癡耳、笨伯耳、曲辮瘟生耳、壽頭碼子耳、豈有新思想新智識者所樂為耶、吾且論今之發財術、

(一)當兵　諺云、好鐵不打釘、好男不當兵、此不識時務之言也、當兵為好男兒第一等事業、不惟可以升官、且易於發財、動員令下、則開拔費來、一戰而勝、則犒賞費來、設令戰敗、則乘機刦

五石齋

掠、以攫民財、席捲而逃、潛返鄉里、或寄居租界、面團團可作富翁也、方今鬍帥功高、三十萬兵、猶嫌其少、吾人有發財思想者、盍往投麾下乎、

(二)作賊　偷雞摸狗、厥號時遷、胠篋穿窬、無非毛賊、烏足以發財、吾所謂作賊者、非作毛賊、乃作國賊耳、漢賊董卓、厥有郿塢、今之國賊、不止一卓、括民財、飽私橐、借外債、賺回扣、所為且甚于董卓、故其財產之富、皆不下千百萬、由是觀之、作賊可以發財、又復何疑、

(三)做鬼　人死曰鬼、鬼所用之錢、冥鏹而已、能用之於陰司、不能用之於人世也、人而做鬼、何能發財、然而河山賣盡、為鬼作倀、國之存亡不問也、非做鬼乎、接濟稻梁、以充鬼食、民之餓莩不問也、非做鬼乎、運來劣貨、盡是鬼頭、人言之嘖嘖不問也、非做鬼乎、問其何以做鬼、則徒以（惟）為利是趨、故不惜鬼鬼祟祟、傾心結納、以與鬼為鄰、此做鬼可以發財之説耳也、至於手不可不長、脚不可不快、頭不可不尖、眼睛不可不紅、良心不可不黑、則尤發財者必不可少之要素也、知乎此、則致富

五石齋

錦囊一書、可以不讀、而田宅之增、資財之厚、儘可操左券矣、有財迷者、盍一試之、

所得稅

所得稅之章程已久宣布，其勢固在所必行，雖然余於此不能無疑矣。夫稅曰所得，欲其自得之也，以人民之自身勞其心力而取得金錢，得其所得，非得他人之所得也，亦非他人所得而得之也，其界限至清。今政府因人民所得，而取得其幾分之幾，則是人民之所得，不能完全自得之矣，則是人民之所得明明有所失矣。人民既有所失，則是稅也，必名之曰所失稅，乃為確當。茲何不名所失而轉以所得名耶，此則不能令人無疑者也。

或謂自有此稅，人民雖有所失，政府確有所得，美其名曰所得稅者，為政府言之也。果若是，則凡不恤他人之所失，而但知一己之所得者，皆可美其名曰所得稅矣。聚賭抽頭，本屬上等把勢，彼少年浮蕩，恣意摴蒱，而設局者抽得其頭，以充私橐，不亦可美其名曰所得稅乎。坐地分贓，盜賊常有之事，彼徒子法孫打家刦舍，而為首者分得其贓，以填慾壑，不亦可美其名曰所得稅乎。且也娼妓所得之夜度資，今亦可分得其所有，而美其名曰所得稅矣。笑他皮肉生涯，纏頭不少，許爾脂膏吸取，吮舌何妨，此亦所得稅之類也。乞丐所得之討飯錢，今亦可分得其所有，而美其名曰所得稅矣。化郎身上，剝來破褲一條，破瓦窰中，打出冷羹三碗，此亦所得稅之類也。由是而奴婢之所得，亦可分得其所有，而美其名曰所得稅矣。梳頭老媽之錢，應當均利，搭腳姨娘之費，亦許分肥，此亦所得稅之類也。由是而拆白黨之所得，亦可分得其所有，而美其名曰所得稅矣。向人誇倒貼之資，許分餘潤，不意而捲逃其款，卻好提成，此亦所得稅之類也。更由是而進之，人無不有頭，則應納人頭稅矣；人無不有腳，則應納落地稅矣；人無不吃飯，則應納飯碗稅矣。稅愈多而政府愈肥，人民之疾苦不必問也，人民之瘦斃不遑恤也，但求稅務發達而已矣。然則所得稅之實施，乃發展稅額之一端，又何怪當局之拚命進行哉。

五石齋
五石齋

半截的統一。

甚矣我國人之善做上半截文字也、觀於統一之令而可知矣、岑陸罷兵、取消自主、統一之令遂下、然而孫唐宣言、反對之聲又起、乃成為統而不一之勢、以前事例之、以視乎袞袞老板、冷坐花園、鬱鬱唐僧、空談條件、從事於會議、而實則會而不議者將毋同、以視乎長江三督、函電往還、力任調人、曾無微效、從事於調和、而實則調而不和者將毋同、以視乎 上將軍、宣言參戰、一兵未發、偏著奇勳、從事於宣戰、而實則宣而不戰者將毋同、有上半截而無下半截、是豈所謂半截美人、不必示人以可愛之處、而可愛者自見乎、是豈所謂神龍出沒、見首不見尾、而其神愈顯乎、謂為善做上半截文字、夫復何疑、雖然、今之國人、做上半截文字、豈惟是統一之令哉、以言乎內政、改良改良、其意至善矣、而實則蒙頭換面、改而不良、非統而不一之類乎、以言乎外交、親善親善、其言至甘矣、而實則口蜜腹劍、親而不善、非統而不一之類乎、以言乎民心、紀念紀念、其聲至高矣、而實則五分鐘過、恥辱都忘、猶之統而不一也、以言乎政府、共和共和、其名至美矣、而實則政府人民顯分階級、共而不和、猶之統而不一也、他如一會之開也、則曰策進策進、而實則策而不進、一案之出也、則曰解決解決、而實則解而不決、一弊端之發生也、則曰禁止禁止、而實則禁而不止、凡此皆統而不一之類也、又何獨責乎統一之令哉、嗚呼、統一之令下、反對之聲起、已成統而不一之勢、則雖有人向南方實力派為之疏通、恐亦疏而不通已耳、雖有統一籌備會、積極進行、恐亦籌而不備已耳、統一云乎哉、統一云乎哉、吾故曰、我國人善做上半截文字也、

拔毛藥保證書、

頃者、海上某藥房、發行拔毛藥、登報廣告、極道其藥之功效、鄙人初不之信、繼而思之、今人之犯毛病者甚多、有拔毛藥以治之、誠可以掃除病根也、茲述其功用如左、

(一)適用於軍人、∴兩軍壁立、旗蕩蕩而漫天、一陣聲喧、砲隆隆而如雨、巍巍上將、爭道驃姚、赫赫將軍、儼然李郭、吾意作戰之時、若輩必鼓勇爭先、殺敵致果、以求制勝之道矣、而孰意一聞寇至、拔腳飛跑、竟利用其飛毛之腿乎、噫、腿而飛毛、此軍事所以多失敗也、有拔毛藥以拔去其腿上之毛、則臨敵之時、自奮勇前進、不復作飛跑之想、裨益於軍事、豈少也哉、

玉石齋

(一)適用於官吏、　兩袖清風、賢使君仙鳧飛到、十年官況、良司牧竹馬迎來、志勵冰淵、清廉是尚、此古之官吏則然也、若今之官吏、毛手毛腳、慣喜偷偷摸摸、或自棺中伸出、或從背後賺來、莫不有攫財之毛病、此吏治之所以不修也、得拔毛藥以拔去其手腳之毛、俾不敢偷摸、賄賂於焉消弭、吏治於以肅清、其功用豈淺鮮乎、

(一)適用於富翁、　守財之虜、為富不仁、謹守慳囊、未嘗少破、任彼哀鴻載道、待哺嗷嗷、而面團團之富翁、視之乃若淡然、其他關於公益之事、亦復熟視無覩、欲使之拔一毛以利天下、必不為也、得拔毛藥以治之、使之拔去吝毛、不留少許、則牀頭之金、或肯稍稍使用、以救貧民而助公益、不僅留為子孫揮霍之資也、此又拔毛藥之功用也、

他如毛賊倡狂、穿窬胠篋、致貽害於閭閻、得拔毛藥而毛賊束手矣、毛丫頭作怪、撩雲撥雨、每貽害於青年、得拔毛藥而丫頭安分矣、是豈獨鬍將軍之鬍、得拔毛藥以除之、當不復狐綏赫赫、辮大帥之辮、得拔毛藥以去之、當不復豚尾垂垂也乎、拔毛藥之功用如此、鄙人故不惜為之登報以證明也、有毛病者、盍一試之、

玉石齋

為求婚乞兒作伐書原書見九月二十四日新申報

乞兒先生騷鑒、頃於報紙得誦手書、情致纏綿、如讀求凰之曲、詞華掩映、允為造鳳之才、是知兒女情長、不以貧富而異、惟念婚姻事大、須憑媒妁之言、漫誇戲子風流、共姨娘而姘識、莫羨庖人俊俏、挾小姐以飛奔、理不可違、事雖須得當、茲有未婚之女、居於無是之鄉、修潔無倫、鄉里曾人人掩鼻、容顏大好、天公亦密密加圈、眼一眇而微紅、紅姑娘無其俊俏、面半凹而且黑、黑美人無其芬芳、生成嫫母之姿、質同衰柳、年似徐娘之老、期過摽梅、居處無郎、知春光之未漏、蹉跎有恨、顧秋影而憐自憐、日月不羈、因循坐誤、只為登徒好色、祇愛鶯鶯、遂教之子于歸、未歌燕燕、恨若輩取人以貌、問阿誰愛我有心、豈知麻姑本天上神仙、何嫌醜陋、瘤女作宮中妃嬪、不厭卑污、孔明娶醜婦而何妨、崔顥聘嬌妻而轉厭、而且紅顏雖好、不無薄命之悲、那堪白首為期、與訂同心之結、況復文君挑逗、究是私通、縱教紅拂奔來、終非正禮、孰若此憑媒妁而締婚姻者之為愈乎、僕也著名文丐、同是乞兒、願作良媒、以成好事、如君有意、便是藁砧、匪我愆期、敢持薪斧、女非拆白、漫疑放鴿之流、君許垂青、合作乘龍之客、好德而不好色、試詠關雎、宜室而亦宜家、載歌弋雁、料得情深伉儷、不致來葑菲之嫌、倘教義協唱隨、還共打蓮花之落、卧牛衣於病裏、儘許安貧、吹鳳簫於街頭、何妨乞食、歡諧魚水、許得意於他年、好締蔦蘿、且聯姻於今日、蹇修之責、僕不敢辭、醜婦之名、君毋嫌棄、戲此奉達、即頌討安、（以討飯之乞兒而討老婆、故曰討安）

滑稽演義

第五回 三神山縱走妖魔 羣仙閣大開會議

話說海上三神山、有一所殿宇、一遭都是扶桑園住矮屋低簷、很是深僻、正面兩扇短紅槅子門、微微掩着、檐前一面硃紅漆金字牌、額上書五個金字、寫道日月光明殿、殿中掛着小小幡兒、幡上繡的是一尊大和佛、手捧着一輪紅日、看來倒也新奇、列位要知這是什麼去處、在下也不知道、只聽說是一個容納亡魂的地方、其中鬼怪妖魔、却也不少、當那採芝仙失敗時候、有許多鬼靈精逃到這裡、總理羣仙閣的雲游祖師、怕他們來閙出來、妄生事端、有傷於人、差遣勾魂使者攝魄仙官、緝這鬼靈精、又三回五次向那三神山殿中司幡的、要這亡魂、無奈司幡的堅不允許、道是他們在引魂幡下、受着拘束、不會逃脫、雲遊祖師道、這一般鬼靈精、很是利害、倘或逃走、不當穩便、還是交出的好、司幡的那裡肯聽、果不其然、過了三月的光景、鬼靈精作起祟來、那一夜陰風慘慘、陰氣沉沉、刮喇喇的黑氣、從幡下滚將出來、掀揭了半個殿角、那道黑氣直冲到半天空、化作

玉石齋

一道精光、望東方太陽邊去了、司幡的吃了一驚、慌忙向殿中尋覓、只見許多魔鬼、還伏在幡下、單單不見了煽陰扇子的促狹鬼、知道他是已經逃脫、當下修了文書、照會雲遊祖師、祖師見是促狹鬼走了、頓足嘆道、天下從此多事了、當下開了羣仙閣、向着衆仙官道、這煽陰扇子的促狹鬼、最是陰險、若還放他出世、必播下方生靈、如今司幡的放他走了、怎生是好、衆仙官議論紛紛、爭怪司幡的不是、有的道促狹鬼逃後、發生行動、闖下禍來、應由司幡的負責、有的道促狹鬼在引魂幡下、好端端的如何逃走、怕不是司幡的有意縱逃嗎、有的道這事當教司幡的道歉、自家認個不是、有的道這引魂幡既不能鎮壓鬼魂、應把其餘的鬼靈精交出、以免再有逃脫的情事、你一言我一語、不知說出了許多計劃、畢竟雲遊祖師如何辦理此事、且聽下回分解、

玉石齋

新四書集句

孔子曰、人之生也無財不可以為悅、生財有大道、察鄰國之政、飢者弗食、吾宗國倉廩實、粒米狼戾、不可勝食也、及是時、移其粟而貨殖焉、求善價而沽諸、利莫大焉、顏淵喟然嘆曰、當今之世、吾宗國、北方、七八月之閒旱、則苗槁矣、凶年飢歲、謂之荒、百姓不足、老羸轉乎溝壑、壯者散而之四方者、幾千人矣、愛人者於此則援之以手乎、抑亦立而視其死歟、必也以義、補不足、出舍於郊、而往救之、今吾子、為富不仁、放於利而行、塗有餓莩、視之而弗見、有餘粟、則必為之登龍斷而罔市利、以鄰國為壑、其所以放其良心者、若是其甚歟、子曰、好貨財、人之所欲也、吾何為獨不然、富而可求也、則農有餘粟、亦運而已矣、以身發財、請嘗試之、其使斯民飢而死也、非我也、歲也、於予與何誅、

孟子曰、為政不難、其事上也、斷斷兮無他技、巧言令色、脅肩諂笑、人以為諂也、夫我乃行之、上焉者、有所好樂、則已談笑而道之、不知手之舞之、足之蹈之、有所憂患、則已垂涕泣而道之、哭泣之哀、如喪考妣、有大人者、審問之、則將應之曰、是也是也、無違、米能此道矣、於從政乎何有、其使民也不推恩、而納其貢稅焉、或相倍蓰、或相什伯、或相千萬、多取之而不為虐、其餘牛羊父母、倉廩父母、源源而來、取之以為常、如此然後可以為民父母、今天下、苟有用我者、輒也請從事斯語矣、公孫丑曰、大哉夫子之說、正唯弟子不能學也

官之種種比較

勳章疊疊、大綬飄飄、高坐堂皇、縱談政治、斯何人耶、曰官是也、刀儘懸獅、符還假虎、身臂閫寄、手握兵權、斯何人耶、曰官是也、官之為官、其身分非常之大、其地位非常之高、其威勢非常之炫赫、豈尋常人物所能比擬耶、然而以吾觀之、則官之所與相似者、殆每況而愈下耳、盜賊刦取為生、每圖財而害命、其居心不可謂不忍、而官之攫民財以肥己也似之、奴婢伺候主人、惟曲意而奉承、其獻媚不可謂不至、而官之藉親善以媚外也似之、流氓無所事事、浪蕩閒游、慣敲竹槓、其為害也大矣、而官之敲詐小民、不盡責守也似之、妓女不顧廉恥、逞妍賣俏、慣灌米湯、其出醜也至矣、而官之到處逢迎、由人笑罵也似之、鬼怪之出、厭有陰氣、官僚之出、不少陰謀、鬼怪之形、猙獰可怕、官僚之形、齷齪難堪、是則官也而與鬼似矣、蠹蟲之害、侵蝕米糧、官僚之害、虛靡廩粟、蠹蟲之行、蠕然而動、官僚之行、蹣跚而前、是則官也、而與蠹似矣、而且狗有洞、惟官鑽之、無孔不入、其頭部殊堅、狗有黨、惟官通之、結黨營私、其羽翼不少、狗善於走、而官之奔競如之、狗善於偷、而官之竊奪如之、是則官也而又與狗似矣、嗚呼、官至尊也、而其所相似者乃如此、是何怪哀哀小民、望其色而心畏、聞其風而胆寒、一言及之、而莫不疾首蹙額、深惡而痛嫉之耶、予故為之一比較、以著其怪狀焉

倒蛋議員

孫中山謂陳家鼎曰、君等欲規復國會、究竟能去此倒蛋議員乎、吾姑不論國會之應否規復、而第就倒蛋議員之名詞觀之、已令人費解矣、夫國會非打蛋坊也、議員何為而以蛋稱乎、況蛋之名至多、以舊國會之議員、奔走於京滬滇粵、僕僕道途、所如輒阻、一聞召集、飛滾而來、是當謂之滾蛋議員、平時會議、飛壺擲椅、狂呼大罵、炒鬧不休、是當謂之炒蛋議員、飯桶裝滿、鎮日逍遙、狂嫖浪賭、無非鬼混、是當謂之混蛋議員、而且窮得精

五石齋

光、幾與流氓無異、則議員也、而可以光蛋呼之、賣票賺錢、有似爛污婊子、則議員也、而可以婊蛋譏之、論議員氣燄之張、則可稱雄黃蛋、論議員面孔之厚、則可稱忘八蛋、玆不以如是之蛋名之、而直名曰倒蛋者、何也、豈以其灶灰挖空、取倒灶之義而稱倒蛋歟、豈以其黃霉透頂、取倒霉之義而稱倒蛋歟、抑以其根據之地久失、如倒巢之燕、無所依歸、因是而稱倒蛋歟、殊令人百思而莫其解也、或謂蛋而曰倒、則必破壞、可知議員以倒蛋稱、殆謂其善破壞耳、是說也、其義近是、雖然、今之破壞家豈

惟倒蛋議哉、總裁破壞和局、是謂倒蛋總裁、軍人破壞政體、是謂倒蛋軍人、官吏破壞法律、是謂倒蛋官吏、且由是而推之、內閣動搖、將破壞矣、是可謂倒蛋內閣、國家傾危、將破壞矣、是可謂倒蛋國家、然則今之中國、抑亦倒蛋之中國而已、而孫中山必以倒蛋責議員、議員不且大聲呼冤、而自嘆失時倒運乎、

五石齋

包辦選舉公司通告

蓋聞最大魔力、莫大於金錢、極好機緣、無逾於選舉、生財有大道、憑君書三字之名、役鬼又何難、看我擲千金之貲、念自改選令下以來、到處調查幾輩捏人名之册、隨時造報、大家爭選舉之權、近而博得頭銜、好擺議員之架子、遠且大施手段、將爲總統之轎夫、運動門開、爭將鹿逐、腥羶味惹、不怕羊騷、議場權作商場、求財卦卜、民意無非生意、代表人來、一票書成、聊作賣身之契、兼金賺得、爭誇奇貨之居、此固有總統熱者進取之時機、

五石斋

而亦有選舉權者發財之際會也、本公司應運而生、乘時取利、爭先而出、擇吉開張、挂起大招牌、儼似商家開市、連登新廣告、好將顧客招徠、如櫛如林、人多多而益善、苟完苟合、事草草而何妨、二千萬資本、爭誇力何雄厚、幾百萬災民、漫賑款且挪移、破慳囊而出私資、無非釣餌、署借券而增外債、不怕充家、看乃公萬里鵬搏、雲霄穩上、任我輩重新駿業、天日無光、道德爲迂腐之談、到此休提舊話、勢力與金錢並重、於今方算時髦、是以本公司雙手招邀、拚令蚨飛而不惜、一肩擔任、包偕猪仔而齊

來、捉得渾水之魚、生意興隆、應似那當年安福、飛到繞梁之燕、財源不竭、肯輸他舊系交通、此固本公司兢兢自勵者也、而本公司更願爲諸君告者、夫盜賊見財而心黑、血腥之買賣能爲、龜奴愛鈔而眼紅、皮肉之生涯且作、由來萬惡、只爲一錢、况乎選舉之場、尤是金融所係、投行任客、生意經不必多談、致富有方、發財票無其效用、錢全發貨、賣票無賒欠之虞、事不相欺、論價更公平之極、倘承惠顧本公司、無任歡迎、並乞認明某商標、莫教錯誤、特此通告、俾衆周知、

五石斋

賀武艷親王下嫁書集戲名

鴛鸞禧、照笑笑笑、佳耦欣諧、鴛鴦譜聯巧巧巧姻緣、妙合一枝蘭秀、人美名花、二度梅開香纔破蕊、當南天門掃雪之候、正元帥府招親之時、戲維武艷親王武家坡上有名、艷陽樓前稱霸、人似嫦娥下界、偶爾思凡、貌如天女散花、千金一笑、拾玉鐲而臂如雪白、九花娘無其姣妖、打櫻桃而唇綻霞紅、八美圖同其嫵媚、推子串戲、盡游龍戲鳳之能、放牛唱歌、極珠玉玲瓏之妙、幾乎戲迷傳頌、如發宇宙瘋然、所交豪傑、居多曾無薄漢命者

或遺翠花而訂好、或贈明珠以聯歡、護金鈴奚止十萬金、搖錢樹不誇三百兩、是真美玉、待價而沽、今屆佳期、下嫁而去、料得鴛鴦樓近、儘管探親、逞知蝴蝶杯傳、正堪合巹、芙蓉屏啟、卻扇應羞、寶蓮燈明、照粧偏好、臥沉香床而懸青紗帳、花蝴蝶到此穿花、脫九件衣而卸百鳳裙、玉蜻蜓好來弄玉、是誰呆中福、結此巧姻緣、梁山伯得偶祝英台、閨房樂極、賣油郎獨占花魁女、玉堂春深、孽海情天、允傳佳話、同心如意、豈是無情、桃花宮人面依稀、笑崔子原為崔護、上天台仙緣締合、是劉伶不是劉郎、

從今慰夢想之勞、休說婚姻顛倒、若論盡夫妻之道、還當男女平權、例本兼祧、那怕老婆吃醋、肥當分潤、不教二美爭風、十八扯、漫笑胡纏、八百年修來艷福、喜得人才、駙馬自然大快人心、一則真愛情有所專、不復戲中串戲、一則大富貴都不羨、何須官上加官、任他起官海風潮、黃金印何妨拋卻、羨爾釣金龜夫婿、雙珠鳳儘管同樓、是不惟呆大做親、當然得意、就是我傭餘戲墨、也要開心、滿堂紅賀柬、書成靜待、翠香寄柬、快活林酬金博得、聊同化子拾金、此頌儷安不備、

五石齋

年關八股文

年而曰關、不易過矣、夫年何時乎、關何地乎、年而以關名也、過關者不綦難哉、嘗聞和尚化緣、欲募得乎金錢、不惜站關而吃苦矣、顧募化之僧徒、因站關而有錢可得、而空虛之政府、因無錢而過關維難、聽臘鼓兮心驚、撫算盤而淚下、其何能逃之夭夭乎、試論乎過年、兒童之過年也、穿新衣戴新帽、歡欣備至、不啻登春臺矣、而今之所謂過年者何如乎、急景凋年、前途可怕、知苦頭之將吃、恐未能搖擺而自如、富翁之過年也、酒如池肉

五石齋

如林、快活不勝、因無異入樂土矣、而今之所謂過年者何如乎、年頭歲尾、界限綦嚴、欲縮首而不能、更安得逍遙而自在、蓋今之過年者、直過關而已矣、關雲長之闖五關也、威風凜凜、一往無前、殺氣騰騰、千軍莫敵、雖有關而不能阻擋矣、過年關者、豈若是之易乎、躊躇滿志、恨他關節之難通、伍子胥之闖昭關也、幾度思量、淚曾垂線、十分困難、鬚盡成霜、為過關而非常焦躁矣、過年關者、殆若是之難乎、經濟維艱、放過交關而不易、甚矣年關之逼人也、吾於是為過年關者深慮矣、索逋頻頻、萬惡之

武人可怕、欠薪累累、參謀之窮鬼紛拏、不是通融有法、大闢財源、則債主難回、無以滿其慾望、年關豈易過哉、吾於是為過年關者設想矣、借貸無妨、內府之債台儘築、河山可賣、中原之剩土還多、倘其拍賣有人、招徠主顧、則金錢換得、不難供我開支、年關又豈難過哉、嗟乎、陽曆有年、陰曆有年、年頭大壞、淚欲洒乎窮途、午節有關、秋節有關、關煞相因、勢直同于討命、年關年關、不亦逼人之太甚乎、

五石齋

禦寒新法

山中風緊吹僵十指之頭門外雪深冷斷幾條之腿於是作禦寒計者或對火而圍爐或烹羊而飲酒或狐裘坐擁不羨他衣着裶衫或貂袖長垂都說是煖同挾纊其法亦可云備矣然予猶以為未盡其道也爰更述禦寒之新法條列如左

(一)絨面具不可不備也　項雖强而怯冷巾許圍來手常縮而不伸套難脫却當此苦寒天氣由項及踵莫不有衣以護之而惟此一副老面皮無論何時依然透露雖曰顏之孔厚今人本有特長似無取乎保護然而寒風撲面究不無咄咄逼人是宜仿絨圍巾絨手套之類特製絨面具以為罩面之用此項面具比狄元帥之銅面而尤奇視偵探家之化裝而更異以之禦寒允推出色而姨太太面皮嬌嫩怕受吹彈尤不可不人備一具也

(一)湯相公不可不備也　便然大腹量為一勺之多具有熱腸伴到三更之後湯家婆子久已聞名然婆子之用宜於卜夜而不宜於卜晝宜於老夫而不宜於少婦吾覩今之時髦婦女大都愛用熱水瓶蓋取其熨貼也惟逾時冰冷換取頻仍殊為不便是宜因其舊制而變更之特加電氣使水不冷且援湯婆子之例而錫以嘉名曰湯相公以符名實庶乎用以禦寒較為便利耳

(一)內消藥不可不備也　風吹股冷水滴冰成天寒如廁亦大苦事也若要勉强撐持竟不許其解放則五臟神原來量小寔不能容或且有奪關而出之慮其奈之何哉是宜發明內消之藥於飯後茶餘分服少許庶幾大度能容日有所入者不必更有所出而造糞之機器因是可免風寒之苦也

噫日暮天寒體溫宜護得此三法於禦寒之道其更詳且盡乎所恐生成冷血缺乏熱心雖保護多方亦不能增其熱度耳

泰州市圖書館藏書

瑞芍堂諧著目錄 辛酉

泰州市圖書館

五石齋

五石齋

新四書　公妻：：廢妾：：褒揚節夫

新聲社員對偶錄

新聲人名與聊目對

玉石齋

瑞芍堂諧著

泰縣耐庵夏紹侯著

泰州市圖……藏書

反送窮文

按池陽風俗，以正月二十九日爲窮九，於是日例有送窮之舉。今者陽曆更新，窮九之期已過，彼窮極無聊者，猶日以送窮爲急務，而孰知我國之人，固自有不窮者在也。作反送窮文。

蓋聞成敗初無定局，道在人爲，貧窮本不累人，咎由自取。倘窮胎之能脫，窮乞兒可作財翁；苟窮鬼兮多謀，窮措大堪爲鉅富。固不致有終窮之嘆，更何取乎送窮之文。試觀今之國人，莫不以窮爲慮，一若舉國中之人士，皆是窮民；其實窮者自窮，而不窮者固甚裕如也。有如選舉揚開，幾百票公司包辦；議員價買，二百萬資本誇雄。炫富爭奇，不居人後，則選舉不窮。索軍餉動逾十萬，急似催科；補欠餉不少分文，怕他激變。多方要挾，以取金錢，則軍閥派不窮。羨彼風流局長，二萬金不惜捐資；娶來武艷親王，一朵花聊供細玩。藏嬌有屋，濶綽萬分，則大官僚不窮。

玉石齋

外債借來，不下萬千之數，佣金賺去，豈惟九五之成，回扣雙分，腰纏儘飽，則賣國賊不窮，為牟利而斷予民食，不問良心，因圖財而輸彼鬼糧，翻誇老手，利市三倍，予取予求，則米蛀虫不窮，生涯不惡，因有土而有財，寶貨運來，儘于囊而于橐，特殊營業，獲利良多，則土老兒不窮，稅名所得，何妨勒索浮收，官無不貪，許送苞苴賄賂，脂膏飽吸，慾壑難填，則縣知事不窮，至於公子王孫，賭徒嫖客，任情揮霍，從不惜乎金錢，快意逍遙，曾不聞其窮餓，吃着一生不盡，衣食兩字無憂，享來富貴榮華，極盡人生之樂，未受艱難困苦，安知君子之窮，聽窮鬼之揶揄，且笑伯龍太拙，嘆窮途之落拓，翻疑司馬何貧，彼園囿面孔之富家翁，字典中何嘗有窮字，赫赫頭銜之大闊老，腦筋中那慣有窮愁，而又何取乎送窮哉，而又何取乎送窮哉。

無獨有偶

北方大總統為東海，南方新總統為中山，東海對中山，妙造天然，此為無獨有偶者一。

奧前皇加通返國，有復辟消息，近以各方攻擊，仍回瑞士，端庶人戴澧來京，啟復辟謠傳，近以輿論不容，仍回戍所，此為無獨有偶者二。

靳曹張前因調解政潮，曾有三角同盟之舉，英礦工今為罷工風潮，亦有三角聯盟之議，此為無獨有偶者三。

女活佛糊裏糊塗，自稱蒙古皇帝，聶真娃不知不識，亦號大齊皇帝，此為無獨有偶者四。

符晉升慷慨從戎，為征蒙而請願，賀震東裹屍馬革，因援庫而上書，此為無獨有偶者五。

李前督以赫赫之英威上將軍，憤懣自殺，藍天蔚以堂堂之靖國總司令，鬱抑自戕，此為無獨有偶者六。

北京教職員因爭論教育基金而罷工，山東教育界因要求教育基金而停課，此為無獨有偶者七。

張欣生毒死親爹、三林塘之逆倫案未了、曹佩雄之殺害父母、哈爾濱之逆倫案又生、此為無獨有偶者八、

黔軍總司令王文華、遇刺於先、歌舞台經理關子鈞、遇刺於後、此為無獨有偶者九、

滌心著無獨有偶之文一篇、曾刊前報、耐庵集無獨有偶之事十則、亦載本林、此為無獨有偶者十、

過癮

今有望總統而垂涎、喜滋味之更嘗者、其殆急急然欲過總統癮歟、夫今之有癮者亦多矣、豈獨總統為然耶、吾觀夫活佛稱尊、大齊立號、兩大皇帝、刮刮老叫、是欲過皇帝癮也、燕子歸來、陰謀組閣、驅逐鯤鵬、心腸險惡、是欲過總理癮也、辮子大帥、跳出瓶來、熱河不去、渴慕蘇台、是欲過巡閱癮也、劈拍一聲、英威頹殁、此中有人、躍躍欲出、是欲過督軍癮也、他如過省長癮者、尊駕遙臨、偏聞擋拒、過議員癮者、千金買票、三字書名、而且賭有賭癮、辛酉會開、秘書潛來、捉將官裏、連呼倒楣、嫖有嫖癮、風流局長、厥號雀郎、為人作娶、貽笑大方、戲有戲影、梅郎到處、喝采聲聲、拍案叫好、達官貴人、而又何責乎彼人耶、且即以總統論之、有總統癮者、亦不惟彼人也、翳子伯伯、視眈欲逐、來魯之虎、足蹈手舞、是則有總統癮者、豈惟一彼人為然、更於彼人乎何尤、或曰、執是說也、大家熱中、爭到極峯、是可謂總統熱、思潮乍起、想作大哥、是可謂之總統潮、雖然、以予觀之、今之偉大人物、其力爭總統之心、如醉如痴、昏迷不醒、偶失足於一朝、將吞聲

五石齋

而飲恨、是直可謂之總統夢耳、癮云乎哉、癮云乎哉、

五石齋

新拆字

滅政滅政、其聲喧傳久矣、朝上一書曰滅政、暮劃一策曰滅政、一若政府當局深知財政破產之在目前、非滅政不足以解其危者、然而滅政委員半兼薪而兼職、以兼薪兼職之人而與之言滅政、則又不啻與狐謀皮、吾且以拆字之舊術、窺滅政之前途、而為之預測焉、

滅　滅之左從氵、同水、水上一棒、無補於事、是為滅政主義不能實行之兆、又氵旁之形、似乎近三三三兩兩、意見參差、暮四朝三、政令屢變、以是言之、則滅政主義如何能行、滅之右從咸、咸去口而從丿、為成、今不從丿而從口、則其事乃信口談談、殊無成意、滅政之不成事實、更可想見、而且滅去口從火為滅、滅政之說、不久且消滅於無形、其主義又安能實行乎、

政　政從一從止從文、文、具文也、又空文也、滅政之說、無非具文、其從一從止者、謂祇有一紙空文而止、不能成事實耳、況乎文從尃為敷、有敷衍門面之意、今試問滅政之說、豈敷衍門面者所能了事乎、文從已為改、有改頭換面之意、今試問滅政之

五石齋

說豈改頭換面者所能了事乎故就政字之字義觀之滅政之義恐難實行也

填字

政府因經濟拮据從事借款將以烟酒稅為抵押品乃大聲疾呼而宣示於衆曰不論內欵外欵美欵日欵祇只要肯借便可出抵閱者於此試一按不論只要便可數字之意義其急不暇擇之情形不已可想乎余嘗拈此數字援之生徒使用填字之法仿其論調以作諧談諸生各出心裁爭相效仿或曰不論行商過客只要囊橐豐盈便可搶劫號砲一聲嘍囉都到此盜賊之行為也或曰不論生張熟魏只要纏頭充足便可留髡米湯灌足恩客情痴此妓女之生涯也或曰不論男女老少只要給以一錢便可道謝爹爹奶奶呼聲頻連此叫化之事業也或曰不論麻雀撲克只要腳色齊全便可抽頭聚賭人儕狀豕夫復何言此賭徒之醜態也或曰不論廣膏西土只要一槍在手便可拚命狂抽竹榻橫陳醉生夢死此烟鬼之生活也諸生炫異爭奇各陳所見惟語意雖尚詼諧事情猶未確合最後一生曰不論加一八分只要有人借債便可署券成交先人遺產抵押何妨此敗家子之主義也余聆至此乃拍案嘆曰此敗家子者

其財政當局之代表乎、但知需欵孔殷、利害都非所計、以此治家、家無不敗、以此治國、國奚以存、嗚呼、債台儘築、破產堪虞、片刻偷安、飲鴆如何止渴、一言不智、大鵬未免病狂、吾按此不論只要便可數字之意義、而一測其將來、不能不為財政前途悲、尤不能不為中國前途慨矣、

五石齋

交易所三字之利用

今試披閱報紙、其中大書而特書者、非種種交易所之通告乎、籌備則必求完美、股份則必求充足、一時風發雲湧、幾如釜上之汽、蓬勃而不可遏矣、耐庵不敏、咬文嚼字、假時髦也善趨時、播丙摭斥、論生意也知求利、竊以為今日之各種事業、可假交易所之美名、以利進行者、約有數端焉、政府之窮、至於今而已極、儘蹙眉而不展、倒楣之總理堪憐、笑裹足而不前、入閣之財神難得、苟非借債、幾無以為度日之資、於是大債小債、無債不興、而條件之磋商、河山之抵押、在在皆須交涉、誠得交易所以專辦其事、藉以攫回扣而飽私囊、其亦大宗之貿易乎、此借欵交易所不可不建設也、安福罪魁、死刑雖定、然而出保險之費、藉矮屋以偷生、拋買命之錢、向外人而求救、大搖大擺、莫敢捕拿、出入自由、安然無恙、以云信託、切當不移、此生命交易所、不可不建設也、公司牌挂、十萬元資本誇雄、包辦人來、幾百票大家爭買、視民意幾如生意、借選場權作商場、運動多方、生涯不惡、此選舉交易所、不可不建設也、他如慾壑難填、厥有知事、昏暮

五石齋

苞苴公然無忌、則應有賄賂交易所、鴉片味好、暗地販來乘時取利、有土有財、則應有私販交易所、良家婦女、拐賣何妨、捆載猪仔、運送出洋、則應有人口交易所、凡此種種、皆可應時而發生、集股以成事、一般理財家倘亦不以吾言為謬乎

胡說

俗稱任意妄為曰胡、作事而越範圍是為胡鬧、發言而違禮教、是曰胡談、是則胡之為胡、固一極不祥之字也、所以今之國民、凡事之牽涉胡字者、皆不甚吉利、胡從水為湖、湘鄂交鬨、操戈同室、兩湖不靖、人心惶惶、大局因之而搖動矣、此胡之不祥者一也、胡從彡為鬍、太上總理、厥有紅鬍、無端爭執、奪人地盤、政局因之而擾亂矣、此胡之不祥者二也、胡從犭為猢、悵望潼關、猢猻樹倒、兵敗逃亡、儘人調笑、百姓因之而遭殃矣、此胡之不祥者三也、胡從米為糊、活佛稱帝、糢糢糊糊、土匪稱皇、糊裏糊塗、干戈因之而屢動矣、此胡之不祥者四也、至若垂垂大辮、跳出水瓶、只為胡兒、還思復辟、因之謠言四起、蠱惑人心、此尤胡字之不祥、顯而易見者也、嗚呼、莽莽衆生、爭名奪利、蝴蝶夢酣、何時方醒、吾恐一朝失敗、悵悵無之、徒令人掩口胡盧笑其不智耳、

當

破瓦窯中、打出冷羹三碗化郎身上、剝來破褲一條、嗟彼窮民那堪敲擊、此當票之貼印花、所以人言嘖嘖也、雖然、吾嘗即當字而推究之矣、當衣為襠、鑽襠有教、無怪政府之有孔必鑽也、當玉為璫、奸納賄、無怪政府之納取苛税也、當從手為擋、兩手伸張、無怪有擋其去路、攫奪買路金錢之意也、且也、當去田而從黑、是為黨、心腸漆黑、奸黨固大抵如斯也、當去田而從貝、是為賞、能攫取人民貨貝者、於今且受上賞也、當去田而從旨、是為嘗、民以為苦頭是吃、而官且以為甘旨是嘗也、是則當票之貼印花、又何足怪乎、特是當之下為田、田從各為畧、畧與掠通、奪掠民財、難免各方之非議、田從半為畔、畔與叛同、人心背叛、半因苛税之增加、執政諸公、何竟懵然不悟耶、設長此以往、屢作擾民之勾當、雖曰上當者為人民、而執政者之舉措失當、不能愜當人心、恐大局亦不甚穩當矣、慎毋曰生財有大道、亦惟會計當而已矣、或謂當字下部與富字相似、窮民典當之費、即瘟官致富之方、此當票之印花、所以在所必行、噫、孰是說也、吾民之當愈多、國家不且愈富乎、悲夫、

五石齋

五石齋

戲擬魁星致財神書參觀十月十三日本報要聞

財神寶鑒、竊聞最大魔力、莫過於金錢、極好機緣、無逾於選舉、儻許萬金送到、神也能通、有時一串燒來、鬼還受役、由他笑罵、為爭長而賄賂通天、恨我清狂、因大鬧而斯文掃地、莫道光能射斗、文光那及寶光、縱教氣可沖霄、酸氣何如臭氣、銅臭氣也、白戰不持寸鐵、何從更執鐵鞭、赤拳掄到三元、偏未捧來元寶、君與我原皆善跳、俗有跳魁星跳財神之舉、所難足底空懸、我與君同是懷才、爭奈身旁無貝、枉擬一篇之白話、難抵萬兩之黃金、蓋選場不比科場、弊端百出難去、而民意無非生意、市價須談、此在小神固應輸人、而在尊神固(亦)不當讓步也、奈何尊神掌握財權、身居寶座、以堂堂之菩薩、擁纍纍之貲財、兩字尊名、竟未大書於票上、一場趣(役)、空談保證於樽前、君本姓黃、到此而黃金無用、寬遭不白、及今而白苦空嘗、口氣未掙、翻類可憐之土地、滚某有土地公公之名、因爭副長失敗、頭銜大好、還輸賜福之天官、沈某當選議長、人稱為天官賜福、聽小許之譏嘲、恨真入骨、怕老任之哭罵、竄更抱頭、尊神試溯初衷、當亦料不到此也、雖然三年更選、知後會之有期、一陣成功、聽下回之分解、飽儲宦橐、固無妨捲土重來、爭奪錦標、原不過逢場作戲、又何必介介於懷、而嘘嘘不已乎、小神同病相憐、用特馳書奉慰、尚乞早為預算、善自解嘲、為禱、此請財安、小神魁星跳上、

五石齋

五石齋

財神覆魁星書

魁星朗鑒、竊聞尊神為新文化中健將、乃捧讀來書、不為最時新之白話文、而為駢四儷六之舊尺牘、豈因開會詞用白話體、裁遭人攻擊、故仍用科場對策之老格式、以快閱者乎、俗謂壽星唱曲子是老調、而不意魁星亦慣唱老調也、魁星魁星、君之禿筆一枝、何其善于掉弄耶、所惜文章雖好、而買票無錢、徒以抱定一往直前之氣、不惜大罵時人、效鄰翁之罵鴨、儘逞詞鋒、學王婆之罵雞、常侵耳鼓、以致遭人顧忌、不能長選佛之場、爭長未能、更說甚掄元老手、若敝財神者、財力雖充、允堪買票、然而較諸貴同宗財神爺挾沈萬山祖傳之聚寶盆取之不盡、用之不竭、究未免相形見絀、且手腕之運用、亦不及其輕靈、二百元起碼休談、憑他增價、十一票跳槽遷去、算我倒霉、其名曰鈞金藏身畔、此多彼寡、支配均勻、買賣之精、雖近今物品交易所中之大股東亦有所不逮、敝財神更何能企及、一朝失敗、萬念俱灰、承囑捲土重來、亦復有何意味、雖然、敝財神於此有感矣、貴族多財神、有藏金身畔之鈞、更有藏金身畔之鑑、此亦一長也、彼亦一長也、而又均屬同宗、乃尊神於老鑑則罵之、於老鈞則讓之、豈親親之誼固應爾耶、不然、何好惡之不同如是也、肅此戲答、伏維高照、即請文安、　財神捧上、

五石齋
五石齋

議長之改選法

甚矣議長之爭何其烈也蘇則南北兩張雙峯對峙一老一少相映成趣浙則財神菩薩壓倒魁星土地公公亦思副座至於贛省票價不同乃有三層樓四層樓之別以一議長而鬧得霧氣障天醜聲四播以金錢為運動而恬不知羞猶之和尚貪酒肉之肥公然大嚼婦女操賣淫之業侈語人前寧非咄咄怪事是非另定補救方法不可茲述改選法如左

▲捐官法　仗金錢之魔力致翎頂之輝煌昔人曾有捐官之法矣邇者政府空虛財用不足鄙意不如乘此機會用捐納之法以為選舉凡有志議長者捐欵若干有志副議長者捐欵若干捐欵既足由總統以公令布之事雖創舉尚屬可行蓋以金錢買缺較之以金錢買票雖均有銅臭而茲則事簡易行可去紛爭之弊且罵聲無自而來武劇從茲輟演會場上或亦因之清淨也

▲開彩法　捷報選傳中來頭彩得主儘誇鴻福小號亦與有榮試一繙報紙而閱之其所登中彩廣告固連篇而累牘矣鄙意選舉議長可仿此法每當選舉之期印彩票若干萬張規定票價分途出售其開頭彩一張為議長二彩兩張為副長其次當選為議員為候補議員一屆選期可以當場出彩不致有難產之患而中彩者亦可安然上台不慮有人攻擊矣

▲投標法　議長之爭無非以金錢買票鄙意與其偷偷掩掩買四賣三欲瞞人而究不可瞞不如明目張膽利用投標之法於未選舉時先確定議長價值以為標準凡有志斯席者皆可投標其結果以出價最高之人當選為議長似此辦理或亦息爭之一法也

或曰近來交易所最為時髦改選議長與其用捐官開彩及投標之舊法不如用最新之法設選舉票交易所拍板以定價是說也理想甚新故並存於此以備採擇

新測字

退職之金雞將去、值年之玉犬旋臨、有憂時子關心時局、就測字先生而問休咎焉、乃書一犬字授之曰、民國十一年前途之得失如何、請有以語我、測字先生援筆而拆之曰、犬去點為大、堂堂乎張髯鬚飄灑、大帥資格、疇敢與抗、關東大帥之聲威、其殆依然如故乎、而大學風潮、餘波未定、教育更幾於破產矣、犬移點於下為太、太保十三、財神居首、燕子巢成、囊金富有、十三太保之領袖、其復來括民財乎、而太平洋會、魯案空懸、外交又不免失敗矣、犬環其足為尤、貪官污吏、相率效尤、苛稅擾民、怨尤叢集、一元當票之貼印花、其難免人民怨尤乎、犬傍人為伏、語曰、福兮禍所伏、安福黨人特赦、其又禍機隱伏之兆乎、犬在田為畎、畎畝荒蕪、災區廣大、百畝之田、化作一汪之水、其難為畎畝之耕乎、犬入戶為戾、南北失和、門戶之見以深、乖戾之氣未去、統一其無望乎、犬加自為臭、銅臭薰人、不知自愛、金錢選舉之運動、其遺臭殆未已乎、犬得兩口為哭、銀行擠兌、則總理哭而磕頭、議會紛爭、則議員哭而叩首、而教員輟學、餬口維艱、其仍不免窮途之哭乎、且也犬歪其點、以橫於大之上為夭、逃之夭夭、則逃將軍功績如故也、犬年之前途、其難抱樂觀乎、雖然、犬入穴為突、空穴風來、宜作曲突徙薪之計、犬傍黑為默、揭開黑幕、宜具恭默思道之誠、執政者果能如犬之守夜、各盡其職、則見兔顧犬、猶未為晚、國事其尚可挽回乎、憂時子聞言、唯唯而退、

時事新四書　援庫：罷學：捉賭

當今之世、吾宗國、北方寇至、興甲兵、而謀動干戈、陳子往而征之、大敗、棄甲曳兵而走、持戟之士、竊負而逃、升車、戰戰兢兢、勃然變乎色、問其僕曰、追我者誰也、吾死矣、夫今日之事、於我心有戚戚焉、不去、殃必及身、去之、斯速已矣、使數人趨造於朝、而告之曰、今日寇至、爭地以戰、慾不畏死、北方之強與、非身之所能為也、三軍之士、為之強戰、莫能破焉、將復之、恐不能勝、予不得已也、退而有去志、趨而避之、出舍於郊、無他、力不足也、鄒君

援而止之、有所恐懼、遲遲吾行也、予日望之、不來、是以如此其急也、今日之事、鄒君慢令致期、而不救、大罪也、在我者、宜若無罪焉、上焉者、聽其言也、所求於人者重、而所以自任者輕、艴然不悅曰、有官守者、寇至、與民守之、效死勿去、不亦宜乎、今也、竊負而逃、烏得無罪、

大學[illegible]道、在新民、而教成於國、今也絕糧、既數月矣、先生朝不食、夕不食、空乏其身、餓其體膚、飢餓不能出戶、不仁者、而在高位、視之而不見、聽之而弗聞、自行束脩以上、而不知發、或告之曰、謹庠序之教、本也、本之則[illegible]亡、可立而待也、今也、無識窮乏者、不為不多矣、及是時、有財往送之門、補不足、斯速已矣、上焉者弗從、曰、倉庫府庫、空空如也、未有府庫財、則國空虛、吾末如之何也已矣、先生聞而知之、喟然嘆曰、今日之事、無財、不可以為悅、吾弗為之矣、閉門、而罷之、望望然去之、不得其職、散而之四方者、皇皇如也、從先生者、幾千人矣、皆不及門也、於斯時也、舉疾首蹙頞而相告曰、吾黨之小子、潔己以進、而受業於門、居其所、願安承教、無失其時、惜乎夫子、窮斯濫矣、不得已而去、

二三子、不得其門而入、雖欲從之、弗能已矣、如之何則可、噫、

有大人者、五六人、昏暮在陋巷、而處室者、以其時、博奕既來之、及席、皆坐、某在斯、某在斯、踐其位、然後行事、欣欣然、為之不厭、於是始興發、自西自東、自南自北、知風之至、硜硜乎、盈耳哉、持戟之士、巡所守也、聞其聲、施施從外來、鑽穴隙相窺、曰、異哉、聞國之大禁、博奕、雖小道、大罪也、今之從政者、何快、於是、執之而已矣、人焉廋哉、人焉廋哉、壯者、執其手、入公門、使陽膚為士師、審問之、將言其不利也、有人於此、知五人焉、堂堂乎在上位、有

逢尊者三、不可以虛拘、說而罷之、出諸大門之外、放之、或曰、君子犯義、則固可放與、左右皆曰可、雖然今日之事、無財不可以為悅、于槖于囊、取千焉、取萬焉、斯可矣、故曰當今之世、有財斯為美、

五石齋

擬罷工教員與飯碗話別文

蓋聞作伴食之中書、但求溫飽、誇老饕之太守、翻道風流、客號糠肥、不怕素餐之誚、侯封羹頡、無非飲食之人、吃飯問題、由來緊要、飯碗主義、那許輕拋、是以飯桶參謀、久垂名於軍閥、飯團政客、亦著績於京華、況夫我輩教員、均是一時窮漢、身家難養、恨不得負郭之田、衣食不周、未許分故人之祿、覓菲資於枯硯、聊為餬口之資、寄苦命於教鞭、暫作棲身之計、比傭工而較勝、頭銜空贏得老師、較僱僕而畧優、腳色原來是酸子、脫令束脩以上、常來十脡之儀、果腹有資、不少三餐之數、則飯緣許結、方與餐戰團而齊名、健飯爭誇、或共啖議士而媲美、請朋友而得酒肉、許飲之而食之、養妻孥亦有稻粱、儘一飯而再飯、雖不必西餐番菜、誇他油水之肥、大嚼狂吞、遂我老饕之慾、而即此有飯和大家共吃、如願以償、無米得巧婦為炊、饑腸不轉、則我輩亦可相安無事、不妨依舊生涯、食縱無魚、何必彈馮驩之鋏、料能分鵪、不妨守季子之貧、無如范教頭屢次延捱、欠薪不發、斬斛眼多方敷衍、建樹未聞、任你是討飯化郎、不作矜全之意、且

五石齋

我非索餉大師，誰存畏懼之心，不名一錢，於今數月，說甚教員清貴，聊同飢民鬧荒，嘆吃飯之難，奪兒食幾於殄臂，忍啼飢之苦，大老官還笑空心，未作侍中，偏上飢鷹之號，雖非上將，也加餓虎之銜，腹空空那有文章，況復充飢無用，腸轆轆不知肉味，可憐施食無人，撫飯缽以自憐，莫果小人之腹，望炊烟兮久斷，疑招介子之魂，冷灶怕燒，漫道人情如是，拉車不易，不愁體力未充，似此清貧，奚能忍耐，尚仍戀棧，欲將飯碗捧牢，待到傳餐，竊恐瓶罌更罄，賣花生而狂叫，怕如潦倒之參謀，卧蕭寺之分

長眠，或作凄涼之餓鬼，倒不如鐘鳴飯後，散罷闍黎，不復接餐，早尋個前途去處，從今輟食，不問他後事如何，較覺見機，或能活命也，爾乃揖別飯堂，告辭飯碗，酒囊飯袋，一時收拾而無餘矣，今奚殘幾輩低徊而不置，掉頭欲去，原自依依，回首不堪，能無悵悵，知相離兮在即，未免銷魂，問把晤於何時，重來攜手，言念及此，能勿悲乎，吁行不得也，於今徒喚奈何，我將去之，此事良非得已，八百輩孤寒散盡，等是飢荒，四六體文字作來，聊當餞別。

五石齋

春聲之諧聲

有口吃者，艱於語言，自號期期生，時則集合同儕，將有春聲社之組織，聞拆字先生吳聾子之名，招之使來，以測究竟，乃期期問之曰，汝視吾春：聲：之：組織，前途之：進步如何，聾子微傾其首，若有所聞，欣然呼大好大好，乃提筆書春燈二字於粉牌之上，侃侃而談曰，春燈謎語，文人韻事，猜謎遣興，孰不歡迎，且燈字之左從火，如火如荼，光華燦爛，燈字之右從登，登峯造極，進步無量，前途之順利，可斷言也，期期生笑曰，

汝：汝誤矣，吾所問者春：春聲：聲、聾子點頭曰，我知之矣，又提筆大書春勝二字，曰春勝者，剪綵為方勝也，唐時立春之日，士大夫之家，恆以此為戲，故李商隱詩有請爹書春勝春勝宜春日之句，此誠春日樂事，何不可為，況春從三，從人，從日，勝從月，從券，先生誠為三人以上之集社，則日升月恆之盛，可以操券得也，而勝有勝利之義，更無論矣，期期生聞之，知其仍誤聽也，乃慎重其發音而高呼之曰，我：我非問春勝，乃問春聲耳，聾子更點頭曰，原來如此，又大書春申二字，曰春申江上，

五石齋

無限繁華、而其初則固極狹小之縣邑也、今春申社之組織、乃在春申江上、吾知其將來之發達、當與春申江同其繁華矣、期期生以其仍然設會、而己之口舌艱澀、又不可以辯也、兀自笑不可仰、乃取其筆自書春聲二字以示之、聾子見之、恍然大悟、乃亦拍手笑曰、原來這聲字是有耳朵的、不是我沒有耳朵的可比、恭喜恭喜、春聲發行、一定是聲望日重、聲氣日廣、聲價日高、實大聲宏、人人歡迎頌、頌聲交作、名滿春江、李白詩曰、春風卷入白雲去、千門萬戶皆春聲、春聲之聲、風發雲湧、乃過千門萬戶而送之、則其流傳之速、銷行之廣、為何如耶、期期生聞之、乃毅然決然、為春聲社之組織、而耐庵遂亦書其事、以登諸春聲報端、為投稿春聲社之第一聲云、

五石齋

今事比

清桐城方依巖作古事比一書、部別類居、條分縷析、識者稱之、耐庵不敏、敢依其例而作今事比焉、考核雖未精詳、收羅或尚完備、述之如左、

一國中有三皇帝、(宣統皇帝、蒙古皇帝、土匪皇帝、)真個新奇、一國中有兩總統、(南北總統、)尤為熱鬧、

歐洲和會中、國際交涉、而有三角聯盟、英國工場中、罷工結合、而有三角同盟、吾不知天津道上、因何而有三角會議也、

奥前皇加爾返國、有復辟消息、以輿論之不容、復回瑞士、端然人載漪來京、啓復辟嫌疑、以國人之攻擊、仍回戍所、可謂遙遙相對、

粧台繡枕、調和費開出許多、白濁梅瘡、選舉人添來不少、無奇不有、其斯之謂歟、

靳雲鵬有弟雲鶚、張作霖有弟作相、曹錕有弟銳、趙倜有弟傑、鍾靈毓秀、萃於一門、而堂堂乎張堯舜禹湯、更相繼為美、荀龍薛鳳、不能專美於前矣、

五石齋

曹家之金、曰錕與銳、齊家之玉、有珊與琳、所謂金玉其相者、非歟、

陳毅聞鎗聲而遽走、毅於何有、成慎致兵變而遭殃、慎於何有、名實相反、大率如此、

美總統威爾遜、有人以十五萬金、徵其著作、而我國東海總統之文章、亦有巴黎文科大學、懸賞徵取、文其因人而貴歟、

孫中山之斥議員也、則稱之曰、倒蛋、廣東參政女子之詈議員也、則稱之曰、猪狗、吾觀於此、不能不為舊會議員、連聲叫屈、

朱三小姐、張艷幟於天津、沈大英雌、震芳名於鄂粵、孰若上書總裁之廣東女子、要求參政、其風頭為尤足耶、

北京遊藝（園）賈遭刦、燕安士無處招魂、上海大舞台倒霉、劉鴻聲臨場猝斃、均適用（於戲）兩字、

乞丐偵探團、因安福罪魁而設、流氓歡送會、因江西省長而開、乞丐流氓、亦值得如此團聚乎、

周自齊總握財權、借款主張三不、（監督財政不借、包辦性質不借、地丁抵押不借）夏秘書偶然談話、教育只說三無（無辦法、無把握、無別意）、

財政總長、因財政艱難、而病成頸癧、內閣總理、因內閣搖動、而患到失眠、東亞病夫、嘉名允錫、

飯桶參謀、久著奇謀於軍閥、飯團政客、更留政績於京華、吃飯人材、可謂多多益善、

黎前總統閉門而書大字、段前總統居家而讀佛經、是皆由絢爛而歸於平淡者也、

辮子大帥姓張、鬍子大帥姓張、兩張連毛裏之誼、故其感情甚洽、

賣花生聲聲喚去、窮鬼堪憐、拉包車緩緩踱來、教員盡瘁、是得不謂之窮途末路乎、

李秀山以赫赫督軍、憤懣而自殺、李秀豪以堂堂司令、抑鬱而自戕、皆是秀而不實、

張毒去湘、逃來軍艦、陳毅失庫、抱上汽車、滑腳將軍、允稱對手、

河南趙督軍（倜）幾被驅逐、江西趙省長（從蕃）亦被擋駕、而湖南趙司令（恆惕）獨逍遙自在、同為趙氏子孫、而官運之不齊如是、

殆亦所謂有幸有不幸乎、

五石齋

今事比

前耐菴曾仿古事比例、作今事比、兹更得數則錄左

曹虎威由經略而任巡閱之職、張鬍子由巡閱而兼經略之銜、
威巍巍乎兩巡閱、赫赫乎兩經略、其聲勢畢竟加人一等、
皖教育潮、傷學生甚重、京教育潮、傷職員不少、試望教育前途、
曷勝浩歎、
閻相文任陝西督軍、閻錫山任山西督軍、秦晉一家、在昔通婚
姻之好、今也成宗族之邦矣、

張大辮以水瓶著稱、孟思遠以茶壺為號、較之一盤飯桶、究竟如
何、曹四擲茶杯於津會、曹三擲茶杯於京邸、有是兄即有是弟、
所謂二難并者非乎、
不論何債總借、財政部久有借債機關之稱、而實業證券發行、
農商部更有騙錢機關之謚、堂堂內閣、其性質乃如是耶、
北方之佛、作皇帝夢、已屬糊塗、南方之仙、作總統夢、更同兒戲、
一佛一仙、相繼為祟、不令彼淡焉如菊之人、難乎其處之耶、
天津會議之始、山東虎大擺威風、天津會議之終、廣東虎可憐

五石齋

倒灶、同是一虎、而幸不幸分矣、交通之葉、不幸出閣、可謂落葉、安福之李、不敢上臺、可謂苦李、八蛋健忘、總理不願登臺閣、寸心不盡、大帥拚戰死沙場、袞袞諸公、居然能發毒誓、難得難得、

玉石齋

軍人與報紙

新任財長語人曰、不怕報紙攻擊、只怕軍人索餉、」此言軍人勢力之可畏、較甚於報紙也、耐庵不敏、嘗繹其旨、不覺慨然嘆曰、新任財長、其知言哉、夫軍人擁有重兵、聲威赫赫、非若報紙上之紙上談兵、殊無實力也、軍人之毛瑟三千、光芒灼灼、非若報紙之僅恃毛錐、不能用武也、軍人之搶奪刼掠、潰變堪虞、非若報紙之嬉笑怒罵、徒作讕談也、而且報紙雖加攻擊、可以充耳不聞、假作癡聾、固無妨也、若軍人之索欵、萬急電來、如雷貫耳、其可置之不理乎、而且報紙過加攻擊、可以嚴行取締、藉端封閉、亦不難也、若軍人之索欵、上門坐守、揮之不去、其敢與之相抗乎、是足見報紙之勢力、不若軍人之可畏矣、或曰、今之索欵者、不獨軍人然為也、參謀部裡、八百孤寒、討債齊來、雁行而立、則索欵者有窮鬼、處館先生、同盟罷市、束脩未送、大鬧不休、則索欵者有措大、新財長乃不引為可畏、而僅畏軍人何耶、蓋窮鬼好退、措大易欺、究非若赫赫之軍人、難於開發也、此新財長所以不畏其他、而深畏軍人也乎、吁嗟財長、可謂知言矣、

玉石齋

說說罷了

罷了罷了、吾不意鬍帥征蒙、乃有說說罷了之意也、雖然、今人之作事、孰非抱此說說罷了之主義耶、不過他人之說說罷了、不敢昌言、惟鬍帥明目張胆、直揭其旨、能言人之所不能言耳、試觀訓令煌煌、宣言統一、而百計疏通、依然割裂、非說說罷了者乎、教育普及、國本攸關、而欠薪不發、任意摧殘、非說說罷了者乎、鴉片禁絶、掃蕩禍氛、而遥瞻湘陝、餘毒猶存、非說說罷了者乎、力爭青島、還我河山、而保留不得、迄未歸還、非說說罷了者乎、多少青年、抵制劣貨、而鍾過五分、潛消熱度、非說說罷了者乎、他如地方自治、而實則倒蛋居多、所謂自治、亦說說罷了而已、政體共和、而實則愚民如故、所謂共和、亦說說罷了而已、一會之開、必曰策進策進、而實則策而不進、亦說說罷罷了而已、一案之出、必曰解決解決、而實則解而不決、亦說說罷了而已、是則今人作事、殆無往非說說罷了者也、又豈獨鬍帥為然耶、雖然、鬍帥之說說罷了、亦非盡說說罷了也、軍餉之要求、不到手不了、地盤之爭執、不遂意不了、辮帥之起用、不得命令不了、初何嘗說說便罷哉、然則鬍帥之所謂說說罷了者、殆亦罷其所不當罷了、其所不能了而已、嗚呼鬍帥、罷了罷了、

五石齋

五石齋

為拔毛藥訟冤

某報載緊急啟事、謂亞州西藥局、所售之拔毛藥、為有礙道德、吁、是何言耶、夫拔毛藥之功用至大、其有益於道德者、至非淺鮮、不得而詬病之也、試觀今之富室鉅賈、擁有資財千百萬、豐衣足食、可謂極人生之至樂矣、然欲其省揮霍之資、以助公益、則一毛不拔、從未有慨然捐金者、使以拔毛藥而醫其人、豈不於社會事業上至有裨益耶、此拔毛藥之功用一也、又如地方官吏、生性貪污、吸取私脂膏、以充私橐、其毛手毛脚、偷偷摸摸

之行為、實為可惡、使以拔毛藥而醫其人、豈不於整肅官方上至有裨益耶、此拔毛藥之功用二也、至於萬惡軍人、平日坐擁重兵、作威作福、一旦變出非常、或親臨戰地、則心胆俱碎、脚底抹油、大逞其飛毛腿之功用、一去不返、如武宜兵變、鄂王逃上兵艦、即其明證、使以拔毛藥而醫其人、俾不能如飛而去、豈不於軍律上、又大有裨益、此拔毛藥之功用三也、至如毛之最著者、莫如鬍鬚、使得拔毛藥以醫其人、則紅鬍冉冉、豈敢操縱夫政權、大辮垂垂、不再陰謀夫復辟、於民國政治上、亦甚有裨益

拔毛藥之功用如此、而猶謂其有礙道德、能不為該藥局主人連聲叫屈耶、

倒王

近日倒王之聲、喧傳於報紙、夫王也而可倒乎哉、吾聞俗有倒霉之說、王未嘗觸霉頭也、何為而倒之、俗有倒蛋之說、王非渾蛋比也、何為而倒之、俗有倒黿窠之說、王未聞鬧黿窠也、又何為而倒之、然而今之人竟聲言倒王矣、王不一王、倒不一倒、使所倒而為矮脚虎王英也、則一交跌倒、四脚朝天、使所倒而為保家的王善也、則自身不保、何論看家、使所倒而為白衣秀士王倫也、則一場火併、惡劇難逃、使所倒而為王大娘也、則打破沙缸、不能修補、使所倒而為王小二也、則假藥揭穿、何能復賣、其不立見消亡也幾希、無如今之所倒者、非其他之王、乃巍巍可畏之鄂王也、惟此鄂王、聲勢浩大、既非失時之王六、命運不齊、又非縮頭之王八、生性怕人、王出頭而作主、正所謂當王者貴、其誰能倒之耶、以吾觀之、則所謂倒王倒王者、亦不過王落一套籠耳、斷不能成事實也、嗚呼、今日之倒王、

五石齋

省憲

省憲省憲之聲、喧傳於報紙已久、人民望治殷殷、莫不以為省憲之頒、皆出於民意矣、然而吾以滑稽的眼光測之、烏有所謂民意哉、恐仍為官意而已矣、按俗稱上官曰憲、遞官封於督憲、須稱憲臺、奉札委於官廳、都稱憲令、省憲二字、實為省中大憲之稱、此固專制時代之成例也、今之省憲、其名詞既含有官憲之意、是又烏能出諸民意耶、且吾觀憲字上半、與害字上半相似、省憲之頒、含民意而從官意、其害殆不可勝言、憲字之中為四、俗稱橫目、省憲而出於官意、則官廳益得肆意橫行、目無法紀、憲字之下從心、心本居身體之中央、今乃移至下部、則其心固已搬家、不在腔子中矣、所制省憲、尚堪問耶、或曰、省與眚通、眚、疾也、病也、又烏得不病民也乎、嗚呼省憲、嗚呼省憲、

五石齋

擬蒼蠅聚餐會小啟

蓋聞朋輩聚餐、乃文明之舉動、親鄰會宴、亦交際所必需、試看一品香中、人如蟻集、三層樓上、客競蠶吞、當茲夏令之行、宜集午餐之會、況我青衣童子、最善鑽營、白髮麻翁、尤工徵逐、偶呼朋而引類、有如三角聯盟、每鼓翼而搖唇、疑是四頭會議、一杯酒白、何妨暫漬其中、幾點瓜青、卻好試嘗其味、餘腥可染、滴滴垂涎、殘瀝許分、營營欲逐、投熱羹而不畏、聚許多附熱之流、盡芳馨而何嫌、集幾輩尋芳之使、笑赤頭兮交至、草帽何需、羨尖喙兮能攢、油瓶好挂、聲乍聞而響應、吹牛本是專家、性逐臭而天生、附驥還如政客、貪污不潔、與他官吏相同、議論翻新、莫道讒言可畏、大餐之下、虎咽狼吞、聚宴之餘、興高采烈、留賓有物、借蚓笛以消閒、侑酒何人、奏蟬琴而助興、趣文成張詠、莫間他罵座聲喧、勢逐元稹、且爭向官廳會集、凡我同志、有願入會者、盍歸乎來、

五石齋

國恥紀念日測字

測字先生、擺攤方畢、有憂時子緩步而來、面目黧黑、若有隱憂、揖先生而言曰、僕有所疑、願就決焉、言次、拈一紙卷授之、先生先生問其所疑、憂時子曰、咄咄強鄰、逼人太甚、瞻望前途、未卜吉凶奚若、先生展卷視之、則五月九日之九字也、乃應之曰、就字理言、強鄰逼我、前途殊可畏懼、九字從丿從乙、乙屬東方木行（見正韻）含有東方木屐兒之意、丿作昂首伸體狀（見說文徐注）東方木屐兒昂首突出、將伸其勢力於我國、如之何不可畏乎、又九之右綴以日為旭、旭日東升、其氣燄殊為驕蹇、二十一條約之相逼、其明證也、九加一點為丸、東方木屐兒之兵船、皆以丸稱、有一點不如其意、則兵船相率而來、此吾國二十一條之密約、所以受迫而成乎、況縮短九字之撇為几、於其中綴以虫字為風、平地而起風波、前途豈不可畏、語甫畢、憂時子勃然變色、若有不豫者然、先生曰、子無然、強鄰逼我、前途雖險、未嘗無自立之望、九字之左、有人直立、是為仇、春秋大復仇之義、吾人誠能自立、具報仇之決心、振起精神、不忘國恥、持以毅力、拚命

五石齋

相爭、未嘗不可復九世之仇也、憂時子聞言、色稍霽、乃毅然自誓曰、毋忘國恥、毋忘國恥、

新四書　公妻：廢妾：褒揚節夫

齊人有一妻一妾而處室者、其良人出、久假而不歸、好事者聞之、喜而不寐、曰彼哉彼哉、巧笑倩兮、美目盼兮、覩其色油油然、盡美矣、又盡善也、如之何不弔、於是始興發（興去聲）穿穴隙相窺、踰牆相從、與其妾、苟合矣、洋洋乎、得其所哉、既而曰、二之中、用其一、吾猶不足、其妻善與人交、與之言行事可也、明日、又從而招之、其妻告其妾曰、斯人也、知好色、而有宋朝之美、我丈夫也、而今而後、惟我與有是夫、（讀本字）不亦可乎、比及三年、其良人

有歸志、施施從外來、將入門、見而知之、勃然變乎色、執其手、推而納之溝中、卒然問、曰斯人也、何人也、昏暮、奚宜至哉、男女居室、人之大倫也、不能淫、今寓人於我室、而亂其倫、於女安乎、噫、是可忍也、孰不可忍也、此無他、執之而已矣、必也、及是時、從而刑之、以杖叩其脛、然後快於心、其妻不悅曰、惡是何言也、當今之世、反古之道、古之人、夫婦之有別、男女授受不親、禮也、今也不然、有妻子、與朋友共、朋友信之、居其所、若己有之、女子之嫁也、擇其善者而從之、從吾所好、在彼、在此、無可無不可、故諺有之

曰、妻子好合(謂可以合用也)今女私妻子、阿其所好、俾不通窒、不能容、鄙哉、硜硜乎、未聞君子之大道也、且彌言過矣、昔者太王好色、愛厥妃、與百姓同之、其心休休焉、能盡人之性、王之臣、有託其妻子於其友、而之楚遊者、導其妻子善與人同、不藏怒焉、不宿怨焉、男女居室、與朋友共、古之人、亦若是、於予與何誅、其良人聽其言也、厲、有所恐懼、未有以對也、斯受之而已矣、既而曰、大哉言矣、有妻子、獨樂樂、不若與人、時哉時哉(謂時髦也)雖然、語大(大夫人)吾從衆、與朋友共、可也、語小(指妾)在我者所

獨也、何如、當是時也、其設心以為、小固不可以敵大、養其大者、則其小者、不能奪之也、告其小者、可、曰、鈞是人也、有貴賤、有小大、是貨之也、不可以為人、且一人之身、可使由之、不可以有挾也、妾婦之道、改之為貴、今也、有人焉、改廢繩墨、妻妾之奉比而同之、無貴賤、無小大、無差等、所以行之者一也、吾何為獨不然、其良人聽其言也、不以禮、涕泣而道之、曰、難矣哉、唯女子為難養也、今若此、不可與言、勉強而行之、或承之羞、吾末如之何也已矣、由是號泣於昊天、哭泣之哀、如喪考妣、或告之曰、子之迂也、何為其號泣也、有一言而可以終身行之者、當今之世、男子生而願為之有室、不幸半途而廢、匹夫欲潔其身、獨居、約之以禮、足蹜蹜如有循、戒之在色、不及亂、臨大節而不可奪也、若將終身焉、在官者、聞而知之、則有慶、廩人繼粟、庖人繼肉、迎之致敬以有禮、今聞廣譽施於身、不亦善乎、齊人大悅、出諸大門之外、望望然去之、築室於場、獨善其身、以永終譽、其妻妾不羞也、往送之門、棄而違之、入門、舉欣欣然有喜色、而相告曰、得其所哉、得其所哉、而今而後、苟有用於我者、以約而招之也、自西自

東自南自北、無所不至矣、

瑞芍堂諧著目錄 壬戌至丙寅

掘金謡

水竹村人賦

小遊戲（新樂府）

周署閣（新樂府）

新說文 釋國恥紀念

戰地風雲新聞篇

李老君同族會議

泰州市圖書館藏書

節省糧食法

戲擬女內閣人名表

又何加焉集四書（議郵電加價）

戲擬飯碗致茶碗書

戲擬茶碗答飯碗書

退耕老人賦

騷翁子賦 有序

擬反對節制生育意見書

上海新聞報三十年紀念頌詞集選有序

紀念册新聞篇 嵌上海地名為上海新聞報作

擬提倡老人教育意見書

狗淴浴說

泰縣地名對

生屬互嘲

題游街議員肖像

旅行須知

耐菴說

耐菴署名始末記 癸亥十二月一日

新談口（召請投稿家）

小教員賦 以小學教員生計苦為韻

張南通贊 仿孔子世家贊

老判約裸體美人跳舞書

裸體美人答老判書

自由集會序 仿蘭亭集序

學而時習之新解

周署閣（新樂府）

左周折右周章幾番組閣費商量聘卿年已老貴卿怕登場新華老人意徬徨而今署閣忽發表幾許爭端霎時了先後難易何懸殊網中玄秘知者少試推尋闇揣測繫鈴皆奉直奉直緩和閣事平料是雙方戰不得挑雲撥霧意難豪勢均力敵不相饒你是半斤我八兩制勝難誇虎豹韜百計不如緩挑戰自去自來任梁燕閣揆暫尋過渡人東風却與周郎便周郎倘具公瑾才春深好登銅雀臺周郎若是周而復六道輪迴如轉軸縱教舊系屬交通曇花幻夢總成空抑或張曹未同意此事發生自白宮不求有效姑試探毅然下令一肩担固全祿位延殘喘新華老人何痴憨吁嗟乎時局至今太渾沌任何臺閣都難穩你推我倒勢傾危借問誰能固其本

新說文　釋國恥紀念

國　從囗從或囗即古圍字有擴充勢力範圍之意或為一口戈逞厥干戈以出一口烏氣今之武人其心意大都如此又烏知有國恥哉且國字從或則大好河山或為你有或為他有均無適而不可即受辱而何妨此國之不國所由不引為恥也

恥　從耳從心國恥國恥之聲耳中聞之熟矣惟耳中有國恥尤必心中有國恥方可以一雪其恥特不知今之志士耳聞國恥之聲其心中亦怦然而動乎又恥舊作耻從耳從止有到耳即止之意今之志士其言國恥也得毋類是

紀　從糸從己糸為系之大半今之官僚大半為黨系計或完全為一己計却何嘗計及國家既不知有國家更安知有國恥故吾知其所紀者無非一系一己之私利耳

念　從今從心此字有兩義自今而後常存此心是為積極的釋義惟至今日始有此心是為消極的釋義今之人對於國恥若為積極的紀念則其心當無時不知有國恥否則為消極之紀念必適逢今日之國恥而後恥心乃生迨至明日則又無所謂恥不且以國恥紀念為應時之點綴品哉夫又何益之有

戰地風雲新聞篇

民國年來戰禍多而今同室又操戈祇因一系爭權利忍教羣黎受塌磨關外紅鬍心勃勃居然妄想吃天鵝參軍吳用多謀略誓向關東掃惡魔意見參商成水火雙方暗鬬氣頻呵 你見了他 眼兒驟熱紅於火 他見了你 尖嘴油瓶儘挂拖 你見了他 好似飢鷹來擊兎 他見了你 猶如狐鼠進雞窠勢同冰炭難融洽幾輩調人枉議和醞釀由來非一日一朝決裂動干戈兩軍對壘兵端起平地軒然舉大波 試看那 繞日軍旗飄蕩蕩蕭蕭戰馬下山坡轟天大砲連聲響夜半頻聞鼓擊鼉叱咤風雲都變色誓師文檄大吹螺 一方面 兵精餉足軍容整 一方面 暗取明攻計劃多八兩（兩）半斤剛作對勢均力敵怎饒他幾多戰士疆場死白骨填溝骨（血）滿河借問戰場誰弔古陰風慘慘鬼吟哦最憐百姓遭兵刦到處難尋安樂窩子散妻逃家盡棄尋兒覓母淚滂沱況兼鎗砲原無眼彈子紛飛似雨過不幸流彈輕惠顧嗚呼一命見閻羅生靈塗炭誰憐恤祇聽將軍奏凱歌大好河山成戰地不愁荊棘葬銅駝 所願是 干戈早罷休貪戰兵氣潛銷養太和軍閥從今都覺悟一場大夢醒村婆 休到那失足之時喚奈何

李老君同族會議

李老君方踞灶談經，聞其裔孫某剖騣而逃，頓足長嘆曰：倒灶倒灶，吾李氏子孫何太不肖耶！因召集族人相與會議。時李鐵拐首先起立曰：吾足苦跛，某脚偏滑。足之跛者惟助以杖，脚之滑者必抹以油。吾恨不能追逐其蹤，叩之以杖耳。李太白曰：不然。吾性好飲，嘗聞酒令之行，逃席者罰酒三杯，以示懲戒。某之逃走，罪實甚於逃席，當沽酒一甕，浸漬其中，使之骨醉。李葯師曰：唯唯否否。某遍體流油，水不能漬，吾請以葯醫之。金飯銀花消其攻心之毒，梔子水洗其厚臉之油，更以神針法炙剖其腔骨，俾不能逃，倘亦足以示儆乎？李義府聞之，嬉皮笑臉而言曰：吾之笑毒如刀，某之臉厚於甲，以吾之快刀攻某之厚甲，某臉雖厚，儘許刮穿。諸父兄伯叔以為何如？言未已，李自成扳刀怒視曰：義府宗伯毋再作滑稽論調。吾以兵力擾中原，率衆長趨，所至無阻，九宮山下寧死毋逃。某不善戰，戰敗輒走，李將軍之威名掃地盡矣。吾性愛殺，不肖如某，若遇我當無倖理。李克用曰：將軍息怒。吾號黑頭之鴉，某稱厚臉之雞，克用與某皆為胡虜雜種，與將軍同姓不宗。將軍惡之欲其死，吾且愛之欲其生也。時李賀吟咏方罷，從容語衆曰：吾頃赴玉樓之召，見夫白玉樓中地方頗大，當請於上帝，拘某於樓，作九百九十年之監禁，不令獻醜於世，寧非良策乎？議論紛紜，莫衷一是。李淳風整其道袍，搖其羽扇，對衆而言曰：諸父兄伯叔毋多爭執，吾掐指推算，年來李氏氣運大壞，子孫不肖居多。去年皖水貽羞，有逃走之省長，李氏子孫也；此次馬江遁迹，有逃走之督軍，亦李氏子孫也。李氏子孫相繼失敗，實亦氣數使然，又何怪乎某之厚臉耶？衆聞言無語。李老君亦惟頓足歎曰：倒灶倒灶。遂散會而去。

節省糧食法

聽半牀女哭兒啼索三餐而不得採幾許藿羹葵茹佐一飽其庶幾壯士無顏怕說簞瓢之樂觀音有粉聊當菽粟之資米價奇昂省糧之術討論民食問題者幾苦於無法處置矣然而無法之中仍須設法僕也不敏願借箸以籌之

(一)廢止朝餐　近日衛生家提倡減食主義或且有廢止朝餐者當此米糧昂貴之時勵行此種主義則所省之糧日計之而不足月計之而有餘矣

(一)提倡纏腰　歐西女子莫不纏腰蓋以為美觀也吾謂當此米貴之時提倡纏腰俾肚皮縮小容積無多且不惟女子行之男子亦踵行之則所省之糧當不在少既無枵腹之虞又得美觀之樂一舉兩得莫過乎此

(一)勵行肉食　昔晉惠帝聞歲飢人民乏食曰何不食肉糜世多譏其騃不知此正帝之慧也當米糧價貴之時餓莩頗多與其束手待斃不如易子而食大嚼特嚼恍過屠門特肉食以為生米糧自然減省也

(一)大開戰釁　開戰與省米似無關係然而米糧之所由貴因人多而已倘開戰釁則砲雨飛來死亡無算造糞機器歟飯桶人材歟由此可以減少而米糧亦因是以節省此奉直之戰吾人所當許為省糧之美法乎

以上四則皆省糧之要法前兩項為緩進主義後兩項為急進主義而要皆治標之策也若論治本之道則山額夫人之節制生育主義吾人當極表同情蓋生之者少則食之者自寡矣討論民食問題者其知之否耶

戲擬女內閣人名表

石頭記中賈寶玉謂男子是臭的女子是清的以臭男子而組閣無怪夫屢屢推翻倏起倏滅局如枰戲幻過曇花不能鞏固而持久也耐菴不敏敢借箸以代籌組女流之內閣庶乎清芳共挹大家拍乎手贊成繡閣常開小姐出頭有望而當此女子解放期中俾得登臺獻技以開女子參政之先聲不尤文明種子所極表同情者乎謹擬閣員名單並說明理由如左

內閣總理周婆　周公為冢宰功業赫然政教所垂刑于妻子其夫人周婆自必才能卓著以之組閣則積世老婆婆之政績當有可觀不致被人推倒也

外交總長賽金花　賽金花外交手腕敏捷異常俾長外交則交際場中慣與外人跳舞自易聯絡感情不致常生轇轕也

內務總長王熙鳳　王熙鳳總持內政井井有條非尋常人所能企及俾長內務當能整頓積弊惟醋瓶須多備幾隻防其翻倒耳

海軍總長梁夫人　黃天蕩裏執桴鼓以助威其諳悉水戰也可知以之總長海軍當能勝任愉快

陸軍總長穆桂英　穆桂英掛帥威風凜凜誰不聞名以之為陸軍總長則練就十萬娘子軍當能強國

教育總長文母　教育教育尚不育何言教故教育總長當以善育者任之詩詠文母則百斯男其善育為何如乎故以教長屬之

交通總長紅娘　隔牆酬和慣做牽頭不圖浪酒閒茶也許傳書遞簡以視今之當道妄加郵電之費者人格較高矣故以交長屬之

司法總長楊萬石妻　褫衣慘掠大肆閫威言出法隨術窮介甫揚萬石之妻允足當司法總長之任

財政總長杜十娘　百寶箱中許多寶貝備為國用何患無財且其財皆許多浪子獻來固較勝於搜括民脂民膏者矣故以財長屬之

農商總長秋胡妻　農商總長宜興實業秋胡妻力田採桑允為實業專家俾長農商自無不可

參謀總長王媽媽　潘金蓮西門慶之結合皆王媽媽為之主謀十分光點點不差千條計頭頭是道以之為參謀總長不較善於飯桶參謀耶

又何加焉集四書（譏郵電加價）

有大人者堂堂乎高子長國家而在高位前日出語人曰當今之時無物不長有人焉與朋友交以思無益而有信速於置郵使五尺之童適市而送之達可行於天下地方百里方六七十如五六十或遠或近以利言也則價相若徧國中無貴賤一也雖然貨財不聚用不足則國空虛今也生財有大道夫道信其大者民無信不立必不得已市價倍他日為之聚斂而附益之以財發身豈不綽綽然有餘裕哉十一月告朔發號施令而傳命百姓惡其害己也舉疾首蹙頞而相告曰昔者外人取於民有制市價不貳而達乎四境以其數莫能相尚人皆以為賤舉欣欣然而就之今也擴而充之以其數加之二十而取一求善價而罔市利放於利而行是皆已甚吾聞之君子不為已甚者請輕之民之憔悴於虐政久矣今之從政者苟志於仁矣又何加焉高子聽其言也不得於心怫然不悅曰今日之事豈予所欲哉予不得已也今天下世衰道微邪說暴行又作邪說誣民言不及義吾不欲觀之矣好事者閒居為不善讀其書非徒無

益而反動其心吾為此懼惡其文之著也久矣今也我亦欲正人心放淫辭息邪説邪説者不得作其庶乎民之所好齋莊中正樂而不淫斯害也已（已止也）子聞之喟然歎曰惡是何言也子為政而務財用舍曰欲之而必為之辭禦人以口給取憎於人國欲治可得乎噫今之從政者取於民而不以仁吾末如之何也已矣雖然國人可欺也外人不可罔也于此有人焉東夷之人也西夷之人也前日使人來涖中國與上大夫言審問之曰取於民不以其道求善價而沽諸是貨之也吾欲中國率由舊章及是時而罷之不以利為利斯可矣又何加焉高子聽其言也厲赧赧然不能對

戲擬飯碗致茶碗書

蓋聞竹椅飛來赤染頭顱之血墨壺飛去青翻手掌之痕議會場中本不少怪怪奇奇之事今乃文明日進趣劇日多而吾凡亦得飛上舞台出風頭而献技以盧仝之茶碗作天霸之飛鏢比名流之擊唾壺聲響亮祈視混蛋之敲竹槓事更離奇不作將軍瓦鑵偏破從井上本非妬婦醋壺乃翻倒房中訝片片之飛空身同粉碎聽聲聲兮劈拍勢若珠穿殘茶與吐沫齊飛笑話共罵並作大茶壺聲名雖振無此威嚴打茶圍押客雖多遜其熱鬧不掃雪而偏打碗舊劇翻新非吃酒而亦傾杯豪情難得最難擲地都作金聲偶爾出場不同凡響有客閒居無事又添茶話之資羡君功用良多可補茶經之缺從今茶博士聞之總應寒心即遇茶馬司見之亦當咋舌所惜殘缺不完雖有補釘之王大娘彌縫不易决裂已甚即有江西修碗之江西老自顧都難不免令人有解體之嗟耳弟宫場久滯與飯桶而並稱議會偶臨偕飯團而共列承諸大官人之雅愛曲意保全深恐飯碗軋破無處安身從未輕於拋擲雖瀉罐彈鋏門前食客歸

來玉播聞鐘堂上闍黎已了而纍纍之飯碗依舊瓦全其亦弟之至幸也乎吁平地一聲君有出頭之日大家相護我無碎骨之嗟君處變我處常境遇不同遭際各異固不可同日而語矣此上即請飛安

戲擬茶碗答飯碗書

竊以醋壺乍倒偏多運動之時瓦片無能還有翻身之日但得貴人抬舉自然平地超升是以擲玉碗於津門大帥藉伸烏氣摔晶盤於妓院少爺儘倒鼈窠弟沈淪於茶社者久矣一般俗子泡茶一碗破費幾文恨不將碗邊啃盡雖有高人雅士為品茗而興我相覩而隱沒不彰風頭難出即偶爾官場溷迹一般大人先生端茶送客得近貴人之手亦不過藉弟下逐客之令固未能飛升天半作戰鬪之法寶也茲承參會議員高抬貴手讓我高飛而陶器之功能乃得利用於淘氣淘氣與陶器諧聲貴人之利用夫弟者固非無因也昔者三家村裏之冬烘老夫子頭腦昏昏曾有碗響先生之徽號而今日之碗不響於三家村裏而響於千佛之場中弟之榮幸不較勝於前耶且吾聞小夫妻之拌嘴也摔碗拋鍋鬧得一團糟曾有一隻碗弗響兩隻碗釘鐺之喻而今日之碗不摔諸小夫妻之手而飛上貴議員之頭其釘釘鐺鐺之聲比簷前之鐵馬被風吹動者尤為清脆而耐聽弟之威風不又大著耶故身雖委地不無破釜之嗟而

頭已昂天竟作飛鏢之用寧為玉碎不作瓦全弟自思之未嘗不以為得計也雖然人有恒言（清茶淡飯）又曰三茶四飯茶飯本有連帶之關係客來小飲從今無滿口之茶人為充饑爭欲吃過頭之飯當交通部高老扳到任之時輒破飯碗二三千隻吾凡同族之遭殃者莫不歎吃飯之難是則吾凡今後之生活或不免破敗決裂之時亦未可知也此覆即頌饌安

擬反對節制生育意見書

自山額夫人來華提倡節制生育主義一般號稱時髦者因莫不拍手而和之矣然予以滑稽的眼光觀之則節制生育主義有必不可贊同者焉夫多男為福壽之徵生子亦門楣之慶是以百男繞膝周文曾播詩歌萬笏滿床郭氏允傳佳話若節制生育則福媪之希望不將消失乎此不可贊同者一也國民之製造愈多國力之增强愈甚是以適衛邦而誇既庶冉有儘許商量復吳仇而首殖民勾踐亦謀生聚若節制生育則强種之政策不且難行乎此不可贊同者二也且也生育而果節制則呱呱垂泣罕聞墮地之聲啞啞試啼誰舉洗兒之禮彼收生婆之飯碗不且為之打破哉此不可贊同者三也且也生育而果節制則驚風症急無須貢藥之郎中熱水場中開孰是保嬰之聖手彼小兒科之招牌不且為之空挂哉此不可贊同者四也且也節制生育一般婦女不念收生經不禮血湖懺和尚之生意不免因之清減矣此不可贊同者五也且也節制生育則一般鄉愚不敬送子觀音不拜催生娘娘菩薩之香烟不免為之

斷絕矣此不可贊同者六也而況節制生育則將來之人口稅額必減國庫何由而充裕此不可贊同者七也而況節制生育則將來之飯桶人材必少米價何由而增高此不可贊同者八也而況節制生育則將來之造糞機器無多肥料何由而收集此不可贊同者九也其最要者節制生育則民間丁少將來難募兵丁一旦大軍閥家偶動其勃勃之野心欲操戈於同室誰與馳騁疆場當砲子墊馬脚以快大軍閥之雄心哉此不可贊同者十也有此十大理由吾所謂生育不可節制也至於上帝仁慈厥有好生之德節制生育則與道德有妨此腐儒之語耳非我所持之理由也夫妻感情須聯肉體之歡節制生育則與人情有碍此蕩子之詞也亦非我所持之理由也我所持之十大理由較此實為充足質之山額夫人其亦不以為謬乎

上海新聞報三十年紀念頌詞（集選）有序

蓋聞音以賞奏事以頌宣有非常之人兆基開業積數十年駿發開其遠祥度宏規而大起而綴辭之士不宣者鄙也慨自叔世民訛遺黎偷薄凡庸固陋寡見尠聞蔽明塞聰時有壅蔽之累而未寤於先覺昧道懵學不亦暗乎迺若鴻生鉅儒俯弘時務大雅宏達必先多聞開集雅之館謀不朽之業發言抗論振藻於海隅墨妙筆精叙意於濡翰其間經國大業或能抵評街談巷說必有可采舊聞新藝鬱起乎翰林會意遣詞無遺乎小說劇談戲論成一家之語方朔枚皋工形似之言雖滑稽以取容亦棊邪而制放炳炳麟麟告成大報元元本本燦然可觀都人士女朝夕觀覽咨感能鄙感人密深而風移俗易有所補益其異乎奔競之徒垂空文以自見意無是非言無可否繁文縟旨無補於風規乘時射利徒冒其貨殖者乎溯自締構之初以迄於今寒暑環周將三十載根深蒂固其已久矣比年以來踵其事而增華館舍次第采飾纖縟九市開場推而廣之殊方別區訓若風行可謂宏廣矣矧夫獨鶴朝唳網絡群流飛辯摛藻

論列是非雌黄出其唇吻朱紫由其月旦終日經營筆不停輟
飛英聲騰茂實聲華藉甚豈虛也哉今年吉日良辰揆既往之
前迹究人事之終始業類補天而能長久君子以為美談傾想
往昔誦美有章禮樂儀具卓哉煌煌余雖不敏望風推服是用
綴輯遺文揄揚宏美敷暢厥旨用垂頌聲頌曰
於赫君子扳拓洪業鳴鶴聒林伸筆奮舌（鶴謂獨鶴林謂快活林）
恢恢具文情瀾不竭振厥弛維守道之極春秋三十寒暑因襲
風發泉流可探其頤自茲厥後累以日力立言必雅遠期克
及永永萬年著而不滅

紀念册新開篇（嵌上海地名為上海新聞報作）

十里洋場一望平 望平街 偶乘嘉興去遊行 嘉興里 遥貽
松柏桓桓處 松柏里 結綵抛球氣象新 抛球場 一抹電燈
如畫錦 畫錦里 結成瑞靄與祥雲 瑞靄里 南薰一曲風琴
奏 南薰里 韻入鳴珂最耐聽 鳴珂里 擾往熙來觀戲會 觀
戲里 吉祥止止笑聲盈 吉祥里 爭道是三十周年開大慶
大慶里 為留紀念祝長春 長春里 識途老馬推前輩 老馬
路 兩字新開大有名 大有里 溯水逢源追往者 逢源里
二三益友小經營 三益里 芝榮椿蔭多生意 芝榮椿蔭里 籐蔓
盤旋快活林 蔓盤路 巨籟達天聲譽起 巨籟達路 寶山風
發暢銷行 寶山路 拔茅萃秀多英俊 萃秀里 文字爭誇萬
選青 選青里 有的説近水樓臺消息快 近水里 三灣九曲
不消停 九曲里橋 有的説篇篇談話多如意 如意里 爭似東
皋聽鶴鳴 鶴鳴里 有的説曼倩文章消永興 永興里 勝遊
牯嶺與山陰 牯嶺路 有的説花香粉麗多詞藻 香粉弄 詩
才端不羨庭筠 庭筠里 挹秀餐英誇不盡 挹秀里 龍騰鳳

舞更心傾騰鳳里駒光易駛如跑馬跑馬廳卅載榮華負
盛名榮華里到而今民國更新多進步民國路比較那歐
西新化更文明西新橋一個個和聲鳴盛多佳構鳴盛里
射斗文光似聚星聚星里愧我景行雖有志景行里香山
譜舊未翻新香山路枉學那天寶宮人話舊因天寶里

擬提倡老人教育意見書

自平民教育之説起於是平教平教之聲喧傳于耳際風發雲湧盛極一時以期無數年長失學之平民均受教育不可謂非盛事也雖然僕竊有疑夫平民教育其招生以十六歲以上五十歲以下為全格彼在十六歲以下者當然入普通小學吾無間然惟五十歲以上之人年老失學就平等主義論之固不可使其向隅以普及教育言之亦何可聽其廢學苟非有老人教育之施行其何以補平民教育之不逮乎若謂五十歲以上之人年華老大病態龍鍾吃豆腐者早已伸長頸子打棺材者早已恭候台光縱施教育亦復無用然而朝聞道夕可死孔二先生固嘗言之一息尚存此志不容少懈苟閻羅王之請帖一日未到即老人之教育不可一日無也此老人教育應提倡者一若謂五十歲以上之人腦力就衰不堪造就然而衛有武公耄年好學八十歲公公能學吹鼓手過到老學不了何能以其老而廢學且腦力愈用而愈靈老人常用其腦或可返老還童是則老人教育裨益於老人者正自不少此老人教育應提倡

者二有此兩大理由故吾謂年老失學之人當由各地開設老人學校並責成老人之兒媳將家庭内之老頭子老太婆年在五十歲以上百二十歲以下者造具履歷到校報名俾老人左扶拐杖右挾書包到校受教其有不開通之兒媳不送老人入校者罰之或更於義務教育規程中特别訂明凡為兒媳者有送老人入學之義務則尤為周到區區意見質之當世教育家以為何如

狗淴浴説

六月六狗淴浴俗語流傳由來久矣夫狗何為而淴浴哉本非初産之嬰孩何必洗三而開會不是從良之妓女奚為淴浴而清身此誠難索解人之事且浴狗而必於六月六日更為希奇按千金月令二月二日取枸杞煎湯浴之可以不老不病狗輩而欲免老病則當於二月二日洗枸杞湯又江南遺俗五月五日取百草煎湯浴之可以去毒去惡狗輩而欲除惡毒則當於五月五日洗百草湯而何拘拘於六月六意者六月六祈神謂之六六福狗輩有求福之意故於是日淴浴耶姑不具論第念狗既淴浴于六月六日則是日狗浴池中擺擺搖搖必多狗苟蠅營之輩來來往往不少偷雞摸狗之徒一時大狗小狗邀功之功狗善走之走狗看家之黃狗媚外之洋狗而團團之肥狗瘦孱孱之瘠狗均必出入於其間設以快鏡攝取其相可作一幅百狗圖是亦一大觀也而且擦背者必有狗黨以其吮癰舐痔之能施之於擦背當能周到扦脚者可用狗官以其剗剞刮地皮之法施之於扦脚又必安舒噫自有此浴吾知癩狗變好

必能滌去其舊染之污自有此俗浴則吾知惡狗改良必能洗刷其惡劣之迹自有此浴則狗軍師當不復施毒計狗男女當不復到處宣淫討人喜之狗腿可以不賣乞人憐之狗尾可以不搖狗頭之瘋可以不發狗屁之臭可以不放淴浴淴浴六月六日其狗輩革面洗心之紀念日耶雖然吾聞之淴浴云者即洗澡主義也今世之達官顯宦思攫取金錢發一宗大錢以清其身不惜飲酖止渴使國家受莫大之損失者無非抱定洗澡主義耳迹其所為倘亦合于六月六淴浴之微意乎

生屬互嘲

民國十二年值年生屬老猪就職於是子鼠丑牛寅虎卯兎辰龍巳蛇午馬未羊申猴酉雞戌狗諸生屬相聚而言曰自民國以來我輩十二弟兄皆已輪值一次今為猪弟履端伊始宜開會歡歡迎以資聯絡衆贊成乃迎老猪於猪欄見老猪大啜酒糟酩酊大醉哼哼不已一如薛大哥之唱曲羣與戲謔以開窮心或曰今之官吏善吸脂膏猪之油肥厚具有作官之資格乎或曰今之政客最善鑽營猪之喙善鑽具有政客之本領乎或議員賣票賺得金千金猪仔之販無非為利猪則可作人民代表且猪之大頭大腦其面團團有似富翁以猪值年不愁則財匱猪之兩耳招風生成異相有似貴人以猪值年當膺勳位老猪老猪既富且貴今我輩艷羨不置矣猪知其諷己也乃鼓鬣生風反唇以誚之曰諸兄毋嘲僕僕縱不能拿龍捉虎大顯神通拍馬吹牛專攻運動而鼠竊狗偷之伎倆雞鳴狗盜之行為今人所不免者皆非僕所敢有牛鬼蛇神之徽號牛頭馬面之稱呼今人所不免者皆非僕所願受財長下獄罪在貪污而僕

則未惹羊羶也總統非常性殊躁妄而僕則未發猴急也我非罪魁何需兎脫我非遺老不攀龍鱗未効械於關東誰呼馬賊未組閣於京內那怕虎威一逃再逃恬不為怪而僕非厚臉之雞悵望洛陽不無怨望而僕非生角之馬虎皮羊質迹近詐欺而僕則不敢作偽殺雞駭猴無非恐嚇而僕則不敢用術僕固自有其真何嘲之有況乎陰柔狡猾為黠鼠不講道理為蠻牛苛政擾民稱猛虎密謀三窟稱狡兎妄想復辟曰孽龍惡毒螫人曰毒蛇桀驁不馴是劣馬觸藩致衬是羸羊惹厭者有皮猴呆相者有木雞效屁者有臭狗錫乃嘉名堪發一噱孰若僕之牢裏吃食圈裏擦癢安然享福人人以猪爺爺相稱之為愈乎衆聞之譁然而譟曰老猪之言誠是雖然飢哺飽嬉無所事事亦不過領乾薪號飯桶之高等流氓而已何足誇哉且睡卧圈中安然享福其亦安福罪魁之一乎吾願汝久處于低簷矮屋中勿跳牆而逃出猪圈也猪聞無言無以應急張其蓬蓬之嘴伸其招財之腿而揖謝曰諸位諸位毋更詈喙我是猪頭三怕到歡迎會諸位諸位得罪得罪於是十二生屬均一鬨而各退

題游街議員肖像

蓋聞傳巖懸相為求輔弼之人麟閣圖形時紀勲臣之績千秋不朽尺幅常存畫像之留固所以昭示來茲也報載蘇省議員吳某因削減教費問題與中校學生大起衝突致有照相游街之舉其亦所以昭示來茲乎然而遺芳遺臭有未可一概論者矣事出非常允為創舉不可無以紀之爰題其像

曰

先生姓吳心地糊塗塊頭特大相貌魁梧議員架子我輩不如帶局吃酒喝雉呼盧揮霍金錢成千累百濫加俸薪其欲逐逐瘠己肥人摧殘教育教費減除寒酸不服莘莘學子運動大忙盧妃巷裏蜂擁覓王（謂王議員）王氏懼避不敢出房先生逃跳出奮勇登場大罵一聲喉嚨絕好聲震屋瓦鬼都嚇倒罵聲年輕孩子太小道貌儼然倚老賣老一聲劈拍茶碗飛空祭起法寶絕大神通墨壺遥擲功用相同畢竟議員大有威風咄咄小徐可憐倒灶茶碗上肩驀然一跳羣情不平譁然而譟吶喊揚威登時大鬧一時舉手倒散窠巢老拳奉敬不許討饒大開

扯子撕壞皮袍口天先生無處奔逃八脚懸空高高架起抬舉先生不為無禮背後插旗一張白紙遠遠看來如揷招子兩手反背好似罪囚無枷無鎖總算自由破鑼破鼓應在前頭法場偶上愁乎不愁雖有車夫法場難刼陷入重圍楚囚空泣却恨爹娘少生兩翼街市儘遊偏留劣迹南京道上却好兒圖大家小戶貼〔瞻〕仰議員風頭出足一路盤桓便宜討盡莫漫呼冤花牌樓前吉祥街上不費分文為君照相分贈議員大家鑒賞懸挂議場好留榜樣吁嗟先生惹禍招尤吃盡窮苦倒盡霉頭人民代表變作楚囚堂堂神聖顏面全丟繪影繪聲惟妙維肖盡相窮形刮刮老叫的是正身並非假冒今欲有憑立此存照

旅行須知

萑苻不靖小民歎行路之難竹槓狂敲大盜正發財之際一聲呼嘯驀地而來幾輩遭瘟欲歸不得旅行者於此不能無戒心矣僕也不敏心焉憂之爰索枯腸為籌妙計俾一般客子不致歎關山之難越也

一旅行須備保險箱　臨城刼案行李車安然無恙因車門係屬鋼製打之不開司行李者由內扃𨱎故也鄙意長途旅行須備有鋼製之保險箱箱作棺材式隨身携帶以防不測遇有匪來即匿入箱中免受綁票之辱較之向人壽保險公司倍其身價以保險預為贖票之計者當尤妥善也

一旅行須備鑽雲蓆　神行太保駕鑽雲之蓆飛騰空中頃刻千里鄙意旅行者當人人備有此項蓆箇携帶身旁無事時卷而藏之一遇匪患則念動真言跳上蓆箇鑽入雲端騰空而去盜匪雖多當亦不能追蹤而至也或曰邇者飛機盛行可各携小飛機一架以為避難之用是或一道也乎

一旅行須諳土遁法　程咬金以土星下凡當兩陣交鋒之際

遇有急難則借土遁逃去鄙意今日旅行之人非諳土逃之法不可盜匪挾衆上山精土遁法者可即施行其術一轉身間遁入土中逃脱出險不致為匪架去也否則以隱身符代之俾畫符一道隱藏其身俾盜匪不能窺見亦可為脱險之計

一旅行須帶人面獸具　狄元帥平西南常以人面獸具為救急之護符今之旅行者正宜拜狄元帥為師人人乞得人面獸一具挾以出行聞盜匪來時則戴起法寶念一聲無量壽佛俾盜匪皆僵立不動無能為患不即可以安度難關乎

張南通贊仿孔子世家贊

新史公曰詩有之高山仰止景行行止雖不能至然心鄉往之余讀張南通文想見其為人遊唐家閘參觀棉鐵墾牧輪步諸公司工人以時服務其中余低回留之不能去云古今名流與夫卿相衆矣當時則榮没則已焉南通遺老訃音遠達天下衣之自朝野上下外國言實業者皆嘖嘖稱先生可謂偉人矣

自由集會序 仿蘭亭集序

民國十五年歲在丙寅仲夏之月會於上京之木擱胡同開會議也豪豨咸集封豕戾止其間有遼東白頭金華名腿又有婁豬艾豭環集一圈引以為討論得失列坐其次雖無擲揣拋壺之盛戴沐奮鬣亦足以發揮自由是時也耀搖頭擺腦威風抖擻大而護憲護法小而爭食爭眠任其瞎三話四用以快自由之論信可樂也夫會議之場所怪象至多或直立而啼鼓參軍之長喙或俯伏而臥捲八戒之大耳雖狀態萬殊變化百出當其聚於圈內暫快於已囂然自得曾不知醜之至極及其鐵聲既播人言嘖嘖笑罵隨之矣向之睄選大頭得意可謂至盛猶不能不為之顛墜況今日情勢與昔迥異翳公云任期可有盡乎誠妙問也每論豕氏奔突之狀嘗出範圍未嘗不扼腕太息不能喻之於懷固知剛鬣公為無恥肥腯伯為至鐵集會之旨徒為糠秕之末悲夫故列叙原委以彰其醜雖彼有百喙而難辭責可斷言也世之覽者應將有感於斯文

學而時習之新解

泰縣國學研究社這一回首題是個學而時習之限定在三百字以內看似平常其實是個新鮮碩意兒小子對於國學雖未窺門徑却不妨做一篇新解給諸位國學生批評批評（前清監生老爺的頭銜稱為國學生原是有名無實我說國學研究社的先生纔是真正的國學生咧哈哈）解釋的對不對國學生想一望便知了

孔二先生所說學而時習之這句話朱子訓學為效時習兩字比作鳥之數飛近於附會皇侃義疏還說什麽時有三一身中時二年中時三日中時也未免嚕囌在我看來這個學字不是別的學就是國學的學習字當然是研究的意思時字怎講呢時謂時期指定是每月十六到了每月十六的時期國學社長出幾個題目諸位國學生便一個個翻書本找題解哼哼嗡嗡的研究起來這便是學而時習之的意思研究得好的社長在他文字裏圈上許多圈兒還加上一個堂哉皇哉的華批揭曉之後可以拿八隻大洋錮郝洋錮上的袁頭亮光灼灼的照人

眼睛看見了好不快活所以孔二先生又在下文裏説一句不亦樂乎樂的什麽事因爲大洋錋到了手呀諸位國學生我這様的解釋恐怕是不甚錯的罷

吴野人生活

夏兆麐 撰

《吴野人生活》，夏兆麐撰，據泰州圖書館藏《耐庵从著》本影印。

夏兆麐有《兩漢地方自治制度考》，已著録。

吴野人名嘉紀，字賓野，野人爲其號。明末清初泰州人，明亡後隱居不仕，工於詩，著有《陋軒詩》。此書爲吴野人傳記。全書十二章，首爲概説，總述其生平思想及撰作緣由，其次分門别類，述其家庭、親戚、知交、師生、道德、著作、經濟、患難、旅行、遺民等各方面生活。末附年譜。夏氏言吴野人生活極其單調，似無考察之必要，然其人格與文藝均極高尚，爲近五百年來本邑所罕見，其生活足以表率後進，希抗古人。閲讀此書，有助於了解明末清初泰邑下層知識分子的生活與思想。夏兆麐熱衷於鄉邦文獻的搜集整理，用力之勤、成就之著，泰邑近世少有與其比肩者，此書亦爲其一。資料來源除吴野人所撰《陋軒詩》外，還徵引查考前人所著二十種。

（周　忠）

吴野人生活

請另紙鈔付手民原稿幸勿污損是託

賢哥

弟 麗之

吳野人生活

目錄

參考用書

陋軒詩 吳嘉紀
四庫全書目錄提要
泰州志
東臺縣志 又中十場志
百尺梧桐閣集 汪楫
麗祖文集 方一煜
江村詩 程岫
居易錄 王世禎
帶經堂集 王世禎
慎墨堂筆記 鄧漢儀
今世說 王晫
清詩別裁 沈德潛
淮海英靈錄 阮元
廣陵詩事 阮元
朝鼎集 王衷丹
棘人草 印陟屺草 王言綸
石桴詩鈔 戴勝徵 即河干草堂集
黃湄集 王又旦
江蘇詩徵
溉堂集 孫豹人
退菴筆記 夏荃

泰州市圖書館藏書

吳野人生活

編著者夏耐菴

一　概說

野人先生生活、概括言之、極其單調、蓋野人乃東淘一老儒生、「苦吟不輟」、即其一生之生活、固無考察之必要、然野人人格與文藝均極高尚、為近五百年來海濱所罕見、其生活在在足以表率後進、希抗古人、僅僅以「苦吟不輟」概之、實未可與論野人、野人有知、將益深「舉世無知者」之感矣、

欲考野人之生活、當知野人之時代鄉土及其個性、

(一)野人生明清鼎革之交、政治紊亂、風俗澆漓、當時征稅繁苛、吏胥貪橫、與夫盜賊猖狂、閭閻痛苦、皆其所目擊而心痛者、時代與生活、在在有相當之關係、野人所生之時代如此、此吾人所不可不知者、

(二)野人家東淘、為瀕海斥鹵魚鹽沮澤之鄉、賈儈雜居、習尚淩競、其人雖擁高貲、家亦鮮蓄書者、間有書、輒以覆瓿或拭牢盆、於詩文筆墨之事、固非所論、鄉土與生活關係尤深、野人所居之鄉土如此、亦吾人所不可不知者、

(三)野人之為人、孤冷峭潔、此世人所公認、其詩價值之高、亦在於此、然僅僅以孤冷峭潔許野人、實非知野人者、吾人應知野人之為人、具個性有特異者三、

(甲)野人固一心腸極熱、氣概極豪而有血性者、　野人哭姊詩云、「願弟為詞人、願弟為烈士」、居平固以烈士自負者、詩中時時以荊軻聶政輩自況(詳道德生活)、可知其少年意氣之雄、迨年衰齒暮、壯志銷磨、始漸趨於冷寂、昔朱晦庵先生謂「隱者多帶性負氣之人」、敢持是語、以論野人、

(乙)野人又一意思純摯、情致纏綿而篤倫紀者、　野人詩、哭妻王氏、哭大姊、哭妹諸作、皆極哀痛纏綿之致、而哭王體仁、哭王太丹、哭琳仙諸作、情真語摯、幾於一字一淚、尤想見此老志於朋友之情、極其純摯(詳道德生活)、天性涼薄者、未可與語於斯、

(丙)野人又一狷介自持、操行嚴正而能忍耐者、　孫豹人謂「交賓賢三十年、習

知其為人、蓋醇厚而狷介者、惟其狷介、故操行不苟、無在而不嚴自繩飭、雖極顛沛之時、亦能忍痛苦而不易素操、野人詩、卒歲云、「且樂十日餓、不受一人恩、」寧忍餓而不受恩、此其品概為何如、

吾人於野人之時代、鄉土及其個性、既明白於胸矣、夫然後可以語野人生活、因類分晰、都凡十章、惟其間有互相關連者、有某種生活同時屬於數方面者、則不得不彼此互見、而詳畧攸分、是則編者所欲先為聲明也、

此外更有須說明者、即野人先生、吳姓、嘉紀名、字賓賢、野人其別號也、所居曰陋軒、故世亦以吳陋軒稱、家安豐、安豐一名東淘、故亦稱東淘布衣、或東淘處士、生於明萬歷四十六年戊午九月二十二日、歿於清康熙二十三年甲子三月、年六十有七、葬於梁垛開家舍之原、其前有碣、書曰東淘布衣吳野人先生之墓、

二　家庭生活

野人先生、明德之後也、其先世籍蘇州、宋季有吳休者、始遷安豐、是為安豐支始祖、其三世祖名謙、幼讀書、有智畧、工騎射、元成宗朝、以文武全才、舉為兵馬都轄、居官勤慎、多所展布、卒於任、囊無寸儲、惟書籍數冊而已、（以上天啟中十場志）謙之子名顯卿、仕元為嘉松提舉司、初下車、卻餽減耗、風采凜然、未踰年、詭冒盡除、鹽政肅清、至正間、罷歸、隱居新灶、闢園曰小隱、居鄉多善行、（天啟中十場志參張景宗撰吳先生墓碑）顯卿孫伯載、博學工詩文、洪武中以經明行修、舉為常山令、善政畢舉、擢京職、嘆曰、吾髮種種矣、一官匏繫何為、遂告歸、居家二十載、杜門卻軌、為鄉飲賓者再、（康熙中十場志）家世清芬、淵源有自、其七世族祖汝寧、明洪武六年、代兄汝陽充雲南烏撒衛軍、至黃陵廟、遇風覆舟溺死、野人有詩紀其事云、

「……海樹烏栖溪月圓、烏撒軍人萬里還、……骨肉款款重依依、不知假期難久延、訪舊比鄰方載酒、催行里正已備韉、妻子更牽衣、雙親齊撫背、頓足仰面向天哭、高天皦日為昏晦、就中一弟中心煩、呼人買兄起相代、……行行歷楚疆、七澤魚龍鄉、波濤（澴復）匉訇氣喘翳、回頭數望耶與娘、危檣敧柁往前去、黃陵廟前風大狂、風狂舟楫壯士逢、天殤未把吳鈎舒、國奮翻成李樹代桃僵、……」（寧四公詩）

野人有六世祖姑、鄉里稱孝女、母周、年老且病、女守貞不嫁、養母終身、母歿、女哀號以死、野人作祖姑詩、紀其孝行云、

「雙棲畫堂燕、春來又銜泥、堂中紅顏女、歲歲惟孤栖、孤栖何為爾、有母年齒衰、今年復明年、朝昏不暫違、……東家有賢郎、相煩求蛾眉、深閨何姥來、倉皇愁生離、懇懇託家媼、徐徐出謝之、東家去諾諾、西家又遣媒、人生各有志、紛紛徒去來、……傷哉黃髮母、一夕赴泉台、骨與肉離別、天傾地崩摧、女也何所賴、抱痛常號呼、……月落空房冷、至哀毀形骸、母女相繼逝、見者靡不悲、家人出卜葬、葬母女以隨、生死在親傍、夙願已克諧、……」

野人之父□□、家東淘有年、以煮鹽為活、遭明荒亂、又復災祲頻年、鹽難煮、官索

逋急、家境日窘、夫婦先後死、苦無以為葬、故先生詩有云、
「嗟哉我父逝不還、一棺常寄他人田、……敝廬去此地幾尺、陌阡經歲無人迹、父
在曠野兒在室、淚眼汪汪終何益、……」七歌
「……慈母謝世值饑年、棺衾草草何曾厚、……」七歌
「秋來三夜雨、田園盡沉渀、吾親波浪中、敗棺魄難仗、……望歲歲更凶、四野惟菰
蔣、殘骼傍隴畝、何日歸泉壤、」吾親
野人昆弟凡五人、先生行五、齒最幼、當時有稱為吳五者、故汪舟次有「答吳五賔
賢詩」、其諸兄事蹟畧考如次、
長□□、家貧、卒不能葬、厝櫬於南莊、故野人「七歌」之三、有云、
「……嗚呼伯兄慟不起、伯兄一櫬厝南莊、……」
次嘉紳、垂老多疾、有女適曾志仁、志仁居與嘉紳鄰、康熙三年甲辰、嘉紳病、女
孕四月矣、步歸省父、仆而胎墮、以俗忌不得入門、省視撫楣哭泣、感動鄰里、歸刲股
肉、糜以餉父、一啜而愈、野人為作「姪女割股詩」云、
「産婦不入門、恨殺舊風俗、淚眼徒望望、門楣分骨肉、肉是吾親肉、刲以作羹糜、婦
是愚婦人、肅以奉神祇、神降清風生、糜香老親豫、鈍刀全父子、人來看空瓠」
三嘉經、順治元年甲申、鬬死於州城、野人竭力以斂、越二十八年康熙辛亥、始
歸葬於淘上、野人詩有云、
「叔兄昏夜行閭里、突遇惡少椎擊死、前代之冤今不理、……叔兄一櫬傍州城、
海内誰為擊筑人、懷裏空存不平事、……」七歌之三
「二兄呼五弟、荷鋤隨我發、爾我將老死、應收三弟骨、行行見廢墟、荆棘何翳鬱、……
……二十八年來、始有家人迹、朽櫬在何處、形骸雜土木、……嗚呼甲申歲、兄禍生
倉猝、身飽强横手、命盡少壯日、……冤魂久飄零、今日就窀穸、……」辛亥孟夏三兄嘉經歸葬淘東
四□□、野人有呈四兄賔國詩、野人字賔賢、賔國殆四兄之字也、賔國家亦貧、少
好俠、壯耽音律、鰥居自得、既老、性益淡、居廢宅中、蒔花採藥、樹梅成林以自娛、年七
十許卒、所以野人詩有云、
「少年兄尚勇、壯亦悅聲音、牀頭掛古劍、席上横清琴、……」
「……吾兄棲廢宅、恬淡自忘機、……」
「……吾兄乃種梅、寒極林發花、……始知冰雪中、此是真繁華、……」
「……窮鄉味如茶、吾兄心獨甘、腰鐮遣歲時、花葯翳茅擔、……問年兄七十、弟亦
六十三、……」以上呈四兄賔國
「寒鴉偏叫四兄室、四十獨宿到五十、中夜擁絮身苦醒、不恨日出恨月出、……」七歌之四
野人之夫人王氏、名睿、字智長、睿上聲多賢德、食苦安貧、足以成藁砧之志、野人於吟
詠間、恒津津道之、
「故里水蕩蕩、垣傾巷無扉、吾妻比臥痾、終日謝餔糜、……壯年鮮共林、衰疾更分
飛、何當似萊子、織畚隱翠微、」逋鹽錢逃至六灶河作
「炊熟鄰媼來、令我老婢嗔、妻也入廚下、簞豆給最均、釜餘已所餐、舉手授鄰人、借
問何為爾、人飽甚於已、……請看謝世日、哭聲滿桑梓」哭妻王氏
「儉歲鮮宿儲、驚聞客遠顧、黽勉一倒屣、低顏澀言語、……回睇竹木影、廚烟已煦
煦、槃罌出意外、精食兼清酤、周旋盡主賔、露被及僕御、……生平衣與珥、半作留
賔具」哭妻王氏
「……射雉蕭蓬墟、懸鶉斥鹵岸、猶恐我志遷、固窮為我言、高義歸夫子、飢寒死不
怨、平聲」哭妻王氏
讀野人詩、可以知王夫人之賢淑、而實至名歸、人言無間、是以汪舟次揖送吳五
賔賢詩亦云、
「……子廉有賢妻、餔糜貧亦好」
王夫人之賢淑、既如上述、而野人夫婦伉儷情深、及閨房賞識之真、獨具隻眼實為

爲先生知已、有非尋常女子所能及者、先生亦嘗自言之、

「居處絶車馬、籬菊爲我客……栽種有同心、泣下思疇昔、花開重陽日、風雨移入宅……秋氣涼夫妻、毛髮滿頭白、相與坐花中、從朝至暮夕……」哭妻王氏

「誰送一樽來、河涯嗥瘦狗、遥知舉案人、嗟我乖桴久、自抽頭上簪、暫質店中酒、……銷憂味必醇、寄遠懷何厚、……」逋鹽錢逃至六壯河作

「……檐際春梅不發花、主人今歲未離家、匹偶但識長如爾、不妨相對鬢毛華、」雙燕來

「燕子巢陋軒十年矣、今春余適在家、值雙燕來、内人顧之色喜、乞余賦詩、……」雙燕來序

王氏……歸余四十五年、嘗願先予死、問之曰、冀得君挽詩耳、……」哭妻王氏

野人詩馳譽海内、而其夫人王以燕來索詠、甚且願先死而得挽詩、則其賞識之真、異於流輩、烏得不稱爲知已、嗚呼難矣、

野人子數無可考、惟按野人詩、「郝羽吉寄宛陵棉布云」「……大兒次兒意忽足、小兒懶就簷前旭、……」則野人當有三子、子皆不學、或舂賃無以資、見汪蛟門撰吴處士墓誌畧考其事如後、

長子大年、小字瑶兒、康熙丙辰孟冬殁、遺孤二、尚幼、先生哭之甚慟、爲作送瑶兒詩、哀音動魄、讀之令人墮淚、其辭云、

送瑶兒、出門闌、門外生死别、行人駐足觀……汝黄口兩兒、大者執梨粟、乳媪襁負之里門……雲烟見老父、將去仍潺潺、老父眼睫血淚滿、夜台汝夢長、人世吾日短、落暉躑躅、崦嵫巘、送瑶兒心腸斷、」

次子瑶琴、出嗣三兄嘉經、年既壯、有殘疾、不娶、嘗逋場稅、被逮、野人救之、乃免、故野人詩有云、

「……次男名瑶琴、襁褓凡愛惜、衆謀立爲嗣、此支庶不歇、……今年兒齒壯、摧殘臂疾疾、媒妁不議婚、傜役長被責、……」辛亥孟夏三兄嘉經歸葬東淘

吾兒齒已壯、歡樂平生稀、豈惟室無婦、四體無完衣、……不知背老父、涕淚凡幾揮、……」吾兒

三子章兒 章兒齒最幼、讀野人「章兒病、何裕充雨中來視、贈詩三首」、其愛憐少子之心、油然見於詞表、

「羸軀負米在凶年、辛苦今成困頓眠、安得疾瘳兒遽起、老親無食也歡然、」贈詩之一

三　親戚生活

野人家貧苦、故其親戚亦復艱苦者多、而其人則大抵為正人君子、是可於野人詩中得之、

姊丈袁漢儒　野人有姊、適袁漢儒、其家初貧、以野人姊夙善操持、績麻舂米、歷五十年、晚境稍豐、野人詩云

「……心酸腸腹苦、無告貧家婦、家貧多早死、吾姊不幸壽、操持五十年、精血透井臼、……二人養已終、績紝買田畝、……晚景將優游、誰知骨邃朽、」哭大姊

野人之姊賢淑如此、而其姊丈漢儒、亦讀書君子也、能濟人之急、扶人之危、與野人情甚篤、故野人有詩云

「……南里北里孰高義、吾翁若翁皆有聲、桑梓漫說知交少、青松更耐女蘿繞、……倜儻曹連排患難、清虛韓順海鄉氏、……」贈姊丈漢儒

「姊丈習章句、高情輕腐儒、里閭值顛危、往往起相扶、同心門內得、援彼寡與孤、……

……」哭大姊

「……與君來往稱姻黨、不減人間親弟兄、」自城中歸東淘哭袁姊丈

妹夫□□□、　野人有妹、適□、早寡、撫遺腹子、守節甘貧、未幾歿、野人憫之、哭以詩、(妹夫何名無考)野人詩云

「百年各有盡、勞者身先朽、吾妹是窮民、何嘗願老壽、……人間送死具、傷哉十缺九、……紡績撫遺孤、飢寒為寡婦、孤兒未成人、中道失慈母、……」哭妹

「夫歿三月兒出腹、我妹心苦無人告、四體飢困不得乳、兒哭母哭聲滿屋、……昨夜燈前初學語、向舅呼爺音楚楚、兒語翻令阿母悲、急掩兒口淚如雨、……」七歌之五

妻父王三重　三重先生(三重為王相說父見道光志卷十六封廕)家貧而賢、夙稱長者、晚歲依野人以居、讀野人哭妻父詩、可以想見其為人、而清貧況味、亦可見焉、詩云

「鳲鳩啄我隴上土、農夫田父嘆忽起、冬去春來雨雪多、前村長者僵臥死、村孤水大弔客絕、角角雞鳴桑柘裏、平生無榮復無辱、耄年情性如赤子、茶叟行歌自帶索、黔婁謝世欲無被、生不羞貧歿亦然、清風謖謖歸鄉里、」哭妻父王三重

「十年力田九不獲、晚歲偃息甥之廬、……甥也捨此遠賃廡、臨行囑婦司中廚、糗糒入手先致翁、諸兒箪豆霑其餘、人多食少心腸苦、我婦朝飢每到晡、舂米人歸今有儲、炊飯飯翁翁已徂、……」同上

野人哭妻父詩、殆不啻三重先生之一篇行狀、清貧如彼、深可致慨、而其長厚之風、雖農夫田父、靡不傾心、則尤為難得也、

四　知交生活上

野人隱居東淘、名所居曰陋軒、與世罕接、尤恥藉時流延譽、以是交遊殊寡、而知者亦稀、生平所善、惟三原孫豹人枝蔚、郃陽王幼華又旦、休甯汪舟次楫、歙縣郝羽吉士儀、舟次嘗誦其詩於周櫟園司農所、司農大嘆賞、亟招之至城邑、而王阮亭為之作詩序、聲名以是大起、東南諸君子、先後造訪無虛日、爭識其人以為快、顧皆傾心於野人、而願與訂交者、非野人之有所干謁與攀附也、野人平日所願交者、大都以道義相砥礪、文字相切磋而已、茲述其知交生活如次、

周亮工　祥符人、字元亮、號櫟園、學者稱之曰櫟下先生、工古文詞、順治間以御史招撫兩淮、尋授鹽運使、

「泰州處士吳賓賢、居東淘瀉澤中、善病工詩、與汪舟次密、汪言之於周櫟園司農、且代贄其詩、周急欲一見、曰使賓賢病且死、而吾終不得識面、豈非生平一大缺（憾）事、比相見乃極歡」愼墨堂筆記

「……當世之人、公卿好士者之衆、能深知其詩與其立身持已、不媿處士、篤好之表彰之、如不克者、惟櫟園先生一人……」陋軒詩計序

野人詩「答櫟下先生」云、「窮冬伏枕何人問、櫟下先生寄我詩、遠問只愁身便死、憐才幾見淚霑頤、吟成梁甫徒增慨、老遇鍾期不厭遲、冰雪谿頭扶病起、為君珍重夕陽時」、又「得周僉憲青州書」云、「……相憶三千里、冰霜寄尺書、開書竟何如、分我以俸錢、攜歸竟糴米、妻兒過凶年」、又「病中哭周櫟園先生」云、「往弔應扶病、知音苦不多、白頭慙我在、青鏡為人磨……」、櫟下之傾心於野人、與野人知遇之感、即此可見其大概矣、

王世禎、　新城人、字貽上、號阮亭、別號漁洋山人、嘗為揚州推官、以詩鳴海內、人稱一代正宗、

「泰州布衣吳嘉紀、居東淘、苦吟、不交當世、余見其為五言詩、清冷古淡、雪夜被酒、為其詩序、馳使三百里致之、嘉紀大喜過望、買舟至廣陵謁謝、遂定交」居易錄

野人與阮亭倡和詩、集中不多見、可考者惟「冶春絕句和阮亭先生」八首、「七夕送王阮亭先生」二首、「七夕同諸子集禪智寺碩公房再送王阮亭先生」二首而已、

孫枝蔚、　三原人、字豹人、世為大賈、李自成入關、枝蔚散家財求壯士起義、為賊所敗、隻身走江都、折節讀書、遂以詩名、著溉堂集、

「……余不獲及見心齋、猶幸得交賓賢垂三十年、習知其為人、蓋醇厚而狷介者、……」孫枝蔚撰陋軒詩序

「三原孫豹人先生客揚州、與吳陋軒交最善」退庵筆記

讀野人「贈孫八豹人」「哀羊裘」諸作、可以見孫之為人、而「逋鹽錢逃至六灶」作云、「夫子不可測、置身袁惠間」（夫子下自註孫豹人）兩語、尤為豹人定評、至野人與豹人之情感、見於詩者、如「送孫豹人」云、「咫尺會面難、況隔晉與秦、尋常一壺酒、斟酌情倍親……」、「秋日懷孫八豹人」云、「……抱痾惟獨臥、卒歲與誰鄰、家遠江千里、書來日五旬、急難兼悵望、淚眼過冬春」、又「衰年經百慮、我輩豈長存、努力辭飄梗、還家學灌園、兒童須負米、居止必同村、極盡餘生樂、朝朝扣爾門」、非契合之深、何能語此、

王又旦、　陝西郃陽人、字幼華、號黃湄道人、順治戊戌進士、官潛江令、入為給事中、有黃湄集、

「郃陽王幼華與吳陋軒、孫豹人、汪舟次、郝羽吉稱莫逆交、幼華屬戴倉作五子樽酒論文圖、各繫以詩、歸幼華、陳澤洲、高江村諸老、皆有題詞、即此可想見前輩交情」退庵筆記

野人詩「答贈王幼華」云、「郃陽王伯子、爽氣松林秋、名成不出仕、擔簦來揚州、非無薦紳交、樂與漁樵遊、籬花黃一城、訪我遊南樓……與君共無衣、歲晏豈不愁」、幼華之為人、可以概見、又「古意寄王黃湄」云、「揚州青銅鏡、多年陷泥滓、雕文半已蝕、妙質幸猶在、一朝蒙提攜、稍得見光采、常感磨瑩刀、不致鑒別改、逝將與儀容、百歲相終始、奈何漢江去、棄置空房裏、鞶帶徒為飾、塵垢復欲浼、懷非故時人、誰更拂拭此」、知遇之感、尤溢於詞表、

汪　楫、休寧人、僑居揚州、字舟次、歲貢生、康熙間舉鴻博、授檢討、工詩、所作以古為宗、以清冷峭蒨為致、

「……越十三年、予復至廣陵、見舟次詩甚工、予驚詢之、舟次曰、東淘有吳賓賢者善為詩、予與之遊、同學詩、愧不逮也、後每見輒言賓賢不置……」周亮工撰陋軒詩序

野人「懷汪舟次」詩云「不覺一年盡、凜冽閉空館……前日君遠來、乍使貧家煖……」又「客悔齋送汪舟次之龍岡」云、「……家園入夢同、遥夜老病無依各異鄉……他時見月應相憶、君上龍岡我蜀岡」又送汪楫遊攝山云、「……郝髯倦遊今貧瘵、鄙人飄泊正苦餓、致汝登途屢回望、攜手侶伴少兩箇、……」兩人情感之深、交誼之篤、殆非泛泛者、

郝羽吉　歙縣人、字士儀、美髭髯、因有髯公之稱、生平頗重義氣、寓居海濱久、遂家於其地、

「……處士生平不妄與人交、所善惟三原孫豹人枝蔚、邵陽王幼華又旦、休寧汪舟次楫、歙縣郝羽吉士儀、處士時飢寒不給、舟次羽吉時緩急之、……」汪蛟門撰吳處士墓誌

野人「詠古詩十二首贈郝羽吉序」云、「諸古人、予與羽吉所夙慕也、詠之以自勗、並以勗羽吉」又「贈郝羽吉」云「歙州有靜者、卓卓自高蹈、生即遇平世、亦不棄耕釣、十年客東海、呼我為同調、……」又「郝羽吉寄宛陵棉布」云、「淘上老人心悽悽、無衣歲暮嬌兒啼、多年敗絮踏已盡、滿牀骨肉賤如泥、出門入門向誰告、惟有朔風過破屋、我友何繇知此情、遠寄宛陵布一束、……高卧窮濱二十年、今日無端受君憐、……」又「悲髯公」云「悲髯公、肝膽厚、二十五年事老友、……」讀此知髯公非流俗、而與野人之交誼、亦特異於常人也、

汪懋麟　江都人、字季角、號蛟門、康熙進士、授內閣中書、工詩、受業王士禛門、而才氣縱橫、視士禛為別格、有百尺梧桐閣集、

「……先生以其所刊首示余、且屬為論次、余何足為先生序、顧不鄙棄而必見屬者、或以余之知之也、噫、余之所以知先生者、獨詩云爾哉、……」汪蛟門撰陋軒詩序

「……至是余兄舟次命為墓誌、不獲辭、處士素謂余知之也」汪蛟門撰吳處士墓誌

野人送汪蛟門云「……黽勉事貧交、三年子在家、徒爾相扶植、蓬菅終匪麻、欲別我何賴、隨子看荷花、水香風梢來、落日思情多、芳馨難久戀、搔首獨咨嗟」其契好即此可見、

汪兆璋　浙江錢塘人、字芾斯、貢生、康熙六年、任泰州分司、在職九年、以廉幹稱、重修中十場志、校舊志加詳、稱信史焉、

「……東淘舊有分司使署、一使者至、詢此間有能文士否、屬胥對曰、某不識能文士何等也、見有手一編、向之絮語、忽作數十字、欣欣自以為得意、或者其是乎、使者則亟請之、見之數請數避、去避之不得、強與之見、見則大悅、以為真能文士、士固無出其右者、東淘人羣異之、以為是淡食者、固與長吏揖耶、自是望野人若不及、……」此周亮工先生序陋軒詩所云也、其所謂分司使者、蓋即芾斯、芾斯傾心於野人、與野人之耿介自持、均可於此序見之、

野人詩「汪芾斯先生四十初度」云「琴堂對風雪、蝸舍念漁樵、稍益詩書澤、潛令侮慢消……」悔慢云云、與周序「東淘人羣異之、以為淡食者可與長吏揖耶」意合、又「烟火七里曰東淘、淘上儒生飢拾橡、商歌無限不平意、不嚮親朋向官長……閭貢口腹羞累令、陳遵醴醽會盈盎、腐儒廉吏俗情稀、閒鷗漫笑人來往」又「德政詩」云、「鷟鳥避叢棘、鯉魚肥泉水、仲舉稱高賢、乃下徐孺子、孺子不仕君、榮華草菅視、一榻何戀戀、心實感知己、往來古不廢、干謁余所恥、軒車遇鶉衣、攬挈茗蘭芷、野月臨冰雪、田玉出泥滓、孤雲漫悠悠、偃室重貧士」又「送分司汪歸錢塘」云「……何日鳴琴重到此、海鷗隄柳最相思」雖深知遇之感、自不失其身分、此野人之所以為不可及也、

五 知交生活下

程岫，字雲家，新安人，寓居梁垞。梁垞即江村。野人有初春送程雲家歸江村詩，與野人友善，當時有韓愈、李翱之目。

陸廷掄序江村詩云：「……先是野人死，乏殮具，雲家實佐佑之。野人所居故湫隘，時有水潦之災，一棺在殯，幾陸沈，雲家慨然曰：是予責也。顧雲家貧甚，於是醵金於同人，舉其未葬之三喪同歸窀穸。……雲家客舍去予館咫尺，朝夕過從，揚榷詩文，言及野人，輒流涕，予頗抑佩之。雲家曰：岫遇他人固不爾也，獨晤先生則念亡友，故不禁涕若綆縻耳。……」雲家之惓惓於野人有如此。

野人詩寄贈方寗士云：「君從程季（自註：程雲家）遊，季也於余厚。……」交誼之深，溢於詞表。程節婦詩序云：「節婦，歙縣程岫母也。岫父懋衡公甲申之變不食死。……紀與岫友，悉具家世。……」贈程雲家云：「……茲樹但如昨，君心亦不移。君心胡不移，曾共苦寒時。賞識窮逾感，風光盛易衰。擾擾繁華裏，堅貞與君持。」野人之表同情於雲家者，蓋亦深矣。

汪虛中，字　，歙人，汪扶晨從姪，寓居海濱。

汪舟次云：「……余交虛中三年，未聞虛中一言詩，忽纍纍成帙，心異之。顧其詩已丹黃偏下數行，驚問虛中曰：閱詩者誰耶？余不予異，異閱詩者。虛中矍然良久曰：嗟乎，野人今遇知已矣。……」野人之見知於當世，由周司農；而非舟次，則司農無由知野人名；亦非虛中，則舟次亦無由與野人交也。

野人詩寄汪虛中云：「……念君齒已壯，當世人不知。鶉懸冰雪候，蟻視鄉里兒。……」虛中蓋亦賢而不得志者。又云：「……悠悠天地間，真賞那易得。自我別同心，懷抱多傴側。……只今舊酒徒，唯我與君存。……」知交情切，至老不衰。

戴徵勝，字石桴，休寧人。少孤貧，力學不得志，乃奉母過江，僑居何梁安豐間，胸中有奇氣，鬱鬱無所吐，發之於詩，與野人相倡和。有河干草堂集。

廣陵詩事云：「戴徵勝，本休寧人，康熙中載白岳之石，浮家至泰州，居於海濱。……與吳野人友善。」

淮海英靈集：「石桴，其先休寧人，康熙間遷民居東淘。……吟咏自適，與吳野人歌嘯于寒蘆野水間。」

野人詩移菊復歸陋軒喜戴岳子過訪云：「……起抱籬邊菊，言歸廡下軒。……已有攜尊客，看花到華門。」又云：「……寒芳嫌俗物，之子不妨來。」又贈石桴詩序云：「戴岳子載白岳之石，來遊海濱，自題曰石桴。桴止東淘，復適何阜。與之晨夕既多，褰裳臨流，於其行也，贈以言。」野人深契石桴之為人，故晨夕往還不倦，餘如「水退後同戴岳子晚步」、「訪戴岳子不遇止宿谿上新齋」諸作，皆可見野人與石桴之情感也。

吳周，字後莊，貧士也，歙人，寓居灣沚。野人有送吳後莊歸灣沚詩。工詩，著有豐溪集。

豐溪集後莊東吳處士賓賢云：「……時移樂幽棲，多病懷友生。倉猝歧路別，浩蕩滄洲情。老友會面難，寸心何由傾。……」眷懷故友，其誼甚深。

野人詩懷吳後莊云：「海內諸兄弟，吾憐吳後莊。負薪歌下里，學稼養高堂。有病還耽酒，無求不出鄉。平山分手處，木葉又蒼蒼。」又哭吳周云：「……同病吾猶在，貧交汝最賢。……」又「丙申赴友難，周也顧相隨。冒雪攜裝出，租驢讓我騎。犬鳴投宿店，燈照下鞍時。敝褐西風裏，禁寒泣共持。」此亦貧交而能共患難者。

程澎，字飛濤，江都貢生，工詩。

飛濤「泛舟平山堂送吳野人歸陋軒」云：「明朝各南北，今日且登臨。雲近青山靜，鶯啼綠樹深。貧深離別老，僻壤雪霜侵。海水知無際，思君一鼓琴。」與野人交誼之深，觀此可見。

野人「贈程飛濤」云：「……我愛程仲子，矯矯魚鹽中。春草野萋萋，中有幽蘭叢。何以別氣味，君試臨清風。」挽程母詩自註：「令子飛濤割股二次。」飛濤為人賢孝，亦為野人所佩。

吳　麐、字仁趾、新安人、仁趾與野人有二吳之目、而野人以性靈見、仁趾以情韻見、幾於莫能相尚、

仁趾「懷吳野人先生詩」云「伯鸞居廡下、元亮老籬邊、隱矣吳夫子、高風齊二賢、賃舂常作客、采菊始歸田、想見行吟處、溪流繞數椽」、以二賢方野人、是真知野人者、非溢美也、

野人詩「送吳仁趾」云「……明日孟城泊、知君憶老夫」、其相知之深、相思之切、有如此、又「吳仁趾復移家來廣陵」云「菊開謾漉陶潛酒、月出須烹陸羽茶、老眼近諳南郭路、會尋僻巷到君家」、蹤跡之密又如此、

王言綸、字鴻寶、安豐人、隱於樊村、以詩歌自娛、時稱野人與鴻寶及沈聃開為三逸、著有棘人草、

野人有「自莫村夜發至樊上宿鴻寶館」、「深夜舟抵樊上過鴻寶不遇宿其村館」諸詩、往還倡和、非一朝夕矣、鴻寶七十初度、野人贈詩四首、於鴻寶生平、能舉其大概、野人「對雪選鴻寶詩」云「子不生今日、子身安肯賤、子不至今日、子詩安得善……」誠慨乎其言之也、

吳元霖、字雨臣、歙人、自號古迂、康熙甲辰九月十日、覆舟皖江、溺死、

野人詩「九月四日吳雨臣見過」云「俱是先朝戊午生、相知端不為同庚……疎籬陋室秋光在、莫厭頻來酒共傾」、雨臣蓋為野人同年友而常相往還者、「初三夜遲雨臣」云「……唯餘新月影、來上故人橋」、自註「雨臣去歲別余、為余置一橋於門前、題曰故人橋」、又「哭吳雨臣」云「壬辰歲云凶、盡室命如縷、羣解囊中金、趣我出行賈、妻子活至今、叔牙隔泉土、南望九江雲、思君淚如雨」、患難深交、固不僅僅相倡和已也、

汪長玉、字槩菴、

野人「醉竹生日歌贈汪長玉」云「歲寒三友昔長聞、高趣吾尤念此君、……先生生逢竹醉日、竹醉世情渾不知、……先生亦是忘機者、湖海飄然酒一卮、清節曾為神鬼祜、（江長玉舟覆負米獲救皖）虛心又見親交推、……」又「贈汪長玉」云「靡靡眾情內、長者如鳴琴、古調清且和、感人亦何深、世俗不相識、遺身在幽林……」於槩菴為人極其推重、又「汪長玉郝乾行過宿陋軒」云「概菴常解榻、於我意何親……歲暮君家客、今宵是主人」、「還家」云「曳吾困窮日、分金感叔牙、叔牙適有金、交情安足論、不見汪伯子、（槩菴）債主紛如麻……囊中稱貸錢、視之如泥沙、脫贈豈必多、我已得還家……」野人於概菴之相助、固又極心感也、

王　劍、字水心、安豐人、性耽吟詠、嗜飲、晚年得羸疾、乃去而為僧、號殘客、苦吟愈甚、

野人「哭王水心」云「同里有四人、異姓稱兄弟、……論齒君最長、羸軀寒惴惴、……八載走山川、緇衣備勞瘁、計較平生日、何處非失意、憶昔歸故鄉、蹤跡寄荒寺、親朋還隔絕、故妻終擯棄、樊村王老友、聞之垂雙淚、扁舟共予尋、沿村呼姓字、踰垣君未忍、出見茅檐際……」又「七歌」云「朝尋道人夜台去、王劍為僧身亦死、故鄉三益存者誰、樊上荷鋤王仲子……」水心與野人固嘗為異姓兄弟、不以患難而棄舊、不以生死而忘情者也、

此外知交有素者、如南梁（琳）之王于藩、關中之王季鴻、白門之吳公調、潛川之汪扶晨、程梅憨、及王太丹、程瑞仙輩、皆是、而鄧孝威、黃天濤兩先生、亦嘗以詩往還、茲不一一贅、

六　師生生活

野人先生之師生可考者、僅業師劉國柱、及門生吳彥懷耳、

劉國柱　字則鳴、本江西人、少負大志、遍遊四方、訪名儒宿學、以資見聞、最後來泰州、適學使按試、國柱與焉、冠其曹、遂為州庠生、博涉羣書、自經史子籍、旁及醫卜、無不通曉、尤長於易、著有三通衷畧、四書學史、私史諸書、（泰州志有傳）主安豐社學講席十年、於此知野人先生之師承有自也、

野人詩「喜劉師移家至淘上」云、「春風吹綠東淘柳、師弟相逢皆皓叟、吾師經史飽胸中、何事栖栖只餬口、憶昔青氈坐此鄉、數十子弟同一堂、吾師學大才更異、執筆耻作今文章、其時我年方弱冠、如航巨壑初得岸、業成慷慨出衡門、海內誰知遭喪亂、江山非舊各酸辛、浮雲富貴讓他人、吾師匿影四方去、我亦哀吟卧水濱、……何幸吾師刺艇來、復携八口居吾里、……他日無慚高士傳、小兒休笑兩哀翁、」劉師固亦有道之士、又「哭劉業師」云、「南州雖故土、梁梁有高賢、黃髮豳　烟青鞭野水邊、傳經猶有子、歸里苦無田、餬口逢凶歲、凄涼老伏虔、」守道安貧、良師賢弟、殆如出一轍也、

吳彥懷　彥懷事蹟不可考、惟野人詩、「蕪城病中謝吳彥懷寄敬亭茶葉」云、「……宛陵棉布敬亭茶、」自註、「今舅郝二寄布、郝二即郝羽吉、」據此則彥懷迺羽吉之甥也、又「過郝乾行青葵園」有云、「夜話復誰共、門生……別離幾十載、君不忘荒齋、」自註、「辛丑彥懷讀書陋軒、」是知彥懷為野人先生之高足、而別離日久、不忘荒齋、其念念於師門如此、得不謂之賢乎、

七　道德生活

野人先生之道德、可分四項述之、

（一）忠貞、　先生生明萬曆戊午、遭逢亂世、目擊心傷、鼎革之交、心懷故主、其惓惓於君國之心、往往形諸吟詠、「一錢行」云、「……杯深顏熱城市遠、却展空囊碧水前、酒人一見皆垂淚、乃是先朝萬曆錢、」見萬曆錢而垂淚、其心可知、又「日落」云、「……何當復似萬曆時、桑榆翳翳人烟遠、」又「臘月四日贈袁姊姊丈漢儒」云、「……萬曆年間老者樂、子弟學問倉廩盈、柴荆晝無吏胥扣、道路夜有商賈行、……中原風俗今非舊、落日躊躇淚滿巾、」所在不忘故主、耿耿此心、誰可與語、其「泊船觀音門」云、「……清平他日夢、行旅夕陽愁、亡國恨無盡、滔滔江水流、」「……塵世鹿還逐、鼎湖龍不歸、時一回首、血淚盡情揮、」撫今思昔、感慨係之矣、又云、「……山城常罷市、帝里已成畦、黃屋光輝乱、紛紛碎入泥、……年年禾與黍、養得駱駝肥、」此則故宮禾黍、荆棘銅駝之慨、更溢於詞表矣、

野人生平抱種族思想、及革命思想、有志為明復仇、亦可於詩中得之、第其言皆有所寄託、閱者不察、故未如南山集一柱樓之興文字獄耳、雖述數首、如「西施兒女流出處不草草、……欲報君王雛趁此顏色好、……」「老鴉一何拙、乃育杜鵑雛、骨肉雖滿眼、寧知族類殊、……」「登山養老母、賣卜建寧津、故國久淪亡、難言非宋人、……」借題發揮、令人想見此老心事、至其「歲首書懷」云、「……醉後彈霜刀、顛倒歌懷抱、無擊筑人誰識歌中好、」「讀荊軻傳」云、「此生若獲報秦怨、此身雖殺復何求、……謀秦客亦不為少、刺秦術亦不為拙、一時壯士俱死亡、秦則未損一毛髮、不平如此向誰論、歸來慟哭掩柴門、提出匣中霜雪刃、忽見荊軻一片魂、」「哭大姊」云、「雖怨吾未報、草間甘老死、悲歌鄰里愁、姊也顏色喜、……我今擊節歌賞音、復誰是、吾姊一寸心、願頻九原裏、願弟為詞人、願弟為烈士、不類屈原嬃、不慚聶政姊、」慷慨激昂、以荊軻聶政自況、而願為烈士、不忘君父之仇、此則與「骨肉雖滿眼、寧知族類殊」之句、同一借借題發揮矣、

(二)孝友、　野人篤於倫紀、其「七歌」之一云、「嗟哉我父逝不還、一棺常寄他人田、……父在曠野兒在室、淚眼望望終何益、北邙土貴黃金少、毛髮藍鬖兒已老、世人賤老更羞貧、寸草有心向誰道、嗚呼一歌兮歌音淒、乳鴉聲苦山月低」「七歌」之二云、……慈母謝世值飢年、棺衾草草何曾厚、我昔抱病母在時、千里就醫不相離……只今災荒生計拙、茆簷卧病對病對風雪、昔日食中母淚多、今日病裏晨炊絕、嗚呼二歌兮歌辛酸、孤身孤身無倚海天寬」孺慕之思、垂老愈篤、其「七歌」之三章、四章、乃至五章、哀思兄妹、尤足見友愛情深、而「吾親哭妹」、「三兄嘉經歸葬東淘」諸作、尤令人不忍卒讀、吳周祚序陋軒詩、謂野人生平天性孝友、汪蛟門撰吳處士墓誌、謂其篤於孝友、蓋實至者名自歸也、

(三)氣節、　野人「性嚴冷、窮餓自甘、不與得意人往還」、其氣節之高、汪虛中曾言之、而汪蛟門亦謂「先生名雖聞於時、身處海濱、自甘窮寂、不肯託迹於終南嵩少、為釣名竊祿之計」、故王漁洋在揚三年而不知有野人、此其品概何等也、

漁洋初與野人交、雪夜被酒、為作詩序、其傾心於野人者甚至、厥後謂漁洋謂野人「遊廣陵漸失本色、兼為諷語」、實別有為而言、非持平之論、汪舟次謂野人「當熟客登筵、頹然自廢、野人率落落無一可」、汪蛟門謂野人先生「在周王兩公座上、布衣草履、低頭終日、不出一語」、何嘗失其本色、而鄭方坤「陋軒小傳」及「退菴筆記」尤力闢漁洋持論之謬、「陋軒小傳」云、「……司農大嘆賞、亟招之至城邑……凡四方名士冠蓋來遊、與邦君牧伯之以建節剖符至者、罔不式廬恐後、阮亭先生嘗戲謂舟次曰、好一個冰冷的吳野人、被君輩弄得火熱、又言其出遊後詩亦漸失本色、不終其為魏野楊樸、今取其集讀之、一卷冰雪文、澄夐獨絕……且野人晚節、固大有聞於時、而獨行潛修、卒甘窮餓以死、此其品概何等、前說云云、先生蓋別有為言之也」、「退菴筆記」云、「……後又論野人居廣陵、與四方之士交游倡和、漸失本色、兼為諷語、頗傷忠厚、以余觀汪蛟門撰野人墓誌、稱其在周王二公座中、布衣草履、低頭終日、不出一語、蓬戶朱門、塵土軒冕、野人有焉、尚得謂之漸失本色乎、若夫交游倡和、詩人所有事、孤冷如野人、詎能廢此、漁洋乃並欲絕其交遊倡和、是何說乎……」於漁洋謬說、力闢其非、即於野人節操、公認其無損也、

讀野人詩、在在可想見其節操、「遣興」云、「炎光昔中閣、內戚亂三光……達哉蔣元卿、稱疾歸草堂、終身不復出、徑蒿芃芃長」、「處士中屠蟠、因樹以為室、黨人盡罹禍、評論獨不及、八俊名弗與、半畝趣自適、董卓何人斯、乃欲呼之出……」「吾聞焦孝然、樵薪煮白石……漢亡身逸去、卧處留松柏、即今東海濱、日旰人未食……」「陶潛重具腰、慷慨歸鄉井……吟詠喜身逸、辛苦逢歲稔……茅檐聚素心、言笑到酩酊、客去枕肱卧、夢寐優遊甚」、藉古人以自況、節操凜然可見、其「詠古詩十二首」、於甯戚之飯牛、伯鸞之牧豕、范蠡之遊湖、淵明之歸里、與夫孟浩然、陸鴻漸之性耽於泉石、多所表彰、是蓋具有希抗古人之意者、語云「詩以言志」、讀野人之詩、可以知野人之志矣、

(四)俠義　野人諸兄有死於關者、竭力以斂其遺孤、逋場稅、為州吏所搒掠、野人匍匐營救乃免、此固孝友之懷、抑亦俠義之舉、其「七歌」之三云、「叔兄昏夜行閭里、突遇惡少椎擊死、前代之冤今不理……海內誰為擊筑人、懷裏空存不平事、嗚呼三歌兮淚縱橫、寶刀為我牀頭鳴」、又「三兄嘉經歸經歸葬東淘云」、「……嗚呼甲申歲、兄禍生倉猝、身飽強橫手、命盡少壯日、官長來相視、行路色慘戚、磊磊雖人頭、指日白及割……羣凶出獄門、亦各操鈇鉞、依倚猛虎區、見者咸悚慄、飲恨歸去來、侍時卧蓬蓽……」抑鬱不平之氣、躍然紙上、

王衷丹字太丹、與野人同里、平日相友善、太丹病劇、將賣硯以治身後事、野人哀其貧苦無力以為之謀、迺賦「賣硯行」云、「……匣中一片溫然硯、託我換錢治身後……市朝持去尋知音、齋道不若黃金色、昨夜歸來逢一翁、欲購又值囊中空、撫弄珍惜不去手、竟日面赤徒相從、節近清明淒雨多、冷門不復有人過、硯依主人猶似昔、主人欲去將奈何」、及太丹死、不能葬、先生哭之慟、得吳次嚴、汪次朗贈金為之發喪、野人又感泣賦詩云、「朝尋齋外飛野鶩、人跡不到如窮谷、中有老友王太丹、經年卧對蕭蕭竹、故鄉故人吳賓賢、往往慟哭來齋前、客問哭何為、哭我老友不能歸……

哭聲遠傳赤岸鄉、吳子次嚴中夜獨起心徬徨、不重黃金重白骨、一緘百里忽寄將、汪子次朗同心侶、車過朝尋腹酸楚、可憐西風雨雪天、袖底餘錢盡皆與、……吁嗟乎賓賢不能葬友、徒愀然、若非二子交何繇全、……」憑一片俠忱、得兩人助贈以全老友身死後之事、不其義乎、

程琳、字琳仙、號澹影、歙人、亦野人契友、客死於揚、野人長途跋涉、經理其喪、哭王體仁云「……猶憶乙未冬、同盟偕程郎、（自註謂程澹影）蕭寺對白水、歡期百年長、未幾程郎病、書來自維揚、我走冰雪中、遠去為治喪……」哭琳仙云、「獨臥佛燈裏、故人不至不肯死、風寥寥、雪絮絮、故人千里至、執手一哭已無事、魂魄欲別形骸去、賣汝書、葬汝軀、送汝出南郭、南部鐘磬音徐徐、……」「酒是爾知已、沽得一斗來澆爾、對爾我悲悲難言、不知爾悲復何似、魂兮爾且醉、吾暫忍吾淚」……贈君紙錢亦無人、誰憐死後君更貧」從風雪中奔馳遠道、經理貧友之喪、釃酒招魂、長歌當哭、其俠義如此、此屏山吳周祚所以稱其緩急患難、不以生死久暫異也、嗚呼難矣、

八　著作生活

王漁洋云「泰州布衣吳嘉紀、居東淘、苦吟不交當世」汪蛟門云、「處士廬舍污窪、每歲水至、常及半扉、井灶盡塌、苦吟不輟」野人贈黃楚秀楚云「……苦吟自不輟、嗜飲吾堪匹、……」野人之著作生活、可一言以蔽之曰「苦吟」而已、其苦吟情狀、周櫟園先生所言最詳、櫟園之言曰「野人每晨起繙書、枯坐少頃、起立徐步、操不律疾書、已復細吟、或大聲誦、誦已復書、或竟日苦思、數含毫不下、又善病、咯血、血竭、鬚枯、體僅骨立」終亦不廢、此野人之苦吟情況、而實即其著作生活也、野人所著、名陋軒詩、

(二)陋軒詩之內容　其詩內容、凡惟懷親憶友指事類情之作、與夫高岸深谷、細柳新蒲之感、固不在少、顧其所以為世重者、初不在此、與化陸廷掄序陋軒詩云「數十年來、揚郡之大害有三、曰鹽莢、曰軍輸、曰河患、讀陋軒集、則淮海之夫婦男女、辛苦墊隘、疲於奔命、不遑啟處之狀、雖百世而下、瞭然在目、甚矣、吳子之以詩為史也、雖少陵賦兵車、次山詠舂陵、何以過、使其得志、出厥懷抱、裨益軍國民生不淺、奈何託之空言也、然而吳子蒿目愴心、孤吟而詠歎者、尚不止此、……」野人詩惟能於當時政象之不良、民生之痛苦異常繫念、慨乎言之、是知野人乃與政治及社會接觸極密之詩人、且一有抱負有學問之詩人、非徒以孤吟自賞、肥遯鳴高者比也、今試取野人詩讀之、

(甲)關於鹽莢者、如

「掾豺隸狼新例臨場、十日東淘、五日南梁、趨役少遲、場吏大怒、騎馬入草、鞭出竈戶、東家貰醪、西家割彘、殫力供給、負却公稅、後樂前鉦、鬼咤人驚、少年大賈、幣帛將迎、帛高者止、與笑月下、來日相過、歸比折價、笞撻未歇、優人喧闐、危笠次第、賓客登筵、堂上高會、門前賣子、鹽丁多言、箠折牙齒」（臨場歌）

「白頭竈戶低草房、六月煎鹽烈火傍、走出門前炎日裏、偷閑一刻是乘涼」（絕句）

「早夜煎鹽團井中、形容黧黑髮鬅鬙、百年絕少生人樂、萬族無如竈戶窮、海色昏昏啼怪鳥、榛聲獵獵起悲風、此中疾苦誰曾問、今日張公昔范公」（贈張蔚生先生之三）

「望君來、愚竈戶、日蒸野草氣方暑、小舍煎鹽火燄舉、鹵水沸騰烟莽莽、斯人身體亦猶人、何異雞鶩鬻中煮、況復今年春雨勿息、沙柔泥淡絕鹵汁、坐思烈火與烈日、求受此苦不可得、……」望君來之二

前詩於鹽賈之專橫、吏胥之敲比、竈戶之疾苦、皆活現於紙上、稱之曰詩史、夫又何慚、

(乙)關於軍輸者、如

「江邊士卒何闐闐、防敵用船不用馬、督責有司伐大木、符牒如雨朝暮下、中使嚴威震舊京、軍令還愁不奉行、親點猛將二三十、帥卒各向江南程、江南誰家不種木、到門先索酒與肉、主人有兒賣不暇、供給焉能饜其欲、老松古柏運欲促、精魂半夜深山哭、一一皆題上用字、樹樹還今運出谷、出谷到江途幾千、將主騎馬已先還、家貲破盡費難足、眾卒仍需常例錢、道路悲號不住口、槎枒亂集成山阜、一朝舟楫滿沙汀、只貴數多不貴精、君不見揚州戰船六百隻、輸盡民財乘不得、寒潮寂寞葦花間、日暮灘頭渡歸客」江邊行

「鄰翁皓首出門去、慟哭悔作造船匠、伴無故舊囊無錢、此去前途欲誰傍、閩道沿江防敵兵、造船日夜聲丁丁、工師困憊不得歇、張燈把炬波濤明、監使還嫌工弗速、如霜刀背鞭皮肉、肉爛腸飢死無數、拋卻湖邊飽魚腹、力役人稀大將嗔、遠近嚴搜及老身、眼看同輩死亡盡、衰羸焉有生歸辰、回望故鄉與妻子、蕭蕭落木西風裏、爨下連朝方斷炊、柴門寂寞無鄰里、常憑微技日圖存、微技誰知喪一門、君不見船成蕩漾難舉步、千檣萬櫂蘆灘住、增金急募駕舟人、有司又派江南賦」鄰翁行

「月照地上霜、人來碾稻輸官糧、夜清剝啄聽不誤、忽忽夢裏披衣裳、碾軸轉轉欲見米、米糠分別風車底、吾儕勞苦不用愁、驅走不寧更有牛、大牛且休息、小牛當努力、不見蓬蒿深巷中、主人昨暮炊無食」碾傭歌

「曬場朔風度、臂有鶉衣足無履、……吾儕困憊敢不歡、今日得食休誰寒、……不見隸催租餉急、主人三日不迎賓」同上

軍輸為當時秕政、嗟我小民、受其毒也深矣、祇以專制淫威、逼人太甚、雖敢怒而不敢言、野人目擊心傷、不忍默爾而息、故痛陳其苦如此、

(丙)關於水患者、如

「颶風激潮潮怒來、高如雲山聲似雷、沿海人家數千里、雞犬草木同時死、南場屍漂北場路、一半先隨落潮去、產業蕩盡水烟深、陰雨颯颯鬼號呼、隄邊幾人魂乍醒、只愁徵課促餘生」海潮嘆

「辛丑七月十六夜、夜半颶風聲怒號、天地震動萬物亂、大海吹起三丈潮、茆屋飛翻風捲去、男婦哭泣無棲處、潮頭驟到似山摧、牽船有女驚尋路、四海沸騰那有路、雨灑月黑蛟龍怒、避潮墩作波底泥、范公隄上遊魚渡、悲哉東海煮鹽人、爾輩家家足苦辛、……」風潮行

「高低田沒盡、橫流始歸海、坏堤石出何磊磊、官長見田不見湖、搖手不減今年租、未崩河堤餘幾丈、留與催租者、草枯風琴瑟瑟、往來走驛馬」堤上行

「今日隨人去築堤、明日隨人去守堤、颶風淫威無休息、土濕泥流積不得、杖藜登高看水長、東舍西鄰白泱泱、蝦蟇入門坐蘋上」堤決詩之三

下河之水、頻年為患、人民已有不遑安處之痛、而賦稅依然、不稍輕減、則人民之痛苦益深矣、故野人言之慨然、又如此、

(三)陋軒詩之價值　陋軒詩之價值如何、評者多矣、或概括言之、或分別論之、要其價值之高、乃為讀者所共認也、

(甲)概括之評語

吳介茲云、「展眉賢詩、如入冰雪窖中、使人冷畏」見今世說、

汪舟次云、野人性嚴冷、……所為詩古瘦蒼峻、如其性情」

論陋軒詩、全體大抵一「冷」字、可盡括其奧、即王漁洋評為古澹高寒、吳周祚許以冰霜高潔、沈德潛稱其孤懷高寄、亦無非嘉其冷也、

(乙)分析之評語

汪蛟門云、「余獲交先生久、間入城、必過余家、故得盡覽其作、大抵四五言古詩、原本陶潛王粲劉楨阮籍陳子昂杜甫之間、七言古詩渾融少陵、出入王建張籍、五七言近體幽峭冷逸、有王孟錢劉諸家之致、自脫拘俗、至所為今樂府諸篇、即事寫情、變化漢魏、痛鬱朴遠、自為一家之言、必傳于後何疑歟」、夏退菴云、「野人先生詩幽澹似陶、沈痛似杜、孤峭嚴冷似賈孟、其至處恐漁洋亦不能到」、

前人於陋軒詩、皆極傾倒之意、鮮有為微詞者、雖四庫全書提要、謂野人生於明季、遭逢荒亂、不免多怨咽之音、似於陋軒詩有所不足、然孫豹人序陋軒詩云、「……賓賢憂深思遠、所為詩多不自知其哀且怨者、……余不獲及見心齋、猶幸得交賓賢、垂三十年、習知其為人、蓋醇厚而狷介者、狷介則知恥、醇厚則善自責、善自責則恕於人、其怨也非於人有所不平之謂也、其哀也不過自鳴其所遇之窮、且以為詩不出於誠意、則不足傳也、……賓賢之哀怨乃其詩之誠也……」、是所謂怨咽者、於陋軒詩之價值、固無所損、

至漁洋謂野人出遊後詩亦漸失本色、不終其為魏野楊樸、無稽之讕語、乃有為而發、已於道德生活中、詳辨之矣、茲不復贅、

(三)陋軒詩之刊行、 陋軒詩刊板先後凡四次、吾泰夏退菴先生筆記言之特詳、其言曰、「陋軒詩以周櫟園司農所刻為最初本、康熙改元、司農來揚州、因汪舟次知野人、為序其詩、梓而行之、名曰陋軒詩、司農所命也、……康熙六年、錢塘汪芾斯分司東淘、雅重先生、為裒其全集、得詩四百首、續梓以行、……厥後方千雲(鴻逵)合先生前後詩重付剞劂、汪蛟門稱其刊刻精好、今世所傳陋軒詩原刻、即方本、其最後者、嘉慶時栟茶場繆竹癡所刊、刻手遠遜於前、且原詩六卷、離為十二、失其舊矣、然其表章前哲之功、正不可沒、此陋軒詩四刻之原委也、……」按陋軒詩入四庫者即方本、至繆氏刻板、(繆中字竹癡、嘉慶乙亥重刊陋軒詩)於道光辛卯歸富安徐氏、迨道光庚子、吾泰夏嘉穀氏從東台購取、以字多漫漶、重加校訂、今更輾轉藏於本縣公立圖書館、板尚完好、

(四)陋軒詩之總目、 據夏校繆刻本陋軒詩總目如左、

卷一	古今體詩八十五首	卷二	古今體詩一百八首
卷三	古今體詩九十七首	卷四	古今體詩九十九首
卷五	古今體詩九十首	卷六	古今體詩九十一首
卷七	古今體詩九十一首	卷八	古今體詩八十三首
卷九	古今體詩七十九首	卷十	古今體詩八十七首
卷十一	古今體詩九十四首	卷十二	古今體詩八十八首

通計一千九十二首

(五)陋軒詩續之考訂、 陋軒詩十二卷、有陋軒詩續二卷、上卷古今體詩八十五首、下卷古今體詩九十首、通計一百七十五首、據「退菴筆記」云、「吳野人先生陋軒詩、自栟茶繆君竹癡重刊後、稍知先生者、幾家置一編矣、然先生詩實不止此、東淘施文井亭藏陋軒未刻詩二冊、一為孫豹人手訂、一為陋叟自鈔、乾隆戊子宮丈節溪游東淘、於井亭處見之、攜鈔本歸、丈有讀陋軒未刻遺稿五言古及題陋軒續集小引、稱其手書楷字、筆法古拙可寶、宮丈文孫枚波與余為僚壻、取此本贈余、前二十三葉先生自鈔、體兼隸楷、古趣盎然、即此寥寥數十葉、而先生之精神面目、幾於活現紙上、古物可貴如此、後五十葉他人書、計詩三百六十餘首、其已見陋軒詩刻者、約十之一、詩多可傳、宮丈曾三選得詩百七首、擬另錄附陋軒詩後、頃余取全帙詳加遴汰、得百二十餘首、與宮丈選小異、竊謂鈔不如刻、擬取所選另刻單行、本名曰陋軒詩補遺、與全集相輔而行、是知陋軒詩續當有宮選夏選兩種、顧今與全集相輔而行者上下兩卷、計詩一百七十五首、與宮選之百七首、夏選之百二十餘首有異、究為誰何氏之選本歟、按集後有鄉後學夏嘉謨校刊八字、又附夏嘉穀後跋一篇、嘉謨、退菴先生子、嘉穀則先生姪也、其跋語悉本退菴筆記、觀此則續刻二卷殆

退菴先生之子若姪、承退菴先生之志、取其所選而更增補之以付刊者、不可謂非野人之功臣也、

(六)陋軒詩序之考訂、　今傳陋軒詩序凡八、曰汪楫、曰汪懋麟、曰王士禎、曰吳周祚、曰陸廷掄、曰計東、曰孫枝蔚、曰周亮工、至其作序之先後、可得而考焉、

周櫟園初刻陋軒詩、　作序者三

(甲)周櫟園亮工序、　順治辛丑、櫟園在廣陵、見野人詩、推為近代第一、聞野人有肺疾、慮其死而不及見、既見野人、欲及其生、令天下知有野人、亟刻其詩以傳世、故周序有云、賓賢即不旦夕死、必終死於陋軒、因彙其前後之作、刻為陋軒詩、刻詩動議於櫟園、則其序當然為初刻時作、

(乙)汪舟次楫序、　初刻陋軒詩、首動議於櫟園、而舟次則應櫟園之命、彙次其詩者、舟次序中曾言之、故其序亦當為初刻時作、

(丙)王漁洋士禎序、　漁洋序陋軒詩、有癸卯孟春、周櫟園遺予陋軒詩、披讀一過、古澹高寒、聲出金石之語、因櫟園遺詩而作序、則其序亦為初刻時作可知、○按帶經堂集云「予居揚州而後知海陵吳嘉紀……廣陵去海陵百里、嘉紀所居去海陵又百里、雖見其詩而無由見其人、一夕雪甚、風籟窈窱、街鼓寂然、燈下簡匣中故書、得嘉紀詩、讀且歎、遂為其序、明日遣急足馳二百里、寄嘉紀於所居之陋軒、嘉紀感余意、一來郡城、相見極歡、始予知嘉紀以前戶部侍郎浚儀周公、周公知嘉紀則以汪楫、楫字舟次、嘉紀所為賦管鮑篇也」古澹高寒聲出金石之序、殆即雪夜被酒之作、蓋漁洋時為推官、推揚州推官、故雪夜作序、不憚急足馳二百里以致之也、

汪芾斯再刻陋軒詩、　作序者三、

(甲)錢塘汪芾斯序、　汪固賢吏、非不文者、重刻陋軒詩、當自有序、惜今不傳耳、退菴筆記亦謂汪公當自有序

(乙)屏山吳周祚序、　周祚序有云、吾友汪子芾斯、復裒其全集、錄詩近四百篇、續梓以傳、刻成而序、重有感矣……」是知周祚之序、實重刻時作、

(丙)吳下計東序、　計序之末大書曰「康熙戊申首夏吳下同學弟計東書於廣陵玉笑亭」再刻之動機、起於康熙六年丁未、迨七年戊申始告成、故知計序亦重刻時所作、

方千雲三刻陋軒詩、　作序者二、

(甲)汪蛟門懋麟序、　汪序云「先生之詩日益多、不自收拾、其友方子千雲裒其前後詩、重刻精好、吾黨義之……先生以其所刊首示余、且屬為論次、余何足為先生序、顧不鄙棄而必見屬者、或以余之知之也……」末紀作序年月為康熙十八年己未六月、則方刻陋軒詩當在是時、而蛟門之序、為方氏三刻時作、亦無疑也、

(乙)興化陸廷掄序、　陸序云「辛亥館海陵、以為必識吳子、越十年不識如故、今年癸亥夏四月、始訂交於館舍……」是知陸序當因方氏三刻全詩而作也、

詩序存疑

(甲)孫豹人序、　退菴筆記云、「東淘施丈井亭藏陋軒未刻詩二冊、一為孫豹人手訂、一為陋叟自鈔」今陋軒詩續有三原孫豹人枝蔚序、不言作序年月、據退菴筆記、則豹人之序、其作於手訂陋軒未刻詩時歟、

(乙)方一煌序、　東台縣志謂方一煌有陋軒詩序、未刻、其序載麗祖文集、按一煌字麗祖、歙人、流寓安豐、以詩古文自負、陋軒詩載「雨後過麗祖不遇」「同麗祖舟過大樊莊訪鴻寶」諸作、麗祖固亦野人契友、為作詩序、固應有事、惟作序時期、未讀其原文、未能懸揣、俟得麗祖集一披讀之、當可決定也、

(丙)陳燦序、　陳燦字倥侗、泰人、聞方刻陋軒詩原刊版、乾隆間猶存、多漫漶處、陳依原本補刊、末有陳燦後序、其序予未親見、莫知內容、作序年月、亦不詳、姑錄此以待證、

(七)陋軒詩之版本紀畧、　陋軒詩凡四刻、前言之矣、其版本畧述如左、

(甲)周氏賴古堂初刊本一卷、　此即周櫟園司農所刻本、每頁十六行、行十九字、

楷書付雕、板心下有賴古堂鐫四字、

(乙)汪芾斯續刊本　今未見此本、

(丙)方干雲重刊本六卷、　此即今世所傳原刊本、亦即江蘇巡撫採進本、原為六卷進呈四庫館、因卷五首有「送屈翁山之白門」語多禁忌、刪去兩卷、後世遂稱四卷、原版每頁二十行、行二十字、版心上下小黑口、康熙間開雕、乾隆間版猶存、(秦人陳燦曾補刊、語詳前、不再贅)

(丁)繆竹癡校刊本十二卷、　此依方刊本進呈後所存之四卷而翻刻者、析分為十二卷、詩中應禁字句、俱作空匡、每頁十八行、行十九字、版仍存在、(從富安徐氏歸由吾泰夏氏補刊、今藏圖書館、語詳前、不再贅)

九　經濟生活

野人居海濱斥鹵之鄉、家貧、生活至苦、汪蛟門誌其墓云、「……閉門窮居、蓬蒿土室、名所居曰陋軒、終日把一卷苦吟自娛、晚年善病、或並日不食、不以告人、里人不知也」野人詩、「徐曰嚴送酒」云、「……君意既厚酒復醇、一錢一日堪醉眠、甕儲有無不更問、一日如泥到有年」野人蓋終日以苦吟自娛、不事家人生産者、莫知有所謂經濟、故其經濟生活、可以一「窮」字括之、讀其詩、當知其經濟之艱、而生活為至窘也、茲分衣食住三者言之、

衣、「郝羽吉寄宛陵棉布」云、「淘上老人心悽悽、無衣歲暮嬌兒啼、多年敗絮蹈已盡、滿床骨肉賤如泥、……」「秋懷」云、「凶歲雜寒至、殘秋貧愈悽、嬌兒夜中冷、抱我肩背啼、老妻愛痴臥、晏起常日低、至此亦不眠、坐床至鳴雞、……」「新寒」云、「……妻子同懸百結衣、……」衣懸百結、敗絮遮身、妻子啼寒、斯誠至窘之境也、

食、「朝雨下」云、「……雨益大、貧家未夕關門臥、前日昨日三日餓、至今門外無人過、」「去歲行」云、「……風集木聲益烈、吹下皚皚一天雪、痴兒對雪舞且悅、那知烟火來日廚頭絕、」不必在陳而時有絕糧之厄、於此可見其貧苦、

住、「吾廬」云、「吾廬清谿中、年久半傾圮、圮者不復問、存者還欲倚、老梅共橫斜、撐拒臨流水、……」「破屋詩」云、「……壁老土柔力漸微、或傾或側紛狼藉、野貍黠鼠恣來往、青天色冷接床席、妻子常驚亂礫聲、勸吾修葺苦逼迫、昨夜雨歇天作霜、烈風怒潮落吾宅、宅舍倒存一半、其下兒女聲喑喑、倉卒提攜出戶來、草中坐待朝日白、……」「自題陋軒」云、「風雨不能蔽、誰能愛此廬、荒涼人罕到、俯仰我為居、……」牆壁傾圮、風雨不蔽、此情此景、其何以堪、此外如「秋霖」云、「破屋暮寒生、秋霖不肯晴、借糧鄰老厭、衣葛里人驚、……」又「喜劉師移家至淘上」云、「……吾師匿影四方去、我亦哀吟臥水濱、漠漠戶慵啟水濱漠漠戶慵啟、繩床破屋多風雨、身寒着受故人袍、腸餓不借鄰家米、……」此則於一詩之中、而衣食住三者之缺乏、皆得見焉

野人經濟最難、時恒典賣書籍、以資其用。「哭妻王氏」云、「……詩書出篋笥、質米復留薪、……」「曝書日作」云、「……丈夫久困形容醜、手持經史換饔飧……」又「賣書祀母」云、「母沒悲今日、兒貧過昔時、人間無樂歲、地下共長飢、白水當花薦、黃粱對雨炊、莫言書寡效、今已慰相思。」窮而至於賣書、經濟之窘極矣、儒生處此、寧非最痛心之事乎、

野人雖困於經濟、然貧交多友、時許通財、野人每賴以資助、汪蛟門誌其墓云、「……處士時飢寒不給、舟次羽吉時緩急之……」「留別汪梅坡」云、「……手攜糴米錢、送我歸考槃……」「堤決詩」云、「……劉生寄米糴米貲、餉給簷前乞火炊……」「懷羅仲」云、「鋪糜我則無、解贈君不已、倘非鮑子金、安得凶年友……」「得周僉憲青州」云、「……相憶三千里、冰霜寄尺書、開書竟何如、分我以俸錢、攜歸竟糴米、妻兒過凶年、」知野人之缺之而資助之者、頗不乏人、特野人初未輕於求人耳、野人「卒歲詩」云、「卒歲苦貧儉、欲貸人饔飧、鷄鳴溪未曙、先擬懷中言、了了多所謀、出戶思忽繁、此際慙已甚、況乃入其門、主人舊知我、一見酒滿尊、誰能背妻子、就茲飽與溫、婉轉辭杯斝、懷欲吐復吞、唯恐主人厭、舊好翻不敦、不如風雪天、歸去眠高軒、且樂十日餓、不受一人恩、」欲貸而懷慚、無語寧餓、而不受人恩、非野人之節操堅貞、曷能語此、而夫人王氏、黽勉同心、安貧食賤、以成藁砧之志、其賢德亦足多焉、野人「哭妻王氏」云、夫婦是鴛鴦、蘆花為侶伴、……願言惡衣食、暮齒足昏旦、……猶恐我志遷、固窮為我言、高義歸夫子、飢寒死不怨、」則夫人之賢淑、豈今之所謂柴米夫妻者、所可同日語耶、

十　患難生活

野人經濟生活、固極窘乏、然猶是日常所有之態度也、至其特殊之苦、況或猶有甚者、如老病、如逋逃、如遇水災兵燹、皆是可稱之曰患難生活、分述如下、

一老病　汪舟次曰、「野人夙有肺疾、……近數年疾且甚、……」衰年多病、誠大苦事、故野人詩嘗自道之、「重遊刋上」云、「病裏又為客、登車聞曙雞、……」「五月初四夜云、」……老去病除酒、夢中身在家、……」此皆野人老病之證、其「哭吳周」云、「……同病吾猶在、……」自註、「吾與周皆有肺病、」「蟋蟀」云、「……肺疾衰年客、……」「偶成」云、「……肺病憎書蠹、……」「程飛濤送苦蒿酒」云、「肺病頻年歲、嗔人羨苦蒿、……」此則所病在肺之證、「旅懷二首贈汪牧公」云、「……遊子有肺病、……空囊尚羞澀、皓首唯依垂、時無韓伯休、疾病欲呼誰、故鄉路復遠、俛仰不可思、嗟哉命一縷、燈前聽子規、」又云、「藥物日盈篋、煎汁勸吾茹、竊感汪郎情、食苦不知苦、……」是殆所謂病甚者歟、野人性嗜酒、而肺病甚時、往往止酒、「葭園讌集」云、「……止愧沈痾常止酒、黃花笑殺白頭翁、」「吳仁趾復移家廣陵」云、「菊開漫漉陶潛酒、……」自註、「予以肺病止酒、」老年因病止酒、無以為歡、其與興趣、自不無減少也、

野人晚年、又病消渴、惟嗜苦茶、以瘳其疾、「送汪左嚴歸新安」云、「……千年雲霧草、早春松蘿芽、清涼味滿椀、消渴奈人何、時時持飲予、謂予抱此痾、……」「寄答汪扶晨云、」病渴老益甚、命棹還田家、……」「松蘿茶歌」云、「靈物堪令疾疢瘳、今年所貯來年啜、憐予海岸病消渴、遠道寄將久不輟、……」「謝吳彥懷寄敬亭茶」云、「授衣時節霜頻下、消渴人眼日欲斜、……」此皆野人病消渴而見諸形詠者、

二逋逃　野人有兄竈戶也、苦徵比之繁、野人亦時時受累、讀「臨場歌」可知征稅之苛、與吏胥之惡、(詳著作生活)而其受累之深、詩中亦極言之、「逋鹽錢逃至六竈河作、首章」云、「草舍不盈丈、乃在鹵壤中、濛濛黑蟻飛、戶外起秋風、何能免沾汙、已覺改形容、居人若鬼魅、衣食常不充、往昔遇汝曹、心魂悸且恫、今何獨幸、何幸棲止與汝同、」困辱如是、其何以堪、二章云、「……傷此飢饉年、追呼雜胥吏、其奴喫灶、戶牙爪虎

不異腐儒骨稜稜，隨俗受罵詈……」三章云「……風末閭櫂歌，何人遠溯洄，呼兒匿草中，叱咤債主來」四章云「……北斗低照地，我在霜露間，賈子爾何人，使我夜不眠」五章云「……海岸欲下雨，狼鳴五更頭，哀年近異類，驚定淚旋流……」逋逃藪内苦艱苦備嘗，而十章言蒼蠅之穢，十一章言鼃黽之臭擾害，哀年尤令人不堪其苦，至「歸東淘答汪三韓過訪」云「徒隸持州帖，雁行柴門外，族有逃役者，署名呼我代，我無半畝田，征稅何由派，密網及無辜，無地可趨避，兒女藏四鄰，酒食緩羣吠，用盡腐儒力，未免公家逮……」極言逋逃之難，更非飽經憂患者不能道隻字也。

三水災　野人所居濱海地方窪下，時有水患，而水災之最大者凡五，以野人詩徵之，皆可見其受患之深也。

(甲)野人「堤決詩序」云「庚申七月十四日，㳘之西堤決，俄頃，門巷水深三尺，欲渡無船，欲秭徙室無居，家人二十三口，坐立波濤中五日夜，抱孫之暇，作堤決詩十首，詩成，對落日擊水自歌，境迫聲悲，不盡纍纍涕下」庚申為康熙十九年，時野人六十有三矣，讀其詩之五章云「暮年辛苦飼孤孫，黃口命倚白頭存，餅餌斷絕已兩日，水中走來抱我膝，鶖鶬天上鳴嗷嗷，嘆息汝祖非其曹，不得銜汝出波濤」哀年遇此，焉得不纍纍涕下，其餘詩中所云「一浪打人水半船」「蝦蟇入門坐蘋上」「蟋蟀啾啾屋脊鳴」「鼪貓公然蹲屋梁，黃犢只欲走牆上」牆皆足見當時水災之重。

(乙)野人「海潮嘆」云「颶風激潮潮怒來，高如雲山聲似雷，沿海人家數千里，雞犬草木同時死……」此詩作於何年未言及，惟按沈聃開「海潮行」云「乙巳之秋秋七月，三日食時颶風發，須臾天色昏如夜，雨縱風威行殺伐……」乙巳為康熙四年，東台縣志「康熙四年七月颶風作，拔樹，海潮高數丈，漂沒亭場廬舍灶丁男女數萬人」是知野人海潮嘆實作於康熙四年乙巳，而其時水災之大亦可考見。

(丙)野人「風潮行」云「辛丑七月十六夜，夜半颶風聲怒號，天地震動萬物亂，大海吹起三丈潮，茆屋飛翻風捲去，男婦哭泣無棲處……」辛丑為順治十八年，東台縣志謂是年「海潮至，淹廬舍無算」其為患固自不小。

(丁)野人「六月十一日水中作」云「驟雨催堤決，奔雷向海驅，虛空浮屋宇，里巷入江湖……」「碧荇親愁思，浮蘋笑老顏，水頭八十丈，又報黑羊山」「出郭驚洪水，褰衣上戍樓，怒來塵世換，高擁海天流……」因雨驟而堤決，為患甚大，其詩不言何年，按沈聃開「洪水行」云「……時當五月黃梅候，風雨連朝不稍宥，桔槔帶夜翻田波，所出不勝所入驟……是月廿三聞水信，一時老幼集成陣……六月望後水驟至，倉卒責效何濟事，拆門折板作田隄，人盡水立十日不得睡……」大概五月多雨，六月水至，徵諸志乘「順治六年五月四日大雨，四日水漫岸，六月洪水至」時間關係上與詩脗合，則野人六月十一日水中作，當在順治六年己巳無疑，而洪水行之作，亦當在是年也。

(戊)野人「歸舊居後洪水復至……九月十七日……泛舟梁𣙗……」云「霜降漲復至，瀰瀰與階平，坐卧洪水間，盡是鳧鷺情……」詩不言何年，惟言霜降復漲，按戴勝徵「河漲詩序」云「己卯秋八月，何阜河水大漲，尤甚於頻年……」己卯為崇禎十二年，高恒有「己卯仲秋按視濱海潮災」詩，大概八月水漲，旋退，九月逢霜降節，其漲如故也。洪水平階，此中坐卧，災情之重，於此可見。

四兵燹　野人身逢亂世，兵燹頻經，顛沛流離之苦，實飽嘗之，「哭妻王氏」云「結褵無幾時，家國丁喪亂……兵燹同閱歷，容顏各凋換……」以閱歷兵燹之故，而凋換容顏，操心慮患，可於言外得之。「傷哉行」云「緬懷乙酉歲，里閭為戰場，長跪借人朧雙親，屠其旁石槨，製未了子孫散匆忙……」乙酉為順治二年，揚州屠城之歲也，是歲鄉里亦有戰禍，以是而不及葬親，製槨未成，忽忽散去，其為痛如何。「我昔五首」云「我昔客途逢敗兵，弓弦旆影風秋鳴，殘騎如狼散草莽，居人雞兔奔縱橫，漁船貪利夜賣渡，金大乃許載人去……」「我昔攜家亟逃難，海雲霾霧晝昏晏，野空蹄響賊馬近，我船欲速行轉慢，須臾燔燒閭里紅，風凜漂船入蘆港，中蘆葉菰葉避男婦，引衣掩塞啼兒口……」「……道路梗塞不得前，莫莊寺外僦草舍，半間草舍日百錢，夜傍主人雞豕眠……」「我昔兵過獨還家，畦上髑髏多似瓜……」於兵燹情形，言之歷歷，讀野人詩，當知野人之飽經憂患矣。

十一　旅行生活

野人身處海濱、自甘窮寂、故足跡不輕出戶庭、然讀先生「老去謀生拙、時危作客難、及夙昔常輕萬里途、出門大路成江湖」之句、則其馬足車輪僕僕於道途者、亦有年矣、嘗考其蹤跡所經、海陵東亭虎墩南梁何阜之間、雖恒滯迹、而地屬梓桑、難言羈旅、其行程較遠者、曰揚州、曰京口、曰金陵、歷年作客、其間事蹟、頗有可考、

(一)揚州之遊　野人遊邗上、非一度已也、其間有為感遇而遊揚者、有為送友而遊揚者、有因訪舊而遊揚者、有因弔喪而遊揚者、分別述之、

(甲)為感遇而遊揚　汪舟次云、「櫟園先生在廣陵、見野人詩、推為近代第一、……屬余為書報之、……書達、野人竟來、……」則野人固嘗為櫟園至揚矣、又王漁洋所著居易錄云、「余見其為五言詩、清冷古淡、雪夜被酒、為其詩序、馳使三百里致之、嘉紀大喜過望、買舟至廣陵謁謝、遂訂交」則野人又嘗為阮亭至揚矣、

(乙)為送友而遊揚　野人詩「自淘上至竹西送汪舟次之贛榆教諭任」首章云、「雨止聞雞鳴、披衣坐孤舟、新柳三百里、一路上揚州、……」則野人又嘗為舟次至揚矣、其時為春月、故有新柳之句、又「冬杪自淘泛舟至廣陵送汪岸舫北上」云、「汎汎海濱月、漁船照我卧、夢見紫霞人、騎馬揚州過、……」則野人又嘗為岸舫至揚矣、其時為冬杪、題中已明言之、無待贅述、

(丙)因訪舊而遊揚　野人詩「往郡城訪楚江漁者不遇」云、「歲晏無聊賴、窮濱况孤處、偶然念漁者、不顧雪盈路、……行行廣陵近、屈指成良晤、豈知蕭蕭友、復向洞庭去、……」則野人又嘗為楚江漁者至揚矣、其時為歲暮、故篇首有歲晏無聊語、楚江漁者不知為何許人、又「往邗尋殘客上人不值」云、「殘客音書到、相期邗水頭、別離過五載、魂夢滿孤舟、新柳曉城月、寒烟荒市樓、支節(笻)在何處、不見使人愁」則野人又嘗為殘客至揚矣、殘客即王劍、字水心、時已為僧、詩中有曉城新柳語、其詩時當然為春季也、

(丁)因弔喪而遊揚　野人「哭王體仁」云、「……猶憶乙未冬、同盟偕程郎、(自註謂程濬影)未幾程郎病、書來自維揚、我走冰雪中、遠去為治喪、……」則野人又嘗為程郎至揚矣、程郎名琳、號濬影、死於揚、先生得書、往治其喪、時值隆冬、故有我走雪中之語、

野人旅揚事蹟之可考者、既述如前、而其旅行中之生活、亦可約述、

(甲)登臨　揚州多名勝、野人旅揚久、當然恣意遊覽、「九日冒雨登康山草堂」「再登康山」「登觀音閣」「過史公墓」「蜀岡下過依園」「天寧寺曉月」諸詩、皆攬勝之餘所作也、

(乙)讌集　野人受知於櫟園後、一時知名之士、咸樂締交、朋儕讌會、固應有事、「康山讌集送王黃湄遊豫章」「七夕同諸子集禪智寺碩公房再送王阮亭先生」諸詩皆讌會時作、

(丙)倡和　「邗上過慎履先生賦贈」「揚州九月和王西樵登高」「冶春絕句和王阮亭先生」云、「……不怕春風欺老態、也臨邗水過清明」、皆旅揚倡和之作、

附旅揚軼聞　野人遊揚、偶至平山堂眺覽、見堂上有分韻題詩者、皆當時之顯貴也、野人趨問何題、羣以其樸野、笑謂之曰、若亦知詩耶、野人不與辨、稔知題為落葉、少頃以詩進、羣不顧覽、强而後可、詩云、「枝上曾幾日、夜來秋已終、又隨天地意、私下戶庭中、不靜月斜處、偏驚頭白翁、何須怨搖落、多事是春風」羣皆失色、袖稿不敢出、事見伯山詩話、伯山先生謂此事足為吾鄉生色、鄙意野人此時遊揚、當在櫟園漁洋諸先生未訂交前、故當時貴顯莫之識也、落葉詩今載陋軒集卷一、

(二)京口之遊　野人遊京口、大抵以此為過程、非目的地、其渡江、「渡揚子」諸詩、皆旅途所作、惟嘗「渡江訪雨臣」、時野人與臣雨臣皆病後、歲寒相憶、故買舟遠訪、其詩有云、「歲寒是客罷遥征、憶爾難辭辛苦行、如月小舟隨岸遠、待人殘雪陽江明、……」野人固已自道其渡江之由矣、至其先後遊京口生活、亦有可言者、

(甲)阻風　同汪長玉阻風朱家觜云、「岸上北風急、紛紛飛荻花、……有恨黃天蕩、無棲白項鴉、……」此言風波之險也、然讀「黃壚山下店、往日飲偏豪、壓酒紅顏麗、當門綠樹高」之句、則興致亦復不淺、「江上阻風」云、「……濺沫驚灘鳥、迴波捲岸沙、……」此亦言風波之險也、然讀「漁船來買酒、江水汲煎茶」之句、則亦可於此中得少佳趣、

矣、

(乙)登臨、「過金山寺」云、「屢向征途見此山、興來維艇一躋攀、忽開襟抱魚龍際、況載罇罍水石間、……」其二云、「……馳騁於今無馬路、興衰不問有漁人、誰知勝地仍擐甲、鳴角嗚嗚愴客神」、始而襟抱開拓、繼而神思愴然、登臨遠眺、往往如是、「望焦山」云、「砐砐中流見石屏、波濤蕩潏坐來聽、……回風明日吹船去、山腳先尋瘞鶴銘」、風迴明日、山腳尋碑、自屬登臨樂事、

(三)金陵之遊、野人遊金陵先後凡幾度不可得知、然最少當在兩度以上、「登燕子磯」云、「危磯猶似昔、……」自注、「曾同王鴻寶登此」、蓋其先曾一度來遊、而偕行者為王鴻寶、故陋軒詩續、有「同鴻寶酌江月下」「登燕子磯」諸作、其旅行生活畧如下、

(甲)登臨、兩登燕子磯、述如上矣、餘則「登雨花台」「登清涼台」「過宏濟寺」「過鍾山下」諸什、皆先後遊金陵登臨遊覽之作、其「登[清]涼台」云、「此地舊京華、登臨落照斜、雄關空踞虎、廢殿只棲鴉、……」蓋不勝麥秀黍離之感矣、

(乙)讌集、金陵之遊、讌集無多、「秦淮月夜集施愚山少參寓亭聽蘇崑生度曲」有云、「……還家那有妻兒在、絕技唯聞坎壈纏、往事紛紜勿復道、今日詞人吾亦老、風塵困頓誰相識、身世歡娛恨不早、……」歡宴之餘、愴懷身世、悲崑生、歎抑亦先生之所以自悲也、

(丙)題贈、「鳳凰臺訪錢湘靈贈詩二首」、按鳳凰臺屬江寧縣、此詩當然為遊金陵時作品、又「為湘靈題潁川君絕筆二種」、後有云、「金陵歲暮對斜曛、病婦音書久不聞、邂逅鳳凰山下客、霑衣偏說潁川君」、蓋同時所作也、

其餘如六合、如句曲、亦野人當年行蹤所及、「句曲道中」云、「未明開店扉、星斗嚴樹上、捨舟逐侶伴、入山穿林莽、……」結伴遊行、曾經此地、故詩中言及之、「六合道中懷鴻寶」云、「歲暮憶茅屋、東歸不敢懶、孤身戎馬間、江北天欲晚、……」此則歲暮言旋、經由六合返里矣、

十二　遺民生活

野人生鼎革之交、惓惓不忘故國、故布衣終老、甘作遺民、平昔家居、無時不以遺民自處、其生活有可得而言者、

(一)苦吟、風雨一編、苦吟不輟、終身以詩歌自遣、雖瓶罄履決、不復問、其苦吟態度、已於著作生活中言之、茲不復述、

(二)痛飲、野人悲懷故國、不敢或忘、而又不忍追思、往往藉杯中物以澆塊壘、「和韻答周雪客」有云、「往事不得忘、痛飲求糢糊」、此與杜少陵「傷心不忍問耆舊、復恐初從亂離說」之意同一愴懷、「郝羽吉寄梅」有「茆屋檐雨初霽、沽酒待君來」之句、「九月四日吳雨臣見過」云、「……疎籬陋室秋光老、莫厭頻來酒共傾」、友來則相與傾杯、共謀一醉、有時客不至、則舉杯自飲、其「獨酌」云、「羲皇不再至、真淳無常時、賴有杯中物、邀與太古期、……孤影為我客、揮杯屢勸之、此意陶公後、寂寞無人知」、世不羲皇、難期返樸、揮杯勸影、此意誰知、晉處士陶公而後、能稱隱逸者、其惟先生乎、

(三)烹茗、汪蛟門云、「先生生平無所嗜好、惟酷嗜茶、有鴻漸魯望之遺風、他時有傳逸民者、當與並列」、野人之嗜茶、見於詩者不少、新安郝羽吉汪左巖輩、時以松蘿持贈、其「松蘿歌」云、「……二君(謂汪與郝)俱是新安人、我願買[山]為比鄰、一寸閒田亦種樹、甌香椀汁長霑脣、況復安安之水清粼粼」、又「贈黃秀楚」云、「……安得共買田、種茶並樹秫」、以嗜茶故而欲買田種茶、且不使寸田閒過、於以見其嗜茶之深矣、至「寒夜試吳昌言所惠園茗」云、「寒泉白石鐺、試茗掩柴荆、對月不分色、無人偏有情、精神深夜醒、烟火一家聲、轂雨新芽嫩、還期送我烹」、尤令人想見此老閉門對月、清茗一杯、精神煥發時情態也、

野人不惟嗜茶、而於貯茶之壺、亦有所嗜、故「松蘿茶歌」亦云、「……負巖汪子真吾徒、不惟嗜茶並嗜壺、大彬小徐盡真蹟、水光手澤陳以腴、餅花冉冉相掩映、宜興舊式天下無」(先生嗜壺而汪有同好故先生許之曰真吾徒)、有時壺傾瓦碎、且作詩以奠之、「弔壺」云、「憶昔掩柴門、清泉共曉昏、忽如孤鶴去、不與故人言、茗色無由托、濤聲空自喧、鐺旁殘礫在、片片是君魂」、是足為嗜壺

之確證、非具鴻漸魯望之雅癖者、烏能語此、

(四)看花　淵明愛菊、和靖愛梅、自來處士高人、無不以花卉自娛、野人之愛梅與菊、殆與古人有同好焉、詩中詠梅菊者甚多、而與其夫人白首同心賞花娛老、尤足見遺民風趣、「哭妻王氏」云、「我本荷鋤者、谿中種梅花、俗人隔流水、老圃為鄰家、日月臨軒照窗、高枝低枝斜、終日少應接、閒門烟霞多、猶記大雪夜、幾樹花婆娑、香醪斟已盡、子為我煎茶、」又云、「居處絕車馬、籬菊為我客、生長相因依、歲晏歲彌適、栽種有同心、泣下思愁昔、花開重陽日、風雨移入宅、參差雜琴尊、淋漓露几席、秋氣涼夫妻、毛髮滿頭白、相與坐花中、從朝至暮夕、深夜更秉燭、寒影散四壁、」雪夜梅開、得賢妻斟香醪、煮苦茗賞之、而籬菊參差、琴尊雜還、白頭夫婦相與坐花、迨夜深而秉燭、顧寒影兮依依、足慰荒齋之寥寂、至於「郝羽吉寄梅」有「多情江上客、遥寄嶺頭梅」之句、「王鴻寶七十初度」有「記得重陽風雨裏、扁舟遠送菊花來」之句、舊友多情、投其所好、雅人於此興趣盎然、具亦遺風之樂事乎、

吳野人年譜

明神宗萬曆四十六年戊午（西紀一六一八）　先生以是年九月二十二日生

汪蛟門撰吳處士墓誌云「處士生於明萬曆戊午九月二十二日」陋軒詩「九月四日吳雨臣見過自註」「是日雨臣初度其起句云」「俱是先朝戊午生相知端不為同庚」又「偶歸東淘寄楊蘭佩」自註「蘭佩與予同庚八月十二日五十初度先予四十日」此先生生萬曆戊午九月二十二日之確證

光宗泰昌元年庚申　先生三歲

熹宗天啟元年辛酉　先生四歲

思宗崇禎元年戊辰　先生十一歲

十二年己卯　先生二十二歲

秋河水大漲先生泛舟梁垛　戴勝徵「河漲」詩序云「己卯秋八月何阜河水大漲尤甚於頻年高恒有己卯仲秋按視海濱潮災」詩而陋軒詩「歸舊居後洪水復至步屧不得出户踞踏連旬九月十七日徐仁長沈亦季程雲家仰歧方菇中王子蕃攜酒饌來訪柴門邀同泛舟至梁垛夜深宿清暉堂」亦云「霜降漲復至瀰瀰與階平坐卧洪水間盡是凫鷖情」蓋八月水大漲旋退迨九月霜降節後乃復漲如前也

十四年辛巳　先生二十四歲

先生次子瑶琴生　先生長子大年何時生不可考次子瑶琴則生於是年陋軒詩「三兄嘉經歸葬東淘」云「次男名瑤琴襁褓兄愛惜衆謀立為嗣此支庶不歇四歲離所生命仰伯母活」嘉經鬭死於甲申瑤琴入嗣年已四歲逆溯生年當在辛巳故定先生次男瑤琴為是年所生也

清世祖順治元年甲申　先生二十七歲

三兄嘉經鬭死於州城　陋軒詩「三兄嘉經歸葬東淘」云「嗚呼甲申歲兄禍生倉猝身飽强横手命盡少壯日」「七歌」云「叔兄昏夜行閭里猝遇惡少椎擊死前代之

寃今不理……叔兄一櫬傍州城……海内誰為擊筑人懷内空存不平事」嘉經蓋死於鬪者以無子故先生命次男瑶琴入嗣故「三兄嘉經歸葬東澗」又云「次男名瑶琴襁褓兄愛惜衆謀立為嗣此支庶不歇」是亦先生深篤友于之誼也

二年乙酉　先生二十八歲

鄉里有戰事先生權厝親柩於隴上　陋軒詩「傷哉行」云「緬懷乙酉歲閭里為戰塲長跪借人隴雙親厝其傍」「七歌」云「嗟哉我父逝不還一棺常寄他人田因兵燹不及深葬故權厝於隴上也

五年戊子　先生三十一歲

孫豹人客安豐為先生題陋軒　「退庵筆記」謂「豹人於順治五年戊子客安豐題陋軒有『是余曾卧處月色更難忘』之句

六年己丑　先生三十二歲

六月大水先生賦詩紀事　沈聃開「洪水行」云「時當五月黄梅候風雨連朝不稍宵桔槔帶夜翻田波所出不勝所入」……是月廿三聞水信一時老幼集成陣……六月望後水驟至倉猝責效何濟事拚門折板作田隄人盡水立十日不得睡」大概五月多雨六月水至故陋軒詩六月十一日水中作有「驟雨催隄決奔雷向海驅」之句

七年庚寅　先生三十三歲

四兄賓國年四十喪妻　四兄名失考先生有呈四兄賓國詩先生字賓賢賓國殆四兄之字也其詩有云「問兄年七十弟亦六十三」則四兄實長於先生七歲今先生年三十三四兄當然為四十「七歌」云「寒鴉偏叫四兄室四十獨宿到五十」故知四兄喪妻實在是年

除夕賦詩　陋軒詩「庚寅除夕」云「羣動悉無聲星色青户左歲除貧未除兒女不嗔我况有几上梅可以三更坐短秃四五枝影我半窗火」讀之令人想見清涼况味

九年壬辰　先生三十五歲

歲荒先生行賈獲利　陋軒詩「哭吳雨臣」云「壬辰歲云凶盡室命如縷君解囊中金趣我出行賈販薪白駒塲糴麥清江浦腐儒得利歸笑視畧不取」蓋雨臣助以貲本因而獲利故雨臣殁先生道及之也

十二年乙未　先生三十八歲

冬與王體仁程濬影同盟　陋軒詩「哭王體仁」云「猶憶乙未冬同盟偕程郎」自註「謂程濬影」

十三年丙申　先生三十九歲

赴某友之難吳後莊周與焉　陋軒詩「哭吳周」云「丙申赴友難周也願相隨」友為何人不可考

除夕賦詩　陋軒詩「丙申除夕」云「鬢髮逢離亂應隨猿鶴羣此生徒有恨明日尚無聞」自註「明日四十」

十五年戊戌　先生四十一歲

妹夫某殁　陋軒詩「七歌」作於十七年庚子其年先生四十有三(見後)而「七歌」之五云「夫殁三月兒出腹我妹心苦無人告……紝績一日得十錢手作口哺到三年昨夜燈前初語學語向舅呼爺音楚楚」由作歌時逆推三年其妹夫當殁於是歲

十六年己亥　先生四十二歲

秋九月與汪舟次訂交於東亭　舟次序陋軒詩云「余知野人自己亥九月始已亥江上震驚揚人傾城走余時移家文陵念虚中在東台趣棹視之……詰旦野人忽至兩人相見歡甚各為詩詩成呼酒共醉酒盡復為詩如是者三日夜留連低徊不忍别去」此為先生與舟次訂交之始

十七年庚子　先生四十三歲

作七歌　陋軒詩「七歌」之四云「寒鴉偏叫四兄室四十獨宿到五十」前既定四兄年長於先生七歲則是年先生四十三歲其四兄當然為五十而歌言「四十獨宿

到五十則「七歌」之作可假定其為是年也

十八年辛丑　先生四十四歲

周櫟園屬汪舟次招先生至揚遂訂交　舟次序陋軒詩云「辛丑歲周櫟園先生在廣陵見野人詩推為近代第一閒野人病心□慮之恐遂不及見屬余為書招之贈一詩附與俱往余逆野人不肯為先生來……書達野人竟來」先生答「櫟下先生」詩有「遠問只愁身便死」之句當作于是時

吳彥懷遊門下　陋軒詩「過郝乾行青葵園」云夜話復誰共門生吳彥懷……別離幾十載君不忘荒齋」自註「辛丑彥懷讀書陋軒」故知是年彥懷遊門下

秋七月颶風作海潮漲先生賦「風潮行」　陋軒詩「風潮行」云「辛丑七月十六夜夜半颶風聲怒號天地震動萬物亂大海吹起三丈潮」海潮之起蓋由颶風而作

康熙元年壬寅　先生四十五歲

周櫟園為先生刻陋軒詩　汪舟次序陋軒詩畧謂「櫟園先生既得見野人詩許為必傳且欲及野人之生傳之迺彙詩百首付剞劂」櫟園序亦謂「賓賢即不旦夕死必終死於陋軒因彙其前稌後之作刻為陋軒詩」此兩序皆作於初刻陋軒詩時不紀年月「退菴筆記」云「康熙改元司農來揚州因汪舟次知野人為序其詩梓而行之名曰陋軒詩」是知櫟園之識先生在辛丑而刻先生詩則在壬寅也

作難婦行　陋軒詩「難婦行」自註「壬寅六月瓜州事」蓋是時瓜州兵亂婦女避難匿船艙下死者十之八九先生聞而哀之迺為賦此

作東家行　陋軒詩「東家行」自註「壬寅六月揚州事」其起句云「東家錢多高興發娶婦無端當六月」於六月娶婦已非其時而迷信舊俗新婦著綿衣數重致死於熱故先生刺之

孫豹人過陋軒七夕同泊舟於城下　「退菴筆記」云「康熙元年豹人先生偏游東臺安豐富安各場過陋軒為題碾坊詩」「七夕同陋軒舟泊城下」按陋軒詩有「碾傭歌」殆亦作於是時

二年癸卯　先生四十六歲

春二月先生之友汪長玉舟覆皖江遇救　陋軒詩「醉竹先生歌贈汪長玉」有「仲秋八日弧懸室先生生逢竹醉日……湖海飄然酒一卮清節曾為神鬼祐」語自註「癸卯春長玉負米舟覆皖江性命獲全洵有神助」又「汪大生日」云「八月八日叢桂香汪大生日人稱觴老夫笑與汪大說君之生日是二月君不見二月四日天地昏神鬼號泣沙石奔北風怒吹皖江棹棹折纜斷舟船翻……須臾如有物湧身出浪頭……起向江村問路歸為人又從今日始」汪大即長玉

王漁洋序陋軒詩先生見漁洋於邗上　陋軒詩王序有「癸卯孟春周櫟園司農將之青州過揚州遺予陋軒詩一卷……披讀一過古澹高寒有聲出金石之樂」云云王序實作於是「居易錄」云「余見其詩清冷古淡雪夜被酒為其詩序馳使三百里致之嘉紀大喜過望買舟至廣陵謁謝遂訂交」雪夜序詩則其時當為冬日而先生感遇知己因以遊揚是知先生與漁洋訂交實自此始

櫟園由青州寄書先生並有所贈　陋軒詩「得周僉憲青州書」云「北風荒城來縕袍少顏色欲歸家苦遠尋友路不識故人青州官清貧食無魚相憶三千里冰霜寄尺書開書竟何如分我以俸錢攜歸盡糴米妻兒過凶年」櫟園春之青州而寄書為是年冬故有北風來城之語

三年甲辰　先生四十七歲

先生遊揚於清明日作冶春絕句　陋軒詩「冶春絕句和王阮亭先生」自註「甲辰清明作」故首章有「不怕春風欺老態也臨邗水過清明」之句

九月吳友雨臣溺死皖江先生哭以詩　陋軒詩「哭吳雨臣」自註「歙縣人諱元霖自號古迂甲辰九月十日覆舟皖江溺死」

秋先生之友汪舟次泛舟平山江天際作畫　陋軒詩「題亡友江天際畫」自註「甲辰秋汪舟次招諸同學泛舟平山天際即景作畫」先生題畫時天際已病歿故稱亡友

冬仲兄嘉紳病篤其女割股愈之　陋軒詩「姪女割股詩序」云「姪女名長仲兄嘉紳女也適魯氏居與兄鄰甲辰冬兄病女時孕孕四月蒼惶趨省仆地胎墮越十日兄病篤產婦入人家俗以為忌女至門不得入乃撫楣哭……歸焚香竈神前刲左股肉……糜以餉兄食之病愈」

先生作一錢行贈林茂之　陋軒詩「一錢行」云「先生春秋八十五芒鞋重踏揚州土」按歷代名人生卒年表林古度字茂之一字那子福建福清人明萬曆八年庚辰生清康熙五年丙午卒年八十七今詩云「春秋八十五」則其詩當作于丙午前二年即甲辰年是也

四年乙巳　先生四十八歲

秋颶風激潮先生賦海潮嘆　沈聃開「海潮行」云「乙巳之秋秋七月三日食時颶風發須臾天色昏如夜雨縱風威行殺伐」先生亦賦「海潮嘆」有「颶風激潮潮怒來高如雲山聲似雷沿海人家數千里雞犬草木同時死」之語與沈詩所言同故可定為是年作

六年丁未　先生五十歲

先生病目　陋軒詩「曬書日作」云「即今五十暗雙目衰病纏身輟誦讀」因有目疾故輟誦讀也

分司汪芾斯重刻陋軒詩　吳周祚序陋軒詩云「吾友汪子芾斯復裒其全集錄詩近四百篇續梓以傳」周序未詳年月按「退菴筆記」云「康熙六年錢塘汪芾斯分司東淘雅重先生為裒其全集得詩四百首續梓以行吳周祚言之甚詳」則汪刻先生詩當然為康熙六年也

七年戊申　先生五十一歲

夏四月計東序陋軒詩於玉笑亭　陋軒詩計序之末書曰「康熙戊申首夏吳下同學計東書於廣陵玉笑亭」蓋再刻之舉始如於丁未至是迺告成故計序作於是年首夏也

十年辛亥　先生五十四歲

孟夏葬三兄嘉經於東淘　陋軒詩「辛亥孟夏二十八日三兄嘉經歸葬東淘」云「二兄呼五弟荷鋤隨我發爾我將老死應收三弟骨……嗚呼甲申歲兄禍生倉猝……冤魂久飄零今日就窀穸」蓋嘉經自關死州城至是已二十八年故詩中又有「二十八年來始有家人跡」之語

十一年壬子　先生五十五歲

偕孫豹人遊方園　陋軒詩「田綸霞先生見示方園雜詩次韻奉答」云「遊興當年好名花滿地栽芳霏催酩酊百朵牡丹開」自註「壬子春同孫豹人遊方園時堂前牡丹發花一百枝」當年興致不淺故於答田先生詩及之

哭周櫟園先生　歷代名人年譜「康熙十一年壬子周元亮卒年六十一」元亮櫟園先生之字也先生「病中哭周櫟園先生」詩有「往弔應扶病知音苦不多」語櫟園為先生生平第一知已故哭之如此

十四年乙卯　先生五十八歲

分司汪芾斯去職歸錢塘先生送以詩　泰州志「汪兆璋字芾斯……康熙六年官泰州運判……在職九年以廉幹稱」是年適汪去職先生「送分司汪先生歸錢塘」詩即作于是年

十五年丙辰　先生五十九歲

秋為程節婦賦詩　陋軒詩「程節婦序」云「節婦歙縣程岫母也岫父懋衡公甲申之變不食死婦事姑舅撫三幼子孝行義方鄉里推重丙辰秋年六十矣紀與岫友悉其家世因賦其尊人大節以俟世之採風者」賦詩之旨先生已說明無待贅述

秋大水　(見後歲暮程梅憩歸潛口先生送以詩條)

冬長子大長年殁　陋軒詩「送瑤兒序」云「瑤兒余長子大年也丙辰孟冬病殁里中」垂老喪明斯誠慘境

歲暮程梅憩歸潛口先生送以詩　陋軒詩「送梅憩歸潛口」云「奔流壓東海啼眼過西河」自註「水災之後余哭長子」先生長子歿于是冬故此詩當爲是年歲暮所作而是秋大水亦可於此證明

十六年丁巳　先生六十歲

寄楊蘭佩詩　陋軒詩「八月十二日寄楊蘭佩」詩自註「時楊六十初度」詩中有「蘆中疇昔數追隨同齒同心人未知」自註「余年亦六十」

十八年巳未　先生六十二歲

方干雲三刻陋軒詩汪蛟門爲之序　汪蛟門序陋軒詩云「先生之詩日益多不自收拾其友方子干雲裒其前後詩重刻精好吾黨義之……先生以其所刋首示余且屬爲論次余何足爲先生序顧不鄙棄而必見屬者或以余之知之也」末紀作序年月爲康熙十八年巳未六月則方刻陋軒詩當成於是時

十九年庚申　先生六十三歲

四兄賔國年七十先生呈以詩　陋軒詩「呈四兄賔國」云「問兄年七十弟亦六十三」此詩蓋因兄壽而呈之

黃星周死先生賦詩弔之　陋軒詩「嗟老翁」序云「弔黃星周也字九烟汪扶晨云九烟於庚申五月五日投錢塘江死先生聞扶晨言作詩弔之

東淘西堤決門巷水深三尺　先生「堤決詩」序云「庚申七月十四日淘之西堤決俄頃門巷水深三尺欲渡無船欲徙室無居家人二十三口坐立波濤中五日夜抱之暇作堤決詩十首詩成對落日擊水自歌境迫聲悲不禁纍纍涕下」讀之令人酸鼻

二十二年癸亥　先生六十六歲

夏與興化陸廷掄訂交於海陵　陸廷掄序陋軒云「辛亥館海陵以爲必識吳子越十年不識如故今年癸亥夏四月始訂交於館舍」蓋廷掄聞先生之名已久至是始得相識也

冬妻王夫人歿先生哭之甚哀　先生「哭妻王氏」詩題下自註「癸亥仲冬一日」其序云「王氏名睿字智長歸余四十五年嘗願先余死問之曰冀得君挽詩耳今子死余哭子有詩涕泗之時詩愧不工然子願酬矣嗚呼子願獲酬余悲可勝言哉」詩凡十二章詞極纏綿悱惻令人不忍卒讀

二十三年甲子西紀一六八四　先生六十七歲

春三月先生卒程雲家經紀其喪並醵金於友人以葬之　汪蛟門撰吳處士墓誌誌云「處士生於前明萬曆戊午歿於國朝康熙甲子春三月年六十有七」又陸廷掄序江村詩云「野人死乏殮具雲家佐佑之野人所居故湫溢時有水潦之災一棺在殯幾陸沈雲家慨然自任以家貧爲醵金於同人舉其未葬之三喪同歸窀穸」故汪撰墓誌又云「處士既卒之明年幼華以都給事中典廣東鄉試返命紆道揚州哭之留金其家時舟次亦以翰林奉使海外憂歸爲經紀其葬葬於梁梁開家舍之原爲之書碣曰東淘布衣吳野人先生之墓」於此見古人交誼不以生死易也

（附考）梁廷爍編歷代名人生卒年表謂先生歿於清康熙二十四年乙丑年六十八歲與汪撰處士墓誌所言卒年互異汪與先生契友同時且爲契友當無舛誤之處梁表殆未深察耳書此備考

泰州市圖書館藏書

説文研究法

陳晋撰

《説文研究法》，陳晋撰，據南京圖書館藏民國二十四年（一九三五）商務印書館鉛印本影印。

陳晋（？——約一九三四），清末民國間泰興人。字夕康。清末優貢生。工書。曾習學于江陰南菁書院，師事黄元同，尤喜小學。後入西江優級師範學堂。晋一生教書爲業，誨人不倦。且筆耕不輟，著述頗豐，編《説文研究法》《龜甲文字概論》（一名《契學概論》）、《爾雅學》等工具書。另《内經存粹》一卷，稿本於《江蘇歷代醫人志》有存。

《説文研究法》纂于民國間，凡三十一章。其名已道其旨歸，解許叔重之《説文》耳。是書先列五章言《説文解字》之定義、版本，字數、書例、歷代六書次第及名稱之不同，以明其形制。其後將許慎之書分横斷面與縱斷面而論，又稱『經緯研究法』。謂『一部之始一終吏，二部之始二終下，全部説文之始一終亥，此其縱斷面也』；《説文》中又有『六書之别焉』，則六書之義當爲横斷面。故六、七章詳述横斷面之六書次第及名義，采摭衆説，參之近代外文語言研究之成果，折衷爲是，繪圖表以總之。後爲論《説文》之部首一章。九至二十四章則分章條列縱斷面之説解體例：『篆書用小篆』；『排列篆書爲義相連屬』；釋字、釋音、釋義之法；重文、逸文之由來……自此《説文》一書名義及體例自明。餘下諸章則道學人治六書應備之學，如識古字、通音韻、多涉金石甲骨書目等，嘉惠學人。末以許慎事迹考，與《説文》一書之價值作結。是書有三法爲妙：其一，爲文簡潔，體例謹嚴。其先明《説文》之形制，繼而定六書之名義，後解許慎釋字體例，學人讀罷，則大旨大例，了然於胸，行文亦條暢；其二，解書常挈諸家闡發《説文》之言，而多以段注爲準，亦旁收講求許書門徑要語，更采近代語言學之理論，引梁啓超、胡適之説。可謂酌古準今，博采通人，實可足爲考證之資，亦可啓後世考校古文者；其三，前人多依《説文》求字之本義，此書則更重學理。是書於二十八章闡述用科學之方法研究六書，稱清代樸學之方法論爲假設與例證之合璧，頗顯歸納演繹思維，於此則『文字之真義，雖不中，不遠矣』。金蘅意於序中按語：『小學爲六經之琴鈐，而斯書又《説文》之琴鈐也。』

（李　姣）

著作者　陳晉
主編者　王雲五

國學小叢書

說文研究法

商務印書館發行

金衛意先生序

自周官保氏教國子六藝，五曰六書，小學漸興。而滕為口說者，春秋時最盛。如左傳宣公十二年，楚莊王曰，「於文止戈為武」；十五年，伯宗曰，「故文，反正為乏」；襄公三十一年，史趙曰，「亥有二首六身」；昭公元年，醫和曰，「於文皿蟲為蠱」。下逮戰國，此風弗替。韓非為人口吃，不能道說，而善著書。其五蠹篇曰，「倉頡之作書也，自環者謂之厶，背厶者謂之公」，是皆談六書者也。伯宗，史趙，晉臣也，非為韓公子，故晉人也。和為秦醫，莊王為楚君；而和之說為晉君療疾而言，莊王之說為敗晉於邲而言。然則小學口說，當以晉人為巨擘焉。邑人陳君夕

康，家藏書逾萬軸，治小學有年。閒闢晉省，從事教育。於學院課餘之暇，編有成書，曰，說文研究法。舉印本寓書以示，索為文於其後。君之書，挈諸家闡發說文書例之言，彙而列之，而以段懋堂之說為歸。旁蒐講求許書門徑要語，分章論次。以條鬯之文章，演經師之考據。所謂博采通人，至於小大。說文者六藝之鈐鍵，而斯書又說文之鈐鍵也。張文襄勸學篇曰，「百年以來，講說文者終身鑽研，汩沒不返，是亦一病。要之祇須通其大旨大例，即可應用。」又曰「得明師說之，十日粗通，一月大通。引伸觸類，存乎其人。」今以九千三百五十三文，歸納於六書之內，經之綸之，治許書者得此，不幾乎十日而可以

粗通乎。若乃於梁任公胡適之之用科學方法，研究訓詁之道一篇之中三致意焉。當清光緒間，君與楊靜子同遊江陰南菁書院，師事定海黃元同孝廉。每言旋至予家，靜子談論詞章，君則討索訓詁。學校既興，予主縣立中學事，君教授經藝國文，時聚首一堂。不意君後蹤行殊遠。吾邑僻在淮東，立縣刱自南唐；地望在春秋後屬楚。君為晉省大學教授，誨人不倦，若將終身，楚材而晉用矣。昔淮安閻潛邱改歸太原故籍，為廩膳生，崑山顧亭林游太原，以所撰日知錄相質，其人皆楚產，而同時居晉者。予輩所造，自不可與二賢並論，而君所處地則同，亦可為藝林嘉話矣。予通籍未幾，以告養家居。

近年廛與修省縣志，屬稿未定，既久別君，無所請益；亦不能如顧氏遠遊，就而正焉。而君在太原，又不能如閻氏浩然而歸，出其學以啟迪鄉里後進。今乃遠辱索序；予於許書未學，無所引伸以重大著；徒使予抱聲子之痛，厚為邑人惜。不覺其詞之迫，而忘敬名之義，諒不予罪也。民國二十有二年三月，歲次癸酉。泰興金鉞。

目錄

凡例

一、搜集諸家發明說文書例之論，依類分列，俾有系統可尋。

一、搜集諸家討索說文真偽得失之論，依類分列，仍以言例為準的，不重一字一義之闡發。

一、將說文一書，分為縱斷面，橫斷面；縱斷面用經法研究，橫斷面用緯法研究。

一、根據梁胡諸君以科學方法治訓詁之主張，於清儒解釋說文文字，隱合科學方法者，排比方式，說明何時用假定，用判斷，何處為演繹，為歸納；以為準繩。

一、主張用金石甲骨文字，研究六書。並將前人曾經採用，及著書人以為可採用者，分列數則，以見梗概。

一、論列研究說文之入門塗徑，先後程序，及研究有得，着手著書之方法。

一、此書之外，並著說文研究法外篇，凡六章；略舉關係構字及常用篆文，加之箋釋而參用金石甲骨文字。近人謂許氏略於音，故言音處少加詳焉。此書有為體例所限，而不克詳言者，可參閱外篇；蓋外篇之成書，與研究法一貫。

說文研究法

第一章　說文解字之定義

後漢書儒林傳云，「許慎作說文解字十四篇，傳於世」後漢安帝建光元年許沖奏云，「慎博問通人，考於逵，作說文解字，」是許書本名說文解字，稱說文者，簡稱也。既曰文又曰字者，說文敘云，「倉頡之初作書，蓋依類象形，故謂之文，其後形聲相益，即謂之字；文者物象之本，字者言孳乳而寖多也。」案說文文部云：「文，錯畫也，」子部云：「字，乳也，」然則稱文者，就最初作字之形態言之；字者就形態之孳生言之也。

但文字二者之別，又關時代焉。鄭注禮記云：「古曰名，今曰字，」段玉裁說文注云：「古曰文，今曰字，其說如此。今考儀禮云：「不及百名書於方，」鶡冠子云「有圖而有名，」皆言名，不言字。左氏傳「夫文，反正為乏，於文，皿蟲為蠱，」中庸「今天下書同文，」皆言文，不言字。亦有不稱名不稱文，而稱書者，如繫辭之「河出圖，洛出書，」周禮之「六書，」是矣。始皇二十六年，書同文字，三十四年，復申同書文之令，見史記始皇本紀李斯傳；段氏以為「此言字之始也。」胡適云：「語言文字是時時變易的，我們研究要用歷史的研究法，」此又研究六書所不可不知者也。是故文與字，若渾言之，則或稱文，或稱字，又以單音字變成複音字之故，而統稱文字，並無二義；若析言之，則文與字固有別也。

說文一書，凡政典禮文，日月宿野，車輿冕服，什物，鳥獸介甲，草木，以及言語之類，蓋無不備。而書稱說文解字者，蓋訓釋名物象數，亦不過訓釋其文字而已。是故倉頡史籀不過風后力牧之比；彥均滂喜亦祇胠篋在宥之稱；其標題並無義例。許書所以解釋文字，其名號與劉書稱釋名，陸書稱釋文皆同例，可以知古人立名之該洽也。

第二章　說文本

胡適云，「古書被後人鈔寫刻印，很難免錯鈔錯刻的弊病譬。如我做了一篇一百字的文章，寫好之後，我自己校看一徧，沒有錯字；這個原稿可以叫做甲。我的書記重鈔了一篇，送登北京大學月刊，錯鈔了一個字。這篇乙稿，拿出排印，排工又錯鈔了一字；這個印本，可叫做丙。這三個字本子的可靠性，有如下的比例。　甲本100　乙本99　丙本97.02

這一個本子，祇經過三手，已比原本減少了0.298的可靠性了。何況古代的著作，經過一兩千年的傳鈔翻印，那能保得住沒有錯誤呢」此謂古之典籍欲求其無錯誤之甚難

也。匪特此也，段氏論校勘有云：「校書之難，非照本改字不譌不漏之難也，定其是非之難。是非有二：曰底本之是非；曰立說之是非。必先定底本之是非，而後可斷其立說之是非」。其說是也。蓋自古一名一物，其義理之是非，皆藉文字以著之。其始也，以為文字之是非可信，故義理之是非，亦可定也；若底本之文字，先不可信，則文字所述義理之是非，亦必隨之而傾矣。科學方法，當觀察時期，所以必辨本身之虛實也。且所謂底本，非祇據古本之謂，果爾，猶偏於主觀之見耳。如吾人今日所稱道不衰者，莫如宋板書；然不幸而所據者，為淺人改竄本，所謂古本，即不足盡信。肉部肊，俗本云，肙肉也，而

宋本作「肙骨」；乃部卤，俗本云，从弓省，卤聲，而宋本作「西聲」；並宋本可憑。至竹部「筡，讀若絮」，本不誤；而宋本乃作「讀若絮」，絮，女余切，絮，息據切，是壞母字而誤為心母矣。此豈可據之以定是非乎。

今之說文，其果為永元困頓之年，孟陬之月之書，猶一一存真面目乎？其不可得也彰彰矣。許氏之譔此書也，凡一篆文之下，必以隸體複書其字，然後繫以說解；試一檢今本說文，尚有此隸體否？夫後世學者，既舉隸書刪而廢之，則竟刪之亦可耳。乃玉部「靈，靈巫也」，試問第二靈字何解？小徐本艸部「蘇，蘇桂荏也」，夫「蘇，桂荏」，見爾雅釋艸，試問第二蘇字何解？此皆當日複寫隸體，刪之未盡者。類此者不堪枚舉，其混淆不已甚乎。說文舊式篆注，皆一行直書，此錢大昕說。鄭氏謂「自後人注雙行，故重文往往誤入上篆注末」。且原文既為單行，則正文，注字，最易書作一體，大小不別。學者於許氏原文或私注一字一義；後之人今古不辨，而原文汩亂矣。

南唐以前古本說文，今不可復覩矣。自徐鉉奉詔校定說文，自言以集書正副本及羣臣家藏者，備加詳考，有許慎注義序例中所載，而諸部不見者，審知漏落，悉從補錄；今之說文，即其遺著。鉉之弟鍇著說文繫傳四十卷，先列許注，以

己所論述者列於後，朱翺為之作音切。鍇又著篆韻譜五卷，以九千字分韻排纂，以資檢尋，凡小篆，皆畧存注釋，今人所見者，二書為獨古耳。當鉉之校訂時，所採諸家藏書，去漢未遠，必有善本，然以恣意去取，致多新附之字；鍇雖少於鉉，先鉉而亡，鉉於鍇書，頗加刪削，凡刪削說解之有聲字者，尤多荒謬。鍇之取裁，謹於鉉、注釋亦隨字類以加辨別；以無刋本之故，轉寫譌脫，乖戾實多，清汪憲作繫傳考異，不可謂非鍇之大功臣。然則二書亦互有短長也。二徐為同懷兄弟，然其書殊多歧異。說解之字，既多不同；其大者如篆文之書寫及數目，亦不同，故每一部後所附之文若干，重文若干諸字，亦

得而相同矣。

說文本，雖如上文所述，疊經竄亂；幸各部所列篆文，類聚羣分，皆有意義，循其次第，繹其理緒，尚可尋求故迹。處今日而治六書，如戴侗六書故所引唐本蜀本說文，莫友芝所得唐寫本說文木部殘卷，多二徐未錄之字；段所據宋本及今傳孫氏本，較他刊本為良，固可依據以別真偽。但亦宜博覽羣籍，以資考校，不徒恃說文以治說文。如顧野王玉篇，分部與說文同，而收字多於說文；陸法言切韻，為廣韻所從出；又如經典釋文，李善文選注，玄應一切經音義，以至唐宋諸經正義所引說文，不可以數計矣。凡此歧見錯出之義，徵引

而彙集之，亦足為參稽互證之資。

或謂「唐制取士，用說文字林，士取便誦讀，嘗合二書為一，復刪並其注；當時引據，已多譌誤。如騤字出於太平御覽引字林，而藝文類聚誤以為說文；蚴字見爾疋釋魚音義引字林，而唐韻誤以為說文之類」。此謂援引古書，未可盡信也。不知援引之誤，在遺籍中固時有之；在能用校勘法以校其真偽，察其是非，抉擇有方，是非能判，則璠璵之美，往往在碔砆中得之。

今本說文，有孫刻本，汲古閣五次剜改大字本，毛本，陳昌治編錄一篆一行本；孫本最善，陳本稱便。

第三章　說文字數

說文敘云：「此十四篇九千三百五十三文，重一千一百六十三」，是合計之凡一萬五百十六字。今依大徐本所載字考之，正文九千四百三十一，多七十八文；重文一千二百七十九，多一百十六文；凡多一百九十四。敘又云「解說凡十三萬三千四百四十一字」，段謂「兼敘言之」。今考大徐說解字數，祇十二萬二千六百九十九，比原本少一萬七百四十二字矣。篆文增多，而說解減短；且今本說解中，猶有昔日治六書者自注之語，混入原文者，若甄別而汰除之，說解字不益短缺歟。段注校覈精細，缺者補之，偽者刪之，五百四十部中，

幾無部不有，駸駸乎復見許書之舊矣。然其數終不合，而亦不可強求其合也。

許沖奏云「凡十五卷，十三萬三千四百四十一字」。十五卷者，以十四篇兼敘一卷言之也。自敘凡五千三十字；沖所計字，與前所述正同。自敘字數，未有更變，段謂「以今各篇所載說解字數十二萬二千六百九十九，併此為十二萬七千七百二十九，於二許所謂十三萬三千四百四十一字，尚不足五千七百十二字」。

第四章　諸家六書次第及名稱之不同

漢人述六書次第，各有不同。周官保氏注鄭司農說，與漢書藝文志多歧；說文序與鄭歧，與班亦未盡同。今列為表，以說其義。

班固說	鄭衆說	許慎說
象形	象形	指事
象事	會意	象形
象意	轉注	形聲
象聲	處事	會意
轉注	假借	轉注
假借	諧聲	假借

許氏云：「倉頡之初作書，蓋依類象形，故謂之文。」蓋有圖

而有名，圖畫之與文字，相因而成，此吾國古說；即今日論墨西哥埃及之文字者，亦以為肪乎營造宮室。然則象形在六書，其創作最早，故班鄭皆首象形。許以指事為首者，吾師黃元同孝廉禮書通故云：「說文解字，以指事先象形者，其書部首首一，一為造字之最初，以象太極。故注云，惟初太極，道立於一，造分天地，化生萬物。」孫詒讓名原云：「形學之始，由微點引而成線，故古文自一究於九，進而為十，此十文者，實立形數之原。說文五百四十部，託始於一，由一而孳為萬，一者象數之權輿，而書名之原始也。」然則許書部首始於一，一者萬物之始，文字之原，於六書復為指事，故以指事先象形也。

象形之後，班列象事者，何也？段云：「劉歆班固首象形，次象事，指事即象事，鄭衆作處事，非也。」尪書云：「凡象形字，其溝陌又為二；一以寫體兒，一以借形為象。」所謂借形為象者，即象事之謂也。段又云：「指事亦得稱象形；而其實不能溷。」其說極是。是以說文說解中，於指事字，每云「象某形」，然宜知其為指事字，而非象形字。論者於此等字之列為指事，反訾為非者，猶未解事字之意旨矣。以種類析言之，象形，指事，竝文之類，會意，形聲，轉注，假借，竝字之類；故班以象形象事列前，許以指事象形列前，次第名稱雖殊，其揆一也。

班以意聲列為第三第四書；而許獨先聲後意，用意實

遠；蓋聲者生於文字之先者也。子思云：「事，自名也；聲，自呼也。」孔穎達云：「言者意之聲；書者言之記。」陳澧云：「天下事物之象，人目見之則心有意，心欲達之則口有聲，意者象乎事物而構之者也，聲者象乎意而宣之者也。聲不能傳於異地，留於異時，於是乎書之為文字。文字者，所以為意與聲之迹也。未有文字，以聲為事物之名；既有文字，以文字為事物之名；故文字謂之名也。」此皆謂未有文字已有聲音；是形事二者雖在造字之前，而聲音實又在形事之前矣。此許所以列形聲為第三書也。

廖平云：「形事，文也；意聲，字也。倉史造文，初如作畫，但有

形事而已；至於夏殷，乃有轉注假借。一事之義，以數字形容之，此古之轉注也；本無其字，以聲定名，此古之假借也。通行既久，其法愈巧，乃以數字形容一字者，造為一字，遂有象意之名，所謂會合見意也。於假借取聲之字，别添形屬偏旁，遂為象聲字，聲在前，形乃後來所加，於是而轉注假借，皆有本字矣。此其去造字之始，大約在千年之後，周時乃定六書之名，則以雖有意聲用字之法，亦不能遂無轉注假借，故以配前四門而成六書，轉注乃會意以後之會意，假借乃形聲以後之形聲。實則未有意聲，已先有轉注假借，非備造四門，而後立用字之二門。」班志畢舉六書，而總括之曰「此造字之本，」一

近儒多主是說，以解六書。廖氏以轉注假借為用字之法，其說本始於戴震，但說轉注假借，仍推原於造字之時，則與近人所主，固不相悖也。至必指定何時始有何書，恐無憑藉以為確證；但别其先後可耳。

假借為形聲以後之形聲，當段氏討論假借之義之日，早有持此說者。但不舉例以證之，不易曉其故，觀廖之說曰，「象聲即後來之假借，其初有聲無形也。當夏殷之際，祇有形事二書，而水火之名，則與物相始。如江河松柏，未造字之先，已有此名，所謂本無其字，是也；因其名近工可公白，即借音以名之，所謂依聲託事，是也。如琿璪芙蓉等字，當其初，祇作

車渠夫容也，此為象聲之本，故以聲為主，亦如假借無本字，但以聲為主也。通行既久，乃各加偏旁，工可加水，公白加木，遂為形聲本字；正如後人鳥名加隹，石類加玉者；此與命名之意，有先後之分。象聲，本為假借依聲託事之教，因加偏旁，遂成本字為形聲；而假借又遂别為一門。今以一言決之曰，象聲，假借，一也；加偏旁者為象聲，不加偏旁者為假借。取象聲而去偏旁，便為假借；取假借而加偏旁，便為象聲。」此合數書並言，古人造字之精意，如視諸掌，故此必為假借之一種。

六書之次第名稱，諸家互有同異；而後代之用之也亦然。顏師古張參用班序；徐鍇鄭樵用班序而從許名。晋以謂

吾儕今日研究許氏之書者，故名稱應從許；班序，雖不見崇於晋衛恒，北魏江式（用許序者）唐賈公彥（用鄭序者）而究勝鄭許，上述諸家論說，可以為證，是次序應從班。唯許序先聲後意之義，如前所言，固視班為勝。美人威爾遜云：埃及國語，亦如墨西哥語，全藉圖解；由圖解一變而為記號；再變而為音聲；遂生今日三種特别文字。劉師培用其說，以為「象形即圖解之謂，指事即符號之謂，形聲即聲音模擬之謂。」是就世界言語文字之自然進化論之，聲音一類之發生，適在第三時期，不當與許序相倖；論第三書之序，仍應違班而依許。今就所依用，分列如左：

一象形　序用班鄭；名三家同。

二指事　序用班；名用許。

三形聲　序名竝用許。

四會意　序名竝用許。

五轉注　序名用班許；鄭名同。

六假借　序名用班許；鄭名同。

第五章　說文書例

錢大昕云：「讀古人書，須識其義例，」尤哉斯言！吾人研究一書，使於書中之例，茫茫然莫辨，如治絲而棼耳。其句逗不可得而明晰也，其義理不可得而洞曉也。今者如治毛詩，詩之六義，不克辨別，則鳥獸草木之名，不知其何指，詠嘆之詞，頌禱之句，不知其何為而發矣。詩之隔句用韻，一句一韵之例，不克辨別，則將以有韵為無韵，以無韵為有韵，而句逗以之溷淆矣。清儒小學度越千古，所著聲音訓詁之書多已理其凡目，發其條例，著之篇內，昭示來茲，陳氏所謂「吾輩生諸老先生之後，實為厚幸，讀其書二三年，無不通曉，不須更費心力」者此也。

說文一書，開卷之頃，而例存焉。觀其序云：「今叙篆文，合以古籀」，則必知其五百四十部中先叙李斯之篆文，然後叙古文籀文於篆文之後，以是為全書之例焉。序又云：「博采通人，猶譔其說」，知其書必有司馬相如揚雄之說，以資考證焉。又如覽其部目，首一，次二，次示，不待覽畢，即知其部首列字之次第，必以字形相繫屬；覽其首卷第一部，首一，次元，次天，即知其各部列字之次第，不取字形，而以字義相繫屬焉。陳氏論切韵一書之體例，舉第一卷第一韵內之東同中蟲四字為證。其言云：「東同中蟲四字，在一東韵之首，此四字切語，已盡備切語之法，其體例精約如此，蓋陸氏之舊也。」彼於陸氏切韵，以為開卷而知其體例之精約；吾於說文，亦如是云。

王筠治說文，每一條內，其正例所在，其變例所屬，靡不一一詳盡論之。其「重文變例」，尤為前人所不敢言。段氏注說文，當未成已前，先撰長編數十巨冊，既就，乃挈其精英，著為說文注，誠如盧文弨所云：「自有說文以來，未有善於此書者」。其書，於說文之有脫漏者，則增益之；有經後人妄增者，則刊落之；有經後人竄改者，則董正之；有失其次者，則移易之。然考其所依據者，得之書籍之參稽者固多；而得之書例之推尋然後能判斷者，殊不少也。如艸部上文云：「茚，昌蒲也，从艸，

卬聲；」下文云「䓘，茚䓘也，从艸，邪聲。」段知上文有脱漏，乃加「茚䓘」二字，為「茚，茚䓘，昌蒲也；」注云「二字脱，今依全書例補之。」此條與言部之補字意同。言部「訾，不思稱意也；」段加二字為「訾，訾訾，不思稱意也。」其時，非有他本説文可證，所取證者，止有釋訓「翕翕訿訿，莫供職也，」毛傳「訿訿然不思稱其上」三則而已；然敢於徑加者，仍斷之書例也。何以知之。晋按説文中如「蓂，析蓂，大薺也；」又如茱萸二篆上文，「茱，茱萸，茮屬，」下文「萸，茱萸也；」此並未經脱落之許氏原文也。凡合數字以成名詞者，去其一字，則不詞矣，必完足其名詞，以詮釋篆文，其書例固如此；故段於「茚䓘」二字，援例增加。又如艸部「蔽，蔽蔽，小草皃；」

齒部「齱，齱齵，齒不正也；」「齟，齟齬，齒不相值也；」此並形容詞之原文。凡疊語形容詞，不論同性同體同性異體，去其一字，則失其解，必疊其詞，以詮釋篆文，其書例如此；故段於「訾訾」二字，得援例以增加也。是故「訾，訾訾，」「蔽，蔽蔽，」為同性同體之疊語形容詞；「齟，齟齬，」「齱，齱齵，」為同性異體之疊語形容詞；其詮釋篆文之例並同。此前所言脱漏則補益之之證也。吾輩研究説文，須從此著力。段本説文土部云：「圭，瑞玉也，从重土，珪，古文圭从玉；」注「圭珪移於部末者，許例當如此也」其所謂許例者又安在乎？考車部之轟，耳部之聶，入部之从，瓜部之㼌，皆列部末，此其例也。段既熟諳此例，故不煩校之他本，

索其意義，而土部之圭珪，即可移置土部之末矣。此前所謂失其次，則移易之之證也。書例之重要，於此可以推見矣。

是故説文以六書為區别矣；而一書有一書之例，或一書而與他書有相涉之例，所恒見也。陳山嵋論會意云：「會意，雖合形事以為意，然有會兩形者，有會兩事者，有會一形一事者，亦有會形聲字者。且或以順遞為意，或以竝峙為意，或於字之部位見其意，或從是字而小變其字之形以見意，或以意而兼形，或以意而兼事。或所會不足見意，而意在無字之處，或所會無此意，而轉由所从與从之者以得意。而且本字為象形指事，而倒之即可成意，反之即可成意，省之增之

又可成意，疊二疊三無不可以成意。且有終不可會，而兩體三體，各自為意者。此其變化，又不可以不知也。」所論未可盡信，但變化之繁大都如此，欲求以簡御繁之方，非求之例，不可得也。故昔之通六書者，靡不通乎例。自此章之後，將就説文正變各例，區别種類，述其梗概，而揭櫫其大意於此。

第六章　說文六書名義

說文當分經緯以觀之。一部之始一終吏，二部之始二終二，全部說文之始一終亥，此其縱斷面也。而其中有六書之別焉，曰象形，曰指事，曰形聲，曰會意，曰轉注，曰假借，此其橫斷面也。縱斷面者，所謂經也；橫斷面者，所謂緯也。緯法研究，則六書是已。六書之義，許氏後序已著為四言韻語，以括其意，每類各舉二字，以示其例矣。然各部之中，何字屬於何類，出於許氏之言者，極少；雖有書法，可以推求，其厓岸之分畫不易明晰，故後世論六書者，紛紛聚訟，今人以為此小學之一大憾事也。今分為六類，述其概畧焉。

第一節　象形

敘云：「象形者，畫成其物，隨體詰詘，日月是也。」古之象形字，皆權輿於圖畫，所謂「有圖而有名」也。其始圖畫、文字，本為一物，以圖畫為史蹟之紀載，其價值直與文字相頡頏。譬之禹未罔兩，繪其形，亦如紀其物而已。其後圖畫不足以盡文字之用，而文字可以離圖畫而獨立，二者乃分道而馳。章氏以為西方文字由圖畫省刻而有墨西哥之象形字，再省而有埃及之象形字者，其流變亦大畧相等耳。孫詒讓云：「書契初興，形必至簡；逮其後品物衆而情偽滋，簡將不周於用，則增益分析而漸繁；其最後文極而敝，茍趣急就，則彌務消多，故復減損而反諸簡。其更迭嬗易之為，率本於自然。」此論文字之興迭有變遷也。

孫氏論象形字，分為原始象形，省變象形，後定象形三種。謂「畫成其物，全如作繢，此原始象形字也。其形奇詭，不便書寫，於是省易之，或改文就質，散具匡郭；或刪繁成簡，粗寫大意；或舉偏該全，畧規一體。此省變象形字也。最後整齊之，以就篆引之體，而後文字之與繪畫，其界乃截然別異，此後定象形字。今說文所載，大畧如是。」如孫言，則今日說文之象形字，數經變易，已失其初，此誠不可諱之事。王筠云：「古人造字，取其百官以治，萬民以察而已；沿襲既久，取其悅目，或欲

整齊，或欲茂美，變而離其宗矣。吾無以名之，名之曰彣飾焉爾。」其意與孫正同。蓋古之作字，在易於識認，適於日用，非以為美術品也。若但求悅目，則文字之形態愈美，其去事物之真相愈遠，不適於人生實用矣。章氏論文字之沿革，以程邈為罪人，李斯為勲臣；而孫獨謂「李斯之作小篆，廢古籀，尤為文字之大厄。」夫古籀之廢，李之罪也。若小篆之作，不過於古籀畧有省改而已，其未改者實多。

說文象形，舉日月二字為例；今試就日篆論之。莊述祖以為日之內，當作・，羅振玉云「日體正圓」，其說是也。然則日之篆體作⊙，始為象形字；今之篆體則作日，何以象日形。又

如雲部云：「雲，山川气也；从雨，云，象回轉之形。云，古文省雨。[篆]，亦古文雲。」此節雲字凡三。段注多矛盾處未知何故。其於[篆]字注云：「此最初古文，象回轉之形者。其字引而上行，書之變之則為云。」其說極是。變之則為云句，當云「倒之則為云，」云固為變體，但為倒置之變體也。段殆未知云為[篆]之倒體，故於云字之下，又謂：「𠄞，蓋上字，象自下回轉而上也，」此注誤矣。唯云既為[篆]之倒書字，其篆文當作[篆]；今作云則篆文已誤。然是篆也，實亦不可謂之誤，不過密者疏之，曲者直之，於是易[篆]為云矣；此則王氏文飾之說也。象形指事二書之內，誤於文飾之故者，蓋不可以數計也。

段云：「有獨體之象形；有合體之象形。獨體，如日，月，水，火是也。合體者，从某而又象其形，如眉从目，而以𠂆象其形；箕从竹，而以[篆]象其形，是也。獨體之象形，則成字，可讀；坿於从某者，不成字，不可讀，此等字，半會意半象形，一字中兼有二者；會意，則兩體皆成字，故與此別。」此語分析最明確。如盾部云：「盾，瞂也，所以扞身蔽目；从目，象形。」象形者，小徐云：「𠂆象盾形，」說解猶云「下體从目，上體象形，上體不可讀，故云象形；此亦合體象形也。說文獨體之象形字，輒直云象形，如羽部「羽，鳥長毛也，象形，」是；或云象某形，如自部「自，鼻也，象鼻形，」是；其書法若此，此皆易辨。若合體之象形，則曰从某，或曰某象某形，辨之少難；但知其為一部成字，一部不成字，則亦不難辨矣。總之，文字之中，凡有一部不成字者，非象形，即指事；故王氏於會意一門，別有意兼形之字，必不可信。說文六書書法，雖有區別，然多經後人改竄，宜細辨。

第二節 指事

敘云：「指事者，視而可識，察而見意，𠄞𠄟是也。」𠄞𠄟兩字，各本作丄丅，今从段。論指事者，不與象形相淆，即與會意相淆。其故，一因所謂事者未嘗不可謂之形，說解於指事字，即有釋之曰「象某形」者，況形聲之形字，直兼象形指事字言之耳。二因會意者，會其意，而指事一類，亦曰「察而見意」，且所謂

指事者，指其事，不過指其事之意而已。彼此之易於相淆者，蓋以此。

段云：「指事之別於象形者，形謂一物，事晐衆物，專博斯分。故一舉日月，一舉𠄞𠄟，𠄞𠄟所晐之物多，日月祇一物。學者知此，可以得指事象形之分矣。」王云：「有形者謂之物，無形者謂之事。」又云：「指事二字，須分別觀之，其字之義為事而言，則先不能混於象形矣。其字形，非合他字而成，或合他字而其中仍有不成字者，則又不混於形聲會意矣。以是而名為指事，斯為確見。」三說連類論之，可謂詳盡矣。是故象形者，有一定之形，專屬之一名一物；指事者，無一定之形可象，而象

其事，然其事加之甲物可，加之乙物亦可；此指事與象形之別。別事於形，難；別之於意，不難也。

六書之中，指事最少；說解於指事字，書之曰「指事」者亦極少。馬叙倫謂「說文大例，指事曰从某，象某某」。竊以為指事字各有類，當分為純體指事合體指事兩種。純體指事，如一部之一，丩部之丩，入部之人，是也。叙所舉丄丅兩字，考之首卷二部云「丄，高也，此古文上，指事也，丄，篆文上」。此字不云「从一」，是與段所謂獨體象形同意，即純體指事也。合體指事，由他體字與事相合而又成一字，然後用「从某」之句以釋之，段所謂「許書通例，其成字者必曰从某」也。丄丅兩字，並有一

長畫，遂多以丅字之長畫為天，丄字之長畫為地；釋例云：「丄丅之兩體，固非古本切之丨，於悉切之一也。一有訓為天，有訓為地者，亦不可也。丄丅以兩畫成為一字」，其說是也。馬氏以此二字當作·一、一·，謂「·不成字，以此指示地上之物，天下之物」，其解圓說，甚當；但仍以二長畫為天地，則非也。以圓點為指示上下之物，以長畫為指示上下之界線，如此則與說文不云「从一」之例相符矣。言形學者，以形學起於微點，由微點展而為長線，孫氏嘗據之以解文字。馬氏圓點之說，本於天字，今考吳大澂引盂鼎天字作天，歸夆敦作天，則丄丅二字之作·一、一·，非創聞也。晉著契學概論見古丁字作·，子

字作子，所象不同，其為點畫則一；即近而證之說文，如丹之有點，青之有點，非其證歟。

又按下字說解，大徐本作「底也，指事也」，小徐本指事二字，作「从反二為丅」；段注本用小徐語。然小徐是尋常書例，與上文二字說解相歧矣；段用其語，是偶疏；其後叙注引二部語，仍從大徐，知大徐說之可信。

第三節　形聲

叙云：「形聲者，以事為名，取譬相成，江、河，是也。」段云：「事，兼指事之事、象形之物言，物亦事也。名即古曰名，今曰字之名。譬者諭也；諭者告也。以事為名，謂半義也；取譬相成，謂半聲

也。江河之字，以水為名，譬其聲如工可，因取工可成其名。」此謂造字之時，有江河之名稱，因取水以為義；而其聲不存，遂取工可以為聲，於是有江河字矣。如此則一義一聲，乃同時並起之事；與前所述先有假借，後有形聲之說相異。但形聲在後之說，亦為事所必有，此依許氏八字韻語釋之也。

形聲一類，與他數類相殊。段云：「其別於指事象形者，指事象形獨體，形聲合體。其別於會意者，會意合體主義，形聲合體主聲。」蓋形聲會意，視指事象形晚出，所謂孳生之字也，故與形事殊體。就今日之文字言，形聲主聲，假借亦主聲；其與假借異者，假借無偏旁，可以為相沿襲之假借字，形聲如

去偏旁，則不可為假借字也。

形聲字又分二類，一為某聲類，其書法，曰「从某，某聲」；一為省聲類，其書法，曰「从某，某省聲」。段氏論聲，依古音分十七部，著有十七部諧聲表，按部分列；凡諧聲字，均可依表以索得之。其有同為一聲，而或分散於他部他韵者，此後世讀音有轉變之故，段所以云「其始則同諧聲者必同部也」。晉所著研究法外篇，形聲一篇所列篆文，即依段表十七部之先後，以為次第；其字無多，可以隅舉。

省聲之字，昔人動加非議；其實形聲會意，皆合數體以成字，避煩就簡，不得不爾。試觀會意字之制作也，能字字全

存乎。如會字，上从亼，下即从曾省；坐之篆文作㘸，乃从畱省；得聲字之有所省，與取義字之省，其致一也。段云「既非會意，又不得其聲，則知其省某字為之聲」是也。其字，如宮部云「宮，室也，从宀，躳省聲」；艸部云「茲，艸木多益，从艸，絲省聲」，其例也。但如家字則有說，宀部云「家，凥也，从宀，豭省聲。」夫豭本以叚為聲，今家从豭聲而省叚，何以知其音之必為豭省乎。王氏謂「形聲字不可省」，職是故也。

古形聲字，多含會意。如牛部云「牻，白黑雜毛牛，从牛，尨聲」；心部云「懜，不明也，从心，夢聲」，段竝云「此舉形聲包會意」。廖平云「象聲字，其初祇如假借取聲而已，無形屬偏旁也，故以

象聲為名。假借已久，後人於假字，依類加形，遂成本字。故四象，此類最繁雜」。此說是矣。但又云「舊說於象形指事會意皆有兼聲之說，非也，凡有聲者皆當入象聲，不得相兼。形事意聲四門各別，無相兼之理。」討論學術，有此便宜事，豈不甚善。不知聲義之相關，實有不能不兼之勢。故段謂「聲與義同原，故諧聲之偏旁，多與字義相近，此會意形聲兩兼之字致多也」。

形聲字中，如新从榛聲，斯从其聲，段竝疑之。彭从彡聲，王以為不諧。此則尚待吾輩研索者也。

形聲字祇一聲；然古亦有二聲之字。子部之疑，从子止，

匕矢聲；段氏以為匕矢皆非聲，以止為聲，是說解有脫誤矣。米部云「竊，盜自中出曰竊，从穴米，禼，廿，皆聲也。廿，古文疾；禼，偰字也。」段以此為二字形聲，是出許氏原文無疑矣。禾部云，「𥟉，𥟉椒，多小意而止也，从禾，从支，只聲。一曰，木也。」段於支字讀斷，而又云「亦音支」；王則謂「支只皆聲」。非部云「𩇕，𨹗也，从非，次朿皆聲」，許自云「皆聲」，則為皆聲尤無疑。二聲字於義為贅，然此數字皆二聲，此必籀文，且必為李斯廢棄之籀文。豚，此篆文，許云「从肉豕」；而籀文从又作𧱓，此已繁矣。由部盧，从由；皿部盧，从皿，籀文乃作[illegible]，由即缶字，是从二缶矣。王云「豈有古人制作而蕪雜如此」。會意字而形複，形聲字而聲複，其事

同；而皆不足為訓。謂之例外可也。

集韻雗字下引說文「雗𪀦」偏旁無鳥字；鄭氏逸字補此字，云「从鳥䨇聲」，此大惑也。爾疋釋鳥云「鷐，天鸙」，說文鷚下作「天鸙」；又「鶅鶅，鵫鵗」，說文鶅下鵗下並作「鶅鵗」，不盡从鳥。爾疋本多古字，後人喜讀爾疋，因多改從俗寫，故孫星衍嘗謂「爾疋多俗字」。說文鳥類字，不用鳥字偏旁者甚多，皆正體，古人所以有「豈必飛禽即須安鳥」之論也。

第四節 會意

敘云，「會意者，比類合誼，以見指撝，武信是也。」段云：「指撝與指麾同，謂所指向也。比合人言之誼，可以見必是信字，比合止戈之誼，可以見必是武字；是會意也。會意者，合誼之謂也。」許所舉為兩體字耳；凡集合數體已成之字，而新構為一字者，皆會意也。

凡會意字之例，大抵曰，从某从某，或曰，从某某。其為雜體會意者，則曰，从某某某亦聲。然亦有祇述其意，而不言从者，宜細觀之。會意字尚易辨；然段謂「有似形聲而實為會意者，如拘，鉤，笱，皆在句部，不在手金竹部；莽，莫，葬，皆在茻部，不

入犬日死部之類是。」然則會意與形聲，猶有易淆者矣。

王云，「說解說形，或此字形屬會意，則先舉本部首，而后及別部之字。如天在一部，云，『从一大』，先一後大，是也。如字義重大，即必入大部，而說曰，『从大，从一』，矣。然亦有以其詞之順，而先言他部之字者，如斯在艸部，而說曰，『从斤斷艸』是也。」此語辨別甚微。某亦聲，為會意專例；王謂「聲兼意，意兼聲，其詞皆同，」是意聲不分矣。某亦聲，是專例；故不言某亦聲者，為會意兼聲之省文。示部「祫，从示合，」不言合亦聲，段以為省，是也；同部「禛，从示，真聲，」段亦以為會意之省，則與形聲書法正例，奚以別乎。

第五節 轉注

敘云，「轉注者，建類一首，同意相受，考老是也。」注者，灌注也，自二字以上，展轉相訓，如水之相灌注也。舉考老者，老為部首，其詞云，「老，考也，从人毛匕，」又本部第九字云，「考，老也，从老省，丂聲。」段注「老，盧晧切，古音在三部；考，苦浩切，古音在三部。」「案廣韻老考二字，並在三十二晧，是考老，疊韻字也。」

段云，「建類一首，謂分立其義之類，而一其首，如爾疋釋詁第一條說始，是也。同意相受，謂意旨畧同，義可互受，如初哉首基肇祖元胎俶落權輿，皆可互相訓釋，而同謂之始，是也。老部以考注老，以老注考，是之謂轉注。全書內用此例，不

可枚舉。但類見於同部者易知，分見於異部者易忽。如人部「但，裼也」，衣部「裼，但也」之類，學者宜通合觀之。異字同義，不限於二字，如裼、贏、裎，皆曰但也，則與但為四字是也。」段之言轉注，即互訓說也。此說本於戴氏，而衛恒、賈公彥、毛晃並已主此義。或稱此為義轉，此轉注之一種。近或以此為義轉。唯所舉但、裼、贏、裎四字，但十四部，裼十六部，贏十七部，在諧聲表中但為第五類，裼、贏為第六類，即段所謂「同類而次第相附為近」者，是亦音近相訓也。裎字音則遠。

徐氏繫傳云：「轉注者，建類一首，同意相受，謂老之別名，有耆，有耋，有壽，有耄，又孝子養親，而此類諸字，皆取類於老，

則皆从老；若松柏等，皆木之別名，皆同受意於木，故皆从木。」此謂老與耋耄諸字，皆為年老義，是為同類；而老與耋耄諸字，其形皆从老，是老為一類之首也。木，松，柏，亦然。許宗彥云：「轉注者，如示為部首，從示之偏旁，注為神祇等字；從神祇注為祠祀祭祝等字；從祠祀祭祝，復注為祓禧福祐等字。展轉同意為一類；其偏旁悉从示，故示為建類之首。」此與徐說同，即由示之一首，造為同類諸字也。後叙云，「其建首也，立一為耑，」可為徐許二家訓釋字義之證。

顏氏書證篇云：「許慎貫以部分，使不得誤；」是在說文以前，原無分別部居之書。但果如前說，以解轉注，不將如章氏

所辨，「轉注乃預為說文設」乎？是不然也。今仍就示老二部言之，古之造字，示老二字必先作，神祇耄考諸字乃後起。然當未有神祇字之前，必先有稱示為神祇之聲，與示之義同類；當未有耄考字之前，必先有稱老為耄考之聲，與老之義同類，是並謂之類。及其造神祇二字也，不从老而从示；造耄考二字也，不从示而从老；是非因同類之中，各有一首之故乎。是之謂首。然則當古人造字，至於形事聲意皆具之時，固自有其類，自有其首，非漫滮而無厓岸，可知矣。所以能憑其類，依其首，以孳生轉注一門之文字也。張行孚云：「蓋造字之初，苦難孳乳，每類立一首字，依首字意輾轉增之，則生生而不

窮；」章氏云：「轉注者，繁而不殺，恣文字之孳乳者也；」此之謂耳。世以此為形轉。

章氏云：「字者，孳乳而浸多，其音或雙聲相轉，疊韻相迆，則為更制一字，所謂轉注也。」其說是矣。朱宗萊等主其說，凡言轉注，亦以形通音近義同為準。如

頁　頁，部首。云：「頁，頭也。」段注：「康禮切，十五部；今音轉為胡結切。」

顚　頁部云：「顚，頂也，从頁，真聲。」段注：「都秊切，十二部。」

頂　頁部云：「頂，顚也，从頁，丁聲。」段注：「都挺切，十一部。」

凡主聲轉之說，必如右舉之例，方為轉注；然必三者兼

備，能有幾何。孳生既繁，若盡以聲為限，安得稱「總文字之孳乳」乎。

段於轉注，亦非不兼用聲。諧聲表內，曾列其說；觀其稱述轉注之字，可以明其故矣。如前所引「顛頂」二字，在段氏亦認為轉注。又如一部「元，始也」，「天，顛也」，段云「皆於六書為轉注，元始可互言之，天顛不可倒言之」；然天顛為同部疊韻字。此皆其明證也。後世見其引爾疋文說轉注，以為用訓詁不用音聲，非也。今試就段所引釋詁首節「初，哉，首，基，肇，祖，元，胎，俶，落，權輿」之文，明其音韻關係如左。

第一首字與同類字音韻關係圖。

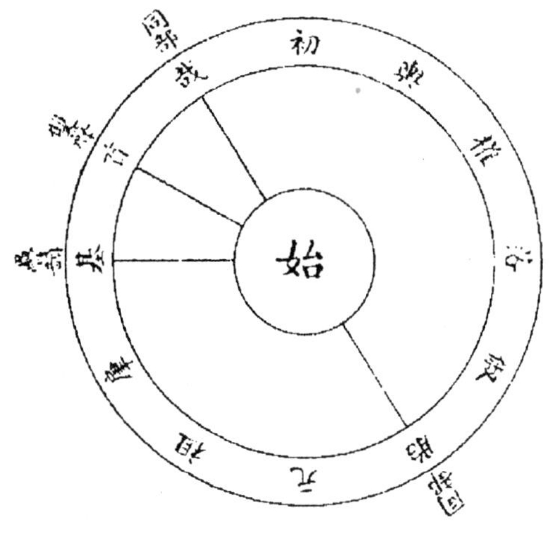

第二同類字音韻關係圖。

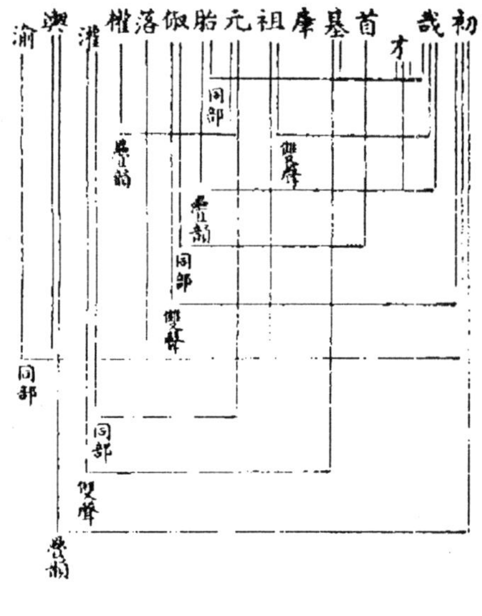

觀右二圖，知爾疋之義訓，多取諸聲，戴派以互訓為轉注，亦非捨聲而不言也。第一圖，以始字為首，首字一，同類字十二；十二字中，以音訓者四，已為三之一矣。第二圖，同類字之有關係者凡十一字，惟肈字於音無涉，是同類字之音同音近者為十之九。以此十九之同類字，與始字輾轉相訓，其為轉注，尚復何疑。

王念孫雅詁表

第十七表				
第十七部				
始				
一部				
二部				
三部				
四部				
五部				
六部				
七部				
八部				
九部	元	權輿		
十部				
十一部				
十二部				
十三部				
十四部				
十五部				
十六部				
十七部	哉	基	胎	
十八部	初	祖	落	權輿
十九部				
二十部	首	俶		
二十一部	肈			

爾雅圖泐成，復見此表於王氏遺書，因亦錄之；此表但明同部耳。段氏諧聲表凡十七部，元權十四部，始哉基胎一部，初祖落輿五部，首俶三部。王以為段之分部，尚未能無誤，故分二十一部，其表附見述聞。二氏所載爾雅十三字之部數不同，其為同部，未有改也。

同類同首之轉注，同部轉注也，其制字也，依首依類以造之。張行孚云：「如因其聲增之，則為形聲字；因其意增之，則為會意字」是也。如以水為首，而依工之聲以制江；依可之聲之以制河；則江河為形聲也。以句為首，而依竹之意以制笥；依金之意以制鉤；則笥鉤為會意字也。前人有疑「以全書字

為轉注」；有疑「轉注字即形聲字」者；張馬二氏固已辨之。今更舉「考老」二字以明之。段云：「老之形从人毛匕，屬會意；考之形从老丂聲，屬形聲；而其義訓則為轉注。」此可謂明辨以晰矣。前不云研究六書，為說文之橫斷面乎？說文既分縱橫之斷面，自不能疑其全書皆轉注也。轉注既非專言聲，則亦不得謂轉注即形聲矣。

此外有異部轉注，口部「嗞，嗟也，从口，茲聲；」言部「䛴，嗞也，从言，差聲」是也。嗞䛴同在精紐，為雙聲字。又以从口从言，義本相通，與彳辵行諸部同例，則从言者猶之从口；信从人言，古文从人口作㐰，其證也。宀部「安，竫也；」立部「竫，亭安也；」段以

為轉注，此言異部轉注也

總之轉注假借，各有其造字之規律。假借，「依聲託事」，非聲則無所憑依以孳生借用之字。轉注「建類一首」，非類非首亦無所憑依以孳生所注之字；而亦兼用聲，此其不同之地也。

第六節　假借

敘云：「假借者，本無其字，依聲託事，令長是也。」段云：「如漢人謂縣令為令長。令之本義發號也，長之本義久遠也。縣令縣長本無字，而由發號久遠之義，引伸展轉而為之，是謂假借。」假借義不必造字，但借本義之字作之足矣。有由引伸義

而生之義，仍不造字，故江聲云：「凡一字而兩誼三誼，除本義之外，皆假借也。」

所謂「本無其字」，宜分論之。有本無而終古不作者，令長二字是已。有本無而後作之者，如可部云：「哥，古文以為歌字」；丂部云：「丂，古文以為巧字。」此則當古文借用時，未有歌未有巧；後人乃復造歌字，造巧字也。

令長二字，由本義引伸為之，然有與本義無涉者。如爾汝二字，爾者麗爾也，猶靡麗也；汝者水名；而經典借為對稱代名詞。此則無關本義，但「依聲託事」而已。故假借亦造字之法，朱宗萊所謂「以不造字為造字」也

周禮匠人注云：「槷，古文臬，假借字。」玉人注：「衡，古文橫，假借字。」此則有字之假借，當即漢人所謂通借也。通借以音通，或音義俱近相借，章氏謂「非六書之假借。」然有字之假借，究何由而來乎？鄭康成云：「其始書之也，倉猝無其字，或比方假借為之，趣於近之而已。受之者非一邦之人，人用其鄉，同言異字，同字異言，於茲遂生矣。」陳澧云：「古人所以用通借字者，實以無分部之字書，故至於歧異耳。說文既出，而用通借之字者少矣。焦理堂云：『如麓錄二字，本皆有者也，何必借錄為麓？壺瓠二字，本皆有者也，何必借瓠為壺？疑之最久，叩之深通六書之人，說之皆不能了。』澧謂實因無分部之字書故耳。

不必疑也。」鄭所言猝不及記，或隨方而殊，為借用之由來；既用之矣，久假不歸，則以歸之不易。此陳所言無書之故耳。

有字之假借，說文實亦不少，有形近而借，有音近而借，有音義俱近而借，更有音義相隔甚遠而借者。段所謂借曾為增，借一為二，亦為有字之假借。然既為造字之用，則其法自古有之，此豈不與「無字」之例相違乎？蓋假借曰依聲，此一定之論，故借曾之例，當與借廿之例同，皆造字時之假借。如今古異文，則或謂「古文从一，篆文从二，自是各從所從。」此說最善，段以為假借之說，非也。於此可見作字之先後，曾後於曾，爲後於廿矣。

段云，「許書有言以為者，有言古文以為者，凡言以為者，用彼為此也。如來，周所受瑞麥來麰也，而以為行來之來；烏，孝鳥也，而以為烏呼字。言以為者凡六，是本無其字，依聲託事之明證。本無來往字，取來麥字為之；及其久也，乃謂來為來往正字，而不知其本訓，此許說段借之明文也。其云，古文以為者，洒下云，古文以為灑埽字，爰下云，古文以為車轅字，此亦所謂依聲託事也。惟前六字則假借之後，終古未嘗製正字；後則假借之後，遂有正字，為不同耳。凡字之以言為者六，言古文以為者十；此段所舉說文假借字也。至孫經世所言諸例頗詳，未足盡信。

錢大昕云：「漢人言讀若者，皆文字假借之例，不特寓其音，并可通其字。說文所云讀若，云讀與某同，皆古書假借之例；假其音並假其義，音同而義亦隨之。」此亦假借之一種，說詳後讀若例。

要之，無字假借，正例也；有字假借，變例也；而皆必依乎聲。古文假借有例外者，字少故也。末季恣意借用，不出段氏所謂第三種假借而已。

第七章　說文六書分類

說文字數九千有餘，究竟何字隸於何類，治說文者宜先知之。苟不解字之所隸，其與不識字者，相去不啻咫尺間耳。許氏因秦漢字書，如倉頡、凡將、急就，讀之者止畧明其義，不能知字形之本始。急就即嘗分類，適人事之類，而非文字之類。故撰說文，使人由字形以明字義字音，一點一畫，必考究根源，使人知字體所以分所以合之故，此六書之類所由起也。陳山嵋曰：「人之不識字也，病於不能分；苟能分一字為數字，則易記而難忘矣。」廖氏曰：「學說文要分得六書。」此皆謂識字之人，宜亟亟然以通曉六書為務也。欲知六書，必先知

六書別類之法。王氏書分類，可謂詳矣，而未盡確實；段注於六書分為巨綱細目，並極詳備，而散見各篆文下，一隅所窺，求反實難。今立為圖式，並說明其義於後。

六書分類統系圖

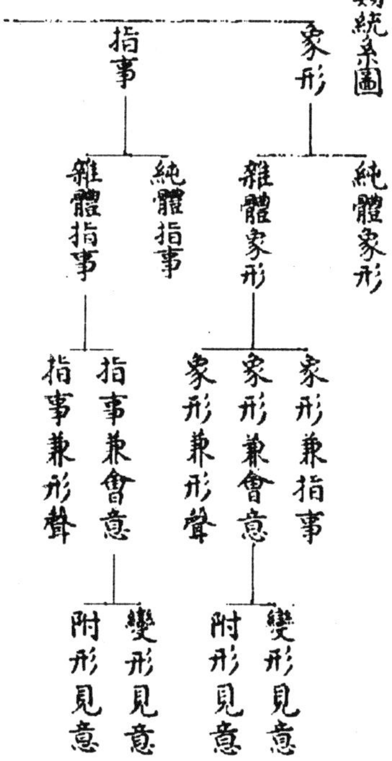

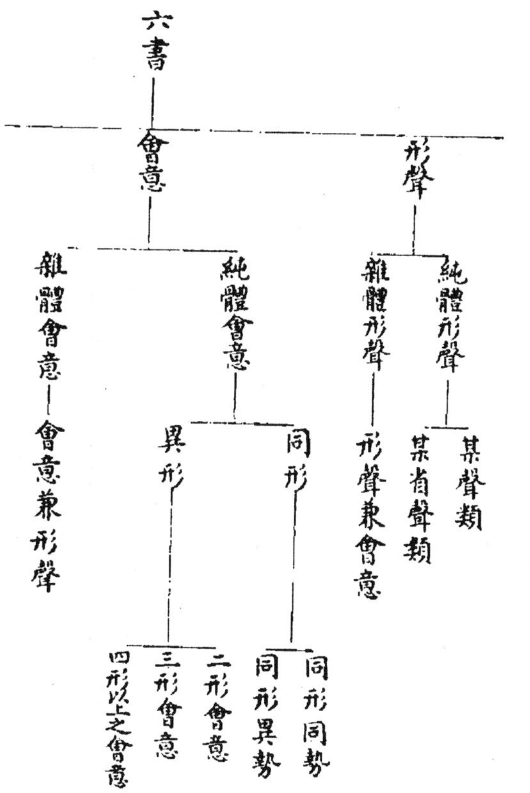

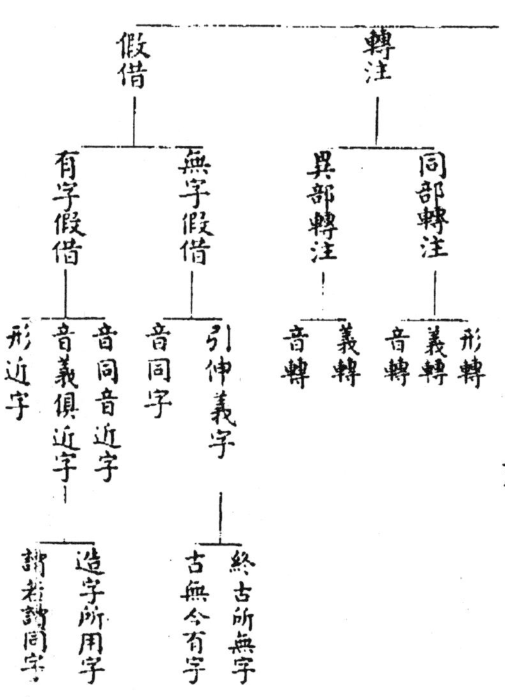

右圖，先就六書各類之大綱繁目，分類列之，可以一覽瞭然。然後逐類說其義。義有難辨，更舉數字以明之。治六書者知乎此，不但已然之區別方法，可以瞭然；即欲自出新意，但能確有依據，按之全書之通例，而無障礙，固任人為之。

象形一類，純體象形，即段氏所謂獨體象形，不雜有他字，並不雜有他種未成字之形者也。雜體象形中兼指事者，猶之又兼一形而成字，但所兼者非形而為事，故為兼指事。象形兼會意有二種；一為變形見意，一為附形見意。變形見意之字，如不為木之變形，執掌之爪為爪之反形是。附形見意之字，如又舉杖而為父，大有所挾而為亦是也。王筠以此等字為會意兼象形，於會意中加一例，是忘會意一類之原則，必皆成字，辨析愈微，而體例愈紊。

指事一類，如一；即象一之形，而無第二形；八，即象分別之形，而非如丩篆之相丩，又皆無他種已成字之字及未成字之文，與之相雜，故曰純體指事。雜體指事之中，亦有變形見意，附形見意之分。變形見意者，如推予之予，倒而作幻則為幻，是也。附形見意者，如口加一為曰，是也。所以象形與指事之分，如上節象形所舉之不字大字，皆有形可象；而本節所舉之幻字甘字，衹有事可指，而無形可指，其辨別固易易耳。王筠以此等字，為會意兼指事，於會意中又加一例，其病與前正相等耳。雜體指事中，有兼形聲之指事，其字甚少；至形聲中，不復有兼指事之字矣。王氏則指事既兼形聲，形聲中猶有兼指事者。

形聲一類，有兼會意者，其篆書本如此作；說解中亦無此書法。吾輩但知有此字而已。

會意一類，有兼形聲者，其書法為「从某从某，某亦聲」與形聲兼會意者，不失之複；諸家並有此例；今從之。

轉注一類，異部轉注字，其形已變易，不得謂之形轉，故無形轉。異部轉注之字，亦有偏旁雖變易，而意義實無大殊者，如彳與辵，口與言，或與欠，皆是也；然細按之，仍屬義，不屬形。

假借一類，其例甚多，分析曾幾經斟酌。因有造字時假借字，故以有字假借與無字假借並列。屮，古文以為艸字；或以為屮艸一字，而段以為「因形近而借。」故有形近一目。士與土異字異義，二字往往混用；澤睪皋三字，亦往往混用；而古人以為假借。至漢人通借字，段所謂第三種假借，並未之及。

第八章　部首

第一節　部首義例及字數

說文敘云「分別部居，不相襍廁也」，此用急就篇「分別部居不襍廁」語，唯說文分部之法，乃足當此。陳澧云「未有說文之前，學識字者讀史籀倉頡凡將之類，但憑記憶，而難於檢尋，今試以一二字，檢尋急就篇，即可見矣。自有說文，乃易於檢尋，此後自玉篇至國朝字典皆分部，皆說文之遺法也」。蓋漢世所存古書，如倉頡，如史籀，大抵取尋常通用之字，編為四言七言之句，加之以韻，便於諷誦。史游作急就，自謂「急就奇觚與衆異」，而其分別之法，則姓名一部也，衣服一部也，飲

食一部也，器用一部也，所謂部居，若斯而已。自許書出，分全部為五百四十部，每部立一部首。凡字之偏旁相同者，則同居一部，故每部部首之下，必曰「凡某之屬皆從某」，故有五百四十字之部首，而古今之字，皆有所屬。段氏云「此前古未有之書，許君之所獨創」。漢人好用通借字，陳氏謂「說文既出，用通借字者少」，則體例之精嚴，可以並見。

分部之例，有从之之字，必立一部。茻可隸艸，玨可隸玉，並獨為一部者，有从茻从玨之字也。此全書之通例。至同字異寫，各為一部，如人與儿，自與白是；亦以有从儿从白之字故也。此變例也。

說文敘云：「此十四篇，五百四十部也。」今檢部目，始一終亥，其數自符。惟林罕字源序云：「五百四十一字」；郭忠恕與夢英書云：「見寄偏旁五百三十九字」；張有復古編序云：「說文以五百四十二字為部」；上三說，與敘言部目，微有不同。

第二節　部首應有增減

郭與夢英書又云：「說文字源，惟有五百四十部，孑部後校在子部。」段云：「子字乃孑字之譌；當云孑在了部。」按說文第五百二十五部即子部，子部後為了部；而孑字即在了部之內。是郭讀部首，當未經細校時，以為宜增孑部，後亦自知其不然。宋夢英書有云：「說文偏旁五百四十字，有孑部而無丶

部」，其意不解。孑字宜亦為了字之譌，丶部則明明有之。據此二說，則部首字數，當與說文無殊。

但今之部首，實有應增應減，乃與書例相通者矣。觀八部有余篆云，「余，語之舒也，从八，舍省聲」；余後即部末，又有絫篆云，「絫，二余也，讀與余同」。是部末所列，直以絫為余之重文，而二篆實非一字。故段云：「絫之音義同余，非即余字也。」惟絫从二余，則說文之例，當別余為一部。其所云書例，如冓，本可隸艸部，以有从冓之媾字，冓乃獨立為一部；雔，本可隸雔部，以有从雔之雧，雔乃獨立為一部；余之立部，與冓雔同例。此部首之應增者也。說文鳳之古文朋，列鳥部鳳字之後；別有

烏部，以舄雗與焉列之部內。馬云：「舄之篆文作雗，自可先雗而後舄，入之隹部，與屬入鳥部同。必以舄為象形之初文，則字不从鳥，當如冢燕之自為部首；焉字亦然。說者謂烏舄焉形之半同，故合之，此不可通之說。疑許本各為部，而後人妄合之；不然，則宜務為三部，當增舄焉二部矣。」此說是也。朋烏舄焉四字，說文並稱象形，非从鳥省或从鳥省之字，朋可列鳥部，屬後，而舄焉不得强列於烏部也。且烏既與鳥分部，則舄焉自宜獨立為部矣。此亦部首之應增者也。

足部云：「足，人之足也，在體下，从口止。」王筠謂「足而从口，豈復成義，此从止而加脛以象之」是也。足部云「疋，足也，上象

腓腸，下从止。」疋與足本為一字，上象腓腸，下从止，即釋足字；然則足疋不必分部也。疋之立部，謂以㽛疏二字之故乎。然況祥麟朱駿聲謂「㽛从囪，疋聲，宜入囪部」；孔廣居謂「疏从㐬，疋聲，當入㐬部」。然則不立疋部，不患㽛疏二字無所附麗。此部首之宜減者也。馬云：「凵曲一字，曲小篆作曲；曲之與凵，猶匚之與𠥱矣。」蓋匚者，受物之器，象形，籀文作𠥱。凵盧為飯器，曲者象器曲受物之形，說文本二字；然形義俱近，與匚之作二形正同，故馬如此云。是亦部首之應減者也。

第三節 部首次第

部首之次第，以形近相聯，而義亦取焉。形近者，如第一

卷首一，次二，次示，次三，是也。他如玨之承玉，㸚之承爻，呂之承宮，茍之承包，或遠或近，皆以下部而蒙上部之形。県之承𦣻者，𦣻之倒形；司之承后者，后之反形，仍取於形也。此全書之通例。其形既遠，則近取諸義，如牙之於齒，鳥之於隹，叒之於才，米之於香，干支字之相屬，皆取其同類。同為器物，則且斤相次；同為人之須冄，則冄而相次；義在則然。此為變例。

歷世既久，顛倒錯迕，亦所不免。畗部畐部，先後相襲也，而小徐本則畐在畗前。旨部列於亏之前，喜之後，於形義皆無所取，江聲曰「旨當與甘為類」；段本用其說，移旨於甘部之後，於是以類相蒙矣。按宁部𡭴下云「甾，缶也」，甾與缶本為一

字，則缶甾宜直相屬，庶與自白，箕其，為同例。否則亦宜不甚相遠，如儿之與人，大之與亣，然後於例無違。今乃缶部百八十五，而甾為四百六十一；相去遠矣。以是知部首次第，被後人改竄者不少也。

第九章　篆書用小篆

說文敘云：「今敘篆文，合吕古籀，」此許氏述其作書之例也。所謂篆文者，即李斯所作之倉頡篇，趙高所作之爰歷篇，史籀胡毋敬所作之博學篇也。隸書祇用以赴急速，六書之本意盡失。小篆作於秦至漢而沿用不廢，許氏為漢人，故尊漢制用小篆。荀子云，「欲觀聖王之迹，則於其粲然者矣，後王是也」說文之用小篆，所謂法後王而已。

段氏云，「小篆之於古籀，或仍之，或省改之，仍者十之八九，省改者十之一二，」說文既以小篆為主，故書中先列小篆後列古籀，此正例也。雖用小篆而不言「篆文」者，必其小篆居

於正文之地者也。其用小篆而舉「篆文」二字以別之者，即小篆之居重文之地者也。裘部云「裘，皮衣也，从衣象形，與衰同意，求，古文裘」此裘為小篆，求為古文，先小篆而後古文也。示部云「祺，吉也，从示，其聲，禥，籀文从基」此祺為小篆，禥為籀文，先小篆而後籀文也。二者皆小篆列前，古籀列後之例；說文一書，此例甚多，故曰，正例也。其例之變者，則先古籀，後小篆。二部云，「二，高也，此古文二，丄，篆文二，」此二為古文，丄為小篆，先古文而後小篆也。𦣝部云，「𦣝，顄也，頤，篆文𦣝，」此𦣝為古文，頤為小篆，亦先古文而後小篆也。二者皆古文列前，小篆列後之例，說文一書，此例不多，故曰變例。段氏云，「凡全書有先

古籀，後小篆者，皆由部首之故，」其說是也。是故旁帝二字从二，必立二部，於是列古文二於前，而列小篆丄於後，𦣝字从𦣝，必立𦣝部，於是列古文𦣝於前，而列小篆頤於後也。

前言籀文筆畫繁難者，如攴部云「敗，毀也，从攴貝，𣪉，籀文敗从賏，」囗部云，「囿，苑有垣也，从囗，有聲，𡈀，籀文囿，」此皆籀文繁於小篆者也。文字者，所以為紀載之具，筆畫繁難，紀載不便，小篆之簡於籀文，許氏之以小篆為主，亦文字學自然之進化也。

第十章　排列篆書以義相聯屬例

段云，「凡每部中字之先後，以義之相引為次。」就一部言之，萬物始於一，故首一。元，亦始也，故元次之。始而後有天，故次以天。唯天為大，故次以丕，丕者大也。各篆先後之次，皆有意義聯屬其間。他若艸部之蔨菌茱萸，口部之呻吟嘅嘆，則相次，言部之謨訪諏論，心部之悲惻惜愍，則相次；此皆義之聯屬也。居部末之字，有數例焉。其形與部首重疊者，其義多相近，則居部末；形與部首相反者，其義多相成，則亦居部末。示部之祘，入部之从，石部之磊，車部之轟，皆居部末，此通例也。茻之不隸艸，炎之不隸火，玨之不隸玉，㠭之不隸工，則別

有从之之字，故獨為一部耳。幻之於予，倒以相承；乚之於丨，反以相受，此與爪部之爪，丮部之丮同例，而義亦各存焉。皆正例也。

然亦有以形相貫者。王氏云，「爨部收釁字，義全無涉，特以形似耳，既云血祭，安所用爨乎。臣部臧，祇以形附；白部中字，無一與部首相合者；此又許君無如何也。烏部祇舄焉二字，下半本同，不云从烏省，而云象形，極得變通之道。」以形相附，是例之變者。他如矢部之矤知矣三字，舛部之舞䍐二字，亦皆以形貫者也。

又有以音相貫者。陳澧云，「說文句部字皆句聲，此皆說

文為變例」。案句之屬三字，皆與句為疊韻字。丩部與句部例同。惟其字皆意兼聲，是義亦貫也。

第十一章 重文

第一節 同部重文

說文於一字而有數義數音者，說解中多兼釋之，則一字而有數形，自必兼收，此篆體所以有重文也。王筠釋例有同部重文異部重文之別。同部重文，說文之正例也；異部重文則變例也。是故一字而有數形，則列於同部之內，此許意也。何以知之？觀其每部之後，既曰文若干，又曰重若干，是自許作書之時，以重文列之同部，已顯然為全書之通例，此可為同部重文為正例之證。王以玉篇分別同文於他部，遂疑說文重文之多，為「後人迻併」，非確論也。重文所列之字，凡

八種。

一 古文 此未經李斯改易，而與小篆異形之倉頡古文。食部云，「飪，大孰也。肚，古文飪」；矢部云，「矦，春饗所射矦也，从人，从厂，象張布，矢在其下。医，古文矦」。此皆重文中之古文也。

二 奇字 此古文奇字，即古文而異者也。漢書揚雄傳云，「劉歆之子棻嘗從雄學奇字」，即指此。倉部云，「倉，穀藏也，从食省，口象倉形。仺，奇字倉」。亡部云，「𣞤，亡也，从亡，𣞤聲。无，奇字𣞤也」。此皆重文中之奇字也。此外尚有未言奇字，祇言古文而實為古文奇字者，一部云，「弌，古文一」。段

云，「一二三之本古文明矣，何以更出弌弍弎也，蓋所謂即古文而異者，當謂之古文奇字。」然則三部云，「弎古文三，」二部云，「弍，古文二，」亦為奇字無疑。

三籀文　此未經李斯改易，而與小篆異形之籀文，故更出之。

四小篆　說文變例，列古籀於前，則重出小篆於後。烏部云，「舄，鵲也，象形，雒，篆文舄从隹䧿。」䣊部云，「䣊，里中道也，从䣊共，言在邑中所共，䢿，篆文，从邑省」二條所稱篆文，皆小篆也。

五秦石刻　攴部云，「攸，行水也，从文从人，水省。汷，秦石刻

嶧山，（從段讀，顧讀以誤）石文攸字如此。」嶧山石文，不見史記，段引其文有「咸思汷長」之句，馮雲鵬石索載之，亦小篆也。

六或體　玉部云，「瑱，吕玉充耳也，从玉，真聲。䡅，瑱或从耳。」段云，「不入耳部者，為其同字異處，」如段言，知說文列字，不取同文異部；尤可見同部重文實為全書之正例也。凡或體字，為小篆之異體，亦古籀字之異體，是以示部云，「祀，祭無已也，从示，巳聲。禩，祀或从異。」此或體也。然段云：「周禮大宗伯小祝注，皆云『故書祀作禩，』禩字見於古書，是古文也」近出甲骨文字，有與或體相同者。此或體為古文之證。

七通人說　鳥部云，「鶃，鶃鳥也，从鳥，兒聲。鷊，司馬相如鶃从赤。」鷊蓋凡將篇之字。手部云，「𢱭，首至手也，（从段本）从手𠦪。拜，楊雄說，𢱭从兩手下。」拜蓋訓纂篇之字。此皆叙所謂「博采通人，信而有徵」者也。

八秘書說　目部云，「䀠，張目也，从目，真聲。䀏，秘書瞋从戌。」秘書者緯書也。易部云，「易，蜥易，蝘蜓，守宮也，象形。」秘書說曰，「日月為易，象侌易也。」此亦緯書之說。段云，「緯書說字，多言形而非其義，此雖近理，要非六書之本，然下體亦非月也。」然則許之採用緯書，乃舉其字形之別說而

已。

說文重文之例，不外右列八種。

第二節　異部重文

何以謂異部重文為變例乎？王氏云：「重文有散見於各部者；又有同部不言重文，而實為重文者；」洵為創論。但當分別觀之，然後其得失可互見焉。

一分為部首者　人字有異寫，自字有異寫，則分立四部；此即部首之變例。故異寫字已列正文，雖不謂為重文可也。

二見諸說解者　王云，「釆部云，讀若辨，廾部弁下云，釆，古

文辨字」。彼祇舉一例；他如古文㫁，不見旅下，而見於者字之下，此等字當同例。其已見於本字下者，姑不論；其未見於本字下者，大足補原定重文之數，蓋可貴矣。

三　形音義相殊者　辵部「連，負車也」，耳部「聯，連也」，車部「輦，輓車也」。此三字，據管子及周禮大宰鄉師注，乃一字。一字而分隸三部者，連字下段注云「許不於車部曰『連，古文輦』，而入之辵部者，小篆連與輦殊用。」殊用謂殊其義是也；但謂「許不言古文輦」，猶未為得耳。此三字，連居前，輦次之，聯居後。晉以謂連篆下，許當云「輦，連或从扶車」；今本有脫誤耳。此有二證。辵部重文三十，小徐止二十

七，張次立補二字，尚不足一；連下增輦，然後滿三十之數。此其一。聯下謂聯，連也，人知聯古字，連今字矣；輦字不出重文，後世奚以知三字為一字乎。此其二。此類字不多，王氏亦以為重文。

四　形音義相近者　詘在言部，咄在口部，王以為字同，所引詩詞可證。此與信字从言，而古文㐰从口，同例。王又云「彳部徎，與辵部逞同；蓋辵从彳，其意本通，故彳部有从辵者三字，辵部有从彳者四字。」此引七字為例證，尤不可易。王所舉此類字最多，亦有已見於諸家說中者。但如甚䵸越跳等字，音義雖近，尚未可遽信為同字耳。

右舉四項，可知其大略矣。王所舉異部重文，凡四百四十三字，但仍當加之審辨耳。

說文中有同為一字，因所从之偏旁不同，分見他部者，尚不可遽謂為重文。說文口部云「嘯，吹聲也，从口，肅聲。歗，籒文嘯从欠。」而於欠部復云「歗，吹也，从欠，肅聲。」大徐據部分之先後，定欠部之歗為重出，是也。段不以為誤，而曲為之說曰，「小篆亦从欠作。」已非矣。王氏反以口部之嘯，謂「經何人移近」，則更失之。蓋口部之嘯歗，為許君原文，欠部之歗，則後人增益也。其故可於同部重文求之。玉部之玭，古文从虫賓作蠙，然玭既列於玉部，則虫部不復收蠙。肉部之膌，古文从疒朿，

作㾊；然膌既列於肉部，則疒部朿部均不收㾊。丌部之典，古文从竹，作籅；然典既列於丌部，則竹部不復收籅。凡此諸字，更僕難數，皆類聚於一部，而不復見於他部。證以同部重文多數之字，可以知歗之列於他部，必為後人所增。

第十二章　重文不皆作篆例

說文凡同字異寫，為本字下之重文者，必有篆體；然亦有不作篆者。此當别為二種。

一在本部本字下　言部燮下云，「籀文燮，从羊，羊讀若瀅」；骨部骪下云「骪，或从肉」；而本字下不作燮肒之篆體。段補燮篆而刪骪字說解四字；王則欲並補之。言部詣訟等字，古文偏旁作𠕋形，而部首不為之立篆。挍議云，「許氏重文，往往散見於說解，而此燮體不復出篆，可以見例」。嚴說可謂具特識矣。

二在異部說解中　人部仁下云，「𡰥，古文仁字」，𡰥亦古文夷字也，而大部夷下無此篆。女部妻下云，「肖，古文貴字」，而貝部貴下無此篆。此等字見於說解者甚多，即王氏所謂異部重文。

右述諸字，所以不作篆之故，殆即張行孚所云，「見於古籀中者，或因其字廢棄已久；見於說解中者，或因音義已明，逸而不收」。果爾，是說文不出篆，必為通例。今考艸部末，自芥至莕凡五十三字，其前有說解云，「左文五十三，重二，大篆从茻」，而茻部不立此大篆。以此知說解既經說明，而不必皆作篆文，說文有此例矣。既有此例，可以不補。而必補之，寧非以察察為明乎。

第十三章　逸文

上章所云，可以斬盡許多葛藤矣；然說文要實有逸文。王氏補篆一篇，張氏以為可貴；鄭珍逸字，達一百六十五，李楨雖加駁詰，其實為逸去者，亦宜補之。今試舉二字論之。

一由字　說文从由聲者，如油伷軸柚等字，凡二十二，而篆文無由字。張氏曰「㽕字从丂，由聲，而由即㽕之古文；正與麗从鹿，丽聲，裘从衣，求聲，同例。觀㽕字解說云『商書曰，「若顛木之有㽕枿」』，古文言由枿」，則由為㽕古文，許君固自言之矣。特見於說解中，而未收為重文耳」。此據徐嚴二氏立說，又從說解中得其真解也。

二希字　說文從希聲者，如睎，稀，唏等字，凡十一，而篆文無希字。小徐疑義篇謂希為逸文；又支離而作他說，段嚴以為黹之重文，考其所據，亦未盡確。錢大昕謂「希即古文絺」；張氏據曾子問「希冕」釋文云，「本亦作絺」，尚書「希繡」，今本作絺繡，而用其說。

右二字，並常用字；若當日有篆文解釋之，何至使後世紛紛聚訟至此極乎？他如綏桵从妥而無妥，旒遊从斿而無斿，於是徐氏乃有妥非字，斿不成字之說，其實皆逸文也。許沖奏謂，「以文字未定，未奏上」，意當日固有未竟之功歟？實為逸文，諸家補之，其功偉矣。然其篆形何如，屬隸何如，音義又

何如，非可以苟為也。

第十四章　說解以義形聲為先後例

爾雅，訓詁書也。唐韻廣韻，音韻書也。說文，形書也。然說文一書義形聲兼言之。各部每列一篆，必先釋義，次釋形，次釋聲，此通例也。隹部云「離，離黃，倉庚也。鳴則蠶生。从隹，离聲」。皿部云「皿，飲食之用器也。象形，與豆同意。讀若猛」。此皆先釋字義，形次之，聲又次之。有不言音者，如又部云「叉，手足甲也，从又，象叉形」；此雖不言聲，仍先義而後形，不亂其次。有但言形而不言音義者，唯重文則然耳。訓詁書言義而闕音，音韻書言音而闕形，說文則兼言義形聲。至以象某形，从某形，从某聲，說字之形，尤為古人所未有。故於字形之所以分，字音

之所從出，字義之所由立，獨能元元本本，抉發無遺，此戴震所以謂說文為吾國之寶書也。

第十五章　說解用一曰例

凡說有相歧，欲兼存之，用一曰為區別之詞，山海經，韓非子，故訓傳，皆有此例。說文亦有之，有時用或曰，亦用又曰，其例皆同，今分列之。

示部云「祝，一曰，从兌省」，此言形者。

玉部云「玤，讀若詩曰瓜瓞菶菶，一曰，讀若蛤蚌，」此以讀若言音者。

足部云「蹁，一曰拖後足馬，讀若苹，」此兼言音義。

右述諸例，見說文者甚多，既有異聞，乃并存之，此例之善者也。惜一曰之詞，不盡原文，多有淺人增益者，今亦畧論

於後。

示部云，「禋，絜祀也，一曰精意吕享為禋，」段云，「周語『精意以享，禋也，』絜祀二字已包之，何必更端稱引乎？」馬部騷，各本作「騷，擾也，一曰摩馬也，」段云，「『擾也一曰』四字，淺人所增，人曰擾，馬曰騷，摩馬引伸之義為騷動。」是禋騷二篆下之「一曰」二字，段皆以為非原文，必後人所竄入矣。

玉部云，「玟，一曰玉之美者；」王云，「此後人因玟亦借為珉，遂迻珉之說解於此。」手部云，「揩，縫指揩也，从手，沓聲，一曰韋韜；」王云，「此句或出字林，恐人不解縫指揩而改之也。玉篇『韋韜也，』既用此義，即不復用縫指揩義，亦可證其非異義也。」言

部云，「諯，數也，一曰相讓也，」王云，「此較兩本異文也。數即讓，左傳『數之以三罪而殺之，』諫下云『數諫也，』皆其義。別本所以作相讓者，此下所列讓字也。」上列各篆之一曰，即王所謂不可信之三種。其第一種，為後人所增益；第二種，即采字林之說，以一曰區別之；第三種，彙校不同之本，猶云一本作某耳。

第十六章　以今字釋古字例

前引鳥部「舄，䧿也，」耳部「聯，連也，」舄聯為古字，䧿連為今字，是以今字釋古字之例也。爾雅釋詁云，「于，於也，」毛詩采蘩傳用以釋詩。說文亏部云，「亏，於也，」段云，「凡詩書用亏字，凡論語用於字，蓋于於二字，在周時為古今字，故釋詁毛傳以今字釋古字也。」此例自古有之。說文糸部云，「續，連也，賡，古文續，从庚貝，」而釋詁則云，「賡，續也，」此與同篇之「于，於也，」同例。鄭康成注儀禮云，「今文竝皆為併，」而禮運注云，「竝，併也，」此亦以今之併，釋古之竝也。古之經典，既有此例，不可以相同之字而判為二字也。

第十七章　讀若讀同例

顏之推家訓音辭篇曰，「鄭玄注六經，高誘解呂覽淮南，許慎造說文，劉熹製釋名，始有譬況假借，以證字音。孫叔然創爾雅音義，是漢末人獨知反語，至於魏世，此事大行。」陸德明經典釋文叙錄曰，「孫炎始為反語，魏朝以降漸繁。」此皆以反切始於孫氏之說也。章氏云，「經典釋文序例，謂漢人不作音；而王肅周易音，則序例無疑辭，所錄肅音用反語者十餘條。又尋漢地理志廣漢郡梓潼下應劭注，『潼水所出，南入墊江，墊，音徒浹反，』遼東郡沓氏下應劭注，『沓水也，音長荅反，』是應劭已有反語，則起于漢末也。」據此則反切之語，已見於應

氏之注，但漢世終未盛行而已。

漢世既未盛行反切之法，故說文有「讀若」「讀同」之例，以譬況之辭解釋字音，使人易曉耳。段云「凡言讀若者，皆擬其音也。凡傳注言讀為者，皆易其字也。注經必兼兹二者，故有讀為，有讀若。讀為亦言讀曰，讀若亦言讀如。字書但言其本字本音，故有讀若，無讀為也。」段說如此。錢大昕則云「漢人言讀若者，皆文字假借之例，不特寓其音，並可通其字。」王筠云「說文讀若有專明其音者，有兼明假借者。」王所謂假借，即錢所謂通其字也。是以張行孚云「說文讀若實可為經典假借之例，與經典讀如，僅擬其音者不同。」其例有二，有音義

相通，而讀若通行者，有音同義異，而讀若通行，莫非假借字者。是讀若之例，不祇如段所謂擬其音而已也。今分論於後。

第一節　讀若例

㕛部，「㕛，讀若詩『摽有梅』」，此讀若引經。言部，「詨，讀若心中滿該」，此讀若引諺也。瞿部，「瞿，讀若章句之句」，凡一字數音者，不別之仍不明，此謂不讀若鉤也。鬥部「鬮，讀若三年繩糾」，古龜音讀如姬，漢人讀如鳩，此段說。今晉人與漢讀同。艸部云「莠，从艸，秀聲，讀若酉」，王云，「酉秀異音，故別之」，此舉一字以擬其音。凡以讀若明音者，有此數種，皆正例也。

錢云，「說文『𩆜，讀若許』，詩『不與我戍許』，春秋之『許田，許男』，

不必从邑从無也。『瞿，讀若句』，春秋『鸜鵒』，說文作『鴝鵒』，是瞿句通也。說文有『讀與某同』者，『雀讀與爵同』，今經典鳥雀字多用爵。以此推之，許所云讀若云讀與同，皆古書假借之例，假其音並假其義，音同而義亦隨之。近時尊信說文者，知分別部居之不可雜，欲取經典正文，悉改而從許氏之體，是又未諭許君通假之例矣。」錢所引𩆜瞿雀，皆本字，許，句，爵，皆假借字。此示人以本字之音，即示人以本字之假借字也。經典習用假借字，張行孚云「說文讀若，強半後世通行之字，而其本字，強半為後世所不行者」，是之謂也。凡以讀若明假借者如此，此變例也。

頁部「頨，翩省聲，讀若翩」，讀若與聲，竟為一字，故大徐疑之。王云，「蓋以讀若翩，因改為翩省聲耳。」據所考，凡三十九字矣。

第二節　讀與某同例及讀若某同句

讀同，向分二例。凡稱讀與某同者，謂其音同，此通例也。凡言讀若某同者，王云「即是一字分隸兩部也」。果如王說，是又為異部重文開一例矣。重文當有篆體；否則有某古文，某籀文之說解，以分別之；否則當如彳部云「𢓸，此與馺同」，以說明之；始可信。然嘗就「讀若某同」之句，求所謂「某」一字之下，既無篆文，又無分別說明之說解，則王說未可信；即亦未可成

一例矣。段於此等句，或刪同字，或仍之。而於走部「趌讀若跬同」句，注云「當作讀若圭三字」，淺人所改，其不以此等句為例，可知矣。今各引數字而分述之。

龠部云「龢，調也，讀與咊同。」咊，今之唱咊字；龢者，樂音之調；故二字義異而音同。

攴部云「攽，讀與彬同。」攽為分聲，彬為彬聲，古音分彬同部。此亦明音之詞。

丌部云「丌，讀若箕，同。」王云，「丌，蓋同箕之古文其，」非也；所引穆天子傳，墨子，皆借用。契文其字十五，無作丌者；古籀補引金文箕十三，皆與丌異字；知讀若某同之語，非一

字隸兩部之說矣。

亯部「𩫖讀若庸，同。」廣韻謂「𩫖者庸之古文，」玉篇亦謂「𩫖今作庸；」而說文用部庸字下不如此云。果為一字與否，尚待再考。

𠙹部「𧇡讀若盧，同。」唯此條可信為𧇡盧一字。蓋皿部謂「盧，𧇡聲，」𧇡為古文，故盧以為聲；與求為古文，裘以為聲例同。竊疑許氏何不徑言古文盧，使人易曉乎。故此語即為原文，不過讀若之例外而已。

第十八章　說解用雙聲疊韻字例

漢人治訓詁，多偏重字音。白虎通一書，多取音近字以立義，釋名尤甚。說文之於字義也，其屬於形體者，必說其象形，其為數字集合而為義者，必說其會意；其關於字音者，然後以音說之。以音說義，必採之雙聲，本之疊韻，或雙聲疊韻兼用之。雙聲者謂同母，疊韻者謂同韻，錢大昕云，「聲音在文字之先，而文字者必假聲音以成，綜其要，無過疊韻雙聲」者，是也。近人錢玄同云「古稱發音相同之字曰雙聲，收音相同之字曰疊韻，」以發音收音明之，尤易曉。說文凡諧聲之字所以言聲也，而義亦寓焉。至轉注假借，其因聲以得義者尤多。

其本為疊韻者，義既相同，其明明非疊韻字，而展轉相借，要仍不出於雙聲之例，其義亦無不相通也。是故說文各部，取雙聲疊韻立訓者，其數實夥，今各舉數例分列於後。

雙聲例

可，肎也。　見可部。此以雙聲字為義之例。

㪅，改也。　見攴部。例同上。

纔，淺也。　見糸部，謂淺黑色。例同上。

倗，讀若陪。　見人部。倗，輔也。此以雙聲字為音之例。

疊韻例

天，顛也。　見一部天篆。此以疊韻字為義之例。

羊，祥也。　見羊部。

戶，護也。　戶部云：「戶，護也，半門曰戶，象形。」

書，箸也。　見聿部。叙目曰：「箸於竹帛謂之書。」

雙聲兼疊韻例

葍，蔔也。　見艸部。此雙聲而兼疊韻也。

卜，灼剝龜也。　見卜部。段云：「灼，雙聲；剝，疊韻也。」

窊，汙衺下也。　見穴部。汙衺，依段本以二字為逗。段引史記云：「汙邪滿車」，司馬彪注云：「汙邪，下地田也。」王筠云：「汙窊雙聲，衺窊疊韻。谿下云『汙窬』，放此。」

枇，枇杷木也。　見木部。段云：「四字句。」王筠云：「茘枝，枇杷，橄

欖，皆以雙聲疊韻為名。」

右舉雙聲疊韻之例，可畧見梗概，其詳於外篇中更述之。

第十九章　引經籍例

說文叙云：「壁中書者，魯恭王壞孔子宅，而得禮記，尚書，春秋，論語，孝經，又北平侯張蒼獻春秋左氏傳。」段云：「許所謂得禮者，禮古經也。藝文志言『禮古經五十六卷』，十七篇即唐以後所謂儀禮，多出之三十九篇，漢儒莫為之注，遂亡。記者，謂禮之記也。此亦當云『禮，禮記』，轉寫脫一禮字耳。禮凡二百十四篇，經典釋文叙錄引劉向別錄云：『古文記二百十四篇』是也。謂之古文記，則以上皆為古文可知。尚書者，志言『尚書古文經四十六卷』，為五十七篇，皆為古文。春秋，蓋謂春秋經也，志言『春秋古經十二篇』是也。春秋經傳，班志不言出誰氏，

許云『張蒼獻春秋左氏傳』，意經傳，皆其所獻。而許以經繫之孔壁，恐非事實，或曰春秋二字衍文。論語者，志云『論語古二十一篇』，出孔子壁中，兩子張篇是也。孝經者，志云『孝經古孔氏一篇』，二十二章是也。」以上所述，謂儀禮，禮記，尚書，論語，孝經，皆為古文，以其出於壁中，故稱壁中書。而張蒼所上春秋經，左氏傳，與上五書同為古文也。案叙又云「孔子書六經，左丘明述春秋傳，皆㠯古文」，然則儀禮尚書春秋之文在當時為孔子手書，左傳之文為左丘明所自書也。此所稱古文，不必皆為蒼頡古文，大篆亦在焉。許氏引經，多引古文，故於叙中舉古文書名，使後之人可以得其故而已。

敘云「其偁易孟氏，書孔氏，詩毛氏，禮周官，春秋左氏，論語，孝經，皆古文也。」段云「漢田何以易授丁寬，寬授田王孫，王孫授孟喜，虞翻五世皆治孟易，孟易者，許君易學之宗也。孔氏有古文尚書，孔安國以今文讀之，因以起其家。孔氏者，許書之宗也。毛公治詩為河間獻王博士。毛氏者，許詩學之宗也。禮古經出壁中，有大戴小戴之學，許不言誰氏者，許禮學無所主也。周官經六篇，王莽時劉歆置博士，不言誰氏者，許周禮學無所主也。春秋經傳出張蒼家，左氏者，許春秋學之宗也。論語，孝經不言誰氏者，學無所主也。」敘中所舉諸書，皆說文所稱引，惟易孟氏，段以為非壁中文。他如魯詩，公羊傳，

今文禮，亦說解中所引用者也。

段云「凡引經傳，有證義者，有證形者，有證聲者。」此引經之例也。案玉部云「瓘，玉也，从玉雚聲。春秋傳曰瓘斝。」口部云「啞，笑也，从口亞聲。易曰笑言啞啞。」此引經以說字義也。又部云「取，捕取也，从又耳。周禮獲者取左耳。」稱周禮以說从耳之意，此引經以說字形也。䀠部云「䀠，𠂇又視也，从二目，讀若拘，又若良士瞿瞿。」此引經以說字音也。惟引經之句，亦多經後人改竄，當細辨之。

此外並有引經說假借之例。

第二十章 用方言例

用方言解經，古有此例。周禮槀氏注「杜子春云，樵，讀如薪樵之樵。」疏云「子春作俗讀。」梓人「筍虡」注云「司農曰，筍，讀如竹筍之筍。」疏云「俗讀。」輪人注「鄭司農曰，藪讀為蜂藪之藪。」薪樵也，竹筍也，蜂藪也，皆漢代方言，此皆在許君之前，采用方言釋經者也。

說文之用方言為說解者，如亦部云「夾，盜竊褱物也，从亦有所持，俗謂蔽人俾夾是也。」段云「蔽人俾夾，漢時有此語，」此其例也。言部云「訌，扣也，如求婦先訌叕之，从言口，口亦聲。」歺部云「⿰歺奇，棄也，从歺奇聲，俗語謂死曰大⿰歺奇。」此皆以方言說

字義也。

凡方言所用之字，無義可尋，是以髟部云「⿱髟爾，髮皃，从髟，爾聲，讀若江南謂酢母為⿱髟爾。」段云「⿱髟爾無異字者，方言固無正字，」是其說也。金部云「鋏，可以持冶器鑄鎔者也，从金夾聲，讀若漁人莢魚之莢。」王筠亦云「莢，鄉俗之言，許君第以明音。必於俗語求正字正義，其失也固。」

第二十一章　用俗字假借字例

說文敘云「其銘即前代之古文，」段云，「銘字不見於金部，而此作銘者，不廢今字也。」敘又云「雖叵復見遠流，」段云「叵部無此字，而此有叵字者，不廢今字也。」此敘之用今字也今字不必為俗字。

先部云「先，首笄也，簪，俗先从竹从簪，」是簪為俗字，明矣。髟部云「髺，簪結也，」竹部云「笄，簪也，」此皆用俗字之例也。示部云「桼，數祭也，从示毳聲，讀若舂麥為桼之桼，」段云「說文無桼字，即臼部『舂去麥皮曰臿』也，江聲曰『說文或用方言俗字，篆文仍不載桼』」是段雖據廣雅改桼為桼，而江則仍以桼為俗

字，此亦說解用俗字之例也。王筠云「許君之說字也，固多本之經訓，然亦有使人易了，即用漢文者。或以說解有之，欲補於篆文，或於篆文無之，欲改其說解，皆程子所謂扶醉人者也。」此說是也。知乎此，可以知許之用俗字，與用今文以解古文，用今語以釋古語，蓋同一意也。

說解中之有俗字，常例也；然篆文中尚有俗字。豆部云，「豆，古食肉器也，从口，象形，」是豆者什器也。考工記云「食一豆肉，中人之食也，」士昏禮云「醯醬二豆，菹醢四豆，」此豆之見於經典者也。豆為什物，故凡以豆為義，以豆為聲者，皆於什物有取者也。例如：

梪，从木豆。　豆部云「梪，木豆謂之梪，从木豆。」

𢍏，从豆。　豆部云「𢍏，禮器也，从廾持肉在豆上。」字亦从豆。

豊，从豆。　豊部云「豊，行禮之器也，从豆，象形。」

虘，从豆。　虘部云「虘，古陶器也，从豆，虍聲。」

豐，从豆。　豐部云「豐，豆之豐滿也，从豆，象形。」

豎，豆聲。　臤部云「豎，堅立也，从臤，豆聲。」

侸，豆聲。　人部云「侸，立也，从人，豆聲。」

豈，豆聲。　豈部云「豈，陳樂立而上見也，从屮豆。」

右凡八篆。梪，𢍏，豊，虘，四字皆什器也，豐，器之豐盈也，豎，侸，豈，三字，从豆為聲，亦為豆之立形，段所謂「豆柄直立，故豎，

侸，豈，字皆从豆。」要皆取義於豆之為什物也。乃豆部忽出二篆云，

𧯛，豆屬，从豆，𢍏聲。

豋，豆飴也，从豆，夗聲。

右𧯛豋二篆何字乎？二篆皆从豆，豆為何物乎？此俗字也。廣韻云「𧯛，黃豆也，」段云「此本草經之大豆黃卷也，」是𧯛者穀類也，何得从豆。黑部云「黦，黑有文也，讀若飴豋字，」飴豋蓋漢之俗語，高誘，漢人也，其注淮南時則訓「天子衣苑黃，」亦云，「苑讀飴豋之豋，」可證。黑部云「黦讀若飴豋字，」與前引之示部「桼，讀若舂麥為桼之桼，」其例同，桼既為俗字，則豋亦俗字，此

可據諸若之例以證之。案尗部云，「敊，配鹽幽尗也，从尗，支聲，豉，俗敊从豆」，此以敊為正字，豉為俗體也。尗者今之菽字，穀類也，故敊从尗為正體，豆者瓦器也，非穀類，故豉从豆為俗體。豉為穀類，既為俗字，則巹登為俗字甚明，此則仍據从豆之字以證之也。「俗敊从豆」一語，非許原文，但欲知豉之非古體，則此語正可為左劵。是故巹登二篆，必為漢人所作之俗字，人特習焉而不之察。

尗部云，「尗，豆也」，段云，「尗豆古今語，亦古今字，此以漢時語釋古語也」，此說是也。漢人之作巹登豉也，即緣是而起，而不自知其為俗體也。胡適之論清代學者治學的方法，在「證

例充足」，在「推求致誤之由」，此治六書者所不可不知也。

說文言部云，「譀，誇也，䜕，俗譀从忘」，水部云，「𤅩，水濡而乾也，灘，俗𤅩从佳」，類此者凡十六字，皆不在說解用俗字之例之內。王筠云，「將謂使人用之乎？則有正字可用矣。將謂辯偽存真，則既有所收之正字，即不收者為俗字矣，漢人著書體例皆然，初不作辯駁語。」此王氏於說文重文之俗字，有所懷疑之詞也。竊謂此等俗字，乃昔之讀說文者，旁記於說解之下之詞，後人不察，乃混入說解，及其久也，又加篆文於句首，遂舉世以為正文矣。

王士禎云，「古之樂府，原有句有音。在當日句必大書，音

必細註。後人相沿之久，並其細註之音，而誤認為句。如南中某公作樂府，有『妃呼豨豨知之』之語，夫妃呼豨三字皆音也，今乃認妃作女，認豨作豕，豈非笑談」。述聞云，「書傳多有旁記之字，誤入正文者。墨子『今吏民皆智之』，智古知字也，後人旁記知字，而寫者竝存之，遂作『吏民皆智知之』。史記刺客傳『衆莫能就』，『衆』者終之借字也，後人旁記終字，而寫者竝存之，遂作『衆終莫能就』」。以此推之，知說解中凡有「某字俗从某」之句，乃「妃呼」「智知」之比，必非原文。不惟俗字，凡後人所增，誤認為原文者，大率類此。

說解中，方言俗字既用之無所避；其用假借字，事之常

也。段注說文本，乖。尒字改作尔；居處字改作凥；憂慮字改作𢝊；深淺字改作罙；樂龢味盉，必從其朔；ナ左又右，隨義以分；所以示有別也。鈕樹玉非之。張氏亦云，「解說中字，從俗假借，取人易曉，為許書之原文，有改之不勝改者。」改不勝改，是事實關係；未可據此以為原文如此。章氏云，「六書本義，廢棄已久；經籍仍用，假借為多；舍借用真，茲為復始。乃夫一字所函，周包曲折，晚世廢絕，辭不慊志；必當采用故言，然後義無遺缺。」此言用本字者，可以曉本義，可以無遺義，非在復古也。

第二十二章 同相似同意例

說解中有言某與某同，某與某相似，某與某同意者，其字甚多。今約舉其例如：

黽部云，「黽，鼃黽也，从它，象形，黽頭與它頭同。」

魚部云，「魚，水蟲也，象形，魚尾與燕尾相似。」

高部云，「高，崇也，象臺觀高之形，从冂口，與倉舍同意。」

觀右三例，大抵稱同稱相似者，謂其物或其字之相類；稱同意者，謂其意之相類。是故同也相似也，為一例，同意為一例也。角部云，「角，獸角也，象形，角與刀魚相似。」段云，「其字形與刀魚相似也，」此「龜頭似蛇頭之例。」段所云，龜頭似蛇頭，乃

本於龜部「龜頭與它頭同，」之語，此「同」與「相似」為一例之證。許君所謂「角與刀魚相似。」如以遜清光緒末季，新發見之甲骨文字考之，尤真確。羅氏石鼓文箋云，「𠕎，象肉形，商人卜辭作𠕎，與此正同，」卜辭之字，真刀魚形矣。半篆下段注云，「凡言某與某同意者，皆謂其製字之意同，」是與上例之僅言物形字形者有別，此又一例也。

第二十三章 闕文例

敘云，「其於所不知，蓋闕如也，」故書中有雖列篆文，而不能強為之說者，則闕之。二徐本闕文，互有同異，如二部𠄔字，大徐作「𠄔，溥也，从二，闕，方聲，」小徐則闕字在方聲二字下，是也。凡言闕者，或謂形，或謂音，或謂義。闕文有此三種，凡十四字。今畧舉數字於左。

爪部云。「爪，亦丮也，从反爪，闕。」段云。「謂闕其音也，其義其形皆可知，而其讀不傳，故曰闕。後人肊為說曰，諸兩切，蓋以覆手反之，即是掌也。楊雄河東賦『爪華蹈衰』，蘇林曰，『掌據之足蹈之也；』云掌據之，正合丮持之訓。而小顏云，

『爪，古掌字，』酈注水經河水篇，李注西京賦，皆引賦作掌，則自蘇林以後，皆讀掌也。」

吅部云：「單，大也，从吅𠷎，吅亦聲，闕。」段云：「闕，當云𠷎闕，謂𠷎形未聞也」此謂从𠷎之形不明也。

邑部云：「𨙨，从反邑，𨛜字从此，闕。」段謂「其音闕也」鄭樵通志，謂𨙨字與𨛜同。

𨛜部云：「𨛜，鄰道也，从邑，从𨙨，闕。」段謂「其音未聞也」爾雅之衖，篆文作𨟻，古文作𨞒，今作巷，隸書作鄉。本胡絳切。大徐因𨞒从𨛜，故以胡絳切𨛜字，音巷。唯此為後人所作，段不取。

竹部云：「节，相當也，闕，讀若宀。」段云，「此謂闕其形也。从竹則知之矣，竹取兩角相當；从冂則不可知也。」

弜部云：「弜，彊也，緟也，从二弓，闕。」段云「其讀若不聞。」

木部云：「某，酸果也，从木甘，闕。」段云，「此闕，謂義訓酸，而形从甘，不得其解也。」

右所舉皆闕文例。唯書中闕字，有非許君原文者，但不盡如王氏所云耳。其義均詳見外篇。

第二十四章　非字者不出說解例

說文說解，剖析字體而釋之，然無不成字者。皃下云，「从儿，象小兒頭囟未合。」此謂上半形象頭囟；谷下云，「从口，上象其理。」上即謂上半形；此象形字。兜下云，「从儿，象左右皆蔽形，」蔽形，謂左右二畫；㡀下云，「从巾，象敗之形，」敗形，謂巾字以外四畫；此指事字。以此知有其形，有其事，苟不成字，即不書寫，此說文通例。成字者乃云从某，段嘗言之；王謂「非字不可言从，非字則不當出；」皆確論也。

然非字而出者多矣。亯下云，「从高省，曰，象進孰物形，」王謂「讀者以其似楷書曰字而加之。」芈云，「从羊，象其聲气上出，與牟同意；」而牟則云，「从牛，厶，象其聲气从口出；」知芈是而牟非矣。非字而以為字，致混淆六書之界畫者，尤莫如「一」形。血下云，「一，象血形。」契文血字，上畫為圓點，橫書之，後世所為；以為一二字，更非許意。此單用一字之誤也。刃部刃云，「象刀有刃之形，」而办下則云，「从刃，从一，」办字果從一，刃何以不云从一乎。此用从一二字之誤也。王謂「一為指事，」舉市、勹二字以證其說，此謂一之非字也，其識卓矣；但亦有屬象形者。各篆下出从一二字者甚多；可以知說文文字經後人改竄者亦多矣。

第二十五章　治六書須識字

戴震曰，「後之論漢儒者，輒曰『故訓之學云爾，未與於理精而義明』則試詰以求理義於古經之外乎？若猶存古經之中也，則鑿空者得乎？經之至者道也，所以明道者其詞也，所以成詞者，未有能外小學文字者也。」又曰，「僕自少時，求所謂字考諸篆書，得許氏說文解字，三年，知其節目，漸覩古聖人制作本始。又疑許氏於古訓未能盡，從友人假十三經註疏讀之，則知一字之義，當貫羣經，本六書然後為定。」戴氏之論，蓋謂讀書明道，未有不以六書文字為始者也。故戴於義理之「理」字亦本之許叙「知分理之可相别異」一語，以為說解，胡

適極稱道之。

顧自隸書既作以來，人多用隸不用篆，而篆文幾廢。灋之从廌也，義取於觸不直者而去之也，而隸易為㳒，所謂去者奚去乎？𣞤之為有𣞤字也，以其从亡也，而隸易為無，無者𣞤字之變，𣞤者繁盛之意，所謂有𣞤者安在乎？玄鳥之作燕也，水族之作魚也，象其枝尾也，而易為燕魚，其形俱失矣。𣋡之从夲也，㬥之从日出也，固兩字也，而代之以暴，則𣋡㬥俱廢矣。偁者揚也，稱者銓也，各不相涉也，而祇用一稱，則偁稱不分矣。他如毋而為毋，粟而為粟，流而為究，攴而為朴，舉數之而不能終其物。夫人既知有隸，而不知有篆，尚復有能識

本字者乎？

錢大昕曰，「叔重生於東京全盛之日，諸儒講授，悉能通貫，故於經師異文，采摭尤備。姑即予所知者言之，如塙即易『確乎其不可拔』之確，𨓚即『跛能履』之跛，勼即書『方鳩僝功』之鳩，蒔即『播時百穀』之時，彤即『高宗肜日』之肜，覒即詩『左右芼之』之芼，㑼即『佛時仔肩』之佛，揂即『百祿是遒』之遒，埱即爾雅『俶落權輿』之俶，遷即『馹傳』之馹，楣即『楣謂之梁』之楣。又如颲颲即栗烈之異文，彳亍即蹢躅之異文，营藭即鞠藭之異文，顦顇即蕉萃之異文，今人視為隱僻之字，大率經典正文也。經師之本，互有異同，叔重取其合乎古文者，稱經以顯之，其

文異而義可通者，雖不著書名，亦兼存以俟後人之決擇，此許氏所以為命世通儒也。」蓋經典多用假借字，吾輩平日諷誦詩書百家之言，所識者不過音假之字，其本字則具載於說文，故錢氏以為說文隱僻之字，為經典正文也。

假借者，字也，本字亦字也，吾輩既知假借字，而又必用力於本字者，蓋非獨其字而已，有其義在焉。凡一字之義，由於本字而出，不識本字，則不明本義。王引之云，「字之聲同聲近者，經傳往往假借，學者以聲求義，破其假借之字，而讀以本字，則渙然冰釋，如其假借之字而強為之解，則詰𥫗為病。」察王氏之言，可以知本字之不可以不識矣。鄭康成箋註詩

禮，後人或病其破字，而不知其正以本字讀之也。章氏云，「近代言小斆者衆矣，經典相承，多用通假，治雅訓者，徒以聲誼比類相從，不悉明其本字。」彼既以是為病，故所著小斆答問，即以明本字借字流變之迹矣。

第二十六章 治六書須通音韻

說解之中，用雙聲疊韻字訓釋字義，既如前云矣。考說文九千餘字，屬於形聲者十之八九，蓋不獨形聲一類，與聲有關，即轉注假借，取義於聲者，亦不少也。

梁啟超云：「象形，指事，會意，衍形之屬也，形聲，轉注，假借，衍聲之屬也。說文萬五百十六字，形聲之字，八千四百零七，象形指事會意之字，合計僅一千有奇。其間兼諧聲者尚三之一，依聲假借而脫變其本義者亦三之一。然則中國之字，雖謂什之九屬於聲系焉可也。」其意蓋以中國之字，所以孳乳浸多者，大都由於衍聲以得之也。梁氏又云：「說文有一字

而其義分寄於形與聲，後起孳乳之字，衍其形兼衍其聲，而即以並衍其義者。例如「八」字說文云，「八，別也，象分別相背之形。」「八」字發音，與別與背同，既一聽而可察其義矣，其形亦一望而得之。於是凡從八之字，非徒衍八字形也，亦衍八字聲。說文「𠔁」字下云，「𠔁，分也，从重八。八，別也，亦聲。」「書堯典」「分北三苗，」「吳志虞翻傳云，」「北，古別字，」此明其聲形並衍，至確實矣。然於其他从八之字，則多忘卻其衍聲之部分。」其說如此。故於說文「分，必，釆，半，平，」五字，即擬改正說解。今將說文原文，及所擬改正之詞，分列於下。

許說文

分	別也，从八从刀，刀亦分別物也。
必	分極也，从八弋，弋亦聲。
釆	辨別也，象獸指爪分別也，讀若辨。
半	物中分也，从八从牛，……
平	語平舒也，从亏从八，八，分也。

梁擬改正

分	別也，从八从刀，八亦聲。
必	分極也，从八弋，八亦聲。
釆	辨別也，……从重八，八亦聲。
半	物中分也，从八从牛，……八亦聲。
平	分均也，从亏从八，……八亦聲。

梁所以欲改右五字，皆从八聲者，以此五字既从八衍形，若更从八衍聲，則各字分別之義，自可由形與聲得之之故也。考說文必篆說解「弋亦聲」三字，本作「八亦聲」，段注已改正。梁所擬之字，正與必之从八聲同意，以此知古之文字，其因聲以得義者，不知其凡幾矣。

說文水部云「沖，讀若動」，田部云「田，敶也」（從段本）陳公子完奔齊，以國為氏，而史記作田氏，田即敶之假借，故田與敶古皆音敶。錢大昕據之，發明「古無舌頭舌上之分」之理。即所謂「古無輕脣音」之說，得於說文者亦多。錢氏云：「古人讀方，重脣，與併聲相近，說文『方，併船也』。古讀封如邦，又讀如窆，說文『堋，喪葬下土也』，禮謂之封，周官謂之窆。古讀非如頒，說文『菲，賦事也，讀若頒，一曰讀若非』。古音晚，重脣，今吳音猶然，說文『晚，莫也』，詩毛傳『莫，晚也』，莫晚聲相近。」錢氏為音韻學之發明家，其得力於說文如此。則不獨通音韻者，然後可以治說文，且治說文者，於音韻學必大有創獲也。

國故論衡云：「段氏為說文注，與桂馥王筠並列，量其殊勝，固非二家所逮。何者？凡治小學非專辨章形體，要於推尋故言，得其經脈，不明音韻，不知一字數義所由生，此段氏所以為桀。大凡惑并音者，多謂形體可廢，廢則言語道窒，而越鄉如異國矣。滯形體者又以聲音可遺，遺則形為糟魄，而書契與口語益離矣。」蓋說文一書，自徐氏作韻譜，然後治六書者，有音切可考。段氏既依始一終亥，撰說文注，復撰六書音韻表，據顧江二氏之部次，分為十七部，其後陳氏又就段注以部首編次細目，始東終乏，作說文部目分韻，皆所以明六書之音韻也。以此知訓詁也，形體也，音韻也，三者要皆不可

以偏廢也。

第二十七章　用金石甲骨文字研究六書

第一節　用金石文字研究

韓子適魯，然後見易象與魯春秋，是雖同世之物，有不可得見者矣。唐世得石鼓文於陳倉，弃諸草莽，莫之貴也。鄭餘慶見之，始移置於鳳翔孔子廟中。晚李贰以為宇文周時之器，顧氏從之；然自古以為周宣王時之物，章氏從之。不幸石鼓文為許君所未見，使及見之，則必取之。

說文敘云：「郡國亦往往於山川得鼎彝，其銘即前代之古文，皆自相似。」漢世所見古器，如漢書郊祀志云：「少君見上，上有古銅器，問少君。少君曰，此器，齊桓公十年陳於柏寢。」又

「美陽得鼎，獻之有司。張敞曰，此鼎，殆周之所以褒賜大臣。」皆敘所謂鼎銘之類，此當為許氏所及見也。

吳大澂云：「許氏以壁中書為古文，疑皆周末七國時所作，言語異聲，文字異形，非復孔子六經之舊簡。雖存篆籀之跡，實多譌偽之形。鐘鼎彝器之文，日出不窮，有許書所引之古籀，不類周禮六書者；有古器習見之形體，不載於說文者。如許書示古文作[古文字形]，玉古文作[古文字形]，中古文作[古文字形]，籀文作[古文字形]，丹古文作[古文字形]之類，以古器銘文偏旁證之，多不相類，其為周末文字可知。古器習見之字，即成周通用之文。如王在之[古文字形]，皇考之[古文字形]，以及甲作十，丁作口，壬作工，丑

作，皆許書古文所無。故全書屢引秦刻石，而不引某鐘某鼎之文。然則郡國所出鼎彝，許氏實未之見。吳之古籀補，凡三千五百餘字，多為許氏所未收，其說確有所據。唯以殷虛出土之甲骨文字考之，殷之晚年，文字之變化極繁，無一字無異體，甚至如羊吉諸字，有數十異體，此為治契者公認之事。古文之變化既多，見於古器者為甲體，為乙體，見於說文者為丙體，為丁體，則彼此不能盡同矣。由殷而周而秦漢垂二千年，古文豈能盡存，敘稱「李斯乃奏同之，罷其不與秦文合者」，張行孚以謂其時不用之古籀，亦被廢棄。然則當古器時代，有古器文字，當說文時代，有說文文字；許氏不能強

無為有也。要之古器文字，自宋以後，始見於著錄；至清乾嘉之間，所獲日多，王筠已據之以討論六書，固足貴矣。居今日而治小學，但當舉各種文字，參稽互討，兼途並進，不必存門戶之見也。

第二節 用甲骨文字研究

清之末季，汴洛之間，河流盪決，士大夫摭拾龜甲板，校其文字，皆周秦以上物。蓋其地昔為殷都，於是而殷墟文字之學興焉，近人稱為契學，其文字稱契文。治其學者，始於瑞安孫仲容，羅氏繼之，其後陳邦懷、商承祚、葉玉森皆有撰作。王國維研究精邃，諸家撰述，晉著契學概論略論及之。凡契

文中，有為許書所已具而可為證佐者，有為許書所未有，而可補其遺闕者，蓋不可以數計矣。今略舉十餘字以明之。

人字作

說文儿象作，象形，引孔子曰「在人下，故詰屈」，說頗迂曲。契文下二人字，羅云「象跽形，是殆許書古文儿之原始象形字。」覲兄字契文作，，見字作，可以為證。但見字下半，亦有用契文上二人字作者，是契文形體多，造字或不擇地，未可知也。

月字作

說文月，闕也。然篆文月字，每與肉相似，非月之闕形，失

其本矣。契文之月，洵象形字。其涸於夕字者，古月夕本相通。

電字作

首字，見殷虛書契前編，第二字，見後編。說文申字云：「申，神也，體自申束，从臼，自持也。古文申。」許意申與電為二字。王筠云：「電之古文也，電下云，从申，虹下云，申電也，皆可證。」王氏以申電為一字，其說是也。蓋申篆下之古文申，與契文二電字為一字，其造字之意並同。其上下圓體，皆象電之回轉形；其長點，則擊射形也。雷篆下云「靁，象回轉形；」電下云「電，霧易激燿也」；雷之回轉

即電之回轉耳。自籀文易古文□為□，小篆又易□為申，而後世遂忘其為一字矣。其篆體曲直離合之間，可尋求而得其故者也。

自字作□ □

白字作□

說文自字云：「鼻也，象鼻形。」此解是也。白者自之省，乃白下云：「詞言之气从鼻出，與口相助。」是以白从口矣，非也。契文自字下畫竝斷，正象鼻二孔分道之形，故白字亦然；其不从口，明矣。吳大澂引䣙敦之自字作□、與說文自篆作□，已極近，亦非口形，尤可為證。

牛字作□ □ □

羅釋上二字云：「乃象著橫木之形，」是也。說文牛作□，其形遠矣，契文第三牛字，殆原始象形字。

土字作□ □

羅云：「作□者，契刻不能作粗筆，故為匡郭也。」然則土篆上半體本象形，末一橫畫乃指地，乃土塊在上之形。金文土字作□，一實一虛，其理適同。說文土部篆文作□，失土形矣。

巫字作□ □

首字見後編；第二字，見鐵雲藏龜。羅云：「此从□，象巫在神幄中，而奉玉以事神，是上體象形也。」陳邦懷云：「說文靈，巫也，以玉事神，」可證卜辭从玉者，塙為巫之古文。其从玉省作工者，是說文古文及小篆作工之所由來也。」羅以巫之上半體象人奉玉；陳以靈義證之；與許說有天壤之別矣。晉按說文巫篆作□，篆體已譌；而許不辨其譌，乃曲為之說曰：「巫，巫祝也，象人兩袖舞形，」羅所以謂「與舞形初不類」也。然其譌究何在乎？竊疑說文巫字，本應作□，从□，从玉省，兩手奉玉，是會意字。知其从□者，以說文古文巫字从廾，而後編巫篆亦作廾，可相證也。

射字作□ □

說文射字，乃會意字。矢部「䠶，弓弩發於身而及於遠也，从弓，从身。射，篆文䠶从寸，寸法度也，亦手也。」契文射字，皆象形；吳大澂所引靜敦石鼓馭方鼎射字，皆與契文畧同；是許書篆體，必有誤矣。羅云：「卜辭中諸字，皆為張弓注矢形，或左向，或右向。許君从身，乃由弓形而譌。又誤橫矢為立矢，其从寸，則从又之譌也。」

若木字作□ □

說文叒部「叒，叒木也，象形。□籀文。」既云象形，其字不應作叒；此蓋許氏所見篆文未誤，後人轉寫斂散作□，

遂為𣪠形，吳引鄀公簠鄀字作□，其偏旁亦象形；而說文籀文下半體，尚與之同，知許所據籀文，亦猶近古也。契文若木字，洵象形字真態也。

恆字作 □ □

契文□□二字，王國維曰：「□，即恆字。說文二部，□古文恆从月，而今本作□，从外，殆轉寫之誤，疑初亦作□。詩小雅『如月之恆』，傳『恆弦也』，□字从弓疑□□即恆弦之本字也。」

壯字作□

前編壯作□，又作□，羅云：「說文解字壯，畜父也，从

牛，土聲。此或从羊，或从犬。壯既為畜父，則从牛从羊从犬，得任所施矣。」王維國云：「契文丄乃古士字，士者男子之稱，壯之从士，與牝之从匕同，匕者妣也。說文籀文妣作𠤢，即比偶之義。然則王說是也。羅作土，非。牝之偏旁牛亦可从羊从馬从犬，與壯同，並會意字。案段氏云：『牝本从匕聲，讀扶死切，應音蓋本同；後人改其音，並改其字作𤘽。』是牝壯之音，必仍不改。

行字作□

後編云「□，象四達之衢，人所行也。」石鼓文或增人作□，其誼甚明。由□而變為□，形已稍失，許書作

□，則形誼全不可見，蓋由字形傳寫，失其初狀使然。」

右舉數字，其言形處，為許書所未有，識者自能辨之矣。其他尚有可資以考校者，皆分采於外篇各篆之下。

第二十八章　用科學方法研究六書

梁啟超云：「西人之著述，必先就其主題立一界說，其持論常圓滿周到，首尾相赴；中國則不然。希臘自蘇格拉底用辨證法，至亞里斯多德，論理學蔚為一科。中國雖有名學，然不能持之有故，言之成理。」此謂吾國先秦學派，缺乏論理思想也。

胡適云：「清代的樸學，確有科學的精神。樸學亦稱漢學，漢學家方法，分開來說：(1)有物觀的證據，(2)漢學家證據完全是例證，(3)舉例作證是歸納的方法，(4)歸納方法很能用假設的。『所以漢學家的文字學、訓詁學、校勘學，能成了有系

統有價值的科學。此言清室漢學家治小學，皆有演繹，有歸納，既有方法以治之，故能使各種學術，有科學價值也。胡氏雖謂漢學家治學之方法，分為四種，若概括言之，實不外二種，一為假設，二為證據而已。蓋必用假設，然後可據之以為研究之原則，證據充足，然後可因之以得事物之真理，此科學家常用之方法也。

今就清室大儒解釋說文，有隱合於科學方法者，略陳數則。

(一)止字

說文止部「止，下基也，象艸木出有阯，故以止為足。」如許

說是止之為足，乃假借義，王氏已非之，以為「止，古趾字。」孫詒讓云「止，金文有足跡形，如母卣作□，或即與止同字」，此假定說也。其舉證如左。

一 甲文凡止皆作□，如云「雨庚□，雨克□」是也。

二 甲文从止偏旁，亦如是作，如□庚□字作□，步字作□，陟字作□，是也。

三 糾彝□字，疑衛之省。

四 金文重累者，如太保敦降征字，作□□，皆足跡形。

五 朋敦降字則作□□，甲文又作□，與朋敦略同。

考說文阜部降，夊部夅，依許說，夊干不為足跡，而為足

脛，依甲文夊从到止，即象足止；大保敦正象其本形；此皆古文□同字之明證。蓋原始象形字當作□，省變作□，後定為□□，乃與足字形不相似。

六 甲文正月字亦作□，說文正部云「正，是也，从一一以止」，古文作□，从二。又作□，足亦止也」。此亦以□為止，而這一著下與一止之義無迕。甲文征字亦作□；又或借正為征，其字作□，如云「□昌方」是也。此即說文□字之省，然與篆文足字正同，疑古惟有止字，後別制足字，乃與止殊別。

七 說文「出，象艸木益滋上出達也」，毛公鼎石鼓文皆从止；

甲文則作□，中亦从止，明古出字，取足行出入之義。

八 說文「先，前進也，从儿从之」，又「出，出也」。甲文出與小篆同，而先則作□，从止；二文絕不相通。疑古文先字本从止，與歬从止在舟上意略同，皆謂人足趾所履。

孫氏得此諸證，乃敢斷之曰「綜考金文甲文，疑古文止為足，止本係足跡，而有三止，猶說文□字注云「手之列多略不過三」也。金文足跡實繪其形，甲文粗具匡郭，猶□之為□，其原本同。由是反正傎到，從横絫列，則成異字，要並象足止形也。」自此說文止字，其形定，其義亦明矣。止字既定，其以止為偏旁，及他部非止而實為止之字，莫不因之而定。

孫又云：「倉頡造字之初，簡易畫一，大氐如是；自後人增益分析，各自成為數形而止之為足，轉成假借。又或變从止為从屮从屮，迺成艸木之形，於原始造字之悄益遠矣」此申言致誤之由，亦合於科學方法。中間有數條，反覆辨論，若別釋一字，別為一問題者，蓋於歸納之時兼用演繹法也。見名原上卷。

(二)賁字

鼓部云：「鼖，大鼓謂之鼖，从鼓，卉聲，鞼，鼖或从革，賁聲。」段云。「凡賁聲字多訓大，卉聲與賁聲，一也。」其舉例如左。

(1)詩汝墳傳云。「墳大防也。」

第二十八章 用科學方法研究文書 一六九

說文研究法

(2)小雅魚藻傳云：「頒，大首皃。」

(3)「汾，大也。」本詩毛傳。

鼖為大鼓，乃音訓，故段就同音及音近字解之。以古音八微，與二十文合音最近，故歷舉三例，而大鼓之義乃確定而無疑。晉更舉三例如左。

(1)爾疋釋詁「墳，大也。」

(2)詩苕之華傳「墳，大也。」

(3)方言四「大巾謂之帉。」廣雅釋器「帉，巾也。」帉或作忿。

(三)苗字

艸部云：「苗，艸生於田者，从艸田。」此失苗之本義，非許語。

一七〇

段云：「苗之故訓禾也，禾者今之小米，艸生於田，皮傅字形為說而已。」其舉例凡六。

(1)詩「誕降嘉穀，維秬維秠，維穈維芑，」爾雅說文毛傳皆曰，「穈，赤苗；芑，白苗。」

(2)魏風「無食我苗，」毛曰「苗，嘉穀也。」

(3)春秋經傳七年「秋大水，無麥苗，」廿八年「冬，大無麥禾，」麥苗即麥禾，何曰，「苗者禾也。」

(4)倉頡篇曰，「苗者，禾之未秀者也。」

(5)孔子曰「惡莠，恐其亂苗。」

(6)魏文侯曰，「幽莠似禾。」

第二十八章 用科學方法研究文書 一七一

說文研究法

段既得此確證，乃斷之曰，「說文立文當云苗禾也，嘉穀也。」此為最後斷案。但其始必先有假設，然後可尋求例證，以釋其義，胡所以謂「搜集同類的例，比較參看，尋出一個大通則來，完全是歸納的方法。有了假設的通則，若再遇到同類的例，便把已有的假設，去解釋他，這就是演繹的方法了。演繹的結果，若能充分滿意，這個假設便成了證實的定理。」

(四)猶字

言部云：「讎，猶譍也；从言，雔聲。」按言部並云，「諾，譍也；」心部云，「應，當也；」是譍即應字。眾經音義引三蒼云「讎，對也，」是讎者，即應對之義，不當云猶。段氏見讎字說解，以為未安，其分釋

一七二

之義如左。

(1)讎者，以言對之，詩云「無言不讎」是也。

(2)引伸之為物價之讎，詩「賈用不讎」是也。

(3)又引伸之為讎怨，詩「不我能慉，反以我為讎」，周禮「父之讎，兄弟之讎」是也。人部曰「仇，讎也」。仇讎本皆兼善惡言之，後乃專謂怨為讎矣。

如段所釋，則讎即應，不必言猶應矣。然古人訓詁，實有用猶字之例，若徑言此猶字不宜加，尚近武斷，非科學之研究；故段氏復云「凡漢人作注云猶者，皆義隔而通之」，其舉例又如左。

(1)公羊穀梁傳皆云「孫，猶孫也」，謂此子孫字同孫遁之孫。

(2)詩鄭風傳「漂，猶吹也」，謂漂本訓浮，因吹而浮，故同首章之吹。

右為注經傳者，稱猶之例，鄭康成高誘皆有之；唯說文解釋字之本義，不宜云猶。故段氏乃斷之曰「此以應釋讎甚明，不當云猶應；蓋淺人但知讎為怨詈，以為不切，故加之耳」。至此而讎訓應之義已明；其所以誤加猶字之故亦明矣。

但說文一書，實有用猶字者，其數凡三。故段氏復彙集之，而明述其所以稱猶之故，其例具載於段注，不一一徵引。

右舉三例，清儒之研究說文，能暗合於今日科學方法

者，可以明矣。吾輩治六書之學，苟欲立一新義，必有假借，有例證，演繹歸納，均不可少。果循是以求之，則於文字之真義，雖不中，不遠矣。

第二十九章　習篆看書著書之方法

廖平云「初學說文，須要認得篆文，又要分得六書，凡初看者，先鈔部首五百四十字篆文，每日鈔十字，要認得清，記得確，講得明，即以六書書名目，注於篆旁，二月畢工」。其述張氏之言曰「篆文或體通人說之重文分作數本，鈔之一日二百字，二月可畢；可以漸看新附考逸字之類，鈔過一徧，則漸熟矣。然後看段注一徧，篤信其言，不旁看別家，八月可以畢看段注畢，然後考音學，看顧氏唐韻正，姚氏音系，表苗氏聲讀表，戚氏漢學諧聲。可以參看金石鐘鼎篆隸諸書，以盡文字之變。用半年工夫，考此門可也。下則將說文釋例，照其門

類，分考各門；每例當推至百餘字。又云：「分象形為一冊，指事為一冊，會意為一冊，形聲為一冊，各從其類，不依說文舊部，此言學篆者書有先後也。」張舉諸書，述其切近者而已。他如謝氏小學考，向稱詳備，其於各書叙文及諸家評論之詞，並錄於書。四庫全書總目提要小學類，於各書之得失，及其篇第之分合，文字之增減，皆有精密之討論，近代之書，則書目答問近人所舉治小學之書，可以參閱。王氏云：「少喜篆籀，不辨正俗。年近三十，讀說文而樂之，每見一本，必讀一過，即俗刻五音韻譜，亦必讀也。」又云：「桂氏義證，段氏注，其最盛也。治說文者以二書為津梁，其亦可矣。王屬意二書，加之釋例，以

三書為津梁，此亦守約之道也。」治桂氏義證，治段氏注，是經法研究，然時與緯會，治王氏釋例，是緯法研究，然卒與經貫，經緯之間，本相溷通，非截然而橛之謂。自契文纖古器而出，為小學闢一新涂徑，治小學者反增一大困難。王國維嘗論及之，人之學也，或失則多，或失則寡，苟不陵節而施，具成功一也。

若覃精竭思，為時既久，興會日濃，造詣日卓，必將有創作。馬廖氏喜著書，常與朋好分任其事，必先有凡例，段注之成，先著長篇數十巨冊，然後挈其精華存之。如段桂王朱諸家之書，體大思精，皆得之數十年竭壹之力，未可相提並論。

唯識大識小，道有同源；丹白甘辛，並關素性。前北京師範大學有劉秀生著說文讀若疏證，丁致聘著說文書法釋例，張楚著說文一曰考，但就說文之一類或一例，用力討究，其收效速。在庠序之地，此為方便法門。昔之小學家，亦有先我而為之者，如曹仁虎之轉注古義考，夏炘之轉注說，吳玉搢之說文引經考，程際盛之說文古語考，皆其書也。蓋不明六書，不可以通一書，苟造是境，不得以其為一類一例也而少之。至因說文而為韻書，則戴氏倡之，江有誥陳澧皆有成書矣。段云：「後儒苟取其義之相同相近者，各比其類為一書，其條理精密，勝於爾雅遠矣。」晉讀爾疋十九篇，述其義，凡三十一

萬三千七百餘字，而不恬於志；欲改十九篇為九篇，節次亦加釐訂。王國維謂「人亦需物」，今世好學之士，有殷殷需物者乎？苟宗段說以為之，則亦必傳之作也。

第三十章　許慎事蹟

後漢書許氏傳，「許慎字叔重，汝南召陵人。少博學經籍，時人為之語曰。「五經無雙許叔重」。（重，直容切；雙，所江切，但宜依江永切所工，雙重二字相為韻。故後漢書「天下無雙，江夏黃童」；隋書「明斷無雙有于公」；其讀法竝同）初為郡功曹。及舉孝廉，至京師，為王國郎，仍留京師。旋遷太尉掾，為西曹南閤祭酒；再遷洨長。段氏以為「為洨長，在為太尉掾之先」。「祭酒事不見本傳；沖奏云「慎前以詔書校書東觀，教小黃門孟生李喜等」，傳中亦無之。馬融傳「永初四年，拜為校書郎中，詣東觀典校祕書」；段謂此時分司其事者，史不盡書，許其一也」。然則，

校書東觀，在安帝時矣。許於和帝永元十二年，刱造說文，永初四年校書東觀，涉獵祕書，至建光元年，其子因許病上其書，凡歷二十二年而書成，故其書博而精也。

許沖云「臣父本從逵受古學」，逵，賈逵。逵父徽，嘗師事謝曼卿，塗惲，劉歆，受毛詩，古文尚書，左氏春秋，本古學家。逵既傳其父業，而尤長於左氏國語。故章帝時，詔撰齊韓魯詩與毛氏異同，及歐陽大小夏侯尚書古文同異；左氏傳大義凡長於公穀二傳者，皆條奏之。著述極博。許從之受古學，於今古學竝通。五經異義之書，所由作也。說文中稱侍中者，固皆得之逵；其他所引經傳，屬於古學家之言極夥；治古學者賴

之。唯今古學之分，或以為重在禮制，不在訓詁，文字異同，無關要領，此意良是。故說文於今古學，實兼收竝蓄，不為一家言。觀其詩學宗毛，而齊魯韓不棄；春秋宗左傳，而易稱孟氏：即今古兼收也。

第三十一章　說文在文化史上之價值

叙云：「倉頡初造書契，及宣王太史籀作大篆，與古文或異。至孔子書六經，左丘明述春秋傳，皆以古文。秦初有隸書，以趣簡易，而古文由此絕矣。亾新居攝，頗改定古文，時有六書，一曰古文，孔子壁中書也。壁中書者，魯恭王壞孔子壁，得禮記尚書論語孝經。又北平侯張蒼獻春秋左氏傳。而世人大共非訾，以為好奇。故恑（恑變也从段說）更正文，鄉壁虛造不可知之書。人用己私，是非無正。」孰察叙意，知古之文字，自秦隸既作，浸失舊觀，學者已有不識字之虞。許氏生長永元永初之際，篆隸混淆，怪變百出，形體破壞，義理乖舛，士大夫

益茫然無所適從。是故在朝者，則有孝和帝詔賈逵修理舊文，殊藝異術；孝安帝詔博士校書東觀，整齊脫誤，是非文字之舉。而在野者，則許氏撰說文，闡明文字之形體音義，然後天下知文字之本，有所由生，必有依據，而不敢妄作。而賢哲所貽留之經籍大義，昭炳光明，不為巧說衺辭所蔽。此許氏之書，有挽救數百年文字淆亂之功也。中庸云：「非天子、不議禮，不制度，不考文」古之禮樂制度之權屬於上，其書史，有世守之官，政教既分，考文之責，在野者任之，固其宜也。中庸又云：「今天下車同軌，書同文」此皆足以知文字制度其輕重。相等。章氏云：「後王置文部之官、以同一文字，比合形名，勿

使僭差，其道則猶齊度量，一衡槩也。」知文字與禮樂制度並重，然後知許氏說文之作，其功在於國家社會也。

胡適云，「文言之字，實在不够用」而章氏之說，則與之相反。其說云「現在所用的字，總逃不出說文解字這一部書。雖然有許多現在的字，說文裏邊沒有，但這是後來人沒有學問，隨意亂造的緣故。要知道無論文言，白話，書上寫的，嘴裏說的，到說文裏去尋，總有一正體字在裏邊。譬如這個字的『這』字說文正體作『者』，『怎』麽的『怎』字說文正體作『曾』，『去』字說文正體作『盇』，說文裏邊的字，完全無缺。」今考漢書藝文志及說文敘，漢初并三篇為一之倉頡篇，凡三千三百字；至楊雄訓

纂，乃有五千三百四十字。益以班固續楊雄十三章，賈魴彥均二十一章，亦祇為七千三百八十字而已。段謂「未央廷中百餘人所說，楊雄所未采，凡將所出倉頡外，藝文志所云別字十三篇者具焉，此皆許氏所本」然則許氏得此，乃能據之以撰成九千三百五十三字之說文，以此施之人生日用，無虞匱乏。桂馥孫星衍以為說文九千三百五十三字，即史籀大篆九千字，此誤解敘中諷籀「籀」字之論；段謂「自秦至司馬相如以前，篆文止有三千三百字，說文不皆本於古籀，其論覈矣。」荀子云，「後王起，必將有循於舊名有作於新名。」夫古籀、舊名也；凡將以下，新名也。文字固隨時代而進化，不必謂舊

名是，而新名非也。是故古之有功於文字者，洵不出三人：倉頡首出，功在創制。史籀兼事述作，功在統一。許慎增字數，著字書，以利天下，百官以乂，萬民以察，功在集大成，則不獨炎「漢一代之文化賴之，將終古賴之。

李斯省改古籀為小篆，程邈作隸書，秦時二書行而古籀廢矣。漢襲秦制，復作漢隸；至稱秦之隸書為倉頡時書。遜清光緒末葉，敦煌所出急就篇，漢人隸書本，今藏英國倫敦博物館；是漢時字書，已用隸書。許氏如用隸書譔說文，其為字書不祧之祖，固自若也；而六書之精意淪亡。漢之古文家，兼治小學者不少；如能譔說文一書，勝其任而愉快者，恐許

氏而外，無第二人。觀敘中既云「莫達其說」，後敘又云「知此者稀」，決非虛語。劉歆作七略，章氏稱「孔子死，名實足以伉者，漢之劉歆」；班固述藝文志，洵學者所奉為高山景行者也。而段云「六藝略中，不知爾疋小爾疋，古今字，與倉頡傳，倉頡訓纂，倉頡故同為訓詁之書，分合舛繆，一至於斯。許說之迥異於班者，曾莫之知」。此謂二氏之遜於許氏者固遠也。鄭康成於學無不通，尤邃於三禮；說文之說，多自捐異義而取駁義者；而小學不及焉。然則許書之作字書，誠如王氏所謂物之需人者乎！今者鐘鼎文，甲骨文，日新月異，吾人試舍說文以考古，將奚所憑依乎？可以知其在文化史中之價值矣。

U1005070

無錫文庫

第三輯

國山周氏世譜（二）

鳳凰出版傳媒集團
鳳凰出版社

目録

國山周氏世譜（二）

（民國）周志靖等 纂修

國……十三上……世傳 八世

辛田公傳　徐葆辰
蘭臯公傳　吳協心
柳漁公傳　姪 葆頤
春濤公傳　張之渦
俞孺人哀辭　夫 恩霑
梁甫公傳　徐葆辰
芝亭……朱孺人合傳　宋元曦
……潘
人傳　姪 世頫
漉頭……傳　兄 家楣
勺山公哀辭　湯廷楷
蔭之公傳　弟 湛霖
蘭舟公暨配儲太宜人合傳　徐致靖
鼎珊公傳　弟 家楫
輔廷公暨王公合傳　兄 湛霖
國楨公暨配徐孺人合傳　徐葆辰
……公暨配蔣宜人合傳　吳之焱
……　堂弟 家楣

史太夫人傳　俞鍾穎
潘安人傳　徐致章
子俊公行述　弟 志鵬
敬持公祭文　徐嘉泰
敬持公暨明之公合傳　姪 南金
小棠公五十壽序　薛福辰
小棠公祭文　繆荃孫
小棠公行狀　喬樹枏
潘夫人傳　夫 家楣
夏夫人傳　夫 家楣
賈夫人傳　夫 家楣
蔣夫人傳　徐樹銘
王淑人傳　蔣蓉
高淑人傳　譚泰來
鼎生公傳　兄 家楣
徐太恭人傳　陸潤庠
徐太恭人事略　姪 家玉
徐孺人傳　徐鳴鶴

辛田公傳 十六世

公諱汝燮字辛田曾祖贈文林郎沐堂公祖太平縣知縣鴻軒公葆辰外祖也考鑑堂公鴻軒公官太平十年公母楊孺人生公縣署中數年復得次子深甫公鴻軒公早失吾舅得二孫甚喜而公爲冢孫以孫代子婉愉承順能得鴻軒公歡洎鴻軒公棄養公孝事楊孺人兼理家務早篤於學累應小試不獲售援例爲六館生應京兆試又不遇而返公爲人認眞推分雅不事家人生產家居奉親讀書而已他無所預其制行常依於寬厚出言恂恂常恐傷人族中僉稱爲長者遽感疾卒年未四十人咸惜之子英玉

孫禮俱居庠序有聲

贊曰道光癸卯葆辰九齡矣奉先恭人命來弔公見舅母楊孺人孺人泣余亦泣今忽忽四十年矣少時識公尙憶公狀貌先恭人輒道公長厚而深以其不永年爲恨今一執筆猶若吾先恭人音容在吾目也悲哉渭陽之思曷能釋哉

光緒七年歲次辛巳秋仲表弟徐葆辰謹撰

蘭皋公傳 十六世

先生諱以培字蘭皋莪峰世丈長子也自先生之祖杏墅公克友于弟以解驂之贖貸回鶻之錢歷傳至先生常居謝臺語見莪峰公傳先生壯歲餼於庠以文行爲闔邑重游於門而獲儁者踵相接也自是經師之譽日隆而債帥之籍將免矣年四十有二以疾終子金耀金沅金耀爲文得父傳死於粵賊之難金沅有幹濟族人甚倚之

吳協心曰余少時識先生其文錦心繡口也其書銀鉤鐵畫也其貌秀而姿溫則又孟氏之珠謝家之玉也天不永年珠摧玉折才人無命余固知之獨怪夫文行並粹孚友

遐傳者而亦若是也何天之不佑善人也然先生之孫二人皆蘭芽桂茁頭角嶄然亮夫根深而茂源遠而長鳳繇繼美五世其昌矣同知銜揀選知縣世愚弟吳協心拜譔

柳漁公傳 十六世

從伯柳漁公伯祖蘭溪公之冢子也諱斌甫字可慶號柳漁幼時學熟讀經史比長因蘭溪公專心博濟不問家人生產而一切凌雜酬對皆公肩之事畢然後關白無不當意者自是而公亦不得潛心誦讀矣屢應童子試不售援例入成均棄制舉業經理家政妣吳孺人見背事繼母徐孺人甚謹待諸弟怡怡友愛終身無間言篤于交友見善必告不善必規或有急難急之如己人即負之卒不以爲言善飲酒數斗不醉興酣以往抗聲誦唐人詩調伉爽勃鬱聽者奮袂頓足不能自止暮年即工詩多發天然歷覽

三唐魏晉投贈之作懷舊之篇洎乎晚年與寄蕭遠出入阮嗣宗陶淵明間亦其志致相肖也書法冠一時初學柳公權後于蘭亭定武得其神髓兼工篆隸求書者踵相接少喜寫古松中年善畫蘭竹出手輒精畫家者流皆稱重焉顧不自矜貴求者輒與嘗著畫家參論二篇咸豐間再游閩省所至倒屣無不敬而暱之庚申兵亂繼配程孺人及五子皆死于難中同治乙丑公自閩旋里見妻子俱亡欲披緇出俗吾父勸止之復娶任孺人得子肥生以延一線歲辛未裁五叔祖守廬州函招公公館往襄校書院課卷逾年卒于廬幕年六十有一長子孚卿諱熙元諸生有文行庚申城陷賊逼之使從孚卿兄厲聲叱曰吾恨不能碎汝萬段豈屑與汝等爲伍耶賊怒剸以刃罵益烈遂遇害年二十有八其叔弟舒卿諱馨與兄俱殉年二十有二同治元年由忠義局具詳　大憲據題得
旨旌卹如例餘詳世表中不具述光緒辛巳重九日姪葆頤謹撰

春濤公傳 十六世

周君春濤江南名宿也咸豐壬子與予同傳京兆試明年余幸捷南宮入詞垣而君以奉諱旋里未試春闈別經五年君來京師昕夕論文益成莫逆未逾三載君亟欲回南就聘由都自此南北分馳不得晤聚者十年去臘忽傳周君已故詰朝訃至不覺涕零今年春君仲弟蘭舟寄示行狀屬爲傳余知君最稔何敢以不文辭按狀君諱恩霈字沛時號春濤別號雨甘考贈翁曉峯公生子四君居長少即穎悟絕倫讀書目數行下授以經史如夙誦鄉先輩以奇慧刮目咸稱爲命世才比長淹貫百家諸子爲文章操筆疾書英偉卓犖邑中老宿不敢與敵年十九應童子試張太守冕堂奇其文置之前列是年隸弟子籍旋食餼試輒高等三冠其曹顧君不稍懈名益著學益篤思益深文益奧博無涯涘道光丁酉贈翁見背擗踊哀號寢苫枕塊既葬輒至塋旁竟日嗚咽聞者感泣事太宜人益謹晨夕侍側時進甘旨佐其色笑撫諸弟教養兼至俾得成立太宜人以是安之家中落設教里中盡心開示講貫不輟恐弟子不能記憶則取所讀本句解旁注之復不能盡則列書其上方授一書已滕紙餘幅無有空者四方來授業歲恒數十人其造廬就正者屨常滿戶外君益攻苦著述四

書五經義類異同極深研究所評閱制藝及詩古文詞不下數百家每一書出學者爭傳誦即足未及門獲君緒餘咸奉爲指南工詩賦書法仿定武蘭亭得其神髓邑中名士咸以翰墨相許屢躓承宣試遂橐筆入都都門諸大老熟君名爭相引重改籍宛平己酉秋試已中式以一字微疵抑取謄錄壬子始登賢書癸丑三月金陵不守君聞信言旋適遭太宜人之喪讀禮家居怡制軍良楊方伯能格都中舊居停也聞君在籍延至署遇事諮訪君律身清正但言地方利弊絕不干以私己未應春官試薦不售考充咸安宮教習尋授國子監學正庚申因梓鄉失陷假歸道途梗塞應暹觀察聘航海之浙協辦軍需以功懸保知縣加府同知銜逾年浙省不守蘇省徧地賊蹤乃入皖唐撫軍義渠延辦文案保舉選缺後以同知升用山左馬穀山撫浙聘入幕府襄校孝廉堂詁經精舍及敷文崇文紫陽三書院課卷評註詳慎列前茅者輒通籍去闈人文爲之決科第論得失每科中人服其衡鑒之精馬撫軍陞任江督延掌教東林書院未及赴而卒君天性內隆事親能體于無言與諸昆季親愛有加于女兄弟及期功族屬無一不出于厚喜交游務施與悉其餘財以濟貧乏幕游十餘年囊橐蕭然蔑如也平生撰著不下十餘種多未完本

散體文逼肖六一風神駢體文汪洋恣肆不屑規橅六朝詩則斷以唐人爲宗兼覽眉山之作近今才俊莫與之京其邈然追古人于千載之上者乎間爲詞令情韻兼勝游浙時如薛觀察慰農呂太史庭芝並以詩古著名于時其才望亦各不相下及交公而皆服膺也君生以嘉慶甲戌卒以同治戊辰年五十有五子一

贊曰周君品甚高誼甚古而學甚富著述等身顧不屑爲流俗之文夙共當世賢士大夫相往還與之上下其議論晚年益深造自得遠近學者翕然宗之乃僅以孝廉終不克大展經綸以自見而誼切同人素知其嘉言懿行者安能不諱述梗概以垂示來茲也時同治八年歲次己巳中春月上澣之吉

賜進士及第

誥授中議大夫

晉階資政大夫翰林院侍讀學士加三級提督湖北學政

王子科順天解元年愚弟張之洞頓首拜譔

俞孺人哀辭 十六世 夫 恩爵

繼室俞孺人先世安徽旌德縣人乾隆中遷居宜興祖諱啟書布政司理問父諱敬堂國子生母吳氏生一子出嗣胞伯繼王氏生子二女四孺人其長也生於道光甲申七月十九日巳時幼即穎慧緘默長益貞靜端凝寡言笑性好勤儉家計雖裕弗耽宴逸也年十九母氏棄養佐理家政鉅細秩然賢淑之名由是益著歲丙午予自京師歸元配潘孺人棄世太孺人望孫甚切急欲爲續膠計將議昏焉予以家計艱難恐其不勝勞苦太孺人曰吾熟聞此女賢他日必不致怨汝貧寠愼無失此頁匹也丁未十月來歸年二十四居一月稔知景況無怨詞視予或有憂色輒慰曰人能勤儉持家奚患饘粥不繼努子豈長貧賤者勿以境遇累心也戊申春因乏餬口計仍擬入都時前出兩女皆幼將挈之行因久隨其外祖母兩不肯釋乃偕孺人附漕艘行抵都後附居水部曹鐵香先生宅家無婢僕凡滌濯縫紉執爨事皆躬親焉庚戌二月生一女及秋曹眷將回南孺人告予曰自予隨子來京三年所入脯貲除寄菽水外僅足敷衍日用而子恒以處境累不能專心於學不若我等先歸子可一意進取乃於八月中南旋與太孺人居一室如母女事事務求得歡心太孺人亦甚愛焉壬

子予捷京兆試孺人對女曰汝父歸有日矣癸丑夏旋里甫十日即遭太孺人大故孺人哀毀骨立一月內未嘗食食也前出兩女寄居外家𠀤食用衣服針黹所需靡不隨時致送嘗謂予曰汝雖博一第不足救貧兩女年將及笄轉瞬適人爾時右絀左支將何以爲我地乎盍再出而圖之倘能稍有幕囊得以粗具奩事庶免後母爲人口實耳其視親生女則布衣蔬食終歲不令知肉味即遇疾病亦不延醫服藥曰是吾女必不死毋煩妄費伊父辛苦錢也與人謙和好施與每苦無財然遠近親串偶有所需雖稱貸典質未嘗聽其空手去御下必恤勤若飲食與同婢僕

有過不加夏楚故感其惠者頌聲無間焉甲寅十二月太孺人奉安窀穸先二日孺人寒熱大作醫曰是係冬瘟重症後日大事萬勿親送也至期姻婭力阻之泣對曰姑視予猶女此後不能再侍其靈安忍不一盡子婦職乎卒送至舟中而返然因是而內傷矣嗣後閒十餘日即作數日眠身日弱予因就新安郡守聘於乙卯正月赴徽時值洪太兩郡久爲逆踞祁婺亦已被圍行至績溪休邑失守徽郡岌岌可危道途避難者踵相接乃住兩日仍返旆而家鄉訛傳徽郡已失孺人遽聞此信痛不欲生勺水不入口者三日迨予旋家始如夢醒曰不意今生尚能相見也然暗中又增損矣予因蘇藩楊方伯專函相招不數日即赴蘇未暇爲之調治孺人素性緘默且恐予憂亦不肯以病症告予也六月杪回宜已委頓殊甚急爲醫治稍見就痊然精神大減八月朔復得秋瘟症百藥不效延至十八日子刻竟棄予而長逝矣年三十有二遺二女長喜保纔六歲次麟保年甫及週內助無人百般廢弛悲悼不可勝言丁巳秋喜保又患痢於八月二日殤三四年閒夢魂顛倒戊午夏繼室陳氏來歸始以麟保屬其撫養十一月予計偕北上留京兩載庚申四月蘇常告警乃偕浙江糧道某公出都行至淮安道途梗阻迨八月始航海赴浙遣丁探

訪眷屬接取抵杭惟陳一人麟保又於七月三日患病殤矣悲痛不食者累日嗟乎假令孺人適一經營逐末者流當可受數年安樂何至八九年夫婦朝夕相聚未滿三年而艱難辛苦如是而予又以迂拙無能致二女未得一人成立深負孺人臨危付託言滋以增予戚而重予悲也而謂予何以自解哉

深甫公傳 十六世

公諱召鼎後名汝爽字深甫外祖太平縣知縣鴻軒公次孫舅氏鑑堂公之仲子也妣楊孺人以節祔

旌公生而岐嶷稍長穎悟嗜學太平公宦成歸里家居弄孫爲娛見公篤謹有器識雅愛之年及冠文譽傾其流輩尋以冠邑試補諸生屢應承宣司試不見收伯兄又歿公亦奉母兼筦家政不復有進取意矣公性蕭散無塵俗之韻掃一室焚香默坐日手一編玩繹無厭客至清坐相看孟茗一進而已尋各罷去久與居者未嘗見有喜慍之色夙好酒常至醉而容貌温克無疾言無詭語遇阨逆或有

失意事處之澹然遭賊亂家計中落公亦安之若素也而內行則尤篤摯奉母愉愉色養兄歿撫兄子如己子賊亂兄子又歿撫從孫亦如之爲之婚娶成立故公歿而從孫喪之如其祖哀動左右焉尤廉介不苟取人或負之亦不與校計有困乏來調者量力佽助之無德色始終一節其質行多爲人推服云

贊曰公神情散朗蕭然物外有魏晉間人風味嗜酒亦如之第清言差遜耳而內行乃肫篤如是可貴也余于公爲中表故知之詳外氏輯譜乘其從孫念劬具公行略屬爲家傳因核實書之無飾辭焉

光緒辛巳表弟徐葆辰謹撰

芝亭公暨配朱孺人合傳 十六世

嗚呼吾邑自咸豐庚申四月十三日城陷闔城奔竄戚族中被其荼毒者不可勝數其有先期避至鄉閒者後爲賊爬梳淨盡必得而甘心而有汎洮一舟猝然遇賊引頸受刃合妻若子若媳若女及僕婢全家十數人先後胥畢命於其閒者則惟公爲尤公諱鎮沅號芝亭硯芸公長子與叔父沁泉公同嗣伯祖省齋公公則嗣省齋公長子雲龍公從所愛也幼即端重若成人讀書能知大義壯而下帷攻苦雄於制藝配朱孺人余嫡堂姊也歸公後鴻案相莊數十年如一日公家本裕第專心舉業不善治生而性復

好施有求必應以故家稍落孺人黽勉有無米鹽瑣屑必躬必親余屢造公家見公和藹近人生平從無疾言遽色孺人亦靜好無違恩勤鞠育長子次子俱爲完姻三子漸成立惟一女尚依膝下至是而孺人之心力已交瘁矣公視余益優余亦與公益暱少同硯席受業潞應題先生之門長同會文朝夕過從商摧墨藝嗣後同列郡庠同試拔萃科同被黜至同舟車同應承宣試同報罷者且十之七八也迨余往京師走別公家嗚呼孰知此別竟成永訣乎竊念半生來無事不與公同一別則畍畫鴻溝天淵各判公死事最慘受禍最深而余則遠隔數千里外類相避然公奉生母隱匿獄闇雖困苦流離尚得盡一日之養而余則不能奮飛終天抱恨公拔宅上昇不啻雞犬皆仙而余則潦倒窮途自覺頭顱可笑迨事平歸里訪公墓則僅存衣冠孺人墓尚堪彷彿僅一季子祔焉嗚呼世事變幻如此其能無愍焉心擣筆與淚俱也哉今年夏公族中以脩譜事屬爲立傳余以戚友之交非同恒泛亦誼無可諉爰爲質實書之如此

論曰太史公云人固有一死或重於泰山或輕於鴻毛以公一門之克全節義視世之適然而生適然而死者其輕重果何如邪今日者

朝廷雨露

卹贈有加典禮則泉壤增光祠宇則馨香勿替尚克與鋤舉翠色歷久常新也夫廩貢生試用教諭內弟朱元曦頓首拜譔

光緒七年歲次辛巳仲秋月

耀屏公哀辭 十六世

周君諱法存字耀屏邑諸生予姑丈贈君葆學公之曾孫也嗚呼君而竟夭耶將耶數耶抑天道之難知耶少穎慧嶄然見頭角兼有至性大母父母絕愛憐之族黨咸謂其不凡歲戊戌偕予客桃溪君年未冠也爲文章卓犖有奇氣兼工詩賦楷法亦勻整予嘗爲選定駢賦古文讀本君手錄成帙奉爲枕中秘暇則論茗清談夜則聯牀共話雖未受業恂恂執弟子禮惟謹予愛其熱腸引爲忘年交君謙弗敢當也明歲君館他處踪跡遂疎然歲時聚首娓娓質論詩文不倦君應試日益有名年二十三以詩賦受知

毛伯雨文宗補博士弟子員益刻苦力學晝夜研讀遂得瘵疾然念家道日落恐以醫藥貽父母憂因强自諱飾不言甲辰應省試首薦不售君鬱鬱就館嘉定疾漸劇乙巳夏五苦不能支始告歸而疾不可爲矣父母驚急爲診治更易數醫參苓費不貲輾轉無效君自知不起歎息曰吾夭死不憾惟父母憐我過甚死復貽以悲痛昆季稚藥量水財力俱殫每一念及寸心如割吾不孝不友罪無可逭亦何必偷延殘喘哉因嗚咽不能語旋於十月二十七日溘逝年二十有六耳君事親孝事兄恭順於諸父和於羣從故其死也一門皆哭失聲妻任氏世家女有婦道于歸五年僅有一女嗚呼痛哉昔李賀年二十七緋衣人召賦白玉樓曰天上差樂不苦也然則以君之夙慧商又減長吉一齡去必居忉利天作修文史因已擺脫塵縛毫無挂礙特是八旬大母稚必啜泣伯昆季弟哀籲呼號而何況父母何況其妻君顧能超然忘情已耶君叔弟勺山好學能文十九歲夭逝君哭之慟曰吾痛弟兼爲父母痛也越六歲君奄息繼歿叉弱一個承歡者止伯與季耳凡在知交孰不怛悼況君與予誼不薄其能漠然耶爰製哀辭以當大招九原曰魂盍歸乎泉臺非故鄉也夢盍甦乎柩底非方牀也抱才如是而終困於名也厥疾不瘳而竟死於

境也嗚呼傷哉年未三十而遽貽親痛與宗黨悲也天道茫茫余惟欲獻於文通恨筆屈子騷經問也愚表再叔瞻

村潘光序撰

節母任孺人傳　十六世燿屏公配　　姪　葆頤

伯母任氏茂才範堂公之女也少而婉嫕通書史動中禮則毋早見背爲父處分家事無不當者及笄歸我伯父燿屏公井臼親操有無黽勉事舅姑孝謹備至內外無違言孀黨嘖嘖稱之結褵五載生一女伯父染瘵疾孺人侍湯藥衣不解帶者一年伯父歿孺人痛絕數次自盡亦數次俱以勸救得不死遂絕飲食勺水不入口族戚勸之曰毋自苦上有衰姑宜事下立嗣子宜撫何徒事身殉爲乃强起治家事撫姪爲嗣子保護維持無殊己出奉舅姑以孀代子先意承顏務得歡心無事則閉戶紡績宗黨罕見其

面蓋貞靜其天性也咸豐庚申賊氛逼吾邑城中戒嚴乃偕妯娌及女避居東鄉澄瀆里城陷後聞賊擾鄉閒知禍必及緘衣縫裳蓬鬓黧面期以決死四月二十五日聞賊猝至亟攜女奔赴河濱令女先投水中已乃一躍而下賊追見之用鉤援其袖起曰若速上吾貸汝氏怒目叱曰吾名門女豈從汝求活耶奮力絕袂急隨怒濤而逝

葆頤曰嗟呼孺人早喪所天又無子嗣并遇大難以死一何重不幸也然而貞松挺姿不以霜雪之嚴而改其性良玉抱潔不以烈火之猛而變其色語曰時窮乃見節義吾於孺人見之矣

濂珂公傳　十六世　　弟　家栢

公諱湛淸字丕基號濂珂樸堂公長子也幼而穎悟應童試輒列前茅而終見黜於學使隨橐筆入都數年僅博一衿歸見家業不豐樸堂公在堂輒缺甘旨乃慨然曰是不可以家食矣於是應方伯楊公能格之聘課徒授經方伯從子霽者其高第弟子也登賢書連捷進士臚唱名列一甲第三豈真師不如弟哉蓋其中遇不遇異焉耳所得修脯悉以奉父生平無私蓄歲庚申髮逆竄境公正就館蘇垣因挈眷避居滬上時丁中丞雨生莅滬道任幕之人求才甚切大令某知公最深亟薦之中丞一見即深相契

合一切公事委公部署倚之若左右手中丞官聲卓著公之力居多此則才略之可見者也至其施篤之情豪爽之氣更有不可及者在滬時季弟斑泉洎從子輩投之公一見悲喜交集理料衣食靡不周至詢悉族戚被難苦況不禁泣下亟思出資拯救無如道途梗塞籌寄無從而其心未嘗一日忘也歲乙丑堂弟抱淸赴滬即托帶洋蚨數百枚凡親族之困乏者悉爲周濟此則居心之可見者也以公之才之心苟得一官以展布其經濟當更何如乃僅以諸生終識者惜之公歿十有餘年矣其行誼卓卓可傳有令人不能忘者不亦雖死猶生也耶所異者公僅一子名

金生後公數年卽卒雖曰有數存焉茫茫天道竟至若是吾能無慼慨係之乎公仲弟義珂季弟珊珂俱夭委樸茂心氣和平經理家政井井有條隨侍樸堂公尤晨昏無缺庚申城陷隨父樸堂公俱不屈死現皆得
旨旌卹馨香不替迄今仰遺徽者猶稱爲孝友之門云

勺山公哀辭 十六世

勺山周生名國楠予中表兄酉淸先生之叔子也歲丙申偕其仲兄耀屏從予遊時甫成童耳醕謹不好弄越兩年予客桃溪生負笈從他師余歲暮歸則生抱病將不起予竊憂之逾旬竟卒時己亥春王三日也年十九哀哉生質頗魯而刻苦自勵以勤補拙讀經傳制藝必反復百十遍乃已或窮晝夜讀寒暑無間每夜分同塾酣眠生一燈熒然伊唔不輟欲睡則引針自刺其臂聞雞鳴乃愕然曰天將明乎宵何短也則垂泣就枕少卧卽起或遲不睡父憐之寒夜呼令共被寢生五鼓始睡引身自匿轉側不近父父疑而撫之則身冷如冰不欲令父覺也初爲文苦稚率後則井井有條理斐然成章矣生尤有至性余嘗客遊繁昌生送予則涕泣予解館歸痛哭竟日以不得長侍函丈爲憾予亦爲之黯然事父母極孺慕兄弟無間言羣從季弟有嬉遊者必正色規之曰童稚正宜力學何荒嬉爲旋以積勞得咯血疾猶勉力自支讀自若洎戊戌冬憊甚卧牀蓐父母始知之而病入膏肓矣卒前數日枕上喃喃誦不休聽之皆温習經史也聞者無不慘然祖母來牀前問疾生泣曰孫不幸有疾乃累高年大母扶杖頻視卽枕上頓其首作叩謝狀垂歿時泣謂父母曰兒無奢望惟欲讀書

擾功名爲父母光顯耳而今已矣反累父母矣嗚咽而逝可悲也夫夫以生之苦志奮發已能轉鈍爲慧駸駸日上其所造正未可量乃造物既靳其質復奪之年俾不得以人定勝天抑何酷也生於予情最摯摯因作哀辭以弔之曰蘭將萌兮風雨摧玉可買兮委塵埃塵埃封兮不可以復開嗚呼哀哉數耶命耶如生之志乃飲恨於泉臺表叔明山湯廷楷譔

蔭之公傳 十六世

先伯考西清公伯妣任太孺人生子四長伴梅國材算學生考取 內閣供事次耀屏湛存諸生有文名三勺山國楠力學早喪季即蔭之公國樫改名恩祺性純篤諳事父母能得懽心值道光己亥庚子歲大祲家中落棄儒而賈賈輒贏不數年有餘資以供甘旨且償夙逋焉仲兄患瘵疾秤藥量水歷年餘勿懈及歿恤其遺孤弱女無不至西清公性高潔惡塵氛晚年惟詩酒自娛公承意旨惟謹所以奉母者必豐且腆時進膳羞佐其色笑父母甚安之咸豐乙卯大母見背西清公哀毀致疾卒喪葬之費一身任之不諉諸伯兄其孝友蓋天性也丙辰歲饑辦賑公慨捐二百金 恩敕按察司照磨銜封贈一代庚申城陷奉太孺人避居鄉閒仍貿易以謀生太孺人棄養既葬挈眷渡江同治甲子賊平旋里重振舊業家日隆隆起辛未五月服賈瀨陽途得暴疾歸即卒年僅四十九耳嗚呼痛哉公雖以艱苦致豐裕而於用財無所恡人有急難無不拯也邑有善舉無不贊也鄰里紛爭非公不平抑强扶弱不避嫌怨故既歿而人稱之不衰配任氏與公齊德不幸早逝繼娶任氏屏當家事事無違禮子二長逢壬京配出次澤辛繼出女一繼出光緒辛巳五月五日姪湛穀謹撰

蘭舟公暨德配儲太宜人傳 十六世

表叔蘭舟周公文學德行吾鄉祭酒也歲丁未余僑寓杭垣其喆嗣墨青君應從弟笠舸太守之聘來浙館余寓朝夕聚首相得甚夕歲仲春墨青君攜公行狀來請爲傳以昭來禩余不敏遜謝者久之惟是周與徐世世爲婣婭余先王母周太夫人系出公伯祖太平宰鴻軒公女是公郎先王父之內姪也公少年時是嘗與先大夫資政公角藝結文社以文字相切磋且至契洽者也公晚年時是嘗與先三叔考朝議慕園府君籌辦地方公益相與有成者也

公之文行鄉先達大中丞筱沅任公公從弟少冢宰小棠周公二公皆余之親家是嘗聞其交口稱譽有事於鄉里必詢謀於公者也余既夙欽公之爲人重以至誼稔其家世奚以辭謹按狀公諱湛霖字潤生又字志莪蘭舟其號雲溪里人也系出晉平西將軍孝侯其先世由國山徙雲谿遂爲吾邑望族康熙時庠生藍圃公長源始居於城長源生涫涫生冲霄是爲公高祖累世篤厚益務樹德公曾祖葆岑公膺以州司馬脩黌宮創歲脩會義倉建橋梁脩孝侯岳王各廟以好善力行重於鄉公祖景蓮公蕎以經術奮興爲時名師公考慕陶公徵以名諸生繼振儒脩內行純篤傾重一時三世以行誼文苑孝友登邑乘慕陶公生四子長君春濤先生恩霨以名孝廉馬端敏督江聘掌東林書院唐訓方撫浙聘校詁經精舍孝廉堂正誼紫陽書院文名震江浙次即公生而穎異絕倫讀書目數行下年十二賦秋柳詩鄉先輩歎爲奇才比長淹貫經史旁及諸子百家操筆爲文倚馬立就淵博卓犖經術湛深年二十補博士弟子歲科試屢列優等補增廣生與伯兄自相師友學益進名益著文益粹奧博無涯涘一時有二豪之

目七赴棘闈屢薦不售以明經終老士林惜之公於書無所不讀如方言類書卜筮醫相亦融會貫通故又精於醫避難泰興時居停主人病瀕危時醫皆束手公診之曰此伏寒夾濕也一劑而解遂痊赴浙時舟人身黃腫無所苦公兒之曰汝病篤矣再延當不治舟人求治公曰此蠱病也當下之數劑後下蠱無算亦漸痊一時求治者踵相接活人甚多然公未嘗以醫名著作等身有蘭舟文集如不及齋詩詞各四卷未及梓藏之家已梓行者如風土記輯註孝侯公年譜輯註簡惠公年譜國山世譜十六卷融貫

經史搜採子集雖不足窺全豹而公之宏才博學亦可見一斑矣公貌清癯秀挺白而蒼髯徐步正視望而知爲有道者與人接爾若春風而人自敬憚之雖燕居無跛倚雖盛暑必深衣雖急遽造次無疾言遽色學主誠敬而所自勵勵人者尤在義利之辨硯田之外稍違於義者即視之若浼親串某以訟累以公宅後鄰屋願減價急售於公公曰吾豈乘人之急而奪其產者畀之三十金而返其屋其人至今賴此自存邑東南有赤石塢沃壤也相傳明益齋相國有祠墓在焉益齋當國時給田以廩守者從周姓子

孫日繁衍產日闢洪楊擾亂周姓皆他出亂平十數年始有一二歸者而產盡爲客民及他姓所佔墾白於公請清釐願以追回產盡獻公而自爲佃歲納租公峻却之惟清還近墓產歸於周使其得自給無絲毫自私咸豐庚申避難馬蹟山是時有僞職某爲邑人遺人利誘公以爲民望嚴拒之即日挈眷渡江避泰興貧無以供饘粥至賣卜以謀生焉避亂時貴重物均遺棄之惟祖先神像及族譜全帙謹攜之視若性命率皆保存生平無得失之喜怒無泛濫之交遊嘗一遊浙應龔智軒太守之聘權鹽廣信太守

以名進士起家卒祀名宦得公相見恨晚訂爲道義交逾年太守卒於差次遺孤幼稚宦橐蕭然公經紀其喪並親歸其櫬且清理遺產焉在浙兩載所交如薛慰農觀察史書青太守潘菊士明府陳少白二尹皆以詩古文名於時無不雅重公日以詩詞相唱和在里所交如任笑春司馬任曙堂拔萃任憩棠觀察儲陳泉明經潘星五孝廉潘偉卿茂才或以才望或以耆德各不相下而皆服膺公遇地方大興作大善舉必推公爲領袖此公之立身行己犖犖大者而其他可從畧也性至孝道光丁酉公年十四贈公

見背擗踊哀號有逾成人事母孝順備至事事能得歡心乙卯歲母湯太宜人得疾公憂苦不知所出凡方劑之加減藥物之炮製衣服之寒煖飲食之遲早皆以身消息之每夜禱於天願減已算以乞母年如是者累兩月卒不起哀毀甚廢飲食至三日夜諸子跪懇勉進一粥而公得目眩心痛症遂終其身遇父母祭日必發且劇觸先人杯棬哭泣無已時父遺手澤雖片紙隻字珍若拱璧伯父西清公歿其三子均先卒惟季子蔭之存境困乏料量醫藥周且備並籌資助之未幾蔭之又歿生前以貿易虧耗負債

累累遺孤二曰鹿笙錫珍均尚幼公爲之清釐夙逋營喪葬費不貲孀嫂任孺人心不安願以遺產售公償之辭不受曰吾分內事奚事此爲任孺人固請之受其券而卒返其田事伯兄備友恭伯兄計偕入都傳聞在都得疾憂惶不知所措至廢寢忘食迨兄歸而始霽顏伯兄歿一女僅數齡一子未彌月事庶嫂陳孺人謹厚有加時周卹之無何陳孺人又逝撫育孤姪衣服飲食與所生無異教養至成立相繼爲之嫁娶堂叔樹庭先生卽邑中曾公舉爲孝廉方正力辭不就者也事之甚謹遇邑中公事公與其役

而必署叔名樹庭先生卒後堂弟敬持境甚困擬幕遊皖省以資絀不能成行力助之始克就道家中以寄資尚不敷每周其急使無乏堂弟翼庭天資穎悟以無力就學擬輟讀公不索脩脯教之讀諄諄不倦且出資促遊京都依從兄小棠先生遂得入宛庠文名噪都下此公之天性孝友邑中善處家庭敦骨肉者咸以公爲範也至公之尊祖敬宗收族則其誼言之長矣遠祖孝侯廟兵燹後僅存大殿山門頹毀已甚公慨然有興復之志集捐各支百方勸募先建門樓兩廡後又修建大殿後殿迨小棠先生捐鉅

金鳩工庀材一人經營數載幾費心力始一律建復廟後侯墓卽俗所稱周墓墩也被盜掘毀墓門捐資修整且白於令出示嚴禁樵採墓基遼濶爲邑紳某侵造祠堂力爭之某紳自知理屈愧服折還侵地且遍延邑士大夫設宴侯廟長跪侯像前以謝罪於是籌鉅貲繚以周垣且歲屆鑰焉廟西娛晚堂遺址爲女尼侵造三聖菴菴與岳武穆廟坐衙對宇岳裔某疑爲岳廟基與菴尼訟公根據縣志參以家乘繪圖貼說爭於令未得決白於郡郡守譚序初太尊親履宜勘明宜歸周太尊延見公曰周岳均忠也與

周則岳特色娛晚堂今尚無資建復尚有精忠大節步周岳後塵而未建祠者乎卽以此改建倘亦周岳在天之靈所默許者公以明重慶知府王公忠烈大學士堵公文忠對太尊卽囑公董其事卽日逐尼撤菴門額而易爲王堵二忠祠案乃定公四十二世祖簡惠公祠燬於兵公奉安栗主於侯廟後殿之東且爲之呈請奏咨立案列祀典雲巖大宗祠公分祖安市公祠遷城始祖藍圃公祠補亭公祠皆公慘淡經營心力交盡得還舊觀忠義集爲鴻軒公宰太平時所梓行板燬公從叔裁五閣學權廬州守囑公

訪原書壽梨棗公遍爲訪覓得之鄉人詳加註釋廣爲搜
採較原本益宏富歲辛巳公族纂世譜公任總纂雖得公
亂前舊譜然從大亂初平之後子姓散落或有不自知爲
何派系者公親赴各鄉一一詳詢閱一載未回城第雖甚
風雨嚴寒盛暑不休也稿成付手民昕夕在局殫饋於斯
八閱月所纂如先德錄廟祀志祖功錄祖蹟攷金石攷廣
徵文獻繁稱博引體例仿省邑志工既竣里中翕然推爲
吾邑各世族譜牒之冠而公之心力耗盡亦自此不起矣
公每念族姓貧乏自愧棉薄無力贍恤爲憾適小棠先生

在京宦達因公一言慨然以爲己任創藍園公祠義莊先
寄三千金爲基礎囑經理其事洎奉諱里居公復與小棠
先生商訂章程務求詳盡吾宜惟我祖文靖公有此盛舉
外此無聞也公親赴無錫華氏江陰陳氏調查詳章錄成
巨帙擬呈請奏咨立案部例須以莊田二千畝爲合格公
擬以此金盡置田產有阻之者遂不果行而公與小棠先
生亦不久即相繼逝世遂使始基一壞終至不可收拾論
者謂天假之年當可成此盛舉而媲美先賢云族弟某因
案令索之急力白之案立解兼畀之二十金使償訟累某

至老每頌述之族叔某以逋賦爲糧隸辱於市適與公及
伯兄遇伯兄斥隸去公急赴櫃完納告于令懲隸焉族弟
某病公家得疾卒孀婦孤兒乏日用公每濟其急使遺孤
得就傅讀類此者不勝枚舉舉其一二其各支以患難求
於公者必艱難曲折以赴其事遠近族人有鼠雀爭訟於
公得公一言以判曲直即立解族姓有偶蹈非義者懼爲
所知莫不斂迹族人有以緩急告雖稱貸典質無吝色公
族當咸同間際亂離後祠廟爲墟元氣凋敝幸挺生小棠
先生出鉅資使百廢俱舉均霑惠澤尤幸篤生公勞心盡

力多所贊助措置咸宜二公蓋相得益彰也即推而論其
加惠于鄉里也亦然小棠先生里居讀禮爲邑中建學校
復書院輯縣志脩橋梁創育嬰擴積谷諸大端皆謀之於
公得公贊畫其間遂使欵無虛糜卓見成效里中及邑令
及士大夫無不倚重公邑中公欵如義倉積谷賓興書院
歲脩宮尊經閣皆公會計出納公慎不苟毫釐不爽以是
產日盈也董清丈局時非己產不妄取親族中有避難尚
未歸者雖代爲覆認旋里即悉數歸之亂平後凡殉難忠
義設局採訪彙旌之公董其事親赴各鄉有聞必錄不忍

一匹夫一匹婦或致湮没其任縣志採訪節孝也亦然分
纂縣志古蹟搜羅淵博攷證精確見者歎爲信史咸豐丁
巳難民流離載道多方勸募集鉅資與邑士紳設難民局
以撫卹之饑者食之寒者衣之有家可歸資遣之無依孤
兒收養之病給藥死給棺並設粥厰于城四隅有舊家子
不能赴厰者陰給錢米焉大吏奏聞照軍功例保舉以復
設訓導儘先選用不屑謁選也歲乙丑大饑設局施賑朝夕
駐局不辭勞瘁並親赴災區散急賑涓滴及民全活數萬
人亂不後屍骸遍地慘不忍覩掩埋殆盡設局平糶公以

米色次在局力爭照市多減價二文某紳阻之憤然歸中
途有舊家無賴子而辱公大聲曰汝主持平糶乃以次米
售昂價肥私囊耶語多不遜公笑頷之翌日無賴子知公
爭減價事登門謝罪公慰諭曰吾與聞其事而不能使實
惠及民致有物議余之過也其人愧悔甚後遇公必致敬
禮云其犯而不校使其自悟如此公隨時利濟創脩邑西
大路建復雲霧橋永濟橋等五六座以利行人脩復明兵
備副使張公廟創建邑守備方公祠凡所設施皆本於天
性之好義而行之以眞誠懇摯絕無機械變作逞其好名

便利之私圖此則公之敦氣節扶名教昭著於鄉里耳目
間犖犖欽爲血性過人者惟才不竟其用命不副所學爲可
痛也德配儲太宜人歲貢生巽羣公女系出名門嫺禮教
讀書知大義于歸後事尊嫜以孝相夫子以德教子以義
方持家以儉勤性好施鄉人有哀告訴苦者即慨然私與
之金不令家人知也工女紅勤紡織年逾五十每夜機聲
不絕子婦勸節勞曰吾樂此不疲也遇祭祀必誠敬卧僕
御下有恩雖僱媪必恤其勞苦戚黨咸稱與公合德云公
以子葆頤秩誥封奉政大夫宜人誥封太宜人公生於道

光甲申四月二十四日卒於光緒壬午七月二十日享年
五十有九宜人生於道光丙戌二月二十六日卒於光緒
辛卯四月二十九日享壽六十有七子四長炳枏早世次
葆頤即墨青增貢生候選訓導軍功保舉以知縣分省補
用升用同知直隸州三葆恒太學生候選通判加同知銜
四厚培早世女一適洑溪徐學誠少曾割股療母疾守節
待旌孫七承鑾增貢生候選訓導承軒優行增生嗣炳枏
承勛太學生承綸太學生承馥嗣厚培江南陸軍高等軍
醫學堂優等畢業生葆頤出承宜江南陸師學堂優等畢

業生葆恒出孫女二葆頤出者一適徵里任蟠春葆恒出
者一適無錫京師財政學堂優等畢業生丁錫九曾孫八
人俱幼讀
書史官徐致靖曰昔范文正公曰吾宗族甚衆於我雖有
親疏然祖宗視之均是子孫可不恤乎又曰居鄉當思有
利於鄉公名位勛業雖不逮范文正而行脩于身道立于
家惠施於族德孚於鄉處常則孝友睦婣任恤自少而壯
壯而老如一日處變則艱難困苦不易所守力能拯人必
盡其力卒之天相盛德俾尉熾昌士奉爲模人欽其範不

以醫名而能活人識者謂斯語之難方之文正何相類之
甚耶以視徒有高位厚祿而碌碌無濟於時其相去不啻
逕庭也即入祀鄉賢馨香百世夫何愧哉夫何愧哉
宣統歲次庚戌仲春之月愚表姪徐致靖謹譔

鼎珊公傳 十六世

弟 家楣

從兄鼎珊既歿之次年其孤志明捧狀乞余傳之其狀曰
府君諱道倫字鼎珊幼穎慧絕人讀書過目成誦先大父
晉課尤嚴及爲文援筆立就長老輒驚賞存濤公之於府
君尤期許之殷應童試恒列前茅旣補弟子員文名益噪
其文以經史爲根柢雄深雅健光芒不可逼視而於承宣
試薦者再堂備者一終以微疵見黜士論惜之及庚申之
亂迫於先大父命侍外祖母曹恭人備歷險阻至京師達
山右時母舅酉卿公官澤州府經歷母子得復合府君古
道照人事不避難率多類此於晉設館授徒來遊日衆出

其門者多名下士如高寅生成進士胡治安傳解首沈源
淵張瀛奎次第舉孝廉其尤著也澤州太守費公廷贇閱
其名聘閱試卷其地文風極盛博一衿不易有遺府君以
千金求冠其曹者府君勃然怒曰汝視吾何如人也其人
慙而退後受太原沈明府聘一見如故凡地方利弊日至
塾中商之每行府君所議無不立見成效太原距省垣百
里地廣人稀田多荒蕪府君設開墾法約費千金可活萬
人爲明府力言之不果行未幾有言於鄭中丞者即遣員
依計行之民大悅服居常寡言笑容貌溫克臨祭祀必誠
遇施濟必勇人以爲有古賢豪風遊晉十年而歸家計屢

空復游浙積勞成疾終於湖郡旅舍享年五十有五志昭之爲此狀能見其大言其要兄可謂有子矣

家楣論曰兄與余同爲學官弟子同受業於潘撫棠先生之門及抵京師患難之餘得共晨夕幸矣初遊晉猶以京兆試一再至京纔乃不復至忽忽十餘年矣洎余奉諱歸里兄自湖郡歸握手相珍重祇一晤耳不謂其晤而別別而病病而長逝也兄貌溫溫以和言若恐傷人而遇眞是非無稍依阿其才識可用世而世不之用奔走勞悴以至於死嗚呼可哀也已

輔廷公翼廷公合傳 十六世

兄 湛霖

輔廷諱溥霖字鼎樞別字輔廷予同曾祖弟也考菊人公妣朱太孺人生子三輔廷居長生有至性善事父母幼讀書穎悟異常兒比長淹貫經史百家諸子爲文章操紙筆立就風發濤湧郡邑試輒冠其曹高觀察篙漁深賞識之甫弱冠列名膠庠尋以高等補增廣生太孺人以疾淹牀蓐侍湯藥朝夕在側者五年衣不解帶者兩年虔恪如一日也太孺人歿三年不見齒事菊人公益謹閱數年菊人公棄養盡哀盡禮兩弟俱幼教養兼至俾各成立家中落教授里中約束弟子不令出塾門一步晝則課徒手披口

授夜則陳書獨誦徹旦不倦說經論文洞闢天地有問必告告必中其隱微門下士咸曰先生說書眞可使頑石點頭言語煦煦辭若不能任其聲而胸中落落有用世志咸豐庚申賊氛逼吾邑或勸之遠避輔廷毅然曰吾不能奮勇殺賊死分也何避爲城陷遂不屈死年三十四賊平後當道上其事得 旨優卹娶湯氏生三子皆死于難中

仲弟翼廷諱恩綬字鼎新稟資敏甚幼失恃就外傳受書纔六七齡耳熟悉經傳無煩講說成童時從予游命題作文兀坐少許即搦管疾書終篇未屬稿而詞源滾滾若泉決瀑飛而風雨驟至也任廣文搢三見其文極嘆賞以其

女弟字之未弱冠卽失怙事兄如父食必同席兄未至不舉箸家纖悉必問兄兄近出遲歸雖宵深不先入寢室嘗曰吾無知能惟兄言吾言之兄行吾行之而已庚申聞兄殉于難冒險混入賊中求兄屍五日不獲乘間歸遂棄筆入都時筱塘弟官禮部投之筱弟待之厚改籍宛平以縣試冠軍補博士弟子員長安貴人皆知其名爭欲致之門下翼廷終不肯詘首降志與時俗爲進退同治丁卯秋試報罷以憂鬱成疾卒于京寓筱弟出資送柩回籍俾得歸葬焉

湛霖曰輔廷殉二十餘年矣其文行卓卓至今宗黨猶樂道之翼廷行誼惟予知之最稔事綜其實並無溢辭要皆能修身敦品者嗟嗟兩弟生不能展其用死復不能延其嗣昔李習之作侯高士傳身後奇窮讀之酸鼻善人不獲報天道何茫茫若是耶用摭數言以質來者

國楨公暨配徐孺人合傳 十六世

嗚呼粤逆之亂也酷矣或屏居以餓死或被脅以不屈死或遇賊以水死以刃死至一家父母妻子率率併命者相隨屬事後當道旌節表微典亦備矣而當時之罹禍抑何酷耶或曰天道無親常與善人則砥節立行之士遇難宜差緩乃往往不驗抑又何也豈理常屈於數天亦不能自操其柄耶嗚呼則吾從表兄蔭棠君之遭禍有足悲焉君諱蔭棠字國楨沁泉公長子幼孤而篤於學工書法奉母尤孝謹居恒痛自勖厲兼勖其弟懇切篤摯其室徐孺人亦婉淑能相其夫生子女各一人而賊亂作君避賊東鄉未幾卽爲賊掠去徐孺人日夜哭不食不櫛者數月後賊至遂毅然躍入蓮花蕩以死子發祥年十三女甫八齡兒母狀並奮躍入水救母遂同殉焉是年八月君弟子姓馬者自賊中逸出攜君手書一紙書中寫孟襄陽詩待到重陽二語蓋君志於九月出險也明年有自甯國府來者曰周先生死於賊矣其人蓋識君實目擊其事也事平並得旌卹嗟乎君脩潔士室人遇難致命均無愧爲善人而罹禍至酷至欲遺其一息而不可得儻所謂天道是邪非耶余重悲君其弟挹清適以行略見示屬爲家傳因敘其爲人并歎息於天道之不可知云表弟徐葆辰謹撰

芑生公暨配蔣宜人合傳 十六世

太史公撰史記編次本紀世家列傳後人因之以表揚其先烈而傳於是昉焉乃有其人本無可傳而假文人學士名公鉅卿之筆以褒櫴之是傳其文非傳其人也倘其人之實有可傳不必論其文之工拙人之窮達而自有可傳者在也如芑生周公尚矣公爲贈君文學靜齋太孺丈冢孫靜齋公生二子長森楙字幹人次蔭甫字燮堂幹人公有三子長即公次吉生次梅生遺腹也幹人公歿時公甫十一歲吉生甫八歲母陸太夫人哀毀共產後患病家貧不能畜婢媪所用淨桶公與弟舁而出諸圊雨雪泥濘弟

弱不勝而泣公乃忍淚緩緩移去公少而穎悟長益謙和十二歲即畢五經無力就傳依戚習賈因書勤筆免思於坐右戚大爲獎勵俾佐簿記時堂弟小棠尚幼喜聽三國演義至六出祁山小棠泫然曰事不可爲矣公曰人雖死而名則千古小棠悟而收泪公與諸弟妹怡怡一堂友愛甚篤燮棠公秉鐸海州捐館舍時值海州民變公欲往戚友咸阻之公曰義之所在死生安足慮也決赴海同柩歸途中亦無恙粵匪破溧陽上流檄劉季三總兵援宜營於西門外濠邊公王父墓公入見總戎一再哀請遂允公去墓而溝焉邑城失守避居姜巷賊聞公才屢遣鄉官拧聘

來請公婉辭却之退而告人曰大丈夫寧瘠死溝中奚屑圖溫飽爲賊供奔走耶卒不往會梅生鼎生暨六妹佘堂嫂小棠之胞妹也同時殉難江干悲思終日太夫人又故哀痛幾絶迨吉生聞信來奔喪乃卜葬太夫人於姜巷吉生性素躁偶與髮逆牴牾公慮其招禍速遣去未幾賊果前來大索不獲公爲之長跽饋賄始免公因痛母及弟妹且受驚恐由是得疾呻吟中猶曰吾弟得免幸矣每見姪志端恒流涕其天性然也城復後寓周鐵鎮承辦賑務全活甚衆偶經某地遇楊某服毒舉家勸服解藥不應公曰是必有隱情乃多方解勸親持其藥以灌之得無恙逐遣

一人將自經問其苦曰訪友不遇耳資遺去有憎其婿者而悔婚者公再三開導以大義借給婿百金立行完娶遂爲翁婿如初鄉里有爭訟者恒出爲解釋間有兩造感悟盡歡而散者每語人曰人生世上豈能事事盡如我意萬不可因一時之忿致啟訟端士君子爲鄉閭表式遇有不平亦當排患難解紛擾不使鄉愚激成獄訟而始爲無愧非徒自潔其身而已也人以爲至言公家素不豐喜結納好施與尋嘗晤及一次溫溫和藹令人如坐春風中以縣丞需次江右上憲聞其能將畀以要差而疾作歿于省次病中歷述祖父之行誼并叔父母堂弟小棠相待之厚悔

生之孝鼎生之忠俾後世無忘戒子孫當讀書爲善無辱
祖宗公生於道光三年十月初十日卒於光緒二年六月
二十一日享年五十四歲德配五牧村蔣氏實榮公三女
蔣亦望族靜齋公聞其賢聘爲冢孫婦年十九而于歸時
翁已去世姑持家嚴肅頗能得其歡心太翁及諸尊長暨
伯叔諸姑莫不稱其賢淑鄉有姚子堃者疾革時以子幼
託妻弟鄧三經理家產姚子長成鄧擁而不與姚妻無如
何訴於企生公公出爲理而歸之鄧懷恨挾利刃刺公不
中諸戚友咸抱不平送於縣將置之法宜人急告太翁曰
鄧罪固當無可宥然聞其有老母妻子或使人取保俾得

仰事俯畜不亦可乎太翁然其言乃舍之鄧亦感其恩誓
不仇避居姜巷時公出外謀食姑病痢日夜數十次起稍
遲則沾染牀褥宜人親爲滌除時値隆冬每至河干洗濯
往往兩袖成冰女英蓮甫五歲志恭甫一歲呱呱而泣置
不暇顧至姑亡而宜人心力已交瘁矣嗣從公挈眷往江
西候補將前借與某媼數百金焚券去哀其貧也後公捐
館豫章扶櫬旋里至瓜洲舟子停泊不進英蓮覺其異偕
志恭登陸赴京口見李挹仙丈派弁來護將治之宜人恐
累及無辜告差弁警戒之同郡潘氏表孝廉以辦賑名小
棠曰德如潘君可配吾英蓮姪女潘君欲遣媒未及適宜
人以哀毀成疾英蓮朝夕侍奉矢志不嫁旋以積勞病故
時民表已爲泰安府知府托人來請願將英蓮靈柩領歸
宜人曰吾女已請旌節孝不可慕虛名而違其素志事遂
不行母弟行庚與其五妹皆殉髮逆之難俱爲立嗣宜人
於祭祀必虔延師課子尤爲恭敬自奉極儉而親族告貸
必設法以助之性好勤而喜潔淨黎明即起縫紉灑掃必
躬親之至老不倦雖愛憐子孫而家法肅然視諸媳如所
生曰吾事丈夫雖患難中無失禮訓志恭兄弟曰立身當
以先賢爲法不可有玷先人臨終曰天官第厚誼不可忘
汝兄弟當和好無墜家聲宜人生於道光十年七月十五

日卒於光緒三十年正月初十日享年七十有四子二志
恭浙江鹽大使志敬監生女一英蓮旌表節孝未字歲乙
卯周氏纂修家乘志恭兄弟敘其尊人之行誼丐序于余
余笑而應之曰余固不文焉能傳公乃觀其所述之事孝
友而好義修德以行仁賢梁孟固自有可傳者在正不必
論其文之工拙人之窮達而自可傳也此非尋之傳公亦
公之自傳之耳故謹依其節略不拘體例而次敘之是爲
傳

敕授徵仕郎候選直隸州州判愚貢生姻愚弟吳之燊拜
撰

梅生公傳 十六世

堂弟 家楣

先王考靜齋府君王妣儲太夫人生先伯考作梅公及我府君伯考配伯妣陸太夫人生子三長芑生家俊仕江西縣丞次吉生家啟州同銜玖郎梅生公諱家燮後改名家杰由太學生以縣主簿候選非其志也伯考早逝伯仲兩兄弟長公最幼力不勝讀書府君及我母曰是兒不可不讀書也遂與余同師同塾同飲食衣服公讀書質敏於余迨試筆爲舉業余敏於公及府君履海州學正任同隨侍赴任讀書則先王父督之所爲文則府君自課之無一日不相同也公爲文刻苦艱澀咸豐辛亥　恩科府君送海

贛沐三學十子赴試金陵余隨往應試臨行以四子書十餘題付公令按期作藝試旋呈閱既行已逾數期未及作及歸期已近乃日作一藝洎歸如數呈閱府君大賞之曰是兒有成矣蓋至此機奏神旺文境已水流花放所向如意也是年余捷秋闈壬子計偕北上留京待癸丑試府君於癸丑二月初十日棄世喪殯大事胥公與弟鼎生嘗之我府君我母視公如子公之事府君及我母亦終其身如父母也及余奉重闈扶柩自海州歸里公始成婚與余分居時家無擔石公與余各分肩家事公就館將墾藉硯田所入以養先伯妣陸太夫人雖貧甘旨必備余傭書吳門所賴亦惟館穀艱難空匱相憐相翼公善於處貧所得雖廉而量入計出不露困乏余同年周文珊大令謁選得宜邑宰余房師郭玉麓先生在京薦余爲充記室既至則余已爲楊簡侯方伯延聘入幕遂以公代公既應聘入署於所司書記外凡邑中公私事均謝絕不聞問駢儷典雅楷法精良賓主稱合大令以辦漕延入倉署司出納故事凡州縣於漕事延友必另具脩脯且腆又有規費居賬席者得較豐大令欲以所得恤介弟而知公才以事屬公同人難之公坦然任事事俱辦不問所獲既竣事乃以微脩餽公公不之較也公孝友性生事伯仲兩兄敬愛兼至遇事

讓甘任苦乃大和悅篤於友朋推解勿吝庚申四月宜城既陷與余避賊馬蹟山一日傳聞邑令自宜城出渡湖來公急詣湖口果已至遂相偕入寓爲備衣履飲食一切需應甚至居兩月而賊警復逼遂具舟奉陸太夫人將與余同向江陰渡江計已定而邑宰堅欲同渡復爲之具舟同行爲八月初七日已至江陰之申港未渡初八日城中賊以眾來犯時公患寒疾未愈賊至舟不及避强擁之行陸太夫人及公配史恭人姪志靖志端方幼俱在船賊驅之上岸船亦被掠有僕聚源隨入城及余渡江陸太夫人暨嫂姪咸至始詢知之余曰公其死矣然無確耗也逾年癸

源自城逸歸乃知公爲賊所擁進城見其狀知爲儒者甚禮之强之食公不食特具供帳甚備賊既去公告聚源曰我行矣生死在此行我不能爲賊辱尤不能受賊榮也汝他日得出歸語我家耳遂詰朝出至晚聞公遇賊不屈罵賊死嗚呼公之遇賊必死余早決之至是乃稔其概也余同祖兄弟凡五人而公與余與余弟若同胞焉以公之學之才之年所施者未可量而竟罹此慘酷耶既死余弟復死余兄自是余煢煢搰搰無手足之助二十餘年於茲矣豈不痛哉公之殉難也年二十有八余既悉兄死事狀由順天府忠義局採訪陳奏　賜䘏入祀昭忠祠世襲雲

騎尉恩騎尉罔替以子志靖貴　誥贈朝議大夫刑部貴州司主事邑志入忠節配史恭人儒士史公文耀女守節撫孤於光緒七年禮部題請　旌表節孝邑志入列女子二長志靖癸酉科順天舉人刑部貴州司主事嗣我弟鼎生次志端夃貢補用鹽大使孫女二志靖出

史太夫人傳 十六世

同治癸酉鍾穎以選拔貢生入都卽與笠舸同年相友善至今垂三十餘年雖聚散不常而郵筒往來無間迩覩陽九之變歸隱蓬廬不復問世事曾致書笠舸謂餓死事小吾儕生死無補總須抱定宗旨笠舸深韙其說遯迹吳門亦有年矣茲以母太夫人傳請按略贈公死於忠太夫人又以節孝著鍾穎忝附年家子之列雖不文其奚辭太夫人姓史氏同邑儒士文耀女年二十四來歸贈公梅生先生先生於兄弟中次居三性孝友事母陸太夫人維謹伯仲兩兄皆閒居藉先生外館得穀以養太夫人入門更助

以鍼黹絲粟所入皆以奉姑常以勤爲人先而逸則居後陸太夫人尤愛重之咸豐庚申四月髮賊陷宜興贈公始奉母避鄉聞賊將至八月初又偕堂弟小棠先生挈全眷渡江猝遇賊殉難時笠舸五歲志端甫二歲太夫人痛不欲生顧念姑老子幼不得不力任艱鉅會陸太夫人逝世太夫人於患難中哀禮兼盡嗣是轉徙江北依小棠先生以居同治紀元先生入都散館改禮曹迎養板輿太夫人命笠舸隨行諄諄誨勉臨行給以食物二事笠舸暗中摸索得之嗁泣終夜賊平歸里挈次子依伯氏居邑東十年之間艱難困苦有非人所能堪并有非筆所能達者小棠

先生雖時加存恤而究苦於隔遠其後太夫人卒同知祭
文有云茹悲氷蘖庀務蕭牆振衣而窺曉色篝火而徹夜
涼飛憐寡鵠淒聽寒蛩浮世之體裘不校世途之機械胥
忘蓋十年之積苦恒百折以迴腸數語頗能道出當年情
景同治癸酉笠舸擡京兆太夫人稍色喜矣子亦長成遂
另居笠舸旋官刑部請於小棠先生迎至京拜於門太夫
人手挽之曰請起蓋初不識矣未幾笠舸大病病幾危太
夫人昕夕憂勞至廢寢食秋間太夫人亦大病病亦幾危
久乃痊洎小棠先生奉諱太夫人同歸光緒九年冬志端
以鹽大使分廣東大吏知其才迭畀要差遂迎養境少腴

顧淡泊自甘節儉如初每戒志端勤慎從公衣食勿求華
美笠舸至粵省視太夫人色喜每爲加餐第以早歲牢愁
氣體積虧甫及中年鬢髮稀疏病亦時作療治百方終於
莫救其所由來者漸矣性至孝母家久絶歲時致祭盡焉
如傷御臧獲皆有恩卒時内外痛哭笠舸嘗語鍾潁曰昔
在里時將移舟屆晨奉母行志靖及志端執燈前導母顧
而樂之此情此景如在目前迄今回思不可復得言已泣
下鍾潁同是鮮民聞而哽塞失母之痛烏有窮期邪太夫
人生於道光辛卯七月二十九日卒於光緒戊子九月初
七日享年五十八歲例封孺人累贈夫人笠舸聞訃奔喪

與弟志端奉柩歸越二年具贈公衣冠并以手蹟入棺與
太夫人合葬邑南何家山請旌於　朝奉俞　旨崇祀節
孝祠邑志入列女子二長志靖浙江補用道補用知府兼
襲雲騎尉歷署金華衢州等府知府嗣堂叔家錫次志端
廣東補用鹽大使兼襲雲騎尉歷署淡水碧甲等場大使
孫裕高志靖出兼嗣志端

論曰自昔賢哲果行育德莫不由於母教而賢母之徽徽
形史者亦必飫荼含蘖極人世難堪之境登天厄聖善轉
酷於尋常耶後昆蔚起天之報賢母恒稱其所厄而益顯
之矧成仁守義萃於一門尤足以砭濁世厲澆俗非特庇

蔭其子若孫已也風雨漂搖至今日而閨門之內習於殊
俗絶不識端操有蹤者聞太夫人懿行之熾遺澤之長其
亦可憬然自返也夫

誥授資政大夫前河南布政使年愚姪俞鍾潁拜撰

潘安人傳 十六世翰生公配

余前設帳里門周生志瑜從學甚謹余甚器之既知其稟承母教謂立身行世固以道義爲的必以誠敬爲基能誠敬始能虛衷受益慮事曲當有合乎濂洛關閩之旨則信乎其爲賢母也傚周生請余固願爲文以傳安人矣安人姓潘氏處士復陶公次女生有至性父母鍾愛之及笄歸翰生周君家禎君喜讀書不事家人生産安人躬操井臼藉十指以佐饔飧深得舅姑歡咸豐十年髮賊陷宜興翰生始奉親鄉居繼渡江寓泰興房主馬姓大家也賢安人令兩女從學針黹得資治鮮以奉二老舅犫饕曰現處患難中蔬食且不給此惡乎可卒不下箸意恐重累安人也

安人後有所進輒稱饋自房主人舅姑意始安主人聞告其戚黨更交口稱賢云賊平歸里翰生至京待館安人境益困操業益勤奉二老必精潔而自食粗糲一日方食族媼至急掩匿媼曰汝所食糠粃耳知之久矣胡匿爲因泣下未幾舅姑相繼卒翰生館俸薄存無幾安人罄所有以供不足又多方假貸治喪具甚備然心力瘁矣翰生罽埶哀毀得心疾逾歲卒於京安人痛不欲生而卒忍須臾死爲營葬及立後計洎柩歸夫從弟小棠京卿致書夫兄子俊略謂大嫂賢淑之行素所欽敬此番營葬慮有輕生之變宜妥速議嗣勸使節哀徐俟嗣兒成立衣食自當寄助等語既葬安人連日號泣不食子俊等乃如京卿言亟爲立嗣志瑜甫免乳即就安人撫育愛逾所生每寒宵燈火霜露霑衣常置懷中手理業如故志瑜幼多病安人晰夕憂勞百計調護其苦莫勝賴以存志瑜言及輒泣下翰生始葬排橋以志瑜疾故改葬西麓安人又以父母前殁遭亂藁葬復擇地改葬並諭志瑜歲時祭掃勿忘族姻有喪輒殫誠襄助至老不衰舅姑殁時夫從兄芑生曾賻十餘金後乃加息以償時芑生已卒人無知者其恩誼周浹經粟不苟又如此然則安人在家爲孝女出嫁爲賢婦而于志瑜又爲賢母三從之義固于誠敬無少愧矣光緒十九

年奉　旨旌表崇祀節孝祠邑志入列女以赤瑜秩贈安人生於道光癸巳十二月初六日子時卒於光緒己亥七月三十日申時壽六十七歲合葬西麓生子一女二皆早殤嗣子一即志瑜夫從弟支燮子候選州同孫二

論曰自歐化東漸世風日下士大夫中能敦本追原造次顛沛必於是者吾見亦罕矧其爲婦女耶安人當避難時置他物不顧獨攜祖像以行轉徙流離奉持勿失至今完好如故即此一端志行已卓卓可傳矣況乎苦節可貞又足資榮閭里以垂教於子孫哉

誥授朝議大夫四品銜前署浙江富陽湯溪等縣愚表姪
徐致章拜撰

子俊公行述 十六世

先父諱文沭字子俊行三并姑母行五天性誠厚至孝有奇行友于兄弟愛人惜貧祖父精堪輿工奕性曠逸向有花布店開設周鐵橋道光丙午命父習店業時父年十四讀四子五經畢作論說暢甚先生周健榮公深惜之至店遵學生例聽指揮周鐵橋俗呼橋頭瀆太湖市多時鮮品父兩月一歸省必市祖父母所嗜物以進閱三年佐司內賬稟祖父嚴店規業日起祖父母有疾父輒先覺之每如期歸省必趁班船或非期步歸必在祖父母有疾時諸父姑咸異之父曰吾坐卧不安數日矣咸豐壬子十月十三

忽心驚作痛少頃痛少止時復躍然而驚夜益甚若有大不堪者呼起店友曰吾欲家去爲我司啟閉索廚得熟蛋三枚置懷行十餘里天始明至家祖母方晨餐曰來何早何急行而喘權答之問祖父何往曰和橋俞氏請相地去五日矣問安否曰昨有信來安父取讀之心少定微覺腹飢時三姑母歸寧以蛋炒飯食之食其半三姑母疑店有急父曰非也三姑母目父沈吟曰彌纍切而致疑非有他也弟休矣父終不能釋然稟祖母赴和橋省視初趁班船至七里莊登岸走至則偕俞僕見祖父於茶店神色語言無恙喜甚始信三姑母致疑云云也既晚餐仍往品茶祖

父爲言店務家計甚詳父素不聞作此言頗驚疑俞僕迎
歸進湯圓祖父不食命父盡之因問大人無恙否曰無恙
就寢父解衣懷物墮地問何物曰鷄蛋備路點父就枕不
寐始聞祖父鼾聲頃之聞喉間痰咯咯聲低呌爹爹不應
假寐不覺睡去見老人揭帳曰好孩兒驚醒天已大明起
視祖父身側向裏若安睡然者父徘徊室中忽忽心驚然
絕不意有急變也俞僕伺朝餐良久父啟帳口呌爹爹手
撫額額令撫身亦然奄奄一息呼號不知所爲主人急召
醫醫至氣絕矣主人重價僱船無應者用穉田船設棚主
人親送歸既殮勸父節哀曰子孝行感天吾受賜矣橋頭

國山周氏世譜 雲翬分 三房 卷四十三上 子俊公行述 二 立本堂

人刻父夜半歸省及得祖父凶耗人人嗟異父體肥觕七
之店人形骨立由是周孝子嘖嘖人口焉髮逆之亂奉祖
母避西瓠危難中奉養不衰辛酉渡江泊江邊見漁船得
刀魚百錢買之祖母曰吾方思橋頭大臍魚今乃得刀魚
惜無酒父於江邊船求得之過江寓泰興季家市祖母有
所欲父輒求得之一日思橋頭鮮白蝦爲豆腐羹父又求
得之房主異焉諸父並有孝行四伯父調羹滌器靡不躬
親七叔父性剛亦能下氣怡聲先意承志壬戌七月祖母
有疾侍奉無間日夜九月卒父哀毀致疾彼中人稱江南
人好天性也方到季家市時父販布贍家計久之積有大

布四十端小布七十餘端未售也祖母卒父疾未瘳有債
待償請某之某鎮售之某鎮賭風甚盛盡傾所有久不歸
父往迎之低頭不視亦不語父勸之歸不問布七叔父怒
而罵父尼之然因之復大困亂平歸里始分異父治舊業
後治絲視諸父緩急佽助不使乏其後堂叔父銀臺公貴
顯諸叔父咸往依焉同治巳巳父積存洋六百元與舅合
股開瑞成紙箔店契約成矣會某商開花布店父毀瑞成
約移洋助之未及兩期店敗而瑞成遂漸張大舅氏以富
父不以爲意也某再開小花布店父又助之至逐年添資
本不厭也父精絲業歲獲利頗厚然好施與嘗不使有餘

國山周氏世譜 雲翬分 三房 卷四十三上 子俊公行述 三 立本堂

所用劉庚齋等十餘人人人衣食之庚齋治絲亦精尤信
任或素不相識有急由庚齋代求無不慨助鄉人有以田
質錢者時亦應之以租作息然鄉人往往償息不足或貧
不能償船戶夏明大謂吾母曰五先生對鄉人太寬和鄉
人懇請輒曰唯唯母謂父曰今者明大言君見鄉人第曰
唯唯父笑母亦笑後命志鵬收租誡曰吾受質田爲應急
非治產也有則受之無勿與校以故志鵬下鄉鄉人稱有
父風焉鄉人或貧欲賣田其田單在吾家勸父受之父曰
始質後沒人結負息若干補找若干是曰盤剝且田家非
田不生何賣爲鄉人以不得已請父曰若然吾與汝用單

實後始歸吾本然未見有來歸本者父不責也志鵬自少至壯不見父有怒色嘗怡然懽然惟臨祖父忌日輒慘怛累日不已志鵬八九歲時恒不記祖父母忌日見父改度知忌日臨矣敎志鵬以心術品行爲先謂文詞末也見志鵬急科舉曰士不必科舉得意第品行端方足以自立矣立心長厚隨在可以有益於人矣姪輩器志韓曰志韓有爲善之資汝當效之志鵬謹誌之不敢忘甲午三月父有疾命清理出入各欵適平六七月時疾小愈命志鵬仍赴省試嫡堂弟志瑜日來侍疾代子職父爲言祖父母見背情形並逃難苦況往往言未終唏噓欲涕母輒以他言解

之母姓沈氏有儉德嘗體父志厚於待人九月十三父卒所用十餘人者哭天絕我鄉人來唁者皆哭失聲有陸順三者蘆蕩人負父百數十元向不償息一日奉洋二十圓置靈案上拜且哭曰爲五先生禮懺之資後知其鬻女得洋女鬻章仁山家亟求仁山歸洋退女送之歸仰體父志也嗚呼小子何知見古今孝友有德之人多矣士謙燔契卜式分財求之史冊代有其人姜詩獲鯉何奏然事或偶然其至誠足以動天帝感鬼神古今有幾人哉母嚙指而子動心蔡順而後數千百年誰其嗣之嗚呼小子曷敢無述爲男志鵬泣述

敬持公祭文 十六世

維

宣統元年歲次己酉丙子月丁未朔越十有七日癸亥姻世弟徐鼐泰史達源朱方來儲家藻史光旂任子齡徐保慶吳之焱任錫汾史善詒任之驊蔣麟勛湯克仁朱滋汪源任錫鎏姻世姪史國琛儲甯强任承沅朱振瀛任德元史悠澤任紹文顧俊臣表姪徐人驥徐應軫徐德輝余震甲等謹以清酌庶羞之禮致祭於

皇清敕授儒林郎例授奉直大夫五品銜候選光祿寺署

正太學生敬持仁兄之靈曰嗚呼琴絕廣陵笛操山陽黃爐感喟青簡凄涼朋簪寥落哀纏中腸思舊歎逝今古同傷秋陽無色晨露欲晞星淪斗極月犯少微老成凋謝天不慭遺寢門一慟涕隕如縻嗟惟我公內行克敦事親以孝夏凊冬溫孝咨供膳石建浣牏蒸蒸色養娛奉晨昏友于昆季卅載同居爨均衾被食共盤盂棣萼方茂荊花不枯太和一室始終弗渝我公遇事洞澈表裏精審纖悉有條有理發蹤指示可張可弛肆應之才推重鄉里地方公益盡力贊襄勞怨罔避鉅細畢張心精力果智圓行方百廢具

舉擘畫周詳行年六十鬓毛已衰一索得男秀茁蘭芝甫髫子晚崔慎兒遲長成婚配猶及見之我公廿年體素羸弱逮乎晚歲精神矍鑠卧疾經年終占勿藥俾壽而康風姿海鶴我聞在昔盛事交稱香山朋舊洛社耆英圖成九老會集同庚龐眉皓首欵曲言情吾儕識陋敢方古人歡聯戚友社結長春品茶雪夜角酒花晨言笑晏晏吾率吾眞讖逼鷄年妖飛鵩舍徐路二君先後殂謝公胡遽逝修齡莫假委蛻塵寰奄然怛化子敬人琴山河邈若懷公風度蘭馨桂馥思公氣量金渾玉璞老友凋零晨星落落心香載爇大招載賡生芻一束旨酒一盛雖奠之薄而意則誠靈兮來格降於兩楹尙

饗

敬持公明之公合傳 十六世 姪 南金

自古昆季間稱友愛者多矣然能始終如一歷久不渝者蓋鮮獨我從伯敬持公明之公兄弟怡怡少而壯壯而老雖其間險阻備嘗歷經困阨而如足如手曾無間言此世所難能也余幼隨杖履望見顏色之日久悉二公瑣事頗詳用敬撮其梗概俾後人有所取法焉敬持公諱恩澤從祖樹庭公長子也仲弟理臣公諱爕梅洪楊之亂死於兵燹中年僅二十有一叔弟即明之公諱元兆咸豐庚申隨兩兄避亂於外仲兄既亡與敬持公形影相弔跬步不離無何至泰興流離顛沛窮困益甚時樹庭公尙在堂家人父子雖處亂離中猶融融乎有愷悌慈祥之氣象焉同治甲子亂平旋里家徒壁立幸樹庭公夙以能文名設塾授徒聊以自給二公見家況如此咸苦志力學冀以此馳騁當世然試輒不利而內顧之憂日以增重不得已餬口四方敬持公館于皖明之公館于贛僕僕道途不遑寧處坐是風塵蹭蹬不能以文章自致于青雲嗚呼二公之遭豈爲境所累無暇致力功名耶抑有志未能終見阨于造物也明之公間關跋涉歷應浙皖州縣及本省上海崑山新陽等縣之聘衆鹿半生席不暇暖所得修脯悉持付敬持公俾償宿逋數十年如一日敬持公則踵先人之武亦以

硯田爲生活循循善誘邑中名下士多出其門晚年益爲
鄉里所推崇凡有大興作及一切公益慈善事業莫不與
公爲領袖如重建蛟橋經理聖廟孝侯公廟尊金閣刱設
京都會館建築孝侯公讀書臺諸役皆躬與其事任勞任
怨勉力從公而潔清自守一介不苟至今猶彰彰在人耳
目嗚呼可謂難矣敬持公子一曰逢源嘗問字於予明之
公子一曰志勲邑庠生與余有中表親余于二公平日頗
多接近之處二公行誼不忍聽其湮没不彰故濡筆誌之
爲後世告嗚呼余幼讀沈子磻先生所作樹庭公傳見其
有于骨肉間恩誼尤深之語心儀者久之及考二公生平

則與樹庭公如出一轍其行事何相類也然則二公之友
愛有自來矣姪南金謹撰

小棠公五十壽序 十六世

聖清定鼎燕京建官京兆推九州郡國之長得四方風氣
之先其間碩輔通儒魁奇俊乂後先媲美中外騰聲然往
往市詠棠甘旋逢瓜代周顒稱僕射僅止三日爲期汲黯
守淮陽未有十年不召若夫魯公再起應　九重詔旨而
來寇恂復留從億萬生靈之願任事之久芟物之豐孰有
如筱棠憲台大人乎公世守一經識窮兩戒紹濂溪之舊
學承孝侯之名宗目不窺園躬勤運甓作南州冠冕觀亢
壁圖書蒼筆而字挾風霜擲地而文成金石木天健步蓬
觀瞽毫蘇易簡本玉棠之才故　授爲翰苑李待價是清

廟之器故　改入儀曹香縱蘭清詩吟柳瑞氣骨鳴錚錚
之鐵德量揚汪汪之波瓌鏡乾坤迴翔卿寺建節而皇華
奉　使遠涖西川盈門而桃李成陰羣欽北斗然而智板
囊底功止寰中不飛鳴於雲間誰識九皋之鶴不扶搖於
天上誰知萬里之鵬洎乎四夷來賓　一人有慶　天子
柔遠而開譯館我公應召而効　明廷論著餐花職司起
草朱公博學曉夷語於千百萬言臧氏多才數西域共三
十六國以故甘松互市宜　皇仁於海澨山陬梏矢來庭
碩中國爲仙宸　帝所公之勛名於此顯公之眷顧於此
隆用爲大臣擢爲京尹由是感激知遇展布經綸合戴白

垂髫頌徧萬家生佛仿晉乘魯史纂成一部州書拓廣厦
而庇無辜定兆鵲巢之瑞購奇書而培寒畯益增鹿洞之
規而且種桑萬株拔薤一本勤事則晨梭廢食矢心則夜
香告天枹鼓稀鳴萑苻永靖蒲鞭懸而刑威肅木鐸啟而
正教宣會逢大比之年適奉監臨之　命風雨絺造土木
經營令出如山信是文壇之主功成不日俾觀上國之光
湛露彌濃清風愈穆廷試則屢提玉尺殊尤則咸入冰壺
猶復降禮青衿搜奇白屋客來長揖士許推心門前倒屣
而情深河上御車而色喜四海英俊共樂春臺八百孤寒
齊歌夏屋論其風雲際會魚水遭逢內而師保疑丞可以

贊襄　密勿外而高牙大纛足以捍衛封疆無如召郭賈
於荊州禮帷失望還耿純於東郡父老無依所以再任司
農一權宗伯官事屢攝愛日常留百僚慣說音塵三輔幾
成湯沐乃知北門鎖鑰惟有萊公南國屏藩莫如召伯會
以本年七月爲五十生辰朱轂迎門碧筩侑爵拜　九天
之雨露勝服丹砂集重譯之冠裳爭誇絳曳門生故吏重
聲價而登龍走卒兒童咸懽呼而酌兕福辰　夙同井里今
接帡幪叓乘無下座之嫌張稷有通家之誼或陪宴而形
骸欲放或參衙而袍笏未齊或因案牘而請陳燒殘絳蠟
或爲鄉情而欵話詠慣白駒香火緣深樓臺水近惟願潞

公雙鑠允伯聰強獻華祝三多陳箕疇五福立言立功立
德永隆不朽之勳杖鄉杖國杖朝載拜無疆之祉
誥授光祿大夫　欽加頭品頂戴　賞戴花翎通永道薛
福辰頓首拜撰
誥授資政大夫　欽加二品頂戴　賞戴花翎霸昌道恩
艮頓首拜書
洽中鄭沂東路同知郝聯薇南路同知陶彥壽西路同
知張濟康北路同知陳象瀛糧馬通判周之辰署大興
縣謝錫芬大城縣知縣調署宛平縣知縣李均豫涿州
知州查光泰良鄉縣知縣楊謙柄房山縣知縣吳克昌

題補薊州知州署通州知州陳鏡清三河縣知縣何其
翔武清縣知縣蔡壽臻寶坻縣知縣劉枝彥通州知州
調署薊州知州高建勳署香河縣知縣馮瑋大興縣知
縣調署寧河縣知縣管近修霸州知州蔣汝修保定縣
知縣趙浚署文安縣知縣殷謙東安縣知縣調署大城
縣知縣王益壽署固安縣知縣張振期署永清縣知縣
馮壽松永清縣知縣調署東安縣知縣張鈺昌平州知
州宋文署順義縣知縣葉常芳寧河縣知縣調署密雲
縣知縣丁符九題補固安縣知縣署懷柔縣知縣孫德
祜平谷縣知縣鍾德輔題補宛平縣知縣趙文粹經歷

范思本照磨曹友泰司獄王沅甫大興縣縣丞陳鍾英署宛平縣縣丞鄭沛溶黃村巡檢何其泰采育巡檢謝長齡蘆溝橋巡檢唐維藩齊家司巡檢孫肯堂龐各莊巡檢黃從周石港巡檢王汝霖大興縣典史田起濱宛平縣典史陳德森候補同知周文仝張邦慶候補通判石賡臣董開沅張盐禧馬序東金銓姚虞卿候補知州張兆豐龔蔭培候補知縣陳鴻保王言昌高醴泉楊春元劉中瀚陳壽椿方薌林湯釗譚澍同頓首拜祝

光緒九年七月　穀旦

小棠公祭文 十六世　繆荃孫

嗚呼哀哉茫茫天道杳冥難知天旣生公命止於斯官不疑丞壽不期頤忽焉摧折萬口同悲公生宜興蜚聲最早中祕紬書禮曹視草一事百思窮朝徹曉干莫鋒鋩璵璠瓌寶峨峨總署彈壓寰瀛惟文文忠中外同傾引公爲助犖犖諧聲狺狺狂吠鬖鬖紛爭批亢擣虛殫慮竭誠一字之下堅於長城過卑眾詬過亢眾驚邛崍九折化爲夷庚是非鋒起蜩螗沸羹日久事定自有公評八載京尹綏靖甸服心爲明鏡無微不燭方駕玄公無愧孝肅魏叔果顏京尹堂額曰我愧包公地發殺機龍蛇起陸赤子莘莘魚頭而哭急請國帑妥設廒粥若或迫之拊循鞠育祓消迂祥骨枯生肉幽谷麗陽寒門噓燠造物失權子孫種福循聲偉績日聞於　天司馬司農疊昇仔肩負此聲華謂駙騰騫彼猲何心指摘拘牽市虎空惑樊蠅自便　聖慈浩蕩終予矜全納言仍擢少宰兼權公益感激涕泗漣漣客秋九月寒病顛連胡不遄歸息影江壖恩重命輕生後義先饑溺之忱思竭拳拳一息尚存百憂其煎巫陽下招奄歸重光嗚呼哀哉睢言交友無間存歿愛士若饑不嫌鶻突彙征拔茅坐賜蔭樾受　命衡文心細如髮毛義喬元蜀秀競發梭藝　大廷復得蒯越采玉崑岡求珊溟渤譽不容口

感眞刺骨雲馭已遠流風澌歇凡百孤寒何門請謁嗚呼
哀哉予初識公歲在戊辰一言契合交若飲醑勿以弁㒈
說項逢人洎修府志重備咨詢予氣甚銳執簡斷斷公每
優容微志獲申成書百卌校讎嶙峋殺青未竟山頹嶽淪
音容終閟手翰猶新華屋山邱慟哭車塵淸酒既奠生芻
既陳儋詹小言聊誌其眞尙饗

小棠公行狀 十六世

吾師周小棠夫子以翰林起家洊官卿貳任總署大臣京
兆尹最久聲望藉甚不僅河內願借寇恂海外亦皆知司
馬距年甫五旬未竟所施奄捐館舍中朝士大夫莫不同
聲歎惋以爲　國家失一梁棟門生故吏走哭相望樹枏
受知最深心喪尤甚未幾猶子笠舸同年志靖述師行誼
來請爲狀且曰知吾伯父莫如子子文又足傳吾伯父宜
仿宋濳溪狀黃先生巨細詳紀毋效古書法徒爲簡嚴樹
枏誼不當辭亦分所當盡顧每屬筆棖觸不能已卒卒未
果今距師薨已二十餘年矣滄桑變易風景都非樹枏老

病退居懼辱前命而笠舸又以書敦促謂將纂入家乘辭
不獲勉就病榻爲文條徵件繫務取詳備其詳於　國史
年譜者從略俾後人可參觀焉謹按師諱家楣字雲生又
字小棠江蘇宜興縣人系出孝侯先世居邑西雲䨓村是
爲雲䨓周氏　國朝康熙年間庠生藎圃公長源始遷於
城長源生樸庵公樞太學生樞生方虎公炳儒士是爲師
高祖曾祖範亭公汝礪邑庠生妣顧氏祖靜齋公秉鈞郡
庠生妣儲氏父愛棠公蔭南道光辛卯科順天鄉試經魁
海州學正崇祀鄉賢海州名宦妣潘氏三世皆以師貴贈
榮祿大夫妣皆一品夫人靜齋公隱德不曜力行善事募

建雲霧等處橋梁至二十餘座歲荒司粥廠事均毫釐不
苟嘗曰吾子孫必有興者燮堂公稍顯矣顧志究未能大
展在京時嘗以館穀與同志創建會館置義地鄉人至今
尸祝潘太夫人亦以慈惠著飭躬以儉而艾物必豐洎師
貴人咸謂食報云師幼聰穎貌歧嶷見者知爲國器甫四
齡就書塾過目成誦靜齋公於諸孫中鍾愛尤至每晚歸
口授經訓胥領悟洎舉子業未久郎工年十五列博士弟
子員遠近藉藉稱神童咸豐辛亥應承宣試燮堂公方秉
鐸海州筮卦得晉之九四曰未當位殆兆未年釋褐也疑
不吉揭曉中式時年甫十八也壬子會試未售留京應癸

丑試試竣聞父病星馳回海已無及痛不欲生又恐增重
闈憂勉彊歸計燮堂公居官清正身後蕭然賴州學諸生
一再籲州請撥實興存息合助乃得歸櫬寓宗祠躬營兆
域既畢與弟鼎生勤學力行雖甑塵屢生不與外務未幾
館於外有人悉歸獻夏常御春服遍體赤痞數年間爲弟
畢婚並嫁諸妹瘁矣丙辰會試堂備考取宗學教習歸里
仍就館弟鼎生亦館荆溪協力措持境固貧而家中輩行
無絲毫私蓄無爾我芥蔕甘苦維均衣食相共師元配潘
夫人及弟室徐太夫人每歸母家及諸妹嫁後歸甯無不
各道一家美誼從無幾微指摘門庭以內融融洩洩從無

間言戚族來者同聲稱羨謂唐張公藝明鄭濟無以過笠
舸嘗舉師訓以告樹枏謂此時此境真不易得樹枏則謂
非師善處家庭無由致此已未會試凒闈前屏絕搜檢極
嚴士之應試者毋得懷挾片紙宿儒淹滯多見振拔師成
進士改翰林院庶吉士秋假歸靜齋公年八十矣見甚喜
謂前言果不虛也旋棄養師盡禮營葬庚申春將北行而
賊氛漸逼始奉母挈眷還鄉聞城陷又移寓湖濱戚族同
遷者以百計咸苦無資師傾備數百金酌量分給有厄之
者師曰處此流離能多盡一分心即多救一人命倘斤斤
爲守錢虜哉八月初以賊將下鄉安民師曰是不可居矣

遂與弟夬策奉母渡江初七日至江陰申港口風逆待渡
次日甫解維城賊探知先遣從賊追回潘太夫人命師兄
弟登岸曰汝不可見賊賊至必辱汝汝不辱即死我家休
矣師兄弟戀戀不肯登太夫人曰如此則我先死耳無何
賊大至師兄弟將負母匿蘆中足甫及岸爲賊隔不相聞
有義僕莊慶餘從師急行附舟至靖江七圩港太夫人舟
亦至則知弟鼎生罵賊殉難潘夫人被刃投江賊退浮水
歸歸吳氏妹亦被刃投江師痛甚潘夫人旋以傷卒太夫
人亦抱病幾危百方調治始獲痊遂呈團練大臣龐鍾璐
奏聞給事中王憲成亦具奏奉　旨賜卹並建專祠洎奉

諱旋宜居室未嘗先建祠宇如制春秋請祭復至中落就當日弟鼎生埋骨處築墳立碣專置墓田以供祭掃鴒原之痛無時或忘樹榯嘗讀師所撰傳一字一血每爲淚下實天地間至文猶勝於李密陳情表昌黎祭十二郎文也庚辛之際大江以南無乾淨土師往來靖江泰興通州各處躬任提倡籌餉練團擬設常州合屬君子練勇局隨同官軍進勦事雖未成義聲流播同治元年入都補散館改主事分禮部郎迎養板輿長途費不貲賴舊交佽助始如願旋充　實錄館校對官在館五年上擂功課至一百三十六卷視各帮詳校及初校爲最多皆精審無或舛是年

保送總理各國事務衙門章京三年九月傳補到署帮管法國股長白文文忠方主署事少許可及見師稿深加奬異次日以告同郡曹恭慤曰吾無患接手有人矣師聞且戚且懼先是駕泰興時見縣張告示宣布天津和約回寓痛哭失他日苟與聞必竭誠挽救至是所管有天主教爲條約注重之件亦爲辦理最難之件師力任其難不避嫌怨嘗曰昔孟子拒楊墨昌黎闢佛値其時朝野上下靡然信從而獨持正論以與之爭難矣今天主教雖蔓延中國斷無士大夫入其彀中執迷不悟者則用力當較易也然楊墨與佛任人可否從違並非有强國之扶護釁端之可

啟拒則竟拒鬭則竟鬭矣獨天主教弛禁載明條約人人痛心而無可禁止欲以申戒閭閻則外國以爲背盟立即興戎擧動全局此其難耳吾既在事惟有就事而爲之制俾其氣消勢阻使彼教毋得爲害其庶幾乎故遇事剖辨每就彼族一二近理之言執爲鐵案還以鉗制彼族勿使譸張又議定鉗制八条隨案通行始時地方官以　國家意在綏輯輒有偏倚教民爲苟且了事計者因爲嚴切申明遇案但論是非不論民教各地方官遂曉然於　朝廷用心持平辦理害稍戢教民凶燄亦稍斂焉如四川酉陽等處教案大吏意在袒教閭省承風株連無辜將燎原矣

師上書恭王侃侃力爭始獲轉圜同治九年天津教案起中外震動師晝夜在官手書誼致當事準情核辦毋事羅織誅流十數人而案定此其犖犖大者餘類此師既受文忠知數年間由帮辦遞充總辦倚任尤深同治十三年穆宗親政各國使臣覲見遞國書事前爭禮節幾中裂文忠命師折衷衡定作遇禮考請准各使循西俗鞠躬不責以跪拜强所難行覲見在外朝不入內廷亦稍分界限禮成中外翕然沿爲例日人赴台灣爲生番擊斃數人該國藉端開釁師隨同各大臣與日使往復辨論預擬剳記及問答一如所言咸驚爲神事漸解日斯巴尼亞有地名古

巴糖寮林立洋商每結內奸誘販華工到寮充役凌虐百
端號曰豬仔多死者宦家子弟亦波及焉既據委員查報
各國使臣亦相繼照會師憤甚手擬函稿商訂專条迭致
該國使臣轉請本國從嚴懲辦並通行各省嚴禁販誘該
國亦怵於公義允任保護嗣復設領事駐查各華工始慶
更生駐閩法領事購地營室地皆墳塚議遷葬每骨一具
給洋五元紳民不願據咨與法使辨論事得寢俄國兵屯
伊犂已有約退兵矣藉詞命案未結留紮當告以命案係
交界常事退兵係特約事不能牽涉凡照會兩次而退出
德國巴使驕橫並擅令兵船上岸師任大臣面斥之復函

出使大臣告知外部撤回此師歷年辦理教案外爲尤著
者重念綏輯所以柔遠而根本尤在自強自充總辦章京
洎任大臣二十年間于用人行政練兵簡器造船設防諸
大端迭請當道加意講求力祛積習中外条陳汗牛充棟
鮮有能出範圍者猶慮言易行難終於不振嘗代文忠草
疏密陳大計謂務在上下一心內外一心久暫一心時存
臥薪嘗膽之心庶有化弱爲強之望語語沈痛所謂古誼
若龜鑑忠肝動鬼神近是樹枏嘗與編師集至此輒怦怦
欲動及今追思尤不勝感慨也師尤長論難每接晤各使
會猝應對皆有條理無絲毫罅隙可指各使亦翕然稱佩

事關交涉重大文稿胥出師手往往竭慮焦思至忘寢食
下筆輒數百言或累數千言能言人所不能言又爲人人
所欲言供事傳寫腕幾脫論者謂心血多人數斗然師半
生心血大半耗於此矣歷派查核各國條約兼核出使案
文信各事並辦理美國續修條約暨充同文館提調清檔
房提調司務廳領辦廣庫鑰事咸理同治四年補主事洊
升郎中記名御史記名繁缺知府記名海關道加三品銜
輪補御史引．見奉 旨註銷御史開缺以五品京堂候
補仍在總理各國事務衙門章京上行走續保以四品京
堂候補 授太僕寺少卿加二品頂戴轉大理寺少卿

擢順天府府尹并 命在總理各國事務衙門大臣上行
走師祇奉 雙綸力圖報稱京尹案牘本繁師又遇事認
眞不肯稍從敷衍總署倚任尤重日須到署潘太夫人又
患病經歲躬理湯藥無片刻盬而事無弗治萬文敏以宗
伯任兼尹久委署州縣多浮議師謂此府尹責也手定輪
委章程一秉大公絲毫不容假借署寶坻縣王堃虧帑二
萬餘摘頂參追吏治整肅有起色文敏亦和衷共濟於
召見詢奬事事留心精細無匹光緒三年順直水災難民
麕集京師疫癘盛行師蒞任分起資遣給事帖然以積穀
爲荒政先資刊章奏辦捐廉糶率分示勸懲屬下奉行維

護五年春恭辦　惠陵奉安大差由順天府調車五百餘輛事爲戸科劉吏承辦擅結内府書吏兩用白片咨取多車復折價包雇爲師察出立罰該吏千金並府署陋規悉充書院公項而事亦集　乘輿還京後召對有此次辦差勝於往日之褒薊州劉枝彦有能聲吏胥甚之乘該州公出捏報丁憂師察其僞嚴究懲辦事果虚是年値京兆試貢院例請勘修師先期詣視號舍大半傾欹勢須大修而官項有限萬難敷辦商善紳王海顧獨力捐修停支官項議甫定而卸任王海卒如前議凡費四萬餘金皆工堅料實非敷衍目前洎乙酉科　派承修貢院工程同事爲恩

相國承復約實事求是涓滴歸公而師所辦工尤勝往日多上賴之大學士英桂己卯繙繹舉人本科一周查無重宴鹿鳴成案疏請．允行並纂入科場條例五月潘太夫人棄養奏上．　皇太后垂詢軍機大臣何病及回籍道里遠近師居喪毀瘠哀禮兼盡卽於八月扶柩旋籍先是師官禮曹以藍圃公祠燬於兵燹祭久虚每率子姪假館遥祭事平謀重建顧方苦貧會族叔金章權安徽廬州守亟函商當捐七百金師亦勉措三百金購地另建迨典蜀試還京復捐巨貲剏設義莊歡動合族而師京宦十餘年里中固無寸土無片椽也至是乃假宅以居營葬事佈衣

縞帶往來叢林密箐間見者不知爲曾任大員也逾年卜葬于邑西五牧村毎與歸潘氏妹廬墓哭奠行路嗟歎師里居重門洞開鄉父老來見黄冠草屐歡然晉接無絲毫貴倨態遇有私情請託則峻拒之而族邑中應辦事宜首先議行力任籌欵無吝色亦無倦容宜荆自遭兵燹明倫堂尊經閣禮器樂器庫東西齋兩牌坊四祠儒學均乏資未建師曰此文獻綱領也遂函商任筱帥道鎔各捐千金爲倡集欵如雨歲餘均竣工節孝祠改修復捐助縣志亦久未修既籌欵興辦兩縣令請爲總理而延吳孝廉協心主其事書以成育嬰堂欵絀嬰少既集捐補助復先剏月捐

堂後加屋五楹始敷留育又附設牛痘局續商筱帥各捐制錢三百千存息應歲需不足另補沿至今在城義倉由自紳捐患穀少獨捐千石並勞勸穀乃盈六年冬備絮衣票散給貧寒歲爲例年終撫卹亦然東鄉周鐵橋沙塘港等處被兵最酷白骨多年委露師聞獨捐辦沙塘港餘亦集欵以次掩埋靜齋公創立宏濟堂亦燬於刼舊產侵隱幾盡師經清理得田二百餘畝並與許祠合捐田二十八畝建倉儲穀糶借如舊又捐五百金剏修宏濟橋添建兩小橋以完先志外若修建蜀山等橋亦首捐復修東氿燈樓又增設救生船而邑中事幾無不舉孝侯廟年久失修

寢室及兩廡燬於兵粃捐修建過於舊江壇有讀書臺遺
址其側爲石觀音菴復函商大吏籌欵建復給菴僧月糈
以資香火彙刻忠義集以廣流傳雲罍大宗祠及支祖祠
鑾堂亦粃捐重建各捐存穀二百石修飾藍圃公祠加建
義倉捐存穀五百石復捐莊田三百餘畝並捐洋千元存
息專助婚費又捐置樸菴公祭産加贍近支略仿義莊尤
貧者加給月費清釐田修宗譜繼絕嗣而族中事更無不
舉綜計前後捐欵逾萬金處境並非有餘而處事惟恐不
及蓋承平垂二十年至是乃有起色矣光緒五年報墾荒
者衆官疑其先匿熟也令當年起征民大恐迭陳當道始

准緩六年又以縣委勒報新墾蕩田至千畝力爭始免與
爭回盧忠肅祠産尤爲維持名教保全地方大者師在里
二年惓惓不忘・君國七年八月服闋以戀墓未遽行九
月始行十月到京請　安　命仍在總理各國事務衙門
行走自文文忠甍沈文定繼任署事亦甍至是藉師與王
文勤同任文勤有每到雙日找便愁之語緣師旋權副憲
逢雙必赴也惟權輕責重掣肘時形每深憂慮八年正月
復　授順天府府尹仍兼署都察院左副都御史溯自毋
憂去任至今垂四年師固瞻懷舊治念茲在茲而接任各
府尹亦虛衷商搉治譜載循畿輔士民尤引領望再來臨

命咸鼓舞師勵精爲政凡前任所已辦未盡暨有志而未
及辦者皆次第舉行百廢具興其大略已詳史傳矣而猶
有可言者府學初任即捐備祭器再任復粃捐修葺增樂
舞定歲修纂景行錄宮牆外淤溝並咨該管大臣疏濬金
臺書院修自道光年間將圮矣師於五年春試畢即捐千
金改建並分勸凡費萬餘金宏敞過前復偕管國子監翁
文恪函請江督左文襄各撥二萬金另籌三千金並存息
試則加餐點增膏獎廣徵書籍備參觀精延山長加課經
古多士奮興又奏撥西河沿間曠官房改建大宛試館未
幾書院生陳冕卽以大宛籍魁天下復出師門稱盛事順

天向無專志明萬歷天府廣記亦簡略不全前府尹彭祖
賢銳意興修未果師到任卽商萬文敏舉辦文敏有難色
師以省志將成必以順志弁首此時不辦後將無時遂商
直督李文忠餉司籌欵奏明開局延張文襄爲總纂文忠
以屬門下繆荃孫樹枬亦與分纂中以欵絀幾停復力任
續籌蓋前後六七年而書始成節孝補遺別輯幽光錄並
行雖當宅憂及升任仍拳拳弗釋宜文敏以爲難而師固
不畏難也順屬稟報獄囚多瘐斃師初任卽札飭加意矜
恤嚴禁吏胥凌虐札文中有云該牧令中心存愛民萬無
忍爲尅減凌虐之理第例給之糧不能充饑所被之衣不

能禦寒雖非尅減猶尅減也痛苦莫爲存問呼號莫應給
求禁卒驅呵畏如狠虎居處汙穢豢若豕羊雖非凌虐猶
凌虐也囚不死於法而死於管獄有獄官之手官並不忍
致之死而死於不能詳求矜恤之心官之存心斷不忍此
等語沈痛入人肺腑各屬自理案月報飭具案由送核遇
冬捐發府獄囚棉衣嗣籌百金歲飭經廳製發光緒九年
以來於順天賑餘款內撥助提牢銀三百兩歲爲例又推
類至於決囚凡向置千人坑者咨部先期知會善堂備棺
收葬宛平沿河營民人聯控營官擾累師初任卽咨查未
結復控當派員會勘據詳請以舊糧地歸營新墾地歸縣

升科續墾亦然營毋過問兵民始各相安此皆師前任已
辦未盡者至是始無餘憾矣順屬各州縣盜案層出中多
回民師以爲憂服闋還京卽延商善紳於著名盜窩如通
州之長營宛平之薛家窩香河之香椿營等處先設義學
費皆捐集比蕃尹任復推行各屬奏撥蘆台船捐改建廣
育堂遴員紳主育嬰事兼司學務並分充廣仁堂敬節會
暨工藝紡織各經費嗣據民婦丁王氏願以遺產捐立義
學善紳王海亦以自置義學六所資產一并報明立案教
養兼行成效甚著洎師薨未幾義學盡廢盜案復多官民
言及均歎息不置云師又以北方婦女多不親蠶生計若

紬札各屬試行復委員赴東購運桑秧千餘株於署後城
外分種逾歲成林繼配蔣夫人躬治蠶事復於二堂浴蠶
縱婦女入觀詳加教導織成樣綢及種進呈亦爲從來未
有惜師薨亦卽湮廢矣此皆師前任有志而未及辦者至
是亦無遺憾師又以除莠始可安良整軍乃能經武莅任
後卽飭各科房立功過簿信賞必罰諭以今吏胥卽古府
史同爲　國家出力務宜廉潔自持勉圖上進咸深感畏
通飭各屬督率捕盜營實辦冬防整頓更鋪嚴緝窩縱著
名巨匪咸就誅夷捕役因事勸懲尤著者書額以獎躬理
案牘請託悉除訟棍嚴辦房山文生常佶以爭產訟孤寡

提究訊誣示以詩云忍見閭閻不平事當年京兆亦孤兒
該生感悔具結去師隨事指導本身作則多類此捕盜營
照章月驗歲久成具文師非值要公必躬校閱諳飭營弁
認眞訓練並延名師教習期成勁旅以鎗械尙沿舊制先
後請撥洋鎗七百桿次第調操並習劈山砲過山鳥演打
鐵牌營務日有起色光緒十年秋法事棘徐季常樹銘奏
准　飭辦畿東團練師固知團練未可深恃第念府尹係
守土官所屬鹽河縣北塘海口又係畿東第一重門戸自
應就事綢繆稍補兵力手擬章程札飭印委各遴　旨認
眞辦理毋事因循並抽練營兵二百名又募鎗勇百名常

川駐京操習十一年復咨商李文忠以族叔金章爲督帶駐紮盛河大口屯兼辦團練民不擾而事集迨撤防耗計支應僅萬餘金此又師實事求是之本懷也餘如懷柔縣黑眚屢見縣令不安師爲文飭縣禱神立止嚴禁宛平石港火葬亦均傳誦師自官九列值亢晴舊藏九龍圖日對陳禱雨乃已五年夏京師又苦旱除率屬步禱外復專禱各廟至涕泣因感暑熱旬始痊任京尹正署凡六年每遇賑災聞報即發不待再勘嘗謂救災如救焚詎可稍緩九年夏大雨水順屬災尤重衙署亦倒塌甚多庫銀除先撥東賑三千兩外餘無幾師焦勞籌措會疏入告飛函各省

求援動盈十餘紙每至神特心悸目眵手僵嘗舉以示樹枏幸 皇太后賞撥宮中節省金中外聞風響應而直督爲李文忠長戶部爲閻文介均與師同事莫逆都門同志又商訂水災救命捐冊推廣水災救命捐圖冊合籌勸募逾年集款至百萬餘遂得從容肆應若急賑冬賑春撫以工代賑皆賑銀冬又普放棉衣若平糶粥廠搭放雜糧兼賑米被災最重若寶坻武清復延善紳加賑文安大城亦另撥款平糶並資其生計而又設當牛兼給種局平賣柴薪局官醫官藥局皆精心獨運不假吏胥手所派員紳因材器使推誠相詔務在得人中遭給事孔憲瑴誣劾不

因是稍沮 欽派大臣查辦旋昭雪數百萬災黎獲慶更生其尤爲重且要者修濬北運青龍灣筐兒港兩減河並沿河各堤上繼賢王下孚衆望餘如勘濬鳳河疏通麗各莊各處溝洫修築通州兩岸堤埝霸州中亭六郎等堤工涿州永樂欄柳等村堤壩各工皆以次舉畢毫無遺漏論者謂此次水災二百年來未有師辦賑亦爲二百年來第一復於其間協撥直隸玉田高粱二千石山東賑銀三萬兩江西二千兩江蘇湖北浙江各一千兩比卸任尚存十餘萬兩奏明備濟摺有云所恃積久之誠隨時感之即應方寸之蘊天下信其無他蓋紀實也賑事既有頭緒始奏

明撥款普修各署並建復府儒學大宛典史署以重職守府署爲最後修先公後私多類此方事之殷迭署禮部兵部戶部侍郎而署戶右戶左爲最久師以大農最稱繁要左右侍郎又各有專司不以攝官稍存諉卸凡關利弊必盡言無隱多見施行鑄錢法時以寶泉局秤不存庫又較小非是飭以工部新秤爲準與收銅之秤一律存庫向例驗錢祇計數並令計斤以每串廿餘斤爲準局中貼寫記名多至十餘人爲核減弊悉除光緒九十年間畿輔告災阜康驟倒銀根滯窒錢市蕭條即領袖之四恒亦岌擠將閉衆情惶擾師聞即派員彈壓始保全迭據言官奏參交

議師既申明舊章會奏並曉諭又議以制錢五抵當十大
錢二相輔行用黜與轉移錢法堂侍郎暨五城御史均深
然其說當道憚更張遂止久仍照行制錢議既格復念平
糶存錢過多亦慮壅遏遂奏設局以糶價解存易銀流通
市面稍定其後太僕延茂条陳平糶猶請援照爲銀庫收
銀凡係滙兑向不經驗匠收銀彈兑又在內令以後收銀
照放銀在外彈兑與大臣坐近滙欵照捐銀并令驗匠面
驗上秤海防例初開捐數較旺於向開庫期外加開一庫
緞疋庫收放各件僅濵簿過硃來支不附令照顏料庫式
隨驗印領無年月及隔歲者一律駁還已放即於印領蓋

國山周氏世譜　卷四十三上　小業公行狀　卄　立本堂

印註明其他如山東司書吏壓本飭送刑部治罪並飭各
司嚴查派明辦司員稽核出入年欵籍進以勸捐流弊多
商綏辦以裁減圓孤米折兵丁借欵各部飯銀非政體議
勿行皆規措精詳絕無疏徇十年七月　命毋庸在總理
各國事務衙門行走十一月　授通政使司通政使仍署
順天府府尹通政近年僅司進本登聞鼓院久成虛設司
署大堂尙完餘均頹敝師涖任即咨商各省每年於初次
進本由藩庫撥解百金爲歲修及經知筆政公費並先墊
發各省亦如期照解整飭如前又以本司遇無本日仍条
報內閣近無飭循舊有本隨到即進毋稽壓修則例毋後

時咸踴躍奉行十一年迭御府尹及戶左任再署副都御
史甫卸任　命署吏部左侍郎此師歷任官階也師迭主
文衡得士稱最光緒丙子典試四川偕吳師觀禮悉心衡
校榜發前學使張文襄拔課高等生居其半樹枏與焉文
襄大稱快師猶引歉嘗有句云怕看匣外明珠在淒甚乎
生下第時其惓惓蜀人士至矣癸未新貢士覆試　殿試
朝考迭　派閱卷讀卷　殿試得曾君廷獻列一甲第二
朝考得蒯君光典列第二時論翕然蒯書特異而文入古
固皖中名士咸謂非師鑒拔不及此續　派閱卷各差可
類推其他各差如　派壬午武鄉試辰字圍校射與禮邸

國山周氏世譜　卷四十三上　小業公行狀　七　立本堂

同事請各秉公閱記毋稍降格規避處分夜校又飭縣於
四隅置燈燃照射較準士胥悅　派稽察東四旗覺羅學
學陋成具文時朝議方振興八旗官學師以覺羅分屬宗
支應先從事疏請會籌整頓未獲行春秋課士從豐捐獎
以資鼓勵　派覆核朝審稍涉疑似必反覆研求蘄於至
當官大理兩權副都御史遇三法司會審均如是皆隨事
致謹以詳慎稱尤著者壬午　派順天鄉試監臨既商承
修貢院大臣飭辦實工如前並飭印委加意經理至八月
初國子監學政錄送名數驟增至三千餘人師於倉猝間
奏明撥欵展築圍牆添蓋席號復奏撥步營機桶以備不

虞臨試傳諭蕭號生遇雨毋散走府尹來同受各感悅雖處糾紛繁難過昔隨宜因應未黍一官杖一吏而事舉辦旣竣即請增建號舍戸禮工三部會議如之已奉 旨矣給事中鄧承脩疏爭請嚴錄送停前 命至乙酉科士子被擯者多擱訴悖王輿前王以聞仍照前議辦理師又以號戳日久模糊飭所司下届寬刻鄉試事繁外簾少請增對讀四員會試卷少謄錄多請酌減部復行均稱便餘如驗看月官察出頂替數人會奏懲辦驗放殺虎口監督以告假人員太多奏叅議處常差猶如此其他可知矣此師歷辦差使也師少經亂離左足附受濕腫潰成口治乃益

甚肉突如菌日流血水陰虛肝燥晚年手足常抽搐加以家庭多故公私叢迫強自支持心神日耗自離總署固覺稍逸第念二十年來從事於斯殫精竭慮卒以未能合宜退出雖 恩遇未嘗稍替不能不引爲隱憂而病根遂漸滋矣十一年冬感寒失音甫減拜吏左之 命勉出視事遽患吐血迭治稍止又患溏泄失眠日形委頓節經請假復請開缺奉 旨再賞假一月毋庸開缺以三品卿署侍郎得此稱異數師感激而病益深歸潘氏妹聞病遠省刺血書疏禱神無效大星遽隕傷哉師生平儉於自奉而豐於待人固本性生亦宗庭訓維持善舉不遺餘力而于師

友及戚族間恩誼尤摯京師各善堂如顧學堂梁家園及粥厰資善堂百善堂公善堂夕照寺暨教子營禮拜寺各先捐助並分任勸募同人亦推爲領袖事以綿泊師亡通政司大宛試館資善堂夕照寺各設牌位歲時享祭旣卸尹篆凡遇賑災各善紳仍藉師爲領袖電函相繼師並以身任先後籌賑廣西銀五千兩江蘇沙洲八千五百兩又經賑山東銀一萬兩蓋無時不拳拳在念也迭經疆吏入奏傳 旨嘉奬並加級師謝 恩疏有云山東賑務遴委員紳攜欵前往查放者銀三萬三千兩函勸上海江浙閩廣官紳集捐接濟者銀二十餘萬兩事關衆擎非由臣力

等語抑然自下僅舉其略至丁亥冬子志程志勉仰承先志捐解棉衣千件時張勤果撫東奏准建坊疏稱五年之中除官賑外共放善賑銀百數十萬兩全活災黎無算江浙閩粵官紳之好義誠故署侍郎一人倡之所謂存心利物必有所濟該故署侍郎有焉聲敘加詳歿世而名益彰於斯益信捕盜營教習汪毓慈籍丹陽該處有九曲河久湮廢濱岸田畝無以灌溉汪以告師籌撥三千金函常鎮道飭縣會紳實力疏濬河乃通泊喪歸丹陽士民弔祭相望蕪湖關政煩苛商民過關候驗遲至九日師聞即函商關督力籌整頓法行而時速沿至今宜荆向無試館臨試

寒士多儆寓值若昂光緒初元函商任筱師郎捐千金賻置不足捐補其後笠舸又於師故宅建堂奉祭餘室爲宜荆新館并𤼵棠公前置舊館凡三邑人至今追思於歲首及生卒忌日各集祭維謹文文忠薨子繼亡有餒而之慨師倡集同人就宅改營設位祭以時費及萬金督學靑侍郎譽遺孫幼弱倡集同門以時佽助迄用成立于座師沈文忠孫亦然房師高觀察長紳罷官居京師中遭傾覆賴師力無他虞病困猶資以巨金漢軍文世氏故常守女遭亂遯京爲籌資買田以給常人蘇工部際亨有舊病歿母妻及幼子無所依招同居十餘年至其子成室始謝去同

邑朱令仁達官河南驗看入都貧絀商貸方苦貧典質以應徐令宗襄官山東欠交官項將罹参追師聞即畢五百金畀之並爲籌策事得解世家子張生族弟承先等均資以金成室年家子吉州判守善中表潘中翰祖榮均歿京師喪事皆力任凡此不勝書舉其一二舅氏潘卓堂公澤霖卒閩任遺孤紹周幼弱迎至京躬任教養後成進士官廣西知縣堂兄芑生以師力官江西縣丞歿又歸其喪姪志端志恭志恂等均幼孤撫養成立恩勤備至先後爲納粟入官手足之間尤視同性命江上遭變後遇弟鼎生忌日輒愴然涕下以笠舸爲嗣視猶子終師世未嘗暫離長妹適儒士閔成早卒繼室羅氏守節撫孤常加存恤次適孝廉崔堃賢研精理學與師最契同治戊辰秋病困京寓延半載醫藥費不貲至以衣九質二金爲一劑需卒無效復從豐殯殮又撫嗣子熙臣教養有加崔氏妹於夫亡後血書告姑師悲之於忠節祠西偏建樓以奉又刊所著古文行世三適儒士吳文軫旣殉難文軫守義終身爲置妾季字文章潘灝支卓堂公長子也未弃守志公謁選至京乃假館迎歸成禮師亡未幾哀痛亦亡諸妹家各定月費又歲給祭費其他未可殫述師豁達有大度能容物而又以貞介自持動止皆有矩蘉官部曹時旣 記名知府有

傳內璫意先容者峻拒之 實錄館校書雖多以未能迎合提調僅得常保自通籍陟卿班皆委心任運無所干謁雖久滯三品處之淡然光緒初年位望漸隆比遇請託苟非分必嚴拒挾賄嘗試絕勿與通知交贈貽亦量入不妄取官京尹日整飭營寮嚴懲陋習辜常饋獻亦屏之先後值潘太夫人及師五十壽辰謝客如常時師自記云平生所與未免傷惠而所取未嘗溢量此之謂也師夙稱知人嘗疏保前四川藩司鹿傳霖知府宗源瀚譚泰來山東副將田恩來等皆夙負幹濟才法事亟密請起劉爵帥銘傳撫臺境以盛順天屬員中如查治中光泰劉牧枝彥范經

歷思本等皆膺保薦以治績稱少以能文名時文醞釀深
醲深得甌山堂三味古文出入韓蘇理明而詞達其對切
沈摯處又不減陸忠宣駢體亦工運散於整尺牘似宋四
六微時嘗充楊廉訪能格記室代擬賀稟某制軍見而謂
曰汝書啟非常人也詩亦與文齊名少與邑僧掃葉討論
極相得長游關塞泛江海聞見擴而詩益工蔡太史壽祺
嘗選入同人詩錄丙子使蜀沿途吟詠成卷後之使者奉
爲枕中鴻寶日本使臣相繼索詩師有浪得詩名到海東
語洎離總署其國名士岡振衣仍由總署介紹見呈詩文
答以詩及書歡然去試帖亦追踪找法迴不猶人每主社

課評隲精當書少習誠懸嗣出入二王天機洋溢妙造自
然寸楮尺縑得者珍襲光緒九年以來頌聲四起一則曰
整躬率屬潔己愛民於地方善舉無不規畫周詳悉徵美
備再則曰心存君　國念切痌瘝所辦荒政尤能細針密
縷實惠及民自離總署又咸致惋惜師於會議仍據忠讜
不少衰孔憲轂疏劾時恐各善紳懈勁仍電囑復云當體
公忠體國之忱照常籌解梟義傾風若合符契順天士民
奉師如神明父母喪歸所過設祭迎送溯泣老弱婦女夾
岸跪哭執楮炎送感動路人回民亦破戒跪送並焚紙錁
士紳等復以政績臚呈當道入奏迭蒙　諭旨以師兩任

京尹善政頗多辦理災賑尤能不遺餘力實惠及民准將
生平政績宣付國史館立傳並于順屬地方捐建專祠嗣
在通州擇地建祠順天府尹撥官欵三千兩助工餘皆紳
捐設位奉祭官紳咸集京紳亦冒雨偕來濟濟蹌蹌向所
未有近年迭遭兵燹脩復復經士紳呈准現任京兆給示
保護示中仍有福民利國聲稱到今等語近人震鈞天咫
偶聞亦以師爲京尹稱最蓋德澤流傳遺矣樹相追隨日
久固粗知師生平其未詳者笠舸又舉以告刪繁就要而
著於篇無浮詞無贅語歷年雖遠公論具存嗟乎陸莊就
荒彭宣已老音容久渺想像徒勞載筆至此又不禁涕之

何從也師生於道光甲午七月初六日卒於光緒丙戌四
月二十九日享年五十三歲累授榮祿大夫著有期不負
齋全集行世配潘氏同邑貽贈中憲大夫增生澍霖女繼
夏氏江陰直隸候補知府子齡女賈氏山東黃縣貴州候
補道致恂女蔣氏同邑江西奉新縣知縣誠女均累封一
品夫人均先師卒側室王氏守節撫孤奉　旨旌表高氏
亦先師卒均封淑人子三長志匡太學生同治癸酉科順
天鄉試薦卷貤封通奉大夫浙江候補知府邑志入孝友
潘出娶陸氏陽湖翰林院編修爾熙女邑志入列女均早
逝次志程太學生四品銜浙江試用運副分省知府高出

娶譚氏江西南豐江蘇補用道蘇州府知府泰來女側室
朱氏三志劬太學生提舉銜分省鹽大使蔣出娶儲氏同
邑浙江補用道上虞縣知縣家藻女女二長適同邑徐山
東新泰縣知縣致愉子光緒己酉科舉人兵部主事仁鍊
買出次適任同邑浙江巡撫道銘孫直隸天津道之驊子
安徽補用通判承憲蔣出孫慶高太學生光緒壬寅科本
省鄉試薦卷歷任江陰檢察官南通崇明地方廳推事笠
舸子嗣志匡慰高嶽高達高頌高均志劬出孫女三一志
程出二志劬出曾孫曾祚曾貽曾孫女一均慶高出光緒
十七年春志程志劬葬師於雲霧墩上村蔣夫人同葬王

淑人高淑人均祔
誥授資政大夫前學部左丞京師大學堂監督癸業喬樹
枏謹狀

潘夫人傳 十六世

夫人潘氏余外祖贈中憲大夫運同銜知福建政和縣太
學生吉甫公湘孫女伯舅贈中憲大夫候選訓導優行增
貢生曉堂公澍霖次女舅母許恭人以道光壬辰年正月
初一日子時生夫人逾年吾母潘太夫人旣孕吾鄉多有
效蘇程故事以中表聯姻者舅父母謂太夫人曰若生而
男當以次女妻之太夫人曰然甲午余生余家夙與外家
同居夫人長於余兩歲洎七八歲時因有前約常避面焉
至余十一歲始行聘禮余家貧且儉定盟所執祇一帖一
銀飾耳庚戌先府君榮祿公奉先王父季眷履海州學正

任與吾鄉相隔千有餘里慮遠道迎娶之難商之舅父母
偕之任是冬始成婚夫人孝謹勤儉能得重闈歡定省烹
飪裁剪補綴事事稱愜我母常稱之曰賢者吾婦何以處
處如我意也余以辛亥膺鄉薦計偕北上下第留京夫人
自是代供子職及癸丑余自京旋朐已遭府君大事視含
視殮實夫人代之旣歸里因筆耕以養傭書吳門重闈侍
奉胥夫人是賴十年伉儷相敘首者不及三年也與余諸
妹及弟室徐恭人相愛若手足終身無閒言余兄弟間無
私財一家骨肉無絲毫彼此芥蔕固上奉太夫人懿訓夫
人亦實能仰承之而深體之也憖於馭下時臧獲無多於

夏夫人傳 十六世　　　　　　夫家楣

夫人江陰夏氏丙申會元禮部儀制司主事直隸易州直隸州知州三品銜候補知府　誥授資政大夫百初公子齡女母陳夫人以道光壬寅六月二十八日生故有私印曰我後荷花三日生百初公有丈夫子三而女祇夫人一鍾愛尤甚擇壻輒不合同治元年余既補行散館改禮曹於公爲前後輩公適由饒陽令升任宛平京縣執斧柯者向公譽余公以爲然而曰必親見然後定議遂訪余於京師上斜街寓中相見談甚暢歸告所親曰此郭子儀一流人物也吾意定矣遂議定於同治二年六月成婚爲夫人

孝友靜婉來歸後見其臂有斑痕徑二寸詢其故含淚不肯言後知陳夫人病亟時割臂肉和藥以進者也能書工詩詩不多作然於詩之淺深及漢魏唐宋元明家數源流皆稔知之每與論詩言必切中書學磚塔銘亦秀潤有致每日定省太夫人之後卽手一編常諷誦與諸姑氣味投合時共論古彈棋余方居閒散應官時少閉門時多雖居人海而淡泊同甘致相得也余家本屢空患難之後更無長物京僚所入既鮮長安復不易居夫人雅知余貧然伉儷數月不聞余一言及此其時家計胥太夫人主之余雖支絀應奉自謂磊落丈夫不屑向室人謀及也夫人窺見

婢媼開勞苦飢寒無不加恤性甘節儉境復屢空錦衣美食爲生平所未御亦非性之所好也已未余既通籍入翰林假歸太夫人相詔謂夫人以盈滿爲患累向堂上言之余方以此後可免別離相偕孝養而不謂世變相迫以至於死不但安樂未與共享欲求如昔日之困苦共嘗不可得也嗚呼可哀也已庚申賊逼吾邑城以不守時吾家已避居馬蹟山八月初以賊將至山遂取道江陰渡江初七日船泊江口城中賊猝至夫人遇賊不屈受刃傷投江於汨羅中遇季妹相將近岸待賊退渡江傷不可治時方孕腹傷於及胎亦墮於是年十一月十五日卒於泰興寓所

時胥辦團練大臣侍郎龐公鍾璐以余弟家鋤及歸吳氏妹並夫人不辱傷隕事狀聞於　朝得
旨旌䘏同治三年給事中王公憲成復陳請　建祠奉
上諭准建專祠以　覃恩誥贈一品夫人崇祀節孝祠子志匡太學生贈奉政大夫刑部貴州司主事年十八歲卒於京志程妾高氏出夫家楣書

賈夫人傳　十六世

夫家楣

夫人山東黃縣賈氏曾祖工部侍耶諱允升祖翰林院編脩諱樾余已未座師大學士文端公其伯祖也考花翎貴州候補道署威甯道銅仁府知府諱致恂號迪之母王夫人幼有至性爲父母所鍾愛迪之公有丈夫子四女子二夫人爲長女而齒兩兄之後公於夫人愛憐甚於諸子女公故於安順府署任方病亟夫人割臂肉和藥以進病亘巳仍不起及扶柩旋籍道出湘中涉洞庭湖遇風資不給夫人獨脫金釧以濟後隨王夫人就養伯兄戸部郎佑昭京寓同治丙寅來歸事太夫人孝謹誠摯於諸姑妯娌間皆相愛無閒余冢子志匡事兩繼母皆誠孝兼至夫人之

於志匡亦無殊所生也妹壻崔祝三孝廉於戊辰春闈後病於京寓醫藥之供出余典質夫人嘗以所衣九事典朱提二金供一劑之資無難色也癸酉九秋余姪女綏宜及志匡夫婦皆以喉疾致殁時號疫癘骨肉多畏避者夫人晨夕不離且謂家兒一綫宗祧所係恨不獲以身代之也亟於求嗣爲置簉室待之有恩逾年未育又覓一待年者以俟余弟鼎生原配徐恭人與夫人夙相得乙亥夏六月同患時症恭人之卒以二十四日亥時夫人之卒以二十五日子時年三十有二太夫人哭之慟曰何生相得死亦

其隱亦未一言奎將歸省往易州始出其篋婉言曰此夙所積請爲檢存家用不足則以此相佐耳時夫人已孕往易兩月迓之歸歸數月卽病病始產產乃雙胎皆女也遂致殞所產女亦不舉傷哉來歸祇一年耳余廿年京宦夫人歸我時處境爲尤苦所賴以措拄者賴夫人衣飾典質之助良多今稍稍得自立而夫人不及見矣尤痛百初公平生知已所以期余者甚至夫人之卒也以同治甲子六月十一日後三年公卒余悲夫人並復悲公且自愧無以副公之望也其後夫人兄弟舉百初公柩歸江陰夫人柩隨之歸里光緒七年三月二十二日葬於邑之西潭山子

志匡原配潘夫人出夫人撫之如所生志匡亦能孝事之

志程妾高氏出

同歸也嗚呼可哀也已夫人歸余凡十年處貧守約從無珠玉錦繡之好婉順知禮生平與余無一言一動稍稍相違者以順爲正夫人誠無愧斯言矣歿之次年　覃恩誥贈一品夫人先是潘夫人生子志匡既先卒夫人生女一今蔣夫人生女一妾高氏生子志程當夫人彌留時猶呼志匡名以無子爲戚今有子而夫人不及見矣悲哉光緒七年春三月二十二日葬於邑之西潭山與夏夫人同塋弟室徐恭人塋於左志匡夫婦塋於右啟壙之餘見者酸鼻余獨何心能勿痛哉

蔣夫人傳 十六世

徐樹銘

光緒甲申秋小棠京兆喪其繼配蔣夫人翊日樹銘進弔於堂見小棠輓聯曰執經課女秉禮持家綽有古儒風槩畫今猶存手澤磬雁分憂飼蠶教織佐感京兆治蓍茝傍巳黯眉山樹銘讀而感之亦以聯輓曰湯餅作開筵正府中瑞氣充閭玉壘秋清愁燕子襟盃新奏積想堂後機聲盈耳瑶篚月令爵蠶師小棠亟加獎許既終虞復謂曰吾亡室巳見矜前輩矣盍賜之傳文以終惠於地下乎樹銘固與小棠先後同館近又充稽查蘆溝橋粥廠同事賑務數月於兹振乏濟窮心心相印誼不能辭夫人氏蔣父誠

辛江西有賢聲夫人幼即從宦讀書畢五經性至孝年雖長猶依依作孺子慕父母奇愛之不輕字人夫人亦懂戀晨昏有終焉之志會小棠喪其前配賈夫人思擇賢偶納幣於蔣乃於光緒丁丑來歸母送至京久乃去入門孝事尊嫜如事父母諸姑在室亦懽如姊妹撫前室女如巳出暇輒課以讀書勤勤誨導若嚴師所謂執經課女者如此侍妾亦加惠有樛木風未及數月內外以爲賢小棠亦喜如所擇旋遭姑喪哀毀不自勝娠墮不育偕小棠扶柩歸服闋又從至京小棠再任京尹兼總署事權佐大農政務殷繁不暇顧家而內政肅然綱紀咸飭夫人力也所謂秉

禮持家者如此京師一帶地方不知蠶桑爲何事田亦磽
瘠旱潦間作以是戶鮮蓋藏民多困乏方恪敏督直時嘗
繪耕織圖以進　高宗嘉之製詩以賜王大臣風厲天下
而順直卒鮮成效後亦無繼者小棠既推辦近畿教養於
貧民生計至周爰議及蠶桑冀開風氣顧有沮者謂物土
維宜茲恐無益遂於內署試行夫人躬治其事夜輒數起
繭絲就理始知前說不足深信卽派員赴東購運桑秧千
餘株栽隙地逾歲成林夫人復躬治蠶過於初置式於二
堂凡成繭繅絲織紝令官弁民庶婦女入觀有能就學者學
成獎以金去咸鼓舞稱誦復選織樣綢八端進呈老吏嘗
爲罕聞宮庭亦喜爲未有小棠之初辦賑也庫儲無藉焦
勞籌畫飛書乞援各省每至更漏將殘謦鐘欲動猶據案
揮毫不已感寒請假旬乃痊疏稱未敢惜一生之軀命延
誤數十百萬災黎之拯濟固係實情夫人侍側艱苦共嘗
體素孱弱疾遂中於不自覺雖幸舉子而疾不可爲矣所
謂誓歷艱憂飼蠶教織者又如此此蓋順屬官吏異口同
聲並無溢美宜小棠悼亡尤至樹銘亦爲之歎息也夫人
生於道光庚戌八月十八日卒於光緒甲申七月初三日
年三十五　誥封一品夫人子三志匡前卒志程側出志
劬夫人出女二長賈出次夫人出

論曰夫人舉子甫三日卽亡其病也小棠以余知醫召視
之而不能救媿矣乃今得以文傳其人稍彌予過小棠重
修府志其以余文載入昭茲來許彼猶以蠶桑爲多事者
聞夫人之風當亦赧然滋愧矣夫

誥授資政大夫太常寺正卿前兵部左侍郎侍生徐樹銘
拜撰

王淑人傳 十六世　　　　蔣尊

光緒癸巳秋志程志勛兩甥庶母王淑人卒從甥志靖疑所服質于余余曰會典五母圖慈母與生母服同兩甥服喪三年矣疑爲志靖以告其族人僉謂然服遂定洎行殷祭禮弔客盈門且拜志靖答拜膝幾不舉閱十年志程援例以運副分浙江升用知府請封其庶母生母均淑人余適歸里舉以告復泣請曰曩服庶母喪賴舅言以定是吾庶母守節撫孤其志行已蒙矜許矣盍再賜之傳以光幽壤乎志勛又續請如前余嘉其意誼不能辭淑人姓王氏江都人少育於戴不詳所自出同治癸酉秋余妹倩小棠

周公家楣喪其長子擬置簉室載遂以贈入門事夫主母潘太夫人暨嫡賈夫人咸能得其歡心來時攜聘帛四端太夫人取其二爲志靖娶婦無吝色未幾賈夫人卒淑人所以事其夫者尤至頻年不育復勸再納高氏卽志程生母也光緒丁丑夏余妹來歸淑人敬禮一如賈夫人己卯夏潘太夫人棄養淑人哀哭減食累旬隨同返里夫主服闋復從至京壬午秋余妹以產亡次年志程生母亦卒時惟賈夫人所出女志淑差長余妹所出女志婉及志程甫六歲志勛僅周歲耳淑人旣專內政各調護周至志鈞旋患驚搐幾不救淑人晝夜抱持目不交睫得方外治幸痊

小棠遽疾作療治百方有增無減歸潘氏妹聞病遄來與淑人晝夜守視瀕危淑人刲臂和藥進不效一慟幾絕手理喪具以元高房山畫卷殉蓋從所篤好也尋從潘氏扶柩歸里時西門新居甫落成或謂不宜以喪入淑人毅然弗聽奠柩中堂治喪如禮潘氏以謂凡小棠生前周給族姻及佽助善舉悉宜如舊淑人欣然從命潘氏旋以毀卒哭極慟治喪具有加禮志淑早字徐氏催娶急遽爲營奩具纖悉周備仍以夫柩未葬勉令徐壻入贅至辛卯春葬事始畢志淑夫婦以夏行送至毘陵依依不忍別志淑亦哭泣良久然終無如何始各散去平居於程勛兄弟雖愛

如己出然不稍姑息志程少魯讀書有誤或遺忘恒令覆誦夜深始已志勛自失怙後與同卧起未嘗暫離癸巳春以疾就醫孟河亦攜以行稍間卽歸疾復作蓋自上年感暑突生外症至秋聞志淑遽亡俄而柩至悲不自勝疾遂篤雖有和緩無從爲役矣臨歿部居家事絲毫皆有條理程勛從叔家麟將婚猶爲料量婚具平時撫志婉誼尤摯其卒也皆痛哭若無以自存者性好潔衣履巾綦皆位置妥貼不受纖汚持躬以儉而艾物則豐遇有善舉必先劍指嘗以婢歸福林福林固以族兼姻小棠嘗有志爲延其後者後果舉子其善體夫主意皆類此御臧獲亦有恩旋

里時聞舊媪病卒哭之慟僕御有卒於家者豐給棺殮歲時必焚賜楮鏹故其卒也媪僕皆哭失聲生於咸豐戊午六月十二日卒於光緒癸巳七月二十七日年三十有六光緒二十年請　旌崇祀節孝祠祔葬墩上村夫主營兆

論曰昔唐太宗遺命以蘭亭真迹從殉高宗遵之淑人冈不知書而行事暗合且出自仰體尤爲哭過前人卽此一端亦可見其盡心所事矣無德不報既標綽楔又受榮封志程婦雖屢産不育而志劬現已舉子瓜瓞椒綿正未可量淑人有知應亦含笑地下已光緒辛丑秋蔣尊撰

國山周氏世譜 鋆霄分三房　卷四十三上　王淑人傳　三　立本堂

高淑人傳　十六世　譚泰來

易有之地道无成禮有之內言不出外言不入然則三從之義固莫要於從夫而婦道之果否克循外言固不足憑必徵諸內言以爲準余與小棠少寀交好垂三十餘年矣聞其捐館爲位以哭縞紵之思至今靡釋前年冬以余女歸其子志程志程蓋側室高孺人出也來見輒稱其母賢余女雖不及事姑而流閩軼事歸甯亦述其姑賢又聞小棠前輓孺人有隨我事親爲我生男來茲十年有功無過等語余以是益知孺人賢見許於夫而垂範於子若婦也言固信而有徵矣繼志程以傳請余雖老此事义廢其奚

國山周氏世譜 鋆霄分三房　卷四十三上　高淑人傳　一　立本堂

辭孺人姓高氏山東人家貧來京就食牙媪光緒初媪送視小棠家小棠值宿未歸孺人私乞小棠歸潘氏妹願留爲婢曰苟不加恩彼媪將多方鬻我危矣言已泣下潘氏以告母潘太夫人嘉其志遂如所請朝夕奉給使惟謹太夫人又嘉其勤逾年遂命小棠納爲副室孺人感激益勤於所事未幾太夫人喪哀甚朝夕哭踊扶柩歸服闋仍從至京庚辰生子志程小棠甚喜又悲太夫人不及見無以博含飴之懽也孺人亦然志程幼戲於庭爲傭媪揚湯傷足孺人痛惜晝夜抱持旬乃痊有過督責不少貸小棠嘉之謂其能知大體晚年與同室王孺人協持內政事夫尤

鼎生公傳 附文森十六世　兄家楣

嗚呼我弟鼎生之死節也今二十餘年矣余既爲詩哭之欲述其生平志節梗概及死事情狀以存其人而示來祺而握管腸斷淚漬不能成書屢作仍輟每入夢寐則執袂握手恐一醒即不可復見也或又曰今之見汝或非夢耶遇其生辰忌日合家環泣號痛者二十餘年乃至今日則環泣號痛者亦已後先逝世手足僅存者惟余及季妹耳及今不一言更復何待哉此余之嗚咽輾轉而不能不忍痛一言也我府君榮禄公我母潘太夫人生子三人而成立者惟余及弟生女五人而成立者四弟少於余四歲以

道光丁酉七月廿九日生既就傳與余共學者兩年傳以常法課之無當也時府君遊京師太夫人以表叔儲少詹先生師範獨嚴往附其學居處與共逾旬歸則肅然矩矱如成人問所受書背誦如流啟其體見夏楚痕余哽咽弟亦泣太夫人曰是兒可有成矣迨府君履海州學正任延表兄潘雲卿先生課之治經訓詁既卒業試作制藝表兄稱其異府君自閱之謂太夫人曰是兒所造當勝乃兄也府君棄世余偕弟奉王父扶柩侍太夫人偕全室歸里初於邑之東山爲府君營葬既葬則形家僉曰不吉時家徒壁立余傭書吳門以資菽水弟延堪輿登高探幽踰險涉

謹乙酉秋中暑得疾神昏不語諸醫環視僉莫知爲何病療治百方終於莫救添衣待旦回首早朝小棠加輓傷心垂老讀者悲之孺人之來也十年之間小棠敗歷卿堦聲望藉甚亡未數月小棠亦得病竟騎箕以去矣然則孺人一身其關係於小棠顧不重哉孺人生於咸豐辛酉十一月初三日卒於光緒乙酉九月初三日年二十五附葬墩上小棠塋次子一郎志程

論曰孺人之來也年甫十五耳乃能善擇所事委身以從其智識固已加人一等矣享年不永未能受志程一日之養余爲此傳固以傳孺人亦以勗志程勉紹箕裘以報親

誥授資政大夫江蘇補用道蘇州府知府南豐譚泰來拜

恩於罔極也

撰

遶日行數十里踵爲流血始得地於邑之東三堡竇鷄䘏橋之西迨余自館歸擇期遷葬旣啟舊域以柩有朱藤遶廵不敢決弟曰事至今遷必矣告我父如有禍及弟身可也余急止之而奉柩出域則啟新域者來告得泥甚堅潤備五色中盤兩蛇一遊行而去一竟死是日成葬嗚呼豈知爲我弟死節之先眹哉弟孝友性成自幼讓余以甘自任以苦一衣一食一行一動無不如是余家無一椽之庇自海州旋依藍圃公祠以居日用無計欲賣書以給堅持不忍忍饑共讀就祠旁一齋榜曰書城又曰釀醅書屋時弟學已成就即以余爲師安貧樂道嘯詠自得其爲文得力於莊騷班馬而制藝中則取法震川嘗祠課列第一舅氏潘曉堂甲乙之曰此作知我甥所爲然不得以避嫌抑也其居第二者論其文相去尚遠耳顧於小試輒不合咸豐己未以太學生應本省承宣試薦未售至渡江遭變之前一夕泊船江干詰朝將發余與之約謂時文本舉業姑降格應世以期有遇弟亦韙之而已不可及矣嗚呼天於吾弟何厄其文至此耶余家兄弟從無私財弟授室室人徐恭人賢孝與余妻潘夫人亦相得如我兄弟邑尊章月橋大令重吾弟延請入幕脩脯所入悉奉太夫人佐家計從無一錢之入其室也弟志節正大性和而行介落落無

濫交年逾冠乃師崔仲綸先生先生固博學而每閱弟文必壹心并志謂稍不加意則改筆轉恐爲全作之累也弟書法幼學誠懸無一筆不神似旋得魯公眞髓以入晉人之室及從先生遊示以六朝北碑益堅樸古茂卓然成家亂後所存者惟余翰林一額存唐角祠耳乎生性命至交惟妹壻崔祝三一人每以文章道義相砥礪切劘有過相規諫或論事意各殊必反復辨議以衷於是以所居鄉城相涸往來函商文字無虛日庚申之春賊警旣劇余方在滬戚友咸爲避難計弟請我母舉家渡江待余之至赴京供職不果始奉親挈眷居枬峻瀆而余始歸旋至蘭右依祝三以居斯時雖在亂離而坐對湖山晨夕欵曲友朋兄弟之樂轉非易得也迄四月初賊且逼吾邑至十三日邑城失守蘭右當浙湖之衝不可枚處遂與祝三同渡湖寓馬山余所寓曰章青祝三所寓曰雁門中隔數嶺然間日必一相見弟自江省用兵即有志韜鈐日以明戚繼光練兵實紀紀效新書爲準要尋繹講求并按圖自練鎗法久之乃精將以應變致用時祝三贈翁星齋先生銜義憤及我家丹文有家學工武事謀爲恢復計晤輒慷慨策畫欲有所爲居月餘盧傳賊至山我兄弟每奉太夫人同全家至湖濱期賊至即同投汨羅而弟輒攜所用鎗以隨又兩

月則聞賊且至山魈稱安民矣弟商之余請於太夫人曰
如此則不可終日矣無已惟有冒險渡江耳時適有鹽艘
回空者得之定期渡江祝三及我妹先一日來送弟送之
還逾所隔嶺與祝三各相要曰再見與否未可知惟各矢
志重其身保其節士在今日無必死之義但不見賊不辱
即不死見賊賊辱我必死勿辱弟方爲祝三慮殷勤相屬
而孰意弟之出於是也嗚呼惟弟知祝三惟祝三知弟江
上之變我妹與祝三聞之痛欲絕嗣晤我言之又痛不可
止而今俱何往耶此情此景不知三人者聚首泉台猶復
相潮否耶先是余與弟與祝三同客江陰遇相者謂祝三

當貴譽余貴甚及相弟則曰公異甚非此之貴而獨有所
貴我直言之他年其死節乎眉間英烈之氣不可遏也弟
聞之若以爲然嗚呼其志固在是耶居蘭右時有相邀杯
酒者被酒縱談謂人生所重有甚於生者或曰公無易言
公今日言之他日能保其果然乎弟聞之髮沖眦裂曰公
如不信信有時也嗚呼弟言果信而或者後乃爲賊揹臂
焉豈得謂忠義大節得之倉猝而非定之平生耶余兄弟
之奉母挈眷渡江也堂兄梅生奉伯母挈妻子妹壻吳槐
卿亦奉其母偕全眷均同行其餘結伴行者十數舟八月
初七日余與兄梅生舟先抵江口之申港俟槐卿舟未至

至已晚又風逆不得渡擬次早同發詎江陰城中賊已知
之初七日將解纜而賊猝至急開行已近江心仍爲賊追
及回傍江岸我母命余兄弟曰汝二人急行如見賊賊辱
汝不辱必死餘眷各辦一死可耳余兄弟不肯行又迫之
賊已及舟遂登岸余兄弟中爲賊格不相及有楊君春語
挽余急避復相失次日余由他口渡江至靖江知我母已
至急登舟始知各眷死生時歸吳氏妹已罵賊被刃投江
我室潘夫人被刃投江後出水偕幼妹得歸舟其餘各眷
皆投江賊退得出而未知弟之死生也待兩日不至余曰
弟其死矣弟至今未來必已遇賊遇賊必不受辱不受辱

必死弟其死矣越日有自江陰來者始知賊搜我舟至朝
衣及余名刺知爲巨宦旋遇弟以爲即其人也弟恐舍弟
即及余亦不置辯賊欲偕往城中不許遂罵賊賊叢及之
而死嗚呼弟果死矣弟且爲余死矣余今生遂無兄弟矣
由今計之無兄弟者已二十二年弟之死在庚申八月初
八日時已二十四歲是有兄弟之年與今日無兄弟之年
若相當然有兄弟者祇此二十四年無兄弟則自今以往
地老天荒遂永無兄弟矣茫茫人海有兄弟者十之八九
獨余無兄弟耶嗚呼痛哉其後余室潘夫人亦以傷重產
隕而死江蘇督辦團練大臣龐寶生侍耶以一門三烈聞

于　朝得　旨照把總例從優議卹並旌表如例經戶
工兵禮部議給祭銀葬銀世襲雲騎尉恩騎尉罔替入祀
郡城昭忠祠邑忠義孝悌祠查取事實由翰林院立傳同
治三年十二月十六日給事中王蓉洲觀察又奏陳死事
狀奉　上諭與嫂周潘氏妹吳周氏準建專祠以彰忠
節邑志入忠節以堂兄梅生公長子志靖爲嗣志靖癸酉
舉人刑部貴州司主事兼襲雲騎尉以其官　覃恩誥
贈朝議大夫刑部貴州司主事配徐恭人　旌表節孝女
二長字綏宜年十七未字卒幼女殤光緒七年春三月二
十二日以弟平日爲生徒所改文藝置棺中爲文塚於邑

之西圍山與徐恭人合葬女綏宜附焉近有人自江陰來
者有謂弟之忠骸猶存新溝吳季子廟旁古井中井多被
難人民遺骨年久未可檢尋余將封而樹之石焉一曰庚
申殉難人民義塚一曰　皇清贈朝議大夫國學生宜
興周公鼎生埋骨處使世世子孫歲往江邊一省祭焉嗚
呼脊令在原兄弟急難今急不能共其難死不能歸其骸
固時勢爲之他日何以見吾弟地下哉此余尤終身痛心
無以自解者也從弟文森爲從父戩堂公第九子與余同
高祖於服緦服弟也幼無力讀書年將冠欲遣學賈易而
文森不屑弟憐之告從母張孺人曰肯從我讀無用脩脯

爲也乃受業焉然無書弟畀之無筆墨紙硯弟畀之盡情
啟發文森亦憤激攻苦學數年而祠課列第一合族異之
同避賊扈馬山於余兄弟之行依依不忍別聞其別後惘
然若失者久之聞弟之死涕泣號哭抑鬱悖懆以死年迺
二十耳余憫其誠附書之且以志余愧也

徐太恭人傳 十六世鼎生公配

潤庠與笠舸比部爲癸酉同年同官京師相得甚庚辰夏比部以年伯母太恭人行狀來請爲傳其言曰靖少孤露賴伯父教養始得成立而勤勞撫育周至料量則吾母既心力交瘁矣迺遽見背不獲盡一日之養靖之罪百死莫辭而遺行或湮沒不彰是更重其咎也敢以請庠承命按狀瞿然起曰有是哉太恭人以節全忠以孝全節其行誼之卓絕且上備史乘予文何足以傳雖然誼無容辭也謹按太恭人姓徐氏邑增生承基公長女幼有至性事父母至孝父母亦鍾愛尤甚年二十四來歸 贈朝議大夫年

伯鼎生公逮事太翁靜齋公暨姑潘太夫人孝謹深至得重闈歡時家綦貧食指繁鮮僕婢太恭人晝操井臼夕理機絲與小棠世伯德配潘夫人共著均勞無倦色無間言每歸省嘗述潘夫人賢夫人歸省亦稱太恭人賢太恭人之父迂園先生夫人之父曉堂先生皆邑中宿儒極相契互話家常稔知之曰此足見周氏家教而兩女之賢可知也潘太夫人曰何兩婦之事事如我意也贈公志趣正大性嚴毅太恭人以婉娩佐之相敬如賓時賊氛漸逼居恒輒以氣節相砥礪咸豐十年四月十二日宜城既陷四鄉不可救居贈公伯仲奉太夫人由馬山取道江陰渡江至江干之申港風逆日落不得渡次晨賊已至且將登舟太恭人即同季姑投江水淺不及溺至暮闃沸聲稍息知賊已散相𨗴水上岸得舟隨太夫人渡江而贈公竟殉難太恭人痛甚誓以身殉既念老姑在堂弱女猶稚誼難以一死塞責久之强起籌事宇而哀傷哭泣遂終其身每逢忌日輒號痛若初喪同治紀元侍姑赴京光緒乙亥以疾卒於京邸時小棠世伯續配賈夫人妯娌亦極相合適同遘疾以賈夫人以是年六月二十五日子時太恭人以二十四日亥時相去祗數刻太夫人痛之曰何生相得死亦相偕也世伯挽之曰毅魄弔江干凡十餘年血淚不曾乾

到此見吾弟矣慈顔承客舍祗一時間妯娌同捨去何以慰我親乎吁可哀也已太恭人雖遭患難自以未亡人視息人間而于倫常日用無不懇摯精勁抵京後以婦代子事姑尤極誠孝偶有恙則左右扶掖不忍頃刻離旨甘手自製奉遇歲時祭祀必躬親烹治佐理家政井井有條兩姑同居相視若手足相依同性命撫姪志匡如己出飲食衣履躬自理料十餘年如一日所生祗一女雖甚憐愛而訓誡極嚴不稍寬假曰毋貽乃父羞也友于之誼終始無間兄少園茂才卒有遺腹子憐其孤苦節縮餘資籌款寄歸俾資月息爲生計有弟亦園照磨來京相待甚摯及納

宦赴浙輿衣飾以助其行有妹歸同邑任硯芝廪貢議時存問不倦性儉而好施介而能惠衣食恒取粗糲寸絲尺縷未嘗輕棄有餘則以給人無吝容待臧獲輩務仁恕雖忤指常置勿校故其卒也皆哭失聲彌留時以不克終婦職爲憾而自贈公殉難至今蓋無日非侍姑教子之日其以節全忠而以孝全節者倫所謂女中師非耶嗚呼傳矣太恭人生於道光癸巳十一月二十五日卒年四十有三是年由禮部請　旌于朝奉　旨俞允祟祀節孝祠邑志入列女　覃恩誥贈宜人恭人嗣子志靖同治癸酉順天舉人刑部貴州司主事兼襲雲騎尉女一名鳴和字

綏宜性至孝每值父忌號慟如母幼慧能詩精楷法工刺繡生於咸豐丁巳十月二十七日卒於同治癸酉九月十八日得年十七歲

論曰庚申之變吾蘇與宜興荆溪邑城同日被陷數年間婦女死節者僂指難終太恭人之死而生以其餘年仰事俯畜竟贈公未竟之志行卓而心彌苦矣比部又常言太恭人嘗製地黃湯給飲曰汝他日念此一口一點淚也比部每念及輒泣數行下也

賜進士及第

誥授奉政大夫翰林院脩撰加三級年愚姪陸潤庠拜撰

徐太恭人事略

十六世鼎生公配　夫妹家玉

我嫂徐恭人之歿於京師也今六年矣旣以喪歸里與我兄鼎生公支塚合葬於西圍山年家子陸殿撰爲之傳稱其生平無溢辭而余與嫂相依三十年有知之深而不能已於言者我嫂恭儉仁孝性最有恒於所契閨友交久益篤任事遠益勤剛毅木訥性兼有之其父徐迂園先生故名諸生也狷潔有志節母朱孺人以賢稱與先生有同志婢婉婉聽從動遵閫誡特爲父母所鍾愛故擇壻甚嚴年二十二相攸未得其人我家聞之往議姻時我家貧甚道有巨富某姓者亦以媒妁來其父母曰噫吾女豈守財奴虜所堪匹也惟周氏舅姑有厚德其人品學問乃數年來

所耳熟而心儀者今得匹之女之福也貧何疑焉姻議于是乎定年二十四來歸我兄重幃在上孝養無違其事我母尤善先意承志雞鳴警戒禮義相莊肢體素弱多病而竭蹶操勞力疾任事不肯稍懈以家境屢空每遇晨餐不給枵腹流衣心目暈眩往往傾跌亦安之不以爲苦也見妹等衣襦敝損乃搜嫁時衣悉陳堂上曰以此布衣願與姑等共之而姑等見卻乞爲一言母曰汝家豈有餘者寸縷尺幅咸汝手辛勤爲之能如是亦見汝之用心也今述之蓋不覺淚之涔涔下也其詳見於傳者余無述焉

貞烈徐孺人傳 十六世理臣公配

徐鳴皋

周君理臣聘妻余堂叔印川公女也幼即端淑識大體孝雙親工針黹表叔樹庭周公聞其賢爲仲子理臣聘之咸豐庚申粵逆流入吾邑四月十三日城陷理臣避不及被脅從行閱兩月乘間逸出尋至父所舉家相慶然於賊中累受驚悸漸成瘵疾延至八月十七日卒年二十有二余妹聞訃拊膺大慟絕不欲生叔父母力勸之即欲奔喪成服守貞叔父又慰之曰時方擾亂居無定所迨事稍平送汝歸周家可也踰年叔父母相繼歿妹哀毀骨立猶冀承平可待得以永守其志也遂依兄嫂僑寓湖汊同治癸亥秋流賊竄境突至湖鎮倉卒聞各鳥獸散妹奔至單家巷匿密林中賊搜掠入林見妹將擄之妹厲聲曰吾頁家女豈與犬豕羣賊脇以刃妹奮力奪刃斫傷賊面賊怒遂用亂刀砍之遂死時八月十八日也年二十有三賊退收屍看驗傷痕計有二十餘處嗚呼妹以青年矢志當死生之際而能不屈其節於丈夫中求之且難況女子乎克復後有司上其事同治六年十二月得

旨旌表入祀節孝祠妹若有知其亦可以無憾矣夫

國山周氏世譜卷四十三下

雲濤分三房世傳

徐太宜人傳 十六世石華公配

太宜人徐氏洑溪處士履安公淑女陽羨贈公周石華先生德配也爲女時歷事兩繼母承歡無間以孝著逮歸贈公家殷富猶守荆布風舅姑喜其勤儉愛甚篤會髮亂起闔家人口轉徙流離致相散處舅姑相繼卒於邑之丁家村太宜人從贈公奔喪經營後事皆如禮法時贈公兄鼎珊公游幕山右弟杏農公在京供職贈公孑然一身獨當大事聞者僉稱太宜人善相夫云當贈公奔竄賊中時囊金告罄常販餠度日露宿風餐釀成疾疾周身患瘡疥太宜人調護湯藥無倦容亂平後田產文契悉燬於燹遺產

蕩然家中落不能恢復其所有贈公游幕皖江所入薪金不敷支出太宜人操持家政縮食節衣佐以鍼黹繼以典質有告貸者輒慨允不少吝娣婦徐氏猶子振卿亂後來歸收䘏教養未嘗有德色贈公自皖幕抱病歸卒不起太宜人痛不欲生既思以撫孤爲大勉承大事喪葬悉如儀由是持家教子益自刻苦子三女二伯早亡仲子志章叔子志澂幼即頴悟絕倫太宜人雖甚鍾愛然教訓極嚴常令從名師學夜自塾歸必詳問師所授課或不解必爲之反覆講貫俟其心領神會而後已時家計艱窘修脯幾不克具乃以棄儒服賈勸者太宜人曰子孫雖愚經書不可

不讀朱柏廬先生格言猶在耳吾盍自苦不願使兒輩廢學也卒不從由是志章志澂學益進均以文學顯尤工舉業在科舉時代掇巍科如拾芥迺困於秋闈屢薦不售論者引劉蕡故事以相况太宜人怡然謂兩子曰科名遲速有時學業造就無窮汝曹當以學業不精爲憂一時科名得失安用介意爲逾數載同舉於鄉鄉里以爲榮爭相賀太宜人猶欲然策勵進取有加無已及仲子志章考授直隸州州同赴皖就職臨行太宜人戒之曰一命之吏當思於物有濟奔競非所宜汝此行須好自爲之故志章昆季清貧自勵亦不肯貪緣私謁一官落拓泊如也未幾太宜

人卒太宜人在時以子秩封宜人享年七十有九歲其生卒年月及世系均詳載家乘茲不贅但述其行誼．

贊曰古來賢母能教子者歷史所傳不過數人如斷機和丸畫荻等事後人均稱道弗衰然事出偶然後之婉美者不數數覯也周母徐太宜人耐貧教子代父兼師垂二十餘年堅苦卓絕幾欲駕古人而上之二子競爽難弟難兄同爲吾鄉名孝廉家庭教育其效如斯蓋有是母乃有是子云

誥授光祿大夫太傅東閣大學士甲戌狀元姻世侍生陸

潤庠拜撰

靜山公傳 十六世

公諱安仁字德華又字性存號靜山桐崖封公之長子也生而穎悟初入塾過目成誦比長習經史融會貫通獨有心得封公深愛之未弱冠而遭粵逆之亂隨侍封公及妣朱太孺人避亂渡江雖處顛沛流離之際執卷吟哦無間寒暑同治甲子克復旋里益研精於舉業歲丙寅補博士弟子員庚午秋試領鄉薦屢赴春闈薦而不售援例捐教職加内閣中書銜旋選授崇明縣教諭光緒丙子到任辛巳夏請假回籍省親壬午回任丁亥夏封公棄養聞訃星夜旋里痛哭失聲一慟幾絕喪葬經營盡哀盡禮蓋其孝

思肫篤發乎情止乎義流露於不自知非作而致之也崇邑文風素陋士習亦駁而不純公思默化潛移端在本身作則莅任之初嚴定月課平時接見諸生諄諄以敦品勵學相誡勉行之數年文習丕變歲科試新進文童例有贄敬大都視家計之有無定脩儀之豐嗇公謂師道尊嚴矜較及錙銖先自處於卑瑣何以爲多士儀型多寡聽其自饋概不與較向稱優缺自公任之變優爲瘠以是解職歸來清貧如故育才之雋律己之嚴於此可見大凡矣金陵舊有讀書臺係公之遠祖晉平西將軍周孝侯遺蹟咸豐癸丑燬於兵火公屢請於從兄少宰公興復是臺少宰商

淸江甯方伯梁公肇煌捐資重建越十餘稔台漸傾圮公又商諸少宰之姪志靖集捐興修具呈府縣立案添建房屋永爲周氏試館與族兄佑之曉梅等監視工作勞瘁不辭本尊祖之意垂裕後之模其所見者大也公承封公指授講求地學博覽羣書精審採擇著有地學揭要一編梓行於世葬親塋域卽公所自定也配尹姊敕封孺人佐公持家教子戚族稱賢今則子女成行孫曾繞膝爾熾爾昌正未有艾公生於道光丙午卒於光緒庚子享年五十有五是年秋選授贛榆縣教諭比報至而公已先期逝矣

贊曰慨自世風日下立名砥行之儒不可多覯公以名孝

廉任廣文雖未能大展其才而植圭璋之品培棫樸之材迄今過海濱而聽輿頌猶稱道而弗衰知教澤之入人深矣公爲廷颺胞姊丈又爲受業師於公行誼知之較詳竊愧固陋無文不克稱揚於萬一然公學有淵源性無虛假自有足以信今而傳後者固無藉乎予文

淸授通奉大夫花翎三品銜盡先候補道附貢生受業內弟程廷颺頓首拜撰

儲孺人傳 十六世華生公配

姪南金

伯母儲孺人從伯華生公之配也華生公諱廷楷年二十三籍于庠文名頗藉藉越四載忽以細故自沉于河而死孺人長于華生公一歲是時年甫二十有八耳得耗亟奔視已無可救一慟而絕舁歸久之始漸蘇誓不欲生長號竟日繼之以夜有勸之者則泣應曰夫天也非天命將安托不如相從泉下猶得圖聚首于九京也語未竟聲嘶淚盡其悲痛之狀有非筆墨所能形容者旣而自求畢命者又數次姑嫜妯娌咸勸以翁姑在堂需人侍奉盡節不如盡孝始漸勉力節哀然苦志自勵亘二十餘年之久言語

間不聞帶笑音也洪楊之亂敬侍翁姑至鄉間避難昕夕勤勤愛護固至歷久不少衰年旣暮左足患病不良于行然猶躬親操作未肯偃短期之傭僕以代其勞其苦志自厲類如此光緒丙子卒年五十有二邑志入列女子一維城早世嗣子兆駒

南金曰孺人早失所天自知無所托命非一死不足以成其志而葆其眞然翁姑在堂晨昏定省事事需人必一死以殉所天將置翁姑于何地用是飲泣吞聲以婦代子挨諸至義固所宜也嗚呼可以風矣

黻廷公傳 十六世

清同治初捻亂尙熾大兵集於皖疆將帥羅致人才其以書生從戎致通顯者前後相望授朝議大夫黻廷周公爲皖營前輩積有殊勞然終其身若顯若晦卒嗇於遇蓋讀書善道之士其不能與巧宦競榮利人也非天也公爲吾巾表叔諱維新封翁衛卿公長子由荆溪縣學撥補府學生員赴皖以治軍書及籌餉功保縣丞歷保升通判加同知銜以解西征餉功再保直隸州知州歷辦廬鳳捐輸分局壽州糧台及軍需局支應局文案委解湖北月餉又特委督解左文襄山西糧臺大批軍餉乙酉丁外艱服闋仍

辦支應局文案旋委穀米局差提解清江轉運局協餉差敘勞擬署鳳潁同知公辭改委洪河口釐局調霍山釐局最後充洋務局提調因病去職遂不起壽六十歲時光緒壬寅四月九日也總公三十年仕宦歷史僅如此而公備嘗險阻艱難則言之長矣公祖父皆寒儒洪楊南擾封翁猶在鄂公隨母氏楊太恭人避難江北太恭人出衣飾合鬻與販兒伍然且不得飽一門六七口雜糠覈食之亂平返里仍苦讀夜深飢渴求爷茗且不能自給瓦燈如豆不敢加一莖及德配路恭人來歸連舉子女益困乏公所從皆名師名藉甚然一衿之靑年已三十到皖後猶勤學每鄉試必赴迄丙子後公赴覲則例不得與試矣其少年之艱困如此公季父裁五閣學才望傾皖中同治之季已膺殊擢乃專弁促公往襄辦權務糧臺捐輸均稱職大吏知公賢乃畀以督解西征餉重任時山西三年不雨彌望無烟火入人室但見死尸縱橫又屆隆冬晝夜趲程冰雪塞車歷人生未經之苦差旋皖撫獎慰左侯專案奏保公方發奮蘄武季父以起乃閣學公在池州府任以平反一爭産案爲督帥某所嗛賺總督沈誣劾之遂去皖公憤慨交迸致成劇疾幾不起疾愈益孤介自異遇讌會或故使酒語侵其上在支應局月俸止二十餘金事嗇悉取於是卒

淡然無所營求如是者十餘年年五十始稍得發展雖然猶未爲厄也公之莅省垣穀米局也有穀數萬石係十年前所儲公至則坦然接收耳而繼公者竟以耗蝕腐變稟大憲請勒賠勢甚危公陳辯萬言賴大憲稔公長德得解其提餉淸江也每月必一往返嘗乘師船夜泊公自芯湖天寒船有薄冰足滑墜於江心適墜處有錨纜堅握之得拯起其辦洪河口釐局也夏初淮河上游水陸漲三丈餘商船交阻且高岸爲谷隨處可繞越稅收驟朒而額比甚鉅計三四月所收不足解一月公性又最慤嘗戒所屬曰此間商情極困勿重困之盬苦我耳又曰若於此中求富

與劫奪何異我甚念兒孫也然以短收太鉅往往徬徨終夜自傷所遭之厄幸公廉名卓著總辦童公亦讀書長者最重公允儘收儘解並允他調冬間改委霍山然此一年間向寅友告貸賠墊已千金竟未計及贍家也在霍山以收稅溢額連辦二載歲庚子有感於時局辭歸時太恭人年八十尚健戒勿出公以宦橐蕭然不得已灑淚登程送者悽然抵皖人物變易老成典型愈戾時宜僅一委洋務局差旋即去職公非曠放者鬱悒時輒痛飲自遣遂以病卒嗚呼公一生遭際滋足傷矣公長身廣顙風度端凝性嚴謹不苟言笑自奉刻苦節縮所餘悉購書籍及金石碑

帖曰吾所遺子孫者止此耳長於公牘工楷法晚年摹魏帖酷似鄭文公碑然不以自炫德配路恭人前餘杭縣知縣律初中憲長女公微時多得中憲之助云子二長學源清恩貢花翎同知銜安徽候補知縣今江蘇軍政執法處一等法官次學渠江蘇師範畢業今縣公學校長女三長適任三品銜浙江補用道候補知府國華次適徐縣學生員挺翔三適朱甘肅玉門縣知事瓚孫公紱師範科舉人今城市學務委員公滕幼讀孫女四曾孫高望

舊史官徐致靖曰余聞之公生平雖見達官貴人從未有一諛詞尚哉古之人古之人今余傳公亦確乎未有一字之諛也公歿十三年矣公子積學工文所識海內巨人匪尠今獨以是屬余意在斯乎公學誼純粹更事又多每爲大吏侃侃論政事及皖省利弊輒相嘆賞然則所拙者特諛耳夫營營者方日以逞士君子守道自愛且取憎於濁世然究其歸納暨潛德之食報於後人者抑亦見天之佑其拙矣而當其身何多厄耶然公足千古矣乙卯年八月

表姪徐致靖謹譔

恂如公傳 十六世

光緒己亥夏志靖方典権湖州弟志恭自鎮江電告恂如叔病卒既驚且悼卽電復從豐殯殮護喪歸執掌簿書未得效徐孺之弔歉悚至今回憶曩時奔馳南北不遑寧處余婦暫司家政惴惴恐不勝賴公維持幸免隕越弟志程方幼挈同卧起迄於成室靖毎遠歸必蒙優款恩誼周浹罕與比倫竊意公僅長靖數齡或可追隨白首詎前塵如昨宿草久封思綴蕪詞藉揚盛德而公子達仁等以傳屬是固靖之志也雖不文其奚辭謹按公諱澤霖字柏齡號恂如叔祖協恭公仲子也生而穎悟讀書輒能領解父母

奇愛之咸豐庚申粵匪竄宜城陷協恭公殉難公甫十齡哀痛若成人偕伯兄柏福奉母避難邑西風餐露宿奔走經營上慰高堂下贍昆季柏福公雖年長而才遜一切惟公是依毋幾忘在難中也不幸被虜走回又被虜迨兵出毋已前卒公痛甚歲時祭祀往往涕泣終其身賊平歸里境益不支始棄儒而商甚非初志然二十年來誠信積中精練達外一時商界推爲巨擘暇輒課諸子讀嘗曰世之所以尊師重儒者以其讀書明理耳讀書而不明理則何如爲工爲商爲農轉足以自食其力而不致有非分之干求夫明理者明孝弟忠信之理而已汝等其識之嗟乎此四字者在天爲日月星辰在地爲山川原隰在人爲布帛菽粟固昭然共見而斯須不可離也論語首章次以有子卽重言孝弟而夫子亦以忠信爲固學之基夫人幼學壯行宜無不讀是書矣顧古今來文人學士往往崇尙浮僞矯飾虛無以習見爲迂而以新奇爲務究其終極尙不如愚夫俗婦猶有一二事可稱抑亦何哉公不徒言而能身行讀書不多能見其大其過人遠矣公性剛方而出以和易平生敦任卹好施與重然諾持躬以儉而艾物以豐凡關公益知無不爲爲無不力邑西成任鄉有永濟橋黃土橋進秀橋兵燹後均圮邑父老屢議建復卒以經費過鉅董

事無人而止公聞之慨然引爲己任亟輸百金以爲倡復多方勸募不辭勞瘁未逾年先後告成沿黃土橋途多傾塌綿延數十里又次第修葺之其尤著者蛟橋一役士紳合詞公推督工公亦慨然力任程料選工畢經營畫辛勤三載從無間言迄今廿餘年鞏固如昔行人藉藉猶稱頌不置其重然諾如此光緒戊戌邑大水圩鄉一帶嗷嗷待哺公首倡卹農之舉俾舒溝瘠重念賑荒尤在得人集司志籌私賑數千金親涖災區準情酌給其尤貧者益以己囊以補公賑不逮雖在酷暑未嘗少懈其好施與如此從姪肥生從兄柳漁公少子生不數月柳漁公卽歿於皖公

灦行涕泣指腹而告曰若生而男則祖宗血食有恃余不
及見矣惟弟善視之公泣而慰之視如己出扶掖教誨至
於成人至己亥肥生遊於庠公喜曰今而後可以對兄於
地下矣其效任卹又如此此在人得一已足稱於世公則
未可枚舉舉其大者公之卒也以鎮江祥泰典失慎弟志
程與股是夏赴鎮率同志恭躬親料檢靡不妥貼未匝月
而疾作彌留之際手諭諸子曰食人之祿當忠人之事今
正吾効節報命之秋也余死無憾望汝等發奮自立無忘
乃父志傷哉公誠不愧爲孝弟忠信中人矣生卒年月日
已詳家乘不具書子琳達仁善膏賀文等均能守父志世

其家

論曰君子疾殁世而名不稱非好名也懼無以踐其實也
公隱於商年僅四十九耳平生蘊蓄未獲大展乃殁後至
今垂二十年凡地方善舉及宗族要舉求其能任怨任勞
而又毫釐不苟者僉曰惟公在始克當此志靖蓋聞之數
數矣實至則名自歸古人豈欺我哉乙卯仲秋姪志靖謹
撰

梧岡公傳 十六世

人莫不欲以其才能顯於世而負異禀積學問者尤有可
以自顯之具然顯者十不一二晦者十常八九天也求顯
而得晦乃至抑鬱無聊侘傺自悼甚或佯爲狂肆玩世不
恭以寫其牢騷之氣此之爲喪志喪志者敗德又或熱中
富貴效纂諂媚之術以奔走形勢之途希得一當此之爲
毀節毀節者滅義敗德滅義皆君子所不取然坎坷困阨
之中求其能砥礪學行而不少衰者蓋甚尠焉梧岡周先
生則有之矣先生諱名時生十歲而遭洪楊之擾隨父母
避難泰州父殁於旅次乃奉母往依其叔於安慶叔栽五

公時佐皖帥英翰幕也先生性穎悟雖在亂離中不廢讀
書目數行下甫成童腹笥便便出語驚座人年二十自皖
歸應童子試縣郡試均列前茅院試竟被黜明歲試復然
如是者屢文名藉甚乃竟未獲青其衿光緒辛巳邑令某
公耳先生名欲令出其門下縣試擬以先生居第一先令
人致意先生以爲納約自牖辱士節竟避之鄉間不預試
明年薄游京師先生族兄小棠公方尹京兆與先生意氣
頗相得先生在皖時皖帥英翰重先生年少俊異値皖南
肅清保以從九品不論雙單月歸部儘先銓選及至京可
謁選先生見仕途厖雜奔競者日憧憧無休歇不耐從

九品秩亦卑隨人唯諾無可展布廢然返先生叔裁五公
官皖歷任廬州鳳陽池州諸郡守且屢管省樞要一經薦
剡可致身亨衢先生以事業勳名當自立因人碌碌殊自
汗顏終不往皖其操節類如此既困於支埸乃家居課諸
子讀暇則瀏覽篇籍於書無所不窺汎濫渟蓄融懌萃
聞更考察當時行政得失與所學相參勘遇雖阨而勵志
於學行歷少長如一日光緒戊戌以疾卒年纔四十有八
士論惜之先生事親孝交友信接物以誠馭下有禮雖遇
漁人樵子野老田夫皆恂恂相周旋而各得其分少以能
文名而試輒不利壯年學業益進所居亦足梯階之以至

於仕宦而先生卒落落鮮就所遭困阨人且爲之憤鬱而
先生絕無惋懣砥礪學行如故此人所難能也竊見有清
末季上驕而下諂便辟側媚者率致富貴守道之士微自
矜厲即得迂拘怪誕名雖不被廢斥亦終徬徨孤立以先
生之介介恐非時所尙終遭躓耳而先生亦卒不苟慕富
貴而易其介易曰天地閉賢人隱有以哉然人類之道德
風紀必於是焉寄之不顯於時當傳於世安可無記其事
者先生之喆嗣景先君畢業於江蘇優級師範部試合格
授舉人與余同任省立第五中學教育事得悉先生生平
因爲敘其崖略以志景仰焉中華民國四年八月童斐撰

慶雲公傳 十六世

光緒二十二年冬至袷祭既祭藍圃公祠次日將赴雲谿
繹祭安甫公祠偕祭大宗祠具舟將行大風竟日夜不能
移寸步詰朝風如故族之少且俊者皆憚行從叔靜山竹
生恂如議曰祭無人是忘祖也行且却是自餒也遂各徒
步出郊志靖與族弟錫珍從十里而弱至桃花圩得破舟
衝風前進寒威凜冽四體幾僵日向午抵宋瀆族叔宜生
餉以酒食具飽手足始舒絕勝蕪蔞豆粥滹沱麥飯也而
族叔慶雲已先一日至蓋公早行舟較小故無阻公事先
必誠遇事必先即此可見志靖心焉儀之在茲十餘年靜

恂二叔先亡錫珍隨之今公亦亡矣回念前塵能無悵觸
公諱慶齡慶雲其字叔祖茂芳公長子志靖居里日少於
公行事不概見然據傳者言公家故貧少習商業長遂精
於所事操奇計贏無或舛業日起性儉約布衣糲食終其
身然遇有善舉若修橋補路散藥施材賑災撫卹先後輸
金無少吝平生無疾言遽色遇事務從寬厚睦姻任族各
適其宜志靖徵諸人其言信是亦可謂善人矣公生於道
光乙未九月十七日卒於民國壬子四月十六日壽七十
八歲葬彰石橋南圓村子步善步賢步鼇均守父業世其
家步善於譜事甚力因請爲公傳余感前事而嘉步善之

也爰摭實書之族姪志靖撰

保汝公傳 十六世

蓋聞忠厚爲立身之本，勤儉爲治家之要。伊古以來，忠厚者昌，刻薄者亡，勤儉者興，貪惰者敗，此中盈虛消長如操券焉。族叔保汝公非勤儉而忠厚者乎？其始艱難困苦，不數年間家業隆隆日起。蹟其生平，且多爲人所不能爲，勉人所不能勉，蓋其天性友愛，品行樸直，不徒以忠厚勤儉稱已也。歲乙卯續修家乘，公子嘉和等囑余爲公傳，余不文，何足以傳公？然公之品誼誠有足以昭示無窮而爲後人所法守者，余又何敢以不文辭。謹按公諱寶書，字穀生，叔祖國蕃公長子也。國蕃公生子三，長即公，次福書，次福山。公少時事父母以孝聞，稍壯兩親遽歿，家業中落，公慟不欲生。既念兩弟稚弱，撫育教誨一如國蕃公在時。福書公性頗慧，公欲爲延師讀，福書公告曰：「吾家無一瓦之覆、一隴之埴，安忍終日咿唔，以修脯爲兄累乎？」公卒恐二弟之勿克樹立，益自苦勵以相策勉，服田力穡，一切衣食嗜好悉屏棄無所累。業漸充，爲弟授室，凡服物器具率相推讓，家庭肅穆，昆季怡怡，戚黨咸健羨焉。公之爲人也，藹如粹如，始晤之，吶吶然如不能言者，久之，温温然愈可愛慕。尤喜推己之有餘以濟人之不足，邑中凡有善舉，公必爲倡導，以迄於成，不辭勞瘁。遇有不平事及里中有紛爭者公爲之反復勸導區其曲直靡不帖服蓋其醕篤之性足以浹人心而孚眾望也歲時祭祀必誠必敬春秋祠祭黎明必至祭畢與二三長老指陳族中利弊何者宜興何者宜革有條有理悉中窾要八世祖安甫公祠兵燹後祭產蕩然公總理廿年百廢俱興經營慘澹仍復舊規復爲祠中擴充田畝房屋各若干嗚呼如公者可謂任勞任怨而又毫釐不苟者矣以此而承先啟後庶可以昭示無窮以此而立身處世誠足爲後人法守然則公之行誼豈徒以忠厚勤儉稱已哉公生於道光丁酉卒於光緒丁未享壽

七十有一原配吳孺人亦宜室宜家克相夫子者也乃不數年而先公卒繼陸孺人生子二嘉和嘉賓均醕謹篤實克承父志余慕公之行而又感其子之請爰不揣鄙陋即所聞知者著於篇族姪達仁謹撰

馥汝公傳 十六世

公諱福書號馥汝吾安甫公房叔祖行也公父國蕃公生丈夫子三長保汝誠愨篤厚天眞熳然次即公幼馥山早卒叔國楨公無子公嗣焉自幼即失怙恃依伯兄至成立歲庚申公年弱冠宜城陷伯兄挈公避難出外中途賊驟至公爲賊所掠服苦役終日夜不得休流離顚沛瀕死者屢矣越二載得脫歸與伯兄同心協力勤於力田出入必偕怡怡無間有長枕大被風故得裕衣食且完家室焉析箸時各無絲毫自私兄友弟恭至老彌篤族里每艷稱之其爲人氣度軒爽有才幹遇事直言兩無所徇性嗜酒然

終未逾量陶然自得不及亂歲時祭祀必誠敬豐腆公生於道光丁未十二月二十日卒於光緒乙巳五月二十九日年五十有九原配魏孺人繼沈孺人俱先公卒又王孺人持家儉勤躬操作無寸晷休支門戶愼錢穀出納公在外總其大綱而纖悉曲折王孺人之經營於內者功過半闕田宅稱順境論者謂內助之力居多云子三長次早世三貴蓉蔚然露頭角今歲纂修世譜軒濫竽襄校貴蓉叔囑爲公傳義不容辭述其大畧以列之譜至詞之不文不計也乙卯仲秋族姪孫承軒謹撰

安如公傳 十七世

君諱英玉字安如曾祖太平縣知縣鴻軒公祖鑑堂公考辛田公妣潘孺人君早失怙事母篤孝母疾衣不解帶者匝月祖母疾亦如之少沈斂甫冠補諸生益自力於學連應省試訖不售君自六平公以來三世文儒多不問生計以是家稍落而君性尤介特不能隨俗俛仰尤不肯以一毫干人於人世委瑣齷齪之態深抑痛絕居嘗慷慨自矢常自誦家貧出孝子世亂識忠臣之語以見其志高自期待頗有不可一世之概人視之落落寡合頗以爲孤僻難近終無有深窺其際者庚申城陷君遂殉賊難死人始歎

知君爲不盡云歿時年秖三十有一子一人卽念劬也名禮亦諸生能世其業

贊曰城陷之前一月君見余扼腕言曰賊若至義不受其辱必以身殉余聞而偉之已而言果驗君眞得死所哉嗟夫君一諸生耳分可不死而竟死設得所遇而守一官效一職其肯臨難苟免草間求活邪當官死職顯赫如此君身後潛眞如彼此固窮達之限人而英光灝氣終不可掩君亦何憾也哉

光緒七年歲次辛巳中秋月愚表叔徐葆辰薏泉氏拜撰

吳孺人傳 十七世應榴公配

族嫂吳氏太學生吳樹棠女樹棠業賢衣食粗給嫂在室婉嫕承奉父母鍾愛之年十九歸族兄應榴兄家貧藉館以養嫂素不耐艱苦顧乃斥去華飾椎髻布衣躬親操作以佐甘旨翁大懽慶得賢婦戚黨更交口賀兄謂梁孟復見今日也閱歲翁亡治喪具甚備嫂力居多咸豐十年夏賊至邑城陷全家出走備歷艱虞兄旋病卒弟應鰲應桃繼逝嫂年甫二十三無出孑然孤立痛不欲生絕食者數矣顧念嗣續尙虛母族亦僅存幼弟兩家香火繫於一身負此重肩義難引决抑哀强食拮据於顚沛間賊平以兄

柩歸葬芳橋掛弓山依夫堂弟金沅以居頻歸視弟噢咻煦嫗迄於長成而父母有後矣金沅旋生子繩太郎撫以爲嗣而夫有後矣無何金沅夫婦又亡繩太尙幼次子繩寶僅六歲耳嫂勤劬顧復撫如所生以針黹佐教養貲不遺餘力繩寶既長事之如母其婦亦奉之如姑嫂亡服喪三年至今言及猶泣下其感人如此然則金沅之有後亦惟嫂扶翼之昔齊桓公存三亡國春秋以爲美談今嫂盡瘁兩家勞勩似之九原有知當均含笑地下矣孝夫含辛茹苦砥節松筠此事之常固未足盡嫂也嫂生于道光戊戌年九月三十日卒于宣統辛亥九月二十日享年七十

四歲合葬掛弓山光緒十七年請旌邑志入列女嗣子
一郎繩太

論曰昔楊椒山先生臨命時與其妻書有死重於泰山輕於鴻毛語蓋重在存孤不以從死爲然也嫂雖無所出而能權衡輕重苟延殘喘以待將來卒如其願藉手以報地下義與存孤無以別矣余故樂爲書之以詔來禩夫族弟志靖撰

鹿笙公錫珍公合傳 十七世

周公鹿笙諱逢壬錫珍諱逢辛易名珍姻丈蔭之公喆嗣也鹿笙公性方嚴幼卽醇謹不好弄貫頰警而刻苦自勵以勤補拙窮晝夜無間寒暑久之漸豁然理明辭達矣以迫於境未卒讀非其志也幼遭洪楊之亂流離瑣尾備嘗艱苦亂平旋里數年遭蔭之公之喪哀毀甚拮据營喪葬境益困然事繼母任孺人甘旨必具曲盡孝道人咸難之繼母卧病數載公侍湯藥問疾痛雖歷久未嘗或怠待弟錫珍友愛甚篤勉力籌修脯令其就傳讀並爲之授室弟兄至老不析箸支門戶公獨任之錫珍客遊他出每數載

不歸弟婦日用必時資助之無使乏從弟念伊聘治家政勞心盡力謀人必忠不辭勞苦月薪外不妄取一介質直好義古君子也性儉樸衣必布素年五十天寒甚其配蔣孺人擬爲公製一裘公却之曰吾父至老未得御此豈吾年未及吾父反御此乎與人交坦白無城府遇事出之以至誠而人亦不之欺口吶吶然如不能言者然義有當言必侃侃直道之德配蔣孺人勤儉持家不愧德曜子一柏壽兼嗣叔錫珍錫珍公幼讀書通經史能文章屢困童子試棄之橐筆作幕遊性豪爽有幹才人有所委托必艱難曲折以赴其事遇人有艱鉅他人束手公毅然任之著成

效好勤動如天馬行空不受羈勒程輔堂太守夙器重之宰長興延之入幕遇有地方大興作必舉公贊助無不勝任愉快也陳一飛司馬權富陽令尊爲上賓倚之如左右手署中事無鉅細必熟商於公公亦措置裕如焉往來於余廬者垂十餘載余因其勤苦耐勞每借重之余督辦紅十字會勝公赴東省輸送藥品解鉅金接濟災區實地救護全活無算敘勞以異常勞績保以縣丞分浙補用抵浙後崔磬石觀察知其才兩委海運胥稱職保以知縣留浙補用加同知銜宜邑水大災余募海內士紳得萬金購米二千石囑公運宜散急賑並辦平糶公奔波數月不避艱

險迨事竣而公之心力交瘁矣事母以孝聞母久病公衣不解帶焚香告天願以身代卒不起哀毀骨立事兄鹿笙甚謹事寡嫂敬恤備至孤姪二飲食教誨與所生無異女一以喉疾殤長姪金壽亦以喉疾夭逝哀痛甚常鬱鬱遂得疾卒配王宜人先公卒繼儲宜人溫厚多才與公合德無子以兄子柏壽兼嗣焉其二公生卒年月詳世譜不具述述其大者

論曰公家數世以孝友名於里里中處家庭敦骨肉者奉以爲範焉公之妹適余弟錫韓者聞在家有刲股療母疾事于歸後孝事尊嫜余家咸欽而敬之鹿笙公古之質直雖若庸行然孝繼母恤弟婦皆至性至情所流露錫珍公才具卓犖駸駸正可發展以痛姪之夭身亦隨之以歿其友于之誼爲何如也伯道無兒至使二公僅一兼祧子抑何天道之夢夢耶嗚呼抑亦可哀已

清授光祿大夫頭品頂戴四川川東兵備道丙子科舉人

姻世弟任錫汾謹撰

墨青公祭文 十七世

維

中華民國元年歲次壬子甲辰月癸亥朔既望越十有二日巳丑姻愚弟任留文率子蟠春謹以清酌庶羞之儀致祭於

清授奉政大夫候選訓導分省補用知縣升用同知直隸州增貢生墨青親家周公之靈曰嗚呼莽莽神州壙壙大陸血戰立黃風潮陡作或儕以悲競爭慘劇或忭而愉共和幸福 公忽遺世霞舉軒軒駕鶴上漢驂鸞騰天紛紜膠擾塵網都捐悲歡欣戚俗障胥蠲如佛涅槃如僊委蛻是大解脫曰無掛礙汗漫歸真厭棄塵壒仙耶佛耶超然物外攙歲桂秋武昌變起雲合響應萬里咫尺壁東南石城虎視聯軍圍合巋然孤峙嶽嶽我 公師儒望崇匠成翹秀後學宗工遭時喪亂適丁我躬秣陵僑寓圍城之中四郊多壘難莫厥居倉皇避地言返鄉閭攜梅挈鶴一舸妻孥仳離差免手据口瘏瑣尾奔馳精力已頹危疑震撼神志早灰積憂成痗未老先羸遂嬰痼疾二豎爲災相如病肺長吉嘔心骨瘦盈把噤聲忽瘖醫窮和緩藥殫耆苓寖至綿惙殆殘不斟沈痾莫挽纊綿床

簀遺女于歸爲兒授室猶子翩翩詩賡造吉旬日彌留向平願畢環顧後昆英才卓犖武達文通經世偉略乘時建樹龍驤虎躍錫類酬庸武功馳爵曹社已屋周鼎終遷洒新亭淚人或愴然哀江南賦公無慽焉胡爲抑鬱而殞厥年墨山雲黯荆水煙迷妖鶩鵬降聲咽鵑啼騎箕一去撒手歸西蟬蛻泥滓與世長辭心香一瓣椒醑一觴侑以俚詞大招三章魂兮魂兮來格傍徨兩楹之奠歆此苾香尙

饗

墨青公祭文 十七世

維

中華民國元年五月十三日再叔祖曾曜叔祖鑑叔慶雲丕烈達善維祚家謨坤榮開祜開鼎維清維澤兄恭鑫弟志靖志恭志章志韓志鵬志培學源志澂一仁南金璆其皋志程光耀姪承太宗儒慶高衡公徽姪孫宇春亨嘉姪曾孫喬孫蓮孫等謹以清酌庶羞之儀致祭於

墨青先生之靈曰嗚呼蘇文忠有言天可必乎賢者不必貴仁者不必壽天不可必乎仁者必有後毎三

復而低佪覺斯言之可取　先生之長逝兮垂典型於永久既接物以謙冲復宅心之忠厚備五福與三多宜耆耋之身受胡造物之弄人以萬物爲芻狗果修德而獲報輒有得而有否以　先生孤露少年家非富有餘老屋之三椽鮮良田之百畝雖經史之滑心兼營謀以餬口爰雜米鹽規鈲井臼卒能學富五車才雄八斗蜚甍序之英聲推文壇之巨手此爲　先生少年之時期而已荷家室之担負洎橐筆以幕遊不家食而無咎潔高堂之養則尸饔有母紓內顧之憂則持門有婦遂入幕藍郯超之紅蓮適館陳穆生之醴酒備纁幣以爭迎遍江左與浙右此爲　先生壯年之時期又不免衣食於奔走迨乎撫孤姪以成立訓諸耶而善誘玉樹爭榮青箱克守允爲特達之圭璋豈屑爭鳴於瓦缶奚止賈家之虎唯三何減王氏之龍有九此　先生垂暮之時期固宜頤養家園優遊林藪胡爲景未迫夫桑榆衰已隨乎蒲柳綜　先生之生平若數奇而不偶身未致乎青雲年未登乎皓首天不佑乎善人輒有疑而待剖豈彼蒼之夢夢欲排閶而上叩然細　先生之品誼固皭然而不苟夫何慕乎人爵之浮榮紐金章而綰墨綬仰

先生之楷模又卓然以不朽夫何嗟乎耄耋之遐齡躋鮐梨而登黄耇盡天之所以錫福而降康者固不於其身而於其子孫俾爾熾而昌將以待諸金昆與玉友大招三章清醴一卣設奠兩楹薦兹芹藻尙饗

墨青公暨配潘宜人合傳　十七世

宜興周子墨青篤行君子也與余家爲三世至交相處垂
二十年深情篤誼有逾昆季自余隨誠果泉都護遊熱河
南北分馳睽隔數年余於辛亥南旋僅於叔兄寓次忽忽
一敘潤吏旋遭改革君會猝孝省歸不數月即騎箕去余
既親臨其喪且哭之以詩矣今歲仲秋其次嗣承軒述公
行實來請爲傳其言曰先府君之著述已承吾丈賜之序
矣府君文章德行知之最稔者亦莫吾丈若也惟是府君
處家庭敦骨肉備嘗艱苦吾丈或有不盡知者余家本中
人產先王考孝政公晚年爲邑令及士大夫所推重凡里

中公款產如賓興書院義倉積谷文廟歲修會尊經閣等
經營者有年王考見背府君不欲效晚近交接原情多方
彌補貽王考以口實悉數交代毫厘不苟不數至破產償
之不顧也時論重之而余家遂中落至無擔石儲自壬午
遭王考之喪丁亥遭先叔母徐宜人之喪旋即爲先叔父
奉政公續膠張宜人丙戌先王母得危疾卧病半載醫藥
不貲調治數年辛卯又見背乙未遭先叔父之喪余伯祖
逝世一姑僅數齡一叔未彌月先叔早逝一弟一妹亦幼
稚府君教養至成立相繼爲之嫁娶爲余姑母出閣歸徐
氏爲余兄弟完姻爲余妹歸任氏皆府君與先妣辛苦艱
難嘗此大事不知耗盡幾許心血乃向不願了而府君先
妣同歲棄養未得享一日清閒之福不孝等未得盡一日
之養每一念及痛徹心髓也此家庭瑣瑣奚以煩吾丈惟
府君無名位勳業之可言僅此至性至情庸德庸行行將
載人家乘以示後人敢以請余聞其言而悲之每握管根
觸不能已然是固余義不容已者乃質實詮次以歸之按
狀公諱葆頤字子貞又字棨卿晚號牧卿墨青其初號也
周氏世爲宜邑著姓公先世以文學德行世其家至公父
蘭舟公而操行益忱篤名益著望益隆一邑推祭酒公其
仲嗣也淵源家學幼穎悟七歲入幼學讀書過目如夙誦

九歲即能詩比長淹貫經史操筆爲文清雅醇古詩筆尤
超逸品亦英偉一時以大器期之顧屢困童子試年二十
五始受知夏子松文宗補博士弟子旋受知黃漱蘭文宗
歲試列優等補增廣生自此遠遊他省無志進取遂以明
經終老士林惜之公爲人方嚴正直一言一行必循矩矱
和易坦率胸無城府待人如光風霽月不示崖異遇宗族
尤篤厚處己約而待人則豐重然諾嚴取與遇事有不適
眉目間微有愠容未嘗輕出諸口聞受人愚不較也事父
母至孝能以無聲之聽無形之視得其意旨終其身無幾
微違忤蘭舟公以辛巳總纂族譜心力交瘁遂得疾公哭

德配潘宜人日夜侍奉療治百方至壬午夏疾小愈是年逢大比蘭舟公期望甚殷命公應試公不願一日違定省婉辭之蘭舟公不許强之行不忍重違父命遂行未及試聞同寓後至者竊竊語詢之不言心動即日歸蘭舟公已彌留慟絶復蘇至再三勺水不入口公母儲太宜人曰汝父大事未畢汝弟妹均幼稚奈何遽爾公受命進一粥不入内不茹葷終日號泣滅音月餘枕塊伴櫬至葬時儲太宜人患中風劇甚是時公弟文彬北遊京師弟婦徐宜人有疾一女弟年尚少朝夕侍湯藥者惟公與潘宜人憂苦不知所出勢日危至便液不自知公夫婦輪替滌換夜不

解衣帶日且延訪醫每夜過半潘宜人及公妹困不支就病榻稍假寐公必撫摩問視無片刻休如是者四閱月公妹刲股爗湯進之病乃減旋痊然右手足麻痺不仁須人扶掖行後五年卒哀毁骨立如喪蘭舟公時遇祭日必淒然泣下雖在外必早起焚香楮向空拜終其身如一日待一弟一妹及同祖一弟一妹友愛甚篤父母所遺悉以讓弟父母醫藥喪葬務從豐備費不貲獨任之不以累弟也設帳高塍里歷五載修脯悉奉堂上不自私蔵得陽羨滆南兩院課獎金久之蓄鉅欵購田十餘畝不入己戸析箸時照分之弟早逝一子一女均幼公撫之與所生無異恤

養弟婦終其身公客遊潘宜人使孤姪與諸子同師同塾同衣服同飲食起居出外就學同行同歸給旅費亦毋不同不知者不辨其爲子爲姪也女弟適徐數載寡領歸同居愛敬彌厚至老愈篤蓋孝友興天性也公從父少冢宰小棠先生宦達後迭與蘭舟公商立義莊手訂章程先寄三千金爲基礎用置田産餘金悉數存典權子母而以典劵儲少宰家蘭舟公故後凡里中公欵悉交出公擬盡力義莊以承先志照章經營薪百金且可開門授徒課子弟讀乃有叔某邑公賺族人逼公公知之坦然交代不錙銖爽然義莊自公交替後輾轉授受侵漁殆盡至典劵爲人

賺取化烏有遂至不可收拾族論謂設久任公當不致此皆某叔一邑之私使少宰不能繼美鄉先賢徐文靖族人亦不得久被其澤云公亦以是不得安厥居遂橐筆遊四方矣先遊京江應王可莊太守王伯芳明府之聘繼遊武林應先大夫朝議公權厘海鹽之聘一見如故訂爲道義交詔余兄弟曰周君才氣卓犖遇事精慎古君子也白而著髯粹然道貌望而知爲儒者汝等當敬事之余兄弟謹受命遂交於公與余叔兄祉銘誼尤篤余叔嫂系出周氏爲公女姪行益親暱焉旋膺先大夫括蒼邑篆之聘凡地方利弊大興作必與公熟商而行得公贊畫其間無不立

見成效括蒼處萬山中地苦瘠適水大災低窪成澤國飢民嗷嗷公曰救饑如救火不宜遲亦不宜亂先大夫移公欵卽日請公親赴災區散急賑公毎徒步備極勞瘁涓滴及民全活萬餘人有富商以人命株連在獄久先大夫與公語及之公疑其冤後公駐徵碧湖鎮先大夫審此案疑不決專乘輿迎公至商辦之且囑公訪邑紳某知先大夫最重公得一言可立解暮夜以三百金爲壽公笑曰君以某爲何如人耶某商冤耶某當力白之某商不冤耶某豈見利忘義者其人慚而退公後廉得其實以白先大夫某商得省釋而眞犯授首獄定一邑稱神明公之力也是歲

試邑士公與閱卷三試有某童爲鉅商子已兩作第二人以無賦才擬由公僕介紹拜公稱弟子且以二百金爲贄僕先探詢公峻拒之試畢卽薦其僕他縣去不言也蓋公學主誠敬而所以斷斷人者尤在義利之辨硯田之外稍違於義卽視之若浼况苞苴哉徐季和學使按臨處郡先大夫所取前茅盡入㲄謂先大夫曰君政聲卓著取士精鑒幕府中其大有人才乎先大夫以公對並及施𨼆事學使詳詢里居姓氏深歎賞之嘗客川東膺任逢辛觀察之聘課其公子公因貴公子業無長進鬱鬱不得志屢辭歸觀察慰留之遂日以詩古文詞自娛著有牧卿詩文集五

卷其客窗隨筆二卷及蜀東聞見錄二卷余旣讀而序之其體例如灤陽消夏錄而怪異之説不道焉所過山川道里方物瞭如指掌足補故書傳記之闕而於忠孝節義言之綦詳又有關世道人心之作也公之博學審問於此可見一斑矣由川返浙膺先大夫平湖署篆之聘公從弟笠舸太守生平與公最契洽延公榷征越水吳興倚重如左右手遇事必詢謀公並爲延譽當道客浙數載如徐子靜侍郎宗子戴太守張頌元錢冠瀛兩明府均器重之延爲入幕上賓焉丁未南洋開辦陸軍余叔兄之次嗣起慶充軍醫局監督叔兄以姪少不更事延公赴甯經理其事措

置裕如由衛生隊改組軍醫獻醫學堂兼軍醫局事繁重公一人愼持出納總大綱尤加意于病院蓋劇症無看護勢且危而醫官不知毎爲各軍詬病公知之日必巡視至再至三諸僕不敢離大爲病兵所感頌云歲戊申太湖秋操旣竣江督端午帥彙保由訓導以知縣用辛亥江督張安帥以成績優美保俟補知縣後以同知直隸州用辛苦八載僅此報酬乃俞命將下又遭改革天之阨我公者抑何酷耶公遠祖孝侯有讀書臺在金陵勢且圮公至偏宴鄉人於此臺立同鄉會被舉爲會長以此臺爲會所集資百金葺治之不足公自湊百金補之遇月朔望必晨起登

臺拈香雖風雨寒暑不輟也公雖處境不豐自奉儉約而義所當爲毅然爲之遇族人有急難求於公雖稱貸典質亦不恤族弟某幼孤無力讀書公攜之高墪館中課之讀且解衣推食焉在浙時羣從昆季有以緩急告者立應之至再三無或却也在寍時同鄉旅寓不能歸者必資遣之或有所謀必艱難曲折以赴其事有售家子徐某在客次得疾告知公即親往視之立延軍醫張君遵午診治且親送藥餌移其寓某寺中藉省日用數日病愈公急質棉衣二得五金呂君子欽勉籌四金同赴某寺爲代償夙逋餘四金勸暫歸己送之出城矣詎其人移寓他館越數日仍

至公寓索川資公笑又勉籌二金畀之類此者甚多不枚舉歲辛亥武昌變起公全眷閉寍城幾不得出後雖出險倉猝歸以憂憤驚怖得疾就醫蘇滬延數名醫診治百方卒不起彌留之際詔其嗣君曰汝王父以修世譜心血耗盡體遂不支忽忽已三十餘矣未續修讀書臺雖經整治然牆右水漬基已壞不修勢且傾覆矣孝侯廟汝王父幾費艱辛得復舊觀今聞頹敝已甚心焉傷之余始願得倦游回里盡勞宗族以承先志今病若此尚何言汝等他日能自樹立毋忘此言也又曰天上已遣人邀我者至矣言卒畢含笑而逝其時室中若有異聲並聞異香云德配潘

宜人爲環里望族壬子經魁汝霖公女孫庠生世英公女成童即失怙恃育於叔氏出自名門嫺姆訓公有祖姑適環里即宜人之叔祖母蘭舟公歲時過從候姑起居閒嘖嘖道宜人賢乃求聘焉年二十來歸端莊溫厚淑慎儉勤戚黨咸謂公賢內助持家井井時食指繁宜人黎明即起操井臼主中饋至夜深侍翁姑寢後始入房一燈如豆尚須爲諸姑諸叔料量衣履理針黹每至雞鳴始就寢叔姒徐宜人常多疾宜人相處無間言遇事自任不欲重勞姒也事翁姑曲盡孝道其侍蘭舟公疾也至十閱月未解衣臥蘭舟公非宜人在側即不歡凡進湯藥撫疾痛必令宜

人至方如志蘭舟公疾革謂儲太宜人曰此我家孝婦也我不起汝其善視之及儲太宜人病危時更憂困乏羅掘一空以資醫藥其憂勞困苦更逾侍蘭舟公疾時痊後公遊浙宜人以一人上奉病姑扶持調護典釵珥殆盡以供甘旨時鮮上市必購而奉之姑而自不知味也下撫諸子及孤姪延師課讀家屢空量出爲入不露困狀性儉樸至老猶御嫁時衣年五十公寄六金囑諸子爲宜人製一裘宜人曰無須此今掃墓汝曾王考墓已坍宜急修即以此作修墓資可耳諸子從之遇祭祀必誠敬豐腆沈默寡言笑橫逆之來置之不問待母家弟友愛甚篤有急需必恩

有以應之待娣姑和好無間且加敬愛焉公每數年不歸
歸即遊而家中鉅纖畢舉諸子姪讀書游庠序游學多成
就相繼授室皆宜人慘淡經營以成之族里戚黨知宜人
者無不曰此巾幗丈夫也抑亦賢矣公生於咸豐丙辰正
月初六日卒於民國壬子二月二十五日宜人生於咸豐
丙辰九月十五日卒於民國壬子五月初八日俱享年五
十七歲子六長承鑾增貢生候選訓導次承軒優行增生
三承勛太學生安徽第一軍重砲團三等軍需正授職陸
軍少校四承華早世五承綸太學生六承黻江南陸軍高
等軍醫學堂優等畢業生安徽第一軍重砲團江蘇第三

師十二團三等軍醫正授職陸軍少校女一適篠里太學
生任蟠春孫八之鰲之鯉嗣承綸之覩承鑾出之騮承軒
出之海嗣承華之南之鉞承勛出之鵬承黻出孫女一
論曰儒林文苑孝友其原一也而史氏别其類以書其人
稱其所長而不求其全非謂得於此者不得於彼也然求
其信足兼之而無愧者實難今觀於公而庶幾得之矣讀
公之著述卓哉文苑知公之家庭純哉孝友綜公之生平
立身行已言行動作主誠敬辨義利則粹然儒林哉人或
以公命不副所學爲公惜然他日太史採風錄其一即足
千秋尚何沾沾名位勳業爲嗚呼此豈運奎一人之私言

哉
清授朝議大夫安徽候補知府甲午科舉人姻世愚弟左
運奎謹撰

棠孫陸宜人合傳 十七世

同治癸酉余分校京兆秋試闈中得一卷神味淵永魄力雄厚非揣摩風氣輩能希萬一至閱經藝典則有本原策對條分縷析而於問仁一策尤精當入理非夙於理學有心得者不能道隻字不謂茫茫人海中有是人意其爲積學宿儒也既薦得而復失深惋惜焉迨揭曉知爲周君志匡宜興太學生乃今岡卿周小棠前輩冢子棠孫也而已殁矣年方十有八歲耳余以文字之契痛不及見遂謁前輩詢其梗概且弔且慰焉前輩曰余祗此冢子生於咸豐丙辰二月十二日母潘夫人庚申母遭髮匪之亂不辱被刃胎隕而殁時年五歲盡哀禮若成人就傳讀書聰穎倍

常兒天性誠篤氣宇魁梧王母潘太夫人保愛尤甚棠孫能先意承志隨在得其歡心事兩繼母及叔母盡孝盡敬兩繼母及叔母亦愛之如所生於繼母夏夫人之喪哭踊迫切其喪回籍徒步號送至河干見者動容友于弟妹繼母賈夫人生一女幼穉愛護甚摯於同堂弟立可及妹綏宜共師受業推梨讓棗出於性生妹稍長不入塾與立可同治舉業立可雋敏遜於兄每應成均課棠孫常列前茅而立可居後力與琢磨同砥於成有所需輒代謀之無異同產也癸酉夏仲娶常州前輩陸光甫太史之女夙嫺姆教曾因父病刲臂和藥以進能詩工書性肫摯勤敏既來歸孝事重幃與兩姑亦和愛無間是年七月忽患喉病旋愈愈時已近試期戚友咸勸阻不與試棠孫恐孤重幃望勉畢試事旋值堂妹綏宜患喉疾甚劇京師時以是爲疫相戒勿近病人致傳染棠孫手足情切不忍避晨夕延醫診視湯藥必親陸宜人亦如疾在其身以肩承姑頤扶持至姑死死時以九月十八日方殮而棠孫夫婦俱患喉疾又哭之哀藥不克效遂以是月二十三日夫婦同逝陸宜人之殁以子時棠孫之殁以申時嗚呼異哉慘矣哉是年京兆榜發立可獲雋棠孫薦未雋歎然曰弟以此捷足以上酬伯叔母苦節勝於我躬獲此多矣立可蓋由堂姪嗣

其叔者其本生母史恭人及嗣母徐恭人皆以節行著者也棠孫平日爲文能得古大家氣息論古有識按時立言誦其文者驚爲未見書得顏柳真髓日下士夫爲其親乞耆壽屏者爭賓之若珙璧其文若彼其行若此乃以弱年遽赴修文之召一時都下聞者咸歎息不止前輩又謂兒今已矣欲求其平生一言之僞一行之違以自解釋不可得也吁可哀也已光緒六年小棠前輩奉諱回籍始得攜棠孫夫婦之柩以歸七年三月合葬於宜興之西圓山棠孫以弟志靖官　貤贈奉政大夫刑部貴州清吏司主事

陸宜人生於咸豐五年十月廿七日歿時年十九歲　誥
贈宜人前輩以書來京不忍其泯然無聞而屬余一言以
傳之余故述夙所聞於前輩及余所不忍默者書以歸前
輩焉

賜進士出身
誥授中議大夫翰林院侍讀學士通家生高萬鵬拜撰

笠舫公事略 十七世

嗚呼余弟舍余久矣庚申之亂先本生考通奉公殉難余甫五歲弟僅二歲母氏提攜孤弱奉祖母陸太夫人從伯考以北轉徙流離備嘗艱苦然一室相對依依膝前母氏愛憐又常置懷抱此景此情今日欲求片刻不可得矣同治紀元余從嗣祖母潘太夫人入都弟留奉母賊平歸里自是母子兄弟分手十五年而始得再見京師詎意今日遂無再見期耶余既改官來浙弟嘗省余於甯波權舍嗣復相見滬上光緒庚子弟送適戴氏女來杭既竣事偕余生辰弟先期治具祝延之歡甚嗚呼孰知此為最後離筵耶弟竟舍余而去耶余與弟為兄弟垂五十年而聚首不

及十年余弟亡已十三年日侍父母左右而余尚視息人世隻影淒涼復何生趣茲以族中修譜念弟平生孝友且在粵有年治績良多義當登入用撮其大略質諸立言君子弟少警敏能博親歡母氏孀居百憂叢集岌岌不可終日賴弟以存讀書通五經治舉子業未就以事廢而理解明晰屬筆能曲暢所說雖累千言脉絡分明絲絲入扣使人讀之翕然意解嫻習外務有肆應才事涉疑難戚族相諉如矢破的部居悉當交稱之光緒九年以鹽大使銜於新疆蕩平案內保鹽大使分省補用伯父少宰公為指分

廣東始至即受知制軍張文襄送委大湼江兼龍母廟鹽廠三角嘴鹽廠都城會辦鹽厘鹽務公所等差雖日不暇給而文襄常令改裝密查事件廣東厘金夙稱弊藪內外勾結朋比爲奸弟奉飭查辦始自潮州終至三水河口周行千里備歷艱辛不避怨嫌開摺詳報文襄革除中飽懲辦扞手多名前征年額二百四十萬溢征至一百四十萬事詳奏案又奉飭查辦肇慶稅廠委員控案員某密遣心腹伺弟於近郊餽以巨金弟即扣留疾馳至廠弔查票簿弊乃悉露密保潮人陳占鼇接辦節年溢征至七十餘萬以微員保至藩司而弟乃不晉一階文襄去粤旋丁母憂

留辦清鹺局服闋十八年春委署碧甲場大使碧甲爲惠州府歸善縣屬地處巖疆海港紛歧山徑叢雜向爲三點會匪及海盜出沒區居民鮮少商賈裹足經是地者咸視爲畏途弟初委雙恩爲勢要所扼改委碧甲判若霄壤各尼其行不爲動至郡謁太守盧公兼政亦戒以愼重弟於四月接任即進士紳於庭議辦團防預籌經費當經議決每畝每石穀捐銀三錢六分鹽塲大塲日捐銀二分中小塲日捐銀一分二釐鹽船每包捐銀一釐店戶每間每日捐錢二文咸踴躍應命如恤其私先招陸團四百五十名續招水團三百六十名互相策應通報立案旋奉督提各

憲札飭水陸均歸統帶兼辦緝捕事宜遂購辦鎗械督率操練甫成軍九月十六夜各匪大舉進犯弟即飭水陸團長協力迎擊各鄉勇亦鳴炮助威聲振山谷匪勢不支紛紛潰散當塲格斃五十餘名擒獲首盜十三名積匪五十一名團勇無受傷者連夜解匪進郡盧公喜出望外慰勞者再提訊無枉一律正法傳首犯事地方示衆弟即回署辦理善後搜捕餘匪懲勸兼施准予自新自此會匪潛蹤私梟斂跡戶不驚厖商各安業塲鹽旺産丁課豐收諸父老交相語曰三十餘年未見此天日自有鹽塲以來未有此好官也盧公詳奉督批僅得外獎兼署大淡水塲八閱

月弟不因此稍阻以碧甲文昌宮左側餘屋捐廉設立義塾延名宿爲塾師右側餘屋捐資設立三平書院逢每月五日扃門課士文風漸起育嬰堂捐款爲豪紳吞沒無存無敢過問弟悉數追出並自捐百金連前欵爲洋千三百元詳府移縣發當生息舊有鹽町兩塲飭丁耙晒售價歸公不私銖黍碧甲貧戶多業漁向賣私鹽醃魚塲署查出輒罰充公情殊若弟爲定章飭各漁戶來署報名漁船分別大小造冊存案每大船准買零鹽二包小船一包各給長年執照憑照赴倉買鹽免繳照費勒石照牆垂爲定例違者罰一舉兩益盡任事二年百廢具舉利賴至今迨屆

瓜期各紳民一再赴省稟留稟有云周塲官所辦地方於鹽塲大有功績倘若前任各官則塲務將盡廢不可收拾等語奉准留辦半年二十一年四月交卸至郡紳民及各漁戶等扶老攜幼相率走送不下數千人至登舟始止爲向來未有之盛時惠屬各縣又有匪警盧公見弟至喜曰吾無恐矣即詳請督憲留惠督辦十屬團防兼緝捕事宜併請加札以專責成五月初一開局即遴各員分縣開辦均令認真從事以期衆志成城旋據報巨匪唐觀士范天保孫汶王國興等嘯聚數千人在歸善海豐各縣交界之馬頭山結寨盤踞現擬搶刼府較近三多祝白芒花等處進撲府城正籌會剿而羽書狎至弟即調集各團至前敵防堵聯絡紳耆主客合一並令附近各鄉一律戒嚴脣哨距多祝十五里地名孔子潭爲入口要道該處前後兩村三百餘戶均周姓習武習戰其祖本蘇人官粵卒此已五世矣聞統領周姓亦蘇人均來認同族請示方略弟令伏勇深林俟匪盡入村口聞前面炮聲隨後奮擊賜以酒食慰勉去閱三日黎明周姓諜告匪至鄉勇已如前命請速備戰弟即整隊出迎遙望匪勢甚衆且猛多祝舊存大炮三尊俟近先開一炮隨令痛擊周姓分三路鄉勇抄後兩路夾擊一路尾擊該匪四面受敵大炮接續同發匪力

不支大崩各鄉齊出追捕共斃匪七百餘人生擒四十八人僞先鋒王國興僞軍師范天保匪首唐觀士均就擒孫汶等脫逃未獲團勇受傷十九人鄉勇死一人傷六人收隊畢副將劉某率兵至請其解匪進郡而自進剿匪巢先稟詳情劉改稟冒功擢總兵迨平匪回郡盧公被議交卸雖代爲辨白上峰不理僅得外獎紀錄超委一次又未晉一階李廣數奇安仁宦拙竟至於此盧公甚憤迨復任委代理墩白塲前勞遂終局矣此其犖犖大者其他續委各差如觀音閣緝私連陽督配橫門釐廠查辦平櫃鹽廠亦均有可稱不具書弟自至粵奉差即迎母至粵雖當機務叢委而奉母尤至晚歸輒喁喁誦經冀延母壽母亡治喪具甚備不以及余余性儉約自奉頗菲弟頻貽珍餌且曰兄如慮折福弟願當之嗚呼言出成讖弟竟當之耶二十九年十月由橫門釐廠得疾回省寢劇臨終歎曰余以身後累兄負兄矣余得電悲痛若無以自存亟遣長子慶高至粵扶柩歸里並以三子裕高兼嗣迄今歲時祭奠尙覺弟聲音笑貌時往來於心目中不能自已而弟不可復見矣兄志靖抆淚書

智涵公傳 十七世

堂兄志韓字智涵靜山叔長子生有至性好讀書大父桐崖公授之書頴悟特神年十三通七經學爲文能言人所不能言桐崖公喜曰是兒必早拾青紫令讀史戒勿貪多每夕就牀前背誦日所習者時參以獨見桐崖公爲之喜而不寐大母朱太宜人必趣之就睡十六補弟子員尋食餼歲科試屢冠軍文譽大振雖年少從遊之士日益進拒之不獲也時桐崖公尚矍鑠弟子稱太太先生焉教弟子首尚品行爲文淵源經史凡親承提命無倹腹者或久試不利一經燕黛取青衿如拾芥且以次雋科第門牆之盛

前後二十餘年然自困數奇省試屢薦備不售其中雋者往往乞其不第之文借刻墨卷而對之顏汗如李邰之與劉蕡也兄時文典重喬皇駢文善行氣筆力宏肆下及詩詞隨在見生趣謂時文特進身之階級耳非所好也其學內務治心師古人主敬從慎獨入手外務經世學說宗方正學之旨博稽西法揣摩更精癸巳恩科額遺人咸惜之兄曰遲我五六年使得明其理而堅其信不猶愈於躁進乎其自任如此爲人意度豁如而極嚴重雖妻子莫窺喜怒頗善飲偶醉亦無惰容人有急求必爲之地接之藹然人咸樂其寬和然其視人君子小人之分與學君子而不

至焉者昭昭不失銖黍焉庚寅靜山叔丁桐崖公艱去官歸里兄奉養惟謹靜山叔嘗謂文詞餘事耳昌生豐於學而嗇於遇奈何昌生兄小字也靜山叔好居積嘗暫貸祠款適遇拳亂貨壅滯折金甚鉅叔患心疾嘔血卒兄哀毀骨立由是家累叢集月增息欵始倚藉館穀彌補科舉卒廢家業益衰償息不足完璧難期兄素重內省至是疚心日甚若藏垢於中刻不可忍者無聊時輒以酒解之嘗徐步月下仰天自語曰國運耶家運耶尚堪問耶則引杯滿酌吸盡輒長歎積年飲益多盡兄貌曠達而性迂抱病基之矣已酉始以選拔應朝考用知縣分黑龍江省方應考

時節自知與時不合徒以先人積負舍此無償地或利遘省較易除補遂至以病軀爲孤注走萬里度沙漠長往不顧嗚呼豈得已哉辛亥攜一子一僕到省初充呼蘭稅局辦事員又改委省城財政調查員旋移肇州佐理員甫到肇南方革命事起馳書趣歸不應報書曰吾到此非容易幸積俸還舊欠完先父志副族尊長期望今徒手皆來縱尊長憐而恕我有何面目見之哉終不應壬子清帝遜位悒悒不支八月十七日卒於肇署享年四十有七著有駢文用世芻言待梓配潘氏直州判宜卿公女子六衡綸圻鈐源球衡今任杭縣地方審判廳長女三長適徐曾蔭卜

葬丁家村

志鵬曰戊子辛卯之時有言大厦將焚者燕雀且嗤其妄焉兄早慮徙薪其知識誠有過人者孰知適以干造物之忌哉猶憶弱冠後治時文好爲湛深之思兄曰止進身之學足矣求所以立身者余愧未能事斯語也辛卯下第余頗不怡兄教之曰今即得志所以酬知濟時艱者何在將用何先余不能荅兄又曰今中國何病余曰病外患曰然外患客邪也元氣虛客邪乘之不治轉且日深深而治之益難然不深不求治也治之必挈要領合機宜非具有真實學術誰能辨此不此之務即掇高科登顯仕亦束手無

策之庸醫耳不則攻補襍投速其亡矣余爽然阻猛然省博搜西書讀之有得以告有疑以問久之著中西異同四卷時務階級三卷時務說中時亦理解各執然枝幹相生之不同根本未嘗不一兄固許余足以問世也乃相率偃蹇不獲效尺寸於世嗚呼黃鐘毀棄瓦釜雷鳴徒令志士悲憤扼腕而先後死耳庚戌秋余自温州歸省母疾適兄自京師歸相遇於無錫內河輪船互有喜氣余以呂思誠治簡縣以尤異徵慰之兄曰甚善然吾無如天何嗚呼世之將亂兄早知之猶復策名於險雨之秋饑驅於關塞之外劉伶荷鍤早計决矣悲夫悲夫兄死於今三年時事益非民生益蹙余觸處悲痛忩忩不欲生所以幾須臾毋死者爲無後也嗚呼在天有靈亦哀之矣今吾族修譜衡姪以傳文請余握筆悲不可支覺四十年之友變與其一言一動有裨於世而有造於余者書不勝書故於粗著崖略之後系之以說少輸不盡之懷焉

文彬公傳 十七世

余督練兩江時校講武堂要塞科學得周生竑文少年俊才學識兼優畢業冠其曹適粵東虎門建築砲臺李緇直軍門準求才於甯余即以周生應僅得因公謁見逾年南洋要塞部促速辦咨調回甯任生科員朝夕晤語始悉生籍宜興與余世有交誼其尊伯祖春濤先生以名孝廉爲先大夫開藩江甯時入幕上賓其令伯父墨青先生在甯經理軍醫局兼軍醫獸醫學堂與余相友善家學淵源其來有自心焉契之今年余觀察海上周生攜其尊人文彬先生行狀來謁請爲傳余既以世交稔其家世且余於諸生中最契重生生亦最愛敬余誼不容以不文辭謹按公諱葆恒監名寶鍇字子久文彬其號宜興雲龎里人也雲龎周氏爲邑望族系出晉平西將軍孝侯後裔以積學勵行世其家公之高曾祖父以行誼文苑孝友登邑乘至公父蘭舟公文學德行推一邑祭酒生丈夫子四伯季兩子早世仲子即墨青先生公其叔子也幼有夙慧讀書穎悟異常兒操筆屬文每驚長老比長積學工文惟不屑屑章句如天馬行空不受羈勒以是不得志於提學試其爲人亦如其文氣度軒爽傲岸不羣不事家人生產雖家屢空豁如也援例入太學一應鄉闈房已備而未薦遂棄舉子

業從叔少冢宰小棠先生方尹京兆愛公才招之入都其時朝廷圖自強創設同文館選各直省才俊之士肄業館中學泰西文字語言備外交用小棠先生以總理大臣兼提調公與其選焉館獎優異畢業後即奏請以虛銜保實職於是小棠先生爲公納粟爲候選通判加同知銜公在館才望傾儕偶校月歲輒優等駸駸可大展其才用矣乃逾年少冢宰薨於位同館忌公者即媒孽公於新提調每校課輒故抑之公既慟少宰之早逝且痛士習之日卑忿然曰世態炎涼至此吾豈忍以阿諛取容者爲進身之恥哉遂決然舍去愛公者謂功虧一簣爲可惜不顧也公擬以通判指省需次以資絀不果從兄笠舫副轉在粵久見重上游與公交好甚篤遂入粵歷應州縣之聘司筆札才華典贍又應搉鹽搉厘之聘潔己奉公爭相羅致而同邑李子華太守尤倚重公云公事母以孝聞歲辛卯在粵時得公母儲太宜人病耗星夜奔回已蓋棺抱恨終天慟不欲生絕而復蘇者至再至三聞者感泣與伯兄和好無間待女昆友愛甚篤同祖弟早孤蘭舟公撫如已出公視之亦若胞也既葬母仍作粵游旋赴桂林登蒼梧襟懷益曠每過名山大川輒賦詩詞以舒其胸中磊落跌宕之奇惟不自收拾脫稾即遺棄之在桂兩載落落寡合所得館穀隨

手輒盡悉以濟困乏者在梧時同郡某武弁子然一身病
貧不能歸公傾囊與之俾得正首邱焉遊桂回粵牢愁抑
鬱前之豪情英氣已消磨殆盡矣旋得疾歸未半月卒於
家時光緒乙未十一月初十日也生以同治壬戌五月二
十二日年三十四原配徐宜人先公卒繼配張宜人子一
承寅郎幼文前安徽第一重軍砲團團長擢安徽全省要
塞砲台司令授職陸軍上校女一適無錫丁錫九
論曰清季每設一校效西學捷足者濫竽充數得一紙文
憑即致身通顯者比比也而同文館其濫觴薰心利祿者
炙手可熱公乃敝屣棄之不欲阿比傾軋爲士之羞其氣

節已加人一等矣夫以公之才攸往咸宜固不必借重同
文使天假之年其所造詎可限量哉乃天豐其才而嗇其
遇且奪其年天之於公何其靳也抑豈造物之忌才耶雖
然今承寅陸軍英俊他日騰驤雲路可操左操所謂不於
其身於其子孫者其在斯乎其在斯乎
二等嘉禾勳章文虎勳章少卿銜陸軍少將上大夫江蘇
滬海道尹外交部持派上海交涉員通家愚弟楊晟謹撰

節烈李孺人傳 十七世爾昌公配

余少時即好觀史傳每遇忠孝大節奇烈偉行至甄難困
苦百折不撓輒欷歔歎泣不能自已蓋其係於綱常者大
而中於人心者深也晚近以來求之士大夫願不多見而
往往見於婦女然於痛不欲生之際部署事宜咸有條理
從容引決視死如歸若族弟室李孺人者吾見亦罕矣孺
人在城恩貢生候選直隸州州判李公鏡蓉女族弟爾昌
配也爾昌於宣統庚戌六月病卒既無子女又負債數百
金孺人盡變所有以償于是年十二月安葬爾昌並爲立
嗣次年正月仰藥自盡嗟乎孺人一弱女子耳夫族固貧

母族亦非有餘爾昌又有兄二人使於夫死即死置其餘
不問夫孰得謂其太驟者孺人則曰否否吾死以爲夫也
夫事即吾事也夫事未畢而吾死吾何以慰吾夫夫事已
畢而吾尚生吾又何以自處蓋其銜哀茹痛審慎於已死
未死間處境爲彌艱而用心爲彌苦矣賢哉孺人固出於
尋常婦女萬萬矣孺人生於光緒庚辰四月二十七日卒
于宣統辛亥正月初三日年三十二以夫兄子耀智嗣宜
統三年請 旌節烈與爾昌合葬火燒灣茲屆修譜夫兄
驥昌等以孺人之應有傳也請於余余維孺人行誼固已
傳誦萬口何藉余文以傳而余文或藉孺人以傳矣余節

毋子也平時觴往又在於是發書以付之其他行誼不具
書夫族兄志靖撰

少青公傳 十八世

吾族自西晉以來歷千八百年久而彌盛實賴忠孝節義
之氣有以維之若孝侯公父子之於晉黃門公之於齊御
史公之於唐簡愍公之於宋紹先公之於元總河公之於
明少宰公之於清覺乎尚已若孝悌則累朝不勝枚舉近
世如景全公省齋公鶴書公皆天性孝友至行載省邑志
入祀孝悌祠鶴書公即余高叔祖也英年碩學以兩遭大
故遂哀毀殉孝時論悲之乃不幸後百年而有吾從姪少
青君其孝行先後如出一轍此痛史也君爲從兄墨青冢
嗣從余遊最久余於諸生中最契君君亦最敬愛余余常

以大器期之乃天奪之年時耶數耶抑天道之難知耶豈
眞登忉利天作脩文史天上差樂不苦也君劝有夙慧性
穎悟絕倫然醅謹不好弄從伯蘭舟公鍾愛之成童時從
余從兄少石孝廉讀其所作挾泰山以超北海論累二萬
言梅花賦累五千言一時各學塾傳誦殆遍名噪甚邑巾
名宿如潘挺生進士程肯琴拔萃朱湘帆優貢任侯北大
令從兄志韓明府皆歎賞之目爲奇才年十八執經余門
下閱其文豪宕有奇氣余嫌其畧散漫每戒之三月後銘
鍊就範出色當行矣明歲受知龍芝生文宗補博士弟子
員後余入皖隨侍先府君霍山差次君從朱君湘帆游遂

工古文及駢體文是歲即以古學受知瞿子玖文宗歲試列優等嗣以飢驅遊鄂應余芝舲大令之聘課其子學有成就十年不易居停後大令握利水枝江等縣篆君會計出納廉慎不苟倚重如左右手非才學俱足傾人曷易使人久而敬之哉事父母至孝能以無聲之聽無形之視順承意旨得其歡心墨青兄久客外或數年不歸從嫂潘宜人性慈愛未嘗嚴責而君操家政井井有條率諸弟讀弟俱樂就終日手一卷未或釋夜一燈如豆而諸弟環而誦矣丁未夏潘宜人得危疾君在鄂得電歸憂惶不知所措至廢寢食至里下輪遇熟識欲急詢恩遽溺水中抵家潘

宜人已轉機君日夜侍湯藥撫摩疾痛無片刻離病榻幸得痊而君心力已交瘁憔悴甚金陵城陷墨青兄挈全眷出險以憂憤驚怖得疾君不惜多金隨侍蘇滬延數名醫百方療治不效急歸一月中爲弟承勛續膠爲堂弟承宣授室爲妹出嫁甫畢事墨青兄歿君哀毀幾至滅性惟以有老母在且須營喪葬未以身殉然日就尩瘠矣其時承宣治兵臨淮促君往治軍書君不願離母側擬不往潘宜人為促之乃痛哭行詎至皖旬日而潘宜人疾劇甚星夜遄歸已瀕危越二日歿去墨青兄歿時僅百日耳君慟絕復蘇曰天奪吾父吾以母在不敢死今母又見背尚有何

生趣不如速死以侍吾父吾母於夜臺耳以身殉之念既決雖家屬嚴爲備君長號不食百端歡慰偶進一粥曰雙親已矣吾尚得爲人乎惟兩靈未葬吾之罪也以微疾至五月二十三日君果殉親於地下矣遺命以衰絰殮從之時去潘宜人歿之期未二旬也嗚呼可哀也已君才具諳練有肝膽改革後余居民署總機要君入軍政綜財政主將屢議擴充募一營君力爭得免軍用不致糜濫保全地方實非淺云君諱承鑾字承基初號式金少青其號也增貢生候選訓導生於光緒乙亥十二月十二日卒於民國壬子五月二十三日年二十八歲配潘孺人子三之鰲之鯉

之鯤俱幼

論曰曩吾族之以積學好善名於時者首推從祖燮棠公次即從父春濤蘭舟兩公顧燮棠公以名孝廉官學正其後即篤生少峯公夫亦食其報矣春濤公亦得以名孝廉官京外獨蘭舟公及伯兄墨青俱以明經終老未得展其才用君從游時見其才學俱優品亦英俊吾以爲蘭舟公之食報在是矣乃年逾而立遽赴玉樓天之報施善人固何如哉或曰天爵之榮貴於人爵君之孝或異日亦如鶴書公入省邑志列祀典倘何沾沾於名位年壽爲或又曰爲善無不報而遲速有時鬱之愈久者發之愈昌今君諸

予雖幼稚然均性聰穎嶄然露頭角其所造就詎可限量耶噫此二說者雖皆勸慰之詞然以天理論之或當不爽姑並誌之以俟後日乙卯仲秋叔學源謹撰

仲彝公傳 十七世

周君名允字仲彝江蘇宜興縣人笠舸先生之令嗣也於兄弟行居二幼不好弄貌歧嶷親族中咸目爲偉器五歲入塾讀書能通大義稍長多病病輒廢讀常涕泣謂恐不能養父母也及冠始漸痊偕弟琦先就學全皖旅浙學校未半載從父母命舍去隨侍江西差次飽覽江山胸襟益擴翼歲旋杭於宣統元年正月偕弟琦從學杭府中學堂自是專精肄業試每居前本年升二年級暑假滿仍來堂甫逾匝月遽患痢疾百治無效卒以此亡傷哉仲彝性極沈摯孝事父母每得甘旨不肯先嘗必以獻於兄弟骨肉

間均歡然相與若手足之相依也嘗奉父命省祖墓葡足荒山盛暑往來二十餘里不稍休息人以爲難就姻外舍外父母奇愛之過於子其終也外父母適至杭爲親禱名山無效痛哭去下至臧獲亦罔不失聲其得人之深如此平生節儉終年布素父母偶爲製一衣必珍藏之不輕御每晨赴學但餐泡飯一盂無他物堂距所居約里餘無論風雨衝泥往來不以爲苦佐理家務有條不紊他人所不能了者仲彝至事無不辦顧未嘗少自詡也性尤嗜學自赴學堂卯出酉返非有要事從不請假燈下猶研習至夜深父母愛惜喚令睡輒隱燈僞若睡者俟成室亦如之睡

時猶擕卷入房黎明則又起矣以父年漸高思得一當爲他日奉養計不意其遽至於此臨終猶喃喃呼父母不絕傷哉生於光緒十七年九月初五日戌時卒於宣統二年九月十六日未時年二十歲配任氏無子娶僅十閲月云

宣統二年九月府中學同學譔

國山周氏世譜卷四十四上

雲鵠分四房世傳

鈞勝公傳 第九世

邑有賢令則教化行而風俗美族有賢長則祠規立而子姓秘故世家舊族所由挽澆漓而歸醕厚以庶幾乎孝友睦婣任卹之盛者端賴長之得人耆必正直無私寬裕有容始能服衆心而濟族事其人固不易覯也楨生五十有六年矣族之長凡九易勝其任而無愧者唯文康公方其長于族也私心自喜擬偕同志五六人相與維持輔翼冀得整祠規以善吾族乃不數月而赴召玉樓雖年登耆耄而楨竊歎彼蒼何奪我公之速而深惜族人之不克蒙其澤也前此稱得人者咸推鈞勝公云公貌清臞長身亮吭

性孝友父母喪葬費以兄貧獨任不辭爲人坦直無城府不甚讀書而見理明曉遇公事捐視其家勞視其力以爲族先未嘗吝惜推諉族子弟或不法公遍傳諸宗彥詣祠喚其人至侃侃正論面責之俾梗不違服公申諭再三必悔悟懾服而止公爲長凡七年是時士皆絃誦農務力田家無逆子里鮮游民間有賭博拳勇之徒亦斂戢而不敢肆偶或爭競皆公祠調處從無雀角鼠牙以傷一本之誼雖出族有賢能後先左右以成其美而實公之正直寬裕不狥私不避怨不畏彊禦以爲之倡率也三十年來游惰成羣敗類間作强梁跋扈違背尊親甚且筆刀羅織中傷同氣而謹身自愛者亦貨力爲己罔恤他艱興事遠嫌僅分憂共患之誼廻憶老成典型鄉鄰風俗之美邈焉難再此有心族誼者所目擊心傷撫膺三嘆息也安得如公者毅然挽救之也哉

贊曰吾族公祠以年遠主多棲神無所爰各建分祠以祀而四房分一支獨未有祠歲丙寅慨然議建蓋由公暮齒捐貲積貯百金以遺其子買屋十間爲始基云是舉也爲孝思于列祖綿血食于子孫公身後之澤允堪不朽而其嗣亦爲善繼述也歟再姪孫維楨撰

秉文公傳 第十世

族伯諱芳連字秉文少謹厚寡言笑及長尤自愛不隨流俗浮沉家素清貧伯處之泊如也舌畊爲業每設帳近地以禮法示生徒凡所授教即童穉亦恂恂可觀中年失偶晚抱喪明之悲子婦師氏勤紡績以佐菽水老翁孀媳煢煢相依當歲時家祭伯痛念先澤輒復潸然淚下雨主族政其調處族事多歸和平若子姓作非分事必集宗人以祠規治之不少貸年八十餘耳目清明猶能書小楷飲食步履宛如中歲人噫如伯者殆不廓于境遇之阨逆者歟

族姪宸弼撰

昇高公傳 十一世

兄諱之泰字昇高少家貧比長效計然術貨殖吳越間不數載而家業漸裕父鳳玉公得歡娛晚景焉厥後與弟昇佑析箸分以田授以宅皆兄所手創以篤友于者也兄有膽略性剛勁投以非禮不受也于親知則排解無所惜遇族事務持大體每會議時慷慨敢言率常屈其座人視規避利害者遠甚乙亥歲大饑族衆有待哺者兄曰子姓食官賑周氏何以列邑望因偕耆老勸族之贏餘者輸粟以濟兄爲之倡也會族中興大獄波及族子弟困縲紲事且不可知兄語族人曰某若坐誣吾宗亦爲減色乃挺身相率赴公庭陳曲直事得白衆稱其義他若扶人之危拯人之急視鄉里處素封俯仰寬然自得問其任卹之誼且貿貲焉者奚可同日語哉予于兄生平頗悉茲值纂修家乘特爲紀其大畧德配蔣孺人亦稱雞鳴靜好云兄以戊寅歲卒年五十七子三允文允武允畊孫三汝瑚汝璉行勤

族弟宸弼撰

國山周氏世譜卷四十四下

雲鬮分六房世傳

斂齋公傳 第十世

乙亥清和周子南秩持所撰大父斂齋先生行狀來謁請傳南秩雅士飛文藻懼先人有美弗揚非仁孝其大父德望素著余不敢以非才謝因爲立傳謹按狀先生諱日暄字文蔘號斂齋晉平西將軍孝侯裔葉簪派注世居雲鬮里爲宜荆望族先生鄉邦稱祭酒綜其行誼文章汗青無愧有高才而無貴仕屈首翔步國庠以終老雖領袖羣英究未得以伸其志也而先生味道守眞左規右矩義命自安罔熱而借趨罔羶而思附秙不撤季常之門經自傳康成之室蓋有得於家學淵源者深矣賦性斂達髫年讀書過目成誦弗屑意循覽其尊人靜遠公刻志督責祇承不怠熟習經史子集無遺甫成童制藝埒名宿矣父早見背孺泣讀禮哀動路人愴過庭辟嗄之詔濯磨砥礪敬佩韋弦惟以變化氣質爲學問先聲故壯歲即嶽峙淵渟無漫容戲色未冠時負笈荆溪許愧菴先生領語指授靡間寒暑晰夕友于昆季交遊俊彥相與切劘甘苦別裁僞體樹立一家大要以江西爲宗而溢出海陽雲間乃準古戾今持滿而撥轉寄剔籍膷亦如初迨以國子高等戰南闈數奇猶昨也先生曰不堪再剔遂持黙天運而絕意功名所謂不動心者時耶其初盛年之勤學也會友論文接徒講

業設帳諸里假節日不踰三不問家人事一易絳每數年凡二十餘年交益廣文益高而試益困王房仲徐思曠吳次尾諸先輩豈文之罪哉欣然庶幾之心先生休矣行年四十卷所業而藏以傳其家繼起後進之人語曰黃金滿籯不如一經念傳恭濟美惟有詩書因謝棄外緣立家課日授指畫以誨諸子姪及孫垂三十年有寄不倦而連翩鵲起騰光膠序有以知先生教澤之長矣先生本寒士迨淡於進取分餘力以計贏縮甚有條理頗擴田園而崇堂構此固夙具斂達之才而亦藝苑精華不獲經綸廊廟聊寓意於家庭所云儒者治生牛刀之割鮮也不足爲先生

重抑聞先生工楷草隸書晚究心靈樞所以涵養德性不爲客感所亂易簣時坦然解脫敦倫垂戒外無他戀非亭亭物表者乎夫古之傳人出處隱見有兩途而道義文章無彼此要在行己立身卓卓可紀而爵位不與焉先生少孤力學刻苦自厲其不可磨滅之氣有足傳者何庸誦士不遇賦爲先生腕之扼哉子四孫八曾孫未艾其年壽生卒日月及令嗣蘭玉名爵具詳于乘不具述乾隆丙辰

恩科舉人眷教弟蔣拭拜撰

節母吳孺人傳 第十世

豐義距雲鶴三十里而近聯姻戚集友朋不外此數著姓大文幼時雅聞周母吳孺人賢自少矢節撫孤俾克成立而家業隆隆起雍正歲癸丑緘蕪辭爲孺人侑七十觴又十年孺人棄世同里囑予文爲之傳大文乃爲之言曰今夫爲天地立心爲生民立命百折而不可回者此聖賢維世之大經非愚蒙所敢與也吾謂誠之所至則雖閭巷細民草茅匹婦可以上擬賢聖而無慚此無他至誠所感貫有可以欽天地動鬼神而況乎其下焉者是故節烈一事雖與聖賢並觀可也孺人爲沅貞周君配自二十六歲守

節孺人獨理家政有子雲礽纔五歲以長以教肅然藥然守先業後十年家業日宏以熾年八十學憲給匾曰松栢同年此非必壽之難亦以其有松柏之操而得偕松柏之壽爲可幸也又聞孺人事舅姑得其歡心接親族敬婢僕上下以和而恩威兼濟此非足爲孺人難要可以見孺人之秉性剛而謙德著又非徒可以節之一事概孺人者今孫胥林立福履駢臻大文不獲再登堂而稱觴也爰總孺人懿行以爲傳俾厠諸家乘云

賜進士出身翰林院庶吉士姻侍教生儲大文拜撰

采五公傳 十一世

君諱樹聲雲露周氏予所銘篤行君子訒齋先生之仲子也先生伯兄文尚臨歿時遺孤在孩抱中命先生以仲子嗣之先生唯唯婚娶畢乃歸諸伯氏三分其家產以其二與孤以其一與君且不及數君安之終無愠焉君爲人沉嘿靜退侍父側終日不聞履聲不敢輕發一語先生最和厚煦煦諄復無譴訶而君承以齋肅夔夔然如恐失之本生母早卒嗣母頗嚴急君率婦順承無失色焉叔弟某弱冠得羸疾君憐其無母也早夜調護與同起居者數年卒于康熙辛丑君腸斷抱屍而哭絕復蘇知其過哀也抑情

忍苦不敢再傷老父心久之君亦抱羸症卧治數年藥餌之外持行功過格習靜慄律而後霍然起幼承家學雖羸瘵不敢忘克家之志爲文清醋刻苦肖其性情以出抑鬱賫志以歿爲可悲也君之卒也年四十有二訒齋先生年七十四矣幼乏乳湩受最薄年過四十旁觀者已出望外君握老父手負罪永訣幾不敢自比于人弟樹穀性多偏執君遇之以柔終無忤色率之閉戶誦習偕本生季弟樹本謹守先生醇實之遺風君一子覲宸猶呐呐如處女也本生母陸孺人寬惠勤生君娶從母之女吳氏克嗣陸孺人惋愉承志奉嗣姑克敬謹尤得本生翁訒齋懽馭下無

詬詈聲交妯娌鄰近無吝色娶婦儲氏又賢勤慎温淑年未三十連舉三孫君家三世婦德而君以醇和之德上繼訒齋下啟令嗣君雖未壽可卜其世業之久而彌光也君生于康熙丙子十一月二十三日卒于乾隆丁巳十二月二十三日予少君一歲丙申丁酉與君同朝夕者二年心心相語若親昆弟然好古人高誼不避俗謗予中年喪偶提五歲兒到君家訓兒君夫婦愛之甚欲留哺之予以家弟姪意辭之丁巳秋中予疾大作將不起君數來視予迫予有生機而君已奄然下世矣君落落寡交而于予有游好殆有不知其何自者

論曰古稱三十年爲一世蓋言其變遷之候也予交君于始冠迄今已三十年父子兄弟姑婦朋睽逆者十已八九貴爲臺省獨棄老母窮無告嗚呼豈非天哉君于此世錄錄未有奇節而大冬嚴雪孤根獨煖予故略存之以爲異日之參天獨秀者取徵焉同學許重炎誌

[illegible]蓮公行略十一下

先君子厚菴公字建五諱樹屏先大父斂齋公適長子也爲人沈靜簡默寡言可親總角時卽步履安詳語言不苟五年就傳讀書過目成誦十一歲能文章明暢條達特冠諸童十三歲受業蔣羽高先生領悟指訓祗承不怠先生嘗謂人曰周生之文遒淨雅潔無滋蔓年雖少而文極老成吾徒之最也十七歲卽教授家塾訓諸子弟輩豈勤館課夜深人靜時輒微吟密詠熟讀揣摩而後就寢五鼓披衣危坐數息嚥津曰讀書先貴養心心清則欲寡而理自明所謂清明在躬志氣如神讀書自有進境由是悉心體

究自立課程寒暑不輟每作文必經營慘淡諸前輩[illegible]爲素菊幽蘭不同凡豔乃累試輒困年踰四十功名之志漸衰大母戴孺人患疾沈痾卧牀褥十餘載先君子身事湯藥朝夕撫摩不倦迨疾愈而憂始釋斂齋公性剛毅嘗勤督責先君子怡然領受恭篤庭幃之愛爲處家頗儉思物力維艱嘗曰我寒士菜羹布袍足矣若未富而享已富之福終不得富未老而享已老之福恐不得老聆之若暮鼓晨鐘發人深省云及待外人寬厚和平無疾言遽色有貧乏者或以升計或以斗計給食之無吝情無德色故村鄰老少莫不稱爲長者晚年偶托長桑術以娛歲月半生

功若未博一衿回憶數十年黄卷青燈每自悼有志而未逮也不幸于乾隆辛未遽捐館舍享年五十有五深懼先君子一生苦志未彰用敢謹述大畧爲男邦基抆淚述

賜進士出身卽選知縣年家愚表姪戴樹屏拜塡諱

拙溪公紀事 十二世

憶曦自束髮從拙溪夫子授經初學爲文夫子課以先正名文悉懃訓迪獲侍春風化雨者凡四年丙申臘月解館洒淚言別若難爲懷蓋師生之誼有不僅在尋常授受間者而曦之親炙門牆得窺梗概亦於夫子有獨深也夫子諱邦光字南賓號拙溪邑庠生於譜系爲族叔祖生而穎異年十一即善屬文與伯兄雲溪公俱負神童之目族伯東標先生見而歎曰此吾家千里駒也弱冠後屢困童子試年三十六始遊庠一躓棘闈即絕意進取專以課徒爲業曦受業時夫子年已五旬道貌德容朗潤秀整吐屬風

雅蘊藉宜人接之者如在光風霽月中文筆古雅得左氏之腴其紆餘委備時饒六一風度教弟子一以先正爲宗參以天崇及國朝名家必擇醇雅利舉業者性和易不甚嚴辭厲色而好學獨孳孳不倦每朱墨淋漓手不停批字畫工整無欹斜草率態館中課文必口占一藝命生徒錄之爲程式所著有皓峰樓文集蓋其氣靜神恬浸淫書味內外交養至老而靡懈也夫子生康熙辛丑卒嘉慶丙辰壽七十有六配蔣孺人子一浚明亦善承家學女三孫男一幹庭庠生曾孫大熊捐館之夕呼孫幹庭命之曰吾家自曾祖以來世列宮牆汝宜勉繼書香毋俾隕墜是吾志也歿後數年幹庭始列黌序恨夫子不及見然亦可稍慰於地下矣獨念曦幼承函丈辱夫子期許較及門諸生倍篤今自濫厠明經青氊一席追溯淵源知瓣香有在而師德之未可忘也爲舉大略庶以測高深於萬一焉受業族姪孫曦百拜謹識

節母孫孺人傳　十二世

節母孫孺人逢吉公配也公素貧力傭自給孺人亦賃操作佐公舉二子生計益艱而逢吉公卒孺人哀號泣血支傭值具葬祔公于祖墓之側是時孺人年三十有二長孤十齡幼甫亂皆待母鬻長出賃舂碓夜歸暗坐紡絹恒達旦或勸之嫁孺人慷慨自誓恥事二夫以故艱苦備嘗攜孤雛採薪膚盡裂拾遺穗於道鮮得飽食而矢節益堅里中咸敬憐之後十餘年兩孤皆成立有室家追念母氏勞苦爭盡孝養孺人怡怡然笑樂卒之日衣食豐裕諸孫林立焉

論曰國家定節婦人年三十內守節者例得給旌年逾三十不與焉然其勁節幽貞正不可沒夫人當疲極憊甚之時有可息肩以紓其困猶必審顧却慮以廉恥自防非見義甚明而又有百折不回之氣何能與此夫嚙氈海濱探鷇城上困斯極矣苟一屆身富貴立至而毅然抗節之死益堅此烈丈夫千古僅見之事何可概望之弱女子然而巾幗中類能自立學士大夫身遇時變往往虧節敗行亦獨何哉士必有甘窮餓之心然後可以全氣節吾於孺人行得所師焉而又惜窮簷貞姿限於年例不能並沐恩榮也故書之以俟輶軒再姪孫子斌頓首拜撰

西疇公傳　十三世

公諱錫霞字巽來號西疇儀廷公子五人其季西疇公也儀廷公教諸子父而兼師西疇公能循牖躡履無間大節即俯仰進退食息之細趨之若畫繩不敢稍踰生而岐嶷在孩提中已迥別於羣兒有過儀廷公督責之公知悔過自後儀廷公不復怒公稍壯治詩書無間晝夜寒暑以顯親揚名爲期德配陸孺人以嫺淑聞事舅姑和妯娌公之善事父母固孺人相與以有成也丁父憂哀毀過甚危羸骨立幾若不能生者母吳孺人寡居事之益虔家貧不能常得甘旨公即深自痛責吳孺人没後服闋猶嗚咽哭泣悲不自勝嘗取潘鐵廬孝子傳以示子弟曰爲人當如是

也公介然寡特不妄與人交人之好爲媕婀者多不樂就公而二三知己或以意契或以義取其有好於公也無間然一時英俊之士與公聯文社角優劣時祁芙徐明經獨賞公文稱其文骫骳多理趣誠知己之言公屬文之暇好與人遊欵乘輿訪友人造其家劇茗清談諸友亦時時詣公座上常爲之滿陸孺人執爨公兄錫岸錫奎錫袞更相酌酒一門之内和氣藹然公不嗜酒值胸懷暢遂亦能滿飲一杯微醺後輒商較古今兼以誦詠聽者忘疲公曰聊復爲笑想足以各申眉頭耳言訖故人或伸箋索公楷書

公濡染淋漓甚有婺致蓋公工於楷法遠近爭購之制舉子業惟不諧時好卒枘鑿於主司有憂色生女三艱於子嗣又有憂色舉丈夫子一公稍慰居數年陸孺人卒子端尚幼公又憂甚又十餘年公已抱孫矣然憂終不解積憂成疾庚子冬抱痾不起呼子端而謂之曰丈夫讀書不能博取一衿一第爲父母增光寵賫志以没亦復可言今吾僅一子一孫惟望汝克盡子道無墜祖宗之業孫怕暄能讀書急延師教之毋令蹉跎歲月者乃父之迄無成功則吾含笑於九原矣即日瞑目而逝道光庚子十一月十四日也享年六十有九復堂幼時師事西疇公其梗概畧能

記憶故述之如此公子端謙慎周密洵能承先啟後者公生端年已尊公没之日端已成立矣人謂仁者之必壽而有後云受業門人陳復堂百拜謹撰

耀林公傳 十三世

吾邑以布衣精於易者曰周耀林先生先生名鼎玉字浚明耀林其號也父茂才拙溪公工文章教授弟子多所成就先生少承家學好讀書尤嗜易於河圖洛書旦夕研究歷數十年一旦恍然有悟著皇極會歸圖一書自言所得謂河圖洛書必證於花甲之數而始明花甲干支必徵之圖書而後信乃推究洛書通變一九至十九十圖適協花甲六十九十有九之數出是五行之生成五位之相得相合與夫參伍錯綜體用順逆盈縮消長進退往來之妙毫髮不紊皆出於天地自然之數非人力所能爲也其說至

精奥猝索解人不得先生亦不求人解也喟然曰河洛自圖南康節兩先生後幾爲千年不傳之祕若非窮年殫索亦安能識其妙乎晚年呈之督學文公遣皋乞賜弁言公讀而嘉之曰此真能悦心研慮者吾夙未究心敢妄序乎還之使自刊行然先生實無力付梓也先生貧而有守淡於進取以布衣終其身卒年七十有八子一幹庭亦好學能文既補博士弟子員即以河洛參之地理遂精青烏家言一時談堪輿者率推重幹庭中歲得疾失明家日落闕十數年而卒今皇極會歸圖尚藏之家

論曰河洛圖書相爲經緯八卦九章相爲表裏昔人言之

詳矣然河洛之數變化無窮而對待流行理有一定不可易者先生究心於絕學以數繹理卽以理綜數雖未知於康節之皇極經世有合與否而獨抒心得要亦仁者見之謂之仁也嗚呼非好學深思豈易心知其故哉世愚姪曉村瀋光序拜撰

聚昌公傳 十四世

今歲族中纂修世譜，軒與襄校雲鶴族人來局者僉稱前此辛巳續修雖由先大父奉政公主其事然從大亂初平以後子姓散落物力艱困幸族尊聚昌公主持族政矣公矢慎任勞怨毋偏徇族人咸敬而畏之從命惟謹聿觀厥成其品行端方嘖嘖稱道不衰推爲兵燹後尉族尊者巨擘是宜列傳譜牒以爲後人法誼不容以不文辭謹按公諱庚全聚昌其號族高祖行也公父萬巖公生四子公居幼公生百日而萬巖公卽棄世母蔣太孺人苦志撫諸孤以教以養俾克成立公事母至孝順承意旨能得歡心事

諸兄備極友恭一門之內推梨讓棗怡怡如也壯年遭洪楊之亂轉徙他鄉備嘗艱苦旋里後産蕩然耕田力穡備極儉勤性誠樸篤厚與人交重然諾嚴取與雖不甚讀書而見理明曉遇事詳慎里有紛爭公出排解無不帖然服遇族事尤持大體大宗祠兵燹後族尊柏林公與先大父奉政公擬建復乃僅建寢室大門而柏林公卒公繼爲長族叔祖少宰公捐鉅金以爲之倡公與先大父及族叔祖曉梅公經營數載不辭勞瘁得復舊觀其於公分祠第五分祠亦然蓋公於建祠修譜諸大端勞力捐資每以身爲族先絕不吝惜推諉且精白任事無親疏遠近之分以茲

有功公傳 十五世

公諱順章字有功號念大族曾祖行也公父聽春公生三子公居長孝事父母能得歡心次幼兩弟少年早殁公哀痛甚顧不欲傷厥考心抑情忍苦依依孺慕使父母幾忘喪明之痛少讀書因兩弟逝世以一人支持門戶遂棄而務農孜孜不倦一生品端行方崇古道敦氣誼與人接觸若春風周旋里黨間恂恂如也歲庚申聽春公殁于洪楊之亂越歲母陳太孺人又逝世公哀毀骨立雖處亂離之際而喪葬不苟簡兵燹後家業蕩然益自刻苦克勤且儉不數年而業稍稍振公雖讀書未成而見理明曉饒才幹嘗曰人不能致身通顯爲宗族光寵即當敦內行振宗修爲族黨表率故生平於敬宗睦族之誼尤篤而其時吾族尊聚昌公主族政深器重之凡遇族中如建大宗祠公分祖第五分祠辛巳修譜牒諸大端及族姓有紛爭宜排解子弟有不端宜懲戒者無不諮謀於公得公贊畫其間事無不濟而人亦無不服也族里有艱鉅事他人不能任者公毅然任之有以緩急告者無不竭誠籌措以應之兄子姓有虛夸浮誕者必諄諄勸導之故族里中無遠近少長無不敬憚公而倚重公云一時士安絃誦農勤力田去浮華而敦樸厚懲游惰而趨善良風俗爲之一變雖由族有

族人無不服而族事亦無不濟族姓有不端公喚令詣祠反覆勸論之必使其悔悟懾服而後止終公之世士安讀農勤耕族無敗類里鮮游民賭博好勇之徒亦斂戢而不敢肆族有爭競公一言以判曲直即立解嗚呼非公之公直無私寬裕有容豈易臻此哉公享壽六十四歲其卒也族里有泣下者蓋其感人者深矣子一龍生樸厚有父風能世其業其生卒配葬詳世譜不具述述其行誼

論曰世家舊族子姓繁衍其賴有賢長者顧不重哉公今往矣數十年來吾雲鶴宋濱之族人游惰日多甚或比匪成羣絕無人過問焉即有一二謹身自愛者亦如秦越人之視肥瘠欲求不徇私不避怨有分憂共患之誼如公者卒不可得有心族誼者目擊心傷而不能無老成凋謝之慨也噫乙卯仲冬族姪元孫承軒謹撰

賢長爲之倡率以成其美論者謂實由公之正直端毅任勞怨毋偏徇襄助其間措置咸得其宜有以致之也嗚呼可以風矣公享壽七十七歲其殁也族里悲之其生卒配葬詳世表不具述述其大者著於篇以爲後嗣法乙卯仲冬族曾姪孫承軒謹撰

國山周氏世譜卷四十五

昌陽公傳 第一世　十五世孫 子斌

夫天下事有可知者有不可知者有不可知而可知者其可知者數世之近不可知者曠代之遥也居曠代以下遥臆曠代以上之祖跡其澤祚之久且遠以驗其生平德業是又不可知而可知者也吾族當元季時罹徐壽輝之難昌陽公與兄國陽公徙居雲霧痛先世之禍匿釆韜光其用世之才自甘肥遯謝聲華淡榮利與兄並務德施時有二豪之目其志慮益深遠矣自元明迄今歷年且五百餘支派之出自國陽公者子孫繁盛而昌陽公一支亦綿延至今日漸昌熾是非盛德之後孰能愈遠而愈發其祥乎

夫氏族之興傳祚久近互各不同或數世而斬或數十世數百世而益昌揆厥所由必非無故公之德不由是可知歟抑又聞之昔敬仲之始生也周史筮之曰是謂鳳凰于飛和鳴鏘鏘有媯之後將育於姜公子孫在雲霧者既能典守宗祏聞其後裔有徙居浙中者瓜瓞彌盛簪纓赫奕代有達人雖譜牒未通而本支則一是公之盛德大業曠代而下想像可知世表云才行與兄相埒益信而有徵矣公諱宗濂字敬傳號雲洲一號昌陽晚又號離南蒲墅國山在其陽離墨在其南兄號國陽不忘本也公篤友恭之誼從兄偕從而號曰離南者殆亦不忘桑梓之心乎

厥章翁八秩壽序 十二世

大凡天下之物樸質而堅厚者爲可久其華靡脆薄者不能也然世之人類皆喜華靡而厭樸質逮華靡者聲消影滅而樸質堅厚之物巋然獨存則又相與愛惜而珍奇之是樸質者誠未可以厭之也其在人也亦然嘗見浮華之士世每樂與相親樸質之人多落落難合而獨至於享耋齡膺多祜則浮華之士又恒遜於敦厚樸質者流豈非華者多自鑿其天質者能自葆其性歟吾族叔曾祖厥章翁樸質人也家貧食力絶不冀非分生平無妄語亦無過行生一子曰申元中年而後孫曾滿堂田園日闢一門之內

務織勤耕怡怡自樂居鄰曠野綠水環村雞犬桑麻如入桃源異境翁家之樂業而拜此者蓋十餘世矣代有隱德不希世榮至翁而性行益醇篤以此獲壽正其宜也吾因是有感矣夫天下無榮而不落之理亦無鬱而不發之光其未發者皆其質者也其易落者皆其華者也華而不掩其質斯不至朝榮而暮落焉惟質之茂者後必吐其華吾邑里中俊秀文華之彥不爲少矣翁之才德似無可過人然視世俗浮僞之風不可同日而道安得盡如翁者以留其質也翁來春壽八旬矣古貌照人典型在望吾知翁敦厚樸質與先世之積累固本培原久而弗替後必有光大

其門者翁之壽非特壽其身抑且壽其子孫書曰身其康強子孫其逢吉此皆理之固然初非頌禱之華詞也生來在盤蓬弧在戶媚懿介雅閣史書年爰命小子俾爲善禱余何以壽翁哉惟觀夫器物之可久者必在堅厚樸質以此信翁之壽正可由耄耋而登期頤也故敢以質言洗質行翁聞之當不鄙余言之質而不華乎

道光歲次丙午陽月穀旦族曾姪孫子斌頓首拜祝

觀瀾公八旬晉一榮壽序 十三世

蓋聞月滿秋中天上慶團圞之夕星輝斗極人間祈福壽之徵此午夜之瑶樨花開不謝嚮丁冬之玉杵藥擣長生試參香國來因姝子値降庚之日競奏霓裳妙舞高人當算太之辰惟我周老壽翁家承華胄生自德門相涵勳猷威行右北將軍忠孝望重平西髮皓顏童宅有丹砂之井行高名隱居爲絳縣之鄰時則歲在涒灘月建牂菌金粟之香萬斛玉波之濫于尋重碧醞延齡之酒小紅開稱意之花斑斑萊彩揚舞袖以聯翩苒苒桐枝映華軒而茂密座有乘龍之客並樂良辰堂多稱兕之賓俾爲善禱夫翁當少壯之時恰家值中衰之會茅容雖黍特念供親仲遠漁樵甘同混跡小人近市晏嬰之宅辭吏君子固窮蘇軾之田未買翁則治身有術就養無方力田與孝悌同科明徵漢詔曲藝與賢能並重詳載周官阮遥集曠代高人偏工蠟屐稽叔夜一時賢士特愛鍜金名既重於五都價遂超於百貨繼復鳳毛絢彩麟趾繩祥並肯構而肯堂寔良弓而良冶擬王氏譽兒之癖四傑皆賢仰竇家訓子之方五枝並茂遂乃勤勞創業忠厚開基饒藏何嶠之錢囷積范郎之粟誦原田之毎毎喜接鱗塍歌夏屋之渠渠欣增燕厦溯上故謝家別墅近屬羊曇山前指蕭氏書樓背[illegible]

江總既優游以集福資拮据之貽謀今夫世尚紛華俗鮮敦樸德非厚積福不駢臻是以富埒齊奴未卜箕疇之九貴儕趙孟難爭華祝之三爰識祟祺必歸仁者惟翁性殊靜默度益恢宏咸里婚喪義贈范公之錢帛比鄰稱貸量同陳氏之釜鍾念民生之在勤時荷丈人之篠樂餘年以自適常攜陶令之壺年年秋菊籬邊樽開紅友處處桃花洞口稻熟青精望古處衣冠鬚眉皓若入高年隊侶杖履飄然郭令公賜杖之年已爲舊歲宋梁灝登科之日正在新春新也忝孔李通家之誼聯朱陳戚里之情謬傳劉向之經人座則金蘭同氣辱問楊雄之字繞階則玉樹爭榮竹長龍孫大有雛龍之譽花迷鳳子慚無吐鳳之詞喜從茂叔窻前時親道範愛向濂溪席上敬侑華觴會見雲礽瓞衍聯登甲乙之魏科定知海屋籌添更祝期頤之上壽是爲序世愚姪儲炳煥頓首拜祝

健翁公傳 十四世

公諱順忠號健翁吾族昌陽公分高祖行也公父增元公生三子公其長也家世務農公少讀書因涉世早棄儒力田克勤克儉雖嚴寒盛暑不稍休事父母以孝聞待諸弟友愛甚篤里黨無間言其爲人誠厚寡言笑遇事恪守繩墨與人和而謙盡乎忠守已約而不苟於財家不甚豐而遇族中事如建祠修譜諸大端任勞任力每以身爲族先族人咸推重之昌陽公自元季與兄國陽公避難從吳錫才行與兄相埒一時有二難之目吾祖國陽公子孫熾昌而昌陽公之後不甚繁衍自遭洪楊劫後公幼弟得忠殉難仲弟惠中無子亂平公分子姓寥寥如晨星而公居分之長見昌陽公祠宇毀於兵慨然有建復之志然祠產已蕩焉無存子姓又弱其困難有迥異各分者公獨捐鉅欵以倡之令從姪之濬襄助之經營數載卒復舊觀自經始至落成鳩工庀材公一人昕夕從事不憚勞苦焉祠成并助常稔田數畝以供祭祀需嗚呼公之尊祖敬宗睦族者如此理宜享厥福昌厥後矣乃公歿後長子伯鉦已生子代耕及次子伯安嗣公弟惠忠者相繼夭逝公之似續竟斬焉天之報施善人固何如哉今歲修譜僉謂公不可以無後於是以春宇公派下族姪雙喜子盤科嗣代耕以之

藩子遷喬嗣伯安夫氏族之興傳祚久近互有不同或數世而斬或數十世數百世而益昌按厥所由必非無故信然則將來遷喬蟠科之浸昌浸熾可操左劵吾將拭目以觀其後矣乙卯秋月族曾姪孫承軒謹撰

國山周氏世譜卷四十六目錄

頌贊 附編

關內公像贊 宋 任昉
孝侯公像贊 宋 謝安
又 清 孫星衍
孝侯公頌 明 戴大昌
孝侯廟頌 南唐 徐鍇
又 元 汪澤民
孝侯公贊 唐 房喬
又 清 史鳳輝

孝侯公改勵圖 元 吳澄
書譚文震重摹石刻遺像後 清 蔣汝誠
孝侯公誄 明 令宗元
忠烈公像贊 宋 蔣靜
宣大公像贊 唐 張九齡
子深公像贊 晉 陸玩
黃門公像贊 齊 袁昂
黃門公像贊 宋 胡唐老
御史公像贊 宋 蔣堂
拾遺公像贊 陸均

簡惠公像贊　宋 虞允文
簡惠公贊　宋 眞德秀
頌贊 續編
國陽公像贊　白伯古
振庵公像贊　黃道周
題振庵公遺贊　姪曾孫 成文
守庵公像贊　盧象昇
尚書公像贊　張四知
又　馮銓
燕翼公像贊　姪曾孫 邦光

靜遠公像贊　許仔虔
奉直公像贊　張有譽
司理公像贊　史大成
介石公像贊　伍三秀
御史公像贊　徐元文
鹿溪公像贊 自題
芝臺公像贊　鍾朗
蟾客公像贊　吳潔
亮揆公像贊　吳滐
徐孺人贊　姪 思誠

黃孺人贊　夫叔翔 世賢
景蓮公像贊　李兆洛
鼎齋公像贊　徐杏儒
曉峰公像贊　曹炳燮
少宰公像贊　任道鎔
題鼎齋周丈畫像 七律　儲濟
又 七絕四首　潘承緒
又 五古　潘承基
又 五律　路廷銓
又 七古　潘兆甲

又 七律　姪 蔭南
題桐崖公詒謀圖 七古　吳乃希
題安如公小像　徐爲倬

國山周氏世譜卷四十六

頌贊 各稱

裔孫若漢謹輯
裔孫達仁增輯

關內公像贊 第二世

英姿颯爽超羣絕倫下髟載義料敵如神安民殄寇布惠
行仁文謨武烈佑啟後人

宋孝建甲午義興太守任昉題

孝侯公像贊 第三世

忠孝夙成天錫勇智文冠三吳武魁六技桓桓師旅元戎
是寄氏賊縱橫開風欲避行將掃蕩遭權所忌生果無怍
死亦無愧忠貫日月義塞天地

晉康寧甲戌中書總謝安題

孝侯公像贊 并序

宋元絳重建蕭帝寺記載寺後周諱讀書臺元張
鉉金陵新志稱周諱臺亦名子隱臺從二陸學讀
書於此今城東南有故臺在鹿苑寺後嘉慶五年
春偶同方甫參兄至寺見壁有宋刻周孝侯像因
屬崔春泉摹繪送存寺中並爲之贊

澹臺之貌卞莊之勇折節讀書遠槩周孔戰陣不屈忠由
孝門千秋蕭寺象飾常新

賜進士及第山東巡道毘陵孫星衍謹撰

晉將軍陽羨孝侯公頌 弁序　戴大昌

晉孝侯周處者字子隱吳鄱陽太守魴之子也余讀晉史本傳稱侯少孤既長行多不檢世爲陽羨鄉曲以南山猛虎長橋下蛟與侯爲三患侯聞言猛省一日入山及虎復入水刺蛟雖古稱勇力如烏獲孟賁之倫何以加焉侯乃入吳從陸雲受業勵志篤學禮法律身由是州郡聞之交辟雖古稱悔過如衛武仲由之賢何以加焉晉平吳後累官太守其在新平則叛羌歸附在廣漢則判訟若神除楚內史則悖禮變俗雖古稱治行如龔遂黃霸之流何以加焉及夫內

居近侍隨事指陳遷御史中丞糾彈無隱時梁王肜違法一切劾之雖古稱強直如桓典張綱之屬何以加焉氐賊齊萬年反詔以侯爲建威將軍往討令受夏侯駿梁王肜節度侯既行中書令陳準言於朝曰宜以孟觀將萬人爲前鋒處爲後應殄寇必矣否則梁王將使處先驅挾怨無援不敗何待朝廷不從萬年聞之喜曰此成擒矣比侯至肜駿予以五千兵令與振威將軍盧播雍州刺史解系攻賊於六陌鎮軍士未食肜復催侯先進賊有眾六萬自旦至暮侯斬獲萬計兵盡矢窮播系不救盍肜授意也侯初奉命

伏波將軍孫秀謂曰卿曷以老母辭侯曰忠孝安能兩全今日乃我死所也及戰士卒死傷無援左右勸曰猶可亟退賊已膽落於將軍矣必不敢進侯按劍叱之遂奮身力戰而歿是役也肜之必陷侯侯之必劾節舉朝預知之即賊亦知之獨晉惠帝不知迨既戰歿帝雖卹之而亦不能罪肜也則後雖追贈平西將軍賜以謚侯之隱憾蔑然向使侯當日聽左右之言而遽退安知彼肜駿者不即以覆軍之律罪侯侯其能免乎然則侯可謂死得其所矣乃有可異者陸士衡撰侯碑文則謂侯以舊疾奄捐館舍何與史

傳所載不符然余攷同時潘岳關中詩有曰周殉師令身膏齊斧蓋當日奉詔作者迫元帝詔加侯謚太常賀循議詞有云入司百僚貞節不撓在戎致身見危授命謚法執德不回曰孝謹以謚焉此皆言侯死節無異詞豈史氏所得假託者由是言之士衡碑文眞耶贋耶不足信也嗚呼以侯之天生剛勇克自砥礪果能出爲循吏入爲名臣終效忠烈而又著風土記撰吳書及默語三十篇其文翰有足多者人或得其一端已足名垂天壤聲施後世而侯顧兼之侯之死也以視漢關壯繆宋楊太尉岳武穆明周忠武輩

又何異焉然彼數君去今雖遠而婦人孺子莫不耳熟其人唏嘘欲絶而侯則世俗有不能知其名者亦獨何哉或曰關岳諸君皆以傳奇演劇故世艶稱其事情世無有爲侯傳奇者耳豈其然耶此余之所以有感也乃爲之頌其詞曰

桓桓周侯神勇寡儔少則不覊揭爾回頭旣縛蛟虎折節好古含咀英華敬慎規矩數典大都威行信孚入爲御史貴戚盱盱出討氐賊士未朝食力盡援絶以身報國侯慽末伸請槊侯墳更買烏金鑄梁王身

孝侯廟頌　南唐　徐鍇

深山大澤實生龍蛇左湖右瀆君子之家烈烈周君國之爪牙梁擢國圯晉也如何粤在童齔所遊非類見善則遷過而無遂耽耽白額撑肉朱殷矯矯長蛟噴沫飛涎擢班碎掌潤草丹川無文曷行不學將落褰足時彥先機而作學德備敭登我王廷所居成政所立傳名鍼而應敵正以拧傾亦旣霜臺糾斯强禦自親及疎何吐何茹翩翩權倖假國之威姤賢醜正言遂其私取彼賢人委之豺虎君實致身罔無二慮恭聞仙誥惟忠是與仰料將軍解形而去遼東千載歸鶴來翔威加四海魂魄返鄉躬兹蘋藻在渚之陽斯文曷補德實無疆

孝侯廟頌　元 汪澤民

猗歟王宗肇自蓍姬子姓綿綿實繁本支惟王之生天挺雄姿酗酒躬蛟虎拳勇丕著幡然改行賢達是師曾幾何時弁聞四馳陽羨起家是任是使於吳之朝載敭厥美青蓋入洛歸司馬氏梁彤肆奸執法整紀醜正見讐陷堋之死秉節不回允也君子廟食於鄉荊溪之陽我民孔思厥靈洋洋蜿蜿彌只時雨時暘人躋壽域里無冠攘旰俗熙熙年穀穰穰工祝致辭載祈載禳爰搆新宮肅肅奕奕落成孔時靈降瑶席有腯斯牲有芳苾醴笙鏞磬和奏繹繹靈其來享降福孔碩於千萬祀有永無斁

孝侯公贊　唐 房喬 元齡

平西果勁始邪末正勇足除殘忠能致命宜佩懋勳三定江東杙雖敢迪筵實懷忠

晉平西將軍周孝侯贊　史鳳嬋

桓桓孝侯兼資文武廟食吾邑英靈萬古早歲揚威斬蛟射虎改行飭躬殫忠事主稜稜立朝風生烏府矯矯赴敵軀捐氐虜弧折矢竭猶奮赤羽從容絕脰誠得死所勇以義宣勛由節樹生氣凜烈往來荊渚錫謚加封雲旗鼓舞銅峰崔巍畫水容與蘋藻薦馨牙纛鐘鼓毅魄尚雄遺烈時舉敬仰威容莫罄覼縷永永春秋几筵樽俎

題孝侯公改勵圖

剛惡之害人類蛟虎柔惡之毒人類蛇虺改過遷善之勇惟剛者能之周公少年之惡剛惡也是以一悔悟即爲善如此其力千載之下觀其圖尚慨想其風烈人亦何憚而不爲善哉世之柔惡者藏戈矛於談笑中而終身不知悔悟又周公之罪人也元大學士吳澄題

書譚文襄重摹石刻遺像後

孝侯石刻遺像見存廟後壁中余讀邑丞洪君跋謂南唐徐鍇有像贊當日贊存而像不存後訪得刻之想即今所刻者耶繼讀邑司訓危先生跋謂繪像於忠義集首惜未得其贊望後人增入以爲全美今觀集中徐學士廟碑記云即其圖像而爲頌則此贊未嘗遺也繼又閱邑宰劉勲廟贊亭謂東海舍人以新撰平西將軍廟贊託令剞劂又據元曹復亨廟碑云徐鍇奉詔爲祠官集郡長吏行祀事即其像而爲之頌石刻今存於祠益爲豁然余既重輯忠義集因繪其像而書此以折衷後之君子仰將軍之遺像讀舍人之雄文庶幾全美矣夫邑後學蔣汝誠謹跋

孝侯公誄

山南有穀溪南有萩士女胥瞻實受侯福三害允逐百行孔淑衛之武公悔過斯速挾策吳淞二陸昇宗名彰志立磨璞淬鋒吾君吾親曰孝曰恭漢之子房進履從容樽辟頻只侯笑而起外郡內臺赫赫風紀貂蟬恣橫覩若敝屣唐之睢陽中立不倚君側犬羊嫉侯之剛元戎十乘以先敗行勢孤援絕罵賊而亡宋之武穆寃骨猶香嗟予樽腐忝吏茲十仰止侯風忠孝文武神爽一邱休光萬古式歌誄辭以薦樽俎明嘉靖丙戌夏六月丙子知常州府事蜀榮昌令宗元拜書

邑有祠廟久矣水旱疾疫每禱輒應人至今賴之今年夏吾郡侯健庵先生蒞事茲土景侯之行作誄詞以昭之郡侯來且越月剗剔奸僞政通人和境內帖服蓋亦繼侯之風而作者歟武進後學白悅謹跋

按誄分五段衛武公漢子房唐睢陽宋武穆是眼目忠孝文武四字儲中子特取以額於廟蓋本諸此後學蔣錫震跋

忠烈公像贊

天挺人豪魁梧奇特浩氣摩空精忠貫日德庇鄉閭功乘社稷萬古英風頑廉懦立

宋嘉定壬申秋月國子祭酒薺靜題

宣大公像贊

温温者其躬嚴嚴者其像藹如松柏之長春儼然泰岱之在望結廬砲塢終老離陽務在匿采而韜光植德樹滋于无疆

唐開元甲子尚書僕射同平章事張九齡題

子深公像贊 第六世

公髮蒼然公貌癯然遵祖父明哲保身之訓樂漁樵詩酒泉石之安爾耕名子鏤碣鳴綸視浮雲之舒卷抱明月而終焉

晉太和丁卯大司空陸玩題

謹按宣大公以遯養時晦名子而戒以毋怙勢憂深矣子深公以稼穡惟寶名子而命世為耕農其潛更確矣蓋五侯殄嗣四世一身孝侯之緒不絕如縷而晉自八王兆亂胡羯乘瑕環顧身世冠裳同桎梏權勢如鴆毒唯温温恭人如集於木惴惴小心如臨於谷庶幾延先

緒而穀子孫公已見之明而守之固矣迄今傳世六十蕃衍熾昌基之者宣大公繼其志而成之者子深公也讀陸贊并公自著石銘公之才氣文學豈老農者流哉

五十五世孫維楨謹跋

黄門公像贊

英武出羣智謀蓋世內存旦奭之心外膺方召之寄羽翼興朝惟公無愧

齊建元三年吳興太守袁昂題

冠世雄豪兼人毅勇義氣天高英名山重磊磊落落丈夫糾糾桓桓將種

宋殿中侍御史參知政事兼知樞密院事胡唐老題

御史公像贊

卓哉儀容雲高月朗正色立朝不卑不亢指佞彈奸辭直氣壯玉貌儼然後學瞻仰

宋元符戊寅吏部尚書蔣堂題

拾遺公像贊

鶴髮童顏臞神古貌世際昌期生兹大老其出爲時用也若祥麟瑞鳳之儀于熙朝其退而里居也如大呂黄鐘之藏于清廟吁嗟斯人今人中少吳門陸均謹題

簡惠公像贊

錦繡文章璠璵儀表彝鼎銘功始終皎皎

宋乾道戊子朝儀大夫劉子羽題

廣顙麗眉亭亭嶽峙定傾扶危維持國是聖傳成書燕貽孫子名臣名儒儀型百世

宋淳熙丙申同知樞密院事虞允文題

簡惠公像贊

宋 眞德秀

卓哉太傅允推貞相正色立朝不卑不亢髫齡就塾志器高尚莅仕刑曹表直懲枉繼遷侍御章三十上指佞彈奸咸欽骨鯁出知外郡萬民所望布惠行仁措施各當洊歷揆輔謨明弼亮綸誨效忠言直氣壯推賢薦能休休雅量三載贊襄一德醞釀歸盡孝思建祠薦享聖傳著書經義推廣名臣碩儒一時無兩緬厥儀型後學瞻仰

頌贊 續編

國陽公像贊

乾坤清氣盛世眞儒文章道德今古無如乃公也歛其精華崇其樸素視富貴如浮雲等功名于朝露葆性完眞覺修孚睹所以壽及耆艾神色猶如童豎登山不假扶節對客嘗聞繼炬著顔古貌近而知爲神仙之侶碧瞳元髮望而疑爲山澤之臞撫遺像而讀公兮人起敬而起懼白尙古題

振菴公像贊 第六世

公貌不異乎中士才不踰乎中智德足以興起乎奕禩寶忠孝世守之經踐子臣當盡之事大司空績著千秋廉慰公生平志後學石齋黃道周題

題振菴公遺像

其容穆穆其貌堂堂德修於身智圓行方積善之慶爾熾
爾昌什襲藏之珍比圭璋姪曾孫成文謹題

守菴公像贊 第七世

申申者其容藹藹者其像咸仰道貌之可欽儼如泰岱之
在望含貞韞璞而善藏植德樹滋於無疆累𦜕　紫誥竹
帛垂光流徽奕世長發其祥　兵部尚書盧象昇題

尚書公像贊 第八世

蓍蓍者其容蹇蹇者其節勤於王家儉於爾室德邁今古
勳垂竹帛挹古道之猶存炳然照顏色建極殿大學士門
生張四知百拜贊

尚書公像贊

深山大澤蛟龍潛身荆溪名勝挺生哲人河工奏績河的
效靈開洳塞決國運式遄督師勦寇四海咸寧篤生四子
品格超羣孫枝濟濟曾元盈盈五朝元老一品九齡自壽
壽世易代推尊勲在邦國名傳古今文華殿大學士兼禮
部尚書馮銓撰

燕翼公像贊 第九世

嗚呼公之棄世百年孔長公之遺澤奕葉無疆念公稽田胼胝維艱凡厥役人毋事情閑念公肯構拮据以就凡厥後人毋滋塵垢念公眞純宗族鄉黨翕然同稱凡厥後人勉承世德毋隕家聲曾姪孫邦光謹贊

靜遠公像贊 第九世

公之貌宛然耶公之容如在耶公之胸襟何磊落而光明耶公之制行何不剛而不柔耶豪於酒者非公耶踈財而仗義者非公耶教子以讀書使蜚聲於膠序者非公耶公之知交非弟耶瞻公之像而能無長言以寫其眞耶眷弟許仔賡拜題

奉直公像贊 第九世

天下所誇者江南吾生其地浮華之習徒爲慨然人世所趨者長安吾遊其間曾不得一古貌古心者與之盤桓周公夢叶與吾居同里而長同官其不役役於富貴也固不若趨膻者之奔走長安而毅然以反古易俗自任也直欲以其身振始乎江南戶部尙書同郡張有譽贊

司理公像贊 第九世

山林而敎廊廟之望也易廊廟而不改山林之志也難吾師畏庵貌樸而堅行峻而質望之虬松古鶴親之精金良璧析楊不用折獄片言公門桃李壼閫孤寒其難人之所易易人之所難者歟

賜進士及第內翰林宏文院修撰門人史大成百拜撰

介石公像贊 第九世

誰歟險阻侍親帝京誰歟彩舞娛親九旬維公不任能成其志廣顙麗眉亭亭鶴峙神采儼然儀型奕世

賜進士第朝請大夫浙江水利道伍三秀贊

御史公像贊 第九世

才華春豔丰采秋霜奇葩上苑𥳑驥康莊翩翩柱史稟稟彈章

帝眷方殷玉樓蚤召不泯者神不朽者操誰吮丹青傳此墨妙張之高堂我歌則嘯

賜進士及第文華殿大學士徐元文贊

鹿溪公像贊 第十世

其貌菁然其心湛然澹泊以居躬敦厚以處世甯厚人而刻己弗利己而損人不禀勢而逐膻不見利而忘交寓開居而靜坐厭隨俗而奔波便佞既非吾所能諂諛亦非吾所聽不知我者謂我交情少知我者謂我敦古道坦衷平易與人遊守困安貧以終老未嘗破口而詈人亦未嘗怒目而傷情好藹然與衆相往還因而自起怡山號

神像之由來久矣上而德隆望重勲業爍然足以流芳百世或品行高潔不隨波而逐流又或文章絕俗名滿天下若是者眞堪垂譽後嗣繪圖以傳奕世宜也至

於湮沒無聞平淡無奇者亦皆效顰而圖像予甚愧焉適同宗有善傳眞者膾炙人口同祖伯兄逸圃約予寫容爲戲予自問一生所爲既不能光耀先猷自無以則傚役代有腆面目何以像爲兄曰否否窮達命也貧富亦命也安在貧賤者不可圖像哉況吾弟於壬子科已畧見一斑矣奚可與湮沒無聞者同日而語於是遂之入室兩日而圖成鬚眉畢肖予念此圖一無足取庶幾使後人顧影而思行知予一生醕謹自守咸謂我培養元氣不失爲長厚君子焉是則予之幸也夫巳亥春鹿溪居士自䟦時年八十有一

芝臺公像贊 第十世

其容耆耆其志皇皇學博而才贍智圓而行方人恨其科名之不足以稱其意氣吾羨其節儉之操嚴毅之色咸孚乎一鄉

賜進士第提督江南學政翰林院侍讀學士世弟鍾朗贊

蟾客公像贊 第十世

嗚呼此蟾客太親臺先生之遺照也潔不敏忝居戚末載拜頓首摳衣請謁仰瞻遺容吁嗟存殁先生誕降淡淮之辰室廬相望吾父同庚誠爲父執古道照人享年八五齒德兼尊花晨月夕爰集耆英談今論古悅性怡情詩書禮樂謹守先型兒孫繞膝玉樹充庭誠爲五福之來備而文章經濟愛人利物鄉黨咸頌其名年家眷姻姪吳潔贊

亮揆公像贊 第十一世

翁之貌清且癯翁之腹笥富以腴不肯爲五斗米折彭澤腰不肯以千金璧曳侯門裾醉懷月白逸興雲舒素諳氣誼新締陳朱愧我風塵之下吏輸翁談笑有鴻儒載月老人吳潔拜題

徐孺人贊十一世瑞岐公配

孺人之容肅然孺人之志確然孺人之節毅然其含辛茹苦歷四十餘年之久也彌覺皎然而粹然雍正癸卯中秋月望日姪思誠謹題

黄孺人贊十二世孚中公配

青年失偶柏舟自矢食苦母家紡績自恃三十餘年煢煢待嗣冰蘗操持特表而誌夫叔祖世賢題

景蓮公像贊十四世　　武進　李兆洛申耆

君子有穀裕後惟嘉德修於身以型厥家孫曾繩繩衍瓞綿瓜積善之慶盍未有涯遺容穆穆天半朱霞球圖寶之永念陔華

助齋公像贊十四世　　邑人　徐杏儒學山

坐中佳士儒雅風流神清而遠氣靜以幽科頭默坐任運無求與道大適其心休休斯人斯品子為寡儔辦香千古濂溪似不

曉峰公像贊 十五世

君子比德，温其如玉。其容恂恂，其神穆穆。若愚若訥，不雕不琢。行修于躬，射己之鵠。以之爲人，慈祥覆育。以之裕後，詒謀式穀。儀象儼然，題辭滿幅。景仰典型，低徊往復。

曹炳燮 學香

少宰公像贊 十六世

其心休休，其度汪汪。圭璋特達，嘉績用彰。竭忠贊畫，應變有方。致君澤民，經濟文章。巍巍吏部，日月爭光。

姻愚兄任道鎔拜題

題勛齋周丈畫像 十四世　儲濟 [illegible]

相對何須笑問誰好遨老態認丰姿等身著作工摹古滿架圖書癖嗜奇刪却繁華留道性餘將霜雪擁吟髭一般妙手能描得渾似當年顧愷之

又七絕四首　潘承緒 雨亭

神仙丰骨迥離塵相對欣逢蘊藉人曾是胸中消磊魂養成冰雪悟前因 其一

胸羅經籍富畜畬閉戶多暇只著書隻眼縱觀廿二代古今史學有誰如 其二

揮毫墨妙比鍾王五色珠璣綴數行一幀書成浮一白筆才酒興兩無雙 其三

日侍春風甲帳前幸叨化雨幾多年瓣香未報師恩渥願向丹青記一聯 其四

又 五古　潘承基 蘭亭

長夏不知暑坐隱屏雙扉心遠萬緣寂庭閒過客稀陶然酒初醒薰風拂羅衣壓架巾箱富入簾草色肥所居足容膝鎮日下書幃放眼論今古探頷得珠璣嘯彼月露影我獨漢旗旌晴窗動秋毫興隨筆俱飛濡染若無意腕下煙雲揮但求自怡悅不計知音稀境靜似太古情澹輒忘機此意苦難寫艮工思入微 像爲名手直飛石作 一洗鉛華習不爭花木輝每日此靜坐神似貌豈非尙憶侍春風師弟情依依

又 調寄畫高樓　歐陽晉 可伯

韶光老如此好偷閒怎忍負年華一襟瀟落花和月牛生栗碌夢如烟且權娛斜日外暮春前　也莫向酒邊辜負雪也莫向琴邊辜負月閒過了總堪憐狂來且向風前嘯懶餘欣得日高眠看傳神阿堵妙絕毫巔

又 五律　路延銓

幾許沈吟意傳神阿堵閒一觴彭澤適半日考亭閒集註搜丁庫書應飽西山從知風月趣枯坐亦相關

又　潘兆甲

人生何物爲吾有萬卷藏書百壺酒富貴于我本如雲安用黃金印繫肘先生風雅是我師掃盡繁華塵三斗終日

誰與伴幽棲架上經史置左右終日何事破寂寥黃蟻綠螘并紅友丰姿瀟洒是當年雪花何事飛白首徐黃一幅尙宛然曷不招我操杖以先後

又　蔭南

濂溪道術入研精風月光華尺素盈不共人情爭冷暖自將元氣養和平消閒著述皆千古隨分琴樽也獨清多歷歲寒松柏勁瓣香長願一心傾

謹按像繪於道光初年爾時適有名手直飛石者僑居陽羨來訪公奇公貌郎公書樂閒嘯嗟成之凡侍春風者一時知名士公後命孫題辭幅爲之滿屈指年華於今五十年矣庚申之難祖遺圖籍蕩焉無存惟此圖季父裁五寶寶藏之雖奔波患難之際金戈鐵馬之中視同性命珍護彌堅是蓋我祖父在天靈爽必欲一旦令

日之子若孫故藉此圖俾季父以傳也撫摹之代某能
已乎光緒辛巳季秋下浣孫名時謹識

題桐崖公詒謀圖 七古　吳乃希 喻唐

蕪蘭當去蕭與艾蕭艾已去蘭芳藹植桂宜斲柳與楊柳
楊豈與桂爲侶君家書種蓮溪子巾箱自富賤青紫芝蘭
玉樹勤灌溉欲其生於庭階耳北平周氏瑜珂秀杜家寶
田常世守士衡作誦載清芬修植詒孫王右軍君家弓治
既先紹含飴復見文孫繞老柯曾受瑶環拜雛鳳鶴立眞
清矯承敵惟存一卷書畫工點綴富五車看君他日發鉶
白始信後賢君不如

題安如公小像　徐爲倬 芝田

秋雨欲來庭階落葉如掃適硯渠表再阮賓其先府
君安如先生玉照囑題感念忠烈愴然於懷因倚
月下笛拍之隱隱然悲風拂弦九原有知當含哂一
覽也

莽莽紅塵書生一箇獨彈古調危城裡黑夜倉皇各呼棹
曉來亂灑啼鵑血問可似那人胸抱想當年靴刃阿天烈
殉遍招朋好　過了誰人道賴執硯賢郎再圖遺貌循陔
路杳知他隕淚多少傷心我本蘇程戚況總角幾同吟嘯
訝空谷雪霜姿忠義熱腸輝照

國山周氏世譜卷四十七目錄

國山周氏世譜卷四十七

祖蹟攷

裔孫 湛霖 謹輯
勝蹟 舊編　裔孫 承軒 增訂

國山在縣西南五十里與離墨山相連始祖廣平公故居在國山西麓
一統志寰宇記引輿地志云國山本名離墨山山有九峰相連亦名九斗山又名升山吳孫皓封禪爲中嶽改爲國山見常州府山川
邑舊志國山在離墨西南三里孫吳時有大石自立又有石裂十餘丈成室皓以爲瑞遣司徒董朝封之賜名

國山以董朝所封又呼爲董山見疆域志山川
王升廣平公傳先世避王莽亂來陽羡遂家焉七傳至廣平始居國山
按國山爲我族發祥之地因誌祖蹟用弁列焉
從善鄉在縣西南四十五里孝侯所居之國山坐落是鄉以侯砥行從善故名萬歷中改爲從一區參王升邑志
明邑人蔣參政如奇從善鄉詩七絕地名從善溯周侯害去崇朝迴不猶生長是鄉深抱愧未能改過鼓前修參按
敦世居從善區西畲里
義興郡卽今宜興縣晉永興元年以忠烈公興義兵三定江南置郡以旌之參晉史
晉書惠帝永興元年以周玘創義討石冰割吳興之陽羨并長城縣之北鄉置義鄉國山臨津并陽羨四縣又丹陽之永世置平陵永世兩縣凡六縣立義興郡以表玘之功見地里志
一統志晉永嘉四年陽羨人周玘三興義兵討賊有功永興元年因置義興郡以寵之治陽羨見常州府古蹟
邑舊志隋開皇九年廢義興郡改陽羨爲義興縣宋太平興國元年避諱改義興爲宜興見沿革志
明許有穀義興城詩七絕幾處荒城舊堞崩春山那復想平陵只今惟有長橋月猶付前人說義興
蛟橋卽長橋跨荆溪今跨城河在縣治南二十步寰宇記引陸澄地理抄云晉周孝侯少時斬蛟卽此處參邑舊志古蹟
一統志宜興長橋下有蛟食人爲害周處入水斬之元和志橋跨荆溪卽周子隱斬蛟處見常州府津梁
江南通志長橋在宜興縣治正南二十步高二丈七尺長二十五步卽周處斬蛟之所見常州府關津
咸淳毗陵志宜興長橋在縣南二十步周孝公斬蛟之地元豐四年令褚理重建榜曰忻濟蘇文忠過之大書十二字於石曰晉征西將軍周孝公斬蛟之橋見地理志

周宮庶啟嵩蛟橋記略曰蛟橋跨荆溪上當縣治之前環邑諸橋俯首讓焉蓋規模宏偉勢莫與京而爲邑之人憑眺瞻依有異于諸橋焉爾按宜志橋成于孫吳之赤烏二年至晉時有蛟潛其下爲民害周孝侯斬蛟而害息橋以傳嗟乎宜邑縣治地自孫吳以前遡秦漢而上不知幾歷年所矣未聞有橋有蛟焉逮橋成百餘年復有蛟以潛之則橋之深廣浩瀚不問可知已余聞之父老云橋昔爲徒杠數毀數建至宋令褚理易之以石基其下如上蓋上下如環云故後人名之曰月橋緜亘而長又謂之曰長橋因孝侯斬蛟則更其名曰蛟橋于

是橋之于宜邑列十景中爲蛟橋夜月誌勝也蓋當風清月皎之時爲宜邑人之勝游也登其巔見南山焉矚西氿焉煩雉堞崢嶸足以驗皇輿之固拱北辰而亘維京國焉噫勝矣哉其規模宏偉莫與京矣 見邑志

元白珽題斬蛟橋詩 五古 桓桓周將軍英烈昭千祀少年知自艾成仁不惜死射虎南山下斬蛟北橋底騰挐三日夜瀝血四十里激波獄爲立揮刃電亦駛想當批鱗初見義不見水及其立人朝矯矯中不倚文學匹英發武庫復鏗起爐兒善馴正甘作忠義鬼至今有生氣耿耿耀青史蘇公百世豪氣味有相似泊舟蛟川下洗石題所以平生疾惡意十有二言裏豐碑列祠宇詞翰兼二美二美固足珍吾取不在是 見邑志

明段金題斬蛟橋詩 五古 昔賢奮雄烈怒髮上危冠朝登南山道暮入清溪湍老蛟恣豨豁掉尾不可干猛當一劍衛坐使萬室安長橋翦洪波丹書功不刊高風緬異代義激壯士肝嗚彼擊楫徒空名亘可歎 見忠義集

明徐少宗伯顯卿題蛟橋詩 五古 青天落白虹帶我西北樓長橋一何長千秋附周侯斬蛟入其室血濺神龍愁威聲振六合名與天壤侔我來登此橋清夜風飕飕上有千古月下有千古流千古向爲鄰一世安足儔俯仰

百歲間努力追前修 見同上

路進士衡蛟橋夜月詩 五古 山城跨長虹層階懸峻舉我來登其巔仰手接明月明月湧長空年年掛瑤闕臨風倒金樽懷古徒激越昨夜匣龍吟沉淵泣蛟骨 見邑志藝文

儲廉訪龍光蛟橋懷古詩 五律 萬里秋空晚歸鴉念舊林山連睥睨動風遍成樓陰碧血埋何處浮雲淡至今惟餘寶刀氣幻作水龍吟 見同上

周啟嵩蛟橋夜月詩 七律 長虹駕月對峰樓影入滑溪靜不流萬堞光芒連北極千家燈火耀南洲翠華浮動冰盤露素練紆迴雪夜舟人在廣寒渾未解更疑玉女弄

珠遊（見邑志）

明方邑侯逢時蛟橋秋月詩（七律）雙溪秋水淨無塵隱隱長虹跨遠津丹桂香飄蟾窟曉白榆光散蚌胎春閼山有恨飛橫笛河漢無聲轉玉輪劍氣尚沖牛斗在九淵何處泣蛟神（見邑志藝文）

萬二尹秋期蛟橋月詩（七絶）彩雲映月似仙銖溪溜光搖夜色殊疑是當年蛟未斬碧波擎出一驪珠（見同上）

宋蘇學士軾蛟橋寫景詞（鳳棲梧）山秀芙蓉溪明罨畫眞遊洞穴滄波下臨風慨想斬蛟人長橋千載猶橫跨　解珮投簪求田問舍黃鷄白酒漁樵社元龍非復少時

豪耳根洗盡功名話（見同上）

邑人董元愷蛟橋月夜詞（秋夜月）長橋月夜拱南山俯荊水清暉平野一望白空城郭翠浮松檟蟾鏡起彩虹落烟波如畫瀟灑偏照孝侯祠下　盡如卿者蛟可居虎可射人人廣夏剩得陰房鬼火靈旗飄瓦麥花飛楓葉染悲哉秋也歎秋光長向杯中瀉（見邑志）

潘太守瀛選蛟橋望月詞（秋夜月）月兒圓也趁金風舒皓彩碧空斜挂浸着兩溪銀浪一城霜瓦水樓上招紅袖許多妖冶閒話都笑蟾孤兎寡　橋頭月下記當年周子隱曾將虎射千古靈旗颯颯英姿堪畫到而今嗟滿目漁村蟹舍濤聲偏只共更聲打（見邑志藝文）

蛟川即荊溪以孝侯斬蛟於是溪故名蛟川舊有蛟川坊（坊廢。邑舊志營建）

江南通志荊溪在宜興縣南漢書謂中江出蕪湖西南東至陽羨入海即此溪也周處斬蛟在此（見輿地志山川）

邑舊志荊溪在縣南以近荊南山得名上通蕪湖下注震澤漢書謂中江出蕪湖西南東至陽羨即此溪也周孝侯斬蛟在此（見疆域志山川）

宋李珍舟泊荊溪即事詩（五律）十月江南地輕衣未覺寒水光明玉女煙色暗銅官風葉時時落霜花處處繁斷

蛟橋下路懷古每憑欄（見邑舊志藝文）

元鄭元祐荊溪圖詩（七絶）荊溪溪上首重迴豈意人間化劫灰只有斬蛟橋下水可曾寫入畫圖來（見忠義集）

又荊南樵人詩（七絶）殺虎山前雲尚黑斬蛟橋下水猶腥十年湖海爲羈旅夜夜相思入枕屏（見同上）

又陳枋憶荊溪詞（望江南）荊溪憶煙景未能描官閣面山橫玉案子城帶水束氷綃海市幻蛟橋（見邑舊志藝文）

挂弓山在邑山東一名架弓山相傳山多大樹孝侯出獵時輒挂弓於此故名（見舊撰文集）

裔孫恩蔚詠掛弓山詩（七絶）矢挾弧張計久疏蹉跎歲月悔

當初挂弓卽是橐弓意從此名山只著書

陽山在開寶鄉芳橋鎮北上有孝侯試劍石

一統志陽山在宜興縣東北三十五里一名峄山山多

縱石而有大横峴以承流泉見常州府山川

江南通志陽山在宜興風土記作峄山上有周子隱試

劍石見輿地志山川

劉進士學周工字山記略曰余嘗東游峄山三峰綿亘

大類工字山形其居人猶能言孝侯故宅侯昔試劍山

石痕如中剖至今艷指之登都山以望峄山夕陽返景

湖光接天青巒隱然與波上下也見宜興縣志藝文

工字山卽都山在丙亭鄉西南一峰東南兩峰中亘小嶺

形若工字上有孝侯遺蹟見劉學周工字山記

邑舊志都山在縣西北四十五里一名工字山山西有

蕩見毗陵志山川

龍游溪在工字山南世傳孝侯斬蛟時蛟逸而西邵莊唐

勇士偕其徒五人助擒蛟於是溪故名見同上

劉學周登工字山記略曰吾鄉雄鎮曰都山乙亥重九

日偕唐子文嚴捨舟山之陰緣徑直上三憩而造其巔

矗然三峰平地起中間少夷形若工字南上最高峰石

可砥大者若杯晉周孝侯子隱躓踞於此今光潔絕者

蘚石旁微窪爲將軍容膝處山南近龍游溪世傳侯斬

蛟荆南山下蛟北逸而西時唐勇士偕其徒五人助擒

於溪山北三里有村曰邵莊今邵莊唐族勇士後也見宜

興縣志藝文

梁山在陝西乾州晉書齊萬年屯梁山有衆七萬孝侯以

五千兵擊之卽其地通鑑綱目註引明一統志云梁山在西安府乾州西北五里

一統志梁山在乾州西北按乾州秦漢爲好時縣魏爲扶風郡置漢西縣屬之唐改

志漢西縣有梁山括地志梁山在好時縣西北十八里

扶風郡爲乾州廢漢西縣入好時縣元省縣入州復置太王去邠踰梁山魏書地形

禹貢雍指雍州有二梁山一在韓城縣西北一在乾州

西北在乾州者卽孟子所云太王自邠踰山非禹貢

之梁山也見陝西乾州山川

六陌鎮在陝西乾州東十五里晉書孝侯攻齊萬年于六

陌卽其地通鑑輯覽註大陌在乾州東今曰大陌鎮

一統志六陌在乾州東晉元康七年周處攻叛氐于六

陌後軍不繼力戰而死州志謂之陸陌在州東十五里

有鎮見乾州古蹟

余皮在縣東十里坐落開寶鄉今開寶下區孝侯斬蛟時

有余姓取其皮因名所居曰余皮本萬曆丞斬蛟射虎記見邑舊志軼聞

邑舊志余皮周子隱斬蛟曝餘皮於此余當作餘有餘

皮滄 見古蹟志遺址

宋李堅詠餘皮詩 七絶 小試屠龍技已成遺踪千載譽英靈舳艫不駭風波惡烟雨時聞草木腥 見荆溪外紀

明許有穀詩 七絶 斷蛟曾又曝餘皮千載英蹤此日遺眞有蛟魂夜相逐荷吹腥淚到溪湄 見忠義集

唐角在縣東十五里孝侯斬蛟時有唐姓者分其角因名所居之地曰唐角 本斬蛟射虎記見邑舊志軼聞

男留村在縣東二十里臨東溪舊名澄溪村孝侯過澄溪聞老嫗哭甚哀詢言有三女悉爲蛟吞止有一子恐不免故哭侯入水斬蛟老嫗子得無恙遂名其地曰男留 見同上

化穀橋在唐角之北初名近塘橋村有悍婦曰王雌黑虎負有膂力虐姑侮夫孝侯執至橋鞭數百血流被體哀懇得釋後遂謹事其姑因改名橋曰化酷亦名化穀橋 同上

潘射頭在縣東北二十里陽山之南舊名潘華村二姓錯居有潘十八者雄橫閭里竊華姓二女美强攫之孝侯過其地目擊不平援矢破顱貫頂潘立斃潘射頭因此名 同上

大浦在縣東三十五里洞山鄉孝侯追蛟至大浦港獲之 同上

紅巷在大浦東北三里孝侯獲蛟於大浦港洞其腹貫以鐵索溪水盡赤地名紅巷以此 同上

義鄉縣在縣東南八十里晉永嘉閒爲宣佩公置濟陽皇九年廢今邑東南之義山長興之義鄉山即其地義山東臨太湖有義鄉城廢址 參邑舊志

浙江通志義鄉山在長興縣北六十里晉永嘉四年以周玘舉義兵平石冰陳敏等賊創長興西鄉立義鄉縣即其地 見山川志

周處街在江寧府城善和坊南 見周亮工江寧府志

上江兩縣新志周處街在善和坊南織錦坊東今日鵓子巷 見城廟考

赤水鎭在陝西華州相傳以孝侯斬蛟於此水爲之赤故名 見忠義集

一統志九域志云鄭縣有赤水東鎭州志在縣西三十里赤水旁 見華州古蹟 又小赤水在州西即山海經之灌水也寰宇記灌水一名小赤水 見華州山川

裔孫家相詩 七絶 斬蛟神武震戎羌赤水訛傳故里坊應是征西留碧血至今遺恨渭流長并跋云光緒丙子奉命典試蜀中道經華州赤水鎭其地以 侯斬蛟水赤得名且有石坊署曰周侯故里薑大司農醖卿隨軺筆記辨其訛謂其地非故里斬蛟事實在宜興也 詳見忠義集跋

按赤水鎭及滕縣斬蛟臺皆屬謁傳附會坿登簡末以

備考

祖蹟攷

遺址（舊編）

孝侯故居在陽山西麓彰善寺西南今址尚存

一統志彰善寺在宜興縣東北三十里周孝侯故居旁（見興寺志碑）

邑志周孝侯故居在陽山麓舊時山麓有村曰西周步當即其故址今村被兵毀（見古蹟志遺址）

甘草墩即孝感墩在縣東三十里畔山之西孝侯因母疾竭誠籲天墩產異草味甘取煎飲母疾即愈故名孝感又名甘草墩（參邑志并徐增鳳孝感墩記）

（會探）湛焈孝感墩詩（五律）占盡溪山秀巍然詩水中（墩四面皆水）螺鬟圍左右龍眼列西東（墩在兩旁名中龍眼橋西龍眼橋）拜斗遺臺址（墩頂舊有拜斗臺）惟所得梵宮（墩前一堤名水澤上有禪寺）流傳純孝德仰止意無窮

拜斗臺在甘草墩孝侯因母疾於墩上築壇每夕拜斗禱後人即其地築臺焉今尚存（參邑志）

邑人徐翩鳳拜斗臺詩（七絕）山色蒼蒼水色清將軍忠孝死猶生偶從拜斗臺前過懷古情深淚欲傾（見邑志藝文）

邑人萬槩拜斗壇詩（五絕）欲訪平西宅山深松翠寒精英如可接月滿舊時壇（見同上）

禮斗壇在蒲墅孝侯廟北侯少時築壇拜斗以祈壽（參邑志并舊譜）

邑人蔣汝誠孝侯祠記簡惠公於紹興二十二年擇地於禮斗壇之陽搆爲新祠倚平岡臨大澤曠達開朗今之祠基是也（見忠義集）

孝侯讀書臺人稱周處臺亦稱子隱堂在江寧府城東南隅石觀音院後（即古鹿苑寺）宋梅摯有記（見忠義集）

江南通志古鹿苑寺在江甯府城東南隅金陵驛舊爲蕭帝寺今石觀音院也宋元絳重建鹿苑寺記云殿有塑像即山而成寺後有周處臺（見輿地志江甯古蹟）

周亮工江甯府志周孝侯讀書臺舊連城外赤石磯爲一與鳳凰山相對作旗鼓楊吳時築城鑿濠中斷爲二（見忠義集）

上江兩縣新志石觀音院後周處臺一名杏花臺見待徵錄建康志周處字子隱仕晉爲東觀左丞有臺於此宋嘉祐中太守梅摯有記（見山考商周誌）

張敦頤六朝事蹟類編周處臺亦名子隱堂在府雉東南今鹿苑寺之後子隱堂記梅摯撰又云法光寺今名鹿苑寺即梁之蕭帝寺不知從昔之名故後人以帝寺

目之南唐易名曰法光寺有子隱堂今隸祥鸞坊本朝
敕改鹿苑寺（按敕顧安徽婺源人宋紹興進士歷知舒衢二州）
顧起元客座贅語云周子隱讀書臺下舊爲光宅寺乃
梁武帝故居又名南岡六朝士大夫多居之（王阮亭香祖筆記）
宋梅摯江甯府周處臺記曰城之東南有故臺基曰周
處圖志亡之都人稱之登而四望江山表裏與陳跡概
見豁如也按西晉史處字子隱義興陽羨人弱冠好馳
騁不修細行州里患之自知爲衆所惡慨然有改勵之
志里人以三害切諷於是射虎斬蛟往見陸雲具以誠
告雲曰古人學道貴早聞夕死君前途尚可第患志之

不立何憂名之不彰遂退而向學有文言必信行必謹
如是朞年州府交辟仕吳爲東觀左丞吳平入洛累遷
郡太守率有善狀會擢御史中丞凡所糾劾不避權貴
卒樹功名後世遠耀噫天地至大根一氣闔萬化未嘗
無過陰陽寒暑小有繆盭則從而改之卒歸大順而況
於人乎古聖賢本天地之性以修其性亦未嘗諱過徙
之人不獨諱之而已抑又從而文之自底悔吝艮可嗟
惜維子隱少而不羣長乃自悟一旦翻然去惡卽善遂
爲名世忠賢可不重乎則中人所稟因物染遷爲時註
誤繇有小眚言有小疵未甚於子隱之害於鄉而又何

憚於改爲哉予因表是臺新是堂非止卜高明之居夸
游覽之勝而與民同樂亦將有激時世云
楊炎江甯府周孝侯讀書臺記曰江甯城南隅石觀音
院卽古鹿苑寺也孝侯讀書臺在焉炎童時猶及見之
石臺巋然臺中懸周公畫像先大父先父嘗指而告之
曰此西晉偉人也爲縷縷述周公始末炎心識之不敢
忘閱十數年而臺已傾圮問曩時畫像無復有知之者
歲庚寅諸城劉公守江甯嘗屏騶從親訪求讀書臺遺
跡不可復識爲唏噓者久之諸城公之意豈不以周公
之風烈尤足以廉頑立懦不忍坐視其湮沒也哉容歲

偕程子西庚過古柏菴舊所傳周公手植僅餘鐵幹而
已樹旁塑新像怪而問之老尼僧曰晉孝侯周公也像
久頹此僧所追塑者炎聞之聳然夫以公之剛明勇決
其英爽若日星昭昭天壤間固不必以像之有無爲顯
晦也像雖存肖與不肖固不可必況追塑乎然今去周
公已千數百年尼僧一愚婦人耳而汲汲追而塑之不
能自已矧以士大夫而瞻拜其間有不奮然興起者哉
則公固不必以像而存而遺像之有資風教誠非細也
西庚言尼僧菴非士夫所常到者讀書臺遺跡今既不
能遽復無已更肖新像祀之石觀音院可乎炎曰此固

諸城公之意也謀之仝人咸韙其說乾隆丁酉四月嬰
既祀公觀音院文昌閣下因爲之記
張翼訪周孝侯讀書臺記曰予嘗讀周孝侯傳覩其政
事行蹟尚巳及訪其遺址登讀書臺未嘗不慨然想見
其爲人侯負絶人之勇蕩行檢爲鄉里患卒感父老言
刺虎斬蛟改行力學何其毅然剛決乎厥後仕晉歸晉
糾劾不避寵戚此皆不足爲侯異夫以侯之英風勁節
宜若驍勇少文詎斯臺者或祗以人傳豈眞能折節讀
書而卒成爲著作耶逮讀黙語風土記諸書然後知侯
之好學深思一至於此當其以身殉國大節懍懍從容

就義之風素所樹立使然也宜乎後之人慕其學變其
臺每低徊留之不能去云臺在金陵城東南隅臨朱雀
橋圭棨石崖緣山椒而右經古柏蘭若林木蓊蔚石徑
曲折登之竦然勃然愈令人想見侯之奇行也嗚呼後
之徒負血氣怙過不悛者其亦知所處矣三代而下如
侯者眞可謂百世之師也
宋楊傑登子隱臺詩 七律 不酉義戰經百載江左空餘子
隱臺鄉客向傳三害去地基曾見六朝來人隨逝水年
年遺山似屏風面面開誰與宜興訪舊宅至今藏在白
雲堆 見忠義集

涇縣趙廣文紹祖詩 五律 姓氏留青史行人拜古臺丈夫
遺小節名士抱雄才聞過嗟何晚成仁志不回古今賢
哲者都向過中來 見同上
邑人蔣汝誠懷孝侯讀書臺詩 七絶 將軍當日讀何書乎
載臺名掛里閭今日有書誰不讀未知忠義竟何如 上同
湖南何侍御紹基詩 七絶 先除兩害力能臧竟肯低心事
畢佔想見讀書據危石摩挲時上虎頭巖 見呈曾文正節相金陵碑錄
道光己酉應承宜試隨叔父陛芝訪孝侯讀書臺由金
陵閘向南一二里許至石觀音院即古鹿苑寺也入寺向

西歷石階二十餘級約高三仞臺即在焉屋三楹中設
神龕塑 侯像白面黑髯旁列聯云仲夫子後一豪傑
卞侍中前少等倫標明後學楊炎謹撰并書正柱懸聯
云讀書還善流芳在赤石山間聽鶴唳松聲猶想見高
懷朗詠除害全忠祟祀于白衣院裏知英風節槪都化
爲甘露慈雲臺上即文昌閣屋亦三楹登臺四望東南
兩面逼近城垣惟見雉堞西北兩面極目無際石城勝
槪盡在望中洵巨觀也爲之徘徊而不忍去咸豐癸丑
臺毀于兵同治甲子金陵克復十一月補行科場應試
至寓訪求臺址一片瓦礫欲識其處而不可得癸酉赴

試務覓臺蹟尋得舊徑單南行遇寺院悉瞻仰曾見新
菴即之否觀音院也被毀重建入院至臺下石級俱壞
攀援而上僅見臺址尚在址之東石崖雄峻詢之土人
答曰老虎巖也石色純赤所謂赤石磯者近是回至院
一僧出迎與坐談告以籍貫及姓僧曰君居宜興倘能
得　孝侯真像石語以石像猶存僧屬募寄并云擬卽
募資建復是臺等語丙子秋試重訪前僧竟未獲晤瞻
仰臺址徒深惆悵而已 光緒丙子中秋裔孫湛霖謹識
江甯陽羨周氏試館附設孝侯公讀書臺館洪楊之變臺毀
於兵裔孫湛霖言於從弟家棡於癸未歲函請江甯藩司

梁檀浦方伯肇煌即臺故址建屋三楹中設神龕供侯栗
主光緒丁酉各支後裔集資重脩並附建旁屋十一楹爲
後裔試館任道鎔撰記
梁檀浦方伯重建此臺顏其門額曰周孝侯讀書處並
撰書楹聯云大江南北蛟患方深願我公風馬雲車重
爲鄉邦驅鉅害赤石嵯峨鶴歸無恙聽父老神絃臘鼓
載瞻祠宇識孤忠
重建晉平西將軍周孝侯讀書臺記曰天下所傳名勝
往往不以其地以其人至其人之遺蹟顯而幾晦廢而
復興則以其人傳其地者又往往非其人之後以其人
之後傳其人之地予於周氏獨有羨焉予年方弱冠與
篠棠周少宰 家棡 讀書邑之南岳寺誦讀餘間縱談往
古知少宰遠祖晉平西將軍周孝侯讀書金陵後之人
景仰遺徽築臺其處居金陵名勝之一周氏子姓凡過
省試必往展拜辛亥秋予偕少宰應試金陵侯裔蘭舟
明經 湛霖 導之往遊由貢院迤邐而南闤闠漸遠野塘
秋柳徑僻趣幽過小橋古刹入石觀音院西首赤石綿
亘蟲起成岡因岡爲臺繚以周垣砌以石磴緣磴而上
隱隱見長江如匹練蔣山鍾阜環拱對峙岡下四望空
曠林池竹石足以遊目騁懷蕩滌塵襟洵讀書佳處也

臺上建廟數楹中塑侯像顏其額曰周孝侯讀書處顧
名思義登斯臺者其於侯之折節讀書能無感乎予與
少宰憑眺久之少宰憮然曰勝境可攬先人之遺澤尤
不可忘勵志潛脩名垂宇宙人貴能自强耳若不克纘
承其何以對我先祖予聞之肅然起敬知少宰他日發
其所蘊蓄必有以無忝厥祖也越二年癸丑金陵爲粤
逆竄踞比甲子恢復舉行試科蘭舟明經重往省視廟
已毀於兵爨臺址僅存因繪圖郵寄少宰時少宰供職
郎曹不遑南顧又以都會勝蹟不欲周氏獨私其美必
得當軸諸公導揚前烈樹之風聲俾廉頑而立懦歲庚

辰少宰奉諱南旋適梁植浦方伯旬宣江甯因請其興
建斯台以彰前賢遺蹟方伯韙其請即於癸未年捐資
重建·廟屋三楹中供孝侯栗主并飭院中住持僧就近
保護方伯之興復是臺其有功於孝侯耶其有功於世
教爲讀書者勸耶抑亦少宰之有以感發而贊成之也
乃方伯去後遊人雜沓臺蹟蕪圮侯裔之應試者每往
瞻拜略加修葺無補傾頹少宰從子笠舸太守志靖深
恐先澤就湮首先倡捐族中蘭笙司馬達書等共爲協
助於甲午夏具呈江甯府縣立案出示添建東西書房
各一楹東西兩廂五楹前進四楹費錢千緡以爲周氏

應試諸人之館另標其額曰陽羨周氏試館董其役者
侯裔佑之貳尹丕基曉梅茂才育材靜山廣文安仁越
兩月而工成美輪美奐氣象一新俾六朝名蹟長留天
地間不獨增周氏光也噫古今來滄桑變更凡物之盛
衰倚伏者不可勝計一邱一壑苟爲昔人吟眺所存即
不忍聽其湮没況是臺之峙於通都孝侯之蓋忠大節
爲一代偉人宜何如珍重而愛護之耶丙申夏五予督
視東河笠舸太守函述顛末徵文於予予念是臺之廢
興隱繫讀書人之顯晦而又慨然於少宰已往不獲一
登斯臺樂觀厥成幸太守能繼其志並勗侯裔諸君尅

前人光砥行立名以綿世澤而揚清芬是予昔年與少
宰徘徊瞻眺相爲嚮往慨慕期望於無窮者也烏敢以
不文辭是爲記頭品頂戴兵部侍郎河東·河道總督宜
興後學任道鎔拜撰并書

裔孫志靖讀書臺記事曰光緒乙巳春正月志靖方寓
吳門江甯石觀音菴僧如春函告甯省擬備設城區小
學所有間曠廟宇咸將借爲學舍讀書臺亦在內速籌
阻止寺因菴固鄰讀書臺如春守護尙謹曾給以月糈
故告志靖以事亟即至宜告族父老僉令亟行洎抵甯
至臺瞻謁則童子軍已闃然一堂矣憤甚而無如何惟屬

教員約束學生毋任侵蹧時則總督周玉帥馥與先伯
父雅故學堂張監督預又先伯父門生也而繆君荃孫
方主通志局亦與先伯父有連許君時中殷君延植皆
雅故三君問來意皆憤惋曰予謁玉帥力爭事必有濟
志靖如言進謁帥延見頗殷且曰余雖皖產固侯裔也
如子言他廟宇且不可況爲祀典所列累代崇奉如侯
者乎當速遷毋慮遂訪張君亦如前言司其事者何本
驎張介以見自言冒昧得當即遷當屬從速務呈立案
繆君允任代催許殷二君亦各任照料返告族父老逾
月張君來函已全數讓出矣夫天下事稠繆於事前較

易挽回於事後則較難茲則昭若發朦提如轉轂輝臺
復返故轍依然非侯之神靈默相𢹂克臻此抑亦先伯
父餘蔭所留俾志靖得有憑藉也族兄葆頤族伯蘭舟
公冢子也平生與志靖最稱契洽蘭舟公省試嘗再尋
臺址僅乃得之荒烟蔓草中幾不可復識慨然有志興
復以言於少宰公始規復如舊其後志靖又與族人公
議籌貲加屋十一楹爲合族試寓並定常捐以資經久詎
省試驟停過問無人兄子光緒戊申至甯經理軍醫事
務至臺瞻謁則歲修久缺頹敝堪虞兄雖取貲硯田敬
承先志首捐鉅金呂君子欽等亦各捐助復就完整又

聯合同鄉會定月捐届侯生辰齊集行禮兄子朔望必
赴拈香又藉以保存迨兄去而事又不可問矣附記于
此以示讀書臺之廢而復復而尙存良非易易志靖願
隨族父老後共事維持毋使弔古者凉仍有蔓草荒煙
之慨也乙卯六月志靖謹記
裔孫承軒重修孝侯公讀書臺記曰金陵之有我祖孝
侯公讀書臺已千數百年矣粵匪踞甯臺遂爲墟自庚
辰歲我先王父奉政公與族叔祖少宰公貽書江甯梁
檀浦方伯寶燦重建此臺而舊觀復自丙申歲我族叔
祖蘭笙司馬達善靜山廣文安仁集捐附建試館與修

此臺而規模宏自乙巳歲我族叔笠舸太守志靖請示
勒石保護爭回此臺而根蒂固前人之序述備矣惟是
我族居義興去金陵且千里鞭長莫及閱時久遠如頹
敝何我先大夫丁未歲應金陵軍醫學堂之聘瞻仰此
臺頹敝已甚慨然有修復之志而力有未逮閱歲戊申
四月八日爲我侯誕辰先大夫遍延鄉人之在甯軍學
界者百數十人設宴此臺攝影記念於是同邑呂明經
子欽國銓創議立宜興同鄉會借此臺爲會所公舉先
大夫爲會長每遇侯誕齊集行慶祝禮歲以爲常先大
夫遇月朔望必登臺瞻拜雖風雨寒暑無或怠集貲百

金葺治之不足先大夫籌百餘金補之丹雘一新頓改
觀瞻自己酉庚戌夏大霪雨臺右墻根爲雨水漬勢且
圮估工需三百餘金貲鉅力絀心焉憂之雖屢經補苴
費已不貲而無濟也辛亥夏笠舸叔因公赴甯與先大
夫晤郎拳拳以興修此臺爲約閱月笠舸叔奉檄權知
金華守先大夫聞而喜詔兒輩曰今而後讀書臺無虞
傾圮矣遂致書商踐前約未匝月而武昌變起笠舸叔
息影蘇垣作寓公先大夫以憂憤驚怖得疾歸旋即棄
養彌留之際猶惓惓此臺蓋其心固未嘗一日忘也歲
壬子余弟幼文上校承壹統兵臨淮挈全眷仍居金陵

舊寓以余敦促擬承先志捐二百金函囑先兄少卿明
經承鑒來盛經營之先兄以經理宜邑軍政未果行忽
忽數月又遭贛盛之變風散雲流回首此臺徒增惆悵
矣今宣武上將軍河間華甫馮公來督兩江其德配道
如女士爲從曾叔祖贈閣學裁五公女余祖姑行也于
歸後從叔祖欣然少將榮從叔組圖上校學源亦入節
署治軍書每登此臺矢願更新今夏余又以此爲請欣
然叔祖曰余及女兄道如有志久矣遂合捐三百金由
呂君子欽及組圖叔董其事三閱月工竣除舊致新煥
然復完夫自古偉人蹤跡留遺後人崇奉每即其址而

建築之以資觀感山高水長歷久常新然必在其桑梓
地或出之於他族姓未必能在其子孫獨此臺雖吾邑
雖蓬廢而興興而修幾經整治有逾舊制而始終皆後
裔被人侵佔而督江者適爲周公玉山世變滄桑而督
江者適有馮公華甫一爲侯之裔一爲侯裔之壻遂使
如願以償有志竟成吾宜各祠廟自遭洪楊之亂盡鞠
爲茂草而侯廟巍然獨存適挺生閣學少宰兩公及先
王父亦得葺治完整乃歎我侯之神靈常在其默相我
子孫者固已至矣我子孫當永永維持保護使其廟其
臺浩劫不磨與鍾山銅峰而並峙是則余之所馨香禱

祝者也歲次乙卯孟冬月謹記

夏紹笙孝侯讀書臺歌千古書臺浮五雲忠貞浩氣薄
鴻鈞日輪風馬翔空際鎮壓山川別有神孝侯年少多
膂力猛虎長蛟爲兩翼一朝拔劍斬其頭便向機雲侍
講席閒吐霞光騰赤霄紫皇仙官交相辟手攀龍角上
蘭臺手星被彈閶闔開當日四溟莽煙霧彼蒼一怒噴
風雷滿天星辰何狠戾不知誰是天將才有人呼天天
不語逼帥虹霓相守衛橫走梁山搏敵雲血流原野成
芳渚天頹海倒無援兵玉帝招魂向何處萬年初聞府
君來知是文武之奇才既受梁王侯驗制華亭又訝鶴

聲哀英傑未由奮雄氣枉教忠骨化成灰應有精靈亘
天上讀書臺榭空相望我今搖筆走雷霆又表雲翮萬
里淚　余於庚子季秋奉親南渡客於江左已經十年
今登斯臺俯仰天地傷時感遇蕩氣迴腸率題此詩以
告來者宣統二年夏初重譎仙人并記

松江孝侯讀書臺在青浦縣橫雲山下陸機兄弟吳人居
近雲間侯師事二陸時曾讀書於此邑人任安上至青浦
過其地見臺猶存參忠義集

任安上詠讀書臺詩七絕平原村北杏花稀二俊祠荒路
亦迷行到橫雲山盡處居人指點說平西見忠義集

孝侯馬道在甘草墩南墩東西兩石梁中有臺路一條相
傳爲孝侯馳馬之所上有古寺名馬道庵見馬道庵碑記
邑人吳覲馬道庵謁孝侯像詩五律孝件來陽阜從僧得
梵宮凭旋遺像肅風雨舊壇空荒墓傳埋甲遥山指疰
弓雙林寒日落浪激堰西東見邑志藝文
射虎亭在縣南六里孝侯射南山白額虎於此後人爲之
立亭今廢遺址尚存見常州府志并邑舊志古蹟
邑舊志按今城南石亭步有射虎墩圍之以石上有林
木是其舊址見古蹟志射虎亭註
江南通志射虎亭在荆溪縣南五里晉周處射虎於此

後人爲之立亭南唐徐鉉詩云斬蛟橋下溪烟碧射虎
亭邊路草青見常州府志古蹟
清萬嗣恭孝侯斬蛟射虎記曰余幼時聞周孝侯斬蛟
射虎事輒傾耳而聽然心頗疑之及長讀史至三害未
除父老竊歎之語遂信焉丁丑九月九日夜夢至侯
祠侯出拱予入予蹴踖再拜侯曰起起君儒生而孝子
也命予坐予則坐侯曰世雖傳予事多謬史志亦未盡
然也予豈爲暴於鄉者並未嘗事吳予鄱陽刺史子魚
公子也公棄世即奉母夫人居荆溪之陽山立志不仕
故名處字子隱焉以漁獵爲業出常負弓矢帶劍遇懦

弱貧厄人煦煦然也逢强暴則不少貸嘗記潘華村二
姓錯居潘族之豪有十八者雄横閭里窺華姓二女色
美欲委禽焉華不允登門攫之予適過其地目擊不平
遽援矢破顱貫頂潘立斃自首於官官義予弗予罪也
潘尉頭之名因以顯今其地猶存近塘橋悍婦曰王雌
黑虎每侮夫而虐其姑逐使居外負其膂力族黨弗能
禁也予執而數之鞭至百流血被體哀叩悉釋後遂謹
事其姑地因改其橋曰化㲄橋事多如此類爲予害者
皆不善人耳善人固未嘗爲予害也一日入山採樵山
人言近出白額虎暴甚予因至南岳寺伏虎禪師前禱

之師首動若肯者予揖出下山遇一獸疑爲虎射之應
弦倒覩之鹿也因置鹿薪中負之歸行至山北叢薄中
有惡氣逼人予曰此得毋是乎肩甫弛而虎竟咆哮出
炎斑爛白額躍起丈餘作搏予狀予隱大樹間彎弓抽
矢一箭貫其睛再箭洞其喉三箭而腰折垂斃焉因舍
薪負鹿與虎以歸見者疑爲神無弗避者傍晚過澄溪
村聞老嫗哭聲甚哀釋負問之嫗言已生一子三女三
女盡爲蛟所吞止存一子恐不免故哭予慰之曰勿哭
吾爲汝報仇遂止其舍殺虎爲食嫗出酒米佐之翼早
啖斗米飲罈酒酒盡半酣予與嫗約曰欲稍歸取衣械

郎返媼惶懼恐予誑若也予郎至舍握鐵椎腰鐵索戴先君之衣甲頃刻而至媼大喜復進酒予曰可矣勿沈醉也里中有好事者五人素負膽力與同往時晉武帝泰始十年六月十四日歲大旱溪水盡涸自北而南可陸行詢土人言蛟潛於舍浦之老龍潭郎於潭旁跡之見潭底時有泡起因下大石焉石之數不可勝計日晡時蛟乃出飛躍十餘里至大溪深處入焉予因斫大樹運大石投老龍潭中堵其歸路予追至溪濱候之夜將半蛟從水中起望西而奔予知歸路已斷弗追也少頃復至張牙露爪予追擊復入水中潛不復出及曉禱於

龍王廟曰蛟龍屬也爲民害王弗禁非禮予今欲殺之望王勿祖蛟獻而出之當世世奉王得吉里人爭饋餉予予飽餐與五人者約屬時須鳴鑼助我衆聲諾結蘆爲帷坐以伺之星月皎潔寂如也至夜半風起雷雨大作五人者不能留因獨立雨中忽有電從西南來光映溪水見一物當水立頭角崢嶸噴沫吞吐因向前斬之蛟亦乘雨勢騰空中倏忽馳驟來往如風劍不能近雨少殺電光逼蛟愈近因得見蛟怪狀百出盡力奔鬬閱二時忽下一劍如斫石劍鋒折有血如注逼視之則蛟角斷矣而蛟乃負痛東奔時天色微明五人者鳴鑼擊鼓從而和者以萬數鼓聞聲不復東還思入水予邀而擊之易劍以錘錘重五十斤蛟以口吞之擊而退走予亦從之走至大浦港水盡蛟力亦盡予乃登其背洞其腹以鐵索貫之曳而西至長橋斬焉溪水盡赤至今名爲紅巷以此故也戮其尸陳於市有唐姓者分其角俞姓者得其皮皆五人中人也故所居唐角俞皮皆以此名而澄溪老媼之子亦得無恙遂名其地男留云自此始折節讀書遊雲間從二陸名聞於時府縣交辟仕晉爲征西將軍事吳之事所未有也言訖夢醒晨將起而記之邑志軼聞

明許有穀題射虎亭詩古七 山風颯颯吹黄茅射虎亭前山月高南山白額猶咆哮將軍在亭拳爲撾見忠義集

任安上射虎亭題壁絶七 野曠天高木葉黄霜風拂拂草茫茫羨他白額南山虎銜著將軍箭亦香見同上

流杯橋在縣南六里石亭步孝侯射虎時飲酒于此故名邑舊志流杯橋在縣南今石亭步水月庵東一小石梁橫跨澗上即其故址沈敕荆溪外紀載流杯橋記云孝侯射虎之暇席地飲酒於此故以流杯名見古跡志

宋余登元周武惠王射虎流杯橋記曰壬戌之歲首夏八日英烈廟周武惠王生辰也里人周梁以瓣香束紙

揭虞展慶禮畢相過而問曰梁生長義興於茲有年武惠王始終節義前後封爵及禦災捍患著靈顯應頗悉其詳唯近故耳寓有通直莊公夢旂渲祐增修義興志謂流杯橋在南門外六里舊傳周孝侯射虎之地水流而西夫橋梁跨澗杯何自流水性東之流何爲逆蓄疑未悟願竊有請予憮然曰此記風土攷實而錄事有攸據盡跡其地而論其人武惠王晉義興產也晉俗尚豪放飲輒席地想杯酒流行之頃賈勇作氣攘臂持滿矢發虎斃山岳震撼風林助威水鳥知其不爲逆流耶如舊圖經敘鄉之上下餘皮者亦以王伐蛟於溪事鱗甲

此所故表而傳之橋以流杯得名良以是與問者會斯言而退予復整襟嘿思向葉水心論王少日縱恣一旦感激殺虎斬蛟前死不却非地之勁挺不能也義興溪山秀拔故地靈而人傑橋之名永之流於其地亦於其人耳夫何疑遂述其顛末以識其歲月

磨刀塢在離墨山麓塢有巨石相傳孝侯嘗磨刀於此今遺蹟尚存本舊譜

裔孫 叔贇磨刀塢詩七律 天挺將軍蓋世雄那緣蛟虎顯奇功劍亡事往今何在物是人非石已空激澗激流磨夜月淡烟踈雨刮秋風眼前無限傷心思盡在荒山夕照中見忠義集

裔孫 恩爵詩七絕 蓋世英豪迥不侔登朝先斬佞臣頭非因蛟害祛除盡磨厲聲隨夜月愁

飲馬池在紫霞山麓池小而深大旱不竭相傳孝侯嘗飲馬於此因名見霞山支譜接紫霞山在今楊村西

龍溪渡俗稱盛家渡在國山西慧祐夫人祖居之地初名五雲溪因孝侯漁於是溪得魚似龍更名龍溪參周啟鴻龍溪渡碑記及龍溪支舊譜

邑舊志龍溪一名五雲溪在蒲墅蕩北旁廣而中深或曰盛氏嘗居也故俗稱盛家渡云見疆域志山川

王家田在國山麓晉建武元年追贈孝侯爲平西將軍賜王家近田五頃今蒲墅村西沿河田尚仍其名本舊譜

超賢墩在萬金鄉今萬二區十一圖相傳爲孝侯葬衣冠處見邑舊志古蹟類遺

章浦亭在縣西洴浰浦中有土隆起俗號張虎墩晉書以此亭爲宜季公札封邑參朱昱毘陵志

一統志章浦亭在宜興縣西二十五里章浦側臧榮緒晉書云周處封章浦亭侯即此舊志云章浦亭在洴浰浦中見常州府古蹟

江南通志章浦亭在宜興縣西二十五里章浦側晉書

云周處封章浦亭侯即此 見輿地志古蹟
常州府志漳浦亭在宜興縣城西洴浰浦中晉以亭爲
周札封邑今不存 見古蹟志
明許有穀題漳浦亭詩 七絕 斷蛟遺劍血猶腥公子江門
又戮鯨漳浦亭前舊封邑勳名常帶一溪橫 見舊譜
按章浦以章溪名即洴浰浦章今作漳誤緣章溪之水
流汪洴浰北入荆溪故也一統志及通志引晉書云
孝侯封章浦亭侯而毘陵志府志謂此亭爲宜季公封
邑豈 侯封于前而宜季公襲之耶俟考
平陵故城在溧陽城西三十五里晉永嘉間宜佩公所築

今址尚存 參溧陽志
江南通志平陵山在溧陽縣西三十五里西有平陵城
見鎮江府山川
溧陽縣志平陵晉縣周玘封義興郡所屬也 見古蹟志平陵周茂
仰高樓在孝侯廟殿西娛晚堂後明正德四年邵副憲賢
建中設侯像額曰仰高取高山仰止意今樓圮址存 參邑志
邑舊志仰高樓在平西廟內正德己巳副使邵賢建中
設侯像左忠節圖繪西征力戰事右孝感圖繪侍母疾
丞每夕籲天象國子祭酒王敕爲記 本張恒常州府志積集
明王鏊東邱娛晚堂碑記云城東有周孝侯祠祠有崇
邱茂林深池廣陂可以游而樂也前山東提學副使邵
君用之始經營之面邱作堂堂後有樓曰仰高其西有
閣曰涵虛堂之西有室曰存真合而題之曰東邱娛晚
以爲燕饗之所 見邑舊志古蹟按碑末邵賢附誌娛晚堂捨入周廟今碑尚存詳後金石攷
申錫公故宅在保安山麓宋乾德二年捨爲寺名保安乾
道間簡惠公奏爲父墳刹額曰崇恩彰孝寺 參邑志
邑舊志保安寺在縣東北二十里保安山麓唐天祐二
年 舊作乾德二年 周承祐 即申錫公 捨宅建宋乾道間周參政葵請
爲父墳刹改名崇恩彰孝明復今名徐志云殿後有汪
藻撰周參政碑考碑文係周必大撰誤作汪藻 見續志寺觀

簡惠公故宅在陽山麓咸豐初西周步尚有大廳三間甚
宏敞人皆稱爲周相國第即其故址也今被兵毀
斬蛟臺在山東滕縣滕邑人仰企孝侯傳誦斬蛟盛事因
築臺以誌之 本蔣汝誠忠義集
山東通志滕縣斬蛟臺在縣東南以晉周處斬蛟得名
見忠義集
遺址 積編
尚書公故宅曰南樓在縣東南茶局巷今被兵毀
邑新志南樓在縣東南茶局巷桑梓見聞錄明周大司
空鼎舊居鼎於鼎革後隱居是樓不薙髮非元旦拜祖

像不下樓者二十餘年後竟爲路氏居兵毁 古蹟志遺址

御史公漪園在縣東北段家巷今被兵毁

邑新志漪園亦名翡翠園在縣東北段家巷周侍御季琬別業花木樓臺遊人心醉陳迦陵詞中有黄雪廊澄舊事水明樓下三生之句後歸史氏兵毁 古蹟志遺址

補亭公清華亭故宅在縣東撒珠巷後爲公四子潔庵公五子藕塘公所居藕塘公雲滄山房亦在焉咸豐庚申兵毁今子孫就遺址建屋居之

邑新志清華亭在縣東撒珠巷鄭評備考云陳殿撰于

泰讀書處國朝周司馬湄卽其廢址建亭曰補亭咸豐間兵毁 古蹟志遺址

少宰公京師故宅在京師前門外校尉營前進正廳三楹後進五楹左右廂各九楹正廳中設神龕供少宰公神位後進設㚇棠公及鄉先達徐天石徐璇鄉二先生位餘屋爲宜荆新會館顏門額曰周京兆故宅旁懸粉牌曰宜荆新館姪志靖撰記 記見第三十一卷廟記志專祠

祖蹟攷

遺蹟 舊編

孝侯像石刻在侯廟正殿神座後南向宋嘉定間邑丞攝令事洪倜訪得舊像刻之於石有跋

洪公倜跋曰晉周孝公殺身以成仁數百載而下遐想其遺風餘烈使人起敬起慕況獲望其儼然之容乎南唐集賢學士徐鍇有公畫像贊今贊存而像不存覩者太息茲因葺祠宇且訪得舊像敬命工刻之瑰璧使來者瞻公之容而思其所以有異於人者庶知所激勵云嘉定十七年三月二十有七日宜興縣丞攝縣事鄱陽洪倜謹識 見荆溪外紀并邑舊志藝文

司訓危公山跋像後曰宜興周平西公所遺畫像見存石刻樹於祠廟上有宋嘉定間邑丞洪君倜跋語曰南

唐集賢學士徐鍇有公畫像贊今贊存而像不傳因葺祠宇訪得舊像命工刻之珉石然則洪君既刻其像必不遺其贊也今像雖存而贊無考此予所以不能無憾焉因編文集而繪其像於首使四方觀者有以知公之容儀而興夫景慕之心矣尙望博學君子倘有得其贊者爲能增入集中庶乎其全美也宜興縣訓導危山跋 見邑舊志藝文

試劍石在陽山相傳孝侯曾試劍於此石有劍痕

江南通志周子隱試劍石在畔山淬劍遺蹟具在 見輿地志山川

邑舊志陽山一作峄山上有孝侯試劍石見縣城志山

南唐徐學士鍇詠試劍石詩七絕 憑將一劍掃欃槍光氣常留荊水陽千古不磨遺蹟在於今片石亦流芳見忠義集

裔孫恩爵詩七絕 淬利鋒芒試若何藉茲三尺斬妖魔千年遺蹟痕猶在片石於今永不磨

按試劍石在陽山今移置山麓周師里嘗親詣撫玩數次石潔如洗劍痕宛然

孝侯手植柏在江寧府城古柏庵中今遺幹尚存見揚炎孝侯讀書臺記

揚炎記畧曰乾隆丙申因訪孝侯讀書臺蹟偕程子西

國山周氏世譜 祖蹟攷 卷四十七 遺蹟 立本堂

庚過古柏庵舊所傳周公手植僅餘鐵幹而已見忠義集

裔孫湛霖詠孝侯手植柏歌七古 金陵有寺名古柏柏樹相傳高百尺根深踞地蟠作龍幹老參天立如石我思此柏方盛時清風嘘拂秀南枝落落孤標異凡質亭亭翠蓋挺英姿游人經此便太息共道孝侯曾手植効節捐軀大厦傾一木獨支勁且直至今閱歷千百年骨幹猶存似鐵堅但見寒柯傲霜雪已無香葉拂雲烟時代屢更多過客此樹出來咸愛惜得毋呵護煩神工留爲名人表奇蹟

孝侯遺像舊在善權寺今不存

周友樵閒窗隨筆云善權寺舊有孝侯遺像并木主天啓初年爲奸僧所撤見忠義集

射虎圖舊在南嶽寺孝侯入山射虎時禱於寺中伏虎禪師後人因繪射虎圖于寺壁今寺毀圖亦不存見斬蛟射虎記

孝侯改勵圖明正統六年訓導危山重繪今不存

謹按改勵圖繪刊於元代有大學士吳澄題跋至明危外翰重繪之并繪斬蛟射虎等一十三圖刊列忠義集中今皆不存 國朝嘉慶乙亥從祖鴻軒公重輯忠義集倩吳公衡章亦繪 孝侯事蹟圖十三幅刊列於前今圖尚存

國山周氏世譜 祖蹟攷 卷四十七 遺蹟 立本堂

列祖遺像圖宋宣和間四十二世簡惠公以家藏孝侯原像裝成圖幅附繪忠烈公肖勇公子深公黃門公南巖公心巖公各像於後延名人題贊并跋上有許忠簡景衡胡學士安國周文忠必大蔣僕射芾眞西山德秀諸先生墨蹟文字書均出自名大家手筆洵傳家至寶也參吳綏梓里舊聞今不存

宋文相國跋像贊後曰世以譜傳不能以像傳能並以傳者必先人勳業著於當時道德鳴於斯世乃能留其像爾凡摹容雖盛不久而失無譜故也周氏譜像歷千百載而燦然相傳不朽子孫瞻先人之像讀先人之譜而不興仰止之心者未之有也吉州文天祥題見舊譜原編

按列祖遺像圖初係手卷後裝成册頁一時名公鉅卿
名儒碩士競相題跋其最著者則有趙太傅鼎汪學士
藻楊文靖時張修撰栻辛樞密棄疾虞相國允文胡忠簡銓
呂東萊祖謙蔣大司成靜吳文節師古單侍御時諸先生展
讀之下光彩奪目前經蒲墅支收藏後轉入蔣墅支收
藏咸豐間猶及見之被兵後詢已散佚謹登之以誌慨

孝侯讀書像舊在金陵讀書臺臺詳前遺址咸豐間兵毀
孫觀察星衍孝侯像贊并序宋元絳重建蕭帝寺記載寺
後周諱讀書臺元張鉉金陵新志稱周諱臺亦名子隱
臺從二陸學讀書於此今城東南有故臺在鹿苑寺後

嘉慶五年春偶同方甫參兄至寺見壁有宋刻周孝侯
像因屬崔春泉摹繪送存寺中並爲之贊贊云澹臺之貌
卞莊之勇折節讀書遠業周孔戰陣不屈忠由孝門千
秋蕭寺象飾常新

孝侯帶鉤咸豐庚申粵逆入境宜城不守賊踞城五載發
孝侯墓盔去古劍一曰帶鉤一具鉤貫玉色白長四寸濶
六分首尾雕琢龍形郁氏購得之今歸裔孫家楃收藏事
載邑志

國山周氏世譜卷四十八目錄

祀制錄

祠規

義莊章程

國山周氏世譜卷四十八

祖制錄

祠規 譜表 十七世 璆謹輯

尚書公祠規引

家道維新必本世德氏族久遠必繇禮教自古迄今未有改也德始于一人禮傳諸奕世相需以淑先後之道廼庶幾矣故名公卿賢士庶醋謹內行門風卓朗誠汲汲乎懼所厚也世遠則渙先儒爰議宗法溯本支俾統紀而下氣脈沕續之人傒乎如聞肅乎如見則尊尊親親一本未散耳余家大父母父母植德勤慎孝友睦卹生而親炙之

也澤溉于今余恐流風難久築祠萃先式詒我後廟不遠古祭亦從時雖未暇深考禮也若夫祖宗詒穀之意不敢不敬述以與子姓期恒言曰願生好人願行好事嗚呼兩言蔽之矣服古食力不辱親不毀身相悖以禮相教以義親者無先其親長者無先其長我祖宗實嘉賴矣子若孫自爲家世慮獨無勸乎列規數則畧舉大端爲之役者有能充益大義精合古禮余且暮厚望焉丁亥長至日鼎識

祠規十四則

一宗法

攷古小宗法從其立廟者以爲祭主則宗子自此始

一神位

室中正四代餘從旁兩室左右以次位僅長幼無亂

一進主

禮既葬之後進主子祠謂祔于祖凡應進神主先期數日告之廟偏啟知尊長及子弟輩屆期畢集本家備祭禮及各神主祭禮祭畢飲福是日即納銀十兩爲祠祭費家貧以次議減其殤夭無繼者不許入祠其父兄在日子弟不得預入祠寃惡罪犯不許入祠

一祭期

從俗清明冬至二節其常也先一日長幼畢集治具黎明

行禮除公事遠出疾病外不到者罰是日凡通祠中有素行不良背倫犯非者不論長幼許呈白主祭分長當即處分懲治有賢行循理好善其白之分長親禮以酒并給賞示勸

一祭禮

先一日具執事子弟名單呈閱主祭粘示淨室備器用饗堂設几祭日詣寢室齊揖請神主即席啟櫝長幼行四拜禮贊禮二人進香讀祝傳盞致奠者起初獻亞獻三獻酒及湯點次飯次茶中四代主祭獻左右二室分長者分獻獻畢齊出至贈下闔門片時啟焚紙齊揖辭神徹

一祭席

用一豕一羊五牲花一路糖果一路枯水果一路乾濕點

一路各席用果五色菜十色必獻時鮮所用豕羊牲菜必

適禮非惡不恭者罰祭畢飲福分胙

一常儀

除夕元旦香燭供養凡三日每朔望集長幼灑掃香燭進

拜獻茶長幼亦共集揖坐一茶而退即鎖閉無任閒雜人

出入

一明倫

父子兄弟夫妻長幼相愛相敬家之道也家有嚴君父慈

而義方是矣五刑莫先不孝苟屬心知豈忘大訓至凡我

叔姪凡我昆弟均之一體或因氣忿或因財爭長上欺陵

卑幼卑幼侵犯長上或狥妻子或私奴婢積嫌成怨禍斯

作矣凡長上須律己公正禮教子弟訓其不達理其不平

勿庇私勿怙強子弟首習醕謹舉動必稟命父兄責訓凛

受無犯輕狂蔑長險健不遜是名不類其有夫義不明婦

順失教媳忤舅姑妯娌搆釁犯禮傷化法在必懲

一禁非

讀書力田尙矣次及工商無非本分生理間有敗類或游

手好閒從事花酒賭博或貪取非義至於蕩檢敗名甚或

流爲盜賊姦淫爲害濺已子孫犯此必盡法治之以毋貽

祖宗辱

一掌管

祠中有田若干銀兩若干租稅出入每年輪擇二人催討

收貯本祠造清數每分長處交一本冬至對算明白淸交

次年如遇荒歉議減租必須會同各分長看明公定分數

其租米銀兩餘者不許借名生息挪移乾沒隨公用外置

增祭田遇祭日買備祭儀及諸費俱係掌管料辦子孫五

歲添丁十歲外能禮與祭每丁納銀二錢遞年造入清數

間有剩銀亦如之其掌管有侵沒怠慢者罰其田戶役臨

年再公議能者同帮掌管

一勸進

凡子弟補庠生給賀銀二兩科舉給路費銀二兩登科賀

銀十兩晏一席會試路費銀十兩登甲賀銀二十兩晏一

席

一議助

凡貧弱孤苦遇婚喪不能自給者公議給助量其人貧之

甚否爲多寡遇災荒貧無以活衆議公米給借還不取息

一會課

二祭先一日集子弟課文二首送閱次第賞以次減文藝

不完者罰

一將孝

凡子孫登甲榜輸祭祀銀伍拾兩鄉榜輸銀貳拾兩明經仕宦輸銀十兩其有顯仕厚祿願廣孝思即農商起家慕義樂助者聽雖登仕籍貪穢不法及起家非分不齒鄉里即擯斥之毋納也

逸園公祠規十則

祖宗創業艱難設爲成規以訓子孫雖百世守之可也我肖晉公立有祠規十四則前譜載之詳矣逸園公復有祠規十則補前人所未備式後嗣之楷模尤宜敬聽者也彙而錄之夫亦期守孝瓶之智云爾十三世廸謹識

一寢室位次

凡立廟主某公之祠某公爲正宗固昭昭矣上祀曾祖祖考三代所以彰孝也廟主俱正位乎中間之上一層次某公本位旁及同胞兄弟幾位廟主俱正位乎中間之第二層所以申悌也以下各主本祠子孫俱依次序下所以展慈也既定一祠之正宗亦重本支之嫡派孝弟慈三者備之矣

一饗堂位次

設主之法已一定矣值祭之事係本支子孫輸流經辦飲福頒胙亦止及本支與祭子孫有遵例入祭田者雖兄弟之後亦得單附主於祠内然止許入本人一主不准其支派續入飲福亦止一人同桌合食説載會典品官家廟合諸先儒註疏僉同

一肅祭儀

禮云子弟入祠堂必整衣冠誠敬肅恭儼如祖考臨之在上又云君子雖貧不粥祭器雖寒不衣祭服會典闕註纂豆籩簋之屬甚詳又沐浴更衣服品級各如式凡典謨所載炳若日星酌古準今概從簡便姑以燕器充祭器潔敬陳勿雜破損不堪器皿主祭及正執事俱虔用公服至

傳盞遞羹旁跪二童子以俊秀爲之雖無衣頂亦須戴紅纓穿外套以遵時制其餘與祭縱無祭服禁用無纓滿帽汚穢惡衣褻慢者斥辱

一禁作踐

祠堂乃　祖宗棲神之所非子孫作踐之場會典云外門常加扃閉鄭氏祠儀子弟執事外勿令僕隸越踰諸儒定制俱應肅清寂靜除春秋祠課外概勿擅入吵鬧若堆積米麥延請異姓則不敬莫大乎是嗣後有犯者一次罰祭費二兩再犯倍之三犯宗子會同分長不論所貯何物盡

毀祠前燒毀凡爲父兄子弟毋得踩踐宗祠怙縱取咎

一立祧廟 此係古禮法主親盡則祧之說

寢室之東一間曰祧廟除四代正中不祧外餘遵王制親盡則祧以各祧主祧于其中依次位序仍于正祭畢令子弟一人用牲醴香燭合祭于祧廟

一立三尚祠

寢室之西一間曰三尚祠祀爵祀德祀功凡高高祖以下之裔孫有如例者俱告於宗子族尊而進主有忠孝節義推爲宗族偉人者即外分亦得進主俱於祭日列桌共祀用昭合食並配饗堂

一嚴罰例

勸懲之法已見舊祠規明倫禁非二則之内但未詳列如何量懲後人不知儆戒近來父兄之教非惟不先而且不教子弟之率非惟不譏而且不率拳勇相先賭博羣習寖情毀禮已有其端若不創懲漸不可救嗣後有犯　先人二則款項者議立上中下三法處治最重宗子宗長齊集老成長輩公逐不許入祠連名呈官治罪其次責令犯者親分解至祠中鳴鼓重責再次公議罰銀贖罪仍記過以待自新如有怙惡不服公同治罪毋得狥宥

一勸僱討

頑佃逋欠成風半由僱討不力須選擇子弟中之賢能出力者任之務令田不荒蕪租不掛欠合心併力着意經收不負託者提米幾石以酬勞怨以供舟車誤事定行公罰

一慎積儲

錢穀經手而不染指者難其人矣備公祠中則無經管儲經手處則難覺察公議擇城中殷實三人均分積儲倏得價同宗子分長發糶每年清明冬至核算二次以供祠用儻有短缺與守賠償衆共追補遇有盈餘添買祠田晳不借放

一飲福頒胙

祭畢飲福尊行自爲一列并立品能文之士俱於中一間依次序坐其餘卑幼凡成丁者分左右兩間就坐酒不及亂語無喧譁違者斥罰至頒胙除宗子受胙於祖考之前外祭畢分送諸執事首族長 謂行輩之尊者 次族望 謂有德者 次分長 謂各支之長 餘及鰥寡孤獨之無告者本日皆盡不宿肉

按尚書公原立祠規十四則言簡意該已登諸譜逸周公又續刻祠規十則彙集 律 例 會典及文獻通考家禮儀禮馬氏鄭氏諸說參酌成規刻爲定本雖述而不作言言切實洵可實也世世子孫尚其永守之哉

十四世垕垣謹跋

省齋公祠規八則

一謹修葺

祠堂公所也視爲公所則泄泄者多而同心協贊者少遂致毁敗者十有八九況宗祠舊材多係松木長濕尤甚嗣後或一人專管或輪流分管凡有修葺經管者創議其餘務祈協力同心或督工或供匠或觀工無容推委梗衆以致毁敗

一勤禮告

家禮自婚喪之大以至出入之細無一不告於祠堂此事

死如事生之義也俗尙簡略清明冬至二祭外鮮有向祠一揖者嗣後娶妻必告重伉儷也生子必告重嗣續也考試遠行則告出必告反必面也進學以上與科貢第出身則祭重始進也進主則祭重易代也朔望及俗節必整衣冠參謁上香以見不忘祖考之意

一遵聖諭

聖諭六條一曰孝順父母一曰尊敬長上一曰和睦鄉里一曰教訓子孫一曰各安生理一曰無作非爲此六條者言簡意該在朝爲國法在家爲家規在祠即爲祠規凡我父兄當以爲教子弟當以爲率能遵而行之則爲孝子爲悌弟爲順民爲良士反此者即爲逆子爲傲弟爲頑民爲劣士此善惡關頭所爭非淺禮應朔望講說但族中多貧士以舌耕散處不能常聚嗣後於清明冬至前一日祭後未及飲福即行講說除聖諭外或孝經或小學或家禮或齊家寶要或大清律凡有關於倫常日用者反覆開導庶幾勸善規過可成善俗儻有不率教者本房父兄當自懲戒不變當稟知宗長宗正會同通族叔姪兄弟議處或重懲或薄責務在改過自新若怙惡不悛輕則一應祠惠不許均沾重則祠革若本房父兄隱忍姑息一併議罰

一建義學

吾族子弟多不能延師雖有美質必至廢棄今議公祠代

延蒙師脩金則公祠給發俱給各自支持其子孫讀書勤惰巧拙聽宗正及經管人稽察考試上進者給賞紙筆贖廢者當令父師懲創教訓三載其質地不能讀書者即令務農

一仿社倉

國民中士子而外莫重於農吾家昔年富甲通邑多由務本力農則勸農之方當與勸士相表裏目下積儲未充族丁繁盛未能舉行嗣後經管人果能增置公產多積米穀當倣朱子社倉法給借恩米俟冬收加二息仝本交還如

歲少饑則弛半息大饑則盡捐之止收本米宗長宗正宗孫通同酌議交收以爲來年再助之本其有特頑不交者來年不許再領至游手游食有農之名實曠廢農業者不在此例　按社倉法乾道四年民艱食朱子請於府常平米六百石振貸夏受粟於倉冬則加二息計米以償自後隨年斂散歲歉捐息之半大饑則盡捐之凡十有四年得息造倉房三間以原數米六百石還府見儲米三千一百石以爲社倉不復收息止收耗米三升以故一鄉四十五里間雖遇凶年人不缺食其法以十家爲甲甲推一人爲首五十家推一人通曉者爲社首其逃軍及無行者與衣

食不缺者並不入甲其應入甲者又問其願與不願願者開其大小口若干大口一石小口五斗五歲以下不與置籍以待之其以濕惡不實還者有罰按此法甚善公產增置後當脩其法而謹行之朱子可以贍一鄉吾家豈不可以贍一族乎是在得其人而經理之耳

一嚴扃鑰

禮云公祠常加扃閉所以寓幽隱之意使祖考之神竅勿驚擾也今議大宗祠及各分支祠皆當重門深鎖其鎖匙宗孫與經管者各執其半互相鍵擧無事不得擅開子孫惟讀書會文則任滌啟閉他務皆不得入即作書室亦須老成醇謹者方可交付管鑰至役生小子或毁壞門垣樹木等件等項輕則賠償重則加責寢室中不得坐卧異姓西席尤忌其中椅棹物件凡關祭器者皆不得假借即一草一木不得私取尤不得侵損作踐堆積稻麥致礙神道

一重宗法

通族有宗長有宗孫凡事皆當稟命而行第宗孫之分太卑恐難服衆宗長則年高年高老成鍊達者固多委靡柔弱者亦復不少若第循分而稟命以決行止必多廢弛且有不當事理者嗣後當推賢而能者一人爲宗正互相參酌世遠丁繁每房各有房長各有宗孫亦各推一人爲小

宗正遇事務期協力同心維持調護慎守祠規共傳不替凡推宗正不拘分不論齒素行足以服衆即宜公推未推之前當虛公慎重務祈得人論定則當聽命不得藐忽者非初終改操不得另易　其人能克己奉公處分事理上爲祖宗下爲孫子中爲宗族可爲有功德者生則班胙加倍歿則祀以不祧以致優崇之意

一慎付託

語云有治人無治法以得人之難也得其人以任之則種種祠規可以久行不然盡屬虛文而已前議推宗正其人當兼管帳目而管祠之法古人以清慎勤爲居官要訣今

管祠亦然清則無自私自利之心亦不輕狥情面假公濟私愼則無大無小一如祖考臨之於上鑒之于旁不敢以慢綏處事不敢以意氣加人致僨公事勤則及時收斂不致消耗侵蝕而又經緯有方權衡中理庶乎可以保守舊業開拓新基萬一其人德有餘而才不足不耐煩劇當另推一人爲祠總以經理之得其人則當久任不得齊輪流分管一歲一易宗長分長宗正宗孫互相鍵擧庶乎帳目易清也　彙推祠總亦當如彙推宗正例宗正取其化導德業祠總取其經理產業此兩項人關係甚大後人其愼擇焉

按十一世省齋公諱亦書以理學名儒敦宗睦族旣重修大宗祠建大房分小宗祠復與族尊長酌定祠規二十四則合諸序記跋彙刊一冊分授子姓使垂永久其承先裕後之意至深遠矣今其遺書不少槪見從姪璡于故篋中檢出當時舊本盥而讀之仁孝之心藹然可見其閒辭義于舊譜祠規重出外相與參訂謹錄八條或爲祖宗培本或爲孫子詒謀而末後數條尤爲當今切務採而補之俾有心族誼者尙知所法守哉十五世入卓謹跋

乙卯重修宗譜申明祠規二則

一申明禁非

尙書公前訂祠規有禁非一則諄誡極嚴逸圃公復申明之議立上中下三法處治至爲悚切近日世風日下於花酒賭博外更有結黨入帮毫無畏憚若不預爲防範流獘伊于胡底玆擬於散譜時敬錄前則普行警告倘有不遵祖訓甘蹈法網者則是自貽伊戚定當照則嚴懲

一申明建學

亦爵公前訂祠規有建義學一則在從前固爲切要而在今日更爲急務應變通其義倘有貧寒子弟無力就初級小學或高等小學者援從前延師給脩之例於各祠公費

量予佽助期於有成俾貧深造中學以上需費較多另行酌議

謹按　列祖先後所定祠規尊祖敬宗彰善癉惡斟酌盡善用意至深凡我子孫當永遠遵守勿替前人風會變遷情形迥異謹師前義申明二則附載于後期於衣德紹聞略有當焉十七世孫志堉謹識

十六世小棠公創立義莊手定章程續定附

原定

一議每年正副兩管經管一年次年正管卸手副管補作正管向所派中補一人作副管以次輪轉

一議正管副管有事出門卽向所中提補不得以子弟擅代或子弟實公正精明亦須族中保舉方可代理

一議正副兩管正管經管收存各款給發各款副管催取各款歸於正管俟各月底正管將通月收付各款邀副管過目查核

一議各項開支赴族尊處開取支票正管照票給發

一議每年對週卽期算賬三日前通知各房無論尊卑不得因此改期賬本與支票核對無訛方可結賬

一議正管卸手卽將各賬本及存款并交新正管接管另補副管不得參差

一議滙票田房各據存箱封鎖送交族尊收存算賬之日仍交出公同檢點後仍封鎖交族尊收存

一議正管於算賬日期倘虧短公項將已產抵償不得高抬搪塞隨時開除輪管名目副管催取各項倘有虧短或繳而不清照正管虧短例

一議租稻上倉正副管輪派收籌檢數所有租簿賬本收租後交正管收存如有欠租結票到期仍歸收租人催取收到錢洋卽交正管收存收租人倘有虧短卽照正管虧短例開除收租名目倘收租不力者亦開除

一議月費定期每月十五持摺向正管處支取不得預支違例者卽將月費革除

一議束脩十歲外以至二十歲爲止每年給錢六千十歲內者每年給錢四千按四季支給均以節前三日赴正管手領取倘上年讀書今年不讀年雖在領之例者不給所領者今年師傅何人各自投明以便查察

如父兄可以養活身家者卽將修金開除

一議無力婚娶者給錢伍拾千文以後視公堂之盈絀再行酌議加減

一議喪費權定給錢十五千文倘將來公堂實能寬裕再行公議加增

一議壽米年至六十歲者每年每位各折洋貳元年至七十歲者每年每位折洋叁元壽登八十歲者每年每位折洋肆元壽登九十歲者每年每位折洋伍元壽登百歲者公議加給其壽米一款定期十二月二十五日給發

一議正管前定每年辛力錢三十千文收租辛力錢十五千文今既公費不敷每年正管辛力減給錢三十千文副管每年辛力錢文收租辛苦酌加錢五千文每年共給收租辛力錢二十千文副管減給錢二十千文將來公堂添置田產費能充裕再議加增

一議公堂入欵至算賬日期通盤核算如入不敷出當稟明尊長應減則減幸勿拖累擅動正項

一議義莊存穀倘遇歲歉之年願領者大口每期給發壹石小口每期給發五斗看存穀之多少定時日之長短以存穀給完爲度

一議給發各項洋照車價錢須足大

一議會課定期春秋兩季春季清明前後秋季中秋前後與課者輪值以上均係光緒十一年少峯公手定

續定

一議祠課仍照舊章花紅給紙一年兩舉酒席點心仍舊

一議鄉試中式花紅每人給錢捌千文

一議會試公車費每人給錢拾陸千文

一議會試中式每人給花紅錢拾陸千文

一議節絹凡三十五歲內守節者每月給錢七百文不願領者聽

一議月費概行停止公議全無房產者每月給錢七百文不願領者聽

一議束脩以十六歲爲限滿冠後不給

一議婚費極貧者給錢五拾千文不願領者聽

一議喪葬費極貧者給錢貳拾千文不願領者聽

一議藍祠義莊經管人正管薪水給錢十二千文副管全我

一議通年結賬倘有錢洋盈餘公議各房長畫押封存備藍祠隙地建屋並添置田產之費以備人多費廣之需

一議縣考不給

一議府考藍祠義莊每人各給錢陸百文

一議院考生童藍祠義莊各給錢一千文

一議鄉試錄科費藍祠義莊每人各給錢一千文如院試已經給過者不得再給

一議鄉試者費藍祠義莊每人各給錢肆千文

一議入泮花紅祠給錢拾千文莊給錢陸千文以上均係光緒十五年同族公定

志靖敬錄章程畢不禁慨然曰夫善始者不必善終善作者不必善述自古爲然孰知志靖等乃躬罹斯

慫而出於不自覺哉方父伯父之瓶辦義莊也在光緒初年星軺甫返積困少舒尙無負郭之田并少苟完之室而乃追蹤文正庇及本根同後樂而先憂寧人肥而我瘠獨捐巨欵爰立斯莊有田三百餘畝有二千金存息平時助欵尙不在內彌留以前猶惓惓劃款千元尊邺婺夫亦苦心經營矣詎意伯父薨後未及十年青蚨忽飛黃泉空誓至今楚弓莫返趙璧難完志靖在浙事前固毫無所知志程在里臨時亦猝未及備而定章應支各欵遂不能不因此削減僅存十之二三矣雖非志靖等其中有所侵漁然亦何以自解也然猶賴田畝尙存原數族中被惠亦尙非淺鮮使此舉從此結束固爲告朔之餼羊倘以後復能擴充更爲他時之嚆矢跂予望之何日忘之乙卯七月志靖謹註

國山周氏世譜卷四十九目錄

祠宇記

國山周氏世譜卷四十九

祠宇記

十六世育材謹輯
十七世志培增輯

曾叔祖藕塘公續修舊譜內有祠宇一帙茲謹遵照纂輯并考訂其建修年分及落地廢興詳爲錄載以備稽查

大宗祠 舊編

蒲墅國山大宗祠在國山西麓禮斗壇南宋紹興二十一年四十二世　簡惠公創建益國公周必大撰記今佚淳熙初四十三世長州公棟增建寢室立英烈廟額牒文碑於門中前殿供奉　孝侯公木主後寢供奉　先代木主祔祀　簡惠公木主額曰　孝侯四十世大宗祠李學士衡撰碑記元至正十二年毀於兵明永樂四年五十一世孫叔贊重建前殿增塑　侯像後寢中供奉　廣平公積慶公并歷代各祖旁祔祀壬辰殉難各祖木主杜給諫欽撰碑記嘉靖四十五年燬萬歷十九年五十六世維新盛際五十七世士昌鼎呈奉郡侯周邑侯傅給帖捐建前進增建戲臺後進增建旁室史太僕孟麟撰記清乾隆十九年五十九世逸愚囊集各支捐修二十年工竣邑人蔣汝誠撰記歲以四月八日九月九日十月十五日致祭咸豐十年兵毁

常州府志周侯祠在雞壘山下碑文稱平西將軍見古蹟志
宋李衡國山孝侯公祠記曰晉平西將軍孝侯周公祠今縣治東南隅坐南北向者是也侯少時爲鄉里除害比立朝擊奸執法權貴憚其鋒稜效命疆埸忠勇昭著子孫即塋兆旁創祠奉祀以彰祖烈禮也歲久滄桑漸爲虛置邑人侈公之神於四月八日生辰必焚香賽會歲奉爲常公威靈愈久愈赫凡祈禱雨暘捍禦寇盜無求不應事聞當道乃擴祠爲廟夫祠以祀先廟則周禮春官六祝所掌命自朝廷職司守土爲萬民瞻禮之地非一姓所得私當李唐初年吳越之間好鬼重祀授狄

梁公節鎮加芟除僅留夏禹泰伯季札伍員四廟而侯廟於是時尚稱爲祠未與去留之議迨南唐集賢學士徐鍇奉詔東禱山岳集郡縣長吏行祀事改立侯廟貌祠後稱廟而不稱祠宋興以來纂修典禮儀制大備於侯襃卹有加賜廟額設祠官定祭品煌煌天朝百神懷柔主侯血食侯子孫尚敢入廟而行灌奠陳藝味乎士庶之家祭先止及三世考妣未得遠追十世數十世以上之人然春秋兩舉猶得依羣主合食於一堂雖遠年祖咸在焉不之禁蓋人各有自始也故資政殿大學士葵孝侯四十世孫憫祠宇久廢於紹興二十一年更擇地禮斗壇之陽構新祠倚平岡瞻大澤曠遠開朗奉侯主於其中而次第先代之主於藏室庭楹粗具龕馳執掌積數十年未遑塗塈淳熙改元公蘖公之令嗣朝奉郎棟敬紂公主以規模湫隘增置寢室且欲闢西南隅構廠亭移樹公神道碑事又未究不幸病終簡惠公長孫儒林郎大年念余有戚誼馳至臨安邸謁余將有求於余者且請更題祠額并記其事余惟作祠乃孝子慈孫所以不死其親不忘其祖孝侯忠孝兩全陽羨第一人物固宜百世爲周氏祖而簡惠公學術事功磊落天壤何難與侯千古爭輝然祠必仍以侯名孫毓乎祖且

承先志崇孝思也因題額曰孝侯四十世大宗祠庶別於廟而并書其更置之始末以爲記
明杜欽重修孝侯祠記曰太祖高皇帝平定海宇混一華戎總理庶政綱舉目張上掩唐漢追蹤三代當其汗馬之年即崇學校建國子監收召豪俊陶冶英賢四方懷瑜握瑾之士咸知向往猶慮國學地隘不稱於雞鳴山下更造學宮增益齋員特命名儒暨勳戚重臣親董其事而帝萬幾之暇時時親臨料其惰勤優其廩餼殊異之倫不次擢用以示鼓舞大學之隆也如此吾友周子君仰之父東皋先生才高學博以遠大自期洪武初

由州辟儒士來至學中淬勵刮磨文行交餝日稟稟惟不足已而有上諭謂北方比年喪亂承虜元積習漸染之後人鮮務學著令都御史選太學諸生年長學優者往各郡分敎務使人重學而興才於是林伯雲等三百六十人相繼分遣公在選中獨以理義無窮殊少精進不願爲人師願終弟子之職爲請高皇帝聞而嘉之仍令就學儲以大用未幾絲弟戶怙匿名事爲讐家所陷發邊先生引長兄知情律自劾於官得從寬典放歸遂遯泉石而山林之經濟於是出矣先生周孝友人念其先世宗祠毀遺兵燹墻宇頽傾椽瓦崩裂捐貲修葺煥

爲一新猶以累傳木主無一存者不得鱗次更造爲恨特塑故平西將軍像其中清理祠田若干畝蘆洲若干山若干公諸族人之貧而不能婚喪讀書者咸取給焉先生尊祖睦族其流惠長矣向使先生不因罣誤引嫌奮身天路出其才力營繕嘗第整頓家祠已哉吾故以周祠得先生修葺爲幸而轉以先生不得糜大官食厚糈爲周氏非幸之幸也余未第時與君仰稱莫逆登堂拜親深悉先生之行誼足爲表率觀其修祠一事概可知矣今余幸叨國恩入翰苑當聞之太史以壽汗青豈區區蹇鄙之文謂足樹豐碑附廡末云爾也

明史孟麟重修孝侯祠記曰義興國山蒲墅周氏裔出晉孝侯處之後而大父賓仕吳爲廣平太守父魴仕吳爲鄱陽太守封關內侯子四曰玘曰靖曰札曰碩與兄子五俱被害碩僉德自藏持盈守成傷父殉國難未郎賜葬先取侯衣冠瘞國山周袍塢祠而祀焉遂世居蒲墅至宋簡惠公葬爲侯四十世孫傷嗟侯廟荒穢不治改新祠於大乘庵之右合渙萃離使周氏世系越百世而子姓勿替踰千載而倫序弗乖者蓋有侯廟存焉所係豈淺鮮哉元至正壬辰間遭僞漢徐壽輝之禍祠宇蕩然灰燼及我明永樂間有叔贇者爲侯四十九世孫

補南畿太學生博學好古動循禮義痛先澤之淪亡乃與其弟允晟倡率族衆因舊址而修廟貌像孝侯神爲祖推簡惠主爲宗立大宗小宗以別嫡庶序而子而孫以分昭穆由是明世系合統序俾子孫世遵守焉逮嘉靖四十五年祠復燬於盜叔贇之五世孫維新盛際立議重修族人散佚鳴之郡侯周邑侯傅給帖命捐貲新廟者得入其先從祀於側不踰年而成門廡堂室數椽而止余與周世屬姻婭過家稔知侯之出處嘗過從仰泉月梧昆季遊値侯之五十七世宗子士昌奉侯廟祀請予爲記因讀侯之碑慨侯之精忠貫日頌侯之傳淚

侯之英烈凌霜更喜世裔之在蒲塈者猶能紹侯之風於不衰輒記其事於是乎書

清蔣汝誠重修周孝侯祠堂碑記曰國山之有侯廟也自四十二世孫簡惠公始也侯廟之有像也自五十一世孫東皐公始也謹按宋淳熙間李闓學碑記謂邑城古廟初本爲祠後乃擴之爲廟蓋祠以祀先廟則周禮春官六祝所掌命自朝廷職司守土爲萬民瞻禮之地非子姓所得私於是簡惠公於建炎三年更擇地於禮斗壇之陽搆爲新祠倚平岡瞻大澤曠達開朗奉侯主於其中而次第先代之主於藏室今之祠基是也後經

兵燹祠宇傾頹累代木主無存於是東皐先生念祠依山臨衢又大澤中蕩崔蒲出没之地雖門扉鍵鑰將不可以守乃塑故平西將軍像於中乞靈鎮定此永樂四年杜給事碑記之可考者嗣後重經燬廢東皐先生之五世孫維新等於萬歷三年乙亥立議重修恐有奸豪侵佔具呈到縣蒙掌篆三府周勘實給帖督工修整續於萬歷十九年辛卯五十六世孫可達等議捐産供祠不許子孫侵佔擅廢又議捐貲新祠者得入其先其坐視不理者不許從祀具呈到縣蒙縣侮給帖立碑遵守此又從祀宗派約之可考者於是萬歷二十一年癸巳五十七世孫宗子士昌等復請史太僕記之此孝侯祠堂遠有源流者也蓋自宋高宗建炎三年己酉至今乾隆戊寅凡六百三十年矣中間屢廢屢脩實由侯之聲靈赫濯有以懾乎人心亦由子孫之有志者共維持於不墜也乾隆丁卯戊辰間祠宇歲月深久榱崩桷撓於是大壞神像漏濕漶漫上雨旁風無所蓋障五十九世孫逸愚等慼焉憂之思除舊更新呼籲族衆雖各支雲集響應終以工鉅費繁濡滯者久之至甲戌乙亥間木石磚甓諸用畢具於是式擴基址位不易方翬飛鳥革有寢有堂門樓高敞氣勢翕張松風竹籟如奏笙簧

子姓畢來神藉安康衆咸請曰當有記而某某等謂余從事於侯之忠義集能稔知之也曰子其爲我記之余竊聞是役也逸愚實首其議各支共贊其成而東皐先生後獨搆饗堂三楹其功尤偉於是奉侯主於中而次第先代之主於藏室則向者簡惠公之志也塑將軍像於中乞靈鎮定則向者東皐先生之志也祠基祠産奸豪不得侵佔子孫不得擅廢而入主從祀者咸照約遵守則向者維新可達等之志也夫前人所望於後人者謂其能繼其志述其事於無窮而後人之所以欽承乎前人者亦惟是奉令承教不致失墜斯孝行之大者也

今逸愚等重建斯堂制度宏敞幾與邑城廟相埒而先前人之所有事者皆遵師其意而光昌之是當遡瀾從前之源流近著首事之功績以啟後世無疆之休者也然逸愚不自有其功而歸於衆支之共成其美也衆支又不自有功而歸於逸愚之能首其議也交相推讓具見周氏風教之盛千載而下過其地者瞻望徘徊猶當感慨羡慕於無窮也若謂余摛文摛藻以繼於李閣學杜給事史太僕諸先生之後吾其僭矣哉

蔣汝誠孝侯祠落成詩五古 離墨萬仞直蒲溪千頃寬風雲時一憤日月促雙丸勝地誰家宅忠魂於此安墳埋

舊袍笏廟祀古衣冠百代承前澤千秋表後觀如何歷年久頓令一朝殘仰視愁撓棟周行嘆畫鏝讀書臺共圯試劍石同寒揆度觀營室工徒召魯般多時庀材具不日見門桓輪美歌張老聲飛咏秩干西南姚祖列朝夕族人圍鐘鼓傳香刹雲烟起斗壇長松呼萬樹修竹嘯千竿濟濟趨鏘衆巖巖坐鎮端春秋薦蘭菊跪拜奠杯盤憶昔留遺恨於今衆論歡勇功三害去忠節一生完從善鄉猶在義興名不刊垂休旣非易嗣美實爲難衛廟悲闕閟許墩空激湍惟茲圖有禝真是石如磐望古思翹跂臨風假羽翰升堂肅再拜下殿喟長嘆忠義當重集遺書久已剥只餘五字賦每讀一心酸悠悠覺涼風至應知寒露漙蘆花連渚白楓葉盡山丹山水長終古音徽遠未闌莫言日晼晚不惜足槃跚

國山孝侯廟明邑人史孟麟記之詳矣乾隆丁卯戊辰間祠宇傾圯侯五十九世孫逸愚倡議捐修乙亥廟成堂寢門樓煥然精整張重華曰瑾題廟聯云除三害而勵跨修學術勝人直邁陸平原先生而上劾二奸而捐軀命英風振世早開盧九台司馬之先

雲霧孝侯公祠在雲霧村西即雙忠閣康熙五十五年十一世孫亦魯等建閣上奉 關聖帝君神像閣下堂中祀

孝侯公 慈佑夫人并追祀 廣平公 積慶公 積慶夫人裔孫亦魯撰記今毀

亦魯雙忠閣記曰雙忠閣者何建閣以祀大漢 壽亭侯關夫子并延大晉 孝侯公配享於其中也自甲申冬魯爲恢復祠田計入義田以充祠木俟恢復後建廟以酹神向之祭文彰彰明矣曷爲而延祭孝侯公且顏曰雙忠故關夫子是主承祭文來不復贅而祥敘孝侯公 憶魯方垂髫時嘗隨祖父後元旦出拜節先祠堂次 曾王父以上三代像次宗族即往村東青龍菴入門關夫子像在焉禮拜畢升堂大士前長揖不拜即趨拜木像謹肅一如關夫子

前兼有悽愴色其他像不參謁而出魯初不解其何意也歸進而請曰大士不拜者意其爲予族門戶之主家已禮拜無煩亟拜也不拜他像者意其非我族類也旹可想而得木像則禮拜加肅一如關夫子何也公曰是像非他卽遷族始祖孝侯公也魯不覺悚然起敬曰旣爲孝侯公像曷爲不立廟以祀而寄座於大士旁公曰是出來久矣明季時有募道士肩輿一香亭供公像於其中將公生平素行編成歌謠沿村募化手持大鐃或歌或擊所至老少男婦蜂擁而觀諠譁雜擾予不禁憤然作色曰予祖豈若輩行乞之具乎因與族衆共截留

之償其値暫寄於青龍菴將倡議祠中另建廟以祀而族皆奉　始遷祖國瑒公爲始祖以公爲遠祖當祧遷延至今木像雖存而血食終斬予心惘焉魯時不知考禮第記憶其由來如此云及弱冠青龍菴前進已傾圮關夫子像已墮地漸就湮沒魯目擊心傷因偕長兄型高公堂弟型夏季弟型中族兄慶長弟文長篤生倡與文會或捐田畝或助銀兩爲建立廟像計關夫子則明暢其說而孝侯公則黙存其意焉比時先君子漣芹公亦時督課其中諸兄弟皆爭自濯磨學文修行勸善規過互相砥礪數年間多次第遊庠志圖上進以成侯廟

不幸我生不辰辛酉乙丑連遭祖父大變而兄弟分心中道議析始願竟莫能遂矣繼而謀諸族人將合建雙忠廟之意明暢其說請立春祭先祖冬至祭始祖禮也吾族皆奉始遷祖爲始祖而厥初生民之祖雖始於吳廣平太守子序公而大有封爵謚號忠孝顯當時庇廕垂後裔如孝侯公者固百世不遷之祖也乃拋置大士旁風雨不蔽凡我子孫情何以安其時族人有應者有未應者其未應者多疑朱子似僭之說魯復以程子禮以義起之說闢之謂合祭死者所以萃聚生者可以隆報本可以敦族誼言至此族人亦多慨諾隨力樂輸但

僉村中旣少隙地村外又無依傍（其時世德堂祠尚未建也）而魯卷又多舌耕餬口莫適任事謀遂中輟而會物遂不可復留矣魯謂神惠不可入私橐亦不可輕拋擲適世德堂建造空匱恢復無基因建先人義田後酧神惠之議而衆志未孚出入再三魯惟秉持公道靜俟輿論之自平幸天假以年大小公祠次第建立公私廟貌隨分修舉祠田雖未盡復業已幾及半百神惠雖多耗破較前數亦幾倍增魯曰是可以酧吾願矣乙未冬至仍糾集分中叔姪兄弟輩設祭神前議建閣事并延祭孝侯公事詢謀僉同無一異議且各輸工以勷不及經始於乙未

臘底落成於丙申午前建成門垣三間重屋三間前廣庭軒後深奧奐氣象規模頗覺宏敞計費及三百餘金而魯力告竭矣但念四十年前兄弟所同訂者幸能久要不忘六十年前所聞於先祖父而有志未遂者亦委曲成就正魯所謂心苟無欺可以盟幽獨而白宗族可以對天地而質鬼神者今既有志竟成雖竭力其奚辭於是議神座則同堂異室陟降上下各自爲尊而不相壓（關夫子則位於中堂北隔其上不佈樓板直通至頂覆以天花板固獨享一堂之尊孝侯公則位於閣上脖積之中既不壓於關夫子而亦獨享一閣之尊）議配享則左昭右穆賓主酬酢各有定分而不相妨（如五月十三日爲關夫子祝壽孝侯公有主道焉設主席於閣

下延祭孝侯公此主獻賓之道也四月初八日凡我子孫爲祖考祝壽禮當燕賓設賓席於閣上延祭關夫子此賓酢主之道也其設席不於本座下東西相向倣太廟之制賓主昭穆如父子昭穆然）議祀典禮曰以勞定國則祀之以死勤事則祀之又曰尊祖故敬宗敬宗故收族收族故百志成而禮俗刑考兩侯之勳烈可謂志合而道同雖生不同地遇不同時要其精忠報國殺身成仁則曠世如一轍其合祀一堂也固宜獨計兩侯之廟享豈魯一人所得私魯一身所能保哉要使人人得與世世不絶乃可大而可久耳當建造之初擬以百金爲率將節其半以供祭祀膳廟祝復留其餘以建義學不意土木之工不可測磚石頓貴工程浩繁

且兩侯合廟未免制度閑廓即罄其所有裝修猶慮不足凡我族人苟有水源木本之思思昔年封侯封王賜廟賜謚朝廷雖有特祭而子孫罕與國山爲公桑梓地雖有廟有像而道遠莫往獨茲雲谿自國山南遷以來前後左右聚族而居者成四村落（如宋瀆如周家瀆如竹門湖頭）其子姓不啻千百輩誰非公之苗裔與既各有私祠奉國陽公爲先祖又當推國陽公之意合四村之子姓共建總祠奉孝侯公爲始祖於禮斯稱於情始安今乘關夫子之惠特建雙忠閣迎公像配享其中固已始基之矣或承前所願捐而未有實惠者各隨心力補捐或另爲增

減或各祠合助置得祠田若干可以供祭祀且爲講學行禮之地行見兩侯生忌凡我族人共拜奠於其下父兄之教先子弟之率謹兩侯之忠義靈爽固足佑啟我族人而族人之精誠雖處千百世而下自足感孚千百世而上所謂隆報本而敦族誼百志成而禮俗刑者皆將肇造於斯是前此建造之資先祖固資於先賢後此祭享之資先賢又資於先祖兩相需而兩相濟兩侯之廟享且將有擴充而光大之者豈獨血食之綿遠而已哉是所望於凡爲仁人孝子者

蒲墅新祠在蒲墅村東嘉慶年間建祀蒲墅東分周家濱

宋濆雲鶴各分祖先是各分斂錢生息閱數十年始克糾工庀材建成祠宇其有功于祠者十六人咸得祔祀焉今毀

大宗祠 補輯

雲鶴大宗祠在雲鶴村西南向明萬歷三十八年八世孫中立中允等創建屋三進前大門旁庖湢門中額曰周氏宗祠中饗堂五楹額曰立本堂後寢屋五楹中供奉 始遷祖國陽公追祀 邦泰公 叔艮公 濬山公旁祔祀始遷以下各祖歲以清明日冬至日致祭潘司農守正撰記 國朝乾隆四十三年重修十三世孫汝爲撰記咸豐

十年兵燬同治十一年十四世孫柏林集捐十六世孫湛霖經理建復寢室五楹大門一楹旁室兩楹光緒六年十六世孫家楣倡捐十四世孫庚全十六世孫青材經理建復饗堂五楹前廳三楹十五世孫鳳飛撰記祠基新攅戊任十七圖方字一千七百八十號平一畝四分大量二毫五釐

明潘守正雲鶴國陽公宗祠記曰昔孝侯之死忠也百世血食未艾而國山周乃其後裔也由蒲墅徙居雲鶴自國陽公諱宗蔭離南公諱宗濂始其後分徙周家濆宋濆鄉城散處不一今里居者國陽公之後第五子濬祥公諱文亨一支其人咸親遜雍睦屢世罔未有以浮薄之習聞者吾邑稱艮族云余壻翁鳳儀公更思維持之術莫急于建祠于今上之癸卯與後泉儉九公等建議糾族人捐貲構祠因爲之序名以辨分勒戒以飭規圖垂不朽自是歲時致享靈爽憑依洋洋如在上矣薦馨歆惠子姓咸集油然一本之敦敘矣且其成材有教貧困不支有助宣淫越志犯上陵尊有懲雍雍穆仁讓之漬風矣余竊聞其事而慨慕鳳儀公誠繼述賢丈夫哉然吾尙謂僅足明今日之繼述猶未足償累代之世澤也嘗讀平西將軍傳想其精忠節義亙天壤而昭日月豈徒廟食茲土後不乏祀遂可彰善報是宜世者閥

閱代有簪纓所謂培植厚而發祥宏者然按其世譜唐宋間固多隱君子自宜和進士簡惠公奕後八世至國陽公宗蔭國陽公徙至今又歷十世固流之長報之遠而積善之家必有餘慶歷代隱德其後必昌當必有崢嶸卓犖掀揭乾坤如孝侯其人者更慨而大之矣余觀周氏之宅于雲鶴者崇儉敦厚以仁讓相先能不失孝侯遺意茲且英英濟濟蔚爲多才豈非天實篤生之而所望與孝侯相輝映者其在斯乎祠成乞余記余無能爲記第以所聞國山世系者實出自孝侯特爲揚而誌之今祠以別子爲祖則自國陽公始以繼別爲宗則自

濬祥公始雖不及上祀孝侯而孝侯有後若此其精神血脈亦可卜其不隔矣斯舉也萃渙合離孝思誠達然有倡之而基始肇必有繼之而業益光今當事者協力振作爲族衆先嗣兹而增修令緒無忝前人并以望後之君子

十一世孫亦魯重建大宗祠門垣并擴充饗堂記曰大宗祠門垣失火四年於兹矣族分長頻頻議建以魯十年前擴充寢室頗有成績復推爲首前二年以患瘍辭後二年以遊學辭不獲承命乙未秋魯家居無恙又復公推魯念此祠自　始遷祖國陽公而下歷祖棲神之

地　曾王父太學公之所創而建也自前萬歷迄今百有餘年一朝而燬固族僕之罪亦有數存乎其間四年來灰燼填門瓦礫塞路行道者且觸目驚歎矧我子孫反漠然視之議建無疑特計祠田自順治年間五分分析後毫無公物各分私祠雖各有蓄積而豐嗇不等因而心力不齊聞命而樂從者有之推諉者有之甚而阻撓者有之魯於此揆乎情度乎力設爲三股捐助法私祠五分各捐五金共成二十五金五分分爲十分則減半矣每分又或分爲四分減半又減半矣諺所謂衆擎易舉者此其一次議論丁均派法本支與祭者不下三

百丁每丁助工一供匠一丁銀五分爲祖宗効力較之里社劇分費神爲力已輕約可得十五金三議樂輸法本支貧者十居八九富者不及一二自一星二星始至一兩止隨力捐助約可得十金共成五十金不足則取給於零積祠中零積祠者非別有他祠也自甲申歲擴充寢室後族長君聖公謂魯克己奉公將印墩租米歇斗祠堂門首房租幾錢見委復起例新上丁者出銀一錢一并收管儲以備用魯承命爲之生聚十年固多賠累而銖積寸累約有三十餘金置得祠田五六畝因顏其租籍曰零積祠取其積少成多也魯意本爲擴充饗

堂計饗堂三間本寬廣胡用擴充本支子姓蕃衍二祭齊集不足盡容常露處於階下若遇雨未免塗體沾足拜奠不能成禮因兹重建門垣并議擴充兩稍間包舊間通連不惟免露處之苦各房子孫各對越其本房祖考則志氣肅肅而變慤彌加又議三股捐助之物分三次交收使人易爲力也此時各分尊行及經管人各任事而退時秋杪九月也議定魯卽爲擇日興作鳩工庀材撮那起事奈初約十月初交三分之一而交者無有也次約十月終交三分之二而交者寥寥三約冬至全

淸而交者不及半會計所費已七十餘金三股捐助之物郎全淸尙虞不足况不及半乎其時各工告竣百冗交集曾以耄七衰年焦心勞思奔馳呼籲終少慨應延至臘底不過收米數石僅僅及半直至未年淸明掛欠尙多累累是何樂成者之少不敵不樂成者之多也曾於此不勝今昔之感焉憶十年前擴充寢室時族長君聖公而外如曾瞻端士瑞之坦先諸公俱竭力勤事用是督催有人收斂有人集工監作有人曾不過總持大綱經營籌度會計出入已可就理間有逋負直度外置之而今則異矣老成凋謝物力艱而人情薄浮費

急而正務緩始終周旋不憚勞瘁者其澜叔一人而已若非十數年前銖積寸累置得祠田數畝可以變賣抵償幾何不半途中輟乎雖然天下事亦患立心未公矢志未堅耳土木之工成于冬至丹艧之工畢于新正且經理兩廂爲目前毀主將來祧主室數年灰燼一朝而更新之族人咸喜相慶若倍勝于前此擴充寢室時不以催促公費爲嫌而以不能如約爲愧又何不樂從者之少終不敵樂從者之多也此所謂不言而同然者理義之公心也縱有掛欠寬限補輸縱有逋負取償零積縱有艱辛無非推曾王父之意曲爲窮變通久之一法耳後之子孫當思任事之艱如此而卒歸有成况易易者而退諉不前乎此曾作記之本旨也不然服勞事事人子之末節何煩贅一辭

十三世孫汝爲重修雲龍宗祠記曰事莫大於尊祖敬宗情莫切於報本反始顧莫爲之先其始不立莫爲之後其卒不成後先濟美克盡乃心雖悫精無替而情至斯事無不舉我雲龍周氏肇自國山始遷祖國陽公祠建自明萬歷癸卯歷久不脩日以圮壞子孫歲時瞻拜覩牖宇之傾頹椽瓦之崩裂怵焉神傷咸思振新之而祠乏公產經費莫辦日久因循有志未逮今 上四十

三年歲在戊戌十一代孫宸衡號巽孚主持族政建議整修設立章程宣諭族衆首捐各房祠小宗輔大宗也次捐丁次派出頭一任地一任力也次派工作分備祖父事宜服勞也次捐豐裕之家先澤之庇蔭尤深子姓之報稱宜摯也族衆歡騰如響斯應効力者經畫鳩督解囊者踊躍輸將僅歷一寒暑而門廬堂寢除舊更新雖由族衆之勸勤鼓舞要非巽孚公慨然振興不克臻此鉅工未告竣公竟以耄耋捐館族尊左亷繼之一遵程式經營匪懈再閱月而功克成夫當其未事之先工鉅費繁殊難措手一旦毅然奮起率作興事凡梓人飭

材竚人作堵以及木石瓦甓磚灰油漆之值總計制錢五十萬有奇而夯傭千餘工之費不與焉此曷嘗有憑藉哉蓋仁孝之心盡人而具始之者能創其規繼之者克終其業各展其尊祖敬宗報本反始之意以迄用有成後之子孫有監於此知至性至情之所在有不假憑藉而事無不舉者其慎無畏難而自阻也爰列其章程詳其捐額勒之石以式後世云

十五世孫鳳飛重建大宗祠碑記曰雲鸝 國陽公祠創自明萬歷間八世祖鳳儀執甫兩公其建造年月及祠宇楹數潘司農記中已詳言之矣 國朝乾隆年間

十一世巽孚公重加修葺大父困菴公撰記碑石具在自可攷證咸豐庚申祠燬於兵同治壬申族尊柏林力議重建其經費照丁捐輸不足則又料集族人踴躍將助得錢八百緡從姪湛霖綜其事鳩工飭材擇要興作先建寢室五楹大門一楹旁室兩楹經始於是年七月落成於癸酉二月揭虔設位涓吉開祭因蒲墅總祠未復興追祀三代之議重報本也因周家濱宋濆各祠未復興合祀夯祖之議示變通也餘則悉照前式中供始遷祖木主旁夯昭穆序供雲鸝夯各房祖木主遵舊制也光緒庚辰從姪家楣奉諱回藉守制逾年展謁宗祠見饗堂未建拜跪無地慨然有興復之志節與族尊庚全及飛商定先出五百金以爲倡次及丁捐經費不敷復續捐以足之族姪育材司其事辛巳三月堂屋五楹前廳三楹一律告成宏敞逾舊丹楹絢彩蔚然鉅觀祭器几筵秩然大備皆家楣力也竊思萬物本乎天人本乎祖天者物所由生而祖則人所自出也顧人惟知有身而不知身所自出崇宮室築臺榭快其身所欲爲而於祖宗棲息之區略不介念世俗皆然士大夫家亦間有之今則一人奮興羣衆響應數月之間聿觀厥成其不忘乎本爲何如耶是役也興議者十四世孫柏林庚

全倡捐者十六世孫家楣監督者十五世孫聚朝岳臨始終經理者前則十六世孫湛霖後則十六世孫育材也例得詳書以示來者

十三世孫苻祧主復歸寢室引曰祠之有祧室也不知何年始蓋因子孫乏絕杯箸莫設將大宗神龕內遷其主出設供在立本堂之左偏木主零落多有遺失因十餘人共一粉牌室隘而窄塵土堊積每春秋祫祭移宗祠祭席祭於其室禮至簡略見者傷之今宗譜新修祠宇丹雘族長宸輔及祠長雲言於衆曰凡乏嗣之人既不右於天又令外於祖恐非上慰 國陽公在天之靈

又非吾子孫變其所親之意盡將祧主仍返寢室依祖宗永遠共享蒸嘗之福可乎僉曰然遂重立神主合食大宗其添設杯箸則令其本房之稍親者承辦宗祝牲帛一從其朔庶罔怨罔恫而吾子孫之心亦可以少安矣噫前人作之後人何從改易之特至性至情人所同具與時變通協於一是亦民德歸厚之意也因申明其義道其源委使知祧主之復歸寢室者非敢好爲翻易前人也

大宗祠辛巳落成丹雘一新規模宏敞仍復舊觀十六世孫家楣書立本堂匾懸之饗堂並撰書楹聯曰王侯

燕翼迄今千七百年肅肅雍雍毋忘祖功宗德昭穆蟬聯到此一十九世繩繩繼繼長期子孝孫賢十六世孫育材撰句曰詒厥孫謀繩其祖武士食舊德農服先疇十六世孫濂霖撰句曰緒衍國山摩崖碑碣奇文鬱此巍峩崇族望基開雲谿企仰橋亭遺愛永將忠厚振家聲饗堂屏門家楣又書八字曰家有餘慶世貽令名

祠宇記

各分祠 殘缺

周家瀆東祠在周家瀆村東係東分子孫公建其創建年月無考咸豐庚申兵毁光緒甲午年九世孫昌齡十世孫川富建復寢室四楹雲谿分裔孫志培撰記．

志培周家瀆東分衛齋公祠堂記曰周家瀆分衛齋公祠爲周家瀆東分祠其祠創建於何時創議於何人前譜未嘗備載今無可攷按衛齋公係第三世岑峰公之孫岑峰公與弟遜川公始自雲谿遷居周家瀆遜川公派下爲西分岑峰公派下爲東分岑峰公三子長幼無傳惟次子瑞川公生子衛齋公一脈相傳綿延最久長房濟惠公皆居本村二房江隱公至十一世孝如公萬如公兄弟遷居大圩之南壁另立一小分祠咸豐庚申祠毁於兵今未建復惟衛齋公祠爲東分一小別之大

宗今已建立寢室一進正屋三間西首又立一間共爲四間予聞衛齋公十世孫川富公言曰是祠創興之初亦甚艱難矣兵燹後是祠原基本四間僅留瓦礫祠內素無公産欲建此祠無從措手時大圩九世孫昌齡公家稍豐裕勸其助捐洋五十元以立基礎積蓄有年共得洋百餘元又派捐丁洋百餘元於是鳩工庀材擇日興作先築寢室三楹一切小工皆派工襄助不費分文經始於光緒二十年十一月落成於十二月經二月而告成共用洋三百元有零經費不敷又攤本村小分祠公欵以足成之後數年又於西屋基旁添築一間地基

擴充數尺係川富公私產捐入祠內所用經費皆係本
村捐助與大圩一支無涉云是役也固賴本分祠內各
子孫匡助者之多而實川富公一人提倡之力爲尤大
也今當纂修譜事檢閱各分祠宇記而周家濱大房分
祠宇獨缺而不詳爰略敘其本末而爲之記
周家濱西祠在周家瀆村西係西分子孫公建其創建年
月無考今毀
儀吉公祠在城塘大圩嘉慶年間公孫岳忠創建今毀
右周家濱分宗祠
宋瀆宗祠（俗稱北祠）在宋瀆河南北向明萬歷間六世孫秀釗

建屋三楹中祀　稅齋公并追祀　國陽公旁祔祀五世
以上各祖崇禎十二年八世孫鼎倡捐改建屋三進前門
陳中饗堂後寢室各五楹清康熙六年增祀　振庵公
守庵公　尚書公十世孫世賢撰記咸豐十年兵毀同治
八年建復饗堂三楹旁室兩楹光緒二十九年復建門陳
五楹
十世孫世賢宋濱宗祠記曰先王崇廟祀敎天下後世
以孝也故自天子至于庶人雖制度降殺不同而使之
皆得引分以自盡其追養繼孝之心則一而已我周氏
世居國山至五十世國陽公遷雲龍又六世而我高祖

振庵公遷宋瀆子孫繁衍稱熾昌焉萬歷初肇建宗祠
于村之東隅鳩工庀材營搆堂室以妥先靈追奉國陽
公以下列世祖草創粗備我祖在調公累官尚書天子
推恩褒封祖考恢公祠而廓之規模宏遠於前有光祭
田若干供春秋祠祀又別建家廟以爲本支子孫祭享
之所而制度稍異其所以敦本收族胥于是乎在無論
振庵公經營締造伊始實出于萬難即我祖在調公歷
事五朝險阻備嘗垂老予告宦橐蕭然諸務日不暇給
而惓惓以祠宇爲先圖不憚拮据竭蹶以要其成而又
叮嚀告戒以垂諸後所以爲後世計者豈淺鮮哉凡我

子若孫駿奔對越于其間仰廟貌而思敬捧豆觴而致
慤登降拜跪之際儼祖考之音容不違而繼志述事之
心有不油然而生者乎敦本睦族之念感于中則修身
齊家之要自有不容怠者吾見其將爲善若有命焉而
必趨將爲不善若有威焉而不敢不懲不忘繩其祖武
能恪守我振庵公與在調公之貽謨世世增修而宏廓
之則後之慕今亦猶今之慕昔一念孝思永世不替矣
詩曰言念爾祖聿修厥德又曰永言孝思孝思惟則余
非敢爲記也姑以是爲子孫規
振庵公祠在瀚塘橋康熙年間十一世孫震遣建今毀

樂耕公祠俗稱東祠在宋瀆村東創建年月無考兵毀今在陳
家村創建寢室三楹
尚書公祠俗稱南祠在宋瀆河南康熙年間建今毀
尚書公生祠在山東濟甯州崇禎十二年民感公德捐建
陸水部奮飛撰記記見廟祀志專祠
完宇公祠俗稱義祠在宋瀆村創建年月無考咸豐十年兵毀
光緒五年重建
我生公祠舊在宋瀆村創建年月無考今毀光緒二十年
八世孫法隆購基祠之東先建中進五楹
近思公祠在牧馬口廟橋兵毀光緒年間建復寢室三楹
達齋公祠在神安鄉湖頭雍正年間十世孫正範正猷等
經建今毀
右宋瀆分宗祠
燮橋公祠光緒初年八世孫育材英材於宋瀆河北橋下
購基創建房屋十餘楹後增建六楹別設寢室供燮橋公
木主焉
鳳儀公祠俗稱橋木廳在大宗祠西康熙四十年公曾孫亦魯
等建屋三進前門廳中饗堂顔曰世德堂後寢室各五楹
又東西廂屋各兩楹以儲祭器儲孝廉欣撰記亦魯并撰
世德堂記今正室兵毀惟側廂尚存光緒己丑重建寢室

三楹
清儲欣鳳儀公祠記曰康熙辛巳春三月雲靄周氏祖
考鳳儀公之室名曰世德堂祠距經始凡一年其祭推
鳳儀公以前作主上祀者兩世曰公大父竹所公父守
竹公其室高明枚實望之翼然爲進者三每進爲間者
五又東西廂廊爲齋庖更衣之所祭器之貯其工合木
石瓦甓丹雘及雜作者計一萬有奇其耗金計六百餘
兩而尸其勞與費者實公曾孫亦魯一人亦魯字型曾
我友澂芹先生亥子而恒于公孫也鳳儀公六子恒于
最少亦最賢恒于公曰吾先晉孝侯苗裔也由蒲墅徙
處此土肇自國陽公故公爲雲靄始祖然始祖祠宇凡
傳至吾父始克有成而祧祔未定今九世合食几筵雜
沓無章大不稱吾父建祠崇祀之意人情習慣更張實
難惟爲吾父立祠則新宮建而舊宇亦得少寬是吾志
也祭田二十畝澂芹先生司其租人戊午先生膺鄉薦
將與計偕一日恒于公坐中庭子姓畢侍公手持租籍
摩娑久之熟視型曾曰魯也可即以其籍付型曾型曾
跪受公告以己所欲爲者則謹對曰魯不敢忘自是祇
慎出納每歲輸官供祀之外益在贏餘幷積置產積二
十年增置田百畝貯存米百石銀百金歲庚辰留原授

迺九世合食主多筵少杯盤紛錯果饌雜沓祭如不祭

殊非曾王父志䇿祖爾父暨伯叔兄弟人欲另建專祠

計始分之產不過六畝零雖捐祭捐糧計三十年僅增

三倍勢難卒就爾能身任之終乃父之職繼曾王父之

業始愜吾願魯拜手曰敬受命於是遍告分中叔姪兄

弟僉曰可因以三十餘畝租籍授魯時康熙十七年也

魯任事積二十年增置祠田百畝積銀百兩米百右庚

辰首春盡發所儲創建祠宇大費後仍存原額田數以

供祭祀落成日叔姪兄弟咸歸功於魯噫魯何功乎自

傷貧賤不能如古人置義田以贍族使族人日食一升

國山周氏世譜 祠宇記 卷四十九 各分祠 芜 立本堂

歲衣一縑愧矣不過就已成之基而擴充之幸叔姪兄

弟同心協贊以成此業敢自爲功乎且前此任事者率

一歲一易魯獨專任二十年魯自維任事後性固執錢

穀出入不能權宜通變以狥情面宜其逆衆斂怨者甚

矣而信之愈專任之愈久是魯之得成祖父志以繼曾

王父業者皆叔姪兄弟力也敢自爲功乎魯於此重有

感矣建祠之材半本於某氏某氏又本於某氏某氏以

少司空之赫奕創興巨業倏成倏敗卒歸某氏無足怪

某氏家世甲通邑累代簪纓於今不替尙以艱於整理

而歸吾家本支自太學公以上雖積功累行世德相承

之田給烝嘗餘盡斥以鳩工庀材于是世德堂祠成而

其規模迥出大宗祠之上族人交口誦型曾功型曾滋

慼然不敢當也自序梗概并撰祠規二十三條質諸余

且屬余爲之記余謂型曾天資真樸終年授經纔足衣

食此豈屑屑米鹽錢穀能權子母變化之利善治生哉

亦篤於仁孝誠意之所致而已余樂道所聞之仁孝以

告於人況重以世好新姻如型曾者耶因不辭而敘次

其本末

鳳儀公世德堂祠記曰辛巳仲春雲霧第五分大宗祠

告成計攻木之工一千五百三十有奇攻埴之工七百

國山周氏世譜 祠宇記 卷四十九 各分祠 兲 立本堂

二十有奇攻解之工二百十有奇攻石之工因其已成

一百三十有奇丹雘之工先施寢室及祭器專尙樸儉

止及石工之半自始事迄終事雜用之工其計三千六

百有奇計費共六百餘兩爲時匝一月零幾日建祠屋

三進進各五間又兩廂四間祭器畧備既卒事魯唱然

曰魯至今日始得報命於祖父矣憶戊午冬　先考孝

廉公計偕祠責無歸稟知　王父恒于公公呼魯而詔

曰爾能任事乎吾族自　國陽公爲始遷祖　曾王父

太學公世爲繼別之大宗苦舊祠卑隘更諸爽塏而廣

大之始祖血食迄今十二世不墜此曾王父之創業也

而寒素居多顯達殊少其克保有兹堂也實難燕子云
物之廢興成敗相循於無窮故時而高堂大厦玩忽之
則爲破瓦頽垣時而破瓦頽垣整理之則爲高堂大厦
後之子孫儻不能善保此堂則後之視今亦猶今之視
昔惟冀叔姪兄弟共思前此二十年始基之艱後二十
年擴充締造之不易各垂戒其子孫常整理之俾世世
不墜則皆曾王父之孝子慈孫也謹列酌議祠規於左
遵而行之所以鑒始而保終承先而啟後庶有補焉康
熙四十年歲次辛巳仲春清明後一日曾孫亦爲謹誌

鳳梧公祠在雲靄村東懷梅橋北創建年月無考今毀光

緒己丑重建寢室三楹

少竹公雲臺公合祠在雲靄村西河南今毀

耐庵公祠（俗稱春祠）在雲靄東河南康熙五十三年公孫亦爲
等建今毀

右雲靄大房分宗祠

春宇公泰宇公僂九公合祠（附設神主於松木厦慕橋公祠內）在雲靄東
河南康熙年間建今毀十一世孫丕承英材助捐祭田若
干畝以爲建復慕橋公祠之用今共積存洋數百元議將
於今冬先建設寢室三楹

雲潭公祠（俗稱若祠）在安祠東創建年月無考今毀民國甲寅
建屋三楹

沖宇公逕春公合祠在雲靄東河南今毀

宏宇公祠在大宗祠東康熙年間建咸豐十年兵毀光緒
三年公九世孫志純十世孫育材經理建復門隴二楹軒
屋三楹寢室三楹光緒十九年九世孫金榮十世孫育材
英材復建饗堂三楹額曰源遠堂并改建寢室增高基地
數尺中建軒屋一楹由是一律建復十一世孫志培撰記

十一世孫志培重建宏宇公祠堂記曰我雲靄分祠自
大宗祠而下兵燹前約計有十餘宏祠其一也攷宏宇
公爲慕橋公第七子慕橋公祠在本村東南俗名松木

廳今年議將建復寢室三楹尙欲行而未果春宇公及
泰宇公僂九公向皆祔設木主於是廳正室之旁惟我
宏宇公另立分祠於村中祠共三進饗堂於兵燹前已
燬於火門隴及寢室後乃俱毀於兵同治甲子克復後
先本生父曉梅公即欲建復是祠而苦於祠無公產雖
以舉行光緒初年首倡捐洋若干元復商之祠長志浩
公於本祠內統捐丁錢若干千先造門隴兩楹牆門一
仍其舊又續建寢室三楹屋料弱小未可持久當時以
苦無經費亦苟且爲之也延及光緒七年吾族修譜先
本生父思欲改建是祠因將本分祠起草筆資洋若干

元捐入祠內不數年共積存洋百餘元購祭田十餘畝
於芳干里今已增至二十餘畝又經五六年共積存洋
數百元添造門𨻶西穿堂兩楹側軒三小間時饗堂尚
未能建築寢室亦未遑改築也至光緒癸巳年又積存
洋數百元矣然以之改築寢室則有餘以之并造饗堂
則不足先本生父意欲一律建成遂商之予嗣父少梅
公嗣父因是時適生長子根培弟又以志培於是年倖
采芹頗有興致乃與先本生父慨然以是事爲已任於
是鳩工庀材擇日興工重建饗堂三楹軒屋一楹并改
建寢室三楹基地因低而增高棟柱去小而易大經始

於九月告成於臘月計共用洋五百餘元而所有公款
數百元用盡外尚缺少洋百餘元概歸嗣父一人擔任
并捐助祭檯祭橙全數寢室正中供宏宇公木主兼供
長房孟旭公派下各祖木主東間供竹隱公派下長二
兩房各祖木主西間供竹隱公派下三四兩房木主悉
遵舊制沿至於今西間龕內所進木主已盈滿無可再
進東間龕內木主尚不及半先本生父在時嘗云東西
兩旁所進之木主皆係我竹隱公派下後不妨將西間
十五世以上木主稍移入東間較爲匀稱嗣後似當奉
此以爲準回溯當年締造之時祠長如志浩公及金榮

公先後監督工作固不爲無功而非由我先本生父一
人提倡之嗣父從而贊助之曷克至此計自光緒初年
至癸巳不及二十年而我洪祠三進已一律建築完善
迄今又二十餘年矣後之人繼而起者其亦知前人締
造是祠本一無憑藉而皆積銖累寸以成之者哉歲乙
卯中秋月志培時在譜局分纂譜事爰誌其大畧以示
來者

報本祠俗稱報祠在君祠東今毁

右雲霧二房分宗祠

執甫公祠俗稱桂花墨在雲霧村後北向舊爲安甫公讀書處

雍正年間改建爲祠今毁

安甫公祠在雲霧村中南向乾隆年間建屋四進前門𨻶
三楹側廂兩楹中軒屋一楹西北饗堂三楹面南拜廳三
楹顔曰嘉德堂後寢室三楹七世孫之晁撰楹聯曰緒衍
十房别大宗名小宗以孝友爲傳家之本基培八世左昭
齒右穆齒藉詩書垂裕後之謨咸豐十年兵毁僅存後寢
三楹廂屋兩楹同治十二年公九世孫湛霖集捐重建門
𨻶三楹脩正寢室庖廡光緒六年公九世孫家楣捐資一
律建復湛霖撰記家楣撰書楹聯曰則友敢家聲克恭厥
兄乃篤斯祜讀書宏世澤不負所學大昌其宗又曰青山

屏列綠水門臨念先靈陟降在茲昔日釣遊今俎豆丹䕶
祠新黃雲矓滿願來祼纘承勿替前人丐治後箕裘
九世孫湛霖重建安甫公祠堂記曰唐宋祀典士庶人
僅得祭禰于寢而高曾已上非有官者不祀明嘉靖丙
申始下恩詔令天下臣民均得立廟以祀其先此祠宇
之所由昉也我族　大宗祠創自萬歷庚戌正中奉
始遷祖栗主旁祔各分祖木主至九世止九世已下設
供無地祭祀闕如　國朝乾隆間曾祖葆岑公議建
安甫公分祠族衆情洽踴躍輸將選擇族中幹練者或
總經理或任監作或掌簿書心應力萃趨事赴功迺闢

地植基釐正方位尅日興作爲屋四進進各五楹前有
高門後有寢室旁有廂廡中有廳堂堂顏曰饗堂廳顏
曰嘉德堂丹楹畫棟華彩爲各祠之冠嗣後屢加增繕
煥然常新咸豐庚申祠毀於兵僅存後寢三楹無力修
整日形陊剝覆壓堪虞霖屢經目擊不勝悽愴爰出勸
募得錢二百緡用能建復門隙葺治正寢旁室奠安神
位揭虔妥靈志圖一律建成而未果光緒庚辰從弟家
楣守制回籍得悉情形力議興復因獨捐三百金重建
廳事三楹後又續捐二百金重建堂屋三楹經始于辛
巳二月落成于四月中旬更爲設几筵置祭器一切禮

儀燦然告備禮曰君子將營室宗廟爲先從弟居官二
十年並未光其華屋而獨于建祠之費出資營造一人
任之不遺餘力洵可謂尊祖敬宗者矣夫禮以善俗一
家之風化一邑之風化也一邑之風化天下之風化也
宗廟嚴則百姓勸得其意而推廣之教孝教忠當必有
感而興者是役也興議者公八世孫鳳飛捐資者九世
孫家楣監督者八世孫文榮經營者九世孫恩澤實書
也例得附書光緒七年歲次辛巳仲秋朔日
藍圃公祠在北門外大街南向乾隆九年公子楷等創
建屋四進前門隙次廳屋中有寢室後有樓各五楹前廳

顏曰奕慶堂後寢專祀　藍圃公追祀　文遠公旁配以
廷元公　廷臣公　仁齋公儲廉訪龍光撰記乾隆四
十年公曾孫膺等重修後樓增祀　思橋公　雲卿公
安甫公寢室兩旁祔祀各房祖木主咸豐十年兵毀同治
十一年公來孫金章昆孫家楣倡捐千金來孫陛芝經理
購東牛埸巷基地重建先建門屋三楹寢室五楹寢東崇
先堂一楹十三年金章家楣復捐建饗堂三楹旁室東西
各一楹加以丹䕶供奉　神位悉遵舊制歲以清明冬至
前二日致祭金章撰記光緒七年家楣捐資增建照牆添
設裝脩祠宇全工一律告成家楣書匾懸之饗堂因避清

諱曰業慶堂又撰書楹聯曰僾則見愾則聞孝思不匱露既濡霜既降祀事孔明又曰支分蒲墅凡歷唐宋元明共我國家創業開基强幹亢宗多手澤猶存古劍珮還自藍田再造庭階堂室思吾祖考置旁臨上新居式憑易向城坐對好溪山

裔孫湛霖紀略曰人本乎祖祖不可以不祀誼之急者也　藍圃公祠舊在北郭大街其規模宏敞儲廉訪記言之詳矣咸豐十年毀於兵同治壬申從叔裁五捐銀七百兩從弟筱棠捐銀三百兩寄屬叔父樹庭經營重建購徐氏東牛埸巷基地二畝擇族中幹練者數人或

總經理或任監作或掌簿書廼闢地植基釐正方位擇要經營先建大門一楹旁室兩楹寢室五楹崇先堂一楹經費不足諸父昆季湊捐百餘金經始於癸酉四月上旬落成於十月中旬寢設五龕正中供奉藍圃公栗主六房各祖分昭穆附列焉甲戌裁五叔復捐錢八百緡筱棠捐錢三百緡除彌縫前欠不敷外建饗堂三楹旁室兩楹繚以坎牆是年四月興工八月工竣光緒乙亥裁五叔續捐三百金以爲裝修丹雘鋪地并置祭器桌櫈之費筱棠續捐百金於正寢下建祔祠兩楹東祀天殤乏嗣者西祀側室有出者光緒已卯筱棠奉諱回籍又捐多金建築照牆增補裝修旁屋天井地布磚石全工告成巍峩焕朗過於其舊謹敘顛末以示後人光緒辛巳九月九日謹撰

儲龍光藍圃公祠堂碑記曰族之有祠所以上事祖考下合子姓尊尊親親仁人孝子必於致意焉顧祠有大宗有小宗大宗以追所始則羣族之人祀其肇遷斯土者也小宗以明所出則世數既遥遞而祀其生我者也而其能啟佑後人肇基新緒者必其厚德孚於邦族世澤綿於子孫然後能廓前猷規遠業以成可久可大之基焉余外家周氏族最古孫吳時廣平太守諱賓字子

序實居宜興再傳而孝侯乃大其宗冕旒廟食闔邑尸祝固不獨一家之祀世世勿替矣侯第四子諱碩封肖勇公以一門五侯奸邪忌嫉爰瘞孝侯冠袍於國山下名周袍塢廬其側既果遭王敦之難肖勇公以退處獨全是爲蒲墅周氏歷五代唐宋顯者仍封侯王至四十九世化卿公值元末大亂冦發周袍塢族人與戰蒲墅灰燼因築別墅於雲霧以避亂其子國陽公遂家焉是又爲雲霧周氏國陽公五子析居宋瀆竹門周家瀆其季濬祥公世居雲霧又七傳而安甫公爲名諸生以兄弟讓産稱安甫生文遠文逵四子次諱長源字廷魁一

字藍圃蓋自子序至藍圃公已五十九世而溯自國陽
亦且十世矣藍圃公少穎悟補博士弟子有聲天性孝
友母徐孺人老病卧床蓐不起者二十餘年日奉人葠
一錢公晝夜侍疾寒暑罔間終二十年無倦色徐孺人
嘗顧而謂曰汝自甘淡薄而孝養如此惟願汝生好兒
子以報汝孝思耳公爲之流涕伯兄廷元有邑事波逮
禍不測公殫力維持事平及身亦不顧伯兄卒免年八
十餘因病足不能步履歲時家祭必令二孫扶拜拜起
輒泣下沾衣其篤摯之性殆所謂終身孺慕者歟他如
祀無後之從父改葬外父置田以祭客有遺金十數金

者公聞之如數償之凡歿無以殮者與之棺饑無以食
者錮之粟諸所謂仁人之用心不可枚舉　今上御極
之元年公年踰八十以　恩詔有司聞其善於朝授修
職郎公既操行淳篤尤念雲竇宗祠自國陽公以來昭
穆繁衍九世而下概不得入將百歲後不獲侍食於其
父文達公每愀焉不樂因思小宗之義得別祀其所出
方圖之未就而卒嗣君楷等遂成其志於故居北門之
外得王氏舊址擴而充之門之內爲廳以飲福庖湢之
庶藏器之室咸具後爲堂爲樓樓五楹中祀文達公徐
孺人而藍圃公兄弟四人暨各孺人俱配享歲時烝嘗

長君及叔季之後各一人襄事其建屋之費致祭之需
糓粟不及焉遺命也堂亦五楹專祀藍圃公旁虛其位
將來葉葉雲礽以次而祔又嗣君輩推公之意而爲之
者也由斯以往公之神入則依所生聯同氣出則環顧
後昆繩繩綿綿於千萬年俎豆無斁必歡然以喜怡然
以樂豈非公純乎仁人孝子之心而嗣君輩亦皆以仁
人孝子爲心故事亡如存也哉嗚呼是可爲周氏法并
可爲諸大族法矣若木石之美丹漆之飾置勿道余母
系出宋瀆於公爲族姪女余故知之詳而敬述之如此
公男六人長楷貢入成均需次秉鐸次殿附監生先公

歿次樞次湻次恒次豐俱太學生湻考授州同知孫男
生者十五人曾孫生者十三人此亦可以見公之積厚
而流遠也因附記焉
六代孫金章重建藍圃公祠堂碑記曰我國山周氏自
　藍圃公始由雲竇遷居於城厥系凡六房特建分祠
於北郭之蓋田正室祀　始遷祖藍圃公旁供奉各房
木主並於後樓追祀　思橋公　雲卿公　安甫公
文達公輪奐既恢禮儀咸具世奉烝嘗二百年於茲矣
咸豐庚申粵氛流毒直被吾邑祠在城外先邑城而就
毁爲維時合族流離居無定所余與小棠姪皆渡江寓

泰興慨念故鄉烽火　先靈罔妥相矢以克復後重建
宗祠爲亟且日俯邀在天之佑他日毋忘斯言也時余
以諸生甫就寸職從戎皖營小棠雖已館選官令境約
誠未知何以踐斯言者惟各堅守此心無斯須忘其後
余以軍功游保郡守小棠散館改春官由主事游升郎
中歷奉　恩旨記名關道雖稍稍振拔而境皆不腆同
治辛未余奉檄權知廬州府維時吾里克復已數年小
棠自京師寓書商踐前約計以千金爲基始構地基創
設主室及大門成旋議建饗堂余與小棠分任之計費
白金六百兩推類而及於側室殇殤之向不與祀者由

小棠捐白金百兩建別室祀之癸酉九月寢室工竣是
年冬至祭爲始舉祠祭墓祭如初甲戌八月饗堂告成
祠中產業亦稍稍清理役既竣公議泐石以垂久遠並
將各捐數及現已清理各產條列於後自此以往仰荷
祖宗之靈睨我兄弟以迄子孫雲礽堂構相承世守
勿替有厚望焉是役也倡捐者來孫金章晜孫家楣經
理者來孫陞芝鳳飛監督工作始終其事者來孫以蕃
晜孫湛霖恩澤也例得詳書以示來者光緒四年中秋
月望日

景全公祠祔祀承清侯祠後寢屋一楹今毀

補亭公祠在蜀山門外菜花橋側咸豐四年公曾孫鼎來
孫以正炳魁等集捐鍾英經理創建屋四進前大門一楹
拜廳三楹顏曰穀詒堂旁室一楹中建寢室三楹右建亭
一座額曰補亭（共匾額尚是補亭公舊居遺額）後樓三楹再後崇先堂
三楹旁屋一楹中奉祀　補亭公旁祔各房木主後追祀
三代配以　隱溪公　子宸公　樸庵公　忍齋公
慕齋公歲以清明冬至前四日致祭湯學博潞撰記咸豐
十年毀于兵（光緒三年晜孫振清捐祠基六分坐落東珠巷）光緒十二年來孫福
謙仍於遺址經理重建門牆四楹寢室四楹後進平屋兩
楹光緒二十二年來孫廷弼經理建復饗堂三楹民國四

年晜孫寶森經理建設祔祠一楹至是一律建復惟舊有
補亭一座尚待後人踵建耳

元孫鍾英建祠紀略曰小東門外採花橋東堍下舊有
房屋數間係二三兩房公產陳啟泰租賃收息充公歷
年已久茲緣北郭　藍圃公祠木主日增几筵難設春
秋享祀不足以妥　先靈道光二十五年諸父昆弟會
議創立分祠以爲久遠計又復預爲籌備同心協力糾
會輸捐二三房蓮藏郎將房屋全所作價歸公爲祠基
址陸續庀材鳩工興作祠成復於寢室後添置基地起
造平屋四楹爲崇先堂追祀　三代延至咸豐五年告

成顏曰補亭公祠涓吉於四月二十四日安主開祭是役也自起工至竣工共計十年其不至止於半途者此皆我　祖之遺澤深長亦諸父昆弟之矢慎矢公共襄善舉以克成厥事也用誌大畧以示來者

湯潞新建補亭公祠碑記曰昔先王制禮法以及天下莫大乎報本追遠之義祠宇之所由昉也吾邑周氏自西漢末避新莽亂卜居陽羨啟宇國山迄今千六百餘載族姓爲最古三國以來簪纓勿替代有傳人孝侯其尤著者也源遠流長支分派別元末遷於雲霧至康熙間藍圃公移居於城季子補亭公承父志於北郭之藍

田創立家廟距今將二百年矣補亭公後子姓最爲繁衍每逢春秋祫祭之時几筵難設非所以肅禋祀而妥先靈爰議建立支祠以垂久遠道光乙巳購基於城東之採花橋鳩工庀材閱十載而蕆厥事潞適解組歸甥溱姻姪陛芝邀往瞻仰祠面臨溪河南北共九楹後三楹追尊三代中三楹自補亭公位下昭穆以次附列上洽祖禰也前三楹爲合食飲福之所旁爲齋室盥洗易衣咸潔齋相見下洽子孫也側建小亭中懸祖蹟永思勿諼也規模宏敞不事丹楹刻桷之華而有曼碩實枚之固因書楹帖三聯懸諸廳事而溶等復乞數言以紀

其事禮曰君子將營宮室宗廟爲先周氏補亭公時家毓素封數傳而後益未光其華厦而獨建祠之費劇資營造協力同心洵可謂尊祖敬宗者矣統計建祠之費若干緡董其役者爲補亭之曾孫曦元孫溱等來孫國材等昆孫英玉等礽孫念劬而始終其事者爲元孫鍾英詩曰孝思不匱永錫爾類其是之謂乎春秋祀事肅拜濟蹌雍雍乎禮法之地於以聽彝訓而裕後昆其有功於宗祏者非淺鮮也是爲記

補祠舊有楹聯云門對溪流世澤與湯池並遠基開郊甸祖功偕樓堞俱高又一聯云灉墅溯分支千六百祺

俎豆常新祚衍國山之澤藍田續舊緒一十八傳箕裘丕振光承雲霧之輝又一聯云三子承基孝悌洽績藝文光昭邑乘八傳繼緒詩禮科名行誼德振家聲

右雲霧三房分宗祠

毅菴公松岡公派下側室合祠在雲霧西河南（俗名小祠堂）今毀（按毅菴公係雲霧分二房松岡公係三房合併註明以備查考）

松坡公祠在雲霧村東創建年月無考今毀

右雲霧四房分宗祠

北六分祠在竹門橋頭今毀

第五分祠在宋瀆河南創建年月無考咸豐十年兵毀光

緒五年十四世孫庚全十五世孫順章等重建寢室三楹
中進兩楹宣統三年十四世孫曾曜又建前進門樓兩楹
右雲鶴六房分宗祠
昌陽公祠在宋瀆河北創建年月無考咸豐十年兵毀光
緒七年十四世孫順忠十五世孫之藩重建

祠宇記

祠碑 續編

蒲墅大宗祠碑 詳見第五十八卷金石攷
雲鶴大宗祠碑潘司農守正撰見樹祠門正中壁
碑首載雲鶴周陽公宗祠碑記末載萬歷庚戌季春南京戶部福建清吏司員外郎邑人潘守正撰八世孫中立等勒石

大宗祠歷代世系圖碑見樹中門左壁
大宗祠祖訓碑見樹中門右壁
重修大宗祠記碑乾隆戊戌十三代孫汝爲撰見樹饗堂下左首碑亭內
碑首載雲鶴宗祠記碑末載十三代孫汝爲謹撰十一代孫景衡等勒石
修祠捐數石刻見奔碑亭內右壁
重建大宗祠記碑十五代孫鳳飛撰見樹碑亭內
碑首載重建大宗祠碑記末載十五代孫鳳飛謹撰光緒七年歲在重光大荒落國壯月穀旦
宋瀆宗祠碑十代孫世賢撰見樹北祠內

尙書公祠碑舊在宋瀆南祠內
鳳儀公祠碑儲孝廉欣撰樹鳳儀公祠
碑首載鳳儀周公祠記末載康熙辛巳歲八月穀旦同邑舉人儲欣撰
鳳儀公世德堂記碑公曾孫亦魯撰樹鳳儀公祠內
碑首載世德堂記末載康熙四十年歲次辛巳仲春淸明後一日曾孫亦魯謹誌
藍圃公祠堂記碑儲廉訪龍光撰舊樹祠中門外右首碑亭內今移置新祠中
碑首載周氏藍圃公祠堂記末載賜進士出身誥授中議大夫福建等處按察司使按察使前廣西分守蒼梧驛鹽道布政司使參政年家愚外孫儲龍光頓首拜撰乾隆九年歲次甲子孟夏穀旦
藍圃公祠產石刻前奔祠記碑右壁今不存

補亭公祠堂記碑湯學博潞撰舊樹饗堂右碑亭內今存斷碑半座暫移置藍圃公祠
碑首載新建補亭周公分祠碑記末載敕授修職郎歷任江陰新陽興化縣訓導陞授嘉定縣教諭廪貢生湯潞拜撰例授文林郎揀選知縣道光己亥科舉人潘奎光書丹咸豐五年歲在旃蒙單閼橘壯月穀旦
來孫湛霖斷碑記略曰咸豐五年　補亭公祠成復于饗堂下建亭一座謹以舊存補亭匾額懸之亭中而樹祠記碑于其下左列建祠各欵石刻右列祠中公產糧號石刻未及五稔粵逆流擾邑城不守祠宇就毀碑亦遺失賊平後屢至祠基搜求而不可得光緒庚辰二月步由蜀山門外於文昌閣遺址見有碑石仆地近視之

則祠碑也僅存下段一半爰告族人暫行移置　藍祠
碣雖抱殘遺蹟尙不盡泯也謹書此以誌慨兼以誌幸

祠宇記
祠產 續編
嘗讀亦魯公重建大宗祠鑾堂記世德堂祠記以零
積之數爲層級之加遂能剏造巨工獲償夙願先人
之苦心經營如此爲山之基成於一簣涓滴之細流
爲江河然則祠產出入其關係顧不重哉兵燹以來
自　簡惠公以下各祭產大致散失迭經追查僅得
十之四五惟少宰公剏立義莊合之藍祠舊存共田

三百餘畝爲數最多尙擬續捐大星遽隨滄桑改易
時事多艱大局將來未可懸測茲就各祠現存各產
凡經祠裔開送者彙登於簿藉資保存兼備擴充云

簡惠公祭產
開上區十圖 保安寺戸
歲字二千一百零五號平田六畝零一厘八毫六絲
歲字二千一百零六號平田三畝正
歲字二千一百零六號平田三畝零三厘九絲
歲字二千一百零七號高田太畝五分七厘一毫一絲
歲字二千一百零八號平田一畝零八厘三毫三絲
歲字二千一百十號平田二畝五分九厘三毫七絲
以上平田高田共二十二畝二分九厘七毫八絲
坐落邑亭橋東寺前村後照神道碑原額祭田九
十餘畝除已查到外尙缺七十餘畝俟後查明再
行續登

雲鶴大宗祠立本堂祭產
成任區十一圖
鞠字三百四十八號平田一畝正
鞠字三百四十九號平田一畝七分八厘二毫五絲
鞠字三百五十八號平田八畝九分正

鞠字四百十九號低田七畝四分二厘三毫
鞠字四百三十一號平田十六畝一分正
成任區十七圖
方字一千七百號平田五畝一分四厘七毫五絲
方字一千七百八十號平田一畝四分六厘二毫五絲
方字一千七百八十二號平田二畝七厘五毫六絲
成任區十八圖
蓋字七百三十四號平田五畝正
蓋字七百三十四號平田三分正
蓋字七百三十四號平田三畝九分七厘五毫

蓋字七百三十四號平田三分正
蓋字七百三十八號平田一畝三分二毫四絲
蓋字七百四十六號平田二畝八分四厘
蓋字七百四十九號平田三畝四分六厘
蓋字七百五十號平田一畝五分正
蓋字七百五十二號平田一畝六分五厘
蓋字七百五十六號平田五分正
蓋字七百五十八號平田二畝八分正
蓋字七百五十九號平田二畝二厘六毫
蓋字九百六十四號平田一畝六分六厘

蓋字九百七十三號平田一畝正
成任區十九圖
此字九百七十四號平田二畝二分一厘七毫一絲
此字九百七十七號平田一畝一分一厘八毫八絲
此字九百七十九號平田九分二厘六毫二絲
成任區二十二圖
惟字一百十九號平田三畝九分三厘
惟字一百二十一號平田二畝五分一厘七毫五絲
以上立本堂戸共平田八十二畝九分一厘四毫
一絲

安甫公祠祭産
成任區七圖
大字六百九十二號平田二畝四分九厘七毫五絲
大字八百四十三號低田四畝二分
大字一千六十四號平田四畝六分七厘
以上共田十一畝三分六厘七毫五絲
成任區十七圖
方字一千六百十三號平田三畝九毫
方字一千六百九十三號平田二畝六厘五毫
以上平田五畝七厘四毫

成任區十八圖
蓋字七百三十六號平田一畝三分四厘
蓋字七百四十一號平田九分一厘六毫七絲
蓋字七百四十三號平田一畝二分
蓋字七百四十七號平田四分
蓋字七百四十八號平田七分四厘七毫
蓋字七百四十九號平田一畝一分七厘六毫
蓋字九百六十五號平田七分 家德堂戸
蓋字九百六十九號平田二畝一分
蓋字九百九十一號平田八分七毫五絲

蓋字九百九十三號平田四分七厘五毫
蓋字九百九十四號平田一畝七厘三毫二絲
蓋字一千零二十四號平田一畝一分八厘八毫五
絲
蓋字一千二百十四號平田一畝正
以上平田十三畝一分二厘三毫九絲
成任區十九圖
此字九百九十四號平田四畝八分八毫三絲
此字九百九十五號平田四畝五分七厘·一毫八絲
此字九百九十六號平田五畝一分九厘四毫

此字九百九十七號平田六畝七分四厘一毫五絲
此字九百九十七號平田五畝七分六厘三毫九絲
家德堂戶
以上平田二十七畝七厘五毫九絲
統共平田五十六畝六分四厘四毫九絲 所有戶管除嘉德堂外均
係安市公安祠戶
蓋祠祭產
山亭區五圖
食字號四百六十一號平田三畝四厘一毫
號平田

號平田
以上蓋祠戶平田有兩號未詳俟查明補登
成任區十四圖
賴字一千三百十二號平田五分六厘七毫九絲
一千三百十三號平田七分七厘八毫一絲
一千三百十四號平田四分七厘四毫二絲
一千三百十五號平田七分二厘九毫一絲
一千三百十六號平田四分八厘五毫
一千三百十七號平田八分七厘三毫
一千三百十八號平田八分二厘三毫五絲

一千三百十九號平田二畝一分七厘五毫
一千三百二十號平田一畝八分七厘三毫 一絲
一千三百廿一號平田一畝五分八厘六毫
一千三百廿二號平田一畝二分三厘四毫 三絲
一千三百廿三號平田三畝九分八厘二毫 三絲
一千三百廿四號平田一畝五分七厘三毫 六絲
一千三百廿五號平田二分七厘五毫
一千三百廿六號平田四分六厘七毫五絲
一千三百廿七號平田二畝三分四釐
一千三百廿九號平田六分四厘七毫六絲

一千六百十六號平田二畝一分九厘三毫七絲
一千六百九十一號平田二畝一分六厘九毫三絲
一千九百九十二號平田二畝二分三厘二毫一絲
一千九百二十號平田二畝四分
一千九百廿三號平田五分五厘九絲
二千零零三號平田一畝九分五厘九毫
二千二百三十三號平田一畝八分二厘
二千二百五十號平田一畝五分七厘八毫二絲
以上共平田三十五畝七分八厘六毫四絲

清泉區十一圖

使字三百三十四號平田一畝正
使字三百三十四號平田五畝七分五厘一毫七絲
以上共平田六畝七分五厘一毫七絲

成任區十六圖
萬字一百八十八號平田一畝七分一毫

山亭區八圖
敢字一千四百二號平田九分五厘四毫二絲
又
仝號平田三畝
以上共平田三畝九分五厘四毫二絲

山亭區八圖 山細號

敢字三十五號山五畝
又
仝號山一畝三分三厘
敢字六十一號山三畝
敢字六十四號山三畝
以上共民山十二畝三分三厘

在城區四三圖 盡祠基地，係黃字號
元字號七號平田三分一厘七毫九絲 縣東市廛
黃字號二百八十三號平一畝九分六厘二毫五絲
以上共基地二畝二分八厘四絲

義莊田產 葉慶堂戶

成任區八圖
五字五百六十二號平田四畝七分五厘八毫八絲
五百六十三號平田六畝一分七厘七毫
五百六十四號平田七畝一分八厘八毫三絲
五百六十八號平田三畝三分四厘九毫五絲
五百七十號平田二畝二分二厘一毫
五百七十一號平田二畝三厘三毫二絲
五百七十二號平田四畝七分八厘二毫一絲
五百八十八號平田一畝五分二毫七絲
五百九十八號平田五畝一分

七百七十號平田二畝九分六厘九毫二絲
八百二十六號平田四畝八分七厘五毫
九百零六號平田六畝九厘七毫九絲
九百零七號平田八分一厘八毫
九百零八號平田四畝四分六厘三毫六絲
九百二十號平田六畝二分三厘一毫九絲
九百二十一號平田三畝二分八厘八絲
九百二十三號平田一畝五厘三毫九絲
九百二十六號平田三畝九分三厘八毫二絲
九百二十七號平田五畝五分三厘八毫

九百三十號平田二畝八分二厘五毫二絲
九百三十一號平田三畝九分七毫一絲
九百四十七號平田二畝一分三厘七毫三絲
以上共平田八十五畝二分四厘八毫七絲

成任區二十三圖
隱字二百三十六號平田二畝三分六厘

萬二區十一圖
賓字一千零九十五號平田一畝二分七釐八絲
賓字一千一百八十一號平田六分二釐五毫九絲
以上共平田一畝八分九釐六毫七絲

萬二區十二圖
歸字二千二百四十一號平田三分六厘五絲
二千二百四十二號平田三分六厘五絲
二千二百四十五號平田三分六厘五絲
二千二百四十七號平田八分
二千二百四十九號平田五分九厘一絲
二千二百五十號平田五分五厘一絲
二千三百零二號平田一畝四分四厘五毫八絲
二千三百十六號平田一畝零四厘二絲
二千三百四十五號平田八分五厘一毫七絲

二千三百四十七號平田一畝一分一厘一毫三絲
二千三百五十號平田一畝零九厘七毫六絲
二千三百五十一號平田二分五厘二毫
二千三百五十三號平田四分八厘一毫二絲
二千三百五十五號平田五分正
二千三百五十五號平田四分九厘四毫一絲
二千三百六十六號平田八分二釐
又 仝號平田四分五釐八毫
二千三百七十五號平田九分五釐三毫一絲
二千三百八十三號平田一畝八分二毫四絲

二千三百八十五號平田五分三厘八毫
二千三百八十六號平田一畝五分
二千三百九十四號平田六分
二千四百零三號平田一畝一分二厘三毫
二千四百零四號平田一畝一分六厘三毫四絲
二千四百零七號平田一畝三分四厘九毫三絲
二千四百零八號平田七分一厘八毫六絲
二千四百零九號平田二畝三分五毫九絲
二千四百十二號平田一畝四分二厘
二千四百二十四號平田一畝三毫一絲

二千四百二十六號平田一畝九分三厘九絲
二千四百二十七號平田一畝三分二厘八毫二絲
二千四百二十九號蕩田一分
以上共平田二十九畝四分一釐四絲
萬二區十三圖
王字號四百八十九號平田八分三釐六毫
四百九十九號平田二畝一分九厘八毫八絲
五百零四號平田五畝九分五厘三毫八絲
五百二十六號平田四分七厘七毫七絲
五百三十號平田一畝正

五百三十一號平田八分八厘六毫一絲
五百三十二號平田六畝八分五厘
五百三十五號平田一畝三分七厘六毫
五百三十八號平田一畝三分三厘三毫三絲
五百四十三號平田四畝一分五厘三毫一絲
五百四十六號平田四分三厘八毫
五百五十三號平田一畝九分四厘
五百五十六號平田三畝六分五厘九毫六絲
七百五十五號平田三畝四分四厘八毫三絲
七百五十七號平田八畝五厘三毫五絲

七百五十八號平田一畝九分七釐五毫二絲
七百五十九號平田一畝六分五厘六毫五絲
七百六十七號平田六畝五分四厘六絲
七百九十號平田三分
七百九十五號平田一畝九分三厘六毫九絲
七百九十七號平田六畝七分四厘一毫六絲
七百九十八號平田二畝四分四釐八毫八絲
八百六十一號平田二畝一毫九絲
八百七十號平田二畝五分
以上共平田六十八畝七分五毫六絲

萬二區六圖
讓字號一千四百九十一號平田二畝
一千四百九十二號平田一畝五分
一千四百九十三號平田十畝九分三厘
一千四百九十四號平田三畝三分三厘
一千五百十號平田五畝一分五厘八毫二絲
一千五百十六號平田七畝一分四厘
以上共平田三十畝五厘八毫二絲
開上區六圖
呂字號三百二十七號平田二畝三分三厘六毫

三百三十號平田一畝九分九厘七絲
三百三十一號平田一畝八分七厘
三百八十七號平田二畝二分八厘八絲
三百九十號平田八分三厘五毫二絲
九百五十四號平田一畝三分一厘四毫二絲
一千五十五號平田一畝九分七厘一毫六絲
一千七十八號平田一畝一分六厘六毫二絲
一千五百六號平田一畝三分九釐一毫二絲
一千五百十八號平田一畝七分三釐四毫三絲
以上共平田十六畝八分九釐二絲

開上區十一圖
律字號二百十二號平田二畝三分九厘五毫四絲
又　同號平田七分五毫二絲
以上共平田三畝一分六絲
開上區十二圖
呂字一百五十一號平田六分一厘
一百九十四號平田一畝七分九厘八毫四絲
二百零二號平田三畝五厘五毫五絲
二百零五號平田一畝六分四毫
二百零六號平田一畝三分六厘三毫九絲

二百十號平田五分八厘九毫九絲
二百二十三號平田六分七厘三毫三絲
二百二十四號平田八分八厘一毫二絲
二百五十四號平田四分五釐四毫七絲
二百五十五號平田一畝六分五厘七毫八絲
二百五十七號平田八分一厘一毫七絲
六百八十號平田三畝五分四厘五毫四絲
六百八十一號平田一畝七分七厘六毫二絲
六百八十二號平田三畝正
又　同號平田一畝八分正

七百十三號平田二畝八分三毫七絲
七百十七號平田二畝二分八厘五毫六絲
以上共平田三十一畝二分一厘八毫五絲
開下區二十六圖
辰字二百四十二號平田八分一厘三毫七絲
又　仝號平田一分五厘二毫
辰字六百六十七號平田四畝一分四厘九毫四絲
又　仝號平田一畝一分
以上共平田六畝二分一厘五毫一絲
開下區三十四圖

閏字號一千一百三十八號平田一畝七分
樸菴公鄂韡堂祭產
成任區十七圖
方字九百八十八號平田一畝四厘三毫五絲
九百九十六號平田二畝
一千三百三十五號平田一畝四釐六毫二絲
一千二百號平田一畝三分七厘四毫七絲
以上共平田五畝四分六厘四毫四絲
成任區八圖
五字五百七十八號平田一畝三分九厘三毫五絲

六百三十一號平田一畝一分九厘
以上共平田二畝五分八厘三毫五絲
開下區三十三圖
秋字九百四十三號平田三畝七分三厘七毫一絲
九百四十七號平田八分二厘三毫五絲
九百四十八號平田三分四厘七毫四絲
九百四十九號平田五分三厘二毫二絲
以上共平田五畝四分四厘二毫
補亭公祠祭產
清泉區十一圖

使字四十八號基地三畝一分 東門外祠基
在城區五圖
宇字十一號基地二分五厘一毫五絲 縣西市屋
均上區八圖
聖字七百號平田四畝六分三厘七絲
均上區九圖
德字八百三十六號高田二畝四分八毫八絲
均下區十九圖
行字一百四十七號平田三畝七毫五絲
一百五十號平田一畝四分二厘三毫一絲

一百六十號高田九分零
仝號高田三畝
以上共田八畝三分三厘六絲
又
均下區十九圖
行字六十一號民山二百七十畝
行字六十五號民山二百七十三畝二分
以上共民山五百四十三畝二分
均下十九圖七六念行宇號合共民山一百七十畝

國山周氏世譜卷五十 目錄

郎隴記
嫡祖塋兆
裔孫儀袞孝感墩記
宋劉宰塋兆記
裔孫之琵修墓記
裔孫湛霖修墓紀畧
唐柳宗元御史公墓碣記
裔孫亦魯蒲墅化卿公墓記
從祖墳墓 舊編
分祖塋兆
亦愚大家墓記
亦魯大家墓碑記
家相雲谿二世三世祖塋兆記
亦魯石嶴嶺墓記
各分名墓 續編
墓碣 續編

國山周氏世譜卷五十上

邱隴記　裔孫湛霖重訂

按從祖藕塘公有遺祖邱隴補遺一編其原引云魂氣升於天形魄歸於地邱墓之間動哀思焉茲自國陽公以上綜其大凡俾我子孫知世遠年湮本源可據亦邱首之意今踵爲增訂其有詩文可紀者附綴於後資考證也嫡祖從祖分爲兩帙示區別也其無可考證者從闕

謹按舊譜邱隴記舊編分嫡祖塋兆從祖墳墓續稿分分祖塋兆各分名墓凡四目爲一卷茲照舊目併爲一卷並將各塋兆記墓記隨載各塋墓後以便查閱其各墓碣亦附入焉裔孫承軒謹識

嫡祖塋兆 [illegible]

孝感墩在邑開寶鄉陽山之西浮山之麓舊傳爲孝侯祖墓南臨陽溪（陽溪即今畔山蕩）

裔孫儀袞孝感墩記曰畔山有墩曰孝感吾祖晉平西將軍孝侯祖墓也墩去山數百武崚嶒匼匝忽湧石脈蜿蜒若龍左右跨石梁東溪水之注瀴澤者滙其前成巨蕩荊南諸峯咸北嚮拱揖秋潔隱隱如畫屏翠障形家言足邑佳城唯此信然獨怪千數百年來邑乘不載家乘亦載厥故何歟蓋人知墓爲侯祖墓不知墓爲侯何代祖邑乘志某人墓在某地不詳某人祖墓在某地故闕不書耳而子孫亦以世遠莫考遂依廣平公已上例不敢鑿空嗟夫侯爲千古人傑非得千古地靈磅礴鬱積千百年之久詎足發文武忠孝光日月亙冰霜之偉烈則墩爲廣平公已上墓無疑也至若名流逸叟牧豎山僧過其地者咸克指祠後一片土曰周侯祖墓在其下則口碑鑿鑿足補邑乘所未備云

孝侯墓在城東南隅北向俗稱周墓墩晉太興二年賜改葬於陽羨舊原即其地平原內史陸機撰神道碑右（碑載邑志）

軍將軍王羲之書宋劉宰有塋兆記（陸文見卷下）

一統志晉周處墓在宜興縣治東南荊溪南岸（見常州府陵墓）

江南通志晉將軍周處墓在荊溪縣治英烈廟後（見壇廟志）

咸淳毗陵志周將軍處墓在荊溪英烈廟側（見陵墓志）

常州府志晉周將軍處墓在宜興縣治英烈廟後（見陵墓志）

邑舊志晉平西將軍周處墓荊溪南英烈廟側（見古蹟志邱墓）

宋劉宰塋兆記曰周孝公墓在陽羨荊溪之南北向廟當其前紹興中賜額曰英烈慶元初進封忠武公周氏自魴四世顯著其盛也一門五侯墓之存於今十有一焉許其次然公必葬衣冠其中明甚歲久梵宇民居交

侵陽地之存無幾近歲有仗義起祠者所歸僅十之二旋復區分之鄙陽洪君倜儻道相君之孫好事行義其丞是邑也謂古興王之世必禮先賢之墓而法所得祀惟有功於民有勞於國與夫禦災捍患以死勤事者公皆兼之又公之英爽凜凜如生顧廟未葺墓之採樵弗禁非所以崇明德昭令典欲亟圖之而局於位會其季年以選攝令慨然曰可矣乃周視棟宇媼工庀材以楹計屋凡敝而新之者十有八無而益之者十有四額而正之者九漏而塡之者十甓其壁而設其像置什器與凡丹堊之漫漶者既又巡行兆域辨其侵而勸相其還

線之牆踰二百丈樹之松杉合萬有一千本又即墓之中故相朱公倬爲宜簿領時所築基亭焉以爲致敬之地費先捐己故助者衆役不干時故作者力凡用石米二百緡錢千有五百其助於木瓦甓而不受直者不計經始於歲癸未十有一月丙寅而成於明年四月亦洪君之爲力勤矣既成而屬予以記予雖不文以託名不朽爲幸其何敢辭抑聞前輩謂慷慨殺身易從容就義難蓋慷慨殺身苟不勝一朝之忿者皆能之從容就義非沉思審慮不輕用其身者不能也張子房早歲結客報讎恥秦皇如晉鄙不幸爲所及則從荊軻遊地下耳

尺詘圯上之言玩黃石之編向者排山倒海之氣如水泛壑故能不出帷幄顛贏踏項公其斯人徒歟史稱公少時縱情肆欲爲州曲患陸士衡爲公碑謂不欣於俗爲俗所誣徐鍇又以公爲任俠千載之上是否誠難臆決然竊意鍇之言爲近蓋吳魏世仇吳自大帝之亡日廹於魏魏以曹休之敗深怨乎魴則公之任俠卽子房博浪沙中遺意其爲鄉里患苦非公自爾蓋俠徒所萃其勢則然及聞父老之言翻然自克又與子房圯上歸來異世一揆前輩以子房所遇爲秦之隱君子庸詎知公所遇非陽羨之隱君子歟遐想當時遇合之由進說

之次第與公所以引咎自歸必大有可觀而史非班馬登載濶疏令人不慊故述之篇以侈陽羨舊聞而附以詩俾歌以祀若公之官閥行治傳記已詳茲不復贅云

宋嘉定甲申六月朔漫塘叟劉宰撰

唐權德輿平西墓詩 五律 英威今寂寞陳蹟對崇邱壯志清風在荒墳白日愁窮泉那復曉喬木不知秋歲歲寒塘側無人水自流 全唐詩

明蔣枎題侯墓詩次權相國韻 五律 志士思橫草將軍不首邱丹忱終古炯碧血一天愁河嶽鍾英爽風霜凜節秋誠隅欽仰止荊水共長流 見忠義集

僑太史大文弔侯墓歌（七古）噫吁戲雍雲不反吳雲悠悠涼颸參差吹絲浮游賓刀雕弓地下留陸家健筆空橫秋江北兮五馬江南兮五侯侯家帝里長已矣圭今墓道羅松楸噫吁戲誰令雙溪日夕波却作隴水東西流（見邑舊志藝文）

史惟圓孝侯古墓詩（七律）孝侯遺像儼祠堂疑塚纍纍荊水陽遥見旌旗空際出誰將冠劍此中藏古碑有字荒苔碧老樹無枝落日黃今日紛紛足蛟虎威靈寂寞對寒塘（見邑舊志古蹟）

顧彩題孝侯墓詞（沁園春）宿莽城隅馬鬣遺封侯墓在

焉憶斬蛟名播祠留荊水平羌志賁塚像祁連揮塵清談何人悵却典午河山五十年如侯者更丹心一點日月孤懸　長橋東望淒然想毅魄歸來認故園任風前白鶴啼殘華表雨中黃犢耕破平原白叟黃童羣瞻廟貌寒食還應送紙錢悲千古盡英雄逝水戰骨寒煙（同上）

（裔孫）之甃孝侯墓記曰孝侯墓在荊溪之南北向廟當其前宋劉宰塋兆記云墓之存十有一莫詳其來明邑人蔣偉周墓詩註云墓逼城東凡七阜本朝康熙間儲在陸先生文僅云墓營三岡高與城際而已然今巋然五峚屹立廟左固不止於三岡也又侯墓俗稱周墓墩爲邑中游覽勝地前明沈邵諸公於墓旁建娛晚堂爲賓朋讌集之所今故址尚存有周文通書碑記嘉慶庚午春同人踏青至此賦詩季父藕塘廸原唱云參差樓閣倚斜曛千載衣冠閟古墳社日已過寒食近碧煙芳草拜將軍舅氏潘迂雲允喆和云青青草色染羅帬拉伴行吟悵夕曛射虎斬蛟成往事遺祠爭說晉將軍儲靜齋成章雲云孝公墓左擁風雲懷古人行倚夕曛才子忠臣原孝子千秋三絕一將軍任澧塘安上云如煙芳草委春雲古墓重登日又曛世界升平蛟虎避一區明水薦將軍申蕉庵澤溥云當年折節友機雲未靖豺狼

當道氛墓草千秋遺恨在漫將射虎說將軍潘璜溪兆熊云平西墓古葬風雲尚有遺祠細路分一種萋萋芳草色半歸丞相（墓左舊有周相特祠）半將軍（軍字韻凡二十餘押佳句極多茲不備錄）

邑舊志載侯墓基地黃字二百九十五號官地壹畝壹分叁釐叁毫二百九十六號官地壹畝玖分貳釐伍毫二百九十七號官地捌分柒釐壹毫（見忠義集）

邑新志周墓西南一帶近墓之地盡屬中空在陸草堂及義倉東蔣氏宅內並有墓門人有墮入復出者今皆湮閉矣蓋墓之左右皆周氏坿葬之所宋劉宰塋兆記

所云十一邱者雖有大小高卑而設爲地室一也
裔孫湛霖修墓紀略曰元至正庚寅紅巾賊冦宜興發孝
侯墓事詳邑乘忠義志繼武公諱紹先傳中 國朝咸豐
間粵逆蔓延流擾宜邑庚申四月城陷賊踞城五載毀
侯墓盜去寶劍一口玉帶一具同治甲子城垣克復
是年冬回城省墓正中一墩頂有大洞周圍盈丈洞積
賊骸淺深莫測左首一墩側面兩洞周圍數尺未能深
入不過挖去浮土而已乙丑夏南山一帶野獸爲害致
傷人命宜令鄭名猶秦字淇瞻荆令厲名學濟字慕韓虔禱 侯廟
神默佑越月獸患頓息厲公捐廉修墓命督工作先補

正洞去盡積骨由梯而下省視形跡四周成室東西南
三面磚砌爲壁頂似城門北面石門兩扇樹閉如闌擋
之不動仰之中空昔日所葬衣冠其在門以南或在門
以北不可得而詳也閱五日修整工竣復命厲公當出
示諭嚴禁侵損焉墓營於晉至今垂千六百餘年矣兩
次遭劫殆有數存乎其間因與修墓之役謹述顛末如
此乙丑仲秋望日謹識
孝侯袍笏墓在國山麓地名周袍塢侯未歸葬時劾子碩
奉家藏袍笏瘞于國山下今塢尚有兩石冢相傳一冢葬
袍一冢葬笏參王升邑志

常州府志周袍塢周孝侯墓在城內而袍笏墓在邑西
離墨山南故俗名周袍塢見宜興古蹟志
邑舊志周袍塢周孝侯袍笏墓在離墨山南見古蹟志遺址
邑新志周袍塢在離墨山南周二里許上有竹木周孝
侯季子碩就其地葬侯袍笏爲兩冢結廬於側灑淚着
樹樹爲之枯今石冢尚存見古蹟志遺址
忠義集周袍塢在邑西南四十里離墨山下孝侯馬革
未還葬山西澤州府鳳臺縣地名周村今在邑中者爲
孝侯金甲墓離墨山下者爲孝侯袍笏墓見第七卷備考
陳經泛舟蒲墅蕩懷周袍塢詩五律 斜日倚孤篷行行趁

晚風明霞映水碧殘葉墮枝紅雁字微濛外漁歌杳靄
中孝侯袍笏在懷古意無窮見邑志藝文
裔孫徵字望齡號曉峰謁周袍塢詩二首五古 卓哉 平西祖經文
兼緯武正氣塞兩間中流作砥柱矯矯立朝端稜稜鎮
烏府執簡劾駿彤夏侯駿梁王彤疾惡如蛟虎奉詔征西行矢
志平氐虜二豎指彤駿握兵權一朝遲宿怒逼遣赴梁山
枵腹持干櫓援絕陷孤軍軀捐報我主戰骨遺澤州山西
澤州府鳳臺縣周村鎮前有孝侯墓英靈返故土自昔埋衣冠至今傳袍
塢神爽憑一邱休光輝萬古其一懷抗 胄勇公思親常
積慮痛父効孤忠詰朝來凶訃歸葬恨無期曷慰終身

慕謹瘞芴輿袍馬鬣封彌固結廬塋兆旁潸淚枯林樹展謁訪遺踪指點南山路摳衣上高岡行行二里許於今千百年兩塚峙如故塢有二塚積石爲成一葬袍一葬芴背倚離墨峰面臨蔣水滸瞻拜奠清尊揭虔香一炷仰止意靡窮依依忘日暮其二 見宜興荆溪縣新志古蹟

裔孫岳襄題周袍塢詩五絶 精忠何烈烈衛國輒捐軀欲問當年事古松四五株

山西鳳臺縣孝侯墓在周村鎮見儲應泰問月軒集 同治間裔孫道倫幕游山西過周村謁侯墓墓前有碑

問月軒集山西鳳臺縣周村鎮周姓俱祖平西鎮前有平西將軍墓塋兆高曠梁南一孝廉宦游過此嘗展謁焉見邑志藝文

儲應泰簡梁南一謁平西墓詩并序 序曰平西墓在吾邑城東南隅傳聞異詞有指爲衣冠墓者吾友南一絳人也至自絳携詩示予中有陽城縣周村鎮或云鎮隸鳳臺謁平西墓作詩雄渾可歌序畧云豐碑屹立墓旁居民咸以公姓爲姓及叩墓所由來故老無能道者按公征齊萬年駐兵梁山受梁王彤節制彤銜公爲中丞時劾其不法事勒令孤軍深入力戰死之强虜在前權奸在後能必公尸歸葬哉鎮去六陌差近或收公骨瘞此夜臺

未可知也誌其事而繫以詩爰備後人之參訂云爾詩曰最是令人感慨多陽城陽羨塚嵯峨我於故國搜遺蹟客向長途發浩歌陸贄忠魂疑父老萇宏恨血滿山河他年補入平西傳好事如君亦不磨見問月軒集

四世祖勗公墓在周袍塢

五世祖遵養公墓祔周袍塢

六世祖子深公墓祔周袍塢

十二世祖晉興公墓在國山麓

邑志周晉興縣男山圖墓在國山麓見古蹟志邱墓

二十四世祖御史公墓闕唐柳宗元撰墓記

柳宗元墓碣記曰有唐貞臣汝南周氏諱子諒字克誠諫死葬於某貞元十二年柳宗元立碣於其墓左在開元年間有以諂諛至相位賢臣放退公爲御史抗言以白其事得死于墀下史臣書之公之死佞者始畏公議嗚呼古之不得其死者衆矣若公之死志匡王國氣震姦佞動獲其所蓋得死者歟公之德之才洽於博聞卒以不諂而獨申其節猶能奮百代之上以爲世軌第令生于定哀之間則孔子不曰未見剛者由于秦楚之後則漢祖不曰安得猛士而存不及興王之用沒不遭聖人之嘆誠立志者之所悼也故爲之銘銘曰忠爲美道

是履謙而死佞者止史之志石以紀爲臣軌兮 見柳集
二十五世祖艮美公墓在顧山
二十六世祖智高公墓在蔣山
三十七世祖艮固公墓在芙蓉山靈望洞左 據蒲墅東分舊譜
三十八世祖子實公墓祔周稅塢
三十九世祖宮保公墓祔周稅塢
四十世祖少保公墓祔周稅塢
四十一世祖少師公墓在邑山之陽 據王升墓碑跋
四十二世祖簡惠公墓在梅林宋少傅益國公周必大撰
神道碑銘 周文見卷下
江南通志參政周葵墓在荆溪縣梅林 見壇廟志
常州府志宜興周參政葵墓在梅林周必大撰碑 見陵墓志
邑舊志周參政葵墓梅林 見古蹟志邱墓
四十三世祖宜敎公墓祔梅林
四十四世祖若矩公墓在梅林
四十五世祖禮民公墓在周稅塢
四十六世祖國冠公墓在周稅塢
四十七世祖邦泰公墓在國山西麓大乘庵南
四十八世祖叔艮公墓在大乘庵南
四十九世祖化卿公墓在大乘庵南裔孫亦魯撰記有碑

墓基辦糧舊譜載明原辦從一區七圖基字五百九十一號山地三畝五釐一毫又同號平一分九毫歸立本堂戶完賦碑記載明永禁各子孫不得侵葬

亦魯濬墅化卿公墓碑記曰化卿公者雲霧始遷祖國陽公之父實簡惠公之七世孫孝侯之四十九世裔也公諱鯤號濬山世居蒲墅按世譜公父諱祖侯字叔艮元至正壬辰歲遭紅巾賊徐壽輝之變每歎世澤淪亡宗姓燬劫雅意恢復公承其志築別墅於雲霧子孫遂世居焉是始遷者國陽公而創興基業預爲遷地者實濬山公也公生二子長諱宗麟即國陽公葬大家墓者是也次諱宗濂號離南爲外二分祖濬山公仍葬蒲墅離南公從葬其旁墓在離墨山之麓大乘庵之左菴右即孝侯祠配祖母王氏孺人講所謂合葬菴南者是也按葬地公父叔艮公祖邦泰公亦葬菴南曾祖國冠公高祖禮民公俱葬周稅塢高祖以上若矩公心齋公俱從簡惠公葬於梅林譜牒彰彰可考欲訪其墓所年齡數百代易數朝其塚累累墓無碑石遂皆磨滅不可識惟化卿公之墓幸傳公生二子而國陽公一支獨昌國陽公生五子而二五兩分獨昌然祠祭皆祖國陽公而未及化卿公惟大分追祖化卿公而墓祭亦莫向蒲墅者公子姓蕃衍散居雲霧宋瀆周家瀆竹門湖頭等處

不下千百問及大家墓則兒童盡識而溯及化卿公墓墓遼遠雖耄耋終莫至其處壬申歲亡兄犁高公修譜祠中欲訪孝侯遺蹟至侯祠守墓者因指公墓欲求公之祖考同葬菴南者守墓者亦莫識也兄不勝悼歎歸告族尊始議墓祭之禮魯爲贊勸其事後六年建置祭田之議又後五年始建立碑之議族尊某某族叔抱旭其瀾共董成之立碑後二房五房及大房共立議單責成守墓者世掌其祭離南公亦議祔祭其旁時康熙丙戌仲秋也魯勸事告竣不禁喟然興歎曰韓魏公非大宋一代偉人與入相後進爵爲王封及五世寵榮極矣

然三世以上仕於某方郎葬其地雖有誌銘而未立碑石朝廷焚黃求其地而不得偏託同年僚佐門生故舊稽縣志訪野老閱歷十數年不憚勤勞始得其地矣猶未得其塚繼得其塚矣猶未別其爲某塚幸公精誠所感意之所注目若有觸開塋發誌悉如所求因述其事作記作序垂戒子孫惟以修祖塋作譜牒立碑誌爲譜諸噫世界大族所貴子孫蕃昌者非以祠祭墓祭世世不絕與載考世譜自孝侯而下簡惠公而上世系甚明生卒罕記及葬地者百不及二三自簡惠公而下化卿公而上葬地多書矣然書葬梅林梅林墓之可考者幾與書葬周袍塢周袍塢墓之可考者幾與書葬菴南菴南墓之可考者幾與是知譜牒所載猶屬慮文惟立碑石始爲實據此魯所以繼亡兄而倡議幸族叔與族人共樂成之者也雖然墓之無考者莫可如何矣可考者非亟加修葺整與祀典幾何不與湮沒無傳者等也公墓而推孝侯祠神像不將毀乎由公墓而推周袍塢子孫幾不能保有其地矣由公墓而推周墓墩墓木無存四隅侵占僅餘瓦礫之場矣再推之周王廟大厦將傾豈朽木能久支乎凡我子孫處可爲之地擁得爲之貲者代不乏人然視爲公祖遠祖者多漠不關心有水

源木本之思欲加整頓者實有心無力奈之何哉奈之何或魯於此者嗟嘆息而重有望於後之君子

邱隴記

從亂壙墓 舊編

二十二世可謙公 諱日知 墓在國山 見邑志

二十五世拾遺公 諱息瑰 墓祔周墓墩 邑志在國山麓

二十五世良德公 諱元惜 墓祔周墓墩

二十五世良史公 諱士琳 墓在周袍塢

二十六世智囊公 諱同晁 墓在顧山

二十六世智明公 諱同昰 墓在周袍塢

二十六世智達公諱同文墓在周袍塢
二十六世智通公諱天璧墓在周袍塢
二十六世智隱公諱思勛墓在國山麓
四十二世荊蒲公諱萃墓在梅林
四十二世厚齋公諱芸墓在周袍塢
四十三世從仕公諱樅墓祔梅林
四十三世辰州公諱棟墓祔梅林
四十三世朝散公諱林墓祔梅林
四十三世廬陵公諱檜墓祔梅林
四十四世儒林公諱大年墓在梅林

四十四世淦里支祖諱大壯墓天頂山
四十四世若里公諱大直墓祔梅林
四十七世邦寧公諱紹京墓在周袍塢
四十八世蒲墅北堰分祖諱祥八墓在雞頭山
四十九世蒲墅東分祖諱孝一墓在茅園
四十九世蒲墅西分祖諱孝五墓在安山
四十九世集義瀆支祖諱孝六墓在渦湖瀆
五十世蒲墅郎中分祖諱德仁墓在安山
五十世蒲墅西分祖諱德義墓在安山
五十世蒲墅牆門分祖諱德正墓在安山

五十一世栅村支祖諱孟謙墓在紫霞山
五十一世蒲墅東分祖諱叔寶墓在五龍岡
忠義塚在國山麓元至正壬辰徐壽輝稱帝於蘄黃其偽
將由義興取道犯浙西發孝侯墓羅武公率族抗拒闔族
遇害邦盛公暨叔用叔良兩公備太棺百具收殮骸骨葬
周袍塢側名忠義塚
按至正壬辰族中殉難者數百人舊譜載明葬忠義塚
者祇二十五人謹錄於左
四十七世
紹先公　紹忠公　紹師公　紹元公　紹臨公

紹勇公　紹京公　紹銳公　紹臧公　紹庭公
紹偉公　紹宗公　紹倬公　紹芳公　紹倫公
紹祉公　紹俊公　紹寂公　紹宏公　紹緣公
紹哲公　紹勛公　紹肅公　紹業公　紹義公
祭重慶題忠義冢詩七絕　今古賢愚總一邱此間忠義獨
長留信知法祖傳家遠端是培元爲國謀
裔孫徵謌忠義冢詩七律　驚聞祖墓被蹂躪氣奮風雲誓復
仇一族捐軀悲逝水千秋遺蹟仰高邱草凝戰血添紅
影冢邊畝山紅草甚多山爲忠魂露白頭族衆死難後賊復發孝侯祠分墓忽然山發洪水沖潰賊徒盡傳無弄至今發洪處草木不生憑弔情深歸獨晚四圍黯淡暮

雲浮

邱隴記　十六世孫丕基謹輯

分祖塋兆 續錄

舊譜邱隴祇載五世餘俱從略兹查世表凡分祖塋兆其確有可考者不限世數謹悉增補詳錄於左

始遷雲霧一世祖國陽公墓在雲霧村東名大家墓（俗稱六爪）癸山丁向十一世孫亦愚撰墓記亦魯撰碑記（墓基辦糧戶成任）

（墓　十七圖方字一千七百號五畝一分四釐七毫五絲）

亦愚大家墓記曰墓何以記乎以國陽公墓而記之也國陽公之墓何以記乎以始遷雲霧祖之墓而記之也始遷雲霧祖之墓又何以記也曰原其始也亦且核其名也原其始者何蓋兹墓由來久矣好奇者相傳有神僧立其地指授向所穴室吾祖潛聞而識之異日乃如所云而葬焉噫誕矣舊譜云化卿公築室于兹爲遊樂地國陽公乃徙居焉夫元末明初兹地荒涼荊榛無高堂棟宇之安奇山異水之玩何遊樂之有意必實有所見度知爲百年永奠之基而遷於此而墓於此故原其始者所以決之理而不從乎誕也核其名者何蓋墓係祖阡則國陽公有五子即分五支第四支無傳斬矣第三支零丁微矣第一支少貴顯其所發祥者惟第二第五兩支耳然興衰雖別既曰大家則非支祖之墓乃公祖之墓也故核其名者所以示之公而不從乎私也鄉猶有說焉堪輿見淺每于故塚旁覓一隙地便爲佳兆而子孫疏畧度外視之不一顧即有因以爲利居中謀賣坐令地入他人更有時屋排墻剪傷壠脉詎知身未獲福而禍已及殊可痛也夫往日明徵郎爲今鑒苟能體前人始遷之意命名之原防護而慎守之則歷禩[illegible]雖接踵而光大也此愚記之之意也夫十一世孫亦愚謹記

亦魯大家墓碑記曰墓以大家名誌公也按世譜始遷祖國陽公爲　化卿公長子實　孝侯四十八世孫也元末偕弟離南公自蕭墅徙居雲霧生五子長諱文俊爲大分祖徙居周家濱次諱文傑爲二分祖先居本村五世徙居宋瀆後又分支於竹門及湖頭分守化卿公墓者仍居蕭墅三諱文乾爲三分祖子孫零落無定居四諱文元無傳五諱文亨爲五分祖世居本村五分均爲國陽公後裔傳世十三丁餘千數皆大家墓所自出墓遂始終以大家名蘇子曰觀乎之名譜者孝子悌弟之意可以油然生矣魯於是墓亦云然吾宜名墓不下數十所最著者如徐氏之以紫雲名山取其瑞也吳

氏之以串珠名墩取其象也曹氏之以白石名山取其色也萬氏之以棉花名墩取其物也四族富貴甲吾宜命名之意俱無甚關切而吾家獨以大家名以一家而分爲五家五家而衍爲千百家要之千百家總不離乎一大家觀昔之名墓者孝子悌弟之意不可油然生乎禮云入廟思敬過墟思哀此通論也非必己之所自出也今大家墓所葬塊然居中者爲始祖國陽公其次則二分祖就齋公其側皆就齋公後裔以昔年五分專掌祠祭二分專掌墓祭故世執疆差而所葬獨多亦公也非私也凡我子孫登是墓者顧名思義非我始祖卽我

高曾伯叔祖也其思敬思哀孰非不學不慮之良而忍曰我獨不然歟故曰觀昔之名墓者孝子悌弟之意可以油然生矣雖然墓以大家名誌公也亦誌衆也衆則勢渙其心難聚故易之萃曰假廟其渙亦曰假廟必子孫之精神聚而後祖考之精神亦聚否則渙散披離大家有利則共爭之大家有事則共諉之蘇子所謂其初由於一人之身者繼而以塗人視之夫以塗人視之其弊可勝言哉率牛羊而食踐者非他姓卽大家墓之子孫也操斧斤而斬伐者非他姓卽大家墓之子孫也甚至挾肩插臂不顧昭穆東西侵削不循界限者非他姓

卽大家墓之子孫也最甚者前不問朝案後不觀來脈造宅造墳傷殘累累者非他姓卽大家墓之子孫也墓以大家名善會之則爲孝子悌弟不善會之卽爲不孝不悌出此入彼豈有中立之勢歟啻爲萬目無心者久之皆欲立碑申禁自揣分卑力薄不能大聲疾呼轉害爲福適有族叔抱旭其瀾公同倡議共稟族衆邀首各分僉曰可上溯化卿公墓在蒲墅者亦立碑爲副後共置祭田共植墓木共申禁約共辦墓糧共飲福酒庶乎上敬祖下收族有公之美無衆之弊有萃之樂無渙之患向之塗人視之者咸有孝子悌弟之思雖千百家而

仍如一家不愧大家名墓之意歟啻於兹又有感焉離南公偕兄同遷其時以二乘並稱乃離南公子孫寥寥不過數人而本支獨昌卽本支五分除四分無傳外大分子孫亦未蕃衍三分後裔又不及離南公惟二五兩分昌昌謂是氣數適然與或青烏家土脈厚薄之說有驗與抑迎天休乘地澤迪吉之道全憑人事與君子信其理惟願是墓之子孫念隆替之有由知盛衰之不可常據推孝悌之心以篤宗盟以敦族誼常以有濟無毋以强陵弱常以大恤小毋以少陵長辦公事惟恐力不自己出斂公費惟恐財不自己輸行公道恩不必自己

五世祖天度公竹門分祖墓在竹門南橋西
六世祖振庵公墓在宋濱南名紗帽墳
七世祖樂田公墓在黄土村
七世祖復元公墓在東圍
七世祖守庵公墓在篠嶺
三房分
二世祖行健公墓在雲霤茶亭南
雲霤分
二世祖濬祥公墓在雲霤村西艮山坤向有碑十六世孫
家楣撰塋兆記

家楣雲霤二世祖三世祖塋兆記曰我始祖　國陽公
之遷雲霤也卜宅於此即營葬於此累代塋域比村而
立二世祖　濬祥公祖妣　蕭孺人三世祖　雲樵公
祖妣　王孺人兩代墳墓居村之西其前壙有石垣垣
址爲賓綸堂私產堪輿家所謂出向處也有垣則無向
術士之言未可盡信而揆之於理或蔽於前先靈則惘
爲子孫者其何以安耶光緒六年余奉諱旋里率姪志
靖謁墓賓綸堂裔弟曉梅實偕往焉族長老爲余言前
事余商之曉梅議移垣他處以後于其址不建屋不造
壙著爲令曉梅慨然任其事并即出貲鳩工移遷一清

市建公議然不必自己遷則水源木本一體同仁歲時
拜奠於墓下飲福於祠中蹌蹌濟濟肅肅雝雝祖考之
神靈怳乎若接子孫之情誼藹乎可親是大家名墓之
意不惟千百家可聯爲一家且將千百世可聯爲一世
衰者可以復盛又豈盛者不可常保哉
周家濱分
昌陽公二世周家濱分祖墓在蒲墅化卿公墓側有碑
二世祖起秀公墓在雲霤村東名淡竹墓
祔葬者十六冢
東分祖學峰公　西分祖遜川公

四世祖瑞山公　秀三公　秋巖公
五世祖衡齋公　殷素公　引方公　德輿公
六世祖濟惠公　又赤公　西園公　觀其公
次布公　方博公　江隱公城塘大圩分祖
宋濱分
二世祖耕齋公祔葬大家墓側
祔葬者八冢
三世祖立齋公　四世祖朝進公長房分祖
五世祖新安公　七世祖希和公湖頭分祖　惟堯公黃頭分祖
七世祖樂耕公　八世祖養吾公　愛耕公陳家村分祖

從此遠對銅峰近環綠野惟我先靈式憑於茲以妥以
侑曉梅之力也書此以示將來焉裔孫家楣記
三世祖雲樵公墓在雲鶴村西艮山坤向有碑
四世祖西津公墓在雲鶴村西耿氏地俗稱西大墳有碑墓基耕糧
成任十七圖方字一千七百八十二號二畝七釐五毫六絲
四世祖西渚公墓在雲鶴村西
五世祖愛橋公大二三房分祖墓在雲鶴村西乙山辛向有碑
五世祖松坡公四房分祖墓在雲鶴村西
五世祖近橋公大房分祖墓在雲鶴村西乙山辛向有碑
五世祖愛川公墓在雲鶴村西

六世祖竹所公大房分祖墓在雲鶴村西有碑
六世祖鼎橋公二房分祖墓在暇山有碑
六世祖思橋公三房分祖墓在雲鶴村西
六世祖佑橋公　雲橋公　龍潭公　艮材公
心坡公　後泉公　繼橋公　近園公
怡南公　西園公　敬川公已上各墓俱在雲鶴村西
七世祖守竹公　少竹公　雲壑公　敬橋公
沖宇公　希賢公　完樸公已上各墓俱在雲鶴村西
七世祖春宇公墓在暇山盧中書象觀撰墓誌
七世祖雲潭公墓在瀆西

七世祖泰宇公墓在湖㳇盧峰山東南向有碑
七世祖宏宇公墓在梅林廣福寺前北向有碑
七世祖儆九公墓在葉塘
七世祖儀橋公墓在紫霞山
七世祖雲卿公墓在雲鶴村西辛山乙向有石羅圍
八世祖鳳儀公墓在張渚石墓嶺巳山亥向曾孫亦魯撰
記有碑
亦魯石墓嶺墓碑記曰本支自高祖守竹公而上至二
世祖濬祥公而下凡六世皆有墓碑皆曾王父太學公
立也公諱中立號鳳儀性仁孝上敬祖下收族事蹟載

家乘不贅其爲先祖考立碑也已及六世曷爲獨遺始
遷祖國陽公建祠後又嘗同司空公修孝侯祠事勒石
曷爲不并爲化卿公立碑以公爲濬祥公繼別之小宗
非化卿公之嫡子爲宗并非國陽公之大宗也化卿公
生二子離南公一支爲大宗國陽公生五子周家濱一
支爲大宗世系俱單弱不能立宋瀆一支爲第二分世
掌大家墓墓祭而司空公未遇以前累世式微不能立
旣貴後王事鞅掌又不暇立本分濬祥公一支爲第五
分雖能立又拘於分不當立以故遷延數百載終莫立
然國陽公墓碑雖不立幸其塚居中獨大子孫尙多識

二分祖統齋公從葬其旁者止可以意度曰貼身最近且上者是究無確據自統齋公而下振菴公而上凡四世同葬大家墓者皆磨滅不可識認矣即本分世爲本村族葬西墳者惟本房祖考妣皆有碑可識其他則信者半疑者半甚至有通分無一可識者雖有孝子慈孫欲追訪老成補其缺畧而祖遠無傳亦付之浩歎而已則自濬祥公而下守竹公而上苟非太學早爲立碑墓在子孫宅後者幾何不平治墾作園圃乎公卒於崇禎乙亥年先葬村東之火爐墩數載六房子姓不下十數房皆不孕育伯祖端于公謂地必不吉別延堪輿卜葬

張渚之石墓嶺山深而勢險各房多不願端于公獨毅然以身任地價葬費兼置祭田及莊房幾數百金公獨支無顧惜葬不數年簡于公遭盜案傾家蕩產繫獄十數載僅以身免各房兄弟以誼關一體津貼多至破產而本房祖恒于公尤甚用是悉咎遷葬爲非宜議重遷各房勢渙而家貧終不果迄今自曾祖而下凡六世子孫成丁與祭者四十餘人未成丁者如之丁雖繁皆貧窶日不暇給故自鼎革以來山阻險多猛獸及醜類墓祭不舉者幾數十年子孫年及三五十者多不識祖墓魯自戊午歲任祠責後五載建墓祭之議建祠後又八

載建立碑之議定巳山亥向伯祖廣文公墓在對面團山者定亥山巳向端于公墓在本山之左麓者定丙山壬向端于公繼室丁孺人未葬者亦葬其地定酉山卯向皆乘便各立碑焉雖建祠後公用匱乏草草從事竊幸推曾王父意上下無缺兩載內始自國陽公墓名大家者定癸山丁向化卿公墓在蒲墅大乘菴南者定乙山辛向本生曾祖妣墓即仍曾王父之初葬地定酉山卯向祖考恒于公墓在吳官墩者另有記不贅先考孝廉公墓在蜀風者定辛山乙向兩載內魯所親歷從事者凡六所九墓定向者誰醞樸長厚樂成人美者同學

友吳某也禮云尊祖故敬宗敬宗故收族曾王父有爲魯自傷不肖家貧力薄兼之分卑不能盡承曾王父志克光先業惟力所可勉不敢憚勞幸族人之不我迂同志之猶有人公私皆克有濟雖然公事之當爲者百不及一二魯所有志而未逮者百亦不及一二後之子孫苟思木之有本水之有源非特曾王父而下爲一人之身也自孝侯以來六十世而遥其初亦皆一人之身也其可曰此遠祖此遠族非吾分內事乎

八世祖鳳梧公墓在芳千

八世祖孟旭公墓在梅子嶺

八世祖竹隱公墓在挂弓山白土墩
八世祖執甫公墓在雲霧村東蛳螺墩
八世祖安甫公墓在山亭鄉黃潼澗圩墩丁癸兼午子向
有碑
邱隴記
各分名墓 續錄
舊譜名墓祇載孝子墓數冢餘皆畧而不書兹仿照
志體詳爲考訂凡乘載邑乘及志雖未載與體例合
符者謹悉錄登於左其曾膺八品以上文職封贈者
并附入焉

第八世
尚書公 諱鼎墓在篠嶺孫太常光祀撰神道碑銘有碑 銘見卷下
江南通志尚書周鼎墓在荊谿縣篠嶺
常州府志宜興周尚書鼎墓在篠嶺 見陵墓志
邑舊志周尚書鼎墓在篠嶺 古蹟志邱墓
第九世
庶尹夔叶公 諱伯瑞墓在篠嶺 邑志入古蹟
推官畏庵公 諱仲球墓在姚莊 邑志入古蹟
知縣介石公 諱叔璜墓在竹門
御史文夏公 諱季琬墓在前桂河東熊相國賜履撰墓誌

銘 邑志入古蹟 銘見卷下
訓導鳴西公 諱京墓在石塞嶺對面圍山亥山巳向
孝子耐庵公 諱琢墓在城塘儲孝廉欣撰墓誌銘 名見卷下
舉人信持公 諱頊墓在張渚大山
教諭伯瓏公 諱霞墓在周司橋
進士萊仙公 諱成文墓在雲霧村後 邑志入古蹟
儒林郎文遠公 諱成美墓在山亭鄉石亭𡍼 俗名倒騎龍墓 癸丁
兼亥巳向
第十世
教諭鹿溪公 諱世濟墓在篠嶺

舉人芝臺公 諱世俊墓在篠嶺
知縣逸園公 諱世賢墓在篠嶺 邑志入古蹟
訓導省齋公 諱聲夏墓在嘯莊名荷花墓
訓導灌芹公 諱漣墓在蜀鳳辛山乙向
教諭瑞先公 諱履祥墓在芳千
孝子景全公 諱昌汝墓在黃龍山前
贈縣丞藍圃公 諱長源墓在黃潼澗瓦巷山辛乙兼卯酉
向有碑
都戎凱侯公 諱得勝墓在北門外慈隱庵後
孝子訥齋公 諱晨山墓祔葬西大墳許明經重炎撰墓誌

銘（銘見卷下）

十一世

州司馬太皋公（諱）元夔墓在姚莊

州司馬素存公（諱）延鉞墓在雁行橋東

中書惕存公（諱）宸鏞墓在篠嶺（邑志入古蹟）

教諭廣齋公（諱）方石墓在曹巷壬山丙向

訓導懋齋公（諱）萃墓在嘯莊

孝子省齋公（諱）亦魯墓在芳干橋東北有碑

州司馬補亭公（諱）滀墓在均山鄒澗濕萬墪山丁癸兼午子向有碑

知縣櫐齋公（諱）豐墓在北郭排橋側

十二世

贈訓導墨山公（諱）青墓在厚河坦里

訓導磐齋公（諱）惟楨墓在石墓嶺

縣丞誠齋公（諱）沖霄墓在石亭步辛乙兼戌辰向有碑

贈通奉大夫雉齋公（諱）在京墓在華要有碑

孝子贈鹽大使鶴書公（諱）翰墓在東霞步大栗闇（邑志入古蹟）

十三世

訓導補堂公（諱）儀袞墓在駱家濱

孝子孝翼公（諱）承權墓在雲霧村南（俗名樹檀墳）

贈教諭直軒公（諱）雲墓在雲霧村南（俗名廟墓區）

贈府尹榮祿公（諱）汝礪墓在東山灣湯家坳有碑

贈訓導葆岑公（諱）眷墓在龍潭王家山癸丁兼子午向

贈通奉大夫沐堂公（諱）淦墓在前桂

鹽大使春浦公（諱）荇墓在丁山麓周墅

孝子仁菴公（諱）孟麟墓在菱濱頭

十四世

舉人璞齋公（諱）上珍墓在黃潼澗犴墩南巽山乾向

贈直州判璞堂公（諱）敏墓在擂車灣乾山巽向史茂才景陽撰墓誌銘（銘見卷下）

知縣春農公（諱）有聲墓在浚家地艮山坤向有碑

贈府尹榮祿公（諱）秉鈞墓在西溪門外汪家潭乾巽兼戌辰向有碑

贈內閣中書立齋公（諱）鋥墓在石亭步師古山庚山甲向有碑

教諭省齋公（諱）鐵墓在新莊饅頭山

知縣鴻軒公（諱）之毓墓在西溪門外塘西村（邑志入古蹟）

訓導隅谷公（諱）曦墓在澗南乙辛兼卯酉向（邑志入古蹟）

贈通奉大夫勖齋公（諱）之誥墓在石亭步

孝子廷翰公（諱）英太墓在竹門廟下田（俗稱四沼頭墳）午山子向

十五世
孝子莪峰公 諱 琛墓在篠嶺小娘坳庚山甲向
孝子酉清公 諱 涪墓在山亭鄉南華圩辛乙兼酉卯向
孝子贈學正曉峰公 諱 徵墓在梅林車家山辛乙兼戌辰
向任觀察瑛撰墓表有碑 表見卷下
贈郎中作梅公 諱 森樑墓在曲坊里
學正贈府尹榮祿公 諱 蔭南墓在西門外寶雞幹橋玉西
兼子午向王明經有壬撰墓誌銘有碑 邑志入古蹟 銘見卷下
直州判勳卿公 諱 子斌墓在墩上村左癸山丁向
贈訓導艮卿公 諱 人駿墓在雲霧村後淩濆頭西北向有

碑
贈訓導莊卿公 諱 家駿墓在雲霧淩頭濆西北向
直州判贈教諭桐崖公 諱 鳳飛在週弓山寅申兼坤艮向
有碑
贈奉政大夫衛卿公 諱 以藩墓在南門外薛家坳有碑
舉人紉秋公 諱 人卓墓在篠嶺有碑
孝子戌生公 諱 遐歧墓在雲霧西灘上富田
闇學公 諱 金章墓在高埂夏家村
通判作賓公 諱 鴻飛墓在東鄉北斗圩
十六世
知縣春濤公 諱 恩爵墓在開寶鄉後陽村南有碑
知府濂珂公 諱 濰清墓在大西干
訓導蘭舟公 諱 洪霖墓在開寶鄉後陽村南
縣丞芭生公 諱 家俊墓在東山灣茶山
贈通奉大夫梅生公 諱 家燮文塚在何家山
少宰公 諱 家楣墓在雲霧墩上癸丁兼子午向有碑繆太
史荃孫撰神道碑銘 繆文見卷下
贈主事鼎生公 諱 家鋤文冢在篠嶺西圖山巽乾兼戌辰
向有碑 賜葬銀一百兩
直隸州黻廷公 諱 維新墓在南門外東山葫蘆墳

訓導小梅公 諱 有材墓在雲霧村後黃泥墩西南向
贈承德郎梧岡公 諱 名時墓在百合塲有碑
贈奉政大夫石華公 諱 文炳墓在龍潭山
教諭靜山公 諱 安仁墓在張澤橋壽山有碑
知府蘭笙公 諱 達善墓在篠嶺祖塋側
贈訓導少梅公 諱 英材墓在雲霧村前水塘裏田內
訓導蓮茹公 諱 濂儒墓在雲霧村後五李墩西南向
縣丞旌義烈潤甫公 諱 維澤墓在高埂夏家村
十七世
布理問兼雲騎尉益庭公 諱 恭順墓在南門外六堡里

訓導穀生公諱志整墓在南門外銅官山下圍塢
訓導墨青公諱葆頤墓在開寶鄉後楊村後
贈主事棠孫公諱志匡墓在西園山巽乾兼戌辰向有碑
縣丞文彬公諱葆恒墓在開寶鄉後陽尖村
鹽大使兼雲騎尉笠舫公諱志端墓在壽山乙辛兼辰戌向有碑
知縣雪珍公諱逢辛墓在南華圩丁山癸向兼未丑辛丑分金
知縣智涵公諱志韓墓在南門外丁家村辰山戌向有碑
邱隴記

墓碣續編
化卿公墓碑見樹墓前碑載明墓三豪其墓地若干應完糧若干歸墓祠立本堂承辦
始遷祖國陽公暨配盧孺人合墓碑俗稱大家墓碑舊樹墓後
自始遷祖以下凡分祖墓碑暨各名墓碑其於邱隴記內載明有碑者不復贅敘茲特將未列入邱隴記及邱隴記漏載者附詳於左以便查考
六世思橋公墓碑樹墓前世表未載宜補
六世思橋公繼配曹孺人墓碑墓在雲露村後
七世雲卿公墓碑樹墓後世表未載宜補
七世雲卿公配節母杜孺人墓碑樹墓前墓在周家瀆世表未載宜補

八世尙書公配蔣夫人墓銘碑墓在篠嶺
九世颺于公墓誌碑墓在鳳凰墩
九世起文公墓碑墓在邃峰山
九世聲于公墓碑墓在張渚大畝圩
十一世樸庵公墓碑墓在西門外汪家潭
十二世潤齋公墓碑墓在篠嶺
十三世葆岑公墓碑樹墓後墓見邱隴記
十三世葆岑公配路孺人墓碑樹墓後墓在常富橋西泉芳頭
十三世東標公墓銘碑墓在雲露𣲖上
十三世廸齋公墓碑墓在薛家塢

十三世西亭公墓碑墓在篠嶺世表未載宜補
十三世聖遵公墓銘碑墓在邃膝南馬歷山
十四世潤山公墓碑墓在篠嶺左高圍
十四世蔚齋公墓碑墓在篠嶺世表未載宜補
十四世君平公墓碑墓在篠嶺
十四世杏墅公墓碑墓在下龍潭施家山
十四世鈞泰公墓碑墓在東山
十四世景運公湯太宜人合墓碑墓在東山花袍塢
十四世勖齋公配朱孺人墓碑墓在龍潭
十四世半雲公墓碑墓在梅林

十五世義峯公墓碑 墓見邱隴記
十五世鑑堂公暨節母楊孺人合墓碑 墓在趙莊寶山寺前
十五世蘭溪公墓碑 墓在梅林
十五世半畦公墓碑 墓在唐家莊前
十五世亦文公墓碑 墓在篠嶺 世表未載宜補
十六世蘭臯公墓碑樹墓前 墓在樹弓山西
十六世勺山公墓碑樹墓前 墓在小東門外陳家園
十六世麗川公墓碑樹墓前 墓在東門外會濱村後
十六世夏夫人墓碑樹墓前 夏貢 墓在篠嶺西園山

國山周氏世譜卷五十下目錄

邱隴志

神道碑 舊編

孝侯公神道碑 晉 陸機
簡惠公神道碑 宋 周必大

神道碑 續編

尚書公神道碑 明 孫光祀
閣學公神道碑 清 周馥
少宰公神道碑 清 袁昶

墓誌銘 墓表附 續編

春宇公墓誌銘 盧象觀
蔣夫人墓誌銘 尚書公配 鼎
御史公墓誌銘 熊賜履
餓庵公墓表 任繩隗
耐庵公墓誌銘 儲欣
颺于公臯誌銘 張士衡
聖遴公暨配楊孺人墓誌銘 儲善園
訒齋公墓誌銘 許重炎
東標公墓誌銘 史承豫
璞堂公墓誌銘 史景陽

國山周氏世譜卷五十下

邱隴記　裔孫坤榮謹輯

神道碑 晉編

孝侯公神道碑 第三世

君諱處字子隱義興陽羡人也氏胄黃興煥乎墳典華宗往茂鬱其簡書啟三十之洪基源流定鼎運八百之遠祚枝葉封桐軒蓋烈於漢廷蟬冕播於陽羡二南之價傳不朽而紛敷大護之音聲無微而必顯山高海潤其在斯焉祖賓少折節早亡吳初召諸議參軍舉郡上計轉爲州辟從事別駕步兵校尉光祿大夫廣平太守父魴少好學舉

孝廉吳寗國長書威長史懷安錢唐縣侯丹陽西部屬國都尉立節校尉拜裨將軍三郡都督大中大夫臨川豫章鄱陽太守晉故散騎常侍新平廣漢二郡太守封關內侯譽叔揚名臺閣標著風化之美奏課爲能亭亭孤美灼灼橫劭狗高位於生前思垂名於身後遂以卒意不遂應期出輔洋洋之風俯冠來葉巍巍之盛仰繼前賢君乃早孤不宏禮制年未弱冠膂力絕於天下妙氣挺於人間騎獵無儔時英式慕縱情肆偶俗蔑不欣鄉曲誣其害名改節播其聲譽遂來吳事子賦弟謹然受誨向道朝聞方厲志而淫詩書便好學而尋子史文章綺合藻思羅開吳朝州

縣交辟太子洗馬東觀左丞中書右丞五官郎中左右國
史靖恭夙夜恪居官次遷尙書僕射東觀令太常卿無難
督匡熙庶績朝廷譴奪使持節大都督塗中京下諸軍事
封章浦亭侯國猶多士君實得賢汪洋廷闕之旁昴藏寮
寀之上射獸功猶見顯刺峻名乃遠揚忠烈道自克修義
節情還永布琳琅杞梓圭璧楝樑君著默語三寸行及風
土記并撰吳書於是吳平入晉王渾登建業宮釃酒既酣
乃謂君曰諸人亡國之餘得無戚乎君對曰漢末分崩三
方鼎立魏滅於前吳亡於後亡國之戚豈惟一人渾乃大
慙仕晉稍遷懸杖初入拜諸議郎除討虜護軍新平太守

撫和戎狄叛羌歸附雍士美之轉爲廣漢太守郡多滯訟
有經三十年不決者君至詳其枉直一朝決遣以母年老
罷歸尋除楚內史未之官徵散騎常侍君曰古人辭大不
辭小乃先之楚而郡既經喪亂新舊雜居風俗未一君敦
以教義又檢尸無主及白骨在野收而葬之然以就徵遣
近稱嘆及居近侍多所規諷遷御史中丞正繩直筆凡所
糾劾不避寵戚梁王肜違法君深文按之及氐人齊萬年
反朝臣惡君強直皆曰處吳之名將子也忠烈果毅庶僚
震肅英情天邁逵性霞騫陝北留棠遂有二天之詠荊南
度虎猶標十部之書尋轉散騎常侍輕車將軍廻翰出於

新平士女揮淚褰帷望於廣漢雞犬靡喧振茲威略宣其
惠和晉京遙仰部從近欽是時氐賊作逆有眾七萬屯於
梁山朝廷推賢以君才兼文武詔授建威將軍以五千兵
奉辭西討忠概盡節不顧身命乃賦詩曰去去世事已策
馬觀西戎藜藿甘粱黍期之克令終言畢而戰自旦及暮
斬首萬級弦絕矢盡播系不救左右勸退君按劍怒曰此
是吾效節授命之日何以退爲我爲大臣以身殉國不亦
可乎韓信背水之軍未邉得喻工輸縈帶之勢早擬連蹤
莫不燐出架壑穰負來歸戎士扞其封疆農人展其耕織
秋風纔起追戰勇於雷霆春水方生揮捶同於雲雨立功

立事名將名臣者乎元康九年因疾增加奄捐館舍春秋
六十有二天子以大臣之葬師傅之禮親臨殯壞建武元
年冬十一月甲子追贈平西將軍封清流亭侯謚曰孝禮
也賜錢百萬葬地一頃京地城五十畝爲第又賜王家田
五頃詔曰處母年高加以逆旅遠人朕每慇念給其醫藥
酒米賜以終年太興二年歲在己卯正月十日葬於義興
舊原南瞻荊嶽崇峻極之巍巘北睇蛟川濬清流之澄澈
詒同郡盛氏有四子玘靖札碩並皆至性純孝過禮喪親
墳前之樹染淚先枯庭際之禽聞悲乃下遂作銘曰
周南著美岐山表靈葉繁漢室枝茂晉庭皎皎夫子奇特

播名幼有異行世存風烈早馳聞望晚懷耿節頗尙豪雄昇名禁闕拾爵榮勳允歸明哲輝赫大晉封豕多故式揚廟略克清天步海濱既斥江淮並泝漢水作藩條章斯布俗謌揆日人謠何暮忠貞作相追蹤絳侯將壽嘉茂遽掩芳猷潛光暘旬返施吳耶舊闕雖入鄉路冥浮從榮制墓終非昔遊舂墟以緣清淮自流深沉素幰縹繞朱旐元堂寂寂黃泉悠悠書方易折家揭難留鐫茲幽石萬代千秋

晉永康元年陸機撰王羲之書

明邑人王升辨曰碑文與字元人有疑其贋者其言曰字畫卑弱文詞鄙陋豈足以揚平西之風烈蓋鄉黨自

好者爲之託於兩賢以誑遠耳因以碑之年時校之晉書以糾其謬予以爲疑則誠有可疑顧其譏貶不無太峻詳碑文之意乃碑於墓非碑於廟也蓋塋兆列於廟陰恐碑蝕於雨雪故置之廟中耳若鄉黨自好者不應爲他人立墓碑如曰爲廟爲之則宜見建廟置碑之由而略不少及何也且其銘詞曰元堂寂寂黃泉悠悠其爲墓碑夫復何疑予嘗攷之晉書通鑑綱目碑之所記與史牴牾者有六史言齊萬年反詔處隸安西將軍夏侯駿討之而碑但云朝廷推賢以君才兼文武部授建威將軍以五千兵奉辭西討而不言有所隸則侯當爲主帥矣其失一也史書梁王肜夏侯駿使處以五千兵擊賊七萬處請後繼不許遽逼遣之六陌之役軍士未食肜促令速進而碑止云自旦至暮斬首萬級而不及肜駿逼促之狀其失二也史言弦絕矢盡救兵不至遂力戰而死時元康七年正月也碑載其戰烈及效節殉國之語與史頗同而後乃云元康九年因疾增加奄捐館舍是踰年而終於牖下其失三也史言太安二年成都王穎殺陸機碑載歸葬勒銘之期乃太興二年是機死十七載後而復爲此文其失四也史言處有三子玘靖札而碑云四子玘靖札碩其多寡不同五也史言處

死時年五十六而碑云六十二壽數不齊六也夫碑之作宜詳於史而疎謬戾如此亦何以解後人之疑其眞耶然予細攷焉其文雖不類內史之作然終是六朝綺靡之習其書卽不類右軍手筆然清婉遒媚非齊梁隋唐間人不能爲也既而觀侯忠義集後一詩云平原文字右軍書云云跋云歐陽永叔集古錄以王羲之書周將軍廟碑爲陶宏景書蓋宏景常習右軍書故也因題於石云武昌陳諫識按陳諫不知何爲者蓋元末國初人使其言可信則此碑乃陶氏書也其文亦非時人爲之可知已然陶梁人也周之子孫方貴盛於晉其碑

文豈待許時方就耶意當侯之歿卽先有平原之文久
而後葬時已東晉乃索右軍書之勒之於石遭世亂兵
燹之餘無復存者至梁時其裔孫雖不復振而猶能追
思先烈求人補爲之而作文者未嘗見國史兼其子孫
傳聞不眞事蹟年月不能無舛又其識不高諱言戰歿
而以爲捐舘故謂梁碑而仍書晉人姓氏者近似有理
抑未葬而求碑文作者必不預定其年月竊恐侯死卽
屬機爲文而虛其年月值時擾攘札與兄子筵等五侯
俱爲王敦所殺不克葬者蓋踰二十三年至太興閒義
之雖少然書學已爲衛夫人所推則求而書之當無不

可書時特補塡葬之年月不復記作文之時亦常事也
脫有此則建武追贈一段亦後來葬時增入之耳又碑
旁刻云唐元和六年歲次辛卯十一月十五日承奉郎
守宜興令陳從諫重樹此碑則碑至唐而已毀唐人重
摹勒之安知爾時磨滅之餘不無所誤耶其云四子者
恐碩本侯之幼子或其遺腹生初時不復有聞故史略
之追齊梁間三子苗裔浸微而碩之支蕃庶或追補前
碑之人卽碩之後裔故耶不然年壽勳烈容傳聞或誤
寧有子孫而不知厥祖兄弟幾人者耶故謂碑爲當時
眞蹟耶則機文其軍旅倥偬中爲之乎右軍少年之筆

可想也然士衡與子陵相知極深詎應疎濶如是謂爲
齊梁間人追爲之書庶幾近之然已重勒於唐人能無
少失眞乎今碑已漫漶不可讀詹簿吳君馭求工書周
天球摹之於石較原本不加損毫末然亦僅完唐摹之
舊耳雖然縱使筆之爲齊梁爲李唐不猶愈於宋元之
紛紛者乎嗟嗟碑在太興時有無不可知有之不知廢
於何時自晉至梁蓋幾二百年而始追補爲之至唐元
和又三百年而重樹元和迄今又幾八百年而再勒然
則唐摹其最壽歟夫碑之興廢各有其時而侯之忠義
貫萬古如一日不係碑之存亡然此碑常存則廟祀益

虔而見聞者益覩向慕而興起其有裨風教豈曰小哉
玉韞山輝珠含澤媚夫珠玉猶然而況文獻之至寶乎
地靈以人傑增光山川以文字煥發若羊叔子墮峴山
之淚顏魯公磨浯溪之崖二地因以著名此其爲寶豈
珠玉可比哉吾邑古義興地峰巒洞壑之奇潤溪巨浸
之勝山水聚焉然上下數百年人物寂寥獨周孝侯嶇
起晉紀有改過徙義之大勇嗣父死君之大節蓋出類
離羣烈丈夫也至今兒童牧豎皆能誦之凛凛猶有生
氣孝侯之死陸平原爲之碑王右軍爲之書平原卓冠
一時右軍獨步千載此其文翰亦豈易得廟中有是可

謂三絶其爲陽羨之光不旣多乎碑舊置西廡壁間失於愛惜年深筆畫漫漶幾不可辨詹簿少溪吳君慨然曰此邑寶也何以至是乃往吳門求得墨刻初本筆蹟如新者乞騷客周君天球手摹一過付之良工重勒於石周君以書擅吳下故能纖毫不失右軍意詹簿君復作亭以蓋之期於永遠嗚呼照乘之珠夜光之璧寶矣然欲得之者尙可求也卽求得之何關地方輕重豈若茲文獻之珍何處可求爲地方之光、彩哉詹簿可謂知所寶矣邑人萬士和跋

簡惠公神道碑 第四十二世

高宗皇帝匹馬渡江中興炎祚其豐功盛德固不容盡述竊窺大要以仰成宰輔信用臺諫爲本三十六年間命相不一自今觀之激士氣復故疆張丞相浚之心也固根本候機會趙丞相鼎之志也秦持國秉一意和好者秦丞相檜也三相所主不同其人才進退政事張弛是非得失忞論各不可掩至於身任安危則一而已當是時言路固在臺臣其視力輕重爲向背容或有之惟毘陵周簡惠公以乙卯歲趙張並相之日自四月入臺十月進殿中侍御史在職僅兩月言事至三十章大抵謂自治其國乃能成功今外有强敵內有羣盜不可事虛文貽實禍歷條時政二十餘事指宰相不任責上變色曰趙鼎張浚肯任事須假之權奈何欲以小事形迹之公徐奏陛下過疑尙望大臣盡忠今臣一及大臣便爲形迹使彼過而不改罪戾日深非所以保全之上改容曰此論甚可取其後連章極論趙子湮語侵趙公又論張公夫舉北伐係國存亡坐是不得其言而去迨秦公獨相意公憾趙再召公入及公入秦語之曰宜鎭靜公曰奚固不言雖門下客亦不及也一日內降孝除四人公言願陛下以仁祖爲法大臣以杜衍爲法又歷疏三大獘秦始怒甚不數月改左史因是流落於外

十六年秦𭃡始爲禁從席未煖復去國孝宗卽位與張濤
辛次膺任古首被召初對有綱紀剔謬之論會上以張公
爲樞密使督視江淮銳意恢復而公素不以急戰爲然命
佐貳官明年六月符離退師乃超拜政府其時湯丞相思
退與張公並相或戰或和多取決於上而其賓客議論間
失之偏公始終守自治之說是則曰是非則曰非不將不
迎不詭不訐表裏洞達無一高遠僞妄又明年四月張公
罷十一月湯公亦罷上再起陳丞相康伯虜已約和國論
始定時公貳政一年有半矣因墜馬敗面傷手力請去位
上不得已久乃從之其立朝本末如此所謂非苟知之亦

允蹈之者歟公諱葵字立義常州義興人曾祖密贈太子
太保祖璟贈少保父豫朝奉郎致仕賜緋魚袋贈少師妣
秦國夫人王氏公少力學自鄉移籍京都兩學傳誦其文
宣和六年廷試以歷數爲問公既詳對又爲說曰聖人兼
天地之職一物不遂必任其責凡易之大衍內經之五運
六氣書之閏月定四時老氏一生二二生三三生萬物皆
當裁成輔相以實之然後可以和固天人之際考官嗟賞
提置甲科調廣德軍司刑曹事靖康覃恩改修職郎用舉
主陞文林郎汪徽州軍推官車駕移蹕臨安親軍交馳境
上守死倅易公與判官攝行郡事隨機應變千里帖然初

大觀間諸郡增賦物帛其後赦書已蠲減而有使之復取
於民者公白新守力止其稅公去乃增如故薦章交上改
通直郎臨安府學教授起吏部侍郎陳與義密薦公遂召
試舘職將試復引對上曰從官多說卿端人正士面除監
察御史紹興五年也尋充省試參詳官開院適輪對論內
外兵勢上密以機事與公議信獨方深既爲副端論不合
徙司農少卿四求去皆不允兩召至都堂諭旨二相亦云
以言求去非朝廷美事公廢離言路半年自以親老家貧
請外補乃除直秘閣知信州屢展成期趙公張公當國陳
公與義執政改湖南提點刑獄事公以路遠求易浙西又

避本貫易江東四歲四易地訖未嘗至八年冬和議已定
公復被召論爲國若有道戰則勝守則固和則久不然三
者在人不在我矣九年二月除太常少卿五月再爲殿中
御史論旣不合會傳某人賜出身除兩府者公又將論之
擕疏至殿幕改起居郎有詔侍從兩省薦西北人才公同
給事中劉一止薦呂廣問廣問參政李光客也擬試舘職
秦不可諷告不入言者論罷李併謂公受其風旨十二月
黜主管洪州玉隆觀十年郊恩復直秘閣十二年春起知
湖州十三年正月移平江府復以郊恩賜服緋魚北方初
修聘敕使繹絡公不爲禮又積與轉運議論不協共劾公

設宴非薄十四年二月落職主管台州崇道觀屏居鄉閭
二親益老家益貧荒歉連年乏不能堪公獨安之二十五
年十二月以舊職知紹興府三十六年正月過闕除權尚
書禮部侍郎賜紫章服尋兼國子祭酒又權給事中言路
忌之三月出知信州太學生列狀留公不報居數月復罷
郡二十八年起知撫州引道疾作改提舉江州太平興國
宮十月復直秘閣知太平州水壞圩岸公大加修治凡百
二十里傍郡諸圩皆没惟當塗歲熟市河久湮雨暘交病
公下令城中家出一夫官給之食併力浚導公私便之三
十年八月進集英殿修撰尋移婺州加敷文閣待制當江

上用師調度繁興不擾而辦三十二年七月除兵部侍郎
時孝宗初政命公兼權侍講積官左朝散大夫隆興元年
同知貢舉戸部闕官兼權侍郎上數批問錢穀出入公奏
陛下勞心庶務日有諮詢若出人意表足以聳動觀聽今
皆微文細故此必有小人乘間獻忠欲售其私不可不察
蓋皆龍大淵曾覿也上色爲動自完顏亮繼立雖兩軍交
持而移文議和不絶張公自督府來朝密爲上言虜失泗
州其僞官蒲察久安大周仁寄治虹縣懼罪皆欲來歸願
遣軍渡淮赴之此恢復之機也相皆不與聞公請對謂不
可輕舉累數千言上唯唯五月李顯忠將騎兵邵宏淵將

步兵共十餘萬取虹縣下靈壁既克宿州二帥始不協虜
兵擊宏淵軍顯忠不肯援幸勝負相當至暮我師入城明
日虜亦解去金帛山積顯忠不以犒軍衆怒而潰散書奏
上思公言以左中大夫參知政事正謝畢朝德壽宮門無
宿衛延無闌門公乞輪差從之故事初拜相賜銀絹二千
匹兩執政半之辭則減半例自行首司申御取旨公命勿
申遂已每便朝二府先呈機速房事既畢宰相兼樞密使
自與其貳次呈兩府文書參政稍退一日兩府擬元居實
浙西總管上遽問如何相樞皆無語上顧公問可否公前
奏曰是人頃爲御前買北貨乾没萬計公論必不可上乃

却其除目後數日公留身上曰昨居實差遣不同議何公
曰此西府事臣不與也是時虜雖主和而右丞相兼都元
帥僕散忠義左副元帥紇烈志寧握兵淮北專任邊防皆
以書達三省樞院大略謂方議遣使遽乘不備攻我符離
無乃爲將臣所誤妄要功利乎今治兵決在農隙舊疆歲
帛如約則止衆謂彼不以興師歸過朝廷及督府反爲我
飾詞罪將臣其欲和可見矣上令答書差右宣教郎假樞
密計議官盧仲賢右宣議郎假將作監主簿李栻充通書
使栻以妹爲虜主妃辭行命都轄官王抃代之十月仲賢
等與虜帥議定爲叔姪國上曰虜能以太上爲兄朕所深

喜詔遣從臣爲通問使而以右宣議郎胡昉假樞密院編
修官修武郎楊由義假樞密院幹公事充國信所番議
官臺諫交章言議和太速公與陳湯二公乞令侍從臺諫
集議衆益洶洶諸公待罪乞罷不許公獨留中固請上曰
卿何請之力也對曰臣誤蒙知遇欲爲陛下正紀綱今不
可得而正也上曰何爲不可公曰政出於一則紀綱可正
今朝廷督府左右前後之人皆欲自行其言此臣欲去者
一也臣初爲言官晚忝侍從事有不可大則論奏小則堂
白言雖不從臣實塞責固無愧於心也出爲州牧事苟難
行反覆論之不從則委曲行之使百姓不至受獘亦可無

愧於心也惟預政以來每與宰相論事有以爲然可而從
者有不得已强從者有絕不肯從者十常四五暨至楊前
陛下又或不然大率十事勉强七八安得不愧於心此臣
欲去者二也上察公誠不以爲罪第不許其去議者多請
幸金陵公曰車駕一動能保後舉不爲浙東閩中之行乎
他日上又欲先下詔公曰陛下能行數事聳動天下乃可
上問其目公曰臣自初對便乞迎還太上於大內盡發內
帑付有司勿令近習干政汰革濫賴內侍罷擊鞠節飲宴
內治舉然後可攘夷虜上稱善嘗因災異詔羣臣直言公
請擇其可行者行之上曰類措撫細故耳公又語及前數

事至議用兵不可輕有一擲賭乾坤之語上曰今戰雖不
足守則有餘公曰措置未善政事未修雖守亦難同列皆
甚其言退謂公曰上不能堪明日公留身謝上更獎其直
且曰聞卿在中書每事力爭朕甚嘉之二年正月胡昉楊
由義見虜帥於亳州遏昉等拜仍求還四郡昉等不可械
繫月餘上怒詔張公行視師屯復遣戶部侍郎錢端禮吏
部侍郎王之望充兩淮宣諭使張公尋罷以湯左相都督
軍馬太傅和義郡王楊存中爲同都督改宣諭爲參贊軍
事會盱眙又報北界來有所議上方遣魏杞虞濬充通問
副使而忠義志寧二人遽引兵犯濠滁志在邀盟於是

臺諫詆宰執主和議誤國太學生亦上書乞斬大臣公與
相參商乞罷黜上審以書示公曰初不及卿乃止詔留思
退領都督於朝以參知政事王之望充督視公曰臨陣易
將古人所忌奈何移都督於陛辭之日況存中已爲都督
之望乃見執政反言其不願正稱爲宜使之速往號召諸
將併力捍虜上大以爲然亦陞之望同都督明日之望又
乞專委存中毋貳其權上復從之存中遂都督兵馬而湯
罷先是副樞洪遵罷上命公兼領樞密院事公以祖諱辭
詔免繫私銜已而召用賀允中不兩月允中又致仕公兼
領如故軍國事繁悉心裁決持論正平甚得上意湯相就

貶道亡公乞許歸葬上惻然曰何至是耶胡侍郎銓前與羣臣俱貶公奏銓直言久謫嶺外今將任之可乎上皆嘉納嘗乞召用侍從臺諫上曰安得如卿直諒者公薦李浩龔茂良上皆以爲佳士次第用之太常言郊牛死公奏春秋鼷鼠食牛角免郊況邊隅未靖請展郊以符天意事下有司或引春秋傳晦日爲天忌乾德元年藝祖初郊以冬至近晦日改用十六日甲子至道元年當郊而李繼遷叛亦改次年今冬至適晦兩淮復用兵當俟來年恭見上帝詔從之時再遣武義大夫閤門宣贊舍人國信所幹辦公事王抃使虜軍而擢錢端禮虞允文執政閏十一月

新相陳公亦視事公即奏向因頭壁求退聖諭廟堂無人令力疾少留今康伯已相執政又有人可以去矣宣押數四陳相亦乞留公公請益堅乃除資政殿大學士提舉臨安府洞霄宮陛辭上曰卿筋力未衰他日宣召勿辭公奏臣年六十有七三二年不死亦合掛冠上爲悵然未幾王抃使歸虜自滁州退師和議成矣乾道三年三月起知泉州明年復請辭六年告老章五上以大學士致仕閒適累年不以世故縈心惟究極死生之說淳熙改元正月十二日薨於里第享年七十有七上聞震悼贈正奉大夫後以子升朝累贈太傅爵自宜興縣開國加毘陵郡開國侯食

邑二千一百戶食實封二百戶配李氏封同安郡夫人累贈魏國夫人前卒葬縣東清泉鄉梅林之原明年正月己酉公合葬焉四年太常考功議以正直無邪曰簡寬裕不苛曰惠謚爲簡惠人以爲允四男長樅從事郎監檢贍軍給賞酒庫所主節文宇季楷宣教郎知臨安府臨安縣丞皆早世棟今爲朝奉大夫新知長州林朝散郎淮南路轉運司幹辦公事賜緋魚袋女侄適朝散大夫知雷州鮑同孫男十二人大年儒林郎監總領四川財賦軍馬錢糧所戶部魚關大軍倉大辨承義郎新知和州含山縣事大壯通仕郎次大本將仕郎次大中次大昌寄理從事新差監

總理淮西江東軍馬錢糧所市易抵當庫次大猷大直大仁大翼大雅大經孫女十二人公孝於事親尤睦宗族嘗任子先孤姪謝事徧奏諸弟之子其薨也幼子與孫尚未命名平生學問不泥傳註嘗論大學物格而後知至謂在人之至爲智在物之至爲道以吾之智極物之道如兩物相抵故謂之格夫萬物不同道一而已方其格物物我爲二及其物格則省視無我何有於物是謂知至作聖傳詩二十篇行於世文集三十卷奏議五卷晚號惟心居士昔壬辰歲公年七十有五予自小宗伯奉祠歸過陽羨別公里第臨歧執手眷眷若有所屬又二年而公逝棟等推原

先志以著作佐郎李遵所述行狀屬求請銘其猶子倫用
公奏入官今操廬陵日道二子之意趣予如約義不可辭
銘曰惟幾惟康古倚良弼耳目股肱衛上則一身任安危
端諒誠篤和戰何常隨事應敵其在我者知竭心力降及
後世其職乃析越在臺諫箴規排擊始終所守自治吾國
時雖不同論則無易或從或違不爲形迹進居廊廟將順
輔翼前之責人今以自責不訐不諛有始有卒皇心褒嘉
士論厭塞躬或不逮言孰底績惟簡惠公允蹈無失我作
銘詩追紀賢德一言蔽之主聖臣直宋同平章事少保封
益國公周必大撰

碑曰神道宜儷墓前公墓在梅林而此碑乃在保安寺
殿後露立何也攷保安寺本周承禧捨宅建簡惠公以
父墓在邑山之陽因請爲父墳剎賜名崇恩彰孝寺至
我朝洪武初乃改復今名豈當時子孫暫附于此而其
後不復更樹也歟公父諱㩦既請寺爲其墳剎自應另
有碑記而今不可復得獨公碑屹然意公生平行業誠
有不可澌滅者一片石神靈護持永作千年物矣邑人
王升跋

神道碑 續編

尚書公神道碑 第八世

辛丑秋侍御周公文夏述其先公大司空在調先生行實
屬余爲銘記不敏遜謝者久之惟是侍御知記最深諒記
之衷誠而無飾稔記之言質而匪夸故以命記其又何敢
辭謹按狀公諱鼎字實甫號在調其先由國山遷雲簫爲
宜邑著姓大父諱秀始居宋瀆方正有義樂里黨重之秀
生重習郎公之父也植德好施無少怠志娶陳氏夫人事
舅姑以孝聞翁嘗期之曰上天福善願得佳兒報汝既而
生公幼時即以言動自持比長善屬文補邑諸生年十七

以貧就鄉塾修脯悉以呈尊人給昆季公用不以自私庚
子領鄉薦年三十二與同門士詣華亭修弟子禮一見郎
行留之弗止曰請謁非古也吾致身之始何事此爲癸丑
成進士司李晉治獄多平反請託賄賂悉屏不行直指目
爲祥麟威鳳任六載率內徵橐無長物銓要無通刺者秋
擬北省忽改兵曹公安之解帑餉百萬于遼帑羨例若入
己公持不可竟竣浮萬金悉奏還公帑辛酉典試山東公
明兼至時房考薛國觀以私請堅駁之所拔尤著如郝君
晉王君都張君四知皆一時名宿然而薛之怨自此始矣
壬戌癸亥魏璫始熾屬爲其姪良嗣葺濫邀恩蔭公適署

篆弗許曰我不敢罔利市德罷黜唯命耳滯部曹者八年戊辰瑞敗始加銜布政使督漕七省時漕政積弛官吏滋弊沿途稽緩公痛革之先是妖蓮作亂運道中梗運期已壓年所公募兵固守糧卒無虞且一歲而完兩運于是得旨遇巡撫員缺推用竟以孤行踈節不肯納交當道久泥不報辛未仍以布政平調嘉湖道豪強屏息習尚一變壬申遷南河卿值流警逼滁公指授方略守具畢備寇聞遁去乙亥陞通政使旋以工部侍郎總理河道時黃決河淤運道阻塞河臣先後獲罪朝議難其人故及公云公細寄形勢力主開泇掘平陸四十餘里濬淤沙五十餘里凡三

閱月告成舉數十世之功一旦底績又塞長山決口凡三百三十餘丈陵寢晏然永築遙縷二堤長五百餘里堅厚修廣黃之水皆受東又邳州三面皆受黃患因奏改河于羊山外邳城以安凡興四大工役皆取辦河料歲入未嘗别請截留協濟較前院題定河工銀數先後節存總計四十餘萬悉奏繳內部丁丑以開泇功加尚書晉一品秩誥贈三代如公銜戊寅冬奉命守臨清即日誓師薊境修河湟嚴守禦隣郡俱陷臨清獨全內臣高起潛欲以勦師入城恣其淫掠公折以大義止之乃急下濟甯公先期飛檄不許高兵片騎入城臨清濟甯兩境帖然會連歲大旱虔

禱泰山夢與神相期三禱三應無一爽者己卯冬以年老乞休疏三上方允庚辰春以總理河道提督軍務太子太保工部尚書致政回籍是年秋治河例應不挑乃會督以河流日枯疏請大挑適薛韓城爲首揆因修西關駁卷舊嫌疵新任而罪及舊任遂奉嚴旨逮獄尋有內傳查公離任年月任內曾否淺阻所司以實對事乃白始釋歸里家居二十年澹泊寡欲戶外事概置弗聞公之生平大約孝于親友于兄弟事君竭忠持己盡潔惠在萬民功垂百世敏于事安于時德行勳業皆古今罕儔則所以享遐齡昌後裔不亦宜乎公生於隆慶三年己巳六月初九日亥時

卒於順治十四年丁酉十二月十五日巳時享年八十有九配蔣氏累封夫人晉贈一品夫人年七十先公逝副吳太安人後公六年卒子四長伯瑞官廩生任戶部員外郎娶吳氏次仲球壬辰進士任浙江甯波府推官娶楊氏繼娶黃氏次叔璜廩貢生娶杜氏次季琬壬辰進士初授翰林庶吉士改任浙江道監察御史娶儲氏女三長適邑廩生許鴻徵次適邑庠生李揚武次適太學生徐懋晙孫男七瑞出者四世英邑庠生娶王氏世彥邑庠生娶任氏世熙邑庠生娶蔣氏世濟邑庠生娶陳氏球出者一世俊邑庠生娶曹氏璜出者二世杰郡庠生娶白氏世賢邑庠生

娶蔣氏曾孫男元麟聘湯氏世杰出元龍邑庠生聘盧氏
世俊出元士聘任氏世彥出餘俱尚幼茲卜于康熙三年
甲辰十二月十六日奉公與蔣夫人合葬于邑南篠嶺之
新阡吳太安人封祔焉爰爲之銘曰
靈亘山川閒氣誕公生有至性內行是隆克用明刑氷心
無匹迨綰樞曹務勤乃職選才東國明鑑懸空漕事克敏
實惟厥功秉憲兩浙豪强斂迹其嚴若霜其介若石乃陟
冏卿乃命督河湯湯黄流方爲怒波自公涖止疏築是籌
爰告厥成翕其允猶嘉乃丕績晉秩惟崇懸車告閒風高
鄭沖執政修怨陷之羅網氣消晛見君子道長其身百年
其名千世純嘏爾常錫自上帝流澤不泯俎豆斯皇以燕
翼子世德重光扶輿盤互鬱然松楸神靈阿護鞏斯崇邱
中順大夫太常少卿孫光祀撰

閣學公神道碑 第十五世

周以國氏爲王者之後子姓遷植於中國自絳侯勃始以
布衣從高皇帝定天下材器風幹讀史書者罔不慕擬傾
仰况其親承血胤者乎故吾周氏自魏晉六朝以迄元明
清代必有異人人必有異材品誼事功歷歷可紀者至晉
有廣平太守賓生魴魴生孝侯處文武英毅天下以爲異
人處生玘三定江南惠帝爲之特建義興郡勳績載晉史
及江南通志自玘之後周氏浸盛族屬數千爲義興甲大
望族贈二品封庠生諱京者生贈公淦淦生通奉公之誥
俱以文行爲江左耆碩潛德闇彰篤生篤父公即通奉公
第五子諱金章字裁五少歧嶷長身畫立疏眉秀頰性端
警長老咸驚異以爲劉穆之馬周復生人間也髮逆之變
鄉里殘破公年三十仗策謁英西林於皖軍一見驚器機
宜擘畫密勿贊襄功効卓然洪楊既定捻勢猖獗蘄黄宛
洛淮南數千里所在糜爛公佐持軍府飛書草檄爬羅剔
抉次第戡定西林以爲材以功薦特薦由縣丞晉知縣直
隸州知府花翎補用道引見發皖省歷辦五河蠶局淮北
糧台全省軍輸局旋署廬州鳳陽期滿補授池州府知府
在廬以大亂甫平招流亡墾荒蕪辦書院整保甲平反疑
獄吏治大清李文忠語其治績於中朝者碩曰此吾郡之

任廷也治池未期勁挺不阿胥小媒孽之以大吏投劾去李文忠急招之以二品銜特用道需次津門越南之役法水師窺北洋朝命直督辦戢東隸軍文忠以屬公軍容整肅門戶屹然事定樞府以爲能駸駸將大用而公以馳驅盡瘁得疾終於津門官舍嗚呼是豈僅公之不幸歟李公親臨哭命官經紀其喪專摺請䘏特旨賜祭葬追贈內閣學士異數也光緒中葉朝廷矜寵勳舊郭寶昌開府鄉里鳳陽防軍之隸郭者素驕縱軍弁醉毆民幾斃公見之縛弁盡法懲治合營譁譟持械入刦公正衣冠坐堂皇臨之以威軍不敢逞寶昌素與公交人請亦不可吏民聞之至

於感泣池張翁者鉅富也無子育螟蛉爲張翁死諸姪訟正血系公徵行路詢得明證十數判張媪不宜以私情亂血裔僉人沈東林慫恿滋訟公又逮之沈身張媪齎鉅金赴秣陵甘心齮齕督幕某適與東林同學誣賂公受私枉法公竟以是被劾去皖士民大譁時督臣爲沈公葆楨浸潤之譖賢者有不辨焉小人之可畏如是夫及覆承乏兩江逾公之卒已數十稔矣觀公所設施較之古人似尚有所不逮綜其生平材器秀發事無不舉強恭不移耿耿此心不忍屈一夫豈偷可以背君親負天下乎年不及其材材不盡其用徒令撫時事者俯仰今昔以爲吾周氏忠勇偉異之人僅僅如祥麟霧豹於漢晉之際特現一斑也是亦可慨也矣少善屬文長尤嫻練書學顏平原柳誠懸敬宗收族撫諸姪如己出非犖犖大者故不詳盡焉覃恩三代授從一品封嫡配朱夫人生子二均殤女二長藻適吳縣彭君綸孫次蘋適常熟張君守誠副室李宜人生子榮今陸軍上校女二長適治武進劉君祖濬次砥爲今宜武上將軍督理江蘇軍務陸軍上將勳一位馮公國璋夫人又副室張宜人生子二維滋早卒維澤天津兵變死難女行適徐州李君厚恩孫恂孫女二以某年某月日葬公於高塍夏家村享年五十有七乃爲之銘曰

龍門之桐嶧陽之柏秋色秀削蟠根錯節人皆不足公獨有餘犖犖大材洋溢史書河渠鹽鐵雅雅魚魚法書詞翰平視歐虞銅山巇峨荆水湯湯斜陽古木寶劍祠堂後之視今猶今視曩我銘此碑以表宗枋

頭品頂戴陸軍部尚書都察院右都御史兩廣總督宗姪

周馥頓首拜撰

少宰公神道碑銘 第十六世

漢時始置京兆尹事蹟任劇稱職者鮮東西京賢尹惟稱趙張邊延然趙廣漢張敞邊鳳延篤諸人爲政率尙武健威令雷行姦宄讋息而教養之績猶未聞漢之吏治殆不古若耶亦曰郡邑之治惠愛爲本輦轂之下彈壓爲先也今觀少宰宜興周公則又不然公服官後以襄譯署事著才略而其前後三爲府尹尤多仁政循良慈惠度越漢京用能普宣恩德佐　聖天子教養畿甸之民學道愛人公其庶乎公諱家楣字雲生一字小棠曾祖諱汝礪邑庠生祖諱秉鈞郡庠生考諱蔭南道光辛卯舉人海州學正

三代皆以公貴贈如公官公幼聰穎嗜學善屬文懷才負奇抗志遠大有識目爲國器咸豐己未成進士改庶吉士同治元年散館改官禮部主事旋充總理各國事務署章京時長白文文忠公長譯署材公爲人倚若指臂公工爲章奏屬草稿立就規畫利害形勢洞然若犀照而爆龜卜也遇疑難事羣疑癥結長官得公說帖上輒渙然釋時論重之時西域祆教蔓衍赤縣蠱惑愚賤桀者又往往積憤競與之讐至爇其蹛林叢祭之廬彼遂因之要挾官吏索價刀布不訾官吏或懼構釁也隱忍曲順而其勢益張如是者非一處會四川教案起公侃侃上言執政力陳其害

後天津復以教事將成巨獄公亦致書當事卒輕其議而彼教之燄漸戢公在譯署久所謀斷多鉅如定覲禮護僑工弭日衅退俄師訶德使解紛挫銳罔不得體而於用人練兵設防簡器諸大端更加意圖自强　天子嘉公賢能由郎中累擢太僕寺大理寺少卿光緒四年授順天府府尹五年以母喪去官服闋署都察院左副都御史八年再授府尹歷署禮部兵部戶部侍郎十年授通政使復署府尹十一年署吏部左侍郎公爲府尹也務維風俗慎刑獄輸金脩文廟置祭器樂舞纂文廟景行錄葺金臺書院增膏火錢又廣建義塾於屬邑疏請蘆台榷緝歸公並

分充廣仁廣育諸堂經費俗習感化民氣大和有房山諸生以爭田訟孤寡公親訊鞫示之詩曰忍見閭閻不平事當年京兆亦孤兒訟者愧悔服罪屬邑獄四多瘐死公諸請以矜恤諭牧令時其衣食又聞虎冠吏多所淩虐肆候資所以處待讞者公前後仁政率類此而尤盡心於救荒公之始涖尹京任也永清東安諸邑水災頻告即命往振或請緩公曰救溺猶救焚也可少緩乎逮再任値淫雨河決田廬漂没畿輔大祲公疏陳於　朝而徧檄諸邑謂有災不告告不實咎在令告而不振振不周咎在府天地鬼神共監之時帑藏支絀溥濟實難公日夜憂思作書乞糴

誠感遣近聖恩加渥節秋賞金移恤流亡遣近震動咨嗟
金釃至數溢百萬全活無算國論謂自荒政以來未之有
也復念水潦積塗渠堰衝廢乃以工代振次第脩築沿高
梁河永定河大小諸隄疏渠引水當公籌荒政時嚴禁約
杜侵蝕竭心之誠期事有濟雖旋遭諫官誣劾而　天
子益信公所爲百姓被恩感入骨髓故至公之薨也士民
爭扶挈老稚號河干泣奠送其喪歸里　朝廷有振災不
遺餘力實惠及民之　褒　命史館立傳建專祠於順天
嗚呼榮已公處事詳慎事鉅細弱親耆卒措置動中窾要
好施予遇善必爲而待族姻故舊尤厚自奉極儉約居官

二十餘年一介不苟取自云所與未免傷惠而所取未嘗
溢量蓋清白自守急人之急其素所蓄積然也公嘗爲四
川鄉試正考官順天鄉試監臨官屢充閱卷大臣多得方
聞綴學之士十二年四月以疾薨於京師年五十有三配
潘氏夏氏賈氏蔣氏封一品夫人子三志匡志程志勆皆
太學生公既葬嗣孤以狀來請爲文表墓昶夙以筆札見
知於公後爲典屬掾吏雅服公識度爰敘其有裨國是之
大者揭諸阡而繫以銘辭曰

航航周公古之遺愛錫惠流慶廟食畿內公在郎署翼贊
遣猷海邦來賓障彼狂流洗機內朗威棱外遒公尹　神
京柔嘉維則恢閎治模化以德植子文三仕旽旽周易公
拯災黎己溺己飢籲衆請命金兩粟飛溝瘠咸蘇感極而
欷宅公仁心痌瘝在抱展公偉畧洪纖洞曉　帝念公功
史臣屬草民頌公惠輿歌載道哲人其萎令名長隆勒銘
山河昭示靡窮

賜進士出身
誥授中憲大夫二品銜安徽分巡徽寗池太廣兵備道王
長科會試同考官兼襲雲騎尉屬吏袁昶頓首拜撰

墓誌銘 續編

春宇公墓誌銘 第七世

公諱于仁字春宇邑諸生禮部給劄冠帶儒官世居國山自公之六世祖國賜公遷雲龍里始爲雲龍里人國山世以儒顯而雲龍儒業之興始於公公之考諱檝教子以嚴一試不售輒呵責故公兄弟肆力于學而公與少弟儫九公才尤高鄉人咸師之稱二秀八秀公尤好以學倡其宗人族之學者彬彬焉後僅以儒官老享年五十有六娶蕭氏孺人始葬于其鄉鳳凰之原將以今年之十月改葬于暇山之麓其孫頊余同年友也以其兄賡之書請曰願有

誌余生也晚不獲覩公行事然公之德行文章著于吾邑雖不獲施設若其孝友則固吾邑望而願與天下道之者也公同母兄弟七人皆白首懽好無間其早夭者泰宇公而沖宇公處貧泰宇公歿公撫其遺孤如己子而與弟儫九公更教之卒底于成分業時公爲之請至於再四曰毋節兄孤願加厚焉故吳孺人節至苦而得以忘其苦姪程甫年其幼而不知有幼者公之爲兄弟賢也沖宇公不善治生產公爲畫長久帥兄弟各出稅之十一給其乏歲以爲常終沖宇公之世不知有貧嗚呼兄弟之得此於人難矣凡人之情止爲一身棄兄弟如道路人焉當其臨財不及道路人多矣甚至有黨道路人以伐其兄弟者人之無良一至於此故鄉黨州里咸以爲兄弟之好聚於公門而嘖嘖相顧稱歎夫人之德行莫先於家而世之善人必昌其後公於家庭間可謂善人矣然則子孫之賢相繼而光大之以揚其先人曷足怪乎哉自公終身于學後之子孫世守其業長子中明舉明經入太學與纂修事次幼中偉中晃皆博學不遇偉之子頊壬午舉人爲諸生者三人中明之子賡廣賚皆邑諸生今其鄉人又以爲儒業之昌聚于公門而天之報施善人將未有涯也銘曰

先生之學兮古今之富莫爲之前先生之行兮孝弟之至

不閒于言自古天之報施兮孰有善而或湮夫苟不於其身兮將必於其後賢高山峨峨流水湲湲先生之裔兮億萬斯年

賜進士第內府中書科中書前壬午科解元年眷姪盧象觀頓首拜撰

明累封夫人晉贈一品夫人蔣夫人墓誌銘 尙書公應

淑媛所稱率于齊德余雖不克自茂德産但忝五十年來其警我雞鳴襄成蘋祀食寒士之苦贊助勞臣之憂悴者至夫人殫矣安樂可忘而愁勞不可以不識也乃次其大概以貽諸後世曰夫人蔣氏吾邑西之城塘里人耆德惟勉公諱士最女生於隆慶三年己巳七月二十日纚笄而歸于余適家業中落先君贈尙書公及先母陳夫人往往飫其旨養夫人終朝捋荼終夜績紡潔供無敢乏事時家雖貧食指猶富夫人辨色起躬爨事候炊食呼婢餉田僕舉家餕後得食焉雖滌場漑釜之役無不爲諸婢先者歲

丁未余頔公車于燕京不幸先考以疾卧帷夫人謹湯藥目不掩睫者三月餘先母陳夫人亟稱孝婦不衰夫人顧自慚以爲未足當吾姑萬一者蓋王父以目疾廢者數年先母陳夫人薦饍必手飪薦衣必手澣絶未嘗委僮婢曰若易若厭吾嘗深矣王父易簀時仰天歎曰吾無以報若婦惟當叩上帝錫一佳兒所配婦亦如之此固三族所稔聞夫人亘不愧云兄弟五人自長兄剖居外余四人併釜而炊諸弟婦多余與夫人所聘娶者夫人雖躬督家乘其于諸弟婦勞則先之禮則下之至今誦說其風人無間言歲在壬子勢不得已乃析箸因舉所有盡與諸弟婦了不

介然癸丑余舉進士歆永守職從無長物夫人縞衣蔬食多自其十指中出其于麥飯野簌外幾不知有他味者至于喜愠不色御下以恩婢倦予作郎以身往曰若固未更事鼠雀之耗惟恐人知之弱無能者鞠撫尤厚曰我不生彼彼將無生村老里嫗過之歡如平生有緩急脱簪解佩曾無懈容晚年戀子女諸孫實甚以故不獲隨余任所其訓諸子也夫人力爲多諄諄以忠厚惜福讓人一步爲方訓諸婦諸女輒引己所習作時相風勵余中年置側室吳氏生子季琬夫人撫之過于所生視其母尤相善以余官初封孺人累封安人宜人恭人淑人夫人崇禎十一年戊

寅七月初六日終于家享年七十歲終之日子女親戚檢發故篋惟錢數百敝衣數襲而已有子四長伯瑞以余太僕任麐司農郎娶吳氏次仲球登壬辰榜司理四明娶楊氏繼娶王氏次叔璜廩貢生娶杜氏次季琬登壬辰榜選授庶常改侍御史娶儲氏女三長適邑庠生許鴻儀次適邑庠生李揚武三適太學生徐懋晐孫男七瑞出者四世英世彥世熙世濟球出者一世俊璜出者二世杰世賢俱相次列黌序曾孫男元麟世杰出元龍世俊出元士世彥出餘俱幼未名夫人雖不盡及見而繩繩未艾皆夫人種德之所貽也嗟乎若夫人者勤儉固其天性獨其五十年

來艱苦備歷動容舉止未嘗忤觀事親爲尊嫜所稱諭子若孫無失諄謹是亦可以不亡矣爰爲銘曰人孰無勤勤以事親即其孝也人孰無儉儉以訓後即其道也貧不慕富貴不忘貧無可報也以我爲銘安所譽之以信告也夫

鼎誌譔

御史公墓誌銘

昔侍御周公代廵吾楚 展 命以諸生應棘闈試時侍御監臨其風軌如昨迨同朝數年承侍御誨不可悉計故侍御生平知之最稔壬子秋長君世賢出其行狀屬銘于余誼不敢辭按狀周氏自孝侯厥族世爲義興華胄至在調公以進士起家今贈浙江道監察御史加一級前朝爲總河尚書晉階宮保光祿大夫其治河上利國下利民迄今東魯祠而祀之生四丈夫子侍御居季因名季琬嫡母蔣氏今贈安人前晉贈一品夫人生母吳今封太安人侍御年方髫齓博覽羣書一目數行更留心經濟實學年十五補

博士弟子順治辛卯薦于鄉壬辰以易經魁進士

世祖皇帝特拔庶常第一丙申 簡授福建道監察御史時江南漕政積弊已極疏請禁私贈行官兌彈駁甚力得奉 命旨通飭遵行又諫止裁官慎選督臣釐剔侵欺皆鑿然碩畫丁酉代 廵兩楚贊理勦撫機宜密陳滿兵駐防十便是年監臨文闈典試武闈矢公矢慎南北試事俱奉嚴典獨楚稱得人值 覃恩勅授儒林郎浙江道監察御史加一級封二代如侍御官戊戌丁父艱庚子起復又奉 命廵視畿輔主順天武闈試時有 詔使逗遛奏請嚴限云墨吏奸胥視已赦之糧爲可侵之物未經開讀

責比愈嚴等語又以部覆勘荒非時請駁正以崇政體由單遲誤非常請察飭以杜欺蒙以及江南逃人鍊棍兩者爲害不小請禁飭以安民生前後凡五十餘疏皆關國計民瘼大件辛丑再膺　簡命按視京畿以十七年歲參望誤吏議降調奏辨得白癸卯還職復丁吳太安人艱乙巳赴部丙午秋條議祀典請　　上躬承俎豆舉行烝祀意甚欲　　上親政疏留中不發丁未欲再申前奏適患血症不止遂捐館後十六日忽奉　俞旨侍御忠誠之靈亦可慰於九原矣要之立朝忠直居家孝友發爲詩歌具見至性暇則游情六法以山水自娛所撰有毒煙草致遠堂文集疏稿行世公生于庚申六月十二日亥時以康熙丁未六月二十一日卯時卒于官年四十有八配儲氏故明進士江西觀察使顯祚公孫女誥封安人嗣男二長世賢康熙己酉恩貢例授儒林郎娶蔣氏次世熙邑庠生娶蔣氏女二長適貢監生候選州同知吳名世次劭未字孫男四賢出者三熙出者一俱幼未命名卜于康熙九年十二月八日葬公于前桂之新阡乃爲銘曰

南山崔崔石嶨嶨仰騰蛟龍俯贔屭呵護幽宮百蟲避珊

珊靈骨千載存繩繩緝緝昌且熾勒之貞珉永爲誌光祿

大夫文華殿大學士兼刑部尚書熊賜履撰

餓庵公墓表　第九世

公諱贊字字協于號餓庵雲鶴里人也性嚴介音端亮貌修長立無倚徙望之卓然以剛見憚歲㝡族人能文者入祠角藝無老幼聞公臧莫敢不至執卷列坐號自晨至晚肅若院試無敢紊且譁者出遇族子弟必問以事無事厲聲色責之然有善未嘗不稱道故子弟多敦於行鍵戶勤學而能文蓋公怒罵叱呵皆由忠愛且能輸財重費無吝獨任無誘用是族人皆欽服樂就莫議議公以爲厲也他姓有爭折平於公者亦以此服公事極艱巨公一言輒解公以七月幼孤杜孺人撫至成立既愛踰等而公既長事母慎重有節母老常積公坐必旁語必立言盡乃敢退雖終日無惰容飴養躬親於物必時必備其施財甚輕而取特介公次子履祥戊子登副榜貢於京師爲太師范公西席人爭趨之公嚴誡其子務謙靜如平常二府范光遇亦與公子交極厚延公往不赴遺金爲壽復却之其生平方潔類如此嗚呼阿媚相習唯諾成風庸碌之徒外剛內柔色厲內荏生平大節無一可述貪財怙勢役役於風塵利祿中聞公之剛介廉潔其亦可以少愧矣公晚年請子能自立孫濟濟乃手鑿精宇種菊啜茗日與族中知已老人味香品色忽有人夢帝謂曰某一生剛正無私戒將令

神某土數日後公果逝享年六十有一戊子榜隗與公次子並以副車遊都中往還逾契公爲隗父執隗以子姪禮嘗接問公聞公之卒也治賻來弔公墓即在村後因知公精於堪輿自擇吉地命子孫塋兆於斯識者卜公之發祥不知其所至又公爲人有不同於俗者即登其墓封樹儼然爲之歎息告人曰此眞古之遺直也

順治戊子副榜選貢入監考選知縣丁酉舉人年眷姪任綖隗頓首拜撰

耐菴公墓誌銘 第九世

公諱詠字恒于號耐菴考諱中立字鳳儀太學生義興雲霧里人姓周氏鳳儀爲人長者六子公其季出自庶而善事嫡母屠太君太君愛之超於所生析産均一公感激彌勵內外嘖嘖稱孝友無間言故明時兄某陷大禍親戚畏敢顧問公獨隨晝夜計畫盡費所授産救兄敵怨將并陷之周族長幼咸奮曰爾敢害吾孝子悌弟所不共讐之者非人敵恐乃止是役也公得脫僅如髮國初姪某累荒糧公匿之奸胥誘致公子而使人好謂曰公無慮公姪朝以出子夕以入矣公曰兄惟一子奈何出之蹈不測因重費

求直其事三年後定卒不出姪與胥公子亦無恙善以勸且倫理家家屢破屢起起恒勝其初配黃氏父曰湛明湛明一子某遘疾垂斃甚貧有男七齡指示公曰將焉置此公曰於我育我存猶爾存也經紀其喪抱孤以歸養教婚娶視子三世綫緒賴以弗墜公有餘財輒周族戚之困乏者鄰里有貸一不辭或以産業質錢已而自占或別售公曰彼豈得已而爲此置之如是者非一嗟乎唯昔周漢興賢取士之制可考已周六德六行漢孝弟力田假設公生其間其姓氏揚於王廷功烈光於史策何如哉自漢而降上下以發策決科相震耀而巖野積行之君子乃至老死

蕰蓄而名不稱可慨也易大傳曰天之所助者順也非此其身在其後身與後等耳否則天人交眊而爲善者奚勸焉公長子漣學行爲學者宗稱漣芹先生不獨舉其字先生年五十九以歲進士貢京師授教職是秋舉於鄉次子溧亦善士孫亦愚亦魯亦篤漣出並邑庠生亦文溧出邑庠生曾元孫才者八人公始擇師而教子也必得人待以忠敬公父道嚴小過必譴訶以故漣芹先生學行早成諸子姪從先生學動中規矩有家法文卓然各自樹立稱於時由是吾邑人無智愚咸知公之後必大而助順之天之果有徵也公年八十無疾而終在康熙辛酉二月九日生

故明萬歷壬寅二月五日黃夫人享年七十有四先公卒合葬城塘既數載孫亦魯懇懇致孝以黃夫人弟錫明之狀來而請爲之誌與銘予兄事漣芹先生三十年公予父行也亦魯之來請也宜銘辭曰

爲子孝弟克恭兄在難單身從敵切齒坦不憧勇盜責難爲讎姪爲子髮怒衝卒兩全罔禍凶撫呱呱延黃宗敦親鄰耗柰封古有是亟升庸今不然長爲農人所棄天所意昌賚爾以賢子行豐文山嶽峙凡學者覩仰止振振孫莖才士身康强早瞻此後必大常理耳鬱佳原氣純紫予爲銘億萬祀年家眷姪儲欣頓首拜撰

子羽叔逋糧差擾常晨出夜歸縣拘文父而索叔捕役四夜至文家伺叔歸擾而去則文父免矣大父陰使人語叔遂不歸文愠甚大父曉之曰汝父糧非己逋且有伯在以金往必可脫七兄今唯此子累重無援出將性命不保吾甯以金易吾兄之子而忍以兄子易吾子乎孫子思之文每念斯言未嘗不流涕孫男亦文謹識

颺于公墓誌銘 第九世

公諱賡字颺于義興雲霧里人也祖于仁邑諸生父中明舉明經與纂修事公亦爲諸生卒于順治壬辰年十一月某日享年五十有三配陳氏孺人先公若干日卒將以是歲合葬於其鄉鳳凰之墓次子鴻業余壻也以銘請余謂周氏世世仁善自公之祖以孝友稱公之父寬厚容物至於公三世公少勤學以能文名不遇志益深苦已乃立於膠庠爲人敬慎無苟言笑遇人無貴賤必以禮不妄交遊亦未嘗有失色恂恂如也其能容一如父遜春公而臨財惟寬孤寡困乏之家則多所貸舍自題其簿曰善存方寸地留與子孫耕嗚呼於斯乃見公之心矣夫人之不仁無甚於財匹夫匹婦視爲生死饑飽寒煖之所關切不待斗石少假升合則歡欣溢于面目然人卒不肯爲其或傾囊橐鬻妻子至深痛矣則寧忍而爲之是豈誠殘薄無人心之甚乎哉或亦以子孫故不得已也然而吾觀鄉黨數十年間所見所聞貧富何可勝道祖宗拮据而成之子孫拮据而去之其間或速或遲或甚或不甚要之終歸於去然後知財者造物之所盈虛循環有無而不可常而如公者誡子孫用之而不盡者也嗚呼此亦足以勸天下之輕財而好仁矣公居家節用務淡泊無口腹之欲衣履不甚敝

不易人或謂公之樸而公不顧也綜理出入每事必躬親以此卒亦有其家教子以勤夜則篝燈講易時年皆幼個憊不令休每夕不輟暇則時道其祖父之仁厚以爲勸勉也子四人長世昌邑庠生次鴻業邑庠生次鴻澤業儒幼志學邑庠生女一人有孫八人其長者能讀書成文章矣嗚呼公之留子孫可謂甚厚而其言顧有不驗耶。銘曰是惟颺于周公之室歸形反眞以保其子孫年家眷姻弟張士衡撰

聖遵公暨楊孺人墓誌銘 第九世

公諱瑋字聖遵孟旭公次子配古莊楊氏生三子長泰次御公貌魁偉性孝友爲人端方有度不阿於世亦遇物能容時孟旭公歿同兄琪弟璵尙從師肄業母王孺人總理家政公善承母志未嘗少拂事叔竹隱見必以禮不問不敢言叔嘉其誠謹較諸姪尤加愛焉分業時公得新宅叔欣然曰次姪居東庶無負堂構矣然公雖另居孝思尤篤每有事出必告歸必面朝暮省問無間寒暑兄聖臨公多病家業凋零年四十無子公即以次子御承其後不幸聖臨公卒公亦相繼而歿斯時泰甫六歲御止五齡楊孺人

上奉孀姑下撫幼子早起晏息訓子課耕無少安逸其事姑也孝其御下也厚四時致祭必敬且豐及二子成立婚娶以禮分產均一歲時讌集嘗訓二子曰汝兄弟宜和睦勿以小嫌生外侮讀書宜勤力毋墮祖宗箕裘厥後兄弟友恭謹飭皆母教也泰業儒御邑庠生至今東西居焉銘曰偉哉孝行懿茲壼德一與之齊終天不易孝德伊何友弟恭兄壼德伊何撫孤有終筭有修短業無隆替非單厥厚烏能若是公之子孫浸以昌熾天與善人從古如此以繼以繩迢不萬禩康熙已酉舉人山陽縣教諭年家眷姪儲善閎拜撰

訒齋公墓誌銘 第十世

先君子愧菴先生門下篤行君子曰訒齋周先生以乾隆六年八月十六日終於正寢其季樹本嘗及吾門持其先人行實稽首告曰先君子平生行誼惟先生克知之幸不棄而銘之予悲其志而勉爲之不敢辭先生篤行君子也弱冠從先君子遊以其久沒溺於腐爛時文也盡燬其所嘗誦習者筆楚交下先生長跽涕泗不敢寢食者數月先君子一解其顏曰孺子可教矣康熙已巳先生年二十六補博士弟子明年猶負笈先君子門下篤死生之誼六十年炎是以知其爲人先生仲子樹聲辱與炎爲昆弟權先

先生卒三載炎每念之未嘗不心痗也先生諱晏山字文康別號訒齋高曾以來世居雲灣忽遭兇妄禍盡破其産不留一箸先生祖運甫公獨身跳於竹門不數十年世業旋復先生之父燕翼公母余氏嗣父曰靜遠公母錢氏繼母善病先生親視湯藥視出腹子有加既而靜遠公周旋戚里訟事舟觸沸釜亡於邑中庶弟日暄年僅十四先生撫字婚娶又延先君子教誨之貲産所遺無毫髮私假人皆曰是子不欺死父靜遠可以含笑泉下也歲丁酉本生母患瘵炎時在塾訓其子姪先生親滌穢溺視腧厕弗以假人曰吾母也諸婦婢豈足當意耶時先生年已幾六十

矣本生伯兄文尙素謹愿旣而爲人誘入摴蒱家業幾敗
先生號泣隨之日夜婉語兄廢產輒以其貲贖之歸諸兄
兄於是翻然涕泣閉戶讀如初伯兄卒遺孤四歲命先生
以仲子樹聲嗣之先生奉本生余母命延師婚娶旣竣事
而後遣事寡嫂孤曰樹穀幼不嗜學性易怒先生延予訓
之及樹本予時少年不曉事督責過急越二載先生視寡
嫂意甚若乃親爲教育五六年孤弗率輒痛箠其季以警
懼之迨孤稍醇謹知學而先生心力盡矣孤旣長盡還其
產出入纖悉必致精寡嫂亦慰意焉先生語諸子曰予自
父兄見背恒於盜涉於訟糾紛雜遝於內憂外患奔走

百里晩理家務夜半乃治書文不敢忘許師明訓願豈止
於是已哉亦欲翼汝孤長汝幼早早成立光大先業不負
先人地下耳旣而伯子叔子皆先下世仲子嗣伯兄後者
有文行年四十二而卒僅遺一孤先生痛悼之教育如昔
亦自節哀不敢過自虧損也先生居家儉勤不肯稍入時
俗大節所在能揮金如土當靜遠忍慘死邑中戚屬疑有
所着勸先生急歸取之先生泫然弗應嗚呼可謂知本也
已生於康熙甲辰卒於乾隆辛酉壽七十八歲配陸氏子
四長樹梢次樹聲嗣兄後又次早殀妾徐氏生季子樹本
本早遊於校𣏌於庠奉父命弗敢失墜先生殆將有後也

先生仁餘於義言貌朴愿不事雕飾而藹藹可卽津津動
人善攝生極勞之暇時時閉目數息嚥津嘗欲以所得者
切切餉予也劝稟甚薄多疾病有星家術最神者決其壽
止三十先生矢志力行功過格三十後夢卧一棺中不能
出神人以昔所持功過格示之灼灼有光隨以起益篤志
力行至老不倦晩年捐貲糾同人刊行陰騭文註證百頁
未成而卒命子孫曰吾死無所戀此書未成予所踡踡也
爾其免之七月病甚請進參藥不許曰生死關頭怡然處
之矣問心境若何曰飄飄乎遺世獨立也予何戀卒之日
里黨皆嘆有泣者予厄於貧病流離二十年矣先生進而

念之戚戚不可解嘗語炎曰吾師一生篤行孤燈風雨晨
夕共之聞者多爲感泣繼述者未可無其人也炎不肖不
克纘先業而提攜誨復使先子之澤未斬者先生亦何愧
焉

銘曰甘可齒醋可飲備艱難老彌謹口無功默知過五十
年何敢惰俗學鄙頑果存以綿以延盼後人

乾隆七年壬戌冬至世教弟許重炎少來撰

東標公墓誌銘 十二世

史承豫

有明以來士工制舉義而不獲僞春秋榜窮老以死者難以枚舉如繆太質王房仲邵茂齊張元長徐思曠諸君其尤著者也我　朝則桐城方百川金壇王耘渠兩先生文格最高而俱不爲有司所知王以明經筮仕邑令方則年不及四十而死承學之徒讀其文鮮不爲之惋歎然諸君身雖不遇而其文則已傳誦人口永永不絕士仰屋梁而著書亦冀其流傳來世耳遇不遇甯足道哉若諸君者固可以無恨者也今觀吾友周子東標身世之窮殞命之慘皆前人所未經者則不能不詫彼蒼之太酷而太息泣下也君諱士廣字東標吾邑雲亭里人少孤喜讀書工制舉業清令峭倩屏去肥膩有文外獨絕之致雅爲鄉前輩儲畫山中子蔣平川諸先生所激賞畫山尤愛之招列門下親爲指授業以大就然每試有司輒不售年逾五十猶困童子試意悒悒不自得家徒壁立藉授徒以活人見其童老不遇多易視之不爲禮以是日益潦倒悲吒煩憂殆不欲生未幾竟得心疾發狂投水而死嗚呼悕矣君生於康熙丁卯年九月十七日卒於乾隆丁卯年八月二十六日得年六十一以某年月日葬於滬上之原娶毛氏先君十有一年卒子一人畯君爲人孤令絕俗略如其文然内行

醞備胸中不設城府與人交不爲翕翕熱而中懷懇至久要不忘長余二十餘歲與予敦忘年交予常戲謂君於時文真可謂性之者君曰如卿言何敢當顧吾少年時視一切晴煙晦雨蟬語蛩吟罔非文境觸念揮毫往往立就今冊中某篇某篇是也君中年後頗喜爲時不耐苦吟即目直尋時有佳句嘗客淮北及雉皋皭沙者十餘年卒無所遇世人知其文者亦鮮今死矣一衿未博埋恨九原姓氏微茫漸歸澌滅其能與繆王諸君並千古乎此則良可悲已

銘曰文如金玉命則窮賽志欲葬魚腹中三尺馬鬣成此封懷沙之恨千古同

璞堂公墓誌銘 十四世

自世以詞章爲學棄實行而逐浮華父兄不以爲戒子弟習以爲常識者耻焉蓋器識爲先文藝爲後古人言未可誣然以是求之於人人方鶩聲氣角名場往往與斯言相左而璞堂周先生則以爲士宜行己有耻才華非可競也語雖忤俗而士論實推重之先生器寬厚而性峻潔與人交抑然自下去惡若浼人莫敢干以私其中退然其言吶吶然而事至不懼務竭其誠而後止鄉里以訟言相訴片語出衆叉輒服居恒則常究心程朱語錄危坐一室若有所得而孝友性成里黨間尤多感之生即失父抱痛終身

年已晚猶常展拜遺像嗚嗚然作小兒啼聲十二歲喪母哀毀骨立見者輒爲欷泣仲兄耐庵公歿代其撫遺孤者十餘年後諸兄旣繼謝世尤與三兄篤友愛兄嘗爲母擇地不善失金數百先生即醵金以償不令介意而歲時祭祀必誠必敬即襄事者亦皆屏息立不敢動蓋實有無言之感云先生自曾祖祖父皆以好善著鄉里里中待以舉火者未易以一二數先生繼之無倦意然幼即孤露稍長與諸兄析產叉多自取磽薄年十九家已落而德配尹孺人歸孺人晨夕紡績先生亦卓然思所樹立不稍懈數年家復振後卒盡散所藏慨然曰窮達有命未可强也惟心

性之理求之即得因日與族中孝翼先生講明絕學繼叉至邑南執贄謁吳先生辰孝翼深儒術吳先生則邑中盛德士也素聞先生好學一見即以誠敬爲勉先生退而力行品望益著族長老咸任先生以祠事心力俱瘁得血疾疾甚主程子靜坐說以愈之後叉助建橋梁募砌圩路其勞瘁動經數歲費亦不下萬餘悉皆出入於先生手人服其精白蓋生平行事隨在可質鬼神先生嘗變時即入塾舉止端恪人已異之後學爲文尙簡質曰安能苟合時好及見吳先生後誠敬相持晝有事夜必質諸衾影有未慊痛自咎而終日諄諄則尤以義利爲辨凡有稱貸人或負

弗與校已有負即其人遠徙或身故無約劑可證亦必默權子母以償之曰人未可負心尤不可負也年屆六旬入城礱緣計其值可得白金十數操算者誤倍其值先生知其誤檢所倍以還之一市大駭吳先生亦嘗自城來訪詢及素履輒爲嗟嘆以爲士不務實得如先生者以式之足爲鄉里幸矣先生生於乾隆丙申四月二日卒於道光乙巳五月十六日享年七十配尹孺人慈惠恭儉訓子女嚴而有法其盛德實克與先生齊子一子斌郡庠生女一適邑增生儲炳煥孫男一翼虞孫女二長字史次字戴六月四日子斌將殯先生於里左之原遺使齎狀特以銘辭屬

景景不文安敢銘先生顧聞先生卒時遠近知者皆爲泣下景雖未足以知先生然嘗辱與先生之子奕又嘗進謁先生於家先生且爲景置酒酒間縷述前賢懿行以爲戒繼又信宿先生所坐書室見揭誠敬二字懸於座問之則先生手書以自勉也景既爲之悚然頃讀先生狀益知吳先生之言爲不虛如先生者崇實黜華行己有本誠足介詞章家媿尤足爲景等師表也先生乃溘然長逝乎景亦安忍不銘先生諱敏字聿修號璞堂晚又自號眞愚曰世皆日予智予則日愚愚且眞矣

銘曰誠以存心敬以持身外無飾而內行日純先生其無歆然信之者有邑中吳先生長世愚姪史景陽頓首拜撰

慕陶公湯宜人墓表 十五世

姨丈慕陶周公諱徵字望齡號慕陶別號曉峰配湯宜人外祖中書湯公奕女瑛之姨母也同治戊辰自楚省解組歸表弟周君蘭舟謁瑛言曰吾父吾母謹於咸豐乙卯十二月吉日合葬邑東清泉鄉梅林之原迄閱十有四年矣將立碣於其阡請兄一言表之瑛始而辭繼而起曰此鄉善士之藏及鄉賢母之藏也烏可不表或曰何表爾曰本所稔知者質實以表之可爾公生而岐嶷弱齡有成人之度非聖賢書不寓目聞人談忠孝節義事終日忘倦性至孝事景蓮公湯太宜人先意承志晨昏定省甘膩之奉歷數十年弗懈親或有疾則涕泣不食斯夕侍護常衣不解帶目不交睫景蓮公棄養執喪哀毀幾至滅性殯葬一遵家禮每暮夜念父輒失聲大慟親鄰爲之感戚事母盡謹母患背疽親吮膿血家中落授經得脩脯悉以奉母生平無私蓄其孝行如是不可表之以昭子道乎與伯兄西清敦愛綦至析產時推肥取瘠財物服用悉讓之不少吝兄有積逋廢成任鄉田十餘畝代爲之償終公之身一堂怡怡如髫齡伯父嵋谷公兼鐸泰興卒於任諸從弟皆幼公聞訃即之泰摒擋一切迎喪歸代理家業持籌握算曰不言勞女弟適俞菱而貧領回撫養幷常周恤其家眞友于

如是不可表之以昭弟道乎持已恭儉食不兼味衣無紈綺治家嚴而有禮爲子擇師務訪求學行兼著之儒躬督其課程其功誦讀夜分必親起視每誡諸子曰學者當修已勵行希法聖賢急於成立毋急於功利苟立脚一錯非特玷家聲墮名節爲可慮就使科第榮膺印纍綬若吾無取焉其義方如是不可表之以昭父道乎性嚴毅不輕然諾勿汩邪說勿事異教接不妄語居無惰容恩不望人報貸不急人償公以息人之爭避以避人之慢施予無倦提挈故舊未嘗有德色有諸生湯某緣事誣累幾被黜公爲之求免縣大夫素重公案乃寢其立身善物如是不可表

之以昭友道乎我姨母湯宜人少而婉嫕通書史所居室不聞謦欬及笄于歸舅姑俱在堂克循婦職具得堂上歡舅殁事姑尤謹典簪珥供甘旨問安否調寒煖肅如也姑偶不豫憂形於色侍牀榻奉湯劑未嘗稍怠姑晚患足疾艱於步履朝夕扶持無頃刻離此又婦道之可表者也相夫子勤儉持家親操井臼綜理內政井井有條接尊長以敬睦妯娌以和奉祭膳飾燕賓主中饋無失禮自奉極約食甘藜藿衣必麤素尺布寸縷不肯棄捐公館於外婦代子職馨膳潔羞無或缺有時薪米告罄竭力籌辦不使公有內顧憂此又妻道之可表者也慕陶公見背有子四長

恩爵年甫弱冠次湛霖郎蘭舟叔金浦季鍾慶年俱幼宜人經營喪紀兼禦外侮以一身撐拄門戶備歷艱辛督課諸孤絕不事姑息有九熊畫荻之風平日不言人過失雖臧獲僕婢嘗譴責仍婉辭導之不疵其督爲子娶婦率婦襄內治咸以身教暇即事女紅年逾六旬猶手一篋辟纑雪天寒夜不稍輟此尤母道之可表者也公諸生生於乾隆壬子殁於道光丁酉年四十有六以子恩爵秩遇

覃恩贈徵仕郎國子監學正加一級例晉奉政大夫姨母生於乾隆辛亥殁於咸豐癸丑享年六十有三遇

覃恩贈孺人例晉宜人嗟嗟若公者上觀盡子下觀盡父

而宜人之德足以齊之父父子子兄兄弟弟夫夫婦婦而人道備矣是故表之以爲鄉善士鄉賢母之規

同治九年歲次庚午嘉平月　　穀旦

賜進士出身

誥授中憲大夫

晉階通議大夫三品銜湖南補用道累任永順府知府辛酉甲子兩科湖南鄉試同考官姨甥任瑛頓首拜撰

愛棠公墓誌銘 十五世

王有壬

君周氏諱蔭南字召襄別號愛棠宜興人晉平西將軍孝
侯裔也曾祖諱炳祖縣學生諱汝礪父封修職郎常州府
學附生秉鈞母贈孺人儲氏生子森樑及君君少沈默讀
書性穎悟比長學益勤苦沈學博欽裴雅重君才課士常
以冠儕偶儲孺人患瘵疾君侍湯藥衣不解帶三月餘因
割股以進及居母喪哀毀骨立服闋走京師肄業成均祭
酒顧公蒓以國士目之由是名藉甚捷道光十一年
恩科京兆試前相國英公延君爲子弟師儀範肅然英公
禮敬備至當路諸公爭欲君出其門下試禮部時要人有

以關節授君君淡然置之竟被黜前後凡九試薦而幾售
者七常佐沈侍郎維鐈校文安徽主霍山書院講席歸設
教於法華寺從學者數十百人其教人以存心植品爲先
黜斲文藝恒至丙夜不倦在都時鄉邑後進無所館賴君
推引皆使得所創設陽羡會館君質行李捐貲爲倡二十
四年大挑二等二十九年選海州學正海州地瘠民貧膠
庠以許詐相比訟者無虛日君至痛斥絕之揭示以誡曰
謀利非儒者事告許非學校事爾曹自命爲何如人耶故
事朐學廩餼歲百二十金校官入焉君曰國家以是優養
俊士吾奈何漁以自利手書冊給之月必有課嚴核殿最
期年闔邑就學於署者至不能容嘗語人曰事當審辨邪
正是非毋較豐嗇利鈍自君爲學官士胥謹操履積習丕
變君持己甚廉而與人甚厚事無鉅細不少苟祭祀必誠
事父委曲盡慎撫孤姪如子治家嚴以和燕居常端坐無
惰容終日無違輒簿記之手纂儒先粹語一卷尤嗜呂新
吾先生呻吟語皆身體而力行之著有半壑軒詩文若干
卷時文若干卷以咸豐三年二月乙酉卒於官年五十有
二配潘孺人子長家楣咸豐己未進士翰林院庶吉士次
家劉女四君之卒也學者深悼之羣弟子皆有賻始克殮
貧不能返葬士民請以賓興公款予銀百兩爲助同官知

君介不許請至四五辭曰非吾師感人者深寒畯心服之
至而奚以戔戔者爲喪歸諸君奔送百里皆哭失聲嗚呼
此足見君德有以浹於人而有官守者無不可振礪其民
以裨於世也

銘曰君敎以誠先樹之樊而闢其門來者莘莘趣使潔身
偷俗斯敦道醞積懋省已奚疚施則未究年不終壽沒藏
斯竇銘詔遐宙

潘太夫人墓誌銘　十五世愛棠公配

同年順天府府尹周君家楣之母　誥封一品太夫人周
年伯母潘太夫人以光緒五年五月二十一日卯時卒於
順天府署兼管順天府府尹萬尚書奏上　皇太后
聞而眷悼向近臣詢太夫人病狀年歲及歸途水陸遠近
通塞甚詳越日澂貝勒瀅貝勒來奠又越日恭親王來奠
舉朝卿士大夫咸先後賻弔家楣以年家子題主之禮屬
焉出殯外城之觀音院自署詣院二十餘里沿途各設席
幕奠送順天各官屬道廳有祭需次各正佐有祭兩京縣
有祭總理各國事務衙門僚屬有祭同文館諸肄業生有

祭既出城順天紳民有祭兩京縣紳民有祭常州府同鄉
士紳有祭宜興荆溪兩邑士紳有祭四川丙子秋薦門下
士有祭金台書院士人有祭京城回教士紳有祭傾城士
女夾道環觀咸謂自　皇太后母公夫人及相國文
文忠公之喪有此盛今復見之同年匍匐號泣盡哀盡禮
觀者嘖嘖莫不誦太夫人之賢同年之孝有感而淚沾襟
者乃歎孟子所謂四方來觀弔者大悅之語能曲繪其情
也是年秋同年扶太夫人櫬旋籍次年將洽葬列狀貽書
家楣屬爲銘幽之詞家楣雖不文其何敢辭按狀太夫人
宜興潘氏故大族爲湖南巡撫內閣學士禮部侍郎與雲

先生第六世女孫父諱湘國學生累贈中憲資政大夫運
同銜福建政和縣知縣順天府府尹母周夫人生丈夫子
三女子二太夫人居次歸我年伯　贈榮祿大夫順天府
府尹愛棠先生先生境屢空而文行爲世所重家事惟太
夫人自任孝事我太年伯　贈榮祿大夫靜齋公公嘗謂
我無女今猶有女也先生有伯兄早逝嫂寡姪孤太夫人
相待周摯撫諸姪如子自孩提以至成立皆先生教之養
之惟太夫人實扶護而成全之也先生以大挑銓授海州
直隸州學正性嚴介無苟取太夫人黽勉有無遇事輒先
籌集以佐先生之廉生子二長鼐我同年次爲　贈刑部

主事太學生鼎生生女子四太夫人慈愛甚摯而教之必
以禮法一語之呵視之若撻楚以是各敦義行鼎生於庚
申江上之難罵賊死節歸閔氏女以孝死歸崔氏女以賢
著歸吳氏女死於烈字潘氏守志之女成其貞一門兒女
俱足千秋今同年致身通顯爲　國柱石皆太夫人之教
也太夫人慈祥節儉生平無鮮衣華食之御而扶危振乏
由親及疏弗吝於施而施必有序同年雖居京宦而戚族
寄貽無間以宜邑遭賊宗祠就燬令同年與族叔裁五觀
察首捐創建及同年主試四川旋京復命寄款建義莊贍
族洎任京兆方履任值鳳河決口東安永清武清被災亟

命同年出二千金往賑時晉豫並荒歉均捐巨款賑助毋
請獎湖北沔陽流民至京僉資送歸籍凡脩葺學校重建
金台書院籌百善堂資善堂歲久經費置府獄及普濟堂
棉衣死者施棺善政令猷不可枚舉要皆奉太夫人之命
爲之御下有惠凡臧獲媪婢之所苦未言之隱輙先覺而
深恤之有過而可宥者勿校不可用而斥去者仍周之家
龢在京遇兩邑士夫之在　朝者皆曰吾鄉自爰棠先生
厚德及人今太夫人之誼有加無已焉聞太夫人之喪人
人若失所恃及其喪旋里無上下貴賤遠近即婦女孺子
莫不稱誦威德如出一口爲嗚呼難矣家龢與同年鄉會

同提又同爲翰林於誼尤切嘗謁太夫人於養堂命診脈
象每殷殷上詢　天子典學讀書家龢敬述之爲天下
稱慶太夫人之用心爲何如哉太夫人之行誼不及詳縷
祗述家龢見聞所及以闡遺徽於萬一爾太夫人生於嘉
慶癸亥五月初十日享壽七十有七子二長家楣官順天
府府尹總理各國事務大臣次家鋤國學生應己未鄉試
薦未售庚申殉難得　旨優卹世襲雲騎尉建專祠邑
志入忠義女四長適閔以侍爰棠先生疾積勞致病歿次
適甲子舉人　國史館謄錄候選知縣崔望賢　旌表節
孝著有敬之古文次適忠文彰庚申死節　旌表節烈與
胞嫂潘夫人胞兄家鋤立建專祠次字潘灝文夫故守志
均入邑志列女孫志匡太學生敦行能文癸酉應京兆試
薦未售　貤贈奉政大夫邑志入孝友家楣出志濤癸酉
科順天舉人刑部貴州司主事兼襲雲騎尉太夫人胞姪
家爕出嗣家鋤志程家楣出孫女三長家鋤出未字卒次
三家楣出光緒六年十二月二十二日辰時同年舉太夫
人柩葬於荆溪五牧之原癸山丁向兼丑未
銘曰坤道无成而厚德无疆母道以慈而教兼義方睹清
流之環繞兮覽遙峰之鬱耆維太夫人之懿範與山高而
水長

賜進士及第
誥授光祿大夫
毓慶宮行走工部右侍郎前翰林院脩撰年愚姪孫家龢
頓首拜撰

六十一世孫之堯重輯　六十
之誥編次
釋
六十四世孫葆曜　訂
六十五世孫禮言　校

歲時

自黃帝顓頊下逮三王治歷十有一家考課損益各有變
衰非天運之錯考察意異故也 見唐歐陽詢藝文類聚 註 伏羲作甲曆通覽 歷日月歲時自此而生黃帝命大撓占斗柄所建始作甲子命容成作蓋天及調歷歲紀甲寅日紀甲子而時節定

造十六神歷積分以置閏配甲子而設蔀首顓頊作歷以孟春之月爲歷元遂爲歷宗 註 黃帝命大撓作甲子而[illegible]占星氣隸首理算法容成總其前造歷之始其有[illegible]吳時亂爲氏爲歷正顓頊命南正重司天北正黎司地[illegible]孟春爲歷元唐堯命羲和治歷以閏月定四時成歲[illegible]璿璣玉衡以齊七政自是夏之歷殷之歷[illegible]其事周禮馮相氏掌十有二歲十有二月十有二辰十日二十有八星之位此即專掌治歷也所云治歷十有一家即指[illegible]

月正元日五薰鍊形 見唐余堅[illegible] 註 薰香草也[illegible]薰香而味辛[illegible]生[illegible]子[illegible]人飲稻粥以通五藏○庚世南北堂書鈔云[illegible]一枚謂之鍊形或鍊步虛詞鍊形爲真仙

月正元日百禮兼崇 見同上

元日吞雞子啖五辛菜 見北堂書鈔世說 註 [illegible]五辛謂大蒜小蒜韭菜[illegible]所以發五藏之氣也[illegible]荊楚歲時記

楚人元日上五辛盤

椒花酒 見宋[illegible]白居易太平御覽[illegible]新合璧事類及[illegible]

註 五辛即五辛菜以盤盛之○據言安定郡王立春日作五辛盤風俗記正旦上松柏頌取其壽也時而不改柯易葉也○椒花酒取其溫也椒柏酒詳後

元日長幼悉正衣冠以次拜賀進椒酒飲桃湯及柏葉酒 見宋吳淑事類賦註 註 漢官儀正旦飲柏葉酒上壽○崔寔四民月令正旦子孫各上椒酒於其家長[illegible]歲時記元日服桃湯桃者五行之精厭伏邪氣制百鬼[illegible]椒柏酒椒是玉衡星之精服之令人身輕耐老柏是仙藥進酒次第少者爲先

晉州自元正獻歲鄰里以飲宴相慶至十二日罷謂其日
爲雲開節 見淵鑑類函 御製
荊楚社日以豬羊肉調和其飯謂之社飯以葫蘆盛之相
遺送 見明陳仁錫潛確類書 註 禮月令擇元日命民社潛確類書立春後第五日戊爲春社立秋後第五

日戊爲秋社○山堂肆考漢東方朔爲郎社日詔賜從官肉太官丞晝不來朔拔劍割肉而去據此則社日遺肉係漢事○夢華錄社日婦女皆歸外家外舅姨舅皆以新葫蘆爲遺

漢末郭虞者有三女一以三月上辰一以上巳一以上午
三日三女乳時並亡迄今俗以爲大忌故是月是日婦人
忌諱不復止家皆適東流水上就通遠地祈禳自絜濯也
見唐虞世南北堂書鈔 註 蔡邕風俗通上巳之辰采蘭水上祓除不祥續漢書仲春上巳官民皆絜於東流水上曰洗濯祓除去宿垢疢爲大絜○梁劉昭補續漢書注後漢有郭虞者三月上巳產二女二日中並不育俗以爲大忌至此月此日諱止家皆於東流水上爲祈禳自絜濯謂之禊祓其說本此○山堂肆考三月節後巳日爲上巳則辰已爲除日以除不祥也魏以後但用三月三日不復用巳

榆莢雨春雨 見宋李昉太平御覽 註 本草集解榆二月生莢府覽玉春月雨名爲榆莢雨○詞

仲夏端午烹鶩角黍見徐堅初學記【註】集韻端始也虞世南北堂書鈔引此云仲夏端午謂五月五日也俗重是日與夏至同鶩禮記曲禮作匹庶人之贄鶩疏云野鴨曰鳧家鴨曰鶩角黍詳後

端午食蒩見明沈軟明馬應京月令廣義引此云五日荊楚外紀【註】采蒩花作蒩利胃腸○字典蒩同苴玉篇麻也詩豳風九月叔苴毛傳麻子也

端午食菹龜龜骨表肉裏陰內陽外之形所以贊時也見吳淑事類賦註【註】風俗通端午煮肥龜去骨加鹽豉麻蓼名曰菹龜取陰陽包裹之義

先節一日又以菰葉裹黏米以粟棗灰煮之令極熟節日啖煮肥龜令極熱去骨加鹽豉麻蓼名曰菹龜黏米一名粽一名角黍蓋取陰陽相包裹之象也見李昉太平御覽【註】博雅菰蔣也其米謂之胡菰西京雜記菰之有米者長安謂之雕胡有首者謂之綠節又同菰淮南子天文訓註菰生水上相

國山周氏世譜　手澤録　卷五十一　孝侯風土記　三　立本堂

連特大而滿者也韻府菰白葉如蒲葦中心生白臺如小兒臂謂菰字典豉與菽同說文配鹽幽尗也徐曰尗豆也【註】粽葉裹米角黍也【註】粽子上銳下廣有似角形故稱角黍

端午進筒粽造百索繫臂一名長命縷一名續命縷一名辟兵繒一名五色縷一名朱索又有條達等織組雜物以相贈遺采艾懸於戶上蹋百草競渡是日俗多禁忌蓋屋及暴薦席見徐堅初學記【註】筒粽粽形似筒也案續皆絲爲之縷齊諧記五日以筒貯米投水祭屈原援有人見三閭謂曰苦爲蛟龍所竊願蒲葉裹五色絲纏之此則蛟龍所畏也世人五日作粽子并帶五色絲是汨羅遺風○續漢書端午以朱索爲門戶飾以止惡氣風俗通端午日以五色絲繫臂避鬼及兵日不病疫名長命縷一名辟兵繒又名五色縷提要錄北人端午以綵絲結合歡索纏手臂山堂肆考朱彥國公帖子蘭館初成長命縷珠囊仍帶辟兵繒○荊楚歲時記端午門百草又五五日競渡俗云爲屈原死以舟楫拯之其舟輕利曰

鳧又曰水車○蹋音沓蹴也履也

端午以菰葉裹黏米謂之角黍俗云粽子名品甚多形製不一有角粽錐粽菱粽筒粽秤粽錐粽又有九子粽見謝維新合璧事類【註】錐粽菱粽俱以形象名之九子粽者九粽相連結也

仲夏濯枝溢川見同上【註】字典溢動搖也又滌也動也按此節常有大雨名濯枝

梅熟時雨謂之梅雨見同上

夏至之日雨名曰黃梅雨見歐陽詢藝文類聚

夏至霖霪至前爲黃梅雨先時爲迎梅雨及時爲梅雨過時爲送梅雨見淵鑑類函【註】說文雨過三日以往爲霖玉篇霖久雨也韻會雨過十日以往爲霪

夏至前芒種後雨謂之黃梅雨最長久半月內驗西南風以定雨候有一日西南風主時裏三日雨見馮應京月令廣義【註】時謂插秧之時也俗以夏至日起至小暑止半月內爲時裏

國山周氏世譜　手澤録　卷五十一　孝侯風土記　四　立本堂

五月有落梅風江淮以爲信風又有霖霪霑衣服皆敗黦見陸[illegible]文大中記【註】字典黦音鬱黑也色變也

仲夏長風扇暑見徐堅初學記【註】原註此節東南常有風俗名長風韻會扇鼓盪也

南中六月則有東南長風俗號黃雀長風時海魚變爲黃雀因爲名也見歐陽詢藝文類聚并淵鑑類函【註】類函本引此作五月風發六月乃止俗號黃雀風是海魚變爲黃雀因以名之

六月有大雨亦名濯枝雨見歐陽詢藝文類聚

七月七日其夜灑掃於庭露施几筵設酒脯時果散香粉

於筵上以祀河鼓織女言此二星神當會守夜者咸懷私願或云見天漢中有奕奕正白氣有光耀五色以此爲徵應見者便拜而願乞富乞壽無子乞子惟得乞一不得兼求三年乃得言之頗有受其祚者見李昉太平御覽【註】七月七日事詳後○河鼓星名爾雅釋天河鼓謂之牽牛郭註荊楚人呼牽牛爲擔鼓擔者荷也

魏時人或問董勛云七月七日爲良日飲食不同於古何也勛云七月黍熟七日爲陽數故以糜爲珍今日惟設湯餅無復有糜矣見陶宗儀說郛【註】山堂肆考董勛魏人仕於晉說文黃帝初作糜釋名糜者煮米使糜爛也○荊楚歲時記伏日進湯餅餅湯麪使合并也青箱雜記凡以麵煮之皆曰湯餅

九月九日律中無射而數九俗尚此日折茱萸房以插頭

云辟惡氣而御初寒見歐陽詢藝文類聚【註】無射九月律名射厭也前漢律歷志無射言陽氣上升陰氣收藏終而復始無厭已也○集韻茱萸藥名杜甫詩明年此會知誰健醉把茱萸仔細看

漢武帝宮人賈佩蘭言九日佩茱萸食餌飲菊酒令人長壽見淵鑑類函【註】西京雜記戚夫人侍兒賈佩蘭在宮時見夫人侍高祖七月七日臨百子池以五色縷相羈謂之相連愛據此則武帝當作高帝俟考○韻府漢武宮人佩茱萸辟邪○續齊諧記汝南桓景從費長房學長房謂曰九月九日汝家當有厄急作絳囊盛茱萸繫臂登高飲菊花酒可免景如言後還家見大畜皆暴死今人每九日登山以此

無射紹候見虞世南北堂書鈔【註】謂九月時候也詳見前

民間九日糕上置小鹿數枚謂之食鹿糕見國朝陳元龍格致鏡原【註】韻府引古諺云七月刈禾傷早九月食糕正好量年之兆周禮糗餌粉餈註方言餌曰糕

天日正南黃鐘踐長粥饘追萌微䊮休昌見歐陽詢藝文類聚【註】山堂肆考仲冬日行南至牽牛去極最遠故曰日南至即所謂天日正南也○易通卦驗冬至人主合八能之士調黃鐘六律○曹植獻履襪表冬至獻履貢襪所以迎福踐長也魏崔浩女儀近古婦人常以冬至日上履襪於舅姑以踐長至之義即本此○玉篇饘糜也說文周謂之饘宋稱之糊饘檀弓饘粥疏厚曰饘稀曰粥

是日始牙動爲饘粥以養幼見康熙字典【註】是日謂冬至日也牙萌也禮月令仲冬行糜粥飲食

冬至日作赤豆粥禳厲鬼見陳仁錫潛確類書【註】荊楚歲時記共工氏不才子以冬至日死畏赤小豆故冬至作豆粥以禳之

臘則進醑酒以告蜡竭黍敬於明祀見徐堅初學記又沈約荊郊外祀【註】說文醑不澆酒也漢書曹參傳來者皆欲有言至者參輒飲以醇酒註醑酒不澆謂厚酒也○禮郊特牲蜡者索也

歲十二月合聚萬物索饗之也禮運昔者仲尼與於蜡賓註夏曰清祀殷曰嘉平周曰蜡秦曰臘

今吳中以臘月二十四夜祀竈其謂竈神翌日朝天白一歲事故前期禱之見謝維新合璧事類【註】搜神記漢宣帝時陰子方至孝臘日晨炊而竈形見子方拜受慶遂致富此臘日祀竈之所由昉也

吳中臘月二十五日煮赤豆作糜暮夜闔家同享云能辟瘟氣雖遠出未歸者亦留貯口分至襁褓小兒及童僕皆預故名曰數粥本上月望日祭門故事流傳於此見同上

義陽臘日飲祭之後叟嫗兒童爲藏鉤之戲分爲二曹以效勝負若人偶即敵對人奇即人爲遊附或屬上曹或屬下曹名爲飛鳥以齊二曹人數一鉤藏在數手中曹人當

射知所在一藏爲一籌三籌爲一都 見歐陽詢藝文類聚【註】歲時記歲前爲藏鉤之戲始於鉤弋夫人漢外戚傳趙婕妤兩手皆拳上披之即舒後人因此爲藏鉤之戲【按】趙婕妤武帝妃生昭帝居鉤弋宮○姬母也賈偶也都總也

擊壤者以木爲之前廣後銳長四尺三寸其形如屨臘節時童少以爲戲分部以擿搏也將戲先側一壤於地遙於三四十步以手中壤擿之中者爲上 見李善文選註【註】搏拊也擿擲也按王伯厚困學紀聞引此尺三寸上無四字又擿作擊注云此古時童兒之戲非土壤也

堯時有八九十老人擊壤而歌曰日出而作日入而息鑿井而飲耕田而食帝力何有於我哉 見李昉太平御覽【註】字典擊壤古戲也史記五帝紀帝遊康衢老人擊壤而歌於路

吳中臘日舂米爲一歲計多聚舂臼盡臘中畢事藏之土舍倉中經年不壞謂冬舂米 見謝維新合璧事類【註】說文舂擣粟也

吳中風俗尤競上元一月前已賣燈謂之燈市價貴者數人聚博勝則得之喧盛不減燈夕 見同上

歲暮家家具殽蔌備宿歲之儲以迎新年 見同上【註】詩小雅殽核維旅毛傳殽豆實也鄭箋豆實葅醢也又肉帶骨曰殽詩大雅其蔌維何爾雅蔌者菜茹之總名

除夜祭其先竣事長幼聚飲祝頌而散謂之分歲 見同上

留宿飯棄之街衢以爲棄故納新 見同上

吳人至除夜貼紙馬於竈上以酒沃竈門謂之醉司命 見陳仁錫潛確類書【註】夢華錄年夜備酒果送神貼竈馬於竈上以糟塗神面名曰醉司命

吳人除夕村落然火炬縛長竿杪以照田所以祈穀 見陳仁錫潛確類書【註】說文然燒也○炬玉篇火炬集韻束葦燒也○杪說文木標末也

蜀之風俗晚歲相與饋問謂之饋歲酒食相邀謂之別歲除夕達旦不眠謂之守歲 見陶宗儀說郛按謝維新合璧事類引此無酒食以下十八字

按天氣自南而北凡物候先南方故閩粵萬物先熟半月始及吳楚今驗江南梅雨將罷而淮上方梅雨又踰河北至七月少有黴氣而不覺以此言之壬丙進梅不足定擬當易地而論 見明王象晉羣芳譜【註】黴音眉說文物中久雨青黑曰黴

地理

舜東夷之人生姚邱 見唐司馬貞史記索隱註【註】通鑑輯覽舜之先國于虞今山西解州平陸縣舜生于姚墟今山西蒲州府永濟縣○舊說云舜上虞人也虞即會稽縣距餘姚七十里舜之庶子所封故曰餘姚

史記云舜耕於歷山而始寧邳鄉二縣界上舜所耕田在於山下多柞樹吳越之間名柞爲櫪故名歷山 見賈思勰齊民要術【註】舊說云始寧上虞南鄉也後爲縣○柞音昨詩小雅維柞之枝詩輯柞堅韌之木新葉將生故葉乃落櫪同櫟張衡南都賦楓柙櫨櫪○通鑑輯覽歷山即雷首山今日中條跨蒲州府永濟諸縣界

舜城舜曾居此 見明唐鶴徵常州府志【註】一統志輿地紀勝江陰縣有東舜城西舜城舊志在縣東南七十里今日東順鄉西順鄉常州府志東舜城西舜城並在江陰縣東七十里

舜葬上虞 見李昉太平御覽【註】上虞見上姚邱註

周公作城於土中城方千六百三十丈郛方七十二里南

繫洛水北固陝山爲天下之大制也見同上【註】郛郭也內曰城外曰郭淮南子黃帝始立城邑以居○前漢地理志洛出宏農上洛縣東北至鞏縣入河說文宏農陝也古虢國陝即漢宏農之陝縣後魏改爲陝州

周武王封周章少子贊於安陽卒葬此山見一統志及宋史能之咸淳毘陵志【圖】通鑑輯覽註武王封泰伯仲雍之後周章于吳今江南常州府無錫縣有梅里鄉泰伯所居是爲句吳○唐鶴徵常州府志安陽在今無錫縣西北四十里安陽山下

安陽侯贊冢高一丈五尺周百二十步見常州府志

安陽山勢峻拔有峰名文筆其下有龍湫廣袤三丈見江南通志【註】毘陵志安陽山在無錫縣西北五十一里舊周十八里高百二十仞○字典懸瀑水曰龍湫袤音茂長也又東西曰廣南北曰袤

漢建武中封蔣澄爲函亭侯見常州府志及太平寰宇記【註】建武光武帝年號函音歐陽慎丹鉛錄函山在宜興縣漢函亭侯函山即其地邑志函山在縣西北七十里舊有函亭城其遺址在楊巷鎮俗傳城踐地

王莽以皇后有子道子午道從杜陵直抵終南見李昉太平御覽【註】子午道即今子午谷一統志子午谷在陝西長安縣南○漢書王莽傳元始五年秋莽以皇后有子孫瑞通子午道從杜陵直絕南山徑漢中顏師古註子北方午南方言通南北道相當故謂之子午今長安有谷通梁漢道名子午谷○左傳在周爲唐杜氏註成王滅唐遷之于杜爲杜伯後爲杜縣漢書宣帝修杜之東原爲陵更名杜陵○括地志終南山一名中南一名太乙一名周南一名地肺一名楚山一名橘山一名秦山【圖】杜陵即今咸甯縣終南山在今西安府城南五十里

烏程縣有卞山望氣云有黃氣紫雲大吳人無故改葬焉見李昉太平御覽【註】烏程縣古屬吳興郡今屬湖州府卞山未詳俟考○一本作烏程縣山望氣有黃雲紫雲大吳故改葬焉

南易水本名漳水源出三門按趙地記云六國時此水名易水埤會及水經云洛水其目不知誰改俗謂山之下地名洛水因經之故名洛按燕趙記云其分有三易漳爲洛易號也見李昉太平御覽【註】一統志易水在易州古爲幷州支出易州西者爲中易出州西北者曰濡水爲北易出州西南者曰雹水爲南易○一統志漳水源水俱在今直隸永年縣二水至雞澤縣東南合流永年漢爲易陽縣隋唐爲臨洺縣○山海經發鳩之山漳水出焉正韻洛水名在易陽【圖】周禮職方幷州其浸滦易冀州其川漳據此則易水並非漳水此言南易水本名漳水即今永年縣之漳水洛水隸古趙地今易州之易水隸古燕地昔合燕趙言之曰分有三易今則專指燕之易水爲三易矣俟考

大水有小口別通曰浦見歐陽詢藝文類聚并康熙字典

震澤中大雷山小雷山或以爲舜漁之地見咸淳毘陵志【註】常州府志雷山在武進縣馬蹟山西○馬蹟山在武進縣東南八十里迴春鄉太湖中

靈井謂冬溫夏涼石包也見虞世南北堂書鈔【註】此條未詳俟考○馮應京月令廣義引此作石井冬溫夏涼名靈井

章山即今方巖也周回六十八里高六十八丈近沸泉武花二山連亙入儻國界見唐鶴徵常州府志【註】毘陵志章山一名黃山在宜興縣西南七十里邑志章山在長山北綿亙西來長山在縣西南九十里鈞轎西長十餘里下有沸泉武花山今名鳳凰山在黃石界北徐階鳳邑志通計武花西北居山皆謂之章山

函（同函）山周回三十里二百步高三十二丈山上有亭昔有

姥姓𡵨於此得道因以爲名見荊溪外紀註姥同姆咸淳毗陵志𡵨山昔𡵨姥于此得道舊有亭址常州府志𡵨山在宜興縣西北七十里西入溧陽縣界

𡵨山昔有𡵨姥得道於此後人立亭祀之見陳玉璂常州府志註一統志𡵨山亭寰宇記在𡵨山東南四面水入荊溪按邑舊有𡵨亭鄉今改爲𡵨亭區

陽羨西有洮湖中有大小坏山見咸淳毗陵志註郭璞云具區洮滆洮即洮湖毗陵志洮湖一名長塘在宜興縣西北百里與溧陽金壇分界派○坏音浮二山居洮湖水環四面視之若浮故名邑志二坏山今專屬宜興

岕山多縱石而有大橫峴以承衆流見荊溪外紀註一統志陽山一名洋山多縱石而有大橫峴以承流泉下爲陽溪按陽溪即今陽山蕩常州府志陽山在宜興縣東北三十五里湖山鄉風土記作岕山邑志陽山一作岕山○字典縱亂也又峴山小而險一曰嶺上平也

國山周氏世譜　手澤錄　卷五十一　孝侯風土記　十二　立本堂

陽羨溪九僅有六餘不知其處見咸淳毗陵志并荊溪外紀註咸淳志云子隱時已如此則川原之湮塞可知今見在溪之大者荊溪章溪陽溪暑溪畫溪蓮河溪姚溪所云溪有大疑即指此

陽羨縣東有太湖中有包山山下有洞穴潛行地中云無所不通謂之洞庭地脈見歐陽詢藝文類聚註包山一名苞山毗陵志云山在武進太湖中○靈寶要略吳王遊包山見一人自言姓山名隱居人洞庭取素書一卷文不可識賚問孔子孔子曰聞童謠云吳王出遊觀震湖龍威丈人山隱居北上包山入靈墟乃覽吳越春秋○郭璞山海經註云吳縣東南太湖中有包山山下有洞庭穴號爲地脈

漢天師張道陵得道之地名張公洞見咸淳毗陵志註常州府志張公洞在宜興縣東南五十里湖㳇之上邑志道書云天下福地七十有二張公洞居五十八○明都穆張公洞記洞之得名相傳爲唐仙人張果得道之所予覽周子隱風土記及郭景純才稱陽羨有張公洞則知名洞始于道陵不以果也

張公洞其門三面皆飛崖峭壁惟正北一門可入嵌空邃碧有水散流石乳融結見荊溪外紀註明都穆張公洞記洞面西北周五里俯身從石級南下數十步上皆飛巖峭壁嵌空邃深石乳萬株異形詭狀不可摹繪時有泉下滴黙承之山洞衣濕如故○玉篇邃深遠也○邑志造磁者取洞石合色爲彩釉若壺石乳爲之一空

陽羨縣前有大橋南北七十二丈橋中高起有似虹形袁君所立見徐堅初學記註大橋即今長橋東漢陽羨令袁玘建周處斬蛟橋記云蛟橋跨荊溪上當縣治之前綿五而長謂之長橋因孝侯斬蛟于此更名曰蛟橋橋昔爲徙杠宋宜興令褚理易之以石

東漢袁玘爲陽羨長逆知水旱每言殺當爲神後無疾而終一夕風雷晦冥失其棺居民夜聞此山有數千人聲且亟往視棺在焉俄仍潛藏唯見石冢石壇旁有石板如爲

國山周氏世譜　手澤錄　卷五十一　孝侯風土記　十三　立本堂

鬣搖拂壇冢遂神之爲立祠見李昉太平御覽及咸淳毗陵志註鬣馬領毛也又帚端鬣鬣既夕禮者執帚垂末內鬣從

陽羨縣有袁君冢壇邊有數林大竹高一二三丈枝皆兩披下掃壇上常潔淨也見賈思勰齊民要術註袁君冢在君山邑志君山舊名荊南山俗名銅官山或傳袁君之亡天賜銅棺以葬一統志寰宇記云袁玘漢時爲縣令死後爲神廟荊山因改爲君山

袁玘冢東面其屏風蓋神仙之所坐見李昉太平御覽

陽羨本名荊溪吳郡之境震澤之會其地里則三江之雄濶五湖之腴表見宋王象之輿地紀勝註邑志荊溪上通蕪湖下注震澤漢書謂中江出蕪湖西南東至陽羨入海○寰宇記荊溪即漢志蕪湖之中江水也○五湖即今太湖陽羨東瀆太湖有七十四瀆

陽羨縣有九亭今三可識其六不知其所見輿地紀勝註見在亭之

可考者局亭四亭章浦亭所云三可識當即指此

陽羨邑者蓋吳郡之名境原則平坦高阜岡若伏龍也 見李昉太平御覽 註 字典羨長也又音衍按荊溪之陰皆山荊溪之陽地即平坦衍沃陽羨之名以此

秦望山本名莪耳山昔秦皇登此柴望因號秦望 見唐鶴徵常州府志 註 府志秦望山在縣江陰西南二十里一名秦履南徐記云暨陽縣西有秦履山今呼爲茶岐山鷄籠山即秦望山東峰

釣魚臺姜太公望釣魚之所 見同上 註 常州府志釣魚臺在江陰縣東二十里有石廣一丈三尺今呼爲釣魚村

七里井有孟瀆漢光武初潛嘗宿井旁民爲指途達江滸即位命開此瀆 見同上 註 咸淳志孟瀆在武進縣西四十里廣五丈深七尺南通運河北入大江

國山周氏世譜 手澤錄 卷五十一 孝侯風土記 十三 立本堂

劍井葛仙翁駐鶴之地蓋其秀氣所鍾類多穎異之材挺生此邦 見王象之輿地紀勝 註 山堂肆考晉葛洪從祖玄自號仙翁每大醉夏入水底八日方出○明一統志劍井在武進縣東南二十里、國朝一統志郡人有拜樞相擢大魁者皆先一歲瑞氣氤氳升騰井上果日○宋靖康初陸元光劍井記稱嘉祐以來名人發迹率前一歲氣騰見人以爲秀異所鍾此其徵應云或曰氣自河中騰上疑井在河中今井蓋別鑿者

劍井昔傳有劍躍入井白氣亘天如虹 見江南通志 註 通志劍井在陽湖縣豐泉鄉積邦慶常州賦註劍井在武進縣東南十五里承豐東鄉丁圩成化五年郡貳守謝公庭桂覆以亭邑人唐順之有詩

柯山吳仲雍六世孫柯相所治之地 見咸淳毗陵志 註 柯山在無錫縣西○江南通志歷山在無錫縣惠山南二十里其西有柯山與歷山相望俗合名曰舜柯山按自錫山第一峰門惠山北曰龍山又其北曰舜山亦名舜柯山○常州賦註柯相陸羽云仲雍五世孫

歸山夫差殺伍子胥裹以鴟革浮江中國人登此望其歸故名 見同上 註 毗陵志歸山在無錫縣西北閭江常州府志歸山在無錫縣西五十里

北龍山有峰有白龍潭 見同上 註 毗陵志北龍山在無錫縣西十八里

尙氣安愚 見江南通志載潁州府

人事

越俗性率樸初與人交有禮封土壇祭以犬鷄祝曰卿乘車我戴笠他日相逢下車揖我步行卿乘馬後日相逢卿當下 見歐陽詢藝文類聚 註 事類賦引風土記越俗云云與此同末云君擔簦我跨馬他日相逢爲君下與此微異俟考

國山周氏世譜 手澤錄 卷五十一 孝侯風土記 十四 立本堂

越俗性率樸意親好合既脫頭上手巾解腰間五尺刀以與之爲交拜親跪妻 見李昉太平御覽 註 吳志孫策與周瑜同年相友善瑜推道南大宅以舍策升堂拜母有無通共此拜親之明證也

初定交有禮俗皆當於山間大樹下封土爲壇祭以白犬一用雞一雞子三名木下雞犬五其壇地人不敢犯也 見同上 註 北戶錄越人每相交作壇祭以白犬丹雞其說本此

武備

戟長一丈二尺膏揚俯仰能兼五兵 見虞世南北堂書鈔 註 戟有枝兵也雙枝爲戟單枝爲戈○釋名戟格也傍有枝格也爾雅類皆註五兵矛戟弓劍戈

植則龍虎交牙神變無方 見同上 註 膠原註云言用變栽之法交歡相向左手爲龍右手爲虎更出更入更上更下上下無常隨變而改顛倒入懷轉如回風

器用

越俗飲宴則鼓盤以爲樂取太素圓盤以廣尺六者抱以著腹以左手五指更彈之以爲節舞者應節而舉 見歐陽詢藝文類聚 註 太素盤未詳俟考

璣衡即今之渾儀也古者以玉爲之轉運者爲璣持正者爲衡一說言以瓦玉爲管中有光蓋取明以助遠察也 見李防太平御覽 註 晉灼典註璣正天文之器璣爲轉運衡爲橫簫運璣使動璣徑八尺圓周二尺五寸而强衡長八尺孔徑一寸下端望之以占星辰吉凶之象

陸機書曰在平原嘗按行曹公器物書刀五枚琉璃筆一枝景初二年七月七日劉婕妤云見此使人悵然按魏武帝於漢爲相不得有婕妤又景初是魏明帝年號知此則文帝物也與曹公器玩同處故致舛雜耳 見吳淑事類賦註 註 陸機字士衡爲平原內史曹公謂魏武帝操○枚个也婕音接妤音余婕妤婦官師古曰婕言接幸于上好美稱史記外戚世家婕妤秩比列侯通作倢伃

船舸艄乘載數百斛 見白居易太帖 註 世本共鼓貨狄黃帝臣也始作船○說文舸舟也揚子方言南楚江湘凡船大者謂之舸左思蜀都賦宏舸連舳

若乃越騰百川濟江泛海其舟則溫麻五會東甄晨鳧青桐梧樟航疾乘風帆輕驅電小曰舟大曰船溫麻五會者永甯縣出豫章材會五板以爲大船因以五會爲名也晨鳧青桐大船名諸葛恪所造鴨頭船也魏樟栟桃諸木皆以多曲理盤節爲堅勁也 見虞世南北堂書鈔 註 齊韻樟豫樟木也通作章司馬相如子虛賦其樹楩柟豫章○栟同栟史記貨殖傳江南出柟梓枕木名類篇舟前木也○晉確類書木小曰舟以下爲原註

帆從風之幔也施於船前各隨宜大小爲制大者用布一百二十幅高九丈 見同上 註 釋名帆汎也隨風張幔曰帆使舟疾汎汎然也說文幔幕也釋名幔漫也漫漫相連綴也

漂汎如散蓮花漂汎者言船之在水如蓮花散落浮於江也 見同上

周禮以拂拭車一義謂施嚴帷幰 見同上 註 幰音軒說文車幰也集韻幃帛張車上爲幰

罾樹四植而張羅網於水車轆上下之形如蜘之網方而不圓 見李防太平御覽 註 罾說文罔也漢陳勝傳置人所罾魚腹中註師古曰罾魚網也形似仰繖蓋四維而舉之○樹立也○爾雅釋器鳥罟謂之羅許慎羅絡之○字典蜘本作鼅唐韻鼅鼄網蟲今文作蜘○關尹子三極篇聖人師蜘蛛立網罟埤雅蜘蛛布網如罟其絲右繞

篧如罾而小歛從水掩而取者也 見同上 註 玉篇篧以罔魚也篧未詳俟考

居處

宅亦曰第言有甲乙之次第也一日出不由里門而大道者名曰第 見陶宗儀說郛

服飾

衣美爽之輕裘躡光華之龍舄 見虞世南北堂書鈔 【註】躡說文蹈也博雅云履也史記秦始皇記躡足行伍之閒○舄履也龍舄履名

飲食

精折米十取七八取淅使青蒸而飯色乃紫紺于東流水

飯食與洗而除不祥 見徐堅初學記 【註】韓凡物之純至者皆曰精精鑿米之最佳者屈原離騷精瓊靡以爲粻○淅汰米也

吳王闔閭女驕恣嘗與王爭食魚炙怨恚而死 見虞世南北堂書鈔 【註】恚恨也

酒則五醆賫夏餈賓顯名 見徐堅初學記 【註】五醆所以釀酒餈賓五月律名五月作醲郎以餈賓爲名也

酒則星陳郡列春醞夏成珠連波泛瀾激神清 見虞世南北堂書鈔 【註】醞玉篇醞酒也○張衡南都賦酒則九醞甘醴十旬兼清注九醞十旬皆以釀法名酒也○事類賦酒冬醞夏成

酒則元端水齊春醞夏成通神遁暑用厭飲事 見同上 【註】元泮水齊皆酒名

任廣日梅醯苦酸之用也 見陳元龍格致鏡原 【註】醯說文酸也玉篇酸味也○梅味酸故曰梅醯

穮穀之紫莖穛稻之青穟米皆清白也 見李昉太平御覽 【註】穛廣韻禾莖○穛說文稻不黏者一曰青稻白米○字典穟禾秀說文禾采貌采禾成秀也○齊民要術木引此無穛字乂作稻穟作穗

植物

茱萸樧也九月九日熟色赤可采時也 見歐陽詢藝文類聚 【註】樧音殺說文似茱萸出淮南唐韻似茱萸而實赤

九月九日折茱萸房插頭可辟惡氣 見康熙字典 【註】淵鑑類涵九日謂上九茱萸到是日氣烈色赤可折以插頭辟惡氣禦寒

博士芋蔓生根如鵞鴨卵 見賈思勰齊民要術 【註】芋音羽說文大葉實根

三香椒欓蘁 見歐陽詢藝文類聚 【註】欓音黨玉篇茱萸類○韻會欓出閩中江東○蘁一作蘁爾雅翼三香椒欓蘁也

合昏槿也葉晨舒而昏合 見李善文選註 【註】槿音謹玉篇木槿朝生夕隕可食亦作蕣月令木堇榮

南郡有細李有青皮李 見歐陽詢藝文類聚

南郡細李四月先熟 見賈思勰齊民要術

柤梨屬內堅而香 見同上 【註】柤音查廣韻同樝似梨而酸

甘橘之屬滋味甜美特異者也有黃者有赭者謂之壺甘 見同上 【註】正韻甘果名俗作柑可馬相如上林賦黃甘橙楱○南方草木狀柑橘屬滋味甘美特異古今注甘實形如石榴者謂之壺

壺甘郎乳甘 見陳元龍格致鏡原 【註】潛確類書本草云酸者名壺

柚大橘也色黃而味酢 見同上 【註】書禹貢厥包橘柚注小曰橘大曰柚爾雅註柚似橙而酢

橙柚屬也而葉正圓見李昉太平御覽註橙音棖埤雅柚屬橘皮極苦皮甘者爲橙

枇杷葉似栗子似蒳十二月叢生四月熟見賈思勰齊民要術并李昉太平御覽註羣芳譜枇杷形似琵琶故名秋萌冬花春實夏熟備四時之氣齊民要術今檳榔一名蒳子

翠水出飛雞菱言風翻菱葉如飛雞也見高士奇續編珠註補拾遺記元[illegible]有翠水水中有菱狀如飛雞謂之飛雞菱

日精治蘠皆菊之花莖之別名也生依水邊其華煌煌霜降之時唯此草盛茂九月律中無射俗尚九日而用候時之草也見徐堅初學記註拾遺記背明國有紫菊謂之日精一莖蔓延數畝味甘食之終身不饑渴○西京雜記鞠治蘠廣事類賦菊一名治蘠一名日精商木精治蘠誤

蘭山多產蘭花見明王與南山十景序原註云指石蘭諸註一統志蘭山在宜興縣東南五十里輿地志石蘭山斗入太湖五里有石蘭如岸者二南門大蘭山北曰小蘭山

國山周氏世譜 手澤録 卷五十一 孝侯墅土記 十九 立本堂

萱宜男草也高六尺花如蓮妊婦備之必生男一名鹿葱見賈思勰齊民要術及陳仁錫潛確類書註曹植頌草號宜男○羣芳譜本草注萱即鹿葱誤也但色頗類鹿葱食之故潛確類書本六尺作六七尺生男下有故謂之宜男一名鹿葱九字

萬蔓生彼樹而升紫黃色子如牛角形如蟦二三同蔕長七八寸味如蜜其大者名抹見賈思勰齊民要術註萬音彌爾雅註大葉白華根如指正白可啖○唐韻蟲名出北海水上狀如凝脂○抹字未詳俟考

蒲生於陸葉如烏扇而紫蒻一曰穫蒲如草見李昉太平御覽註蒻音爲玉篇花葉也張衡思元賦百卉含蒻

萍蘋芹菜之別名也見徐堅初學記註爾雅釋草萍蓱其大者蘋

石髮水苔也青綠色皆生於石見歐陽詢藝文類聚註陸龜蒙苔賦高有瓦苔卑有澤葵散岩竇者曰石髮補空田者曰垣衣

動物

鳴鶴戒露白鶴也此鳥性警至八月白露降則高鳴相警見歐陽詢藝文類聚註事類賦註白鶴性警至八月露降流於草葉上滴滴有聲則鳴鶴至露降則鳴以相儆并移徙所宿處故曰戒露

鳴春季雛到夏五月則任啖故俗五六月則烹食之見賈思勰齊民要術註格物論鳴即鳥也亦名鶯一名四○雛爾雅釋鳥生噣雛註生能自食者

祝鳩反舌也鄭康成注禮記云反舌百舌鳥見李昉太平御覽註左傳註祝鳩鵻鳩也故爲司徒主教民○淵鑑類函百舌者反舌鳥也能反覆其舌隨百鳥之音春二三月鳴至五

國山周氏世譜 手澤録 卷五十一 孝侯墅土記 二十 立本堂

月無聲○月令反舌無聲註五月陽氣極于上微陰起于下百舌無陰故無聲也

鱧夏出冬蟄見咸淳毗陵志註漢書鶡雀銜三鱧鱣師古曰鱧字或作鱓○蟄說文藏也爾雅釋詁蟄靜也疏藏伏靜處也

說詩義者或曰雎鳩爲白鷺白鷺鷗屬於義無取蓋鶚如白鷺而色蒼其鳴憂而和順又游於水而息於洲常雙不雙見同上註雎鳩詩經註水鳥一名王雎狀類鳧鷖○爾雅翼鳥白鷺註似鷺尾上白○鶚正韻一名鶚集韻鶚屬禽經候鳥也常晨鳴如鷄趨民收麥

鸏鷞鶴屬飛則鳴其羽肅肅者也見同上註鸏鷞說文西方神鳥曰鸏鵊一作鷫鷞廣韻鷞飛則霜故名鷫鷞性最悍○玉篇鵊水鳥一名扶老

鶩鳴也以名自呼大如小雞生於荷葉上見同上註鶩水鳥埤雅覓

好沒鷖好浮○會稽鴨鳴呷呷其鳴自呼

鳥鵲填河成橋而渡織女 見陳耀文天中記 注 淮南子七夕烏鵲填河成橋渡織女○爾雅翼相傳七日牽牛與織女會于河漢之東烏鵲爲梁以渡故毛皆脫去

石鼓似豬而形短常捕取猴猨 見李昉太平御覽 注 豰音斛爾雅貔白狐其子豰○孫炎曰豰似豹而小腰以上黃下黑形類犬食獼猴俗名貞豰○白虎通猴候也見人設食伏機則憑高四望善于候者也○本草附錄猴善援故謂之猨事類乎猨者終也準猴猴作躁猨性緩

犬則青鶴白雀飛龍虎子猲獢五魚狼牙鋸齒獸長捷警

難狎易使也 見徐堅初學記 注 詩載獫猲獢○爾雅短喙猲獢說文猲短喙犬也○獸經昔有秦公子者善畜犬犬有青鶴白雀飛龍虎子猲獢五魚狼牙鋸齒等名

陽羨縣前長橋下有白獺若將有兵動獺出穴口西向一

嗥舊言有神 見同上 注 獺音闥埤雅獺獸西方白虎之屬西方屬金故主兵

丹水出丹魚先夏至前十夜侯魚浮水赤光上照如火 見馬應京月令廣義 注 此條未詳俟考

奴屬魚 見陳元龍格致鏡原 按原註云即比目魚 注 爾雅比目魚不比不行

俗說䱍一名海蝤長數千里穴居海底入穴則水溢爲潮

出穴則水入潮退出入有節潮水有期 見李昉太平御覽 注 玉篇䱍大魚○莊子有魚焉其廣數千里其長稱焉其名爲鯤莊子北溟有魚其名爲鯤鯤之大不知其幾千里也

七月而蟪蛄鳴於朝寒螿鳴於夕 見歐陽詢藝文類聚 按原註云蟪蛄朝鳴寒螿夜 注 蟪音惠蛄音孤揚子方言蛥蚗楚謂之蟪蛄莊子蟪蛄不知春秋螿音將玉篇寒螿蟬屬○方言郭註與蜩類也似蟬而小色青

土宿大蜂也蛒各小蜂翳斷其翅使塼土以廣其室觀其

穴口聚土多寡知其貧富人掘其子取而食之 見虞世南北堂書鈔 注 揚子方言蜂燕趙之間謂之蠓螉或謂之蚴蜕大者有蜜謂之壺蜂○蚴音幽平聲蛒音格

風土記跋

晉周孝侯風土記十卷載唐新舊二志至託克託總修國史而書已不見於藝文我

高宗純皇帝欽定四庫

特命詞臣採輯永樂大典凡可成帙者皆還舊觀而此書不在是焉則其佚必自元初矣陶宗儀說郛卷六十所刻凡二十條然說郛意在廣存書目非肯細心搜羅者吾友鴻軒先生爲孝侯裔孫乃能取藝文類聚初學記以下諸書有引風土記者鱗次櫛比並存其異同而詳辨其疑似此眞仁人孝子之用心而爲孝

侯所首肯於千載之上者也鴻軒本以選拔爲名廣文今膺保薦涖任僊源政簡民安留心翰墨又復虛心善下特遣健足寄示而商及老拙因喜爲跋而歸之即以代復簡焉嘉慶二十年季夏中浣之吉涇川趙紹祖謹跋

堯謹按　孝侯所著吳書及默語世既無傳本即風土記一書名人多引用之究未見成編不過於類書中散見一二字句多寡各書互異久欲覓一全本杳不可得因於流覽之下值有徵引風土記者必手錄之積數十年裒然成帙然重複居多錯互尤甚暇時彙集各本細爲校訂複者刪之訛者訂之得若干頁藏諸篋中茲將付梓不敢自信録請涇川趙琴士先生訂正先生藏書最富考覈精當又爲增入數條適二弟之誥寄余風土記拾遺考一編較余所輯益詳且備又云邑人路蒙山手輯數條今已錄來亦宜增入堯不勝欣喜並登載之共計一百三十餘條以覲蔣刻重本不啻倍蓰之矣然未知此外尚有遺佚否尚望博雅君子於他書得風土記者惠寄增刻尤爲幸甚

喆謹案晉書　孝侯本傳稱著有默語三十篇及風

土記并撰集吳書今默語吳書佚不可考而風土記亦未著卷目隋書經籍志云周子隱風土記三卷唐書藝文志云晉平西將軍周處風土記十卷鄭氏通志仍云三卷至宋史藝文志僅曰常州風土記一卷注不知作者想是書自宋渡南後已亡佚無可徵矣故馬氏通考經籍門竟無其書宋志所稱或非孝侯書也元陶宗儀說郛內著錄僅得二十條而中三條非孝侯原文考證見後明顧起元有志蒐羅而未及遂見周亮工江甯府志據佚本邑沈勅荊溪外紀搜採得四十二條較南村爲詳矣然視他類書所引尚不及三之一又未著採

摭所自無以徵信　伯兄莅任留村梓忠義集自署
致書屬（詰）博採以竣其業（詰）質淺學鄙就耳目所悉
並資同學搜討得百數十條其有原注一依原文其
有互異亦詳註於下案是書既亡篇次無考今所搜
錄自當以所本書之前後爲次但家少藏書見聞不
廣僅於賈思勰齊民要術李善文選註得數條其餘
皆得自類書者爲多因思孝侯原書未必不分類編
次因仍以類編輯其次第則本唐類函以其爲
欽定淵鑑類函所本故也若藝文類聚等書固爲古遠然
次第尚欠詳備故盡從其近

案　孝侯而後以風土名記者不一如後魏輿圖風
土記岳陽風土記辰陽風土記荆州風土記桂林風
土記本邑如單鍔重修宜興風土記單子發續風土
記外有眞臘風土記茲所錄者俱確徵爲孝侯原書
始行登錄不敢濫收

案說郛中第九條潘城西北三里云云　第十條盧縣
西三十九里云云　俱是後魏輿圖風土記見唐類函
第二十條每歲七月二十五日云云　此條辰陽風土
記見天中記俱不得羼入　孝侯記內故竟從刪又
查類函第十八卷浙江風俗言春序正中百花競放

一條下有宋制云云按　孝侯時不知有宋第四百
七十卷日開而夜落花一條下有大同中云云按大
同係梁武年號在孝侯後二百載俱不敢濫入其餘
尚有未經考訂者望淹雅君子教正之

謹攷史冊隋書經籍志云風土記三卷晉平西將軍
周（諱）撰唐藝文志乙部地里類云周（諱）風土記十卷
自唐以後各史俱不載及蔣汝誠跋風土記後云
孝侯材兼文武其仗節致身義鑄金石尚已文筆復
淵雅古帥方之漢人筆量何多讓焉其景仰之深於
此可見從伯祖鴻軒公宰太平時梓行忠義集與仲

弟勖齋公悉心蒐羅搜得風土記百數十條載入集
中茲照原輯謹錄刪去重複二條增入十一條加以
註釋集訂成編壽之鋟梓吉光片羽我子孫固當什
襲珍之即好古者應亦樂爲觀覽也惟是見聞不廣
家少藏書其輯註之處譌漏殊多尚祈大雅正其謬
補其闕俾成善本以廣流傳不勝幸甚六十三代孫
湛霖謹跋

國山周氏世譜卷五十二

著作錄

奏議 書籍

裔孫 啓時謹輯

裔孫 志靖增輯

呈誘曹休牒草密表 見三國志吳書 二世 關內公

方北有逋寇固阻河洛久稽王誅自擅朔土臣曾不能吐奇舉善上以光贊洪化下以輸展萬一憂心如擣假寐忘寢聖朝天覆含臣無效猥發優命敕臣以前誘致賊休恨不如計令於郡界求山谷魁帥爲北賊所聞知者令與北通臣伏思維喜怖交集竊恐此人不可卒得假使得之懼不可信不如令臣譎休於計爲便此臣得以經年之冀願

逢值千載之一會輒自督竭竭盡頑蔽撰立牋草以誑誘休者如別紙臣知無古人單複之術加卒奉大略伭慄狼狽懼以輕愚忝負特施豫懷憂灼臣聞唐堯先天而天弗違博詢芻蕘以成盛勳朝廷神謨欲必致休於步度之中靈贊聖規休必自送使六軍囊括虜無孑遺威風電邁天下幸甚謹拜表以聞并呈牋草懼於淺局追用悚息被報施行

奏刑李忽議 見西晉文 三世 孝侯公

臣某奏覺父以偷生破家以邀福子圍告歸懷贏結舌李忽無人子之道證父攘羊傷化汙俗宜在投畀以彰凶逆畢刑市朝不足塞責臣謹奏 原註女子李忽覺父北叛殺父時孝侯爲中書省奏殺忽

奏劾牛仙客疏 見舊唐書 二十四世 諒

其略曰臣某言伏以宰相者人君之耳目百寮之表率也宜擢有德有才之士庶足隆倚畀而資贊襄今佞臣牛仙客家世厮養目不知書荷戈河湟貪天工以圖倖進賄賂貴緣驟登清要已叨朝廷況爵稱縣公食邑三百尤妄之福溢踰分願而復叨竊政府關通近侍朋比生奸堂堂天朝豈無正士足倚端揆乃任此胥壬累聖主之明失天下之望

奏核李德裕牛僧孺論維州 見唐書 二十八世 奇望

臣之謀國不敢以有已也謀國而挾己私則必不顧宗社安危妄參異同之議論惟陛下明以燭之斷以持之而後信從始不悞耳臣竊按維州爲平隍之衝兩川之臂河隴數郡以西八國隔而不得爲隸今西川節度使臣李德裕欲滅八處鎮兵坐收千餘里之故地其言不待智者可決也僧孺惡策不自己出功不自己收惟德裕是沮以要盟修釁之言敗之陛下誤聽其說棄不可棄之地盟不可盟之人忘先人之夙仇絕遠人之歸志亦獨何哉今即以牛李之議質之李曰高山絕頂三面臨江得此可并力於西陲更無虞於南路牛曰城下之盟在彼爽信不可李曰韋

皋經略盡銳成城莽熱千里救援臨衛難犯牛曰萬騎綴回中三日至咸陽速禍不可孝曰合水棲雞既失險阻平以魯州屹爲唐蕃牛曰以彈丸之地敵平凉之衆則昧於大小不可夫爽信不可矣忍恥獨可乎曷以一州還太宗之舊速禍不可矣貽禍獨可乎曷以一州連四會之援昧於大小不可矣迷於順逆獨可乎曷以一州絕異類之款疆來忠義之內附且所謂爽信亦非信也淸水之盟血未乾而帳外之甲聲已起則彼實無信所謂速禍亦非禍也南詔之困未息回鶻之力不支則彼實無勢所謂昧於大小亦非昧也鳳翔與元之嚮應邪甯鄜延之聲援爲西蜀

卽亦以爲關洛也況乎悉怛謀之向化豈有僞哉請羌苦番中徵役皆願附王人蓋不獨一悉怛謀矣并州之甲仗塞途牙兵之受降成列南蠻不敢仰視又不獨一維州矣至於隘没斯之內附審其情實而撫其歸順德裕之納降業有成效絕回鶻之侵索而破戛斯之囂陵其能居中而制諸羌死命者又不獨吐蕃之一維州矣奈何左袒吐蕃而成僧孺排擊德裕之計哉

奏科舉弊疏 見宋史　　四十二世 簡惠公

臣某奏科舉所以取士比年主司迎合大臣意取經傳語可諫者爲問目學者競逐時好乞詔國學并擇秋試考官精選通今博古之士置之前列其穿鑿乖謬者黜之臣謹疏

告退疏 見荆溪外紀　　四十二世 簡惠公

臣某奏伏以政出於一則紀綱可正今朝廷督府左右前後之人皆欲自行其言此臣欲去者一也臣初爲言官時忝侍從事有不可大則論奏小則堂白言雖不從臣責塞矣固無愧於心也出爲州牧事苟難行反覆論之不從則委曲行之使百姓不至受弊亦可無愧於心也惟預政以來每與宰相論事有以爲然而從者有不得已強從者有絕不肯從者十常四五暨至榻前陛下又或不然大率十

事勉强七八安得不愧於心此臣欲去者二也

奏請展郊期疏 見周必大撰記　　簡惠公

臣某奏爲請展郊期以符天意事伏讀春秋鼷鼠食牛角免郊又春秋傳晦日爲天忌謹查乾德元年藝祖初郊以冬至近晦日改用十六日甲子至道元年當郊而李繼遷叛亦改次年今據太常奏郊牛斃本應法古免郊況本年冬至適晦兩淮復用兵邊虞未靖請展郊期當候來年恭見上帝伏乞聖鑒準行臣某謹奏詔從之

奏議 續編

開淛河疏　　第八世 鼎 在珂

題爲遵　旨勘議黄泇二河備述修治情形併酌緩急事宜仰祈　聖鑒事臣誤辱廷推蒙　皇上畀以總河之任驚聞　新命揣力奚堪業於十月十七日從瓜州受事十八日拜疏入　告矣嗣是循河而北自清口達宿遷以上至磨兒莊一帶從來險溜率挽爲艱漕卒多望而却走舊漕臣所謂新河必不可行者此也臣舟進陳口經駱馬湖劉口入新河即前河臣所挑黄河故道也抵徐州見大浮橋河口之淤已久雖有新挑小河口不無艱阻今同空幸已盡過將來新運恐未可全恃也則治泇以備新運刻不容緩者臣衙門在濟寧去徐州尚三百里而遥到任之日

己十一月初十日矣甫七日隨趨泇口自泇口至徐塘計四十里昔日之汪洋竟成平陸滄海桑田信非虚語自徐塘至劉口計五十里中間淺應挑堤應築尚屬强半工費實繁越宿督令該司道率管河同知譚元方邳州知州郭邦畫地分界計工估費約用金錢五萬六千五百五十二兩鳩集夫料刻期興工此治泇之梗概也至寨長山決口闊視至再望之茫然測之淵然冒滔天之險下與魚龍爭窟穴無論措手難成功即成矣來年黄水一發自上而下勢如奔馬力可撼山恐新築塞提不耐衝激其有成無毁實非所能必也所以管河諸臣談及塞決率長慮却顧而不前以此臣固不敢以爲易而忽之又何敢以爲難而自阻蓋治泇必須塞決舍此别無謬巧足爲新運計萬全者然此就目前最急者圖之若夫遥縷二堤藉以束黄水護陵寢關係尤爲重大臣等不敢視爲緩圖俟開泇塞決工有次第容臣補牘上　請

崇禎八年十二月初六日具題十七日奉

聖旨據奏新運治泇刻不容緩又治泇必須塞決著即督率司道各官確覈工費將一應挑淺築堤事宜畫地責成刻期報竣仍務深廣堅固足垂永賴毋得以難藉口致臨時少有阻誤其遥縷二堤次第興工另議具奏

改濬邳河疏

題爲黄流直射可虞城運民生並重懇祈　聖明俯順輿情亟議改河以圖永賴事該臣看得徐邳一帶黄河積敝之後節年潰決水漫沙淤以致河身日高處處危險在在須防昔日之城治民廬宛在釜底而邳城之險尤甚蓋緣上年挽黄故道從半戈山後開渠導流而半戈之山根土堅衝刷匪易故水徑遏而東趨青柳樹郭家灣直射邳城且地處窪下瀉若建瓴每年惟恃一綫土堤數層埽料而與拍天之巨浪爭衝不亦難乎且下係故道沙土虚鬆搜根之患又所不免今歲伏秋水漲將塞頭青柳樹一帶堤

壩衝刷殆盡若非臣預申戒備多官合力搶救幾爲徐城
之續矣邳城之危勢誠岌岌不惟百萬生靈所係而運道
尤屬可虞此臣往返閱勘目擊最眞急議改遷移灣就直
不待再計劄淮海道臣劉若金身處其地數月閱歷久而
相視審故娓娓極言遷改爲便邳之士民又復再四控陳
臣猶慮其有干　陵圖及地厚土堅恐難驟更備行司道
反覆周咨逐加勘驗今據司道府州再四勘確於　陵無
礙於運有裨州治民生所全甚大第物力浩繁措調實難
然利害所關此役萬不容已查據冊開上自茶庵迤西舊
攔河壩入口起下至顧家莊後出口止共計應挑河長二

千一百丈俱口濶十二丈底濶六尺深一丈五尺計土二
十八萬三千五百方合用募夫一萬八千九百名六十日
完工又截河大壩一百丈合用大小埽一百八十五箇土
牛三千箇應用錢糧容臣於邳州庫支剩大工銀并搜括
淮濟各庫河銀內支用其餘不足再追併現年及節年未
完河銀接濟湊支臣亦不敢請及別項也應用人夫徐邳
州派募五千名餘夫勢不得不分派於鄰封并濵河堤工
未經派調省直州縣旣經司道勘議明確前來相應具
題恭候　聖裁勅下工部再加覆議上請行令臣等轉行
司道廳印等官動支錢糧檄調人夫刻期興工併力實做

毋使分文縻冒剋侯完日覈實奏銷爲此具本謹題　請
旨奉
聖旨依議着總河臣嚴加督飭務期工堅費省仍刻期報
竣覆實奏銷
保舉賢能疏
題爲遵　旨保舉賢能以副側席之求以襄太平之治事
准吏部咨爲欽奉　聖諭事移咨到臣臣捧讀未終不
勝踴躍鼓舞感　皇上軫念民生至意無刻不週迴天
下而欲於在事諸臣之外博求林衡隂伏之賢以充任使
此眞　堯舜其咨俾乂之懷闢門師錫之典臣等奉職雖

無能自效推賢亦具有同心敦不廣稽博訪冀得眞才以
仰副　皇上招徠之盛心者顧臣生平落落寡交知人
智短其于謀面之士未敢信心獵名之儒慮鮮實行臣安
敢輕列薦剡以辱洋洋　聖謨百年再舉之曠典且干後
日敗類舉主連坐之明條因精心訪核再四商求有山東
濟寧府新城縣舉人王象隨實堪此舉敢據所知爲
皇上陳之天啟辛酉科臣以兵部武選清吏司主事奉
命典試東省象隨卽臣所取士也以臣有一日之知每向
臣吐其胸臆必以綱常分義報　主宜民之事自矢臣見
其議論慷慨操履端嚴而臨事應機通方達變心知其爲

有用之才然未當大故未遇盤錯猶不敢據爲明試也比崇禎五年值孔賊之亂攻掠該縣本生卽矢心調度捐貲糾衆爲城守計迨力屈城陷本生猶隻身守陴擊傷二賊身被重創幾死復甦而尙罵賊不絕口曾經監臣高起潛題 旨通查奏請紀錄現今禮部奉 旨再行查奏可據臣比時聞之深慶得一忠義才能之士爲辛酉制科之光也觀其變故猝臨官守無與而一腔之忠赤更運以幹濟之長才若此倘付以民社之寄必能保障一方以副
皇上之任使者今本生久列賢書令再上春官風雲路迥或不斤斤一守令爲榮而第爲今日得人計則舍象隨誠無復之耳特據臣黯淺之識平日見聞之眞從實保舉不敢舍所知而冒昧妄瀆也伏祈 勅下吏部再加酌覈如果臣言不謬將王象隨類編請施行謹具題請 旨
崇禎九年正月初六日具題十六日奉
聖旨該部知道

奏劾淮徐道徐標疏

題爲道臣抗 旨卸責懷私害成謹直陳其阻撓塞決甘心悞運之由仰祈 聖明立賜處分以保新泇以救危漕事
臣才短望輕原不足辱紀綱之任 皇上不以臣爲不才使之治河是總之者臣也分猷而佐理者司道有司也

臣自拜 命入境具有恭謝 天恩一疏奉 聖旨知道了河工應修治的著作速確商刻期竣役以濟新運不致臨時少有阻悞司道有司如玩泄溺職卽指實參來重處該部知道欽此仰見 聖明注意河工急期濟運卽少有阻悞不得況經旬逾月之積滯得之目擊者敢漠然不厪慮乎臣赴任時沿途閱視除磨莊一帶險溜不具論舟未及徐邳閘新挑月河以上回空積滯不下三千餘里及臣到彼尙有三千餘艘艱阻不前時十一月之初七日也臣一面督令司道儹催一面登陸赴任又越旬而積滯如故臣復從濟赴徐併力催儹凡三晝夜而始漸次出口時已十一月二十三日矣臣卽語諸河官曰回空如此將來重運恐未可全恃新河也次日卽同司道各官商確治泇事宜其爲新運圖萬全行勘之後旋具勘議黃泇二河一疏奉 聖旨據奏新運治泇刻不容緩又治泇必須塞決着卽督率司道各官確覈工費將一應挑淺築堤事宜畫地責成刻期報竣仍務深廣堅固足垂永賴毋得以難藉口致臨時少有阻悞其進縷二堤次第興工者另議具奏該部知道欽此臣卽將挑河塞決築堤三工從長逐一打算念新運將臨時日甚迫因首圖治泇次塞決次築堤按定時日期與在事各官同心協力次第興舉臣卽于

十二月十二日身駐洳口鳩工督浚迄今坐卧河干兩月有餘而洳工幸垂竣矣洽洳之初則計及塞決第洳去長山幾二百里臣一身不能兩顧又夫至五萬有奇人衆則易譁兼冠警頻聞衆心搖動將一散不可復聚臣不得不躬親統攝惟淮徐道臣徐標河道水利原屬職掌現駐徐州去決口咫尺料理最便且供役諸人皆素所管轄威令易行非如分司官與州縣不相統攝呼應不靈者比故臣託重而專任之不謂道臣口應實憎足不履決口悠悠忽忽日復一日役竣何期催之愈急應之愈緩臣不勝駭異時已竭見肺肝矣然不忍遽纍於聖明之前以傷厚道特

於河工需人甚急疏內祈 天語叮嚀隨奉有長山決口一面責成徐標星速鳩工辦料刻期築塞以濟新運毋延泄臨時衡阻取罪之 旨臣恭誦 明綸竊意徐標不知如何悚惕夙夜竭蹷以期報 命不謂抗違如故也 天語煌煌慭不知畏此其意何居聞昔年建議挽黄實標爲倡惟恐洳工一成無以收挽黄之功而益以重不早開洳之罪不盡惟是臣簡閱底案其去年分築遥縷二堤倘多缺陷即稱已完者亦復虛鬆卑薄正慮決口一塞黄流盡歸全河前堤不堪浸灌將一潰不可彌縫必欲留此決口任河流之旁溢直以洳爲壑耳是徒知一已之愆不計敗

百萬漕糈之利涉妄希僥一時之倖更不圖數百年永賴之安瀾該道之心路人知之久矣近二月十四日投臣二疏其一內稱長山之決未可驟塞與必不能塞夫不乘水涸時早圖竣役直待黄流泛溢致淤既開之洳而乃徐及乎夷考黄河之決非獨自今日始無暇遠引即如近年建義呂雲蹟等處何決不塞何決無浮沙獨於長沙樊口而疑之遂束手坐視乎即就標今日疏中稱長山口塞決原係題定工程仍是挽黄未了之一幹何乃自相矛盾若此其二稱決口係中河分司所管應責之分司似矣標爲一路道臣地方是其專轄防河尤爲要務而獨不當任乎卸

擔於已委難於人彼言難則誠難矣臣前疏亦言之蒙 皇上諭以不得以難藉口標獨不聞乎自來人臣任事鞠躬盡瘁不惜以身殉然後成敗利鈍可聽之天如巧爲規脫而盡以其難委之人則避難一念誰不如標而謂人猶己乎至謂決口一塞恐河流南決直射歸堤爲 陵寢患然未聞長山未決之前河流澎湃侵及 二陵者否必藉長山之決爲奠安計乎總之中懷不測之奸以自文外借似是之言以惑聽是可欺孰不可欺而尚可一日容於 堯舜之世耶至微臣業荷綱紀之任而令不能行於一道臣以致屢潰 天聽則臣之才短望輕不足爲諸臣

倡率亦旣明矣伏乞　皇上乾斷處分用儆官邪而彰
國法則河漕幸甚謹題請　旨
崇禎九年二月十七日具題二十七日奉
聖旨長山塞決徐標奉旨責成輒敢藐玩飾卸著革了職
戴罪仍勒令星速築堤以濟新運如再違悞定拏問重
治仍查他所築堤工有無侵冒情獘奏奪該衙門知道

辭加級並賞銀兩紵絲疏

奏爲　隆恩寵被逾渥微臣揣分難堪懇乞　聖明俯准
控辭事本年四月十四日接見邸報該工部題爲覈實長
山新舊大壩工費銀料併敘在事效勞官員等事覈奉

聖旨道長山塞決效勞各官旣經覈議周鼎著加一級
仍賞銀三十兩紵絲二表裏欽此欽遵臣隨於本衙門蔡
設香案望　闕叩首謝　恩外伏念臣才本疎庸奉職無
狀謬荷　聖恩歷陞卿貳去年又以泇工加從二品服俸
以一介草茅而邀　恩至此事苟有濟於　國家念復何
愛乎頂踵故長山之役人共駭爲非常之原臣力排眾議
而甘以身殉旁觀者無不爲臣危臣亦何能必其有成獨
計決不塞是無泇也無泇是無漕也豈其　聖明在宥
天心不助順而河伯不效靈者乎未幾果繼泇工告竣迄
今已歷三載安瀾皆賴我　皇上福庇臣等得逭溺職
之罪幸矣何敢貪天爲己功復荷　聖慈加陞職級優以
白金重以文綺臣何人斯而疊被　恩寵若此拜　命知
榮捫心實愧無論才不勝任難免覆餗之虞而德不配位
祗求負乘之誚伏乞　皇上收回成命俾臣循分自安
得竊水土之餘生用答　高厚于萬一臣之職也臣之願
也謹具奏　聞伏候　勅旨
崇禎十一年四月十五日具題五月初一日奉
聖旨周鼎塞決著勞敘賚已有成命著即祗受不必辭該
部知道

摘參漕弊疏　第九世　季琬　禹卿

題爲漕政積獘已極小民疾苦堪憐據實摘參仰乞　睿
照嚴行察飭以甦民困事臣一介書愚叨中壬辰進士館
選第一讀書中秘蒙　皇上親行較試俾小臣時覲
天顏乃不世之知遇也今又蒙　恩簡用承乏臺員旣爲
朝廷耳目之官敢不有聞必告以圖報稱於萬一乎惟
東南爲財賦之區歲輸粟數百萬以實　天庾則漕兊一
事誠軍國大計也運丁之勤勞固宜加恤而小民之重困
尤當急甦使無實心實政力爲振刷則流弊極蠹將何底
止臣謹就見聞所及摘參二事爲　皇上指實陳之其
一爲前蘇松按臣秦世禎條奏漕務一疏內開每兊漕糧

一百担准加米五担銀五兩此額定耗贈也向已奉
旨頒行歷年既久未見有遵行如法者今蘇常等處每兌
糧一百担加米二三十擔不等加銀至七八十兩不等又
賠派運頭科斂公費臣籍江南見聞最確如宜興縣十年
分甲運潘仁廷鳳等及耆民許貞徐振等証一縣如此他
縣可知一年如此遞年可知臣於十三年四月內見戶部
題覆總漕蔡士英一疏爲再陳末議等事內稱先經科臣
張王治條議兌糧私增索勒等欵奉
旨查明今據漕
督覆稱行據淮海江安常鎮各道回稱並無私增銀米事
此萬耳萬目共證之事而不以上
聞大可異也其一爲

江南等處昔有會頭之苦自
皇上加意恤民一切重役
皆革遂不累會頭令甲運各自收兌稱善治矣而猶有未
盡善者蓋會頭之苦原苦於民兌也一遇驕軍悍弁百般
勒索小民忍氣吞聲多至鬻子賣妻傾家喪命方今會頭
雖革而民兌不改是甲運之受害者較之會頭更衆救弊
之法則莫如官收官兌其法宜令各甲運將應納糧米盡
數登廒然後報完該州縣官逐一盤驗果無虧少併令交
納額定耗贈之銀米即給以收完印票使小民一完公事
便可各散歸農至於典守倉廒一切交兌事務州縣官自
宜悉心料理毋令軍民相見此法一行不獨官自爲兌可

杜苛索之門兼之糧盡歸廒保無折乾之弊且刁勒不行
兌運自速一舉而三善備焉但地方官明知其便於民而
惡其勞於己實未嘗有行之者故蘇松按臣孔允樾于十
二年十二月內具有直陳漕兌之弊一疏內以官收官兌
之法力爲申請近部臣覆奏內稱官收官兌收完給票等
事久經臣部覆奉
俞旨遵行在案臣不知部臣所謂久
已遵行者自何日始也總之部文行之督撫督撫必下之
道廳道廳下之州縣州縣官恐蹈違
旨之罪則雖有弊
政而不敢言此私增銀米之所以不認也欲爲自便之圖
則雖有善政而不肯舉此官收官兌之終於不行也推此

弊端種種不一伏乞
皇上特發嚴諭責成各督撫按
大破從前積習期於實實奉行勒石永禁耗贈既有定額
銀米必不許私加收兌皆令在官軍民必不許相見每年
於漕兌後務取各州縣遵依印結彙齊奏報如有名遵而
實違者事發之日州縣官定以悖
旨溺職從重治罪庶
漕政肅而民生有賴矣臣學識疏愚罔知忌諱據實摘參
雖買怨於諸臣所不恤也謹具題請
旨嚴飭施行順治
十三年　月　日具題奉
旨這奏內私增銀米及官
收官兌事情著嚴察議奏該部知道戶部議覆前疏請
勅總漕併各督撫按備查前項私增銀米科費等事嚴查

究擬奏請再議至于漕米務必依限收倉完即給票歸農革累倉頭官兒于單勒碑永禁私增耗贈仍取具州縣遵依如不竭力舉行許督撫按諸臣指實題參治以重罪務使盡除積習肅清漕政可也奉　旨是依議嚴飭行

密陳旗兵駐防十便疏

題爲大兵駐防情形密陳十便仰請　睿裁事今湖南小醜未殄頻煩禁旅　皇上赫聲濯靈可謂無遠弗屆兵機進止在　廟堂自有成算非小臣所得與聞但臣見輪番更調有往來奔命之疲絡繹道途有供應煩擾之累不能不勰勰過慮也近接邸報伏讀九月十四日　上諭

仰見　皇上膚慮精詳計及便兵駐防恐其糜餉無益隨經　廷議僉謂滿兵不便裁撤諸臣謀國遠圖所見甚確蓋湖南今日情形壁壘未清狡賊尚多竊發滿兵誠未便裁撤也但於駐防之中而酌爲長便之策期於不傷財不累民則莫如久駐之爲善也臣查照陝西江南浙江等處皆有久駐滿兵地方遂獲安貼今楚南邊徼似宜倣此而行或以水土不相習苦樂宜均平故未便於久駐以臣愚見亦有不盡然者若秦中地氣高涼固不類楚中之卑濕至江浙之與湖南其風氣亦相去不遠安在江浙皆可久駐而楚中獨不可久駐耶即以苦樂言之則長途跋涉者未嘗不苦安居駐防者未必不樂臣謹就管窺所及以久駐之不便爲我　皇上陳之臣聞地利與天時並重凡命將出師必熟知山川險阻之情形而後可以攻取今湖南實辰等處皆崇巖深谷路隘林窅今更班迭換俱係新兵安能遽知地利若令久駐則偵探四出撫哨長驅將山川之向背徑道之險夷洞如指掌然後進有所據退有所守運籌帷幄之中可決勝於千里之外此其爲便一也臣聞勞逸之勢兵家所宜急審也今遠勤　王師以征弗廷南北開關馳驅數千里人勞馬乏寒暑不時滿兵之苦諒在　皇上所熟察者也若令久駐使人有家室之安

馬有水草之便休養既久則赳桓之衆皆有投石超距之風願決一戰以圖全勝靜而後動養精蓄銳謀裕力全何攻不克所謂以逸待勞勝勢在我此其爲便二也從來開闢之始振旅還征將不數易正以專責成而期掃蕩也今往來更調不越年餘屈指瓜期兵無久戍前此者或未及殲逆以待將來後此者或安揮方新再爲持重故數年來以攻勦之師而尚成固守之局若令久駐以專責成則受命而出者必有以報　命而遲重負在身自然通局布算早　奏膚功此其爲便三也兵與民貴相習也大兵驟至雖秋毫無犯而所在鄉愚必驚異而怖畏之若令滿兵

各攜其家口久駐荆長澧實之間做江寧杭州等處事例
與民晝地而居則從軍者無思家之歎而兵民相習彼此
俱安且使兵之室家廬井皆於此託焉誼既切於從　王
情亦殷於自衛一旦有警則星馳撲勦耕鑿之侶皆素信
兵之安我而非害我也將見作息不驚民皆安堵此其爲
便四也客兵與主兵尤宜相習也地方既有督撫鎮道之
兵又有　特遣駐防之兵期於聯絡聲援犄角相應今更
調太速儻客兵入境之初猝然遇警其與主兵進止號令
不同金鼓旗幟不一何以成呼應協同之勢乎今若久駐
則主兵客兵歲月相親互爲表裏晝戰則目相視夜戰則

聲相知百萬勁旅皆如臂指之使矣此其爲便五也今天下
中外一統東西南朔悉入版圖然强幹弱枝根本盛大必
在滿兵　京師爲　輦轂要地居重馭輕不易之理今如
以十萬兵駐楚而又遣十萬兵更代之則是每年有二十
萬兵在外矣究竟駐楚之兵止得其半而跋涉遞次者耗
其力於無益之地甚非計之得也若令久駐則不必頻爲
調發而滿兵充實於　京師此其爲便六也大兵經臨地
方遇水必需舟楫每次封捉多以千計少亦數百兵差蜂
湧商民船隻聞風奪魄望影消魂或棄貨而逃或沉舟而
去脅啼譁泣慘不忍聞以故商賈不通江湖上下竟無帆

影關稅缺額所自來矣若令大兵久駐省往來裝送之煩
則商賈時行檣艣相望各關稅課必有盈餘既以卹商亦
可裕　國此其爲便七也大兵遠出沿途州縣糧草勘合
供應浩繁至養馬地方所需草束則以數十萬計所需米
豆則以數千石計近奉　恩詔供應草豆運價准作正項
錢糧開銷已仰見　皇上之垂卹矣但如馬棚竹木炊
爨柴薪以及刀槽鍋桶一切器用萬不可省種種取之民
間解辦維艱派累無已若令大兵久駐則少一次經臨
便可節　朝廷數萬金錢省民間數年物力此其爲便八
也　皇上最重農功屢　申墾田之令期於民無失業

地無曠土今大兵經臨往來不一所到地方輸運糧草奔
走使令與夫操舟纖縴所用民夫動輒以千百計地方各
官僉派里甲皆先期撥解守候日多雖值農忙亦所弗恤
語云一夫不耕必有受其饑者若令大兵久駐則里甲可
無僉派之擾而民得盡力於南畝矣此其所便九也兵機
固宜不測威望尤貴久孚昔范仲淹領延安而威覃西夏
張萬頃守濠州而名震江淮諸葛亮七擒孟獲而南人不
復反此皆威望久孚人心自然懾服今　皇上愼選良
將俾專閫外或需之歲月以觀其成俾得從容展布制勝
出奇聲名遠播賊膽皆寒將見不戰而自屈矣此其爲便

十也今滿兵之居於　京師者多安土重遷不願久駐亦情之常也惟在　皇上乾斷酌行䢖不能久駐或三年五年始一更調則民財物力亦少寬矣臣愚本不知兵但衆　皇上特遣巡行見聞所及利害所關何敢知而不言仰負任使且有江浙久駐事例可援是以冒昧　上請伏乞　皇上鑒臣愚忠宥臣狂直可否行止出自　上裁非臣所敢必也事關軍機理應密奏謹　題請　旨

順治十四年　月　日具題

請崇郊祀配　天之禮疏

題爲郊祀之期在邇請崇配　天之禮以宏孝治事

臣聞郊祀之典肇自有虞因敬天而重報本祖有功宗有德皆得配享上帝此治世之大經古今之大義也我　皇上紹膺寶歷南郊大祀歲一舉行親承祼鬯以　太祖太宗並配久著敬天報本之誠惟是　世祖章皇帝以創業垂統之君文德與武功並懋升遐以來固已陟降在　帝左右矣但未奉　神主於郊壇則　皇上對越之際必有未盡愜之孝思也夫孝莫大乎嚴父嚴父莫大於配天自古迄今未有受命之君而不配天者亦未有稱祖而不配天者三代之隆禮明樂備莫盛於周其時禘嚳而郊稷祖文王而宗武王祭法曰祭昊天於圓丘曰禘祭上帝於南郊曰郊祭五帝五神於明堂曰祖宗又曰祖者始也宗者尊也禘郊祖宗皆祭祀以配食之名也可見成周之世已有四后並得配享漢承秦後禮樂廢墜至孝武太始四年乃祀高祖於明堂以配上帝明帝永平二年祀五帝於明堂又以光武配唐高宗顯慶二年詔圓丘以高祖太宗並配代宗永泰二年春祈夏雩秋享冬報以太祖高祖太宗肅宗分配宋初制南郊地祇及感生帝凡七祭以四祖迭配至仁宗皇祐二年大享天地於明堂以太祖太宗真宗並配儀如圓丘又詔南郊亦以三聖並侑明洪武時合祀天地止奉仁祖配至洪熙元年更奉太祖

太宗並配此歷代祀天配享之大畧也由是言之因革損益原無定制孝思不匱禮可以義起者也我　國家混一寰區規模宏遠應使禮樂明備駕軼百王今祈寒將至大祀南郊爲期不遠伏乞　皇上勅下禮臣酌古準今修明祀典䢖奉　世祖章皇帝之神主並享郊壇斯於孝經嚴父配天之義深合而曲當矣臣一得之愚不揣僭狂瞽之獻因條議祀典字多逾格惟　皇上鑒宥施行

康熙五年九月二十五日具題六年七月初七日奉

旨是配　天祀典禮宜舉行該部詳議具奏欽此

擬代馬新貽中丞謝賞福字奏稿　十六世 恩爵 春濤

欽惟　皇上芝鏼丕承　纂圖永紹　丹書受誡
無爲宰萬化之原　彩筆翔華有道識　一人之慶
久已　鴻庥普被共樂春熙何圖龍朔新更渥　膺
天眷逕　鸞綸于　羲畫九疇符好德之徵仰
鳳篆于　堯章萬國普同文之化　恩隆　北闕
懂洽西泠臣職忝專圻未有涓埃之報學慚窺管漫邀
藻翰之榮贈　紀綬于　星雲　龍光渥寵頒
升恒于　日月虎拜輸忱所有云云

擬奏積年辦理洋務情形疏　十六世　家楣　筱棠

奏爲臣衙門積年辦理洋務情形恭摺瀝陳大略仰祈

聖鑒事竊惟敵國外患皆困心衡慮之端智慧鎡基在乘
勢待時之審　國家禮樂政刑一切興除皆期有利而無
獘獨至撫馭外族則操縱須稔洋情執持祗此條約議和
之際勢迫於無可如何既和之後事苦於不能不辦處處
患端並無善策彌縫無事則暫可相安偶或失當則其害
立見所謂相局一危局也漢唐以來世有邊患其敗壞屈
抑之故雖有百倍於今日者但爲敵祗一二國相去或千
萬里勢尚可以專營謀或可以徐設今則羣起爲難環而
相伺偪踞腹心之地密邇臥榻之旁虛實窺之既深措置
刻不容待我欲用間而彼已固結夫連横我待以誠而彼
更百出其機詐以衆謀一而在彼常逸以一禦衆而在我
愈孤則今日之和局又千古未有之奇局也古之馭外者
責無專官事有共任每於一介之來一訃之出舉朝重臣
合而共謀一時才智幹濟之彥咸貢策力今則責歸於數
人事定於俄頃既因情勢之迫而不遑僉議復期事機之
密而未由衆聞個中之曲折既未深知局外之是非未免
岐出人言原不敢顧　國是之誤堪虞此誠我　國家艱
難之局尤在事臣等危疑之局也當咸豐十年洋氛緊逼
京城戒嚴臣奕訢奉　文宗顯皇帝諭旨與前大學
士桂良及臣文祥辦理撫局危迫情形間不容髮迭經王

大臣僧格林沁周祖培全慶賈楨等奏請　飭令臣等速
成和議以扶大局維時英法各國要挾多端羈則就咸豐
八年天津所訂條約互換成議既經互換遂成鐵案俄美
兩國亦相繼定約約中使臣駐京一層尤爲各國所堅持
各酋既畢集　京師中外復多所交涉軍機處地居　禁
垣理應嚴密各部院辦事須循成例堂司定稿又輾轉需
時均難兼辦用是有專設衙門之請復以內省洋務應有
統攝請簡派上海　欽差大臣及三口通商大臣以轄之
今改南洋北洋大臣分統南北各口以期內外互籌有條
不紊臣實鋆等先後奉命總理各國事務與臣奕訢等一

同辦理節經遵照奏定章程遴取內閣及各部院人員充臣衙門章京並選軍機處章京兼行以資指臂溯自康熙年間與俄國議界立約交涉最先英法美三國在道光年間亦均經換約迄庚申之約既定而海外各國若布路斯若荷蘭若比利時若丹麻若義大理亞若日斯巴尼亞若奧斯馬加俱由該四國先容堅請援照換約勢不能不續與議定惟瑞典國則有道光年間廣東所議舊約大西洋國及日本國亦各議立條約倘待分別互換各國雖廢至蝟集而久于駐京事件最繁者仍惟該四國爲甚日斯巴尼亞國雖亦派員駐京而交涉較簡布國今稱德國亦有

駐京使臣其驍駿強大與該四國有並駕齊驅之勢矣四國中英人意在通商雖各國商人咸集口岸而英最衆美次之俄人則于陸路爲多各海關監督職司收稅而洋商狡獪多端非中國官吏所能制並選洋人充稅務司於總稅務司外分設各口稅司同各關道經理洋稅責令分報確數藉資稽核先是英法議賠兵費定於洋稅內各扣二成歸款共扣四成扣款請後奏明提出四成洋稅解歸戶部專款存儲爲之嚴偷漏之罰厲違禁之條區別不通商口岸之販運增收正稅外子口之稅項詳訂俄國陸路通商之章程蓋洋商之謀利得步復思進步中國之立防顧此又須顧彼也法人商賈無多而其意在傳教教之在各國有天主耶蘇之分其原本一般則強而二之英美等國傳習耶蘇法國則傳習天主凡傳教洋人在中國生事者大半皆係法人凡請還教堂辦理教案無不由該國使臣出頭扛幫至教士爲非實以不加管束則曰是歸教王非駐京使臣所能制臣等揆其教之所以能行及中國愚民惑于彼教之由總在教士能爲教民護符且入教者皆非善類故耳遂於同治元年與該國使臣百計曉辦由該使臣給傳教士諭單不准絲毫干預公事奏准通行各省遇有外國教士攙越詞訟即執該使臣諭單所載以折其啟

而殺其勢近年議立傳教章程八條徧行照會各國據其照復等詞議論各異均不樂從而關繫甚鉅不能不隨時補救以冀得爭一分即維持一分也俄國疆界與我毗連約內載明應定東西各界定約後奏明　欽派大臣與該國定界立牌東界與三姓寧古塔等處相接業於咸豐十一年由烏蘇里河口至圖們江分立八處界牌而該國於松花江越界行駛等事時有狡辯西北與烏里雅蘇臺科布多塔爾巴哈臺伊犁各城所屬壤土伊犁凡索倫錫伯安營之所布魯特哈薩克遊牧之處隨在切近該國凡舊意侵占屢經催立界牌遷延不辦直至同治八年始於烏

科兩城所屬議定界址建立界牌鄂博而塔伊兩屬尚難辦里各邊常有該國越境建房支帳集眾住牧之事疊加禁阻舌敝脣焦更以代收伊犂百端狡詞推宕不與榮全議收累經奏陳在案該國居心之叵測形勢之逼近尤爲各國中最深之隱患美國係公會之國向較近理近亦日漸恣肆德國則以戰勝法人其氣不可遏抑于稅務多所矯強日斯巴尼亞蕞爾小邦而其販中國人口殊爲很毒外洋各國因借資中國人力號稱招工實則誘拐凌辱虐我生民臣衙門與刑部會議嚴定拐騙人口出洋匪徒罪名復詳定招工新章二十二款經英法使臣畫押允行

仍思變計而其害則日斯巴尼亞爲最深臣等總持新章以鈐制之而誘拐出洋之案仍不能絕也大西洋國自前明占居廣東澳門地方臣等擬俟議准該處由中國設官方與互換條約同治七年議令日國使臣瑪斯代向該國議將澳門收還中國嗣以瑪斯病故遂不果行日本於南洋最近其人輕生好武將來亦不可不防此諸國之情之各有不同也至於各國所同心覬覦者如請 覲遣使銅綫鐵路進鹽挖煤內河輪船內地行棧諸事慟協謀設計互結交乘所冀一國之求得遂則各國皆一律均沾杜之於前逾時而復變其說以嘗之郤於此國彼國則另更其術

以試之臣等固力爲辨折外族仍時欲生心前於議修英約時曾將以上諸事奏明交各大臣督撫等悉心條議嗣於修約時百方駁詰惟遣使一事先有奏．派志剛孫家穀出使各國之舉挖煤則允於換約後在南省酌地開采餘皆阻格未行此外則彼有難端我亦設數端以相應彼欲減一稅增一口我亦增一稅減一口以相抵以是新約之成雖已畫押互換而仍未開辦遲回觀望必非無因各國所持者條約中國所恐者亦條約耳彼族於約所已有者挾之甚堅所未有者圖之不已英法諸約皆聲明重修年限現在法國修約正與往返辨議德約又據照請議修

紛至迭來雖智者亦有時而窮也若夫外省交涉案件辦事之權疆吏操之各使臣遇事忿爭狡執臣等當之如咸豐十一年貴州殺斃教士文乃耳同治七年江蘇揚州載教士被搶四年四川酉陽州教士瑪弼樂被殺八年教士李國被殺及天津民教滋事等案動輒出非理之請設挾制之詞每至羣疑眾難之交臣等惟有堅執定見悉慮籌維究之當日力爭之項亦未能保其必不決裂也或謂南省用兵蕆事之速由於洋人出售軍械軍火俾利戰攻其設謀致力固賴諸將帥戮力一心而戰具之助與洋將戈登華爾等之歸我驅遣亦稍稍有力焉回思咸豐十一年

江蘇有會防助剿之議彼時前贈稅顧通籌利害臣等亦
何敢信其無弊然而洋人不與我合卽與賊比受我之令
斷賊之濟全在用之者之得人亦不得謂爲所用者之寡
效顧鑒於洋人助我勦賊之利盍思洋人爲患難制之害
也又謂洋稅所入始則四五百萬近則千萬卽云常稅被
侵就今之常稅短於昔者計之以此補彼所餘尙多於
國用不無稍裨然利於稅額安知不病於民生洋貨之來
安知不爲人民之毒臣等亦未敢因小利而忘大害也要
之害既不能驟除利亦不可不計除害之效不易必諸旦
夕而防害之策不可緩於斯須自強有本致治有源行政

用人諸大端固最爲切要而審己料敵三代下亦難薄富
強外國制勝之道首在鎗礮之精利輪船之迅速而制器
又原本于天文算學非得其所長斷難奪其所恃臣等與
各疆臣曾國藩李鴻章左宗棠沈葆楨丁日昌等往復籌
商逐漸開辦於是有上海天津機器局之設有閩滬輪船
廠之設復因中外文言各殊易滋弊混先由臣衙門及廣
東各設同文館並在上海設館學習外國言語文字復于
臣衙門同文館中續令各生肄習天文算學又以外國長
技在中國肄習難得精微由南北洋大臣商辦遴派學生
赴外國肄業各經詳細奏陳有案總期悉外人之底蘊備

未雨之綢繆卽和局可以久持而在我亦藉以自立蓋講
信修睦之舉臣衙門之職不敢一日疏卧薪嘗膽之計臣
等之志不敢一日忘也查請
覲之議前此各大臣督撫
於條復臣衙門諸議內尤牽謂
皇上尙未親政可以正
言相拒各國使臣於從前換約時卽各奉國書聲請呈遞
復據來函照會時以爲言臣等歷經議阻以此事必請奉
特旨遵行非臣下所敢擅議且中外禮節不同彼此不
強以所難卽志剛等及臣崇厚出使時亦以並不請覲該
國君主該國卽欲相見他日中國難以照行等語婉轉相
格然至上年法國使臣熱福理來京卽聲言先議請
覲

再議修約德國李福斯此次之來亦謂將所賫國書先錄
副本遞交臣衙門代呈其正本留待親遞日本換約使臣
致李鴻章照會亦經提及各國使臣面晤均以何時舉行
爲問雖由臣等極力阻止其能否作爲罷論正不可知臣
等承辦各國事務於今十有三年大局幸無所變更而隱
憂實不容稍釋誠以料敵宜明和議難恃禦患須求實際
制勝豈託空言此十數年中揆時度勢有今日欲不如此
辦理而不能異日欲常如此辦理而不敢必者德苟不以
力伸理遂易爲勢詘履危任重惕厲時深今當
皇上躬
親大政用特瀝陳大略上瀆
宸聰伏願
皇上愼始勵

椅厪念艱危之時局尤仰賴　皇上審幾燭隱力握旋轉之大綱臣等幸甚天下幸甚至臣奕訢等於咸豐十年奏請設立衙門摺內聲明俟軍務肅清外國事務較簡即行裁撤仍歸軍機處辦理以符舊制今軍務雖漸肅清外國如法德正議條約未敢輕言裁撤致誤機要仍俟中外大臣另有陳奏艮策足資控馭屆時再行請照原議酌辦所有臣衙門積年辦理洋務情形謹繕摺密陳伏乞　皇太后　皇上聖鑒謹　奏

擬奏海防亟宜切籌武備必求實際疏

擬奏海防亟宜切籌武備必求實際謹將緊要應辦事宜擬列數條請　飭僉議以期振作恭摺密陳仰祈　聖鑒事竊查日本國兵踞臺灣番社之事明知彼之理曲而苦於我之備虛歷據沈葆楨奏陳情形及李鴻章致臣等信函皆以爲不宜遽與開仗實以一經決裂瀕海沿江處處皆應設防各口防具難恃不得不慎於發端雖經累奉諭旨嚴飭各疆臣實力籌備而自問殊無把握今日而始言備誠病其已遲今日而再不修備則更不堪設想從前夷務之壞由於內外之互誤更由於和戰之靡常自庚申之衅創鉅痛深當日在　廷王大臣等迫於危急之勢莫不盼撫議之成非謂撫之可恃誠以彼族既暫就羈縻

在我可亟圖振作疾首痛心之際咸存卧薪嘗膽之心乃至旦夕既安因循相襲當日之事爲何事從前之心爲何心積久漸忘莫爲之計臣等承辦各國事務切念和之本在能戰能守戰守之本在自強於練兵裕餉習機器製輪船諸議屢有奏陳逐漸開辦而絀於經費未能擴充者有之岐於意見致有阻格者有之總由內外臣工同心者少異議者多或以身在局外端委原難周知果其別具良方取舍但求至是乃竟高談無補鄙洋務爲不足言否則苟安目前信和局之深可恃非作隔膜之視即爲袖手之觀以至事甫擬辦而掣肘不行就使勉強奉行而羣情已奪事亦等於具文推其意將以戰守之無具俟彼氣數之自衰此必不可得之數而况我欲人俟人不我俟也此時日本之尋衅生番患之已見者也其發也速而備禦已苦無方西洋各國之觀變而動患之瀕見而未見者也其發也遲而挽救更難爲力及今亟事綢繆已屬補苴之計至此仍虛準備更無求艾之期現在之患既非尋常之患則禦患之備難恃尋常之備非不知籌備之難然難而可已則亦已耳今則明知其難而萬不能已者也非不知備而不實不精則徒糜餉需徒費人力不如無備今則萬不能無備而備又萬不可不實不可不精者也惟有上下一心內

外一心局中局外一心自始至終堅苦貞定且歷之永久一心爲實在可以自立之計爲實在可禦外患之計庶幾戰守有資而和亦可久臣等悉心公同商酌謹擬列緊要應辦事件數條總期實備精求務臻有濟應請 飭下在廷王大臣及南北洋大臣詳悉謀議毋狃故轍毋尙空談如臣等所陳若者可行卽應查照此條切實辦理若者不可行卽另籌必濟之方以代此條之用此外如各王大臣等別有良策足裨時艱有遠勝前議所及者亦卽實抒所見共資幹濟以紓目前當務之亟以裕 國家久遠之圖臣等幸甚天下幸甚所有請 飭僉議以期振作緣由謹

繕摺密陳並鈔列臣等擬議五條恭呈 御覽伏乞 皇上聖鑒訓示謹 奏

一練兵各海口固須設防然非有海洋屹然重兵可迎堵可截剿可尾擊則防務難於得力應就外海水師及各營洋鎗隊中挑選精壯曾經戰陣之兵勇另立海軍以一萬二千五百人爲率 簡派知兵大員帥之就中分五軍每軍二千五百人各以得力提鎭大員分統之每軍需鐵甲船二隻爲衝擊衛蔽之資其餘酌量人數配具兵船若干先立一軍隨立隨練其餘以次增辦日加訓練務期律嚴志合膽壯技精詳悉沙綫神明駕駛狎習風濤嫺熟演放鎗礮以成勁旅各兵勇有原額口糧者仍之有應加給者加之有應另募者則酌募若干人用原有額糧者若干人創設之初如須僱募外國善于駕駛演放之人爲之敎習亦酌量僱募由任事者悉心經理其無事之日分駐何口遇有征勦若何調度由統帥大員酌量布置

一備船各軍應用鐵甲船十隻兵輪船若干隻除現有輪船外於創設之初祗得爲應急之計各船應購買者急宜購之外國外國於在官兵船不能聽人購買應向製造各船商人船廠定製應用

一簡器自鐵甲船旣與各國復精求堪攻鐵船之礮聞英國現已有之應購買此項礮位並能載用此項礮位之船及演習施放此項礮位之技其餘各船應配礮位亦一律購備一律演習至各軍所用洋鎗務須一式平時一律演習始能嫺熟臨時亦一律施放不至歧誤各國所製鎗式日久日新從前之來福鎗不及後門鎗後門鎗以林明燈及麥提尼爲精現在英國所造之亨理麥提尼鎗又駕而上之若用器先遜于人則臨陣更難制勝必須用最精之鎗一律之鎗式方能有濟卽以前購之鎗亦係精品尙堪利用未能概棄以致空糜餉需或

不能全軍一式姑求各軍中其本軍所用務期一式卽
各軍本軍中未易一式必期各船中本船所用務歸一
式庶倉猝中不致有歧異誤用之處矣
一設廠造船修船非隨處設廠難資利用各樣兵船鐵甲
船及精式利用之洋鎗爲目前計只得購之洋人爲久
遠計必須自我製造以期精益求精用不勝用應由閩
省船廠天津上海各機器局並各沿海地方力求精進
擴充之方以爲持久取勝之計
一籌餉以上各層此時創立之需日後久遠之費凡一切
薪水教練之資加給口糧之額購船造船修船及軍械

鎗礮火藥駕駛工食日用煤斤諸項爲數浩繁非有大
宗巨款不能開辦非有不竭餉源無以持久臣等於同
治五年奏明提出四成洋稅由戶部另款存儲原以備
不虞之用無如歷年以來陸續借撥所存無多計開辦
所需已不敷十分之三亟應破除成見統籌大局權衡
利害孰重孰輕先籌目前開辦經費應用若干卽速集
若干此濟濟之用也再於一切開源節流之計悉力設
法凡可盡人力因地利以裕　國計者專心悉慮切實
經營期補注挹之急需求充永遠之款項此經久之用
也兩層均應詳籌確鑿辦法厚備堅持不至半塗而廢
庶幾應變有資而歷久可恃

擬奏請　飭陝甘督與俄人議交伊犁並請事權歸
一疏

奏爲西疆軍務漸定應與俄人議交伊犁及交涉事件擬
請　飭令陝甘總督左宗棠相機籌辦並由各城將軍都
統大臣等遇事知照該督以一事權而期得力恭摺密陳
仰祈　聖鑒事竊查光緒二年九月三十日軍機處鈔交
陝甘總督左宗棠片奏新疆與俄境毗連疆埸之事一彼
一此現當邊務交涉議論方滋不獨措置乖方遇事動多
妨礙卽語言交際偶爾失當亦足啟猜嫌爭執之萌事關

中外交涉誠慮議論紛歧無以示遠人而昭畫一仰懇
飭下將軍都統各大臣與俄人交涉事件除現行事宜本
有定章應各照常辦理此外遇俄事干涉新疆者應咨該
督臣定見主辦等情欽奉　上諭新疆與俄境毗連時有
交涉事件輕重緩急自宜審慎以圖方免後患嗣後遇有
與俄人交涉之事著榮全先行知照左宗棠酌度情形由
該大臣主持辦理欽此維時烏魯木齊等城尚未收復各
城猶多阻隔惟伊犁將軍榮全駐軍處所與俄人地逼事
多干涉業經先奉　諭旨飭令遇事知照茲由該督臣等
將烏城及瑪納斯等處節次進攻克復比又收復土魯番

城新疆軍務日有起色漸臻底定溯查伊犂一城當俄人代收時曾由臣等屢次與該國前使臣倭良嘎哩往返辨論議定俟烏城等處收復後交收伊犂又以俄國藉詞交涉事件與之辦具節略聲明一面交收伊犂一面從容商辦各事是以臣等於烏城及瑪納斯克復後即向該國使臣布策催論及此並於本年三月間往返照會該使臣亦藉口商議各事於原議一面交收一面商辦之說已有參差自土魯番克復後臣等復往晤該使臣面爲開說先是臣等與左宗棠往返函議此事及俄人交涉案件俄人議修陸路章程並西路貿易各事曾接左宗棠來函亦力任

其責且以該國索斯諾福斯齊因商辦運糧到蘭曾與面論大略惟其品秩較卑須俟該國另派職位相當之大臣與該督臣面議辦理臣等於該使臣來署催辦各事亦曾告以交收伊犂及商量西路貿易各事均須由該督臣次第與辦至是節喻以左宗棠來信內稱俄國應商各事須由俄國派一大員以便會商將來仍由總理衙門同該國使臣核定該使臣旋提及伊犂一事俄國原爲和好起見今看中國辦理交涉事件似非實心願辦此時必須中國將交涉各事辦結先有真心願與俄國和好憑據方可議及因就各案彼此持論良久越日復往而論均告以交涉

各事即無伊犂之事中國亦俱辦理若徒論交涉各事中國縱不相疑自他人視之難保不疑及該國不肯交收伊犂故以各案相難該使臣雖力白其無未免色沮其時該使臣遞到節略一件大意與面論相同而臚列各案率係偏執一見殊多窒礙難辦之端而於陸路章程未經定議亦爲提及臣等公同商酌只得就各案披郤導窾即事論事辦具節略相答仍宗面論請說逐一剖辨其於中國應辦及辦之情理尚可辦理者亦坦然直任不辭至陸路章程該國意在擴充壞我防範臣等擬略與擴充仍示限制而西路貿易一層該使臣意欲並歸陸路章程辦理希圖

牽混得利臣等意在力清界限左宗棠函論此事亦謂將來定議時必須審慎辦理或該國所欲注意在此倘能就西路貿易一節與交收伊犂之事暗相抵制而仍不潰厥防庶可爲歸束之一策是以節略中論及修改陸路章程謂必有可通融者當爲竭力設法商改亦即直申其隱旋又與該使臣訂期晤論先告以不必徒費辨駁於事無益議論間全用收筆不作開筆該使臣雖意欲逞論而退未及暢因告以左宗棠辦事明決西路交涉事件都要歸他核議屬其請於本國派員會商該使臣亦稱願照商辦並請送來節略原欲逐條辨駁不過多爲辨論無濟於事臣

等答以節略內各案彼此原有意見不同處今除總理衙門應與該使臣商辦各事外其餘均由左宗棠與該國派員商辦自然易於了結該使臣唯唯此臣等與俄國使臣商辦交收伊犂及交涉事件之情形也臣等伏思新疆毗連俄境交收伊犂及交涉事件由左宗棠與該國所派大員核議既有成說左宗棠於上年十月間片陳邊務亦義形於詞慨然自任其積誠宿望足以相孚當大捷之餘立言易壯處就近之地審勢較親惟與俄界相連各城交涉諸務辦理輕重緩急殊有關係應示畫一而免紛歧除由臣等一面相機催促該使臣請派大員會商外相應請

旨飭下陝甘總督大學士 欽差大臣左宗棠悉心籌辦並請 飭令伊犂等城各將軍都統大臣等遇有與俄人交涉各件除尋常照章事宜外一體先行知照該督臣主持辦理以一事權而期得力所有臣衙門與俄國使臣往來照會六件節略二件謹一並鈔錄恭呈 御覽伏乞

皇太后 皇上聖鑒訓示謹 奏

擬代文博川中堂密陳疏

奏爲大局亟宜維持武備務求切實謹將愚慮所及披瀝直陳恭摺仰祈 聖鑒事竊照總理各國事務衙門奏陳海防緊要事宜請 旨飭交合議一摺欽奉 諭旨飭令濱海沿江各疆臣詳籌議復仰見我 皇上廑念疆圉有備無患之至意顧念馭外之端爲 國家第一要務現籌自强之計爲安危全局一大關鍵臣衰病侵尋心長智短知不能承效犬馬以報 主知恐一旦塡溝壑則平生欲言未言之隱無以上達 宸聽下資僉議何以對 陛下復何以自問耶是以日夜思維寢食難釋此心耿耿有非總理衙門原奏所能盡者用敢竭誠吐赤爲 我皇上敬陳之夫敵國外患無代無之然未有如今日之局之奇患之深爲我敵者之多且狡也果因此患而衡慮困心自立不敗則大敵當前原足作我精神惺我心志厲我志氣所謂

生於憂患者正在於此至此而仍復因循泄沓一聽諸數而莫爲之籌即偶一籌念而移時輒忘或有名無實大局將不堪設想而其幾不待知者而決矣從前夷患之熾由于中外之情相隔和戰之見無定疆吏又遇事務飾其情形不能上達於 朝廷坐是三失而其患遂日久日深無所底止泰西各國官商一氣政教並行各商船遠涉重洋初至中華處處受我侮抑事事被我阻塞其情久鬱而不能不發者勢也旣而見中國官之阻之者可以通抑之者可以伸必不可破之格或取勝於兵力之相迫而卒無不破此中國之官爲所輕而各國漸敢恣肆之機也迨至立

約通商已有成議而在內無深知洋務之大臣在外無究心撫馭之疆吏一切奏牘之陳類多敷衍諱飾洋人方桀驁而稱爲恭順洋情方怨毒而號爲懽忻遂至激成事端忽和忽戰甚且彼省之和局甫成此省之戰事又起賠欵朝給撻書暮陳乘遭風之船以爲勝仗執送信之酋以爲擒渠果至兩軍相交仍復一敗不可收拾於是夷情愈驕約款愈肆中外大臣皆視辦理洋務爲畏途而庚申衅起幾至無可措手矣自設立總理衙門以來其事始有責成情形漸能熟悉在事諸臣亦不敢推諉然其事非在事諸臣之事實 國家切要之事也既爲 國家切要之事則

凡爲 大清臣子者無人不應夙夜一心共勤謀畫以維大局伊古兩國之交無不極一時之選合慮同籌無分畛域況和局之本在自強自強之要在武備亦非總理衙門所能操其權盡其用也使武備果可深恃自強果有實際則總理衙門於外族要求之端持之易力在彼有所顧忌覬覦亦或潛消事不盡屬總理衙門實無事不與總理衙門息息相關也乃十數年間遇有關係重大之端安危呼吸之際事外諸臣以袖手爲得計事甫就緒則異議復生或轉託於成事之不說竟不問事之難易若何情形若何一歸咎於任事之人亦遑問此事果何人事耶是從前之

誤以無事責而仔肩乏人今日之事又以有專屬而藉口有自設在事諸臣亦同存此心爭相諉謝必至如唐臣杜甫詩中所謂獨使至尊憂社稷矣問之於心安乎否耶夫能戰始能守能守始能和宜人人知之今日之患非尋常之患非得其所長斷難與之相敵稍識時務者亦詎弗知之乃至緊要關鍵之處彼此意見不惟不相符且有大相背者在事外諸臣其用心亦未可全非殆由於不知底蘊故所見大相逕庭耳所患者在不知而自以爲知在明知之而自便於不知或不敢任爲已知往往陳議甚高鄙洋務爲不足言抑或苟安爲計覺和局之深可恃是以歷來

練兵造船習機器天文算學諸事每興一議而阻之者多其說既就一舉而爲之者非其實至於事無成效則不咎其阻撓之故而專責夫創議之人甚至局外紛紛論說以 國家經營自立之計而指爲敷衍洋人之端其言曰洋人吾仇也若在事諸臣獨不知爲吾仇者不知大公之憤爲人之所同具非理之乘爲在事諸臣所親歷其仇有更其於局外者設不爲自立計不以洋人爲吾仇曷爲此艱苦之事委曲之策而樂與彼酋津津相往還耶似天下無此人情矣蓋所見之誤竟至於此而不思此事本爲凡百臣工人人應知人人應爲之事也如各國使臣請 覲一

事乾隆年間行禮由於強迫是以嘉慶年間英酋即有慮於此臨時更變非臨時之有所更特平時之有所飾其真情並未上陳也咸豐年間之衅此事即彼族藉口之大端至上年往返議辦然後舉行宜各酋之鼓舞懽忻矣不知斯議之成其先已有久積未舒之情至此始得一伸其款非我之燭照其情而能伸其隱也所以覲見一事不能不辦而非深識其情則自今以後在彼之能否帖服與在我之有無異議皆未可知而啟衅與否即寓於此此等情形設爲局外人言之鮮不謂其過慮也現在日本援臺之役業經議結矣日本尙非英法俄美之比此事本屬無名之

師已幾幾震動全局費盡筆爭舌戰始得就我範圍定議退兵結案若泰西強大各國環而相伺儻得一中國無理之端藉爲名義搆兵而來更不知若何要挾若何挽回言念及此直有食不下咽者則在我自強之計尙可須臾緩哉此總理衙門奏請　飭令僉議諸條實爲目前緊要關繫不可不及早切實籌辦者也竊計各疆吏遵奉　諭旨籌議指日將依限上陳如荷　飭令在廷王大臣會議非向來會議事件可比似應由各王大臣預定數日詳細籌商務將事之本末始終一律貫徹利害之輕重條議之行止辦法切實圖維折中定見無蹈從前會議故習如今日議之行之而異日不能同心堅持則不如不辦如事雖議行而名是實非徒爲開銷帑需增益各省候補人員差使名目則悔之於後局若慎之於今亦不如不辦度勢揆時料敵審己實有萬萬不能不辦之勢亦實有萬萬不可再悞之機一悞即不能復更不辦即不堪設想總理衙門摺內所謂必須上下一心內外一心局中局外一心且艱苦貞定歷久不遺一心即此意也查咸豐八年王茂蔭奏陳摺內謂海外諸國日起爭雄自人視之雖有中外之分自天視之殆無彼此之異而引書言皇天無親惟德是輔何其言之危且切與此次所議各節實爲至切至要之圖而

大本所在尤望我　皇上切念而健行之　皇上爲　宗廟　社稷之主總理衙門承辦之事爲　宗廟　社稷關繫之事總理衙門承辦之事能否維持全視實力之能否深恃必確有可戰可守之實庶可握不戰之勝惟我　皇上念念在茲則在事諸臣之苦心自能上邀　宸鑒凡百臣工亦人人有求知此事共籌此事之心其才識智力必有百倍於臣者否則支持既難變更不免變而復合痛心之端必且百倍今日非臣之所忍言矣臣一息尙存未敢諉卸愚慮所及謹繕摺密陳可否與各疆臣議復總理衙門海防緊要事宜摺件一並　飭下在廷王大臣公同核

議之處伏乞　皇上聖鑒訓示遵行謹　奏以上皆在總署擬稿

謝放四川正考官疏

奏爲恭謝　天恩事光緒二年閏五月二十二日内閣抄出禮部題請四川省考官一本奉　旨四川正考官著周家楣去等因欽此竊臣江介庸材吳中下士通籍倖登詞館簪毫旋値儀曹洊殿卿班忝襄冏寺仰荷　生成之高厚未能報稱於涓埃茲復渥承　恩旨典試四川聞命之餘悚惶曷旣伏念巴蜀擅山川之秀賢哲代生文章與經濟相資鑒衡貴當臣惟有偕副考官殫忱讎校矢志公明久疎蛾術於三餘要無負盟心之素冀答　鴻慈於萬一

敢徒誇稽古之榮所有微臣感激下忱理合繕摺恭謝
天恩伏乞　皇太后　皇上聖鑒謹　奏

謝授順天府府尹兼總理各國事務大臣疏

奏爲恭謝　天恩仰祈　聖鑒事光緒四年七月二十三日内閣奉　上諭順天府府尹著周家楣補授欽此同日奉　上諭順天府府尹總理各國事務衙門章京周家楣著在該衙門大臣上行走欽此竊臣吳中下士知識猶患譯署隨班愧寸長之莫効法司佐職惕五聽之未嫻茲復渥荷　恩綸疊承　寵擢自　天聞　命伏地懷慚伏思京兆最稱首要職先察吏以安民洋情夙所心經今更才輇而任重如臣梼昧深懼弗勝惟有益矢靖共倍加勤愼隨同總理各國事務王大臣奮勉當差於地方事宜商同兼尹竭力經理以期仰副　高厚鴻慈於萬一所有微臣感激下忱謹繕摺具奏

請繙譯舉人重逢中式年分一體與宴疏

奏爲耆臣繙譯鄉試中式科分重逢應否一體重與鹿鳴筵宴恭摺奏陳請　旨事竊照臣衙門准正藍旗滿洲都統文稱本旗承襲佐領下致仕大學士英桂由監生中式道光元年辛巳　恩科繙譯舉人應否歸入光緒五年己卯正科重逢鹿鳴　恩宴本旗無案可稽應咨行查

核並將履歷咨送前來因臣衙門查無辦過繙譯舉人重赴鹿鳴筵宴成案咨行禮部查復以憑辦理茲准禮部復稱查例開鄉試揭曉次日設鹿鳴宴宴考官以下及中式諸生又鄉試中式已屆周甲之期准其重赴鹿鳴宴均指文闈中式而言至繙譯鄉試向於鄉試揭曉後二日點名入場已在文闈鹿鳴宴之後所有繙譯舉人重赴鹿鳴宴本部例無明文亦無辦過成案惟查三品大員以上與尋常年老舉人不同例准該省大吏專摺陳奏等情臣等查鄉會試中式年分周甲再逢重赴筵宴如遇本年無科分者向准提前辦理歷有成案至繙譯舉人重赴鹿鳴宴例

無明文惟查科場條例內開繙譯考試向例與文場合同考試其筵宴亦與文場一體辦理今繙譯鄉會試俱另爲一場人數甚少其筵宴應請停止等語是繙譯舉人中式原有筵宴自另場考試後因人數較少始行停止中式人數既少則似此盛事未易遭逢故禮部准駁均無成案臣等悉心斟酌伏念　國書綦重科目並榮既當周甲臨期實興再屆合荷重申　異命　恩遇同叨今致仕大學士英桂蓝榜早登樞垣久值外膺節鉞懋著勤勞內贊　絲綸晉司調燮遠初衣之願遂棠全俸之　龍頒溯當年帖報泥金茲已成功者退惟我　朝文珍合璧應知務本無

荒臣等奉職儀疆冀覘　曠典合臺閣林泉之佳話更光秋試於乙科推筆賞酒醴之　隆施且補春官所未備所有大學士英桂繙譯鄉試中式科分重逢應否　恩准附入己卯科鄉試重宴鹿鳴之處伏候　聖裁如蒙　俞允應由臣衙門將該旗咨送履歷咨行禮部並劄知大興宛平兩縣屆時遵照辦理再兼管府尹臣萬青藜現在出差合併陳明爲此謹奏請　旨旋奉　上諭准其重赴鹿鳴筵宴并由禮部纂入則例

奏請試辦積穀並將承辦之員先行獎勵疏

奏爲遵奉　諭旨勸辦積穀事宜擬請將首先勸辦著有成效之員　加恩獎敍以資鼓勵恭摺仰祈　聖鑒事光緒四年二月二十二日奉　上諭給事中崔穆之奏各省倉穀請飭整頓一摺各直省常平等倉存儲穀石以備歉歲之用社倉義倉所以濟官倉之不足並著勸諭紳民次第舉地方官如能經理得宜著有成效准其奏請獎勵欽此仰見　皇太后　皇上廑念民依預籌儲蓄之至意臣等查積穀所以防荒義社各倉可以輔官倉之不足西北各省蓋藏鮮裕一遇青黃不接即不免拮据無策臣萬青藜及前任府尹臣張澐卿曾於光緒二年九月十七日奏陳擬將存儲賑餘銀兩分給各屬交紳士置備倉舍採

儲穀石備荒以爲民倡嗣因歲收未豐穀價昂貴尚未舉辦歷經面諭各屬酌度情形隨時勸諭迨本年歲事稍豐通屬牽算得有七分餘收數其災歉被水之處固屬勢難辦理而豐收各屬冀可乘時一開風氣庶幾日起有功惟各屬之能否奉行固在歲功人情之不同尤視地方官之心力所至茲查有道員用候補知府西路同知鄒在人署薊州知州東安縣知縣劉枝彥首先遵辦勸諭積穀各有成效據鄒在人稟稱在長興店鎮勸捐積穀一百二十三石二斗八升七合衙門口村捐穀四百石分存各村鎮公所劉枝彥稟稱自行劄捐銀一百兩並勸捐積穀一千二

百石擬分存城鄉各公所隨後再議建倉均由各該處公
正紳士自行經理按照社倉義倉成法屆時妥爲收放推
陳出新伏查鄒在人歷官各任循聲卓著辦事實心曾經
前任直隸督臣劉長佑奏保復於同治十年大計案內保
薦卓異劉枝彥盡心民事任職勤明茲復首先勸備積穀
雖爲數不多而於遵奉　諭旨籌辦積儲要政創始力行
俾此後有基可藉冀得逐漸擴充於民食不無裨益可否
仰懇　天恩將西路同知鄒在人署薊州知州東安縣知
縣劉枝彥交部議敘以資觀感之處出自逾格　鴻慈至
捐穀之紳商士庶踴躍輸將急公好義應由臣等查核例

案分別辦理用昭激勸是否有當伏乞　皇太后　皇上
聖鑒訓示再兼管府尹臣萬青藜現在出差合併陳明爲
此謹奏請　旨

資善堂請加米石疏

奏爲資善堂煖廠收養貧民小米不敷支放據經理紳士
籲請奏懇　恩施加賞米石恭摺具陳請　旨事查西城
官紳建立資善堂內設煖廠收養貧民前經西城御史奏
明自光緒三年起每年冬間懇、恩賞粥米三百石由臣
等於奏領普濟堂米時附奏請領業於本年八月間由臣
等照案奏請　飭部撥給在案茲據資善堂紳士兵部候
補員外郎季邦楨戶部候補主事馮懋勳刑部候補主事
黃貽楫殷如璋等呈稱該堂於上年八月經西城御史奏
請每年　恩賞小米三百石因各處荒旱貧民就食者多
復於上年十二月本年三月先後奏蒙　加賞小米五百
石並欽奉　特旨每日加賞米一石　聖主軫念民艱有
加無已再生之慶部屋同聲自夏徂秋雨暘時若民間困
苦漸蘇已非上年災歉景象惟京師居民向無恒產其老
弱廢疾窮而無告者當此冬令嚴寒及來春青黃不接之
際更復無以爲生僅恃各處煖廠粥廠容其居處飲食藉
免凍餒資善堂煖廠屋舍較多棲止尤衆現在收養已過

千人仍與上年人數相等職等悉心詳核每日放粥兩次
每人給米二合即以千人爲度已日需米四石每年自立
冬開廠起至清明停廠止共需米六百石實已無可再減
綜計　恩賞米數不敷尚鉅爲此環請奏懇　恩賜自本
年爲始每年　加賞小米三百石以贍窮黎而垂久遠等
情臣等查資善堂設立煖廠收養貧民爲數既多勢不能
不籌接濟其經費向均由自捐辦業經總理各國事務衙
門由船鈔項下撥銀五百兩並經官紳捐募足資應用而
米石所需賴此人數日增情殷待哺前由臣衙門照案奏
蒙　賞米三百石現時將次用竣可否仰懇　恩施自本

年爲始每年　加賞小米三百石以資接濟抑於本年
加賞小米三百石嗣後由臣衙門每年酌度情形奏請之
處伏候　聖裁如蒙　俞允應由臣衙門査照向章咨部
發給知照西城御史屆期派員會紳具領再兼管府尹臣
萬青藜現在出差理合呈明爲此謹　奏請　旨光緒四
年十二月十六日奏本日奉　上諭順天府奏請加賞資
善堂米石一摺資善堂煖厰本年八月間業經賞給粟米
三百石現在收養貧民較多米石不敷散放著再加恩賞
給小米三百石嗣後每年如有應需接濟之處著順天府
屆時酌度情形奏明請旨欽此

資善堂請領米石片
再査西城官紳捐貲在廣安門內大街建立資善堂內設
煖厰收養貧民前經西城御史奏明自光緒三年起每年
冬間懇　恩賞粥米三百石由臣等於奏領普濟堂米時
附奏請領等因奉　旨允准欽遵在案現屆具奏領米之
期自應照案辦理所有光緒四年分粟米三百石應請
飭部一併撥給俟　命下之日臣等知照西城御史派員
會紳具領其餘各項經費仍由該城官紳自行籌辦以濟
窮黎理合附片具奏伏祈　聖鑒謹　奏本日奉　上諭
順天府片奏資善堂請賞粥米等語加恩著照所請撥給

資善堂粟米三百石以資賑濟等因欽此

功德林改歸官辦片
再功德林留養貧民向由該處住持僧人承領銀米煮粥
給放由官督飭稽査前以該處僧人祖盛辦理未能妥善
臣萬青藜及前府尹臣彭祖賢另派委員辦理本年散堂
後留養事宜至本屆循例開堂仍由該僧人照常經理屢
經切飭認眞妥辦該僧人漫不經心陽奉陰違勢難望其
悛改臣等公同商酌不能以姑息一僧致各貧民難沾實
惠現擬另派妥員照普濟堂辦法悉心妥爲經理將該僧
人祖盛交大興縣訊究按其情節重輕酌量辦理該處廟

宇另招安分僧人住持以免滋弊理合附片陳明謹　奏
光緒四年十二月十六日奏本日奉　上諭萬青藜等片
奏功德林擬派妥員照普濟堂辦法悉心經理等語著照
所議辦理欽此

請辦賑各員照海運河工保奬疏
奏爲辦理賑濟資遣事宜出力官紳擬懇　天恩准其歸
入晉賑案內擇尤保奬以資鼓勵恭摺具陳仰祈　聖鑒
事本年十二月二十二日奉　上諭李鴻章閻敬銘曾國
荃奏晉省連年荒旱請將辦賑出力各員准照海運河工
章程分別奬敘一摺晉省荒旱頻年迥非尋常偏災可比

一切賑務較他省實屬煩難辦理不善各員業經降旨從嚴懲辦其實心任事者自應優加獎敘以昭激勸所有承辦山西賑務人員無論外省及本省著各該督撫等於事竣後擇其尤爲出力者准照海運河工章程分別保奬毋許冒濫他省不得援以爲例該部知道欽此仰見　皇太后　皇上念切民生有勞必錄之至意伏查晉省連年旱災非常則承辦賑務之員自非尋常辦賑可比其在外省勸辦集款得資接濟者既與本省賑務人員無異則在鄰近省分於晉省流離覓食災民妥爲賑濟並各資遣回籍俾得終始保全者自亦與本省賑務人員勞績相等況

京師爲首善根本重地復與晉省切近就賑人數最爲繁多災黎之應拯濟固係民生地方之期安靜尤關大局兼之豫省直東並遭荒旱奔走偕來均須撫輯挨其輕重且有較之晉賑益有關繫者此次山西省等處饑民來京先經普濟堂功德林等處設法留養並京城內外官紳各廠隨處賑卹嗣因外來災民日衆疊經　旨廣籌賑濟妥爲安插在事各員悉心經理遠來垂斃之民賴以全活者不下數萬人迨本年四月間欽奉　恩旨籌辦資遣臣萬青藜與前任府尹臣彭祖賢議定條規酌分東西兩路遣送東路在廣渠門外積善寺並通州武清天津等處西路

在廣安門外普濟堂並良鄉涿州定興定州等處派員前往就地應付路費撥委治中蕭履中總司其事並飭通永道英良前霸昌道續昌督同臣衙門派由各委員邀集紳士查點人數填發路照散給口糧分途護送遣令回籍除就賑災民於得雨後自行歸耕者不計外共資遣男婦大小人丁一萬三千一百二十二名口統計在事官紳先辦賑濟續籌資遣賑濟事宜繁重既異尋常而資遣係由創辦頭緒更紛該員等或撫問疾苦奔命於救死扶傷之地或往返護送跋涉於炎天暑日之中數萬饑黎仰沐　皇仁咸獲再生之慶實屬奮勉急公異常出力可否仰懇

天恩俯准歸入承辦山西賑務人員案內一律比照海運河工章程擇尤保奬以資鼓勵而昭激勸出自逾格　鴻慈如蒙　俞允再由臣等核實遴辦奏請　恩施所有委辦賑濟資遣事宜各員擬請歸入晉賑一律保奬緣由是否有當謹恭摺具奏伏乞　皇太后　皇上聖鑒訓示遵行謹　奏請　旨光緒四年十二月二十五日具奏本日奉　旨依議欽此

元旦賀雪疏

奏上年京師及各屬得雪分寸日期先後奏業　聖鑒在案茲京師內外於十二月二十九日辰時起雲陰廣布密

雪續紛至戌刻止積地融化得雪二寸有餘據大興宛平兩縣稟報差查四境均霑臣等查上年祥霙疊沛地脈深滋今當節啟三陽又見花飛六出田疇挹潤旣卜年豐氣候融和更臻人壽欽惟我　皇太后　皇上至誠所感召何幸爲臣等適會之遭逢兆姓騰歡盈廷稱慶理合恭摺奏　聞伏乞　聖鑒謹　奏光緒五年正月初一日具奏本日奉　旨知道了欽此

保奬辦賑官紳疏

奏爲遵　旨保奬辦理賑濟資遣出力官紳恭摺具陳仰祈　聖鑒事竊臣等於上年十二月二十五日具奏京師委辦賑濟資遣事宜各員可否歸入承辦山西賑務人員案內一律比照海運河工章程保奬請　旨一摺奉　旨依議欽此欽遵由臣等覈實遵辦將案內官紳承辦山西等省外來饑民賑濟資遣事宜一凡議定章程籌撥經費以至運米煮粥監放彈壓撫循老弱醫治疾病埋殮死亡及在京城內外東西南北四路分別備車給資給票查驗護送各員勞績逐加查覈委係端緒紛繁事機迫切官旣隨在差委需員除臣衙門所屬實缺候補正佐各官外添調通永道所屬差遣各員並委直隸所屬地方官一同經理紳則晉豫直各省京官並在京京外各官無論何籍凡

有心相助者隨在皆協同籌辦及茲妥貼蕆事仰荷　聖恩准照晉賑優予保奬事旣集於羣策情難俾分向隅臣等公同商酌於在事人員除紳士中職分較大不肯邀奬未經列入外覈其實有勞苦者均擬請給奬勵自未便限以員額致有偏枯而所給奬敘仍祗擬給加銜　封典及應陞之階陞用其餘則俱請加級偶保實官不過教職佐雜數員期於鼓厲之中卽寓限制之意謹將擬奬各員繕具淸單恭呈　御覽合無仰懇　天恩准其照給奬敘以重根本而昭激勸所有臣等遵　旨擬給奬勵緣由理合繕摺具陳伏祈　皇太后　皇上聖鑒謹　奏光緒五年二月初九日奉　旨該部議奏單片併發欽此

貢院請准捐辦免其報銷疏

奏爲據情代陳仰祈　聖鑒事據翰林院編修徐致靖內閣中書惲彥琿戶部主事俞恒治俞贊虞兵部主事朱樑濟候選通判劉壽崧候選訓導朱成熙監生潘志鵬等呈稱竊職等籍隸大宛就試京師查貢院爲鄉會試一切考試重地所有應修工程其在千兩以上者向蒙　欽派大員勘估承修　頒帑鳩工嘉惠士林莫不頂感惟念興修款項向有規限而應修情形則有重輕每遇工程較爲煩費只得分別緩急或停或辦此次所緩之處至下次或仍

歸於綴所急之處或下次又酌歸於綴即最急之工莫如
號舍歷屆勘修大臣體卹士子皆以此爲首務然至情形
既重只得就款計工補苴訖事於是至急之工亦無由力
求堅實況自上年夏秋間雨水過多號舍諸形滲漏此外
房屋情形更甚且有倒塌無存者若照向例工程辦法不
過黏補拘抹僅數場期之用於全局恐難裨益本年舉行
鄉試業蒙奏請　欽派查估大臣勘驗辦理然念情形既
重非例定錢糧所能補救查估大臣勢不能破格估用多
款即經照例修葺敷衍本科將來情形年重一年必致更
難措置職等擬籌勸集款當拆卸者即行拆卸當添蓋者

即行添蓋一經切實辦理似以後由官照例承修較可工
輕費省惟此時爲期太迫必須及早動工方能無誤本科
試事爲此公同籲懇據情奏陳仰乞　聖慈俯推職等籌
款興工一切工料由職等自行籌勸捐辦免其報銷並由
地方官派員照料彈壓以期妥速此次工竣後將來按年
勘修仍照歷屆向章辦理等因臣等查貢院應修工程業
經臣於本年正月二十五日具奏奉　旨依議欽此出工
部奏蒙　欽派大臣查估在案茲據該編修等呈請暫行
捐辦所陳係屬實在情形於本年科場及將來歲修工程
均爲有濟惟念籌款集資事非易易而工程又須亟辦臣

等正深焦慮適據花翎鹽運使銜候選知府恒和木廠商
人王海聲稱情殷報效自願捐辦此項工程並不敢仰邀
獎勵其急公好義出於至誠所需款項既無待於勸籌所
辦工程堪尅期以興舉但事屬創見臣等未敢擅便可否
仰懇　俞旨准其自行捐辦由臣衙門派員幫同彈壓照
料並懇　恩免令造冊報銷此次工竣以後遇有應修之
年仍照向章辦理之處伏候　皇太后　皇上訓示遵奉
施行謹　奏光緒五年四月二十日具奏本日奉　旨准
其自行捐辦餘依議欽此

設局纂修順天府志疏

奏爲設局纂修順天府志仰祈　聖鑒事竊查同治十年
十二月直隸總督臣李鴻章具　奏於保定省城設立志
局重修畿輔通志奉　旨允准在案現在通志將次告成
必得順天府志纂有專書方能採輯以弁志首查順天府
志自前明萬歷癸巳年府尹謝杰等修輯後迄今並未續
修文獻無徵曷以信今傳後臣等屢思重輯以順天素無
款項經費難籌未敢率行開局茲與督臣商定量依公費
臣等擬擇賃公所作爲順天府志局分類纂修期於酌古
準今無致遺濫延請實學官紳分司纂輯由臣等悉心校
閱嚴定體裁嚴立限程尅期蕆事庶首善之地與除沿革

綱舉目張信而有徵足資考證而畿輔通志亦得早日告
竣仰副我 皇上體國經野稽古右文之治所有采訪編
輯章程及需用經費臣等隨時酌覈籌商辦理謹會同大
學士直隸總督臣李鴻章恭摺奏 聞伏乞 皇太后
皇上聖鑒謹 奏光緒五年四月二十四日具奏本日奉
旨知道了欽此以上皆按舊譜抄錄有奉旨年月日可稽以下則由專集摘登並無其奏時日致未劃一志靖謹註

興辦近畿教養事宜酌撥常款以資久遠疏

奏爲興辦近畿教養事宜酌撥常款以資久遠恭摺會陳
仰祈 聖鑒事竊以京師爲首善之區畿輔爲根本之地

而貧民謀食維艱饑寒難免各外屬水旱荒歉動值偏災
民生計蹙風俗日漓饑饉之餘流而爲匪興教化籌撫綏
誠萬不可緩之事查京都舊有義學粥廠各處以教以養
已極周詳上年復經紳士建立廣仁堂收養無依童幼設
塾讀書曉以義理束以規矩其質地愚魯讀書難成者則
令學習工藝並分助敬節會守節婦女創辦保嬰貧戶由
孕報明以至生育各以其母乳其子女由堂給助以常年
經費不敷經前兼管府尹臣童華前府尹臣游百川奏蒙
恩賞每年小米三百石貧民無不歡呼鼓腹感戴 皇
仁惟該堂經費本屬拮据近自臣畢道遠臣周家楣莅任

以後體察地方情形城內貧民絡繹相望而所屬各州縣
盜劫案件層見疊出 輦轂之下尤宜及今正本清源以
消隱患夫民豈無良甘罹法網無如田土祗有此數戶口
日益繁滋禮義無聞衣食無計迫爲匪習慣爲常其害
伊於胡底此等情形於各屬回民爲尤甚生計之窘乃謀
生之拙亦惟回民爲尤難其力能自給夙嫺禮法者即有
任卹之心亦有難周之勢既爲盜賊不得不齊之以法其
童孺之天性未漓及迫於所處尚未妄爲者亟宜拯之於
正免其陷溺即業經敗行之徒安知不一聞大義一有生
機或猛省回頭尚堪爲末途之贖臣等歷查廣仁堂自設

立以來將及兩載其中孩幼多由乞丐餘生近頗粗解誦
言略知揖讓至工藝告就可藉謀生者尤不乏人該堂董
尚屬實心任事不憚勤勞臣等因屬令堂董推廣義塾章
程於宛平縣屬之西紅門通州屬之長營村普濟閘香河
縣屬之香椿營三河縣屬之北務村等處陸續設立義學
延師教讀酌送修金就學各童無力者給以飯食於識字
及業四書經書外教以小學千家詩小學神童詩小學集
解訓學良規弟子規脫口背誦後即歸而誦說以入其父
母兄弟鄰里之聽所言皆孝弟忠信禮義廉恥之常經令
各塾師隨時講解告以由此則成人違此則非人先經前

兼尹臣童華尹臣游百川刊印　聖諭廣訓一體敬謹頒發以時誦讀講解咸使聞知又立工藝所各就其地相宜令八教示習學以期多一手藝即少一游民並增設紡織局以教婦女另擇夙習其事之老嫗俾司教習織具棉本亦由堂購給又設借錢局以貸貧家小本營生按日還本不取其息局用錢本亦由堂墊發現在逐漸施行民情欣感揆度情形當可收效特是開辦之事愈增則支用之費愈大若不借資鉅款斷難恃爲久長臣等查順天府屬之甯河縣境東北徑達海口該縣民船每歲駛往奉天一帶購販糧貨春出秋還以蘆臺爲必由之所舊設抽釐卡局

因收數本微即由該縣兌收給照所收釐金亦即留充地方公用自光緒七年八月起前督臣李鴻章清釐整頓改派委員專設船釐捐局於海船進出口時發給照票塡寫貨物及船戶年貌箕斗視船之大小分別捐數其所載糧食進口按照蘆臺單斗每石捐銀四厘雜貨木植並按糧石抽收此外一切雜費悉予革除既免匪類溷跡夾帶違禁物件亦無蠹端苛派胥役中飽之虞內除薪水工食房租盤費等項撙節開支外儘收儘解以充地方公事要需上年經前督臣李鴻章酌定常年資助京都廣仁堂經費即在四厘糧捐內撥解應用惟半年以來收數寥寥堂中

尙不敷用現又推廣各屬教養諸事所費又加倍蓰臣等往返函商再四籌畫蘆臺船捐糧捐木歸一局與其彼此分注均不見其充盈何如歸併一途或可程其功效且地方各項公務尙有別款可籌不必專賴此款而廣仁堂推廣教養實於京畿地方大局相關非從前一二善舉可比擬將蘆臺船捐糧捐自上年七月開辦之日起所收銀兩除局中照章開支各項外全數解交京都廣仁堂及順屬廣仁堂分設義塾應用如日後收數旺開支有餘而天津廣仁堂經費或有不敷仍應隨時酌撥期於兩濟此仍係以地方之款辦地方之事諒商民無不樂從似於培養

近畿不無裨益其逐年解到銀款由臣衙門盈安庫專款存儲屆時由堂董面見尹臣親給一切收解開支即由臣等會同詳切查核並由督臣不拘年月委派廉明之員到堂稽察務使涓滴歸公以昭核實仍請免其造冊送部以歸簡易如至年久辦理不實漸成具文即將此款停撥另充他項要公之用所有與辦教養事宜酌撥常款各緣由謹會同署直隸總督臣張樹聲恭摺具陳是否有當伏乞皇太后　皇上聖鑒訓示遵行謹奏奉旨

金臺書院集捐重修工竣疏

奏爲修建京師金臺書院工竣恭摺奏陳仰祈　聖鑒事

竊查京師為首善之區書院為育才之地在前明有首善書院為東林諸儒講學之所至我朝康熙年間於崇文門外磁器口迤東南小市奏設義學旋改建金臺書院蒙
聖祖仁皇帝頒賜御筆廣育羣才匾額凡京師以及各直省舉貢生監肄業於是設有學長學副上舍等額順屬童生亦並收課溯自道光二十二年重修以後迄已三十餘年臣家楣於光緒五年春課甄別之先詣書院履勘見堂宇頹敝地脚已鬆凸凹高低不一士子課藝就堂室簷宇隨處雜坐並無文場急思整興恢廓以崇地望以育人才而經費既無可籌舉辦又未可緩與兼尹臣萬青藜悉

心商酌知已繪有圖式並經前給事中現官廣西左江道彭世昌捐銀一千兩款存臣署盈安庫屢次修葺牆垣並置地動用三百六十五兩八錢尚存六百三十四兩零稍有憑藉隨商派前通永道英艮赴院估計工需約在萬金左右並據捐備木植值銀八百餘兩總督臣李鴻章到京與之面商籌辦即經該督臣捐銀一千兩前兼尹臣萬青藜捐庫紋銀四百兩臣家楣捐銀一千兩復由臣衙門飭省存公銀兩撥銀一千兩一面派員購料估工開辦一面籌資接濟於五年四月二十八日開工臣家楣以是年五月二十一日丁母憂去官八月間旋籍時工需尚未籌齊深恐一有不繼或停工待款臨行堅屬督工之糧馬通判陳象瀛臣衙門經歷范思本並住院監工之附貢周玉衡務即一氣營建萬勿間斷如工需不給已約明由阜康號商借墊俟捐款隨還旋由督臣尹臣各勸所屬捐濟復經前尹臣梁肇煌捐銀四百兩前天津關道鄭藻如捐銀一千兩其餘司道首府及順屬各廳州縣教佐等官並順屬紳士亦各捐款相繼臣家楣恐接濟不時復在京在途在里致書所知經東海關道方汝翼捐銀二千兩常鎮道沈敦蘭甯紹台道瑞璋奉錦道續昌各捐銀一千兩陸續寄京應用並由歷任兼尹府尹童華李朝儀游百川各有捐

款迭於光緒七年春間完工除英艮木植外計共收捐銀一萬四千六百三十一兩臣衙門節省存公銀一千兩除用工料並備棹凳油飾等銀九千八百六十二兩零置地等用銀三百六十五兩零餘銀五千零六十四兩交五城各當典分存按一分取息助諸生膏火等需除已用及存典各項外尚存款三百三十餘兩作為立碑等用之需計建造朱子堂七間講堂三間大堂三間垂花門一座官廳六間大門一座南照房五間車門一座東西文場二十間東西廂房十間廚房中厠馬棚共七間以上共房六十四間影壁一座週圍牆垣泊岸現今一律工竣開課每季甄

別臣等親詣書院扃門面試人文振興士心歡洽復經聘延主講於官課外月有師課於制藝試帖外並課經古性理以裨學有用之學成有用之才砥礪既深賢能輩出如得學問淵懿經明行修經濟風裕之士確有所知當由臣等據實疏薦即有應課名次較後而其人有學有行足爲士林矜式亦即臚陳實蹟敬舉上聞以資觀感所有捐助工需膏火銀兩各員或有地方之責或由好善之誠均不敢仰邀獎敘謹開具清單恭呈 御覽應用各欵均由臣衙門經歷范思本核實支給毫無浮冒亦請免造冊報銷仍將收放各欵開單由本衙門存案並刊立碑石以昭永

久此後如續有捐助及如何整頓擴充之處應由臣等隨時奏陳仰副 聖代作人之至意理合繕摺具陳伏乞
皇太后 皇上聖鑒謹 奏

請 飭各省書局選書赴京片

再書院課士向有定程而講求實學要在多識前言庶幾蘊蓄有素則識力自充其用諸世者設施亦可期光大金臺書院夙無藏書爲多士計自宜廣備典籍以備研摩近年以來若江蘇江寧各省城及揚州府浙江湖北江西四川廣東各省城均設有書局刊印諸書各極精良洵稱美富京師爲天下文人所萃各該省士子留京待試肄業書院其本省大吏所欲栽成而獎進之者既在遠而不遺至於斯文氣脈之相關首善地方之尤要凡有心人所欲昌明而振勵之者必用心之無異可否由臣等分咨兩江兩湖兩廣浙閩總督江蘇江西湖北浙江廣東巡撫於各書局中凡續刊印之書每書撿備一部開具目錄裝箱就水程運送蘇松太道彙收再乘招商輪船之便運交天津關道彙收由臣衙門派員往運來京即存金臺書院署簽列架分類別門用備肄業諸生研精致用之具如蒙 俞允臣等遵即與各督撫及兩關隨時往返商明辦理理合附片具陳謹 奏

建立候質所疏

奏爲順天府衙門建設候質公所以杜私押諸弊擬請照案歲提經費日支口糧恭摺會銜具陳仰祈 聖鑒事竊念詞訟之累民最甚而各案之原告牽連之人證及戶婚田土無關罪名之訴訟其無辜受累更爲可憫京畿地居首善廣士衆民易滋訟獄加以旗民有交涉二十四屬有上控兼之戶部刑部都察院內務府步軍統領及五城察院各衙門常有移交案件除應禁應押外一切應候質訊諸人有時令取保而保人難得將結案而案證未齊羈候遷延弊端恐由此叢生即日用亦何以能給至於大興宛

平兩縣於不應管押不能保釋之人不得已而派差看守
謂之差帶益易滋弊京師之諺有曰不怕宛平縣只怕到
後店店以棲止並非羈囚之地而有此諺必非無因是以
臣周家楣於前任府尹時往往就案提查訪察於宛平縣
左右地方跡疑近是者逐加搜剔經前任宛平縣知縣王
敢俊蔡壽臻於署東另租民房以棲案證並黏告諭儻有
差役爲虐即令大聲呼喊該縣即聞而親究其弊漸革此
次到任復加體察於接見僚屬時舉以相警仍恐耳目未
及之處或於僻靜地方民舍僧寺竟作此惡無從徧爲
搜訪大興縣知縣趙攴榦謂設候質所凡順天府及兩縣

案證人等悉棲於此詳立章程專員管理與治中及兩縣
彼此稽察核對可除此弊臣等公同商議所見皆然即令
經歷范思本相度地基逐一布置於府署頭門內迤東適
有隙地可就營建遂各捐款興辦於本年三月二十二日
開工六月杪工竣共建房屋二十二間並備活板木榻及
應用椅凳器具妥定章程遴派明愼正印委員兩員刊給
木戳鈐記賦所專司其事自七月初一日開辦所有順天
府衙門及兩縣無關罪名應候質訊各人證均於此棲息
臣周家楣於每日進出署門胥經其地即可就近查察每
案交收提還各憑刊印驗票編號標明時刻一有不符及

中漏號交還延時刻立即嚴究按舊管新收開除實在四
柱十日一報臣順天府衙門查核治中兩縣與委員彼此
往返逐案逐人稽核有無挂漏蔽混在所稍有弊端准其
就近喊訴庶幾私押之弊從此可除仍飭府署讞局及治
中大宛兩縣於所訊各案速爲清釐勿因在案人等居處
可安稍任延宕至於在押在獄案犯並飭各屬一體加意
矜恤以廣　仁施而重民命伏查光緒二年二月貴州巡
撫黎培敬奏設軍民待質公所請推廣各省一體照章准
予提款籌辦所需經費從藩庫撥款方可經久每名口食
錢糧若干文按季支銷各節奉　旨該部議奏旋准刑部

等部議請　旨飭下各直省督撫府尹各就地方察看情
形可否倣照籌辦詳細查明具奏是年閏五月二十五日
奉　旨依議欽此臣等察看地方情形亟應倣照辦理況
在京畿親依　輦轂尤應仰體　皇仁俯恤民隱惟因順
天府署鮮可提之款業經酌歸捐辦除順天府各員捐款
外並據運使銜花翎候選知府王海捐銀一千兩該員尚
有另案捐款俟另行陳奏謹將順天各員捐數開單恭呈
御覽至於各名口應領食米按季咨部由京倉預領核
實報銷所需常年經費核計每年需銀六百兩照案由直
隸藩庫撥解以期經久所有順天府衙門照案建設候質

公所緣由謹會同署直隸總督臣張樹聲合詞具陳伏乞
皇太后 皇上聖鑒施行謹 奏

孤貧放欵請照案改支銀兩疏

奏爲孤貧放欵擬請照案改支銀兩核實散放以期惠及困窮恭摺具陳仰祈 聖鑒事竊照京城兩縣五城原額孤貧九百零六名每名口每月支銀三錢米三斗每季共支銀八百十五兩四錢米八百十五石四斗遇有小建每名日扣銀一分米一升閏月加銀三錢米三斗雍正四年經原任府尹劉於義會同原任步軍統領阿齊爾奏准每季飭令大興宛平兩縣及五城司坊官親查實在孤貧名

數造冊彙送順天府衙門查核咨部給發銀米由兩縣五城司坊官親身按名散給若有餘賸銀米給發普濟養濟育嬰三堂收領又乾隆五十九年十月内准戶部知照各衙門應支公費銀兩業經奏明酌籌積錢案内暫行滿支錢文每兩以一千文核給俟積錢支銷完竣後再行改支銀兩所有孤貧口糧向係照公費之例支給自應一體以錢文改支卽於是年秋季起核明錢數赴部關支各等因先後轉飭遵照歷經按章辦理領放逐年 題銷在案惟查此項放欵向由該縣及五城司坊官承辦並由臣衙門添派教佐首領等官協同稽察臣等以事關加惠困窮隨時訪問如何散放情形擬派出教佐首領等官聲稱大宛兩縣保官同屬尙可彼此期會至五城司坊歷届奉飭前往稽察各司坊官僉稱業經放竣無從稽核此等恤孤瞻貧之項該司坊官斷不忍有所侵染而似此辦法恐難免日久弊生至錢法因時制宜撙之現時銀價每兩以一千文核給無論當十大錢既屬大相懸殊卽以從前制錢核計亦覺爲數不符查乾隆五十九年奏明酌籌積錢案内暫行滿支錢文每兩以一千文核給原係聲明俟積錢支銷完竣後再行改支銀兩今積錢支銷早經完竣自應按照原奏改支銀兩雖此節係照各衙門公費一體核給現

議改支銀兩或同公費一並改支或因公費係各衙門堂司各官所領出入所關者小而孤貧每月三錢之項直若與性命有關專議將此項查照原奏改支銀兩則司農之度支所增無幾而孤貧之生計稗益良多似亦推廣 皇仁之一端也應請 飭下戶部核議自光緒九年春季爲始按原額孤貧九百零六名每名口月支銀三錢之例查照乾隆五十九年奏定原案改支銀兩領放至如何核實散放務期實惠及民之處再由臣等詳細擬定章程飭令兩縣五城司坊官及協同稽察各員遵照辦理所有孤貧放款請照奏定原案改支銀兩緣由理合恭摺瀝陳伏乞

皇太后　皇上聖鑒謹　奏奉旨

禁止挖賣黃土片

再京城內外荒地義冢遺骸碎骨暴露甚多破塚敗棺踐踏可慘經臣等邀集紳士籌募經費在各處隨宜設法修葺深恐事難經久且推原其故一由挖賣黃土不論其地有無墳墓任意掘挖以致露骨露棺甚且借購取黃土之名偷取棺中衣飾尤爲可恨一由各處有稱喫行者遇有客死及貧苦力艱營葬之戶衆取貧費代爲營葬置之數年輒起其棺而棄其骨棺且賣錢骨遂殘裂以是愈積愈多幾有埋不勝埋之勢若不嚴行懲辦必致熇工甫畢狠

藉仍然伏思掩體埋胔禮經垂訓劉居　聖下尤宜仰體仁施澤淪幽隱臣等會同籌議除俟此次葺工竣後妥立章程分歸各善堂按年修理外並擬會銜出示嚴行禁止前項錮弊如有再犯立卽拏獲按律懲辦理合附片會陳伏乞　聖鑒謹　奏

散放製給貧民棉衣覆奏疏

奏爲散放製備　恩賞棉衣完竣恭摺會陳仰祈　聖鑒事竊本年八月二十四日准軍機處交片內開面奉　諭旨御史洪良品奏每年冬令所給貧民棉衣銀兩嗣後請由順天府府尹領出發交各善堂紳董承領製作棉衣分別極貧次貧先後給發事竣造冊申報順天府府尹五城御史查覈等語著照所議辦理欽此並鈔錄洪良品原奏傳知欽遵前來卽經臣等公同商酌於九月十四日會同具摺奏請　飭發實銀欽奉諭　旨由內務府給發實銀三千六百兩如數具領其時已在九月下旬製備恐不及時詢之各善堂紳董既慮需放期促且分領置備勢亦難歸一律臣等公議由臣順天府衙門承辦製備遴委經歷范思本製就棉衣六千四百二十四件由臣等商之各善堂紳董各委妥員會同各堂司事定期十一月初旬在各城煖廠粥廠先給衣票憑票給衣首擇極貧遞擇次貧分

別散放完竣恰值天氣驟寒各貧民衣被　皇仁奚啻挾纊感激歡呼聲盈衢巷旋由各善堂造具名冊亦由臣等公議由臣順天府衙門存案以備稽核所有本年遵　旨散放製備　恩賞貧民棉衣完竣緣由理合會同恭摺奏聞伏乞　皇太后　皇上聖鑒謹　奏

會奏請撥國子監金臺書院銀兩以資膏火疏

奏爲會請撥款以資士子膏火恭摺仰祈　聖鑒事竊惟學校書院爲培養人才之地而國子監爲　天子之學金臺書院爲京師之書院地望最尊人才咸集國子監額設肄業生三百三十名每年　恩賞銀六千兩以爲諸生膏

火衣服獎賞賙助之資惟是雍正初年迄今物價不同動用每形支絀金臺書院向由兼尹府尹等甄别舉貢生監童分取學長上舍內課外課肄業聘山長課之向有地租及藩司解款以爲師生修金膏火祗以所入無可增益則整頓亦尠取資前協辦大學士兵部尚書沈桂芬管理國子監時奏出各海關歲解銀二千四百兩爲諸生酌加膏火臣翁同龢蒞任後復奏請 頒發 御製詩文集聖訓方略並徧徵外省書局新刊圖籍以備編摩金臺書院亦由臣周家楣前任府尹時與前直隸總督大學士李鴻章前兼尹吏部尚書萬青藜等捐勸欵項將書院全工重行

興建並於工竣後將餘款銀五千兩發商生息以備需用經臣畢道遠周家楣等奏明在案並請徵各省書籍俾諸生誦習竊念人才由於培養培之者愈厚則用之者益昌欽奉 上諭整頓八旗等官學加意教育凡百士子莫不爭自濯磨勉其進業臣等職任所係尤冀日起有功前者大學士兩江總督左宗棠在京時每論培養人才常慨然引爲己任迨出督兩江曾與前祭酒王先謙商及蒞任後籌欵資助諸生膏火具有成說臣周家楣再任府尹闓士林傳述即申其說兼及書院屢經與左宗棠往返函商今准函復議由臣等兩衙門會奏請 旨飭籌銀四萬兩到

京發商生息分資國子監金臺書院兩處膏火則事體正大永遠可資教育人才之用臣等公同商酌意見相同謹合詞籲懇天恩飭下大學士兩江總督左宗棠籌撥銀四萬兩分由臣等妥爲經理擴充以期士氣奮興人才振起是否有當伏乞 聖鑒訓示謹會同具奏請 旨奉 准

修建順天府學官紳捐辦全工完竣疏

奏爲順天府學全工完竣恭摺奏陳仰祈 聖鑒事竊查各直省府州廳縣均有學校而順天府學校地居京畿尤稱首善自應益著尊嚴以崇體制而隆禮教臣周家楣於光緒四年履府尹任所因見府學年久失修東西兩齋業經

傾壞查點祭器樂器亦多殘缺酌撥公欵飭大興宛平二縣建復兩齋頹敗之處酌加修葺並自捐銀二百九十兩遴委縣丞劉濟勛前往江蘇省城製備祭器樂器由輪船運津赴京嗣於光緒五年五月以禮去官七年服闋進京由原籍江蘇常州府宜興縣北上道出鎮江府艤舟江干晤常鎮通海道沈敦蘭述及京師學校書院情形沈敦蘭以府學如須重修願捐廉以助工需到京後即以告前尹臣游百川籌辦興修全學工程經前兼尹臣童華同尹臣游百川各捐銀三百兩旋經臣畢道遠臣周家楣同日奉命履任商同臣胡義贊飭令治中鄭沂經歷范恩木並

遴候選道王海勘估各工約須銀五千兩有餘復經大興宛平兩縣紳士由公項內捐銀一百兩昌平州紳士御史劉治平捐銀一百兩臣家楣治中鄭沂各捐銀一百兩並由王海轉募江蘇候補道張翼捐銀二百兩一面估工集料於光緒八年四月十三日開工一面函致沈敦蘭旋據寄到庫紋銀一千兩共得銀二千二百兩其不敷之項由王海力任捐助計拆蓋　崇聖祠兩廡六間卧碑亭三間大門三間明倫堂之後簷東櫺並經拆蓋東西兩齋忠孝祠三間並兩廡各一間儀門三間統經揭頂蓋修　大成殿並兩廡殿門魁星樓尊經樓文昌祠名宦祠鄉賢祠文

丞相祠以至官廳兩牌坊均經加式修整丹飾牆垣戶壁裝修整備階石地磚一律新砌平鋪泮池修濬砌闌周護工料均臻堅實順屬各官大宛紳士學中官生均按日在學監視工作共用銀五千九十四兩一錢五分於上年八月初三日全工告竣氣象一新又以府學之西溝道湮塞恐日久雨水侵損復由臣衙門咨商工部及管理溝渠河道大臣卽經飭派司員估工開濬使全學雨水得循溝道免致浸淫以期永固西偏餘地約一畝有餘爲廂黃旗漢軍官地復經咨商廂黃旗都統捐撥學中加建外垣益臻整肅因念本屆工程舉辦不易非有歲修定款恐年久未

免損壞酌由前直隸總督李鴻章奏明歲撥臣衙門辦公經費內撥銀一百兩卽以光緒八年爲始每年十二月中發交紳士以爲歲修之費學設滿漢教授各二員訓導各二員漢員向居學中滿員每賃屋樓止此次工竣之後籌給銀兩令在學居住之門斗衙卽搬出就其房屋爲兩滿員官舍藉資照料此臣等辦理順天府學全工完竣並籌備歲修之情形也伏查此次工需甚鉅款項均由捐助惟因事關學校均不敢仰邀　獎敘而王海捐助款項尤多前於光緒五年捐辦貢院工程所費近四萬金業經本旗都統奏明立案上年臣衙門建設候資公所又經捐助千

金本屆工需又捐銀二千八百九十四兩二錢五分臣等本擬並案奏請　加恩獎勵惟據王海以捐辦義學巨款獨任久持已業　逾格恩施以道員候選並　賞加二品頂戴此次捐助各需實係出於至誠不敢仰邀　獎敘合併聲明所有修建順天府學全工及捐助各款理合恭摺具陳伏乞　皇太后　皇上聖鑒謹　奏

請撥西河沿官房基作大宛兩邑試館片

再准大興宛平縣紳士公呈內稱童試爲進身之基散處有難知之勢既多冒名頂替不乏李戴張冠苟不設地預爲旌別恐流品易雜而眞才難得現查西河沿有荒廢官

房一段地勢居中創建雖難照料較易曾經繪圖呈覽擬
求行文向該管衙門備用作大宛兩邑試館爲生童考課
觀摩之所輪請官長親臨考試凡應童試者無論土著寄
籍咸令預先在試館考課藉得以知其人之有無眞僞悉
其身家是否清白所保頁非淺鮮且擬作惜字局之用收
買焚化有專地則勸勉較易等因當經咨查步軍統領衙
門旋據咨覆並開列該處官房清單前來復經臣等以單
內所稱大興店房四十二間基址堪以備用咨請撥用在
案擬請　飭下步軍統領衙門將前項官房基址照撥備
用所有該處官房瓦木各料由該衙門自行拆卸收存大

興店四十二間原地址及地面磚石均交臣衙門收交該
紳士等籌資購建期於查禁頂冒之計有所裨益理合附
片陳明謹　奏

請給延恩侯全俸或津貼祭費片

再臣等竊以成周忠厚開基而虞夏殷之後若陳若杞及
宋三恪藩封各有土田收其租稅以承祭祀爲馮繫詩
歌比諸嘉賓秦漢而後休風雖繼惟我　朝優禮前代度
越千古封其遺裔列於通侯有明諸陵　欽派大臣歲一
查修定有撥款著爲令典襲侯誠端蒙　賞差使俾得禁
近現以明陵左近地畝積久弊生業經定議整飭以善將
來惟思明裔日漸捐零襲侯夙乏貲產所入俸銀俸米並
應按章折給香火地租爲數無多偶遇歲歉減收即虞難
敷供祭即如此次以事經查辦租戶覬望不前據北路同
知面稟謂有幾難備祭者似此情形當差承祭之資實難
贍足如其志節自勵原不應稍墮清操苟係中材以下則
惟既富方穀庶幾易保其廉誠端從前所爲不合未始非
境之所迫他無憑藉遂於此事意取求今既申明定章令
其湔洗舊習誠端儻知自愛當能永保有家否則另擇妥
人承襲爵秩亦必求足以自給方能責以廉隅供其職事
所有誠端應陳各節臣等既遵　旨查辦擬議詳陳竊思

毖後懲前之計仰體　聖朝仁至義盡之經合無籲懇
天恩准照蒙古王公俸銀向給十成之例將延恩侯俸銀
俸米一體　賞給十成事因我　朝優禮前代俾供一脈
香火起見非他員所能援例或請　加恩每年賞給津貼
祭費銀八百兩由臣衙門所屬旗租項下撥給是歲修既
有款項春秋亦足備粢盛俾現襲者得敷當差承祭之資
未襲者亦有向學讀書之藉勉勵廉節恪備班聯勝朝世
世子孫長承　恩澤我　國家深仁厚德與天地無疆矣
謹此附片陳明請　旨奉准

請整頓宗室覺羅官學疏

奏爲左右翼宗室覺羅學擬請　飭下會議整頓八旗官學之大臣一體歸併議辦以資作養而免向隅恭摺敬陳管見仰祈　聖鑒事竊臣奉　命稽察左翼覺羅官學責在稽察課程實事求是現在八旗滿蒙官學以及景山幼官學均經各臣工陳奏先後欽奉　上諭派大學士寶鋆等妥議整頓而左右翼宗室覺羅各官學生分隸　天潢支派誼應加厚前經大理寺卿英煦援案陳請仰蒙　飭下宗人府議復業經援照　咸安宮現行章程每月初一十五日大課由稽察臣出題小課由教習出題各節以期學歸實效不使日久懈生自應遵照屆時出題悉心評閱

凡力可整頓之處必當隨時求進惟學舍之興修及教習學生之餼廩似應與各學一律辦理方不致獨令向隅查八旗官學生雖亦按章折扣係照養育兵錢糧章程例領銀一兩五錢尙可得十分之六宗室覺羅官學生係照公費章程每兩改折九成制錢一串所得祇十分之一且八旗夙由國子監經理已有逐漸加籌獎勵宗室覺羅則日久未籌他策即在未議整頓之時其甘苦已有不同況目下整頓各學既籌借款修建學舍並謀撥款以持久遠均已飭工派員同時舉辦各學或歸國子監或歸內務府並係各有專管而仍由　欽派之大學士尙書等謀議一律振興宗室覺羅學歸宗人府專管既經同時整頓自應統由　欽派之大學士尙書等一體集議歸併整興虞書堯典以親九族九族既睦平章百姓孔疏以百姓爲百官之氏族今之八旗等學所隸各生氏族即書之所謂百姓百姓既有向學之基則九族尤有應先之分似此舉之關係教育者非輕而關係親親者更重及此八旗等學籌撥款項集議經理之際合無仰懇　飭下大學士寶鋆等將左右翼宗室覺羅各官學學舍如何興建學規如何釐定教習學生如何議定資給等節歸併現議各學一律集議興辦於我　國家親親之道育才之方均有裨益不揣冒昧

謹就管見所及恭摺具陳伏乞　皇太后　皇上聖鑒訓示謹　奏請　旨

順天各屬被水情形及亟籌拯濟辦法疏

奏爲陳明順屬現據稟報被水情形及亟籌拯濟辦法恭摺仰祈　聖鑒事本月初八日欽奉　上諭順天直隸所屬窪區向苦積潦近來雨水過多加以山水暴發低田更難涸復小民失於耕種困苦實深朝廷軫念窮黎亟應豫籌撫恤此次江北糧米除撥抵山東振需五萬石外尙有米六萬六千七十餘石現已運抵天津著李鴻章就近截留酌飭各屬查明被災輕重分別核實散放務使實惠及

民毋任官吏稍有弊混用副廑念民艱至意其隨漕輕賫
等項銀欵並著飭令該糧道解交直隸津貼運費該部知
道欽此仰見　聖朝子惠困窮加恩畿甸凡在災民得資
口食同慶更生查順直各屬被水大概情形業經直隸督
臣會同臣等奏陳而順屬情形蕠重疊據通州三河武清
薊州寶坻永清東安大城良鄉固安涿州順義密雲昌平
各州縣稟報驛道被淹河水雨水漲溢各情通州河水於
前月二十二三等日陡長一丈餘水高於堤二十三日運
河東岸胡各莊留稼莊民堤被水漫溢三河以雨後各河
山水奔注隨處泛溢一片汪洋薊州以陰雨連綿山水漲

發勢極洶湧東窪西窪村落農田皆在洪濤巨浸之中香
河以西北運河盛漲漫堤與五河漫出之水通連而下城
壕既不能容遂致泛濫二三里七八里遠近折而東下一
片汪洋武清以大雨後上游山水暴漲張家灣河堤漫溢
水至西南城下西南隅城垛浸塌十餘丈全境被水一片
汪洋各鄉紛紛報災困苦殊甚寶坻自六月二十三日陰
雨連綿薊運青龍灣鮑邱窩頭袖針等河水勢甚旺沿河
堤埝頻今春一律加高培厚民夫冒雨防護詎二十六七
等日大雨滂沱上游山水陡發直奔下注勢若建瓴下游
宣洩不及兼以窪水直薄堤根山水夾堤搶築子埝此情

彼溢人力難施遂致河水漫過隄頂東南北三鄉田禾俱
被淹沒正西村莊附近城郭地勢稍高又爲窩頭河倒漾
之水浸灌受害東安以龍鳳等河水漫溢秋禾被淹霸州
以連遭大雨雄縣之水直灌盧僧河由保定縣屬中入州
境遥堤以外各處水勢漫溢州境各村現有二十餘處水
高於堤廬舍田禾均被漫浸大城已報隄內隄外水勢均
劇禾稼被淹現正力護大隄而文安保定刻猶未據稟報
其已經稟報之處每詢問之鄉耆此次水勢爲五十年來
所未見又據通永道薛福辰稟稱因赴津公出七月初四
日由水路旋通察看沿河一帶水勢甚大竟至河地不分

途次迭據武清縣屬之楊村河西務各村莊被水災黎千
百成羣攔舟具稟者二十餘處以連日頻遭大雨河水陡
漲一丈六尺有奇田廬均被水淹困苦流離懇請設法拯
救經該道順道察勘實係一片汪洋田廬被水滿目災黎
洵爲目不忍覩耳不忍聞應否開倉振濟或應酌量振恤
自應迅飭各該州縣確細查勘據實稟辦第輾轉詳稟往
返需時誠恐緩不濟急等情臣等查此次被水情形之重
實爲近今所罕見渥蒙　特恩撥漕備濟應即查明被災
輕重分別核實給發而水患之烈其迫不及待情形尤甚
於旱據各該員稟報並由臣等逐處詢訪不但田禾無望

並有人口被淹及房屋坍壓傷斃者且有一家十數口以繩彼此繫腰相連冀免冲散均致斃命者現在亟籌拯濟無食者亟求得食無栖止者亟求栖止其傷斃者亟求殮埋臨流待渡與波濤上下者亟求援濟其有可堵築隄埝疏消積水者亟求堵築疏消以期挽回一二迨至事局稍定或本境無可安插難保不去境求生或不免如光緒二年來京求食則又需分設粥振留養資遣情形不一而無不有資財力查光緒二年災振由直隸督臣分撥臣衙門前湖北巡撫翁同爵湖南巡撫王文韶等捐款銀六萬五千三百餘兩得資撥用此項銀兩計歷年撥用後尚存銀

一萬九千七百餘兩上年文安水患撥銀一千本年辦理資遣動用銀三百一十七兩零並以山東河決各災民勢將陸續前來深恐無可安插又經撥銀三千延訂向辦晉豫振務之江浙善士迎頭就地安置即以所餘之項協助山東振災核計現存銀一萬五千四百三十餘兩酌撥趕籌急濟先經撥銀一千兩遴委妥員並延紳士向通州武清一帶巨浸覓船煮粥攜帶錢米食物援救被冲求濟之人其既得登岸者或就廟宇塔棚廠會同各州縣酌量辦理應需接濟隨時稟請核發又於被水尤重之武清撥銀二千兩三河薊州寶坻各撥銀一千兩其餘各州縣陸續

酌撥並委員會同地方官照前陳亟籌拯濟各辦法均就各該地方情形隨宜設法拯濟大城民命全繫大隄專弁撥解該縣銀一千兩悉力防護惟當民命急切勢難概執成例相繩祗有切飭承辦各員務期涓滴皆歸實用每辦一處即將所用何款用銀若干在辦事地方逐一榜示俾眾周知即於事竣將動用實數開單　奏明仍援照光緒四年前兼尹臣萬青藜及臣周家楣撥濟武清永清東安水災成案免其造冊報銷深恐被災太甚款項有限再隨時察看情形函商督臣會同奏請　恩施所有順屬現據稟報被水情形及亟籌拯濟辦法理合繕摺具陳伏乞

皇太后　皇上聖鑒謹　奏

鳳河查勘情形及小九處旗營酌撫並振款動存數目疏

奏爲遵奉　諭旨查明具陳仰祈　聖鑒事竊照本年十月二十四日准軍機處交片本日軍機大臣面奉　諭旨太常寺少卿文碩奏鳳河淤墊有礙民生亟宜設法補救左右兩翼九處旗營官兵生計維艱可否量予調劑等語鳳河淤墊情形若何應否設法疏通暨順屬振款現存若干著畢道遠周家楣一併查明具奏欽此鈔錄原奏知照欽遵辦理臣等公同悉心商酌查原奏內稱采訪災情僉

稱東南地勢窪下濼年本易成災今年更受鳳河之害此
水原出　南苑回城門內委迤東南而來自采育北門之
外南流東注而下源弱力微常年時多斷溜以致河身淤
墊采育內有民堤年久失修本年大雨之後來源陡旺流
大勢急建瓴東灌不復循軌南流堤埝既被衝塌水遂漫
延下注東南一帶直至東安等處村落多淹平地水深數
尺至今地脈猶溼不特大田荒歉秋麥亦多未種等情亟
宜考據舊聞設法補救擬請　飭下臣等督率官民妥籌
辦理臣等以鳳河一水關係大興東安通州武清以及天
津大局天津稟受諸水去路既窄海水每多倒漾若欲通

籌全局非將各境河身全行疏濬堤工一律堅固不克有
所稗益需款既巨尤需熟悉河道工程之員專力經營當
飭通永道薛福辰確切查明現在情形由臣等咨商直隸
總督李鴻章遴員勘辦至原摺所擬疏濬情形係就采育
地方籌議如何查溯來源疏濬河身並有堤工橋座如何
由官民合力興辦則關係尤在大興境內亦經札飭大興
縣逐層詳查妥議惟目下寒深難以工作擬俟查議得有
端緒統歸來春以工代撫案內籌辦若本屆順天振款誠
以災出非常所以為拯救之計者亦難繩以常格仰荷
聖恩有加無已累次截留江北漕糧　賞撥京倉米石欽

奉　皇太后懿旨以本年中秋節呈進之款五萬兩撥賚
振撫　隆恩曠典亘古未聞叉由戶部奏撥另款存儲等
銀五萬兩復經督臣李鴻章分撥練餉制錢合銀十萬兩
各省督撫官紳捐助銀十四萬七千六百四十餘兩除各
督撫自行奏陳欽奉　諭旨獎敘及未經奏陳請獎各款
仍由臣另行具奏及各項銀兩平色不齊俟另奏分別開
單聲明外並臣衙門舊存振餘銀一萬九千七百五十餘
兩除上年文安水患撥銀一千兩本年撥濟山東振銀三
千兩賚遣各處災民銀三百十七兩零尚存銀一萬五千
四百三十餘兩歸入本屆振撫共銀三十六萬三千零七

十餘兩經臣等分撥實坻亟撫銀四千兩冬撫銀五萬二
千兩武清亟撫銀三千兩冬撫銀三萬七千五百兩又由
江浙善紳加撫銀一萬五千兩文安江北漕米一萬二千
石急撫銀四千兩冬撫銀二萬零二百兩搶險銀一千零
五兩五錢薊州急撫銀三千兩冬撫銀二萬五千兩香河
急撫銀三千三百三十六兩三錢一分冬撫銀二萬一千
兩修堤銀六百兩三河急撫銀一千一百十七兩六錢四
分二釐冬撫銀一萬兩寧河冬撫銀八千六百兩大城江
北漕米八千石急撫銀一千兩冬撫銀一萬零八百兩霸
州急撫銀一千兩江北漕米五千石冬撫銀四千兩邊寶

泉專助霸州振捐銀二千兩永清急撫銀一千二百兩冬撫銀一萬一千兩保定米二千石銀二千兩涿州急撫銀一千兩冬撫江北漕糧三千石銀一萬零九百兩固安冬撫銀一千一百二十兩順義冬撫銀一萬九百二十兩良鄉冬撫銀二千兩東安冬撫銀二千兩懷柔冬撫銀二千三百二十八兩七錢二分密雲冬撫銀五百七十餘兩房山冬撫銀一千兩大興冬撫銀五千兩宛平冬撫銀三千兩通州亟撫銀二千兩冬撫銀擬撥三萬兩又製棉衣分給各災區銀一萬七千八百六十餘兩又撥給文安大城高粱平糶給華編席給棉花紡織織布銀一萬八千兩分

運武清寶坻文安棠薪銀三千五百兩又已撥武清大興永清通州等處粥廠粟米一萬四千五百五十石經費銀四千六百餘兩各州縣先撥運費經費銀二千六百四十餘兩現在庫存銀六萬三千三百餘兩尚有通州未領銀二萬五千兩涿州未領銀七千九百兩三河霸州順義於撥定之先領一半共應找領銀一萬三千四百六十兩應餘存銀一萬七千餘兩尚有隨時添設各州縣粥廠應給米石銀兩武清收當耕牛驢隻並平糶運米糧及經費運費戶部議撥平糶各省協濟銀兩兼顧順天振撫又經督臣李鴻章會同臣等奏明以順直振務爲大宗量力兼營平糶現經江蘇廣東等省解交天津應俟酌量分撥核計本年冬撫可以敷用而未能有餘該少卿原奏所述左右兩翼九處旗營官兵困苦誠係實在情形惟歷屆振撫未經由地方官另款查給且無災分可以核計所駐州縣亦有未經全給振撫之處九處分駐順直各境如荷　鴻施逾格可否　飭下稽察大臣籌議或由戶部撥款或查明在直隸境內者由督臣撥款在順天境內者由臣衙門於振撫款項下酌撥事關旗營生計臣等未敢擅擬伏候訓示遵行所有臣等遵　旨查明具奏緣由謹繕摺具陳伏乞　皇太后　皇上聖鑒謹　奏

請假疏

奏爲仰懇　天恩賞假調理事竊臣於本月初一日起痰多咳嗽手指抽掣心時跳蕩初猶勉强支持赴戶部及銀庫總理衙門辦公至初四日漸覺難支是以初五日會五城奏事註明感冒至二十八日戶部值日奏事仍未見輕復註感冒私冀數日即當見愈詎知日內仍有增無減由於自值順屬水災仰蒙　恩撥銀米至再至三必思銖黍及民力求妥策復以災重籌款需多每日照常趨公入夜走書四方封疆大吏士紳戚友求予扶助各屬酌看情形指示布置隨時釐剔弊端函牘親作往往達旦每遇次日

入　朝奏事卽日夜不能就枕未敢惜一生之軀命延誤百數十萬災黎之拯濟祇於由順天府署赴戶部總署道途數里車中得以稍痊而風寒侵冒既久到此一發刻難見痊惟有仰乞　天恩賞假十日俾資調理府署案牘及振撫事宜仍力疾辦理以免延誤所有微臣感冒未痊懇
恩賞假緣由謹繕摺具陳伏乞　皇太后　皇上聖鑒
謹　奏

通州改設官車局疏

奏爲通州車頭歷久滋擾現擬改設官車局遴委妥員核實經理以恤閭閻而安行旅恭摺奏明仰祈　聖鑒事竊

查通州地當孔道差務絡繹應用差車甚煩而車頭由此滋弊擾累閭閻行旅幾至無車不拏以致蕩平道路人皆視爲畏途由是控告車頭之案層見疊出雖經隨時究辦屢次切飭該州立章補救出示戒懲無如積習相沿罔知畏法溯查前直隸督臣方觀承以通州車差滋擾曾經力求整頓仍未能諸弊盡除或昔所裁革今日復然積重難返終不能祛若不明定章程設法整頓實爲地方之害現經臣等飭行通永道薛福辰實力釐剔弊端並令設立官車局將津貼各項悉數歸公其瑣屑不堪者去之永革車頭名目另立公所選派賢員會同紳士妥爲經理所有應差之車先由局自行置備車騾支應尋常無多之用其需車較多要差應將各車編立號次輪流僱用杜豪强之包庇恤鄉儒之拖累應給車價責令按日按站實給統由官車局官紳經理其事不假丁胥之手仍隨時嚴密訪查如再有妄拏車輛情事一經訪獲定卽從重懲辦如此明定章程變通辦理庶錮習可除而民不擾於閭閻行旅均有裨益惟此事乃丁胥豪猾所恨此時之阻撓以後之謠諑皆在意中臣等未敢因此猶豫置民生疾苦於不問除飭催通永道趕緊籌辦定於本月二十五日開局經理外所有禁革通州車頭改設官車局派員經理各緣由理合繕

摺奏明伏乞　皇太后　皇上聖鑒謹　奏

試辦蠶桑呈進樣綢疏

奏爲順天試辦蠶織呈　進樣綢恭摺仰祈　聖鑒事竊維教養爲郅治之大端耕織並斯民之本務臣等同承
恩命俾井畿疆切籌生計於蠶綢難置緩圖於蠶事遂於上年由臣家楣劄督飭屬飼蠶成繭抽絲織綢令附近官吏兵民家屬有願學習者到署觀看並派員前往山東徧覓桑條就栽隙地本年蹕行漸堪成作復據大興宛平紳士前戶部主事四品銜俞恒治候選通判馬珣州同銜鄭魁善各爲捐資出力兼由俞恒治分所居房屋捐設公局

安置機坊並收城鄉本屬各絲一同試辦茲據呈交樣綢八端分染兩色自知技同初學未能比錦於蜀比綾於吳竊幸成維其時咸願計樓添　籌計絲添　紀所望竿頭日進開羣生温飽之原習茲花樣新呈效　萬福來同之頌所有試辦蠶織呈　進樣綢敬繕摺具陳伏乞　皇太后　皇上聖鑒謹　奏

九年振災報銷疏

奏為查明光緒九年順屬水災籌辦振撫案內收支米糧銀錢棉衣實數照案開單彙報恭摺仰祈　聖鑒事竊照光緒九年順屬被水綦重且廣當經臣等查明通州等州

縣被水輕重情形亟籌拯濟渥蒙　特恩撥漕備撫復經臣等於是年七月十五日奏明將光緒二年災案振餘銀一萬五千四百三十餘兩酌量災情選派委員延請紳士攜銀分赴各屬會同各牧令妥為辦理並於摺內聲明事竣將動用實數開單奏明援照光緒四年水災成案免其造冊報銷在案旋於光緒九年八月初四日欽奉　皇太后懿旨賞撥中秋節款銀五萬兩十一月二十三日欽奉　特旨飭部撥發順直振需銀四萬兩內分順天銀二萬兩又蒙　聖恩累次截留江北漕糧並　賞撥京通各倉米石分撥振撫　隆恩曠典實為至優極渥嗣經巡視中城給事中安祥等會陳救荒之法平糶為亟擬請撥款購米運京設局平糶等因欽奉　諭旨著戶部速議具奏經戶部奏復請　飭直隸總督於機器局經費項下撥銀四萬兩洋藥稅項下提銀一二萬兩解由督臣購米運京分順順天等因奉　旨依議欽此卽經督臣李鴻章與臣畢道遠臣周家楣往返函商擬將順天奉撥京倉米四萬石以供京城平糶各省關籌撥銀米並以籌備順直振撫為大宗量力兼營平糶商經臣等奏明擇地先後開設平糶六局並添設六鎮五門粥廠及各屬災區粥廠共五十餘處一切運費經費暨采辦各需並委員薪水等項統由順天

振款內陸續籌撥劃以各屬亟撫冬撫春撫以工代撫及應需各款為數甚鉅值此　帑用殷繁部款支絀勢難節次請撥不得不設法籌備以應急需當經臣等函致京外官紳陸續集捐協濟隨時收入振需湊用統計集捐為數不貲除已經各省督撫自行奏請賞給獎敘外其餘捐振員紳銀至千兩以上者亦經臣等奏　蒙　聖恩給獎行知並照戶部奏准收捐貢監銜封隨時咨由戶部給照在案至順天境內應辦河工隄工以北運河青龍灣及筐兒港兩減河暨沿河隄工並寶坻薊州河工關係直順大局此項工需共用銀三十萬兩上下由部撥銀五萬兩督臣協

撥銀一萬兩外均由順天振需撥用緣河工爲督臣專責商由督臣籌定辦法派員督辦所有工需報銷應由督臣開報以符定制又收戶部會同臣等議覆張八駿條陳案內撥順振需銀五萬兩又順天捐局收捐職銜貢監共銀三萬六千六百六十兩又收直隸督臣奏撥練餉制錢合銀十萬兩又收直隸籌振局分撥各省協濟糶振銀十二萬六千餘兩均經收入振需撥用統計光緒九年水災案內連捐集各欵共收銀九十三萬三千八十兩四錢六分七釐零又收奏明動用糶價京大錢二十一萬九千四十八千七百四十文又收撥欵成做並集捐棉衣五萬一千

一百十五件統共支發銀八十三萬一千三百九十三兩九錢一釐零京大錢二十一萬九千四十八千七百四十文棉衣四萬六千一百五十一件計應存銀十一萬七千一百二十二兩二錢三分一厘零棉衣四千九百六十四件又收粟米十四萬石老米一萬石漕米八萬石白米一萬二千三百九十五石八斗三升南米四千四十石高粱一萬六千六百五十石白麵三萬三千斤共發粟米十萬九千七百三十石老米三百石漕米八萬石白米一萬二千三百九十五石八斗三升南米四千四十石高粱一萬六千六百五十石白麵三萬三千斤計應存倉粟米三萬

二百七十石存倉老米九千七百石又糶賸粟米三千四百五十六石四斗二升老米一百四十二石漕米二千九百二十二石九斗六升白米三千六百九十一石二升以上放賸銀米棉衣已歸入本年各屬振撫並協撥山東江西等省振欵動用除另案續奏陳明外臣等查直隸嘉慶道光年間辦振皆照定例各給兩箇月口糧奉撥銀米每至百數十萬近因　帑藏支絀未能照例給振上年近畿地方災廣費鉅兼賴集捐接濟所設粥廠糶局因本年夏間雨少糧貴直至本年八九月間始行先後停撤各廠就食外來災民亦經陸續資遣歸耕一切收支各欵均由

臣等督飭官紳核實經理現開各單皆係實用實銷並無浮冒除京城各門各鎮仍照向章冊報外相應將收支各實數遵照上年七月十五日奏明免其造冊原案分開清單恭呈　御覽仰懇　天恩俯予照案准銷免其造冊以期荒政簡而易行則任事可無顧慮於拯救民生良有裨益理合恭摺具陳伏乞　皇太后　皇上聖鑒勅部知照

謹　奏 單略

籌辦順天團防練勇情形疏

奏爲詳陳籌辦順天團防練勇情形並於順屬錢糧添撥加練營兵口分及分別籌捐酌募勇丁恭摺仰祈　聖鑒

事竊照光緒十年七月十四日奉　上諭太常寺卿徐樹
銘奏畿東辦理團練著李鴻章畢道遠周家楣悉心會商
妥議具奏又奉八月十七日　諭旨徐樹銘奏稱團練難
緩請派京員前往督辦一摺舉行團練所以輔助官軍嚴
緝奸宄必須經理得宜期於有利無弊著李鴻章畢道遠
周家楣督飭地方官紳將畿東一帶團練妥爲辦理各等
因欽此臣等遵即先後咨商督臣業將辦理情形會同奏
陳　聖鑒在案一面由臣等札飭順屬各州縣先辦保甲
並城鄉團練守望業於去冬一律舉辦又因順屬之甯河
縣北塘蘆臺等處地臨海濱防範尤宜嚴密即經遴委甯

河之船捐局委員募勇二百名日給口糧北塘地方亦經
印委各員勸由紳民練勇二百名連舖戶壯丁各可合一
千數百人與各官軍一氣聯絡爲海疆第一重第二重門
戶寶坻之林亭鎮先由紳民集團備械一體操練並以該
縣之大口屯爲北塘蘆臺後路即爲擽樂平趨順天之要
道商同督臣遴委道員周金章督辦畿東一帶團練即帶
順天抽練捕盜營兵駐紮該處設立團練總局順天原設
捕盜營兵七百二十九名經臣等酌調二百名駐紮京城
隨時教練仍更番調換數月後初調一起所練洋鎗漸見
嫻習先因在京駐操應與各營一氣均用滿語口號令於

開河調駐前敵應與海防各軍聯絡并用德國口號德國
操練步法陣法復經抽調捕盜營兵二百名添募鎗勇一
百名駐紮近京操練一體兼用德國口號於習練洋鎗外
復由天津鑄造劈山礮車三十具以資衝擊兵勇爲數既
少期於聯絡團練合爲一氣遇有戰事進爲之先退爲之
殿此五百名兵勇半駐大口屯前敵半駐近京其在前敵
者聯絡海防官軍密屬督辦團練委員如遇有戰事即申
令各軍不論何軍每殺敵一名由局給以憑據由順天府
驗據給銀五十兩以期得各軍以及團練皆爲我用而敵
之接濟自絕所有抽練兵丁其在近京駐練者於底餉外

每名加銀一兩米八合三勺其在大口屯駐防者每名加
銀一兩七錢八分八厘五毫不另加米馬兵除加餉照給
外每馬一匹春冬六箇月月加乾銀一兩八錢七分夏秋
六個月月加乾銀二兩一錢六分五厘總計常年每匹連
底乾月支銀三兩兩處防練各兵每十名內有一什長每
名加銀一兩五錢每四十名另添一隊官每員春冬六箇
月月加銀五兩八錢七分夏秋六箇月月加銀六兩一錢
六分五厘總計常年每員除原餉每月加餉連底乾支銀
七兩大口屯防軍選執帶幫帶官各一員由督辦團練道
員訓練調度在近京駐操者派熟習洋操武弁一員教練

洋操派本營教習向辦緝捕之委員教習刀矛拳擊拔藝由臣家楣隨時校閱各該員薪水由另提軍需項下撥給臣等同直隸總督臣奏明添撥各屬錢糧加練擬撥大興縣銀八百兩宛平縣銀一千兩東安縣銀一千兩固安縣銀一千兩薊州銀一千兩香河縣銀一千兩各兵加練餉乾由此撥給每年於　題銷外另辦　奏銷北塘勇糧由紳民自行募給蘆臺初由紳民捐募自上年八月起至十月止以後由官給發鄉勇口分每名月給大制錢四千五百文餘勇照營兵一律在近城駐操者每月給銀三兩五錢米八合三勺在前敵駐操者每月給銀四兩所需勇糧

及製備鎗礮刀械帳房以及雜項各用由扣存歷年捕盜營朋銀項下撥銀五千兩以作軍需備撥原知京畿海口均有大軍防駐然念守土之責奉辦團之　命欽蒙

皇太后懿旨諭以出奇制勝而北塘海疆口岸爲天下第一險要祗有勉竭力所能爲藉此以斷接濟聯聲勢際茲時艱又不得不力求樽節以期敵至則有備事平則易收一俟大局議定即將各勇裁撤抽練各兵統歸近京駐練仍以二百名更番駐調以節糜費而固封圻理合繕摺詳陳伏乞　皇太后　皇上聖鑒訓示謹　奏

順天生息銀兩陳明存案疏

奏爲順天生息銀兩陳明存案以資永久恭摺仰祈　聖鑒事竊以順天爲首善之區京師爲根本之地諸凡教養興除無事不資財力而偶遇水旱偏災若非豫儲款項及時亟濟即恐救援無及無如錢糧統歸藩庫出入支撥皆有定例無從另求籌備之方往往遇有要公束手無策明知善舉興辦鮮資臣等仰承　簡畀勉力圖維惟有就事設籌與人爲善自光緒四年臣家楣到任及八年臣道遠暨臣家楣同日到任以來貢院書院府學善堂逐漸興修以至九年辦振上荷　天恩廣賚人力所恃積久之誠同氣感之即應方寸之隱天下信其無他是以款隨時集所

謀輒成仍冀積銖累寸之資足備旨蓄御冬之計凡積有書院膏火生息銀二萬七千兩粥廠經費生息銀一萬兩義學生息銀五千兩普濟育嬰堂生息銀二千兩存備常年恤濟生息銀二萬兩存備荒歉亟濟生息銀八萬六千兩共生息銀十五萬兩或存京城典當或存順屬各典當或存電報局生息其息有一分九釐八釐之殊其銀有由官由紳由經理司事分存之異其取息有按年按月之分要之常年收取息銀以資經理遇有各項較大興舉以及或遇災歉急需拯濟則由各官紳酌提本款以赴事機其利銀之積久成款者再行續交生存庶幾日積月增有基

勿壞臣等公同商酌再四籌思款有存案則有持守之據
應用欵項由官主持由紳參酌每一事宜各有承辦官紳
得官紳兩相鈐制考核則無侵冒之虞不責以報部造冊
之繁則任事者免拘牽之患臣等苦心籌議冀以此爲經
久之至計得辦事之便宜仰乞 聖鑒逾格照准施行於
京畿教養不無裨益所有各項息銀及應用事宜分列清
單恭呈 御覽伏乞 皇太后 皇上聖鑒謹 奏 單略

加級謝 恩疏

奏爲恭謝 天恩仰祈 聖鑒事光緒十一年九月十一
日臣通政司衙門接准吏部知照遵 旨議奏山東巡撫

陳士杰奏代勸捐輸解濟巨欵出力欽奉 諭旨交部議
敘之前任順天府府尹通政使司通政使周家楣照例給
予加一級等因奉 旨依議欽此竊臣於府尹任內以山
東振務遴委員紳攜欵前往查放者銀三萬二千六百兩
函勸上海江浙閩廣官紳集捐接濟者銀二十餘萬兩事
由衆擎非關臣力乃於九年欽奉 上諭被 傳旨嘉獎
之榮此次渥荷 恩命得議敘 賞加之級迭承 寵命
莫喻悚惶惟有丹悃銘 恩益虔懷於胞與更祝黃流順
軌咸食德於 昇平所有微臣感激下忱謹繕摺恭謝
天恩伏乞 皇太后 皇上聖鑒謹 奏

遵 旨敬陳管見疏

奏爲敬陳管見仰祈 聖鑒事光緒十年九月初九日准
內閣交片內開准軍機處片交內閣本日軍機大臣面奉
慈禧端佑康頤昭豫莊誠皇太后懿旨現辦軍務所有歷
次諭旨等件著御前大臣大學士六部九卿翰詹科道日
講起居注官於本月初十日巳刻赴內閣公同閱看於十
三日覆奏等因欽此遵於初十日前赴內閣敬謹閱看
諭旨及電報奏摺等件仰見 皇太后 皇上兼聽並觀
集思廣益務期有濟之至意竊查法人肆毒擾及海疆現
在防務軍需逐件籌辦苦於外洋水師未立兵船未備如

臺灣正亟於戰渠而兵餉軍火接濟難通各省海疆現在
未有戰事之處添兵添餉添備軍火不能不籌已成坐困
之勢持是一二年即無他失而局勢將不易支此在我之
實情也在彼費乏固甚於我而即以此十數船游弋各口
探視何處防守稍疏即抵其隙渠數年之費不過中國一
年之費而各國之號居局外者仍不免自顧族類多所偏
袒甚且暗爲接濟無論法國凶狡性成未能帖然遠返臺
灣固所垂涎攻臺灣可慮舍臺灣而他向則叵測必有甚
爲尤爲可慮即使眞心悔罪而公會之國衆論難齊彼欲
罷兵回國亦無以塞其公論則進退兩難亦在彼之實情

也目下臺灣固獲勝仗而與內地仍不能聯絡一氣所籌援救之策或無濟於事或有策而勢不能行越南進兵得手而得一地留一師亦恐分兵致弱惟法人究有後顧之虞現時亦爲乘勢之機若於此得有轉圜或免兵連禍結所有德璀琳林椿之議倘為發之自彼權之自我並非由我議和綜核各條德璀琳所陳四條其注意在占踞雞籠萬難應允林椿與盛宣懷所議七條較勝於彼似已力避賠償之議知中國之所必不爲而以中國本欲借款之利移以予法使彼族之可以返其難處在退出雞籠其要處在急保全臺用心已苦若謂在我之不喫虧無後患則誠

未能所謂兩利相形取其重兩害相形取其輕也至於就今日情形欲爲自强之計則非此時姑作收束使在德國已購之兵船可到外洋水師可以實力整頓而徒待其來而後戰備其來而不能不防用力愈多將來自强愈難是以中國果欲謀法則此時不得不另具深謀欲擒先縱中國實能自强則各國自無非理之侵將來力可戰轉無所用其戰方爲長治久安之計此則大局之實在樞紐也臣曠見所及天良所激謹就各情形據以瀝陳上備　采擇至於臣權佐度支職在籌餉官居府尹責在守土在官言官斷不敢苟安畏難冀和局之可成得去難而就易向來府尹無兵權無錢糧而不敢謂無責任臣蒙　皇太后
皇上召見諭以出奇制勝敢不勉竭心力以濟艱難即使無兵無餉此二十四屬百姓皆臣七年以來所性命相依者惟有激以忠義共效血誠此則有職而已無他策也敬具摺密陳伏乞　皇太后　皇上聖鑒謹　奏

署吏部左侍郎謝　恩疏

奏爲恭謝　天恩仰祈　聖鑒事光緒十一年十一月十九日奉　上諭吏部右侍郎著李鴻藻補授其所署之吏部左侍郎著周家楣署理欽此竊臣江鄉下士卿署備員曾暫副乎臺垣忝久膺夫京尹累蒙　恩於署任旋邀

晉秩於納言歷試六官之三挈計並周左右欲報萬分之一心慚未效涓埃茲復渥荷　榮施俾權少宰　寵慈逾格惶悚奚涯伏念吏部綜管群僚最稱繁重侍郎實贊佐理應慎銓衡構昧如臣勝任曷信惟有倍加策勵益矢清勤先以職事之靖共免譏鵜翼期致官方之澂敘仰答鴻慈所有微臣感激下忱謹繕摺叩謝　天恩伏乞　皇太后　皇上聖鑒謹　奏

遺疏

奏爲　天恩未報臣病垂危伏枕哀鳴仰祈　聖鑒事竊臣因疾病纏綿累次蒙　恩賞假調理現值假期屆滿正

在奏請開缺拜摺後忽覺痰湧氣阻息不能續自知病已
垂危不可復救伏念臣自通籍以來渥承　恩遇洊列卿
班遂襄銓務值茲時事多艱臣年甫逾五旬方冀整刷精
神勉竭駑鈍詎意福薄災生膏肓莫起臣伏願　皇太后
皇上治益求治外攘內安簡任賢能勤恤民隱則臣雖死
之日猶生之年感戀　闕廷曷其有極謹具遺摺口授臣
子志程呈遞伏乞　皇太后　皇上聖鑒謹　奏

擬代浙撫任筱園中丞奏裁營節餉整頓操防疏　十六世　達善　蘭堂

奏爲裁營節餉整頓操防先將辦理大概情形遵　旨

覆陳恭摺仰祈　聖鑒事竊臣於七月二十九日承准
軍機大臣字寄光緒二十七年七月十三日奉　上諭
各省制兵防勇積弊甚深耗餉頗巨值此時艱餉絀亟宜
嚴行整頓汰弱留强著核實釐剔除素稱得力及練習洋
操著有成效者毋庸裁撤外所有各省原有之陸營防勇
均限於本年內裁去十之二三及上年有事時奏請添募
之勇營一併酌裁以免虛糜並將遵辦情形於兩月內覆
奏等因欽此遵　旨寄信前來旋准政務處咨開光緒
二十七年七月三十日內閣奉　上諭練兵必先選將
將才端由教育而成自非廣建武備學堂挑選練習不足
備腹心干城之選但成效非旦夕可期各省學成之員現
尚不敷分調惟就原有將弁擇實勤奮者遴選擢用著將
各營精選分爲常備續備巡警等軍一律操習新式槍砲
認眞訓練以成勁旅仍隨時嚴切考校等因欽此仰見
聖朝力圖富强振興戎政欽悚莫名伏查浙省勇營自
歷年辦理法防日防意防迭次增募上年派兵入衛沿海
籌防及援剿衢州土匪均係倉卒召募雖事定之後即議
遣撤而存留營數層遞積累日益加多較之十餘年前數
已逾倍昔年物力尚裕庫欵勉敷應撥今則閭閻凋敝時
局艱難以日見枯竭之餉源供積年層增之口食綜計出

入相去懸殊籌濟無方惟資挪墊致司局各項要欵無不
羅掘一空此後挪無可挪實有岌岌不終日之勢臣抵任
後詳加體察非將防營歸併減裁不能紓目前之急欽奉
寄諭飭令整頓釐剔尤宜實力奉行惟浙省爲海疆
要地浙西嘉湖等處濱近太湖汊港紛歧私梟充斥浙東
民風强悍甯紹之大嵐山接連台州健跳一帶盜匪出沒
衢處等府與江閩兩省接界重巒疊嶂伏莽滋多內地則
教堂林立易啟爭端非有得力勇營巡防彈壓無以遏絕
亂萌故以防務而論則布置難周有百密一疏之慮以餉
力而論則耗費已甚有左支右絀之虞臣數月以來昕夕

焦思於力圖撙節之中求逐漸振興之效現在酌定辦法將各營新招勇丁及羸弱充數者悉行裁汰各就地方情勢或全營遣撤或改營爲旂擇要設防共分七路曰省防兼顧紹屬計留五營曰嘉防兼顧乍浦海口計留二營四旂曰湖防計留一營三旂曰寧防兼顧鎮海海口計留二營五旂曰台防計留二營四旂曰温防兼顧處州計留一營四旂至衢防兼顧金嚴兩府原駐之精勝五旂及福强軍因剿捕土匪暫緩裁汰統計各防存留營旂並親兵衛隊緝捕各哨勇共十五營二十六旂有零較之原有額勇約計減去四千人之譜各軍名目錯雜令一律改爲常備

等軍以昭畫一惟遣勇過多地面空虛必須逐漸部署合屬地瞭民悍應俟冬防後方能料理竣事其名數餉數咨督飭局員詳細核明再行奏咨立案此裁營節餉之大概情形也近以地方多故防勇零星分布雜居民間操務廢弛幾與汎兵無異茲擬併散爲整以便歸壘合操省會及外府扼要處所挑選精壯屯紮數營責令苦練勤操專備有事徵調其城鄉亦要各地分隊梭巡更番調練免致弱於便安每届三月校閱一次省城由臣看操外府派員代閱庶操練之勤惰陣技之生熟得以切實考核酌量去留使人人皆有警惕之心即可一振頹靡之習至新式槍械

軍中利器操用宜歸一律已飭各營於裝卸機括測瞄線準等事逐細研求務極精純以期緩急足恃省中存儲新槍現尚不敷分撥先令局員清查修整俟款項稍裕再當添購備用此整頓操防之大概情形也自來勇丁之强弱視將領之賢否爲轉移恭繹　諭旨練兵必先選將誠爲扼要之至言今日選將之方一在藝學之精嫺一在志氣之忠正歷溯中興立功諸名將無不由艱苦磨練而成承平日久將領皆習於偷安酬酢饋遺其熟嫺更甚於文吏一切浮費取給勇糧而虛伍缺額等獘因之而生臣察知積弊所由來常以崇實黜華再三申儆並頒條約通飭各

營務令砥礪廉隅屏絕酬應樸誠奮勉者必加獎拔闒冗貪劣者即予撤參庶使革面洗心痛除痼習至行軍機要將弁必宜講求前此奏設武備學堂以限於經費未能擴充茲令各軍略仿隨營學堂之例選擇哨弁之年力正壯稍知文義者由統領酌立課程令軍教習課以操章戰法測量繪圖等事互相傳習日漸貫通冀以預儲將才不獨裨益營務此尤本根至計目前所最急者也惟是練兵籌餉二者相因浙省防餉向指釐金近年撥款加增而收數日絀力難供支致計授要需必待騰挪應付即此次裁定後出入相權尚虞短缺非本有原支額款裁遣一營即騰

出一營之餉也臣疆寄謬膺濟時無策惟有力除浮冗以
節度支激厲軍心務求實效以期仰副　聖主諄諄誥
誡之至意至浙東西襟帶江湖兼轄洋面地勢重要原有
內河外海水師往來巡緝尚虞不敷擬請暫緩裁減所有
裁營節餉整頓操防辦理大概緣由除咨部查照外理合
會同閩浙總督臣許應騤恭摺具陳伏乞　皇太后
皇上聖鑒訓示再制兵一項容會商定議另行覆奏合併
陳明謹　奏

擬代浙撫任筱園中丞奏辦理桐廬等縣土匪疏　十六世　達善

奏爲捕拿桐廬等縣土匪一律平靖謹將辦理情形恭摺
具陳仰祈　聖鑒事竊照桐廬縣境前因獲匪起謠民
教猜疑匪徒煽誘滋事嘯聚桐廬建德新城交界羣推濮
振聲爲首經臣派營剿捕追及於分水於潛境內連次接
仗擊斃多名勢漸分散當將大概情形於十一月念六日
電達軍機處奏奉　諭旨着嚴飭各營實力搜捕務獲
匪首等因欽此嗣該處紳民謂濮振聲係被迫脅可令就
撫即飭派往之總兵費金組相機酌辦旋濮振聲隻身來
營投首即飭解省派委司道等嚴訊察辦並查明地方安
靖教堂保護無損復經臣於十二月二十日電　奏在案
茲據署臬司崔永安署杭嘉湖道宗培會同署杭州府錢
湖時將濮振聲提案訊明確情稟請核辦前來臣查嚴衢
等府界連數省向爲會匪出沒之區自匪首徐老虎陳鎮
籠等伏法後勢漸衰息而根株未淨內地痞徒與外來游
匪勾結輒思乘間竊發上年九月間有金華縣民鄭錫齋
潛來桐廬鄉間散賣票布經教堂報營拏獲由縣訊明正
法是時民教猜疑遽指爲濮振聲之黨適濮振聲因冬防
辦團又疑爲與教爲難由是訛傳四起人心惶惶各路游
匪乘勢嘯聚十一月十二夜在桐廬北鄉之楓埠突刦棚
勇軍裝又在橫村埠拒殺勇丁各縣見情勢危急迭次請

兵所在教堂林立亦紛紛告急當飭省防調隊與衢防各
營會合兜捕而匪衆愈聚愈多遂羣推濮振聲爲首濮振
聲者係分水縣歲貢向充團董家本小康好行小惠居鄉
排難解紛遇民教爭執亦居間理處頗爲鄉里信服而不
遂所欲者亦懷觖望迨鄭錫齋獲案遂有濮黨之謠濮振
聲亦曾與縣稟商擬撤團局以解羣疑而團衆已聚難散
匪徒朱阿年馬金奎等遂假仇教爲名糾衆起事以濮振
聲素有鄉望強相依附以冀民團響應濮振聲欲圖自脫
則縛以竹椅挾之同行其分建各處伏莽匪徒亦皆假名
號召派出各營星夜馳赴追及於分水於潛境內迭在八

管百歲坊等處接仗斃匪多名朱阿年馬金奎亦均陣斃匪徒皆烏合之眾迭經受創均各解散濮振聲逃竄匿迹十二月初八夜隻身詣費金組營前自首當飭解省訊辦並令各屬淸査保甲招集流亡査明教堂並無傷損鄉居民教間有被擾均由印委量加撫卹地方一律平靖推究此次起事之由實緣匪徒勾結乘勢煽誘初非濮振聲所及料惟濮振聲以素負鄉望之人爲匪所推先後心跡未易遽明坐濮振聲之罪狀者必曰通匪以仇教知濮振聲之生平者又云持正而被誣二者情事懸殊莫衷一是玆令司道等研取確供又派委員密查博採眾論濮振聲本

未通匪人所共知特以會卒被脅不能自脫室家離散資財蕩盡及匪勢稍衰則乘間脫逃詣營自首是比匪非其本心方其被脅同行匪徒欲圖毀教尙爲勸阻其所與辦團者亦多在教之人始終未毀一教堂未傷一教士是仇教亦無實跡惟其平日辦團不能申明約束區別良莠使奸人得混跡其間反致受其挾持身冒不韙則雖素有持正之名不能曲爲解免自來關涉民教之案持平乃可息爭偏袒適以生事所謂持平者貴能得其實情而權衡出於至當以濮振聲之鄉評譽多而毀少論濮振聲之行事心是而跡非今若文致其罪則無以服分桐士民之心轉恐激孔致變若使曲諒其心遽予釋回則無以破民教猜嫌之隙亦難保積久相安再四思維惟有仰懇 天恩俯准將濮振聲稍從寬典即在省城由仁和縣監禁數年將來察看情形妥籌安置庶幾情罪允當足以消積釁而順輿情所有捕拿桐廬等縣土匪一律平靖先後辦理緣由理合會同閩浙總督臣許應騤恭摺具 奏伏乞

皇太后 皇上聖鑒訓示謹 奏

國山周氏世譜卷五十三

著作錄　裔孫志靖謹輯

公牘 舊編　裔孫承軒增輯

誘曹休七牋 見三國志吳書　第二世 關內公

其一曰魴以千載徼幸得備州民遠隔江川敬恪未顯瞻望雲景天實爲之精誠微薄名位不昭雖懷焦渴曷緣見明狐死首邱人情戀本而逼所制奉覿禮違每獨矯首西顧未嘗不寤寐勞歎展轉反側也今因隙穴之際得陳宿昔之志非神啟之豈能致此不勝翹企萬里託命謹遣親人董岑邵南託叛奉牋時事變故列於別紙惟明公君侯垂日月之光照遠民之趣永令歸命者有所戴賴

其二曰魴遠在邊隅江汜分絕恩澤教化未蒙撫及而於山谷之間遥陳所懷懼以大義未見信納夫物有感激計因變生古今同揆魴仕東典郡始願已獲銘心立報永矣無貳豈圖頃者中被横譴禍在漏刻危於投卵進有離合去就之宜退有誣罔枉死之咎雖志行輕微存没一節顧非其所能不悵然敢緣古人因知所歸拳拳輸情陳露肝膈乞降春天之潤哀拯其急不復猜疑絕其委命事之宣泄受罪不測一則傷慈損計二則杜絕向化者心惟明使君遠覽前世矜而愍之留神所質速賜秘報魴當候望舉動俟須響應

其三曰魴所代故太守廣陵王靖往者亦以郡民爲變以見譴責靖勤自陳釋而終不解因立密計欲北歸命不幸事露誅及嬰孩魴既目見靖事且觀東主一所非薄嫌不復厚雖或暫舍終見翦除今又令魴領郡者是欲責後效必殺魴之趣也雖尚視息憂惕焦灼未知軀命竟在何時人居世間猶白駒過隙而常抱危怖其可言乎惟當陳愚重自披盡懼以卑賤未能采納願明使君小垂詳察忖度其言今此郡民雖外名降首而故在山草看伺空隙欲復爲亂爲亂之日魴命訖矣東主頃者潛部分諸將圖欲北進呂範孫韶等入淮全琮朱桓趨合肥諸葛瑾步隲朱然

到襄陽陸議潘璋等討梅敷東主中營自掩石陽別遣從弟孫奐治安陸城脩立邸閣輦貲運糧以爲軍儲又命諸葛亮進指關西江邊諸將無復在者才留三千所兵守武昌耳若明使君以萬兵從皖南首江渚魴便從此率厲吏民以爲內應此方諸郡前後舉事垂成而敗者由無外援使其然耳若北軍臨境傳檄屬城思詠之民誰不企踵願明使君上觀天時下察人事中參蓍龜則足昭往言之不虛也

其四曰所遣董岑邵南少長家門親之信之有如兒子是

以特令齋牋託叛爲辭目語心計不宣脅齒骨肉至親無有知者又已勑之到州當言往降欲北叛來者得傳之也魴建此計任之於天若其濟也則有生全之福邂逅泄漏則受夷滅之禍常中夜仰天告誓星辰精誠之微豈能上感然事急孤窮惟天是訴耳遣使之日載生載死形存氣亡魄爽恍惚私恐使君未深明保岑南二人可留其一以爲後信一齎教還教還故當言悔叛還前東主有常科悔叛還者皆自原罪如是彼此俱塞永無端原縣命西望涕筆俱下

其五日鄱陽之民實多愚勁帥之赴役未即應人倡之爲

變聞聲響抃今雖降首盤節未解山栖草藏亂心猶存而今東主圖興大衆舉國悉出江邊空曠屯塢虛損惟有諸刺姦耳若因是際而騷動此民一旦可得便會然要恃外援表裏機牙不爾以往無所成也今使君若從皖道進住江上魴當從南對岸歷口爲應若未徑到江岸可住百里上令此閒民知北軍在彼即自善也此閒民非苦饑寒而甘兵寇苦於征討樂得北屬但窮困舉事不時見應尋受其禍耳如使石陽及青徐諸軍首尾相銜牽綴往兵使不得速退者則善之善也魴生在江淮長於時事見其便利百舉百捷時不再來敢布腹心

其六日東主致恨前者不拔石陽今此後舉大合新兵并使潘濬發夷民人數甚多聞豫設科條當以新羸兵置前好兵在後攻城之日云欲以羸兵塡塹使卽時破雖未能然是事大趣也私恐石陽城小不能久留往兵明使君速垂救濟誠宜疾密王靖之變其鑒不遠今魴歸命非復在天正在明使君耳若見救以往則功可必成如見救不時則與靖等同禍前彭綺時聞旌麾在逢龍此郡民大小歡喜並思立效若留一月日閒事當大成恨去電速東得增衆專力討綺綺始敗耳願使君深察此言

其七日今舉大事自非爵號無以勸之乞請將軍侯印各

五十紐郎將印百紐校尉都尉印各二百紐得以假授諸魁帥獎厲其志并乞請幢麾數十以爲表幟使山兵吏民目瞻見之知去就之分已決承引所救畫定又彼此降叛日月有人闊狹之閒輒得聞知今之大事事宜神密若省魴牋乞加隱祕伏知智度有常防慮必深竊懷憂震灼敢事蒸仍乞未罪怪

與甘卓書（見資治通鑑） 四世 忠烈公

玘白江東之事可濟當共成之然卿觀事勢當有濟理不（同否）敏（陳敏）既常才政令反覆計無所定子弟各已驕矜其敗必矣而吾等安然受其官祿事敗之日使江西諸軍函首

送洛題曰送賊顧榮甘卓之首豈惟一身顯覆此萬世之辱也願公圖之

公牘續編　八世鼎在詞

總河任內實未淺阻揭稿

揭爲鼎任內河道實未淺阻淺阻寔非任內伏祈　當道名公覈實河道通塞之年分當年經管之河官以斷從前葛藤以定今日功罪事鼎一案耑爲十三年北河淺阻而發係鼎離任後事也　皇上所詰責者是十三年之河道而張總河之回奏乃十二年之工程蓋因十三年非大挑之年例不動河帑故以十二年爲詞若論十二年之大挑

春月完工歷夏而秋而冬重運回空並未遲誤與挑濬不效者非可同年而語也惟是年分游移以致彼此影射狃塗載鬼之疑鼎幾無以自白矣今蒙　皇上察明經管誤運實情此正覆盆見天之日也謹據實直陳鼎自八年十一月到任歷過九年十年十一年十二年四運年年大旱年年運事如期節蒙　恩賚　明旨昭然至十二年冬鼎以老病乞休屢荷　明旨慰留至三疏然後　允放於十三年三月初九日離任訖先是料理候代工已過半因交代期迫不及終事共在沿河各官原奉有分任責成之旨不因鼎之去留爲工之作輟向使及時挑濬自是以河待濟何至仰厪　聖憂據總督倉場李一疏內稱刻下已是往年六月之半南帮尚無過洪之耗今武城一帶希微欲絕爲今之計只有請動河鏹趁早大挑夫至五六月請挑猶云趁早可見遲誤不在鼎三月離任時也後又據巡漕盧一疏內稱五六月間先事預圖不至是即不然當羣艘交集之時併力齊挑不旬日而事濟矣即此益見遲誤不在鼎三月離任時也伏乞　台臺察鼎離任是否三月初九察南帮五六月內有無過洪則知鼎離任之日早而當年之役豈容盡諉於兩月之經營南幫過洪之尚遙而未竟之工儘可率作於數月孰去孰留誰久誰暫自難逃

聖明之鑑別也近閱　戶部勉完舊運一疏其十三年在事各官不過降革而止獨鼎以去任之官不得與當年經管者共邀　寬政鼎所爲呼　天而泣也今鼎年已七十有三矣伏讀　大赦恩詔一欵年七十已上者即與辨釋乞　台臺垂念水土勞臣無辜被累主持公道一雪此冤不獨爲鼎一人剖功罪而實爲
朝廷昭勸懲也激切具揭須至揭者

計開

一九年漕運鼎于八年十一月到任九年係鼎任內第一運本年十月十八日全漕盡數抵壩于十年

閏四月　戶部爲漕運告竣臣工著績等事內敘云總河周鼎開泇塞決力可迴瀾胼胝勞著於河堤勛勤利歸乎京坻奉

聖旨這九年漕運著勞各官李遇知著加俸一級朱大典准開復仍免戴罪周鼎加俸一級

一十年漕運係鼎任內第二運本年八月初五日全漕盡數抵壩于十一年二月　戶部爲漕運告竣摯工著績謹分別薦揚等事內敘云周鼎以無事行水北上貎泇南返從黃萬艘無虞阻淺玉粒日近長安洵力可迴瀾身堪作楫矣奉

聖旨內周鼎賞銀十五兩紵絲一表裏

一十一年漕運係鼎任內第三運本年八月十七日全漕盡數抵壩于十二年十月　戶部爲十一年遠至五六月間尚未過洪以後淺阻自有經管河官非鼎之責也

通飭順天畿東各州縣編查保甲示 十五世 金章 載玉

本道奉督尹憲札委督辦順天畿東團練業經通飭東路各州縣遵照在案查團練與保甲相爲表裏保甲既就即團練亦成自來除暴安良之法莫善於此畿東各州縣逼近海濱現值敵氛未靖河東將開雖各海口防守已嚴無虞敵舟擱入但當風鶴訛傳難保無遊勇奸民乘機竊發凡爾各邑紳民亟應編保甲以成團練內以保自己身家即上以慰　九重宵旰今與爾紳民約無論在城在鄉除家無長丁者不計外戶出一人人備一械每十戶爲一牌設牌首一人藍旗一鑼一燈一十牌爲一甲設甲長一人白旗一鑼一燈一十甲爲一團設團總副總各一人紅旗二鑼二燈二無事則晝夜邏察嚴絕窩藏匪類之家有警則遠近同心聯爲衆志成城之勢一處鳴鑼萬家接應有盜必獲有匪必除如是則保甲就而團練亦成可以助官軍之威可以懾敵人之胆而仍是爲爾紳民各保身家其城鄉殷實之戶只須酌量捐資在本團內添製槍械銅鑼

爲數無幾此外並不另有苛派强令爲難又何憚而不爲耶爲此示諭爾紳民人等一體知悉自示之後果能實心實力將保甲團練迅速辦成旗械一律整齊技藝各皆嫺熟歷久罔懈愈練愈精除由本道於巡閱時酌發犒賞外更當詳請大憲分別賞給匾額功牌其尤爲出力功績卓著者并請從優　奏奬決不没其勤勞倘敢此推彼諉日久無成或陽奉陰違虛應故事甚或違抗官長欺壓鄉鄰本道惟有執法從事分別懲究決不姑寬須知此次團練係奉　旨舉辦如有違誤厥咎匪輕各宜稟遵毋違特示

附開規條

一團總副總甲長由地方官給諭須擇素行端正身家殷實者爲之牌首由團總等派定開單送官備案

一城鄉各團皆用千字文編列字號各從宇宙日月字編起

一團總副總用三角紅旗寬闊七尺前書某州縣某城鄉某字團中大書團總或副總姓氏甲長用白旗寬闊六尺牌首藍旗寬闊五尺書明某州縣某城鄉某字團第幾甲第幾牌某姓字樣

一黑夜有警各舉竹絲高燈用長竿懸掛團總副總之燈

圜圓五尺甲長四尺牌首三尺兩面皆大書某姓字樣

一各牌有缺少銅鑼者由本團内較富之戶捐給旗燈須費無幾器械不拘何式應歸各牌自行公置如富戶能捐備火槍歸公者分别多少記獎

一各牌内互相查察不准窩留匪類徇隱者連坐誣陷者即以所誣之罪罪之

一各牌内盤獲奸匪交由團總副總問確送官不准擅加刑戮

一僧道寺院及寄籍之戶一律編入保甲

一飯店客寓各立專簿按日將歇寓各客姓名籍貫年貌行業登註明白就近送團總或副總甲長處查核該團總等隨即親往點驗果與簿載相符在本客名下加戳准留如有身帶兇器形跡可疑並無護照保人者即時屏逐仍於簿内註明每屆月終將簿送官備查

一地方官將團總副總甲長諭定後即責成分查戶口造冊送署該地方官即日親詣復查一面刊刷十家牌塡註蓋印發各牌首門口懸掛一切胥役人等不准向各戶索取分文如違立提嚴究

一團練操演每月由團總副總甲長各看一次牌首須朝夕訓練不限日期

一團總副總甲長牌首人等由官諭定後限五日内將旗械鑼燈一律備齊呈請地方官稟請本道巡閱

以上各條一體遵照如違嚴究 此篇採入皇朝經世文續編

請爲袁大帥三甲奏建專祠稟稿 十六世恩霨 春濤

竊惟施民勤事皆祀典所宜崇捍患禦災尤追思之罔極伏念前任欽差大臣漕運總督袁 駐節淮防閱時最久公忠體國惠愛及民溯旌旄初莅之時正髮捻交乘之會迺以一軍鎮定力矯頽風萬姓歡呼如逢愛日撫殘黎而勤賑卹民不苦兵計軍實而峙芻蕘士皆飽德秋毫嚴禁閭閻無梳篦之謡奮臂爭先將卒勵鼓鼙之氣以故

六全天定疊克嚴城瓜步淮揚藉資安堵亳匪屢圖逞志
撲滅隨時臨軍偶缺餉需時循知感量沙唱夜如聞道濟
之籌聚米爲山不減伏波之畫陳鸛鶴而張牙纛三河尖
外並整軍容爭貔虎以搗金陵九洑洲前時寒賊膽孤行
一意勸懲悉秉大公將節三持威信益孚屬吏終始持躬
廉潔苞苴嚴入幕之賓愚頑向背混淆萌櫱盡誅鋤之法
敝衣蔬食依然寒素家風省過焚香惟以寸丹矢日況復
敦詩書而說禮樂上丁釋菜修祀事於先師勸甄別以育
賢才擢甲宋蔚翹俊髦於後學是以濱淮數百里洗心革
面不爲逆練所脅從由其坐鎮二三年嘔血鏤肝惟望黎

元之保乂迨乎薦賢自代積疾已深每懷借寇之情徒切
推袁之念士民卧轍如遮侯霸歸途父老沾襟盛泣鄭僑
惠政悵餘祖餞碣誌去思方期異日重臨再覩姬公之繡
袞詎料將星遽隕難回商傳之騎箕大樹飄零長松摧折
歌聞薤露痛失慈雲羽扇綸巾誰建渡瀘之策輕裘緩帶
空餘墮淚之碑固莫不登峴山而隕涕望豫省而撫膺也
追念胣誠實難臚舉伏乞據情轉稟撫憲跡其生平行事
賜以片牘表揚下順著黎上陳 丹陛廣 聖世旌忠
之盛典遂全淮戴德之私忱奏請捐建專祠藉以永遵奉
祀俾厥豐功遺愛與塗山淮水以俱長庶幾吉饎明禋絲
松桷茨緒而勿替瀝情上陳。

稟喬撫軍彭部堂稿 代安徽藩臬兩司 恩爵

茲籲懇者大江南北被賊滋擾十稔有餘郡縣省垣疊遭
淪陷自經節相統師軍威大振皖省堅城盡復江省危地
皆安金陵逆首老巢亦被環攻窮蹙不日奏功半壁東南
悉資拯救萬民得所依賴百爾罔不稟承洵一代之棟樑
實三江之柱石乃以餉需支絀晨夕焦勞碨躬稍覺違和
乞假藉資調攝時將一月望繫衆心頃聞擬展假期並欲
卸交兵柄本司等乍聆此信惶悚難名當即會同面求至
再至三未蒙俯納竊思節相汾陽事業潞國精神籌餉籌

兵所資靡暇當茲軍情緊急之際正值餉項竭蹶之秋盡
畫倍煩賢勞莫贊膺茲重任宜切隱憂第念江南逆壘尚
待削平江右完區復遭蹂躪苞桑未奠水火求援驟聞元
勳引退之言必怠將士奮功之念衆軍解體萬姓撫膺事
變所乘莫能預料本司等芻蕘無補寢饋難安惟有籲懇
俯念賊氛尚熾大局攸關上體 聖君倚畀之誠下籌
黎庶安全之略飛馳手啟代達胣忱求濟艱難曲爲勸解
必待蕩平南服方可高卧東山倘蒙九鼎一言頓轉三台
片念百僚幸甚萬民幸甚

觀風示稿 代皖撫唐公訓方 恩爵

興賢必先戢讒偃武尤貴脩文淮甸地居衝要代有名人
桓君山學著詞章召伯春義聞鄉里呂正獻之賢能光昭
日月徐中山之功業震鑠古今溯厥先賢皆當興起惟是
界値三省毘連俗多强悍寇已屢年滋擾人習戰爭欲除
暴厲之風宜澤詩書之氣本部院職司撫馭志切勝殘示
以愛人俾之學道是以旌旆遄臨之始郎舉輶軒問俗之
經自冬徂春特開四課捐廉備奬如犒三軍雖當簿書旁
午之時不恤校閱艱辛之苦良以讀書方能明理善俗先
在崇儒風化所由端教化所由導也詎料苗頑弗率莠類
繁滋鴞集泮林不以好音懷我狼貪盜水甘爲逆練謀人

荼毒生靈蔓延數邑固已天良顯絶甘蹈匪彝宜乎
天討威行立加誅殛也乃者元惡翦除羣兇殄滅情堪原
宥槪弗究其前愆賞本馴良益思勉其進業爰郎仍舉月
課樹厥風聲稔知用武之餘不乏宏文之彥爲此示仰闔
屬舉貢生監知悉業行芟夷匪種行將藻别真才千人横
掃將壇郎作詞壇五字精嚴詩律儼如軍律惟我　朝功
令首尙文章願爾士研求胸羅武庫或雅正清真理宗南
宋或精深奥衍派學西江或同馬史之精嚴或法熊劉之
渾健不拘一格各奏衆長蓋學以治心勵學乃能勵行言
以足志知言郎可知人心術正而學業純志向端而言詞
達庶幾磨礲雕琢均成無玷之白圭行看鼓吹笙簧共奏
和鳴於　丹陛前修勖爾厚望副予

稟譚本府清查孝侯廟基稿　　十六世　湛霖　蘭舟

爲廟基缺額遵飭查明抄志繪圖仰祈核斷歸原事本年
二月二十一日奉憲臺親臨宜荆查勘周孝侯廟基地當
詢缺額情由面飭清理并奉荆邑憲照會查覆當郎確查
補丈連前共丈出五畝七分較志載原額尙缺七分隨時
陳覆原委抄志繪圖稟縣核詳在案竊查周廟南東兩面
墻外餘地業丈無遺惟西廡與三聖庵比連庵之側屋與
廡後餘地一氣並無另墻間隔志載娛晩堂後有樓曰仰

高又載樓在平西廟内既曰廟内則屬廟基可知今庵正
在堂後則樓址其在庵中可知又荆谿志載節孝祠舊在
孝侯廟西偏屋三楹其下不註糧號畝數則爲廟基無疑
菴係節孝祠改建則庵基郎屬廟基無疑此皆確可據證
者至廟西北隅之民房向住吳陸兩家兵燹後原人均故
其新註糧戸係陸靜遠基地三分零細看形勢倚廟結屋
亦無隔牆是以指爲廟旁隙地也廟西娛晩堂志載基額
一畝三分現丈祇五分有奇淸糧原董稟以菴地歸入娛
晩堂以還其舊查菴地一畝若以七分歸入娛晩堂則堂
額已符以三分丈還周廟并陸姓之認基三分亦歸周廟

則廟額亦符是以將兩處歸原庶能足額等情請縣查勘也詳奉憲批吳陸民房究竟有無隱混等諭經邑憲照會紳董查覆紳董等覆呈云陸姓確稱屋自 國初先祖創造近地老者口吻一詞等情語多含混且本年正月間紳董李文濤等查以吳陸兩姓民房契可吊核惟從前印串兵燹無存等詞具呈是聲明其有契也今紳董李文濤等查覆忽云契照兵燹焚失事隔數月詞已兩歧無據之言似難憑信奉飭清查合將查明原委抄志繪圖一并叩呈前因紳董等議稟三聖庵改作王堵公祠職等曾聲名既改爲王堵祠庵基無用丈還等情各在案現在延未改設

所有庵基應否分別丈還并娛晚堂經原主邵賢等捨入周廟碑志均可據證其基地是否仍歸周廟管業之處伏乞察核統斷歸原實爲公便 計粘志書一紙廟圖一紙抄詞二紙

光緒元年八月十二日稟十三日奉批查舊時娛晚堂既經捨入周廟有據所有基地自應即歸周廟管業並將飭廢菴基分別丈還俾符原額抄詞所稱陸姓契劵先後兩歧具徵不實產業必須確憑土人無據浮言斷難執以定案並即飭知粘件附發 批發荊溪縣

府批荊谿縣詳文據詳緣由已悉惟陸姓基糧三分既無從前契照呈驗但憑土人無據浮言即作爲伊家世產恐不可靠且廟基缺數正相吻合仰再確切根查具覆核辦

四川教案說帖 稟總理衙門親王大臣 十大世 家楣 小棠

王爺殿下大人閣下 敬稟者竊自法國換約以來天主教流毒海內如火燎原各省教案層見疊出各督撫大臣辦理交涉案件如曾李兩督及江蘇丁撫最能權衡重輕不致決裂類皆本不得已之心就事圖維多盡一分心力即少一分流弊此外各大員雖未能事事中肯或力持正論而操縱難於盡善或顧全大局而遇事未免調停從未有潰敗不可收拾如四川教案之甚者也四川成都將軍崇前以辦理

黔省教案其時洋人與駱督不合而有信佩崇將軍之說自黔案議結後凡蜀省交涉洋教事件一歸將軍主稿總督畫諾署衙而已崇將軍鑑於田興恕之覆轍力矯其弊其用意原以和好大局攸關未可輕易起衅遇事曲全期於相安而利害未及通籌心力不無偏注將軍之偏祗十之一二耳而道員錫珮等承上接下意旨趨向變本加厲所偏者十之三四矣州縣揣摩推測以爲憲意所重在此不在彼偶一試嘗輒中遂謂非是不可始而恃爲秘訣繼則相習成風向背之隱徵於用舍涓滴之細流爲江河所偏者十之八九其究也且無乎不偏矣范若瑟傳教蜀省

在彼族中固最爲狡獪而重慶教堂一案爲四川教務第一篇文字抵款至十五萬兩之多實各省教案所未見下手一著便鑄大錯似此巨欵安知非承辦委員與洋人教士暗爲狼狽朋比分肥且此欵之集無非勒派紳民挪動公項暨其百姓樂從甘心輸納即此一案民人銜怨已深教中氣燄已熾但哀此甾氓 閭閻萬里不能一叩耳木銜門時以成議既堅莫挽於前事補救之策有待於將來於同治三年因該省咨送交涉洋務事件已結未結清冊内有民人與教民大小詞訟案件與教務無干者各主教輒向各衙門陳說干預且妄稱總制副使名目擅用文移

國山周氏世譜 著作錄 卷五十三 公牘 七 立本堂

凡係奉教之人理屈者不可爲屈殺人者亦不抵罪中有灌縣戴高氏一案該氏騙賴張洪彥弟兄租穀反將張洪倫殺死張洪俊戳傷法國主教擅用文移爲之說情竟將戴高氏擬徒由將軍衙門結案不咨總督不交臬司核辦以是類推足見教民之肆辦理民教交涉事件之偏當由本衙門咨行將軍川督以教民係中國之民應照中國定例訊斷不得因入教寬縱教民與平民詞訟不得令主教干預受其文移並將戴高氏一案議抵復於咨復射洪縣邱華昇一案文内告以似此偏袒教民屈抑平民勢必盡使蓄怨一旦横决糵起與教爲仇等語原期即一見百杜

漸防微不至積重難返無可措手不謂同治四年竟有酉陽州教士瑪弼樂被毆致斃一案斯時仇結之象已見本衙門所慮已驗案經兩載至六年七月始據報結除兇手議抵外又賠償該教銀八萬兩由紳民自行湊給分年清交蓋民力既竭民怨愈深而彼族且引前此之十五萬及此案之八萬兩恃爲成例之循轉喜有事可以多得地方紳富即毫無干涉亦必羅織株連藉可罄彼身家飽我谿壑也此案報結時附到地方紳富與彼教公立合約一紙内一條有謂教民有欺齊民者或犯教規不遵條約由司鐸送官懲辦之説夫中國人無論傳教習教皆中國百姓

國山周氏世譜 著作錄 卷五十三 公牘 八 立本堂

也中國百姓應由中國地方官治理向來辦法遇有民教交涉事件教民係中國人但論曲直是非不論教與非教今必藉司鐸送官懲辦則地方官不能治入教之民已顯然矣是時風聞蜀中民教交涉詞訟常多偏護教民甚至抗糧忤逆諸案一有該教爲之緩頰立即寬釋或且反坐每有首告忤逆之案不治其子而告其父持平理獄之官不以爲職而以爲過者似此情形必致民教讐結釀成巨患章京擬稿稟回 王爺大人閱定密致將軍告以激烈之病其患在於目前而爲禍迫縱庇之病其患在於日後且目前亦有難緩而爲禍尤深率此以往民教相讐日深一日

激而始決必至如雲南甘肅之民回讐殺禍結兵連比五其時悔將何及切囑早籌補救並謂教民由司鐸送官懲辦一層轉以中國治民之柄畀之該教必不可行旋得將軍報書猶力白其誣乃至今日酉陽州及紙房溪之案出則三年以前所鰓鰓過慮者悉悉皆驗而民之受禍益慘其事更不可救藥矣本年正月間將軍奏咨酉陽民教仇殺一案事緣教民阻婚而起其曲本在教民因之彼此尋衅殺傷多命焚燬多家法國公使來署咆哮如將軍奏咨内早將民人被殺被焚詳細數目敘入本衙門正可據此以折該使之氣乃原奏内僅稱互有殺傷至本衙門函詢

斃命民教確數始據復稱民人斃命二十九人而教民被殺人數仍置不復未識何意其時紙房溪民人被覃教士率領匪徒殺死二百八命之案已出將軍祇於死中提及一二不知此案重大較酉陽州仇殺之案爲倍甚且彼時地方官諭令民教解衆繳械自當同時遵行乃團民已奉當官戒諭將兵械繳出人衆解散而覃教士不遵勸諭乘其無備掩殺至二百人之多備極慘酷情同叛逆況此二百人者皆束手受戕無寸鐵之可抵該教無寸膚之被傷更爲可痛可恨而覃教士之是否洋人未言及也揣將軍之意正欲藉此案民人被殺之命與酉陽州教民被殺之

命相抵完案詎思如欲相抵則酉陽之案互有殺傷相抵足矣紙房溪一事何等案情並不奏咨專辦而逮欲消納於前案之中成何事體明知洋人范若瑟一面即使以抵完案渠尚未必樂從然此數百人命肝腦塗地視如草芥問之此心何以對蜀中百姓何以對天地神明耶時本處復函囑令自行奏咨並將首逆之覃教士及各匪徒治罪且案關重大不得以一抵了事并將教民斃命實數確核開報以資覈辦七月初六日接准將軍等咨函並附民教甘結及斃命人數被焚房屋清冊果擬以抵了案獨將爲首打教之人拏獲到案置首逆覃教士於不問轉令其送

出他犯備訊咨内據錫道稟稱民教均願具結完案函内則稱范若瑟尚復狡執始提及覃教士並非洋人轉以不難擒治特恐范若瑟慫恿公使爲詞夫覃教士既屬華人則當委員撥營查訊之時便當數其勾引匪類慘殺數百人命之罪立行正法中國自治亂民並非阻其習教如范若瑟有言可告以覃教士係通匪首逆不能不誅與教無干令遽令其具一甘結片紙浮詞即以償數百性命從古及今有此辦法耶由此觀之足見向來蜀人一經入教無論如何地方官不能過問凡有詞訟教則必伸非教必屈從前本衙門風聞此說誣耶否耶則此八九年來事事偏

庇教民以馴致此尾大不掉之勢者伊誰之咎耶果至於此則覃教士一經正法誠難保范若瑟之竟無異詞然換約以來各省俱有教民俱有教案若以中國一傳教習教之民可任其殺數十百人而不加之罪試問他省能如此否耶他省亦有洋主教居住遇事亦何嘗不爲掣肘能否因此不問耶若竟因此而不能問則此後全省百萬士民恐不足供數十教民之刀俎尙復成何事體耶詳閱冊內人數平民被殺者幾二百人內有支解燃燭輪姦之慘不忍言者教民冊內所開二十餘人內有屍骸難認不識姓名者數人未辨是民是教夫既難認矣不識姓名矣何妨

另開一冊而必列於教民之內其意安在耶骸骨成邱膏血漬對孰非中國赤子而驅而置之死地者誰實爲之耶將軍思之忍耶否耶我　朝深仁厚澤淅漬寰宇蜀中士庶亦惟是感　國家浩蕩之恩識　朝廷委曲之意自教士入蜀以來重慶酉陽各案朘其脂膏殘其子弟無不俯首聽命隱忍含冤迄今日罹此慘酷猶復遵依具結或莫敢違耳然至宛轉求生而無可生死者無復生而生者知必死憤激之久鬱而一發鹿挺走險急何能擇儻有一二桀驁者出振臂一呼萬口爭應況其地勢踞險阻境連苗蠻黔疆之土匪未平湖南之哥老會根株未絕萬一勾結

起事爲患未可勝言卽使經營蕩定速就剗除而玉石俱焚可傷孰甚此誠杞人之過慮而情勢之不得不慮者也若夫教士之橫各省一氣酉陽一處如此卽四川各處如此四川一省如此卽天下各省如此將來彼教中悉循覃教士之例殺人無罪聽之不可誅之不能大局必終於決裂此則情勢之必至而今日之不得不慮者也且卽今日慮其至是而早思籌策力求挽回猶恐方興之燄難熄既倒之瀾難迴若任其水深火熱而不圖變計勢必淪胥煎灼終至於莫可如何之地以殺人以政與刃無異之義推之何莫非堂司日夜疚心之事卽何莫非

九重痌瘝深切之心易曰窮其變變則通爲今之計殆非改絃更張不能稍期補苴於萬一也改絃之計一在懲既往將軍於此事專任多年用心之苦非不知也但功過所形是非卽定本衙門若僅致文函屬其善處則前此之若口徒然今日之空言何裨卽將軍誠自今始亟思改圖則洋人之積玩已深百姓之驚疑難破似應由　王爺大人專摺
奏請嚴議將軍處分俾蜀中百姓生者知
聖朝愛民之意死者舒銜冤飲恨之魂接辦者思懲前毖後之策洋人傳教及華人習教者知重臣如將軍猶因是獲戾可得回心易轍之機　綸音一下合蜀雷歡轉圜之

要全係乎此即家國以將軍爲
先皇侍從之臣念其家世勳猷之著與其生平宣力之勞逾格優容則臺鼎高官所以位置之者自有餘地將軍之所以圖報　國恩者正無已時　朝廷用人自有權衡非臣下之所敢蠡測也至與督同辦此事未能合宜似應並請處分惟任事有久暫之殊處分自有重輕之別道員錫珮始終其事凡將軍差失之處皆該道朦蔽迎合之爲敗壞至此無可委卸更應從嚴議處查本衙門無參劾大員成案然該省之事紕謬似此亦所未見向來各部院有參劾各省督撫之例本衙門總核各省洋務事同一律理之

所當然即爲事之所應有儻復遲回因循一任將軍仍守故轍竊恐變亂相尋川省黎庶靡有孑遺是蜀民之死死於將軍之手即死於本衙門徘徊瞻顧之心也一在籌本案兩案起釁雖由一事而案情懸殊似宜分兩案議結以民教被殺人命彼此相抵施之前案尚可中理至紙房溪之案事關勾集叛匪殺斃數百人命應將爲首之覃教士及案中著名兇犯拏獲正法所斃團民男婦有應旌卹者理應分別旌卹似應請
旨特派素有威望深悉洋務之鄰省封疆大員前往持平辦理奏結而尤要者在籌將來之善策天主教既經弛禁

斷無盡善之計然就事論事必使去其太甚毋使川省受毒獨倍於他省按之事理或尚可爲各省交涉洋人行教事件均由督撫飭屬辦理惟川省向由將軍主稿今擬嗣後改歸四川總督主政成都將軍照廣州將軍福州將軍會同辦理似此則責任歸於地方知成敗功罪之難諉疾痛皆其赤子知閭閻性命之堪珍若能川督得人念念爲
國爲民事事不隨不激憲意無所倚毗各地方官自無可揣摩時時切飭所屬鑒戒前非以求今是平心靜氣救弊補偏天心仁厚應誘其衷有以化彼族貪殘之性而解鄉黎倒懸之苦也章京隨王爺大人當差有年身在局中於洋

務教務艱難掣肘之狀備悉其詳詎敢事求過當而爲激烈之辭亦豈因人任其難而作吹求之說實緣四川教務不可終日亟思挽救未必有功聽其自然必貽大患但期早善其維持並不稍存夫意見籌思輾轉密佈芻言爲此痛哭流涕之詞代爲請命籲天之舉伏乞王爺大人採鑒愚忱權衡至當出斯民於水火固大局於苞桑全蜀幸甚天下幸甚敬繕說帖一件封固上呈曷勝惶切待命之至

謹按少宰公此件　皇朝政典及約法類編均經載入傳誦至今其關係於天下民生固深且遠矣志靖謹附注

擬致崇樸山將軍書

樸山閣下密陳者所有酉陽州民人毆斃瑪弼樂一案前准大咨并鈔附奏題稿底各一件該教與紳民合約一紙知此案業經完結矣此案該主教始欲株累多人爲羅織之計繼則取償巨款飽谿壑之私其間該國公使繙譯等要挾恫喝無所不至原係極爲棘手之件閣下悉心籌辦議抵議賠自屬萬不得已之心唯該教從前被毀各件苟爲就物估價亦無多值今以銀欵八萬兩爲償明知該教不遂於此必致苛求於彼不得不委曲求全然自此得意自鳴難保不以此爲斂財之券將未遇事起衅轉足以逞

其私謀至合約內所稱教民有欺齊民或犯教規不遵條約由司鐸送官懲辦之說是以中國治民之柄畀之該教嗣後遇有交涉民教事件儻該教於犯案教民堅庇不送强詞相格更將如何辦理勢必至欺壓齊民者彼必護之轉謂民之欺教其所稱犯教規不遵條約者不過逞其所欲爲且欲中國官員爲彼教助其威燄萬無此等辦法不知中國人奉教之徒既係中國民人一切應由中國官員處治豈有待該教送官始爲懲辦之理但此案辦結情形定議既已共聞且貴處業經人奏祇有就事補苴毋使彼族益張其勢閣下既爲洋人所信重唯望大才曉諭該教

安分謹守毋得絲毫干預外事儻此後再與齊民故爲齟齬致有前項事端斷不能以百姓有限之脂膏飫彼族無窮之欲壑毋以前抵教堂之二十萬及此案之八萬兩恃爲成例之循藉肆貪求之術至此次所立合約祇得爲此件完案之憑據不得爲辦理民教交涉之章程亦希遇事剖明相機開導總之洋人自換約以來各國之秘謀詭智百出相嘗而法人之傳教四出其流毒爲尤烈祇以時事艱難勢非得已不得不權衡輕重冀消反側上紓　宵旰之憂但激烈之病其患在於目前而爲禍迫縱庇之病其患在於日後且目前亦有難緩而其禍尤深緣辦事一有

所偏則其獘必將立見本處風聞蜀中各處傳教最甚齊民中已十居其三江河日下勢必愈久愈多地方官吏每懲於僨事之漸遇有民教交涉詞訟常多偏護教民甚至抗糧奸盜諸案一有該教爲之緩頰立即寬釋或且反坐至有首告忤逆之事不治其子而咎其父持平理獄之官不以爲職而以爲過者率此以往民教相仇日深一日激而始決必致如雲南甘肅之民回讐殺禍結兵連是欲懲其害而益重其威也比至其時悔將何及唯希閣下早籌要策密商籥門協撰切諭各司道密飭地方各官務當持平辦事凡民教交涉案件但論曲直是非不論教與非教

毋得稍有畸重畸輕之弊庶幾及時補苴勿致潰決是所至幸至洪主教呈遞關防一節本爵非理閣下權衡曲盡彼雖以爲關防我則以爲圖記亦即於該教進謁時申明其意並飭局員于文函往來及面論時一律指爲圖記免使彼教中爭相效尤致費脣舌本處深知蜀中教務之難及閣下辦理之苦惟以事關遠大患在預防用特密布一切力期挽救總望大才深體而切籌之𪧘此即復並頌

安

與日本使臣論臺灣事書

貴大臣來華與本總辦因公會晤雅有縞帶之誼今承諄

囑以維持大局相期二十三日之晤本總辦有千萬欲言之端以兩國大臣尚未會晤遂欲吐而仍茹也茲願盡言之貴國與我中國二百餘年以來實無絲毫芥蒂貴大臣隨伊達大臣來華請立修好條約我中國大臣頗有阻之者惟李伯相力主其議允爲立約總理衙門意見相同遂成定約之役今有臺屬生番之事豈非令李相及總署無以對中國大臣乎我兩國脣齒輔車也是以中國之待貴國與他國不同方今地球之上大局攸係我兩國同心同力庶可維持上年　覲禮既成各大臣奉國書相答至賢良寺面交鄭少丞告孫道台曰中國如此相待我副島大臣素得主眷將來必有以報中國也本總辦聞之以爲兩國之交從此可固不枉維持此事一片苦心今竟若此得勿寒心乎拓土開疆人生功業然必得名義之正且不得已而出此則功有可成而非今日之事也今是非之處已有屢次照會剖白矣請言其利害自與兵以來生番民命被戕者多日本兵之死事亦不少孰死之皆死于利此土地之一念也徹論兩國友好之邦終不能攘爲己有即果有之而螳螂在後詎非足慮且貴國以是加之于我人將以是加之貴國不但此時所圖之地難保即貴國自有之地亦可慮也夫何所利而出此乎現在兵不即退雖兩國

不即交鋒而中國不得不增兵設戍者勢也中國增兵貴國亦必增兵既增兵必費餉兩國均以此致貧致困究以和好之國莫肯先戰自居必困之勢以快他人之心豈計之得若謂貴國增萬千之兵中國亦必增萬千之兵貴國舊諸侯及不靖之兵民聽其擾中國中國亦有舊戰將及哥老會伏莽之眾聽其擾貴國疆土各不能安民命終不堪言仁者肯出此乎貴大臣兩次襄事今爲大臣兩國通商有約實貴大臣一身始終之今以此區區不可必得之土地而致開兵衅戕生命於兩國之國計無利於兩國之民生大害返之於心其何以安本總辦於總理衙門爲總

辦章京於我國則大臣也安社稷定民人大臣之分大臣之心孟子謂闢土地善戰者服上刑當深思之我兩國若一其心力彼此相扶勤求治理其利有百倍於臺灣境者開心布公不憚苦口唯詳詧焉

上總署大臣書

查北堂洋樓丈尺太高一事素在大人籌慮屢使設法飭改無間可乘中外官吏以及士庶無不深以爲恨前經刪高苑牆稍期遮蔽但彼處牆垣獨高既非體制且地在宮庭之西非異方可比不宜加高有礙形勢無如薛御史斯來陳奏本無辦法瑞中堂之議亦屬空言今左制軍心

深力奮籠絡德克碑來往重洋至法國反復辨論得有該國可以商辦憑據同委員黃守來京議辦幸有一隙可乘誠稍縱即逝不可復得之機會在法使本不願聞當德克碑初至置之不理及其將憑據交出而田教士又與德克碑素有交誼至此稍有成說法使遂不能顯爲阻撓只可望我不提於彼方爲得計大人先欲分清界限令其自行議論當黃委員等面見中堂時曾諭以此事由該委員等先與議辦俟有眉目須我們晤論時再爲晤論仰見大人愼重公事之至意今該員等已議有歸束由德克碑呈遞清單並據黃守聲明三節一請　賞還匾額一將緣由行文各處一申明不派教中賽會迎神費用原奏謂渠等所辦至此而止此後籌議全待大人與該使面晤辦理茲奉堂諭以令該員轉告德克碑田教士等須由教士將洋樓拆改完畢再　賞還匾額至於行文出示轉足令各處生事在章京等深識大人籌畫苦心以此爲免後日葛藤起見惟此事如果由該教士哀求拆改而起正足以折其氣燄永杜糾纏若以教士本不願爲之事甫得一可辦之機令以此相告該員等必誤會大人爲意不願辦用開難端則此說適足以拒左督而非可以制外人且該員業已聲明彼責已盡亦無從再與往復果欲如此亦須俟大人面

見法使等再議竊思洋務大局向須中外合籌凡在大臣均宜同心盡力然各疆吏中一一指數能同盡心力者得有幾人茲由左督及沈大臣李相等竭盡心計得此機彀方謂本處必極力贊成諸大臣皆知辦理洋務之曲折豈有似此難事而不一曲全能如此直截痛快完結者乎則以不願辦相疑者不止委員不止諸大臣且將極天下後世同此責備而額手稱慶者惟有法公使法教士而已是豈大人之本意也哉現在大人所慮者不過有二一在其事之徒勞而無成章京等以爲辦而不成則我已盡心力其咎固不在我若超然置之或他作說以難之必將謂我

去而不辦無論人之責我者何如在我亦何以自安且自交涉以來辦而未成者豈止一事而於此固有所難耶一在此事可成而外人之求無厭章京等以爲如法使等要以萬不能辦之事可責其藉詞推諉執意不辦之罪如所求尚屬可行不妨權其利害重輕斟酌辦理即有不使獨斷者亦可聽諸公論如此則我之用心可共白於天下後世不至令任事者之心而遂外人之計矣至此事如果欲辦不如趁德克碑黄守在京之時即與法使等論辦則所議一切可以質證而事機亦不至遷延況左督等飭令德克碑等數涉往來亦非易易向來無論何等教士何等税司領事無不准予謁見今德克碑既爲我用似可飭令黄守帶伊來見面詢一切稍示牢籠爲將來驅遣洋人地步章京等愚昧之見是否有當伏乞采擇

致陳子敬比部書

子敬仁兄閣下專啟者弟於本月二十六日下班之期聞讓卿兄談及本衙門二十五日所致旭憲公函以天津拏辦兇手一節曾相擬拏獲二十一人論抵而慮及洋情叵測有在我以數抵數彼即欲以官抵官之語詢悉韞憲所添弟再四思之如係揣測彼族詭情恐有是說將來必設法辦駁此時即應預爲計議是以籌慮及此原無不可若

謂彼族或執以官抵官之說必欲廣抵償之額以滿該酋之願冀其不復饒舌萬無此理想旭憲及閣下接信後早已權衡在胸無待鄙人贅論然弟身在局中心有所不可口即有所難默用敢陳之此案平心而論殺人兇犯雖多不逞之徒亦未始非義憤所激祇以中國既與外人立約則殺人抵罪彼實有辭當事者欲紓兵禍而安疆圉拏兇抵償一節已出於無可如何即以中國刑法而論如民變拒捕諸案向祇戮其渠魁未能盡置極典況殺人者死亦當實事求是如果兇手强很有力以一人而殺兩人或三四人只能重治本犯不能以人數不符另以他人充額曾相抵辦二十一人之說已屬充類至盡無可復加就事論事祇能求減於數之中斷不能取盈於數之外若慮該酋從此狡展聲請以官抵官則前此照會業與明言殺人者不論貴賤按律辦理豈能舍非職官之兇手而轉罪非兇手之職官儻在中國有戕官重案亦唯將戕官之人辦抵不能另覓未戕官之官作抵自不難昌言正論以關其口況洋人無理之求豈能盡測今在彼無言而我必逆料其有是言預作飽其所欲之計則其欲詎能盡飽耶一言既出駟不及追差幸其詞僅達文案猶可挽回不揣冒昧密此瀝陳願同心者留意焉

致宗湘文太守

前奉手教並鈔示上合肥書偉議忠謨拜佩拜佩以荆八不祿宦海微波碌碌未得即報昨又得書以大局見詢並聞荆人弭耗遠勞垂問公義私情兼深銘刻閣下兩書之指前書乃天下公憤目下辦法其欲進合肥以任戰者甚殷合肥今日亦惟是之務而自越事至今中間一再誤以致於此固未之知也同一策而後先遲速異焉以致於一再誤固未之知也後書乃統觀兵力之難恃餉力之難繼而轉圜之必出於彼或稍稍可期相安誠爲洞見骨裏弟二十年此中費心血筆舌以從事不但局外人無從知之

卽同在局中者亦祗有文文忠能知其全沈文定王賡虞吳薰吟能知十之七八凡力持大體弭患未形而欲求實力自强以爲本計者苦心自知權不我屬早從鄙言則於日本之攘臺以後卽如所籌何至今日彼時創海防之議文忠已病不可爲所議旨弟爲之無如弟所議爲泰西各强國文忠謂力恐未能姑謀所以杜日本者弟所議旨實辦文忠謂姑令各疆臣擬議文忠所見誠是爲足以杜日本而不足以制泰西未免較狹聽之衆議而不肯逕行我法未免較虛矣至俄事亟而弟銜憂以歸聞事平後閣下所籌辦者大吏又痛定忘痛仍復置之知不可爲服闋到京向當道切言之無不聽之藐藐者前年謂事已亟商卽力整臺事起劉省三而專任之仍未行直至越屬全失知法船之卽到臺灣廹告丹老始於夾日照所擬面奏令其到京以後事事急就章明知無濟而今日仍藉以支撑現蒙 恩命無庸行走局外之人可勿與謀而前以 特命會議各抒所見或連銜或單銜奏陳弟不能附和時論以誤國守土之吏雖無兵權餉力而防戰豈得謂無責任是以單銜專陳目下至要在援臺兵船未備無可援臺不戰之區添兵添餉必不能支而又苦於不能不備此爲在我坐困之勢法之貧弱甚於我而渠卽以比十數船遊弋各

洋渠數年之用不過中國一年之用且各國雖居局外其實仍懷族類相芘之私於彼則動多左袒並不免暗爲接濟法爲公會之國卽在華各酋眞心悔罪無以謝其國人公論勢不能不謀下場地步此爲敵之實情若在我眞欲謀法此時不能不姑作收束使在臺之兵船可來水師可備然後可戰至於力誠可戰此後自無非理之侵必至於無所用其戰此爲長治久安之計臆見所及天良所激不能不據以瀝陳至於現權度支責在籌餉官居府尹職在守土則有戰而已無他策同人知之有力勸萬不可上者弟謂我所見如此所言不能如彼以欺 君取容仍復繙

陳此日聞有冢宰與各卿貳等連銜一摺仍請　飭兩洋派兵船援臺而主稿者曰明知不可行不能不如此說噫是可欺孰不可欺謙列聯銜一摺自然專一面說戰矣惟有　御前大臣伯王克王及　毓慶宮師傅叔平夔臣四人聯銜及講官惲次遠畢衛與弟所陳同指鴻臚寺聯銜則和戰兩議均有滿卿爲奕杕漢即鄧鐵香鐵香爲總署大臣或不列銜未之詢確也此外則有請殺唐徐甚有請殺杏蓀至吳崳且請殺合肥矣言路至此此等要政其從何措手姑勿論其他此時殺合肥謀一替人其誰往任乎自此至今聞有八條交巴夏禮居間致法人斟酌初六七日可有回信大約法人亦不支其所議無賠費有分界尊

見所料尙相合惟成否尙難逆料此次若能收拾萬不可痛定忘痛仍蹈舊習無奈受傷已深氣力又不似從前矣弟在總署時與醕邸同在內候　召見告以現在無兵邸曰許多兵豈得謂無兵弟曰許多兵無可以制法之兵也曰卻無此兵弟曰既無此兵即無兵也又告以如欲自强此關必不可輕動輕動則力量一耗將來即不能自强矣政府中惟青老肯言之星叔則知之而言較婉丹老至要緊時偏不能爭以實言之皆非能勝此時宰相之任也弟於八月底因順天奏事蒙　皇太后捲簾召見於問地方河工年歲收成外詢及團練　諭以應出奇制勝挖濠坑安地雷等事團練難以禦此勁敵職守所在又應盡力苦於合肥兼尹司農樞廷皆不願辦是以無餉可籌目下以所屬捕盜營兵七百餘人練成洋鎗隊者調駐操練並擬另籌三營以兩營屯紮北塘督率團練以助官軍以一營駐直順交界處勉籌措墊至實在不支只得實陳每月請餉一萬節嗇用之兵有窎餉不過加練餉口分洋鎗僅托合肥購毛瑟一百支以爲前敵餘皆舊式洋鎗不能皆精也募練之中卻有天津打野鴨鎗手其所及可八九百步者北塘爲庚申年失事之地似此勁敵原未敢存輕敵

之心然此時情形究異彼時渠若逕登岸未必即能逞志且敢遠涉合肥來函用意擬以唐捍北塘第一門戶李守蘆臺第二門戶周練新勇十營爲遊擊師聞信即赴以爲活筆但期唐營站得住周即可急趨助力鄙意以好鎗手在唐營旁紮遇戰時即以從旁助擊亦此意兩減河直通北塘並擬設小水師炮船渠若用小三板等船進內河亦堪應敵急則自向汊支各河渠若無內應兼有陸師兜追諒難深入灤樂一路有吳清卿雖儒將然海口不易上營中火器亦精神機營及巡捕營現紮通州陝甘調防之軍營亦到所難在外洋水師未備大鐵甲兵船未具待其來

而後戰栗非久計耳以上皆總署任內事宜來信雖已離總署而所言半涉署事故仍附列

永定河南堤潰決漫淹東安武清永清房山等縣委

陳令嵋攜銀壹千五百兩前往賑撫擬辦各條開

列於後

一此次奉

上諭由　李中堂賑恤自必須待詳查核定方能加惠災

黎然被水以後核定以前中間時日何所倚賴則府縣之

責如應賑撫果能籌辦至彼時接上　中堂所辦賑恤庶

幾有濟

一劄內敘及散給錢文一節第散給則未經被災之人未

免思乘機賺錢放粥則力能果腹之人不必甘心來食是

以散錢不如放粥惟急切之際有不及待責粥者散錢可

以濟急要之不必泥定劄文不必慮開銷之難不能待轉

轉查核簿冊之繁總以隨宜拯濟撫恤力求實際爲要既

用之後自須登記何事用款若干以資查核

一此次前往如遇汪洋急流無從問津不妨從就近村莊

駐定設局遇有流離之人濟一人便活一人飄流之屍埋

一骨便茈一骨

一各該縣既近河干當有渡船或有可買之木可作渡船

便可訪明何處高阜何處樹株如有棲息之人即用船往

渡如相隔若干里雖四面皆水却有村莊爲災黎棲息但

慮乏食即將糧食及現成麵餅熟食用船載往分給俾免

久饑

一流離之人或借廟宇或搭棚廠俾可棲止

一劄文以內未載之事如實在有濟即逕行辦理所載辦

法如有所難不必拘泥貽交手劄姑留備證亦可

一武清已報各村被災而尙稱安堵如就近查勘有必須

辦賑恤之處即希示知另行委員撥款辦理因一人辦兩

處之事必有名無實也

行兩道四廳札

照得近來各屬稟詳監押各犯因病而故者纍纍不絕若

輩違科犯法以致身羈囹圄雖孽由自作亦當加意矜恤

不應更遭陵虐之毒全在管獄有獄各官留心體察督飭

禁卒人等勤掃籠房洗滌刑具時給以蒼朮大黃等藥味

薰燒勿使穢蒸濕侵則受病自少倘有犯病責令醫生切

實診視醫藥及時而施口糧不敷果腹酌量增加冬寒之

棉衣褲以新花布早製散給夏暑則予以茶湯如此妥愼

體恤不使有尅減陵虐之弊自少瘐斃之虞設有病劇難

痊修短使然問心可以無歉該牧令等心存愛民萬無忍

爲尅減陵虐之理第例給之糧不能充飢所被之衣不能

慄寒雖非尅減猶尅減也痛苦莫爲存問呼號莫應給求禁卒驅呵畏如狠虎居處汚穢豢若豕羊雖非陵虐猶陵虐也因不死於法而死於管獄有獄官之手官並不忍致之死而死於不能詳求勤恤之心官之存心斷不忍此本年秋間葉署臬司所議矜恤罪囚章程各牧令皆當奉爲圭臬認眞遵行至於詞訟待質人證核其情罪輕微及牽連者只須交保聽候覆審不得一概濫押其情節較重不得不暫押備質者亦應官爲明示不許差役私行押管尤應及早訊結可釋則釋勿令久押拖累查前督院曾文正公通飭各屬將每日押犯名數日期分別管收除在懸牌曉諭頭門以外俾衆目共覩如差役私押許親屬隨時喊稟立提差役革究嚴懲法良意美各牧令均須恪遵勿懈第衆役之弊權四出一官之耳目難周惟有不時稽察明查暗訪庶幾差弊稍除民命藉以保全若夫被押人等本無例給口糧其有力者尚能由家屬送給衣食不致饑寒其本係貧苦寂無生計者至此更誰食之食誰衣之衣其苦更甚於禁囚所倚以爲命者乃在相處隔絶見聞不及之官官不加恤祇有死耳且求死而不得死耳亦應由該牧令一律捐籌款項給予衣食等需曲加矜恤俾免疾病飢寒之苦明知此事不免多費原擬由本衙門另行籌給

惟本衙門出之念四屬所費較多由各本官專辦本處所費較少該牧令視民如子其安分良民固如馴良子弟愛護有加其身罹法網亦如不肖子弟不能不嚴加管束仍不忍其死於饑寒心有同然卽責無旁貸合行通札飭遵札到該道縣立卽轉飭各屬一體遵照實力奉行並將如何籌款經理確切情形詳細稟復本衙門仍不時派員密查倘該牧令陽奉陰違玩視不遵定行參撤該道縣督飭不力亦同干未便仍飭令將遵辦情形詳細稟覆無違特札

致李中堂書

宮太保伯中堂閣下前奉八月二十日二十七日訓復仰承溫諭懇摯捧誦之餘莫名欽感管令升補大興業屬方伯照辦俾得臂指有資奚如衛沕惲守平糶事竣回津銷差在此辦理一切均極妥愜殊非易易今日慶有年矣而米價並未大減麥值且有微增當日設無此舉豈獨抱尋常長安米貴之慮公之力固本根維持大局到今人人見及矣盛道賑差完畢順道來見深談益見留心民事仲弢藉帶船留省天衣無縫從可益增歷練渥受栽培今日見使才不易得局中人深知甘苦者往往爲之歎息玉軒已補津關得人堪慶地老過津當已面商一切俄人於心深甚此舉將來歸結不知能做到如何地步伊犂郎肯見還亦

不易接收收亦不易完備矣劼剛家學淵源具有才識而於交涉公事閱歷太少將來諸事仍須指示津要渠過津時曾有芍老至交晚之辛亥房師高道長紳擬於捐賑案內報捐萬金求恩奏明冀有出路託其請示具有節略未知渠曾否提及如經代陳未知可否施行伏候諭示秘魯國愛使來署面談狡展無理據代充繙繹官柯里士云渠冀仗美使出頭同爭船在粵耽擱一日索賠一千元何天爵觀望等本國信一層前奉諭及巳由公函囑蕊秋星使留意順屬永東武三邑前於見邸報後委員隨同商辦業由各印委先後稟陳尊處聞李丞金鏞向辦賑務見解必能

當理渠於承辦撫恤事竣後當己面陳各該處詳實情形該三邑被患倘輕據李丞張令董倅稟報則永清較重該令以須辦賑濟分稟請籌撥米撥銀兩層尊處想已批示晚與藕老商辦公函請示藕老之意恐跡近見好而晚之私見以為府尹與知府雖階級不同事理則一譬諸府屬州縣有災歉情形知府概不加意專待督撫恩施似非所宜是以上次委員前往三邑有阻之者謂事由中堂主持不應多此一舉晚即以前言告之且知中堂必已撥款委員往辦而多一欵或多救一人亦稍盡自己心力尤恃夙蒙垂愛事事皆可求教事事皆可瀝誠上達無庸瞻顧徘徊但期於事理有當必蒙鑒澈今永清請賑一事藕老原指未同衹得專函請示竊意本年請賑之區祇此一邑與向來奏請撥米成案情事不同此間所食一切小米雜糧皆可適口果腹一邑雖災各處多熟似有銀即可得食請銀勝於請米且運米又多腳費多出此項就近購放又可多濟然詢之董倅則謂該處地僻市稀一有大宗銀到銀價即驟然大落似當載錢而往矣然如李丞此次將銀換錢以備前往散給仍虞阻於中途不能運往轉謂不如請米且聞人民散棲洲渚宛在水中委員前赴查勘無舟可濟每用簸籮載官彼處人下水扶之以行勘放之難於此

可見晚此時於銀米兩層於事孰便並無定識惟期奉到示音飭由地方官相宜籌辦如果請米尤須及嚴寒未至運載較便晚於七月二十三日　奉命膺斯職任正值大雨如注夜間輾轉思維徹夜不寐以爲倘再水荒從何措手賴中堂誠格福照旋值晴多雨少大局仍復有秋祗此數邑之歉一邑之荒尚不至於棘手而彼處被恩撫恤以後深慮難以久支現交冬令飢寒交迫更堪憐憫流離之狀幻呈於寤寐感觸之端時到於心頭伏望諭示俾有遵循而釋顧慮煦嫗稚席同戴生成幸甚

致司獄書

天氣已令各衙門送到轉遞人犯如有身無綿襖褲者飭給予襖褲各一件交去綿襖褲各十件俟用畢時再領務須實在妥交毋致中有虛僞進獄關門後始令穿着防其藉此疏脫須閣下親看慎防是所切屬

致李中堂書

宮太保中堂閣下十月十五日接奉手諭仰蒙軫念蓋籌無微不至當以宜興同鄉任綬青工部期曼上年在蘇亦曾勸辦晉豫各賑與吳江沈善士有舊即屬其代達懇款丐其向永武賑濟乃沈已定計往景州辦賑並發綿衣已令司事等先行渠亦即日出京無從易轍正在焦念旋奉

四百里排單遞到大咨業經籌撥銀款三千二百兩往撫永清按大口計之每名可得大錢五百文今冬永邑災民可延性命嗣又咨示仍由李丞保薦妥人代辦較之官辦切實良多莫名感佩東邑介永武之中情形略輕武邑地面較濶災困畧同永清而稟報則有輕重之殊仍賴仁施籌畫俾得共慶更生念六日旋節保垣想正籌辦明春

大差閩司庫支絀殊甚布置益非易易所派道差州縣定局自在春正順屬辦車州縣已有因被水而請免請減者各屬止有此數各屆除京縣外派辦五百二三十輛此減而彼不增真是枯窘題目總求尊處派道差之州縣順屬若能較少於昔一二即感荷無既此外有司庫協款內務府領款所辦各車皆歸大宛承辦上次用至一千三四百輛漫無限度何以堪茲況前逢旱象草料昂貴牲口乏食力不能喂養者又復折傷不少屆時能否雇出尚難預期隨在可慮通三薊承應差務之州縣高牧未經請免劉署牧於晚到任後以恐難勝任爲言當諭以此局早有定見渠在任伺應平日差務尚能妥貼居官亦爲勤明量才應事當可無悞未准推辭查令以目光近視屢請另擇然此間除曾辦之陳王兩牧外亦鮮可信之才且無可甄之欵查令實任人員才具官聲尚好地方呼應較靈只得責成

辦理曾令治中兩縣告知渠已回信遵辦惟以目光恐有未周才調恐難肆應乞將下情代陳尊鑒以常情揆之此三員似可無大謬通州濬河建壩已派星使所需如撥戶款庶幾少此一用亦可稍紓裕道來京傳諭各節似李玉一案瑞公能明白事理以誤聽家人之言自認可望公罪較易了案未知渠能理會及此否文邑王令人較精勤平谷張令亦尚樸慎擬予對調各得署任爲實缺以此商之藕老已向吏部查詢以簡調簡自係合例當隨後另行奉商遵辦惟文邑大窪難涸原冀王令隨時曉諭俾可不生他議王令來謁細詢情狀總慮本年水更無可疏洩勢又

不能自涸明春不能播種該處民人必難緘默正深顧慮
茲先據太平州村三人呈請勘估水道等情業經咨商以
其人尙少行止尙堪徐議乃本月初五日又據東營裏村
等處聯名呈遞五稟其來署者近三十人言之迫切或兼
治水請賑言之或重言請賑揆其情則注意於賑者較多
蓋治水則明知無策請賑則必可有得也此在彼之情也
治水則款項既巨又實無良策如有良策可爲中堂早已
爲之何待今日請賑則款可大可小一年之事易辦該邑
水患年年今年一辦必至年年需辦且災歉錮綏均已奏
明何從辦賑此在官之情也究之該邑本年水患尤深困

苦亦必尤甚春種雖曾有收而事爲已過秋收之早者雖
朋有得而目前則汪洋可證其實在可憐則在來春之無
望該處向來久淹常錮者本祗五十餘村久而他村滕附
已至一百三十餘村即遇有收亦免課賦向因水患而受
利今則眼看明春眞受水患人情自然急切呼籲亦出眞
誠既爲衆情合懇不得不設法補苴今日早晨藕翁來署
相商已咨抄各呈請爲主裁若欲力求經久有濟全策則
展河之議更張太大可行而不能行欲從上游設法則雄
民必不甘心欲從下游設法則洩水之處已高於蓄水之
處靜海之民亦未必悉聽開瀹雖行而同於不行惟於牙

河所開引河不知能否展開有無地步能否將洩水之處
再加疏瀹令其較深以受水或將現在大窪棄地受水遷
民他徙就其邊岸另植宜水之物稍收其利未知將來遇
水更大之時能否止於此境不再旁展未履其境又夙無
此學空中設想清夜籌思諒亦多輿事未合及爲籌河者
所早經計及而無用之著全策既不可得巨款萬不能籌
只能就小可有濟辦法即此治水之舉爲暫賑本年之計
以工代撫稍慰羣情而圖小補然恐似此籌款當亦不易
與藕老熟商俟中堂委員履勘如定計若何興辦此間有
借戶部撥賑銀一款本擬爲積穀之用或移緩就急借撥

應用至多可萬金俟司庫稍裕再行撥還臆見妄圖率陳
備採總署近因經相患右頸痰核或云氣核乞假調治亟
切難必銷愈公事更形吃緊聞威使仍來華日前傳磊斯
來辭行道及冬底可到上海必有多少糾纏秘國愛使以
美國不助暫無他狡而日國伊使忽將到京又云急欲換
約其在粵所爲眞欲行强將來此兩國必一氣同惡相濟
矣遵化州何牧聞已捐升光緒二年七月二十四日吏部
奏准遵易兩缺先以大宛揀選升補一次次以清苑升補
又以大宛升補再以順屬揀選以四缺爲一輪如輪
應到班升補之員不合例即盡積遇班接用其次之班輪

應大宛並清苑升補時均不計卓異之員上次汪牧補易州此次遵化輪應清苑如蕭令不合例接用其次之大宛則大興管令甫經升補尙候部覆於例不合宛平王令歷俸已滿與前項部議相合先此陳明以備鑒核裕道面稱須本月二十日以後前赴任所請爲附陳專此密布

密致梁檀浦京兆論順天府應辦各条 檀浦名肇鍠接任府尹

府學歲修

府學無歲修欵項頽敝太甚是以上年到任後先動公欵修葺明倫堂兩旁之東西齋及鄉賢名宦祠復自行捐購木器及東西齋鋪地頭門二門鋪地等工又因祭器敝陋

樂器殘缺遣劉縣丞濬勛到蘇自捐銀採辦據其來信六月間可自蘇起行未知迄今何以不到書籍今年曾經晾過並開一清單存志局籍以備採輯內有借出之書有可詢問索還者姑問之此後永勿允借以免再缺歲修之費現已由平家疃欵內每年勻出百金自明年起可以應用並經立稿惟此欵若交學書禮房固然有名無實即交教官亦難免久則弊生已與厲大耳胡同之朱松生兵部商酌由渠保出之宋君等五人經理其事届時即請知會松生轉邀宋君等具領此項實在辦理有餘則存爲下年或并作大修之用

書院增獎

書院向來師課獎銀甚微應課者太不經心本年以三千金交五城典當按一分生息每值師課舉貢生監一名至五名加二金六名至十名加一金童生一至五加一金其餘爲三堂官課加獎之用如工程不敷另行勸捐決勿挪用此項以期永遠緣似此則師課人可認眞矣

府獄棉衣

上年到任時一交寒令節氣凡部中發遞人犯率多報斃推原其故恐因無棉衣之由遂自製棉衹袴令司獄於該犯到時無衣者給衣無褲者給褲無衣褲者全給此後竟

無一人報斃者因於平家疃欵內勻出百金每歲先期製備應用本年係交經廳辦理此事亦經立稿

功德林貧民房

以前貧民死者皆不棺而埋屢次苦勸該僧總不遵依是以有改由官辦之奏此時請派委員辦理貧民房中皆係磚土炕濕蒸易於生瘡現擬改用木板鋪面係照普濟堂辦法木板則普濟堂舊板最佳可以移用已與經廳說明改造之費有王賡虞同年允撥捐欵百金届時可以向取核計該處所領銀米足以敷用將來崇文門初次領欵即可存庫隨時由委員請領交用實力辦理未始無濟上年

自查辦之先卽派委員所病故貧民皆用棉衣褲棺殮务埋先由捐備領欵後卽用官欵甚可斆用此後凡死者皆須如此委員有官守有責成亦自有天良勝於和尙多矣該堂亦有酒行酒店勸捐敦甫知其詳須令催取

艮鄉皇華館

出差到艮鄉向無公館又係首跕到此須略收拾復値盛暑促狹難堪已自捐三百金署令楊子英費千金捐建此館彰令備傢具本年星使可無苦矣原擬此三百金日後於公欵提還今楊令並未請銷楣亦自應同捐無須歸欵

教官捕廳衙署

大宛兩捕廳無衙署監獄之責非輕已與商定給欵各四百金自行購建尙未辦理滿學兩老師亦以爲請將來如書院告成時或有閒欵各給三四百金俾其自辦亦恤屬之一端

考課書吏

曾立功過簿一本隨時登記擬俟年終功者賞之過者罰之或卽以過者之罰爲功者之賞甫記數事耳

梁家園百善堂公欵

兩處有分有合從前未到任時以在事諸公僉稱經費無資難以持久屬爲籌欵遂於總署奏請歲撥三百金復於到任後函懇李節相及津關道湖廣總督李撫台潘及新關道臺江漢關道粵海關監督各撥歲捐之欵永以爲例均有卷可查直督津關有文六百五十兩 湖北有文五百兩 粵關來信四百兩 亦辦稿以期久後可稽將來解到可知會化石橋馬叔惠工部來取並辦文知照梁家園紳董紳董係翁叔平司空居首須作平行又山海關續燕甫歲捐百金係言明解總署轉交者

資善堂

本係藕師及黃濟川季時舟諸君子創建厥後經費不支其時楣充總署總辦章京函致各海關歲捐欵項粵海四

百兩津海江海各二百兩東海浙海常鎭九江江漢各一百兩均按年解總署轉交季時舟知其詳又於總署請王大臣奏撥歲捐五百兩至到任後兩次爲之請米又勸續燕甫歲捐一百兩亦由總署轉交

育嬰堂

芍翁臨行諄諄以堂事相屬堂中除月領庫欵外尙有不敷向賴芍翁於外官進京時零星勸捐助用楣到任後因用恐不繼自捐銀一百兩又勸續燕甫歲捐一百兩由總署轉交陜西糧道善星源湖北荆宜施道董新甫九江道文華甫各歲捐銀一百兩如果不到可據楣言函催又潘

偉如中丞在芍翁任內允歲捐銀一百兩芍庭到江西來函亦允歲捐銀一百兩已得芍庭信均即由會兌局寄交未知收到否須詢該堂司事又重慶府沈鑪青同年歲捐銀十兩本年已交此外有各善堂協濟之款長椿寺年款按年照交西育嬰堂及圓通觀等處據司事云今不肯交亦須設法一詢並勸之

宛平縣人證

京師有諺云不怕宛平縣只怕到後店店在縣署之西偏凡賊犯案證及過境發遞犯人均居其中訛索陵虐不堪其苦楣因徐姓控追逃妾一案訪得該役等將徐姓原告

置之黑房其情如繪遂與仲杰相商將其後一層黑房另行收拾店中私設刑具起出禁其陵虐犯人再於署東另租房一所以居詞證分別辦理仲杰於此事極費心力鶴君到任又經面詢亦甚經意恐久則弊生希隨時查察

經理普濟堂官員

普濟堂前由經照窗廳輪管不免視為調劑既以為調劑必難涓滴歸公盡到貧民身上所以曹照廳管堂時曾經查辦撤任後經范春堂管理一毫不苟事事求實向來棉衣由堂司捐備棺木亦然深恐不支楣到任後所發棉衣即由楣及禮庭捐備棺木即由春堂於領款中購備迨至一年報銷積有餘款本年棉衣即由存款內預先製備功德林及府獄棉衣亦由春堂墊辦將來功德林之棉衣由崇文門領款內歸還本年府獄棉衣已由楣捐款辦理以後由平家疃撥款按年購備上年曹照磨求回任曾謂普濟堂不願再管只思回任遂亦檄令回任而以普濟堂經理人員專求得人不復輪管辦稿通飭在京廳縣及候補各員告以普濟堂功德林兩處經管之人不論正佐不論實缺候補惟在得人推大眾公保如有不合亦由大眾公議改派著為例現管之范經廳就事籌辦同此領款而粥

食之外棉衣出焉棺木出焉年計所入尚有積餘無絲毫沾染心力交盡實在難得已面告以仍舊接管無須改輪亦實無有勝之者也至原其所以然范固要好潔己奉公居心不肯於此中稍有弊混且其處境亦較敷餘即無此官亦可度日是以從前有修金二百四十兩之說查徧並無此例范亦必不肯得若以他人處此則宦況難支苦情可憫雖不能以二百四十金巨數為例似不得不稍加體恤范任內經管可以不給如范將來升任正印妥求替人此層仍須議及堂中領款之外尚有地租捐款范俱一一清釐地租或尚有未經查出之處曾屬范留心訪察隨時籌辦至功德林進款雖不及普濟堂然以所領銀米辦放

粥棉衣棺木谷事如實事求是亦可有盈無絀歸典史於
由僧改歸官辦之際殊屬棘手彼時僧黨滿堂處處掣肘
不但有散堂之慮且有性命之憂幸得妥貼竣事其才良
有足取惟官場公論不能悉無異議既係通飭公保曾有
明文自以人人說好之員辦理爲是此時須改墰坑並經
理一切自以即時派員爲得歸典史尚有交代之件須令
接手之員查收該員所遞清單一件一並附呈單內所開
奉發京平銀八十五兩五錢五分係楣捐備棺木之需發
欵簿內無從查對也從前歸典史管堂只月給八金因其
太苦是以派放大差車價藉資調劑此後派員既欲其絲

毫無染其人又無春堂之家計或無春堂之用心即有其
心而無其境不得不爲之體貼以期有裨於公似欵項核
計既可有餘薪水當爲從厚庶可一意辦公無滋他慮至
崇文門初次領欵似以先存庫中再由委員隨時請撥爲
妥

金台書院膏火奬賞銀兩

向由門斗轉交須力戒扣混之弊似以發欵時限定三日
令門斗送完另書名單一紙屬考生各人註收只許每位
量銀之多少給門斗力資一千二千不許將錢折銀以致
弊混將來工竣另議扃門考試飯食於門斗畧加體恤似
無不可

沿河營

在宛平屬境民人受營員營書營兵之苦不可言盡其詳
請查卷便悉前據索顯發等呈告曾咨直督及泰甯鎮查
辦並各致函備陳困苦慘毒之狀直督已如所請將該處
地畝查勘升科永禁營員勒索之弊泰甯鎮意見未能全
合曾經藩司委員往勘先調紹秋皐前輩秋翁之意以爲
將來必至如滇省漢回互衅而謂索等之言未可盡信平
心而論官兵虐民有之鄉愚抗營官勢必不能此事何令
耒翔曾經往查甚爲詳明切實惟既須爲民除弊總期相

平辦理必與秋皐前輩平心相商彼此毫無意見同籌善
策將民人所墾山荒歸之升科仍於升科所收項內酌撥
營中津貼力禁營兵勒取民戶猪羊毆打陵虐之弊俾民
生得以安居豈爲 國家多營此粮租哉此事甚費手然
彼處民命所關救之者全在鎮台同心只望秋皐前輩俯
鑒苦心同爲設法否則遇其升任向新放之人開誠商酌
爲百姓開一條生路商妥後方能查勘升科新放者未到
任營員之言尚未入耳或可慨然動其惻隱允同拯救也

人才

此間實任候補人才均在藻鑑除鄒德雲查如江蔡鶴君

致獲才具可觀或已膺卓異或已調首繁外劉竹坡辦事結實勤敏殷吉皆才識力俱可有爲劉尚得意殷則所處太苦前以大城擬令調署藕師以殷應略待歷練調任繁要爲復擬請留意調優以資鼓舞又經廳范心地才守實爲難得將來必非佐職可限其人可倚任也候補中謝左平偉勳穩練正大何際雲其翔精細明愼爲此間首屈指謝是同知班難于擬補只待留意署事何則曾經實缺可以酌補繁要現在東安已經定人將來伏希提挈足以獎一勸百也又董開沅係試用通判所望只在署事上年北六工漫口楣亟令帶銀往撫備極險苦於路所難行之處每用簸籮浮水渡至村落查給撫項將來如有小簡之缺拔之一署亦足以激發寅僚楣到任後每遇署事委缺用意以一輪一酌相間輪則按其資序到省日期委用非甚不可及有劣跡者卽予之酌則須候補中人才人人視爲應得人人以爲傑出者委之仍視其缺之繁簡難易或先輪後酌或先酌後輪偶有參差皆因乎缺而總不離乎一酌一輪之準衆論尙洽是否可採伏候密鑒

又附陳涿州積穀事宜

積穀一事實爲備荒之要而順屬辦事復隨在爲難是以不敢通行催辦而於各屬之可辦願辦者乘機利導以期做一分是一分幸有鄒德雲辦之於長辛店衙門口劉竹坡辦之於薊州德雲之事尙順手竹坡所事卽有不逞之徒從中百計阻撓止於小就曾於陳小亭來見詢以涿州局面較大可否辦理陳云可辦遂囑其相機勸辦適有少荃節相處之辦河工委員崔芋堂大令在涿聞此事有公正紳董咸各忻奮崔極力相助擬有章程勸辦竟有端緒楣仍於章程後添註章程如於各該處有不便處准其另籌良策詎有頑梗者起而相阻甚至具奏參查其時已書捐數者已有數十村城局書捐者三百二百已有數戶小亭亦捐二百金存錢鋪爲城局穀本彼時楣中有所激曾令出示曉諭剴切勸導捐辦如或大局難齊則已經書捐者可以先辦爲式倘已書者復餒則有小亭之二百金楣亦典衣賣琴捐銀二百兩並涿州民婦梁趙氏所捐地畝先行試辦如此則見有成效自然人人奮興庶幾大局可成告示中大意如此告示由州出卽敘劄文在內也今既去任此事已共見共聞不可失信擬將二百金及現存楣處之梁趙氏地契並小亭之二百金交如江就涿州城中訪一二公正好善紳士覓一公所先行小辦試辦或有感而奮興者乎

懲警差役

本屬差役之横武清通州順義爲尤甚相到任時有通飭各屬矜恤囚犯查禁陵虐羈押詞證之劄本年順義辦大差時幾因差保勒費成事曾切戒梁令懲處春間武清縣以追債之案將欠債之戶查抄並將欠債者及其戚友二人同押索大錢一百八十千方准其飲食又聞通州押羈詞證每名須勒費一百二十千即據所聞通飭各屬查禁並密令東路廳郝近垣查通州之事毛令自查前事旋據郝查明稟復謂通州管監獄家人向爲美缺求薦者每欲指名派事足見苛索之説有因今已無此風至羈押之人風聞金小四一案花錢一百二十千提問金小四則

稱無之渠自不敢言有郝所查雖詳亦未肯盡發其覆也毛令來京面稱查抄並無其事不過因其家中人已走開用封條封門免其遺失物件相詰以傳一欠債人只須其到案立限追債便是辦法何至其合家男女老幼盡行散走足見差役之狠不謂之查抄得乎花錢一百八十千則稱無其事相告以所聞係某人某人被其勒索可以虛衷詳問渠自不敢言也且謂原案若何情節並未上控我不及問自應由縣照向來追債辦法公平辦理惟差役之横至此不可不加懲創旋據毛令稟稱已將傳案之原差朴責三百並清理詞證不得任意羈押不准稍有陵虐今聞有錢姓在都察院控告毛令爲之追債被治中傳府尹之諭令其勿追殆即此案試問追債亦情理之常上官豈能令屬員不爲之追此等無情之詞不知都察院何以收理殊不可解此事有通飭之劄稿可證他無可説今陳前情以見各該處之差役可怕貽害閭閻豈得謂非我輩之過不得不隨時隨事深切警戒耳

批待審文生常佶以父母之心爲心則兄弟自然一體諭後

文雖未工而至理自明良知難昧手足同體外禦其侮疏不間親共榮辱同守助皆至論名言也即微有嫌小忿甫

過即忘儻來財產相較孰重無因彼以失此期式好於平生同胞而繼承伯叔依然同胞敦兄弟之誼即體父母之心三復常棣涕洟隨之生也勉旃

札飭宛平縣縣丞莊佩蘭修理南下窪義冢

照得本衙門辦理掩埋暴骨培修破墓業經奏明會同五城察院出示嚴禁私挖黄土翻葬等事並將各犯拏究在案兹因訪聞龍泉寺僧購陳姓地基建房起出屍骸殊爲可慘當飭照磨曹友泰查復事緣土中有死狗傳聞所致恐其爲僧人所愚復加訪察得實又請親信友人前往查看確知龍泉寺因造屋取土於葦邊空地平土掘出朽棺

枯骸纍纍附近居民十餘家無不知之並有士紳親自目擊惟其處爲叢葬所繞非常經之路非尋其工人所入之窄徑無由見之該員承辦掩埋事宜合亟劄委前往該處訪查得實即令該僧急就所掘之匧所掩之處據實指明責由該僧妥購木匣切實掩埋其他未經起出屍骸之處如果再見屍骸應令仍舊培護毋得擅掘以妥幽魂該僧如能悔過遵辦免其深究儻敢抗飾不遵一面由該員會同司坊官傳究懲辦一面稟由本衙門咨明本城察院切實究辦又聞連日私挖黃土之人以前事未辦膽敢逞行挖掘攔禁不理即由龍樹院門外道轉有高坡業已掘深

丈餘不止已成大坑其餘各處小窩比比皆然原立石樁有用土掩其半者有折斷者有將字跡塗盡者是不法之徒忍心害理所爲亟應一並會同司坊查明懲辦切切特札

諭京尹署掾吏

本堂設功過簿隨時登記今定章開辦每年分兩次酌示賞罰上半年六月月底截止下半年年底截止現於六月底辦理第一次記功一給京錢一百千大功一百五十千記過一繳京錢一百千大過一百五十千有過而自行檢舉者半之即將記過繳款按給記功之人有餘則歸管庫官收存俟下次備賞不足則於州縣記過項下提給以資即著爲成式照行此本堂所以略示勸懲也夫用人之途漢爲近古其法由各掾吏積資擢能外至刺史太守內至三公是以一時英賢皆出於此自少壯在官即經練政務迨受職司以其所學爲其所用本末相循體用一貫所由從古循良之吏漢稱最多我　國家以科目取士爲正途而吏員出身在所不廢惟仕進之路不若是其優人才之出亦較形其少然應思未爲吏之先固儼然士也爲吏之後將出而仕也吏於今日雖不易至刺史太守三公之位而其身仍可爲刺史太守三公之身也誠念乎此則操守

必嚴廉恥必重其視一切賄利且避之若浼一切舞弊之事斷不屑爲不待官長之鑒察而自思所以立身任事勉圖報稱斯晨夕所謀心目所營無非　國家政治民生關係盡一分應盡之心即行一日當行之善問之心而覺自待之不薄證之人而言公論之同欽各科房各有應修之職應盡之責即各有可臻盡善盡美之處且同事之有關略可以相規有獘混可以直舉即本堂辦事有疏忽舛謬之端亦可正言指陳本堂甚喜有此諍吏也果至於此則非常之遇且有不期然而然者安見今日掾吏無振起英傑哉若謂以養以畜俯仰不能無資則信可養廉無須非

義之染心有所主其當取與否必能辨之矣此則願爾等之自重自勵原非區區賞罰所能讁也特諭

札飭順屬被災情形核明稟報

照得本年順天各州縣水災雖情形不一而極重之處實有近年所未見者現在亟求拯濟已擇極重極苦之處酌撥銀兩隨宜設法拯濟以後即應辦理振撫大局向來災至六分以上者應分別輕重分數給振五分以下雖例不辦振仍須酌予撫恤或設廠煮粥以拯極貧或出示平糶以資口食或酌予緩征以紓民力前據各該州縣稟報災情即飭各該廳派員勘明被災分數稟報核辦此時立待

通盤籌畫此節刻不容緩至被災村莊及各該村莊應振戶口均應一一詳實查明以資核給振撫惟待查明戶口後再行籌請　天恩撥銀撥米必有不及現於亟濟之後統辦振撫大局必先有所憑藉方能豫爲通籌至各被災處所凡有房屋被冲衣履全失秋風起矣嚴寒洊至無衣即恐無命則棉衣在所應備此等極苦災民計有若干亦應分別查明具報此番元氣受傷明年待到麥收亦有青黃不接中間尚需調劑以上一切應查應辦情形深恐遲延悞事現在惟賓坻稟明振米三萬石而以米不如折普振不如以工代振惟有不能工作之老病廢疾孤寡孩幼必須另籌辦法通州援成案用米七千石及運費銀四千兩爲請此外各屬尚無核計必需銀若干或米若干或需銀又需米若干稟報之件爲此飛飭該道廳轉飭各屬迅速切實核計本境災情必需應用之數立即逕稟本衙門以資籌畫如各該州縣有災不訴所訴不實及籌請之數不足拯濟將來或領銀領米後不能盡心實惠及民致有揑冒遺漏可救不救救非所救皆各該州縣之咎若各該州縣災實必訴所訴必實籌請之數足以拯濟而本部院堂不能照數籌備俾能盡心紓災活人則係本部此堂之咎瘝瘵各求所安災黎環集而視天日鑒之鬼神知之爲此

飛飭各該州縣各殫心力遵照迅速核明稟報毋得稍有拘泥遷延致悞振濟大局至於各州縣必有公正才能紳士可以邀訂辦事必有急公好義之人可以捐助應由各該州縣善爲誠請慨勸各屬振撫各有隨時隨地之宜其有各村積穀各州縣積穀可資粥振或積穀不足賚振應由官接濟由紳富捐湊者應各就所宜籌辦尤應及早剴切曉諭宣佈　皇仁務使安居本境必能就地妥爲綏輯斷不忍聽其飢寒不爲之所若一輕出求生轉致遺漏振撫雖悔何追萬勿流離到京尤爲至要特札

札飭各屬量撥振銀米

本屆振務自被災以來即行通飭詳實開報災分戶口有災必報報必實需銀需米有請必足乃至今日各屬稟報未齊或有大概情形而無災分或有災分而無戶口或有戶口亦祗憑鄉保首事造送之數即請撥銀米迄今尙未到齊試問憑何分撥辦理若必待催齊戶口再行准定撥銀撥米則時已入冬豈不置災民於死地爲此酌照天津籌振局辦法酌定數條鈔粘於後只得照此實力辦理庶尙有濟至此次據各州縣請撥銀米核及村莊數目災分輕重以極廣之寶坻極重之武淸爲準寶坻被水九百十一村有十分一百七十村九分二百二十三村原請米三

萬石會奏摺內已聲明應行核減而災區既廣力求足數拯濟仍予照准所請米折三萬石除先領亟撫銀四千兩應再放銀三萬八千兩如有紳振到順再行指請到境協振武淸原開手摺祗請米三萬石此次來稟請米四萬石賫振另請柴薪銀一萬兩即有續增情形豈能加倍揆度情勢自難逾寶坻所請之數先後所開被水村莊統計被水村莊七百五十九村即云災重而數較寶坻爲少應准照寶坻撥米三萬石賫振本指五分以下之災似此重災豈煮振所能辦給應給米折銀除已放亟撫三千兩又一千五百兩以外再放銀三萬七千五百兩如酌度情形實

係缺米就中酌請本色若干石准撥京倉粟米又有紳振已到擕銀三千兩已准來信續滙銀一萬兩因續報各村亟需撫卹並於此一萬兩未經滙到墊撥銀五千兩俾資應用以後隨時接濟又由本衙門撥給棉衣一萬件又購運柴薪高粱減價賤售又由薛道稟請每村酌建茅屋六七間以資棲止並準籌辦又有京紳設河西務粥廠所費均在外核計稟請四萬之米一萬之銀數已過之通州被水三百六十七村前經陳牧援照舊案米七千石銀四千兩爲請應准撥京倉米七千石銀四千兩以其所請較少前撥亟撫銀二千兩無庸扣除並由本衙門酌撥棉衣五

千件屆冬令發交擇無衣尤苦之人核實散放並有城內例設粥廠本年加請米石另有京紳設張家灣粥廠以資酌劑薊州被水四百六十二村請米二萬担並請銀八千兩比較寶坻武淸所請較奢該州領米不便所需運費太大從寬照准給米折兩萬担除已給亟撫銀三千兩外再放銀二萬五千兩三河被水二百五十三村情形較輕準如所請撥京倉米五千担銀三千兩如以津米已無可撥京倉米艱於轉運煮振又不適用應准領米折銀同原請之銀一並查實散放錢文亟撫銀之千兩無庸抵扣寗河被水二百五十九村災分尙輕準照所請撥京倉米四千

石所請銀二三千兩卽准給三千兩所請之米如領米折亦聽其便香河被水三百十五村若以實坻相較祇應請米一萬担且已發亟撫銀四千兩所請米二萬餘石銀千餘兩如果照給無以對實坻從寬不扣亟撫銀兩准給一萬五千石米折銀兩此東路各州縣撥欵着通永道東路廳通籌詳核如有必應增撥之處稟明核辦文安縣來稟請米三萬担銀二萬五千兩經費運費在外並亟撫銀三千兩本衙門先已撥銀一千兩前往探明災情卽行拯濟嗣又撥銀三千兩已逾所請之數又發搶險米麵買値另購柴薪濟急該令稟内所述十分災五十一村九分災一

百二十八村七分災二十六村六分以下一百二十七村情形原重而比照上年一萬餘石此次應請加倍旣云加倍則應二萬石所請三萬當係筆誤既已請二萬米數何以又須銀二萬五千兩亦未聲明其故恐未知有請必准之苦心姑爲此說以待核減現已撥定津局米一萬二千担其八千担准給米折仍擬扣去亟撫銀四千兩以如原稟加倍給振之說今加核災情並免扣抵亟撫銀四千兩仍給米折八千担銀兩大城稟災村約略其詞謂縣屬二百八十餘村被水者十居八九今始稟明被災二百九十五村以實坻例之米不應滿萬所請米一萬五千石銀六

千兩從寬撥定津米八千石其餘七千担準給米折先發亟撫銀一千兩已批明應扣今加核災情仍準免扣保定所請米二千五百石米數不多以村莊甚少災分亦輕已撥定津米二千石以其最稱瘠苦米數亦少所需運費准其核實請領已上三屬去本道較遠因籌振局金道駐工最久辦振最熟已一面屬其督辦振務一面商請督閣部院札委辦理以文大多年被災恐從寬給振尚有未數另由金道攜江浙閩廣善捐振欵前往自振又撥天津舊存振欵銀一萬兩由金道於文大兩處另加紳振如果文大官振應添撥銀兩亦由金道核請正辦札間據金道其請

撥銀三萬四千兩除已撥舊存振銀一萬兩外准由籌振局續撥銀二萬四千兩備文大保三屬振需另撥一萬兩辦理平賣柴薪等用撥五千兩其餘五千兩候續撥霸州先經本衙門延友撥銀一千兩辦理亟撫用過八百餘兩又經藩司撥銀一千兩亟撫均毋庸扣抵照該牧所請米五千担已由津局撥定運米經費銀三千兩津米到霸由籌振局給費由霸分赴各村照籌振局舊章核計無須二千兩惟該牧所請不奢如有所餘卽可酌量放錢或備棉衣之用固安請撥米八百石照撥京倉粟米或領米折聽便東安請銀二千兩准其照撥此南路稟請已到各屬撥

欵西路涿州已撥巡撫銀一千兩所請撥米六千石已撥定津局三千石京倉粟米三千石銀六千兩照撥良鄉請撥銀二千兩房山請撥銀一千兩均準照撥此西路各屬撥欵北路順義被水一百四十八村莊所請米六千石准其照撥京倉粟米如領米折亦聽其便銀二千五百二十兩准其照撥仍准照北路廳所籌振務諸條酌量辦理以上各該州縣撥欵著霸昌道南路西路北路各廳通籌詳核如有必須增撥之處稟明核辦永清懷柔大興宛平密雲俟續據稟請再行核撥其放米運費及委員薪水經費章程照粘鈔各條遵照辦理本屆災情既廣且重上荷

皇太后 皇上深仁厚澤撥銀撥米並承戶工部及言路之協籌各省督撫紳士之助濟督闔部堂之寛撥廣籌木堂殫竭心力百方籌維極情呼籲始得定此大局各道廳務須切飭所屬共盡知能各殫天良勉求實際各該州縣鑒此苦衷共拯民命稍有不當參撤立至所不待言且天其容之鬼神其聽之乎爲此通諭知之再現據永清請撥米五千石銀四千兩懷柔請米一千一百六十九石二斗八升米折銀七百一兩五錢六分六釐一併照准辦理特札

咨覆辦理平糶事宜

准貴部堂文開本部堂奉 旨查辦給事中孔憲穀奏參大員徇私妄爲一案查原奏內稱該府尹辦理平糶局秋間糧價正昂臣等商請即速開辦既不肯行迨十月間糧價稍平而倉場指撥粳秈米未定計粟米銷數難暢屬其稍遲以節經費又不肯從乃甫經開辦委員即欲將現銀發給銀號按票存之價折算臣等以所辦未妥專函阻止乃周家楣不數日間竟飭委員按照該衙門前月二十五日所奏市價以錢十三吊八百零四文折銀一兩以孤貧口糧作抵查是日臣城所報銀數每兩十二千八百二十文孤貧口糧七百餘兩計少換銀五十餘兩是現錢雖折

耗不顧矣不知何以所賣票存又坐令關閉不肯易銀上海采買米價每石僅洋銀一元三角京城市價亦不過二兩七八該局所買則三兩二三錢之數是一出一入均可染指該府尹之開辦平糶必俟封河期內情事顯然又此次平糶局所用之總辦局事二八一日賈孝彤丁憂戶部候補主事且周家楣之妻弟在賈孝彤則爲越禮在周家楣則當引嫌勸其不必該府尹拂然不聽又平糶原議由直隸總督派員專辦該府尹引爲己任而又不切實經理事以粉飾爲工如臣等謂價宜報部則曰部章窒礙不如勿報臣等謂欵宜核實則曰但記銀數即爲稽核夫數目

戶部不知出入五城不問而一任委員將錢價往來折算
能勿侵吞各等語查以上各節多係該給事中與該府尹
商辦之件是否函商抑係面談並因何辦理不合之處亟
應切實根究以便覆奏相應札行順天府府尹即按照該
給事中所參逐層詳查據實登覆不得稍涉迴護以憑查
辦等因前來查本年順屬水災異常經五城奏請撥款辦
理平糶戶部議覆請 飭下直隸總督順天府尹遴選得
人速議妥章奏明辦理當具文函向直隸總督商辦旋准
來函並委上屆辦理平糶委員惲桂孫來京備言京城平
糶萬難辦理情形府尹商請直隸總督仍派惲桂孫辦理

以資熟手據惲桂孫亦稱萬萬不敢再辦直隸總督來信
亦有斷不敢與聞之語其時擬采辦雜糧以便貧民曾詢
惲桂孫現時能否采辦該員稱如須辦雜糧應於年前先
往奉天於冬間采辦明春運回等情采證一時士大夫公
論有謂平糶弊多利少者有謂究與貧民有益者因念本
屆災荒太重有策必行或足拯民溝壑平糶爲救荒之一
策若因畏難不辦即有緣此致困可救未救之人民但期
於災黎有益不忍因難中止且事係戶部奏覆奉 旨由
總督府尹承辦之事無從中止直隸總督既不願辦府尹
即不能不辦遂與直隸總督往返函商會奏順天振案內
奉撥京倉米四萬石陸續領出以供京城平糶或用粟米
或撥粳秈隨時由府尹酌度咨商倉場辦理仍於平糶之
外酌撥近京州縣濟振平糶事宜即由臣道遠臣家楣就
近籌辦於事較便等因由直隸總督主稿奏陳奉 旨著
照所請由直隸總督於九月十三日咨會前來此次平糶
事宜原係奏明由順天府辦理之件惟以京城內城分隸
步軍統領衙門及五城管轄因面商步軍統領以上屆內
城未經開辦應照舊案在外城設局旋與五城御史訂期
面商並往返函商先設中局東局擇定地方商定十一月
初一日開局並於奏摺中聲明與五城御史會議辦法經

五城函商酌改之處復經酌改嗣經五城以兩局較少擬
添順治門外文昌館一局復經添設於十一月十五日開
局所有奉撥京倉米四萬石經戶部及順天府咨行倉場
請撥粳秈准倉場援照成案係撥粟米爲復於開辦平
糶摺內聲明於四萬石中撥一萬六千石屢經咨商函商
面商均未見允原以粟米開糶有益貧民而五城意在添
糶白米復欲添各種雜糧直隸總督又函屬徑由順天府
派員采辦是以飭留辦河工振務之候補道金福曾委員
前往上海購買白米前懷來縣知縣吳欽在牛莊購買雜
糧又因封河期內均不能到京應用復遣員紳在天津及

張家灣采辦白米以五城之意不第在濟災荒而在平糶價則貴買之東家賤賣之西家即可權其消息暗杜居奇復就近在京先采辦試行所云上海采買米價聞每石洋銀一元三角京城市價二兩七八該局所買三兩二三錢本衙門據金福會來稟有一元七八角之說亦未聞一元三角之價或一時誤傳局中所購白米有在京采辦者其價有二兩七錢及三兩一二錢不等米有精次時價有增損每石斤兩有多少不同故價值亦有多少皆由各委員隨時稟明發銀給值一面交價一面交米所收糶價存局未動並無有一出一入可以染指之處今將三局冊報內

開米數米價黏簽封送備核冊中所稱河西務買運白米即由天津張家灣采運白米每石務平足銀二兩四錢八分現經索取米價米數草單一併附送備核若秋間糧價正昂正在部議及與直隸總督會議之時尚未定有辦法無從開局並非府尹之不肯行既經定辦逐漸料理就緒自應定期開辦外間知有平糶糧價漸平五城所屬稍遲本衙門並未不從所定開局日期亦經彼此商明屆時開辦至於開辦以後現錢自然漸多委員以所積太多恐局中難以存放且外間有謂存錢萬千即可致關錢店一家者勢不能不思換銀屢經委員稟商總告以就近稟商五城爲便祇須得有妥當辦法即可辦理所稱委員欲將現錢發給銀號按票存之價折算本衙門並無此意當係隨時稟商之一策諒以所辦未妥並未辦理府尹所接孔憲瑴來函已經送案其時即查照來函並無辯駁前月二十五日值月報錢糧價值當經照所報之值開單令委員稟商五城將孤貧之銀易錢原以孤貧之銀係屬官項平糶之錢亦係官項戶部議給兵丁錢糧搭放錢文以錢核銀亦查核奏報價值之數以公濟公當無遺議即使稍有便宜亦在孤貧受惠得此亦可稍出積錢雖經商酌仍以五城意見未合亦未換銀所有孤貧銀兩業經另行換錢開

放局中所收糶價以米數每賣不過十斤二十斤收票無幾其中或有關閉之票非能豫料三局委員先開中局東局每局派同知通判州縣一人佐雜一人又以糧馬通判周之辰各經紀歸其管轄各局一並派其照料中局派同知周文同縣丞姚學善東局派通判馬序東府經張錫藻復以張錫藻調派粥廠改派王曾彥續設西局派知縣劉中翰巡檢王汝霖而周之辰則三局均經派及所稱戶部主事賈孝彤一節緣聞上屆由直隸總督委員到京辦理平糶局中有京官助理此次辦災順屬一應正佐候補各官悉充差委不敷並於辦振外不能不留數員以資他項

差委當水災驟起振務緊急之際一聞雨水山水沖倒村莊及河隄決口即刻雇人前往拯救被沖人民收殮已斃屍身收養一家被沖僅存之幼孩於可堵堤埝搶險堵築設渡接濟僱船攜食物接濟攜欵先辦亟撫再辦冬撫放錢放米官撫之外又加紳撫並接濟柴薪雜糧棉衣給葦使之編蓆給棉花使之紡紗織布收典牛驢以備春耕京城內外及順屬各處設立粥廠米廠煖廠養本地災民截留留養外來災民諸策畢營於遴委正佐各員之外凡士紳族戚及各京外官但肯出力帮辦救荒視其居心才力度其事之能否勝任有濟無不切求相助以期多設一策

多一人即多救災黎是以於平糶之事原擬委員之外每局延親信紳士一人駐局登記帳目初開東局中局擬每局各延一紳紳士係京官居多嗣以五城意在不派京官即未經延請所有駐局登記帳目之人即責成委員延請承辦平糶局須錢糧兩行生意中人均責成委員招募錢夥有向來經手錢糧解欵之會源錢店由委員責令覓人承充糧店則一無所知委員亦稱一時難招募妥人因思賈孝彤籍隸山東必可代覓妥人遂屬其代覓並購糧店各器具賈孝彤以尚在禫服兼與府尹親戚屢經推辭告以平糶係拯災救荒要計拯救災荒向無滿服與否分別

及迴避之例况公事均有委員責成所託祇係暫助開設始允代覓糧店妥人並購器具暫時照料其先五城來信亦祗謂不用京官即從其言初擬延請兩紳者即止請一紳仍止暫助開設不復駐局並無怫然不聽之處所商報部一層曾以此事本衙門未有成案不知有無歷來成案及上届成案可以仿照擬彼此攷訂妥當再行辦理不敢率辦致與部章有所窒礙且開辦甫經一二月須看糶價應否隨時增損開糶之旺否情形凡事均須逐漸酌核辦理若欵應核實則彼此所見皆然以其時五城擬將糶價解部而部議係撤局時將銀兩解交部庫本衙門辦理荒

政不止平糶一事在五城地面與五城同辦之事則在平糶平糶撤局價應繳部而振欵之能否敷用尚未可知不能不全局通籌隨事力籌以顧振撫大局此事原係順天府承辦之事既在五城地面會同辦理但須由五城將糶價錢數若干及錢既換銀銀數若干五城隨時記其確數如果順天府以振欵不敷奏明將糶價改歸振欵則以後欵項即係歸順天府專責彼此議論大概如此並未謂不應核實不應報部也總之本年平糶一事本奏明由順天府辦理祗因五城原係奏請開辦平糶設局又在五城地面則定地定期彈壓既爲五城分應同辦之事本衙門奏

開平糶一摺所敘與五城會辦之分際原係各有責成辦事一切由順天府委員責成彈壓一切由五城委員責成旋因五城一切盡心事事熟商共籌拯災救荒之計五城肯不分畛域至此自必引為同心集思廣益期於有利無弊所以往返函商凡五城所見惟有另請奏撥通倉白米一節以奏定將京倉米開糶未便另請及將平糶錢文放南營兵餉一層實因糶振之款難於移為兵餉只此兩議未經照辦此外有商必行謂有不宜即止向來府尹與五城商辦事件均致中城並請轉致各城此次既有五城往返公函又有孔憲毅往返商辦之函府尹方謂往返商函

獲益不知凡幾並有函復五城謂以後尚望得有良策即隨時示知惟必欲切實經理不以粉飾為工是以往返商酌必求有益事理自開辦以後粟米出糶甚旺近日東局至日糶五十餘石各局亦以次增旺白米因係試銷現定銷數每日出糶甚速局中局外咸謂京城平糶無成式此次所辦可詳記其辦法以為將來如或遇荒可以仿照推行者且自幸得和衷之美獲虛心之益直至閱邸報知孔憲毅參奏各款貴部堂欽奉　上諭查明具奏前後接准來文始知有辦理不合之處今據實逐層登復並無絲毫迴護以憑貴部堂查明具奏可也至所有商酌之件有函商者有面談者有彼此函商而存原函存信底者有隨時往來未存原函未存信底者除原函一件已經封送外今將所存原函四件及復信留底另錄之本粘簽折角一並封送備查又附送戶部原文同移札稿一件直隸總督會奏稿會回咨稿一件移咨中城倉場稿一件移中城稿一件咨步軍統領移五城札大宛稿一件開辦平糶奏稿一件原摺一件札委平糶各員稿四件札委采辦稿一件批稟及金道原稟二件同三局冊報河西務米數草單一並封送俟事竣希送還歸案可也

告懷柔縣城隍文

署戶部右侍郎順天府府尹周家楣謹昭告於懷柔縣城隍尊神之靈曰維神威靈德佑統被陰陽闔境官民胥蒙顯護竊以家楣奉　天子簡命兩尹京兆夙夜孜孜以供職業所賴各僚屬共修有位用治斯土乃聞懷柔縣署杌棿不安邑令嚴暄眷屬有被所謂壓虎壓害致斃之事署令楊因培接任後來告時虞及禍上年忽報病殁是否由此原未可知雖修短各有命定而屢傳景狀官其地者咸各視為畏途其何以共與為治相傳懷邑官廨後有土堆為前代死事忠骸所瘞精誠魂魄於茲憑依凡我官民實深敬悼然人神道殊古今理一苟推當日報國之忠俯

念此日官守之責自必俾無愜懼得效靖共用敢虔陳此
義伏求神靈俯賜轉達歲時致祭當飭在事恪恭無怠至
於俗稱壓虎事涉怪異理應驅除　天子守土之吏治
公之所豈容若輩憑陵恣爲妖厲伏祈神威赫濯亟予蕩
除使之官盡其職宅得其安仰荷神庥如山如河萬世萬
民同深感敬家楣不才鮮所樹立然耿耿此衷靡時不以
爲　國爲民爲念其或潔誠未孚難邀神佑則家楣不職
纍甚何敢靦顏素餐於是儻以家楣在官尚知盡心今此
瀝誠切訴可加鑒納則禦災捍患固亦神之職神之願也
爲此謹具箋疏遣現署懷柔縣知縣孫德祜代躬趨詣神
座焚香上達仍在署北瞻稽首頓首惟神鑒之佑之俯賜
允准速賜施行無任迫顲誠祈之至敢告

咨商各督撫撥解通政使司飯銀

本使司職司喉舌承辦各省呈進本章關係要政而衙署
多年失修一遇夏秋大雨動多滲漏收到本章料理呈進
溼損堪虞本衙門辦公無資凡經歷司事筆帖式向無在
署當月值宿之員於監護印信文卷存儲揭帖庫房遂無
值日責成亦非慎重之道風聞送本日期有故爲先後之
弊卽如各省缺本關係補缺次序有因較量缺分肥瘠預
爲之地或應先而後送或在後而先送且有將本逕送吏

人私寓者歷經詳切查訪雖無實據而署中無每日駐宿
接應之專員各弊或緣此而生自亦不可不防本使司公
同商酌呈進各省本章爲本使司之專責各本章關係各
省之要政今議整飭以求周密自應同力維持用期經久
擬照閣部飯銀商請貴督撫體念公務爲重行由布政使
每年於存公外銷節省平餘等項內酌撥庫平紋銀一百
兩呈請貴督撫於每年初次進本另文隨解本使司查收
以備歲修衙署及經歷知事筆帖式各員當月住宿收本
進本之需前件銀兩解到如有吏役需索使費之處卽請
貴督撫咨函知照從嚴懲辦庶幾辦事有資弊端可杜爲
費無多而於公務大有裨益爲此備文咨商如荷貴督撫
允准照辦卽自光緒十一年爲始於文到後初次進本查
照前因如數撥解以後每年按照辦理或有窒礙難行之
處亦希貴督撫咨復本使司以便另行籌畫可也須至咨
者　刻據各省咨覆一律照解

謹按前件通咨隨定章程先墊百金存公備用輪派經
知當月住宿專派管理飯銀一員解款應收庫紋用款
照發京紋平餘卽爲管員津貼嚴定題本收送時刻違
卽查參不准私寓接收又量地建房爲當月官飯銀處
公所放款回堂標給司署始有起色不啻再造　志靖謹註

稟各憲開辦統計　十七世 志靖 笠舸

敬稟者竊照前奉憲台札飭應遵憲政編查館奏定章程各府州縣衙門均添設統計處等因當經周前守於上年十一月初十日設立處所照會各紳籌議開辦復以計學原理至爲繁賾非有通達治體講求新政者不能勝任又經遴派員紳詳擬章程稟奉憲台批准照辦在案嗣因經費無出調查表式尚未頒發未即舉行因病開缺前護府程令龢正擬開辦未果知府到任後接准移交溯查周前守稟報開辦至今已及半年統計限期至爲迫促未容再緩當查周前守原派各紳除汪張赧江錫齡葉訓箴現均

在籍應仍照舊分認外至原派編纂鄭永禧原派調查詹熙均充議員在省未克旋郡據汪張紳等合請以鄭永祚代辦編纂周緯綸代辦調查知府初到情形未熟既據該紳等合請當屬相宜業經照會分充舉辦由知府督催速辦其周前守前選名譽顧問各員仍就各該縣分認辦事以資周密並飭催各縣趕將統計事宜報府彙纂毋再延緩抑知府更有請者現在辦理統計府署並無開欵可以抽撥聞杭嘉湖各處統計經費均由屬縣分籌彙解衢郡事同一律茲經從減核計每月約須經費洋一百十元業經札飭各縣照章籌解以濟要公仰祈察核備案實爲公便

札飭西安縣驅逐衙革書出境

爲札飭事照得該縣已革兵書向金榜前經周前守以聲名惡劣控案纍纍札飭該前縣薛令革去卯名驅逐出城在案本署府履任節據控案該革書現已潛回不特遥遥法外抑且故態復萌殊堪痛恨除批示外合亟札飭札到該縣立即遵照查明該革書現匿何處即行驅逐出境不准逗留並不准親族容隱仍錄札出示曉諭俾各周知並將遵辦緣由具報查考均毋違延切切持札

電稟各憲請准金華添募團勇

據金華參事會等合請以冬防在即胥小堪虞擬招募團

勇二百名遴員管帶暫借公款二千元由地方籌還等因知府查係實在情形事關重要仰祈府准電飭遵照旋准電復照辦

國山周氏世譜卷五十四上

著作錄

序記（舊編）

周氏世系序　二十二世簡惠公

裔孫[illegible]　輯

昔者大王建國擇地周原（詩綿之篇周原膴膴註云原地名在岐山之陽膴膴肥美貌也）正天地之紀立君臣之度王季克君克長文王止信止仁武王克商遂有天下詒寶命於元子（書金縢篇無墜天之降寶命元子武王也）朝諸侯於明堂事惟元聖（周公）負扆策勳於是旌之有以土田錫介圭而作瑞（詩崧高篇錫爾介圭以作爾寶）分寶玉而[illegible]（褩分寶玉於伯叔之國時庸展親）受封於魯爰宗於周得姓之於不慕廕

與夫河山帶礪剖符實王室懿親（史記長河如帶泰山作礪國以永寧爰及苗裔）組豆馨香傳世乃宗盟苗裔（左傳隱十年周之宗盟異姓爲後）千秋綿衍代有仁賢十葉扶疏皆爲岳牧衍並命於帝廷別增[illegible]於王相（諸王之相）特加寵異分賜黃金依漢室之仁恩成我祖之光顯傳國璽授諸文帝（西漢書周勃傳勃節親奉傳國璽上之文帝）聿昭太尉殊勳（史記文帝紀勃爲太尉居北軍）細柳營乃真將軍（史記景帝紀周亞夫軍細柳帝自勞軍至不得入帝曰此真將軍也若霸上棘門軍直兒戲耳）具著條侯偉績（史記亞夫[illegible]條侯）業纘承一家兩相清芬詒後百世本支（入選[illegible]詩揚世德之[illegible]烈誦[illegible]人之清芬）迨乎成哀政弱外戚禍興拂衣灞上不窺新莽之朝（先世避王莽之亂於陽羨）卧病國山長依章溪之水（咸淳毗陵志章溪源出章山北入荊）

今按即（蒲陽侯）漢末崩離三分鼎立廣平文武兼資卓國大事高綸總於萬機嘉謨叶於鼎士（一世祖子序公任廣平太守）子守鄱陽恩威並行（二世祖子魚公任鄱陽太守）至於平西履德清方力[illegible]高出歷守二郡安人立政入司百僚堅節不撓在我致身見危授命（三世祖子隱公晉封平西將軍）廣利強毅沈斷有父風烈（四世祖忠烈公宋紹興間封廣利侯）延祜卓犖英偉綽有才幹（四世祖子延公宋紹興間封延祜侯）靈佑明哲肥遯自甘仰泰伯之克讓秉延陵之高節（四世祖宜大公遂居不仕）義興川澤平遠氣象清和虞陽君呂（俱山名）盤礴峙其前洮滆具區（洮即今長蕩湖滆即滆湖具區即太湖見郭璞江賦）澄泓介其側雖聖賢之後宜有明德亦形勝之地必生達材不然何其宗黨雍

熙閨門郁穆丕謨偉烈（詩周頌丕顯哉文王謨丕承哉武王烈）或書當代之史或列先賢之傳禮樂名位紛綸葳蕤莫可偏學也（相如封禪文紛綸葳蕤不可勝數李周翰注曰紛綸葳蕤言衆多也）余聞之高必顛躋卑必淪已霍揚韓魏既共翦滅（左傳襄公二十九年）欒郤胥原降爲皂隸（左傳昭公三年）而我周氏永中和之氣守禮讓之風根華深茂源派靈長皆聿修厥德無忝前人翰飛士林武接賢路夫一日復禮天下歸仁況累代乎純陽父子（齊書周盤龍封純陽侯子奉叔後襲封）文武才猷推殘百萬侯封優寵謙讓而退壽昌封君（陳書周文育[illegible]壽昌縣公子寶安襲封）所存者大所被者廣進退覯時偃仰超世留清白於子孫（漢楊震字伯起不開產業曰使後世稱清白吏子孫足矣）樂琴書於親友（集[illegible]）

托親戚之情話樂琴書以消憂 任道安命推材重賢名士聞風自遠而至
孝通神明仁及草木修巳而巳立遺名而名高天乎匪忱
中世而歿未伸王佐之略竟失蒼生之望小子何怙銜哀
顧天徒敬奉於遺訓懼隕越於前烈將何以傳韋氏之經漢書韋賢子元成字少翁父子俱以明經拜相諺云遺子黃金滿籝不如教子一經竟太初之史司馬遷使還見父談於周南談將卒執遷手命之卒成漢史百三十篇霜露之感歲月其除假
寐永歎惟憂用老見詩小弁篇乃考其發源姬宗爲本系稽之
中葉延陵爲舊鄉封吳則錫其土歸魯則重乎本恭惟先
旨返耐有郃見詩生民篇自受氏以來旁列九土咸成一宗雖
前言往行布在方策至於述祖德敘家風庾子山哀江南賦潘岳之文采

始述家風陸機之詞賦先陳世德固子孫之所奉不敢闕也嗚呼惟后稷
允迪於前惟周公克開厥後盛德之祀百代君子之家萬
年宜乎嶷頌徽猷累揚德業乃相與崇建瑱石纂修宗譜
俾舊跡光於千載之上遺美施於萬葉之下紹興二十四
年四十二世孫葵謹序

物格知至論 見名臣言行錄四十二世 簡惠公

嘗論大學物格而後知至謂在人之至爲智在物之至爲
道以吾之智極物之道如兩物相抵故謂之格夫萬物不
同道一而巳方其格物物我爲二及其物格則自視無我
何有於物是爲知至

序記 續編

山東鄉試錄序 第八世 鼎 在調

今者東省比士適當 皇上龍飛首科得奉 俞旨較常
額加廣焉匪獨此也 天潢之派 先聖之裔從未有著
爲令與寒士兼收有之自今日始以至遼士一時從登萊
者亦並得附錄均於廣額之外又加廣焉噫非際 郅隆
安得有是誠千載一時也不期猥以 臣鼎 副科 臣 宏化典
厥事 臣 自諗譾劣先是乙卯司李河東分閱晉闈猶惴焉
弗克勝任是懼矧今且什伯此者耶能不惴懼滋甚爲是
加毖加慎既巳翌 臣 宏化竣事 臣 宜有言敘簡末 臣 惟今

天下景運熙明人文宣朗誰復畫地軒軒乃海內共稱禮
義風雅則首齊魯齊魯云何以其爲聖人之鄉留遺陶淑
誠有獨至耳雖然自姬公尚父賜履以來旋以報政之久
近親親尙功之殊指而後果終春秋之世劵其言不爽仲
尼亦曰變魯變齊有志而未逮至 明興而一道同風至
今日而久道化成則齊魯之合一而首稱之有由然矣士
生於此其文其人豈不卓越寓內肯少遜哉顧 臣 不知其
人祗用尺幅間覆射見其文之醞宛然闕里之淵源焉其
文之雄宛然泰山巖巖之氣象焉其文之指措擘畫宛然
管敬仲之匡合焉其文之渾灝陸離排宕澒洞則洋洋表

東海大國之風爲竊意舌不溢於其腸筆不濫於其膽眞才實才當不外是而收之上者步趨孔孟而次亦檢押自峻功名顯於濟時而有以不朽齊止若區區彈鋏市義輩短長捭闔其術而已哉 臣 樞部屬也 臣 實不文請以詰戎之說與諸士質可乎從來曰文事耳至武則曰武備曰文心耳至武則曰筆實聖人亦曰文莫猶人耳至武則曰除戎以戒不虞嗟乎古之人若已逆知千載而下嘔心擢髓競毫端者不患其遺餘力而戎之鮮除也筆之罔實也武之無備也良可憂也乃所爲用文之盛維武之衰庸非諸士任而異人任乎哉則諸士所以除之實之備之者又豈

姑舍是文事而更端焉諸士獨不考乎古六筆之師卽天子之六卿而擁護王宮稱股肱之彥熊羆不二心之臣卽鄉州所論之秀而六卿所率育之子弟也總無他途矣故曰綴衣虎賁皆吉士兹 聖天子廣額賓興爾多士以文而保護爾桑梓以武則諸士所爲文武兼資以報 聖朝者殆無過以實心從事推筆實之旨而并實其所爲文嗣今日而對 大廷以至服官盡職禦侮砥節無往而不矢之以實卽爲 聖天子之使何愧焉兵部武選清吏司主事 臣 周鼎謹序

斆學編自序

第十世 世樞 翼士

書曰惟斆學半斆者何所以教其爲人而已學者何所以學其爲人而已聖賢之言教言學初無他道也爲人之道原本乎性命統貫乎身心而要不外倫常日用言動事爲之間則父師之教子弟之學又何能外倫常日用言動事爲之間哉古者自幼卽有小學之教凡以養其心志約其形體而使循流遡源下學上達以馴致乎盛德大業而爲天下之全人已耳後世教無其法學失其本士子徒習八股之文爲進身捷徑日汩于名勢之慕利祿之誘內無所養外無所範遂至心術漓人品壞蕩檢踰閑得罪名教且漸流入于禽獸之歸而不悟安望其成遠大之器而有益

于家國天下也耶余嘗病乎此師古人修己誨人之道而未能會同曾祖兄逸園司鐸五水延余訓姪輩私心自揣曰學宮禮樂之地也學官教化之司也樞于此得常肅拜 先聖 先賢以與瞻仰惕勵之思且朝夕間相與切磋文行商訂禮儀或可少補吾兄之所未逮而漸以昌明 聖道俾五邑之人文從兹蔚起未可知也遂欣然就道到署數月覩其士習民風猶近醇樸列名膠庠者皆知尊敬師長時有以詩文進見類多慤誠謹厚無浮澆華飾之習益私心自喜曰是急當以吾之學爲教可矣因告逸園兄欲彙輯一書以頒示通學諸生奈署中無藏書可參訂姑

卽平日所記先儒禮樂諸書并所聞父師提命當時君子訓言約畧其大旨甚切于士子身心日用更演互證筆之于紙成十二則題曰數學約言竊謂教者必本乎此而庶可言善教學者必遵乎此而庶可言善學教與學必準乎此而庶可言爲人雖所言不過爲小學之支流而由是以幾于盛德大業夫亦有其基焉輯成未暇就正有道而聊以公之五水一邑以爲數學指歸使可識所以爲教亦可識所以爲學且可識所以爲學卽無不可各廣其所以爲教教學相長而後共求全乎爲人之道則言之雖約而于以正心術植人品維挽風化俾羣恍然悟正學之可興而上不負乎黌庠作人之至意也未必不賴有是書云

楨童子時居宋瀆得時瞻公道貌儼然威重復如春風和氣之襲人坐一室嚴整無惰容有所論說侃侃皆孝弟忠信語偶出手必拱步必安徐視無左右顧少年羣聚嬉笑公至寂無聲有望而避去者比長交岷南張子公之甥且久從肄業者也時于案頭座右見其訓迪告誡語及日肄課程勤勤懇懇如箴如銘首品行次文藝凡食飲坐立出入行步皆有教而其要在收放心皆朱門小學之義世俗師所不講也岷南曰外祖不徒以言教恒以身教嘗微窺言動雖燕私造次無所苟從之學初苦拘束數月後亦能勉强步趨嗟乎鄉里有公末俗澆漓或能感發悔悟師承遇公則聰明醇樸之材不至汩沒辭章不知有身心性命之學詩曰高山仰止景行行止公之謂矣族姪孫維楨跋

重刻陰隲文詩序　十四世之冕 鴻軒

是編舊刻凡有四本均不著撰人姓氏或謂莫寶齋先生晉少年所作或謂此係吳中名士蔡君濂之筆究無可考同里同志者咸以爲佳唯恨傳之不廣各願捐資重鐫而外弟潘君文瑞人麟尤爲竭力從事遣子越才士超來太選剞劂之佳者校對刻之既成板藏宜興荆溪之尊經閣

在於公所以便刷印之易眞盛舉也至詩之律嚴法備自爲有目所共賞茲不具論時嘉慶庚辰書於太平署齋

蒲墅西分譜序　十四世之冕 麗文

冕自奉 簡命宰太及告養旋里不獲躬謁 孝俟祠於蒲墅與合族子孫話舊者幾二十稔今年足疾似減舉動稍如意因思孟夏八日爲 祖孝俟誕買舟至蒲墅會克寬公支輯分譜文衡老叔祖以小序囑余余曰世之微文者必求諸名公巨卿咳唾半天風生珠玉簡端於是乎增色卽不得名公巨卿親擿文藻亦必託書姓名丐其印銜爲一時光重何屑屑余言是問耶文老叔祖曰如汝所云

必倩當代名公以染翰抒詞勢必溯漢晉唐宋將孝侯子若孫一門五侯之赫奕黃門簡惠之恩綸張皇黼黻剌剌不休直侈先世而已然不如是與體例不合又未足飫求序者之心今愚所以致請者誠不願繁引先世瑣敘瞽縷無非聯祖考相傳之系詳後世昭穆之分敘明生卒婚娶以便檢閱至紹歷祖之家學纂修是任愚不敢亦不遑也晃聆而思之老叔祖之言大有屬意夫周氏之著名由侯父子忠孝文武感格天人國史藏之口碑傳之不獨江左首推即甲乙天下亦無多讓焉況原序二十有四俱係名士宿儒手筆其間敘次本末悉賅琳琅珠貝美不勝收儻

復縷縷標舉文複詞重續貂之誚其能免乎因即老叔祖所以屬序之意率筆書之以應至體之合與否諒老叔祖久知筆墨之蕪也勿刻責

吳曙堂詩集序

十四世 之晃 鵠軒

詩詞由性情而發性情得山水而深暇日家居含毫吮墨點染景物非不足以發抒懷抱顧無所感觸則其致不奇其境不闢古人所以有讀萬卷書行萬里路之說也曙堂吳君客遊皖江離吾邑僅數百里山川形勢與吾邑大略相仿非有龍門太行之雄非有秦棧川峽之險非有天台雁宕山陰禹穴之幽渺而奇幻然長江滾滾日夜奔流自京口至菊亭水勢浩瀚遠近山光分明隱約潑翠揉藍估帆漁艇時出沒於烟濤浩渺之閒斯亦攬名勝者所低徊欲絶者也曙堂詩筆清而能腴向與予友菊畦唱和得悉其蘊蓄今讀紀遊一編性情流露益見襟抱越俗正如青山平遠綠水瀠洄令人挹之不盡異日返棹晝溪應更有奚囊佳句惜予宦羈仙源不能同掛片帆與曙堂篷底聯吟快讀新咏斯則予之耿耿於心者耳

淦里支譜序

十四世 上珍 麟書 璞齋

茗嶺之北長岡之西有大村落曰淦里我族祖若武公支裔所世居也予曾祖坐兆坐落太石井每春秋祭掃由桃

溪望南行市出鎮即見孤峯卓絶秀冠東南心竊異之以爲靈氣所鍾必有與他處攸殊者詢之土人咨曰此天頂山也下即爲淦里予心識之欲一至其處登峰覽勝而未果今歲九月九日謁始祖於蒲墅會族祖郁文以淦里支譜命予編次奉稿展讀得悉四十四世若武公諱大壯始由蒲墅遷居張溪築別墅於淦泉之東至四十七世國寶公自張溪遷居浯橋其弟琳寶公自張溪遷居淦里迨五十一世南樵公倡輯家牒合浯橋淦里兩分爲一譜以同出若武公故也總核丁數約六百有奇族長聖維宗子明侯等慮子姓之蕃衍歷久失次因重輯之此亦敦宗聯族

一鉅任也夫以予數十年往來桃溪間曩日遠望指異之處未獲親歷其勝今得因稽譜牒而識風土且獲誦諸名家十二景吟詠斯誠予所樂於序之者異日倘得躬詣其地上以瞻謁者武公之靈爽下與伯叔兄弟獲親笑語同登天頂諸峯以一覽勝景是又予之私願也夫

吳景蘩暨周安人七十雙壽序　十四世　之誥　勛齋

宜之俗最重生辰屆期日踵門來賀者相接也主人設殽饌備酒漿延客入座客奉觴上壽相與盡歡竟日而罷宜之俗類如此惟我姑丈大人暨姑母大人則不然姑丈七十生辰爲今歲壬申六月四日也宜言於親友曰吾德薄

不足以辱賀者則并其子姪而亦却之而先期正月八日則姑母七十誕辰也以姑丈之不受賀也亦却賀禮謝親朋之誥聞之曰乃吾所以尤當賀者也蓋聞古侑座之器有曰中則平滿則覆夫人生之受福如器之受水然節嗇而注之則所受有不可窮者矣姑丈自先州牧公以來節儉持家代稱殷實邑中羣推富厚長者而姑丈尤勤苦自勵家中凡一絲一粟不忍輕棄以故家業日隆隆起視析箸時已不啻倍蓰早歲勤制藝累試棘闈不遇即絕意舉子業援例授州司馬性好施與嘉賓客未嘗與當道交而邑令長下車皆願與之結納嗣君表兄耀曾弱冠遊庠舉優等表弟超曾頗穎悟僅舞勺即解吟咏孫娟好靜秀稱佳兒凡此皆獲壽之福而無愧乎人之賀者也又何以却爲而姑丈曰否否姑母好讀書自史鑑外無不博覽坐一室左右圖書好供名花獨得書中之趣故於人世事物之理無不悉知其有味乎書者耶有味乎書則書籍中岡陵之祝福壽之祈視爲固然尤不可不賀者也又何以却爲而姑母曰否否之誥聞其言而敬之慕之謹拜手稽首而爲之祝曰夫人之有所蓄於前必有所裕於後者也夫人之有所蘊於中必有所發於外者也姑丈以杖國之年而謙不自居將由此而期頤有不可量者也姑母以齊眉之

歲而儉以惜福將由此而享遐齡躋大年不可限者也則今日之所爲却賀者乃誥之所以尤當賀者也是爲序

族兄玉璇壽序　十五世　子斌　勛卿

風會之盛質勝於文風會之衰文勝於質此古今大較也自文勝之弊與而邪僻詐僞之風日益以甚而莫知其非間有端厚誠樸之士反羣鄙而目笑之以爲不合時宜而若人者亦深閟其跡不肯自見於世世之有心人蓋益深慕古之思矣吾族玉璇翁沙溪人也少事親以孝聞及長隱湖濱不求仕進先疇數十畝率子弟力耕自給自耕稼外不妄謀一錢性嗜飲藝秫爲佳釀閉門獨酌非輸賦不

人城市人莫識焉予聞而高之嘗相訪遇於道時未識翁翁避弗予覩也後數年翁遣長子從予遊予始獲交於翁見其人頎然而長頹然而臞方頤修髯則古貌也長衫高冠靑鞋素襪則古服也坐立不欹視聽無傾則古容也入其室紙窗木几地無纖塵閭庭肅然各執其業里中子弟以事來謁者翁接以情導以義事畢而退無妄稱引則古訓也相與處或鎮日不語遇名利客不相忤亦不相暱神情穆然於是見翁之風純乎古矣予與翁既久暇日酌香醪論世事翁鬚髯戟張辨是非得失侃然不阿謂予曰吾之不合於時也先生其知我矣世人好華而我獨樸世人

好智而我獨愚世人好諛而我獨戇我何能與世相周旋哉吾惟課吾子訓吾婦共守其拙弗習於邪以是守先人之業焉耳又何能妄希富貴利達以自穢身心哉予既聆翁言合觀翁行益歎翁之風渺乎古矣夫古之人如王彥方田子春輩不苟合於時自修其行而人自化之吾不知翁之材德與二子者何如而其風節則不多讓焉翁誠古之人哉吾聞翁少時嘗爲其親求葬地不獲因究靑烏言靡晝夜數年後獲之猶不自信求乩仙而決焉果得善地遂深信乩仙然他人求之恒不驗翁曰誠未至也神仙之道豈可以疑貳嘗哉蓋翁之誠孝能感於鬼神者如此翁誠古之人哉吾嘗謂舉世文勝之餘苟得一質實君子者出而矯持乎風會節天下之用裕天下之財飭天下之紀綱法度以振刷浮靡吾烏知今不可復於古耶如翁者可以風矣無如浮僞邪僻之習不知所返使端樸之儒深閟其跡而不見於世此世風之不古若歟予亟述翁之言敘翁之行屬辭以壽之俾慕古者知雲壑茅茨之下尚有古風存也

悔遲詩集序

十五世　人卓　剡秋

嘗聞詩人少達而多窮古來騷人逸士往往沈淪草澤嫉俗憤時中有伊鬱善感之懷而又激其慷慨不平之氣所

謂窮而後工者殆以是乎吾則謂伊鬱者過於悽咽而傷情慷慨者過於激昂而傷性雖復淋漓鬱勃豪邁蒼涼終無當於大雅之宗也乃今讀悔遲先生詩集而恍然得之先生幼孤貧奮志讀書屢蹶於童子試決舍去遊歷幕府馳驅四方而迄無成就其亦可爲窮矣而先生之心若有夷然自得者故其爲詩也翛然遠寄變化從心其瑩澈如月影澄潭其淸華如珠光麗海其高峻如層巒疊嶂耐人探尋其深微如幽澗寒泉靜人懷抱而一出以和平中正之音不激不隨不亢不怨要各本其心之所自得而流露於詩古所稱感發性情者讀先生之詩可以油然興矣吾

因有感焉夫天既與以卓犖之才則何不置之金馬玉堂鋪張鴻庥揚厲偉績俾得與韓碑柳雅相頡頏豈不甚快否則運籌帷幄倚馬萬言鴛鐃歌鼓吹而上之亦足以雄視一時而乃扼之以布衣驅之以游學困之以潦倒無成甚且并其詩集亦俱湮漫散失而莫悉源委猶賴其文孫洪智洪毅等蒐殘補缺得之舊篋中以傳其吉光片羽也則先生之不幸也然吾謂卽先生之幸也使并其吉光片羽者而孑焉無存則先生之才學不幾湮沒於人世乎而卒令幽光必發相與擊節沈吟而先生藉以不朽也其亦可以無憾矣夫余年幼才疏於詩學未窺全豹而於先生之詩

則有微見一斑者其律詩則宗少陵而參以義山絕句則宗輞川而參以東野古體則出入香山次山間而又能另出機杼不落前人窠臼信乎能自樹立者矣然吾所服膺者則尤有進夫以先生際困厄之時而又值滄桑之變其伊鬱善感慷慨不平者當復何如而詩乃溫柔敦厚如此知先生之性情爲不可及矣讀其詩者能無想望其爲人也哉若其遭逢與行誼則李嘯山先生詳述之余故不俟贅言云

浙江武鄉試錄序 同治丁卯科 代馬中丞 十六世 恩霨

臣惟創業之際用武以安天下守成之時用武以威天下自古帝王文武兼資賢能並舉治化所由盛隆也明太祖曰應武舉者先之以謀畧次之以武藝俱求實效不尙虛文故設武科如文科之制厥後得人稱盛如戚繼光者殆不亞唐之郭子儀宋之狄青焉欽惟我 皇上武功底定典重賓興海內英奇莫不爭自策勵思備折衝禦侮之選矧浙省負山依海忠勇之士代不乏人臣忝任疆圻再膺典試敢不悉心校閱務得眞才以仰副 聖主旁求之至意觀其矢穿七札知其能貫的驅塵也觀其弓挽六鈞知其能奮武當先也觀其舉重若輕知其能以整而以暇也觀其經義通曉知其能有勇而有謀也歷試堪憑始予

入選其或僅擅片長弗使倖獲凡玆滿漢衆士幸際 昇平獲膺選舉異日者或任干城之選或充宿衛之司將見技藝韜鈐益加奮勉以上副 盛朝之至治是則臣私衷竊幸者矣

重修東皋公譜序 十六世 湛霖 潤生

國家之掌故紀於史都邑之掌故紀於志士大夫家之掌故紀於譜譜也者以紀實以徵信以之教孝教悌以之教忠教慈非僅分支派昭世次別親疏聯宗族已也我族之譜由來遠矣始祖子序公守廣平政成居國山十二傳至黃門公創輯家乘顏光祿爲之序此國山周氏世譜所由

昉也嗣後拾遺公續之子年公續之太傅公續之東皋公又續之自玆以往派别支殊各成譜牒而滴滴歸源總本諸孝侯譜雖分而仍合蒲墅東分一族國山之大宗也其分祖繩武與我邦泰祖同出自簡惠公傳至東皋公叔寶具異才列太學留心世系爰延一時名士馬孝常治周履道砥纂敘宗牒旁攷確證洵足徵信此我雲霧世譜所以原本東皋舊帙也東皋公以後五百餘年業經六次續纂矣今歲中夏其族尊掄法族彥斌等因兵燹之後譜半殘缺亟爲搜訂闕者補之僞者正之乏嗣者擇人繼之有德者摭辭傳之其實無可考證者暫行從闕稿成屬余編次

義弗辭爰次其先後釐爲十六卷首登　恩綸次列宗規再敘系表并及傳文又爲之增入祖德祖功諸誌凡我祖之忠義孝友垂之史冊揭之載籍紀之芸編播之歌詠勒之金石者靡不羅列悉備抑余尤有進焉者忠孝爲天地立心祖宗心天地心子孫當心祖宗心溯自孝侯公崛起文武忠孝卓絶古今忠烈公繼之起義兵定江南卓有孝侯風烈朝廷特置義興郡以旌之後如胥勇祖之守墓結廬淚漬枯樹殆不啻拜斗露禱孝感草生黃門祖之武原轉戰山岳爲摧殆不啻提兵五千致命六陌御史祖之彈牛仙客拾遺祖之疏裴延齡樞密祖之斥牛僧孺簡惠祖甫入諫垣章三十上覩執簡劾權彤氣節亦復不減使非以祖宗之心爲心安能前後同揆若是耶生逢　聖治遐昌錄忠崇孝風勵訖四海爲父兄者果能心祖宗心以督率子弟父言慈子言孝兄言友弟言恭而其尤者出家學以驤騰仕路用追踵忠烈胥勇黃門御史樞密太傅各祖之克篤前烈以垂名青史爲家乘生色且爲邑乘增光豈不懿歟余樂斯譜之成足以紀實而徵信也謹識數語弁諸簡端敢以致孝盡忠之誼與諸君共勗之

劉槐南先生古文序　代

十六世　道倫鼎瑚

予嘗登太華見夫山峰之崒嵂泉流之澎湃巖石之奇突

與夫著松翠柏異卉瑤草青碧詭狀綺綃繡錯目炫耀不給賞意曠適不欲返逡巡而退退而思蓋秦中清淑之氣蜿蟺扶輿磅礴而鬱積鍾其秀于是山故生其地者多顯宦發爲文章率有奇氣具風骨不自貶予前得守是邦與郡之搢紳先生接聆其言論丰采俱渾厚與古近論文則盛稱蒲城劉槐南先生余心焉誌之丁卯冬其嗣君執軒捧先生遺古文一卷請序于予予自維譾陋固辭不獲及誦先生文嶙峋特兀如仰山之峯而莫能量其高也淋漓灝瀚如溯山之泉而莫能窮其源也新采陸離古色斑駮則又如山之華春藻夏而莫能測其變幻也大氣蟠結出

以和平是非蓄積有素寢饋于古者能一蹴幾乎讀其文可以見其志與其行事爲人卓卓不苟楷模鄉黨非僅以文藝傳者因濡筆而爲之序

四川鄉試錄前序

十六世　家楣　小棠

光緒二年歲在丙子直省舉行鄉試閏五月禮臣以四川等省考官請得　旨命臣周家楣偕臣吳觀禮典四川試事伏念臣江介菲材由咸豐九年己未科進士改庶吉士同治元年補行散館改官禮曹歷主事員外郎郎中先後蒙　恩記名御史繁缺知府海關道奉　穆宗毅皇帝特旨以五品京堂候補旋以四品京堂候補上年十月補授太僕寺少卿累加三品銜二品頂戴　天恩高厚未報涓埃茲復渥被　温綸忝司文柄盍兢兢焉以弗克勝任是懼謹偕臣觀禮馳征就道齋祓入闈時監臨爲護理四川總督雲南巡撫臣文格協同點名則署四川布政使按察使臣杜瑞聯署四川按察使湖南按察使臣傅慶貽提調則二品頂戴候補道臣彭毓棻監試則暫留成綿龍茂道任安徽按察使臣謝膺禧內監試則知府用候補同知臣何亭清綱紀肅然執事咸恪進學臣張之洞取錄士一萬四千有奇扃闈三試之臣家楣臣觀禮率同考官大竹縣知縣臣屈秋泰彭縣知縣臣吳鼎立墊江縣知縣臣袁積

震郎用知縣臣袁韻春郎用知縣臣謝廷鈞候補知縣臣錢保塘郎用知縣臣陳明倫試用知縣臣張濤郎用知縣臣孫清士候補知縣臣章際隆大挑知縣臣尹莘候補知縣臣張繼曾等殫心校閱得士如額擇其言尤雅者恭呈御覽臣例得颺言簡端臣竊惟今天下需才亟矣而國家取士之途必以是爲正士之所以進身者且以不由是爲憾躬校士之責者亦即以是爲衡究其故豈文之是亟哉固將得人而用之也古之善鑑士者往往本一言之得失悉其品節決其平生今乃歷試之四書經藝詩策幾及萬言由是反復考校以窺其學問之淺深心術之邪正

才器之大小優絀宜乎此易於彼矣然任其事者謂取必所當取去必所當去無人焉敢自信也信於其文誠難即文以信其人尤難謭陋如臣更何足以語此惟念臣以一介之士來自田間於竭誠奉職外一無所知一無所能感沐　殊恩由郎署擢任卿寺十餘年來與聞　國家要政隨同奔走昕宵匪懈親睹艱難仰見　聖朝求才之殷及時事需人之切今蒙　皇太后　皇上畀以衡才重任屏營震悚寤寐徬徨惟有本至公至平之心博觀精擇睹著知微冀得一二眞才爲他日楨幹棟梁之選矧茲巴蜀山水奇麗民物殷富自文翁化民成俗賢哲代生若漢之司

馬相如揚雄王褒之儔其文良偉至於唐宋若李鼎祚之經術張栻之理學蘇軾之文章氣節未敢謂古今人果相及而微臣私願安必無更奢於是者岷峨蒼蒼江漢洋洋當有人焉起而昌正學贊 皇猷爲我 國家眞有用之才大日新之業以仰副 聖天子顧俊求賢之至意也斯則臣夙夜蘊結之苦心所願與兩川多士深相勖勉者爾維時官斯土者則有護理四川總督雲南巡撫臣文恪鎮守成都等處將軍臣魁玉四川學政臣張之洞署四川提督臣聯昌鎮守建昌等處地方總兵官臣劉寶國署鎮守川北等處地方總兵官臣賡貝署鎮守重慶等處地方總

兵官臣田在田鎮守松潘等處地方總兵官臣李得泰署四川布政使按察使臣杜瑞聯署四川按察使湖南按察使臣傅慶貽四川通省鹽茶道臣蔡逢年暫留分巡成綿龍茂兵備道任安徽按察使臣謝膺禧署分巡建昌兵備道雲南迤東道臣許培身分巡川北兵備道臣董潤分巡川東兵備道臣姚覲元分巡川南永甯道臣延秸例得備書二品頂戴太僕寺少卿以應升之缺開列在前加三級臣周家楣謹序

任翼聖先生集序　　十六世 家楣 小棠

光緒七年秋家楣以服闋還 朝行有日矣任翼聖先生後嗣恭輯歷奉 恩綸暨 四庫簡明目錄於先生所著各書標旨以及 國史志乘先正事略公私諸傳並先生進呈試論講義奏疏書牘都爲一集將付手民刊示千秋而垂不朽屬家楣序其簡端家楣懵於學弱於文何足以闡揚先哲於萬一然爲先生鄉後進館後學幼聞祖考提命即稔先生爲學致身梗概高山仰止景行行止雖不能至心向往之願敢以此諉謝自外於先生自棄於吾道乎先生幼有至性孝友天成自總角讀孟子至篇末誦無有乎爾之句即嗚咽涕泣痛大道之無傳其任道之重殆有所性存焉及壯窮研諸經而於三禮周易尤有心得以其

精蘊垂示後世其用意在敦風教正人心非章句穿鑿之學所可儕比暮年遭逢盛世蒙 先皇特達之知置身清顯翔步 禁近而在翰林不責以文詞在言路不責以彈擊一以啟沃 聖聰扶持斯世爲任 主聖臣賢際會極古今所未有非堯舜之道不敢陳即得堯舜之言而論定則先生之所處及後世之所以奉先生者於此可知矣自漢迄今得祀至聖先師廟庭者以經學理學兩途爲斷究之非經無以明道世容有背道之經生斷無不通經之道學先生以研經造道純粹以精於國史列儒林於志乘列理學兩者仍一以貫之紹斯文於未墜明絕學於方來我 國

家右文重道所以重先生其必更有進也家楣辱先生後裔之請以束裝愿促未有以報在途始得詳誦所輯至道由濟鹽乃述所見以寄之是爲序

廣仁堂章程序　　十六世　家楣小棠

天地之大德曰生而斯人之生計天地不能代籌也帝王有好生之德而斯民之生業帝王不能徧給也惟有心存康濟爲善不倦之君子隨地隨時謀所以生之者引其生機而斯人斯民遂自爲生理焉誠足以補天地之所不及籌帝王之所弗克給而後天地之化育惟人能贊帝王之功用待人而舉豈煦煦爲仁孑孑爲義云爾哉京師地稱

首善善堂林立上荷　皇仁之淪浹下藉有心者之維持自晉豫災荒之後益事擴充周密洵哉意美法良靡善不備矣家楣久官京師得與諸君子游每至需用孔繁亟謀接濟有以是致詢諈諉者不敢不罄誠求效於資善百善等堂歲需之款或上陳　聖聰仰蒙　賞米撥銀子惠元元有加無已或馳書布懇賴賢宰相封疆大吏榷關監督巨款扶持年以爲常歷久不敝若普濟堂功德林向隸京光亦經奏明釐頓得賢經理就歲領崇文門撥款實事求是業乃日新家楣幸從諸君子後隨同策畫籍悉梗概知各善堂用意相同而事美各具疑若無可復加者乃觀於

廣仁堂章程反復展誦更晤主堂事者繆君啟泉相與詳悉咨議則知其教養兼施體用具備實足以化無用爲有用使無籍之徒皆得有恒之業且其爲教先以小學幼儀期於孝弟忠信並足扶翼世道人心見淺見深大用小用胥由於此不謂天地間有此良法有此妙用也建堂迄今僅一載已有習織席藝成爲人延訂月得十千者其明效可知啟泉籍江陰同郡其師夙與家楣稔學者稱余蓮邨先生樹德鄉里以善化人其門多善士啟泉其一也惟念堂之設較後所需既巨而所入未充伏望存心世道之君子同心籌之厚力助之使之可久可大可擴充而推行焉

此即體天地之仁心佐帝王之仁政欲立立人欲達達人不必言博施濟衆而仁之爲用固已廣矣家楣曩任京尹實司民命今者權佐臺垣民生利病亦有保焉不覺言之尤切爲此極誠呼籲之辭也至於該堂章程之善美具昭中邊並徹閱者自知之所收貧民呼號慘切之情及非此不生之故隨在見之聞之未著於篇云光緒八年正月

順天府志序　　十六世　家楣小棠

洪惟　聖清畫一區宇包舉遐邇四海九有悉主悉臣疆域之廣古所未有於是有　大清一統志由是各行省以及郡廳州縣各有專志爛焉大備矣惟順天府爲　天子

建都之地邦畿千里實稱首善宜必有志而缺焉未修每以爲憾家楣通籍後備官京僚道咸以來未聞有無建議修志之舉近聞吳春帆中丞張霽亭彭芍庭兩侍郎官京兆尹均經謀議及此家楣身居局外未得其詳光緒四年秋七月奉　命尹順天乃踵彭侍郎之後遂叩其端倪詢其要領則奏稿已具而未之上時兼尹爲尚書萬文敏師已請令兩廣總督張香濤制軍剏條例聘訂諸賢修纂侍郎刻意興辦力購書籍備長編之用並經商請相國合肥李公籌欵九千金侍郎方屏藩豫章臨歧殷然相屬期成厥功家楣於是商之文敏師適相國來　朝擬設局開辦

而斯志之難有非一端所可盡者尤以其事剏而非因明萬歷有志簡率未備且距今數百年矣侍郎得天府廣記鈔本亦非全書文敏師謂前兼尹府尹歷有賢能矣而志未及修其難可見我兩人不及修則與諸公同受因循之誚耳我兩人修之不易成成焉而非志之善者則獨受譾陋之譏矣家楣曰以師久任京畿夙領史館而得相國李公之任其資香濤太史爲之例爲山之基奚止一簣今而不修後將更難我師與弟與其同誚因循固不若獨識譾陋也師曰汝志卽吾志汝其勉爲之五年四月二十四日以修志事上陳得　旨俞允而家楣以母喪去官接任者

爲今江甯布政使梁檀浦前輩蓋已再任矣定期開局以任綬青太守駐局經理家楣奉母櫬居觀音院萬文敏師及檀浦前輩香濤制軍時詣商修志事宜制軍允於各門纂齊後爲之畫一釐訂而以總纂事由繆小山太史代之各門分纂咸一時名儒碩彥按叁計程悉本制軍手定凡例爲準自家楣旋里後經文敏師檀浦前輩及兼尹童薇研前輩歷任府尹李藻舟京兆張月卿中丞游會東倉帥相繼修舉並以原籌經費不敷由童游兩公商之相國李公續籌六千金以應光緒八年春正畢東河師由倉帥升授總憲任兼尹家楣再任京尹同日奉　命旣視事知書

之已纂者得三之一時香濤制軍由閣學奉　命廵撫山西封圻事繁先允畫一之舉恐無以及家楣惴惴焉慮弗獲成往商則曰得公再任京兆得小山主總纂事事無不成成書必不致譾陋也方家楣之在里居也小山太史書來論志事謂攷古難矣證今尤難搜采訪諸端一字未確一節未稔往往閣筆至是乃條徵件采書牘並發舟車踵接日下耆舊敦請考證務盡所能其日久無應及訪證弗獲者仍其闕纂輯旣齊繼以校讎至十一年春始以志書有成由東河師及家楣會相國具奏以聞而今府尹沈仲復前輩抵任時以經費久絀家楣任內相國所籌之欵已

盡凡順天存公之欵並經移支數千金而刊刻方半印訂工資及數月局用又以不支於是前輩又商之相國續籌經費家楣亦上書言之復得四千金以既其事蓋籌欵之難如彼成書之難如此宜此志之前未有著及頻謀頻輟以至於今也豈果因循哉今書刊印告成相國及前輩各有弁言爲皇壯麗足以爲斯志光而家楣自愧不文惟於其事籌畫終始閱歷甘苦於今亦不能無言也至於書之闕者待補其諸政之在修書後者後之君子詳攷而續輯焉以期文獻常存翊成我　國家文治之隆是則家楣蘊結願望之誠固有與天地無窮者矣

醫籍備考序

十六世 家楣 小棠

天地之大德曰生醫者所以體天地之心而濟生道之窮者也然由其術而弗精焉則生人之道轉足以戕人醫之爲學顧可不亟講乎哉流水不腐戶樞不蠹治於已病不若治於未病治其病不若治其所以病故季梁聞言而得衆醫良醫神醫之分扁鵲論醫而有最善視神次治毫毛次鑱血脈副肌膚之別醫之造詣不同而非乞靈古人由博返約確有心得其不爲庸醫拙醫市醫者幾何安在其能爲良能爲神乎蓋博觀醫籍而食古不化弗良於用者有之若目不覩昔賢之書而欲以人試藥克成國手者斷

斷乎未之有也靈樞素問猶之四書五經諸說叢書猶之百家諸子學於古訓乃有獲於醫何獨不然漢唐以來均設太醫專官唐太醫令有四師之屬宋試醫官十道以六通爲合格元試諸路醫學以十三科疑難題目我　大清設太醫院領以大臣肄其業者由醫士而官游升左右院判而院使率畢生事其事而不遷而士大夫之精於其學者不盡隸醫官之籍是以古今醫書不盡存於官府而人傳秘笈家有金針固已無美弗備無遠弗屆矣日本國使者森某以國中躋壽館所著醫籍備考一書由總理各國事務王大臣相示爲岡田氏柔克高島氏祐啟所編述而

丹羽氏靜岡刊而行之者蓋就館中藏書敘列目錄剖析源流以內經始以雜科終於我中國古今醫籍殆已秩然大備其搜尋之富體例之精緝各以類而派別門分語提其要而意該言簡洵足爲藝林之善本醫家之寶筏而折衷古人力循正軌用心有深且遠者我兩國誼切同文訂盟修好世世勿替竊願其臻仁壽而體天地好生之德於无疆也於是乎書

地學簡明揭要自序

先君桐崖公以名宿食餼蜚聲庠序咸豐庚申粵匪踞城挈眷渡江羈居東陽遂潛心地學博覽羣書去僞存眞得

其要領仁時已弱冠誦讀餘閒嘗諄諄以地學指示謂人子不可不知免爲時師所誤甲子恢復得返故園青氊舊業督課益嚴無暇紛心藝術迨丙子仁銓選崇明教諭迎養贍依間聞庭訓論及青烏謂陽宅用三元參三合宜宗魏青江之陽宅大成其選時造命尤宜熟識陰地山龍則廖金精之洩天機簡括明備詳載諸病靈應確著劉青田之披肝露膽總挈精要末論平洋慮周藻密至上乘功夫必須精參撼龍經方盡尋龍之妙此境眞不易到全仗慧心法眼兼有强力涉歷山巔窮形盡變又不可作呆相膠柱鼓瑟疑龍經亦字字珠玉又山地與平洋不同天然龍

穴堂案一步不可移動若用卦例必至背逆不僅屏去三元即三合亦不可拘惟平洋局勢寬展立向可東可西總以內水口爲憑宜宗直指原眞其定左旋右旋立向法無他奇專取逆水橫水從無順水之局地理五訣闡發原眞最爲明晰勿薄其淺近而好爲苟難若辨正之三般卦例陰儀順挨陽儀逆挨以四正卦爲陰卦氣從右逆行九星左挨順布以四隅卦爲陽卦氣從左順行九星右挨逆布與青囊奧語蔣註所云豈惟坎離乾坤四陽卦爲凶即震巽艮兌四陰卦亦有凶時相背歧出且四正四隅俱一陰一陽相錯何故强爲陰卦陽卦至以龍之分運看內卦水

之分運看外卦向則內外卦兼取說理元妙巧售其術聚訟紛紛各誇秘訣術士奉爲圭臬一經考核全係穿鑿附會言僞而辨昔人詆其妄者非一桐城洪氏謂星卦之說惑世誣民章氏更謂辨正之貽害甚於洪水猛獸可輕信哉世之津津樂道者以其詭秘聳人勸聽也識見未超每爲所囿小子謹誌之不敢忘自愧限於天資末由深窺其奧丁亥夏五奉諱里居謀營兆域廣詢地師非誇元運即詡元空或論三合專憑坐山不知以向補龍或拘方位慮擬貴人祿馬各神其術自稱靈驗迨往相地於龍虎堂案目前凶煞尙屬茫然何況龍脈何況穴情益歎業是術者

之囿於邪說自欺欺人炫世以媒利也猶憶辛壬癸甲江北耳食先君之名延聘擇地十僅其二三該處平洋扦葬一宗三合以高低審龍脈微茫在尺寸之間以內水口定向從正借庫天干放出率能平安奏效旋里後重理舉業求相地者婉詞却之雖親友弗徇並諭小子以地理不可不明斷不可輕試不害本主即礙墳鄰偶一失誤追悔何及況以仁既無資力壯游四方歷攬形勢窮探巖壑觀其變幻又無餘暇博訪名墓精求印證本鄉與地足跡多所未經囿於管見第就書中採討折衷至當祗求無背於理詎敢妄談禍福且地理須憑天道吉人自有佳城得自因

緣非可力購何必惑於禍福然爲人子之心必思安妥先靈於窀穸不得不恪遵遺訓殫精竭慮取法古人又恐書難盡信刪其冗雜簡而且明不揣固陋願公同志從此廣證羣書不致迷誤相擇一地先求破敗細審穴情疏通取用未始非人子葬親之一助也光緒二十四年仲秋月。　十七世　學源　組園

荆南分譜序

宜興古陽羨乃爲我周氏特置之義興郡也故當日義興周公宜興而私周氏故曰國山周國山者我鼻祖廣平以下之公稱也公國山而私其分支之周氏故曰荆南周荆南與吾雲霧同宗簡惠公簡惠之裔支以百計丁以萬計

而勝國之季獨荆南最著爾時吾雲霧自大司空父子外尙鮮達者荆南則祖孫父子兄弟叔姪連掇上第內而宰輔而諫臣而郎官而衛尉而文學侍從外而掌文衡僉法讞相親藩尹大郡縣者更僕弗殫數而且名人輩作凡奏祀名宦鄉賢者至六七見而道通公尤以陽明高弟子特祠崇祀猗歟蒂深則穎繁膏沃則光遠我祖若宗之食報宜如此矣我朝　純廟以前冠裳文獻彬彬猶盛嘉道而降寖以不競江河日下匪今始今嗚呼豈所謂極盛之後難於爲繼耶抑循環往復天道之常盛極而衰亦衰極而盛天固大有待於後之人耶且今者其氣象亦漸振矣其

支祖曉山公昭穆系自本城外若謝橋若舊莊若下山若湖汊若下衺若淅漓圩諸分分而合之亦近百人矣類皆服疇食德不啻吾周氏家法而且祠宇尙新圭田猶在今族長鴻文宗子椿年經理總法敦裕濟川珍大榮貴等又瓶修宗譜善蕆厥事此皆其寖昌寖熾之權輿也原譜修於咸豐乙卯舛錯遺漏層見迭出且時閱四十餘年中更兵燹搜葺尤難當事者命　源　懼弗勝任乃推從兄墨青明經葆頤總其成並以勘錄付叔弟庠生南金而自承乏於撰述焉凡三月事竣　源　既誌其顛末而今昔之感嘶難已已則睪然曰繼自今其庶幾復盛矣雖然以吾祖若宗

之忠孝傳家崇功魏德相望於二千年間凡所以庇賴其子孫者自必歷百禩而弗衰特視乎後之人能纘承能奮勵與否耳歐公曰盛衰之數豈非人事同爲子孫宜如何自勉焉是爲序

遊南山記　采入邑志　九世　季琬　文夏

乙酉春多風雨積寒未退花事稍遲一日新霽遂邀勝友三四載酒挾洞簫櫂溯西溪波光接天而南山橫亘其前晴暉浮白不能久視左右岸容一洗寒色其時梅已白頭柳方青眼酒帘竹舍隱現其間知春光正不減於昔也艤舟蘭沚杖策登山數問名園無不歷覽乃憇於吳氏之

山樓下因石爲池流水潺潺晝夜不息眞足傲俗耳笙簧也其左則石路幽折苔色皆古或亭或閣因山之性而上下焉其右則叢花一徑偃藤爲橋天香馥馥染人衣裾故當明月靜涵萬籟俱徹野烟未消泉聲愈急宜其晚也濃露綴珠星稀漢沒嬌鳥向晨碎語不歇宜其朝也余徘徊數過復牽蘿登巖巖半有嘯閣上逼層霄下臨千仞俯矚琳瑯萬竿悉出展底亦云曠矣從右歷級直躋其巔萬態陳前一覽皆悉峰無重數四面環碧以視嘯閣所收又覺大別古人謂一水一石亦可會心而況置身於高山大水間乎因留連而不忍去

東坡書院講堂記

十世 世賢 逸園

古之聖賢豪傑必有淵渟岳峙雲生星降之奇其性情恒與風雲山水輝映吐納以發皇不敝之事業而黼潤不朽之文章是以胸懷浩落如風之光如月之霽如喬林大澤之高且深而風雲山水亦必待之以效靈呈瑞蓋有其感召之神而非可以常情云喻者矣使非其人則必見小識卑狗利己耳沽名已耳恃矯僻爲雄才逞刻削爲耿介已耳古來擅冰鑒之稱者往往即其品概必嶷然靜鎮藹然和平不事機智不輕好惡而輒舉其生平以品藻焉逮其後而文章事業必應之如響我嘉翁熊公祖師臺稟五行之清貞鍾三輔之爽闓立身以泰山喬岳引人於白日青天判吾常郡奏績上理循卓之選旦暮遇之已酉夏五借冦宜邑憲檄未至莫不引領而望陽春甫下車而士服於教民安其業藹藹乎父母孔邇而羣歌來暮焉幾六閱月宏綱細目罔不整舉出阽危奠袵席清風穆如而宜民固已立躋仁壽矣於是從容晝諾抒其月露風雲之壯采登臨俯仰之奇懷花之朝月之夕必攜斤騶從拄笏搘頤於湖山勝處浩然意遠昔人了公事於溪山者方之我公洵不愧焉惟是宜邑褊小介在僻壤銅官離墨震澤兩溪雖不足以辱公之嘯詠而公於聽政之暇思得散慮陶情會心曠遠以不負效靈呈瑞之奇而益裕其爽闓清貞之度於城東南之蜀山舊有東坡書院公慨爾而歎當年之坡公蓋非矯枉剝削而功名事業數傳彌新廟貌烝嘗千載不易於稽其實必有其本云惜乎踵事無人聽坡公專美於前而徽音弗嗣且後之人恥先賢遠勝於已而置若罔聞將見歷久而傾頹年遠難復問也爰不勝扼腕捐俸庀鳩子來恐後不閱月而更新倍增宏敞公顧而樂甚邑之人僉謂公文章事業與坡公互相輝映構講堂而莅事焉講堂者謂公常以忠信孝悌之義彝倫日用之理曉然於吾宜之人闡揚發揮而宜之俗因而感化也講堂成而必

設公之長生像位者知公之才之德非郡縣守之所能展其用恐榮擢難以攀轅必留有遺愛令人望之而不愧典型即之而温其如玉事之而卓越千古也噫是非具風雲川岳之姿大民胞物與之治安能感召之捷如響應也哉識者不獨欽其胸懷之光霽高深克媲聖賢豪傑而即此措施之裕感被之隆亦足仰窺全豹之一斑矣使有操永鑒之懸解如林宗德操諸公者從而置其月旦必能卜公之他日將持此以參國是贊皇猷行見不動聲色躋天下於仁壽矣豈尋常見小識卑者所能擬議其萬一乎賢不敏敬私記之以誌公之所以發皇黼潤追蹤於卓魯龔黃

者蓋實有其本而並事於坡公者爲不誣云

蛟橋記　　十三世 士廣 東溟

義興環城皆水夾東西氿中設兩關截城河而鎖之爲長橋其故址則我祖　孝公斬蛟處也橋去縣治南二十步高二丈七尺長二十五丈搏沙築土孰權輿是東漢袁玘實經始之飛焰流星孰振興是元豐褚理實更新之始建以木繼易以石抑有蠲帑蠲私三十年而梁木從重毀重整四十年而闌石圮其間劉令鼎新廖丞增置橋雖屢更未移故址宋眉山蘇軾卜居陽羨大書碑石云晉平西將軍周孝公斬蛟之橋黨錮石沈水涸石出流光永耀斷而不滅方其魚鱉與游蛟爲之儔黿鼉與處蛟宅其渚倏左倏右時出時没鱗角何潛淵何千尺鬐鬣何奮波何岳立何載輿馬覆壓是懼何遯舟艫陷溺爲怵乃若風行水上文昭詩紀雷出地中節在忠義忍斯物害不爲民計摩厲以須提刃相伺三日濡首兩川克濟不然野渡何遽無人不然布帆豈遂無恙斬蛟之名乃所由昉昔在子產洧淵龍鬬不禜而止爰若其所吐氣爲雲甘霖是作蛟亦龍種何戕於我公曰舍旃民其魚卵賀循稱功陸機誌美曰稽先哲公言可採豈非孝公奮起崇朝漢木宋石永世相高茫茫後顧葉奕分標以開亘吏爰及　國朝宜邑張尹懋

績孔昭甘棠留憩尤在此橋石工甫作雲路迢遥荆令趙公實與均勞法藏寺僧厥名省機公於歿時惟僧與稽汝之苦志吾所素知吾之始願汝宜成之却而欲走公曰無辭自公歿後不知所爲兩邑新令監其苦思碑亭闌石益復慨之工繁費劇僧日孜孜通邑紳士與共持之暨其成也何以鐫石殘書徙廟昔賢遺碣以爲我　祖奉揚休烈嗚呼爍哉千秋一日

衡門惜别圖記　　十三世 迪 藕塘

衡門惜别圖者爲海昌吳兎牀先生作也先生與迪外兄任澧塘爲文字交近二十年迪因澧塘交先生亦逾十年

中間詩歌雅集筆札往來歲以為常庚午九秋十八日迪與澧塘攜手過周橋遙望衡門前一舟子從柳陰中招手曰細雨東風至矣喜極遂登舟方謂得慰饑渴而兎牀時已入城闉矣兩人呆立河干不啻雲山間隔怨覯面相失於守久之而橫溪趨至移時兎牀還舟握手敘六年闊別之情恍如征夫遠至夢裡相逢語次兎牀指心而言曰吾年且七十有八特駕扁舟來者為ㄟ別故人也後此會面知復何時舉座聞之皆為嗚咽未幾水雲蕩漾暮靄橫空澧塘慮風露侵肌不敢邀請上岸命小僮攜榼舟中歡然快飲譚至夜分歸後枕上成絕句四首大抵思友言情之

作不及向晨披衣映窗月書之比曉副茶點遞去十九日早諸友紛來舟次曦光照戶爽致迎入同入挾兎牀經過衡門集澹和堂兎牀喚奚童檢所攜書畫共相展玩中有朱西村枯墨樹石小景董香光濃墨山水兩橫幅沈朗倩臨黃子久富春山圖徐俟齋深細墨皴鄧尉十景冊頁王麓臺澹墨樹石王圓沼潑墨山水吳歷深墨山水橫卷又一青綠山水立幅較之陳白陽張平山諸品似為更上客為歎觀止焉斯時也一堂之上坐者坐立者立兒童婦女爭欲識面幾於團扇家家畫放翁矣吟嘯之餘童顏鶴髮丰神奕奕若地行仙而指點畫家南北宗派者兎牀翁也

靜觀不語者儲翁靜齋也年八十一矣譚笑風生手舞足蹈屢欲攫取畫卷者衡門主人錖七翁澧塘也贊歎不置者蕉菴申氏也蕉菴何以至願識荊州也細審畫墨點師其意者吳生菊畦也其兄景樞同來起居老翁也敦宗誼也袖出家藏富春山圖題跋與原畫合璧者潘璜溪也揎袖理籤出匣開幀捲軸者澧塘季子鼎升也供服勞也手握禿管注記所闕之書畫者下走也即前折柳圖中手折柳枝人也約而未至者一人與澧塘同庚之潘迂雲也廸謂菊畦曰前六七年君曾寫折柳載酒二圖今日之會有勝於昔不宜虛此盛舉盍作衡門惜別圖以永其傳乎菊

畦吮筆和墨立為起稿而酒尊肴核已羅列盈几矣飯畢澧塘呼孫出拜名曰喬林兎牀前時所錫嘉名也翁命童至舟中取繡囊日規月矩男錢女錢沉香秋葉詩譜蘇帖先德碑七物博孺子懽既又出各種刊就各種新書及少陵草堂圖石刻分贈諸友凡以誌弗諼也時入申牌舟子促趁風徑泛桃溪云有數日小別同人送及水滸兎牀舉手謝曰尚非別時諸君何惓惓袁翁如此解維向西汎而去嗟嗟吾人譚笑歡謔之情如清風過耳纏綿縺綿之致如白雲向空倏忽消盡不有歌詩其胡以示來者因分拈賦詠并仿西圖集例屬廸記之爰泚筆書于圖後嘉慶十

有五年歲次庚午九月下浣書於雲濤山房

重建遺愛橋碑記　十四世　之冕 鵠軒

遺愛橋在城西二十里其陸路則北接武進西連金壇水道則上通東壩旁達廣德諸州誠水陸之通衢往來之要道也戭建自宋嘉定年間邑令洪公僩至前明成化年間黄千杜公惟濬與吾四世祖西津公重建是橋後復傾圮里人再修於　國朝雍正年間其間或建或修世代久遠碑記缺失數百年來疊梁傾圮石泐土裂里人架木爲梁以通行旅又廿餘年丁亥春義莊映棻史公自鄉來城見橋畔新舁优疊石慨然曰是將興建古遺愛橋乎此舉誠

行吾何敢吝時惟族中諸伯叔兄弟有志振興艱於經費因共商於史公史公曰此不可不亟修也首捐數百金爲倡而同人踴躍助捐遂鳩厥工伐石庀材遠近咸赴顧橋址南北兩潭歷年既遠水勢衝激深廣叵測橋壩難施因移置迤北數十餘丈楊家圩砌以天池周以欄檻計自東垷至西垷共二十四丈既又以上城大路中隔北沙頭港於是於港口建立平橋亘以石梁亦環以石欄而自此成兩橋矣經始於道光丁亥十月落成於己丑十月事成而屬予爲記余維要道工程竚望數十年於茲矣苟非史公之首爲倡捐諸同人共相協助曷克驟償夙願計余宦遊垂四十年鄉里之事時切於心今投老告歸得與諸父昆弟共觀厥成何其幸歟自今以後更數十百年有能倡率振興如史公其人者是又冕之所厚望也是爲記

張公廟記 采入邑志　十六世　湛霖、鹵舟

邑之有張公廟也自康熙丁酉始六月十九公忌日邑人念公德每歲届期致祭惟虔廟離予家僅數武予常入廟瞻仰神像展讀楊文來儲越漁兩先生傳記心識其事而不忘咸豐庚申粤逆竄擾公像被毀廟亦隳剝同治戊辰重新廟貌仍設公栗主享祀其間父老咸謂張公傳記被兵已佚廟碑所載述公拯難顛末畧而不詳日後無可攷

證命撰紀畧附入志書以垂久遠予弗敢辭謹按公諱鏈字一清山東人或云陝西人由舉人累官常鎮兵備副使順治乙酉豫王南下遣大將涂安撫江淮兵臨常鎮威名顯著有不用命者殺無赦吾邑盧進士象觀等倡義起兵鄉里揭竿以應大將在京口聞之怒甚遂有屠宜之議公爲民請命屢勸不從乃請領兵先行既至宜駐節東廟巷王宦 期昇 舊宅兵屯法藏寺寺僧行高見公有憂色且時聞太息聲心疑之詢問再三公微示意僧以禪語動之曰拚得自己救得他人公頓悟遂以屠城意徧諭居民即於是夜在王宅後樓自引佩刃刺腹出腸而歿時閏六月十九

日也迨大將至城已一空無可屠矣大將亦從此感動引兵去行高圖繪公像系之以贊並停公柩於社學中後遂葬焉此原傳中之大略也民感再生之德嘗擬建公祠而未果康熙間奉　詔舉行名臣祀典邑紳士請於當道爲公立廟大吏據以請　朝廷可其奏爰於王宅前廳設報賽之堂塑像以祀餘詳吳學士廷選碑記中不具述

創建永濟橋碑記（橋在成任鄉、朱家瀆西）　十六世　湛霖（雨三）

事有偶舉一端而可以見急公之實效澤有僅被一隅而可以覘行仁之實心則必爲之綜其始終核其經費稽其工作簡其勞勤以勸諸貞珉俾人知今日之鼓舞懽欣獲

享利濟之樂而異日綢繆保護傳之永久不致有隳搖圮廢之虞者胥於是乎在邑成任鄉馬家瀆河界跨兩圖濶盈十丈當滆瀆之孔道洵西北之要津舊有浮梁以濟行者每當湖水驟漲奔湍沖激勢若望洋橋防欹折征人病焉自咸豐庚申後一毀於兵燹再没於洪流基址蕩然無存民之設筏代涉而惴惴於胥溺者閱二十年光緒丁丑里人與議倡建石梁因工鉅費繁商於予予爲請於當道邑侯會稽梅公捐百金以爲倡遠近踴躍樂輸得錢壹千八百緡有奇鳩工購料涓日興作東西兩堍甃石成岸磅在根固中亘石條掖以石欄長虹卧波堅縝傑麗經始於戊寅二月中旬落成於六月上旬工竣屬予記之予嘗撰諸易凡履險者必曰涉川所以利涉而濟險者莫橋若豈惟橋哉夫人處心惠濟毋行險而及溺毋薄人於險能如是橋以通往來彼此無隔阻之慮居斯世也不誠砥如坦如永底蕩平哉抑吾有感焉凡人之情可與安享其利於目前而頓忘其守其成於永久倘使橋及今不建其病於涉者將何所底也脫令建於此日而不治於異時其病於涉者安知不猶夫昔也惟願後之覩斯橋者本行仁之實心務急公之實效竭力以維護之因時而繕修之俾得歷久勿壞則萬安渡口千年猶誦君謨七里山塘百代惟傳

居易矣橋名永濟用勸來者是役也倡議者沈君兆榮始終其者余弟澤霖也例得附書

宜荆選拔貢額記　十六世　家楣（小棠）

余於道光戊申充博士弟子員時年十五歲是年正選拔己酉科貢生方試澄江先大父榮祿公送考攜余在察院前觀選拔榜獲雋者府學則吾邑今江西按察使任筱沅縣學則徐理山孝廉而任荆門前輩科試府學居第三未與選咸惋惜焉理山爲宜興縣學余請榮祿公示曰何以荆溪獨無公謂兩縣祗拔一人此得則彼否往往宜學得之先輩中因隸荆庠不得選坎坷以老且緣是憤鬱致歿

者多矣余貿然曰何不上請　朝廷增一選額乎公曰童子何易言宜荆固分縣同學宫例定拔一人增何能爲逮余於同治朝官禮部値四川有增設拔額之請議奏俞允余向同官惲莘農同年商之以武陽宜荆皆兩縣一拔額擬援四川以請何如莘農謂事似可行惟當年分縣時江浙共數十處獨爲吾邑增恐不易欲同時並增更不易且兩邑祇一學宫亦慮有礙若我等創議爲此請或卒爲部議所格轉無以謝鄉人也余曰事求當理耳此事有十之五可成否莘農曰揆之事勢可成者十之六余奮然曰爲有永惠膠庠成之數得大半適吾輩在署而肯交臂

失之者遂致書吾邑士紳諸郡達行省求奏大吏據以請奉　旨交議允行其音以文風日盛爲端而於分縣原案及學宫是否分設未之及松郡之華婁亦附此奏蘇揚隨比例以請皆允行惟海門廳以廩增附未滿百人部議未允仍俟滿百人後由疆臣學臣查明另辦從此兩邑各有拔額他縣亦得沾　恩回溯曩年祖訓堪以仰慰而前言庶幾無負矣

京都創設宜荆試館記

十六世　家楣　雲生

先君榮祿公與同鄉諸先輩創立宜荆會館始在順治門外下斜街旋移將軍教場頭巷卽今會館也復置義地於槐北樹下（槐北一作彎脖）又置粱家園車廠及館後平臺三間（近經江西萬藕舲宗伯以車子營瓦屋三間互換）收其月租爲香燭資並看館人工錢余於應試春官時曾寓館中進場較遠欲租場前小寓每短於貲不果己未始得與同鄉潘擷珊姚湘漁兩同年陸蓉生賃寓於場之西覺進場無守候之苦出場無僕僕之勞以爲得未曾有也同治以來租値較昂吾鄉應春秋試者大半皆寒畯不易爲此私願於場之左近創設試館而苦於無資歲在癸酉任筱沅方伯以開歸陳許道來覲爰與同里在京者相與面商方伯慨諾創捐且謂如晉階陳臬卽獨任之路健初大令在座曰卽權篆亦如是方

伯曰諾自是方伯旋豫卽權臬任余卽借欵千金購得廠後牛角灣廉光署住房一所正價銀壹千兩又餘地中費約百金略加修葺函告方伯方伯適拜江西臬使之命卽以千金寄京朱惠卿自豫徐纂袁自江右戴鑑泉自粵東家栽五叔自皖亦各寄百金或五十金而試館以成擬俟歲方合宜增修飾爲甲戌春試乙亥丙子秋試應試諸君咸集於此人人稱便崔芋堂先生曰此乃公之志也今觀厥成美矣遂捐置桌櫈任綬青水部及余亦各置百件備用餘以時增補云光緒丁丑仲春記

重建雲霧橋碑記

十六世　家楣

邑西雲霧里我周氏所族居也有橋曰遺愛原名餘霧又習稱雲霧宋嘉定間邑丞攝令事洪公倜建詳見咸淳毗陵志明嘉靖間我祖愛橋公諱山重建思洪公之德改名遺愛迨 國朝道光初橋就圮其陸路西通金溧北達常鎮其水勢則納荆溪之分流浸成巨川河面廣數十丈築隄鎖之水便東注成任萬二兩鄉田畝蓄灌溉焉洵水陸之要津也大父榮祿公静齋府君稔知其要鋭志建復爰周歷四鄉殫誠苦勸募得錢五六千緡改築橋基尅日興作橋成從伯祖鴻軒公記其事詳見邑續志府君手建橋數十座雲霧爲最先猶憶丱角時親聞詔述艱難籌畫之

情經營困苦之迹及安石樹樁累被激流衝決雷雨震蕩危險拮据之不可名狀而卒底於成迄今追憶言猶在耳也咸豐庚申髮匪流擾吾邑城既不守橋亦被毁克復後驟難補建兩岸日傾里人集資架木以通行人咸深惴惴如是者十餘年時家楣備員京朝我母潘太夫人迎養寓邸每謂此橋實我祖心力所注時時謀所以修建者光緒丙子從弟静山應春官試來都道及從兄蘭舟力期建復之意太夫人聞之亟命措捐白金三百兩爲倡蘭舟兄及族弟驍梅復赴就近各鄉勸募集捐得有巨欵鳩工購料以光緒己卯閏三月興工是年八月工成復於雲霧橋北里許建石港橋一橋之側建小橋一雲霧村東改木爲石建懷梅橋一村之陽里許建鶴頂橋一村之東建路亭一以濟以憩不半載而工俱成凡用錢壹千肆百餘千有奇是役也蘭舟兄實惟始終其事而川富叔左右之里族之好善者均有力焉自今以後庶幾蕩蕩平平咸遵 皇路有基勿壞有興勿替繼而起者尚鑒此志永斯橋於千萬年是所厚望焉矣是爲記

記孝四則　十五世　徵纂·附

王孝子彬字文甫洞山鄉人值元季之亂奉父母避居百瀆山力事漁樵以供甘旨父母殁葬於山麓結廬墓側昕

夕流涕有哀哀父母之思人比之王偉元故名其山曰蓼莪後於其地建菴亦以蓼莪名之明杭中丞淮有蓼莪詩蓼莪實以王彬名邑志載蓼莪山註云昔王裒嘗隱於此說近附會

邵孝子志珪字匡泰雍正時人世居九苞里家貧業農奉養父母極孝父得危疾志珪憂惶至嘗其穢又竭誠籲天封股爆湯以進父疾尋瘳復得侍養者十餘年父母相繼殁既葬廬於墓晝歸田作夜宿塋旁風雨寒暑不少間嘗有毒蛇踞其臥所志珪了不爲動墓多密箐中生數竿䕺解枝枯其幹夜輒生光熒熒然若熠燿天雨星晦益明此

雍正七年事也志珪歿閱五十年乾隆癸丑竹復明里人名爲夜明竹據事請旌并建坊以表之昔王位泣竹而笋生王祥卧氷而鱗躍至孝之誼感動天地若邵君者可與二王並傳不朽矣

孝子周應龢字汝化山亭鄉人業醫多所全活事親孝父疾參苓罔效割股以療撫孤姪三人皆成立 邑志闕載

孝子周宏璧字日省同宗南門外人禮部儒士少孤事母先意承顔甘旨無缺母冒暑疾思食蟹醫家謂蟹爲暑病所忌未敢從命母歿後宏璧見蟹即垂淚終身不食母病卧牀褥幾一年與同寢處親嘗湯藥浣滌糞穢不委婢妾

崇禎朝直指祁公舉孝行旌其門并聞諸朝給額褒奬儲同人先生爲之傳 邑志闕載

記忠二則 徵驥峰

任源邃字涵生篠里人明季從盧進士象觀起義兵未能成事後從呂氏於青山柵抵禦大兵戰交綏衆即潰呂氏遁源邃被執或勸之屈節緩死留以有待源邃瞋目叱曰死吾願也何待爲我能死毋能待爾惟待故不能死也引領就刃而歿

周人瑞字壽徵好讀書手不釋卷尤篤信王文成致良知之説時史玉池顧涇陽倡道東南輒從游究心理學書法遒山陰父子小楷尤工初任詹事府錄事與修光宗熹宗兩實錄并纂修明朝會典授内閣中書滇南告警出爲贊畫如渠魁左肋一鼓就禽皆其方略以功遷大理左寺副年老告歸甲申聞燕都之變一慟而絶 國朝康熙五十六年入祀鄉賢祠

記節孝二則 徵

孝婦朱氏周司馬聖瑞妻事舅姑曲盡婦道姑病焚香夜禱刲股以療舅姑相繼歿供像庭中哀毁成疾卒何侍郎士晉吳僉事正志爲之傳崇禎八年旌

節婦吳氏吳岫之女潘淇泉妻夫死守節事姑極孝嘉慶

戊午除夕時逾三更鄰家失火延及潘外舍氏驚起倉急一手劍姑於背一手挈子避他所復入室登樓抱三代木主及先世遺像移置他處爰跪中庭號泣籲天俄而火逆風燔鄰屋悉成焦土潘屋當下風而反獲全人以爲精誠所致

記節烈二則 徵

烈婦史氏金沙人少聰明喜讀書聞兄弟吟詠聽輒記記輒錄父知之授以書能書授以詩能詩授以詞餘能詞餘其詠水仙詩云嬌羞深護碧紗窗洛浦仙姝解玉璫最喜一番新雨後瀟湘江上淚雙雙賦落梅云殘梅香冷月微

微憔悴春閨幽夢迷盼到雁鴻無錦字空教淚濕舊青衣其他詩詞有兩卷錄此足見一斑及笄適吾邑毛瑞斯瑞習武氏教之讀後瑞斯文雅彬彬皆氏教也順治乙酉兵擾鄉間氏方舉子匿舟中泊湖濱兵忽駕船駛至氏持筆作絕命詩一章挾三日兒投水中兵用篙鉤其衣曰起吾貸汝氏叱曰吾良家女豈向汝等求活耶遂隨波而逝

烈婦朱氏金泉鄉人適王天爵性慈仁善事姑嫜順治乙酉大兵下江南典兵者不戒屢私擾鄉閭一日兵搜南山天爵奉母挈妻子奔避兵猝至氏與夫相失獨扶姑攜子匿林薄中兵至將掖氏上馬氏抱姑不釋兵曰若不放手

先以是嫗膏吾鋒刃將下氏釋姑僅姑攜兒行姑去數武回顧氏已在馬上但揮手曰去去行數里度姑去遠力投馬下兵掖之三氏據地叱曰吾名門女豈與犬豕羣爲不絕口兵怒懸之樹射中其股曰敢不從否氏詈益厲兵怒甚攢射之中三矢死直烈婦邑乘闕載急錄之以備采擇 道光壬午夏至日記

里居記事 十六世 家楣

建復明倫堂尊經閣禮器樂器庫東西齋兩牌坊俱成兩教官衙署略具共費壹萬千文余與筱沅中丞各捐五百金並募仕於外者及城鄉各姓兩邑令經始於己卯冬告成於辛巳秋司工料出納者史墨林監工者徐小帆蔣少逸暨校中諸友一

建陽羨書院東西分爲宜興荆溪試院其址本徐蓮舫先生宅路健初大令爲邑紳董時以爲書院基址費公項四百千自學宮諸工瀕就即籌集及此不敢重復偏捐賴兩邑令吳樂園徐介亭於錢糧中每兩撥捐五文提用五年得三千千余及筱沅中丞各五百金前宜令施普生捐存五百元並有心力者樂輸共用六千數百千文經始於庚辰夏告成於辛巳秋司工料諸君同上二

籌裕育嬰堂經費聞堂中每月用度缺十千有餘遂月捐八千文宜令吳月捐十二千文荆令徐月捐十千文又清

理施令捐欵還金並各鋪戶日捐以各嬰皆由領養恐一經到堂無人接乳恐致傷損捐建平屋一進共五間用洋三百三十元雇乳母在堂接嬰屬各鄉設接嬰堂收到送城堂乳養辛巳年創設牛痘局每月捐十千宜令廿千荆令十千並各捐十千開辦於四月至九月以無嬰來種擬暫停俟開春再辦矣三

清理宏濟堂產業堂爲先祖榮祿公所剏兵燹之際堂既就燬產爲人盜賣侵占毫無所有余訪得北鄉西鄉田廿餘畝并蛟溪蔣氏捐還一百九十畝余與許氏宗祠合捐廿八畝將積收熟田租再加清理俟有成欵仍復建堂四

續修志書志書於克復後屢修未成公論余應謀成其事兩邑令吳徐造門敦請因偕之往請吳愼齋先生來城設局於厚餘堂先生總纂其嗣鏡如代輯並請分修諸公開局於庚辰冬至辛巳冬可告成苦於無費開局時餘存前欵祗三成之一現尚缺千數曾墊百元事須兩邑令力濟耳 五

續辦掩埋克復後尸骨徧野經各善士掩埋者屢矣而周鐵橋沙塘落未就余獨捐辦沙塘落其地則業戶助人任其事者爲任芝軒又與筱沅中丞共捐辦周鐵橋並經畢笠漁募捐成之潘冠青辦於蜀山余與筱沅各捐助又於

近城之暴露者掩之壞敗者修之擬設一掩埋公所凡城鄉經辦此舉者訂期歲時敘議隨時修葺 六

助修橋梁西鄉之雲靄橋爲先祖榮祿公所募修亂後已壞捐五百金並募捐重建之又於左近修兩小橋建茶亭碑亭又捐蜀山橋百元西洋渚橋五十千黃塘橋七十千橋之應修者甚多也 七

捐義倉積穀吾鄉公私積穀約四萬餘石不易也義倉之穀爲紳士自捐最多者爲任靜山先生余捐三百石擬將逐年所收租穀漸次捐入至一千石爲一願 八

節孝祠新建於西後街以大門沿僞館之舊致後街路塞以致爭訟余出而解之並爲自捐勸捐重建大門增立房屋遂成美備任其事者徐煥祺任芝軒也 九

張渚有盧忠烈公祠祠旁地基爲不肖者託名謀購轉售洋教士將立天主堂鎮上衆紳忿訴兩邑令邑令無計來商之余余告以往驗其契是否有購爲中外人天堂教堂公共之業字樣如無之即不照章程而購購者不准執業建堂揆其事必無此字樣若有此則必不成交矣教中聞其言相率遁去不復至 十

吾鄉報墾荒田三年起征而光緒五年報出者數甚多官疑其先匿熟也令當年起征民若之士紳來見求致書撫

藩請緩征凡三次如所請緩焉 十一

庚辰冬備絮衣票訪給無棉衣者擬歲以爲式辛巳道出濟盛函致敬持兄照去年辦理歲杪撫郵有捐亦然張澤橋旁有普濟堂已捐欵者兩年則訪其收養廢疾無告之人如至十名仍舊歲捐如數否則停止 十二

東氿有燈樓近張澤橋爲夜行船指迷計也近已損壞徐耀山兄來言之屬爲雇工修葺自捐其貲東氿須設救生渡船余慕青來言之已允捐造行時未及辦屬敬持兄代爲之矣 十三

傳文　　十七世　寶森增輯

吳景繁傳　　十四世　鎡省齋

公諱明佩字韞玉號西河晚自號景繁樸安吳公長子吳氏自誠久公而後以積學砥行重於邑邑之人莫不推[illegible]長厚家祖畫溪公詩文名世曾祖聖培公若志讀書早歿聖培公弟莘亭公汧陽知縣署隴州知州陞主政即公之本生曾祖也公生而岐嶷長而好學偕仲叔二弟讀書所延師皆一邑名宿文譽日盛顧困童子試累年不得售遂入太學應承宣試又不售晚乃考授州同知年七十有九而卒公爲人外寬和而內嚴毅與人談娓娓終日不倦而

志守端直臨事果決有不可其意即頸發赤白鬚彪彪然嚴論不可犯生平無樗蒱葉子之戲不入市肆不信佛法而待人和易不設城府未嘗於人有德怨也公爲人孝友其一生犯難而行不顧生死利害出自孝友者爲多公仲弟滄洲公早世家有婢已絕賣有年矣婢父瞷公弟没弟媳儲孺人新寡遂誣控公父樸安公陷良不容贖回狀時縣令某素貪墨必欲致樸安公樸安公老病不接官府及見逼不得已扶病赴縣中公奮然挺身出曰烏有父過而可與婢女之父對質公庭者乎即直詣縣庭時縣令氣甚張旁列胥隸百數欲挫折公公理直詞強反覆辨論不爲

屈以故事得釋方滄洲公之未没也喜行賈逐什一之利未幾而公歿店同業季姓者私出店中票數千金往鄉間糴貨貨盡入已而委其票於吳姓索負者將票羼入國課中遂嗾縣隸登門索時儲孺人孀居值歲又大祲樸安公爲之坐卧不安公悉心籌畫浼當道者陳情於邑尊邑尊知其冤仍將店票坐季姓當是時微公出儲孺人家幾破公居家勤儉善治生視家中無棄物凡竹頭木屑應用之屬靡不儲蓄每需用取之宮中無外索以故家業日隆隆起視析箸時倍蓰過之每撫楹而歎曰自吾氏居茲蓋七世矣祖父有彝訓吾子孫宜世守之其有好遊佚尚奢靡

不遵祖制者必貧乏勤可補拙儉可養廉非勤儉無以支門戶嗚呼觀公言亦可以見公之性情矣公雖尚節儉然祭祀必豐腆宴客必誠敬居常被服修潔無朴野鄙陋之習好施與遇貧困者周給之歲終度其人不能卒歲者量與之無倦色亦絕不向人道也配周氏鎡姑母也子四象曾早卒耀曾邑庠生姑母出超曾希曾側室王氏出

贊曰世嘗謂古今人不相及自今思之然耶否耶吾觀景繁吳公真摯之性雖古人何多讓耶鎡又聞之姑母公蓋有逸事尤令人嘆想不置云宜令李公因吏議去職僦居城之北隅侘傺無聊抑鬱終日會除夕雨雪交下薪水不

給公聞之惻然即命家人饋以酒脯及薪米李公德之未逾月吏議事釋李公復宰宜邑甫接篆首詣公請見公謝却之曰吾實憐李公豈爲貪緣地耶卒不見

吳孝純傳　十四世　之冕　鴻軒

吳君孝純諱象曾姑丈景繁先生長子樸安先生之冢孫也樸安先生年已高望孫綦切而姑母數產皆女及孝純生姑丈色喜曰吾父生於亥吾亦生於亥今歲行在亥而兒適生後日其亢吾宗乎年六歲就傳讀四子書性甚慧講解即能明大義年十六從父授業時姑丈攻舉子業精進讀書而孝純偕其弟桐軒執經庭下質疑問難父子兄

弟相師友怡怡如也好學書工小楷得歐陽率更筆意先君子數數來姑母家見孝純制義及小楷甚喜稱善曰是汝書耶汝可望讀書也甚爲先君子嘆賞不置云孝純年雖幼而性至孝事王父母父母善承意旨能得其歡心待桐軒友愛無間故姑丈字之曰孝純紀實也乾隆壬寅夏孝純歸自外家會天大雨無雨具孝純疾趨雨益甚所衣葛衣盡濕及襪褲而髮及兩鬢淋漓如新沐比至家身上寒栗盡起而孝純亦自此病矣居常憮憮不快問所苦不能自言越歲餘遂得腫疾腹腫如鼓醫曰是爲伏留症積年沈寒所致竟不起時年一十有八乾隆甲辰年十一月某日也嗚呼吾思造物之生人亦太奇矣或仁而夭或跖而壽或聰明純粹而不享遐齡或椎魯無能而每多厚福若孝純者天姿甚美學行甚醇乃欲少假其年而卒不可得豈天能生之而不能成就之耶天既不能成就之而俾之斯世十有八年又奚爲者耶抑古來英俊之士類不永年固亦不必悲慨爲也孝純未娶以桐軒子鴻基爲嗣其生卒年月有世譜在故不具詳

魯齋杜公傳　十四世　有聲　春農

杜公諱璟字佩五號魯齋義明公嗣子義進公三子也公爲人慷爽磊落處己謹飭接物謙和尤篤於孝友義進公

長子佩安次子佩西皆棄舉子業專事治生惟公好讀書幼即岐嶷及長更攻苦下帷文聲四馳年三十籍於校時胡豫堂先生視學江左閱公文擊節稱賞遂補博士弟子遠近延爲名師經公指授曠若發蒙設帳幾五十年門下士多斐然成章即聲至今猶敬佩師訓也義進公謝世公事母周太孺人先意承志色養怡怡終身如一日太孺人卒公獨力支撐殯喪之費絕不派兩兄哀毀骨立行路感傷暨長兄佩安夫婦俱歿亦賴公一人維持曰吾兄貧無以成禮吾雖寒士然尚有館資可用及次兄佩西故後亦復然長次二兄僅一子皆撫育之俾至成人其孝友固天

性也公原配曹孺人生一女亥配周孺人郎子姑母生子一芳女二不幸芳早歿公痛不欲生懼先祀將斬遂立堂姪之子映珍爲嗣孫亦恂恂儒雅公雖無後而有後矣公生平足跡不入城市解館之暇輒與二三知已杯酒流連議論風生餘惟杜門養靜以故鄰近鄉黨亦罕見其面公素豪飲同人讌集俱頹然盡醉公獨未嘗改容剖晰事理犁井井有條蓋於豪放中寓繩尺於才情中存法度皆生平讀書養氣之功也今春族人議纂宗譜推公爲祭酒公殫思竭神晝夜編輯嘗謂聲曰予無他心事惟家乘一事惓惓於心耳乃譜未蕆事而公遽疾作竟至不起嗚呼痛

哉聲顧嘗謂吾地方鄉黨中束髮受書者亦正不少然如公之砥礪廉隅束身圭璧屈指尚有幾人聲幸立門牆又兼至戚親炙公生平嘉言懿行耳濡目染匪伊朝夕盛德如公者方可以傳而非如聲之親領口講指畫亦恐傳有未真聲安忍無一言以馨孺慕之忱也哉爰不辭固陋而爲之傳

任齋杜公傳

十五世 子斌 勛卿

杜公諱岳位字應魁號任齋邑西尚寶里人也性沈鷙少涉世故即以練達稱公父濟川公公母周孺人固以慷慨好施家致中落公自幼拮据備嘗艱苦濟川公及周孺人仍得優游晚境公之力也公爲人強幹有大略能習勤且善記憶人以事屬公雖甚繁劇不厭倦亦無遺忘偶涉險難終無退阻意以故遠近多倚賴公中年益練習世故事多經歷情僞變幻無不洞悉其隱凡邑里有大舉動恒就公謀公常爲主辦歲庚子江南大水淹沒數州郡圩居之鄉水及其半屏田無粒粟是時夏穀已屢歲不登民困乏食至是益不聊生流離播徙轉死溝壑者道相望典妻鬻稚哀號慘呼之聲徹於耳有心者潛爲淚下欲一引手救舉目皆是則又無可如何郡縣吏紳雖在城設局以賑然地遠隔惠不周丁君季喬者孝廉丁汾之封翁也年七十

餘沈毅有幹力以義行聞封翁甥陳璋嘉權畧倜儻有識謀能斷大事名聞於鄉邑士商間多結納二君者皆與公爲莫逆交是年歲既凶民多餓殍公念有以全活之而無其力因說二君曰大丈夫生於斯世既不能建白廊廟以匡濟時事然濟人之急惠此一方固二君之夙抱也今時其難緩矣誠以二君之才望募財粟於富商鉅室爲粥以食餓者俾民得甦生皆君之賜也吾三人其共圖之皆曰諾因各先出其家之儲設粥於高塍鎮與左近餓者而食之繼乃周行勸募情辭懇切甚且長跪涕泣爲餓民乞餘生人人感動於是遠近皆樂輸爭先恐後統前後得粟以

石計者二萬餘得錢以緡計五千餘公與二君皆晝夜辛勤經畫錢穀粉麪薪水人夫及一切器用分設二局以廣給四鄉凡數十里之內就食者按戶給籌按籌給粥人丁大小有差區處周密其遠者俾一壯夫擔粥歸飼老弱婦女人盡稱便時水退已可蒔麥自春初設粥百數十日至登麥乃已全活以數萬計皆感泣銜恩而公亦勞瘁極矣是時當辛丑春夏交局甫告竣淫雨復零天未悔禍歲仍大饑饑民之食麥者僅可數月穀民命乃愈不堪當時人皆謂公等計慮已窮必不能復賑甘就餓死然公仍與二君謀議於來春設粥誠迫勸募志力不衰遠近之就食者

益衆自春入夏荷擔盈途舉瓢啖啜鼓腹欣欣是歲得粟倍贏竣局之時尚有餘穀公復與二君謀既以餘穀貸饑民爲夏糧以力穡而復搜羅家粟於其本分祠內設粥以贍本圖之不足者且又置義倉以備凶歲所謂惠梓堂也事成官吏高其義且嘉公才具兩歲所賑民粟數聞於
朝賞　恩議敘公等以直隸分州銜數年疾作卒年五十九

論曰世稱朱家郭解之行人多偉之故龍門猶高其義俾得與公卿將相賢士大夫等列之傳以垂後世然觀其扶危周急者無過數十百輩其被澤不廣矣而所爲多捍世網以余所聞往世名賢如黔敖爲食其所濟者不知幾何人至漢唐及宋元明之世賑荒者代有其人然皆憑藉吏勢發天子倉儲而所活者亦僅數千百輩多不過萬人夫施濟固君子之難也杜公與二君特布衣耳而所施之廣所濟之衆乃能如是自古及今蓋未之前聞孔子稱管仲之功曰如其仁如其仁杜公生平之行多未可知其施粥之功謂非管仲之仁歟蓋才也而德備矣嗚呼偉哉

業師舅氏饌林尹公傳

子斌

尹公饌林諱啟甲字芬陸樂辛公仲子世居邑西泊村上世萬菴公學業精粹爲邑先正宗丞任釣臺先生師四傳

而至公父樂辛公皆克世其學代有聞人公生即岐嶷長益偉岸氣度谿如望之者皆知其奇傑人也年十五樂辛公謝世母杜太孺人督公嚴延師課之公亦自奮力學漸有名應童子試偶不售益憤厲讀書祠宇中閉關寒暑靡晝夜數年學大進受知文宗補博士弟子員時公年二十有八方是時邑中髦士結中社會文公輒拔其幟朋輩咸心服公公爲文多奇氣議論有國初諸老風亦時爲靡密雅麗之作然應承宣試數不遇設教里閭勤講論請業者日進得公指授多成名公爲人磊落光明慷慨多奇節每面折人過然舊惡終不復念人以是多不怨公遇事剛果有

決斷坦白無私是時神溪石梁歲久圮壞里人將重建
主辦咸推公公亦自任因勸募鳩工庀材不避勞怨經
各立簿遠近因公主事皆樂輸閱一歲工成費金數千百
計雖絲粟必詳註其出入人服其公先是公淑配史孺人
年逾五十若不育納妾馬氏舉一子人皆以爲公精白之
報云公年雖已過中旬興甚豪年少多不及遇文戰蹋躍
爭先足履省門十餘次氣不稍衰念先世積學勤修咸不
遇則又憤激益欲以守先之志期待後人視家中子弟質
可造亟獎勵望其有成居恒多感慨有所觸輒吟詩寄懷
然皆散佚辛丑歲斌與公同赴棘闈公文膺鶚薦然竟不

售公益慷激議再舉幾不自知其年之暮也公少時擢霍
自喜不事家人生産業一擲百萬不稍顧至性過人能容
物家雖貧事杜太孺人特豐伯兄芬庭長公十餘歲無子
甚友愛自孩提至白髮出入必偕濟人之急恒不遺餘力
梁溪人周氏附居村中家固貧常受公賙歲壬寅忽遷其
先人之柩爲穴逼杜太孺人塋詈鳥家言於我固凶而彼
亦非吉公好言諭之贈以錢米使徙葬其人受公賂訟公
縣官不直周公遂不問於他橫逆多不校其雅量類如此
歲癸卯公館於潢溪王氏得疾歸以四月十日卒於家遠
近聞者皆悲戚友人致弔皆號泣不置云

敢堂尹公傳

子斌

翁姓尹氏諱鋐字錫安號敢堂先太翁協卿公仲子也稟
性寬和幼承父母訓不敢苟且應事少讀書雖不甚解知
古聖賢之爲人以孝爲百行首翁母路太孺人患疾多年
延醫治勸湯藥左右服勤先意度所欲故棄儒業量力施
與治其家逋債不索若固忘之娶蔣孺人婦德溫良佐理
夫子事亦能潛察太孺人之心好以稟命先太翁翁姑咸
重其克守婦道焉常語人曰吾二人得蔣氏婦庶乎樂天
年矣妯娌閒怡怡無反顔治內必同請所與閫閫中嘖嘖
稱懿範云及疾革時遺子熙載甫六歲以不克終養太翁

及不能撫育子女爲恨若不忍去世然卒時路太孺人已
先没翁悲慟如失左右手因遵父命續娶杜孺人寬厚承
志撫孤子女如已出生子熙庭兄弟就予課讀作時藝頗
能清雅以三女適予有聯姻之誼時相過從推測翁之諭
予者俾二子成名爲慰雖家道中落無悔也若翁之寬租
逋債痔已肥人後之報施想見不爽矣卒年六十歲嗚呼
不及親見二子桂榮蘭馥爲可惜也
周子斌曰業師餞林尹先生余季舅也少時適泊村舅氏
家見諸尊親彬彬有文行尚矣邑中賢士大夫早有望於
尹氏焉讀尹氏譜牒或以德傳或以言傳或以文祠著述

傳懿與盛哉尹氏之多賢也及予爲敢堂公婿節識翁之爲人又可卜翁之後嗣殆有繁昌者乎

張陶軒先生傳

十五世 人卓 紉秋

予童時嘗讀張陶軒先生應試文愛其温潤縝密比德于玉以爲因文見道有君子之遺風焉既而與其喆嗣企堂長兄游詢及先生之爲人而不覺瞿然思悠然遠也先生幼穎敏讀書數行俱下貫穿經史羅羅如掌上紋未弱冠即受知胡豫堂宗匠豫堂負重名賞拔無虛士旋以高等食餼試輒冠軍人咸謂金馬玉堂之選其在此矣不幸而坐困棘闈幾得復失卒以貢入成均老也其爲憤懣當何

如者而乃自視欲然無怨也然後知先生之學問皆自性情心術中涵養而來也裴聞喜曰先器識而後文藝嘗南豐曰蓄道德而能文章古人豈欺我哉先生儀狀秀偉望之淵停嶽峙而內行純潔家素封事父母能以色養兄敬怡怡門庭肅肅與人交如飲醇酒令人自醉胸襟磊落不以名利介懷貨殖游俠中俱不屑位置而于公私義利之辨尤嚴他不具論即如祠宇中有羨餘族人每舉以相委先生爲之經理日就充裕遂一登諸簡記以示宗族以誡子孫企堂踵而行之亦猶行先生之志也嗚呼先生之垂教深矣先生之詒謀遠矣區區文藝何足概其平生哉

朱母周孺人傳

十六世 家楣

孺人周氏爲余族伯祖前泰興縣教諭嵎谷公孫女族伯父邑庠生蓮塘公女稟性柔順事親極孝伯父母尤鍾愛焉歸朱 先生之子秋畦公益得翁姑歡姑多疾病內政交孺人主持咸中條理時家中落食指衆多秋畦公工文屢試列前茅嘗以額滿取佾生藉其館穀及餘產所入以支家用恒患不給孺人輒典釵質衣以佐之甘旨罔缺秋畦公善詼諧讀書安貧若忘其境之屢空者固其天性沖達亦孺人有以助之不以此累其心也姑病不起卧牀幾匝歲孺人侍奉湯藥衣不解帶者常累月歲在庚申粵

匪陷邑城孺人奉翁攜兩子避亂東鄉之澄瀆秋畦公館湖汊道中梗無何賊驟至先生殉難正命聞變號慟賊復相迫遂攜幼子澍基投河死之時咸豐十年四月 日也同治二年奉 旨旌表入祀節孝祠長子學潮文行俱爲時所稱以先生死節議 卹兼襲雲騎尉

家楣曰予生不及見嵎谷公猶及見蓮塘公蓮塘公伉直厲志節敦氣誼遇公是非輒奮袂力爭無所諉避宗族鄉黨中無不知其爲血性男子也孺人生稟至性漸漬義方處常守困約盡孝盡敬猝遇死變視死如歸吾宗女士固多奇節貞烈艱苦卓絕之行若孺人者誠足爲吾姓光哉

荆南分繼修公傳　十七世學源

舊莊者明少傅大學士挹齋公之莊屋也故居此者爲公嫡裔三百年來繼繼繩繩至繼修公而益昌嗚呼挹齋公之必有後也理也公功罪具列傳紀世之人顧諱其功甚如救黃公道周抑制厰衛諸事且弗之道則直道安在耶公之罪止視師一役然儘法科罪亦失機焉耳失機者殺故其死宜也死而奸臣之則千秋寃獄之尤者也奸臣是何等名謂奸臣傳之胡維庸温體仁輩是何等人是可與公傳核較也修史諸公百計周內求其所謂奸者迄無確狀乃曰諂媚曰柔謟嗚呼是非效爾時裂麻痛哭之習則

人人可以加斯名矣而巨奸如楊嗣昌則反倖免矣源以爲公之失在左右無正人其門生故吏亦鮮崇尚名義故公之出敗于羣小之手曾未有爲之出死力者公之獄成于閹黨之手終未有爲之哀哭申私義者公之傳定于仇家之手更未有爲之訟言當道者此則公自取之歟儒者忝附著作之列當持千秋公義非有所徇於宗誼也源嘗欲有所表白卒卒未遑爰于繼修公傳端類抒什一云繼修公諱維恒挹齋公八世孫彥賡公第四子公生於嘉慶戊辰甫四歲而母萬孺人歿其姑母女程娶也鞠之覆之致誨之以迄於成人卒爲舊莊分一綫之延今則子競爽

孫林立鼎鼎日盛幾幾爲荆南支冠故曰挹齋公之必有後者理也然亦危矣公姑母二一適謝橋曹一適張澤橋錢今公子德法等但知其父受姑母殊恩並云公在時家中奉姑母遺像朔望必祝之且有遺塚在舊莊後然不復知其爲曹爲錢矣姑兼存之以族考公德配新庄俞文虎女公之胼胝創業再造堂構俞孺人實贊其成然則挹齋公之後於公爲中興而孺人則其賢輔也孺人生於嘉慶丙子卒於同治甲子公先卒於咸豐庚申合葬本莊之麓子三永法早世德法智法皆能世其先德女二長適蔣次適顧源喜德法等之卓卓能建樹故知公之潛德必有大

過人者因益喜挹齋公之有後而繫之以末議云

題跋　舊譜

石銘　石銘現存　第六世　供子深

曾祖孝侯振古豪雄斬蛟射虎從善死忠後人貴侈幾至覆宗我祖儉德雖不及躬祖父有訓世守耕農爾子爾孫毋背先盟晉太和丙寅三月立

跋蔣魏公傳贊　蔣之奇字穎叔仕至觀文殿學士贈魏國公賜諡文忠事載宋史　四十二世　簡惠公

公爲人廉靜寡欲敦重少言而和易端粹不爲崖異之行其家居孝友尤篤在政府被上非常之眷嘗以誠實不欺

見稱君臣之間相與以道相知以心可謂盛矣公天姿沖澹凡聲色貨利常情之所不能不嗜者皆漠然不一動其心爲部使者十二任六典會府苞苴無敢至其門非誠於無欲能之乎世降俗敝士大夫有身歿未幾而聲沈跡滅者公薨既久使人思之不忘此豈名位勢利得哉（見君嶺蔣氏家乘）

題跋（續編）

題潘迂雲遺像　十五世　徵（曉峰）

緬惟潘公厥德克明見善則從聞過必更承歡養志華黍敷榮因心則友茂娩田荆博施及物仁樹禮耕孝廉方正

揚於　王庭（道光元年公舉孝廉方正）遺容穆穆氣靜神清美髯古貌其仰者英（南興九老會公居其一）

題胡觀察獨坐圖（代馬中丞）　十六世　恩霨（南甘）

修儒獨立志士獨行君耽獨坐性定神清

跋潘迂雲遊張公洞等記後　十三世　廸（藕塘）

游事偟偶然耳然其人其地似有緣焉向使迂翁不晤秋崖當必無此游迂翁以他事牽絆而少片時之勇決亦必無此游微特迂翁即秋崖一人諒必無踽踽獨游之理然則是游也非秋崖迂翁之爲之而直山靈之亟欲索此數篇記耳猶憶向者龍池之游亦秋崖爲之主唱和之作裒然成帙亦一時盛事也茲復覩此肅閒澹遠之筆且兩人吟興俱豪又編成一葉聯吟集快矣暢矣第不識僕與此游會心更復何如耳重午後五日任君灃塘爲迂翁許兼既定持以相示并屬爲之小序因略抒數言以書於尾

重刊忠義集跋　十五世　金章（裁五）

謹按　孝侯著述默語吳書久佚惟風土記時散見於他書前明危司訓留有　孝侯忠義集之刻趙令君又重梓之而風土記迄未采入　國朝以來危刻忠義集已不可見僅於邑乘中載有序文而已伯父鴻軒公景仰前徽慨然興重輯之志因博采羣書及古今碑版文字名人題詠

手自編次積廿餘年集成八卷嘉慶乙亥由池陽司鐸擢宰留村季父綺成公奉先大母就養任所山城事簡簿領多閒復出所編次者相與辨訛訂僞務底精詳學使白公鎔爲之序里人吳公衡章爲之圖猶恨風土記一書搜采未備也爾時先君方里居偏稽往籍凡引孝侯風土記者詳攷而手錄之共得一百三十餘條分類編輯郵筒商訂蕆事全書仍其名曰忠義集梓而行之咸豐中江左被兵書板俱燬（金章）以今春來守池陽去鴻軒公作宰之年已周甲矣而先人采輯苦心所以綿　孝侯之舊澤者恐其久而放失因寓書族人屬爲徧訪藏書家幸從子湛霖覓

得原本寄皖亟以重付剞劂非敢云誦芬述德亦願後之人顧名思義俾宗風之勿墜也道倫維新家謨名時諸姪適皆在皖躬與校勘然搜訪原本湛霖之力尤多刻工既竣用述顛末於此光緒三年歲在丁丑孟冬月裔孫金章謹識

跋曉峰樓集後

十六世 湛霖 志義

先君子曉峰樓集舊有八卷分爲兩編初編紀事二卷古文一卷課徒草一卷次編古體詩一卷今體詩一卷制藝二卷任曙堂先生序之謂紀事一編多考輯忠孝節義等佚事補邑乘之遺顯微闡幽有功名教不淺未及梓行遭

遭兵劫護持不固竟至毀失無存幸前時各有抄本因徧爲訪求僅搜得古文五篇制藝十一篇詩二十八首紀事四十五則經伯兄悉心校訂釐爲兩卷游浙時請馬制軍端敏公爲之序擬付手民而未果茲謹纂正本一部副本一部什襲藏之今年春與修邑乘參訂各掌故及人物據佚均宗先君子紀事諸則得以考證詳明爲衆所許可倘能力量稍裕壽之錢梓俾廣流傳而垂不朽此則有志未逮而昕夕難忘者爾光緒辛巳中秋望日謹跋

榮祿公尺牘偶存跋

十七世 家楣 小棠

此先大夫尺牘也道光甲辰父執沈霞軒先生任陝西府谷縣令以先大夫在京遣价具幣賚書堅邀至署爲兩公子師閒亦代作稟啟積有卷帙家楣弱冠孤露筆耕以養紅蓮幕中奉爲藍本者計凡七年逮已未通籍乞假旋里次年庚申遇賊江上空諸所有尺牘數卷不知遺落何處矣近於李夢蘭太守案頭得見抄本僅十之二三其篇幅較長者已無復存詢之太守謂原抄凡六本旋爲借抄者遺其四祗存其二蓋先大夫客袁江時夢蘭之叔今兵部郎中軍機章京少石山西鳳台縣令劍秋乃弟今官常鎮道叔彥咸受業焉賴此淵源稍存光氣亦云幸矣太守既以是見賜亟事剞劂冀廣流傳云同治癸酉仲夏月朔謹

跋

重刊忠義集跋

家楣

謹按孝侯忠義集在前明始訂於危繼梓於趙而其書迄無存從伯祖鴻軒公茂常公編輯孝侯史傳事實所著詩及風土記並歷朝崇德報功典要以迄名人詩文彙爲卷者四以事實分繪成圖凡十有五帙書成於嘉慶乙亥年洵足以補信史垂千秋矣咸豐年間粵匪流毒蔓延江鄉庚申四月十三日宜荆邑城不守集版就燬印本亦無復存家楣官京師於先榮祿公在京及家楣夙所往還士夫家追憶當年曾經持書相贈者冀求獲是本重爲校刊

竟不可得從父栽五公茂常公季子也光緒三年自安徽池州府任所寓書相告知是集由從兄蘭舟於後塘支族人培梧家得原刻一部培梧向藏此集訂四本爲一流離之中珍護勿去由是得完遂以寄皖亟付手民適從兄鼎卌弟竹生至池襄同校勘以本年九秋告成信乎英光浩氣天將使之不朽鬼若神皆呵護之卒能失者復得晦者復明以與天地無窮也 家楫 於丙子奉 命典試蜀中道經秦之華州赤水鎮其地相傳以 侯斬蛟水赤得名且有石坊署曰 周 諱 故里問我族有存焉者否則未之得江都董大司農醖卿師隨軺筆記辨其訛謂其地非故里斬蛟事實在宜興也然推其所以傳訛之故殆由 侯內官御史中丞直節昭著外則統師征羌以身殉事西方之人實仰企焉彼此慨慕傳誦展轉沿譌乃有此說耶摩挲遺碣悵懷祖烈曾有句云斬蛟神武震戎羌赤水訛傳故里坊應是征西留碧血至今遺恨涓流長亦可見懷忠好義立懦廉頑固有遐邇同朋古今一轍者矣因跋是集謹並誌之光緒三年中冬月六十三世孫家楫敬跋

書啟 績淛

致徐星伯書 十五世 蔭南 燮棠

星伯九先生閣下敬啟者嘉平二月頌誦鈞緘辱荷垂情

感難言磬嗣讀賜沈令書敬知冬月一緘已承鑒納欣慰彌深茲際乙揆褒新巳占黍稔恭諗九先生化光鏡宇瑞靄琴軒訂治譜於三年水利屯田深籌邊備沐 恩光於 九闕文經武緯早契 宸衷所期紓策太平汝頴依然借冠幸勿投簪遠引華陽遽爾歸陶頷頌安窮心祈倍摯蔭南空深蟻慕有負駒馳感激西來榆塞一經寒暑殷勤南望蘭陵莫省晨昏惟希敎錫針車返新陽於北陸庶使生回砭石償舊失於東隅謹肅 云 云

致徐延之書 蔭南

延之大兄大人閣下判襼多年離襟載渴夏間來永安署詢知閣下侍任榆垣即擬修候起居緣筆墨較煩稽遲遂久茲者春燈臘鼓退換流光敬諗大兄大人蘭膳承歡椒聲介壽爰日紀新閧蓂莢春風儁早詠梅花樂趣高情深人羨頌前聞九先生有安石東山之志知兄有得於古人自然無慕於榮利特於追隨杖履時覺其精明强固有過少年且表帥屬員中正和平論者咸謂近來所未有閣下何不申勸一言爲士庶乞恩久照耶弟頻年歷碌譾陋如恆沈霞軒明府爲梓鄉文社至交一再遣使人都延接至此草笠情深遂至家庭緣淺邊關風景動輒感人回憶丞相府中長安市上談藝析江河之勢淸遊趁澄月之輝歎

咫尺其天涯溯舊情而如夢閣下猶能一一記之否耶專此肅箋佈臆並頌安祺

致少宰公書　十五世　金章（裁五）

東流一案張族呈驗家譜墓碑伏約等件問官斥為假造逼認遺腹嗣經再三刑訊張族衿耆同供張連元實係朱氏於耀宗作故後四年（即道光廿六年）所生私孩當時耀宗嫡妻尚存不准其在家生產借牛姓屋產育初經牛姓收為養子半年後占魁家又向牛姓抱回當時牛姓不肯兩下吵鬧閤村皆知前此因為家醜未便說出現既無可奈何只好直供等語問官仍不理論反加刑責迄未定供（此會府訊時亦

見及此但情節重大未忍深求彼族既以抱養為詞即亦以抱養定斷所謂以不解解之聊存忠厚也否則占魁即愛憐此子何至與平分家產其中情事尚忍深求乎）至張汪氏身死一節逼令屍子招認逆倫九死一生體無完膚終無確供又逼衿耆等證作逆倫跪練數日亦無影響（占魁一面問官待之如客所言皆是李全冉僅到堂一亥置之不問）問官正在無可如何之時接制府五百里急檄令將此案大略供情先行稟報并限半月擬結首府無可為計乃於前月抄草草通詳（此事首府十分秘密詳文大意係從讞局他委員處密訪而知未能再見詳稿其中有無羅織中傷之語何不可知）大意以連元的系耀宗遺腹之子業據委員查實無可再疑張汪氏之死據委員金耀奎訪知系該族衿耆張積成等朋謀致死圖詐占魁請將積成等五人功名全行斥革歸案刑訊等語此件如果核准該族有功名者祇此數人一旦全行斥革豈肯干休（閤張族已預備京控案仍發本省不知能否得宜不知何日方得了結也）且安知刑訊後即能供認以六七十歲之老儒收押半年筋力已疲再受嚴刑安知不即於死（五人中三系讀書人年皆七十左右）明季許顯純之毒復見於今是可忍也孰不可忍區區一官又何足計較乎（行同鳥獸朋謀圖詐兩層皆憮批東流縣原稟中語不過幕友舞文而問官即堅執此意以為迎合殊不知中座尚在夢中也）月前恭觀察來省甚蒙青目并云已在中座前說明奉諭只候此案了結便令回任消息極好囑先函告吾姪以慰惦念等語豈料縣幕之比匪院幕之舞文首府暨委員之祖護

同鄉迎合憲意一至於此此案倘成久宕愚一家三十餘口飄泊省門何以度日欲即歸去苦無棲止現借得朱九如家從屋數間擬暫時棲託而川資重大兼值於落時寒例有凍阻遲迴未決心緒之劣從來未有閣下將何以教我現在私心想望惟冀休文因青蓮致書之故如醉忽醒悟得此計無非迎合已意嚴加批駁另行派委員審訊實事求是撥雲霧而見青天是誠張族絕處逢生小子如天之福即莫非閣下挽回造化之功然亦僅萬分之一而已危哉危哉

坿註（李全再之為積慣訟棍閤郡皆知小子已於在任時摭其劣跡最甚之府卷九宗呈送臬司本可一

覽而知乃置之不問轉委金耀奎訪查奎即訪詭冉令
稟復並無劣蹟其稿即出沈海帆手黑白顛倒一至於
此餘事可
想而知

朱羨陶茂才殉難徵詩啟　十六世　思霈　春浮

蓋聞身爲道殉大賢審出處之機命授見危至聖許成人之德趙家孝禮肥瘦相推姜氏肱江弟兄爭死全一家之性命甘以身嘗受百計之摧殘痛餘骨碎此固稽諸古昔聞之而不爲罕覯形諸詠歌讀之而不忍卒讀者也同邑朱羨陶茂才系出名賢家傳孝友于公令德甘棠徧覆於淮南竇姓義方仙桂分香乎冀北羨陶腹充邊笥幼讀父書首列黌宮年纔弱冠闈鱗下榻慣然顧室之榱造鳳成

樓屢拔文壇之幟宗黨交稱爲象德里閭競盼夫鴻儀詎料刼遇紅羊哺借烏鳥椿暉遠照卿營飛旁午之書萱蔭親隨萩水瘁艱辛之力窮鄉潛隱忽聞毀室鴟鴞爪徑爭趨難避當車螳影君獨甘爲後殿家先令其前驅雁行忽斷作孤鴻狠顧遂遭夫羣虎詢知闖闖居奇勒贖千金直諸析楊偷食着嘗一粟斯時也家多昆季欲爲李代之謀而君曰我任艱難庶免蔓延之患曝以秋陽之烈焰晝日已三伺將夜靜而叩繩死生凡二讀其志節友彭全閭其遺徽頑廉懦立雖表厥宅亟已邀　聖主之綸綸而採入軒輶尚賴羣賢之珠玉敢乞蘇辛詞客李杜詩才述

彼孫芳隆以篇什節其大略譜以宮商庶經名士品題並覬幽光煥發將見簡編裒集播之遠近而皆知行且什襲珍藏傳之子孫而世守謹啟

元夜雪霽約同人吟梅啟　十六世　儒珍　杏巖

元宵方至臘雪初消玉屑重飛銀蟾未吐沉沉兮漸帘風拂拂以飄寒旋喜東鵲啼晴煙開薄暮更聽寒鴉噪月星煥遙天燈火簇紅簾波漾白鹽籠西窗之燭香飄東閣之梅當良辰而乏良朋奈何美景倘高會而無高承辜負仙姿爲此邀社友聚詩朋筵開月坐酒泛霞觴沽到新醅竹葉映雪光而減綠譜成豔曲蓮花共月色而生香於是

啟囊雲之閣開鑑雪之齋歎汝清風迎彼皓月倘雕闌十索笑花合層銀向縞袂而催妝賦辭寸鐵愧才長徒企袁公之臥敢擬夢回紙帳遠追林處士之風而作不常良宵難再隨時遣興例以金谷之樽適意閒吟詩覓裳之什況當玉簫鳳引音飛不夜之城鐵笛龍吟光廣寒之宮雖非竹林之侶願爲蓮社之盟忍教春夏題吟於永夜興共雲飛嗟乎千一刻暫時景有情諧三生緣使月缺重圓花殘復合六之光終非目前之景物矣凡譜金蘭無忘風雪不如幾生修到仙骨纔成試看今夕香吟花魁孰占謹啟

國山周氏世譜卷五十四下

著作錄　裔孫學頤謹輯

詩詞舊編　裔孫瓚　輯

西征自賦　孝侯公

去去世事已策馬觀西戎黎藿甘粱黍期之克令終

謹按舊傳侯與庾子山聯句云朝市一朝變蘭艾本同焚借問潛元子平生如所聞狂鬧府集中載是詩題云集周公處聯句蓋魏恭帝三年十二月以賊陽地封周閔帝為周公子山與同。集其題作詩非與孝侯聯句也茲不錄

詩詞續輯

學宮古柏行　第九世　成文　萊仙

不栽桃李栽松柏留得古柏高百尺根深入地蟠成龍幹老撐天立如石我思此柏初滋時和風噓拂雨露滋翠蓋亭亭蔽天日蒼枝鬱鬱盤虬螭於今數株繞學署香葉自招鸞鳳翥五百年來不改形爭看文忠手植蔚（相傳成殿後右大柏為宋相國周必大手植）大厦若選良材良惟茲真堪作棟樑工師倘未旁求到且俟他年貢廟堂君不見春官桃李推豔絕一經風霜便減色那如翠柏勁千秋葉不彫零常挺直

天台藤杖歌貽外兄任澧塘　十三世　迪　綸渭

我昔臘屐遊天台手支靈壽登瓊臺瓊臺高高一千丈倚杖獨立煙雲開歸來兩袖更何有一握萬年藤在手深感山僧珍重情轉以贈翁介翁壽此藤生長赤城中風搏露結駭虬龍縝密以栗肖石骨鬱蟠而曲擧松容去與詩翁作伴侶筆勢天矯將毋同翁有賢妻同德曜病惟藉杖扶持好雙攜小立看分甘圖畫中間並佳妙早春雪霽梅正芳期翁踏雪來草堂看燈玩月到街市定有好句盛奚囊

脫菊葉歌次蔚齋原韻　迪

東籬綻徧黃金菊執柬蒼頭笑可掬為道主人速客情仙骨由來總不俗錦棚花幔開綺筵滿座吟朋潄芳蕤新製

園蔬脆且清白雪盤堆綠雲綠葉葉香露玉露英食譜翻來未經目齒間但覺冰雪涼耳畔如帶松風謖射覆猜拳脫帽狂屢舞傲傲笑相遂菊兮變作花瓊枝方對芙蓉矜馥郁饞涎甘汝勝落英白茅純束以其族喜擷秋光撐肺腸偷取清陰恣口腹彭澤當年未省嘗吾儕偏享郇廚福作歌賦物類神工願乞靈機與心軸書畫同詩一樣清重見倪迂繼高躅起看增前葉影翻掀髯一酹杯中醁

持螯歌　迪　藕塘

秋月白秋風清美人置酒風日晴花如含笑偏無語鳥太深情巧弄聲煮黃甲餉紅丁從來詞客憶平生玉髓乍沾

名士袖金膏共憶故國情桂爲醑菊爲英白眼看他世上名何處着卿誇雋味有時許我亦橫行飄煙篆颺簾旌花外斜陽爾許明千日中山同契友一年好景匹香橙神脈脈思盈盈

催租行　迪

饑寒迫我來茅檐恍若黓鬼判筆拈年豐惡佃競說欠嗟哉苟賤誠不廉兒曹懦弱屢遭侮牽率老夫襪祓兼差幸筋骸尚粗健倚篷曲項飯量添夜飲馬頭早酒薄朝飲鷙背東風尖力與村農計升合肩挑背負汗濕沾先八僮粥都在此山田瘠薄敢少嫌是時隆冬氣方肅長川東合氷

霜嚴雲中淒厲叫饑雁帆隙令淡窺涼蟾貂裘坐擁者誰子錦屏肉障將身潛何知塵世貴勞力太行西上推車鹽明年我亦買黃犢老農結伴誠非謙新芻得醉且拚醉拍手大笑掀吾髯

湖音寺觀傳戒歌　迪

一僧當壇坐對榻衆僧排列香花拈口中念偈半難曉大旨重戒隅與廉不鼓不鐘復不磬戒板當頭撲抶兼兩僧巡行執香察以警惰者妄念添趺坐移時走百折光明心照塔頂尖如是勤修七晝夜妄冀飛絮泥不沾重以焚頂炷香誓佛法爾爾卿毋嫌粤稽寺建自明代金剛裝束色相嚴四周空濶臨煙水拜斗壇古飛銀蟾觀察穹碑相公額淋漓墨瀋蛟螭潛法輪常轉地轉勝諸法相付水中鹽年豐戸戸競施捨長老兒客貌益謙北風陡作喚我渡中流悲犯虬龍髯

江口阻風浩歌　十五世　蔭南　愛棠

寒風烈烈吹江頭漫天癡雲擁不流萬千檣櫓兀自守奇窮客子生悲愁令我胡爲來范丹塵甑行將頹阿爺鬱惱妻兒餒驅之急走無徘徊令我胡爲去一枝可借鵷鸞箸相國書函幕府情得沾光末堪底豫吁嗟乎所謀不過贏衣食極慮經營不終得名場刖足誰更憐讀書空自勞心

力搔首問青天青天無奈何廣厦萬間無地設蕭蕭慷慨徒悲歌況今竟絲軒冕非文字結納公親只比阿決獄催科任黠吏豈有案頭兔冊須研磨動不入時言太古請君裹足無奔波此言非過激自問良應然今年貧到無錐立何說憐名不愛錢世人縱不分清濁驚悸猶疑到枕邊從此空騷須化盡浮看世事如雲煙鎮日江風不得渡忘機且自同鷗鷺萬丈洪濤捲地來雄情催我登高賦四山雪意當窗含清寒助我銜杯趣已矣人事只隨緣夫惟捷徑以窘步

祝吳母周孺人七十壽　十三世　星垣　掌薇

桓桓澗底松鬱鬱崗上柏經霜恒不彫挺直數千尺其下產靈芝時或出琥珀吳母我同宗中歲苦茹蘖艱辛四十年撫孤把荻畫長君工研經直入草廬室季也擅詞華年少嫺六法餘事涉丹青道子傳一脈今値壽七旬清健還如昔兩女賦柏舟彤管書心赤貞孝神鬼欽母教內則悉下走摯兒馳登堂進一石拜手頌九如草堂月旣白

同人斬蛟祠南步月分得月字　星垣 潔庵

秋宇已清朗況復寒光發相約語同人且看古時月迂雲 潘九喆字 肩夢吉 潘兆熊字 雅興正勃勃海瑪 徐鷹蛟字 把濃塘 任安上字 豪情尤咄咄走及幼弟廸清寒直到骨是時月正圓纖雲盡

皆沒星斗光稀微嬋娟見根窟攬衣上高邱地聳勢突兀指顧四山景微茫一燈焠眺望至三更興來轉未竭回步入山房棊聲響清越

孝感墩祭墓作　廸

荊南山水區神靈守奧府龍勢覩蜿蜒閒氣鍾我祖發祥自鮮山蟠結到水滸形斷脈實連一躍過河渚中流陡起墩首昂身若俯昂者高丈餘低者平里許前當大澤雄後帶長川阻宛似戲海龍亦象飲泉虎迴遭水作環雲氣相鼓舞奇哉現石巖中央得美士遠照南山屏近案湖音宇東面莽林巒重關鎖門戶是爲侯祖塋本源遙可溯地靈人亦靈我侯降生所智勇稟兼全忠孝貫今古後嗣多象賢封侯一門五遭害値時衰雲礽長篤祜應知地脈佳積久光猶聚廸也仰前徽無能繩祖武每歲舟一過展謁奠清酤拜罷製蕪辭永以傳後緒

題王小午八兄獨坐圖　十五世 蔭南

世人好貌眞貌眞亦識趣胡然點綴多金向畫師賂未買好園亭且構丹青住山水豈知音窮鑿探幽路林林松竹梅俗眼勞相顧甚乃不識丁架上牙籤露妙絕山陰八翮然脫世務一扇袁宏風攜之掃煙霧嬉嬉士龍笑笑者必有故塵中與畫中一樣忙馳騖入畫且須忙笑渠何日悟

上庽義渠中丞 五古百韻　十六世 恩爵 春濤

宇宙聳奇觀惟嶽無與偶江海善包涵其源最長久托地豈或殊得天有獨厚於人何不然第觀所稟受巖巖中丞公上應三臺宿閥閱振家聲衡湘鍾靈秀陰德種于公斷機憶孟母丹篆兆嘉祥青湘綿世守穎悟邁雙丁探奇向二酉鳳造出新裁豕渡刊訛謬日試言萬千雲夢吞八九星宿夙羅胸文章居魁首萃野聽吹笙桂林香滿岫偶談皐比經循循推善誘時雨育菁莪春風舒藻茆神羊不受羈祥麐豈終囿讀罷孫子書請纓事奔走運籌襄禮帷倚重若樞紐虎旅集如林鷙隼屯細柳刁斗令森森干城武

赳赳有時彎𢎘弢有時擐甲胄有時弓伏弢有時矢夾脰
擣賊必擣巢驅敵如驅獸馬前露布馳鶚薦雲章奏
天子嘉乃勳晉階累豸繡臬事甫秉陳積牘清新舊告天
香可焚昭雪盆無覆蔽芾頌甘棠萑苻爭淵藪垣墉牙鼠
除甑釜游魚有甘學史雲貧不羨季倫富鄂渚任旬宣望
重如山斗減租沛恩膏耕鑿安畎畝撫字勗賢勞勵俗先
孝友保障資屏藩苞苴嚴橘柚節鉞開皖疆　賞與功俱
懋　簡在一人心碑流萬民口人人願依劉家家思借寇
卧轍遮道途攀轅扶老幼杖頭挂百錢芹獻陳簞豆祖帳
餞神君三爵祈多又琴鶴伴行旌清風攜兩袖屬吏迓星

槎郵驛勤趨候遍訪使君舟片帆隨急溜夜過萬重山樽
酒未用缶鈴閣開臨營積習非安狃衛民勝衛身去惡若
去垢甄別勵賢才培養及薪槱說士比肉甘剔弊防巵漏
軍書雜簿書勞形亡旦晝農桑望俗敦禮義為民牖梗化
出苗頑流毒逾國狗芟夷盡善良淫掠及子婦號泣遭流
離黃童復白叟嗟彼鴻哀嗷譬諸魚在笱羣凶肆猖狂四
邑遭蹂躪相持數月間糈臺缺糧糗壯士采蕨薇將軍茹
葱韭飢兵欲釋冰瘦馬時鳴廄乞糴兼乞師飛檄羽馳驟
神形瘁衆勞心肝嘗欲嘔威信孚三軍拊循勤勸侑敵愾
勵戈矛輿誦息詛咒平明登帥臺指臂策某某連營萬馬
馳奮擊爭格鬭鏖戰動移時蓐食限子丑雪夜擒元凶掃
蕩獲羣醜城復民不驚安艮期鋤莠株連早嚴防萌蘖必
窮究燭照神不疲奸宄術難售凡諸被脅從一一皆原宥
其明鏡常懸其清石可漱市井誦青天商賈如輻輳咸欽
召虎功秬鬯將錫卣詎料凱歌旋彈章被劾糾曠覽古今
來遇事多掣肘司寇攝宗邦澆風化箕帚少正三月誅聲
謗隨其後漢廣未封侯千載生疑竇甍苡起流言伏波冤
莫剖李愬入蔡州機宜相度受為尚晉公勳韓碑終攻掊
文成擒宸藩功莫出其右乃因貝錦城龍場司斥堠觀書

欲廢書嘆息將誰咎羣議滋紛紛公笑曰否否世事本浮
雲盛名況難副祿位奚足榮事業期不朽淡泊本性生內
省求無疚逆熖幸掃除瘡痍待拯救常懷濟世心愧乏補
天手聞公勞不施知公德益茂下士質庸愚凡材慚譾陋
逾格荷青垂私忱期黃耇紉佩常書紳躋堂思酌酒葵悃
藉抒丹蕪詞甘覆瓿仰茲平淮功高大如陵阜渦水並塗
山勳名共堪壽量廣福愈宏誠至神終佑霖雨慰蒼生禱
祝天成就轉瞬節仍膺　恩眷承　君后

送陳少白二尹之明州　十六世　湛霖　蘭舟

己巳客游泳溪寄跡鹺局時二尹辦理玉山緝務
萍水相逢如舊相識昕夕過從得悉生平庚午夏

二尹因補寧波塔山司鈌將之任示以留別七律
四章俊逸清新愧不能和勉成五古六十韻呈政
人曷足貴乎大材蟠蚴蟉仕曷足重乎大功垂宇宙莽莽
山嶽重惟嶽淩宇宙蒼蒼樹萬枝惟松挺堅瘦祿位奚足
矜勲名自可壽卓卓陳二尹當世誠罕覯太邱溯遠源黃
鈸毓靈秀少負仲舉名（陳蕃字仲舉年十五薛勤目爲不凡）不愧三君胄（陳實
及子紀諶並著高名時號三君）聰慧邁雙丁奧博探二酉早棄舉子業弗
屑微名就神羊不受羈祥譽豈在囿（二句用袁子才語）讀罷古人
書請纓名居首筵仕入之江坒重如山斗（君入浙時上游咸器重之）正
在策名時烽煙警斥候（君以己未到省庚申間賊氛徽告歸籌辦團練）假歸捍里

閭集團嚴堞守義旅會如林連營屯細柳賊眾聞風遁得
免遭蹂躪桑梓鄉賴保全芸生資拯救志在濟時艱焉肯甘
雌伏命駕出東山驅車過江右楚營正需賢挽留運糧糗（癸亥君之江西留
辦楚軍後糧臺）借箸襄籌帷倚重若樞紐辛勤日宣猷
保薦雲章奏天子嘉乃勲功懋賞斯懋（君以軍功加五品升銜）小試
握牛刀理繁歌財阜飛挽利轉輸鹽車常輻輳（君留衢後旋經馮鐵
華觀察調辦稽查信郡運鹽）治績著定陽安良先鋤莠（君以乙丑留衢曾權常山縣丞
印）其剛玉莫磷其清石可漱蔽芾詠甘棠萑苻淨淵藪取
人廉一介賣人法三宥敷政普仁慈積牘清新舊祖帳餞
神君芹獻陳簞豆卧轍遮道途黃童并白叟（退任時士民送牌頌德
政）信郡接閩疆侵銷防戹偏惟君勤捕除勞形忘旦晝（己巳
君接辦玉山廣豐兩邑緝務）搗私必搗巢驅惡如驅獸威德靖梟風輿
誦息詛咒公暇愛騷壇羣英推領袖李杜兼庾鮑吟成八
乂手浩歌振金石聲作獅子吼欲縱才愈斂將束筆還陡
鳳造出新裁豕渡刊訛謬鍊句同鍊金不肯一字苟（君有詩稿）
籀內胞舊規矩外蛻古窠臼卓幟成一軍實貴等瓊玖（君書
一部人爭傳誦）懸筆挺中鋒書法尤講究草楷追鍾王篆隸宗史
（楹聯人珍藏之）北海仰高風不空樽中酒作頌繼無功談笑招紅
友經濟既超羣詩字誰與偶以君三絕兼君才實天授兩
載與君交垂青情何厚一旦報鶯遷（君以己巳十月補缺庚午三月檄促到任）

舊雨聚難久人人變依劉聲聲思借冠攀轅悵無從（襲智軒太
守爲之稟留未能邀準）執鞭願隨後藿悃藉抒忱蕪詞甘覆瓿送君
旌遠行望君德日茂風生兩袖輕碑流萬民口賢良達
帝聽　恩眷承　君后指日卜三升事業傳不
朽

送般孝廉古漁北歸　十大世　道倫（鼎珊）

我昔有寶劍藏之二十年金非葛盧發造在蚩尤先太極
爲鑪炭陰陽橐雕鑴光恐燭天帝因此常橐鞬利可斷蛟
龍未輕垂鞍韉不學一人敵辟易當萬千詎傷一時屈氣
槪凌雲煙磨劍不惜力自信昇飛仙世無歐冶子氣空牛

斗躔往在弱冠時學劍得眞傳偶一談劍術聞者不敢前
說予時當惜胡不快着鞭予道術未工自甘韜晦便左圖
與右史且學希聖賢藏鋒兼斂鍔閉戶守靑氊興來忽著
屐遨遊東西阡朝揭銅峰秀暮飲玉女泉匣劍五渡江不
遇皤然旋上天留此物豈終溝壑塡不使靜妖氛坐見欃
槍連水火互相擊精金百鍊堅天地忽變寶促其走幽燕
皇都豁眼界泰岱登其巓趨車叩天門天公會傳宣懷寶
迷其邦待用始能全今上鳳凰臺與君兩載緣旣分蓮幕
輝復邀蘭譜聯君亦天下士風骨眞高騫言論渺滄海氣
度包垓埏莫傷日月暮允哉終騰天君聽予說劍君勸常

磨研臨行無所贈贈君寶劍篇

同人詠古蹟分得賀方回墓 七古 十三世 星垣

荒苔蝕字殘碑燼詞客風流一朝盡名傳梅子黃時句風
趣不減張三影一坏土令舊風煙馬鬣猶封古道邊憐他
春雨滓滓夜可有吟魂在墓田

賞菊詩 七古 十三世 迪

先生愛花又愛菊譬攬芸編味濃郁此花總與酒相親白
衣送到斟醍醐賦就花箋代柬飛蒼頭急急紛馳逐南鄰
北垞呼友生齊赴高齋潄芳藪那知令盤倍清妍繡蝭錦
堆眩心目主人家本富琳瑯秦漢圖書開卷軸須臾新饌
出仙厨鼎烹直擬王侯膳解衣磅礴對奇葩一飲千觴了
非俗座中逸客儲紀堂醉到花間態可掬太白銜杯號酒
仙元龍揮麈超凡族離騷騷意滿林風頓覺秋聲來謖謖
吾輩看花百事無珍羞飽後且摩腹不見黃花會笑人髩
閒幾箇看還綠頭上明蟾照我歸翛然遠步神仙躅

蔚齋邀同人啖魚生粥 迪

山中曾煮靑精飯惜我不隨陶隱君禁中聞賜防風粥媿
我難追白傅輩三日船頭阻風口菰蘆飯熟炊煙守歸逢
仙侶會吟朋速客詩成恨偏久布裘氊笠笑登堂邨厨香
引鼻觀長筵隨進魚生粥芬芳滑膩流匙光啜來一碗

復一碗灌頂提壺四肢軟劈開佳醖試醉鼇饞眼頓覺光
風滿其時小至冬欲除萬卉凋零到野蔬先生襟袍春如
海離花冬艷照四隅卌年宦海惟甘此對花啖粥斯可矣
魚米今年況益饒吾儕團坐歡無比只是年來須杖扶看
花眼色半模糊晨夕相從浣花里己有人疑餔餟徒

魚米樹 迪

康楊樹一名魚米樹又名五穀樹夏月結實如魚
米者歲稔如糠粃者歲歉土俗以此爲驗

魚米樹魚米樹昔人喚作康楊樹今年黍稌蔽野多維魚
及鯉跳上河樹頭結實宛相似賽過靈芝獻天子

題任澧塘換杖行後

我聞昔人曾換馬代步空羣稱健者又聞當年換酒歌杖頭不惜奈爾何于今却聞交換杖吳越之間足神往吳兎牀儲靜齋兩人友誼孰與儕年開八秩童其顏壽相均足圖洪崖步履不須扶老具登山臨水同襟懷以杖易杖事頗異明示仙人互遊戲天目山高離墨寒應知杖策丞盤桓山椒雲氣常還往當作採芝人並看

祝馬秋崖五十壽　十四世　之冕　鴻軒

君不見東方曼倩來十洲瑤房玉宇常勾留又不見守關尹喜崑崙上金臺紫館遙相向元精耿耿迥不侔意度安

開居之暢吾戚有仙翁才名軼少游奚囊探氷雪家業富箕裘適當大衍筵開處落成堂構輝新猷長溪社友一齊到或歌或謌爭添籌詩篇略倣大小雅曼詞直追周秦傳仙翁詩翁聚一室此館端合稱忘憂況當旭日漸添線長生無極宜歌謳風烟一壑吾鄉最國山圖畫還堪繪枉抱區區擬勝心十載看山空在外今秋休沐返故鄉買舟急欲登君堂摳衣追陪九老後也隨玉珮聽笙簧燕雀能賀鳩能親笑指雕甍是海屋離墨山西薄墅東歲歲來游詠淇澳

孝侯墓　十四世　之型　半霞

孝侯墓道森松楸豐碑屹立日月侔于今巋然成古邱型來展謁衣頻摳粗述祖德揚侯休侯出關内本貴遊少年意氣淩滄洲任俠喜爲人報仇不屑拘拘邊幅修荆南父老長耽憂力除蛟虎身自訖入吳從陸爲名流砥礪氣節不稍渝逾歲交辟仕學優新平廣漢獄無囚路不拾遺民不偷盜穴已擣還更搜進擢御史風骨遒其視奸佞如視讐不避寵戚畏權謀舉朝側目侯自猶吁嗟侯兮孤臣艽賊齊萬年雍氏酋妄自稱帝誰敢侔涇陽之民如離擧謌兵赴救爭逗遛朝廷遣侯往扞禦奸臣掣柄侯手挈軍次六陌難展籌我軍枵腹無乾餱賊騎數萬相蹦蹂陣雲壓

壘壘若浮奮臂大呼持雙矛且入賊陣誰敢兜見賊即殺如殺蟲滿地亂擲血骷髏斯時日暮風颼颼天地昏黑神鬼愁自晨及酉未絕桴矢亡弦盡只持彊賊人大舉圍四陬挺身死鬬無一抽佞人親督皆踐猱疾視我竭不相勠鳴呼丈夫疆埸戰死亦何求只恨侯能射虎胡不射洞奸人喉侯能斬蛟胡不斬却佞人頭此皆天實爲之人何尤迄今千載褒侯庥建祠臺畔清且幽官府致祭虔春秋粢盛豐潔俎豆修婦人孺子皆歌謳鳴呼侯之靈爽千秋留

賞菊詩　之型

幾日西風戰籬菊一月餘香還馥郁主人大笑忽拍張何

不當筵醉醞酴光義首座少卿賠一輩詞人快追逐有酒如淮斟滿巵配食山肴更野蔌半醉磊落寫長歌奇思溢出駭心目險韻偏以疊見奇頃刻風雲迴地軸不及侍坐心歎然惆悵無緣獲此福拂箋讀罷心泠泠撲盡塵俗三千斛手握殘英嗅且吟清露滿身秀可掬柴門獨立淡無言對影何須問邦族涼逼衣襟秋氣深窗外時聞聲謖謖意欲追摹石鼎詩空將白戰衞枵腹笑問南山誰荷耡霜枝移得一庭緑彭澤歸來作主盟東籬韻事傳芳躅

題友人長江風泊圖詩畫卷　十五世　蔭南

建安之才誇七子由來風骨日以弛石尤爲助江山靈一

夕狂飈萬艘止中有詩人李杜才奇氣拂鬱傾金罍畫舉飛卿八叉手擘箋鬬韻無徘徊疊唱騷壇未足珍最難孰耳爭齊秦郎今一讀一首肯字向紙上皆精神休文風雅最情深染入丹青妙賞音八友斬一非寥寂四聲獨妙超古今他時孤棹臨江涘憶詩更復憶君矣旅恨何如離恨深滔滔不盡江流水

張海門先生觀濤圖　七古　十五世　人卓　叙秋

海濤直下三千丈海日銜波飛泱漭一鳥躍出羣龍嬉談者色變魂驚蕩我聞此語壯心率安得浮槎到海邊蓬壺方丈搜仙窟日月星辰共一船海門先生蹶然起首把一圖遥相指浩蜺横飛激水紅金雞下矚回瀾柴丈夫從來意氣豪平生談笑涉波濤乘風破浪宜吾輩會須一釣任公鰲廣陵昨夜濤飛入陽侯震怒流駛急疾雷駭走激電奔羽客大笑斂入泣高凌霄漢挹飛泉直呼洪崖與拍肩平明日觀峰頭立一覽齊州九點煙

同人登峒山觀仙人洞　十六世　報劉　竹畦

千巖萬壑峰嵐古鬱鬱葱葱人爭覩知心契結兩三人攀藤附蘿躡屐嶁遥瞻修竹挹清暉近接野桃千萬樹碧草淒淒露白雲落花點點如紅雨窅然仄徑峭而深彷彿武陵遇漁父忽來洞口氣氤氳中有仙人工納吐滿山怪石

聳嶙峋知是巨靈運斤斧聞道此山幻境多倩誰烈炬循跬步我來攬勝夕陽斜歸帶煙雲滿山塢

人壽年豐　五言排律　十三世　迪

世際雍熙盛祥開喜氣加人方同日月萬戶足桑麻人舞康衢樂年歌大有賒惟和能致美因順得迎嘉南極星精燦西疇穗影遮曾孫先有慶保介永無嗟扶杖來黃髮稱觴進紫霞春臺歡聖化壽宇祝天家自是休徵驗還思瑞景夸村村社鼓鬧處處酒旗叉緑樹眠仙犬紅裳戲小娃張圖瞻泰岱作頌擬嵩華祇覺桃源近何嫌化國遐昇平時獨慫風土記堪誇濂洛耆英會湖湘賈客槎

朝徵海叟宴野聚稻王車（時西鄉人曰田中出稻王一穗得千餘粒）魚米祥呈
樹蟠桃歲作花書生霑·聖澤涵泳正靡涯
水榭　　迪
樊川有水榭罨畫舊傳名虛檻招雲集風廊倚水清銅峰
拱秀麗玉女對輕盈酒舫來時便詩筒遞處迎堪供彭澤
傲似得輞川情試起湘簾望春波一色平
祝馬中丞四旬晉五壽辰（五言百韻）·　十六世　恩爵
壽身兼壽世名宦出名儒銅柱綿勳伐珂鄉溯呂都岱峯
鍾秀蔚崧岳毓魁梧字識之無早門敦孝友于囊陳螢夜
照庭訓鯉晨趨學業充墳典淵源接泗洙研精長握槧殫

志斂操觚鳳吐雲如織蟲雕露欲濡詞壇經百戰筆陣掃
千夫矯矯羣空鶴昂昂氣似駒文章金鶩鶩聲價玉璠瑜
聽說芹香掇爭誇棣萼俱（公偕仲兄同遊泮水）食苹纔鼓瑟望杏復
連珠（公于丙午丁未聯捷成進士）題雁書千佛鳴騶踏九衢金泥馳鹽
帖綾餅啖瓊酥甲第科名貴丁年印綬紆皖江初捧檄郎
步乍分符（歷知建平等縣）桑隴馴徵雉棠陰瑞集烏水庭師孔翊
塵甑說萊蕪井苦甘能變渠穿雨弗虞琴鳴登上考轍卧
徧中途典郡雙熊策平梁五馬驅（晉守廬州等郡）居官惟飲水拙
政是催租士沐文翁化民爭召父呼兩歧生瑞麥終任是
懸蒲豸繡膺章服鶯軍理餉需量沙籌聚米挾纊暖分襦
蓄翰鴻留印（公于壬戌秋以觀察署安徽藩篆）苗頭虎負嵎（苗練于癸亥三月起事十月始平公統軍援蒙備嘗艱險）統師胥擊柝誓眾右援枹盾鼻毫揮墨矛
頭血點珠折衝頻執馘遇敵不知軀一帥心無懼三軍膽
亦麤聲威驚鸛鶴步伐整貔貙雪夜功成蔡天寒陣獻俘
農商安舊業裹脅釋無辜·　鳳詔綵綸獎鴻勳石碣摹
栢薇聯晉秩草莽慰來蘇中甫重游地齊民頌載塗芾棠
餘茇舍騎竹迓郊郛德造蒼生福貪懲墨吏汙流亡稽冊
籍賑恤別村區暮夜勤偵邏（時因游勇滋事每夜出城稽察）奸胥絕覬覦
（嚴禁書吏需索陋規）作人培棫樸（月課敬敷書院）問俗逮蕘芻岳牧崇功績
鈞衡秉軸樞　　鴻恩頒北闕龍節鎮西湖遮道香焚鼎

沿江士荷殳（皖省兵民沿江跪送）雙旌鳴鼓角六纛煥艟艫　　宸
翰中朝賜（賜福字御）重輪大雅扶入疆諸疾苦供帳恤胥徒
（公蒞任豫戒屬吏供帳概從簡約）蔌粟招商旅（時因糧價騰貴裁撤浙境各卡米麥蠲捐）苞苴
戒隸奴（嚴禁門丁收受規費）防閑風盡息（宅門出入嚴設關防）批牘日常晡（批閱
案牘每至忘食）滛雨田成浸祈晴市禁屠（本年夏間大雨兼旬公設壇禁屠齋沐虔禱旋
晴）郎暢詞遲懸鐸訴（公恐下情難達凡僻壤鄉愚赴轅呈牒無不收受）冤雪覆盆誣
慈幼童牛牿（杭人有良家子入署充僕公察知其情立為位置善地）鋤奸悍獍誅（時有
台州巨匪冒捐武弁嘗嘉興協都司公廉得其情立置重典）官方頒竹簡（公以皖藩任內
筆牘頒給各屬）（嘗屬士匪盤踞南田山洋公札水陸軍勦減盡淨）行刊學治減賦區
銀穀（奏請清減賦額）·清操勵玉壺（考試簾員以一片冰心在玉壺命題）金臺隆幣

帛（建復三書院膏火獎賞概從優厚）鐵網綴珊瑚（決科前茅大半鄉薦）隄築波資捍
囊傾衆樂輸（奏請捐修海塘）層樓增鞏固（修建鎖東樓）鎖院拓規模
（建復貢院較前宏敞）鳳有高岡集鯫無涸轍枯備稽諸德政靡不仰
嘉謨進驗持躬處尤爲曠代無庸愚忘顧卮卑論肆迂拘
自古居移氣疇思禮弗踰歷觀膺厚祿最易恃華膴雕繪
施梁棟瑰琦設座隅幕帷輕錦繡被服厭羅襦魚鳥資行
樂琴箏佐宴娛肥鮮珍列鼎甘旨味充廚下箸中人產嘗
羹鼎美腴奇花盈院宇佳釀灌醍醐蓮炬輝騰欲梨園曲
唱喁纛天張綺穀藉地飾氍毹朱履三千客金釵十二姝
晝長閒戲葉夜靜集呼盧習俗常如此名賢豈免乎中丞

行己慎秉性與人殊恭儉廉之本忠誠譽不沽衣冠長澣
濯瓦缶作盤盂膳節饔人鶩裘披晏子狐鼎銘遵樸素履
信著中孚居室賢爲輔宜家樂爾孥夫人嫻禮教井臼習
勤劬梁案儀交敬荊釵飾勿須蘋蘩虔祀典瀡瀡悅嫜姑
巾櫛雞鳴警門庭燕笑愉和親康樂象晨慶吉祥圖庚嶺
香舒萼鈴轅彩煥弧梅花春最早松柏翠無渝玉液觥稱
兕晶盤膾擘鱸賓筵開綺席仙履集金鉤強仕同韓范謳
謌徧越吳九如天保備五福範疇敷斗酌思純嘏卮言敢
貢諛上公仁者壽下士古之愚黃耇祈台背元勳詠碩膚
凡材慚苦窳大治藉洪鑪（前在皖督以記詩蒙公垂青招致入幕知遇之感銘篆弗諼）

海屋期添算齊庭愧濫竽三多賡華祝千宇綴蕘鋪願效
環銜雀隨班頌獻鳧

題胡鑑淵西溪草堂圖小照（三首） 十五世 蔭南

村居何所有瀟洒對溪流去後蓮誰愛歸來竹已修依林
踈曲徑傍岸拓良疇即此田園樂塵勞迄可休（其一）小築草
堂成動息都如意兀坐細聞香清心淨掃地書味老莊深
吟情風月肆樂趣儘流連身閒無個事（其二）彼岸風濤歇吾
廬天地寬忘機逐鷗鷺作態笑衣冠到老逾耽靜雖貧不
戀官斯人誰慧眼莫漫畫圖看（其三）

秋日村居雜興詠楓林（五律） 十三世 星垣

九月風光暖楓林色未黃葉全承湛露節已近重陽散髮
閒居好停車小坐涼待看紅意滿佳景在迎霜

己巳除夕 十三世 迪

年去年來慣熬看又一年賺人成老犬觸緒易纏綿門外
懽聲鬧燈前笑語憐椒盤勸獻罷爆竹徹宵喧

祝馬步瞻四十壽 十四世 鴻緒（亦陶）

繡綵初添後華堂介壽辰九如爭獻頌一室自生春客到
歌合縷杯深泛玉鱗願將無量佛持贈有緣人

在陸草堂（偕同人先生任宅） 十五世 徵（慕陶）

槃陸幽棲地名師衆所推九峰猶在望（堂後有九峰樓儲畫山兄弟讀書處）

六子渺難追（傑氏六子皆先生門下士）苔接將軍墓花連相國祠至今
陳俎豆瞻仰繫人思（道光間堂改爲同人公祠）

鹽梅閣早梅（閣在南郭王忠烈祠祀鹽梅夫人） 十五世 徵 曉峰

祠宇清閒慣梅開乍啟扉（王公祠常關閉惟看梅時開數日）曾看晴雪蕩
時帶暗香飛含雨肌微露迎風萼倚稀芬流奇節在瞻仰
挹芳徽

題金湘波龍泉出匣圖 十五世 蔭南

縱橫萬里志壯矣起龍吟肝膽向人皎風雲捲地陰從袞
神物顯方見布衣心何處酬知己丹青照古今

題朱雲川採芝得鹿圖 蔭南

一覺塵間夢翩然鹿與遊神仙隨藥取富貴等雲浮名共
騎驢隱蹤偕控鶴留松濤知我意洗盡古今愁

潤河集歸渡 十六世 儒珍 松岩

回望沙堤迴風光結晚秋野人爭渡集歸鳥破雲浮日落
天疑近波迴岸若流相偕童冠雜敢擬舞雩遊

焚字紙 儒珍

莫使泥沙棄鎔將寶鼎藏篆文羅錦繡經史共輝煌火活
龍蛇走烟流翰墨香銀書歸化境炎帝重文章

手爐 儒珍

權作冬烘計銅爐熨炭新盟心惟秉赤著手便生春
憐寒意無妨執熱人題詩消凍硯雪夜共相親

題友人山水扇面 十六世 報劉 竹瞧

漭泱崎嶇勢都歸指墨間夕陽明古渡黛色染遙山樹老
秋容淡苔深石徑閒靜觀清趣永乘興返柴關

贈歸州范廣文 報劉

河畔識荊州相逢意氣投論文追李杜說理溯程周年老
賜偏熱官卑節獨道如君真學者令我幾勾留

送歸州范廣文 報劉

昔日來宜邦談心酒一甌喜聽揚意曲怕送伯牙舟化雨
施甄國春風被峽州歸帆紅樹外指點漢陽秋

謁侯墓 七律 十三世 淦 沐棠

西風獵獵響弓刀義烈英聲薄九霄彤駿應慚成國賊氏
羌枉自逞天驕當年一死洵無憾歷代封功永不祧古墓
衣冠斜照裏群來展謁酒頻澆

祝馬秋崖五十壽 十三世 星垣

少游風度劇翩翩春酒盈樽祝大年嗜學恰同蘧伯玉變
閒雅近杜樊川風煙重疊環華屋賓客歡騰醉綺筵更喜
滑稽來曼倩絳桃如斗藕如船

祝馬步瞻四十壽 星垣

清白家聲詩禮兼稱觴連日捲珠簾擅才奏罷篪還奏譜

再添時線亦添兩處瑟琴徵好合滿堂蘭玉見清歡笑攜
子弟擎春酒相對都如比翼鶼

祝吳菊畦四十壽　星垣

雅澹襟懷氷雪姿草亭小築傍雲陂酒因介壽斟三爵梅
爲稱觴放幾枝摩詰丰標工院品青蓮格調重吟詩北堂
纔見添籌罷又詠吳均祝嘏詞

花南祠紅豆詞人　十三世　迪

紅豆詞人住水村數株楊柳護衡門香分春社新篘酒味
學田家老瓦盆佳客半推文苑伯諸郎都似謝庭昆拚同
花下長攜手不覺籌添又一番

金陵試畢返棹梁溪溪橋玩月　迪

金陵回首憶銅官明月雖同兩地看有限才華場事了無
多吟興夢中安鐘聲似聽家山寺漏點猶聞鎖院寒此際
溪橋橋上客定無塵念到長干其一十年前事可追尋也共
溪橋步月吟忽訝飛仙淩玉柱喜聞狂客說瑶簪三秋逸
思瀰樓渚一點名心鶴繞林笑我思攀蟾桂影不從塵外
覓知音其二

秋日村居雜興詠瓜架　迪

權籬抱蔓翠交加點綴青門五色瓜座上幽風原有畫山
中月令本無差林深綠蔭蔔酒量淺香分龍鳳茶一桁
清陰裁破影斷壺風味學田家

臘菊次潘蔚齋明府韻　迪

老圃滋榮仰太公花從殘臘豔籬東清霜鍊骨森寒綠肥
雪融姿暈淺紅數朶瑤英疑畫裏一窗生韻落牋中幽香
醉客還留坐知向誰家索句工

和吳兒床衡門惜別圖　迪

老去多情勝少年片帆遥露五雲邊舊遊似夢迢迢别
緒如絲縷縷牽楊柳衡門留畫稿蒹葭秋水入情緣荆溪
恰并桐溪秀一路看山抵散仙

詠蘇有山師尊新糊紙窗用原韻　迪

雪勝瑤瑶月勝銀令齋費過玉堂春光明心地原無垢淡
泊中間大有人好倩霜毫書白練愛將雲母隔紅塵買泹
陽羨誰家事始信坡仙再現身

祝馬步瞻四十壽　十四世　之晃

久離桑梓别高門記得朱陳共一村此日朝天還故里恰
逢春酒酌瑶尊賓朋滿座冠裳集子姓成行笑語溫聞昔
禹門留息壤何時策杖采蘭蓀

酬朱別駕上元前夕别駕自蜀回池郡見贈奉酬　之晃

久别忽隨新歲至相逢無改舊時顏各詢詩句何年最細
說崎嶇萬里間且共良宵好風月重看秋浦舊雲山賢勞

莫歎官人令鷗鷺春江恐未聞 見正雅集

蒲墅謁侯墓 十四世 曦 謂谷

古殿巍峩碧漢齊英風長稟晉平西松蟠橫嶺虯鬚動石照遥崗虎迹迷此地衣冠瞻肅肅當年弓劍影淒淒登堂晉謁神猶接千載勲名若可躋

代海昌老人和潘蔚齋臘菊詩 十四世 之誥 勖齋

何事神仙白兎公瓊枝栽出五雲東葉疑玉楮鏤氷巧朶借僧鞋踏雪紅爆竹聲催儺久撤頌椒筵近聖顔中他年譜向羣芳去却讓諸仙夢句工

和潘蔚齋夢美人聯吟臘菊詩 十四世 之型 綺成

空際花飛象外工仙姝彩筆夢魂中自憐鶴髪千絲白笑破櫻唇一點紅連袂踏歌依硯北餘香剩影憶牆東春來預約籬邊信還把秋英媚乃公

挽烈婦 族伯林妻徐氏夫殁既葬遂投繯死 十五世 徵 慕陶

氷雪胸懷鐵石腸那堪苟活理紅妝貞同璞玉心還潔志示皮金 語杜王烈婦劉氏女也夫死葬皮金爲一香字以示侍女曰此所以志也吾骨亦如是耳晨莫其夫扃戶自縊 骨亦香 芝綍恩榮來北闕栢舟義烈式南邦爭傳閨氣鍾巾幗彤管增輝永播揚

孝侯墓 徵 望齡

疏風冷月兩盤桓疑塚重重瓦礫攢身後沙場遺劍戟[illegible]中父老話衣冠白雲對壟周原靜青草埋碑晉字寒閒讀名詩登絕頂紙鳶萬點夕陽端

雨夜讀書 十五世 守勲 也册

樓頭聽雨近三更灑徧龍山未斷聲黃卷集開司馬傳青燈光燭斗牛橫澤能潤物原如望志在研經豈爲名閉戶咿唔誰是伴詩瓢茗盌倍關情

玉門秋柳和朱水部霽堂 守勲 禹遠

西塞秋高白露飛幾行衰影自依依枝消碧玉環車壘葉脫黃金照客衣繫馬猶懷曩日事平蠻曾見此時歸關門縱使無羌笛難禁悲笳怨夕暉

老松 守勲 蓮裳

拔地蒼龍夜嘯風千年獨卧白雲中刼餘漢火心猶熱耻受秦封氣自雄脫盡枯皮無鄧凝養成鐵甲欲凌空孤高難與修篁伍各抱干霄志不同

感遇 守勲

忽聞北雁數聲哀惹起愁思解不開綠柳飃零埋葯徑紅蘭憔悴落荒臺無端蝶使抛香去空剩蜂媒抱恨來從此闌干無客倚任他秋草長莓苔

秋戍 守勲

投筆從戎守玉關頻年空唱大刀鐶金雞未卜來西極露

布常傳控北蠻塞柳飄零兒女淚霜花催老丈夫顏腥風
一夜驚寒角萬種鄉愁逐雁還

恭介毅農先生大衍添籌榮慶 七律四章　十五世　蔭南

瓊官飛下洞簫聲散入薰風滿錦城士庶壘爲斑綵舞先生
馬保德直隸州刺史士庶儒恩其祝嘏詞有百萬蔟衣之句使君一繫白雲情太夫人在堂獨慕依依無心受祝服官教出文宣正先是欲投簪歸省奉太夫人諭以年方服政不當爲林下遊始止
知我書投鮑叔誠勞辛階觀察亦多方挽留故其謝泳魚手牘有云一樽先訂於何時題相約桃花流水九曲勉留夫之子莫遽言尊柰秋風自此河中仍借冠神明久照
祝長生 其一 壽世勳名出世才山公啟事總先推初任丞濟二年郎得
上遊保奏掞天翰藻空花月甫一試禮闈即由教習選外時諭以未入翰林爲惜得地經

綸綍雨霄殿柱名　題需大用上可奏即命入對擢授保德州牧
御爐香拂藍重來對揚稱　旨辭　朝出諸老私
銜話酒杯 其二 九天命下赴雄州敭歷名邦悉遠猷重
士如公猶一見變民無事不干秋化平流水釀膏溢辛丞濟時
濬書院前池忽有泉湧出味甘美而邑中諸井水皆鹹蓄人咸異之望峻高山片石道保德州紳
士感先生德政勤石記之名政蹟碑始信一圖圖一美士民又爲書四美圖一蓮峰課十一堂舍
賑饑一漁人頌德一鶴署疹櫻以歌詠政蹟循良治蹟未全收 其三 保艾惟應頌
好官養生丹是活人丸華胥夢笑黃粱淺晉國疆分綠野
寬浴佛日過開燕寢誕辰爲四月十日浣花天近集雕鞍一觴聊
侑塗鴉句好引清言嘯鳳鸞 其四

釣雪　十五世　金章 裁五

著江寂寂雪漫漫有客停舟下釣竿兩岸晝騰山入睡長
空撩亂絮成團側身天地孤持節慣歷風波不解寒歸去
好將明月載蘆花深處酒杯寬

遊齊山　金章

蕭梁文運應前星隔代爭誇帝子靈桂樹秋風華蓋洞杏
花春雨翠微亭湖光似鏡環城堞山色如煙列畫屏佐佛
至今猶未已望塵遙拜九峰青

寄馬穀山七律四首 時官方伯　十六世　恩爵

聚米韜鈐嗣伏波平淮早奏凱旋歌霓裳舊曲丁年譜露

冕新猷子惠多政秉大公勤體恤心存豈弟普祥和十三
州郡齊霑澤民氣安熙易濯磨 其一 申甫旬宣德望高當年
小試握牛刀口碑偏聽輿人誦心簡頻邀　綍語褒潔己
多方懲蠹吏愛民百計拯鴻嗸賢臣。　聖主明良會揹
日三江建節旄 其二 雨露滋培半載中幸依絳帳坐春風願
賚雕琢圓成璧敢謂廉隅行似銅異地尚思承樾蔭短章
擬借達葵衷皖江鄂渚遙相望一朵慈雲捧日紅 其三 敂隔
禮帷攀短橈片帆西指路迢迢舟隨綠水行千里人向青
山話六朝奔走風塵憐暑雨坐看月影對江潮慚無彩筆
傳衷曲依戀私忱未畫描 其四

題薛慰農觀察時雨烟雲過眼圖八首　恩霨雨甘

丹青一幅素縹緗詩禮趨庭溯昔年韓氏菑畬經術裕蘇家軾轍孝忠全詒謀夙稟慈祥訓到處宜稱父母賢他日墓門重拜掃崇公有表樹瀧阡椿庭侍讀

花萼樓前講業時河東三鳳並經師夜深遙想姜同被頤解爭推鼎說詩辨到豕魚牙有慧讓殘梨棗口無脂西江星隕箎聲杳首蓿天涯倍繫思棣萼談經

山水環滁啟後賢高懸絳帳檢殘編有亭自古名豐樂此地從茲起誦絃鹿洞教循唐李渤龍門學溯宋伊川公家桃李花爭發海內儒宗重薛瑄滁山村學

秦淮十里憶前游曾踏槐花閱幾秋兩岸笙歌明月夜一家裙屐普風流錦標此日歸盧肇湖水於今返莫愁遙望白門增感觸讀書臺畔爪痕留淮水秋風

爭羨郊祁釋褐長看花逍轡曲江濱風流名字雙陸寫爛熳宮袍一色新公本家多香案吏天教權寄宰官身長安好景都游歷未許揚休步後塵燕市紅塵

五斗功名八斗才鶯湖兩度鏡奩開魏塘風月頻年夢滸縣桑麻舊日栽民為賢侯曾卧轍官非俗吏愛儲材甘棠已歷紅羊刼濃蔭依然覆綠苔鶯湖春夢

滕閣巍峩畫不成洪都當日寄浮生室家遷徙無長策儕輩言歡有舊盟孺子亭邊春賭酒肩吾宅畔夜談兵郎今回望章江月怕聽秋風斷雁聲章門戢影

百尺元龍意氣豪臨淮戎幕賦同袍縱橫羽檄枚皐筆十萬軍聲海澨濤盪冠記曾參智略論功未肯詡賢勞會當圖繪淩煙閣颯爽英姿媲鄂褒滬瀆從軍

同治乙丑秋試入闈偶成四律代馬中丞　恩霨沛時

花燦紅榴鳳詔頒本年鄉試於五月奏準天台桂子看重攀晉公勳業兼資懇謂左季皐宮保蔣薌泉方伯楊石泉廉訪魯匠經營早聚般貢院創始於去歲冬月至本年七月告成兩榜同闈增舊額萬間成厦展歡顏年來戎馬曾親歷一様森嚴令若山其一

天漢星朗使臣車古事從容問仲舒主試為宗室瑞睦菴大司成董䴡峰太史三鳳交推元敬學羣鶯爭撥右軍書謂薛慰農提調王補帆監試兩觀察溺飢恐負芸生茂主試以己溺己饑五句命題征彙新添萃拔茹本年兼補辛酉拔萃科二十年前辛苦地慶自丙午鄉薦屈指恰二十年風檐蕭帽敢忘予其二

白下當年白水盟曾持玉尺贊文衡壬子分校江南秋闈得士十二人冰心一片同官勖考試簾員詩題拈一片冰心句鼓角三更夢境清食葉蠶聲聽永夜穿林鵠語喜新晴前因臨場陰雨深以多士艱苦為虞旋即放晴曷勝欣幸舊章參訂資鄰省浙闈舊案盡燬調取江南江西福建三省章程悉心參訂始克舉行愧乏嘉謀答聖明其三

南金東箭采羣材鳥革翬飛氣象恢棘闈規模較前宏敞鐃鐲無聲聽雅頌湖山有美產琦瑰匡扶社稷千秋史謂于忠肅王文成諸

名臣炳蔚詞章累代才華　國舒翹多嗣響月明滄海夜珠來（其四）

客窗有懷再疊前韻四首

酪漿曾荷御厨頒（鄉薦時殿廷覆試特恩頒賞每人酪漿一盞餅餤六枚）十四年前桂許攀納屨何妨貧似憲運斤終愧巧輸般衰同馬老徒增齒拙比鳩安益汗顏游倦思歸歸未得不堪回首是家山（其一）馮公長嘆出無車身世何曾意氣舒門戶傍人頻歲事功名誤我十年書竽吹南郭聲誰附蕨采西山味可茹敢謂工師搜未徧材同朽木孰雕予（其二）雲程强半舊同盟慚愧犂牛在楅衡廿載奔馳人欲倦舉家飲啄水常清科名兩字徒餘夢風雨重陽不易晴（時在重九前四日）金線縱橫修嫁事夜深長伴一燈明（其三）自知樗櫟不成材敢效同人壯志恢行篋蕭條餘短褐殘編吟詠對璇璣請纓曾侍三軍帥捧檄空談百里才差幸逢迎腰免折未須吮墨賦歸來（其四）

消夏詞　倣廻紋體　恩霨

紗窗綠映雪羅香篩篩螢齊貫繡囊斜日半陰槐入夢好風當戶竹生凉瓜浮爲聚亭心水藕雪開遗石畔床叉手看詩吟午夜花邊月對一池芳

詠惠山風景　七律四首并序　十六世　湛霖（潤生）

已巳暮春隨龔智軒太守遊惠山承示舊作惠山遠望七古兩首用曾節相贈吴南屏原韻詞氣雄橫奉利來能勉成七律四首呈政

舟泛梁溪禊事過（錫城外河名梁溪）偶攜同調到巖阿峰經雨洗添青黛（途過微雨即晴）水任風吹漾綠波三月春光留不住二泉香味品如何（惠泉爲天下第二泉）名山無恙眞堪羨幾度紅羊自弗磨（其一）爲因春盡强登山高閣凌虛敞不關（依山有閣俗呼洋樓）一徑曲通層布級兩峰矗立勢連環（錫惠兩山相接）濤聲飛向松杉裏人跡經從薜荔間去去勿須爭絕頂倦飛應羨鳥知還（其二）樓臺多少列西東都在登臨一望中（山下祠宇甚多）近弔忠魂精貫日（昭忠祠係新建）遠懷讓德著高風（山麓有泰伯祠）詞珍聖藻新亭建（御詩碑亭兵燬重建）響寂清鐘古刹空（惠山寺折燬殆盡）自此欲從何處去（太守回杭在即便須解館歸里）雪泥蹤跡笑飛鴻（其三）訪遊名勝覺淒涼圖涉秦胡惜就荒（山麓胡園秦園俱被兵燬）池水回環還戀舊（兩園池塘俱存）八峰卓立獨流芳（秦園片石自立俗名美人峰）古碑有字侵苔綠老樹無枝落日黃（秦園內有大樹）最愛九龍（惠山一名九龍山）形不改攜樽對飲興彌長（其四）

歸燕　十六世　儒珍（子巖）

歸去來兮未忍歸秋來燕子尚依依棲身自覺雕樑穩托足終憐故國非柳絮簾櫳嘗款待荻花風雨又分飛明年

春人君須記紅杏開時莫我違

春日感懷　　儒珍

問他一片綠榆錢可買韶華已去天山水流音誰解韻劍書顧影獨爲憐願邀白傳爲聯社未識青蓮是謫仙人世情懷能打脫箇中何事不超然

野橋　　儒珍

一灣流水任西東野渡無舟徑自通楊柳半堤環彎月桃花兩岸鎖晴虹騷人遺興扶藜杖魚艇歸來礙釣篷買醉不知沽酒處林邊搖動酒旗風

聞官軍已復金陵　　儒珍

連日傳聞奏凱聲將星復次石頭城虎軍自是從天下蛟浪遙看指日平降旆迎塵轟鼓健捷書投驛馬蹄輕當年一片秦淮月重覩清輝夜夜明

六月十一日行抵河北 丙子使蜀作 十大世　家楣 小棠

迢遞秦關又蜀關皇華同詠列仙班 與吳子備太史同奉命 宦途最重惟文柄慈母臨行有笑顏得士總期能報　國出門便許飽看山　帝恩深處炎威淡夾道鳴蟬綠樹間

獲鹿途中補吟試事　　家楣 雲生

珍重衡才玉尺持此邦夙擅子雲詞　九重恩眷人爭說一片公心天也知地號多才難去取文求理勝略瑕疵怕看匣外明珠在淒甚平生下第時

戊寅元旦進　內奏報得雪 任京尹時作　家楣

六出花飛正及時露章早達　九重知人心望澤情同慰歲首占豐驗更奇兩袖鑪煙香繚繞萬家晴雪瓦參差上言未敢稱符瑞敬迓　天庥　帝念玆

迎春　　家楣

淑氣郊迎麥穗香花驄竹馬綵旗揚地居首善陽和早雪積鱗原景物祥喜有歡聲騰綠野幸無心跡愧青皇東風似說曾相識還記春官舊望郎

進春　　家楣

鳳城午夜啟重關　內殿喧傳進寶山春自 徵臣 先人手書陳　天子喜開顏頁暄獻曝同忱悃噓暖吹和滿宇寰願體幽風無逸意常祈稼穡念民艱

恭代耕　　精 同耕者府丞潘斯濂治中龔履中通判陳彝濂宛平縣王啟俊

四推　　祖訓累朝循耕　耤躬親播種艱　聖代重惟先穡事 徵臣 來本自田間農歌協律陽春曲諫列纚儀玉筍班 曹吉三侍御監禮 振策扶犂休緩緩願書大有徧人寰

閱捕盜營操　　家楣

三十登壇夙願違詰奸兵政重　邦畿元戎例是書生座

暖旭晴開大帥旗列陣方員宜變化一時賞罰即恩威萑
苻半爲飢寒迫敢詡聲聞桴鼓希

服闋北上留別親友　家楣

松楸拜別理征鞍攬轡籌量愧一官元氣從來資教養入
才多半由孤寒無親可奉遑求祿有妹生離亦大難去住
心情家國際遲遲非敢薄朝冠
膠庠講舍半爲墟慘淡鄉關浩劫餘人事艱難山覆簣天
心會合水成渠公侯忠孝前型在經濟文章早歲儲全局
維持君等共贈言深愧之瓊琚

卅年志乘漸殘凋況值滄桑迹更淆地力未應漁竭澤人
情總望鵲安巢巖疆壞接誰搜篋大壑淵深易蟄蛟就事
陳言言勿罪防微早玩履霜爻
綠章昨達九重閽爲說驪駒已在門報國日長心更
痛致身義正業重溫關懷世局仔肩鉅入耳鄉評直道存
載誦河梁明德句涓埃奚自答深恩

奉派詣慈安皇太后陵 時值周年 恭紀　家楣

慈闈縹渺隔仙塵歲琯驚心又暮春伏地稍伸臣子痛
垂簾猶憶訓詞新客從傳舍通來往人與名山互主賓 途中所見盤山玉靈山薊州屬鹿遵化屬直 故里松楸看未見蓼莪私痛倍愴
神

壬午監臨順天鄉試展牆添棚號工竣詩以誌之　家楣

多士觀光數倍盈恰留餘地慰人情盤稱餞輔文風盛差
幸經營不日成就裏艱難今視昔更番晴雨喜環瀛著
自有憐才意甘苦關頭百慮縈

有感　家楣

百萬哀鴻命乍蘇青蠅聲已集庭隅經營但識秦輸粟慘
痛庸知鄭繪圖儒效蚍蜉撼大樹故將薏苡作明珠口碑
公論人人在心跡平生照玉壺

日本布衣岡千仭以詩介小村升莊來謁荅之

迢迢滄海寄知音萬里征程一覿尋信有文章雄宇宙但
觀姓氏識胸襟交鄰同具三生契報國空勞廿載心爲
問天涯諸舊雨柳青卿與鄭東林

借舫居送春 七言絶句　十三世　星垣

天公不許春光媚似怕愁人著意憐一樹海棠垂欲盡最
無聊處最纏綿

祝吳母周孺人七十壽 七絶二首　十三世　迪

衡門兩版竹枝橫辛苦教兒字識清四十年來無別景彈
琴聲與讀書聲 其一 玉樹芝蘭處處皆春風披拂好襟懷稱

觴客奉霞箋到當作珍珠密密排其二

西溪閒眺　迪

積翠浮青乍有無綠莎深處隱鳧雛分明一幅瀟湘景記起家藏晚霽圖

和任李唐懷人詩原韻　迪

年年祓禊集梨園爭說今朝樂事喧野寺新鶯如識我般將花信到山門

行圃看梅二首　迪

路轉城南景物暄暗將春色閉行園白鬚全與梅相稱坐到斜陽掩寺門其一花枝也似有情癡對我依依作態遲須

信風光原易老勸人花下立多時

登周墓踏青二首　迪

再尋古廟繞東街餅脆茶香風味佳春色正濃青半郭杏花影裡試芒鞋其一時迎春社草萋萋挑菜湔裙尚未齊幾度踏青循舊徑愛攜籐杖覓佳題其二

前題再和同社諸君子四首　迪

紛紛紅紫關羅裙齊趁東風上古墳何處六朝金粉蹟依稀風土記將軍其一青青草色學羅裙一線風箏裊入雲滿眼溪山都似畫墓中誰憶古將軍其二參差樓閣倚斜曛綠樹青蕪織繡紋一塔已隨雲影滅空餘古廟說將軍其三登臨此日喜成羣修禊蘭亭有舊文欲倩丹青留妙蹟千秋喚起李將軍其四

清明日再過行圃　迪

隊隊蜂鬚蝶翅斜春光好處屬誰家小園也借東風力一夜吹開諸葛花

花朝　迪

偶然乘興泛輕橈匼水煙山曲曲招村酒一壺芹半束妙如寺裏過花朝

秦淮曲二首　迪

秦淮水碧影衫青歌板簫聲未肯停譜出霓裳天上曲桂香深處集文星其一秋到秦淮景倍清畫樓明月沸歌聲文

星萬丈光芒起燈火先開不夜城其二

雙溪竹枝詞十首采入邑志　十四世　曦映墀

雙溪如鏡貼波平無數漁舟欸乃聲羃歷瞑煙遮不住蘆洲深處一燈明

銅官秀色壓溪流蘿月松風一徑秋儂對南山結茅屋推窗空翠撲當樓

爲看秋色泊溪灣郎酌巨羅妾整鬟密意如環連不斷船頭莫向斷岡山

罨畫溪流澈底清蘭橈劃破碧波行春風十里桃花岸恰

似朱顏照鏡明

翡翠園荒舊館池城南憑弔夕陽時繡衣風概今何在腸斷迦陵花慢詞（翡翠園係家侍御文夏公別墅今鞠爲茂草矣陳迦陵有弔故友園亭木蘭花慢詞）

盈筐紅碧帶山煙入饌調羹味更鮮丁菌團團圓似蓋竹菇的的小於錢

右軍書法士衡文三絕碑傳千載芬過客摩挲珉石遍門前鴨脚已斜曛

上巳風光三月三庭前花影日初酣困人天氣游蜂鬧聽喚兒童買馬藍

南郊高結彩雲臺夜夜燈光徹曉迴百戲魚龍陳曼衍錯疑跋浪海邊來

簫管聲中靜不譁一庭樹影兒棲鴉稚兒讓聽旁人語夜夜前窗候月華（俗諺有中秋夜夜華之語）

祝馬步瞻四十壽 并序 十四世 本智 芸庵

李庚山人（上任安）既編社中詩爲吹饒雅奏集蓉庭老人（吳上舍）書之真韻事也智亦忝其半倩從兄鴻軒續書於後因題一詩幀末名曰笙磬同音云

香山九老句清圓珠玉泠泠繞綺筵愧我別無添算物一杯春酒勸羣仙

祝馬步瞻四十壽 十四世 之誥

渭陽賦罷最多情恰值添籌喜氣迎笑捧一尊來介壽玉梅花下月三更

題春亭八兄目送飛鴻圖 二首 十五世 蔭南

悠然寫意入絲桐籠絆何關造化功此夕賞心知有託塵寰盡處海天空（其一）

燕山皖水遞遨遊愧我無方亦異儔一曲歸鴻聽未罷荻蘆風緊使人愁（其二）

題陸舍人雨農畫梅冊 二首 十六世 道倫

君畫梅花我作詩心腸鐵石兩人知不須脂粉爭春色想見揮毫得意時（其一）

鐵骨孤撐傲雪霜暗香疏影度昏黃不爭富貴三春色好伴高人一夢長（其二）

河干爭唱惡風波民意爲魚喚奈何一線紅橋接天上度君如佛度人多

長治縣浮橋告成賀李明府 道倫

批閱待質文生常告交矜孤恤寡題試帖仍就題意口占七絕二首示之 十六世 家楫

趙家墝內繫宗支一髮千鈞賴護持忍見閭閻不平事當年京兆亦孤兒

人間最苦未亡人道路輿嗟劍至親漫說富家完節易一般況味歷千辛

南鄉子 祝吳菊畦四十壽 十三世 迪 藕塘

揮灑筆無塵吞吐煙霞四壁新畫格要遒詩要軟何人摩詰雲林合一身　擎起酒三尊先祝蘭房産玉麟再祝金萱隨日茂欣欣三祝齊眉九十春

虞美人 雪中訪友圖　迪

真能遊者此情値得圖中寫分明張果騎驢下不爾襄陽孟浩然來也　好寒天雪花飄打戴將氈笠空山鋪憑他絶頂容吾跨封禪何年碑篆龍蛇射

百字令 黃菊　迪

霜枝矜操恰標出林下蔚齋之蔚老去逾芳芳却在籬畔經來小雪色賽黃金光欺紫綬令豔迎風活秋容非澹試

看何等丰骨，原說花似伊人園同仙吏是生成奇崛怕甚寒威祇認得幽性依然芳發擷秀供餐朝來還並作延齡香鬱觥飛箋到和他陶令高節

鳳棲梧 餞別吳兄朱　迪

海上仙槎飛度矣步入花源勾住看花使酒盞詩筒重敘起日長山靜風光美　石鼎圖書精位置忙裏閒評文采宜和似送別深頭勸把袂鬢眉清徹同秋水

滯人嬌 錦荔枝　迪

火鳳虬珠吐向秋風斜照帶薜荔數枝煙裊殿中撒錦便紅塵未到也應惹枕上玉環微笑　露濯光鮮霞烘彩耀學天孫杼邊工巧鷲黃卵翠弄新晴越妙愛摘下捻破輕紅偏好

金縷曲 祝馬秋塵五十壽　迪

滿貯玻璃酒勸吟朋淺斟低酌線添時候屈曲錦屏闌步障摘粉搓酥都有爭環向少游稱壽珠玉爲心氷鐵骨好香詞令日屯田柳擎畫燭倩紅袖　芝蘭玉樹盈簷牖問人生者番清福幾家能彀四面青山環畫棟蒲水流於其右看燕雀都開笑口從此春花秋月夜聽風人只把斯干奏熊羆夢占來又

金縷曲 祝馬步瞻四十壽即用前壽秋塵令兄韻　迪

一笑重開口看人生連枝並蒂是家都有偏只吹壎排日和難得都交三九變肝膽皎如雪藕四十華年眞可愛好丰神張緒當初柳鶯與燕儘消受　絲蘿緊繫松枝後記春初高軒曾過匆匆剪韭痛飲狂歌紅燭下喝月使之倒走那復顧花間更漏拉拉豪情殊跌宕問公榮似此還能否歌此曲爲君壽

金縷曲 壽李　迪

事缺還須補羨仙家清泉白石松間親煮鴻漸茶經新注就一片雲濤泛乳向桂月月浮香度紗帽籠頭自煎喫玉川句快和他石鼎詩能右主人外客星五　箇儂曉發桃根

渚汲江心中冷一勺爲翁携取活火生紅先選白香味色
聲全賦便七椀何妨再賭鶴蹴苔痕圖畫好看譚元妙諦
頻揮塵竹林逸才成數

百字令 孝侯廟 十四世 之晃

風煙一壑問誰是千載荆南人物忠義當年垂史册英氣
猶留畫壁蛟虎能除豺狼未去此恨何時雪征西一賦足
箴六代英傑 假令彤駿回心頓捐舊怨臨戰兵先發鐵
馬金戈看到處瞬息氐羌消滅六陌雲寒三軍泪灑竟斷
千鈞髮此心皎皎只今還問明月

減字木蘭詞 祝馬步瀛四十壽 十四世 之型

蟠桃紅處藕大如船來紫府家本清都三面煙嵐一面書
佳兒兩兩頭角崢嶸神儁上一笑添籌春酒還擎酌少
游

鳳棲梧 寫懷 十五世 蔭南

鬼妬文章途窮驥驚拙才怎解邯鄲步寒燈一點夜三更
此愁時與誰人訴 事付人爲道堪頓悟我身自有從容
路平西改勵作神明窮天否塞憑天數

又 思親 蔭南

年近六旬齒看半落頻將衣食勞思索空云有子逐微名
何時一刻曾安樂 學問尋常精神劣弱奔波來去渾無
着欲將慟哭叩蒼蒼慚予定命生來惡

又 題友人青萱秀石圖 蔭南

孫寡千般孝思一卷讀時好當神仙傳昆吾石秀吉祥花
眼前瑤島無人見 戒聽鳴雞謀詒翼燕春暉坐毀尤堪
羨孟郊空有倚門歌汗流欲頳風塵面

蝶戀花 讀堵文忠公傳時客皖江並及之以誌感 十六世 湛霖

堵公爲國情真若半壁江山獨力支持住昨從勦兮今招
撫激厲降兵成義旅 憂國憂民深積慮恢復未能身遽
騎箕去愛君遺表抒衷素耿耿丹心照千古

滿江紅 閨中祀王節母陳夫人 湛霖 志義

高閣登臨喜窗外芬芳不絕溯昔日靡他自矢幽蘭比潔
孤雁穿雲聲嘹唳寒烏繞樹啼嗚咽最堪奇梅產味仍鹹
表貞節 松筠志堅如鐵柏舟操皎如雪忽聽來蜚語誰
爲解說指樹要盟情一縷借梅作證愁千結得文孫謚忠烈公
同勵歲寒心風尤烈

羅敷媚 花朝有感 十六世 儒珍

昔年此日東風裏花已盈枝柳已垂綠燕燕喃喃話舊詩
今年此日閒庭院鶯未曾啼蝶未曾飛滿地梅花葬錦
泥

滿庭芳 夏日晚霽閒眺 儒珍

地接青雲天粘綠樹雨涵山外斜曛落霞低趁紅暈濕煙
疑試看奇峰斷處虹橋跨天漢之濱凝眸望空濛漸澈初
月上高林　聲聲聽蚓笛悠揚迭奏宛轉長鳴調寄憑誰
相伴客低吟莫唱離辭怨曲恐亂他靜裡清音鬧來往流
螢閃爍掠水混流星

鵲橋仙　暮春　　儒珍

風情漸懶花容漸瘦樹樹綠添紅損桃花開後撲楊花切
莫向硯池題詠　半窗日影一簾青暈畫出暮春光景三
分貪懶五分愁更添得二分酒病

蘇幙遮　懷雪　　儒珍

月如鉤煙如縷淡淡星光隱約窺窗戶幾樹梅花含未吐
不是嫌寒却爲寒無侶　祝同雲連夜布莫誤花期更遣
詩期誤何日爭春催詠句詩費平章誰勝還誰負

清平樂　懷舊　　儒珍

廻腸撩亂一寸心兒捲無限閒愁江水滿除把江流剪斷
江流不得分開秋邊煙雨樓臺記得停舟江上荻花風
起潮來

蝶戀花　　儒珍

惹霧黏煙風影裏熠燿宵行做得秋容細露浥光寒飛不
起草邊明滅星鋪地　夜靜闌干人獨倚黙黙凝眸細嚼
愁滋味照得行人歸也未高低隱現渾無際

著作錄

楹聯

從伯少宰公勛業文章照耀中外即尋常小品如楹
聯等類典重名貴亦傳誦一時文集未登所存者大
也玆修家乘列爲專門擇尤登載於舊譜詩詞外另
樹一幟庶無美弗臻有體畢備云其已散見者不贅
姪學源謹識

代許仁山學士恭擬　御書　關聖帝君楹句　　十六世　家楣　小棠

目無吳魏心有春秋積漢蜀五百年特鍾神聖
天上旌旗廟中禮樂佑國家億萬載長慶昇平　時各省有關聖題蘇之奏并定中祀禮

慈雲稱觴　戲臺聯

春靄捧金卮願歲歲年年四面常時對屏障
雲璈喧玉砌聽鶯鶯燕燕眾仙同日詠霓裳

集蘭亭

無事此靜坐　斯人自以管樂喻
有時懷古人　其文當與還固齊
和氣感人清脩在已　朗抱風和暢情日永

大文攬古羣賢會今　清懷水靜峻脩山崇

幽懷契古樂　可以生人亦大矣　蹈牛痘局 查松濤

盛世有人文　其於少者盡懷之

大文在天地　春水初生流不極

靜趣得山林　天風相引領同游

輓鼎生胞弟

舌可斷手可截此身可戕獨寸心死不可回痛江邊碧血橫飛尚留一點精靈浩氣長同潮去住　國何如家何存故鄉何處祗吾今生兮何味看堂上白頭健在倘似當年孝友要魂還望汝歸來

輓潘恭人

總角締姻盟十九歲而婚廿九歲而訣算來伉儷拾年落葉猶新貧賤夫妻今結局　故家經浩劫一妹死于節一弟死于忠望汝辛勤再起膠紘遽斷亂離時事太傷心

輓夏恭人

一年伉儷九月團欒是真是夢總糢糊普人間死別生離問幾見者般夫婦　百結纏綿雙聲唱和此景此情都縹緲待來世連枝比翼再休如今日因緣

代夏百初岳老輓夏恭人

垂老傷心易歎昔年膠斷昨日荆枯何堪掌上擎珠一死更難相見訣　平生愛汝多溯兩次車旋連番竹報曾說庭前種菊重陽還待再來看

輓王石廬太史同年

靜靜文戰跡若酒豪磊落我師乎這蒼茫何處可呼無計能回知已命　廉吏兒孫神似官職清貧原分耳竟憔悴而今到死教人灰盡讀書心　王丈身後伯父周恤備至一女嫁後來往如母家志靖註

輓族弟翼廷

一病謝塵緣到人間飽歷艱辛半生來文字無靈豈待幽冥方得意　八年悲隻影祗客裏相依伯仲兩月內凋殘至此終鮮兄弟太傷心

輓賓佩衞樞相師母

家國經猷無二埋溯勤書彤管儉助黃裳啟盛時芹藻馨香天上頒綸褒懿德　富貴仙佛本同源況榮極璇閨真歸瓊島證此日菩提功果人間添線繡慈悲

輓錫子受年伯

詞林前輩垂二十科正覲旋北闕澤潤西湖方期晉秩封圻詎遐歸已抱沈痾遽爾匆匆騎尾去　父執下交今廿二載溯棲假蕭齋樽開柳塞況荷深情推解奈報答竟成虛願那禁事事上心來

輓吳曉帆師

出山當壯歲三不朽立功立德由親民循吏爲監司可傳爲方伯可傳剏我曾琴軫相依最是感恩承鑒拔 戡亂憶當年萬難措籌餉籌兵以上海一隅繫江左全局繫天下全局公已去金甌無恙那禁墮淚遍閭閻

輓卓堂舅父

一腔善念百鍊奇文天下頌名魁到偏隅捧檄應官已自英雄老去 三載相思兩家共命渭陽悲落日憶往歲登車叩別竟成生死分離

輓英西林中丞封翁

韜鈐家學詩禮庭箴鯉舍有傳人付與兩間扶世局

綸綍露濃旌旂雲護鳳城歸柔旐傾聽萬口誄哀榮

輓基潤堂侍郎 時有侍姬殉烈

豸垣司憲竊序持衡實堅重先朝看眼前臺省崢嶸强半時賢稱父執 燕翼貽謀象賢濟美純全欽内行即天上清娛隨侍更知至德感人深

輓萬喻堂大令

親老宦遊難悵秦中多事吳下用兵最憐捧檄毛生退遂邊酬千里志 魂歸故鄉遠歎伯道無兒長卿有婦知否寓書小阮繼承堪慰九原心

宜荆城隍 神廟聯

棟宇慶重輝常期雨若暘時自今有歲
神靈昭兩邑應識禍淫福善依舊無私

京寓對聯 摘錄

萱幄承暉春日方旭 上房 常思于物有濟 書房
芝雲錫命泰山初雲 期得此心所安

輓祝三妹壻

其學精純其心篤正其行堅卓其文可振頹靡何彼蒼生就此才不假脩齡延道脉 我母痛壻我妹呼天我子哭師我身如折手足已舉室相看欲絶那堪噩耗到君家

輓譚端恪 廷襄

忠遑恤瘁廉不言貧溯蹇蹇匪躬畢世未嘗知宦樂
律易持平命難稱俗料拳拳此念在天還復慮時艱

輓夏百初岳丈

爲壽其績十欽其學民感其恩三朝吏治重循良豈知大限終淹不讓人惟千古事 出貽我車寒解我衣飢推我食十載深情逾骨肉自分厚期當慰到如今負一生心

總署各聯 摘錄

普天琛賦盈常額 英 正學昌明元氣固 法
益地圖經數列眉 俄 官書清簡遠人孚 美
文案忠

仰觀天文俯察地 七政璣衡詳舜典

上繼往哲下開來．九章勾股祖周書　同文館

賈母王淑人岳母壽　時就養直隸滿城縣署

誥添軸祿添籍蘭砌添孫欣承瀛算添籌添綫時光娛承
日　蒻滿牀酒滿觥萊衣滿座矧睹嘉禾滿野滿城士庶
祝慈雲

盧生祠擬聯

無補當時便真个封侯徒生慚汗
偶經此地且倦來就枕小息奔波

代成竹坪侍郎擬贈日本使臣

破萬里浪古惟宗慤　銜命而來功最萬里

聯兩國情今之鄧芝　同文之誼歡若一家

方右民觀察屬擬登州奉直八旗會館聯

枌榆氣誼冠蓋聲華五雲渺渺舉頭看共茲戀闕懷鄉北
辰星拱．豐鎬規模幽燕節概一水盈盈來脈注相昴乘
時濟物東海風同

又代撰堂聯

課吏難課賦尤難察屬安民常覺孜孜焉惟日不足
治內亟治外更亟分條合貫豈徒泱泱乎大風爲雄

輓賈鈞堂相國座師

立朝端恭儉溫良一个臣斷斷兮無他技但使斟元鼎砥
正色堂階自堪措置昇平不愧黃扉真宰輔　看門下王
侯將相惟夫子循循然善誘人郎凡華國英髦救時俊傑
到此艱難幹濟大都絳帳舊生徒

輓匡兒

其性孝友其行樸誠其文光明充滿何其命竟止于是算
十八載在人間如夢斯醒茫茫後果前因忍說死非我子
我祖積德我父篤行我母仁善慈祥料我躬生集多愆
致一日間汝夫婦横罹此酷細細返觀內證依然惡不可
爲

輓兒媳陸孺人

入吾門半載賢孝同稱最難堪哽語臨歧猶聞禱祝平安
一死欲回夫壻命　有兩地重闈愛憐共切更悵望故鄉
迢隔似此顛連慘痛尺書怎報汝家知

輓綏宜姪女

凡十七年愛養都空記繡餘問字燈下持籌活活眼前人
驀地破天公奪去　只四五日奇痾難挽痛江上孤忠圾
中遺息茫茫身後事至今于我弟云何

輓吳子儁太史

爲君親爲兄弟爲友朋爲民物視所事皆分內事共事識
公深記闈道聯鑣鎖闈校藝低徊往事渺如塵回思蜀日

孝行格天忠忱致主昭兹來許箕裘弓冶永雲礽

輓李夢蘭太守

德在治郡才在治軍功在治河祗今一鶴言旋猶看手輯遺編道學宗風懷洛水　童年相交壯年相勵經年相別憶昨雙魚纔寄詎意心傷久訣凄涼明月弔揚州

輓崔芋堂先生

學問文章經濟環海咸稱極詣迓千秋即今治亟河渠世更何人可公繼　坎坷抑塞憂勞得時者幾垂危慳一面猶幸生平梗概我曾列疏告天知

蜀山書院聯

生氣足千秋溯儀曹載筆玉署延英仰惟河嶽星精曠代自慚稱後進　壯游曾萬里記劍閣登高錦江擢秀採偏峩嵋風景蜀山還喜在吾鄉

陽羨書院聯

墨山雄秀畫溪清從來鍾毓英賢願自兹鳳起蛟騰益榮地脈　理境淵深文囿富及至貫通融會應識得鳶飛魚躍悉見天心

節孝祠聯

孝貞節烈共荷綱常偏嘗人世艱辛到此馨香同結局　今昔存亡並安堂室中有我家骨肉毋當瞻拜倍傷神

秦雲都覺悲涼妻到骨　眞學問眞氣節眞經濟眞文章是全才誠天下才求才當代亟詎十年籌筆兩疏陳謨歎息平生施未竟何意玉堂金馬坐困貲格屈斯人

輓四妹

行三千里憂患歸來母猶未殯姑已將衰爲兩家盡力盡心病體早支離何竟須臾難再緩　歷四十年艱辛變幻活且可悲死胡能捨贍同氣一兄一妹夜台多骨肉不[illegible]零落似平生

爲栽五鹿江兩叔輓四妹

文能入古才能定變學能主敬存誠屈作女兒身尙令坎

坷以終溯生平萬種艱辛不知天厄斯人何意　室爲孝子家爲忠臣世爲名儒碩彥未完心上事留及彌留一晤記珍重數言哽噎豈獨我聞其語而悲

盧忠肅公祠聯

盡瘁鞠躬死而後已有明二百餘年宗社繫之一身望旂旗鉅鹿城邊詎知忠孝精誠賫志空期戈挽日　成仁取義殁則爲神維公三十九歲春秋壽以千古擷芹藻斬蛟橋畔想到艱難措拄感懷那禁淚沾襟

何武義先生祠聯

昌言稗國正色立朝所謂大臣何嶽日星同氣象

血詩樓聯

蒼吳鑒精誠滿紙淋漓痕化碧　夕陽來映照幾番展誦淚凝丹

又聯

蒼涼鶴唳鵑啼語　輾轉忠臣孝子心

忠節祠內書房聯

每夢還家常到此　得歸娛老在何時

昭忠祠聯

功在民生名在史策死有重於山白叟黃童齊戴德

孔曰成仁孟曰取義殁而祀諸社銅官玉女共爭輝

輓程少頴太守

活民心切戡亂才多如此好官爭奈西湖緣太少

兩袖風清一編律細古之遺愛每懷東里淚難乾

輓吳鏡如太夫人聯

婺焕女宗令儀令德以八十餘旬伉儷皓首齊眉四代大團圓全福人問誰得似　峨峨哲嗣我友我師從三千里外歸來縞衣對泣九霄難籲訴慈雲天上倘相逢

蜀山橋聯

不雩何虹天遺媧皇來補石　此山似蜀我思坡老爲題橋

輓李少荃伯相母太夫人

丹詔布寰瀛仰惟錫類推恩賢母哀榮千古極

白雲瞻鄂渚想見思親憂國藎臣心事兩難時

候質所聯

知否到官難儘教明察周諮深恐弊還隨處有

敢云清訟易所望興仁講讓更無人向此間來

祝徐縈雲壽

功名富貴命則爲之惟茲修德行仁世有循良皆正士

耄耋期頤理可必者我知延年逢吉天將福壽報詞人

加輓蔣夫人（已有輓聯載入傳中今再錄未載者）

操持內政惟卿是依霎時撒手分離荏苒八年頭直算悲歡俄頃　憐愛親心望汝尤切此日承歡冥漠留遺一塊肉庶幾慰藉生平

輓裁五叔

昔治郡今治河又治軍勞苦嘔心肝若兼權公誼私情直是由我而死　歸無資葬無地居無宅悽惶餘骨肉想兩處驚聞慘見更將何以爲生

輓張振軒制軍

慷慨出師篇卽茲境過情遷此事知公難瞑目

慇懃同楫意回念深謀摯誼舊交有我更傷心

輓伯弨內兄

公爲我我竟累公世界視浮雲凡事休論真黑白

埋郎天天難任理悟言纔昨日此行深訝太蒼黃

輓賈仲文內兄

往事問天難痛伯兄仙去小阮真還何堪仲氏云殂空有循聲留廣漢

墜歡同夢覺憶使節西行觀車北上詎意一年餘別竟教悲感益黔婁白香山詩嫁得黔婁爲妹婿可能無寄蜀茶來元微之悼亡詩自嫁黔婁百事乖以切官蜀之妹婿兼及賈夫人事也

加輓高姬已有輓聯載人傳中今再錄未載者

風雨近重陽何期斷夢驚秋更易傷心垂老日

星辰猶昨夜每憶添衣待旦那堪回首早朝時

董仲默比部太夫人百歲祝聯

大春八千忻逢壽母天年丹籙方交一百歲

同堂五代幸值纖疊人瑞緑章曾上九重閽

輓左文襄

昔得書兩江謂聞聲相思覲止則怡詎京華握手論心遽成千古

世比公諸葛今鞠躬盡瘁死而後已願天上神威殺魄永靖九瀛

輓賈敬之叔岳

朐海著循猷正聞絃誦成聲培養名元超兩省

云亭勞跂念詎竟緘書未達驚傳噩耗悵三秋

國山周氏世譜卷五十五上

著作錄　　　裔孫湛霖謹輯

載籍舊編　　　裔孫志程增輯

第三世孝侯公　吳書三十卷佚　默語三十篇佚　風土記今僅存拾遺一卷

晉書本傳著默語三十篇及風土記并撰集吳書

隋書經籍志風土記三卷晉平西將軍周處撰

唐書藝文志地理類周處風土記十卷

江南通志第一百九十一卷史部吳書三十卷晉陽羨周處撰第一百九十二卷子部默語三十篇晉陽羨周處撰

宣大公　述祖德詩一卷

子深公　家訓一卷

黃門公　家乘手冊十一卷見舊譜

學士公　忠孝論二卷見唐書

拾遺公　孝侯紀實四卷　纂輯宗譜十二卷見舊譜

艮固公　養氣說一卷

簡惠公　聖傳錄一卷陳振孫曰自堯舜至孔孟聖傳正統爲絕句詩二十章而各著其說自爲一家見邑志　簡惠奏議五卷見邑志　簡惠文集三十卷見邑志　譜牒新編十卷

心吾公　辰州政略二卷見舊譜

載籍續編

文章彪炳家乘之光舊誌手澤搜輯未廣茲特詳加纂訂凡前人著述發明經義者曰經部考證史傳者曰史部餘則分爲文集詩集雜著以區別之而詳列書目於左其無可查考者從闕

經部

八世竹隱公諱晟字仲殷　易書會意二編

九世雲槳公諱廷求字近子　易經天讖　春秋二十編　詩經大成邑志入藝文

十世蟋一公諱夢梓　四子疇十三卷邑侯文超靈序

十一世省齋公諱亦魯字惺曾　四書述朱大全四十卷張伯行曰亦魯手輯四書述朱大全去其非而存其是并辨其是中之非非中之是毫釐分寸詳悉周審此即朱子當日若天假之年亦必欲與門人講明而切究者亦魯生數百年後手筆心印克補先賢未竟之緒見邑志藝文　易註大全十卷邑志入藝文

十三世東溟公諱士廣字東儤　刪訂周易衷旨廣義合集

十三世耀林公諱鼎玉字洪五　河洛發揮一卷邑志入藝文

十四世勛齋公諱之皓字茂常　周禮增註邑志入藝文

十六世春濤公諱思霈字沛時　六經輯要邑志入藝文

史部

九世雲燦公前見 二十一史纂 邑志入藝文
十一世省齋公前見 鑒古錄上下二卷 邑志入藝文
十一世補亭公諱灝字子望 格言彙編 邑志入藝文
十三世范亭公諱汝礪字若金 歷代帝王世系考 邑志入藝文
十四世鴻軒公諱之冕字麗文 忠義集八卷安徽學政白鎔序 邑志入藝文
十五世曉峯公諱徽字慕陶 通鑑摘要二卷
十五世愛棠公諱蔭字召襄 儒先粹語會纂 文集
八世尚書公諱忠號在澗 總河疏稿 邑志入藝文
八世安甫公諱中貞 桂蔭軒遺藁 公讀書處名桂蔭軒俗稱桂花廳今遺址尚存
九世畏菴公諱仲球字虞鄰 畏菴文稿 邑志入藝文
九世文夏公諱季琬字禹卿 致遠堂文集 邑志入藝文
九世萊仙公諱成文字叔藁 萊仙剩墨 邑志入藝文
十世芝臺公諱世俊字振千 集鳳堂文稿 邑志入藝文
十世灊芹公諱逵字河濟 灊芹傳稿 邑志入藝文
十世逸園公諱世賢字祇言 閒閒堂文集 邑志入藝文
十世省齋公諱聲夏字抱旭 省齋文藁
十世祉嘉公諱世振 詒善堂遺文二卷
十一世廣齋公諱方石字輿瞻 廣齋文集

十一世義菴公諱元皓字光遠 義菴賸稿
十一世巽孚公諱宸衡字民先 漬月廊文鈔 邑志入藝文
十一世惕存公諱宸鏞字綸雲 自省齋文集
十一世省齋公前見 抒性編 係四書文
十一世型夏公諱亦文 靜學齋文鈔
十一世肅齋公諱觀揚字朝雍 桐蔭軒時文
十二世雙齋公諱維楨字讓貞 雙齋存稿 邑志入藝文
十二世墨山公諱青字蘭暉 墨山文藁
十三世東溟公前見 攜雪草瞿源洙序 邑志入藝文
十三世廸齋公諱昇字啟佑 南樓賸稿
十三世拙溪公諱邦光字南濱 皓峰樓文集受業姪曦序 邑志入藝文
十三世藕塘公諱廸字綸渭 雲滄山房文集 邑志入藝文
十三世補堂公諱儀袞字粹琦 補堂文稿 邑志入藝文
十三世向中公諱日暘字曉山 存存堂文集 邑志入藝文
十三世困庵公諱汝爲字協勤 困庵文稿 邑志入藝文
十四世鴻軒公前見 留爪集四卷 邑志入藝文
十四世嵎谷公諱曦字映輝 嵎谷文存 邑志入藝文
十四世勖齋公前見 傳記偶存 勖齋文稿 邑志入藝文
十四世芸菴公諱本智字德輝 東珠集．芸菴遺稿 邑志入藝文
十四世半霞公諱子型字綺成 半霞軒文集 邑志入藝文

十四世健葊公（諱鴻遠字雲路）健菴文稿（邑志入藝文）
十四世璞齋公（諱上珍字鱗書）璞齋存稿（邑志入藝文）
十四世靜齋公（諱延燦字戴涵）靜齋時文
十四世春農公（諱有聲字錫蕃）寶綸堂制藝
十五世曉峰公（見前）曉峰樓紀事二卷任展序　古文一卷
制藝二卷　課徒草一卷總名曰曉峯樓集（邑志入藝文）
十五世愛棠公（見前）制藝一卷（邑志入藝文）
十五世勖卿公（諱子旃）自勉齋文集　課徒時文
十五世紉秋公（諱人卓字立三）閑閑堂古文　課徒制藝
十五世樹庭公（諱陛芝字樹堦）件件齋時藝

十五世莊卿公（諱世駿）娛晚軒時文一卷
十六世蔭棠公（諱以培字蘭皋）蘭皋制藝二卷
十六世春濤公（見前）四六駢體雜存　春濤制藝　課徒時
文（邑志入藝文）
十六世蘭舟公（諱滋森字志義）風土記輯註一卷　孝侯公年譜
輯註　簡惠公年譜各一卷從弟少宰諱家楣跋　蘭
舟文集四卷
十六世少宰公（諱家楣字雲生）期不負齋政書十卷　期不負齋
文集四卷繆荃孫序期不負齋時文一卷
十七世墨青公（諱葆頤字子貞）牧卿文集二卷

詩集

七世僂九公（諱于簡）晴芬堂詩鈔
九世啟于公（諱廣）醉月軒詩二卷
九世聲于公（諱頫）積翠樓吟一卷
九世餓庵公（諱寶宇字協于）靜吟軒詩草
九世文夏公（見前）尋煙草　夢墨軒詩餘（邑志入藝文）
十世邃菴公（諱進字廷遴）卧雲樓詩藁
十世立風公（諱世起字景伯）景山堂詩存
十二世鶴書公（諱翰）哀哀吟一卷
十三世沐堂公（諱淦字平淵）沐堂詩集二卷（邑志入藝文）詩餘一卷

杭游草一卷
十三世潔葊公（諱星恒字掌薇）潔葊詩稿
十三世藕塘公（見前）雲滄山房詩集連文集共七卷（邑志入藝文）
浙游草一卷潘允喆跋
十三世向中公（見前）主靜詩軒草（邑志入藝文）
十三世東溟公（見前）荊南風雅一卷與儲玫慶謝方連等二
十八人合撰（邑志入藝文）
十三世廸齋公繼配錢孺人　問月軒詩集（邑志入藝文）
十四世鴻軒公（見前）似圜雜詠　集稧集　品菊唱和　攀
轅吟（邑志入藝文）

十四世嵎谷公前見嵎谷詩鈔邑志入藝文
十四世景蓮公字農蕃諱景蓮詩存二卷邑志入藝文
十四世勛齋公前見翠浮閣雜詠邑志入藝文
十四世芸菴公前見友梅齋詩集邑志入藝文
十四世半饋公前見半饋軒詩集邑志入藝文
十四世春農公前見粤游吟詩草一卷
十五世西清公字兆占諱二十四孝詩一卷
十五世曉峰公前見曉峰樓古體詩一卷今體詩一卷連文
共八卷今僅存文詩二卷兩江總督馬端敏序
十五世蓮裳公字疑遠諱守默卷石山房詩稿二卷

十五世禮庭公字聞衡諱希旦哀哀吟
十五世紉秋公前見挹翠軒詩藁
十六世竹畦公字任存諱報劉師竹軒詩草二卷
十六世春濤公前見知不足齋詩集 雨甘軒試律二卷薛
時雨序邑志入藝文
十六世松巖公字奉璋諱備珍旅舍閒吟二卷
十六世蘭舟公字潤生諱湛霖如不及齋詩集二卷龔賀軒序
十六世少宰公字筱棠諱家楣期不負齋詩集一卷蔣蓴序
十六世蓮茹公諱濂僑淮右生詩草 竹林醉餘唱和集
一卷

八世竹隱公前見醫塵四卷
八世賜谷公字伯遠諱大臨地輿指掌一卷
十世逸園公前見閒閒堂雜著初編四卷邑志入藝文
十世翼士公諱世樞數學約言
十一世省齋公前見省齋培本錄一卷 箴規錄一卷 應
酬錄一卷 荅邵百斯問目一卷 退思草一卷
十一世恕齋公字敬學諱萃省身錄一卷
十二世假亭公字寵文諱煥古禽經註二卷
十三世藕塘公前見列女傳一卷 祠宇記一卷 邱隴記
一卷

十三世定山公字仲樓諱邦韜略論一卷
十三世耀林公前見皇極會歸圖係地里書
十四世勛齋公前見間窗筆記邑志入藝文
十四世竹軒公字允中諱士棟琴操輯覽一卷任晟序
十四世靜齋公字君衡諱秉鈞續纂家乘十六卷
十四世蔚齋公字繩武諱烈手澤錄一卷
十五世蘭溪公字近文諱觀本草辨疑一卷 濟世良方二卷
從子湛霖序
十五世愛棠公前見尺牘偶存二卷李常華序邑志入藝文
十五世璞堂公字慕曾諱鍾俊列女錄一卷

十六世柳漁公（諱斌甫 字可欽）畫家參論二則
十六世春濤公（見前）尺牘雜存四卷
十六世耀屏公（諱湛存 字國杓）選訂騷賦古文集二卷潘光序爲
之序
十六世蘭舟公續纂世譜十六卷
十六世少宰公（見前）使蜀日記一卷郭則澐序　楹聯雜存
十六世靜山公（諱安仁 字性存）地學揭要四卷路保和蔣彬若序
十七世墨青公（見前）蜀東聞見錄二卷客窗隨筆二卷左運
奎序
附十三世廸齋公諱昇繼配錢孺人武邑刑部尚書人
麟公女著有問月軒詩集（邑志入藝文）
十五世燮棠公四女適蘭右舉人崔堃賢著有敬之古
文（邑志入藝文）

國山周氏世譜卷五十五下

著作錄

閨秀集（續編）　志靖謹輯

舊譜無閨秀集以可登者少也同光以來如閨學公少宰公文章勳業照耀一時閨中亦濡染研摩大都能文如靖適崔氏姑刊有專集駸駸入昌黎室矣次爲適潘氏姑凡有所作語語從血性中流出非淺近人所能道其隻字閨學公派諸姑生當晚近融貫新舊並鑄偉詞茲擇其尤者彙爲一編俾後之覽者知文明進化男女與能曹姑宋昭豈伊異人固有光於宗祊亦無妨於婦職也其餘類此亦附及焉

性怡齋詩集序　（十五世燮棠公四女）家儀（敬之）

甲戌季夏内姪志靖手一編示儀曰是衡陽魏蔭亭觀察穗配姪同年綸母太夫人之遺集也其長君綱念太夫人懿行祿不逮養至今哀慕不衰亟思所以存其親者屬請於姑序以付梓意良懇焉儀曰以儀之才拙遇窮素不善詞章片紙未嘗出戶庭而脩爲文以應世乎子善辭之志靖請益切曰巾幗丈夫姑所素慕而鮮覯者今其長君述母太夫人遺行孝慈和惠處貧不憂臨危不亂富貴若固

有是篇乃於仰事俯蓄治絲麻酒漿之餘遇事觸情筆以見志非怠事廢職磬有用之精神專務詞藻以矜才炫名者可同日語也請誦其詩則知其人矣儀受而讀之其名齋曰性怡憶何取義之善也太夫人誠能怡其性儀固有以知其志矣夫天之賦於人爲性賢者保之愚者戕之生人之遇窮通得失安危憂樂美惡毀譽其擾吾情者皆足以戕吾性苟非卓有所持勝之以理則凡境之更迭而洊至者心即遇遷性與俱汩且不識吾性爲何物其何怡之有哉相馬以輿相士以居太夫人誠賢者也既味其詩誦其憶姑課子守貧諸什孝思肫篤操勵辛勤各致情事之

眞隨所處而措之各當有纏綿渾厚之旨無蹈踏焦勞之態是不可徵太夫人怡性之實耶及讀常熟被圍等作更有不可以尋常篇什論者觀察於同治二年任今相國合肥李公營務處督理火藥局事駐常熟太夫人偕焉三年春二月賊猝至衆號四十萬圍常熟城七市觀察率護局勇五百人更集鄉團局夫不及千人激以忠義登陴固守命叔君綸先季君綬先縋城出求援師長君綱從軍皖北相隔千里骨肉乖離存危在旦夕生死決須臾鼙鼓震撼之聲接於耳流離奔竄之狀接於目即鬚眉丈夫自許豪雄有至此膽落者太夫人屹然齋居從容怡渙發於詩歌

慷慨誓死迨其後援集圍解卒賴觀察父子力城得完而太夫人信道安命志義所在與舍生成仁一也此則太夫人怡性之眞驗矣太夫人之來歸也觀察方寒窗勵學四壁蕭然繼以墨耕依人頻年作客而太夫人仰事俯蓄獨任艱辛雖簀殯屢紬而始有歡容子無廢學處之恒若有餘及觀察以才行見知當道身既貴顯後嗣斐然連鑣並起人嘖嘖榮美而太夫人泊如也先正有言富貴不盈貧賤樂男兒到此是豪雄太夫人當之矣太夫人喜持齋兼奉佛乘明窗淨几焚香吟誦輒得心悟自知稟有夙根年四十九即謝世時當酷暑異香盈室盥尸幅巾信宿有餘

芬太夫人之生也其父贈公夢老衲與語以産死之日適近村夫野婦相屬于道言救局中火至則聞太夫人坐化矣生有自來死有自歸或謂事佛精誠之報儀則謂太夫人孝慈所格詣力所臻誠怡性之效也仁者見爲仁智者見爲智孰是非耶自采風寢廢坤儀始衰後世生稟既薄無詩書充養之禮義範圍之昧善惡是非之辨惟富貴之炫以驕侈爲榮樸嗇爲陋嬾散爲雅譎浪爲親其風始於一二巨族以至士庶農商家亦起而效之以是爲非冀有轉移之日以非爲是終無振作之秋如曰王化始自閨門風俗何由而厚儀平生想慕側身四望今得太夫人其人

而後天下有閨教焉乃僅僅於紙上見之何其襮之愍而遇之疏耶其敢以固陋辭耶遂書以誌慕而益壽志靖與人之誠焉

上芋堂伯公書　家儀

伯公大人尊前敬稟者日前旭初大伯來京時儀適在病中未能親見當乞家兄代問起居欣諗伯公大人福躬安泰道祉神相並知年來唯以著述自娛以誘掖後學爲急名山事業孰大於斯伏思伯公大人年近古稀志猶少壯雖當拂意之時仍不失稽古之樂使血氣不得累其強境遇不足遷其樂于此益徵數十載之積學非夫世之庸庸

者所能識也近聞丁中丞決意引退從此相厄者去相需者殷雲霧一撥清光大來唯期際可出山得所藉手以造生靈之福以舒夙蘊之深幸甚禱甚家儀之於長者在母家爲猶子在我家爲姪媳自少迄長未得敬瞻慈顏引企徬徨本不敢以瑣言瀆聽而切念三官生前親親敬長之心不忍不以其病原死事略陳一二嗚呼三官質本柔弱志尚勇往待人太眞自治太嚴所遇諸多違心拂意是以身體恒不見強自乙丑初夏慘遭先翁之變哀痛過情哭踊無節竟日間兩袖盡赤嗣以酷暑星奔毀傷跋涉原神耗損已不堪言尤念家道多艱先志未遂深恐不得自立有負在天之靈於是益厲心性之學事事加謹孜孜終日由此學既進而病亦更深矣至丁卯入都以訖戊辰常常有病及春闈前八日忽然暈厥時許方蘇咸勸其不必入闈始而允既而歎曰我于功名頗能恬退獨悲先君苦志寒窻老于場屋而今所盼者誰敢不勉乎遂帶病入闈三場幸畢心血益耗任爾良醫不可救藥矣病中切念親友故舊情態堪悲即盼一音書至死未得而自病至死自死至殯節節艱難家鄉迢遠呼號莫應慘酷情形即言之千萬不盡十一想伯公大人亦有所聞矣更有深痛而不忍默者以其經心克治二十餘年極冀有所建樹不幸志高

年促竟棄半途不但素志未遂即制藝之精者盡火于兵若不賴友朋之聞見幾至隨形俱化數十百年後雖欲聞其姓氏不可得矣故不得已收集其餘僅存近年學說數本及乙丑回里後與儀兄妹往返書札百封課徒應試等作近六十篇欲求方家品評合成一集其學說書札可無取其辭之工係發乎情之真言其心之得即直以付梓諒無甚礙至於時文則非得當世名手經心作意爲之斟酌審定決難行世況此文大半皆係幼作或迫促成章其用心之精粗立論之高下斷難遽以爲是豈但有藉乎修飾筆削而已也唯幸得存其半較之空中樓閣略勝一籌耳

京都爲英俊薈萃之所欲求一堪塞此願者于玆三載而不得即得其人亦無情義之可恃誰肯以一掬心血爲他人經營千秋之計乎因思伊平生所仰望愛慕而親敬者唯伯公大人爲最則知伯公大人愛惜之者殆有甚焉决不忍死其死而必有以全其存也故敢以其僅有之文懇大伯代呈斧削旋經得書報允且云傳世之作不同榮世須破一月功夫爲之改筆聞命之下盡然涕落既感長者成全之德更佩三官生前愛慕之有由矣遲者曾否手定未蒙賜示有述大人之意謂其文難於曲成欲盡改爲又不願搆虚以欺世君子愛人以德其于筆墨之不苟也如

此夫雖然人固賴文以傳文或因人而重非美其文而必欲傳實痛其人而不忍沒死者所存唯此生者所保不得不以此耳伯公大人如悲其不得已之心而曲成之允乞另設手眼不必求其太高唯就其現存之文度其將來可到之地擇其易就者改定數十篇則長者仍不失惠愛之初心死者得免欺世盜名之責文藝既集而學說信札得附於後即無文名之足耀亦徵學行之無愧唯伯公大人哀其窮而允之則其死後之存皆出自長者之賜矣以家儀積勞空乏之軀兼悲此事之無成日夜痛心早不保暮家儀死後求之者更有何人以大人之文章經濟勢難

再覯即日重逢知已敭歷勛堦國事天下事紛然待理更何暇念及死者而爲是乎果爾則生靈之大幸死者之大不幸矣于情于勢能不急切也耶家儀之爲是求雖不敢幸其必成亦唯盡其分之所當爲以期黄泉相遇得有辭耳嗚呼天之報施是耶否耶以亡夫一身兢兢業業務責己過事急人急驗心性于倫常察學問于語默處暗室無異大庭臨深履薄不敢有怠須臾幸得天假之年似不但文章事功可卜也嗚呼文章既火于兵功業未垂于世擬其蹟絶無奇節異行足以動時人之耳目其風流文采之存轉不若庸儒之尚留一二而其任道濟世之心實有不

愧古賢者而卒使抱其餘以歿似非儀一人之私痛也嗚呼殆天道之變也亡夫之遭際何其窮也雖然常其變達其窮尤冀伯公大人之矜而存之也家儀負罪京居行止不由自主近八月餘不得家書老姑之安否難卜心内如焚無以刻安來歲春夏必當扶柩旋里切待諭定以了斯願並乞頒賜新刊先集及伯公文稿各一部俾得捧回以示兩叔使知爲文必至是而後可是所切禱專此竭誠千百叩首哀鳴極籲唯乞鑒原敬叩新祺諸唯垂鑒

家儀

與兩叔書

兩叔大人左右嫂自去歲至今共發四稟計半載有餘

未接一書始則以為前信必誤洪喬及得華廷表兄來書方知次第收到則何以如許之久不得一信嫂於平時不得家信猶是昕夕憂惶況此時娘娘大人遭此慘痛身體未卜如何日夜焦勞切盼一書而不能得未識慈體究竟何似終日狐疑如坐針氈苦極悶極嫂七載遠離罪不容誅百折迴腸尺書難達遠生離死別之悲何苦自我一人嘗盡傷哉痛哉將誰告哉嫂念大人之鍾愛自不敢以一死自便惟求天命速終則上不負大人之恩下可踐黃泉之約庶為兩安是則所切禱也兩叔及淦生現從何師究竟能讀書與否屢次寫書必加詳問而決無一答豈不知

自悔多言惟每念先翁在日看得讀書之事何等重大何等敬謹督課大伯等何等迫切皷皇可憐兩叔年幼未親教誨汝三兄猶思仰承先志極力支持俾兩叔不至廢時失學嗚呼不幸又忽焉中故度之時勢固屬艱難然嫂思昔念今斯心終不能忘因亦不知其言之再瀆也嫂以為讀書之成否有不盡在家之貧富時之順逆總要自己要好立定志向認定要緊關頭方可用力每讀一書必須明白他的意義大句不懂再看細句細句不懂不妨咨問要以明白為主至明白之後又以勿忘為佳既能明白又能勿忘則一日有一日之功效中心自然喜悅日積月累愈

久愈有滋味聖人教人之道不外日用常行之事世間有一事書上即有一法做事時于書上比仿比仿讀書時再將所做之事體會體會能如是則不讀書時與讀一樣到得讀書時更加親切有味如是方知讀書是學做人的法則即不至書是書我是我矣又要曉得讀書之可貴所貴者惟在居心之可靠大學十目所視十手所指中庸不愧屋漏莫見乎隱莫顯乎微等句更當時時服膺勿失萬不可存人不及知偶一為之之念此是為學第一要緊功夫居心既正則自後所為俱是堂堂大路一切家國天下之事自有成法不足為難惟自問此心能不愧我則為最難

耳自十歲行至百歲離不了這个主意讀書滋味亦說不盡到一步自有一步的光景滋味之厚薄惟在用心之淺深時光之久暫自知之矣讀書成功固在於茲和親睦族亦在于此處家庭之間總要至誠惻怛之心磨鍊出我本來的性以誠感誠親愛日篤自無間隙可生即偶有口角不可稍存芥蒂諸事任勞任怨勿有愛便宜之心想我既便宜人必吃虧施之他人猶且不可況親親骨肉乎從古以來大賢大儒俱于人倫上著實用功未有讀書人不從此處用力而能成人者也兩叔天資素鈍雖未能及時力學然只要足踏實地不使光影頃刻廢弛極早回頭不及

十年學業大成功名亦不期至而自至乞勿畏難苟安幸早勉之並勉淦兒得遂顯揚上繼先志下慰黃泉不勝跂盼幸甚幸甚嫂自顧何人本不當在兩叔前絮叨煩瀆惟以兩叔自幼闕垂視如手足故將汝兄教人之法自修之道竊誌其一二敢以呈諸左右務乞曲諒苦衷勿以河漢視之萬幸萬幸娘娘大人年近六旬心境又是如此必要飲食起居處處適意庶可支持嫂刻不放心恨不即日回家一視慈顏盡心侍養少伸萬一然嫂殘軀本弱而積疲之下悲痛集身再兼以日日念遠憂思是以生死未卜歸否難期縱使能歸大人覩此情形亦徒增悲懷惟求阿叔伯極力

解勸百方調護得期慈躬無損在伯叔固自盡孝思而三千里外死者生者又不得不深感于幽明也帶上參膠桂圓等物乞阿姆姑娘小心撿奉如娘娘大人服之有效後當再寄也又帶殿卷一本是三哥親筆與叔叔略存一念亦漸以覩物思人想起亡者盼望叔叔等讀書之苦心便可一力攻書耳接此信後跪乞阿伯大人暨兩叔大人友念泉下賜書詳示娘娘大人之氣體精神則未亡人之感恩深重非言可名禱甚幸甚眼枯淚盡速賜回音切囑切囑

刺血禱神疏

寶業　丞七女　家玉　亦如

罪婦周氏家玉江蘇常州府宜興縣人歸潘氏夫諱灝文舅翁現官福建政和縣知縣年六十七歲竊罪婦自知獲罪神明豈敢冒犯瀆求第因夫亡叔幼舅翁精力日衰虧空錢糧參革在即補苴無藉罪婦目覩危難日夜憂惶無所控告不得不刺血瀝誠求救于神明之前罪婦今年二十六歲來日尚長願減己算歸于舅翁舅翁有病歸于罪婦惟求舅翁得以久享遐齡幼叔得以長成繼志以延夫家一脈則婦因此短壽亦瞑目地下矣又聞虧空無著終至監追既無家產可償又無長子可代垂老遘此性命堪虞因思現任直隸總督李鴻章與舅翁多年至交罪婦現

擬請胞兄家楣代爲函懇暫行挪湊如數俾得脫然無累早早歸家惟能否如願殊未可必并乞神明矜念窮民無告之苦忱俯予默佑一切准如所請則罪婦自當一心爲善力改前愆永不食五辛及鷄鴨二物日日叩拜神恩于萬一不勝戰慄惶恐之至伏乞垂鑒潘門周氏刺血竭誠百叩謹疏

致沈氏外祖母書

家玉

敬稟者不肖自聞先翁之喪展書仆地母兄交哭告以親靈返里窀穸已遂聞言之下驚痛昏迷一連三日不知所云廻念從前在京三載竭盡愚忱百方調護迨至臨行慈

容豐滿舊恙悉除私心竊幸愛日方長盡職有時故不許隨侍亦未敢重違詎知自此永訣終天有子未冠不肖遠離目無期功之親一姬新納焉肯竭誠侍奉無人痛癢誰顧宦囊如洗後事之菲薄潦草不問可知思不忍思問無可問即不問而我翁之色色形形靡不懸象于心目結痛于肺腑終天悲恨何窮歿身罪愆難贖悠悠蒼天曷其有極嗚呼思我先翁一身忠厚信及人人學問文章爭傳天下研經窮史以期致用七上春官志不稍怠及逢亂離骨肉凋零悲念死生憂思家國非尋常窮困可比幸掌李相識于未遇得遂設施故鄉恢復重有室家而纂理公私心

力交瘁幾成錮疾待選既久又未免牢騷洎得一官已逾六秩雖欲展布經綸發舒初志苦精力已不待矣復以本懷坦適任人不疑廉取寬與公私交累生平志願百不一遂竟至身歿異域飲恨重泉不肖病不知時歿不知日星奔無路哭奠無門每一號痛五中割裂母兄憐愛百方開解惟思如何可以慰不肖者既許割宅設祭復許即迎凱弟遂敬書先翁姑神位墨以血代冀格神依懸之後堂春秋朔望忌誕兩辰敬謹哭奠庶追音容于几席稍伸攀慕于桮棬惟迎送神祇主祭無人強以內姪代之煢煢嫠婦將事悲鳴未識先靈願聞忽見其幸來格否耶伏念先翁姑一生積累僅得一子寄養外家終非久計目前主祭無人亦屬太慘故去秋急切即欲謀接凱弟來京惟深念舅婆大人十餘年愛養驟然遠離情有所難故囑家兄先以書商乞旋蒙表兄回信傳述慈訓謂凱弟來京必得舅氏親送方可放心至遲則在明春不過多作半年耽擱云云捧誦之餘悲感交集足徵愛護懇摯計度周詳不肖盼之雖深德之更不敢稍拂忽忽已自秋徂春矣未接來書昕夕盼望母兄疑爲已經啟行亦無需發信不知究竟如何急切萬分特差老僕陳順赴閩探視届時如已起行即賞川資速令回京如尚未行可備途中使令較之新雇總可稍勝

京中現惟一兄一姪勢難遠出惟有懇求母舅大人親送來京至館事或倩人代庖或表兄暫理數月萬一因此失館不肖非背德者流家兄苟可設法必爲盡力惟數千里跋涉辛勞實非易易事關重大非所親愛不足任此諒惟舅氏辛勞培植于前方肯任勞成全于後俾骨肉相聚勉承祀事以慰先靈不肖盡力有自冀贖罪于萬一心或稍安幸存殘喘誠振不肖于垂危潘氏重新皆出外家之賜存歿感戴永無涯涘將來得遂顯揚則渭陽厚誼必當重報也趁此風和日暖行道水陸咸宜恐稍有遲延倥傯夏秋日炎風勁大非所宜况不肖以羸弱之身悲傷苦塊增

以切心念遠之憂慮自此成疾則以後之事更難設想矣夫愛之深者必爲之計長久伏乞舅婆大人抑情割愛俯加鑒諒俾遂其行得以早早安抵都門是不肖生機之一線皆舅婆大人曲成之種種苦情素蒙垂愛必能深憐而矜許也至存欵一節皆出自舅氏憫念孤寡爲謀生計既不憚煩難于始人亦决不以形迹爲嫌有辜盛德如目下倘未收齊不妨陸續滙寄乞勿因此停頓惟川資務須寬帶行路難以預期至或水或陸不敢懸擬總乞臨時愼决務出萬全惟凱弟行後伏乞舅婆大人善自珍攝毋庸過念其幸來此不肖心之所能盡力之所能到無不罄竭爲

之乞舒慈系至稟諭示一切刻不敢忘雖然木怕中空人怕心傷雖欲勉自排解悲至不由自主未知能勿辜慈訓否噫泣想難窮哀忱莫盡伏祈矜鑒

復兄書　家玉

敬稟者前月中旬曾肅寸稟諒可鑒及是月二十二日復接來諭因甫發信遂未即覆所言上灶一層前信業已詳陳今接來諭又歷序前境諄諄苦勸至情悱惻語語刺心不忍卒讀遥想我哥執筆至此必有無窮感觸者矣蓋昔年患難貧苦而妹無所苦者一切之事賴有三嫂四姊爲之耳今則二人已矣妹既獨活主持門戶義當獨苦不意妹尚未受苦而我哥慮妹之受苦業已如此著急則妹雖欲自苦其能忍乎其實妹自有知識以來即無怕苦之念所怕苦不得其道耳何况此時又實無所苦也大嫂久已接來同住上灶之事伊可獨任設或回家一二日李姑娘任之老阿媽亦可相帮至于雇婦能做菜者蓋寡果有其人即當雇用必不爲我哥省費也千萬不可以此縈念我哥到任未及半年興養立教百廢具舉處處以民瘼爲懷事事從本原著想側聞絃誦四起盜賊漸稀蓋有一腔眞血性即有一番眞精神有一番眞精神斯有一番眞作用即有一番眞效驗如此展布得償素蘊我哥但行其心之所安

然我哥傳矣至于現在時勢莫急于自强不揣其本而齊其末雖日言安攘亦屬具文我哥夙嘗注意于此不知當道亦有同志否大嫂腹瀉諒早痊愈似此多病總難復原殊爲焦念但我們當此境遇惟有盡所當爲萬勿過于已急一切但令王高姑娘等小心服事毋自勞辛昔慈親在日每事總怕我哥焦急伏乞仰體此心善自保重不勝萬幸正發稟間又接來諭敬悉我哥因盼妹信竟至刻不能安捧誦之餘悲慚萬感自思罪愆何以自解前月初敬兄發信正屆母親冥壽之時未能附信旋于十四日書成十五日送往請其加封遞寄何以至今尚未收到豈爲洪喬所

誤耶五月中妹惟于節前下鄉一次來往不過三日至于哀痛妹于此時天良磨滅已盡偶一觸發猶如電光石火旋即忘懷如昔日之癡情任性判若兩人我哥如尚不信家鄉戚族進京儘可細細盤問即知妹非虛言相慰矣且妹三年中如此故意毀傷而罪軀依然無恙旣活至今已將諸事强任在身兄妹手足强分遠隔能不狠心保養以了諸事以圖兄妹再見乎惟妹作書素係遲笨近又未免爲家所牽設有愆期切勿過于巴急竊思我哥年逾五旬精神雖好而齒已搖落至此擔此重任不得息肩雖一心政事已屬辛苦萬分豈堪再添愁慮望達傷離以兄慮妹

之心則知妹之慮兄更有甚焉要之關山雖隔魂夢相通惟期各盡當爲彼此保重著着有眼定當昭鑒爲再見地步也又及

論封建制度郡縣郡國制度之得失 十五世裁五公三女 治 鑄儀

天下之治亂在制度之良否而亦貴因時制宜若夫封建之制樹屏藩固邦國所以爲帶河礪山計也迄周之季王室衰弱諸侯强恣卒滅于秦秦懲周之亡改封建爲郡縣統攝四海集權中央善策也乃匹夫振臂四海瓦解卒以孤立而亡漢高懲秦之失改郡縣爲郡國大封宗親分天下之半爲王室羽翼宜乎可以久安長治矣未幾而召七國之亂景武廢削郡國抑制宗室而外戚專權至於顛覆此數世之君皆汲汲爲子孫計久遠或爲封建或爲郡縣郡國而皆未能弭亂何哉則治人與治法各有偏勝故也夫封建之制後世已不可行宋之藩鎭元之封諸王意稍近是已釀大亂郡縣之制與專制政體相因故自秦以來相沿不改然治亂强弱代有不同蓋治國者必先以德化固人心如酷刑峻法凌人以威挾人以勢則內有畔民外無强援其亡猶酷於封建也郡國之政內外相維輕重均等是爲上策德意志之聯邦制彷彿我國古時之封建今爲世界第一强國則封建豈必不可行乎然則周亡於弱

秦亡於暴漢與楚之叛基於孝文之寬縱西漢之亡因於外戚之强橫皆人君之自誤非制度之失也

讀五代史馮道傳書後 治

懷全身遠害之謀必無立節完名之志此定理也馮道處五代篡奪之際更事四姓十君長守富貴無纖芥之患卒得善終全身之計工矣而長樂老人爲世所鄙卒亦何樂之有哉觀其爲人能自刻苦爲儉約諷君實仁義慮安危重農事雖賢者何以過然閔帝出奔潞王兵至上牋勸進晉主骨肉未寒背顧命而立重貴其對耶律德光諸語尤爲無恥已極雖有小善庸足稱哉夫四維不張國乃滅亡

不忠之士雖中君羞以爲臣故陶穀進禪文終身不獲太祖善遇丁公背項藉高祖斬之以徇軍中此所以整四維明國典也焉道更事四姓禮義廉恥消亡盡矣而當時之君不誅不棄且委以國政則當時之靡然從風人心全死亦何足怪五代之君享國不永旋見滅亡卽由於此吾願後世君子勿專爲全身之計而忘名節之重而爲人主者亦當以忠義取士勿因諛諂而容亂臣則有裨於世道人心不尠也

李紱原敎書後　數玉公四女　砥　道如

李君論原敎謂天下無倫外之道卽無道外之人天下無

道外之人卽無人外之敎一時皆韙其言雖然天下必先無道外之人始無倫外之道必先絕人外之敎始無道外之人昔在草昧之世莫明禮義無父子之親君臣之別兄弟朋友之愛不知耕織飲血衣皮無所謂道卽無所謂敎有聖人者出乃明之以禮義始知父子兄弟之親君臣朋友之愛敎之耕織以禦饑寒造書契以興文化人民始知所本而達於五倫之道於此而聖敎亦行焉及周之衰秦并天下禮義廢人失其本異說蠭起異教興而正教衰流弊至今千有餘年異教益盛道外之人益衆倫外之道益雜聖人之教益衰故韓退之謂不塞不流不止不行而歐陽子亦立修本之說焉夫小人道長君子道消本不修則道不行而云彼不塞吾自流彼不止吾自行不修而吾本自在失之遠矣昌黎廬陵之說能並行於世則庶乎聖教昌明異端撲滅李君非之何不思之甚耶

項城尙書德配于夫人五旬壽序　砥

年月日爲項城尙書德配于夫人五秩大慶名流哲士無不駢儷爲文組織成詩爲夫人壽砥何人斯敢自忘其弇陋妄以俚詞進然砥年來伴讀閨中於夫人懿行令德知之較詳有不能已于言者夫人聽砥尙亦介一觥乎夫人本淮甯望族幼卽端莊靜淑事親務得其歡心年十九歸

尙書葛覃之德樛木之仁罔不備具奉養之事鉅細必親太夫人有疾親侍湯藥夙夜匪懈凡當盡者無不盡卽尙書所當盡者亦無不兼盡實以賢婦而兼孝子夫人出自名門尙書又累代簪纓書云世祿之家鮮克由禮言驕奢之習其來漸其入深也而夫人縫紉操作類似貧家子姓繁衍食指孔多無嬉遊者入室則錚錚然刀尺聲也升堂則琅琅然讀書聲也是又以慈母而兼良師矣然以此壽夫人則二百兆女界中當尙有其人未足爲殊特而夫人自以爲庸德庸行更不願表表于衆口蓋夫人于家庭固爲賢淑于社稷實爲功臣雖謂尙書之勛業卽夫人之勛

業也可雖謂尚書之德政即夫人之德政也可何以言之尚書素有至性事親以孝聞既委身于國唯恐太夫人或有不適而卒能不以太夫人分尚書心者夫人之力也尚書治家嚴王事鞅掌惟恐家政或有不齊而卒能不以家政累尚書事者夫人之力也于是尚書始得一心國事銜命駐韓嗣毋牛太夫人方患乳癰終能手定三韓不辱君命拳匪之患生毋劉太夫人方染沈疾尚得坐鎮秦東雍雍戡彌大難迨建節津門百廢俱興凡學務商務一切新政均爲天下創更復安內綏外使薄海生民隱受其福夫人內助之功不朽矣愚謹爲薄海生民祝夫人壽

于夫人即今大總統夫人也此係丁未年作篇中稱謂悉仍其舊以存眞也砥附識

與友論袪疫書　　砥

疫不能無端而至也以愚度之大抵皆由于氣夫氣人之所賴以生者氣虛則疾病生氣盡則生機絶故修身之道當以養氣爲先舉凡飲食不節居處不潔心神不固是皆氣之賊也賊斯疾矣當夏秋之際天氣下降地氣上騰人之氣亦走而不斂散而不聚疏而不固偶一不愼則寒氣暑氣乘機而入而氣乃大傷是宜時飭食去穢惡固心神以培元氣則沴邪之氣自無由侵入以致病嗟乎人身之有疾病猶國之有禍亂也賢者治世必使萬民安業習禮義而敦廉恥養其良善之氣然後民氣盛而兵氣亦揚今不知養氣以攝生至病榻橫陳死亡相繼而云袪疫猶不知培養民氣及至釀成禍亂欲思一朝撲滅安可得哉且古者袪疫之法曰大儺非謂眞有瘟疫之鬼及驅瘟疫之神也特以神道設教藉此以壯人氣以和天氣藉掃除以清穢氣藉齋戒以舒體氣耳故鄉人儺孔子朝服而立于阼階孔子有疾子路請禱則不許亦以明神道設教所以輔政教所不及非眞能生死禍福人也愚嘗讀書至魯論鄉黨一篇深歎孔子爲古今第一善養氣者能遵此法袪

病可延年亦可善用其意則可以齊家可以治國可以平天下養氣之爲用大矣哉鄙見如此還望進而教之某再拜

與友人論天災書　　裁玉公五女 行

竊聞之六氣不和則四時失序風雨失調災眚洊至時變疊生國以大亂以國之變亂歸咎於天則不然也夫天有好生之德其與人也始則生萬物以養之又恐不足以爭勝更與之以知識才力以助其自強自衛之本天之與人謀生活也可謂至矣既與之而復奪之蒼蒼者果何爲哉毋乃人自爲之乎夫人心即天理也重私利而輕公德棄

禮義而忘公益恣爲不法雖殃民誤國而不顧人心嗟怨乖戾之氣上行以致陰陽不和天災踵至及災難已成飢民遍道而一二在上者方擁厚貲恣揮霍縱欲敗度而不顧人孰不惡死而樂生爲怨恣飢寒所逼不得不謀自活之道而亂機萌矣人苟皆明禮義顧公德養廉恥遇有天災急急思所以補救之雖有天災亦不足患也今我國各省之災已成變亂疊起關心時事者莫不痛心疾首思設法以救之然此猶治標之急務也若爲根本之論則必在上者皆懷戒慎刻厲之心又必政治清明教化盛行有以改革一般人之心理藉以上召天庥則年豐人壽災眚自

少矣足下以爲何如

記蠶　行

我國素以農桑立國古者帝王躬耕以勸農后妃親桑以勸蠶皆使民毋怠廢其業而飼蠶之業末微而利敷且爲婦女所能任故日見其發達而增進江浙鄰太湖土地饒沃宜於桑故飼之者尤衆飼蠶之道其最要者須審視桑之腐敗與否擇鮮潔者而飼之苟不留意而稍食之以腐壞之葉則百病生矣又審視其有無病蠶有當去者速去之蓋其傳染甚速稍忽則爲害無窮也飼蠶之室常使其溫和無使過寒而妨其生長之機蠶又有春夏之分春蠶生於二三月之間夏蠶生於四五月之交然飼春蠶易而夏蠶難蓋蠶之最懼者爲蠅偶護之不週即受其害傷一而染及全體害莫大焉苟飼之有度護之有法未有不能成繭者我國商業之大莫過於蠶絲每年出口者繁多而今以惟用舊法不思改良致少進步而外人因吾之法改良而研究之其進步甚速大有反客爲主之勢苟我國不謀改良則後之利權尚堪問乎今雖蠶業學校設矣而其所仿者乃外人之陳法且不能盡得其秘又何益哉夫欲抵禦人非有過人之良法焉能奪回利權而使之永固吾願在事者苦心竭智以求之則蠶業之振興或有可望也

論愛人愛己之效果　十六世欣然女霖

愛者發乎情而致乎理者也愛己而不愛人者人情之常也愛人而不愛己者常情之變也夫己之身體受之父母即古之聖賢未有不愛己而專愛人者故曰堯舜之仁不徧愛人雖然情之正者有經亦有權經常也權變也如歷代之忠臣犧牲一身以死報其君夫對乎己而言己之外皆人也君亦人也此非不愛己而愛人乎然成一己之名流芳百世轉而思之仍自愛其身也推而言之如能視天下之人皆如一己救人之患拯人之難己爲君相則爲禹稷之溺由己溺飢由己飢己爲師儒則如兼愛之墨子雖

當時爲孟子所距至今海內外尙推崇之此皆愛他人而生之效果也視人若己故卽以愛人爲愛己也彼賊臣汚吏奸儈貪夫僅知有己不知有人工取巧之術以爲自愛其身取不義之財以爲自愛其家一旦禍隨惡發身家俱毀遺臭萬年其私抱之宗旨爲愛己不知反以害己也且名譽爲人第二之身命若但知愛己因以損失名譽卽不惟禍抑亦太不自愛矣

藺相如完璧歸趙論　霖

勇於任事爲常人之所難深於慮事則智者猶難之如藺相如完璧歸趙一事史冊美之余獨以爲相如之完璧勇

則勇矣而慮事則未周也夫秦以十五城易趙璧相如自請奉璧入秦既窺秦無意償城卒能完璧歸趙相如其可謂不智乎然璧趙璧也與之易無所直不與易無所曲如畏其強則竟獻璧不必望十五城之償不畏則勿與旣與之易且使秦王齋而受之忽又使舍人懷而歸之是戲秦而挑其怒也且夫秦王之不與城尙未發乎言辭相如不過窺其意而已矣安知其終不與城乃急欲遂其完璧之名也當時秦王如怒而僇相如何啻僇一匹夫其或秦興師取璧於趙趙亡璧其安往趙欲救亡必先殺相如以自解夫完一璧而不能完其身家禍猶小完一璧而致不能完其國璧亦仍不可保將何以謝趙王也試問相如璧與國孰重嗚呼相如何不深慮若此然璧終得全相如得返趙氏得以免禍且成相如之名者蓋一時之僥倖耳故君子處事不冒險以成功不僥倖而圖名

復葛月芝姊書　十六世生公女 芭 志潔 英蓮

日前奉到還雲敬悉喬遷峭其伯母同居一宅晨昏定省克遂孝思欣忭不置承諭男有室女有家人生大道旣爲女子斷無不嫁之理言之深切關愛逾恒妹自幼從師讀書原不敢立異爲高惟區區苦衷不忍舍老母而去耳敢略陳之丙子三月先嚴率全眷宦游江右六月卽棄養省

寓彌留之際執妹手而以全家囑附爾時妹痛不欲生家慈曰汝死我何以生妹遂強忍苟活至今目下笠舫舍弟在京棠家叔父視之猶子受業於笠舸家兄雖得名師但恐廢學已久不知果能成就否笠舟舍弟自幼失明須學一藝以爲餬口之計每日教以程朱易傳旁及卜筮諸書又以易理高深必須熟讀四書左傳以爲根據方不至誤入歧途幸三舍弟天資尙好可望有成現在家慈元氣大虧日夜呻吟牀褥不能一刻無人侍奉妹無老母不能至今日老母無妹實乏人可代母女相依爲命有百倍尋常者我父母生我姊弟三人妹忝居長又應盡長兄之義責

任非輕惟有禱祝老母即日全愈兩弟學業有成萬事足矣他非所問吾姊當以爲然

復葛玉芝姊書　志潔

前由令親帶來手書並石印陳孝廉月夜泛舟圖欣悉吾姊隨任松江敬賀敬賀惟與伯母遠離似不能兩全幸有大姊同居晨夕侍奉可以無慮吾姊體氣素弱尙祈加意保衛留得此身將來與伯母團聚再補未了之事何如囑題前圖妹生平未學作詩姊所深知祗得繳還尙祈原鑒竊以陳孝廉淡然利祿悉情山水必成此圖豈爲將來佳話歟抑用心別有在耶妹每見某女士與某某唱和刻成

專集未嘗不敬之羨之而終不願效之非執也猶憶昔年蒙家四姑母賜以陳文恭五種遺規語語純正親切有味眞身心性命之書大而治國近而治家終莫能逃其範圍又明末呂新吾先生呻吟語如暮鼓晨鐘發人深省兩書時置案頭誦繹最爲有益妹之所願學如此吾姊學問勝妹十倍諸書純駁當知去取務請教我爲感

文字之變遷　採入江蘇女學粹時年十四歲　十七世續丹女　組民　怡伯

昔伏羲氏之王天下也仰則觀法於天俯則觀法於地視鳥獸之形與地之宜而畫八卦文字之端肇於斯焉倉頡別鳥獸蹏迒之迹知分理之可相別異也初造書契文字之形立矣古者雖有文字未聞設學周始立學教國子以保氏司六書之教焉宣王太史官籀作大篆以潤色之戰國時人皆不事文於是文字中衰其後秦始皇幷兼天下丞相李斯又作小篆因大篆繁密故簡易之文字之學極於斯焉然當時禁藏書故黔首多不知文漢初文學復盛立博士教學暨乎東漢隸書大行隸書者程邈所作也其字皆俗並多省改人競趨之篆籀之字廢矣永元中大儒許愼精通六書見世俗之字盡譌詭叵譎壁虛造多不可知之書變亂常行以耀於世馬頭人爲長人持十爲斗若此者甚衆皆不合古法謬於篆籀其字數累倍於前乃作

說文十五篇以傳古法字書精博莫過於是及梁顧野王著玉篇體例與說文略同唐李陽冰中興斯學然俗書盛行已久故未幾仍衰南唐徐鉉徐鍇兄弟皆善小學注解甚多至宋時文字中落許李之書流傳殆絕終宋之世鮮有精研者遼金時稍盛至明又衰士子皆不務正學末年有黃宗羲顧炎武復興斯學餘風播于清清之精文學者甚多段玉裁桂馥王筠等皆有注作以供後人之檢閱使學者不疑今有王闓運先生尤精小學著作甚多然後人學者甚少夫文字者經藝之本王政之始也故自古至今其王有德則文學必興其王無道則文學必衰孔子曰君

子務本本立而道生天下之要者無過於文古者爲文必先學字字不差謬方能成文今余習之已朞月略敍所知者於篇將以永記不忘今固如此更數百年後其變遷尚不知如何也

論專　　組民

爲學之道貴精而忌雜然則何由而精其惟專一乎夫左手畫方右手畫圓令一時俱成雖執規矩之心廻劉劂之手而不能者由心不兩用而手不並運也學問之道如海求學之人如舟行巨海而無定路則終無至岸之日人之求學而無專心則終無成就之日矣是故無冥冥之志者

無昭昭之明無惛惛之事者無赫赫之功顏淵曰夫子循循然善誘人博我以文約我以禮孔子觀承蜩丈人而謂弟子曰用志不分乃凝於神由博返約不分乃神皆專一之義也夫蟬之難取而承之如掇捲耳易采而不盈傾筐專與不專也是故學者必精勤專一以入於神若心不在學而强誦之則雖入於耳而心未得也詩曰尸鳩在桑其子七兮淑人君子其儀一兮其儀一兮心如結兮故君子結於一也

論重農　　組民

一年不農則困二年不農則亂三年不農則亡國之所重無甚於農而王者奪其利卿士奪其利兵吏奪其利工商奪其利無論豐儉必取之所以年豐而有無食之人歲儉而無求活之路國家之强在富民斯富民之原也天下之定在足食斯足食之具也而國家重其賦官吏役其力工商欺其貧天下之人皆輕之豈不悖哉

保育兒童游戲學總論　十八世慶高祖　劉　雪亮

古有育孺子於宮中而保育者爲保姆之說之所由昉民間教育必至八歲而入小學八歲以前則在家庭爲慈母之保育可知是以德國幼稚教育家弗蘭勃耳研知幼兒墮地在慈母提抱調護之中已豫備人世一切以造成人

類完全之極限蓋人生人世以來學問知識道德品行自然能造夫最高之程級而登天然最高之一境弗蘭勃耳既發明此幼稚教育之理故嘗論曰凡人天性中實均含有推理之意義蓋人類無論有知識與無知識均有一天性而此無意之天性中皆含有一推理性質如凡爲母者均有護愛其子女之心甚之即舍棄己之生命亦所不惜此皆由於自然初未知該當保護而後保護也由此可知凡人即賦有此天性自有一種天然能力非有意識在內也然此原理初出於天性之護愛以其愛護之至即合有準之目的故弗蘭勃耳因是悟得其中之理由即研究

男女所以□愛兒女其目的爲何是即希望專注兒女得益之一方面然希望兒女之得益固人人皆有此心理由此而推想及遠冀望其成功爲偉大之人物能有益於家國爲父母者何一人不皆有此希望但欲若何而能達此目的則爲父母者固未嘗思及兒童嬰孩時期已可施此教育也所以弗蘭勒耳著此書推闡兒童關係之重要以使作母者明白此天性之理由而後施教育於兒童弗蘭勒耳著此書研究已二十四年之久此一種天性最初發生時期即在母與兒女歌唱游戲已有顯露由是更查察教育原理之所在蓋兒童爲教之根本欲教育之進行必須保育兒童根本不使其渾界之惡感以變遷純貞始爲完全教育

國山周氏世譜卷五十六

十六世姓翔謹輯 □□增輯

殉難錄

粵逆之亂賊氛流毒蔓延江□□月十三日邑城不守賊踞五載下鄉男婦死難者不下數百人或力戰捐軀或嬰城死節或被脅不屈或城陷自戕草澤不忘忠孝志作完人婦孺自全天名成節烈疊蒙 大憲設局採訪據詳 奏請旌卹之 天恩得慰幽魂於地下今謹仿照前體攷訂殉難各人事實撮其梗槪彙列於編其婦女殉節者另載節孝錄中以示區別

謹按辛巳脩譜從大亂初平之後故有殉難一錄今届承平本無可增惟天津兵變潤甫公被難事同一律因按照房世附入焉

附錄 賜卹 部例

查例開遺冦殉難紳士庶民令該撫轉飭各該地方官於本邑忠義孝弟祠內設位致祭並題名於石碑俾得流傳永久其被賊戕害之婦女等令各該督撫轉飭各該地方官每縣給銀三十兩於通衢大路總建一坊無論大小婦女姓氏合行鐫刻其上並於節孝祠內設位致祭其未及十歲者毋庸設位各等語又

咸豐三年奏準官紳殉難家屬應行建坊八等除官
爲給銀建坊外如本家有願自建專坊者亦聽其便

周家濱分

十四世瑞昌公諱如松同治二年六月初三日在紅塔頭率衆拒賊受傷殞命有傳光緒六年由順天忠義局采訪詳　奏奉
旨賜卹邑志入殉難記

十四世竹山公諱有雲同治二年在本村拒賊被執不屈死邑志入殉難記待郵

十四世福廷公諱之楨太學生咸豐十年三月二十六日

在雲露村率團拒賊力竭陣亡光緒四年由順天忠義局采訪詳　奏奉
旨賜卹邑志入殉難記

邑志監生周之楨與周培之同拒賊死

宋瀆分

十四世君平公諱勲咸豐十年三月二十六日在宋瀆村遇賊不屈被害年七十四有傳同治元年蘇撫李　第一案出　奏是年十二月十三日奉
旨賜卹邑志入殉難記

昭忠錄周勲宜興人咸豐十年四月遇賊不屈被害

十六世盤生公諱益元在宋瀆拒賊被殺光緒五年由順天忠義局采訪詳　奏奉
旨賜卹邑志入殉難記

十六世星南公諱柏齡咸豐十一年四月在大湾被賊推墜水中死邑志入殉難記待郵

十六世諱福奎公咸豐十一年八月因賊設卡成任鄉里至宋瀆擾害公糾率義團奮勇當先踏平賊卡殺賊多名後賊麋至戰死光緒四年由順天忠義局采訪詳
奏奉
旨賜卹邑志入殉難記

十七世勝祖公諱天培同治元年九月在潛墅殉難邑志

入殉難記待郵

雲露分大房

十六世敦三公諱惟茂有膂力咸豐十年三月二十六日在方于田間耕作賊驟至以鐵鋤相抵傷賊數人遂遇害光緒七年由順天忠義局采訪詳　奏奉
旨賜卹邑志入殉難記

邑志周惟茂雲露里人咸豐十年三月二十六日遇賊死節

十七世信昌公諱球同治二年遇賊不屈被戕邑志入殉

難記 鄢待

雲霧分二房

十四世孟誠公諱望成同治二年八月聞賊氛逼近由呂家圩徙居武進之林臺二十日賊至脅之從不屈投水死有傳光緒五年由縣具詳大吏據以請奉

旨賜卹邑志入殉難記

邑志周望成罵賊死

十四世元卿公諱德升咸豐十年三月二十六日在雲霧村拒賊被戕邑志入殉難記 待鄢

邑志周德升與周培之同拒賊死

十四世瑞之公諱祥元咸豐十一年五月賊至抵禦被戕光緒五年由順天忠義局采訪詳 奏奉

旨賜卹邑志入殉難記

十四世諱金茂公同治元年八月拒賊殺賊數人卒以眾寡不敵遇害光緒五年由順天忠義局采訪詳 奏奉

旨賜卹邑志入殉難記

邑志周金茂雲霧里人本村罵賊死

十五世靜巖公諱守夔咸豐十年四月賊氛逼宜邑奉母避居湯巷里二十五日賊至率團堵截力竭陣亡同治六年蘇撫詳 奏奉

旨賜卹邑志入殉難記

昭忠錄周守夔宜興人咸豐十年四月拒賊陣亡

邑志咸豐十年五月二十五日有周守夔在東鄉湯巷里拒賊死

十五世達尊公諱達曾同治元年八月二十日在林臺遇賊被脅不從遇害與父孟誠有合傳光緒五年奉

旨賜卹邑志入殉難記

邑志周達曾望誠子隨父罵賊死

十六世慶雲公諱頤咸豐十年三月二十六日率團拒賊力竭陣亡邑志入殉難記 待鄢

邑志周頤與周培之拒賊死

十六世少卿公諱培之咸豐十年三月二十六日賊至成任鄉公率義勇禦賊於雲霧橋殺賊甚眾後賊麇集力竭被執厲聲叱罵賊怒剖其腹有傳同治二年蘇撫李第三案出 奏奉

旨賜卹邑志入殉難記

昭忠錄周培之宜興人監生咸豐十年三月被害

邑志咸豐十年三月二十六日有監生周培之雲霧里人賊至糾眾拒之殺騎馬賊及餘賊數人奪其旂悍冠蜂至培之力竭被執剖腹死

十六世閏亨公諱翼豐咸豐十年閏三月十二日應募充
當義勇後在蔣坮橋打仗陣亡邑志入殉難記待邮
邑志周翼豐與周培之拒賊死志載誤
十七世諱邦貢公同治元年八月初三日殉難邑志入殉
難記待邮
雲鸞分三房
十四世石渠公諱裳同治元年八月十七日遇賊叱罵賊
脅以刃罵益厲臨殁罵不絕口邑志入殉難記待邮
邑志周裳雲鸞里人遇賊不屈死
十五世霽川公諱紀雲庠生咸豐十年四月十三日城陷

被執不屈死之同治三年蘇撫李 第五案具奏奉
旨賜卹邑志入殉難記
昭忠錄周紀雲宜興人庠生咸豐十年四月拒賊被害
十五世松泉公諱以正咸豐十年四月二十五日遇賊不
屈投水死有傳同治三年奉
旨賜卹邑志入殉難記
昭忠錄周以正荊溪人文童咸豐十年四月不屈被害
十五世樸堂公諱鍾俊從九品銜咸豐十年六月二十三
日在社瀆橋率團禦賊悍賊蜂至力竭陣亡有傳同治
元年蘇撫李 第一案具 奏奉

旨賜卹邑志入殉難記
昭忠錄周鍾俊宜興人從九品銜咸豐十年六月協同
潘社鄉團拒賊陣亡
邑志從九品周鍾俊督團社瀆橋分敵陷陣死
附錄 卹典
同治元年蘇撫李 會同江督曾 據采訪忠義局詳
奏請卹 吏部議準應請將故員從九品周鍾俊等
四十九員俱照四品以下陣亡例議給雲騎尉世職襲
次完時給予恩騎尉世襲罔替元年十二月十三日具
奏本日奉

旨依議欽此此案宜荊兩縣共十三員
十五世漁溪公諱鍾英咸豐十年四月十三日城陷不屈
死之有傳同治元年蘇撫李 第一案具奏十二月十
三日奉
旨賜卹邑志入殉難記義行錄有傳
昭忠錄周鍾英荊溪縣監生咸豐十年四月守城被害
十五世禮庭公諱希旦郡增生咸豐十年九月初四日殉
難有傳同治閏奉
旨賜卹邑志入殉難記
昭忠錄周希旦荊溪人生員咸豐十年四月守城自刎

死
十五世蘭亭公諱樹芝從九品銜咸豐十年八月十一日
在朱家濱遇賊不屈投水死同治間奉
旨賜卹邑志入殉難記
邑志咸豐十年八月十一日有周樹芝朱家濱遇賊投
河死
十五世遇春公諱甘來同治元年八月十五日殉難奉
旨賜卹邑志入殉難記
十五世龍大公諱恩榮同治元年八月殉難邑志入殉難
記

十五世大興公諱茂高同治元年八月在紅塔頭遇賊不
屈被殺光緒五年奉
旨賜卹邑志入殉難記
十五世協恭公諱寅武生咸豐十年四月十三日城陷巷
戰力鬥死有傳同治元年蘇撫李 第一案具 奏奉
旨賜卹邑志入殉難記
昭忠錄周寅荆谿人生咸豐十年四月不屈被害
十五世蕙田公諱錦文武生咸豐十一年六月二十四日
在南施蕩橋遇賊脅從不屈投水死同治間蘇撫具
奏奉

旨賜卹邑志入殉難記
邑志武生周錦文施蕩橋遇賊投河死
十五世馨山公諱桂太學生按察司照磨銜咸豐十年四
月十三日城陷死之同治間蘇撫具 奏奉
旨賜卹邑志入殉難記
昭忠錄周桂荆谿人從九品銜咸豐十年四月不屈被
害
十五世鐸生公諱毓鎬軍功六品銜咸豐十年四月十三
日城陷不屈死同治間奉
旨賜卹邑志入殉難記

昭忠錄周毓鎬宜興人六品銜咸豐十年四月不屈被
害
邑志六品銜周毓鎬周毓麟俱蛟橋罵賊死
十五世潔泉公諱毓麟咸豐十年四月十三日聞城陷投
水死同治間奉
旨賜卹邑志入殉難記
昭忠錄周毓麟宜興人咸豐十年四月不屈投河死
十六世芝亭公諱鎮沅廩貢生同治元年九月初八日因
義團事洩遇害有傳奉
旨賜卹邑志入殉難記

昭忠錄周鎮沅荆溪人生員不屈被害年月未詳
邑志庠生周鎮沅在鄉暗結義團事洩被殺
十六世鶴洲公諱開祺庠生同治元年三月被賊擄絕食
死邑志入殉難記
邑志庠生周開祺遇賊不從餓死
十六世義珂公諱廷椿咸豐十年四月十三日城陷死節
光緒四年由順天忠義局采訪詳　奏奉
旨賜卹邑志入殉難記
邑志童生周廷椿城陷不屈死
十六世珊珂公諱柄煇咸豐十年七月初一日殉難同治

間奉
旨賜卹邑志入殉難記
昭忠錄周柄煇宜興文童咸豐十年四月投河死
十六世輔庭公諱溥霖增生咸豐十年四月協同守城十
三日城陷不屈死之有傳由忠義局采訪具詳同治元
年蘇撫李　會同爵督憲曾　具奏是年十二月十三
日奉
旨賜卹邑志入殉難記
昭忠錄周溥霖荆谿縣增生咸豐十年四月不屈被害
十六世國楨公諱蔭棠同治元年正月遇賊被害有傳奉

旨賜卹邑志入殉難記
昭忠錄周蔭棠荆溪人不屈被害年月未詳
十六世梅生公諱家燮一名家杰太學生候選縣主簿咸
豐十年八月殉難有事實有傳同治二年給事中王具
奏奉
旨賜卹邑志入殉難記忠節錄有傳
昭忠錄周家杰宜興人候選主簿不屈被害年月未詳
梅生公事實 殉難 賜邺
兵部議奏查候選縣主簿周家杰因在江蘇拒賊被戕
據給事中王憲成奏請議卹奉　上諭著照例分別

旌卹應請將該故員議給雲騎尉世職襲次完時給予
恩騎尉世襲罔替於同治五年二月二十五日奉
旨依議欽此
十六世雲上公諱增高同治元年在栗瀆村遇賊不屈死
邑志入殉難記 待邺
邑志周增高溧瀆里人本村拒賊死
十六世鼎生公諱家鋤太學生贈刑部主事咸豐十年八
月初七日殉難有事實有傳同治元年江南團練大臣
龐具　奏奉
旨賜卹邑志入殉難記忠節錄有傳

昭忠錄周家錫監生與兄禮部主事家楣糾集民團拒賊輒有斬獲城陷賊麇至家錫率眾迎擊力竭被執割舌斷手而死家楣妻潘氏罵賊死其姊吳文軫妻自刺死

鼎生公事實 殉難存優 賜卹 附嫂潘氏妹歸吳氏

江蘇督辦團練大臣龐　片奏再查常州府宜興縣監生周家錫隨同胞兄翰林院庶吉士周家楣勸集宜荆團勇屢獲勝仗於四月十三日城陷後大股賊至周家錫率團接仗力戰陣亡其嫂周家楣之妻周潘氏罵賊不辱刃傷殉難其妹吳文軫之妻吳周氏投水殉難相

應據情具奏可否將監生周家錫照把總陣亡例從優議卹等因於同治元年正月十八日具奏二月十六日接奉二月初一日議政王軍機大臣奉　旨著照所請旌卹該部知道欽此

兵部謹奏為遵　旨議卹事據江南督辦團練大臣龐鍾璐片奏宜興縣監生周家錫率團接仗力戰陣亡其嫂周潘氏罵賊不辱刃傷殉難其妹吳周氏投水殉難等因請將周家錫照把總陣亡例從優議卹其隨同殉難之家屬人等一併照例分別旌卹等因奉　旨著照所請旌卹等因欽此臣部議得照把總例從優議卹之監生周家錫給卹銀一百兩並加贈把總銜給雲騎尉世職襲次完時給予恩騎尉世襲罔替所有議卹員弁應得　敕書及祭葬銀兩移咨吏禮工三部辦理同治元年七月初六日奏本日奉　旨知道了欽此

禮部謹奏為彙奏 台灣道孔昭慈等 賜卹事咸豐八年十一月二十三日經臣部具奏陣亡三品以下人員改請隨時繕單彙奏奉　旨依議欽此臣等查定例內開文武官員陣亡者先由吏兵二部議給廕卹得　旨後移文過部奏請給予祭葬銀兩三品官全葬銀三百兩一次致祭銀十六兩四品官全葬銀二百兩一次致祭

銀十二兩五品以下官全葬銀一百兩五品官一次致祭銀十兩六品官一次致祭銀八兩七品以下官一次致祭銀六兩以上無祭文傷亡者照陣亡例議卹如奉　旨減半議卹者祭葬銀俱給半軍營病故者亦給予減半祭葬銀兩兵丁陣亡者無祭葬又例載凡臨陣捐軀守土授命之文武諸臣以及偏裨士卒赤心報國奮不顧身者行查籍貫事蹟交翰林院立傳入祀各本籍地方府城昭忠祠等因今據吏兵二部陸續奏準題準廕卹之文武官員兵丁先後知照到部除各該故員應得卹典之處由吏兵二部知照辦理至送到陣

亡殉難各員內有欽奉　諭旨建立專祠並附祀專
祠之處另由臣部另行知照各該督撫查明辦理外應
將陣亡殉難各官按照品級給與祭葬銀兩分別入祀
各昭忠祠繕具清單恭呈　御覽伏候　命下臣
部行文該衙門遵照辦理再陣亡殉難各員內如有咨
報重複者臣部即行查明更正合並聲明謹奏請
旨
清單
監生周家鋤
以上二百三員均照七品以下官陣亡例給與全葬銀
一百兩一次致祭銀六兩應請照七品以下入祠章程
均入祀陣亡地方昭忠祠
以上陣亡官員兵丁等均行查籍貫事蹟造冊送交翰
林院立傳入祀各本籍府城昭忠祠同治二年七月廿
七日奏奉　旨俞行
同治三年十二月十六日給事中王憲成奏訪聞江蘇
各屬陣亡殉難紳民婦女請分別　旌卹建祠所有單
開之宜興縣監生周家鋤及其嫂周潘氏妹吳周氏死
節尤慘奉　上諭准其于宜興縣地方自行建立專
祠以彰忠節 詳見卷一上　恩綸

十六世 諱 文孚公咸豐十年三月二十五日在鄉間遇賊
脅從不屈被害奉
旨賜卹邑志入殉難記
十六世希曾公 諱 熙曾 邑志作熙珍 咸豐十年四月十三日城
陷被害邑志入殉難記 待卹
十六世 諱 愷棣公咸豐十年三月二十六日遇賊投水死
同治間奉
旨賜卹邑志入殉難記志載咸豐十一年四月殉難
十六世百齡公咸豐十一年十月遇賊不屈被殺同治間
奉
旨賜卹邑志入殉難記
十六世潤甫公 諱 維澤清太學生直隸候補縣丞民國壬
子正月十四日天津兵變被難奉　大總統令特旌義
烈
十七世安如公 諱 英玉庠生咸豐十年四月十三日城陷
不屈死之同治元年蘇撫李　第一案具　奏奉
旨賜卹邑志入殉難記忠節錄有傳
昭忠錄周英玉宜興人生員咸豐十年四月不屈被害
十七世孚卿公 諱 熙元庠生咸豐十年四月協同守城十
三日城陷賊脅之降不屈罵賊遇害有傳同治元年蘇

撫孚 第一案具 奏奉
旨賜卹邑志入殉難記
昭忠錄周熙元荊溪人生員咸豐十年四月墜城死
邑志庠生周熙元偕弟馨與潘溪清同赴水死
十七世舒卿公諱馨孚卿弟咸豐十年四月十三日城陷
與兄同日遇害奉
旨賜卹邑志入殉難記
昭忠錄周馨宜興文童咸豐十年四月不屈被害
十七世諱發祥公同治二年正月在潛洛遇賊不屈隨母
投水死奉

旨賜卹邑志入殉難記
昭忠錄周發祥咸豐十年四月投河死
邑志同治二年自盡者正月有周發祥潛洛村遇賊與
母投水死
十七世諱文桂公同治二年八月十五日在嵇橋遇賊隨
母投水死奉
旨賜卹邑志入殉難記
雲霽分四房
十四世上大作讓邑志上公諱懷祖世居周家濱同治二年四
月二十八日在田耕作賊哭至脅之從不屈遂被戕邑
志入殉難記 志載紅塔賊人誤待郵未登載宜補 其遇賊不屈表
雲霽分大房
十四世聽春公諱開元咸豐十年三月二十六日在雲霽
村拒賊陣亡邑志入殉難記待郵宜補 其殉難表不登載
邑志周開元宋瀆人咸豐十年死難
十五世隆安公諱壎同治二年在竹門拒賊被害邑志入
殉難記待郵
邑志周隆安竹門人本村拒賊死
十五世曾蔭公諱大熊同治二年八月遇賊不屈被害邑
志入殉難記待郵
昌陽公分

十五世馥卿公諱之德同治元年八月十七日在宋瀆拒
賊遇害邑志入殉難記待郵
補遺
雲霽分大房十五世藎臣公諱忠同治二年八月被賊擄
不食死邑志入殉難記待郵 其殉難表未登載宜補

國山周氏世譜卷五十七目錄

節孝錄總目

國山周氏世譜卷五十七

節孝錄 十六世湛槼謹輯 十七世志靖增輯

漢劉向作列女傳後郡邑志仿而行之凡苦節可貞窮簷嫠婦皆載名其上豈非幽光潛德闡發在所宜先則本宗有懿行詎可任其長埋天壤而不亟表之哉吾族自廣平公以來歷世逾六十歷年千六百載自宋元已前以節烈見者吾不知已至若有明以來載於邑志見於宗譜者彰彰可考或仰荷 天恩表厥宅里幸矣或子孫昌熾光大其閭亦猶之幸矣乃有邑志無稱家乘莫紀外無期功伯叔之親內無孝子慈孫得以表揚其志者何可勝道則又在乎纂修

宗譜者之表章也已迪用是同姪之詰搜羅舊聞採訪散軼爲敘乃生平撮其梗概彙列於編 十三世迪謹識

謹按舊譜節孝錄昉自曾叔祖藕塘公嗣後從叔棋堂公續之今踵爲增訂考其旌年綴以邑志厥類凡四首貞節次賢孝次節烈而以孝女貞女烈女附詳於後

乙卯秋修仍照前義分類增訂累經採訪報告無多茲所登載闕遺不免尚希後補志靖謹註

貞節

雲霧分三世祖雲樵公諱遂榮配王孺人二十四歲寡守節撫孤邑志入列女嘉靖年間旌

邑舊志王氏周遂榮妻二十四歲寡撫二子鉞鑽成立嘉靖年間旌

鄉評備考王氏雲霧周遂榮妻遂榮年二十四而夭王少年完節撫二孤鉞鑽成立遂榮於雲霧周氏為第三世則其時約在宣德正統間

周家濱分

七世茂華公諱煥配尹孺人二十八歲孀居撫孤卒年四十四守節十七年

十一世祇服公諱文配呂孺人二十九歲孀居撫孤卒年四十六守節十八年邑志入列女光緒三年旌

十一世賓賢公諱懷仁配談孺人二十六歲孀居撫孤卒年三十九守節十四年邑志入列女

十一世思璜邑志璜作皇公諱耀章配吳孺人二十六歲寡卒年六十一守節三十六年有傳邑志入列女以上道光十一年旌

邑志吳氏周思皇妻二十六歲寡夫兄欲奪其志氏訇訴公庭邑令張慰獎完其節卒年六十一

十三世如升公諱惟日配戚孺人二十九歲孀居撫孤卒年七十六守節四十八年邑志入列女光緒二年旌

十五世萬盛公諱發林配楊孺人二十七歲孀居撫孤備嘗艱苦卒年四十二守節十六年邑志入列女光緒三年旌

宋瀆分

九世鍾卿公諱伯璠配蔣孺人二十三歲孀居撫孤卒年七十二守節五十年郡通判署宜興縣事謝公良琦給苦節可風額邑志入列女

邑舊志蔣氏周伯璠妻二十三歲寡卒年七十二署宜令謝額旌之

十世昌言公諱世則配吳孺人庠生翼女二十三歲寡無子堅請於翁為夫擇嗣事翁以孝撫嗣子以慈卒年六十五守節四十三年與夫合有行略邑志入列女以上俱道光十一年旌

十世文俊公諱應蟾配沈孺人二十八歲孀居撫孤卒年四十守節十三年邑志入列女未旌

十世祉聚公諱世魁十八歲寡生子纔數月矢志守節延師訓子其子元曜列郡庠有文名皆孺人辛勤艱苦所致卒年四十九守節三十二年邑志入列女志載十九歲寡卒年四十八道光十一年旌

十一世如山公諱朝宗配劉孺人二十三歲寡苦志撫孤卒年六十一守節三十九年與許孺人有雙節傳邑志

入列女
十一世會山公諱朝望配許孺人三十歲寡卒年五十五
守節二十六年與劉孺人有雙節傳邑志入列女光緒八上
二年旌
邑舊志許氏周朝望妻三十歲寡卒年五十五邑人史
問和爲之傳
十一世鄰哉公諱元臣配徐孺人二十六歲寡撫育遺腹
子矢志靡他卒年六十九守節四十四年有像贊邑志
入列女道光十一年旌
十一世魁宇公諱祥達配朱孺人三十歲寡撫遺腹子成
立備嘗荼苦卒年八十四守節五十五年有傳邑志入
列女光緒三年旌
十一世瑞侯公諱炳文配余孺人二十九歲寡卒年八十
二守節五十四年邑志入列女光緒二年旌
十二世孚中公諱思信配黃孺人二十四歲寡卒年五十
七守節三十四年有贊邑志入列女道光十一年旌
十二世蘭谷公諱昌祚配任孺人事舅姑盡婦道三十歲
寡矢志撫孤冰寒糵苦艱辛萬端卒年八十守節五十
一年朱太史桓儲大令掌文有徵詩啟任大令紱爲之
傳學憲李頷旌之邑志入列女光緒二年旌

十二世冀野公諱岢甲配沃孺人二十八歲寡苦節撫孤
卒年五十九守節三十二年邑志入列女光緒三年旌
十三世子庚公諱士邑配俞孺人二十八歲寡家極貧茹
荼飲糵苦志終身卒年五十七守節三十年有傳邑志
入列女道光十一年旌
十三世懋恒公諱其升配史孺人三十歲寡矢志撫孤務
年八旬調護惟謹晚年出餘資振貧乏里黨稱其惠卒
年七十八守節四十九年有傳邑志入列女光緒三年旌
十四世雲章公諱應斗配蔣孺人二十七歲寡家貧不足
供饘粥撫育遺孤守志不遷卒年五十五守節三十九
年邑志入列女未旌
十四世際昌公諱開泰配錢孺人二十九歲寡子又早夭
撫姪爲子恩勤備至卒年六十四守節三十六年與吳
孺人有三節傳道光二十一年學憲毛給一門清節額
以旌之邑志入列女
十四世耀明公諱英傑配徐孺人庠生太占女二十三歲
寡無子矢志靡他以賢孝稱一夕盜壞戶入其徒厲聲
呼曰此周節母家也何可犯盜遂去卒年七十二守節
五十年邑志入列女
十四世長庚公諱伯林配徐孺人二十九歲夫故既葬三

年服滿有欲强娶之者遂自經死年三十一有傳曉峰
有公挽烈婦詩道光二十一年學憲毛給貞心勁節額
以旌之邑志入列女 以上光緒三年旌
邑志周伯林妻徐氏二十九歲夫故葬畢投繯死學憲
毛額旌之 列女志烈婦
十四世楚珩公諱彭配任孺人二十七歲寡矢志撫孤卒
年六十八守節四十二年邑志入列女 旌道光二十八年
十四世國喬公諱震配張孺人三十歲寡卒年七十四守
節四十五年邑志入列女 光緒五年旌
十四世觀甲公諱體配沈孺人庠生振飛女二十八歲寡

撫嗣子俾克成立卒年七十守節四十三年邑志入列
女 光緒二年旌
十四世廷芳公諱宏茂配陸孺人三十歲寡茹苦撫孤立
志貞固卒年五十三守節二十四年邑志入列女 光緒七年旌
十五世鎮遠公諱印配任孺人庠生汝椿女二十七歲寡
撫嗣子愛逾己出艱難困苦甘之如飴卒年四十二守
節十六年邑志入列女
十五世席珍公諱鍾配任孺人庠生贈光州知州任公安
上女二十七歲孀居撫孤子又早世撫嗣子成立卒年

八十守節五十四年邑志入列女 以上道光十二年旌
十五世未年公諱維賢配唐孺人二十歲寡卒年四十九
守節三十年邑志入列女 光緒七年旌
十五世隆元公諱瓏元繼配蔣孺人三十歲寡苦志撫孤
卒年六十三守節三十四年邑志入列女
十五世辰隆公諱辰元配謝孺人三十歲寡苦志撫孤卒
年五十三守節二十四年邑志入列女
十五世敦裕公諱申錫配曹孺人二十五歲寡卒年六十
二守節三十八年與吳孺人有合傳道光二十一年學
憲毛額旌之邑志入列女

十五世龍奎公諱于暹配吳孺人三十歲寡孝事舅姑撫
育孤子含茶茹蘗宗黨稱賢卒年六十七守節三十八
年與錢孺人曹孺人有三節傳道光二十一年學憲毛
額旌之邑志入列女
十五世佛寶公諱茂榮配陸孺人三十歲寡撫孤成立卒
年五十六守節二十七年邑志入列女 以上光緒三年旌
十六世厚山公諱申培配任孺人二十三歲寡撫嗣子成
立卒年七十守節四十八年邑志入列女 道光十二年旌
十六世碧岩公諱紹伯配馬孺人二十七歲寡孝事孀姑
輒典簪環以供甘旨課嗣子授以經史講解精確有女

宣遺風卒年七十守節四十四年邑志入列女光緒二年旌
十六世允盛公諱敬元配陳孺人三十歲孀居撫孤卒年
五十八守節二十九年邑志入列女
十六世敬貞公諱發盛配錢孺人二十八歲寡矢志撫孤
備嘗艱苦卒年五十一守節二十四年邑志入列女以上光緒三年旌
十六世富豐公諱秀奎配吳孺人二十八歲寡撫孤守志
節貫秋霜卒年五十五守節二十七年邑志入列女光緒二年旌
十六世殿揚公諱仁洪繼配吳孺人三十四歲寡撫孤守

國山周氏世譜 節孝錄 《卷五十七 貞節 八 立本堂

節卒年七十二歲守節三十八年邑志入列女光緒二十三年旌
雲霱分大房
八世鳳梧公諱中行繼配杜孺人二十五歲孀居撫孤卒
年八十八守節六十四年吳太史貞度爲之傳奉憲兩
給旌額省志入完節邑志入列女道光十一年追旌
鄉評備考杜氏雲霱周中行繼妻萬歷癸巳年二十五
而寡撫二幼孤家業日起壽八十有八歲完節考終二
子長新次賛宇皆庠生
九世端于公諱方繼配丁孺人三十歲寡截髮矢志撫孤

成立卒年七十七守節四十八年有傳邑學尊楊給鋈
堅柏茂額以旌之邑志入列女光緒二年追旌
十世瑞先公諱履祥配蔣孺人二十八歲寡孝敬事姑義
方訓子有古列女風卒年四十八守節三十一年邑志
入列女
十一世雲章公諱遵配蔣孺人二十九歲寡撫育兩子矢
志不移茹蘗飲冰艱辛備歷卒年五十九守節三十一
年邑志入列女
十一世虞章公諱貞配宗孺人三十歲寡黽勉鞠育苦節
終身卒年七十一守節四十二年道光六年學憲辛給

國山周氏世譜 節孝錄 《卷五十七 貞節 九 立本堂

矢貞保赤額以旌之邑志入列女以上光緒三年旌
十二世禹功公諱惟和配宗孺人三十歲寡撫孤成立卒
年五十六守節二十七年邑志入列女
邑舊志宗氏周惟和妻三十歲寡卒年五十六邑人史
周沅爲之傳
十二世覺先公諱祖華配杜孺人二十六歲寡事姑能
得歡心撫嗣子成立卒年七十三守節四十八年邑志
入列女
十二世謙吉公諱用配蔣孺人三十歲寡紡績撫孤卒年
五十八守節二十九年邑志入列女以上光緒二年旌

邑志周蔣氏用妻夫亡僅存瘠田二畝立志撫孤備嘗艱苦 宜興縣志

十三世錫爵公諱添職配戴孺人二十一歲寡上事孀姑下撫遺腹慈筠孝草同振清風卒年五十八守節三十八年有傳邑志入列女 志載十九歲寡卒年六十一

十三世之倫公諱茂德配吳孺人二十六歲寡勤苦撫孤靡他矢志卒年六十五守節四十年道光六年學憲給節苦風清額以旌之邑志入列女 志載卒年六十六

十三世念之公諱屺望配單孺人三十歲寡卒年五十六守節二十七年江蘇撫憲程給貞松勁節額以旌之邑

志入列女 志載二十八歲寡卒年五十八 以上道光十一年旌

十三世念伊公諱宸佐配蔣孺人三十五歲寡天性貞順節孝可風 年例不符未旌

十三世丕選公諱猷配謝孺人二十七歲寡卒年五十守節二十四年邑志入列女

十四世鳴岡公諱鳳配陸孺人二十六歲寡孝事老翁撫育孤子梅酸荼苦矢志彌堅卒年五十三守節二十八年邑志入列女 以上光緒三年旌

十四世嗣宗公諱安齡配丁孺人三十歲寡食貧處約若節撫孤卒年五十九守節三十年邑志入列女 光緒二年旌

曉峰公紀節錄曰族安齡妻丁氏性刻苦嚴毅寡言笑年三十夫故哀毀不欲生將以身殉旋念兒方六齡我死兒不得生乃強飲食矢志撫孤既長令就塾不事姑息閨範肅然娣姒無諍語兒童笑啼見氏至輒爲斂容族人將敘其事爲之請旌氏辭曰吾夫勵志讀書未能一青其衿今若樹坊於衢題曰故儒士某妻是榮吾名而辱吾夫也乃止噫樹奇節而不自表章此與古名臣有大功而退避不居者何異節而且賢若氏者豈可多得耶 見曉峰樓集

十四世利行公諱潤奎 邑志潤作閏 配戚孺人二十九歲寡仰

事俯育孝慈兼盡卒年七十一守節四十二年邑志入列女

十四世諱云得公配沈孺人二十二歲寡謹守婦道撫孤安貧卒年五十八守節三十七年邑志入列女 以上光緒七年旌

十四世瑞和公諱鑑銘配吳孺人二十七歲寡矢志撫孤卒年七十五守節四十九年邑志入列女 光緒二年旌

十五世紹庭公諱宅鎬配畢孺人二十七歲寡卒年六十三守節三十七年邑志入列女 光緒三年旌

十六世椿華公諱正元配徐孺人三十歲寡奉姑訓子堅

志堅貞卒年六十二守節三十三年邑志入列女 上光緒年旌

雲霧分二房

七世泰宇公諱于禮配吳孺人三十歲孀居撫孤卒年六十八守節三十九年有傳省志入完節邑志入列女崇禎十五年旌

鄉評備考吳氏世家城塘里爲雲霧周于禮妻萬歷丙戌年三十而寡守節三十九年崇禎中巡按徐吉疏題奉旨建貞節坊

九世聖博公諱祚配王孺人二十一歲寡歲時哭墓哀慟

欲絕聞者莫不淚下卒年六十九守節四十九年邑志入列女光緒二年追旌

邑志王氏周祚妻孤苦不堪族人憫之歲給以薪米

十世雯鷺邑志鷺作露公諱延序配張孺人三十歲寡孤甫五齡母子煢煢家徒壁立矢志不移卒年五十四守節二十五年有傳邑志入列女

邑舊志張氏周雯露妻三十歲寡族有逼之嫁者潛與匪類謀夜劫之氏知其情乃燃燭闔戶操利刃號哭矢詈誓殺某某然後自刎某乃絕念卒年五十四

十世三接公諱洪櫃配儲孺人二十歲寡苦節撫孤卒年七十四守節五十五年邑志入列女以上道光十一年旌

十一世運九公諱朝椿配王孺人二十六歲寡矢志撫孤卒年四十九守節二十四年有傳邑志入列女乾隆十一年旌坊建雲霧村東青龍庵側

十一世又曾公諱因夏諸生配蔣孺人二十八歲寡卒年五十五守節二十八年有傳雍正七年學憲鄧給額旌之邑志入列女志載卒年五十九

十一世乘素公諱季輅配張孺人二十九歲寡敬承姑訓茹蘗甘荼撫孤子以成立卒年六十八守節四十年邑志入列女

十一世肅齋公諱覲揚側室陳氏二十七歲寡苦志終身撫孤成立卒年七十五守節四十九年邑志入列女以上道光十一年旌

十一世朝銓公諱拱配俞孺人庠生士鶚女中年守志奇節撫孤含荼備至卒年七十三邑志入列女光緒三年旌

十二世若蘭公諱德馨配史孺人二十五歲寡卒年八十四守節六十年與蔣孺人有雙節記邑志入列女

邑志周史氏德馨妻早寡嗣子玉麟娶儲氏亦早寡姑媳撫孤植節德馨弟德芳妻蔣氏亦早寡完節

十二世若蕙公諱德芳配蔣孺人二十七歲寡苦節撫孤

辛年八十守節五十四年與史孺人有雙節記邑志入
列女
十三世紹豐公諱玉麟配儲孺人二十五歲寡卒年五十
四守節三十年有三節合傳邑志入列女以上道光十一年旌
十三世書升公諱順朝配蔣孺人二十四歲寡堅志撫孤
備嘗辛苦卒年六十三守節四十年有行畧邑志入列
女
十四世方來公諱盛業配蔣孺人二十七歲寡卒年七十
六守節五十年道光二十二年學憲毛給額旌之有傳
邑志入列女以上道光二十一年旌

邑志蔣氏周盛業妻二十七歲寡與夫兄某共處一樓
某欲汚之氏以死誓夜半忽大雷雨擊破樓壁電光如
斗自破處射某牀前震折臂邪謀乃止
十四世鴻書公諱銘配湯孺人二十八歲寡家貧無嗣誓
死靡他供夫遺像飲食必奠服常布素器屏彩綵卒年
五十六守節二十九年邑志入列女光緒六年旌
十六世發蓮公諱景濂配蔣孺人三十歲寡[illegible]剪髮毀容茹
苦守志卒年四十守節十一年邑志入列女待旌
十五世漢文公諱琇配萬孺人三十四歲寡矢志撫孤備
嘗艱苦卒年六十六守節三十三年邑志入列女光緒三年

旌
雲靄分三房
七世雲卿公諱于詡配杜孺人二十九歲寡黽勉撫孤事
姑最孝賢聲卓著宗黨重之卒年七十四守節四十六
年有傳省志入完節邑志入列女崇禎十六年旌
邑舊志杜氏周于詡妻二十八歲寡卒年七十四孫成
文進士
鄉評備考杜氏雲靄杜準女萬歷丙午年二十八而寡
守節四十六年孫成文中順治乙未進士順治中提學
御史蘇銓疏題奉旨建坊

九世萊仙公諱成文配徐孺人三十四歲寡矢志守節孝
事舅姑卒年八十一學憲給孝草貞松額以旌之邑志
入列女道光二十一年旌
邑志周徐氏進士成文妻苦志守節年八十一
曉峰公潛德録族祖萊仙成文配徐孺人名家女幼以孝
聞及笄于歸善事舅姑萊仙公以順治乙未成進士未
授職抑鬱成疾卒孺人慟不欲生勺水不入口五日因
姑勸慰乃强起勉飲翁病刲股和藥以進疾竟瘳撫從
子爲嗣護持備至數十年不出閨幃親族罕見其面人
以女師稱之其將殁也命掃地焚香盥洗易服謂侍者

日有以冠帔迎我者吾其逝矣含笑而逝年八十一按傳人守節年例不符其孝行卓卓宜荷褒揚道光間纂修邑乘以此文送局而傳未入志中并爲之請旌
十世元吉公諱天承配楊孺人二十四歲寡苦志撫孤卒年七十一守節四十八年邑志入列女光緒七年追旌
十二世鶴書公諱翰側室顧氏十七歲寡矢志守節憂鬱成疾卒年三十三守節十七年邑志入列女道光二十七年旌
十二世孟雯公諱大容繼配吳孺人二十二歲寡苦節撫孤卒年六十七守節四十六年邑志入列女同治十三年旌
十二世遵路公諱秉鈞邑志名鈞配王孺人二十七歲寡撫孤成立卒年六十七守節四十一年邑志入列女光緒三年旌

十三世洵謙公諱振配路孺人十六歲寡奉老姑以孝撫嗣子以慈節勵松筠志同金石人咸重之卒年八十二守節六十七年有壽序邑志入列女嘉慶二十五年旌坊建七里莊
十三世一元公諱沅亨配湯孺人二十五歲寡勤針黹佐甘旨奉舅姑撫孤子人咸稱之卒年八十四守節六十年邑志入列女道光十一年旌
十三世協宣公諱汝翼配莊孺人三十歲寡守志撫孤卒年六十六守節三十七年邑志入列女同治十三年旌
十三世得稱公諱驥配吳孺人二十七歲寡無子勤紡績有餘資修要路十里造大橋兩座鄉里人士嘖嘖稱賢卒年六十八守節四十二年有傳道光七年學憲辛給節苦風清額以旌之邑志入列女
十三世鳴珂公諱珂配湯孺人二十九歲寡撫孤成立卒年三十九守節十一年邑志入列女以上光緒元年旌
十四世大昕公諱之楨配徐孺人二十七歲寡奉衰姑撫嗣子孝慈兼盡卒年五十七守節三十一年徐刺史大勳爲之傳邑志入列女道光十七年旌坊建七里莊
十四世愼夫公諱時敏配潘孺人三十歲寡茹荼飲冰苦節可風卒年七十三守節四十四年邑志入列女
十四世兆熊公諱璋配王孺人二十四歲寡卒年四十九

守節二十六年邑志入列女以上同治十三年旌
十四世云吉公諱景枚配劉孺人三十歲寡斷指表絜苦節堪欽卒年五十一守節二十二年邑志入列女
十四世士高公諱卜正配吳孺人三十歲寡撫孤勵志行媲栢舟卒年六十四守節三十五年邑志入列女
十四世溥源公諱紹烈配蔣孺人三十歲孀居撫孤守貞自勵養姑不衰卒年五十九守節三十年邑志入列女
湯學博谿贊曰坤德含宏奚云吝嗇直方以大不習而得惟茲女宗允協厥極穆穆其德珩璜有則坤之六二安貞是職地道以光爲陰教式

十四世映求公諱服膺配趙孺人二十四歲寡撫孤茹苦著節松筠卒年六十四守節四十一年邑志入列女

十四世秀齡公諱斗章配沈孺人二十四歲寡家貧無嗣孝事翁姑卒年六十八守節四十五年有傳道光二十一年學憲毛給貞心若節額以旌之邑志入列女

十四世懷珍公諱珊配許孺人三十歲寡鞠育孤子教以義方卒年五十四守節二十五年邑志入列女以上光緒元年旌

十四世任飛公諱羽豐配陸孺人三十歲寡紡績撫孤卒年六十五守節三十六年邑志入列女

十四世文煒公諱綸配儲孺人二十二歲寡撫育遺孤俾得成立卒年六十四守節四十三年邑志入列女以上光緒三年旌

十五世鑑堂公諱藻配楊孺人三十歲寡孝事舅姑撫兩孤成立卒年六十守節三十一年有傳邑志入列女道光二十九年旌

十五世霞軒公諱瑾配徐孺人二十三歲寡苦節堅守事姑以孝稱卒年六十八守節四十四年邑志入列女

十五世魯庵公諱輔配郭孺人三十歲寡茹檗撫孤卒年四十八守節十九年邑志入列女以上同治十三年旌

十五世士範公諱國型配儲孺人三十歲寡卒年四十守節十一年邑志入列女光緒元年旌

十五世翼清公諱樹藩配任孺人三十三歲寡苦節七年卒年例不符未旌

十五世旭亭公諱清配路孺人二十六歲寡居撫孤卒年六十四守節三十八年邑志入列女待旌

十五世潔泉公諱毓麟配徐孺人二十八歲寡卒年七十三守節四十五年邑志入列女光緒七年旌

十五世祥大公諱珍祥配陸孺人二十五歲寡居撫孤卒年六十九待旌

十六世耀屏公諱湛存配任孺人二十六歲寡知書能詩孝事翁姑動循禮則咸豐十年四月二十五日在澄濆遇賊投河死年四十一守節十六年有傳邑志入列女昭忠錄有傳同治七年閏四月初三日蘇撫丁 會同兩江爵督 曾第二十二案具 奏十二月奉 旨旌表昭忠錄任氏諸生周湛存妻年少守節凜若冰霜十年四月十三日賊至與長女豫寶投水浮沉中流毋女相呼聲淒楚不絕賊爲之變色起敬以槍桿救之氏不受呼女數聲哭罵而絕

邑志庠生周湛存妻任氏二十六歲寡咸豐十年賊至

攜女豫保投水死越日得屍母女猶相抱同治七年旌

十六世春濤公諱恩爵側室陳氏二十九歲寡矢志撫孤積勞成疾卒年三十五守節七年年例不符未旌

十六世峯生公諱廷梧配儲孺人二十五歲寡卒年五十二守節二十七年有傳光緒七年旌

十六世諱文載公配朱孺人二十九歲寡卒年三十九守節十一年邑志入列女光緒元年旌

十六世翰生公諱家楨配潘安人三十歲寡矢志守節卒年六十七守節二十七年有傳邑志入列女光緒十九年旌

十六世梅生公諱家燮配史夫人三十歲寡守節撫孤卒年五十八守節二十九年有傳邑志入列女光緒七年旌

邑志周家燮妻史氏舉人志靖本生母三十歲寡撫孤避難辛苦備嘗現年五十一

十六世小棠公諱家楣側室王淑人二十九歲寡撫孤守節卒年三十六守節八年有傳光緒二十年旌

十六世鼎生公諱家鍘配徐夫人二十八歲寡卒年四十三守節十六年有傳邑志入列女光緒元年旌

邑志贈刑部主事周家鍘妻徐氏增生承基女夫死難氏二十八歲事姑誠敬兩姑妹皆守節同志同居撫嗣子愛逾已出卒年四十三嗣子志靖癸酉舉人女綏宜性敏慧能詩事母孝遇父亡晨輒哭踊不食未字卒

十六世柳漁公諱斌甫繼配任孺人三十三歲寡撫孤守節備極艱辛卒年六十四歲守節三十一年光緒二十三年旌

十六世祖佑公諱寶仁配王孺人二十三歲寡紡績奉姑備著賢孝茹荼守節宗黨同欽卒年四十四守節二十一年待旌

十七世安石公諱應榴配吳孺人二十三歲寡矢志守節卒年七十歲守節四十八年有傳邑志入列女光緒十七年旌

雲鸞分四房

八世文甫公諱中政配沈孺人三十歲寡夙嫻姆教操厲冰霜卒年六十二守節三十三年邑志入列女光緒三年追旌

八世端甫公諱中凝配蔣孺人生卒失考邑志入列女

邑舊志蔣氏周中凝妻撫數月之孤延一綫之緒堅貞自勵苦節終身

十一世佑臣公諱之璜配張孺人二十六歲寡勤苦撫育保全家業卒年六十三守節三十八年邑志入列女

十二世時億公諱錫配畢孺人三十歲寡習女紅嫺禮訓迪勉鞠育苦節終身卒年七十四守節四十五年邑志入列女
十三世明瑞公諱廣鏘配王孺人三十一歲寡苦節撫孤卒年六十守節三十年邑志入列女 以上光緒二年旌

雲靄分六房

八世新甫公諱中應配孫孺人三十歲寡針黹度日矢志撫孤卒年四十九守節二十年邑志入列女 光緒七年追旌

十世九文公諱沅貞配吳孺人二十六歲寡艱苦撫育金石盟心卒年八十守節五十五年有傳邑志入列女 光緒三年旌
邑舊志吳氏周沅貞妻二十六歲寡卒年八十邑人儲大文爲之立傳
十一世章五公諱樹和配衛孺人三十歲寡截髮矢志嚙指明心保抱遺孤終身勤苦卒年七十四守節四十五年 未旌
十五世際虞公諱鳴球配陳孺人二十六歲寡撫孤矢志紡績營生卒年五十二守節二十七年邑志入列女 光緒三年旌

昌陽公分

十三世詠朝公諱虔孝配謝孺人二十四歲寡勤蠶桑工組紃志堅金石節懍冰霜卒年六十七守節四十四年邑志入列女 光緒七年旌

附現存貞節

宋濱分

十七世廷耀公諱炳榮配王孺人二十七歲寡撫孤守節現年四十歲

雲靄分二房

十四世蘭生公諱會招側室殷氏二十一歲寡現年五十八歲 待旌

雲靄分三房

十六世濂珂公諱淮清側室張氏二十五歲寡茹荼守節現年六十九歲 光緒三十一年旌
十六世禹廷公諱福謙側室孫氏二十八歲寡苦志撫孤戚黨咸欽現年五十歲
十六世蘭叔公諱維滋聘任孺人光緒十四年夫故過門守貞現年四十一歲 待旌
十六世鶴九公諱家聲配朱孺人二十五歲寡守節現年

四十七歲
十七世和生公諱覲光配汪宜人二十九歲寡撫孤守節
現年四十六歲
賢孝
百行以孝爲先顯揚不匱男子且難況巾幗乎舊譜
於孝婦孝女未經纂訂茲特徧稽世傳參以志載凡
實可攷證者謹撮大畧彙列于編以爲壼德勖焉
七世守庵公諱重智繼配陳夫人善事舅姑姑歿舅尤
謹舅失明不能起侍湯藥洗便液歷數年不懈通志郡
邑志俱有傳 道光十一年追旌
江南通志周重智繼妻陳氏宜興人姑卒舅老病不能
起陳奉湯藥盡孝舅曰孝哉願生佳兒報汝耳後果生
子鼎官尚書
邑舊志孝女陳氏贈君周重智繼妻姑卒舅失明伏簣
數年氏奉湯藥以至洗滌便液絕未嘗諉僮婢舅曰孝
哉媳願天錫佳兒以報汝後生子鼎官工部尚書
鄉評備考陳氏宋濆周重智繼妻姑卒舅老伏簣不能
起寢氏奉湯藥以至洗滌便液三年無怠舅曰孝哉媳
願生佳兒報汝耳果生子鼎以進士起家歷官河道尚
書鄉里傳爲美談

十世撤岳公諱澐配陸孺人庠生翼之女幼事父善于承
顏父愛之不能頃刻離父病十年侍奉弗懈事舅姑曲
致歡愉孝女孝媳兩無所愧有行畧
十世懷樸公諱鴻業配張孺人庠生士衡女通經史性至
孝父臨終曰吾病半年撫摩疾痛惟女是賴事舅姑如
父母姑常以賢婦稱之有行畧
十世藍圃公諱長源配徐孺人初歸時卽鬻釵環以供甘
旨姑老且病常臥牀褥侍奉飲食湯藥歷二十年無倦
色母年邁無嗣迎養于家奉膳如姑母歿爲營葬并置
祭田焉有傳 本譜時夏傳文
十世廷璋公諱啟濟配黃孺人事嫠姑盡婦道夫歿姑因
痛子失明孺人以婦代子曲爲承順宗黨稱賢有傳
十二世墨山公諱青配路孺人事舅姑能以色養舅歿事
姑尤篤族黨重之有行畧
十三世少白公諱燁配湯孺人舅老多病事之惟謹浣滌
穢溺三年不倦有行畧
十五世曉峰公諱徵配湯宜人内閣中書謙女母疾刲股
以療舅先歿事姑曲意承順晨夕定省四十年如一日
姑患足疾伺候扶持跬步弗離姑或盛怒見宜人卽霽
顏其能得姑歡心也如此有墓表 本集墓表參任曙室文

十五世竹軒公諱倬配薛孺人事姑甚孝和氣婉容靡不
備至姑雙瞽數十年稍有愠色即跪勸頤解乃止有傳
十五世愛棠公諱蔭甫配潘夫人贈政和知縣湘女于歸
時姑已殁侍奉翁曲有禮意無時不婉愉無事不承順
翁嘗歎曰吾每恨膝前無女今得佳婦勝女多矣其純
孝於此可見有傳
十六世思承公諱紹基聘妻曹孺人幼事父以孝稱邑志
入列女
邑志曹光熙女字庠生周紹基父病篤籲天求代衣不
解帶積勞成疾卒年十九

十六世家楣繼妻夏夫人易州知州夏子齡女幼事母以
孝聞有傳邑志入列女
邑志會元夏子齡女順天府尹周家楣繼妻江陰人知
書能詩母病刲臂療之
十六世家楣繼配賈夫人山東黃縣候補道致恂女事父
最孝事姑亦委曲承順有傳邑志入列女
邑志安順府知府賈致恂女順天府尹周家楣繼妻山
東黃縣人父病篤刲股以療
十六世翼庭公諱恩綬聘妻任孺人庠生贈學正星聯女
父殁哀毁成疾卒邑志入列女

邑志庠生任星聯女字庠生周恩綬父病刲股父殁示
夜飲泣目瞳內陷卒
十七世棠孫公諱志匡配陸宜人武進翰林院編修陸爾
熙女自幼以孝著有傳邑志入列女
邑志翰林院編修陸爾熙女贈奉政大夫周志匡妻武
進人父病刲臂和藥療之
宋濱分
節烈內分二類以夫死從殉居先遇賊殉難次之
十七世俊雄公諱企生聘殷孺人十歲來爲養媳未婚夫
卒孺人矢志守節孝事舅姑閱四年父迎歸强令改嫁

自縊死有傳光緒二十四年旌
雲鶴分三房
十六世松巖公諱儒珍繼配李孺人光緒元年八月二十
四日夫故未殮遽服毒死邑志入列女光緒七年旌
邑志周儒珍繼妻李氏三十歲夫疾篤氏籲天求代疾
不起親視含殮事畢縊死
十六世潤甫公諱維澤配徐宜人民國壬子正月天津兵
變潤甫公被難宜人視殮畢即自刎死有哀輓錄附後
是年奉旌
十七世爾昌公諱光慶配李孺人宣統庚戌六月夫卒無

子痛不欲生繼念身死誰理葬事且夫病醫藥不貲負
債纍纍又誰爲清償乃忍痛抑哀摒擋喪葬籌償夙逋
以夫兄子定嗣孺人曰吾事已畢今而後得唱隨泉下
矣仰藥以殉里黨戚族聞莫不哀其遇而欽其志一時
哀輓詩詞甚多有傳 待旌 以上夫死從殉
附錄殉難　旌卹部例
查例開其被賊戕害之婦女等各該督撫轉飭各該
地方官每縣給銀三十兩於通衢大路總建一坊無
論大小婦女姓氏全行鐫刻其上並於節孝祠內設
位致祭其未及十歲者毋庸設位各等語又咸豐三

年　奏准如本家有願自建專坊者亦聽其便
周家濱分
十四世昌齡公 諱 榮邦配吳孺人同治二年五月遇賊厲
聲叱罵被賊焚死有傳光緒五年由順天忠義局采訪
詳請府尹　具奏奉
旨旌表邑志入殉難記
邑志周榮邦妻吳氏遇賊不屈死光緒五年順天府尹
奏旌
十五世泰生公 諱 德明配蔣孺人咸豐十年夫故守節十
一年五月遇賊不屈被戕光緒四年奉
旨旌表邑志入殉難記
邑志周德明妻蔣氏二十七歲寡賊至不屈死
宋瀆分
十六世士誠公 諱 望成繼配孫孺人同治元年九月遇賊
守節被害光緒五年奉
旨旌表邑志入殉難記
邑志周望成繼妻孫氏同治元年九月遇賊被害
十六世丕林公 諱 德潤配張孺人同治二年五月遇賊守
節投水光緒五年奉
旨旌表邑志入殉難記
邑志周德潤妻張氏咸豐十年被害

十七世顯成公 諱 瑞祥繼配萬孺人咸豐十年九月二十
二日在深溪橋遇賊投河死光緒七年奉
旨旌表邑志入殉難記
昭忠錄萬氏周瑞祥妻宜興人咸豐十年九月投河死
邑志咸豐十一年九月自盡者烈婦有周瑞祥繼妻萬
氏賊脅不從投水死
雲霧分大房
十五世盜庚公 諱 季駿配莊孺人同治二年六月遇賊守
節投河死光緒七年奉

旨旌表邑志入殉難記
邑志周季駣妻莊氏同治二年六月賊至投水死
十七世成艮公諱經邦配史孺人同治二年六月遇賊守
節被戕邑志入殉難記待旌
邑志周經邦妻史氏同治二年四月被害
雲鶴分二房
十四世璞齋公諱上珍繼配蔣孺人咸豐十年七月十六
日在施家圩遇賊厲聲怒罵賊刺以矛受傷而死光緒
二年由順天府尹　具奏奉

旨旌表邑志入殉難記
昭忠錄蔣氏舉人周上珍妻宜興人咸豐十年四月被
害
邑志舉人周上珍繼妻蔣氏年八十一咸豐十年四月
罵賊死光緒二年順天府　奏旌
十五世少璞公諱銘彝繼配汪孺人咸豐十年四月遇賊
守節抱子投河死光緒二年奉
旨旌表邑志入殉難記
昭忠錄汪氏生員周銘彝妻宜興人咸豐十年四月投
河死
邑志庠生周銘彝妻汪氏咸豐十年四月抱子投水死

光緒二年順天府　奏旌
十五世莊卿名家駿原配許孺人咸豐十年三月二十七
日遇賊守節抱女投水死同治間奉
旨旌表邑志入殉難記
昭忠錄許氏誤作查氏不屈被害
邑志貢生周家駿妻許氏咸豐十年三月抱女投水死
十六世燃榮名柏齡聘妻顧孺人同治元年八月十三日
遇賊守節投河死光緒六年奉
旨旌表邑志入殉難記
邑志從九周柏齡聘妻顧氏女年十六同治元年八月

投水死
雲鶴分三房
十四世文燦公諱緒配蔣孺人同治元年八月十八日遇
賊守節投河死邑志入殉難記待旌
邑志周緒妻蔣氏同治二年投水死年月失攷
十五世松泉公諱以正配徐孺人舉人曾炘女知書能詩
咸豐十年四月二十六日遇賊投河賊援之厲聲叱罵
遽隨急流而逝有傳同治三年奉
旨旌表邑志入殉難記
昭忠錄徐氏判谿文童周以正妻咸豐十年四月投河

死

邑志周以正妻徐氏咸豐十年四月罵賊投水死同治
二年旌

十五世沁泉公諱鍾傑配曹孺人監生欽女同治二年八
月在灒洛遇賊守節投水經救因溺成疾延至十三日
殞命有傳同治七年由順天府奏請奉
旨旌表邑志入殉難記

昭忠錄曹氏監生周鍾傑妻不屈被害年月未詳

邑志烈婦周鍾傑妻曹氏子婦徐氏咸豐十一年三月
姑婦投水死同治七年旌

十五世大宗公諱茂芳配施孺人同治二年五月二十一
日在王墓里遇賊守節奔赴漏湖濱投水死奉
旨旌表邑志入殉難記

邑志周茂芳妻施氏年四十四同治二年五月在王墓
里遇賊投水死

十五世硯芸公諱瑞璋配曹孺人候選訓導珩女咸豐十
年十二月十一日殉難從旌

十五世蘭亭公諱樹芝配朱孺人監生贈奉政大夫繩甲
女咸豐十年八月初七日在朱家瀆遇賊投河死同治
九年奉

旨旌表邑志入殉難記

昭忠錄朱氏宜興周樹芝妻不屈被害八月誤作四月

邑志朱氏宜興周樹芝妻年四十六咸豐十年八月投
水死同治九年旌

十五世肯堂公諱樹基繼配楊孺人咸豐十年遇賊殉難
奉
旨旌表邑志入列女

十五世黼廷公諱道中原配潘孺人歲貢生如望女咸豐
十年四月十三日城陷殉節同治九年奉
旨旌表邑志入殉難記

邑志周道中妻潘氏遇賊殉難見昭忠錄

十六世鶴亭公諱嶽申配徐孺人同治二年八月十五日
在和橋遇賊攜子文桂投河死同治間奉
旨旌表邑志入殉難記

邑志周嶽申妻徐氏同治二年八月死難

十六世星中名玉衡原配蔣孺人監生惠女同治二年正
月遇賊守節被害奉
旨旌表邑志入殉難記

邑志貢生周玉衡妻蔣氏年四十四同治二年死難

十六世義珂公諱廷椿配俞孺人監生嘉淦女咸豐十年

四月城陷夫殉難氏痛哭成疾延至八月初二日卒光
緒五年由順天府　奏請奉
旨旌表邑志入殉難記
昭忠錄史氏宜興周廷椿妻同治二年五月投河死
邑志周廷椿妻俞（昭忠錄作史）咸豐十年氏夫被害哀慟不
食死
十六世澍棠公諱召培配崔孺人監生書訓女咸豐十年
六月遇賊守節投水死同治元年給事中王　具奏奉
旨旌表邑志入殉難記
昭忠錄崔氏俟生周召培妻投河死年月未詳

邑志俟生周召培妻崔氏咸豐十年六月遇賊投水死
十六世國楨公諱蔭棠配徐孺人監生慶增女同治二年
奉姑避居濟洛八月初賊至投水死有傳奉
旨旌表邑志入殉難記
昭忠錄徐氏周蔭棠妻投河死（同治二年誤作咸豐十年）
十六世松巖公諱儒珍原配徐孺人監生大晟女同治二
年五月遇賊守節被戕光緒七年奉
旨旌表邑志入殉難記
邑志周儒珍妻徐氏同治二年五月死難
十六世小棠公諱家楣原配潘孺人貢生贈中憲大夫澍
霖女咸豐十年八月在江陰地界遇賊刃傷投江經救
因傷成疾延至十一月十五日殞命有傳同治元年江
南團練大臣龐　奏請旌卹又經給事中王　具奏奉
旨旌表準建專祠設位致祭邑志入殉難記
昭忠錄潘氏翰林院庶吉士周家楣妻咸豐十年四月
投河死
邑志順天府尹周家楣妻潘氏咸豐十年七月投江舟
至江陰口賊入舟氏捍姑罵賊被刃投江賊去拯起得
甦終以受傷病死同治元年御史　奏旌
詔建專祠

十六世醉經公諱廷弼（原名錦標）原配朱孺人同治二年十二
月初一日遇賊投水救之不受銜波而沒同治間奉
旨旌表邑志入殉難記
昭忠錄朱氏周璜妻投河死（同治二年誤作咸豐十年）
邑志庠生周錦標（昭忠錄作周璜）妻朱氏同治二年十二月投
水死
十六世理臣公諱夔梅聘妻徐孺人八品銜星乙女咸豐
十年夫故矢志守貞依兄嫂避居湖汊同治二年八月
十八日賊至奔避不及賊掖之上馬氏厲聲大罵賊脅
以刃氏氣憤奪刀砍傷賊而被亂刀剁死賊退收屍而

如生看驗刀痕計有二十餘處有傳同治六年十一月初十日蘇撫郭會同爵督曾　第十四案出　奏十二月初八日奉

旨旌表邑志入殉難記

昭忠錄徐氏周燮梅妻同治二年八月不屈被害

邑志貞女周燮梅聘妻徐氏女夫故奔喪守志同治二年八月遇賊不屈被重創死同治六年旌

雲鸖分六房

十五世德元公諱德配史孺人咸豐十年三月二十六日在曹墓里遇賊叱駡賊脅之以刃駡愈烈被重創而歿

光緒七年奉

旨旌表邑志入殉難記

邑志周德妻史氏咸豐十年三月在曹墓里遇賊被殺

節女孝女 附烈女

舊譜婦德一編於各分節婦外附錄貞女於後今遵前式踵爲增訂凡兵亂之際守節不辱者一律登載而以各貞女孝女小傳行述附列焉

宋濆分

八世勉齋公諱仲璉女字陸鳴珂子未嫁夫亡截髮守志苦節終身邑志入列女 道光十一年旌

邑舊志貞女周氏仲璉女陸鳴珂子聘妻陸子天斷髮矢志守節終身

十世祉嘉公諱世振女適武進庠生王丙麟二十二歲寡矢志守節爲夫立後武進縣令殷給節懔冰霜額以旌之武進縣志入列女 道光七年旌

鄉評備考周氏宋濆周祉嘉女武進鳳溝王丙麟妻康熙癸亥年二十二而寡無子矢節丙麟有一弟性暴而貪惡周之守節而不能爲已利也時以橫逆加嫂族黨爲之不平周泣曰未亡人將乞叔一子以續夫祀雖叔無禮何忍較論短長遂曲意容之辛卯進士王如芳言

其節於武進令殷元福給匾曰節懔冰霜

十世近微公諱世越女適俞文龍二十一歲寡孝事翁姑撫遺腹子婚配成立卒年七十一守節五十一年邑令張額旌之邑志入列女 道光十一年旌

十一世素存公諱廷鈺女適汪習誠子二十六歲寡孝事孀姑撫孤成立卒年八十一守節五十六年邑志入列女 乾隆十九年旌坊建萊花橋

十三世宜裕公諱慥女適尖上王姓二十一歲寡食貧守約苦志撫孤守節四十餘年卒邑志入列女 道光十一年旌

邑舊志周氏周慥女王某妻二十一歲寡苦志守節四

十餘年卒
十五世怡亭公諱照長女字培莊內閣中書廣東主考湯公謙子恒之十六歲夫故守貞翁卒奔喪成服事姑最孝姑疾侍湯藥歷數年弗懈姑婦相依有孤燕巢其室及女歿乃不復至人感稱之卒年七十六守節六十一年舉人吳鴻緒爲之傳邑志入列女道光十二年旌
邑舊志貞女周氏湯恒聘妻內閣中書湯謙媳也恒卒欲奔喪姑往諭再三氏曰女無二夫且翁姑無子媳不往誰慰膝下者未幾翁歿氏卒歸湯事姑孝養喪葬盡職卒年七十六

十六世步文公諱鴻文女適王企曾二十九歲寡紡績撫孤備嘗艱苦現年七十三歲邑志入列女待旌
十六世玉田公諱德奎女適本城太學生徐安仁二十九歲寡撫孤守節現年四十七歲
右節女
十六世秉文公諱國祥長女名豫珍適浙江向永方咸豐十年四月十八日在宜興遇賊守節投水死同治間奉旨旌表邑志入殉難記
昭忠錄周豫珍宜興周秉文女咸豐十年四月投河死
邑志周秉文女豫珍咸豐十年四月遇賊投水死

右烈女
雲鷺分各房
九世起文公諱振岐女適下邺庠生俞士鶩二十八歲孀居撫孤卒年八十一守節五十四年通志入完節邑志入列女雍正三年旌坊建宋瀆
江南通志生員俞士鶩妻周氏宜興人夫歿氏年甚少截髮守志雍正三年旌
邑舊志周氏武生俞士鶩妻二十八歲寡截髮守志子銓太學生雍正三年旌坊建朱瀆村
十世觀濤公諱漢瀛女適庠生蔣師韓二十四歲寡仰事俯育孝慈兼盡卒年四十八守節二十五年邑志入列女乾隆十三年旌

邑志周氏庠生蔣師韓妻二十四歲寡卒年四十八乾隆十三年旌
十一世子奇公諱之柏女適篠樹王大成二十歲寡孝事翁姑撫孤成立苦節四十餘年邑志入列女
十一世隱溪公諱楷三女適歐秉鈞二十七歲寡矢志守節荼苦備嘗卒年失考邑志入列女
十一世慕齋公諱豐孜女適吳大䲸二十四歲寡謹守婦道矢志堅貞守節三十餘年邑志入列女以上道光十一年旌

邑舊志周氏吳大䰠妻署南平縣令周豐女苦節三十
餘年
十二世㦤溪公 諱 湘女適陸靜山二十五歲守節茹蘗飲
氷撫遺腹孤婚配成立卒年六十三守節三十九年邑
志入列女 旌年失考
十二世方虎公 諱 炳長女適葛翊廷青年守節金石盟心
苦節三十餘年邑志入列女 光緒七年旌
十二世誠齋公 諱 沖霄三女適洑溪徐潤二十三歲寡孝
敬奉姑養方訓子茹苦守志節操彌堅卒年六十二守
節四十年邑志入列女

十三世景高公 諱 士驥長女字姜增智未嫁夫亡歸姜守
貞卒年二十三邑志入列女 以上道光十一年旌
邑舊志貞女周氏武生周士驥女姜增智聘妻增智卒
氏年二十欲奔喪母遣人告姜翁姑未許逾年母改字
女擇吉有期氏于前夕私詣姜泣拜翁姑前述死守意
翁姑速告其母慰留於家未幾病卒年二十三
十三世葆岑公 諱 睿幼女適洑溪贈徵仕郎徐士煟二十
七歲寡孝敬事姑鞠育嗣子保全家業勵志堅貞卒年
六十一守節三十五年邑志入列女 道光二十八年旌
十四世古愚公 諱 芳四女適庠生吳錫源二十五歲寡家
徒四壁紡積營生矢志靡他人咸稱之卒年五十一守
節二十七年邑志入列女 道光十一年旌
邑舊志周氏庠生吳錫源妻二十五歲寡貧窮無依卒
年五十一 道光十一年旌
十三世耀林公 諱 鼎玉女適史勝榮二十五歲孀居守節
撫嗣子成立卒年七十守節四十六年邑志入列女 道光二十八年旌
十四世景蓮公 諱 蕎三女字俞明欽年十六夫故奔喪守
貞孝奉舅姑能得歡心舅姑歿喪葬盡禮侍奉老母三
十年左右無違人稱女師咸豐十年四月聞賊將至絕

食死年五十守節三十五年任明經晟爲賦貞女詩邑
志入列女 咸豐八年旌光緒二年又旌
昭忠錄周氏宜興文童俞明欽妻守貞三十三年咸豐
十年四月自盡
邑志貞女俞明欽聘妻周氏女十七歲夫死奔喪守志
卒年五十
十四世芸菴公 諱 本智長女適郁錫芬一名繼書二十七
歲寡勤苦撫孤卒年五十三守節二十七年邑志入列
女 志載郁繼書妻周氏光緒三年旌
十四世鈞泰公 諱 際昇三女適洑溪監生徐石渠二十八

歲寡孝事舅姑撫養嗣子儉勤慈惠婦道可風卒年六
十七守節四十年邑志入列女光緒五年旌
十四世瑞玉公諱璽女適涇縣朱文英三十歲寡守節撫
孤卒年六十四歲待旌
十五世愛棠公三女適蘭右舉人崔望賢嗜學工文三十
歲寡以婦代子事姑奉養無缺著有敬之古文卒年四
十二守節十三年有小傳血書附後邑志入列女光緒六年
旌
邑志舉人崔望賢妻周氏名家儀字敬之學正蔭南女
孝事翁姑翁歿哀毀盡禮望賢服闋應禮闈試氏以家

椙方奉母官京師姑以子多病命氏隨入都望賢竟以
疾歿于都中氏年三十刺血作書上姑家用悉以自任
不復累姑用解姑痛復爲翁及夫撰行述悱惻詳明著
有敬之古文卒年四十二光緒六年旌
十五世勗卿公諱子斌長女適藍田庠生史灝子椿林成
婚纔三月而夫故柏舟矢誓撫嗣子成立卒年五十六
邑志入列女待旌
十六世辛田公諱汝燮長女適監生候選縣丞歐奎元三
十歲寡孝事翁姑撫嗣子成立卒年八十四邑志入列
女光緒七年旌

右貞節女
十四世璞堂公諱敏女適豐義增生保舉訓導儲炳煥同
治二年五月遇賊守節投水死同治六年十一月二十
三日蘇撫郭　會同兩江爵督曾　具奏十二月奉
旨旌表邑志入殉難記
昭忠錄儲先選用訓導增貢生儲炳煥妻宜興人同治
二年五月自盡
邑志訓導儲炳煥妻周氏絕食死年月失攷
十四世藹軒公諱學利女適篠里監生任宗銘邑志昭忠錄宗作鐘
咸豐十年四月十三日城陷殉節同治間奉

旨旌表邑志入殉難記
昭忠錄周氏宜興任鐘銘妻咸豐十年四月不屈自縊
死
邑志任鐘銘妻周氏見昭忠錄
十四世芉霞公諱之型女適張渚監生按察司經歷銜余
啟振字際霖同治元年遇賊守節投河死同治七年閏四
月初二日蘇撫丁　會同兩江爵督曾　具奏五月奉
旨旌表邑志入殉難記
昭忠錄周氏按經歷銜余際霖妻荊溪人同治元年四
月赴水死

邑志按經歷銜余際霖妻周氏見昭忠錄
十四世秀齡公諱斗章女適瀚瀆徐桂森同治二年三月遇賊守節赴水死邑志入殉難記（待旌）
十四世健庵公諱鴻達女適篠里任念茲二十九歲寡守節二十年同治二年四月罵賊被害邑志入列女（同治開旌）
昭忠錄周氏宜興任念茲妻守節十八年同治二年四月罵賊自刎死
邑志任念茲妻周氏二十九歲寡咸豐十年年四十八死難
十五世義峰公諱琛女適潘瀚三十歲寡奉姑訓子矢志

堅貞守節十七年咸豐十一年八月遇賊守節被害其子椿生隨母殉難邑志入殉難記（光緒七年旌）
邑志節婦潘瀚妻周氏三十歲寡年四十六同治元年八月同子椿生遇賊被殺（咸豐十一年八月）
十五世蘭溪公諱覲三女適安徽荻港巡檢吳光遠咸豐十年四月聞賊將至絕食死同治六年蘇撫郭　會同兩江爵督曾　第十四案　具奏十二月二十八日奉
旨旌表邑志入殉難記
昭忠錄周氏安徽荻港司巡檢吳光遠妻宜興人咸豐十年四月絕食死

邑志荻港巡檢吳光遠妻周氏見昭忠錄
十五世蓮塘公諱華女適佾生朱道傳素以賢孝稱咸豐十年四月二十五日在澄瀆遇賊守節攜幼子及女奔赴湖濱投水死同治元年蘇撫李　會同兩江爵督曾　第一案出奏十二月十三日奉
旨旌表邑志入殉難記
昭忠錄宜興八品軍功文童朱道傳妻周氏咸豐十年四月同子樹基女大姑投河死
邑志烈婦朱道傳妻周氏素賢淑咸豐十年四月攜子樹基及女投水死同治十一年旌

十五世松泉公諱以正四女適篠里庠生任坤三咸豐十年四月遇賊守節赴水死邑志入殉難記（同治開旌）
昭忠錄周氏宜興生員任坤三妻咸豐十年四月投河死
邑志庠生任坤三妻見昭忠錄
十五世樸堂公諱鍾俊次女未字咸豐十年見父被戕遂投水死邑志入殉難記（同治開旌）
十五世燮棠公四女適監生吳文軫咸豐十年八月隨母避難渡江至江口遇賊不辱以翦自刺其喉暈絕漸甦遂投江死有小傳附後同治元年督辦團練大臣龐

具奏三年又經給事王　特奏奉
旨旌䘏建立專祠與胞兄周家錙胞嫂周潘氏分别設位
致祭
邑志吳文軫妻周氏海州學正蔭南女知詩書嫺大體十八歲歸吳孝奉翁姑避難至江口賊夜入舟擄掠氏急以翦自刺血噴濺賊驚救氏奮躍江心死越日得屍金山下面如生同治三年旌
十五世子詒公諱士穀女適官村宗來儀子德朝咸豐十年四月聞賊至攜幼女投水死同治六年蘇撫郭　具奏是年十二月奉

旨旌䘏邑志入殉難記
昭忠錄周氏宗來儀媳宜興人咸豐十年四月同幼女投河死
邑志宗來儀媳周氏見昭忠錄
十六世蔚堂公諱承顯長女適庠生路寶銘子庠生路昌期咸豐十年四月遇賊叱罵賊刃之受重傷死同治七年蘇撫丁　具奏是年五月奉
旨旌表邑志入殉難記
昭忠錄周氏增生路誥孫媳文童昌期妻咸豐十年四月不屈被害

邑志庠生路昌期妻周氏賊至被殺年月失攷
十六世柳漁公諱斌甫長女適官莊監生楊上珍咸豐十年五月遇賊守節被亂鎗擲死同治間奉
旨旌表邑志入殉難記
邑志楊上珍妻周氏咸豐十年五月被殺
十六世耀屏公諱湛存女名豫寶未字咸豐十年同母任避居澄瀆四月二十五日賊至隨母投水而歿時年十九同治七年閏四月蘇撫丁　具奏正月初二日奉
旨旌表邑志入殉難記
昭忠錄附詳母任孺人傳中

邑志咸豐十年自盡者貞女有庠生周湛存女投水死月分失攷
十六世星中名玉衡長女適豐義儲苞樸子監生儲欽芝同治元年四月遇賊不辱被害六年蘇撫郭　具奏是年十二月奉
旨旌表邑志入殉難記
昭忠錄周氏儲苞樸媳同治元年四月不屈殁害
邑志儲苞樸媳周氏見昭忠錄
右烈女
十五世曉峰公諱徵女適廪生潘遵銘幼讀書知大義年

十四父疾刲股燂湯以進疾竟愈事母能得歡心于歸
後事孀姑曲盡婦道夫疾亦刲股以療疾尋瘳人以爲
孝感所致有侍疾刲股圖任觀察瑛爲作徵詩敢邑志
入列女光緒七年旌
邑志孝女庠生周徵女適廩生潘遵銘父疾刲股以療
夫病亦如之皆愈
十五世愛棠公諱蔭南長女適猷謨圩閔成侍父疾奉湯
藥晝不食夜不寢數月以此致疾歸閔僅一年卒有小
傳附後邑志入列女
邑志海州學正贈府尹周蔭南女適閔成父疾侍湯藥

衣不解帶目不交睫得疾卒
十五世愛棠公幼女名家玉字福建政和知縣潘澤霖子
灝文年十五夫故守貞事母純孝母歿日侍柩側朝夕
祭奠奉盥洗如生時人競稱之有紀事附後卒年四十
二邑志入列女光緒十四年旌
邑志潘灝文聘妻周氏學正周蔭南女灝文死難女年
十五矢志守貞事母克孝母疾刲股以療
十五世栽五公諱金章三女適武進分省同知劉祖濬事
父母翁姑均至孝翁病劇夫適遠出刲股以療病銳減
卒年四十四歲有行述附後

十六世蔭之公諱恩祺女適篠里恩貢生分省補用知縣
任錫韓侍母疾衣不解帶藥必親嘗歷年餘如一日復
刲股以療戚黨間咸以孝稱之于歸後事舅姑順承意
旨能得歡心因前侍母疾勞悴過甚遽卒
十六世芑生公諱家俊長女英蓮事父母至孝父疾刲股
以療立愈閱二年卒矢志不嫁盡瘁事母得疾卒年三
十七歲有傳附後光緒二十年旌
右孝女
十四世映巖公諱文英次女適余炳沛二十二歲寡撫孤
守節志比金堅現年六十八歲待旌

十六世曉梅公諱育材長女適九苞歲貢生邵光熙子太
學生徵麟三十歲寡撫孤守節現年五十歲
十六世蘭舟公諱湛霖女母疾刲股以療適洑溪　誥贈
奉政大夫內閣中書典江縣教諭徐辛源孫廩生雲澍
子太學生學誠學誠得瘵疾劇甚躬誠籲天願以身代
刲股燂湯和藥以進疾銳減後二年乃卒二十七歲寡
孝事孀姑撫嗣子成立現年四十八歲
十七世笠舸公名志靖長女適吳縣太常寺博士顧彥夔二
十七歲寡含辛守節撫嗣子如已出現年四十歲
右貞節女現存者

補遺
雲靄分二房
十七世偉人公諱濟隆配陸孺人二十四歲寡事舅姑孝
卒年四十守節十七年待旌
雲靄分三房
十七世受珍公諱壽曾配儲孺人二十歲寡矢志守節卒
年三十二守節十三年光緒十二年旌
以上貞節
十七世笠舫名志靖配劉夫人大興知縣劉東皋女光緒
戊寅夫病傷寒幾危氏割臂和藥進飲立轉即痊

十七世驥昌名兆駒繼娶六品銜胡承煒次女翁病割臂
以療病減至兩月始卒夫病又割臂療治立痊
以上現存賢孝

二妹歸閔氏四妹歸崔氏六妹歸吳氏小傳
府君榮祿公母潘太夫人生女子而成立者四長生於道
光乙未適同邑東鄉猷譲圩太學生樂亭閔公文瀾次子
西齋名成自幼稟性孝友詞色婉順憐貧恤下出於至誠
八歲能隨我母治具祭先肅客烹飪稱精年十二三有針
神之目共余就傳衹二年而於經傳已知文義稍長能吟
詠能作大字臨柳誠懸元祕塔形魄俱肖隨府君之海州
學正任府君患病閲年餘棄養妹侍疾無間寒暑晨夕嚴
冬深夜目不交睫聞呼即應靡苦不嘗卒以此致病旋里
後歸閔翁姑稱其賢甫一年卒子鶴炳爲成繼配羅氏出

邑志採其孝行入列女録
次名家儀字敬之生於道光己亥三月二十三日適同邑
東鄉蘭右太學生星齋崔公徵燮次子甲子順天舉人
國史館謄録議敘知縣祝三名望賢自幼就傳衹半年而
執卷問學遂與年進讀書惟經史及聖賢儒先理學名闈
女誡他不寓目于歸後翁姑稱孝伉儷姑嫂妯娌稱相得
值庚申之變流離奉親避亂毎攜刀剪自隨爲倉猝授命
計渡江以翁姑命隨夫壻侍我母北行祝三有志心性之
學閨房之内自爲師友學益進無何祝三捷京兆旋丁外
艱應許緣仲觀察聘館常鎮道署往返書函盈尺惟以身

心性命學業相質問無一語及兒女之私及其服闋至京
體己怯弱闈前得肝病稍愈入試場後益劇病幾一年侍
奉扶持極人世未有之苦祝三既殁初擬隨殉以我母力
阻未果遂作血書置棺中約俟親天年後相隨地下並作
血書寄姑自任代子事養自後年必具金寄歸奉養無缺
諸叔小姑婚嫁亦力任之今寄姑血書猶存屬畢君笠漁
圖之附血書於後將徵題詠示萬世焉妹識力兼卓在京
寓孝事我母教諸姪每有艱難危急非妹莫濟癸酉秋家
兄志匡夫婦姪女緩宜後先以喉症致殁時以爲疫易傳
染余奉母避居別室病者醫藥死者衣衾棺斂皆妹一身

任之每一回首感痛徹心撫猶子熙臣爲兼祧嗣子教養
備至偕余奉母柩旋籍病已不可支猶力疾居喪以光緒
五年十二月二十九日酉時卒於余寓所著古文崔芋堂
先生謂其上追昌黎手纂星齋公及祝三行述洋洋數千
言悱惻動人能狀難言之隱誠至文也今已梓六年冬禮
部題請旌表邑乘採其節行入列女錄

三字蕖湄以余兄弟並諸妹行序之稱之曰六妹以道光
癸卯閏七月十八日生生之前一夕余外祖母夢一藍衫
老媪引冠帔女子問周姓門指所在而寤乃告我母曰今
日汝當產產其女乃告之夢而是日妹果生幼聰頴有至
性就傳祇數月而識字已多漸曉文義未臨碑帖而自作
大字酷肖顏魯公家廟碑讀項羽本紀三過即背誦不訛
一字年十八歸於同邑北門吳潔夫公次子槐卿名文軫
孝事祖姑及翁姑俱得歡心敬其夫每歸省聞夫履聲即
立而祗候姊妹中妹齒最稚在室時中饋諸務有兩姊在
未之習至是慮其未嫻而妹固任之無難色咸稱其能吳
故富有時中落值庚申之變播遷避亂與余同居馬蹟山
夫弟賓卿聘于俞亦僑寓至此遂議完姻而衣飾苦無可
備妹悉以所有資之乃就山中贅日至每聞信輒暗擕刀
翦扶祖姑向山僻以避是年八月全家同余取道江陰渡

江江陰城中賊猝至妹適在我船急欲自經請太夫人以
一帶與幼妹分持其兩端悉力縊之氣未絶賊至不辱婦
口罵賊賊叢刃之既死逾時賊退復蘇力起投江畢命時
八月初七日也次日骸骨溯潮而上鄉人李德生爲槀葬
焉逾年李渡江舟覆窮迫中呼救於妹舟忽反正遂得生
妹壻槐卿由江北遷其骨葬於泰興賊既平始歸葬於邑
之夏讀山督辦團練大臣龐寶生侍郎給事中王蓉洲給
諫先後陳其事於　朝奉　旨旌表並與胞嫂周潘氏
胞兄周家錭建專祠以彰忠節邑志採其烈行入列女錄
兄家楣撰

書周貞女　陳寶箴

同治八年予居京師同年友宜興周君筱唐走僕持簡至曰某月某日女弟某歸同邑潘氏守志敢以告之戚與友又謂貞女幼字潘君麗生天貞女年十一矣志守貞今二十有三年矣始歸其夫家云予覽而異之至日塗之人走相語有鼓吹導素輿自宣武門而南以歸於潘氏若婚嫁而非吉禮者蓋貞女也咸咨嗟感嘆以爲異予聞之肅然而起曰信乎其異也乎哉予異之塗之人皆嗟嘆而異之斯人心之所同也昔震川歸氏推禮經女子在室則從父母之文謂女子唯父母爲之許聘而已不與必既嫁而後

夫婦之道成故以未嫁守貞爲或過於禮其爲說有議之者矣夫忠臣不二君烈女不二夫義也義與名相因既受聘爲某氏婦名則正矣君子顧其名則思其義世有循名守義而猶謂之過於禮是勸貳也夫歸氏之所據以爲說者特以己意測禮經之文且以爲經之所未及耳經者常道聖人之望人也恕而平故其筆之於書以爲天下後世法者中道而立能者從之以此防民民猶有相背而馳而不克仰而企之者若夫充類至義之盡艱苦卓絶之行聖人固不敢以望之人人然苟有一焉則亦未嘗不咨嗟感嘆以爲人情之至特不謂夫人皆必如是而後可耳昔者武王伐商而代之聖人未嘗非之也不非武王則其時天下之士之臣服於周者固亦未嘗非之也然而伯夷叔齊獨於天與人歸之際椎心抗節以伸君臣之義叩馬不從則亦已矣而餓於首陽之下孔子稱之曰誠不以富亦祇以異蓋常者衆人所同趨而異者孤臣烈士孝子貞婦之所以行其心之所安而求其所自是雖事之不必如是而可而不屑援以爲詞以稍抑其獨至之意此固聖人所深許也古之時射不主皮爲力不同科耳有人焉洞穿七札而不失征鵠將必以其有貫革之能而反抑其命中之巧使必同於茶而弱者而後已乎詩曰我心匪石不可轉也

孟子曰羞惡之心人皆有之羞惡之心義也君子所以異於人者亦推其心以至於義之盡焉而已顧貞女者一稚弱女子耳而能自推其心以至於義之盡是又天之所以畀之獨厚而使負其異於衆以風乎天下之爲人婦者耶嗟乎今之人於義所當爲之事逡巡不欲爲顧反曲爲之辭以自解免而求逭於清議者衆矣貞女生有至性當其初縱或有以歸氏之說進者吾知非貞女所樂聞也

血書哀稟　　歸崔氏家儀敬之

娘娘大人膝前敬稟者媳以罪戾致干天罰遭此大故上累大人慘痛罪何極也不然以相公大人一身積善忠直待人娘娘大人一身勤苦事事存厚何竟有此慘變也嗚呼三官臨終無他屬唯顧媳而言曰望汝善慰慈懷幸勿以予致傷慈體加予罪也今世今日無可如何惟乞娘娘大人念祖宗創業之艱體死者泉下之心達觀一切深自寬解慈躬無恙所期兩叔讀書有成阿伯專心學力得遂顯揚我家門戶尚可支持此逝者之屬不肖媳之所誠求切禱者也三官逝世已八月矣而媳膚骨猶存者固以死

非其地實不忍益大人悲也既悔不得立隨泉下又恨無以盡職於膝前皇皇瞿瞿生死歧路慘何極也然媳至今生未忍生死未忍死並未暇以己之生死置念唯是日憂皇恐大人不勝聞訃之慘每一念及往往隕絕魂夢之中或作隱瞞計或試勸慰辭常依膝哀求心誠若矣閒有自宜來者再三訪問無肯實言即人言果實而徬徨悚惕仍未敢信半載之久不得一信盼信之切直未有頃刻離諸寤寐也直至八月十七日始得慈諭驚怛不能開讀既讀矣又思大人慘痛情狀恨不一時哭絕爲快然念大人當如此痛苦之中猶惓惓以不肖之生死爲慮而媳反不體

大人之心以一死自便心何以安雖不忍死亦難必其生敢不堅持緩死之心勉未死之身以報慈恩於萬一也媳欲作稟號訴者屢矣奈何一經握管心痛手顫作而輟者數次又不知家中如何光景無從下筆以是遲遲至今日也三官之病自乙丑年聞訃丁艱哀毀過情自辰哭至晚媳視其兩袖全赤心知其眞所謂泣血者也又兼觸暑星奔長途跋涉其後就館許處生徒太多不肯誤人子弟用心太過至有心迷手抖不仁之症而病後不克休養其病根中之深矣進京時媳看其精神心氣大遜從前心甚憂之故書院館地十數處延請卒未一就以爲在寓飲食起

居較爲適意恒服養心補血之品數月未見病象直至場前作文稍勤心血不繼二月二十八夜夢忽而暈厥時許方甦醫治者皆云用心過度心枯肝旺液竭神耗即宜安心靜養方冀無虞或勸伊不必入闈而三官痛念先翁畢生攻苦卒困名場藉是可慰決意不肯三場完畢更形瘦弱時覺內熱會試者旋里天正酷暑萬難最經道途辛苦是以碩甫叔公臨行來寓媳滿志躊躇又不敢以此言明告貽大人憂而專以盤費不繼爲辭期以靜養至秋偕許仲韜家眷出京詎至八月十一日午後正寫家書而舊病復作兩時方甦甦後即經絡不舒左手不能動轉其病勢

更甚於前所見有遺矢出汗等象醫書皆謂絕症於是各
處延醫百方求治凡有人力可爲者無不爲之每醫出一
方必再三研究妥帖萬全始敢服用則專以滋腎養血補
心之品如人乳童便猪脊髓蓮藕鴨海參淡菜諸品爲常
服至後血氣困憊萬分非大補參芪不可不得已而服高
麗參猶恐其近燥纔以百換人参豈料死病無良醫百藥
無效無法可施常常餂齶敢津和藥以進冀稍滋潤虔肅
借壽表數千言叩焚於城隍廟呂祖閣頓首血流掩面種
赤所求籤詩明明有天命應終不能生不能安之句媳明
知有天命之修短固非人所得爲然猶恐其力有未至盼

其數或可回也自八月至十二月筋掣暈厥者六次愈發
愈甚病人之恐懼非凡未發慮其來既發思其苦媳心若
倒懸潑油無片刻之安日夜須兩人極力摩拆至於嚴冬
單衣汗濕骨拆膚洌氣衰力盡猶以爲輕三月有餘日以
繼夜夜以達曙不得須臾之休人雖見而苦之莫可助者
媳之侍病未嘗知有其身冀苦極至死得愈病者媳雖萬
死猶幸也而孰意竟至於斯也嗚呼天乎何其酷也媳之
苦固無論矣而合寓中無不晝夜驚惶誠求謹視每發一
次毋親則各處拜禱呼天叩地手足無措慘莫可言哥哥
日則請接醫生羅掘資費夜則誦書詞以入其韓侍湯藥

以供飲體諒病情無微不至衣不解帶百有餘日時正用
度極窘而每日必費數金未嘗以財爲意三官既死之後
哥哥以悲傷勞悴致有氣喘面赤等症飲食倍減復恐因
變生變極情泣勸嫂與妹則攪衣泣求者累月媳於此時
志必死唯念離生悲視此境心更苦矣毋親責且勸曰汝
總不顧予一家豈忍再加老姑之痛也媳今不得已忍一
人之萬死以報兩大人之慈愛然必要娘娘大人真心看
破處處珍攝慈躬幸得無恙媳必不敢有他念不然媳之
苟延更無謂矣媳十年爲婦七載遠離其罪誠不可逭然
亦適人事之艱遇天時之變非媳之居心也憶乙丑年媳

堅欲同往艱費而不得遂常以爲一生之恨此三年中勞
愁焦慮人誰知之種種苦情非在膝前細訴雖大人體貼
愛憐亦難盡悉媳恨不得即時回來泣吐衷曲奈靈柩重
大扶運甚非輕易無論如何來年必當扶柩回里矣棺内
衣襯附身俱屬結實周密雖經長途無妨骨殖現在已漆
七次再加夏布復漆三次無他患矣乞大人勿以爲慮也
兩叔及淦兒務必令其認真讀書乞勿因此而廢若艱於
延師之費祗要媳婦得不死氣力稍强能事針線足供此
費必當爲之措寄也此三官之志媳不忍忘也碩甫叔公
處有三官文二十五篇乞即錄就寄來以便付刻嗚呼三

官一身之志固不在辥藝然所存者唯是不得不保之也嗚呼痛哉以三官之爲人竟無一派之存悠悠蒼天罔無可問目下雖以淦兒兼祧固各尊者一以親愛之心情急於理不得已之爲其於死者不能安也所祈阿伯再得次男五六叔或早完娶生子承嗣庶可兩安傷哉三官病中切盼家書時以三姑親事爲憂謂媳曰予一念三姑親事不了每胸中作惡既不得家書錢竹生處遺書商辦誰知至死未獲一音及至十一月接五舅公一信方知三姑娘於是月完姻悲喜交集曰渠安知兄嫂在此受苦若是也語畢淚零零下矣傷心哉三官一身侍八太真自待太苦居心太誠以至有此錮疾媳知其氣體單弱謹侍十年刻刻

以養身爲念飮食起居處處小心未敢有片言拂其意者恐或如此而猶竟如此嗚呼天乎仁耶否耶何不念人之苦心也天乎竟忍下此酷手耶伏乞娘娘大人自此以後看破世事再勿如前之勤勞節省年踰半百之人本宜厚食安養以期無恙而大人心境又若更宜加意調養媳遠在三千里外不克親身奉養刻不安心總求娘娘大人憐其苦誠專以保重慈躬爲念則媳雖死亦當銜慈恩於九泉矣噫勞苦倦極未嘗不呼天也疾痛慘怛不得不訴父母也既訴矣恐益大人悲不得已唯有劄血和淚書之勸慰之誠乞勿反視愚衷而加痛也傷哉訴泣有窮哀誠難盡謹此稽顙瀝稟跪請慈覽無任依戀惓切之至

血書圖記

仲妹名家儀字敬之以余昆弟及諸妹稅敘之幼稱四妹年十七歸荆溪蘭右崔星齋公次子祝三名望賢崔故吾邑詩書望族家業既臧祝三文名噪兩邑時已應縣試列第一于歸後遂籍於校翁姑以妹孝謹聰敏識大體授以家事事具辦戊午遣祝三同余北行應京兆試試畢郎歸庚申髮匪流蔓及邑邑城不守妹隨翁姑夫壻全家輾轉避亂常以刀剪自藏爲見危授命計卒乃渡江厲泰興以余散館改禮曹迎太夫人來京侍養時金陵未復承宣試無期祝三奉親命挈吾妹隨至京期攻苦應試甲子遂捷

京兆祝三夙厲志節所趨正大無稍苟且至是尤潛心理學專宗考亭而於諸子進德修業程徑皆循其要而證驗之學以大進妹自幼共余就傅祗一年而已明大義由迹入神由粗及精所研求者惟經史聖賢儒先性理之書他不涉目至是閨門之內自爲師友一室靜好伉儷相對如集濂洛關閩諸儒質疑問難相說以解乙丑春闈祝三薦未售而星齋公訃至哭踊星奔至里喪葬既畢許綠仲觀察聘課子姪館潤州署書往還無間旬日所反復辨訂者皆身心性命之學無一語涉兒女之私也戊辰服闋來京體己中損闈前患肝厥稍瘳入闈闈後病復作自是妹百計醫藥歷寒暑竟日夜扶持調劑凡人力所可盡者無不至而祝三以己巳正月初四日正命京寓妹矢身殉之志而余母乃涕泣相勸阻并喻以繼不我念如汝姑何兒死誰職其養汝壻有弟妹誰使成立以娶以嫁遂不得已勉進湯勺刺血作書置祝三棺中約俟姑天年後相隨地下復以血書上之姑自任奉養及諸弟妹教養婚嫁諸事以寬親心血書圖者其寄姑一書凡兩千餘言另錄副本刊入敬之古文集中原書於余奉諱旋里後得之於其家者蓋已十數歷寒暑色淡以慘所損已數十字而猶有存焉惟天惟鬼神者呵護之使示天下萬世以爲人倫之極則

非獨爲閨門師也己卯冬妹既隨母柩旋籍時已病不可支猶力疾居喪哭踊盡禮十二月二十九日卒於余寓季妹沐如痛妹之歿與余謀所以存之者遂屬笠漁畢君繪血書圖以原書附哀之者或賜之文詩以光泉壤而表至行感且不朽矣是爲記兄家楣拔淚書

鑄儂三姊行述

嗚呼吾姊竟逝矣吾姊行誼（榮與砥）何足以傳之而吾姊竭天性中唯一之血忱以事父母以奉翁姑以愛手足骨肉暨乎家屬姻戚因竭而病因病而歿此其弟若妹所知之深而得言者也而世之稱吾姊者或擬以曹家章母則以京師創辦女師範學校時吾姊方歸甯析津當道耳其名敦聘主教女學初基校章未備吾姊手訂教授管理諸法以適合國情及女生程度爲準編輯講義及授課時所演繹均傾靡一時迴質魯者益諄諄不厭倦嘗曰吾視諸生若親姊妹多成就一人卽女界多一分光榮也甫十閱

月聞翁病假旋而京津間論女師者迄今推鑄儂先生然此不足盡吾姊也吾姊幼慧爲先閣學公所鍾愛隨宦北方就傳十歲盡五經論經義史事有神悟稱女神童歸里兼習女紅不專於學然記悟既超涉獵自富一室之內相劇相長凡古文論說詩詞小品涉筆輒讓吾姊迨科學盛行者代數方程若幾何曲線對卷冥索俱能了徹初學寫生繪翁像卽逼肖又若刺繡手工音樂種種美術旁及風雅遊戲之藝靡弗工他人得一足以自炫吾姊則深自韜閟謂女子重內行才女之稱非美事也（榮與砥）體其意故不備述請述吾姊之所以病者先閣學公棄養吾姊尙幼自痛失怙早薪慕吾母終身視（榮及砥）亦相依爲命年二十四歸武進劉氏姊丈韶九司馬爲前甯國縣知縣仲十姻伯三子由是與寐思母並懷弟妹其趨承尊長娣姒間又惴惴焉常恐有跬步之差以螫母教劉本巨族翕然稱賢婦而吾姊愈跼蹐終日忽忽若有所失涓（榮）孿眷而北相去益遠思慕愈苦先閣學公三守大郡歷任顯職而宦貲固微先母李太夫人守節撫孤中年後常患血症於是吾姊既念母躬又慮家計音問偶疎則泫然曰得毋吾母有恙耶書至又疑不實告如是數年病機伏矣其自京師範校返也在巳酉冬抵家見翁病瀕危則大慟時韶九姊

丈在天津海東須繞道吾姊恐其馳歸不及貽終天恨乃焚香禱天深夜封股肉以進病銳減父子相見復月餘始卒吾姊侍疾身不貼席口不辨味者兩月居喪哀痛幾毀數月後見之者猶駭卻謂其槁瘠失常度而病勢成矣爾時若急攝治或非無幸乃以母姑多恙家務方殷仍力疾服事夏間小姑染風疾就醫滬上吾姊願隨行日夜看護不遺餘力失眠食者又五旬吾姊頗知醫遇家中長幼有疾必坐病榻察形色審方藥調劑其寒煖飲食歷久不厭煩卽人所相戒之傳染症亦不避親疎一體病猶已病然已病則反諱之直至諱無可諱喘咳大作遍延中西良醫

診治稍愈即復發庚戌夏病最篤已爲備棺衾矣一日暈絕忽大呼爺爺又呼爺爺勿去及醒病若失謂死去見翁攜而送我歸也嗟乎此非迷信純孝所感理所宜有然則更生數載已出神佑歟辛亥改革天津兵鬨吾弟潤甫死難弟婦徐自剄以殉吾母病中驚痛隨以棄養吾姊先得惡兆繼悉凶音北望號痛血淚俱枯病益不可爲矣癸丑冬砥于歸吾姊亦來寧手足歡敘病稍瘳後再晤於蘇州堅約其蒞甯養疴再三言之未允砥自赴武進要之始偕至除別院居之略愈即去至家適母姑舊恙大作吾姊强起隨諸妯娌侍奉然力不支立久即仆且厥病復劇再來

甯入醫院百計治卒無效遂於舊歷六月十六日卒嗟乎吾姊非生而羸弱者此其所由病所由生四十四年而即歿也抑榮更有感焉先閣學公在北俸給有餘悉購鑛股將股票及重要文契裝一匣納匱比遭大故忽前廳火及覺火已熾吾母專注靈櫬急指揮奉移櫬甫出火已及内室榮等尚幼不知所爲全厲所有盡付一炬天明吾姊於懷中出匣奉諸吾母曰兒念此匣若燬吾家絕命矣因冒火入房扭匱鎖得之置懷中者防黑夜被攫也先堂兄小棠大京兆知之乃請於李相鉁屬購回各股票厥後喪葬之資及置造今閣學第及日用悉賴此則吾姊少時之奇譽實足驚人而有功父母且永世靡極也他若相夫教子持家有法儉於持躬惠於待物受人托必忠必信有賓客至竭誠盡禮各當其意雖甚病不肯苟簡御下有恩及卒皆哭失聲凡此尚非女子所難能亦弗詳述吾姊名蘂更名治鑄儂其字也子二曰紱曰緯紱聘榮長女霖嗟乎吾姊其生其死必有宿因綜其生平長言之不能盡也茲所敘述皆其庸德意在附家乘而世之有道君子倘亦謂吾姊之足爲後人歌泣者即在此歟

弟榮 妹砥 謹述

徐宜人哀輓錄 十六世潤甫公配

山西省立女子師範學校祭文

嗚呼人誰不死義貴於身死而不感淵哉若人貞不常裕義有必甄確乎其操懿乎其純慟極津門天禍未悔運否命衰頁人捐背路無歸轜埜有遺骸窀穸東麓撫踊增哀游魚失泪跼地無歸愊抑失聲迸涕交揮感以其方情生於性曾未浹辰惠體殞命忽如過隙溘如霜露飛轡西頓游魂泰素望月方娥瞻星比婺道負彤管光啟玉度舊德前功允臻其極梓柭榎楓靡不畢殖祁祁生從罔勿戚秩或升之堂或入之室屢覩遺文古藻紛綸執玩周復想見

其人彼著如何逝川無待闓德斯諒芳徽永謝嗚呼牛山有淚天道盜論亦既成德庶慰靈魂敬陳奠饋歆我犧樽

省立女子師範校長劉樸忱輓

大節炳日星媲美五十年前一門雙烈
堅心矢金石聞耗四千里外異地同悲

追輓潤甫公配徐宜人 姪志靖

誓從地下飲刃如飴從江東大定以還取義成仁五十年來增特色
內此完人
變起寰中揚湯若沸當津南俶擾之際夫忠婦烈凋百□

輓徐宜人 調寄摸魚兒 蔣尊 醉園

莽乾坤幻成奇局風塵騷擾胡底赤丸洞腋悲夫壻一霎返魂無計拚玉碎恁擲卻雙雛飲刃甘如醴懍然大義聽七二津沽春潮怒湧隱隱助靈氣 悲涼調寫出悲涼壯志聲聲都變哀徵還思重入高堂夢爭忍對垂雙淚追往事記五十三年芳烈前型嗣魂歸故里看珥筆詞人揚芳掞藻賡續譜彤史

輓姪女 伯致靖

傷哉五十二年中又顯吾家節烈風貲頌旌揚非所願最憐慘境後先同 頻年三郡著賢名可柰滄桑變局呈爲

痛稾砧嬰亂刃義惟一死不求生 噩耗傳來是也非無端兵禍及閨幃吾行吾志他何恤羸得雙親痛淚揮 身後艱難若不支橫刀一決復奚辭遺孤煢弱尤堪念何冀貞魂默護持

烈婦詞 烈婦氏徐煥琪先生女潤甫周君德配也津沽兵變周君被戕婦於棺飲畢自以厨刀自刎嗚呼烈矣謹賦此篇以申景仰 宗唱點 晦頭

莽莽古津門漠漠霾煙霧巍巍巾幗姿稜稜志節若生長在名門詩禮嫻有素汝南亦華宗好逑君子賦式好靜無尤賓敬不相忤偕老期百年盟心膠漆固丈夫志四方盛甘老圃圃鶼鶼比翼飛雲海遠同渡泛泛逐波萍雙雙交

頸鷺銅駝徹夜鳴鴛鴦猝驚瘏流血慘成渠橫屍積盈路夫生胡不辰彈下忽僵仆夫死婦苟生庸庸那足數忍死不須臾棺斂誰寻願存亡一息間大事奚堪誤偉哉此女兒見義從容赴引決在寸心經權悉中度宗戚悵違離茗生失所附遺孤繞膝啼嗷嗷猶待哺庵之出門去嗚咽誰託付爲語悲啼兒莫漫傷孤露瑣尾縱流離扶持有僕嫗命畢志克伸白刃蹈何懼嗟嗟世道衰綱紀久淪斁男兒矜鬚眉忍辱忘羞惡或亦自高潔晚節隳遲暮或冀首領全邊恤聲名污廉恥古今重胡竟多賊蠹欲挽狂瀾倒寸衷誰與訴那知黑暗世幽光發寶婺洋洋東海風令德人

垂裕姑因罵賊亡（烈婦有姑母於洪楊之亂罵賊死於若讀）幽憤氣早吐女今臨大節飲及心何怖義烈聚一門芳躅後先步稟稟生氣在烈烈英風樹我今咏遺徽愧無山谷句潛德彰彤史千載有餘慕

輓徐宜人　徐德輝 僧仲

臣死忠忠不渝子死孝孝非愚三綱於今漸淪廢義烈乃出彼名姝 一解 問彼妹果誰與周氏之婦徐氏姑隨夫宦遊客津沽叛兵剽刼遑兇燄槖砧不幸中彈殂 二解 中彈殂傷兒夫屬纊誰親視忍死且須臾手檢衾絞具含玉摩弁一慟淚眼枯 三解 摩弁一慟淚眼枯膝前尚有雙遺孤長甫垂髫幼在抱兒啼索乳聲呱呱 四解 聲呱呱歌將雛鞠育還資母氏劬柔腸割斷死志決相從地下誓與俱 五解 誓與俱沐踟躕剸及刎頸血模糊成仁浩氣歸巾幗舍身取義豈非誣 六解 舍身取義豈非誣綱常大節遽之扶試看世間鬚眉幾人殉國難胡爲佌佌俔俔偷生視息全其軀 七解

又七律三首

槖砧飲彈痛云殂就義從容竟殉夫親舍望雲懷二老童年孤露撫雙雛刃讐自恨無紅線死節還羞比綠珠罵賊投崖思往事一門芳烈姪從姑

慭棺視斂暗聲吞誓死相從到九原一慟摩弁淒欲絕霎時飲刃慘無言蒼梧血灑湘妃淚碧海冤啣精衛魂多少鬚眉應愧煞舍生取義出名媛

香鎖玉殞祗須臾視死如飴志不渝熱血儘拚酬一劍柔腸應自戀雙珠望夫化石真吾侶罵賊投崖況有姑怕自天津橋畔過杜鵑聲裏月輪孤

哭女 沁園春　父 致章 煥琪

壯哉吾兒死得其時死又何妨想甘撇雙雛相從地下一腔幽憤百結柔腸曩痛投崖今悲飲刃先後相望姓氏香吾猶詫是慧心偏烈弱質能剛　而今物在人亡都敗篋

空奩慟一場溯雪溪泛棹甌江隨宦臨池賦色遺墨猶芳
魂魄他鄉鶯鶯同命淚灑天涯弔夕陽傷心處待夢中訴
述醒後思量

又絶句三首

兵解仍歸忉利天生前眷屬總無緣莫因母氏痴情重再
向趾離迹裏傳

由來泡幻視吾身未向塵緣若認眞今日達觀成笨伯偶
經慟念便酸辛

鐵血風潮捲地來此身未死總堪哀莫因先逝增悲痛知
否何年化刼灰

長妹英蓮女士 第十七世

妹名志潔字英蓮伯父芑生公長女也次弟志棻又次志敬妹與余同歲生性孝友呷唔學語卽能博堂上歡讓棗推梨自然流露稍長卽不事鉛華喜讀書尤篤嗜程朱能見其大同治甲戌夏父病妹年十九已能代母勞衣不解帶凡十閲月藥必先嘗後進無少效醫告術窮妹惶急割臂和藥進飲病有間未幾竟痊咸驚爲神次年芑生公入都以告堂弟少宰公公與歸崔氏潘氏兩姑深嘉之崔氏姑復手書奬勗娓娓數百言并授以陳文恭五種遺規呂坤呻吟語潘氏姑亦貽以玉鏡二事鏡取明玉取潔兩姑

固皆孝事其長而又以貞潔自持深明理學以此期妹殆不啻現身說法妹捧持感泣益務擴其本懷並誡兩弟必如是始可爲人光緒丙子春芑生公筮仕江西挈眷同行抵省卽病病漸篤妹擬身殉伯母泣曰如是我何以生乃止手營喪具纖悉咸備少宰公方典蜀試得妹書亟寄金資行至維揚察舟人有異亟偕志棻飛棹至鎮謁揖仙李丈於道署派弁迎提舟人始悚懼奉命惟謹李欲重懲之伯母請寬乃易舟歸當是時微妹事幾殆既歸營葬畢家綦貧除少宰公月助外率仰妹十指並躬操井臼口不言勞母體素孱自遭大故悲思多病妹殫力侍奉時其起居

調其飲食病作輒廢寢忘飧手自調藥每至夜半將絕霜
露沾衣熨火早寒薄燠不緩母稍轉側妹輒起問所需謹
備毋缺以是伯母片刻無妹不能安其生妹亦惟知有母
不知有身不忍暫違左右廿以閨中老少率公歸里雖爲
弟志敬定室羊氏預迎奉母然妹總覺非身之所親終不
能安於其心仍專力侍奉如昔積勞致疾疾猶自諱恐傷
母心迨弟志恭聞信歸而妹疾不可爲矣傷哉芭生公之
亡也志恭年十六志敬年甫十三耳讀書均未成立妹以
從學爲亟次年即令志恭入都從少宰公讀書而自授志
敬讀敬少聾詳爲講解畢五經始令習卜近年名藉甚實

妹成之羊氏婦常患乳癰既潰親爲吮膿至盡人以爲難
姪品高麗商亦親受教養復爲延師課讀不惜繁費而自
安粗糲蓋其平生孝友事皆務本大似兩姑而積年勞瘁
遂不永年亦甚似兩姑拳拳服膺余於妹見之矣妹遇事
剛決有所不可義形於色無少依違然所持者正人自敬
服嘗延課程勖兩弟傀以脩至再三始受其廉介亦有足
多者生於咸豐丙辰十一月十一日卒於光緒壬辰十一
月初七日年三十七附葬芭生公東下山塋次甲午春余
計偕入都以妹孝行屬夏太史孫桐呈請　旌表奉　俞
旨歸令兩弟製牌入祀節孝祠兩姑附祀忠節祠亦置妹

主於側體姑意亦從妹志也前纂先德譜述已附於後近
襄譜事爰次其事以登於篇語固不文但以存其人耳兄
志靖撰

附錄禮部奏摺

禮部謹奏爲請　旨事查定例孝子割股傷生例不
准旌如有奏請旌表交部議者其入祠建坊之處請
旨遵行等語又同治五年十月欽奉　諭旨嗣後
有以割臂療疾等情赴都察院請旌者即著該衙門
行知禮部照例分別准駁彙案具題當經臣部奏准
應於年終彙案照例奏明請　旨遵行等因在案今

准都察院咨翰林院編修夏孫桐呈報江蘇宜興縣
孝女周氏爲父病割臂懇請　旌表等情將原呈咨
送前來臣等詳加查核其事雖愚其情可憫謹遵照
章程於年終彙案具奏可否准其　旌表伏候
裁如蒙　俞允臣部行文該撫轉飭地方官給予孝
祠總坊題名身後設位致祭爲此謹奏請　旨　光
緒二十年十二月十六日奏奉　旨准其旌表欽此

國山周氏世譜卷五十八目錄

金石攷

國山周氏世譜卷五十八

裔孫湛霖謹輯
裔孫承軒增輯

金石攷

碑碣 舊編

孝侯神道碑陸機撰王羲之書唐元和六年義興縣令陳從諫重樹邑志今樹侯廟殿前軒左壁陸文見前第五十卷 邱龍記

常州府志陸機撰周孝侯碑王羲之書再刻於唐元和間非晉故珉也明嘉靖初有府倅署縣適會房圮乃令稅長儲糧米廟廊碑沈米中米蒸碑蝕觀者惜之見占讀志

邑舊志陸機碑因貯米蒸壞俗呼麻碑辨其眞僞者紛如聚訟王鳳洲云碑後有前試太常寺協律郎黃某書名與書俱模糊而書字微可推孫月峰云唐人碑多用此眞行體蓋祖聖教序來陸機撰羲之書俱後人僞託者據碑後字則爲黃協律書刻於唐代無疑見右讀志

陳謙題神道碑詩并跋 詩云平原文字右軍書字勁辭雄兩絕無永叔獨稱宏景筆後人不必更躊躇 跋云歐陽永叔集古錄以王羲之書周將軍廟碑爲陶宏景書蓋宏景常習右軍書故也因題于石云武昌陳謙識見忠義集

琴士趙紹祖曰晉孝侯周處碑文託之士衡書託之羲之其最謬者孝侯以永平七年戰歿而碑云元康九年

舊疾增加奄捐館舍陸士衡以太安二年爲司馬穎所害而文中有建武元年太興二年之文顯係人朱竹垞辨之詳矣第竹垞因陳從諫重樹此碑疑文字皆此君所託而係人謂不讀史者之僞爲不知碑後明載晉碑構造篆額之人二先生偶未之見耳但碑既自書其名矣而前又何以託之內史右軍且文中有夾吳事字厥弟之言與史處師事陸雲相合則眞若出于士衡之口者竊意士衡本有是碑至從諫重樹時已漫漶殘闕而周氏子孫失檢零星補綴不無增添又未敢沒其舊名故載之于前而又列名于後如此不然其文頗依史事

纂輯亦非目不知書者比而何以謬妄乃爾也今按此碑顛倒錯亂非一如敘孝侯在吳時事而云朝廷議甯不應空白而空白忠烈果毅一段不應在譜言之下梯山架壑一段不應在接戰之下處母年老一段不應在建武追贈之下知其以失次之文而妄爲聯屬任意增加爾若有心僞作則必不至是矣碑正書亦遒健可喜而近世有刻此碑者易作行書畧倣聖教其閒書字與碑稍有異同因論此文而附記之于此 金石文鈔

按碑額曰平西將軍周孝侯碑碑首云晉故散騎常侍新平廣漢二郡太守尋除楚內史御史中丞使持節大都督塗中京下諸軍事平西將軍孝侯周府君之碑晉平原內史陸機撰右軍將軍王羲之書其末云唐元和六年歲次辛卯十一月十五日承奉郎守宜興縣令陳從諫重樹前試太常寺協律郎黃闕二字瑯琊承仕榮鎸句當造廟廿闕代孫湖州司士息瑰副元惜宗孫同晁宗典士琳惟良與諸宗子同共搆造平原華明素篆額

重刻陸機文碑周天球書今樹殿前軒左壁

邑舊志周天球重書陸機文碑字多闕 見古蹟志碑刻

碑末跋云周孝侯生與士衡逸少同時死得陸文王書眞千載不朽盛事余少過荊溪拜侯祠下讀其碑辭多

舛誤書復鼂俗心疑之嘗檢陸集文不類見而附綴集尾內載弦絕矢盡効節授命下又云元康九年奄捐館舍抑何前後不相蒙如此侯戰歿之年盛被卹典而追封孝侯則在建武之初時陸已及成都王穎之難闕八字或由僞撰倘侯博雅者考之王書鑒定雜集蘭亭聖教序諸帖字成之謂自右軍手筆則闕二字碑至唐元和閒邑令陳從諫重刻晉體故宛然爲此寫刻乃仍右軍之名易闕六字此可慨吾友荊溪吳詹簿馭崇雅好古購得宋搨唐刻善本爲粥洞庭堅珉屬余雙鉤塡廓付良工刻之蓋闕五字孝侯之祠原爲右軍神闕五字書家尊尚晉

體而此刻書法具存完整可誦嘉惠學者當不在聖教序下也萬歷辛巳闕大字記

又萬士和跋見前第五十卷邱璿記

又吳宮詹駁跋周孝侯有功于宜興文獻可質其陸平原碑王右軍書世尤重之碑已再易不但喪眞且將毁矣駁至吳下偶得宋搨全帙即求周公瑕摹勒登石鋒毫秀整法意具存煥若神明甌還舊觀復乞宗伯萬曆菴公跋後以永其傳以彰吾邑盛事謹識於後邑後學吳駁題

王升邑志萬歷壬午吳詹簿駁過吳門購得宋搨唐刻

舊本丙善書周天球摹勒於石爲亭樹之

忠義集第七卷碑考新舊二碑今俱移置殿前舊碑俗名麻碑又稱爲三絶碑以陸文王書并侯之爲人爲三絶也

重修平西周將軍廟記碑沃彥撰今樹殿左壁

邑舊志周平西廟碑元祐辛未沃彥撰宜興縣丞劉明仲楷書古蹟志碑刻

碑末載鄉貢進士沃彥撰宜興縣丞劉明重書并題額大宋元祐辛未歲三月望日立石

重修孝侯廟記碑蕭德藻撰見樹殿前軒右壁

邑舊志平西廟碑湻熙三年蕭德藻撰趙伯津八分書甚古質古蹟志碑刻

碑末載湻熙三年九月十日長樂蕭德藻記浚儀趙伯津書徐盈張明刊

復修周孝公塋兆記碑今不存記見前第五十卷邱璿記

邑舊志周孝公塋兆記嘉定十七年漫塘劉宰撰古蹟志

英烈廟鐵記碑胡靖譔見樹廟門右壁

邑舊志平西廟鐵碑紹興己巳胡靖撰古蹟志碑刻

碑首云晉平西將軍周孝侯廟鐵記末載紹興己巳歲秋七月庚辰胡靖記并書

英烈廟新殿碑汪澤民撰舊樹西廊壁今樹廟門左壁

邑舊志周平西廟記碑至元四年總管府推官汪澤民譔古蹟志碑刻

碑首云英烈廟新殿記碑承德郎平江路總管府推官汪澤民爲文并書中順大夫江南諸道行御史臺經歷泰不華篆額末載至元再元之四年春三月壬寅造奉祠道士林德昌立石

重修周將軍祠記碑曹復亨譔見樹西廊壁

邑舊志周平西廟碑至正壬辰南臺監察御史曹復亨撰古蹟志碑刻

碑首云晉御史中丞追封英義武惠正應王周將軍碑前南臺監察御史僉都水庸田司事曹復亨撰前國子祭酒江浙中省參知政事蘇天爵書前行省左丞江南行御史臺御史中丞吳鐸題額末載至正壬辰春三月初吉立石

重修孝侯廟記碑王述祖撰見樹殿前軒左壁

邑舊志周廟碑正德九年王述祖撰古蹟志碑刻

碑首云重修周孝侯廟記邑人王述祖撰文末載卜章書丹并篆額明正德九年歲在甲戌五月吉旦立石

常州宜興縣重修晉平西將軍周公廟記碑趙琬撰見樹廟西廊壁

邑舊志平西廟碑正統九年趙琬撰蔣守約書古蹟志碑刻

碑首云重修晉平西將軍周公廟記承德郎國子司業郡人趙琬撰中順大夫太常寺少卿邑人蔣守約書中順大夫太常寺少卿兼翰林院侍書廣平程南雲篆末載正統九年歲次甲子六月廿六日儒學教諭石首蘇夔訓導侯官陳泉平陽章雲伯道會談景眞同立石

重建周孝侯廟碑萬士和撰見樹西廊壁

邑舊志周平西廟碑記嘉靖四十五年萬士和撰董艮史書古蹟志碑刻

碑首云重建周孝侯廟記末載賜進士出身都察院右副都御史前翰林院庶吉士邑人萬士和謹撰福建布政使司左參政邑人楊準篆額明嘉靖四十五年歲在丙寅秋七月既望吳郡董艮史書丹并篆住持黃純元

重修周侯廟碑潘宗洛撰見樹廟門左壁

邑舊志重修周廟記康熙五十四年潘宗洛撰古蹟志碑刻

碑首云新修周孝侯祠記末載康熙五十四年孟夏八日邑後學右副都御史潘宗洛薰沐拜撰

重修周侯廟記碑史陸輿撰見樹廟門右壁

邑舊志周侯廟碑記康熙五十五年史陸輿撰蔣宗琳書古蹟志碑刻

碑首云重修晉平西將軍周孝侯廟記末載康熙五十五年仲夏邑後學提督福建學政僉事史陸輿沐手拜撰里人蔣宗琳篆額闔邑紳士併裔支孫公立

重修周孝侯廟記碑沈初撰見樹殿右壁

荊溪縣志周平西廟碑乾隆庚戌平湖沈初撰古蹟志碑刻

碑首云重修晉平西將軍周孝侯廟碑記碑末載賜進士及第誥授光祿大夫南書房供奉兵部左侍郎提督江蘇學政加三級平湖沈初撰乾隆五十五年歲次庚戌孟夏穀旦里人庠生吳上翰書丹湯中孚篆額住持道士呂有年張志雲周之楨鐫石己上各廟記俱載第三十卷廟記志專廟

孝侯公遺像碑見樹侯廟正殿神座後南向

邑舊志周孝公石像嘉定十七年宜興縣丞洪倜立并跋古蹟志碑刻跋見第四十七卷祖蹟攷

英烈廟額碑宋嘉定間丞洪倜立今不存見邑舊志古蹟志碑刻

斬蛟射虎碑見樹殿左壁

邑舊志斬蛟射虎碑豹隱居士裴相如篆書四大字筆力雄雋湻熙四年立石古蹟志碑刻

碑旁載江右豹隱居士裴相如篆郡人謝舉結緣刻湻熙四年歲次丁酉六月望日英烈廟住持賜紫道人蔣善怡立

雲龍風虎碑見樹殿右壁

邑舊志雲龍風虎碑湻祐甲辰趙孟譓草書四大字豪宕可與裴篆相配古蹟志碑刻

四大字下載湻祐甲龍季春團日立石陽羨吏隱青田趙孟譓書旁載余文燁刊

英烈廟置田檀越題名碑道士劉守和立見樹殿前軒右壁

邑舊志寶慶元年置田檀越題名碑道士劉守和立石書法流逸惜多殘闕 古蹟志碑刻

碑載募緣疏云伏以丹楹刻桷衆欽廟貌重新廛釜羞囊誰念食輪未轉若使營求自供誠非久遠生涯因無常產是無常心 闕 要活人必求遠計欲辦做黃糧高士須先尋白水真人仰憑 神力之効靈顯覩大賢之樂施買田踴羨俾安香火之緣報德平西並衍歲時之祭謹疏募緣焚修道士劉守和勸緣忠翌郎新差幹辦御厨莊堯夫

碑首題英烈廟三字末載寶慶改元五月五日焚修道士劉守和立石

移建英烈坊碑徐顯卿撰見樹殿前軒右壁

邑舊志英烈坊記徐顯卿撰 古蹟志碑刻

碑首云移建英烈坊碑記并銘末載賜進士出身通議大夫吏部右侍郎兼翰林院侍讀學士國史副總裁記注起居經筵日講官長洲徐顯卿撰本邑舉人署桐鄉縣教諭周國賓書丹時年八十有二萬歷二十年歲次壬辰仲秋吉旦記見第三十三卷祖功錄賜坊

蘇軾題蛟橋碑今不存

邑舊志晉周孝侯斬蛟之橋八字東坡書文徵明云題橋碑經崇甯禁錮沉于水中今十二字乃天台謝采伯家真跡宋紹定間其子奕修宰義興攜以勒石者非當時物也見甫田集 古蹟志碑刻

祖台之志怪錄曰義興郡溪渚長橋下有蒼蛟吞噉人周子隱執劍閃側以伺久之蛟出因自上投下而刺其背數創流血滿溪自渚騎蛟連刺蛟負痛奔至太湖句浦死焉後人因名其橋曰蛟橋宋元豐四年東坡蘇公大書橋榜曰晉平西將軍周孝侯斬蛟之橋邑彥因鐫諸石并鐫李贄善長橋詩而著其本末以附焉崇甯黨錮無識者舉而沈諸洮 荆溪外紀

重勒蘇公題橋碑謝采伯跋見樹蛟橋上東首有碑亭

邑舊志晉征西將軍周孝公斬蛟之橋十二字蘇東坡題下有謝采伯跋云奕修宰義興寄東坡書斬蛟橋石刻余歸自泉南 闕 思所藏眞跡恍不知何在悵悵數日

忽 闕 有兩木篋未啟遂登南樓一叩扃鑰得之筆力遒勁神采煥發石刻奪氣紹定庚寅謝采伯書男朝奉郎下 闕 楊懷遠鄉評備考云康熙戊戌己亥間滃城河斷碑復出現藏周侯祠蓋碑嘗墮水故多闕損字係大楷書 見古蹟志碑刻

將汝誠題謝跋後云所寄與所藏自是兩樣人但知坡公之石刻已沈於水而不知謝采伯所藏之真跡復刻於廟也得此一跋又爲邑中增一故事矣坡書之妙於筆力遒勁神彩煥發八字見之 見忠義

忠義集第七卷碑考蘇公題橋碑東坡書晉平西將軍周孝侯斬蛟之橋十二字原刻已沂諸水今所存者宋謝朵伯所刻也平西作征西孝侯作孝公兩字不同碑舊在殿後乾隆十一年丙寅重修長橋將此石移置橋上明梁谿浦長源有詩曰手篤斬蛟碑尚在鄉人打賣幾摩挲

謹按是碑前弆長橋南堍左首同治戊辰秋月于橋巔創建碑亭弆碑亭壁顔曰蘇學士題橋處撫玩碑文蘇書無恙謝跋則大半漫没矣 裔孫滋霖謹識

敕賜英烈廟額牒文碑在國山孝侯祠門前

邑舊志蒲墅孝侯祠碑一紹興七年英烈廟額牒文一萬歷癸巳史孟麟撰一嘉靖癸巳楊儀詩 古蹟志碑刻

國山孝侯祠碑宋李衡撰見樹亭堂

碑首載周孝侯公祠堂記末載宋淳熙十四年顯謨閣學士李衡撰

重建孝侯祠碑明杜欽撰見樹亭堂

碑首載重修孝侯祠記末載明永樂四年戶科給事中杜欽撰

重修孝侯祠記碑明史孟麟撰見樹祠門左

碑首載重修周孝侯祠記末載萬歷癸巳八月賜進士出身吏科都給事中史孟麟撰五十七世孫鼎書丹賜進士出身中順大夫任江西建昌府知府前禮部儀制司郎中蔣應鸎篆額五十六世孫族長掌祀事維新五十七世宗子士昌等同立

重修孝侯祠堂碑蔣汝誠撰見樹亭堂左壁

碑首載重修周孝侯祠堂碑記末載乾隆二十三年歲次戊寅四月朔越十有一日後學蔣汝誠謹撰并書

以上祠記俱詳載第五十一卷祠宇記大宗祠

重建江甯孝侯讀書臺增建旁屋八間爲後裔試館碑任道鎔撰樹讀書臺右壁

碑首載重建平西將軍周孝侯讀書臺記末載頭品頂戴兵部侍郎河東河道總督宜興後學任道鎔拜撰并書光緒二十三年歲次丁酉孟秋之月立

石碑記見第四十七卷祖蹟攷遺址

讀書臺江甯府給示保護碑光緒三十一年立見樹讀書臺門首碑載示云爲給示勒石事據奉祀生周鑑監生周開基周恩澤庠生周育材周達善周家謨浙江補用

知府周志靖浙江試用鹽運副周志程浙江試用鹽大使周志恭舉人周志章周志澂廪生周志韓周學源周志鵬等稟稱職等均係江蘇常州府宜興縣人前以江甯省城南門内石觀音庵左側有職等遠祖晉平西將軍周孝侯讀書臺遺址初建饗堂三間嗣又附建試寓八間就近交住持僧惜恩與徒如春徒孫滌塵等遞行承遠看管毋任侵擾作踐詎於上年聞擬改充學堂當經聯名稟蒙 藩憲黄批飭准予保全在案及至本年二月駭聞該處業經改爲東區第二所初等小學堂職員志靖隨卽赴甯復稟 藩憲暨 學務處憲籲請查

照前案飭即遷移旋准　學務處憲函知現已遷設天
喜長生祠內仰荷　大憲逾格保全莫名銜感惟是前
鑒未遠來軫方遒恐日後再有紛更又不免多費周折
用亟聯名禀請察核俯賜給示俾士民人等咸知該處
係昔賢故址即係周氏私祠合族試寓毋得稍有侵佔
滋擾謹當摹示立石用垂久遠等情據經詳奉　藩憲
批示如詳給示勒石俾垂永遠仰即遵照辦理繳等因
到府奉此合亟給示勒石爲此示仰士民人等知悉爾
等須知該處左側係昔賢故址即屬周氏私祠合族試
寓毋任侵佔滋擾致干查究其各懍遵毋違特示

碑首載欽加鹽運使銜特授江甯府正堂羅末載光緒三十一年七月十一日告示給石觀音巷

子深公石銘舊在周祖塲今移置孝侯祠　銘辭載第五十四卷著作録題跋

御史公墓碣唐柳宗元撰文并勒石今不存　文載第五十卷邱隴記

簡惠公碑汪藻撰今不存　見邑舊志古蹟

簡惠公神道碑周必大撰在保安寺殿後露立　碑銘載第五十卷邱隴記

邑舊志周簡惠公神道碑湻熙四年周必大撰在保安寺　古蹟志碑刻

碑首載簡惠周公神道碑銘末載同平章事少保封益國公周必大撰

東邱娛晚堂記碑王鏊撰見樹侯廟殿西永清侯祠基後西首露立

碑末邵副使賢誌云娛晚堂前後樓閣堂室共壹拾　閒間捨入周廟永爲道士奉神修眞之所及鄉邑高年碩德士夫往來遊覩尚望後之仗義君子相繼修葺共成其美不許内外人侵占拆損亦不許閑雜胥隷人等擅入作踐穢汚褻瀆神靈違者許道士持此刻文告官懲治

按娛晚堂在　侯廟正殿西邵副使賢建今跋記中載明正德戊辰宜興掛冠而老者十二人前九江推府葛盛黃州經府何剣平樂知府李廷芝湖廣布政司參議翁信封翰林學士吳經工部侍郎沈暉宜春知縣邵璟

通政王玉麟建布政使李璽山東按察副使邵賢韶州知府胡璉撫州知府胡孝成繪像於堂壁使後之人得企而瞻焉碑首云東邱娛晚記末載正德辛未十一月之吉光祿大夫柱國少傅兼太子太傅戶部尚書武英殿大學士知制誥國史總裁震澤王鏊記大中大夫光祿寺卿周文通書篆

碑碣　續編

少宰公奉　旨生平政績宜付史館立傳碑見樹通州專祠　詳見第一卷恩綸上　諭旨

少宰公奉　旨准予順屬地方捐建專祠碑見樹通州專祠　詳見第一卷恩綸上　諭旨並見第三十一卷廟祠志專祠

以上二碑均於光緒十六年立未刻書丹姓名

少宰公國史傳碑光緒十六年立見樹京師故宅內　傳見第三

十二卷先德錄國史專傳

碑首載周家楣傳碑末載賜進士及第翰林院侍講加侍生馬文蔚拜書

金石攷

石刻 舊編

顔延之詩石刻見樹孝侯祠寢室簷下

按顔延之字延年琅邪臨沂人劉宋時仕至秘書監進光祿大夫黃門公纂輯家乘延之贈以詩簡慰公 建孝侯祠刻其詩於石至今尚存詩另載卷首

令宗元孝侯誄石刻見奔殿右雲龍風虎碑側 誄辭載第四十六卷頌贊

白悅跋侯諱處字子隱常之宜興人也晉廣平太守賓之孫番陽太守關內侯魴之子少勇悍好武因感父老之諷幡然悔悟躬跋涉射虎斬蛟爲鄉閭弭害卽往吳郡師事二陸博文修行仕爲廣漢太守乞歸養母後徵拜散騎常侍累官御史中丞元康七年氐人齊萬年叛侯率師討之時征西大將軍梁王肜以宿憾故絶援兵侯竭力戰死追封平西將軍謚孝侯邑有祠墓久矣水旱疾疫每禱輒應人至於今賴之今年夏吾郡侯健菴先生蒞事茲土景侯之行作誄詞以昭之郡侯來且越月剗剔蠹僞政通人和境內帖服蓋亦繼侯之風而作者歟

邑舊志孝侯誄辭嘉靖丙戌常州知府夏某撰令宗元書白悅跋 古蹟志碑刻

石刻一方首載晉平西將軍周孝侯誄末載明嘉靖丙戌夏六月丙子蜀榮昌令宗元書武進後學白悅謹跋中載誄辭及跋語並末載及知府夏惟跋中有今年夏吾郡侯句吾字微模糊作志者認吾子爲君子因誤作夏某撰

劉宰殺虎行石刻見奔孝侯廟殿左斬蛟射虎碑側

邑舊志殺虎行碑劉宰撰行書前後並闕 古蹟志碑刻

石刻兩方上載詩云一巳多二十六輩如渠何揚揚當路擇人肉白晝掉尾森如戈令君勇欲去民害呪虎能令虎知罪殺人正自人殺之食肉寢皮眞一快莫令餘孽覆渡江道途彼此成康莊誰云三十一髫巳更有眞虎中潛藏嗚呼令君之德眞可紀彼苛政者額有泚末云漫塘叟劉宰既爲宜興大夫賦殺虎行

焦希程義興詩石刻見孝侯廟殿左沃彥廟記碑側

首載義興詩有序末載嘉靖庚子夏六月望日南陽焦希程書

孝侯像贊石刻謝安題吳上翰楷書乾隆五十五年立奔殿右沈初廟記碑側 贊載第四十六卷頌贊

右孝侯公原像贊宋嘉定十七年鄱陽洪澗訪得舊像命工刊之琬琰謝太傅原贊未附刻茲當廟宇重新爲補刻於石與像並垂不朽云時 大清乾隆庚戌小春侯裔迪謹識後學吳上翰書

袁枚詩石刻吳上翰行書見奔沈初廟記碑側 第五十九卷藝文輯詩詞

二詩袁簡齋太史作也簡齋浙之錢塘人名枚歲壬寅
來遊荆溪謁孝侯廟登周墓墩有感爲賦古歌茲屆廟
貌重新爰鐫於石庚戌仲秋侯裔星垣跋蓉庭吳上乾
書乾隆五十五年八月立石周之楨刊

楊儀詩石刻在國山孝侯祠寢室檐下

楊琰重建孝侯江寧讀書臺石刻乾隆四十六年立弆在
讀書臺後壁

石刻一方載恭考　先賢　周侯名教干城江河福主
紳耆商旅無不被　澤棠　庥今奉　藩憲劉　府憲
李建祠於石觀音院西偏重築書臺用以表忠貞而存

舊蹟誠一時之盛舉也凡我里人共宜仰體　憲懷恭
誠崇奉並戒童僕毋許褻瀆作踐其獲福必無量矣大
清乾隆四十六年歲次辛丑仲冬月穀旦董事楊琰謹
白

建修孝侯廟樂輸姓名捐數石刻乾隆五十五年立弆廟
西廊壁

石刻兩方一載城鄉各姓捐數一載周姓各支祠及後裔捐數乾隆五十五年歲次庚戌孟冬月立

孝侯降夢記石刻道光七年立弆在孝侯石像左

前繪刊　孝侯降夢像後載跋云歲丁亥春三月光璧
來署陽羨尉事晤白下王允圜出手錄志載周孝侯降

夢文敘事甚詳惜未勒石因與山陰章百川璥集同人
南昌葛丹亭繡洲朱嘯門建昌彭蓉蕖白下鄧次球無
錫胡薌溪等捐資購石允圜摹像篆額命光璧書云鐫
碑樹立　侯廟俾後人知其顛末以垂不朽云莆陽澤琢
之門光璧謹識

重修孝侯廟各支裔捐數石刻道光十六年立弆在廟西
廡壁

石刻二方首載重修　孝侯廟捐數引云　侯廟自乾隆庚戌修整後迄閱五十年爲時已久若不亟行葺治必致日漸傾頹爰創科合宗族勸各量力捐輸集有鉅資鳩工庀材剋日興作輪奐既崇加以丹雘[illegible]神座次第整新又設　簡惠公神位於後殿之右間用盡追遠之義事成勒石以誌勿諼裔孫徵謹識末載道光十

六年歲次丙申孟冬穀旦

重修孝侯廟各支裔捐數石刻光緒二十八年立弆在廟
門右壁

石刻二方首載重修孝侯廟周姓各支祠及後裔捐數後書跋云廟自庚辰修葺距二十年剝蝕滲漏爰議興修庚子四月八日助祭各支踴躍畜捐其木到者經青材元光達善家謨偕往勸募胥克樂從乃于六月興工越三月而土木之功告竣因費絀未臻完善復向各支裔續捐以補工作之所未逮辛丑閏月告竣成功費錢八百餘緡爰將收付各數分析勒石照示來茲藉可備異日重修之參閱豈徒之徵信已然哉六十三世孫家謨謹識六十四世孫志徽謹書末載光緒二十八年歲次壬寅春月穀旦

孝侯廟業田石刻道光十六年立弆在廟後殿東偏間壁
今不存

謹按我祖儒林公諱滄乾隆年間將山亭區敢字號平田十一畝有奇捐入　侯廟收取租息以爲歲修之資今石刻兵毀田亦荒蕪謹登之以備查考

石刻一方載歲修田畝細號敢字七百九十四號平三畝一分三釐七百九十五號平二畝七分九釐六毫七百九十六號平三畝一釐五毫七百九十八號塘七分三釐三毫一千三十六號平七分三釐三號又同號塘五釐一千三十八號平一畝三分八釐又同號塘五釐共平田十一畝六釐三毫塘八分三釐三毫

金石攷

彝器 舊編

孝侯廟鐘舊置殿前軒左兵燹後不存

正面載英烈廟三大字旁載宋紹興二十四年九月鑄闔邑公置

孝侯廟鼎舊置後殿天井中今不存

按鼎高四尺有奇周圍六尺有奇正面載周王廟三字旁載康熙五十四年十月鑄造宜興合邑公置或云咸豐間賊踞城時廟爲鑄炮之所同治甲子城復後省祠爾中殿軒下猶有殘鐘廢鐵今雖鐘鼎無存并敘於右以誌不忘

孝侯廟鐵獅舊置後殿今不存

獅上載墊江縣知縣吳彰敬助道光間損去一角咸豐間兵毀

孝侯金甲侯歿後同衣冠瘞墓中元至正庚寅紅巾賊冠宜與毀侯墓甲被盜去

繩武公傳元至正庚寅紅巾賊徐壽輝踞蘄水分遣僞將冠畧諸路九月由廣德至宜興發孝侯墓掠去寶劍金甲供具廟墓右今碑碣凡二十六座悉被毀碎僅有存者 傳詳載三十大卷大宗世係

侯墓寶劍元至正間紅巾賊冠宜興發墓盜去寶劍金甲侯裔繩武公裕先等率衆追逐將劍奪回仍瘞墓中

侯墓劍珮清咸豐間賊踞宜城發墓道因有石扉未及毀後邑人啟扉入一劍已腐得一玉珮

邑新志庚申城陷後廟側之墓壙道爲賊所發中有石扉扃固未啟一劍横卧於土寒鋩燦然拾之應手腐斷石上一玉鈎蓋帶劍之所用以今尺度之長三寸有奇螭首兩角右角端微缺温潤密栗洵千年珍物也邑中

郁氏得之以歸侯裔京兆尹家楣 雜著志振扶

國山周氏世譜卷五十九

藝文輯

文集 書編

裔孫 志靖謹輯
裔孫 志培增輯

原輯忠義集序

明 危山

夫忠義之在天地間亘萬古而不可泯者何也誠以其事合天理而通人心故不特一時重之雖没世猶感激奮厲之不已焉晉平西將軍周孝侯爲晉纓世族其生也全義於鄉里效忠於邦家及其没也朝廷命有司立祠春秋將享歷代相因迨至本朝益申嚴之每歲士人以四月八日爲公誕辰咸爲興鼓吹迎冕服於廟舉祭賽禮黄童白叟

奔走塞塗此可見公雖殁而猶致上下崇敬不忘如是也予承乏教是邦每謁公祠而顧瞻徘徊暇日與邑之巨族蹇堯沈榮張嘉會邵瑨諗及古今名公鉅卿所爲記文詩詠或刻石祠下或流落人間者欲裒成一帖梓行咸皆欣然出私帑以爲公費余既編輯其文第復考其譜系與史傳事跡摹其遺像出處圖各附於前題之曰忠義集凡詩文有散失者又得邑人王文搜取備錄然後達諸邑大夫皆曰可集成僉謂宜有序嗚呼平西公之才之行載在晉史列傳固不必贅惟惜其不幸死於權戚梁王彤不援之計至今吳人一談平西者仰天歎其忠義齒梁王者唾地罵其奸雄故往往以後來宋岳武穆王死於奸臣秦檜事擬之此人心天理之公亘萬古而不可泯者也雖然表前代之忠義所以勵後代之忠義也後人能以前代忠義爲重則心之所感有在也平西既死迄今蕩爲飛塵流爲命風矣諸君子爲能梓行其集其感激奮勵心之爲何如抑是集也傳之四方俾觀者不獨有以知平西公忠義之跡於往昔而又有以見諸君子忠義心之於今時然則宜與風俗之美夫豈有閒於今古也哉是爲忠義集序

明正統己巳署宜興縣訓導事危山撰

募刻忠義集書

明 危山

僕聞宋臣過諸葛武侯廟拜曰大國之卿不拜小國之大夫今之拜公非拜公也拜公之八陣圖拜公之出師表也以是知忠義之在人心亘萬古而不泯矣僕承乏教宜興而一邦美事無不留意但爲官況所拘心有餘而力不逮今觀昔日周平西之爲人忠以報國義以安民血食於兹萬世所宜也第恨自晉迄今名人所譔碑記詩詞或樹石於祠下或流落於人間者不少恐時遷事變散佚無傳去歲與尹吏部商訂欲繪斬蛟射虎改勵等十三圖於前編前代敕諭文字及當代名公詩文於後裒成一集名曰忠義此非求媚於平西公也實所以表平西之忠義也繪寫

既完缺者梓人鐵筆工費耳久聞宜興好禮富族無出公等因有所干倘允來意望惠然付私帑以助俾不日告成傳之四方既知平西之美績於昔日又以見諸君子之好義於今時其感奮乎人心風俗爲何如耶時景泰壬申四月二十八日危山書

跋忠義集　明 趙繼勳

周孝侯隕命以衛國家抵我朝已千餘年矣古今揚以翰墨者殊衍景泰壬申好義者擴而集之曰忠義且壽之梓抵今又七十餘年矣刻集乃不獲而遺并其板刻亦遺之予筮仕之二朞旁搜於民間得其一帙豈天不欲遺斯集託斯人以藏之也故特重梓之夫重梓不過小費耳然使其集恒新以供披展則觀侯忠義觸已忠義人心固當有躍如者况喜新者又人情之常也以喜新之情接新刻之集玩讀當愈無厭矣無厭當不徒玩讀之而已矣然則玆集也唯予繙刻之意之是究可也時嘉靖乙酉知宜興縣事趙繼勳跋

重輯忠義集引　清 蔣汝誠

余嘗閲邑志得危司訓忠義集序知吾邑之有是集也繼又閲荆溪外紀得趙令君忠義集跋知是書之已經重刻也謹按忠義集序舊有譜系事蹟及斬蛟射虎改勵等十

三圖又有前代敕諭文字及當代名公詩文今皆不獲而遺并其板刻亦遺之誠有如趙令君之歎息無有心者搜之民間并其一帙亦不可得嗟乎晚近風頹俗敝高貲貝而下文墨其稍知自好者又皆汩没於詞章科舉之學曾無暇掇拾是書知其廉頑立懦有裨於世教不小也余私念是集之不可得輒以意裒集如干首釐爲三卷仍其名曰忠義集未知與原本何如冀或有所參考以覩其全乃久之無所得聊庋案頭長資省覽伏惟　世宗憲皇帝敦崇忠節敕令天下郡縣特建忠義祠以俎豆其人吾邑於雍正八年三月遵例於學宮之旁爲之祠矣將來設位崇祀當必以侯爲稱首或有如危司訓趙令君其人者將拂拭是集而出之則非余所敢知也已乾隆丙寅春三月八日邑後學蔣汝誠謹識於青溪草堂

忠義集序　白 鉻

太平宰周君鴻軒余里選同年友也知其名而未識其人乙亥冬余以按部道出其治執手舍館辭氣篤雅藹如粹如知其心之所嚮者正而悵相見之暮也君爲晉孝侯嫡裔景侯之忠孝大節而懼其軼事之散見於他書者漸就湮没網羅搜訪都爲一集仍其舊曰忠義殫心凡二十餘年至是剞劂甫竣乞余爲序余始終讀之乃歎侯之不没

者有天爲古人一卷之書一節之美或數十年而没或數十百年而没人或惜之而非天之所貴也惟侯有其風雨不可磨日月不可蝕之忠勇剛直之氣盤礴鬱結於川渟嶽峙之閒以故一言一事造物必加珍惜呵護閱千有餘年一假危司訓之手再假趙令君之手而存之而又閱數百年於其子系之中篤生君者上下搜輯與史冊並垂不朽而令讀其書者猶如見侯之稟稟而威威也豈偶然哉然則君之所心觸者惟侯其爲人之有過而必改秉正而不阿亦於此可見矣是爲序安徽學政白鎔稿

題周孝侯傳 録傳贊　呂祖謙

仁義之道若大路然有目者所共睹也有足者所共由也蹈之則爲君子背之則爲小人其始相去不能一間其終相遠不啻夫天地四方異位故曰唯聖罔念作狂唯狂克念作聖能循其善則爲善人修其惡則爲惡人在所趨向何如耳世固有聰明才智之士積行累功至於白首而偶失一節遂得罪於名教者亦有夫市井閭巷之人鮮廉寡耻無所不爲而一旦遷善改過遂知名於後世者古今此類多矣周孝侯其尤彰著者歟孝侯初負跅弛之資爲鄉曲之患與夫猛獸長蛟同爲三害其人之賢不肖不待言也既而悔悟朝聞夕改勵志好學克己爲善遂躋顯位卒爲忠臣嗚呼人患不爲耳君子小人豈有常哉方孝侯之西征也孫秀勸以母老免行侯曰既辭親事君父母安得而子乎及梁王欲逞夙憾授兵五千使當前驅而絕援力戰終日斬首萬計弦斷矢盡而救兵不至左右勸退處曰此吾效節之日也何退爲古者良將受命凶門以出蓋有進而無退也今諸君負信勢必不振我爲大臣以身殉國不亦可乎遂力戰而歿晉遷襃贈典禮有加誚其任職致身見危授命因以執德不回贈之曰孝嗟夫侯之行事始終若此始也貽患里閭庸人羞與爲偶終焉死節于國舉世以爲難能然則所貴夫崇德徙義過而能改者以是故

歟三復侯傳誠可深嘉而永嘆也

忠節錄序 節　明 唐鶴徵

忠節之氣因宇宙之所恃以不毀倫紀之所繫以常存者吾常如周孝侯者明知此行之必死明知將母之可辭一念勇於赴義必於一死以畢吾事此其意在成敗利鈍之外遠矣卒之胡元內犯宋祚將傾姚陳諸公一倡智慮賢不肖與異教之徒皆挺身效節視死如歸亦孝侯一脉陰爲之鼓舞矣

祭告周平西廟文　明 鄒旦

人孰無生生而無愧於生者有幾抑孰無死死而能善其

道者有幾唯公性稟剛方才兼文武其在鄉曲也而勇除三害其居臺憲也而力劾大奸仁洽於治郡孝篤於慈顏其無愧於生也爲何如氏羌背叛前鋒實當羣雄股慄烈日秋霜值權奸之用計雖矢盡而弗援士勸退而不止遂力戰而身捐其能善其道也爲何如廟碑森立或剝或全喜士民之仗義悉捐資以新編梓人工訖是用吉蠲嗚呼南山之路夜可行長橋之水風不驚其誰之功與梁王特勢於一時將軍廟食於千載果誰爲勝與謹具牲醴庶昭唯公鑒知

國山碑石亭碑記　唐仲堯

乾隆甲寅夏余勸農至祝陵望西北公山巔石笋屹立若浮屠狀詢知爲吳孫皓封禪碑俗名爲囤碑者是亟覓徑而往披蒙茸歷巉巖約四五里乃至碑字漫滅過半不可卒讀然摩挲久之懷古情深矣唐以前學士文人于金石猶或未之深考惟岣嶁石鼓見諸左司昌黎諸公篇詠耳自宋以來至於今著錄家直據以正史氏缺訛如陳壽志云皓遣董朝周處封禪國山非得斯碑正之奚以爲孝侯辨誣哉碑石故堅瑩以雨淋日炙千五百餘年之久四周裂紋如龜兆矣再閱歲時將與岱宗無字碑等此周益公所以致歎于無屋庇之也今年春門人陳生經謀爲碑作亭余首捐薄俸一時好古者爭助之鳩工伐石匝月而成請記于予予謂歐陽集錄自隋以前未嘗輒棄以去古日遠也今距孫吳時較治平熙寧間之視秦漢何如耶李斯導秦爲暴後世不以恨斯而廢其書皓之侈陳符瑞亦與祖龍無異而蘇建之篆雖不及斯抑豈有及之者歟況其足以正乎史也邑有古物而聽其消磨澌滅以幾於盡非徒邑人士之羞亦守土者之責余固于斯亭樂觀厥成焉乃爲之記以附陽羨故事碑載丞相沇司空朝等其十五人而不及孝侯足證史氏之訛

按是篇辨孝侯仕吳之誣附載譜端以備攷證

文集補編

與在調公書　邑人　盧象昇　建斗　忠烈

十年奔逐久隔台光時事多艱一身萬苦老翁臺相憐相念之切不知何如諄篤也自治隕撫楚以及今官督在兵革之中人事應酬都廢是以老翁臺處三年而無寸楮奉候起居實自外於長者思之愧悚不已茲因大寇奔突江淮督兵馳剿滁州之戰俘斬頗多賊踉蹌而遁矣詳在塘報中敬以呈覽十六日至壽春適老翁臺齎報宮在焉謹附數行少鳴下臆此際鳳潁開歸一帶吏須嚴防昇即從壽潁入豫矣援兵已集屢戰之後賊又分遁旁竄須首防避道山東劉澤清一旅或當急調之河干容另役請教諸不

宣心臨楮惟有依戴疏刻凡冊謹呈台政

與周型倉論旅酬書　任啟運翼聖

先生學問爲吾邑之望著述朱大全以嘉惠後學不日付
梓幸甚某僻陋未得侍教往歲許外弟少來述先生論旅
酬謂某明日繹祭之說爲無據近晤錢方瞻述先生旨亦
云成周天子諸侯禮已無全書某誠不敢臆說然尊者禮
詳卑者禮簡亦其制之大較也特牲饋食禮不儐尸士卑
禮不備也少牢禮若不儐尸者鄭曰下大夫也其儐尸者
則上大夫有司徹篇鄭曰卿大夫既祭而儐尸禮崇也天
子諸侯明日祭於祊而繹爾雅曰繹又祭也周曰繹殷曰

肜尚書高宗肜日孔曰正祭之明日爲肜詩絲衣序繹賓
尸也鄭云又祭也天子諸侯曰繹以祭之明日鳧鷖朱傳
日祭之明日繹而儐尸之樂春秋辛巳有事于大廟壬午
猶繹杜云繹又祭陳昨日之禮所以賓尸公羊傳曰繹者
祭之明日也穀梁傳曰繹者祭之旦日之享賓也國語韋
註繹又祭也唐尚書云祭之明日也天子之有繹繹之爲
儐尸儐尸之在明日審矣先生豈以詩書春秋爾雅經傳
并儀禮少牢饋食有司徹諸篇皆不足據耶抑即據儀禮
之特牲少牢以士之旅酬大夫之儐尸而旅酬即屬祭日
而謂天子必無異禮也天子諸侯無異禮則特牲少牢禮

不過三獻將先儒所稱天子九獻公侯七獻子男五獻凡
所以辨尊卑貴賤者舉不足信耶不然而曰信之則大夫
三獻儐尸天子九獻禮備而節詳正祭之日尚得暇儐尸
耶夫聖人之制祭祀也通幽明之故辨尊卑貴賤之分正
祭之事尸也神之也繹祭之儐尸也神而人之也蓋聖人
之立尸也以吾祖吾父之氣則已渙矣非子孫之氣不足
以凝之凝之斯神之矣至於正祭既畢則祖父之氣將反
諸冥漠之中其既離乎不敢知也其未離乎不敢知也無
已則以神與人之閒待之特牲有陽厭少牢有儐尸無陽
厭鄭曰儐尸薦俎有祭象亦足以飫神則猶神之也特牲

旅酬尸未出廟未出廟則全乎神故尸不與乎旅酬尸尊
也少牢之儐尸則出廟而復入出廟而復入則疑神既離
之矣雖不敢必其既離而大約以人道待之者居多焉故
擇於異姓立侑以輔之輔之者人之也尸與侑北面於廟
門外鄭曰其賓之尸卑也北面則臣道尸彌卑也主人出
迎尸而宗人擯賓客尸而迎之主人彌尊也尸啐酒告旨
尸彌卑也主人受酬酢即設席尸彌卑主人彌尊也大夫
尊故崇敬也至於尸自作三獻之爵而與乎旅酬則全乎
人雖曰尸而實無異於臣之爲賓矣夫大夫之尊去士不
過一等而儐尸之禮則異於士如此而爲天子諸侯之貴

反降於大夫而從士禮卽無他書可證某猶決其萬萬不然況天子之有繹繹之爲儐尸儐尸之在明日其見於詩書春秋爾雅及儀禮少牢饋食有司徹諸篇經傳者彰彰甚明而猶曰無據則無據非某之所敢任也且先生謂旅酬之禮不行於儐尸者則烏乎行尸始入王以圭瓚灌后以璋瓚灌非旅酬時也尸出在堂王酌泛齊獻后酌醴齊獻非旅酬時也尸復入室王酌盎齊獻后酌醍齊獻非旅酬時也尸飯畢王朝獻后饋獻賓加獻非旅酬時也如是而正祭畢矣惟大祫九獻後有賓兄弟之加爵有嗣子之舉奠要亦非旅酬時而若旅酬之禮不行於儐尸者則烏

乎行伏惟先生著書將以嘉惠後學苟一字未當皆足以詒誤後生而取譏來哲是以不敢不竭其愚誠如此惟先生擴淵海之量而辱賜審擇焉某惶恐再拜 清芬樓集

近思公號說　張進可

周叔珮字鳴卿以近思爲號或問曰公號近思何也曰懲前之所騖者遠耳吾性分之所固有者內也舍內而求之外則遠矣職分之所當爲者主也舍主而問之客則遠矣吾將返本尋源於思獨取其近者焉故以爲號也或曰吾儒以遠大自期何規規於近爲曰行遠自邇故舍近必不可以圖遠而由近則自可以致遠余以近自勉正以遠自期也因迹其生平早歲失怙愛慕罔極是思孝也伯兄仲兄事之惟謹是思弟也謀人如己勿欺是矣是思忠也一經然諾終身以之是思信也不濫惟是周恤貧窮則仁是思不苟取與則義是思睦宗黨尊師友則禮是思究理學明性體則智是思此皆反身切己思之莫有近焉者也公誠不負此號歟晚年好靜坐遵高忠憲復七規遂有得於周子主靜之說蓋以爲思訣云

周東標傳　邑人 任朝楨 午橋

周東標名士廣宜興人少工時文邑先達儲中子蔣豈潛皆咨賞之而儲畫山以爲絕倫令受業門下名稱重於時

然數奇年五十餘猶困童子試家故貧資教授以自給人見其屢試不售也更易之東標意鬱鬱不自得得心疾發狂投水死時年六十 午橋存稿

周東標攜雪草序　瞿源洙 時夏

周子東標居溪西之雲霧村日以歌詩自娛邑中老宿號爲清才旣而集其詩付之剞劂顏曰攜雪草蓋已十汰其九而存之而周子尙以爲不足存也其精如此雲霧離城郭二十里青丘翠阜棊布星列深篁茂樹襟帶左右故望之蔚然有林巒環拱之勢而溪光山色恒掩映於濃陰落照中周子日哦其閒宜其疏淡夷曠有蕭灑出塵之氣也

昔太史公周遊天下名山大川故其文疏宕有奇氣而杜工部自秦州入蜀諸詩分明如畫蓋古人揮霍光鋩皆賴江山之助彼湫隘囂塵之所豈足以供才人之嘯傲哉然吾聞周子嘗客淮徐間淮徐界淮泗臨大河西出陳蔡北走汴梁東接瑯琊之境地勢慨張軒豁有邊塞雄武之氣故其間多卓犖奇偉之士往往鼓盪拔起動搖山岳若項氏之叱咤風雲漢高祖之鞭撻智勇曹孟德之機神劉寄奴之英武其里閈相望不越數百里外周子過睢水登圯橋出彭城以望芒碭雖荒煙蔓草之中而雄風英略猶霍霍然震動耳目作爲歌詩當有雲蒸龍變之勢而茲編曾不一載何也吾將泛西溪入雲巖傾其囊而出之　笠洲文集

曉峰樓集序　　荷澤 馬新貽 穀山 端敏

宜興古陽羨也山環水繞素多名賢學士挺生其間余心仰久之欲一至其地而未果周君春濤陽羨名宿也前陳臬皖省時得與君晤君後應唐中丞義渠聘幕游鄂州別經兩載同治乙丑余奉　命撫之江聞君回籍卽修書延至署屬校孝廉堂詁經精舍紫陽敷文書院數處課卷昕夕聚首情甚相洽君出其先人遺集示予并云先人諱徵字望齡號慕陶喜居一樓樓前直銅峰晴曉啟窗青巒在望意思豁然爰自號曰曉峯顏是集曰曉峰樓集原集本有八卷被兵燬失徧爲搜羅僅得古文一卷詩詞一卷吉光片羽將梓行之請賜一言以弁其端余奉讀之其古文紀忠孝事居多簡峭似柳逸宕似歐流利端莊兼擅其勝詩詞則專詠名人遺蹟及節義等事韻古律嚴意深旨遠是集也洵足以扶翼名教立懦廉頑讀其文卽知其德然則曉峰先生之爲人其飭己敦行守正不阿亦於此可見矣是爲序同治丁卯仲春上浣書於武林節署

愛棠先生尺牘偶存序　　李常華

吾師周愛棠先生諱蔭甫人品學問氣節文章海內宗仰以名孝廉爲海州學正未竟所施著作等身燬於兵燹其梓而存者僅制藝及墨刻法書數種耳哲嗣小棠儀部與常華同官京師適過寓舍於仲兄案頭見吾師尺牘抄本係常華受業時塾中錄存底冊其散失者已十之七矣小棠丙歸將以付梓伏思文章固吾師餘事制藝則文之餘此更其餘之餘者然其工雅修整温麗雍和胎息六朝根柢羣籍誠有極斯藝之能事而非俗手所可希者安在片鱗不足以見神龍涓滴不足以測河海耶回思春風坐我依依如在目前泰山梁木瞻念愴懷曷云能已同治十年歲次辛未仲冬既望受業李常華謹序

藕塘公浙游卷跋　　邑人 潘允喆 迂雲

江浙稱山水窟然居其地而弗獲遊者多矣或域於所處而不能遊或牽於事務而不暇遊或艱於資斧而不克遊遊矣或獵好遊之名而無嗜好之實或限時日之迫而無優遊之趣或苦筋力之勞而不盡登涉之樂三者俱不可謂能遊者也藕塘周子性耽山水其兄官於浙之黃巖去年九月藕塘往其署以今歲七月望後旋里積三百日之久縱遊天台雁蕩之間可謂能遊者矣然猶謂祗爲雁蕩之遊而於天台諸勝未獲窮悉又於雁山祗得靈巖大龍湫而未獲登其巖一覽雁湖題名石上殊爲恨事夫勝遊之遊不可常而猶未暢其志遊豈不難哉然藕塘所得正

不少矣袖出浙東遊草記所歷程途郭邑谿山風俗古人遺蹟每有得輒係以詩詞琳琅滿目富哉言乎喆于今年九月挈眷遊吳門登天平楞伽靈巖諸山亦有會心處然吟思枯澀祗得詩詞十數章較藕塘所作與藕塘所遊不幾有大小巫之別耶玩其遊卷此身恍在龍湫二靈之間亦可稱卧遊之樂矣丙寅十月望日跋

書周春濤雨甘軒試律後　全椒 薛時雨 慰農

試帖至我　朝稱極盛庚辰一集啟其先聲繼之者如有正味齋㑹綗堂簡學齋養雲山館莫不規橅唐賢排律各自成家大著淵雅似穀人綿麗似芙初雄渾似秋舫俊爽似玉叔洵能眾擅兼長獨標粹旨由是以窺唐賢三昧不難矣同治丁卯十一月二十四日拜讀

期不負齋文集後序

荃孫編校前通政使姻丈周公筱塘全集畢而序其後曰天授　聖清宅中圖夏涵濡德澤二百載而海疆戰事以起內外諸臣不識彼我之情不知通變之道開釁而戰戰敗而和而償費割地通商傳教諸務以與庚申之變鑾輿北狩允駐公使於　京師而總理各國事務衙門以建領總署者有王有大臣治事者有總辦有行走援軍機章京例選內閣六部正途人員保送通政公即開辦時保

送者也公以已未庶吉士散館改禮部主事以勤敏爲總署大臣文文忠公所識由行走得總辦擬稿稱意間有意見歧異處常具說帖斷斷爭文忠公亦傾心任之所議具政書中揣疑難之羣情消恫喝之故智彼倨而馴之以禮彼狡而拘之以情務求就我範圍而不至決裂疆臣有夯外遷就者亦侃侃責之不少恕總署受天下之謗而不知苦心孤詣一至此也自文文忠公薨公雖進爲大臣而鬱鬱不得行其志法越事起　朝局藉此一變軍機易而總署隨之公遂開去差使無幾時亦薨於位矣公前後尹順天六年事無不治癸未大水灌廿四屬邑饑民百餘萬無

衣食無棲止流離瑣尾僵仆滿道公以饑溺爲己任公牘私函布告天下前後集貲一百餘萬轉溝壑而袵席之集中各函今日閱之有不禁流涕者至誠感人自易集事公薨已十年民之懷之猶如昨日請建專祠請付 史館夫豈易至此哉荃孫丁卯入都見卽相契後公主修順天府志命荃孫董其事推心置腹晤必長談窺公於骨月之間性情尤摯戚友自故鄉來者設館授餐各如其意所欲得雖極難之事必宛轉遷就之杜陵廣厦之願崖州孤寒之淚古今人度量相越孰云遠哉公之猶子志靖謂荃孫知公屬以校訂之役爲編成政書九卷文集五卷以授梓人

嗚呼公之歿十年矣時局之壞如江河之日下莫可挽回昨歲日本犯朝鮮兵敗地失償巨費棄臺灣而復與和時事艱難百倍曩公而有知其謂之何校公之文重慨然也乙未春三月江陰繆荃孫識於鄂垣高觀山麓之桐宦

期不負齋詩集序

丁亥秋予自秦郵假旋侍先大夫疾周笠舸孝廉以其世父小棠先生詩集屬爲審定時先生歸道山踰年愴然受而讀之不知涕之何從也予自維早歲流離學殖荒落半生攻苦所差堪自信者惟詩而交游半天下卒鮮知予詩乃先生獨知予之詩且不獨知予之詩生前交際實以詩始以詩終焉予其能默然於先生之詩乎噫自同治庚午至京師卽以詩見知於先生甲戌復至京師先生爲序醉園詩存光緒丙子予又計偕至京師申之以媚好已卯先生自京師奉諱歸繼之以卜鄰時予編錄全詩甫定先生反覆披吟稱賞不置謂予曰吾鄉嚮多作者顧煌煌鉅集湖海樓而後惟子一人而已辛巳秋先生服闋還 朝予旋官秦郵學博書問往來猶時時以詩相賡和甲申秋予女弟歸先生者以娩身後暴亡先生雖達似蒙莊不免神傷奉倩又值邦交多故外侮疊來孤危一身叢集萬慮迨明年乙酉冬以銀臺寺卿兼貳冢宰宿疾頓作遂至弗瘳

然時際歲暮猶爲予序夔吾廬合刻詩并序予弟亥圃詩予婦哦月樓詩皆力疾手書郵寄蓋遂爲先生絕筆矣予自聞女弟凶兆歎逝傷離居恒悒悒爰於丙戌春復就公車之徵至京邸與先生相見握手汍瀾各訴悲臆比夜闌秉燭猶索觀近作自予詩以及今人與古人之詩條舉其源流支派娓娓不倦一若未嘗有疾者然孰意沈綿累月至予下第出都不十日而先生遂成千古乎予所謂生前交際以詩始以詩終者如此卽論報施之道予雖欲不序先生之詩得乎嘗讀歐陽公梅聖俞詩集序謂非詩之能窮人殆窮者而後工也斯言予竊疑之今觀先生之人與

詩乃益知有不然者先生少年高第預館選改禮曹供職譯署受　三朝特達之知洊陟卿寺敭歷臺省又久尹畿疆興利除弊訓俗型方惠政之多不勝枚舉而於荒政尤盡力一夫不獲則曰時予之辜至今三輔謳思馨香報德建祠立傳　溫旨頻頒夫孰得謂之窮者而其詩之所詣固已駸駸乎造中盛之域而與唐賢抗手蓋字字原本性情涵泳風雅具沈摯之思而達以清超之筆一種天然名貴之氣渾成之度初不以雕飾鍛鍊爲工夫孰得謂非工於詩者雖然先生之詩則工矣先生之遇則亦有不窮而窮者蓋先生弱冠即孤露甫釋褐歸復宅大父憂旋遭

冠亂手足伉儷同受正命憂傷顛頓鬱結纏綿一皆託之於詩悲歌激金石淒語泣鬼神而詣力自此益進繼復孳瑟屢更箕裘中絕劉剛夫婦並棄世緣謝安猶女頓虛佳詠中距數日迭遭三喪泊乎蘐蔭既凋蘭徵斯協允宜否極而泰屯過而亨矣何期明月墮懷忽飛破鏡小星匿影莫抱遺衾聽呱泣之盈宵輒徬皇而達旦乃猶應官鮮暇謀　國孔艱疑謗交乘功罪莫白卒至溘然齎志以長逝則即以先生之詩爲窮而後工也亦奚不可先生前有期不負齋詩刻録板已不存玆并續稿彙爲全編參訂之餘即欲序而歸之會先大夫遽棄養遂不果今年予甫服闋笠舸又將赴禮闈爰申其意如前以見吾兩人之始終以詩交者且歷生死而不渝也笠舸將攜斯集至京師就正於當道想先生知交滿　朝右當不乏燕許大手筆樂爲揄揚而品題鄙陋之辭特爲之嚆矢云爾光緒十有六年二月既望內弟蔣萼拜撰

蜀輶日記序

蜀輶日記一卷陽羨周先生小棠譔其從子笠舸太守謀公之世丐言於余余聞古之君子博聞彊識而仕故曰登山川能說可以爲大夫竊觀先生記中所載由燕而晉由晉而蜀歷程數千道里方物瞭如指掌洵得黃車使者之

遺足補故書傳記之闕先輩博學審問於此可見一斑矣抑余聞在昔典試之官爲　國掄才衡校不慎則眾喙攸集丙子一科川中得才稱盛時南皮張文襄公提學蜀中識拔皆知名士先生衡文足與頡頏所收者大半出文襄門下迄今巴蜀之間猶盛稱之文襄往矣其聲實之茂宏奬之盛亦既論定於今日矣使先生而迴翔中外洊躋樞軸亦安知才望勳業不與文襄並稱於時惜乎年壽不永未竟其用笠舸一欸固已心焉惆之抑亦海內人士瞻望悁結而不能自已者爾侯官郭則澐謹譔於浙江學署定香亭

藝文輯

詩詞 舊編

關中詩 四言。晉惠帝元康六年氐齊萬年與楊茂於關中反亂既定帝命諸臣作關中詩按氐西戎別名 晉 潘岳 安仁

於皇時晉，受命既固，三祖在天，聖皇紹祚，德博化光，刑簡枉錯。微火不戒，延我寶庫。王隱晉書元康五年十月武庫災蠢爾戎狄，狡焉思肆，虞我國眚，窺我利器。岳牧慮殊，威懷理二。岳牧梁王與解系也時梁王欲戰以威服解系欲守以懷撫故云慮殊理二將無專策，兵不素肄。肄習也翹翹趙王，請徒三萬，朝議惟疑，未逞斯願。晉書趙王倫請三萬人往平齊萬年朝議不許桓桓梁征，高牙乃建。干寶晉紀梁王肜爲征西大將軍討氐羌旌蓋相望，偏師作援。虎視耽耽，威彼好畤。好畤古縣名屬雍州一統志好畤縣在今陝西乾州東北秦置漢高帝記漢元年雍章邯戰好畤孟康曰畤音止神靈之所止也元省好畤縣入乾州素甲日耀，元幕雲起。誰其繼之，夏侯卿士。惟系惟處，列營棊跱。王隱晉書齊萬年率羌胡圍涇陽遣夏侯駿西討氐羌又解系字少連爲雍州刺史周處字子隱拜建威將軍夫豈無謀，戎士承平。守有完郛，戰無全兵。鋒交卒奔，孰免孟明。飛檄秦郊，告敗上京。肜齊晉書賊屯梁山有衆七萬肜逼周處以五千兵擊之軍人未食肜促速進絕其後繼故敗周殉師令，身膏氐斧。周處別傳氐賊齊萬年馬蘭處卽天歎曰古者將受命鑿凶門以出蓋有進無退我爲大臣以身殉國不亦可乎遂戰死人之云亡，貞節克舉。盧播違命，投畀朔土。王隱晉書盧播詐論功免爲庶人徙北平爲法受惡，誰謂荼苦。

按潘安仁關中詩共十六章，前六章詠氐羌反亂，孝侯出征殉國事，節錄登載，并附註釋，以備參考。

孝侯廟詩 四言 邑人 儲欣 同人

海岳鼎分，人才鱗起。侯於其間，奮躍最尾。挾矢鬬獸，一發洞胸。仗劍入水，碧溪流紅。喋血天地，逍遥挂弓。此何足奇，賁育所任。殺身成仁，乃見本分。猗與孝侯，母疾露禱。土迸飛泉，天和藥草。猗與孝侯，如鶚如鷹。搏擊無禮，忠臣愛君。猗與孝侯，文天下才，武萬人敵。釃酒生風，揮戈却日。終以一宛成大名節。墳廟鬱葱，亘城之東。肘挾兩沆，面羅千峰。樵蘇不禁，牧馬成羣。廟而不祀，猶有鬼神。亦越盧公，以侯爲師。豈侯降生，同德異時。有胸皆感，無廟可碑。今有力者，舉而行之。我思古人，實爲文辭。

謁平西廟墓 五古 明邑人 王醕 士可

義者行之宜，忠者孝之原。忠義兩兼盡，百世名譽存。桓桓平西公，忠義昭乾坤。改勵除三害，問道二陸門。歸來奉慈母，甘旨備盤飧。及應州府辟，移孝以事君。正色肅臺憲，直言叩九閽。權奸擅國柄，側目欲噬吞。遂命征西行，痛割慈母恩。奮身殁戎虜，陰雲慘忠魂。廟食幾千載，春秋薦蘋蘩。

荒墳狐兎跡殘碑苔蘚痕我來感往事再拜酹酒尊作詩
告後世願使薄俗敦

題孝侯廟 五古　　邑人 李偲

桓桓周孝侯英名冠今昔早年事田獵志行何縱逸由感
父老言改勵即修德斬蛟長橋下射虎南山側尋師入雲
間折節向儒術所學方朞年州府忽交辟進身立朝端威
望尤赫奕貴戚逞奸權上疏屢彈劾一朝征西行自知陷
讐敵賦詩何慷慨臨難心不易義氣凌蒼穹精心貫白日
遺廟臨荆溪千年歆血食我忝同鄉人讀書覽陳迹何處
弔忠魂荒墳秋草碧

孝侯廟有感 五古　　周砥 履道

巍峨古祠宇近在荆溪濱畫壁儼欲動羅幔清且新松柏
四簷垂鐘鼓前庭陳廟食享百世將軍稟丰神自從斬蛟
虎惠玆邦國民傷哉梁山戰彼彤果何人

阻風溪上謁周孝侯祠 五古二首　　邑人 沈暉 時暘

城東有古廟云祀周孝侯門前枕長溪屋後倚高邱歷朝
表忠烈牲帛祀春秋云何世代遠棟宇壞不修樵蘇競來
往甚或牧馬牛豈惟乖國典抑恐貽神羞使君秉高義瞻
此懷隱憂運費增崇墉面山起層樓詩書啟後學風烈追
前脩我來謁祠下竟日承淹留題詩紀歲月庶以警惰偷

其一

阻風荆溪濱散策城東陌祗謁平西祠兼尋驄馬客古
殿鎖烟霞中庭蔭松柏丹青半凋零遺像尤赫奕步屧轉
迴廊神妙看畫壁解衣坐山房尊酒展芳席絃琴谷中風
對局松下石飲酣更登樓縱覽周八極四郊麥垂黄黎庶
仍菜色矧今豺虎多非止一白額安得侯復生坐使民害
息 其二

讀忠義集 五古并序　　馬新貽 穀山 端敏

余於友人周春濤孝廉案頭見忠義集一部奉讀
之得悉　周孝侯生平梗概不勝有忠孝之感歌
以誌之

忠臣不惜死自古常如斯卓哉周孝侯純孝感神知除害
射猛虎奮勇斬蛟螭勵學師二陸聲聞遂四馳矯矯立朝
端剛直挺英姿斥奸抑彊禦國法嚴執持討賊隷權臣逞
憾絶援師力戰報君國致命得其時生爲萬夫雄死爲百
世規大節標青史勲名紀陸碑至千今百載猶足繫人思
忠孝具全才惟侯真不虧

登周墓墩有感 五古　　邑人 儲方慶 廣期

薄暮上高塚衰草何靡靡周侯幾千年墓道石傾欹夙昔
奮英概壯志忘時危入洛貴達節破羌守邊陲忠心皎日
月輕生是男兒輿尸葬荆南大啟周侯祠祠下列墓田祠

外樹豐碑碑文漸剝落喬木亦離披春分連上巳士女踏青時聯袂周侯墓千載同棲遲我來非自今今昔盡如斯浮雲流木末青山常在茲憑弔有時極感慨又何爲人生須行樂牛羊何所悲 邇庵文賓

蛟橋　邑人　任啟運 翼聖

肅肅西飛鴻滔滔東逝水長虹貫波心日落劍光紫千載仰英風頑懦均興起

蛟橋望銅峰懷周孝侯 五古　邑人　顧鏞 濬初

西溪蹴一波銅官矗數峰滴翠不覺濕夕陽明彩虹倚欄人欲仙黙數麋鹿蹤竟忘城市喧煙霞亦相從片帆自高舉波瀾忽今古緬維周侯來斯人欲誰與 笠雲詩選

過射虎墩懷周孝侯 五古　邑人　蔣景祁 京少

孝侯乃國士片言三害除射虎斬長蛟折節因受書改行不一年名譽滿天下捐軀酬國恩毫末無假借嘗過石亭南松柏猶桓桓英風不可接瞻對生餘寒荆溪一泓水誰復砥狂瀾

初夏游南山過石亭步訪周孝侯射虎墩 五古　邑人　蔣頤芬

習靜愛閒居芳郊時散步主人約我游天晴披薄霧節序滿生機山行多睇顧驚鳥起松林微風來竹路曲曲煙徑穿潺潺水聲注我性好探奇前行緣礀度英傑溯周侯千載令人慕猛獸患易除貴臣威難忤少年射虎行晚歲西戎赴古今有變遷岩巒猶鬱怒蒼蒼薛蘿村一帶依山住荒墩草蔓延慘淡風雲護間氣終古存英雄生有數煙翠入山游徘徊忘日暮夕陽送歸途暝色浮遠樹 海霞樓詩鈔

南山虎爲周將軍賦 七古　宋　劉宰

將軍古廟荆溪側倒影南山浸溪碧英風凜凜照人寒白面驅除不留迹於菟遺種一已多二十六輩如渠何揚揚當路擇人肉白晝掉尾森如戈令君勇欲去民害咒虎能令虎知罪殺人還自殺人知食肉寢皮真一快莫令餘孽猶渡江道途彼此成康莊誰云三十一彪死更有真虎中

潛藏嗚呼令君之德真可紀彼苛政者須有泚

城南懷古 七古　明　僧宏倫

四山落日蒼烟裏斬蛟橋下腥風起樵客歸途射虎墩月沉弓影清波底劍履幽宮濕莽中石麟欹卧野棠風繡旗晝鼓年年社鐵馬神燈夜夜紅 市人於除夜嘗見金戈鐵馬擁神燈而行 野老家傳風土編山川純樸義熙前將軍祠廟清溪上亘古忠名日月邊

甘草墩周侯古祠 仿四時讀書樂體　徐喈鳳 竹逸

甘草墩邊春水流東風拂拂動人愁燕鶯不解年時恨桃

李偏教士女遊山前山後漸成路嫩草新花踏作土我來
弔古情無窮百舌枝頭催落紅
甘草墩前夏木陰溪橋山徑落花深杜鵑空泣忠臣血菡
萏猶含孝子心幾處池塘滿青草鳴禽改換新聲好我來
弔古意何如薰風吹動多欷歔
甘草墩南秋葉紅長天碧水落霞東清風曉拭屠龍劍新
月宵彎射虎弓拍岸蒹葭白如絮祠前古道悲行旅我今
弔古思無涯楊柳蕭疎落日斜
甘草墩西衰草黃可憐夜夜結青霜塞鴻叫斷西戎信寒
月孙殘北斗光溪聲幽咽風聲急天邏月白濤飛雪我今

弔古心悠哉寒極陽春應再來

斬蛟射虎 七古　印月江

將軍手持三尺劍奮身直入蛟龍穴至今魚鼈不敢游溪
流上下皆腥血千年廟食未足酬問之父老何其憂害人
白額猶未盡紛紛不獨南山頭

過余墓懷周孝侯 七古　清 龔勝玉

荆溪先賢邱墓少但知崔嵬周墓墩余公埋劍在杏村可
憐瓦礫尺土存秋風禾黍孔道旁行人百過不相向小院
孤僧在墓側遊魂寂寞空惆悵相傳余公亦名臣薦兄自
黜友道敦昔年彤管深嘉許口碑湮沒今不論吁嗟乎喬

木蓍松子隱墓焚香爇燭人相親公與子隱同忠槩憑弔
祭享無一人大魁神道今如此惟有周侯迥絕倫 見邑志

謁周孝侯祠 七古　唐仲冕

長橋無蛟山無虎登山臨水無患苦一聞橫波忽頁嵎遠
近行者毛髮豎豈知林淵事斬伐可任漁師與獵戶惟人
與虎蛟同惡不可驟治如漏脯周侯少以豪俠雄州曲見
之欲鳴鼓一朝翻然思折節毒物先攻自肺腑入水操銛
刃上山挽强弩百步已經白額顛三日不畏陽侯怒總由
氣盛莫敢攖詎同匹夫徒恃武惜哉當時無聖賢士衡士
龍皆亡虜卒之忠孝由天性克已工夫讀書補良將受命

鑿凶門貞節委身膏齊斧我來茲邑欽英風愧無佳政勤
安撫禱獲萑苻仰餘威奠伸芹藻當春煦呵護鄉里三十
年從此舟行陸行盡安堵斬蛟臺前射虎墩但見澄潭映
月山含雨

周袍塢重建孝侯廟歌 七古　邑人 蔣汝誠 楚頌

將軍戰骨遺澤州幾時故里營菟裘傳言城中葬金申別
有袍笏藏茲邱後人因名周袍塢過墓生愛良有由墓旁
建廟設遺像英靈颯爽風飀飀子孫千億列村宇福祿來
降惟吾侯年深月久星頹壞春秋展仰時生愁采木運石
爭踴躍重建堂室兼門樓美輪美奐多頌禱功成不日春

風道我思古祠稱十景如處甕盎城之幽不知當時城在外頁以疊巘臨清流碑板林立甚明悉世人未暇供研搜嘉樹環簷逼水檻湖光物景資明眸如今城郭已非昔遂令過客徒旁求或言陽山有石廟瑣瑣辨說無須酬何如此地更爽塏翠屏萬似雲悠悠蒲溪千頃琉璃碧野容萬馬屯貔貅蕉黃荔丹雜肴進庶無蟄盬遺神羞他時畫史入圖景豈遜城邑名當倅今來同游二三子時與張待價吳英燦周日遥同游春光送暖梅香浮憑高縱目入遐想俛仰塵世如蚍蜉猗歟將軍無與儔新廟奕奕英風留忠肝義膽應雕鏤前有司訓與縣侯司訓危山字志岳初刻忠義集縣侯趙繼勳字崇之復編刻焉誰其繼

之功匹休廉頑立懦無愚柔不忠不義吾同仇撫卷欲與修戈矛我歌爾和風雲收此意感激當千秋

孝侯斬蛟 七古　袁　枚 子才

父老談惡蛟將軍磨寶刀刀光入水人不見格鬭三日風蕭蕭手提蛟頭跋浪起蛟血淋漓紅滿體兩患雖除一患存擲刀從此讀書矣初師陸士龍繼討齊萬年一時文武才非公誰與全孤軍深入窮邊慘仗節掀髯死無憾可惜朱雲請劍遲佞臣不與蛟同斬鄉人高築土一邱至今盛夏涼如秋五百壽龍過此愁猶恐將軍在上頭 見邑志

射虎歌 七古　袁　枚

英雄得自由一生射虎如射牛英雄受束縛五千壯士同一哭我生跳盪如雷顛過此不覺心悁悁三十三年棄組從此入山不畏虎

孝侯廟 五律　唐　皇甫汸 百泉

地是先朝賜橋猶異代存枯枝交隴樹流水到祠門落日瞻遺像英風想逝魂蹉跎予亦晚愁向陸生論

題孝侯墓 五律　明　吳梅鼎 天篆

今年秋事盡搖落又如斯聊復登高望閒吟眺眺詩鳥聲風靜處山色雨晴時一片祠前草萋萋似黍離 見邑志

周侯祠　童　珮

樹裏將軍廟桃花入座前路人瞻水木縣令護衣冠劍在清光泣神歸風雨寒余鄉知有虎慚愧拜靈壇

孝侯讀書臺 五律 臺在金陵　清　杜　詔

臺廢尚遺址荒荒宿草中在朝能獨立致命見孤忠始信讀書效因高力戰功斬蛟與射虎未足號英雄 見近園刻詩別裁集

峄山孝侯祠 五律　蔣詒芬 幼白

故鄉多勝跡無此好溪山曲水重重抱崇邱面面環哲人今已去神鳥暮空還拜斗壇前望臨前欲淚潸

離墨山周孝侯祠 五律　蔣頌芬

山景四時好初冬林葉紅竹潭凝暗水柏巷動微風近廟
神鴉集連風怪石雄千秋祠宇在瞻仰古今同 海霞樓詩鈔

謁砲芴墓 五律　蔣汝誠

醉上五龍岡來求砲芴藏地中騰寶氣天上燦星光壟著
金陵遠邱崇沁水長賢人隨處愛何況是家鄉

遊荆溪題孝侯廟 七律　唐 嚴維

銅官之山溪水南周處廟前多夕嵐看捲雲帆歌白苧勸
嘗春酒破黄柑長林獨往誰能覓幽事相關性所耽若欲
避喧那畏虎尙從地主結松龕 見全唐詩

題周孝侯廟 七律　宋 劉宰

廟宇巍峨對古墳將軍英烈宛如存當年改行除民害歷
代封功沐寵恩虎穴雲埋山寂寞蛟溪波冷月黄昏我來
弔古追行樂駐馬花前酹一樽

孝侯祠 七律　王與 赴貫 文書

壯心去害起荆溪白額蒼鬐總是鼇忠義只期全拱北奸
回豈料陷平西烏號力盡橐魚服巨闕光寒染鸊鵜酹罷
一觴出祠外淡烟衰柳轉凄迷

題孝侯廟　徐溥 謙齋 文靖

早除蛟虎悟前非繼討羌胡命有違義氣已隨山共秀忠
心應與日爭輝殘碑積雨埋蒼蘚古塚荒雲冷翠微毅魄
陰魂過祠下西風回首思依依

題孝侯廟　馬海瀲

桓桓廟貌重於山悚息來瞻爲改顔事業豈宜成敗論賢
才直與廢興關豐碑咫尺雄千古浩氣尋常塞兩閒蛟虎
貪殘下民病焉能夫子再生還

周侯古廟 七律　費宏 子充 文憲

自愧凶強不可居幡然改勵抑何如力爲鄉黨除蛟虎身
許邦家作肉魚隱隱殘碑祠已古昭昭靑史事還書梁王
地下相逢處赧面趑趄愧有餘

周侯古祠 七律　董其昌 元宰

荒祠古墓瘞弓刀九月狂飈每怒號過客聞風時酹酒居
人貪近一登高威行蛟虎功猶烈學受機雲志更豪忠孝
如君眞不愧古今名利等鴻毛

謁周孝侯祠 七律　明 蔣如奇 韓初

拜瞻誰識古人心折節雲閒想像深弓劍在斯仍燁燁衣
冠藏處自陰陰風淒墓木鳩聲澀日冷香臺蘚氣侵英爽
肯隨丹壟盡維桑蛟虎正相尋

謁孝侯祠 七律　邑令 劉啟和 耐庵

鴻名驚世獨千秋大勇何人及孝侯學就機雲業頓改志
存忠孝節全收籍垂祀典遺風壯草沒荒碑落日愁慚殺

疲勞無術吏也隨鄉俗斬更修

孝侯廟懷古 七律　邑人 吳克恭

陽羨溪邊孝侯廟平原文字右軍書憶從名士傳家後誰謂將軍亡國餘蛟虎於今滿道路山川自昔好邱墟長松祠宇清風在擬卜比鄰葺舊居

題孝侯廟 七律　楊 儀 夢羽

城郭樓臺劫火殘巋然遺像傍溪灣英風不是除三害芳譽那能播兩間辭母忠心扶晉室嗟彤何意陷梁山鄉人千載思如在月上松梢化鶴還

謁平西將軍墓 七律　清邑人 湯能獅

斬蛟射虎事何難仗節須登上將壇一自沙場遺戰骨幾時古里葬衣冠秋風牧馬荒原靜落日啼鴉古木寒爲訪當年忠孝蹟斷碑蕪沒有誰看 邑志

謁孝侯廟 七律　邑令 段 琦 可石

誰能折節事書巢千古英雄氣不然我慮射餘猶有虎果然斬後遂無蛟五千兵盡梁山血三十篇傳鄴畫郊此日長橋頻悵望雄風烈雨灑松梢 邑志

謁周孝侯祠 七律　于祖佑

翻然一笑謝諸君折節旋空大雅羣年少氣憑三尺劍時危身殉五千軍風雲色護祠堂壯簫鼓神迎里社勤忠孝

文章足千古不知父老更何云 見邑志

懷孝侯廟 七言截句　宋 王 蒙

太湖西畔樹離離故國溪山入夢思遼鶴未歸人世換歲時誰祭斬蛟祠 邑志

題孝侯傳後 七言截句　明 周 砥

誰勸臨行以母辭當年苦戰後人思祗應陽羨山頭月曾見將軍射虎時

弔周將軍墓 七言截句 二首　清 蕭超炎 探山

石馬何年卧綠苔蕭蕭大樹北風哀墓門寂歷無人到空對南山射虎臺

拜君之墓爲君歌白額如今不渡河空有斬蛟遺蹟在年年橋上月明多

題忠義集後 七言截句　邑人 蔣重慶 仕貽

東吳人物久葳蕤西晉衣冠孰可追唯有將軍忠義在南山北斗並昭垂

四月八日謁陽山周侯祠 七言截句　邑人 湯 謙 守齋

雙隄橫卧碧流環四面峰回浸翠鬟爲荷神庥爭報賽蕭船簫鼓到陽山

謁周孢塢 七言截句　邑人 蔣詒芬 幼香

古木亭亭下夕陽秋花秋草劇堪傷幾人能解青山福藏

得忠魂土亦香

孝侯廟歌　　宋　沃彥

冥冥晉日兮斂餘輝以將滅氛祲重雲兮翳於天闕侯爲孤星兮獨奮耿光欲挽日轂兮使之回轍時不我與兮其將奈何一麾西征兮誓受命以効節効節獨戰兮萬首折馘傷羸兵之已饑兮顧後陣以中絕陣中絕而不救兮身遂膏於盈鉞志士感義不平兮爲之飲恨以泣血後八百世爲祠兮報侯之義勇而忠烈祠之所背兮重山相倚祠之所臨兮長流泚泚冬之夜兮霜月高潔夏之日兮蘋末風起邦人感四時之變兮念侯莫己嘉殽惟繁兮尊酒惟

旨薦侯於堂兮想侯於几侯之未來兮邦人悲侯之既來兮邦人喜歌此関於清商迎飛魂於千里

又　　劉宰

南山高兮嵯峨溪水湛兮平波波不驚兮山寂寂樵者唱兮漁歌遠宇兮煌煌嘉薦兮苾香公之至兮愉愉降我福兮穰穰飛龍駕兮翔鸞馭公之來兮倏而去喬木秀兮佳城慰我民兮千古

又

功在民者銘鼎彝張樂迎兮展神儀神之來兮奚所爲保時序兮民受釐荆山肅兮溪水清希來止兮如事生酌秋露兮拜王廷留須臾兮具粢盛民之祝兮卜疑謀闔宇新兮調庶羞神不勞兮燭其幽皇乎君兮于此留籩豆徹兮八音陳民永懷兮鏡翠珉神鑒馭兮游清旻保皇祚兮萬斯春

水調歌頭　　元　白朴　蘭谷

冬至同行臺王子勉中丞韓君美侍御霍清夫治書登周處讀書臺過古鹿苑寺

疏雲黯霧樹秋潦淨寒潭徘徊子隱臺下不見舊書龕鹿苑空餘蕭寺蟒穴誰傳郗氏聊此問瞿曇千古得欺罔一笑莫窮探　俯秦淮山倒影浴層嵐六朝城郭如故江北

到江南三十六陂春水二十四橋明月好景入清談未醉更呼酒欲去且停驂　蘭谷集

賀新涼　斬蛟月　　明　邑人　吳曹直　以述

橋壓雙溪轉記相傳赤烏年代孫家初建荆水銅峰佳麗處正是六朝陽羨其下有波聲清淺兩岸紅樓燈火夜恰如霜古月當頭現想曾照國山縣　當時此地寒蘆捲莽山河射蛟以後滄桑幾變歷代興亡同逝水今落於今香鈿只皓魄依然一片百怪魚龍銷歇盡寫空濛虹影澄於練圓似鏡掛波面

河瀆神　周臺墩　　清　蔣汝誠

墩上草芊芊云是周侯墓田曉來光氣燭遙天驚起居鄰未眠　廟像衣冠藏碧血偏灑祠前高碣永夜走燐明滅將軍帶劍歸息

百字令　孝侯廟用東坡赤壁韻　裔孫之冕　鴻軒

風煙一壑問誰是千載荆南人物忠義當年垂史冊英氣猶留畫壁蛟虎能除豺狼未去此恨何時雪征西一賦足箴六代英傑　假令彤馘回心頓捐舊怨臨戰兵先發鐵馬金戈看到處瞬息氐羌消滅六陌雲寒三軍淚灑竟斷千鈞髮此心皎皎只今還問明月

西江月　蛟橋夜月懷古　裔孫湛霖

皎潔一輪明月橫亘百尺虹橋蟾光皓彩最難描空自留連憑眺　蘇子殘碑猶在孝侯遺蹟常昭於今慨想兩賢豪誰不情深憑弔

滿江紅　讀盧忠烈傳懷孝侯　裔孫湛霖

文武全才追想到前朝英傑爰憑弔督師遺事感懷忠烈正氣至今垂信史致身自昔標奇節兵燹餘盧集幸猶存讀不輟　呼軍士援已絕死國難志已決溯孝侯致命後先一轍百戰難銷鉅鹿恨千秋猶灑梁山血到如今祟祀荆溪濱廟相埒

無雙譜樂府第十九首　邊隨園

南山有猛虎長橋有蛟龍里中苦惡少合之爲三兇搏虎虎就擒刺蛟蛟立死折節爲善行三患悉除矣刺蛟搏虎未足奇拳勇之夫優爲之人心各自有蛟虎誰能刺搏如周處

除三害　樂府百首之一　趙紹祖　琴士

長橋下蛟南山上虎蛟擁長江虎食人縱肆況有周郎處三害耳無大慮父老休矣無怨詛射虎斬蛟讀書去讀書之功功何窮致死始見讀書功射虎斬蛟何足雄

沁園春　大風雪中過周孝侯墓　萬廷仕

十里春城千秋古墓老樹崢嶸正悲風四起梟呼木末浮

雲低度匡拄氷冷屐齒迷離帽簷欹側撲面飛花煞有情方凝佇恍靈旗高颭長劍空橫　他時開眺閒凭奈此際崚嶒氷雪撑似剡溪乘興便教舟放溺橋衝凍贏得詩成何處玉龍鏖時戰敗一片拋鱗卸甲聲還追憶憶沙場星隕遺恨難平　見邑志

詩詞續編

在周子藕塘雲滄山房雅集成頌二章　任安上　李唐

維　皇建極玉燭調宇棫樸薪燎采之處處　帝曰多士汝其予輔衛惟鹽梅作朕心膂庶幾期頤永此世世果然天心鑒茲默許白髮蒼顏攜我婦子扶杖嬉嬉互相

告語有孝有弟本天錫汝汝敬受之福汝壽汝於萬斯年
仰我　聖主 右人壽頌
惟　皇慎德恩溥海宇耕鑿家家時雍處處　帝曰
民饑祁寒怨暑十雨五風育我稷黍庶幾降康鑒兹黙許
曾孫之稼倉箱滿貯亦有遺秉利汝分汝黍稷維馨以祀
厥祖春酒既熟醉兹亞旅於萬斯年仰我　聖主 右年豐頌

江上遇周子東標賦贈 五古　徐洪鈞 雙栝

我年長於君耳君名已久頗恨識面遲乃在歲辛丑贈我
綠楊篇期結雲霞友厥後常乖離饑驅各奔走厚意久不
報中懷時負疚今歲江上來萍踪欣聚首勞苦意勤惓驚

我茲衰醜論心至夜闌急爲沽斗酒君文既挺出詩筆更
無偶古淡寓深醅人棄我則取翻笑羣兒嗤鬱鬱向誰剖
世方尚標榜鉅公推某某不問底蘊深祇在贄幣厚因此
得吹噓獎借弗置口俗子多耳食附和謭作手試問經術
源半解夫何有虛名竟弋獲捫腹詎知忸惟君淡蕩懷落
落困株守白髮漸變頭青衫仍露肘爲君發深慨彼蒼仰
難叩丈夫誦書史要在傳不朽豈徒爭捷徑纍纍紆組綬
何當謝塵鞅耦耕事南畝籬菊餐秋英畦蔬剪春韭狂來
發浩歌金石振戶牖遥見雲溪湄光芒貫牛斗

在雲滄山房爲周藕塘賦 五古　申澤浦 蕉鹿

有客不速來爲顧周郎曲皤然五六翁都似豐年玉談笑
各風生旁觀爲頸縮時維永嘉年長紀嘉平朔春小百花
妍春心獨鍾菊主人欵留賓白酒欣初熟笑指盤中羹黄
雞佐脫粟庭際好風來松篁聲謖謖古調時獨彈尾聲愛
新續歡情似竹林雅集逾金谷況居大有書四野黄雲沃
含哺弄孫曾擊壤歌鼓腹壽寓慶舒長　聖節幸即日 十月初十日爲萬壽節 空懷北向葵爲獻南榮曝長嘯欲言歸眉月挂
林角從此千萬年長沐昇平福

在雲滄山房爲周藕塘賦 七古　儲成章 靜齋

簾纖秋雨臨秋曉我速家賓心悄悄雨過花畦花更好喜

聞杖履來林表啟扉倒屣旭日皎新知舊好花間繞一觴
一詠開懷抱黄菊丹楓間紫蓼百卉爭妍供品藻口吟心
數懽難了歌聲金石淩霄顥吟箋互賞爭奇矯更攜書畫
遺幽討唐宋元明多墨寶各出家珍共傾倒舊醅野蔌殊
草草非此那能心目飽況復家刻傳遺稿獻紵差堪酬贈
縞披吟別後貧娛老逢君未久離愁攪河干揖別心如搗
送秋送客倍煩擾酬懷不覺去如掃千里心知頁會少音
書莫憚煩魚鳥記取臨歧正秋杪秋杪晴來勝春早明晨
又屆陽春小

爲周藕塘作古歌謠

帝德維馨兮錫戸戸以時雍家給而人足兮民皆鼓腹於
春風之中爾眉已白爾髮亦黃兮愛爾顏如渥丹之初紅
由作入息兮十雨五風家如櫛兮稷如墉千倉萬箱兮粱
粢重重扶杖含飴兮攜茲孩童綏萬邦兮歌屢豐歌屢豐
兮何知　帝力之我有　帝力何有兮嘻嘻視彼蒼
穹

題周文夏畫冊 五律二首見樹木齋詩集　任繩隗 際青 植齋

斯人千古業不獨在文章正氣垂紳佩封書答廟廊退朝
官舍靜得句畫圖香對面風流近無須賦楚湘 其一 玉樓人
已去望裏見平蕪身後相如草生前鄭俠圖高名留柏署

直節伏青蒲遺得蕭然意懷君淚欲枯 其二

詠菊籬贈周潔荐　儲成章 靜齋

地異柴桑舊花還栗里遺風初吹北牖香已滿東籬白酒
何人送青山欲待誰底須到九日采罷始成詩

雲滄山房集宴　潘兆熊 璜溪

歲係新庚午人逢舊永和一樽遲我酌雙槳奈卿何六載
速如此他時許再過黃花知聽客開向故園多

周侍御園中假山余家故物也移置十年復得一見 見遯庵集
而周又謝世矣俯仰今昔遂成三律　邑人 儲方慶 廣期

曲磴淩空積翠浮飛來峰下使人愁昔年處士迷丹嶂今
日朱門鎖畫樓京洛千里雲北向蓬萊三見水東流惟餘
一片寒山石疎竹蕭蕭憶舊遊 其一 回廊繞遍翠微高牆外
春風露碧桃御史罷開開綺席仙娥行樂奏雲璈曾聞火
樹通秦嶺見說香蘭滿漢皋莫訝此時都不見王孫紅淚
濕綈袍 其二 當年棄置竟茫然十載相逢豈夙緣賣宅獨留
三徑在假山原列五湖邊移來郭外惟盤石看去園中動
埜煙大地山河只如此上陽花草有誰憐 其三

春分日孝侯墓踏青和周藕塘原韻 七絕　儲成章 靜齋

墓邊草色有誰分三絕碑殘倚夕曛甘草墩西舊遊路居

人猶是說將軍 其一 綿綿遠道寄思多遠近高低一色和八
十一年來往慣幾經平步幾蹉跎 其二

前題　任安上 李唐

橫雲山色倚春雲似有書聲澗外聞曾在平原村住久兒
童還問晉將軍 其一 踏青相喚趁晴和紅杏花開笑語多芳
草有情憐蛺蝶要他時引繡裙過 其二

前題　潘兆熊 璜溪

風和陌上草初薰挑菜籃多帶暮雲銀杏園圍遮廟左刧
從大樹見將軍 其一 芊綿到處野煙和門罷歸來月一梭最
惜青青同柳汁奈他不解染衣何 其二

前題　申澤溥 蕉唐

年時住傍孝公墳拾翠人過笑語聞猶記綠莎紅杏裡梨園燈火賽將軍其一春深江北絕青莎偏是江南若个多潑問萋萋添恨思憐伊夢裏更如何其二

前題和藕塘周子次作原韻七絕　潘兆熊 璜溪

千秋風土記遺聞名將原從儒將分一勇之夫何足貴笑他射虎李將軍其一遺弓敗甲廟前分誰信三唐記舊勳丁卯當年親口說此邦還有衛將軍其二谿山也要勒奇勳香草行行隧道分墓左盧家新廟峙買絲爲繡兩將軍其三桑麻徧野薺中分明秀雙谿浪織紋生長太平岐虎絕底須

天上下將軍其四垂名豈祗事功勳翡翠園荒宿暮雲墓草年年空自碧更無人拜許將軍其五

題同人踏青詞後用前韻　任安上 李唐

胸羅武庫會風雲百戰功成笑策勳假我十年還未老定然投筆學從軍

和前作原韻　潘允喆 荏粟

踏青偏上孝公墳獨立蒼茫涕淚紛蛟虎已除豺虎滿更無人得似將軍

有于侯墓挖土者任申兩君見而斥之令其頓首墓前而去感賦再用前韻　迪 藕塘

踏青人去暮煙紛草色離離闕古墳最是傷心樵採後一坏誰復護將軍其一由來夙義重斯文筆掃豺狼墨化雲豈立豐碑表道左裹將麥飯奠將軍其一

再題踏青詞後　任安上 李唐

平西古墓倚斜曛瑤草含風吐異芬奪得江郎五色筆獨標一幟張吾軍

謝藕塘周子贈天台藤杖　任安上

萬年藤杖萬年緣珍重攜來自謫仙扶向斜陽紅處立幾多詩思爲君妍其一上元佳節試燈時爭唱旗亭妙句詞頗笑劉郎情太淺兩經仙洞未題詩其二

國山周氏世譜卷六十上

祥異攷

徵祥（舊編）　裔孫湛霖謹輯

按邑志祥異一門內有數條係我　祖執事旨應錄載茲更搜輯史冊及舊譜所紀仿照志體徵諸天事爲徵祥見諸靈應者爲神異類敘纂訂謹登於左

吳孫亮五鳳二年七月離墨山大石自立

邑舊志吳五鳳二年五月（吳志作七月）陽羨縣離墨山大石自立于寶以爲孫皓得立之象（見雜志祥異節晉書五行志參吳志）

又孫吳時離墨山西南有大石自立又有石立十餘丈

孫皓傪以爲瑞遣司徒董朝封之改名國山（見疆域志山川）

按孫皓自天璽元年封禪國山後不及五年即降於晉何瑞之有考石立時我　祖　孝侯尚隱居離墨山麓後除害力學就徵仕晉鋤佞彈奸征羌殉節勳名卓卓與石並垂不朽（大石今尚屹然）大石之立其爲　孝侯祥徵乎夫復何疑

晉惠帝元康初災異屢見乃有氐羌反叛孝侯殉國之事

通鑑輯覽元康三年夏六月宏農雨雹深三尺四年大饑五年夏荆揚兗豫青徐六州大水冬十月武庫災焚累代之寶及二百萬人器械

晉書元康六年七月秦雍二州大旱故其年氐羌反叛雍州刺史敗績七年正月周處復敗死之

惠帝太安中忠烈公宅牝鷄逃承霤中

晉書五行志太安中周玘家雌雞逃承霤中六七日而不奮翼鳴將獨毛羽不變其後有陳敏之事敏雖控制江表終無紀綱文章殆其象也卒爲玘所滅雞禍見玘家又天意也

邑舊志晉惠帝太安中周玘家有雌雞逃承霤中京易傳曰牝鷄雄鳴主不榮餘同晉書

太安中忠烈公宅成邊戶有歎咤聲又有鸛頭斷籠外

宋書五行志晉惠帝太安中周玘於陽羨起宅始成而邊戶有聲如人歎咤者玘亡後家滅亡此天意也

邑舊志孝懷帝世周玘家有鸛在籠中而頭斷籠外亦爲周氏敗亡之徵（雜志祥異）

明帝太甯元年黃門公造宅五間六梁墮地

晉書五行志明帝太甯元年周筵自歸王敦既立其宅宇所起五間六梁一時躍至墮地餘桁猶互柱頭此金沴木也明年五月錢鳳謀亂遂族滅筵而湖熟尋亦爲墟矣

元順帝至正間蒲墅村妖孽疊見十二年八月紅巾賊冠

宜興繩武公率族抗禦寡不敵眾闔族遇害

舊譜繩武公傳至正十年八月公家中犬忽升屋嗥俄二犬相繼升逐之不下心知其凶遷避祝陵越二年壬辰族中妖孽頻見或無雨而水霤不止或有火如毬旋轉室中或刀劍自鳴投烈火不止是年紅巾賊冦略諸路八月由廣德至宜興發孝侯墓公糾集宗人奮勇殺賊賊傾眾合圍公戰死從死者數百人村落爲墟

至正十二年秋七月邦盛赴浙貨米夢與神遇得免于難

東皋公舊譜四十七世祖邦威公于至正壬辰七月一夕夢神告曰指日與汝相見于吳山十廟時米價湧貴

公同子叔光從子叔良貨米臨安登吳山見一廟塑大士像即夢中所見也具禮致祭復夢神告曰汝有大難遲歸可免因勾留西湖數日迨歸而村舍已燬族人無一存者

至正間化卿公赴吳郡目覩瑞雲見于咸任鄉爰築別墅于其地遂卜居焉

舊譜至正中四十八世祖化卿公服賈赴姑蘇道經咸任鄉舟泊餘霤新堤是晚倏見紅光燭天復有五色雲見於堤前逾時方散因購基建屋子孫遂世居焉里名雲霤以此

祥異攷

神異 舊編

宋元豐年間邑人沈諗夜夢入孝侯廟侯語之曰雀污吾耳汝爲我拭之當賜汝一指力諗覺疑焉明日詣廟觀像事符於夢謹以布巾拭之及出廟臨流濯巾微用力絞之巾已裂而中斷矣自兹勇抗百夫膂力絕眾 節沃彥碑記

宋宣和年間方臘反睦州其徒傳皋侵掠宜興忽見金甲神人擁兵出曰我平西將軍也眾遂神馳魂散狼狽竄伏就擒于郡城 見咸淳毗陵志并府志及邑志乞賜廟額表

宋紹興初年虜冦猖獗所至殘破毗陵諸邑惟宜興獨全

叛將如張琪等或壓境而不敢入或入境而不敢肆悉謂嘗見周將軍衣甲冑執戈矛旌旆亘天宸讋營壘眾皆投戈屈膝之不暇靈感狀跡類非一事 見同上

宋乾道八年吳興沈德遠名祖奉守秀州命越三夕夢謁孝侯廟周視壁間畫列宿天神及斬蛟射虎像寤而思之獨宜興有侯廟非吾新命之地胡爲神交其間已而改命守常州郎之官道松江振風驅湖浪碎舟蕩骸者相屬因禱神默佑竟得無恙既至常適以二十萬錢授縣令吳千乘繕修侯廟并勸邑人輸助後二年陳時中名庸守常州屬德藻紀其事 節蕭德藻碑記參荊溪外紀

宋嘉定間周孝侯廟牆柱廢久未立董純儒思重立之躬歴出林至龍山得巨木歸所值擧於廡下將命工飭材忽夢一異人峩冠朱服頎然而長語曰廟宇未修已蒙賢侯備而後立必遇羊猴既覺悟神意尚有所待閲九載鄱陽洪君以丞攝令整新侯廟始於癸未成於甲申羊猴之夢始驗因涓吉旦建柱於殿左以一繩之力引百尋之木若有神助猶揭竿然 節荆溪外紀參邑志

元至正十二年紅巾賊由廣德冦宜興發孝侯墓掠去寶劍金甲等件侯裔紹先糾集族人復仇殺賊數百後賊麕至移兵蒲墅匝圍十里紹先戰死族衆咸遇害賊復至離墨山下發侯袍笏墓 節周袍塲參吳穎梓里舊聞 頃刻間山中洪水陡發沖淹賊兵賊皆溺死墓得無恙 今洪塘尚存

明嘉靖三十九年五月海寇警甚宜城戒嚴孝侯墓忽煙氣矗天若豎黑旗三回數日後又添一回又去地數丈有飛蟲成團儼若旗幟搖曳樹杪旬日之間八所共睹縣令董鯤爲文祭之後賊過境上竟不爲害 見邑志祥異參王升邑志

國朝康熙間安徽旌德縣疾疫大作忽有醫者投藥輒愈衆問姓名曰爵若過太平峴村問周姓者卽我家也後過峴村訪之通地無周姓者及入孝侯廟方知爲神自後祭禱無虛日 客譚見忠義集

乾隆年間宜興人沈江居孝侯廟側入廟必致敬神像剝落謹護之一夕夢神令張口噓氣與之寤而筋力異常能徒手搏虎嘗運糧至京師中途與漕卒爭道攢毆之江持桅竿一揮數十人皆墜水衆莫敢近居家犁田日可五畝 見邑志軼聞并渚溟亭筆記

孝感墩孝侯廟旁舊有土地祠道光十八年春里人周景行因療疾請仙乩動如飛詩曰昔日除妖斬斷虹誰知野史落名空將軍憐我三分力命鎮山灣綠水東復大書曰我乃平西將軍麾下健丁蔣勁也與將軍同死難自將軍廟食於此吾卽爲此間土地神久矣爾欲病愈將軍本善

醫何不求之迺入廟祭禱越日卽瘳 參邑志軼聞

同治三年宜城克復斯時居民稀少大澤深山惡獸潛聚至四年春民漸還里入山採樵輒被獸噬傷甚有喪命者邑人患之七月朔宜令鄭犄萇荆令厲學潮虔禱孝侯廟默禱荆令厲并捐廉飭修侯墓獸患頓息 見邑志軼聞

國山周氏世譜卷六十中

訂訛補遺錄　　裔孫湛霖謹輯

訂訛

世代既遠考核綦難不無魚魯之訛難免帝虎之謬原譜未經檢點記載偶差亦未可輕訾前人之疏略也聞有聞見用備搜討裔孫之誥謹識

孝侯以來勳在王室澤被生民忠義之氣有昭日月而撼河嶽者不意蟊賊內訌（謂王敦）幾覆社稷遂使世篤忠貞之閥望竟蒙奸回不軌之惡聲苟非王導一言則周氏之功名其與存者幾何也揆厥所由大都本於周續考晉書都

督公筵傳徐馥之役筵族兄續亦聚眾應之夫曰族兄則非本支之兄弟可知也東遷公札傳中稱札兄玘子勰次兄靖子懋懋弟筵筵弟贊贊弟縉係分纏晰不厭其煩豈有同祖弟兄而曰族兄者則續非孝侯之孫亦明矣前譜誤為札之子非是今議周續不得列於孝侯之孫又按晉書我周氏遭王敦之難一門五侯皆為所害惟宣大公以隱居不仕一脉獨延則五侯之斬焉無後可知已但與竟無子嗣者究不同表中似不得直書曰無嗣宜微變通其法曰遇害失傳謹訂

訂訛續補

亥豕之訛門閭之誤古史亘多吾譜自黃門公始修實與班范並古其多訛誤宜矣雖屢經纂訂猶沿襲未改者類由前人信古之深未可輕訾其疏略也然譜牒之傳藉以徵信考事失實識者譏之深可懼焉爰按譜編稽之正史摘訛誤者數條未及翻刻有待將來遠紹修時復加詳覈而改正之令可以徵信焉諒亦前人所心許者夫

孝侯公像贊譜載晉康寍甲戌中書總謝安題按東晉孝武紀元寍康二年歲在甲戌詔謝安總中書正在是年今作康寍宜訂

孝侯公廟記第一條南唐集賢院學士徐鍇撰記云鍇以癸亥奉詔東禱山嶽立將軍之廟其後四年劉勳宰義興建碑亭作記按南唐建國於後晉天福二年丁酉至宋開寶八年乙亥為宋將曹彬所滅延祚共三十一年其始尙擅自紀元曰昇元曰保大曰中興宋太祖時已奉正朔則南唐不別有年號可知其曰癸亥定係乾德元年其曰丙寅定係乾德四年而劉勳碑亭記首句云建隆四年冬末又云丙寅歲壬戌月按建隆係太祖登極年號三載即改元是建隆無四年矣況丙寅歲不當有壬戌月定為戊戌之誤宜訂

二十一世學士公諱崇古傳中云崇文館學士表中作修文館按綱目唐景雲二年置修文館學士選李嶠等二十餘人爲之以學士名官始此則崇文館當作修文館爲是宜訂

按學士公於貞觀初舉秀才卒於景雲元年年八十七至景雲二年置修文館係公歿後事不足徵信今世表中仍從原傳作崇文館俟考

二十四世御史公諱諒譜載肅宗朝拜監察御史柳河東集中所載御史公墓誌銘云在天寶時已與譜表不合按綱目開元二十五年大書夏四月殺監察御史周子

諒貶張九齡注云子諒彈牛仙客非宰相材帝怒杖殺之子諒九齡所薦貶九齡其事與舊譜所載唐書本傳相合但綱目名子諒唐書本傳單諱諒與柳文同古人以字行往往有之是諒與子諒其爲一人可知

四十二世簡惠公諱葵于淳熙二年三月太常卿原議諡簡惠未得俞旨至淳熙四年太常卿又議仍諡簡惠是年冬十月初四日奉旨依議譜中止有二年原議一篇今將四年又議一篇補綸音內俟後以次挨編則二年原議之末不可遽加奉敕依議欽遵六字年月日之下亦不可不加下字宜訂

前譜訂訛內遭王敦之難表中書無嗣者擬變通其法曰遇害失傳壬辰殉難諸公類皆心存忠孝表注無嗣亦爲之慘然宜遵前例書殉難失傳謹訂

三十六世申錫公諱承祐舊譜云唐天祐甲子年三十無子其爲乾德甲子無疑蓋以二十九世副使公生卒年代考之唐元和至天祐不過百年安能閱有八代改下一甲子計有一百六七十年方與傳代符合至詳甫公生年亦須改至咸平三年庚子如此則前後統核年俱相均庶可傳信特識此以質有心考訂者

謹按道光丙午續譜中有勖卿公訂譌補遺一帙計

共二十條茲屆統修遵照參訂譌者正之闕者補之其有未經正定及雖經照改尚覺信疑參半者計有六條錄登于右以示來者十六世孫湛霖謹識

訂訛補遺錄　十八世 禮謹輯

補遺　十八世 承軒重訂

凡事有關必有補朝有拾遺之官詩有補亡之什稱之時義大矣哉吾家宗譜屢代纂修忠孝節義載之詳矣顧各書所採頗有缺略即郡邑省志遞經修輯亦時有異同而要以 皇朝頒制爲準是故 綸綍恩施不敢不謹登也縣府省志及他文集所載不可不廣收也今

踵修世譜議惟續舊不事更新則續者覺然而闕者顧
可聽其恝然乎爰用補苴罅漏之意作補遺一卷間附
訂訛俾後之繼修譜事者庶有所取證云六十二代孫
迪謹識

謹按藕塘公補遺訂訛其類有八第一考志補先德
第二考史補闕遺第三考德補世表第四考古訂訛
謬第五敬節補婦德第六報本補祠宇第七反始補
邱隴第八守訓補祠規前人之法美矣備矣茲當統
前後而重修凡史志婦德祠宇邱隴祠規均已照舊
別類分門彙敘纂輯其世表中闕遺者悉已查補訛

謬者悉已照改漏載者悉已續增惟爲時過促譌漏
舛錯之處在所不免尙祈後之賢者訂正之裔孫湛
霖謹識

謹按吾譜自辛巳續修經先祖蘭舟公與族叔祖少
宰公搜羅文獻悉心考訂闕者補之譌者正之亦幾
無遺可補矣惟查永清侯杜光庭錄異記中稱爲
孝侯公孫舊譜圖表不載而登其傳於大宗世傳頗
侯公是否吾族雖無確證然族中父老相傳國初雲
靄大宗祠立本堂懸有科名額忽一夜倉猝燬盡託
郎因涉毀頑族畏株連譜亦削名之證而舊譜僅附

卷末查邑志凡確有攷證前志缺載及疑信參半者
均入補遺茲仿志體亦均移登至晉書周㦤固不必
論其是否吾祖惟我周爲王敦陷害此本不共戴天
如㦤公者安知非如吾嫡祖　宣大公當時明哲保
身隱其姓名迨王敦伏誅始以恨敦者及其所署之
吏聊紓義憤乎是卽非吾祖亦不忍置而不書用特
附入以備參攷裔孫承軒謹識

永清侯紀事 舊錄

永清侯傳曰永清侯字廓浦孝侯孫譜志皆缺載杜光庭
錄異記云房州永清縣去郡東百二十里山邑殘毀城郭

蕭條穆宗時有孫令自京之任逾年其弟偕省乍覩牢落
不勝其憂暇日周覽四隅無非榛棘見荒廟巋然土偶羅
列一神當座三婦侍側無門牓標記莫知誰氏訪之邑吏
但云永清大王而已令弟徙倚久之莫詳其閟賦詩於壁
以詰以嘆頃之昏然成寐與神相接神謂之曰我名跡不
顯久矣鬱然欲自述其由恐爲妖怪今吾子致問得申素
誠以抒積年之憤我毘陵人也大父周子隱爲大將軍晉
書有傳將軍誅南山之虎斬長橋蛟龍與民除害陰功昭
著余素有壯志以功佐時余名字廓浦爲上帝所命於金
商均房四境之內嘗有鷙獸暴害於人漁樵不通道途斷

絕余數年之内勦滅猛虎不可勝數生聚頓安虎之首帥在西城郡其形偉傳便捷異常身如白錦額有圓鏡光彩閃爍害人最多余亦誅之殄滅其類居人懷恩爲余立廟自襄漢之北藍關之南肖形搆宇三十餘處及此廟貌皆余憇息之所歲祀綿遠俗傳多誤以余祠爲白虎神廟謬之甚矣幸君子訪問得敘首末願爲顯示以正其非他日令弟話於襄中賓幕偏述書版置於廟中塵侵雨漬文字將滅大中壬申歲襄州觀風判官王士澄督審支郡覽而異之恐版木湇訛乃刻石於廟故祀典曰捍大災禦大患功及於民者世世祀之周君紹厥父之勇膺上帝之命四

郡之境豐祠相接其惠人也博矣其壽享也宜矣然町俗莫知謬爲白虎之廟非孫生之賦詠激發虎浦之幽靈感通神功莫彰邪正莫辨矣後之覽者審而識之蜀光祿大夫尙書戸部侍郎廣成先生上柱國蔡國公杜光庭譔房州永清祠不知建自何時王士澄刻石今亦無考藉此記存神蹟晦而復顯因亟錄之以昭永久焉

潁侯公紀事 補編

潁侯公傳曰公諱世臣字潁侯號磊菴崇禎己卯科舉人庚辰聯捷進士除漢川知縣以建言革職補永平府檢校陞授興化府推官鼎革後與同志起義兵陣亡陳檢討維崧哭之以詩序云以蜚語株連論死朱竹垞明詩綜選入殉節諸公類 聖祖仁皇帝欽選歷朝詩餘登世臣詞二闋其書畫尤擅場山水花鳥並臻能品載圖繪寶中鑑乃歷查各譜俱無其名蓋當時以跡類般頑故削之也茲因世系失傳無從登載又不忍任其湮沒爰稽志書祀典及名人紀誦纂輯成帙附諸簡末以俟考 木舊譜補遺

邑志忠義傳

周世臣崇禎庚辰進士知漢川縣以建言革職補檢校擢興化府推官從閣臣黃道周學國變後土撫軍國寶聘之三世臣致書固謝有七不可之說尋以蜚語株連論死

祀典

周世臣道光九年奉文入祀忠義祠今設位於邑忠義祠祠春秋致祭 參宜興荊溪續纂學校志

題周潁侯山水畫卷歌 并序 任安上 澧塘

公名世臣字潁侯號磊菴吾邑雲鶴里人崇禎庚辰進士知漢水縣建言革職補永平府檢校升興化推官迨入本 朝自稱遺民陳檢討云以蜚語株連論死或云以不薙髮死或云以起兵被獲死或又云以附鄭逆死卒未有明言之者朱檢討明詩綜選詩一首次在殉節者卷内 國初叛案有厲禁一涉般頑宗族不宥故周

氏譜佚其名郡邑志又不必問矣故友萬香南藏其詩
集四本并逃其對洪文襄語有足紀者申君蕉菴頃於
裝潢家得其淡墨山水一幅迦陵詩所云董巨關荆作
本詩者圖繪寶鑑已爲之傳藝術爲公之外篇然其遺
墨流落人間見者爭寶愛之况公之氣節懍懍者乎因
作長歌以書於尾

長白眞人提劍起大統攸歸天所啟何物螳臂思當車九
鼎已移心不死是時吾鄉盧中書桃溪立寨森戈殳新橋
一戰血流杵大事去矣捐其軀周公痛哭奮兩手吾戴吾
頭破空走青萍三尺許報君舍此以外吾何有無何天兵

動地來雷霆擊處摧成灰蒼梧帝子不復返得一死所眉
還開縛公擁向故宮去鐵騎千重萬重聚經略殷勤苦勸
降吾汝前朝本親故公聞斯語氣如焚爾何人斯稱洪君
若亨九耶久殉國不憶吾皇諭祭文洪也默然首不仰伍
伯驅公向東往得見故君心亦甘千秋碧血青雲上吁嗟
往事沒寒煙尚遺斷素未全湮一角遥山生韻在伴他麥
秀自年年

又　儲成章 靜齋

申君博雅兼好古丹青到眼水融乳六月茅堂生畫寒一
幅雲煙起風雨吁嗟頡侯眞人豪甘將熱血膏霜刀食君
之祿死君事白骨慣與青天塵煙非煙兮霧非霧江草江
花迷郢樹山耶水耶杳不分蒼梧帝子知何處譜牒凄凉
那可尋斷紈零落付斜曛感君什襲珍藏意儘把芸香日
夕熏

又　迪 蘿塘

雲山萬疊樹千尋中有傲骨撐嶙峋剩墨幾行落塵世一
一啼鵑血淚痕披圖彷彿認蜀道或者點蒼見了了不然
明藩寓滇南若憶鑾輿淹絕徼男兒貴識天命歸紛紛纖
發空爾爲壺漿爭迎周武駕孤竹徒陳叩馬辭不食周粟
拚一死所見亦復書生耳聖恩寬大禁芟夷吾宗不覆亦

幸矣百餘年來腐草螢野史還存姓與名斷紈飽蠹人誰
惜敗楮糊窗暗不明磊菴磊菴心太苦勲業聲名兩無補
剩得生綃幾尺存蒼烟碧血還吞吐

題頡侯周子所遺淡墨山水圖并序　申澤溥 蕉菴

庚午初夏予偶於書肆舊簏檢得周子頡侯山水圖一
幅筆意蒼勁以千錢購歸幀首題丁酉仲春仿古漫作
菊圃齋中遺民周世臣計二十字私印二一曰磊菴圖
書一曰周世臣印朱檢討明詩綜入之殉節類中今觀
其自署寓意於孤竹五柳良可哀矣紙歷百年幸尚完
善亟爲裝裱邀同社諸君題詠之忠藎遺徽庶不湮沒

爰賦長篇以誌勿諼

男兒生世值坎坷潦倒激昂無一可獨抱丹忱學精衛邪辭馬革將身裹往事如雲泣杜鵑青燐碧血空年年遺紈剩幅誰解惜展轉蕭散隨寒煙今晨展得山水圖離奇淯拔今所無墨香紙古先民物杖頭爲解千青蚨攜歸拂拭細展讀中有當年親手録紀年丁酉逸民稱意寓淵明及孤竹吁嗟此畫良入神高山峩峩揷層雲徑絶不許俗塵到空齋兀坐秋復春英氣拂拂腕底出長與烟水雲巒相吐吞千秋長此姓名揚呼朋賞鑒重嗟傷博得新詩作野史他時採擷補遺忘

庚午立秋後二日題周子頴侯畫卷　儲徵甲 曉村

磊菴磊菴無人知姓氏僅入迦陵詩又傳畫幀作山水天雲四捲風絲絲想其下筆足生氣此畫生平見猶未飛騰老筆慷慨多快讀長歌多畫意嗚呼畫兮畫兮豈足傳斯人畫以人重無等倫出辭磊磊折經畧昆刀截鐵詞鋒新倉皇東去甘一死未得斑爛耀青史螳臂當車亦可憐愁魂夜繞荆溪水磊菴之殁過百年長歌淋漓短歌勁特開生面煙霞鮮一讀意感激再讀神流連妙如史家鐵筆不可折更有煙雲草樹點綴生清妍嗟公還藉才人筆峻節中天朗秋日須乞明窗快展百尺絹素看林捲長風動寒

室

題周頴侯山水畫卷 并跋　潘允喆 迂卿

蕉菴購得周頴侯山水一軸李唐題詩係以序序中所稱余有疑焉畫款丁酉仲春乃順治十四年江南平定已久薙髮令在二年洪公來江南諒在斯時對洪誦諭祭文傳聞爲金太史事今移之周公香南之言未必核實周公自稱逸民蓋不死于國難却不肯仕于本朝故以逸名自署其志節可嘉但其所以死之故何以不詳迦陵云以蜚語株連論死隱約其詞有不必深究者仁皇帝功德碑云三藩之亂所全宥不可勝紀明降敕諭

尚之信耿精忠罪大惡極法應及族但尚可喜耿仲明航海歸誠著有勞績其兄弟俱從寬免罪屬下人有父子兄弟在賊中者一無所問周公之蜚語株連諒在順治十四年後康熙年間何至一涉般頑宗族不宥以至譜牒削名畏之如虺蠻邪其爲雲靄里人亦未的或同姓不宗排名偶合耳明詩綜次在殉節卷内當必有據同邑之先輩竟無紀載一二亦遺憾也

董巨關荆作本師磊菴善悟畫中詩當年惜未獲死所至今傳聞多異詞孝侯苗裔森金紫南北中周更鵲起磊菴譜牒何渺茫百餘年來難屈指嗚呼人生一夢如邯鄲浮

雲富貴非所難胡然屈曲趨徑僻坐令信史無由刊蕉菴好古世莫及得君粉本爲君泣未識此圖贋與真一見姓名心悵惘

穎侯死節二百年來未有確證自是遺憾但既自署廸民其後附鄭逆爲頑民正未可知至云非宜興人語太不倫明詩綜科第考既明載其人安得以譜牒之無名而疑之且　仁皇帝功德碑作於尚耿歸誠後康熙十四年前屬禁依然在也吾宗安得不畏如虺螫邪希旦識

磊菴忠蓋迦陵特隱約其詞不敢明言卽此便見爾時

屬禁之嚴吾宗畏之譜牒削名之故矣但幽光潛德無人而不發之理申翁之購獲山水圖或者蓍著假諸老歌詞反覆辨論爲考據家緣引亦未可知有志之士能隨在留神考得其實補入史乘以闡遺徽是則二百年前之忠魂隱隱望於後人者士君子誦詩讀書尚論其世其亦識此意否邪希旦又識

周蹇紀事 書籍

晉書東晉明帝紀太寧二年秋七月義興人周蹇殺王敦所署太守劉芳 按邑新舊志均作周騫晉書作蹇茲從史本

按周蹇不知與五侯是否同族舊譜均不載第既籍宜興又係同姓必係近支殆以王敦肆虐有不反兵之義而爲是舉軼錄以俟考卽非同族亦足令後人稍舒義憤耳志靖謹識

國山周氏世譜卷六十下

歷朝甲子　十七世寶森重訂

吾譜生卒及傳誌諸文皆以甲子紀年蓋易以徵信也但歷年既久時序遷移展閲之餘瞶然心目甚或一字之訛遂至人隔數代代隔數年授梓之時無從校覈是欲徵信而轉滋疑也可乎哉近閲吳氏萬氏宗譜皆書歷朝甲子尺楮之間瞭然今古誠法良意美矣況吾　宗自漢以來於千六百餘年世代繁多彌資訂證爰稽正史編其紀元以吾　祖發祥實始以吳代故於偏朝惟吳附紀焉

十五世孫子斌 子溶同訂

按西清昜卿兩公纂敘歷朝甲子自漢中平元年起至道光二十六年止丙午迄今又閱三朝謹行續纂以便考證十六世孫湛霖謹識

漢靈帝中平元年甲子 二年乙丑 三年丙寅 四年丁卯 五年戊辰 六年己巳 獻帝初平元年庚午 二年辛未 三年壬申 四年癸酉 興平元年甲戌 二年乙亥 建安元年丙子 二年丁丑 三年戊寅 四年己卯 五年庚辰 六年辛巳 七年壬午 八年癸未 九年甲申 十年乙酉 十一年丙戌 十二年丁亥 十三年戊子 十四年己丑 十五年庚寅 十六年辛卯 十七年壬辰 十八年癸巳 十九年甲午 二十年乙未 二十一年丙申 二十二年丁酉 二十三年戊戌 二十四年己亥 二十五年庚子 昭烈帝章武元年辛丑 二年壬寅 吳黃武元年 後主建興元年癸卯 二年甲辰 三年乙巳 四年丙午 五年丁未 六年戊申 七年己酉 吳黃龍元年 八年庚戌 九年辛亥 十年壬子 吳嘉禾元年 十一年癸丑 十二年甲寅 十三年乙卯 十四年丙辰 十五年丁巳 延熙元年戊午 吳赤烏元年 二年己未 三年庚申 四年辛酉 五年壬戌 六年癸亥 七年甲子 八年乙丑 九年丙寅 十年丁卯 十一年戊辰 十二年己巳 十三年庚午 十四年辛未 吳太元元年 十五年壬申 吳建興元年 十六年癸酉 十七年甲戌 十八年乙亥 十九年丙子 吳太平元年 二十年丁丑 景耀元年戊寅 吳永安元年 二年己卯 三年庚辰 四年辛巳 五年壬午 炎興元年癸未 二年甲申 吳元興元年

晉武帝泰始元年乙酉 吳甘露元年 二年丙戌 吳寶鼎元年 三年丁亥 四年戊子 五年己丑 吳建衡元年 六年庚寅 七年辛卯 八年壬辰 吳鳳凰元年 九年癸巳 十年甲午 咸寧元年乙未 二年丙申 吳天璽元年 三年丁酉 吳天紀元年 四年戊戌 五年己亥 太康元年庚子 二年辛丑 三年壬寅 四年癸卯 五年甲辰 六年乙巳 七年丙午 八年丁未 九年戊申 十年己酉 惠帝永熙元年庚戌 元康元年辛亥 二年壬子 三年癸丑 四年甲寅 五年乙卯 六年丙辰 七年丁巳 八年戊午 九年己未 永康元年庚申 永寧元年辛酉 太安元年壬戌 二年癸亥 永興元年甲子 二年乙丑 光熙元年丙寅 懷帝永嘉元年丁卯 二年戊辰 三年己巳 四年庚午 五年辛未 六年壬申 愍帝建興元年癸酉 二年甲戌 三年乙亥 四年丙子 元帝建武元年丁丑

太興元年戊寅 二年己卯 三年庚辰 四年辛巳 永昌元年壬午 明帝太寧元年癸未 二年甲申 三年乙酉 成帝咸和元年丙戌 二年丁亥 三年戊子 四年己丑 五年庚寅 六年辛卯 七年壬辰 八年癸巳 九年甲午 咸康元年乙未 二年丙申 三年丁酉 四年戊戌 五年己亥 六年庚子 七年辛丑 八年壬寅 康帝建元元年癸卯 二年甲辰 穆帝永和元年乙巳 二年丙午 三年丁未 四年戊申 五年己酉 六年庚戌 七年辛亥 八年壬子 九年癸丑 十年甲寅 十一年乙卯 十二年丙辰 升平元年丁巳 二年戊午 三年己未 四年庚申 五年辛酉 哀帝隆和元年壬戌 興寧元年癸亥 二年甲子 三年乙丑 帝奕太和元年丙寅 二年丁卯 三年戊辰 四年己巳 五年庚午 文帝咸安元年辛未 二年壬申 孝武帝甯康元年癸酉 二年甲戌 三年乙亥 太

國山周氏世譜 卷六十一 歷朝甲子 三 立人堂

元元年丙子 二年丁丑 三年戊寅 四年己卯 五年庚辰 六年辛巳 七年壬午 八年癸未 九年甲申 十年乙酉 十一年丙戌 十二年丁亥 十三年戊子 十四年己丑 十五年庚寅 十六年辛卯 十七年壬辰 十八年癸巳 十九年甲午 二十年乙未 二十一年丙申 安帝隆安元年丁酉 二年戊戌 三年己亥 四年庚子 五年辛丑 元興元年壬寅 二年癸卯 三年甲辰 義熙元年乙巳 二年丙午 三年丁未 四年戊申 五年己酉 六年庚戌 七年辛亥 八年壬子 九年癸丑 十年甲寅 十一年乙卯 十二年丙辰 十三年丁巳 十四年戊午

恭帝元熙元年己未

宋高祖永初元年庚申 二年辛酉 三年壬戌 營陽王景平元年癸亥

文帝元嘉元年甲子 二年乙丑 三年丙寅 四年丁卯 五年戊辰 六年己巳

七年庚午 八年辛未 九年壬申 十年癸酉 十一年甲戌 十二年乙亥 十三年丙子 十四年丁丑 十五年戊寅 十六年己卯 十七年庚辰 十八年辛巳 十九年壬午 二十年癸未 二十一年甲申 二十二年乙酉 二十三年丙戌 二十四年丁亥 二十五年戊子 二十六年己丑 二十七年庚寅 二十八年辛卯 二十九年壬辰 三十年癸巳 武帝孝建元年甲午 二年乙未 三年丙申 大明元年丁酉 二年戊戌 三年己亥 四年庚子 五年辛丑 六年壬寅 七年癸卯 八年甲辰 明帝泰始元年乙巳 二年丙午 三年丁未 四年戊申 五年己酉 六年庚戌 七年辛亥 泰豫元年壬子 蒼梧王元徽元年癸丑 二年甲寅 三年乙卯 四年丙辰 順帝昇明元年丁巳 二年戊午

齊太祖建元元年己未 二年庚申 三年辛酉 四年壬戌 武帝永明元

國山周氏世譜 卷六十一 歷朝甲子 四 立人堂

年癸亥 二年甲子 三年乙丑 四年丙寅 五年丁卯 六年戊辰 七年己巳 八年庚午 九年辛未 十年壬申 十一年癸酉 明帝建武元年甲戌 二年乙亥 三年丙子 四年丁丑 永泰元年戊寅 東昏侯永元元年己卯 二年庚辰 和帝中興元年辛巳

梁高祖天監元年壬午 二年癸未 三年甲申 四年乙酉 五年丙戌 六年丁亥 七年戊子 八年己丑 九年庚寅 十年辛卯 十一年壬辰 十二年癸巳 十三年甲午 十四年乙未 十五年丙申 十六年丁酉 十七年戊戌 十八年己亥 普通元年庚子 二年辛丑 三年壬寅 四年癸卯 五年甲辰 六年乙巳 七年丙午 大通元年丁未 二年戊申 中大通元年己酉 二年庚戌 三年辛亥 四年壬子 五年癸丑 六年甲寅 大同元年乙卯 二年丙辰 三年丁巳 四年

國山周氏世譜　卷六十一　歷朝甲子　三

戊午五年己未六年庚申七年辛酉八年壬戌九年癸亥十年甲子十一年
乙丑中大同元年丙寅太清元年丁卯二年戊辰三年己巳簡文帝大
寶元年庚午二年辛未元帝承聖元年壬申二年癸酉三年甲戌敬帝
紹泰元年乙亥太平元年丙子
陳高祖永定元年丁丑二年戊寅三年己卯文帝天嘉元年庚辰二
年辛巳三年壬午四年癸未五年甲申六年乙酉天康元年丙戌二年丁亥
臨海王光大元年戊子宣帝太建元年己丑二年庚寅三年辛卯四
年壬辰五年癸巳六年甲午七年乙未八年丙申九年丁酉十年戊戌十一
年己亥十二年庚子十三年辛丑十四年壬寅後主至德元年癸卯二
年甲辰三年乙巳四年丙午禎明元年丁未二年戊申

隋高祖開皇元年己酉二年庚戌三年辛亥四年壬子五年癸丑六年
甲寅七年乙卯八年丙辰九年丁巳十年戊午十一年己未十二年庚申仁
壽元年辛酉二年壬戌三年癸亥四年甲子煬帝大業元年乙丑二年
丙寅三年丁卯四年戊辰五年己巳六年庚午七年辛未八年壬申九年癸酉
十年甲戌十一年乙亥十二年丙子恭帝義甯元年丁丑
唐高祖武德元年戊寅二年己卯三年庚辰四年辛巳五年壬午六年
癸未七年甲申八年乙酉九年丙戌太宗貞觀元年丁亥二年戊子三年
己丑四年庚寅五年辛卯六年壬辰七年癸巳八年甲午九年乙未十年丙申
十一年丁酉十二年戊戌十三年己亥十四年庚子十五年辛丑十六
年壬寅十七年癸卯十八年甲辰十九年乙巳二十年丙午二十一年

國山周氏世譜　卷六十一　歷朝甲子　六

丁未二十二年戊申二十三年己酉高宗永徽元年庚戌二年辛亥三
年壬子四年癸丑五年甲寅六年乙卯顯慶元年丙辰二年丁巳三年戊午
四年己未五年庚申龍朔元年辛酉二年壬戌三年癸亥麟德元年甲子
二年乙丑乾封元年丙寅二年丁卯總章元年戊辰二年己巳三年庚午
咸亨元年辛未二年壬申三年癸酉上元元年甲戌二年乙亥儀鳳元
年丙子二年丁丑三年戊寅調露元年己卯永隆元年庚辰開耀元年
辛巳永湻元年壬午宏道元年癸未中宗嗣聖元年甲申二年乙酉
天后垂拱元年三年丙戌四年丁亥五年戊子六年己丑天后永昌元年七年庚寅
周武氏天授元年八年辛卯九年壬辰周改如意又改長壽十年癸巳十一年
甲午周延載元年十二年乙未周天冊年萬歲元年十三年丙申周萬歲通天元

年十四年丁酉十五年戊戌周聖歷元年十六年己亥十七年庚子
周久視元年十八年辛丑周改大足又改長安十九年壬寅二十年癸卯二十
一年甲辰神龍元年乙巳二年丙午景龍元年丁未二年戊申三年己酉
睿宗景雲元年庚戌二年辛亥太極元年元宗先天元年壬子元
宗開元元年癸丑二年甲寅三年乙卯四年丙辰五年丁巳六年戊午七
年己未八年庚申九年辛酉十年壬戌十一年癸亥十二年甲子十三年
乙丑十四年丙寅十五年丁卯十六年戊辰十七年己巳十八年庚午十
九年辛未二十年壬申二十一年癸酉二十二年甲戌二十三年乙亥
二十四年丙子二十五年丁丑二十六年戊寅二十七年己卯二十
八年庚辰二十九年辛巳天寶元年壬午二年癸未三載甲申四年乙酉

五年丙戌六年丁亥七年戊子八年己丑九年庚寅十年辛卯十一年壬辰
十二年癸巳十三年甲午十四年乙未十五載丙申肅宗至德元載
丁酉乾元元年戊戌二年己亥上元元年庚子二年辛丑寶應元年壬寅
代宗廣德元年癸卯二年甲辰永泰元年乙巳大歷元年丙午二年
丁未三年戊申四年己酉五年庚戌六年辛亥七年壬子八年癸丑九年甲寅
十年乙卯十一年丙辰十二年丁巳十三年戊午十四年己未德宗建
中元年庚申二年辛酉三年壬戌四年癸亥興元元年甲子貞元元年
乙丑二年丙寅三年丁卯四年戊辰五年己巳六年庚午七年辛未八年壬申
九年癸酉十年甲戌十一年乙亥十二年丙子十三年丁丑十四年戊寅
十五年己卯十六年庚辰十七年辛巳十八年壬午十九年癸未二十

年甲申順宗永貞元年乙酉憲宗元和元年丙戌二年丁亥三年戊子
四年己丑五年庚寅六年辛卯七年壬辰八年癸巳九年甲午十年乙未十
一年丙申十二年丁酉十三年戊戌十四年己亥十五年庚子穆宗長
慶元年辛丑二年壬寅三年癸卯四年甲辰敬宗寶歷元年乙巳二年
丙午文宗太和元年丁未二年戊申三年己酉四年庚戌五年辛亥六年
壬子七年癸丑八年甲寅九年乙卯開成元年丙辰二年丁巳三年戊午四
年己未五年庚申武宗會昌元年辛酉二年壬戌三年癸亥四年甲子五
年乙丑六年丙寅宣宗大中元年丁卯二年戊辰三年己巳四年庚午五
年辛未六年壬申七年癸酉八年甲戌九年乙亥十年丙子十一年丁丑十
二年戊寅十三年己卯懿宗咸通元年庚辰二年辛巳三年壬午四年

癸未五年甲申六年乙酉七年丙戌八年丁亥九年戊子十年己丑十一年
庚寅十二年辛卯十三年壬辰十四年癸巳僖宗乾符元年甲午二年
乙未三年丙申四年丁酉五年戊戌六年己亥廣明元年庚子中和元年
辛丑二年壬寅三年癸卯四年甲辰光啟元年乙巳二年丙午三年丁未文
德元年戊申昭宗龍紀元年己酉大順元年庚戌二年辛亥景福元
年壬子二年癸丑乾寧元年甲寅二年乙卯三年丙辰四年丁巳光化元
年戊午二年己未三年庚申天復元年辛酉二年壬戌三年癸亥昭宣天
祐元年甲子二年乙丑三年丙寅
梁太祖開平元年丁卯二年戊辰三年己巳四年庚午末帝乾化元
年辛未二年壬申三年癸酉四年甲戌貞明元年乙亥二年丙子三年丁丑

四年戊寅五年己卯六年庚辰龍德元年辛巳二年壬午
後唐莊宗同光元年癸未二年甲申三年乙酉明宗天成元年丙戌
二年丁亥三年戊子四年己丑長興元年庚寅二年辛卯三年壬辰四年
癸巳廢帝清泰元年甲午二年乙未
後晉高祖天福元年丙申二年丁酉三年戊戌四年己亥五年庚子六
年辛丑七年壬寅後晉主重貴天福八年癸卯重貴開運元年甲辰
二年乙巳三年丙午
後漢高祖仍稱天福年號元年丁未隱帝乾祐元年戊申二年
己酉三年庚戌
後周太祖廣順元年辛亥二年壬子三年癸丑世宗顯德元年甲寅

二年乙卯 三年丙辰 四年丁巳 五年戊午 六年己未
宋太祖建隆元年庚申 二年辛酉 三年壬戌 乾德元年癸亥 二年甲子
三年乙丑 四年丙寅 五年丁卯 開寶元年戊辰 二年己巳 三年庚午 四年
辛未 五年壬申 六年癸酉 七年甲戌 八年乙亥 太宗太平興國元年丙子 雍
二年丁丑 三年戊寅 四年己卯 五年庚辰 六年辛巳 七年壬午 八年癸未
熙元年甲申 二年乙酉 三年丙戌 四年丁亥 端拱元年戊子 二年己丑 淳
化元年庚寅 二年辛卯 三年壬辰 四年癸巳 五年甲午 至道元年乙未 二
年丙申 三年丁酉 真宗咸平元年戊戌 二年己亥 三年庚子 四年辛丑 五
年壬寅 六年癸卯 景德元年甲辰 二年乙巳 三年丙午 四年丁未 大中祥
符元年戊申 二年己酉 三年庚戌 四年辛亥 五年壬子 六年癸丑 七年甲寅

八年乙卯 九年丙辰 天禧元年丁巳 二年戊午 三年己未 四年庚申 五年
辛酉 乾興元年壬戌 仁宗天聖元年癸亥 二年甲子 三年乙丑 四年丙寅
五年丁卯 六年戊辰 七年己巳 八年庚午 九年辛未 明道元年壬申 二年
癸酉 景祐元年甲戌 二年乙亥 三年丙子 四年丁丑 寶元元年戊寅 二年
己卯 康定元年庚辰 慶歷元年辛巳 二年壬午 三年癸未 四年甲申 五年
乙酉 六年丙戌 七年丁亥 八年戊子 皇祐元年己丑 二年庚寅 三年辛卯 四
年壬辰 五年癸巳 至和元年甲午 二年乙未 嘉祐元年丙申 二年丁酉 三
年戊戌 四年己亥 五年庚子 六年辛丑 七年壬寅 八年癸卯 英宗治平元
年甲辰 二年乙巳 三年丙午 四年丁未 神宗熙寧元年戊申 二年己酉 三
年庚戌 四年辛亥 五年壬子 六年癸丑 七年甲寅 八年乙卯 九年丙辰 十年

丁巳 元豐元年戊午 二年己未 三年庚申 四年辛酉 五年壬戌 六年癸亥 七
年甲子 八年乙丑 哲宗元祐元年丙寅 二年丁卯 三年戊辰 四年己巳 五
年庚午 六年辛未 七年壬申 八年癸酉 紹聖元年甲戌 二年乙亥 三年丙子
四年丁丑 元符元年戊寅 二年己卯 三年庚辰 徽宗建中元年辛巳 崇
寧元年壬午 二年癸未 三年甲申 四年乙酉 五年丙戌 大觀元年丁亥 二
年戊子 三年己丑 四年庚寅 政和元年辛卯 二年壬辰 三年癸巳 四年甲午
五年乙未 六年丙申 七年丁酉 重和元年戊戌 宣和元年己亥 二年庚子
三年辛丑 四年壬寅 五年癸卯 六年甲辰 七年乙巳 欽宗靖康元年丙午
高宗建炎元年丁未 二年戊申 三年己酉 四年庚戌 紹興元年辛亥 二
年壬子 三年癸丑 四年甲寅 五年乙卯 六年丙辰 七年丁巳 八年戊午 九年

己未 十年庚申 十一年辛酉 十二年壬戌 十三年癸亥 十四年甲子 十五
年乙丑 十六年丙寅 十七年丁卯 十八年戊辰 十九年己巳 二十年庚午
二十一年辛未 二十二年壬申 二十三年癸酉 二十四年甲戌 二十
五年乙亥 二十六年丙子 二十七年丁丑 二十八年戊寅 二十九年
己卯 三十年庚辰 三十一年辛巳 三十二年壬午 孝宗隆興元年癸未
二年甲申 乾道元年乙酉 二年丙戌 三年丁亥 四年戊子 五年己丑 六年
庚寅 七年辛卯 八年壬辰 九年癸巳 淳熙元年甲午 二年乙未 三年丙申 四
年丁酉 五年戊戌 六年己亥 七年庚子 八年辛丑 九年壬寅 十年癸卯 十一
年甲辰 十二年乙巳 十三年丙午 十四年丁未 十五年戊申 十六年己酉
光宗紹熙元年庚戌 二年辛亥 三年壬子 四年癸丑 五年甲寅 寧宗慶

元元年乙卯二年丙辰三年丁巳四年戊午五年己未六年庚申嘉泰元
年辛酉二年壬戌三年癸亥四年甲子開禧元年乙丑二年丙寅三年丁卯
嘉定元年戊辰二年己巳三年庚午四年辛未五年壬申六年癸酉七年
甲戌八年乙亥九年丙子十年丁丑十一年戊寅十二年己卯十三年庚辰
十四年辛巳十五年壬午十六年癸未十七年甲申理宗寶慶元年
乙酉二年丙戌三年丁亥紹定元年戊子二年己丑三年庚寅四年辛卯五
年壬辰六年癸巳端平元年甲午二年乙未三年丙申嘉熙元年丁酉二
年戊戌三年己亥四年庚子淳祐元年辛丑二年壬寅三年癸卯四年甲辰
五年乙巳六年丙午七年丁未八年戊申九年己酉十年庚戌十一年辛亥
十二年壬子寶祐元年癸丑二年甲寅三年乙卯四年丙辰五年丁巳六

年戊午開慶元年己未景定元年庚申二年辛酉三年壬戌四年癸亥五
年甲子度宗咸淳元年乙丑二年丙寅三年丁卯四年戊辰五年己巳六
年庚午七年辛未八年壬申九年癸酉十年甲戌恭宗德祐元年乙亥端
宗景炎元年丙子二年丁丑帝昺祥興元年戊寅二年己卯
元世祖至元十七年庚辰十八年辛巳十九年壬午二十年癸未二
十一年甲申二十二年乙酉二十三年丙戌二十四年丁亥二十五
年戊子二十六年己丑二十七年庚寅二十八年辛卯二十九年壬辰
三十年癸巳三十一年甲午成宗元貞元年乙未二年丙申大德元
年丁酉二年戊戌三年己亥四年庚子五年辛丑六年壬寅七年癸卯八年
甲辰九年乙巳十年丙午十一年丁未武宗至大元年戊申二年己酉三

年庚戌四年辛亥仁宗皇慶元年壬子二年癸丑延祐元年甲寅二年
乙卯三年丙辰四年丁巳五年戊午六年己未七年庚申英宗至治元年
辛酉二年壬戌三年癸亥泰定帝泰定元年甲子二年乙丑三年丙寅四
年丁卯致和元年文宗天歷元年戊辰明宗天歷元年己巳文宗
至順元年庚午二年辛未三年壬申順帝元統元年癸酉二年甲戌至
元元年乙亥二年丙子三年丁丑四年戊寅五年己卯六年庚辰至正元
年辛巳二年壬午三年癸未四年甲申五年乙酉六年丙戌七年丁亥八年
戊子九年己丑十年庚寅十一年辛卯十二年壬辰十三年癸巳十四年
甲午十五年乙未十六年丙申十七年丁酉十八年戊戌十九年己亥二
十年庚子二十一年辛丑二十二年壬寅二十三年癸卯二十四年

甲辰二十五年乙巳二十六年丙午二十七年丁未
明太祖洪武元年戊申二年己酉三年庚戌四年辛亥五年壬子六年
癸丑七年甲寅八年乙卯九年丙辰十年丁巳十一年戊午十二年己未十
三年庚申十四年辛酉十五年壬戌十六年癸亥十七年甲子十八年
乙丑十九年丙寅二十年丁卯二十一年戊辰二十二年己巳二十三
年庚午二十四年辛未二十五年壬申二十六年癸酉二十七年甲戌
二十八年乙亥二十九年丙子三十年丁丑三十一年戊寅建文帝
建文元年己卯二年庚辰三年辛巳四年壬午成祖永樂元年癸未二
年甲申三年乙酉四年丙戌五年丁亥六年戊子七年己丑八年庚寅九年
辛卯十年壬辰十一年癸巳十二年甲午十三年乙未十四年丙申十五

年丁酉十六年戊戌十七年己亥十八年庚子十九年辛丑二十年壬寅
二十一年癸卯二十二年甲辰二十三年乙巳仁宗洪熙元年丙午
宣宗宣德元年丁未二年戊申三年己酉四年庚戌五年辛亥六年壬子
七年癸丑八年甲寅九年乙卯英宗正統元年丙辰二年丁巳三年戊午
四年己未五年庚申六年辛酉七年壬戌八年癸亥九年甲子十年乙丑十
一年丙寅十二年丁卯十三年戊辰十四年己巳景帝景泰元年庚午
二年辛未三年壬申四年癸酉五年甲戌六年乙亥七年丙子英宗復辟
天順元年丁丑二年戊寅三年己卯四年庚辰五年辛巳六年壬午七年
癸未八年甲申憲宗成化元年乙酉二年丙戌三年丁亥四年戊子五年
己丑六年庚寅七年辛卯八年壬辰九年癸巳十年甲午十一年乙未十二

年丙申十三年丁酉十四年戊戌十五年己亥十六年庚子十七年辛丑
十八年壬寅十九年癸卯二十年甲辰二十一年乙巳二十二年丙午
二十三年丁未孝宗宏治元年戊申二年己酉三年庚戌四年辛亥五
年壬子六年癸丑七年甲寅八年乙卯九年丙辰十年丁巳十一年戊午十
二年己未十三年庚申十四年辛酉十五年壬戌十六年癸亥十七年
甲子十八年乙丑武宗正德元年丙寅二年丁卯三年戊辰四年己巳五
年庚午六年辛未七年壬申八年癸酉九年甲戌十年乙亥十一年丙子十
二年丁丑十三年戊寅十四年己卯十五年庚辰十六年辛巳世宗嘉
靖元年壬午二年癸未三年甲申四年乙酉五年丙戌六年丁亥七年戊子
八年己丑九年庚寅十年辛卯十一年壬辰十二年癸巳十三年甲午十

四年乙未十五年丙申十六年丁酉十七年戊戌十八年己亥十九年
庚子二十年辛丑二十一年壬寅二十二年癸卯二十三年甲辰二十
四年乙巳二十五年丙午二十六年丁未二十七年戊申二十八年
己酉二十九年庚戌三十年辛亥三十一年壬子三十二年癸丑三十
三年甲寅三十四年乙卯三十五年丙辰三十六年丁巳三十七年
戊午三十八年己未三十九年庚申四十年辛酉四十一年壬戌四十
二年癸亥四十三年甲子四十四年乙丑四十五年丙寅穆宗隆慶
元年丁卯二年戊辰三年己巳四年庚午五年辛未六年壬申神宗萬曆
元年癸酉二年甲戌三年乙亥四年丙子五年丁丑六年戊寅七年己卯八
年庚辰九年辛巳十年壬午十一年癸未十二年甲申十三年乙酉十四

年丙戌十五年丁亥十六年戊子十七年己丑十八年庚寅十九年辛卯
二十年壬辰二十一年癸巳二十二年甲午二十三年乙未二十四
年丙申二十五年丁酉二十六年戊戌二十七年己亥二十八年庚子
二十九年辛丑三十年壬寅三十一年癸卯三十二年甲辰三十三
年乙巳三十四年丙午三十五年丁未三十六年戊申三十七年己酉
三十八年庚戌三十九年辛亥四十年壬子四十一年癸丑四十二
年甲寅四十三年乙卯四十四年丙辰四十五年丁巳四十六年戊午
四十七年己未光宗泰昌元年庚申熹宗天啟元年辛酉二年壬戌
三年癸亥四年甲子五年乙丑六年丙寅七年丁卯懷宗崇禎元年戊辰
二年己巳三年庚午四年辛未五年壬申六年癸酉七年甲戌八年乙亥九

年丙子 十年丁丑 十一年戊寅 十二年己卯 十三年庚辰 十四年辛巳 十
五年壬午 十六年癸未
清世祖章皇帝順治元年甲申 二年乙酉 三年丙戌 四年丁亥 五年
戊子 六年己丑 七年庚寅 八年辛卯 九年壬辰 十年癸巳 十一年甲午 十二
年乙未 十三年丙申 十四年丁酉 十五年戊戌 十六年己亥 十七年庚子
十八年辛丑
聖祖仁皇帝康熙元年壬寅 二年癸卯 三年甲辰 四年乙巳 五年丙午
六年丁未 七年戊申 八年己酉 九年庚戌 十年辛亥 十一年壬子 十二年
癸丑 十三年甲寅 十四年乙卯 十五年丙辰 十六年丁巳 十七年戊午 十
八年己未 十九年庚申 二十年辛酉 二十一年壬戌 二十二年癸亥 二

十三年甲子 二十四年乙丑 二十五年丙寅 二十六年丁卯 二十七
年戊辰 二十八年己巳 二十九年庚午 三十年辛未 三十一年壬申 三
十二年癸酉 三十三年甲戌 三十四年乙亥 三十五年丙子 三十六
年丁丑 三十七年戊寅 三十八年己卯 三十九年庚辰 四十年辛巳 四
十一年壬午 四十二年癸未 四十三年甲申 四十四年乙酉 四十五
年丙戌 四十六年丁亥 四十七年戊子 四十八年己丑 四十九年庚寅
五十年辛卯 五十一年壬辰 五十二年癸巳 五十三年甲午 五十四
年乙未 五十五年丙申 五十六年丁酉 五十七年戊戌 五十八年己亥
五十九年庚子 六十年辛丑 六十一年壬寅
世宗憲皇帝雍正元年癸卯 二年甲辰 三年乙巳 四年丙午 五年丁未

六年戊申 七年己酉 八年庚戌 九年辛亥 十年壬子 十一年癸丑 十二年
甲寅 十三年乙卯
高宗純皇帝乾隆元年丙辰 二年丁巳 三年戊午 四年己未 五年庚申
六年辛酉 七年壬戌 八年癸亥 九年甲子 十年乙丑 十一年丙寅 十二年
丁卯 十三年戊辰 十四年己巳 十五年庚午 十六年辛未 十七年壬申 十
八年癸酉 十九年甲戌 二十年乙亥 二十一年丙子 二十二年丁丑 二
十三年戊寅 二十四年己卯 二十五年庚辰 二十六年辛巳 二十七
年壬午 二十八年癸未 二十九年甲申 三十年乙酉 三十一年丙戌 三
十二年丁亥 三十三年戊子 三十四年己丑 三十五年庚寅 三十六
年辛卯 三十七年壬辰 三十八年癸巳 三十九年甲午 四十年乙未 四

十一年丙申 四十二年丁酉 四十三年戊戌 四十四年己亥 四十五
年庚子 四十六年辛丑 四十七年壬寅 四十八年癸卯 四十九年甲辰
五十年乙巳 五十一年丙午 五十二年丁未 五十三年戊申 五十四
年己酉 五十五年庚戌 五十六年辛亥 五十七年壬子 五十八年癸丑
五十九年甲寅 六十年乙卯
仁宗睿皇帝嘉慶元年丙辰 二年丁巳 三年戊午 四年己未 五年庚申
六年辛酉 七年壬戌 八年癸亥 九年甲子 十年乙丑 十一年丙寅 十二年
丁卯 十三年戊辰 十四年己巳 十五年庚午 十六年辛未 十七年壬申 十
八年癸酉 十九年甲戌 二十年乙亥 二十一年丙子 二十二年丁丑 二
十三年戊寅 二十四年己卯 二十五年庚辰

宣宗成皇帝道光元年辛巳二年壬午三年癸未四年甲申五年乙酉
六年丙戌七年丁亥八年戊子九年己丑十年庚寅十一年辛卯十二年
壬辰十三年癸巳十四年甲午十五年乙未十六年丙申十七年丁酉十
八年戊戌十九年己亥二十年庚子二十一年辛丑二十二年壬寅二
十三年癸卯二十四年甲辰二十五年乙巳二十六年丙午二十七
年丁未二十八年戊申二十九年己酉三十年庚戌
文宗顯皇帝咸豐元年辛亥二年壬子三年癸丑四年甲寅五年乙卯
六年丙辰七年丁巳八年戊午九年己未十年庚申十一年辛酉
穆宗毅皇帝同治元年壬戌二年癸亥三年甲子四年乙丑五年丙寅
六年丁卯七年戊辰八年己巳九年庚午十年辛未十一年壬申十二年
癸酉十三年甲戌

德宗景皇帝光緒元年乙亥二年丙子三年丁丑四年戊寅五年己卯
六年庚辰七年辛巳八年壬午九年癸未十年甲申十一年乙酉十二年
丙戌十三年丁亥十四年戊子十五年己丑十六年庚寅十七年辛卯十
八年壬辰十九年癸巳二十年甲午二十一年乙未二十二年丙申二
十三年丁酉二十四年戊戌二十五年己亥二十六年庚子二十七
年辛丑二十八年壬寅二十九年癸卯三十年甲辰三十一年乙巳三
十二年丙午三十三年丁未三十四年戊申
宣統元年己酉二年庚戌三年辛亥
民國元年壬子二年癸丑三年甲寅四年乙卯

簡惠公輯譜跋

周氏爲江南巨族其來久矣秦漢以前不必遐迹即自晉及今幾八百年而孝侯之脈愈衍愈長非其忠義之隆所獲報與世有權臣著姓烜赫一時乃不一二傳而灰飛燼滅今覩周氏之譜寧不爲寒心也耶周氏余之世戚也其孫出譜屬跋不佞烏能文哉獨有感於惟德獲後因識之以爲後人鑒紹聖四年孟春觀文殿大學士蔣之奇書

簡惠公自跋

余自謝政歸田延覽彥傑謹出十二世藝門府家乘二十五世拾遺祖廟碑續修新譜其間支派昭穆井井條悉壽之梨棗所以便後人稽考也自是以降惟我子孫體念毋墜先聲可以稱賢人特書此以示爲我後者當黽勉以求賢名毋惰慢而爲不肖庶兹譜有光垂之永永紹興二十二年仲冬四十二世孫葵跋

東皋公纂修宗譜跋　馬　治

江南望族惟周氏爲最自漢以來其簪纓閥閱非一世矣逮子隱而祖父子孫並膺顯爵當時侯封甲乙冠帶聯翩族之盛不獨甲江南而且足以擘天下痛五侯爲王敦誣害而中季寖衰猶幸天不泯其傳越數世而支復蕃衍惜其兵燹之餘播徙不一而周族之全今不可復覩矣惟自勇侯碩之一支傳千餘年寖昌寖熾遺壬辰之難亦不絶如縷迄今其披圖猶得尋孝侯之緒非易所謂積善之家必有餘慶而其所由來者漸歟其五十一世孫君美承先人之業而振起書香於隱居之暇詳考其宗支而集以爲

譜由示余曰不肖懼後之人散逸而無所考也勉循先世遺編搜訂惟謹嗣而緝之成帙至於見聞所不能逮姑闕以俟知者仍錄先侯忠義爭蹟以爲後人鑒愚於是竊有感焉書首九族詩重同姓吾夫子嘗刪訂二經以垂訓萬世其敦本之意至深切矣後宗法寖壞世教日衰然天理民彜未嘗泯絶而惟公能迄念厥祖反本窮源眞可謂不負詩書之遺意者且欲後人觀感奮發念祖德象祖賢而重光奕世其諄諄懇懇留情譜系者豈直爲觀美哉余族與周氏爲世誼第宅相鄰習聞有素雖其間有所不及知者愚或識其一二故爲之彼此參互而紀其略於譜云

蟾一公倡修雲龍世譜跋

國山譜十二世以前有黃門公之手冊二十五世以上有拾遺公之再修至四十二世簡惠公三纂五十一世東皋公四纂至今又十三世矣歷年既久或諱存而字無考或有配而姓不詳既無以續前編將何以信後嗣俟之異日有遺憾焉兹加哀輯先列世系次詳世傳凡昭穆輩行名諱字號生卒葬配履歷子女嘉言懿行罔不備載古人文藝搜輯無遺千餘年支分派别一目了然經營三載至壬申初夏始克告成云

康熙壬申季秋五十九世孫夢桂跋

倡修雲霧世譜後跋

壬申歲之六月同叔夢桂暨亦愚亦文兩兄敘次國山以來世譜既已竣事仰而深維曰子孫之賢不肖惟我祖孝侯可見矣孝侯賦天挺之性負鄉曲之患一旦改行卒有千古孝侯之殺蛟虎非徒膂力也志殺之也當其殺蛟虎之時若按梁王肜死齊萬年而其按梁王肜死齊萬年也若赴蛟虎有此志然後蛟虎可得而殺志足以殺蛟虎然後可以爲善夫人之情聞賢祖宗之名則躍焉喜矜之以爲我祖此豈獨其名之美蓋亦美其行焉美其行而不學是亦但謂賢者之子孫而未爲賢子孫也向使孝侯當時

國山周氏世譜 續編 卷六十下 原跋 四 立本堂

不務立志如殺蛟虎者至於今子孫無得而稱之況他人乎嗚呼無念爾祖事修厥德列茲譜者念之矣康熙三十一年季秋六十世孫堯年謹跋

乾隆丙寅修譜跋

譜自壬申續修後已五十五年生配卒葬久或遺忘急宜紀錄固已尤有宜增訂者非敢掇拾前人事關尊祖收族是非不容不辨義例不可不精也國陽公四子獨遺朱濆一支揆厥所以其失惟均是宜合昌陽公一支始同遷世同居不應膜外視之是宜附行健公遜求公西渚公雖皆國陽公後而或絕或微難以並列各分是亦宜附先世忠孝節義彪炳寰區達識貽謀垂裕奕禩而不爲詳著或有傳失登是胥宜補鄙俚謬誤間見迭出是宜芟潤改正女自壻甥貴顯外例不入譜遂令百年姻好易世無徵是宜

國山周氏世譜 續編 卷六十下 原跋 五 立本堂

略其不可知而詳其所可知蓋壬申修譜名爲共事實主持於一人既仍蒲墅萬歷時翻本之草率舛誤又未能盡懷以集益故弊至此也維楨才力詎足辦此乃昔人有志未逮今皆畏難避勞不得已黽勉任事雖殫竭精力抱愧良多豈無疏陋尚冀後人之我諒也是役也輯錄稾本寒暑罔間監理較對晝夜靡寧則十一代孫近義也協理料督共相佽助則十代孫長裕十一代孫定遠方端之柱近智十二代孫時泰繹翔之煊也乾隆十一年丙寅仲冬六十一世孫維楨謹跋

乾隆丙寅修譜記

譜上尊祖下收族典至重也義既不文且兼貧落豈曰修譜人哉而新正初特以修譜倡是舉也果爲義之好名乎抑爲義之射利乎或舉迂遠不急之務而過費族人乎纂輯族譜分所當爲何名之有士窮見節不染分文何利之有譜自壬申修後於今五十五年曠隔數世春秋祠彙譜載者什一無名者什九不幾乎祖考之卒葬無稽子孫之生娶無考乎何爲不急義因發憤偕維楨姪盡心盡力任怨任勞喜怒不形寒暑不輟春夏輯稿秋冬督局丙寅一週家乘告竣幸也有始有卒庶幾乎對祖宗而無愧矣不

亦可以免族人之非笑而自問快然也乎然則記也者將記義之功歟非記義之功記義之咎并記義之愚體段規模仿諸名譜而未經十目疎略頗多後有敦崇族誼存心譜牒者斷毋復蹈前人之咎而亦毋薄前人之愚斯家乘可以大修續修不一修矣六十世孫近義謹識

乾隆癸卯修譜跋

譜自黃門公編後迄 國朝乾隆丙寅續修者五所以昭世代詳生卒紀行實也雖爲時疎數不同而尊 祖收族之心則一閱今四十年生齒益衆前歲叔祖宸衡會倡修輯稿過半不果行去年春叔祖左爽以族尊集各分長暨宗人之有年望者諭增修譜事衆情翕合彙議僉同遂先期錄丁今歲癸卯設局雲霧 大宗祠共襄斯舉而時值賓興下帷者衆族尊因屬之叔祖宸弼并繆及儀袞與弟彥儀袞自料識淺力綿何能爲役辭不獲已竊與校讐綜計爲卷者二十其間新增圖表約十之三世傳約十之二

閒有裁酌體製詳凡例中自夏迄冬工乃竣是役也爲時其迫雖宸弼與儀袞等互爲檢核能無亥豕之仍訛金銀之新悞以滋咎戾乎所賴前譜之典型在望而通族之佽助尤多一時糾督協理者爲叔祖近智叔霈忠在京守基貞兄日暘諛報劬汝爲輩至膳校諸昆季更不及悉書和衷並濟迄用有成儀袞等庶幾免於大過而和氣致祥之說或卽於此舉期之也茲當告成之候旣懇相國梁公序弁於首族尊命誌數言於末因綜大畧書之若補救之有賴後來則固同事者所厚望也

乾隆癸卯十月下浣六十二代孫儀袞謹跋

嘉慶丁丑修譜後跋

吾家世系自廣平公至今千六百年家聲奕奕子孫繩繩遞及六十七世盛矣宗譜之修於黄門公拾遺公簡惠公東皋公者是爲原編其在我

朝康熙壬申則修於蟾一公乾隆丙寅則修於戮齋公癸卯則修於補堂公是爲續編續之云者取以似以續續古之人之義也今屆嘉慶丁丑距癸卯已三十五年矣族尊宸輔族叔隨復議踵修意在續紀世數詳書生年月日婚娶卒葬及子女而已其閒亦有科名爵秩學行文章并孝子節婦可傳於後世者並爲著表立傳斷自六十世修起

分卷若干徑接前卷計合新舊譜爲一部凡在六十世以上概不更動省費也亦且省工然閲前譜各表傳文内不無疎漏缺略處於心耿耿又復不可移動因同姪之請勉輯補遺要義一卷以附其後非敢妄議前人也亦助所不及云爾是役也經始於丁丑正月開局於三月下旬蕆事於六月之杪爲時過迫未免草草況譜係八修以新續舊究未成全書後有作者仍統前後而大修之是所厚望於來者六十二世孫迪謹跋

嘉慶丁丑修譜跋

吾譜自癸卯修後迄今閲三十五年齒日以繁族更以衍今年春族尊宸輔暨族叔隨進荇而命之曰予先宜興舊族也自上世顯功於西晉洎乎南朝實有勲德唐宋及明功業閎闊爛焉今雖少替矣而登賢書司民牧秉鐸名邦者不乏知先人之澤未泯也譜不增訂非敬宗收族之道汝其勉之荇退而偕弟星垣迪整釐世系編纂圖表爰拜手稽首而復於尊長曰夫譜所以聯宗族勸親親也閲時久不輯則散纂訂稍不慎則亂苟散且亂則同族之昆季且視同秦越人蓋由一人分之而有兄弟由兄弟分之而

有親疎遠邇親疎遠邇者勢之所由分即情之所由别也吾不能使疎者親遠者邇勢必致親者逾疎邇者逾遠而宗族大壞其端皆由於譜法之不修孟子曰人人親其親長其長而天下平誠使因所親而及其所未親由所長以及其所未長則宗族敦而風俗茂王道之成不外乎此況自家以内者哉然則宗譜者天下國家之本也可不務乎族尊長咸曰唯唯汝其編纂成帙式此意告之話言以爲後世子孫法於是綜核舊文分别支派五十九世以上仍其舊六十世以下增其新傳誌藝文附於後更益以補遺凡若干卷後嗣子孫得覽觀焉六十二孫世荇謹跋

道光丙午修譜跋

我祖宗締造自晉迄今千七百年矣其間宗譜之修木本水源支分派別世雖遠親若面稽系雖繁瞭如指掌誠盛軌也前朝黄門公拾遺公簡惠公東皋公訂爲原編我朝蟾一公谿齋公補堂公藕塘公訂爲續編自丁丑修後又閱三十年子姓日蕃散居鄉落急宜有以統紀之也今年五月十三日於侯廟舉行簡惠公時祭分尊畢集議修譜事並命鈞及族弟烈涤議以進鈞自慙謭陋遑不逮前人學識何敢與聞謹退與族弟烈及族叔宣光弟于誥襄等悉心商定竊惟前既續修無容再續而統修又工費浩繁

因議納再續於前續中自五十九世以上概不舉動六十世以下統行更新合兩續爲一編體例無所妨礙各房先敘圖表稿並增　恩綸支傳各自釐訂送局仍行公同斟稽方付剞劂詢諸叔兄弟姪其意僉同爰於八月初旬開局十月下旬告竣比而觀之凡子姓生年月日婚配卒葬暨科名爵秩學行文章并孝子節婦一一詳核間有補遺亦必參考舊聞講明而切究之事至簡也功至速也省嗇則不免而統紀已秩然矣是役也賴各分尊督率有方兼吾宗弟姪多賢纂訂昕夕不輟其天假之緣耶抑亦式是典型先靈如在有默相而成之者耶他日子孫繩繩發前光而恢洪業加意於尊祖敬宗收族統合前後編而一振新之是則鈞之所不敢知而又未嘗無重望於後賢者也

道光二十六年歲次丙午十月下浣六十三世孫秉鈞烈謹跋

光緒辛巳続修世譜跋

我族世譜自乾隆癸卯続修後嘉慶丁丑道光丙午兩次增訂俱截修近代遥接前文續舊編新爲省費也粤逆之亂子姓散亡譜亦散佚惟存秋字號原編全部其流離之際始由從兄錦章護持年餘繼歸從兄陛芝珍藏日久再經從子湛霖携帶渡江由是得完此舊牒僅存之原委也光緒丙子宗長伯林暨各分長均以家乘重修爲要務命飛條議以進飛退與弟姪輩熟商湛霖進言曰夫譜所以聯宗族分支派昭世系別長幼也矧當大難之後譜各闕如自當及時続修俾傳勿替然而前後核計自始祖迄今

歷世七十書須數千帙則纂輯不易老成彫謝凡生卒配葬者訪莫知者從何錄載則考訂不易絕房過多有産者爭立無産者相諉則議嗣不易書籍蕩然歷祖事蹟欲查載而無從則參證不易彫敝之餘元氣未復家少餘資又無公欵則籌費不易有此五不易而欲博修譜之美名恐急就之章適留爲後人口實耳衆以爲然因欲行而中止閱數年從子家楣守制旋里今春祠祭詢及譜事宗長庚全以五不易告家楣曰執是以言是譜終無修成之日也烏乎可玆参用變通之法族中子弟年少知書者悉令入局昕夕謄校則纂輯自易生卒配葬有可攷者書之無可攷者姑闕之則考訂自易故絕之房應立者毋庸推諉擇立者公同酌定或助以資則議嗣自易載籍缺少徧爲訪求借鈔摘錄則參證自易丁捐不敷勸有力者勉爲輸將則籌費自易衆議僉同家楣先捐三百金以爲倡從弟金章亦捐錢百緡爰即催送底稿各自釐定復參舊譜一一校讐圖表既集並增入先德祀蹟祠宇邱墓殉難節孝著作藝文諸誌稿成付剞劂七月上旬開局九月下旬蕆事爲卷四十有八爲本三十有四比而觀之凡各祖之勳德爵秩學行文章忠孝節義等事羅列悉備其前譜舛譌正謬及載明應補者亦靡不逐條照改詳核無遺事至煩也

功至速也後有作者倘重振鴻業加意於敬宗收族本是編而更新之并將舛錯訛漏之處糾稽而補正之是則飛所深望者矣光緒辛巳九月下浣之吉十五世孫鳳飛謹跋

跋

光緒辛巳少宰公宅憂里居創修宗譜蘭舟公實主其事忽忽至今又三十餘年矣族父老屢議重修未果今歲乃決行之以志靖嘗與斯役命襄厥事竊念吾族譜牒上下二千年故家喬木都人推爲黎獻自維譾陋何足任斯況值滄桑變革先疇易墜經費難籌體例易舛再辭不獲因議接修庶成式堪循竣功稍易顧經公議現屆會譜殘闕頗多若不統修何以完善議提城鄉各祠公項照前認原數各加一倍爲洋千二百元少宰公前捐大宗祠積穀售半得洋三百元欣然叔首捐二百元志靖與程劬兩弟合

捐百元組圖夏千兩弟合捐五十元光奇弟捐三十元餘亦捐十元五元不等合計將二千元勉敷預算不足再議籌補遂於本年五月九日開局續收叔達叔捐五十元鑑臣姪捐百元志靖與冠臣濟臣續丹夏千弟莪蓀姪各任外纂念伊弟任會計昕夕從事景先弟暑假亦任外纂同心之應譬若奎黄一字之訛互相攷訂企亭竹生靜溪諸叔監修竹生叔並隨時指示獲有遵循未幾組圖弟自寗函陳意見擬將舊譜重行釐訂其言深切著明爰呈族父老僉以爲宜莪蓀姪爲蘭舟公孫墨青兄子熟諳譜事屬其部居別白一手改編每成一卷志靖參覲並稱允治郎

付手民茲於十月二十日成書是舉也與道光丙午光緒辛巳兩屆修譜距離年限及統修門類均屬相符所增科名學校表及閨秀集則附屬各類並非歧出風會攸殊纂敘或異宗旨仍不背前人也抑志靖更有言者此次統修良非得已復以閣學公及少宰公勳望並隆紀載較詳視上屆卷帙較多程工較久志靖每惴惴以物力難繼爲懼僅閱五月竟贍厥成我祖式憑保佑命之竊願同勵前修長茲珍守用昌厥世天下事何常敬以持之則常處於不敗之地玩以嘗之則未免爲將來之憂一消一息所關甚鉅蘇子不云乎觀於其譜而孝子悌弟之心油然生矣敢

爲族人同進一言其或訛錯闕漏攷校而補正之更所望於來者至會同校對則有子良肥生其皋念孫弟鴻翔繡孟定伯姪而肥生尤勤經理庶務則有淦澄寄廬少春驥昌挺皋弟而少春尤勤例合附書乙卯十月十七代孫志靖謹跋

跋

憶乙巳歲與曾伯兄在明相國益齋公祠治譜事墨兄曰異日吾本支有事於此我任表系弟任文言各毋諉忽又慨然曰事誠難言我與弟皆東西南北之人也迄今夏事集總纂立可叔兄行義學識冠族望在事皆髦俊莪孫姪尤能守祖研承父志衰然巨册五閱月告成偉哉而學源草草勞人方衣短後治軍書眾未克為祖宗服一日之勞墨兄且墓木拱矣嗟乎吾祖宗功德在人後之子孫豈惟是數典云尔蓋必繼世而起者其勳業文章足以還相輝映然後可以達繼志述事之孝在南齋時首輯宗譜者為黃門公辛巳歲重修主其事者為少宰公其量均足以導揚先德垂為典則故吾國山家乘遞臻美備上下二千年為江表文獻之宗自少宰闇學兩公殂謝吾族寖衰矣立可兄方有為猝遭鼎革其蹉跎如學源者比比也又若老成零落英少摧殘吾五世父死義世母死烈尤痛史也而庥祥煊赫之紀載蓋尠焉感何如耶書曰毋念尔祖聿脩厥德夫敦孝友勵學行勤職業尚親愛克勤克儉教誠子弟皆德也一人之德不德合之即一族盛衰之原也念吾祖德巍乎遠矣寧有弗保世以滋大者要在子子孫孫勿替引之耳此次先議援脩學源憮然於吾族物力

之緒而仍力請重修者意在補葺舊德
釐定參次又因法令之變易事實所獲
生於部類目錄不能無所增易也爰自
寧上書總纂及諸長老多蒙採擇古來
世家系牒上備國史之參証其次亦與地
方志相輔職不慎諸率賴我祖宗根本
之庇他日人文蔚起什伯於今日繼志述

三

事必有善為之者謹俟之矣雖然日月
不居滄桑人變以吾宗支系之繁三十
年来事已汲汲有将湮没是懼則今日
之役又何可少俟耶
乙卯季秋第十七代孫學源渠謹書跋

乙卯重修譜頒領字號

天字號給十五代孫名聽生字遠來收執
地字號給十五代孫名之藩字干城收執
元字號給十五代孫名岳傘字同義收執
黃字號給十五代孫名龍生字應辰收執
宇字號給十六代孫名雅亭字企亭收執
宙字號給十六代孫名家謨字竹生收執
咸字號給十六代孫名坤榮字蔚溪收執
康字號給十六代孫名柏林字廷安收執
日字號給十六代孫名用中字用光收執

國山周氏世譜　卷六　頒譜字號　一　孝友堂

月字號給十六代孫名銓耕字九餘收執
盈字號給十六代孫名書文字惟幹收執
昃字號給十六代孫名家驎字子振收執
辰字號給十六代孫名垓字哲玖收執
宿字號給十六代孫名廣田字鬻榮收執
列字號給十六代孫名欣然字學能收執
張字號給十六代孫名□□字效塗收執
寒字號給十六代孫名德臣字得成收執
來字號給十六代孫名和卿字效古收執
暑字號給十六代孫名□□字□福收執

□字號 十六代孫 收執

冬字號給十六代孫 收執

藏字號給十六代孫 名 收執

閏字號給十六代孫 名字 收執

餘字號給十六代孫 字名 收執

成字號給十□□孫 名 收執

歲字號給十 收執

律字 □七 收執

頌譜字號

閏

呂字 收執

調字號給十□□孫 名 收執

陽字號給十七代孫 名字 收執

雲字號給十七代孫 名字 收執

騰字號給十七代孫 名字 收執

致字號給十七代孫 名字 收執

□□□給十七代孫 名 收執

十七代孫 收執

二一 支本宜

生字號 十七代孫

麗字號給十七代孫 名

水字號給十七代孫 字名

玉字號給十七代孫 名字

出字號給十七代孫 名字

崑字號給十七□孫 名

岡字號給十

劍字

閏

號字

巨字號給十

闕字號給十七代孫 名

珠字號給十七代孫 名

稱字號給十七代孫

夜字號給十□代孫 名字

光字號給十七代孫 名

菓字號 十七代孫

重字號 十八代

炸字號給十八代孫

萱字號給十八代孫 字名

海字號給十八代孫 字名

鹹字號給十九代孫 字名

公議宗譜定 三年

外輪木

後記

無錫是中國吴文化的發祥地。七千多年悠久歷史與文明，造就了『梁溪明秀之區，衣冠禮樂甲於江左』的城市人文傳統和深厚的歷史文化底藴。數千年來，文脉綿延，永世流芳。邵寶在《錫山遺響》序中曾經這樣描述：『錫之爲邑，在三吴間。山水清麗豐曠，生其地者，多沉雅秀整，以文名家，代不乏人。』文化已經成爲這座城市最本色的氣質。爲傳承吴地文明，建設文化名城，進一步彰顯無錫城市内在精神特質，經過幾年的精心策劃，旨在全面整理地方文化典籍的《無錫文庫》編纂出版工作於二〇一〇年全面啓動，二〇一一年起陸續與讀者見面了。

無錫的城市文化曾經爲中華文化寶庫作出過巨大貢獻。顧愷之、倪瓚、王紱、鄒一桂、賀天健、徐悲鴻、錢松嵒、吴冠中，如松秀群嶺，在中國繪畫史上擁有很高的地位；華秋蘋、楊蔭瀏、劉天華、華彦鈞（阿炳），乃韵動天籟，對中國音樂發展發揮了重要作用；李紳、蔣防、尤袤、蔣捷、陳維崧、顧貞觀、嚴繩孫、周濟、劉半農，皆胸懷錦綉，在中國文學史上可謂各領風騷；計六奇、顧祖禹、顧棟高、秦蕙田、嵇璜、錢基博、錢穆、錢鍾書、錢海岳，可稱堂奥廣庭，學造淵源，在中國學術史上卓然大家；顧憲成、高攀龍之東林，唐文治之『國專』，徐霞客之游記，徐壽、華蘅芳之『格致之學』，陳翰笙、錢俊瑞、孫冶方、薛暮橋之經濟學，都堪稱中華文化史上的一座座高峰，至今閃耀着炫目的光芒。

深厚的歷史文化底蘊激發了無錫城市的文化自覺。市委、市政府滿懷對鄉土誠摯之情、對文化敬畏之感，以義不容辭的責任擔當，致力於文化强市建設，以科學的理念和方式對歷史文化遺産作全方位的觀照、深層次的發掘、系統性的保護，匯四海之智，舉全市之力，共襄文化建設盛舉。二〇〇六年十二月，無錫市成功申報國家歷史文化名城，標志着新一輪文化意識的覺醒，并迅速轉化爲文化自覺的實踐。近年來，我市全面啓動惠山、清名橋、小婁巷、榮巷、蕩口等五個歷史文化街區和十個古村落保護修復工程，『護其貌，顯其顔，鑄其魂，揚其韵』；鴻山遺址成功保護的經驗被國家文物局譽爲大遺址保護『無錫模式』，并被授予首批國家考古大遺址公園，闔閭城遺址考古發現則確立了歷史上無錫曾作爲吴王闔閭都城的地位；建成開放六十餘座博物館、名人故居和紀念館；對無錫的非物質文化遺産予以重點保護；每年春天舉辦的中國（無錫）吴文化節、中國文化遺産保護論壇成爲文化亮點，享譽海内外。這些舉措遵循規律，探索文化建設體制和機制的創新，形成了寶貴的『無錫經驗』，得到海内外學者、專家的一致肯定。

在注重保護歷史文化遺存的過程中，發掘、整理無錫歷史文獻著作，展示和弘揚無錫城市的思想精神世界，自然而然成爲大家關注的重點。二〇〇六年，市委宣傳部組織無錫文史專家、學者編撰的十七册三百萬字的《無錫文化叢書》正式出版，引起强烈反響，出版後供不應求，在二〇〇八年再版加印。《無錫文化叢書》集中反映了無錫城市文化精華，展示了無錫城市文化特質，彰顯了無錫歷史文化的厚重，同時也告訴人們，文化精神的傳遞是文化繁榮發展的重要内涵，一旦擦去歲月蒙塵，優秀的歷史文化就會轉化成爲取之不盡的精神財富。

爲了進一步彰顯城市歷史文化底藴，二〇〇七年，市委、市政府將全面系統整理無錫文化典籍擺上工作議事日程，明確提出編纂《無錫文庫》。由于無錫歷史文化底藴深厚，卷帙浩繁，内容豐富，編纂工作千頭萬緒，要想整理出一部簡明扼要而又内容翔實、主旨鮮明而又文質彬彬的文獻集成，難度遠大於預想。爲此，我們先後成立了《無錫文庫》工作委員會和編輯委員會，加强對編纂出版工作的組織領導與統籌協調，在尊重歷史、尊重規律、尊重科學、尊重專家的基礎上，積極推進文庫編纂工作。編輯委員會經過反復論證，明確原則，綱舉目張，有條不紊地開展工作。充分憑借地方文史專家的優勢，充分發揮高校人文學院、研究機構的作用，充分依靠出版機構的專業經驗，并邀請國内外著名文史專家指導、把關，形成了文庫編纂的工作合力。

在編輯過程中，我們力求使《無錫文庫》成爲經得起歷史考驗的鄉邦文獻集成。

全面規劃又保持開放結構。面對豐富的歷史文化積澱，没有規劃就不可能形成清晰的編纂思路。在前期編纂工作中，編輯委員會經過二十餘次的論證會和專題研討會，形成并確定了《無錫文庫》總書目，明確了收録範圍和内容主體，立足無錫市區，兼顧江陰、宜興，主要體現無錫本土内容，突出人文科學，適當兼顧其他門類。據此，《無錫文庫》收録圖書五百五十餘種，分爲五輯：第一輯『官修舊志』，收編無錫地方志（含江陰、宜興）；第二輯『地方史料專著』，收編反映無錫地方史料的專著與筆記；第三輯『年譜家乘』，收編無錫（含江陰、宜興）地方名人年譜和望族的家譜；第四輯『無錫文存』，收編歷史上無錫作家詩文和專著的精華；第五輯『近現代名家名著存目』，編撰無錫近現代名家名著的書目提要。爲使文庫具有更大的開放度和包容量，《無錫文庫》注重整體設計，在框架分類上既注意整合，又突出重點，考慮到文庫的涵蓋面和系統性；在書目選擇上既注重經典性，又强調代表性，兼顧到圖書本身質量和作者特點；在出版方式上既總體規劃、循序推進，又采取較爲靈活的方式，成熟一批出版一批，不編序號，爲今後增補書目預留空間。

尊重歷史又反映時代特色。《無錫文庫》注重歷史性與時代性相結合，以嶄新的學術角度和現代學科理念對城市歷史文化進行整理和弘揚。編纂工作充分體現對歷史傳統的尊重，儘可能減少評述性成分，杜絶截割、改篡、增删圖書内容，對節選本衹采取作者的自選本。與此同時，以現代學術視野來看待傳統史料，增加收録有價值的歷史資料和文獻，如對民國時期的一些稿本、期刊、會刊、紀念册也予以應有的關注，收入了部分重要的民間史料。

保持原貌又便于讀者查閲。《無錫文庫》除第五輯外，全部采用原版影印方式，力争選擇最優版本作底本，保持文獻著作的歷史面目。爲了便於閲讀、查證、使用、研究，每一輯均撰寫編輯説明，每種書撰寫提要，并編撰《文庫》書目索引。通過這樣的方式，使《無錫文庫》兼具工具書檢索的作用，增强文化典籍整理的實用功能。

如期完成又精益求精。《無錫文庫》作爲一項重大文化工程，編纂工作面廣量大，必須集中力量，一鼓作氣。我們明確，從編纂工作全面啓動開始，花三年時間完成《無錫文庫》出版工作。《無錫文庫》總書目形成後，五輯的書目編纂工作同時開展、整體推進。我們要求，《無錫文庫》編纂出版工作要强化精品意識，力求思想精深、内容精彩、選編精當、學風精良、裝幀精美。文庫編纂出版的每個環節都反復論證推敲，確保經得起歷史檢驗。

《無錫文庫》的編纂出版工作，得到了鳳凰出版傳媒集團的大力支持，鳳凰出版社在版本選擇、編輯出版方面做了細緻的工作；由於《無錫文庫》收録的資料有三分之二散落在全國各圖書館中，中國國家圖書館、上海圖書館、南京圖書館等一批國内知名圖書館爲此提供了積極的幫助；應邀擔任《無錫文庫》學術顧問的專家，都是無錫籍的文化名人和國内一流的古籍研究專家，他們有的不顧年事已高，有的不顧自身工作繁忙，爲《無錫文庫》的編纂工作付出辛勤勞動；《無錫文庫》工作委員會和編輯委員會成員以及編務人員在文庫編纂出版過程中做了大量的工作。在此，謹向他們表示崇高的敬意和由衷的謝忱！

由於《無錫文庫》收録内容涉及範圍廣、時間跨度長，部分書目已經散佚，可利用資料受到限制，加之編輯委員會水平有限，《無錫文庫》的編纂工作難免會有一些疏漏和錯誤，不當之處敬請讀者指正。

王立人

二〇一一年一月